明代锦衣卫制度与新田骆氏锦衣卫世家

学术研讨会论文集

陈支平　主编

中国明史学会
新 田 县 政 协　组稿

沈阳出版发行集团
沈 阳 出 版 社

图书在版编目(CIP)数据

明代锦衣卫制度与新田骆氏锦衣卫世家学术研讨会论文集 / 陈支平主编. -- 沈阳 : 沈阳出版社，2024.1
ISBN 978-7-5716-3719-4

Ⅰ. ①明… Ⅱ. ①陈… Ⅲ. ①厂卫－中国－明代－文集Ⅳ. ①K248.205－53

中国国家版本馆 CIP 数据核字(2023)第 234618号

出版发行：沈阳出版发行集团|沈阳出版社
（地址：沈阳市沈河区南翰林路 10 号　邮编：110011）
网　　址：http://www.sycbs.com
印　　刷：三河市腾飞印务有限公司
幅面尺寸：185mm×260mm
印　　张：42.75
字　　数：865千字
出版时间：2024 年 1月第 1 版
印刷时间：2024 年 1月第 1 次印刷
责任编辑：杨　静
封面设计：琥珀视觉
版式设计：北京汉仪文化传媒有限公司
责任校对：高玉君
责任监印：杨　旭

书　　号：ISBN 978-7-5716-3719-4
定　　价：198.00 元

联系电话：024-24112447
E - mail：sy24112447@163. com

编委会名单

主　　　编：陈支平

编委会名单（按姓氏笔画排列）：

毛佩琦　王佑生　陈支平　陈时龙

张宪博　张金奎　胡　凡　高寿仙

谢贵安　谢奉生　彭　勇

序　言

陈支平

2019年9月下旬，明代锦衣卫制度与新田骆氏锦衣卫世家学术研讨会在湖南省山清水秀的新田县山城举行，这是一次很有学术意义和文化普及的盛会。中国明史学会的同仁们以及新田县的文史工作者们，围绕着这一课题撰写了六十余篇论文，并且在会上就这些论文及议题进行了热烈的讨论，取得了不少的学术成果。

我之所以认为本次会议的举办和研讨具有学术意义和文化普及意义，是因为长期以来，人们对于明代的锦衣卫制度，普遍存在十分负面的认知。特别是近年来一些电影、电视作品的渲染，把明代的锦衣卫将校士兵，描述成古代宦官刑余的变态人物，以及形同现代“特务”一类的残暴人物，致使锦衣卫这一制度及其所属的将校官员等，为人们所鄙视和痛恨。学术界及社会上的这种认知，显然是比较偏颇的，并不完全符合明代锦衣卫制度的实际情况。

《明史》卷七十六《志第五十二·职官五》中有锦衣卫制度及其职衔权力的记载，该记载如下：“锦衣卫，掌侍卫、缉捕、刑狱之事，恒以勋戚都督领之，恩荫寄禄无常员。凡朝会、巡幸，则具卤簿仪仗，率大汉将军（共一千五百七员）等侍从扈行。宿卫则分番入直。朝日、夕月、耕耤、视牲，则服飞鱼服，佩绣春刀，侍左右。盗贼奸宄，街途沟洫，密缉而时省之。凡承制鞫狱录囚勘事，偕三法司。五军官舍比试并枪，同兵部莅视。统所凡十有七。中、左、右、前、后五所，领军士。五所分銮舆、擎盖、扇手、旌节、幡幢、班剑、斧钺、戈戟、弓矢、驯马十司，各领将军校尉，以备法驾。上中、上左、上右、上前、上后、中后六亲军所，分领将军、力士、军匠。驯象所，领象奴养象，以供朝会陈列、驾辇、驮宝之事。”从以上记载中我们可以了解到，明代的锦衣卫，主要职权是掌侍卫、缉捕和刑狱这三件事情，而其中以“侍卫”最为重要，类似于后世所谓的皇家仪仗队和警卫队。在缉捕方面，“盗贼奸宄，街途沟洫，密缉而时省之。”则基本上是管理京城的日常治安问题。以上这两种职权，其实在任何一个朝廷当政时，都是必要的政治和军事设置，并无不妥。而为后人所诟病的，主要在于“刑狱”这一事务之上。锦衣卫所参与的“刑狱”事件，许多是针对犯事官员的，“承制鞫狱录囚勘事，偕三法司”。这种参与犯事官员的案件，大多的是朝廷中的政治斗争事件。锦衣卫在其中所能发挥的作用，只能是随着当时朝廷中政治斗争风向而奉命行事而已。大概也正因为锦衣卫所参与的政治官员案件，是政治斗争的产物，政治斗争的主角往往躲在幕后，锦衣卫被摆在前台，因此锦衣卫也就自然而然成了这些政治斗争的替罪羊，经常饱受后人指责甚至辱骂。

其实在古代人治为主的政治生态中所牵涉的政治案件中，参与审判案件的当权者，无疑会在案件的处置中发挥一定的作用。就锦衣卫而言，同样也是如此。有些锦衣卫官员可能根据当时的政治风向，严酷推鞫，酿成冤案。但是也有一些锦衣卫的官员秉公执法，保全良善。如《明史》卷三百七《列传第一百九十五》中记载嘉靖年间的一些执掌锦衣卫大权的官员，“掌锦衣者朱宸，未久罢，代者骆安，继而王佐、陈寅，皆以兴邸旧人掌锦衣卫。佐尝保持张鹤龄兄弟狱，有贤声。寅亦谨厚不为恶。”而嘉靖年间权倾朝野的陆炳，有时也是“周旋善类，亦无所吝。帝数起大狱，炳多所保全，折节士大夫，未尝构陷一人，以故朝士多称之者。”因此，我们今天对于明代锦衣卫制度及其官吏将校，应该有一个比较客观的认识和评价，不可跟随小说家言人云亦云。这次在新田县举办的学术研讨会，在这方面取得了良好的学术成果和社会效果。

《明代锦衣卫制度与新田骆氏锦衣卫世家学术研讨会论文集》的出版是一件值得庆贺的事情，在此，我要对新田县委、县人民政府以及社会各界对于此次会议的召开及论文集出版的大力支持，致以衷心的感谢！

陈支平

2020 年 10 月 1 日

目 录

CONTENT

锦衣卫的形成与明初集权政治

张民服

锦衣卫是一个对明朝历史，乃至后世都有着重要影响的，直接服务于皇帝的特殊禁卫机构。虽然明朝之前也有类似的建制，但是锦衣卫制度本身并没有出现。锦衣卫的产生经历了一个较为复杂的过程。

一、锦衣卫的设立原因

锦衣卫的设立，是朱元璋为驾驭不法群臣，加强对百官的控制所采取的必要措施和手段。从唯物论的观点出发，这也是其所处的时代特征的反映。恩格斯曾说："每一时代的社会经济结构，形成真正的基础，而各该历史时代的法权制度、政治制度以及宗教的、哲学的和其他的观念所构成的上层建筑，归根到底都应当由这个基础来说明。"①

首先，从外部环境来说。明朝建立以后，元朝的残余势力仍然存在，并且有可能威胁明朝的统治。元朝贵族依然控制着东西"东起开、铁，北历喜峰，西亘偏头、五灰，相距二千二百里"的广阔地区，尚有"不下百万"的强大武装。"元亡而实未始亡耳"②的阴影一直笼罩在刚刚建立的明王朝上空。为了进一步扫荡元朝贵族的残余势力，稳定新的政权，朱元璋也迫切需要加强专制主义中央集权的统治。

其次，随着外部环境的稳定，明朝内部的政治斗争开始逐渐显性化并有日渐扩大的趋势。这其中，最重要的就是皇权和相权的冲突开始上升。胡惟庸，凤阳府定远人，同朱元璋一起四方征战，为明王朝的建立立下卓越功勋，深受朱元璋的信任。但是，他为人飞扬跋扈，且处事狡猾奸诈。徐达"深嫉其奸邪，常从容言于帝。惟庸阴诱达阍者，福寿为己用，冀以图达。"③按照史书的记载，丞相胡惟庸已经开始有了谋逆之心。洪武十三年（1380）正月，朱元璋以"枉法诬贤""蠹害政

①［德］恩格斯著，吴黎平译:《反杜林论》，北京，人民出版社，1974 年，第 26 页.

②［清］谷应泰:《明史纪事本末》卷十，北京，中华书局，1977 年，第 148 页.

③［清］张廷玉等:《明史》卷三〇八《胡惟庸传》，北京，中华书局，1974 年，第 7906 页.

治”等罪名，处死胡惟庸、陈宁等。同时藉辞穷追其友好，包括开国第一功臣韩国公李善长等大批元勋宿将皆受株连，牵连致死者 3 万余人，史称胡惟庸案。胡惟庸案与蓝玉案合称胡蓝之狱，诛灭直到洪武二十五年（1392）方告结束。虽然经过后世学者考证，胡惟庸擅权、谋逆的证据并不充分。但是，这却从一个侧面表明，朱元璋加强皇帝集权的决心。设立锦衣卫，就是朱元璋在这样的大背景下进行的加强中央集权的一项措施，同时也是为了满足其在政治斗争中的现实需要。

二、锦衣卫的形成过程

（一）锦衣卫的前身——仪鸾司（仪銮司）

锦衣卫并非从明王朝立国伊始就存在，而是朱元璋在旧有的官僚机构基础上，改革创设而来的。《大明会典》称“锦衣卫，本仪銮司”[①]。按照《明太祖实录》的记载：“洪武三年六月乙酉，置亲军都尉府及仪鸾司。初设拱卫司，正七品，管领校尉，属都督府。后改为拱卫指挥使司，秩正三品。寻以拱卫司似前代卫尉寺，又改为都尉司。至是，乃定为亲军都尉府，管左、右、中、前、后卫军士。设仪鸾司隶焉。”[②]如果仅仅从名称上看，锦衣卫应该是一个负责礼仪的机构。出于初期稳定的需要，朱元璋沿袭了前代的机构设置，并没有进行太大的变革。

（二）锦衣卫的设立（洪武朝）

洪武十五年（1382）四月，朱元璋改仪鸾司为锦衣卫。初始职能为三项：其一，卫守值宿；其二，侦察与逮捕；其三，典诏狱。据《明太祖实录》记载：“(朝廷）改仪鸾司为锦衣卫，秩从三品。其属有御椅、扇手、擎盖、旛幢、斧钺、銮舆、驯马七司，秩皆正六品。”[③]洪武十七年（1384）三月，“改锦衣卫都指挥司为正三品”[④]。此时，锦衣卫的职能开始转变，锦衣卫从一个附属的地位提升到了亲军卫之首，其最高提挥也从正七品到正三品。与此同时，其职权范围也在扩大和加重。此时的锦衣卫正从一个负责礼仪的机构逐渐向司法监察机构转变。组成锦衣卫

① 万历《大明会典》卷二二八《锦衣卫》,《元明史料丛编》第二辑，台北，台北文海出版社影印本，1984 年，第 3001 页 .

②《明太祖实录》卷五三，洪武三年六月乙酉，台北，“中央研究院”历史语言研究所校勘本，1962 年，第 1055 页 .

③《明太祖实录》卷一四四，洪武十五年四月乙未，第 2266 页 .

④《明太祖实录》卷一二九，洪武十三年正月甲辰，第 2266 页 .

的人员及其性质也发生了变化。据王世贞《锦衣志》记载："高皇帝初即位，置司曰仪銮，掌侍卫、法驾、卤簿，使冠文冠。十五年罢置司，改设锦衣卫，指挥使一人……冠武冠，所统曰将军、力士、校尉。"[①] 锦衣卫的组成人员从原来的以文职官员为主，开始转变为以武官为主。

锦衣卫以其皇帝近卫的身份背景，参与重大案件的审判，更多体现的是代表皇权对普通司法机构的监督。依明律，锦衣卫等机构有问讯权，无判决权，判决权归法司所独有，所谓"大狱经讯，即送法司拟罪，未尝具狱词"。案件审理完毕要移交刑部或都察院依律论断。而当地方发生案件事关机密重情，或涉案人属强势群体，地方法司难以不受干扰的办案时，也会派遣锦衣卫官去地方审理案件。

诏狱所关押的犯人多是犯罪官员，也有一部分经由锦衣卫办理的涉妖案件人员及捕获的盗贼。关押的犯罪官员多数是触怒皇帝而下诏狱羁押，等候皇帝的最后处理。洪武年间立锦衣狱，诏狱的特性并不明显，同刑部监狱的性质几乎趋同。但是，锦衣卫在执行职责的过程中，大肆杀伐，任意断狱。"京官岁遣吏下场，恣为奸利。锦衣（卫）吏益暴，率联巨舰私贩，有司不能诘。"[②]

随着锦衣卫对朝廷司法体制的不良影响逐渐增加，朝廷官员对其的反对声也开始出现。王世贞曾称："二十年，治锦衣事者失其名，颇恣而舞文，有所操舍，上征其状，执退之，悉火搒掠具。又六年，诏内外狱毋得上锦衣卫，诸大小咸经法曹，高皇帝世，锦衣卫不复典诏狱，稍稍夷它军矣。"[③]

此外，朱元璋认为经过明初四大案的整治，胡党、蓝党已经基本被屠杀殆尽，可能危及其子孙后代继承江山的不利因素已经基本消失。朝廷的各级官员在长期的高压政策之下，也开始逐渐适应并服从。"法令如此，故人皆重足而立，不敢纵肆，盖亦整顿一代之作用也"[④]。因此，洪武二十年（1387）朱元璋下令焚毁锦衣卫刑具，所押囚犯转交刑部审理。"焚锦衣卫刑具，先是天下官民有犯者，俱命属法司。其有重罪逮至京者，或令状繁锦衣卫审其情辞，用事者因而非法凌虐。上闻之，怒曰：'讯鞫者，法司事也……命取其刑具，悉数焚之，以所繁囚，送刑部审理'"[⑤]。这是朱元璋在对前期严酷刑罚的一种自我纠错。

---

①［明］王世贞：《锦衣志》，北京，中华书局，1985年，第1页．

②［清］张廷玉等：《明史》卷八〇《食货四》，第1931—1959页．

③［明］王世贞：《锦衣志》，第2页．

④［清］赵翼著，王树民校正：《廿二史札记》卷三二《明祖晚年去严刑》，北京，中华书局，1984年，第744页．

⑤《明太祖实录》卷一八〇，见李国祥等编：《明实录类纂·司法监察卷》，武汉，武汉出版社，1994年，第22页．

（三）明成祖时期锦衣卫的发展

朱棣迁都北京后，南京锦衣卫一分为二，一部分北上，一部分留在南京。前者在以后发展成为一个权力广泛的特务机构，后者则逐渐向普通的卫所靠拢。

朱棣虽然登上了皇位，可是地位并不稳固。建文帝有出亡的传说，万一建文帝未死，起兵复国的可能也不是没有。朱棣以庶子僭大位，其余的亲王是否会沿此路径，再来一次“革命”也并未可知。再加上建文帝的旧部众多，他们对新朝廷也仅仅是表面上服从。为了巩固权力，朱棣重新倚重锦衣卫来检查、刺探官员，并设北镇抚司，专治诏狱。于是，锦衣卫重的北镇抚司重新拥有了“典诏狱”的权力。至此，锦衣卫及其机构设置与职能已基本定型，一直延续至明末。

三、朱元璋加强中央集权

锦衣卫的设立和运转，帮助朱元璋实现了加强中央集权，打击旧贵族的目的。诛杀胡惟庸以后，朱元璋乘机取消了中书省，由皇帝直接管理国家政事，并立下法度，以后不再设丞相一职。洪武二十八年（1395）朱元璋下令：“自古三公论道，六卿分职。自秦始置丞相，不旋踵而亡。汉、唐、宋因之，虽有贤相，然其间所用者多有小人，专权乱政。我朝罢相，设五府、六部、都察院、通政司、大理寺等衙门，分理天下庶务，彼此颉颃，不敢相压，事皆朝廷总之，所以稳当。以后嗣君并不许立丞相，臣下敢有奏请设立者，文武群臣即时劾奏，处以重刑。”[①] 此后，朱元璋“罢中书省，废丞相等官，更定六部官秩，改大都督府为中、左、右、前、后五军都督府”，“合之则呼吸相通，分之则犬牙相制”[②]。

（一）加强对官员的控制

1. 禁止结交党羽。朝廷官员只能对皇帝一人负责，彼此之间不能有交集。“若在朝官员交结朋党、紊乱朝政者皆斩，妻子为奴，财产入官”[③]。处刑一般都是重罪重罚，且有些专条没有刑法上的确定性，这样也就成为朱元璋随意杀戮功臣宿将的任意性工具。此外，《大明律》还规定：“若宰执大臣知情与同罪”[④]。这实际上变相鼓励执法者用加大、加重犯罪嫌疑人刑罚的方式来自证清白，同时也避免给人

① ［明］高汝轼：《皇明通纪法传全录》卷一一，崇祯九年刻本．

② ［清］孙承泽：《春明梦余录》卷三〇《五军都督府》，清文渊阁四库全书本．

③ 怀效锋校：《大明律》卷二《吏律・职制》，北京，法律出版社，1999年，第35页．

④ 怀效锋校：《大明律》卷二《吏律・职制》，第35页．

留下口实。

2. 重典治吏。朱元璋对朝廷官吏采用的是一种不信任的态度和原则。他认为“事君之道惟尽忠不欺，治民之道惟至公无私”[①]。在处理君臣关系时，片面地强调官吏要遵循义务，无限服从，而且这种关系还有着十分明确的等级体系，即所谓“君之驭臣以礼，臣之驭吏以法”[②]。如果拨开“礼”与“法”之上温情脉脉的外衣，他们就露出了锋利的牙齿。朱元璋重点治吏，还将打击的范围从犯罪嫌疑人本身扩展到了与之有密切关系的亲属和好友。“若犯罪律该处死，其大臣小官巧言谏免，暗邀人心者，皆斩。”“若刑部及大小各衙门官吏不执法律，听从上司主使，出入人罪者皆斩，妻子为奴，财产入官。”[③]这种法律适用范围的任意扩大，就是在皇帝的默许和授意之下，由锦衣卫等组织完成的。

为了保证国家财政体系的运转，朱元璋精心设计了国家各级官吏的收入。“正一品月俸米八十七石，从一品至正三品，递减十三石至三十五石，从三品二十六石，正四品二十四石，从四品二十一石，正五品十六石，从五品十四石，正六品十石，从六品八石，正七品至从九品递减五斗，至五石而止”[④]。可是在实际的执行过程中，朝廷发放的俸禄多有“折色”。这就导致了其实际的购买能力大大降低，甚至低到不足以维持正常生活的水平。所以，对于下层官吏来说，贪污就成了一个重要的敛财手段。

对贪污者来说，朱元璋同样制定了严苛的刑罚。“官吏犯赃者罪勿贷”[⑤]“赃至六十两以上者，枭首示众，仍剥皮实草”“凡守、令贪酷者，许民赴京陈诉”[⑥]在惩治贪污的过程中，朱元璋大量依靠锦衣卫，而锦衣卫的特权之一就是可以在领取俸禄的时候，不用“折色”。《度支奏议》中提道：“查在京官军，惟锦衣卫不支折色，其余官军俱支米折两月，原系祖制。”

3. 对谋反等罪加重量刑。《唐明律合编》中提道：“轻其轻罪，重其重罪”。贪污侵害的是国家财政税收制度的完善和稳定，谋乱则直接会危及王朝的存亡。所以，朱元璋在处理谋乱时，一律顶格处理。“共谋者，不分首从，皆凌迟处死，祖父、父、子、孙、兄、弟及同居之人，不分异姓及伯叔父，兄弟之子，不限籍之同异，年十六以上，不论笃疾废疾，皆斩；其十五以下及母、女、妻、妾、姊、妹，

---

①［明］黄佐：《南雍志》卷一《事纪》,《续修四库全书》1931 年江苏省立国学图书馆影印原本影印 .

②［清］谷应泰：《明史纪事本末》卷一四《开国规模》，北京，中华书局，1977 年，第 211 页 .

③ 怀效锋校：《大明律》卷二《吏律・职制》，第 34 页 .

④［清］张廷玉等：《明史》卷八二《志第五八》，第 1758 页 .

⑤［清］张廷玉等：《明史》卷二《太祖本纪二》，第 26 页 .

⑥［清］赵翼著，王树民校正：《廿二史札记》卷三三《重惩贪吏》，第 764 页 .

若己之妻、妾，给予功臣之家为奴，财产入官。”《明律集解附例》中记载：“知情故纵隐匿者斩，有能捕获者，民授以民官，军授以军职，仍将犯人财产全部充赏，知而首告，官为捕获者，止给财产；不首者，杖一百，流三千里。”可以说，这种斩草除根的方法起到了一定的震慑作用。

在明代，随着官僚政治的发展成熟，官僚政治实则是分割皇权来实现国家治理，愈发制度化规范化专业化的官僚体制必然与具有最高权威，天生就独裁垄断的皇权产生激烈的冲突。为了应对这种冲突，朱元璋采取了借助锦衣卫这种体制之外的力量，对体制内的官员采取重点打击的方法，同时结合无时不在的心理威慑，客观上起到了加强对官员控制的目的。

（二）加强对百姓的控制

1. 思想上控制百姓。虽然朱元璋不断强调民为邦本，但是在对待百姓时，他采取了谆谆劝诫与严刑并用的方法，“汝等居田瑞安享富税者，汝知之乎？古人有言：‘民生有欲，无主乃乱’……今朕为尔主，立法定制，使富者得以保其富，贫者得以全其生。”[①]百姓要想安心从事农业生产，必须服从礼法制度的安排和约束。《御制大诰》中记载：“礼，人伦之正，民间安分守礼者多；法，治奸绳顽。二者并举，遍行天下，人民大安。”

2. 加强户籍管理。户籍制度使每一位老百姓在朝廷的版图上都有一个固定的位置。“凡军、民、驿、灶、匠、卜、工、乐诸色人户并以籍为定，若诈冒脱免、避重就轻者，杖八十，其官司妄使脱免及变乱版籍者，罪同”。每一位有户籍的百姓，都有责任和义务保证这种户籍制度的稳定运转，同时还要担负起揭发举报的责任。《大明律》中记载：“若将他人隐蔽在户不报及相冒合籍、有赋役者、亦杖一百。凡民户逃往邻境州县躲避差役者，杖一百，发还原籍当差。若丁夫杂匠在役及工乐杂户逃者，一日笞一十。每五日加一等。罪止笞五十。”这种人人有户籍、人人有责任的做法，实际上是将每一位老百姓都置于了一个非常危险的境地。因为他们随时可能因为他人的行为而遭到无端的处罚。

最后，朱元璋还从另外一个层面进行了制度安排，将农民的活动范围牢牢地限定在有限的空间内，不允许他们自由流动。《明律集解附例》中记载：“凡无文引私杜关津者，杖八十；若关不由门，津不由渡而越渡者，杖九十，若越度缘边关塞者，杖一百，徒三年；因而出境外者，绞。”与此同时，朱元璋还将保甲制度、路引制度、连坐制度有机结合，不仅将农民限定在百里之内，还用法律、手令强迫每

①《明太祖实录》卷四九，洪武三年二月庚午，第966页.

一个人都成为政府的代表，执行监察、监视、告密、访问、逮捕的使命。

（三）加强对王朝秩序的控制

1. 提倡四方陈情建言。除了依靠锦衣卫四处打探消息，搜集民间情报以外，朱元璋还提倡民间直接给皇帝上书，地方上奏的文书“实封皆自御前开拆，故奸臣有事即露，无幸免者”[①]。

2. 禁止秘密传教。白莲教起源于唐、宋时期，是民间的一个宗教秘密组织。元朝末年，白莲教创制民间歌谣，传播起义消息，有力地打击了元朝的统治。朱元璋的成功，可以说很大程度上借助了这一股民间秘密组织的力量。明朝建立以后，朝廷显然已经不能再允许这样不受控制的组织存在。于是，朱元璋对所有的秘密传教活动进行了打击。《大明律》中记载：“为首者绞，为从者各杖一百，流三千里。”不仅如此，原本老百姓习以为常的祈祷超自然力量的活动也受到了打击和限制。《明律集解附例》中提道：“凡师巫假降邪神，书符咒水，扶鸾祷圣，自号端公、太保、师婆及妄称弥勒佛、白莲社、明尊教、白云宗等会，一应左道乱正之术，或隐藏图像，烧香集众，夜聚晓散，佯修善事，煽惑人民，为首者绞，为从者各杖一百，流三千里。”

3. 禁止宦官干政。宦官长期与皇帝接近，理论上存在着干预朝政的可能。对此，朱元璋规定：“内臣不得干预政事，预者斩”[②]。此外，军国大事由上裁决，《明律集解附例》记载：“凡军官犯罪，应请旨而不请旨，及应论功上议而不详议，当该官吏处绞。若文职有犯，应奏请而不奏请者，杖一百，有所规避，从重论。”

四、余论

锦衣卫本质上是皇权的延伸，是维护皇权专制统治秩序的政治工具。锦衣卫制度产生的根本原因，在于皇权专制与官僚政治的矛盾冲突已经不可调和。随着封建专制制度的发展，官僚集团开始以一种专业化的方式出现在历史舞台，加上经济发展，导致处理行政事务的技术手段日益成熟，同时在儒家传统文化的浸染之下，一个集体性极强并且有着相对统一认知的官僚集团日益成长壮大。这就必然导致他们同皇权之间的矛盾斗争进入了一个新的阶段。贫民出身的朱元璋，处于对以相权为代表的官僚集团的天然不满和偏见，在废掉丞相以后，只能另起炉灶重新创设一个治理国家的系统。这个系统，最初就是锦衣卫制度。锦衣卫制度远远没有已经成型

---

① [清] 龙文彬：《明会要》卷三五《职官七》，北京，中华书局，1956 年，第 603 页 .

② [清] 张廷玉等：《明史》卷三〇四《宦官传序》，第 7765 页 .

的官僚制度完善，加之自身的权力难以受到约束，所以，不仅没有起到朱元璋用以制衡官僚系统的目的，反而因为锦衣卫系统成员自身的胡作非为，对明王朝的统治起到很大的消极作用。

（作者单位：郑州大学历史学院）

明初锦衣卫述论

赵长贵

锦衣卫与东厂、西厂和内行厂一样，其设置“盖以待夫隐罪极恶，天子非时震怒，特谴下之”[①]。纵观有明一代，锦衣卫非常活跃，影响广泛，是学界关注的热点之一。虽然这方面的研究成果颇多[②]，但专门探讨明初锦衣卫的专论并不多，且既有研究中，多对其持批判态度，留有很大的探究余地。故而笔者不揣浅陋，试探讨此问题，期以通过对明初锦衣卫活动的考察，管窥其带来的诸多影响。不当之处，尚祈方家不吝指正。

一、明初锦衣卫的设置及其主要职能

元明鼎革后，受战乱惯性影响，社会秩序仍未完全稳定下来，元末豪强“欺凌小民，武断乡曲，人受其害”[③]的现象并未绝迹。民间秘密宗教组织也很活跃，“弥勒佛、白莲社、明尊会、白云宗等会，一应左道乱正之术，或隐藏图像，烧香集众，夜聚晓散，佯修善事，扇惑人民”[④]，严重冲击统治秩序。如洪武六年（1373）四月，湖广罗田县人王佛儿自称乃弥勒佛降生，“传写佛号惑人，欲聚众为乱”[⑤]。而“随着明朝全国性统治的确立，元末贪官污吏的腐败风气再次沉渣泛起，不仅从元朝政权分化出来的旧官僚故伎重演，而且新提拔的年轻官僚也群起效尤，在中央各

①［明］韩邦奇：《慎刑狱以光新政事》，陈子龙：《明经世文编》卷一六〇《苑洛集》，北京，中华书局，1962年.

② 徐连达：《明代锦衣卫权势的演变及其特点》，《复旦学报（社科版）》1992年第6期；廖元焜：《锦衣卫与明代皇权政治》，《北方论丛》2008年第4期；张金奎：《锦衣卫职能略论》，《明史研究论丛》第八辑，北京，紫禁城出版社，2010年；张金奎：《锦衣卫形成过程述论》，《史学集刊》2018年第5期；等等.

③《明太祖实录》卷四九，洪武三年二月庚午，台北，“中央研究院”历史语言研究所校勘本，1962年，第966页.

④［明］刘惟谦等：《大明律》卷一一《礼律一・禁止师巫邪术》，《四库全书存目丛书》史部第276册，济南，齐鲁书社，1996年，第592—593页.

⑤《明太祖实录》卷八一，洪武六年四月丙子，第1458页.

部和地方衙门中兴起一股贪墨之风”①。官员间相互倾轧，争权夺利，功臣也不乏居功肆意为非者。明太祖亟需加强对臣民的监控，以巩固新政权。

洪武三年（1370）六月二十八日，明太祖改都尉司为亲军都尉府，由自己直接指挥，管左、右、中、前、后五卫军士，下设仪鸾司②。出身贫寒的他既担忧前朝地主官员不服，又恐惧文臣武将不忠，遂派“检校”监视在京官员，侦缉其不法之事，搜集各种情报。如高见贤被明太祖任为“检校”后，“尝察听在京大小衙门官吏不公不法及风闻之事，无不奏闻太祖知之。又与佥事夏煜惟务劾人，李善长等畏之”。明太祖曾经得意地说：“有此数人，譬如恶犬则人怕”③。这些“检校”以维护皇权为首务，直接听命于皇帝，不隶属任何部门。虽然他们官小职微，但因有皇权撑腰，行事不择手段，因此各级官员畏之如虎。他们的侦缉活动无孔不入，如大臣宋濂“尝与客饮，帝密使人侦视”。次日，明太祖问宋濂昨天“饮酒否，坐客为谁，馔何物？”宋濂如实回答，明太祖笑道：“诚然，卿不朕欺”④。“检校”在一定程度上满足了明太祖掌控官员言行的需要。但洪武十三年（1380）发生“胡惟庸案”后，明太祖愈加疑惧群臣，也怀疑“检校”的作用，遂采取措施来消除自己的忧虑，锦衣卫应运而生。

洪武十五年（1382）四月，明太祖改仪鸾司为锦衣卫，“秩从三品”。下设御椅、扇手、擎盖、旛幢、斧钺、銮舆和驯马七司，“秩皆正六品”⑤。锦衣卫设指挥使一人，指挥同知二人，指挥佥事三人。设经历司掌管文移出入，设镇抚司掌管本卫刑名，兼理军匠。洪武十七年（1384），改锦衣卫指挥使为正三品。洪武二十四年（1391），增设锦衣卫马军前、后二千户所⑥。洪武三十年（1397）二月二十九日，置锦衣卫前千户所銮舆、擎盖、扇手、旌节、幡幢、班剑、斧钺、戈戟、弓矢和驯马十司⑦。锦衣卫不断得到发展。对于其设置，《锦衣志》记载颇详：

> 高皇帝初即位，置司曰仪鸾，掌侍卫、法驾、卤簿、使冠、文冠。十五年罢置司，改设锦衣卫，指挥使一人，秩三品；同知二人，从三品；佥事三人，四品；镇抚二人，五品；所千户，五品；副千户，从五品；百

---

①杨国桢，陈支平：《中国历史——明史》，北京，人民出版社，2006年，第63页.

②《明太祖实录》卷五三，洪武三年六月乙酉，第1055页.

③［明］刘辰：《国初事迹》（不分卷），永乐九年钞本.

④［清］张廷玉等：《明史》卷一二八《宋濂传》，北京，中华书局，1974年，第3786页.

⑤《明太祖实录》卷一四四，洪武十五年四月乙未，第2266页.

⑥《明太祖实录》卷二〇九，洪武二十四年六月丁巳，第3110页.

⑦《明太祖实录》卷二五〇，洪武三十年二月壬子，第3627页.

> 户，六品；镇抚，七品；冠武、冠所统曰将军、力士、校尉。凡上大朝贺，宴群臣，指挥自使而下得刃介侍左右，廷列其从校五百人。夜则杀十之九，入围宿，候指使。京师卫四十八，独锦衣、金吾、龙骧、虎贲等凡八卫毋隶大都府，称亲军云。而上时时有所诛杀，或下镇抚司杂治，取诏行得，毋径法曹。其禄秩、名号无以越异诸军也，乃势则奕奕，不啻过之。①

锦衣卫的主要职责为“凡朝会、巡幸，则具卤簿仪仗，率大汉将军共一千五百七十名等侍从扈行。宿卫则分番入直。朝日、夕月、耕耤、视牲，则服飞鱼服，佩绣春刀侍左右”。它还负责“盗贼奸宄，街涂沟洫，密缉而时省之”。锦衣卫下领十七个所，其中，中、左、右、前、后五所领军士，分上中、上左、上右、上前、上后、中后六个亲军所，分领将军、力士、军匠。训象所专司养象，以供朝会陈列、驾辇、驮宝。锦衣卫还设经历司，掌文移出入；设镇抚司掌本卫刑名，兼理军匠。永乐时，增设北镇抚司，专治诏狱，原镇抚司改为南镇抚司，专理军匠②。可见，锦衣卫中真正担负侦缉刑讯的是北镇抚司。

锦衣卫由亲军都尉府和仪鸾司整合演变而来，其基本职能是侍卫君主、参与侦缉和司法审讯等，所谓“锦衣卫掌侍卫、缉捕、刑狱之事，恒以勋戚都督领之，恩荫寄禄无常员”③。以侍卫君主而论，洪武二十年（1387），明太祖特命“锦衣卫选精锐力士五千六百人随驾”④。永乐六年（1408），明成祖令“锦衣卫仍选将军五百人、校尉二千五百人、力士二千人”⑤，随驾北征。锦衣卫除护卫皇帝和皇亲外，还负责护卫分封到各地的亲王，“囊分拨锦衣卫多余校尉于各王府”⑥。为了自身安全，皇帝们对这些锦衣卫贴身侍卫极力拢络。永乐二年（1404）八月，明成祖谕户部：“锦衣卫将军月粮并全给米”⑦。永乐二十二年（1424）九月，明仁宗对兵部尚书李庆等说，锦衣卫将军“侍皇祖、皇考久者三四十年，近者不下二十年，少壮入侍，白首不沾一命，人情谓何？可阅其历年久者，明旦引来”。赵信等 128 人遂“悉授百户与善地”⑧。对于锦衣卫的侍卫、出征、屯田、宣勅、侦缉、捕盗、司法、外事等职

① [明] 王世贞:《锦衣志》，万历纪录汇编本 .

② 详见 [清] 张廷玉等:《明史》卷七六《职官五》，第 1862—1863 页 .

③ [清] 张廷玉等:《明史》卷七六《职官五》，第 1862 页 .

④《明太祖实录》卷一八六，洪武二十年十月丁卯，第 2789 页 .

⑤《明太宗实录》卷八二，永乐六年八月己卯，第 1006 页 .

⑥《明宣宗实录》卷五四，宣德四年五月壬戌，第 1296 页 .

⑦《明太宗实录》卷三三，永乐二年八月癸巳，第 591 页 .

⑧《明仁宗实录》卷四，永乐二十二年九月壬午，第 62 页 .

能，张金奎先生述之甚详，于此不赘[①]。

二、明初锦衣卫的主要活动

明初，锦衣卫异常活跃，常随军征战。如洪武二十年（1387），锦衣卫镇抚李志诚即“从征”[②]。洪武三十年（1397）九月，明太祖命锦衣卫指挥使河清、凤阳卫指挥使宋忠为参将，辅佐总兵官杨文征讨西南苗民[③]。永乐五年（1407），成祖谕锦衣卫指挥程远说：

> 广西柳、得等处蛮寇未平……命广东、湖广、贵州三都司调军二万，期十月初一日至广西，付尔率领，分道并进。[④]

锦衣卫类似古代的虎贲、金吾之职，“入司扈卫，出掌缉捕”[⑤]，侦缉是其主要职责，侦缉范围涉及“谋逆反叛，妖言惑众，窥伺朝廷事情，交通王府外夷，窝藏奸盗及各仓场库务虚买实收，开单官吏受财卖法有显迹重情……其余事情止许受害之人告发”[⑥]。锦衣卫侦缉的范围非常广泛，对于超出范围者，虽然不准锦衣卫主动介入，但允许接受受害人告发，实际上默许其干预所有案件。明代的政治案件及重大的刑事案件，锦衣卫基本都参与，并负责侦缉和审讯。不同于一般司法机构公开侦缉，锦衣卫镇抚司为隐秘侦缉。以御史和给事中为主体的官僚监察体系虽能了解社会概况，但无法深层触及官民的不法隐秘。锦衣卫则弥补了这一缺憾。锦衣卫拥有侦缉除皇帝以外的所有人和“法外用刑”的特权，其侦缉范围遍及社会的各个角落，广刺官民的“阴事”和“隐事”，从官僚作奸犯科到市井流言，甚至百姓日常琐事，无所不包，这便于皇帝有效掌控官民的动态。如洪武二十三年（1390）十二月，刑部尚书钱宰奉命修纂《尚书》，“会选《孟子节文》”，辛劳异常，闲暇吟诗道：

> 四鼓咚咚起着衣，午门朝见尚嫌迟。何时得遂田园乐，睡到人间饭熟时。

“察者以闻”，次日，朱元璋对他说：“昨日好诗，然曷尝嫌迟回，不用‘忧’？”

---

① 张金奎：《锦衣卫职能述略》，《明史研究论丛》第八辑，北京，紫禁城出版社，2010 年.

②《明太祖实录》卷一八一，洪武二十年四月壬午，第 2734 页.

③《明太祖实录》卷二五五，洪武三十年九月乙亥，第 3650 页.

④《明太宗实录》卷六八，永乐五年六月戊戌，第 960 页.

⑤［清］夏燮：《明通鉴》卷六一，北京，中华书局，1980 年，第 1970 页.

⑥《明英宗实录》卷二一四，景泰三年三月甲辰，第 4608 页.

钱宰等听后“惊悚谢罪”，朱元璋便把他遣送回籍[1]。

锦衣卫经常从事捕“盗”，“盗”既有揭竿起义者，也有刑事罪犯。洪武二十五年（1392）四月初四，锦衣卫指挥陶斡曾带领力士曲连、薛才等“前往河南捉贼，至九月内回还”[2]。宣德二年（1427）十二月，兵部奏：“囊者霸州、固安盗贼为患，皇上命御史监锦衣卫官巡捕……比者通州等处盗贼复作，请如故事遣官巡捕。”[3]锦衣卫外出捕盗常有御史随行，这可使明廷及时了解地方的情况，做出相应处理，也可以起到监督锦衣卫的作用。宣德七年（1432），明宣宗谕：“比来京畿屡有盗贼，锦衣卫常差官校于京城内外分派地方，令昼夜巡捕。如所分地方内被盗，不即擒获者，所差官校及该管兵马司官一体论罪。”[4]他对锦衣卫捕盗的效果并不满意。正统三年（1438）十二月，锦衣卫指挥佥事刘勉、监察御史萧銮奉敕“带领官校往通州，直抵东昌捕盗”[5]。

锦衣卫作为特刑机关，在侦讯时难免用刑失当。洪武二十年（1387）正月，朱元璋因锦衣卫用事者非法凌虐，怒道：“革（当为“讯”——编者按）鞫者，法司事也。凡负重罪来者，或令锦衣卫审之，欲先付其情耳。岂令其锻炼耶？而乃非法如是！”遂下令焚毁锦衣卫刑具，并将“所系囚送刑部审理”[6]。锦衣卫参与司法，成为明太祖屠戮功臣的工具，侦讯惟其马首是瞻。此时胡惟庸案即将结案，明太祖需要淡化恐怖气氛，遂找借口拿锦衣卫作替罪羊。对此，陈鸣钟先生尖锐地指出明太祖的虚伪：“如果不‘非法凌虐’，胡党如何能斩尽杀绝。再说朱元璋一向是极端专制的，大小臣工们一举一动，一言一行，都得看他的脸色行事，谁又敢去‘非法凌虐’？”[7]其言可谓入木三分。但这一禁令并未贯彻，如此年闰六月，因为“在任多不法，军士薛原桂诉之。既而镇抚张原复言其不法二十余事，上命锦衣卫廉问得实”，广西都指挥使耿良被贬为驯象卫指挥佥事[8]。此时，锦衣卫已被剥夺刑讯权，耿良理应交由军队司法机构五军断事司处理，却依然由锦衣卫审理，表明以上禁令并未贯彻。又如《逆臣录》载有锦衣卫指挥佥事陶斡的供词说：

①［明］涂山：《明政统宗》卷五，万历年间刻本．又［明］叶盛：《水东日记》卷四，北京，中华书局，1980年．

②［明］朱元璋：《逆臣录》卷三《锦衣卫指挥陶斡等》，北京，北京大学出版社，1991年，第174页．

③《明宣宗实录》卷三四，宣德二年十二月丙子，第869页．

④《明宣宗实录》卷八八，宣德七年三月庚申，第2022页．

⑤《明英宗实录》卷四九，正统三年十二月乙亥，第952—953页．

⑥《明太祖实录》卷一八〇，洪武二十年正月壬子，第2722—2723页．

⑦陈鸣钟：《明代的厂卫》，《史学月刊》1954年第4期。

⑧《明太祖实录》卷一八二，洪武二十年闰六月甲申，第2745页．

> 一招吴县粮长沈三，长洲县粮长吴乙，里长姚乙、张乙于洪武二十五年九月间前来本家，为因惧怕没官房屋事，送到银子壹佰伍拾两，金子贰拾两，纻丝壹拾伍匹，接收入己。[①]

暂切勿论陶斡受贿是否属实，从其供词中可知，锦衣卫在洪武二十五年（1392）仍从事司法活动。故次年六月，明太祖又"申明锦衣卫鞫刑之禁。凡所逮者，俱属法司理之。"[②]

永乐初年，建文帝逃亡说流传甚广，明成祖夺皇位之举颇受人诟病。他急需清除异己，安抚人心。特定的政治环境使锦衣卫的司法职能得到强化，镇抚司狱的恐怖令人闻之色变。明成祖镇压政敌时滥用"瓜蔓抄"，大肆搜检支持和同情建文政权者，方孝儒则被"诛十族"。这一时期，人们告密"谋逆"成风，如永乐五年（1407）六月，山阳县民丁钰因"讦其乡人里社赛神事，指为聚众谋不轨，坐死者数十人"，遂被提拔为刑科给事中。[③]在此情况下，济南临邑县人纪纲开始掌管锦衣卫。建文四年（1402），他由钦虎贲左卫羽林前卫千户升为锦衣卫指挥佥事[④]。永乐八年（1410）八月，又升为锦衣卫都指挥佥事，仍掌管锦衣卫[⑤]。纪纲秉承明成祖的旨意大肆侦缉，多有诛戮。永乐十四年（1416）四月，他"以卖权作威伏诛"[⑥]。此后，终永乐朝，"锦衣卫虽典诏狱，画可领诺而已，气焰中消，不复能望纲矣！"[⑦]

宣德初，掌管锦衣卫者先为指挥使王节，后为英国公张辅之弟张信。张信为人洁廉，"于诏狱颇任"。不久，他出任四川都指挥使。此后，"诸后妃、尚主、公侯、中贵人子弟当授官者，皆寄禄锦衣，以才谞选递进治事，鲜世业矣"[⑧]。

锦衣卫官校执行的任务往往很机密，一旦泄密会大祸临头。永乐二年（1404）十一月一日，都察院左都御史陈瑛等劾奏明太祖次女宁国公主的驸马梅殷"畜养亡命及无赖之徒"八十余人，并私匿鞑靼人，与顾氏之女"造为邪谋，乞正其罪"。明成祖说梅殷由自己处理，命锦衣卫"执殷所匿鞑靼人送（缺"辽"——编者按）

① [明] 朱元璋：《逆臣录》卷三《锦衣卫指挥陶斡等》，第155页.

②《明太祖实录》卷二二八，洪武二十六年六月丁酉，第3326—3327页.

③ [清] 夏燮：《明通鉴》卷一五《成祖文皇帝纪》，同治年间刻本.

④《明太宗实录》卷一五，洪武三十五年十二月，第274页.

⑤《明太宗实录》卷一〇七，永乐八年八月癸丑，第1385页.

⑥ [明] 陈建：《皇明通纪法传全录》卷一五，崇祯九年刻本.

⑦ [明] 王世贞：《锦衣志》，万历纪录汇编本.

⑧ [明] 王世贞：《锦衣志》，万历纪录汇编本.

东”[①]。次年十月三日四鼓，梅殷入朝经竹桥时，前军都督佥事谭深、锦衣卫指挥赵曦“令人捽殷坠桥下死，而曦诬奏殷自赴水死”。都督许成告发此事，明成祖怒“命法司治深、曦罪”[②]。他诘问二人：“若与梅都尉仇耶？”二人答道：“上命也，奈何罪臣？”明成祖见其泄密，恼羞成怒，“命椎落二人齿，下狱论斩，籍其家，遣官为殷治丧葬”[③]。最终二人被“断手足，剖其肠祭殷”[④]，成了政治斗争的牺牲品。宣德四年（1429）八月十三日，明宣宗也诫谕行在锦衣卫指挥镇抚及千户、百户行事务要保密说：

> 朝廷委尔等以心腹，凡机密事务、狱情轻重必须谨慎严密，纤毫毋泄乃尔等职分所当为。若泄漏机务，走透狱情而与外人交接，是不知有朝廷矣。近者纪纲等不遵国法，往往诈传勅旨，擅作威福，颠倒是非，泄漏机密重事，暗结人心。一旦发露，杀身亡家，皆尔等所亲见。今复效其所为，独不念祸及身家邪？已往之愆姑置不问，自今常加警省，无负朝廷以保禄位。如或不悛，国有常宪，朕不尔贷。[⑤]

锦衣卫侦缉的情报和刑讯的狱情都秘密上报，对案情须严守机密，不得泄露。宣德六年（1431），明廷规定“看监、千、百户等有透漏狱情者斩”。成化二十年（1484），下令“一应大小狱情俱要严密关防，不许透漏及受人嘱托，本卫堂上官亦不许干预”，违者严惩[⑥]。

三、明初锦衣卫的影响

锦衣卫兼具仪卫与特刑侦缉的职能，是明朝最高统治者加强皇权专制，进行社会控制的有力工具。明初，锦衣卫异常活跃，影响广泛，兹略述如次。

1. 对政局的影响

《尚书》载：“刑新国，用轻典；刑乱国，用重典；刑平国，用中典”[⑦]。即新政

---

①《明太宗实录》卷三六，永乐二年十一月己亥，第 619—620 页 .

②《明太宗实录》卷四七，永乐三年十月乙丑，第 717—718 页 .

③［清］万斯同:《明史》卷一八四《梅殷传》，清钞本 .

④［清］张廷玉等:《明史》卷一二一《宁国公主传》，第 3664 页 .

⑤《明宣宗实录》卷五七，宣德四年八月丁亥，第 1360 页 .

⑥ 万历《大明会典》卷二二八《上二十二卫》，万历内府刻本 .

⑦《尚书》卷一二《吕刑第二十九〈周书〉》，四部丛刊本 .

权刚建立，百废待兴，用刑当宽，以稳定人心，与民休息。局势动荡，应严刑峻法，以尽快恢复社会秩序。社会安定，用刑应适中，刚柔相济。明初，最高统治者尤其是明太祖和明成祖深谙“三国三典”理论的妙用，治乱世用重典成了其进行高压统治的理论依据。亲历过元末乱世的明太祖认为，元朝灭亡因“元政驰极、豪杰蜂起、皆不修法度以明军政”①，遂认定“民经乱世，欲度兵荒，务习奸猾，至难齐也”②，“吾治乱世，刑不得不重”③。

登上皇位后，尽快稳定政局，加强皇权，是明太祖面临的迫切任务。在废除丞相制后，他认识到“检校”不足以负此重任，乃设锦衣卫监控臣民，以获得通过都察院、六科给事中、通政司等正常渠道得不到的信息。他深知“察微”的重要性，认为“人君苟不能察其微，则君子、小人莫能辨别”④。“察微”即深入了解各方面的情况尤其是军政、民生的情况，既指皇帝对臣民的监视，也指搜集各种社会信息。理论上，通过都察院、通政司和六科给事中能获得大部分政务信息。而实际上，居于深宫的皇帝所得信息往往因官僚们层层修改走形变样，与事实颇有出入，甚至完全不符。长此以往，势必危及统治。在废除丞相后，对下情的了解是扩展皇权的关键，锦衣卫无孔不入地侦缉适应了这一需要。

客观而言，锦衣卫对稳定明初政局起了很大作用，使皇帝加强了对臣民的监控。为维护皇权，锦衣卫扮演了为之立威的角色。朝会时，锦衣卫官校列侍奉天门下纠仪。如有人失仪，立刻会被褫脱衣冠，下镇抚司狱痛打送回。朝堂上廷杖大臣，则由锦衣校尉行刑，司礼监宦官监刑。廷杖时，“众官朱衣陪列午门外西墀下，左中使，右锦衣卫，各三十员。下列旗校百人，皆衣臂衣，执木棍。宣读毕，一人持麻布兜，自肩脊以下束之，左右不得动，一人缚其两足，四面牵曳，唯露股受杖，头面触地，地尘满口中。”⑤成化以前，凡被廷杖者不去衣服，“用厚棉底衣重毯累帕，示辱而已”。即便如此，“犹卧床数月而后得愈”⑥。即使廷杖时不去衣并有防护，仍会对受杖者造成深重的身心创伤，使其与旁观官员对皇权敬畏有加。而锦衣“卫卒伺百官阴事，以片纸入奏即获罪，公卿大夫莫不揣恐”⑦，感到锦衣卫的幽灵无时不在，无所不及，不敢肆意妄为。这无疑利于稳定政局。

---

①［清］谷应泰：《明史纪事本末》卷一四《开国规模》，北京，中华书局，1977 年，第 189 页．

②［明］黄光升：《昭代典则》卷七《太祖高皇帝》，万历二十八年刻本．

③［清］张廷玉等：《明史》卷九三《刑法志》，第 2283 页．

④［明］余继登：《典故纪闻》卷五，北京，中华书局，1981 年，第 98 页．

⑤［清］张廷玉等：《明史》卷一八八《蒋钦传》，第 4983 页．

⑥［明］朱国祯：《涌幢小品》卷一二《廷杖》，天启二年刻本．

⑦［清］张廷玉等：《明史》卷一六五《毛吉传》，第 4472 页．

洪武朝的多起大案，锦衣旗校皆参与侦讯。以“蓝玉案”为例，洪武二十六年（1393），蓝玉与亲信鹤庆侯张翼等“晨夜会私第，谋收集士卒及诸家奴伏甲为变。约束已定，为锦衣卫指挥蒋瓛所告”而失败被诛[①]。再如洪武时，锦衣卫总旗赵同曾因“党逆事，提送旗手卫监问”[②]。需要注意的是，洪武年间大案迭起，严于吏治，洪武二十年（1387），明太祖又革除锦衣卫诏狱，将侦缉和审讯分别由镇抚司和刑部狱分掌，锦衣卫官员根本无法培植个人势力，完全成了皇权的附庸，这对稳定洪武政局无疑是有利的。

明成祖以武力夺得皇位后，为尽快安定动荡的局势，稳固统治，遂利用锦衣卫加强对臣民的监控，违反祖制在锦衣卫设北镇抚司专治诏狱，兼侦缉和审讯。虽简化了侦讯环节，提高了效率，但缺乏有效的监督与制衡必然出问题，与利用锦衣卫稳定政局的初衷相悖，后来纪纲妄为谋逆就说明了这一点。

永乐初期，纪纲统领锦衣卫，活跃于明初的政治舞台，这有其必然性和偶然性。明成祖“由藩国起，内疑群臣反侧，欲重法詟之”，指使都御史陈瑛灭建文朝忠臣数十族，亲属被戮者至数万人。纪纲“觇帝指，广布校尉于都城内外，日摘发臣僚及民间阴事上闻，帝悉下纲治，辄深文诬诋以称帝意”。永乐八年（1410）秋，他升任都指挥佥事，仍掌管锦衣卫[③]，“治锦衣亲兵，复典治诏狱”。明成祖以武力夺得皇位，“内不能毋自疑人人异心，有所寄耳目矣！”纪纲洞察此情，“益布其私距，日夜操切阴计闻上，上大以为忠，昵之，謦咳亡间”，其权势显赫，即使淇国公丘福、成国公朱能等元勋“见则自匿引，不敢以身比数”。而他日益骄纵，结私党“穷意为非行”，僚属指挥庄敬、袁江，千户王谦、李春等“曲侍奉纲，相缘借奸利数百千端”。纪纲“使腹心干伪”，在家常穿“龙服王冠”高坐摆酒，命优童真保、道真、吉祥等效伎乐奉觞上寿道：“万岁徐劳，卿等无恙，敬举卿之觞。”他飞扬跋扈，因与都督薛禄争夺道姑陈氏作媵失利，“持镢镢禄首，脑裂几死，禄慑噤不敢言”。又怒都指挥哑失帖木路遇不避，“诬持其冒赏事捶之死”。纪纲家中“蓄养亡命耗山刘等，多造铁甲弓弩万计，腐取良家子十八以下数百人充左右役”。宫中选婕妤、才人，他“簿录其尤者内之，别以次塞，莫敢问”。纪纲“自唯威日重，重且迫上，冀得所欲”[④]，“朋比罔上”，与指挥佥事庄敬等贩私盐，“居处、服食、器皿僭拟上用。畜歌童舞女于家，出入迎导”。矫旨役使山东临邑县民营建私宅，“擅

①《明太祖实录》卷二二五，洪武二十六年二月乙酉，第 3297 页 .

②［明］朱元璋：《逆臣录》卷三《锦衣卫指挥陶幹等》，第 173 页 .

③［清］张廷玉等：《明史》卷三〇七《佞倖传》，第 7876 页 .

④［明］王世贞：《锦衣志》，万历纪录汇编本 .

作威福以危法中人，受四方赂遗及侵盗官物不可胜纪，气势倾中外”[①]。

纪纲所为严重影响政局的稳定。永乐十四年（1416）七月，他为与之有仇的宦官告发，“按验俱有状”，明成祖大怒，捕纪纲“磔于市，仍夷三族”[②]。与他有染的官员也受到处罚，山西都指挥佥事穆肃因赠纪纲妓女，交结朋党[③]，“法司论当弃市，妻子流二千里”，特命免死，谪戍交址[④]。

此后，锦衣卫虽仍典治诏狱，但“气焰中消”，行事“仅画可领诺而已”[⑤]，与往日纪纲时的威势不可同日而语。

纪纲之死与当时的政局密切相关。永乐初动荡的局势为锦衣卫擅权提供了良机，纪纲在成祖授意下多方侦缉，残酷刑戮，早已激起众怒。而经过长期清洗，政局趋于稳定后，当纪纲利用锦衣卫危害政局时，锦衣卫必遭明成祖清洗和改组。加之迁都也需要安定的政局。永乐十四年（1416）七月，纪纲由宦官揭发谋逆被诛，而十月明成祖就集群臣商议迁都北京。迁都前他为安定人心，缓解官员对高压统治的不满，以为迁都创造安定的环境，遂将失去利用价值的纪纲作为替罪羊。所谓“帝非不知纲，以纲防川，川塞而乃可以无纲矣”[⑥]。

锦衣卫对稳定宣德政局也功不可没。宣宗即位不久，汉王朱高煦谋叛。宣德元年（1426）八月十日，宦官侯泰至乐安州宣谕，朱高煦“严兵而后入之”，让他遍观军马兵器，并说：“虽以此横行天下可也，吾已遣书入奏，尔今速归报皇帝，即执送奸臣来，然后议吾之所欲得。”侯泰回京，宣宗问高煦说了什么，他称“一无所言”。问高煦治兵如何，又答“无所见”。不久，随侯泰同去的锦衣卫官员“具言其所见”[⑦]，宣宗闻言大惊。这名锦衣卫官员的情报对宣宗决心亲征的决策影响很大。二十日，高煦之乱平，获其同党王斌、王彧、韦达、朱恒、钱巽等数十人，“悉下锦衣卫狱”[⑧]。二十三日，命中官护送高煦父子及家属赴京，锦衣卫官“械系其同逆者后行”[⑨]。可见，在平定这次叛乱过程中，锦衣卫发挥了重要作用。天顺时，明英宗“虑廷臣党比，欲知外事，倚锦衣官校为耳目”[⑩]，以稳定政局。

①《明太宗实录》卷一七八，永乐十四年七月乙巳，第1940—1941页.

②［明］王世贞：《锦衣志》，万历纪录汇编本.

③《明太宗实录》卷一七八，永乐十四年七月乙卯，第1946页.

④《明太宗实录》卷二一二，永乐十七年五月丁未，第2137页.

⑤［明］王世贞：《锦衣志》，万历纪录汇编本.

⑥［清］查继佐：《罪惟录》卷三〇《奸壬列传·纪纲》，四部丛刊三编本，第2643页.

⑦《明宣宗实录》卷二〇，宣德元年八月辛未，第532页.

⑧《明宣宗实录》卷二〇，宣德元年八月壬午，第541页.

⑨《明宣宗实录》卷二〇，宣德元年八月甲申，第545页.

⑩［清］张廷玉等：《明史》卷三〇七《佞倖传》，第7878页.

可以说，明初，锦衣卫在稳定政局与反腐败过程中起了很大作用，此期吏治较清明就是很好的证明。锦衣卫官校无孔不入地侦缉，营造了恐怖的气氛，震慑效果明显。所谓“革除之初，鹰鹯成风，或戍或诛，家凛户怵，旧臣宿士恫疑沮丧，殆无穴自避”[①]。以致洪武时期，“京官每旦入朝，必与妻子诀，及暮无事则相庆，以为又活一日”[②]。这是明太祖利用锦衣卫进行恐怖统治下官员生活的真实写照。

当然，锦衣卫监控百官，一定程度上决定其命运，必然激起后者反击。成化十六年（1478），兵科给事中孙博即奏劾锦衣卫说：“（缉事）旗校本厮役之徒，大臣则股肱之任，岂旗校可信反有过于大臣？纵使所访皆公，亦非美事。一或失实，所损实多”[③]。锦衣卫官校与大臣的矛盾不言自明。

2. 对司法秩序的影响

明初，锦衣卫越过司法机构侦讯除皇帝以外的任何人，对司法秩序造成很大冲击。一般情况下，皇帝交给锦衣卫问讯的人及锦衣卫缉获的罪犯，多送入锦衣卫镇抚司狱即诏狱关押，由其审讯。如洪武时，“天下重罪逮至京者，收系狱中，数更大狱，多使断治，所诛杀为多”[④]。诏狱的环境恶劣，“其室卑入地，其墙厚数仞，即隔壁嗥呼，悄不闻声。每市一物入内，必经数处验查，饮食之属，十不能得一，又不得自举火，虽严寒，不过啖冷炙，披冷衲而已。”[⑤]

关押期间，诏狱的残酷甚于一般监狱，往往对被关押者滥施酷刑，轻者“打着问”，重者“好生打着问”，最重大者“好生着实打着问”。“必用刑一套，凡为具十八种，无不试之”[⑥]。诏狱用刑极为残酷，或“昼夜用刑”：“以木笼四面攒钉内向，令囚处其中，少一转侧，钉入其肤，囚之膺此刑者，十二时中但危坐如偶人”[⑦]；或行“全刑”：“全刑者曰械，曰镣，曰棍，曰拶，曰夹棍。五毒备具，呼謈声沸然，血肉溃烂，宛转求死不得”[⑧]；或行“琶”刑：“其最酷者名曰琵，每上，百骨尽脱，汗下如水，死而复生，如是者二三次，荼酷之下，何狱不成？”[⑨]残酷异常。

虽然锦衣卫在明朝统治体系中处于重要位置，但一味刑讯严重破坏司法秩序，

---

①［清］谈迁：《国榷》卷一三，永乐元年十月癸丑，北京，中华书局，1988 年 .

②［清］赵翼：《廿二史札记》卷三二《明祖晚年去严刑》，北京，中华书局，2001 年 .

③《明宪宗实录》卷一九九，成化十六年正月戊申，第 3498 页 .

④［清］张廷玉等：《明史》卷九五《刑法三》，第 2335 页 .

⑤［明］沈德符：《万历野获编》卷二一《禁卫・镇抚司刑具》，北京，中华书局，1997 年，第 538 页 .

⑥［明］沈德符：《万历野获编》卷二一《禁卫・镇抚司刑具》，第 538 页 .

⑦［明］沈德符：《万历野获编》卷二一《禁卫・昼夜用刑》，第 538 页 .

⑧［清］张廷玉等：《明史》卷九五《刑法三》，第 2335 页 .

⑨［清］傅维麟：《明书》卷七三《刑法志》，康熙四十三年刻本 .

对其限制就成为必要。洪武二十年（1387），明太祖闻锦衣卫“拷讯过酷，尽焚刑具，归其事于刑部，罢废其官，天下如脱水火”[①]。而因缺乏体制性制约，其弊端始终无法根除。洪武二十六年（1393），明太祖复“诏内外狱毋得上锦衣卫，诸大小咸径法曹”。终其世，锦衣卫“不复与典狱，稍稍夷它军矣”[②]，被剥夺了审讯权。但永乐时，锦衣卫“复典诏狱”[③]。

在锦衣卫官校的淫威下，冤案所在多有，严重侵蚀封建司法体系。如永乐十年（1412）六月，给事中引奏，“法司所逮至犯人内一二人欲有所陈诉”，锦衣卫官催之起，遂不得诉。明成祖看到后制止说：“此蒙蔽之过也，在朕前下情尚不得达，况千里之外哉！”并告诫锦衣卫官，“今后复尔者必诛”[④]。再如宣德初，兖州护卫指挥宋贞纵子宋彬殴人致死，行在刑部员外郎何回“论贞斩罪，彬为从，应流”。有人告何回受宋贞之贿，“下锦衣卫掠问，回不胜楚，遂承服”。其家人诉冤，宣宗说：“彼果受金，即贞免罪，贞罪不免，安淂有金？”命三法司核讯，实无受贿。宣德五年（1430）二月，释何回后宣宗告诫锦衣卫指挥李顺等说：

> 凡以赃得罪者，岂但丧身，至其子孙犹被玷累，岂可不究实情而专事考掠。今后鞫狱必尽至公，不公而枉人，汝曹不有阳祸，必有阴诛！[⑤]

而许多逮入镇抚司狱者却无何回幸运，无法申冤诉屈。因“计所获功次以为升授”，为邀功升迁，锦衣卫官校凭特权大肆枉人利己。“兼之镇抚司狗衙门之私而严刑锻炼，法司非甚有执持者，不免怀忌避之念而苟且扶同。则此狱之不能无冤，固亦势之所必至也”。捕风捉影下，无辜被逮而终身蒙冤不得申者很多，“兵番每附会以仇其奸，非法考讯，爪牙自威逼以强其忍……有无辜吁天极口，冤号于法司之衢者；有酷威所劫日沉冤，拟愿少须臾无死而不敢复辨者”[⑥]。

在锦衣卫司法过程中，其唯利是图、是非颠倒、泯灭人性的嘴脸暴露无遗，这是皇权支持下法外用刑的必然，严重破坏了正常的司法秩序。对其危害，嘉靖时南京国子监祭酒崔铣入木三分地说：“锦衣卫镇抚司上所亲信，故凡廷臣有重谴者，

---

①［明］沈德符：《万历获野编》卷二一《禁卫·锦衣卫镇抚司》，第 532 页．

②［明］王世贞：《锦衣志》，万历纪录汇编本．

③［清］张廷玉等：《明史》卷九五《刑法三》，第 2335 页．

④［明］徐学聚：《国朝典汇》卷一三八《兵部·锦衣卫》，天启四年刻本．

⑤《明宣宗实录》卷二八，宣德二年五月丁丑，第 750 页．

⑥［明］张萱：《西园闻见录》卷八六《刑部三》，明钞本．

民之妖言者、盗者，皆命治之。狱具，虽法司大臣无敢出入。”[①]

3. 对社会秩序的影响

如前所言，锦衣卫的一项重要职能是捕“盗”，这有助于安定社会秩序。洪武二十五年（1392）四月初四，锦衣卫指挥陶斡曾带领力士曲连、薛才等往河南捉“贼”，至九月方回[②]。宣德二年（1427）十二月，兵部奏：“囊者霸州、固安盗贼为患，皇上命御史监锦衣卫官巡捕……比者通州等处盗贼复作，请如故事遣官巡捕”[③]。宣德时，京畿屡有“盗贼”，锦衣卫常差官校于京城内外“分派地方”昼夜巡捕[④]。正统三年（1438）十二月，锦衣卫指挥佥事刘勉、监察御史萧銮奉敕“带领官校往通州，直抵东昌捕盗”[⑤]。

虽然锦衣卫有稳定社会秩序的作用，但不少锦衣卫官校恃特权“擅坐威福，贼虐善良”[⑥]，严重冲击明初的社会秩序。如洪武时锦衣卫千户王成，“差他在滁州管军屯种”，他倚官势强迫军人“妻小回家奸宿”[⑦]。明初，锦衣卫官校经常奉命传达皇帝诏谕。如洪武二十一年（1388）七月二十八日，命锦衣卫百户吴升传谕西平侯沐英；[⑧]。洪武三十年（1397）九月，“遣锦衣卫指挥谭全等谕古州从征将士”[⑨]。差锦衣卫官校传谕本无可厚非，但明太祖的解释却令人瞠目结舌：

近年以来，起取民间有力壮士充校尉，随驾出入。因见好汉，着令四方打差。实是恩抚这等壮士。为什么这般说？因各衙门皂隶、驾前行人，遇有差使，至其所在，虽不需索，动止便以财物相送。再思皂隶、行人，于朝无功，于民无益，到处所受赃私，动经千百。此等赃钞并无人讦告，禁也禁不住。为此令力士打差，若得此财，却不恩养壮士，随驾出入？[⑩]

在《大诰武臣》中，朱元璋更露骨地说：

---

①［明］崔铣：《喻刑》，陈子龙：《明经世文编》卷一三五《崔文敏公洹词》，崇祯年间刻本．

②［明］朱元璋：《逆臣录》卷三《锦衣卫指挥陶斡等》，第 174 页．

③《明宣宗实录》卷三四，宣德二年十二月丙子，第 869 页．

④《明宣宗实录》卷八八，宣德七年三月庚申，第 2022 页．

⑤《明英宗实录》卷四九，正统三年十二月乙亥，第 952—953 页．

⑥［清］张廷玉等：《明史》卷一七六《商辂传》，第 4690 页．

⑦《大诰武臣・奸宿军妇第二十二》，洪武内府钞本．

⑧［明］王世贞：《弇山堂别集》卷八七《诏令杂考三》，四库全书本．

⑨《明太祖实录》卷二五五，洪武三十年九月乙亥，第 3681 页．

⑩《大诰续编・力士催砖第八十一》，洪武内府刻本．

> 凡抄札胡党及提取害民官吏人等，都差军官军人前去。为甚么不差别人……便他得了些东西，也是出过气力的人，却不强似与那白身无功劳的人？[①]

原来明太祖差这些锦衣卫官旗到外地是为方便其敛财，使他们心生感激，死心塌地地报效自己，可谓用心良苦，私心太重。在他纵容下，这些锦衣卫官校在外地办差难免不为非作歹，以致后来他不得不告诫驾前校尉、力士、旗军、行人等，“非捧制书，止受批差，敢有似前礼犯分者，许所在官长实封入递”[②]。但效果并不理想，如力士周金保等八人被差往常州等府催办城砖，他们“至彼受财无厌，又行脱放有罪囚徒，受彼赃私，经九月不至。差人诣所在捉拿本人，已于本处娶讫妻室，盖造院宅，置买牲口，就彼为家。”[③]永乐时，统领锦衣卫的纪纲矫诏役使山东临邑县民“营创私第，擅作威福以危法中人”[④]。他“使腹心干伪，为诏下诸司盐场，勒盐四百余万还。复称诏夺官舶二十艘、牛车四百辆载入私第，弗予僦人牛立稿。又即狱喝持大贾数十百家，家索赂不等，为黄金三百五十两，白金二千两，钞四十五万贯，帛千五百疋……夺民人倪贵等第舍庄宅十七所，计直金三十余万。匿县官予民地八所，直二十余万……腐取良家子十八以下数百人充左右役。”又教唆爪牙沈文度说：“吾后庭未充，若为我吴中征好者，不为数。”于是沈氏“挟纲什伍而分民间室，亡谁何者”，大肆抢夺民财，鱼肉百姓[⑤]。永乐二十二年（1424），锦衣卫指挥同知甘斌“初守西山占百姓园田，又擅禁荐佛寺傍十里地，人不得樵采”[⑥]，民怨沸腾。此等事例不可殚举。

锦衣卫为获赏迁还千方百计诬陷害人，或“予设逻卒于乡村，诱引愚民为非，寻以妖言发之，文致以法，法司心知其冤，不敢与辨”[⑦]；或“有盗经出首幸免，故令多引平民以充数者；有括家囊为盗赃，挟市豪以为证者；或潜购图书，怀挟伪批，用妖言假印之律相诬陷者；或姓名相类，朦胧见收；父诉子孝，坐以忤逆，所

---

①《大诰武臣·卖放胡党第十七》，洪武内府钞本.

②《大诰·差事人越礼犯分第五十六》，洪武内府刻本.

③《大诰续编·力士催砖第八十一》，洪武内府刻本.

④［明］雷礼：《皇明大政纪》卷八，万历年间刻本.

⑤［明］王世贞：《锦衣志》，万历纪录汇编本.按：《锦衣志》《明史》将沈文度误为沈万三之子，考诸弘治《吴江县志》卷九：“姻家沈文度者，万三之曾孙也”、潘柽章：《松陵文献》卷八：“沈文度者，万三之曾孙也”等记载，他当为沈万三的曾孙.

⑥［明］徐学聚：《国朝典汇》卷一三八《兵部·锦衣卫》，天启四年刻本.

⑦［明］王世贞：《弇州史料》前集卷一四，万历四十二年刻本.

以被访之家，谚称为划，毒害可知矣”[①]。宣德二年（1427）九月，明宣宗也承认“锦衣卫官差遣在外，多贪虐厉民”[②]，扰乱社会秩序。景泰年间，有人揭发锦衣卫官校缉事“多为人复私怨，指无为有，诬致人罪，且例不许辩理”。景帝闻言怒道：“官校本以廉阴谋不轨、大奸大恶，乃今其弊如此……如肆诬罔，俱重罪不宥”[③]。锦衣卫官校肆意妄为将皇帝激怒，其害不言而喻。

锦衣卫官校捕人犯原本需要驾贴，即由缉捕的官校送呈原奏到刑部签发，刑科在“姓名之下以墨笔乙之，妨增入也”[④]。但后来官校往往不呈原奏便叫刑科签发，随意捕人，“官校拘执职官，事皆出于风闻。暮夜搜捡家财，不视有无驾贴。人心震慑，各怀疑惧。”[⑤]天顺时，逯杲掌锦衣卫，“遣校尉侦事四方，文武大吏、富家高门多进伎业，货贿以祈免，亲藩郡王亦然”。无行贿者则“锻炼成狱，天下朝觐官大半被谴”。每逮一人，“数大家立破。四方奸民诈称校尉，乘传纵横无所忌”[⑥]，严重扰乱社会秩序。

锦衣卫大肆搜刮和掠夺，令人苦不堪言。锦衣卫旗校捕人时，常先把被捕者带至空庙祠宇毒打一顿，肆意敲诈勒索，名曰“打桩”[⑦]。锦衣卫“缉访则止属风闻，多涉暧昧”，捕风捉影地“访拏所及，家资一空，甚至有同室之有席卷以去，故被访之家谚称为‘划’，言若划刮无余也，毒害堪怜之状莫此为甚”。而被捕者入镇抚司狱后即遭严刑拷讯，“有真盗出首幸免，而故令多攀平民以备其数者；有括家囊为盗赃，而通同棍恶以证其事者；有潜种图书，陷人于妖言之律者；有怀挟伪批，坐人以假印之科者；有姓名仿佛，拏汪尧民为王尧民，而荼毒以死者；有亲民诉称孝子亦被拏，诬作忤逆者”[⑧]。

锦衣卫官校还大肆抢夺民田民宅。如前揭永乐时锦衣卫首领纪纲“夺民人倪贵等第舍庄宅十七所，匿县官予民地八所”[⑨]。此外，他们还常借外出采造之机大肆搜刮勒索。以致宣德三年（1428），锦衣卫指挥钟法保请往东莞采珠，明宣宗认为这是欲扰民以求利，将其下狱[⑩]。成化时，“梁方弟锦衣镇抚德以广东其故乡，归采禽

①［清］张廷玉等：《明史》卷九五《刑法三》，第 2340 页 .

②《明宣宗实录》卷三一，宣德二年九月辛卯，第 796 页 .

③《明英宗实录》卷一八八，景泰元年闰正月丁未，第 3813 页 .

④［明］杨士聪：《玉堂荟记》卷四，北京，中华书局，1985 年 .

⑤［清］傅维鳞：《明书》卷一五八《宦官汪直》，康熙四十三年刻本 .

⑥［清］张廷玉等：《明史》卷三〇七《佞倖传》，第 7878 页 .

⑦［清］傅维鳞：《明书》卷七三《刑法志》，康熙四十三年刻本 .

⑧［明］张萱：《西园闻见录》卷八六《刑部三》，明钞本 .

⑨［明］王世贞：《弇州史料》后集卷三六《纪纲罪状》，万历四十二年刻本 .

⑩［清］张廷玉等：《明史》卷九《宣宗本纪》，第 119 页 .

鸟花木进献，为害尤酷。”[①]

倚仗特权大肆搜刮和掠夺，使锦衣卫官聚敛了巨额财富。如永乐时纪纲“数使家人伪为诏，下诸方盐场勒盐四百余万。还复称诏夺官船二十、牛车四百辆，载入私第，弗予直。构陷大贾数十百家，罄其资乃已。”[②]天顺时门达败后，亦“没其赀鉅万”[③]。

锦衣卫非人的虐待迫使许多人铤而走险，进行反抗。诚如时人李戴所言：“此辈宁不爱性命乎哉？变亦死，不变亦死，与其吞声独死，毋宁与仇家俱糜。”[④]有明一代，农民起义不断，原因固然复杂，但锦衣卫等特刑机构的逼迫和敲诈无疑是一个重要原因。

锦衣卫还负有查禁“妖书”，缉捕“妖贼”的责任。在民间，以宗教名义传播邪术迷信的书籍广为流传，此类书被官方称为“妖书”。“盖谶纬、妖书、妖言皆妄谈国家存亡，世道兴废，人已休咎于凡灾祥吉凶之事，其说易以惑人”[⑤]。

它在民间流传不利于社会稳定，“妖书图本荒诞不经之言，小民无知往往被其幻惑”[⑥]。“妖贼”指传播邪术迷信危害社会的游食者，也指参加民间秘密结社者，其活动多有迷信崇拜内容。尤其是后者，力量一旦壮大，会直接或间接地对抗官府，因此被明统治者视为“逆谋”严厉镇压。《大明律》规定：“凡造谶纬、妖书、妖言及传用惑众者，皆斩。若私有妖书，隐藏不送官者，杖一百，徒三年。”[⑦]

明初，统治者深刻认识到“妖书”和“妖贼”的危害性远超一般的犯罪，严令锦衣卫查禁妖书，缉捕妖贼，奖赏也较丰厚。如成化二年（1466）八月，因锦衣卫副千户安顺等“屡获妖贼并妖书”，明廷升安顺为正千户，试百户董璋为副千户，总旗李贵、李信俱为所镇抚，小旗张远等三名俱为总旗校尉，杜旺等六名俱为小旗，“各赐衣一袭，钞一千贯”[⑧]。同年九月，以“擒获妖贼功，升都指挥佥事袁彬为都指挥同知，官旗校尉田广等十七人给赏有差”[⑨]。成化十年（1474），因擒获“妖贼”有功，“升掌锦衣卫事都督指挥同知袁彬及副千户等官孙贤等十四人各一级”[⑩]。

---

①［清］张廷玉等：《明史》卷一八三《彭韶传》，第 4856 页．

②［清］张廷玉等：《明史》卷三〇七《佞倖传》，第 7877 页．

③［清］万斯同：《明史》卷四〇三《佞倖传》，清钞本．

④［清］张廷玉等：《明史》卷二二五《李戴传》，第 5919 页．

⑤［明］应槚：《大明律释义》卷一八《刑律・盗贼・造妖书妖言》，嘉靖年间刻本．

⑥《明宪宗实录》卷一三六，成化十年十二月甲午，第 2551 页．

⑦《大明律》卷一八《刑律一・贼盗》，洪武年间刊本．

⑧《明宪宗实录》卷三三，成化二年八月丙寅，第 669 页．

⑨《明宪宗实录》卷三四，成化二年九月壬申，第 672 页．

⑩《明宪宗实录》卷一三六，成化十年十二月丁未，第 2565 页．

需要指出，锦衣卫官校查封“妖书”，侦缉“妖贼”时，往往贪功图赏，“所获者多有诬枉，往往称冤”，严重扰乱社会秩序[①]。

当然，锦衣卫官中也有善类，如宣德时，谏官陈祚上疏忤旨，郁林知州林长懋因言“怨望”，均被逮锦衣卫狱讯问。锦衣卫指挥使张信秉公处理，两人先后获释[②]。然而锦衣卫中如张信者太少了。

4. 利于了解民情

锦衣卫的侦缉对象是除皇帝以外的所有人，上至王公，下至平民，皆在其侦缉范围内。凡“盗贼奸宄，街头沟洫，密缉而时省之”[③]。藩王也受其侦缉，永乐元年（1403），宁献王朱权徙封南昌，不久，有人告发他“巫蛊诽谤事，密探无验，得已”[④]。而对普通百姓的侦缉则无所不用其极，即使买卖货物也不可避免。永乐时，“锦衣卫尝执奏卫民与外国使人交通罪”。当明成祖了解案情时，锦衣卫回答说：“以毡衫市而与之，交语甚久”[⑤]。

明朝皇帝大多身居九重，很少亲临民间。但要正确处理国家大政，必须搜集来自基层的真实情报以资参考。锦衣卫既为近侍，又有缉事特权，从京畿到地方，其触角无孔不入，“其钩察出人帏簿间”[⑥]，因而有便利的条件成为皇帝了解社会信息的媒介，他们依恃特权四处侦缉，“故事无大小，天子皆得闻之”[⑦]。宣德四年（1429），北直隶永清县奏报发现蝗蝻。明宣宗问左右道：“永清有蝗，未知他县何似？”众文官无言以对，锦衣卫指挥李顺却从容答道：“今四郊禾粟皆茂，独闻永清偶有蝗耳。”[⑧]宣宗随意提出问题，李顺即能立即作答，说明民生情况，包括农业生产等也属于锦衣卫的侦察范围。古代，民间耕牛多少和生存状况与农业生产密切相关，这当然也属于锦衣卫关注的对象。天顺六年（1462），锦衣卫奏报捕获违禁屠牛者四46人，共杀牛2840余头[⑨]。违禁杀牛是由地方法司处理的事务，锦衣卫却介入，这显然并非偶尔为之，说明其触角已广泛深入社会底层，以很好地了解民情。

巡视地方本是巡按御史等官员的重要职责，但有时也派锦衣卫官员前去。此种

①《明宪宗实录》卷一八一，成化十四年八月庚子，第3261页.

②［清］张廷玉等：《明史》卷一四五《张信传》、卷一六二《林长懋传》，第4085、4400—4402页.

③［清］张廷玉等：《明史》卷七六《职官五》，第1862页.

④［清］张廷玉等：《明史》卷一一七《宁王权传》，第3592页.

⑤［明］王圻：《续文献通考》卷一三八《刑考四》，万历三十年刻本.

⑥［明］王世贞：《锦衣志》，万历纪录汇编本.

⑦［清］张廷玉等：《明史》卷九五《刑法三》，第2333页.

⑧《明宣宗实录》卷五四，宣德四年五月己酉，第1289页.

⑨《明英宗实录》卷三四七，天顺六年十二月丙戌，第7003页.

事例所在多有。永乐十五年（1417）五月，明成祖“遣监察御史、锦衣卫官巡视夫匠亡殁者”[①]。平定高煦之乱后，宣德元年（1426）八月二十三日，明宣宗“遣监察御史、给事中及户部、锦衣卫官于缘途大军经过之处巡视田禾，有践伤者还奏，免其今年秋税”[②]。宣德三年（1428）十二月，明宣宗遣锦衣卫指挥任启、参政叶春、监察御史赖瑛，同太监刘宁“往镇江、常州及苏松嘉湖等府巡视军民利病”[③]。宣德九年（1434）七月，北直隶大名府和广平府，河南开封府、卫辉府、彰德府和怀庆府，山东济宁州、东昌府、莱州府、青州府、济南府，南直隶凤阳府、淮安府等地，“蝗蝻覆地尺许，伤害禾稼。虽悉力捕瘗，而日加繁盛”，明宣宗“遂再遣御史、给事中、锦衣卫官各驰驿分往督捕”[④]。天顺年间，京营军马多在北直隶雄县等处草场牧放，当地百姓经常受到牧马军士骚扰。天顺六年（1462）六月，明英宗命锦衣卫指挥佥事吕贵同监察御史马文异和给事中袁恺，前往雄县点视草场牧放马匹，“且戒其毋得虚应故事，容情不举”[⑤]。锦衣卫官员手握侦缉特权，直接向皇帝负责，地方官员和武将对其有所忌惮，明英宗命他们协同科道官前往调查，能更客观了解牧马军士的情况。

一言以蔽之，利用特殊的身份和侦缉特权，锦衣卫官校有便利的条件深入民间了解情况，获取较客观的第一手社会情报，供朝廷制定国家大政方针时参考。

结　语

锦衣卫自洪武十五年（1382）设置，迄于明亡，几乎与明王朝相始终。它负责搜集各种情报，侦讯除皇帝以外的任何人，成为君主控制臣民的有力工具，起着维护君主专制的重要作用，是明朝国家机器的重要组成部分。锦衣卫主要在侍卫皇帝、侦缉官民、理狱司法三个领域活动，也从事随军出征、出使、传达诏令、屯田等活动。不同于东厂、西厂和内行厂主治内事，锦衣卫主治外事。其官校虽多有擅权为恶者，但也不乏正直为善者，不可一概而论。它作为君主的耳目和爪牙，有侦讯官民的特权，频繁地从事侦讯活动，触角延伸到社会的各个角落，营造了一种人人自危的恐怖社会气氛，既扰乱了社会秩序，又严重侵蚀了都察院、刑部、大理寺诸法司的监察司法权。锦衣卫官校千方百计地搜集信息，不择手段地从事侦缉活

①《明太宗实录》卷一八八，永乐十五年五月戊子，第 2003 页．

②《明宣宗实录》卷二〇，宣德元年八月甲申，第 545 页．

③《明宣宗实录》卷四九，宣德三年十二月丁酉，第 1189 页．

④《明宣宗实录》卷一一一，宣德九年秋七月甲申，第 2502—2503 页．

⑤《明英宗实录》卷三四一，天顺六年六月丙戌，第 6925 页．

动，这虽然产生了诸多不良影响，但有利于皇帝掌控官民尤其是官僚群体，了解社会的真实情况，从而及时做出相应的决策和调整，这无疑有益于此期社会经济的恢复发展和淳朴社会风气的形成。客观而言，锦衣卫对于明初政局和社会秩序的稳定发挥了重要的作用。明末人沈起所言“明不亡于流寇而亡于厂卫”①，代表了相当一部分人的看法，不无以偏盖全之嫌，值得商榷。可以说，锦衣卫的活动深深地影响着明初的政治局势、司法秩序和社会秩序，其命运的起伏是此期复杂政治斗争和社会变迁的一个缩影。

（作者单位：河南大学）

①［清］朱彝尊：《静志居诗话》卷二二《沈起》，嘉庆年间刻本．

明代锦衣卫始末与制度及其影响

孙祥宽　孙文海

一、锦衣卫始末

锦衣卫，全称锦衣亲军都指挥使司，是明代一个特殊的军事机构，前身为拱卫司、仪鸾司，其演变过程得从朱元璋弃僧从戎说起。

朱元璋是濠州钟离太平乡（今安徽凤阳县府城镇）人，幼年家贫如洗，在他17岁时，17天内父亲、母亲、长兄相继死去。他为了生存进入于皇寺（后称皇觉寺）为僧。元至正十二年（1352），朱元璋弃僧从戎，投奔郭子兴起义军。“子兴奇其状貌，留为亲兵。战辄胜，遂妻以所抚马公女，即高皇后也。”①《明太祖实录》云“子兴喜，遂留置左右。寻命长九夫。”至正十三年（1353）冬与次年春，朱元璋带二十四兄弟南略定远，“予脱旅队，驭马控缰。出游南土，气舒而光。倡农夫以入伍，事业是匡。不逾月而众集，赤帜蔽野而盈冈。”②

当时，定远人冯国用与其弟冯胜在妙山归附。朱元璋征询天下大计，冯国用即建议：“金陵龙蟠虎踞，真天下帝王之都，愿先拔金陵而定鼎，然后命将四征讨”③。朱元璋听罢甚悦，遂留他在身边当谋士，后任命管理亲军。当朱元璋“引兵趋定远,（毛）骐扶县令出降。太祖喜，留与饮食，筹兵事，悉当意。”④后其子毛骧，为明朝第一任锦衣卫指挥使。

至正二十四年（1364）十二月，吴王朱元璋设立自己直属警卫团“侍卫上直亲军拱卫司”。朱元璋称帝后，于洪武二年（1369）正式设帐前总制亲军都指挥司，统领侍卫亲军。次年又置亲军都尉府及仪銮司。

洪武十五年（1382），朱元璋罢废仪銮司，设置锦衣卫，初辖五个锦衣所及旗

① [清] 张廷玉等：《明史》卷一《太祖一》，北京，中华书局，1974年，第2页.

② [明] 朱元璋：御制《大明皇陵之碑》，[明] 郎瑛：《七修类稿》卷七《国事类·皇陵》，北京，中华书局，1959年，第118页.

③ [明] 高岱：《鸿猷录》卷一，万历刻本.

④ [清] 张廷玉等：《明史》卷一三五《毛骐传》，第3921页.

手所。随后，正式设置护卫亲军上十二卫：锦衣卫、旗手卫、金吾前卫、金吾后卫、羽林左卫、林右卫、府军卫、府军左卫、府军右卫、府军前卫、府军后卫、虎贲左卫。其中，锦衣卫最为重要、最有广泛的影响，旗手卫次之。此后，锦衣卫内部机构不断增加，职能权力不断扩大，使得他们开始膨胀，出现非法凌辱、虐待囚犯的行为。

朱元璋于洪武二十年（1387）春正月“癸丑，焚锦衣卫刑具。先是，天下官民有犯者，俱命属法司，其有重罪逮至京者，或令收系锦衣卫审其情辞，用事者因而非法凌虐。上闻之，怒曰：‘讯鞫者，法司事也，凡负重罪来者，或令锦衣卫审之，欲先付其情耳，岂令其煅炼耶？而乃非法如是。’命取其刑具悉焚之，以所系囚送刑部审理。”[①]

一般以为朱元璋此时废除了锦衣卫，实际上，他废除的只是锦衣卫诏狱方面的职能，而不是罢锦衣卫机构名称。如洪武二十六年（1393）二月乙酉，“凉国公蓝玉谋反，伏诛。”即是锦衣卫指挥蒋瓛状告的。同年六月丁酉，朱元璋进一步“申明锦衣卫鞫刑之禁，凡所逮者俱属法司理之”[②]。《明史·刑法三》亦云：洪武“二十六年，申明其禁，诏内外狱毋得上锦衣卫，大小咸经法司”[③]。

朱允炆继承帝位后，仍有锦衣卫记载。建文三年（1401）五月，方孝孺“乃建议白帝：遣锦衣卫千户张安赍玺书往北平赐世子，世子得书不启封，并安送燕军前。间不得行。”[④]朱棣发动“靖难之役”登上皇位，因为得国不正，不仅重整锦衣卫，而且恢复“诏狱”，并用锦衣卫来监视、处罚建文帝的拥护者和追随者。到明武宗正德朝时，锦衣卫人数多达万人。

明代中期以后，东、西厂与锦衣卫有时联合行动，共同承担稽查百官的职责，锦衣卫的势力有所下降。后期却因为权力膨胀，锦衣卫开始中饱私囊。崇祯末年当农民起义军包围北京城，锦衣卫作为军队也用来守城。城被攻破后，锦衣卫的官员有的投降，有的死守城门直到最后战死。但南明仍有锦衣卫存在，1661年南明永历帝的锦衣卫指挥使马吉翔，与掌卫事任子信于咒水之难被杀。至此，长达290年的锦衣卫历史方才正式结束。清朝入关以后，仿效明朝制度，仍然设立锦衣卫。顺治二年（1645）改称銮仪卫，不过仅存在一年，即废除锦衣卫。

---

①《明太祖实录》卷一八〇，洪武二十年正月癸丑，台北：“中央研究院”历史语言研究所校勘本，1962年，第2722页.

②《明太祖实录》卷二二八，洪武二十六年二月丁酉，第3326页.

③［清］张廷玉等:《明史》卷九五《刑法三》，第2335页.

④［清］张廷玉等:《明史》卷一四一《方孝孺传》，第4018页.

二、锦衣卫制度

（一）仪銮司

仪鸾司机构　仪鸾司的机构较为混乱，有一个演变过程。洪武三年（1370），改为亲军都尉府，管左、右、中、前、后五卫军士，而设仪鸾司隶焉。

明朝建立以前，朱元璋初受制于郭子兴部和小明王政权，军队并没有严格的规定。元至正十五年（1355）三月，郭子兴去世。小明王檄郭子兴之子郭天叙为元帅，妻弟张天爵为右元帅，朱元璋为左元帅。是年九月，郭天叙，张天爵皆战死，朱元璋成为这支队伍名副其实的都元帅。翌年七月初一，朱元璋自立为吴国公，事实上脱离小明王政权，走上独立发展道路。当日，朱元璋不仅宣布设置江南行中书省并置百官，还下令设置了江南行枢密院、帐前总制亲兵都指挥使司和各翼元帅府及省都镇抚司等军事机构。这些军事机构和编制具有中央侍卫亲军管理机构的性质与功能，是明代京营的起源与雏形。

至正十八年（1358）二月，朱元璋升领军舍人朱文忠为帐前总制、亲军都指挥使司、左副都指挥兼领元帅府事。至正二十一年（1363）正月，朱元璋受封吴国公，并效仿元代侍卫军事机构，开始构建了一套禁卫军系统：随驾壮士设内八卫：龙襄、凤翔、豹韬、飞熊、鹰扬、武德、天策、骠骑，具名亲军指挥使司。各处听调军士，设外八卫：英武、雄武、广武、宣武、威武、振武、神武、兴武，只名指挥使司。至正二十四年（1364）二月，朱元璋大败劲敌陈友谅，自称吴王。同年三月戊辰（初四），吴王朱元璋定大都督府等衙门官制。其中，“金吾侍卫亲军都护府”，“各卫亲军指挥使司”不详设置何时。又于“庚午，置武德、龙骧、豹韬、飞熊、威武、广武、兴武、英武、鹰扬、骁骑、神武、雄武、凤翔、天策、振武、宣武、羽林十七卫亲军指挥使司”[①]。各卫亲军指挥使司，应属金吾侍卫亲军都护府。同年十月，革金吾侍卫亲军都护府、统军元帅府万户府，并都护府、断事官知事于大都督府。“太祖即吴王位，其年十二月设拱卫司，领校尉，隶都督府。”[②]《明太祖实录》亦云：至正二十四年（1364）十二月“乙卯，置拱卫司，以统领校尉。属大都督府，秩正七品。”[③]

吴元年（1367）四月，朱元璋“命江西行省选精兵二千人充宿卫”。此时金吾侍卫亲军都护府已经裁撤，亲军诸卫已经划归大都督府统辖。

至正二十八年（1368）正月，朱元璋在应天府创建大明王朝，洪武二年（1369），

---

①《明太祖实录》卷一四，甲辰年正月庚午，第 185 页 .

②［清］张廷玉等:《明史》卷九五《刑法三》，第 2335 页 .

③《明太祖实录》卷一五，甲辰年五月乙卯，第 211 页 .

正式设帐前总制亲军都指挥司，统领侍卫亲军。后来拱卫司改为拱卫指挥使司品。不久又改为都尉司。洪武三年（1370），改为亲军都尉府，而设仪鸾司隶属之。

关于仪鸾司设置年代，张金奎先生考证，“在《实录》当中，仪鸾司已经在此前出现过多次……仪鸾司在明朝立国之前已经存在，洪武三年只是调整了它的隶属关系。《实录》洪武三年六月这条记载中提到的拱卫司同样成立于朱元璋称帝之前。”上述论断是可信的。洪武“十五年罢仪鸾司，改置锦衣卫”①。

仪鸾司职能，在明朝建立之前，设置的拱卫司主要职能，一是负责管领校尉，二是掌管皇帝仪仗和侍卫。《明史》载：“皇帝仪仗：吴元年十二月辛酉，中书左相国李善长率礼官以即位礼仪进。是日清晨，拱卫司陈设卤簿，列甲士于午门外之东西，列旗仗于奉天门外之东西。龙旗十二，分左右，用甲士十二人。”又如，同年十二月乙丑：“礼部尚书崔亮等以所定《册立皇后皇太子礼仪》进：……拱卫司、宣徽院官对立，位于奉天殿门之左右，东、西相向……是日，金吾卫陈设甲士仪仗于午门外之东西，拱卫司陈设仪仗于丹陛、丹墀之东西。”②

仪鸾司职能　设置初期未见文献明确载录。但从记述的行为得知，主要负责朱元璋的保卫和仪仗队。

如吴元年（1367）十二月辛酉，中书省左相国李善长率礼官以即位礼仪进：“前期，侍仪司设表案于丹墀中内道之西北……仪鸾司官位，于殿中门之左、右；护卫、千户八人位，于殿东、西门之左、右，俱东西相向……是日清晨，拱卫司陈设卤簿列甲士于午门外之东、西。”③

明朝建立之后，仪鸾司职能，见载王世贞《锦衣志》：“高皇帝初即位，置司曰仪鸾，掌侍卫、法驾、卤簿，使冠文冠”④。这是校尉隶属仪鸾司后之事。拱卫司原本管领校尉，属都督府。后来改为拱卫指挥使司，旋又改为都尉司。到洪武三年（1370），改为亲军都尉府，管左、右、中、前、后五卫军士，仪鸾司属之。后裁撤亲军都尉府，校尉归属仪鸾仪鸾司。仪仪鸾司官员，亦曾负责招募校尉。

洪武十二年（1379）四月“戊午，遣仪鸾司典仗陈忠往浙江杭州诸府募民，愿为校尉者，免其徭役，凡得一千三百四十七人。校尉、力士之设，佥民间丁壮无疾病过犯者，为之。力士隶旗手千户所，专领金鼓旗帜，随驾出入及守卫四门。校尉隶拱卫司，专职擎执卤簿、仪仗及驾前宣召官员、差遣干办，三日一更直。立总小

①［清］张廷玉等：《明史》卷七六《职官五》，第 1862 页．

②《明太祖实录》卷二八下，吴元年十二月乙丑，第 439 页．

③《明太祖实录》卷二八上，吴元年十二月辛酉，第 435 页．

④［明］王世贞：《锦衣志》，《中国野史集成》编委会、四川大学图书馆编“中国野史集成”丛书影印纪录汇编本，成都，巴蜀书社，1993 年，第 283 页．

旗以领其众，由总旗而升为百户及各王府典仗，择年深者为之。其余有阙，则依例佥充。至是，隶仪鸾司。以数少，持诏募民为之。后罢仪鸾司，置锦衣卫；罢旗手千户所，置旗手卫。校尉隶锦衣，力士隶旗手。”①

洪武十五年（1382），仪鸾司改置锦衣卫后，校尉仍存在。《明史》载：“永乐中，置五军、三千营……备宿卫。校尉、力士佥民间丁壮无恶疾、过犯者。力士先隶旗手卫，后改隶锦衣及腾骧四卫，专领随驾金鼓、旗帜及守卫四门。校尉原隶仪鸾司，司改锦衣卫，仍隶焉。”②

（二）锦衣卫

锦衣卫机构　锦衣卫设置于洪武十五年（1382）四月，文献记载及史学界认为一致。但其下属所有十四所、十七所、十八所之说，莫衷一是。据《大明会典》载：“（洪武）十五年，罢府及司，置锦衣卫。统军与诸卫同。所属有南北镇抚司、十四所。”并列十四所为锦衣中、左、右、前、后所，上中、上左、上右、上前、上后、中后所和驯象所、亲军所、旗手所。③《明史·职官五》则载：“统所凡十有七”④。但只列出12所，尚缺《大明会典》中亲军所和旗手所。王圻《续文献通考》又提出“卫凡十八所”，并明确指出这十八所包括“锦衣中、左、右、前、后五所，领军士五所，各分銮舆、擎盖、扇子、旌节、旛幢、班剑、斧钺、戈戟、弓矢、驯马十司，分领将军、校尉。上中、上左、上右、上前、上后、中后、亲军，分领将军、力士、军匠。驯象所领象奴养象。”⑤所列亦只13所，仍缺《大明会典》中之旗手所。

而《明太祖实录》仅云：洪武十五年夏四月“乙未（十六日），改仪鸾司为锦衣卫，秩从三品，其属有御椅、扇手、擎盖、旛幢、斧钺、鸾舆、驯马七司，秩皆正六品”⑥。这里并未提到“罢亲军都尉府”“所属有南北镇抚司”，估计此前亲军都尉府已经撤并。亦未提到下属所，可见锦衣卫成立之初，南北镇抚司只应设锦衣中、锦衣左、锦衣右、锦衣前、锦衣后五个所。领军士五所，各分属御椅、扇手、擎盖、旛幢、斧钺、鸾舆、驯马七司。至于十四所、十七所、十八所中，除五所外其余可能为以后增置。例如，洪武十八年（1385）六月第一次扩编锦衣卫的六个所，“天下府州县签民丁充力士者万四千二百余人至京。命增置锦衣卫中左、中右、

①《明太祖实录》卷一二四，洪武十二年四月戊午，第1990页.

②［清］张廷玉等:《明史》卷八九《兵一》，第2185页.

③《大明会典》卷二二八,万历刻本.

④［清］张廷玉等:《明史》卷七六《职官五》，第1862页.

⑤［明］王圻:《续文献通考》卷九五《职官考·锦衣卫》.

⑥《明太祖实录》卷一四四，洪武十五年四月乙未，第2266页.

中前、中后、中中、后后六千户所分领之。余以隶旗手卫。"[①]洪武二十四年（1391）三月"辛丑，置锦衣卫所属驯象、屯田、马军左右千户所"[②]。当年六月，又增设"锦衣卫马军前、后二千户所"[③]。洪武三十年（1397）二月"壬子，置锦衣卫前千户所十司。曰銮舆、曰擎盖、曰扇手、曰旌节、曰幡幢、曰班剑、曰斧钺、曰戈戟、曰弓矢、曰驯马"[④]。洪武朝以后，锦衣卫下属千户所、司有所增减，变化复杂、司有所增减，多次发生变化。

锦衣卫职能 《明史·职官五》载："锦衣卫，掌侍卫、缉捕、刑狱之事，恒以勋戚都督领之，恩荫寄禄无常员。凡朝会、巡幸，则具卤簿仪仗，率大汉将军等侍从扈行。宿卫则分番入直。朝日、夕月、耕耤、视牲，则服飞鱼服，佩绣春刀，侍左右。盗贼奸宄，街途沟洫，密缉而时省之。"[⑤]据此条资料，可以归纳锦衣卫具有四个基本职能。

1. 卤簿和侍卫职能

首先，锦衣卫具有侍卫君主及其他军事职能。锦衣卫由亲军都尉府和仪鸾司改置整合而来。首先，延续卤簿、仪仗的陈设。在《明史》中即记载："太祖设锦衣也，专司卤簿"。主要负责执掌侍卫、展列仪仗。其次，锦衣卫是作为皇帝的侍卫，随同皇帝出巡。这两项职责，与之前仪鸾司的作用相同。明成祖朱棣登上帝位后，多次回凤阳祭祖，车驾出行场面极其隆重。官员及侍卫随从护驾，胡广曾作《陪驾祀皇陵》诗：圣主春巡日，皇陵晓祀时，千官陪玉辇，万骑拥龙旗。[⑥]后来王英亦作《扈从渡淮》《扈从至中都》二首。

2. 侦缉和侦视职能

侦缉民情与官员，是锦衣卫职掌中规定的内容之一。"盗贼奸宄，街途沟洫，密缉而时省之"[⑦]。锦衣卫侦缉活动主要采取暗中稽查，把得到的情况禀报皇帝。由于锦衣卫的成员是恩荫寄禄者，用现在的话讲，都属于干部的子弟，所以他们能提供官僚的日常生活状况，便于朱元璋掌握臣下的动向。因为他们本来就生活在这个圈子之内。洪武初，夏煜"与高见贤、杨宪、凌说四人以伺察博击为事，后俱以不良死"[⑧]。成祖时的纪纲、英宗时的逯杲、武宗时的钱宁等，在他们掌管锦衣卫权力

①《明太祖实录》卷一七三，洪武十八年五月丙午，第 2640 页 .

②《明太祖实录》卷二〇八，洪武二十四年三月辛丑，第 3095 页 .

③《明太祖实录》卷二〇九，洪武二十四年六月丁巳，第 3110 页 .

④《明太祖实录》卷二五〇，洪武三十年二月壬子，第 3627 页 .

⑤［清］张廷玉等：《明史》卷七六《职官五》，第 1862 页 .

⑥［明］袁文新等修纂：天启《凤阳新书》卷六，天启刻本 .

⑦［清］张廷玉等：《明史》卷七六《职官五》，第 1862 页 .

⑧［清］张廷玉等：《明史》卷一三五《夏煜传》，第 3919 页 .

时，缇骑四出，上至宰相藩王，下至平民百姓，都处于他们的监视之下。

侦视，指探听，暗中察看。朱元璋还利用锦衣卫心腹或校尉，侦视臣僚的动态。《明史·宋濂传》称宋濂“尝与客饮，帝密使人侦视。翌日，问濂所饮酒否，坐客为谁，馔何物。濂具以实对，笑曰‘诚然，卿不欺朕。’”《明史·宋纳传》载，朱元璋“使画工瞷纳图其像，危坐有怒色。明日入对，帝问昨何怒。纳惊曰：‘诸生有趋踣者，碎茶器，臣愧失教，故自讼耳。且陛下何自知之。’帝出图。纳顿首谢。”这样的例子举不胜举，当朝在朱元璋手下做官，无不诚惶诚恐。

3. 捕盗和诏狱职能

所谓捕盗之盗，既包括揭竿起义的被统治者，也包括一般意义上的刑事罪犯。明代执行缉盗拿奸任务的主要是校尉和力士，其被称为“缇骑”。张金奎先生在《锦衣卫职能略论》中提道：“所谓捕盗之盗，既包括揭竿起义的被统治者，也包括一般意义上的刑事罪犯。笔者目前所见到的锦衣卫被用于捕盗的最早资料出自朱元璋御制的《逆臣录》。《逆臣录》记录的都是所谓蓝玉一党的供词。其中的锦衣卫指挥陶干曾于洪武二十五年四月初四，带领力士曲连、薛才等‘前往河南捉贼. 至九月内回还’。”[①]朱棣为了保证皇权的稳定，他也迫切需要构建一张更为严密的监控网络，使得锦衣卫的力量能够触及帝国的各个角落。开始将锦衣卫参与地方的治安，真正执行“侦缉捕盗”的职能，并固定下来。廖元琨先生参考《明会典》和《明史》相关内容制作《锦衣卫在京城及周边治安部署》[②]表如下：

锦衣卫在京城及周边治安部署

锦衣卫参与治安项目	僚属人员配置
缉访京城内外奸宄	本卫掌印官奉敕专管，领属官二员、旗校八十名
缉捕京城内外盗贼	指挥一员奉敕专管，领属官五员、旗校一百名
每季凡五城兵马司地方，分坐各城外地方	千户五员，百户十员，旗校二百五十名
分巡俱缉捕盗贼	千户五员，百户十员，旗校二百五十名
京城内外缉捕喇虎凶徒	千户五员，百户十员，旗校五十名
通州张家湾一路缉捕奸盗	千户五员，百户十员，旗校五十名
京城内外修理街道疏通沟渠	指挥一员奉敕专管，领属官三员、旗校五十名

① 张金奎：《明史研究论丛》第八辑，北京，紫禁城出版社，2010 年，第 178 页 .

② 廖元琨：《锦衣卫与明代北京治安》,《第十一届明史国际学术讨论会论文集》，天津，天津古籍出版社，2007 年，第 255 页 .

从表中锦衣卫参与治安项目来看，正是《明史·职官五》记载“所盗贼奸宄，街途沟洫，密缉而时省之”的职责。

诏狱是锦衣卫自己的监狱，洪武十五年（1382）朱元璋设置于北镇抚司，专门掌管由皇帝亲自过问和处理的重大刑狱，故名诏狱，又称北镇抚司狱。不过皇帝如下了逮捕令，锦衣卫拘捕人得刑科在驾帖上签名。提问人犯也得拿着皇帝的圣旨原本到刑科，待签名后方可把犯人带走。

但是，锦衣卫侦察京师官民、搜集情报、拘捕、刑讯人犯，只听命于皇帝、对皇帝负责，促使权力凌驾于三法司之上。讯问逼供、用刑酷虐超乎寻常人的想象。洪武二十年（1387），朱元璋闻讯遂下令停止诏狱，将原属锦衣卫缉拿的鞫问的朝廷钦犯移交刑部。二十五年（1392），重大的政治嫌疑犯都已处理妥当，朱元璋再次声明，从今往后，一切案件皆由朝廷三法司处理。成祖时，复设置诏狱。至明中期以后，北镇抚司狱权渐重，可谓包揽鞫问定罪宣判行刑各项职于一身。

4. 守城和军事职能

锦衣卫作为重要侍卫亲军，除保护皇帝外，还有守卫宫城、皇城职能。明初先后在临濠（今凤阳）、应天和顺天府建中都、南京和北京三都。朱棣迁都北京后，南京降格为陪都，都城内外皆设众多卫所守护，临濠中都置留守司八卫一所拱卫皇城。

从职责上，可分为护驾侍卫亲军和侍卫亲军，北京守城锦衣卫等亲军从区域上可分为宫禁侍卫亲军和皇城侍卫亲军。护驾侍卫亲军是护从皇帝左右、直接听命于皇帝的地位最崇高的禁卫军。护驾侍卫亲军通常是挑选健壮、英武、勇悍的卫士充当，职责上主要是两大项：一是保护皇帝，确保皇帝及皇帝一行的绝对安全；二是奉旨执行秘密使命。守卫侍卫亲军是以守备宫城、皇城为主要职责，防盗、防火、防止贼寇入侵。宫禁侍卫亲军是守卫紫禁城的禁卫军，包括巡查，守御宫门、城门，杂役等职守，负责宫禁的绝对安宁。皇城侍卫亲军则是守备皇城，负责皇城门禁，巡查皇城中的一切隐患，确保皇城安全和万无一失。

军事虽不锦衣卫的主要职能，但也多方面与一般卫所类似。如中都卫所三分守城，七分屯田，洪武年间锦衣卫曾在滁州等地屯田，并且官兵有被抽调外出征战的职责。

明中期锦衣卫还参加土木堡和夺门之变。天顺元年（1457）正月，京师团营提督石亨、副都御史徐有贞联络宦官首领曹吉祥发动宫廷政变。十四日武清侯石亨、禁卫军都督张軏、锦衣卫佐理卫事兼镇抚理刑门达、锦衣卫校尉逯杲会同太监曹吉祥以及随从干将王骥、杨善、陈汝言等收齐各门钥匙。四更时分，一行人悄悄打开长安门，统领内廷禁卫军一千余人入内。英宗即位后，参与夺门之变的所有人员都进职封爵。

正统十四年（1449）七月，土木堡惨败，英宗被俘。太后命廊王朱祁钰权总国事。掌管大同军事的石亨在土木堡事变中负有兵败之责，被锦衣卫逮捕，关进镇抚司狱。朱祁钰正式即位后，释放了石亨等人。英宗年间，巡抚大同都御史年富由于不投附石亨，被禁卫军奉命逮入锦衣卫狱。锦衣卫指挥门达正依附于曹吉祥和石亨。门达和给事中王铉分别上书皇帝，称都御史耿九畴党附首辅徐有贞和大学士李贤，唆使御史诬陷石亨。皇帝转而信任专为自己刺事侦缉的锦衣卫统帅门达、逯杲，让他们侦伺实情上奏。此时，锦衣卫指挥门达正依附于曹吉祥和石亨。天顺四年（1460）正月，京师出现彗星，朝野惊恐。锦衣卫指挥逯杲以亲军统帅和皇帝心腹的双重身份上书密奏皇帝：石亨心怀怨恨，与其侄孙石俊密谋不轨。皇帝将此密奏拿给大臣们看，同时下旨逮捕石亨，下锦衣卫狱。

崇祯末年，李自成大军兵临北京城下，锦衣卫因为本身就是一个特殊的军事组织，很多锦衣卫官兵守卫城门，大部分战死在城门之上。

锦衣卫编制　洪武十五年（1382）四月，设锦衣卫时，有指挥使一人，秩从三品。洪武十七年（1384）三月“乙卯，改指挥使司为正三品”①，居亲军卫之首。

锦衣卫下设经历司与镇抚司，经历司主管文卷出入；镇抚司分南北，南镇抚司管理本卫的法纪、军籍，北镇抚司专理诏狱。开始，锦衣卫的长官一般从民间选拔孔武有力、无不良记录的良民入充，之后凭能力和资历逐级升迁。同时，锦衣卫的官职也允许世袭。

锦衣卫官员除了指挥使，佐官有指挥同知二人，从三品；指挥佥事二人，正四品；镇抚使二人，从四品；十四所千户十四人，正五品；副千户，从五品；百户，正六品；试百户，六从品；总旗，正七品；小旗，从七品。

锦衣卫千户下属有将军、校尉、力士，对外有参某某事、校令，另有精通多国语言的翻译，如宪宗朝张渺正。

锦衣卫官员　主要是首领，称指挥使，一般由皇帝亲信武官担任，直接向皇帝负责。洪武十五年（1382）设置锦衣卫，至南明止，初步统计载入《明实录》和其他文献史志的指挥使，有如下人员，现按时期依。

洪武年间锦衣卫指挥使，有毛骧（起任年月不确。史学界推其为明朝第一任锦衣卫指挥使）②，张政（二十五年八月，括注年月为起任，采自《明实录》，下同），宋忠（三十年正月），河清（三十年九月）。

建文年间锦衣卫指挥使，有高真（四年七月），亦刺思（四年十月）。

永乐年间锦衣卫指挥使，有颜津（元年三月），赵曦（三年十月），纪纲（八年

①《明太祖实录》卷一六〇，洪武十七年三月乙卯，第2486页.

②［清］张廷玉等:《明史》卷一三五《毛骧传》:“子骧，管军千户，积功擢亲军指挥佥事。……擢都督佥事，见亲任，尝掌锦衣卫事。”据此毛骧为首任锦衣卫指挥使，可信.

八月，佥事，掌锦衣卫事），陈辛（九年三月），傅闰（十年八月），颜胜（十二年五月），费瑾（十八年闰五月），钟信（二十二年十月）。

洪熙年间锦衣卫指挥使，有张祯（元年二月，南京锦衣卫指挥使），王节（二十二年十月），钟信（元年七月），王楫（元年八月，行在锦衣卫指挥使）。

宣德年间锦衣卫指挥使，有马哈麻（元年四月），李瑞（二年九月），郭志（二年十月），祁英（二年十月），李玉（二年十月），王敬（二年十月），韩僖（二年十月），李道（二行在年十月），郭义（二年十月），土节（六年四月，行在锦衣卫指挥使），王节（十年十二月，锦衣卫指挥使）。

正统年间锦衣卫指挥使，有徐恭（元年十二月，行在锦衣卫指挥使），倪正（四年十二月），刘宽（四年十二月），徐辅（七年月），山海（六年三月），陈仪（九年六月），马顺（十年七月），刘庆（十二年六月），徐恭（十四年二月），李鉴（十四年二月），李贤（十四年九月），吴安（十四年十二月）。

景泰年间锦衣卫指挥使，有史全（元年闰正月），刘源（元四年三月）。

天顺年间锦衣卫指挥使，有毕旺（元年二月），杭昱（元年二月），刘敬（元年三月），门达（元年二月），袁彬（四年二月），刘敬（四年二月，南京锦衣卫指挥使），马鉴（五年二月），门达（五年七月），袁彬（五年八月）。

成化年间锦衣卫指挥使，有张瑾（元年六月），赵瑄（元年七月，南京锦衣卫指挥使带俸），陈永（三年三月），钱雄（八年六月，佥事），郭参（十四年正月），万喜（十四年二月），万通（十四年二月），朱骥（十四年九月），孙瑛（十四年九月），汪钰（十七年三月），周彧（十七年十月），李昺（十八年七月），李珍（十九年二月），陈玺（二十一年闰四月），黄英（二十二年九月）。

弘治年间锦衣卫指挥使，有赵鉴（元年正月），万喜（元年二月），孙銮（四年六月），钱通（六年六月），孙镗（八年五月），吴镇（八年六月），梁观（十五年六月），杨铭（十六年九月），杨琼（十六年九月），杨玉（十七年十一月），赵良（十八年八月），张岳（十八年十一月）。

正德年间锦衣卫指挥使，有牟斌（元年五月），夏儒（元年七月），启宗（元年七月），张文义（元年七月），张岳（二年三月），夏助（二年三月），赵良（二年七月），韦顺（二年十月），马钊（四年闰九月），高俊（五年二月，明代档案总汇），朱宁（五年十二月），薛玺（六年六月），王杲（六年六月），朱安（六年九月），朱宁（六年九月），陆永（八年二月），张林（八年二月），张举（八年四月），张兰（十年六月），钱璋（十年十月），薛玺（十年十二月），张政（十一年六月），陆宣（十一年九月），齐佐（十二年八月），周瑭（十四年三月），钱宁（十四年九月），邵喜（十六年八月），张富（十六年九月）。

嘉靖年间锦衣卫指挥使，有柯琳（二年正月），王佐（二年，殊城周咨录·卷·鞑靼），王兰（三年八月），张升（四年三月），骆安（五年正月），蒋山（九年九月），马骥（十三年十月），陆松（十四年十月），赵俊（十八年五月），陆炳（二十年三月），陆经（三十年二月），许玚（三十五年十二月），包逵（三十六年六月），肖瀛（三十九年十一月明代档案总汇），张大用（四三十年三月），杨朝宗（四十五年六月）。

万历年间锦衣卫指挥使，有王伟（五年八月），李如桢（十年九月），李承恩（十一年八月），郑承宪（十二年八月），宋金（十九年正月），王之桢（二十四年八月），李诚铭（三十年八月），田尔树（三十一年四月），骆思恭（四十四年七月），杨光夔（四十六年十一月）。

天启年间锦衣卫指挥使，有刘岱（元年三月），李不矜（元年六月），戚昌国（二年二月），骆养性（七），王钺（四年十月大选，明代档案总汇），杨汝敏（五年八月），刘应干（七年正月，锦衣卫指挥使带俸），魏良卿（七年九月）。

崇祯年间锦衣卫指挥使，有田弘遇（元年五月，锦衣卫指挥使带俸），于日升（二年正月），刘侨（二年正月，崇祯长编卷九），吴孟明，（十一年六月，山书·卷十一杖母罪案）。

隆武元年，马吉翔为中国历史上最后一名锦衣卫指挥使。

上述人员中，值得一提的是，今永州市新田县金盆镇骆铭孙村，明代骆安及其子孙骆思恭和骆养性三代，均分别担任过锦衣卫都指挥使。

三、锦衣卫影响

明太祖朱元璋开始创建的锦衣卫，被清朝修纂《明史》的人夸张了残暴的职能，20 世纪 50 年代在撰写朱元璋著述中，对锦衣卫的着笔同样夸大了其残暴，明确提出为特务机构，尚欠公允。后来随着相关非学术作品，尤其港台影视作品的渲染，锦衣卫被冠以黑暗、恐怖的标签，影响甚大，人们往往忽视了其积极因素。

（一）锦衣卫制度积极影响

明朝建立初期，面临着元朝的残余力量与国内隐藏着的反统治势力蓄势待发，内外社会形势严峻，使得太祖朱元璋疑虑重重。

洪武十三年（1380），废除丞相制，成了真正封建君主专制最高独裁者。随之设置了锦衣卫，到其最终消亡历经二百余年，承担着皇帝的出入仪仗、扈从保卫、安全等，还“掌侍卫、缉捕、刑狱之事”，虽存在着消极影响，但也充分发挥了其自身其他方面的积极影响。

首先，锦衣卫具有监察职能的机构，其组织严密，监察范围广，是一般的监察机构难以达到的。由于锦衣卫是由皇帝直接管辖，其他官员无法干扰，因而使得锦衣卫可以处理牵扯朝廷官员的大案，并直接呈送皇帝。所以，朝中官员多畏惧锦衣卫。但是，镇抚司狱的刑讯范围只针对官员士大夫，一般不会审讯以及捉拿普通百姓。普通刑、民事案件只通过正常的司法进行处理。

其次，锦衣卫是作为一个直属于皇帝的独立系统，可以减少受到的不利影响，直接受命于皇帝，便可以放心大胆地对官员实行有效的监督，而且，凭借皇帝给予的一系列权力，使得其监察作用更加有效，更有力度。

再次，锦衣卫作为特殊的司法机构在实施与实际操作其职能时，干预或参与明代司法、明代治安，维护京城及民间的社会治安，对社会治安的维持和明代社会生活的稳定有着不容忽视的重要作用。

最后，锦衣卫负责监视官员是否存在谋反、通敌、贪污腐败等罪行，一方面限制了官员的权力，一方面收集犯罪证据，对犯罪官员进行制裁。特别对于预防官员腐败起到很好的作用，以至于明代官员可谓是历代最清廉。

（二）锦衣卫制度消极影响

朱元璋刺探臣僚的私下言行，派一些检校、佥事等类的官吏去侦察，后来让锦衣卫暗中稽查。当时最著名的是高见贤、夏煜、杨宪和凌说。他们“四人以伺察搏击为事”，“专主察听在京大小衙门官吏，不公不法及风闻之事，无不奏闻。”朱元璋说：“惟此数人，譬如恶犬，则人怕”[①]。

甚至连李善长等人也怕他们，日夜提心吊胆，影响君臣关系。

锦衣卫参与司法监察活动，开始按规定办事，后期滥用特殊权力，存在大量阴暗面，人为制造了大量的冤假错案。嘉靖二年（1523），刑科给事中刘济上言：“国家置三法司以理刑狱，其后乃有进以为锦衣卫镇抚司专理诏狱，缉访于罗织之门，锻炼于诏狱之手，裁决于内将之旨，而三法司几于虚设矣。”由于拥有多项司法职能，凌驾于法司之上，极大地损害了司法的权威性和公正性，损害了明代司法制度。

锦衣卫后来与东、西厂合称厂卫，虽然是两大独立系统，相互之间也存在一定的排斥与竞争，但是二者的关系相当密切，对社会的安定等产生极大的威胁。特别是在皇帝不理政务或皇帝比较昏庸时，由此，对当时社会产生极大的消极影响。

（作者单位：朱元璋研究会）

①［明］刘辰：《国初事迹》（不分卷），永乐九年钞本.

明代锦衣卫的职权与文化传播中的嬗变

蒋 俊

锦衣卫、东厂、西厂，在当前的文化传播中，受众常常将其混淆，而且，对于锦衣卫的评判一向较差。史学界对锦衣卫的评价也并不太正面。爬梳明代的关于锦衣卫的相关史料与明清以来的文艺作品，可以明显地发现，正是锦衣卫的职权，使得他们在行为处事上留给史官与文艺人士太多批判与想象性书写的机会与空间。但是，这并不是对锦衣卫的客观评价。

一、明代锦衣卫的产生与职权分类

“明初，置拱卫司，秩正七品，管领校尉，属都督府。后改拱卫指挥使司，秩正三品。寻又改为都尉司。洪武三年改为亲军都尉府，管左、右、中、前、后五卫军士，而设仪鸾司隶焉。四年定仪鸾司为正五品，设大使一人，副使二人。十五年罢仪鸾司，改置锦衣卫，秩从三品，其属有御椅等七员，皆正六品。设经历司，掌文移出入；镇抚司，掌本卫刑名，兼理军匠。十七年改锦衣卫指挥使为正三品。二十年以治锦衣卫者多非法凌虐，乃焚刑具，出系囚，送刑部审录，诏内外狱咸归三法司，罢锦衣狱。成祖时复置。寻增北镇抚司，专治诏狱。成化间，刻印畀之，狱成得专达，不关白锦衣，锦衣官亦不得干预。而以旧所设为南镇抚司，专理军匠。”[①]《明史》这段文字说得很明白，锦衣卫源于拱卫司，为朱元璋的亲军。朱元璋平定天下后，亲军都尉们由武装护卫变成仪鸾司的护卫，官品从战时的正三品降为正五品。但是，很快，朱元璋对臣下的多疑之症又让他改仪鸾司为锦衣卫，正五品又升为从三品。后又置锦衣狱助锦衣卫稽查官员。洪武二十年（1387）虽罢锦衣狱，但其建设的锦衣卫的职权功能已经为明代后任皇帝提供了标榜，明成祖又恢复锦衣卫。

史途的《锦衣卫究竟是一个什么性质的机构？》一文指出：“‘侍卫’是它的本

① [清] 张廷玉等：《明史》卷七六《职官五》，北京，中华书局，1974 年，第 1862—1863 页 .

职”[①]。为何这个本职会变成吴晗、吕思勉等史学家笔下的破坏司法的特务机构和恐怖组织呢？而且这一论断在当代文化传播中不断地被放大，以致形成文艺创作中的固定模式。有时，厂、卫几乎在通俗文艺作品中混为一体。

张金奎先生在《八十年锦衣卫研究述评》指出：“锦衣卫具有的监察职能虽然不时被提及，但多被视为不受任何限制的监察”[②]。这是20世纪40年代到21世纪初对锦衣卫职权的总体评价——负面评价占据上风。而且，张先生还认为，“锦衣卫与东、西厂是不同的机构，但长期以来，大部分学者已经习惯于将二者相提并论”[③]。这也是影响对锦衣卫职权功能的客观评价的一个方面。

张金奎先生早在《锦衣卫职能略论》一文中就较为全面地介绍和分析了锦衣卫的职能。他认为，锦衣卫主要有四项职能：（一）侍卫君主及其他军事职能；（二）缉事与捕盗职能；（三）司法职能；（四）外事职能。[④]在侍卫君主方面，锦衣卫官员多数比较尽职，如：“宫夜火，侍卫仓卒无在者，独炳身负上出于火”[⑤]。至于稽查捕盗方面，锦衣卫多受君主指令，一旦有所不察或失误，往往会被因此受到处罚。可见，锦衣卫在缉事与捕盗方面的工作还是很辛苦。很多锦衣卫常事官员，在史料中的盖棺定论便是“以缉捕功也”。锦衣卫的司法职能本非常规。但自洪武设锦衣狱，便显示皇帝对于官员的不信任。因此而有的锦衣诏狱，便时有超越常规司法之处。本就在司法体系之外存在的锦衣卫司法职能，显然也是在法度界限边缘存在的替君主办事的工具性职能。用得好的则为人所称道，但往往被时人与后人诟病。至于受命出征作战或参与外事活动，锦衣卫官员承担的更多为在君主出征中的保卫工作或展示君主皇权的功能。就军事作战而言，部分锦衣卫官员便是出身行武，作战本非难事。

二、明代史料对锦衣卫官吏的评价

根据网络传播较多的各类史料考察：锦衣卫诸任指挥使，除刘勉和徐恭“临事谨饬，御下严整”、于谦之婿朱骥持狱公正风评不错外，多为不轨者。毛骧造“胡

① 史途：《锦衣卫究竟是一个什么性质的机构？》，《历史教学》1983 年第 6 期，第 23 页 .

② 张金奎：《八十年锦衣卫研究述评》，《中国史研究动态》2015 年第 1 期，第 33—34 页 .

③ 张金奎：《八十年锦衣卫研究述评》，第 36 页 .

④ 张金奎：《锦衣卫职能略论》，《明史研究论丛》第八辑，北京，紫禁城出版社，2010 年，第 171—186 页 .

⑤《明世宗实录》卷四九一，嘉靖三十九年十二月己亥，台北，“中央研究院”历史语言研究所校勘本，1962 年，第 8168 页 .

惟庸案”，蒋瓛搞“蓝玉案”，纪纲活活冻死大学士解缙，卢忠炮制“金刀案”，马顺、逯杲、门达之辈多不得善终。这样的叙述，在当前文化传播中给受众的感觉是非常直白的——锦衣卫的指挥使中多为奸恶之徒，多不得善终。事实果然如此？

首先，我们来看一下锦衣卫的各任指挥使。指挥使是锦衣卫最高职官，正三品。自锦衣卫设置始，先后担任过指挥使或掌锦衣卫事者有：毛骧、蒋瓛、宋忠、纪纲、赛哈智、刘勉、徐恭、马顺、卢忠、朱骥、逮杲、哈铭、袁彬、门达、万通、牟斌、杨玉、石文义、钱宁、朱宸、骆安、王佐、王兰、陆松、陈寅、陆炳、刘守有、骆思恭、骆养性、田尔耕、吴孟明、马銮、李元胤、马吉祥等人。

列数上述各人在史料中载述，毛骧将“胡惟庸案”扩大化。蒋瓛造“蓝玉案”。太祖称宋忠“率直无隐，为人请命”[①]。成祖“幸纪纲，令治锦衣亲兵，复典诏狱”[②]，纪纲“乘间言通曩有封事指斥，遂械通至京论死”[③]。刘勉“发以苏州卫指挥佥事以廉介着称升掌锦衣卫事”[④]。徐恭与刘勉“皆谨饬”[⑤]。马顺依附王顺，“枷李时勉，杀刘球”[⑥]，后人谓之“怙宠骄恣，欺罔不法”[⑦]。卢忠“上变告，景帝怒杀中官阮浪，犹穷治不已”[⑧]。朱骥“持治平，治妖人狱无冤者”[⑨]。门达“恃帝宠，势倾朝野。廷臣多下之，彬独不为屈。达诬以罪，请逮治。帝欲法行，语之曰：‘任汝往治，但以活袁彬还我。’达遂锻炼成狱。”[⑩]牟斌能够善以待人，“时官寮以忤瑾意坐事逮系锦衣卫狱者斌颇善视之”[⑪]。杨玉为太监刘瑾专权之的帮凶。钱宁“以左都督掌锦衣卫事，干与国政，钳制百司，罪恶贯盈”[⑫]。骆安“以缉捕有功也”[⑬]，为“直侍卫旗校官军寒苦乞照近日巡捕官军及侍卫红盔官军奏讨衣鞋”[⑭]。王佐“才敏而志忠，不好利，不肯搜索京师富室”[⑮]。刘守有“以名臣子掌卫，其后皆乐居之。士大夫与往还，狱急

①［清］张廷玉等：《明史》卷一四二《宋忠传》，第 4037 页 .

②［清］张廷玉等：《明史》卷九五《刑法三》，第 2335 页 .

③［明］王圻：《续文献通考》卷六六《节义考》，明万历刻本 .

④《蓟县志》卷二《官师志》，成文影 1944 年铅印本 .

⑤［清］张廷玉等：《明史》卷九五《刑法三》，第 2335 页 .

⑥［清］张廷玉等：《明史》卷九五《刑法三》，第 2335 页 .

⑦［清］谷应泰：《明史纪事本末》卷二九《王振用事》，北京，中华书局，1977 年 .

⑧［清］查继佐：《罪惟录》卷二七，四库丛刊三编本 .

⑨［清］张廷玉等：《明史》卷九五《刑法三》，第 2336 页 .

⑩［清］张廷玉等：《明史》卷一六七《袁彬传》，第 4510 页 .

⑪《明武宗实录》卷二二，正德二年闰正月庚申，第 620 页 .

⑫［明］田艺蘅：《留青日札》卷四，续修四库全书本 .

⑬《明世宗实录》卷四十七，嘉靖四年十月戊辰，第 1199 页 .

⑭《明世宗实录》卷九五，嘉靖七年十一月壬子，第 2211 页 .

⑮［明］凌迪知：《万姓统谱》卷四五《下平声・七阳・王》，文渊阁四库全书本 .

时，颇赖其力”[①]。陆炳“三代诰命以缉捕功也”[②]，“诏称其为国发逆尽忠”[③]。田尔耕“狡黠阴贼，与魏良卿为莫逆交。魏忠贤斥逐东林，数兴大狱。尔耕广布侦卒，罗织平人，锻炼严酷，入狱者率不得出。”[④]李元胤“挟其父势，掌锦衣卫事亲幸”[⑤]。

徐连达先生对锦衣卫的指挥使或掌事者的评价是：“任锦衣帅者并不人人都是一丘之貉，他们因人因事而殊，既有正直仁恕者，也有作恶多端者，决不可一概而论”[⑥]。从上述部分锦衣卫常事者的资料简介可见，宋忠、刘勉、徐恭、朱骥、牟斌、王佐、刘守有、骆安等锦衣卫常事官员，在锦衣卫领导的总数中所占比例也并非寥寥。然后，世之书对其锦衣卫身份及其积极工作的彰扬，远不如毛骧、蒋瓛、纪纲、门达、钱宁、田尔耕之辈批判得多。这虽有史书多爱以教训为鉴证之实状，但今日研究不应忽视从客观实据分析评判锦衣卫官员。

有鉴于明中后期文武官员之间相互倾轧之风日盛，文官对于武职身份的锦衣卫更是诸多不满。明中叶开始，社会经济发生较大变化，尤以江南地区为率，经济发展带来社会生活习惯的变化，文化需求也有所提升。这和明初制定的舆服制度发生了抵牾。皇帝常通过锦衣卫行缉捕之事，这就更造成了文官们从内心上的不满。锦衣卫行皇帝令，却成为百姓与群臣的眼中钉。其实，这里的锦衣卫不过是凸显皇帝专权与文臣希望平权的冲突点罢了。徐连达先生虽强调锦衣卫的政治属性大于其他属性，但也不否认“仁宣两朝，三杨秉政，权在大臣。故此时锦衣卫也能敛势守法，对于朝政亦无所干预。”[⑦]这一信息可以反映出皇帝与文臣之间的权力博弈，而锦衣卫的职权状态某种程度上是这一博弈的风向标。

三、文化传播中锦衣卫形象的嬗变

正因明代锦衣卫上级领导在史料中多以奸恶小人之事存档，故而清代以来的各类笔记小说及文艺作品对锦衣卫形象的塑造便多有否定之辞。

清人赵翼在其《檐曝杂记》中便说了一个比较阴暗的锦衣卫指挥使骆养性——“骆养性掌锦衣卫，乃周延儒所荐也。后背延儒与中官结，反刺延儒阴事，皆上闻。

①［清］张廷玉等：《明史》卷九五《刑法三》，第 2339 页 .

②《明世宗实录》卷三五三，嘉靖二十八年十月丙辰，第 6371 页 .

③《明世宗实录》卷四九一，嘉靖三十九年十二月，第 8168 页 .

④［清］张廷玉等：《明史》卷三〇六《阉党传》，第 7872 页 .

⑤［清］南天痕：《西亭凌雪》卷一二，西亭藏本 .

⑥ 徐连达：《明代锦衣卫权势的演变及其特点》,《复旦学报（社会科学版）》1992 年第 6 期，第 79 页 .

⑦ 徐连达：《明代锦衣卫权势的演变及其特点》，第 72 页 .

帝乃大怒，延儒由是赐死。”[①]而《明史》的记载主要事件则是说骆养性为人较胆小。“时行人熊开元亦以建言下锦衣卫。帝怒两人甚，密旨下卫帅骆养性，令潜毙之狱。养性惧，以语同官。同官曰：‘不见田尔耕、许显纯事乎？’养性乃不敢奉命，私以语同乡给事中廖国遴，国遴以语同官曹良直。良直即疏劾养性‘归过于君，而自以为功。陛下无此旨，不宜诬谤；即有之，不宜泄。’请并诛养性、开元。养性大惧，帝亦不欲杀谏臣，疏竟留中。”[②]《明史》所载之骆养性明显是有一些正义之心的，虽胆小，但还不见得如《檐曝杂记》中这般阴险。

由于长期以来史学界专注于锦衣卫在政治上的职权功能的研究，对锦衣卫这一群体的认知与文化传播也自然而然地随之而政治形象化。其实，锦衣卫这一群体，随着时间的推移，从事或进行着的工作或活动与其政治功能并不完全相似。

以前述锦衣卫之存恶名与美名者比较，明人王世贞的《弇州四部稿·文部·志》有所谓“锦衣志”有相对较为客观评价；清人黄宗羲的《明文海》（文渊阁）则是在各传中对锦衣卫的奸恶之首领纪纲进行了批判性传播；明人倪岳的《青溪漫稿》（文渊阁）对朱骥的介绍更多为客观描述，对其功绩则一笔带过；明人陈子龙等选辑的《皇明经世文编》提及王佐在重开通惠河事件中的存在，同样为客观记录。对于有着恶名的锦衣卫首领门达，明人韩邦奇有《苑洛集》、何乔新有《椒邱文集》、李贤有《古穰集》、杨慎有《廿一史弹词注》、余象斗有小说《皇明诸司公案》，他们均口径一致地批判，清人有毛奇龄的《西河文集》、黄宗羲的《明文海》、薛熙的《明文在》，也一致地对门达展开否定性描述。声名恶者，明清文人墨客如泼墨般进行否定性介绍；尽职兢勉者，明清文士却惜墨如金。这无形中为近代对锦衣卫进行否定性研究埋下了伏笔。

香港卜永坚先生从《明故昭信校尉锦衣卫百户昆泉米公暨配安人马氏墓志铭》中发现以米玉家族为代表的明代世袭武官家族已经有了文化转型的存在[③]。这种转型看似是锦衣卫官员在官职世袭过程中身份的转变，其实更是锦衣卫身份在明中后期随着人数骤增而带来的必然分化。

郭林凤先生在其文章《明代宫廷锦衣卫画家探略》中论述了明代入职锦衣卫的画工与画师的情况。他认为，“宫廷画家始授锦衣卫衔早于明中晚期冗员之时，盛于冗员之时，画家占籍锦衣或许成为锦衣卫人员杂乱的诱因之一。”另外，郭先生还指出，“明宪宗、明孝宗皆善画，锦衣卫便成为他们赏赐给优秀宫廷画家的官

① [清] 赵翼：《檐曝杂记》卷六《骆养性》，道光刻本.

② [清] 张廷玉等：《明史》卷二五八《熊开元传》，第 6671 页.

③ 卜永坚：《从墓志铭看明代米氏锦衣卫家族的形成及演变》，《明清论丛》，北京，紫禁城出版社，2012 年，第 102—112 页.

职”[1]。这些都说明锦衣卫在文官入武官方面，是一个比较有价值的选择方向。无论是画家们主动想入锦衣卫，还是皇帝觉得锦衣卫的官职是可以赐予宫廷画师，便于其召见，都说明在明朝中期以后，锦衣卫的身份并不止于督察或缉拿等政治功能。

从史料考察看，尽管锦衣卫官吏及其后人在高级官职的身份上没有发生明显异变，但中下级锦衣卫官员的职能已经有所拓展。文化身份是转变锦衣卫形象的一个方面。但明清各类文艺作品并没有放弃对锦衣卫首领中恶名者带给读者与受众的戏剧化传播。这是导致当代文艺创作中，对锦衣卫几乎一边倒的批判性形象塑造。这之中，尤以 20 世纪中后期香港武侠电影中的演绎为代表。这类电影作品，厂、卫几乎一体不分。这严重影响了锦衣卫研究中的客观评价的文化传播。

概观上述从正面反映的锦衣卫形象的史料与文艺创作，多少可以说明锦衣卫形象在历史文化传播过程中负大于正的现象之所以存在，多源于少数奸恶之锦衣卫高级官员对社会造成的危害。以一人或几人之恶所形成的偏颇概观锦衣卫之整体，是明清以来文人与皇帝及宦党争夺平等权力时自然而然会选择的宣传手段。文化的传播自然是文人官僚集团的优势，这样的优势往往会在后世显示更为巨大的影响。

窃以为，明清文人对皇权的态度，经过文史资料的传播，形成了对锦衣卫的文化传播不客观性。

（作者单位：南京师范大学文学院）

① 郭林凤：《明代宫廷锦衣卫画家探略》，《湖北美术学院学报》2015 年第 1 期，第 87—88 页 .

明太祖朱元璋与锦衣卫职能的研究

朱晓春

一、前言

明太祖朱元璋创办了锦衣卫，“卫”是明代的军事组织之一。锦衣卫本身是卫，属于上十二卫，所谓“上十二卫”是指由皇帝直接指挥的武装，包括武德卫、龙骧卫、豹韬卫、飞熊卫、威武卫、广武卫、兴武卫、英武卫、鹰扬卫、骁骑卫、神武卫、雄武卫、凤翔卫、天策卫、振武卫、宣武卫、羽林卫，是明太祖朱元璋的护卫部队，他们不属于五军都督府。锦衣卫作为一个军事组织，具有法外用刑的权力，在洪武时期，它在监控朝臣、臣民等方面发挥了很大的作用，所以给人感觉锦衣卫不同于其他组织，是一个神秘的组织。再有源于影视剧和民间文学的渲染，使得锦衣卫蒙上了恐怖色彩。锦衣卫本身的职能非常多，具有仪仗、护卫、治安等职能，以及最主要的理诏狱功能，这些功能同样让人留下神秘、狠辣、制造冤狱等印象。明代锦衣卫体制在明代政治体制中占有举足轻重的地位，对维护君主集权及其统治秩序发挥着不可缺少的作用。虽以手法隐秘、恐怖和残忍著称，但不可否认其对明朝政治产生了一定积极影响。对此，尽管学术界有论著予以关注，但主要是指出其在维护治安方面的积极作用，而鲜有全面、系统探讨“锦衣卫职能的积极影响”的研究成果，以致目前社会上对明代锦衣卫总体上仍持否定的态度。为纠正这一偏颇，本文专门就明太祖朱元璋与锦衣卫职能进行研究，供大家参考。

二、明太祖朱元璋创立锦衣卫

明朝时期有一个非常特殊的军队就是锦衣卫，他们直接受命于皇帝，只为皇帝一个人办事，虽然他们没有什么特定的官职，但是手上的权力很大。明代锦衣卫自洪武十五年（1382）设置，其存在时间为263年，与明王朝相始终。这一事实说明锦衣卫作为皇权控驭下的特种工具，一直在发挥着重要的政治作用。明太祖朱元璋为了达到“刚猛治国”的目的，为了监控朝臣，锦衣卫最早从朱元璋当吴王开始，设立拱卫司，后来发展为亲军都尉府，再发展为仪鸾司，最后创立锦衣卫。锦衣卫是朱元璋的上十二卫亲军之一，地址就设在今天的南京太平门外，白马公园的区域。朱元璋定都南京后，六部中有五部都在城内，只有刑部设在城外。太平门是当时南京皇城的北门，刑部在当时负责处理法律问题，有点类似于今天“主刑杀”，设在北面就有“刚猛铁面”的含义。白马公园在南京城的东北面，那一片有锦衣卫、都察院、大理寺、刑部天牢，还有锦衣卫的镇抚司狱也设在里头。

锦衣卫成员需要特殊选拔。明代采取的是军户体制，就是世代当兵，锦衣卫的军户也是世代在服役，这点和普通军人相同。不过也有不同，锦衣卫有时候会招一些主要负责打人的力士，这些力士需要通过严格的考核。在清初文献里有记载，招聘力士时会在一块砖的外面附上稻草，再在上面包一层宣纸，考核通过的标准就是一棒子下去砖碎了，纸还完好。石头代表骨头，稻草代表肉，宣纸就是皮，一棒子打下去看不到外伤，其实骨头早折了。一个大臣被皇帝下令杖四十，京城的锦衣卫接到任务后却没人能行刑，只好专门找力士去执行，结果打了二十杖草草了事，因为人都快被打死了。其实行刑的人在执行任务或者平时训练的时候，都需要看监刑官的眼色，如果监刑官暗示不能打死，那么打四十杖或者二十杖也只是“光打雷不下雨”，看着打挺狠，但人基本没什么大伤。万一遇上看不顺眼的，几下就能打死。行刑也有规定，五杖必须换一个人，按现在来说这些行刑的力士也是技术工种了。

锦衣卫标准服饰和配备。洪武年间锦衣卫服饰是橘色的，标准相对于其他军人，装备好。后来更定朝服时，锦衣卫军官穿麒麟色服装和麒麟补服的权力，武将公侯一品官可以穿麒麟袍，能穿麒麟袍是非常威风的一件事情。六、七品的职位也可以穿麒麟袍，彰显了自己的尊贵。毕竟锦衣卫的职能相对上十二卫的亲军，工作职能是最多的，所以地位也是最尊崇的，同时待遇也是最好的。锦衣卫每个成员功高强，武器有绣春刀（尖翅雁翎刀）。锦衣卫护卫皇帝出行、在外巡逻，都配备了各种长兵器，非常威武神气。

锦衣卫成员死后的墓葬规格应该和老百姓们一样，墓里面陪葬品也不会有什么值钱的，但是前些年在南京市出土的一个锦衣卫墓穴竟然是一个规格比较高的，里面的陪葬品也已经被盗墓贼洗劫一空了。仅有“天之蓝”酒瓶（蓝色琉璃），专家仰天大笑，估价 10 个亿。

三、明太祖朱元璋创办的锦衣卫具有司法审判的职能

明太祖朱元璋锦衣卫的职能。《明史・职官志》：“锦衣卫掌侍卫、缉捕、刑狱

之事，恒以勋戚都督领之，盗贼奸宄，街涂沟洫，密缉而时省之”[①]。明太祖担心自己死了以后，下一代皇帝控制不了文武功臣，所以他几兴大狱，找了若干借口，连杀带整，把辅佐他打天下的文武功臣差不多都杀了。这种案子，事出有因，查无实据，如果交给朝官们按照法律来办理，就有可能持续很长时间，甚至定不了案。所以，就把这些案子作为诏狱交给锦衣卫办理。这样来看，锦衣卫的职能就十分清楚明白了。“侍卫”，本来就是皇帝的亲兵，“刑狱”，自己可以断狱，加上“密缉”，就说明了它的特别职能。明太祖朱元璋的锦衣卫，则以消灭功臣为目的，罗织罪状，置无罪者于死地。《明史·刑法志》：“胡惟庸、蓝玉两（大臣）案，株连且四万（人）”[②]。可见，它的酷烈程度，始作俑者就是皇帝，所以它的后遗症也极其严重。

（一）侦缉

锦衣卫所侦缉是所谓的“机密重事”，但事实上，它所侦缉的范围非常宽泛，可以说是无所不包，包括“惟察不轨、妖言、人命、强盗重事”等等。

（二）逮捕

锦衣卫逮捕嫌疑犯，只需凭借驾帖，不需要精微批文。《大明会典》记载：“凡奉旨提取罪犯，本卫从刑科给驾帖，都察院给批，差官前去”。后来又颁布了《逆臣录》，诏示一公、十三侯察太繁，法令太急，刑网太密。“官校拘执职官，事皆出风闻。暮夜搜检家财，不见有无驾帖。人心震慑，各怀疑惧。”[③]

（三）监禁

锦衣卫狱就是镇府司狱，依照明人的记载，此狱十分残酷：“镇抚司狱亦不比法司，其室卑入地，其墙厚数仞，即隔壁皋呼，悄不闻声。每市一物入内，必经数处验查，饮食之属，十不能得一。又不能自举火，虽严寒，不过啖冷炙，披冷衲而已。家人辈不但不得随入，亦不许相面。惟拷问之期，得于堂下遥相望见”。锦衣卫狱囚禁的人有的长达几年，甚至有几十年的。大臣们长时间地被关押在黑狱之中，十分令人悲痛。

（四）审讯

锦衣卫审讯时使用刑讯。最重的是受全刑，《明史·刑法志》记载：“全刑者，

① ［清］张廷玉等：《明史·职官志》，北京，中华书局，1974 年，第 653 页 .

② ［清］张廷玉等：《明史·刑法志》，第 1270 页 .

③ ［明］申时行等：《大明会典》，北京，中华书局，1989 年，第 551 页 .

曰械，曰镣，曰棍，曰拶，曰夹棍。五毒备具，呼声沸然，血肉溃烂，宛转求死不得”。被用刑以致寻死的情形非常普遍，它使用的酷刑非常多，其中一种酷刑，叫“昼夜用刑”[①]。据明人记载：“此刑以木笼四面攒钉内向，令囚处其中，少一转侧，钉入其肤。囚之膺此刑者，十二时中但危坐如偶人”。

（五）移送拟罪

在锦衣卫审讯以后，应该移送到法司拟罪。《明史·刑法志》记载：“而外廷有扞格者，卫则东西两司房访缉之，北司拷问之，锻炼周内，始送法司”。有刑部尚书说：“祖宗以刑狱付法司，以缉获奸盗付镇府，讯鞫既得，犹必付法司拟罪”[②]。

（六）拟罪

锦衣卫是皇帝的亲信，对于重大案件，皇帝早就授权给锦衣卫拟罪权，直接侵夺了三法司的拟罪权。所谓“旨从内降”，就是说犯罪案件不经过三法司的拟罪，直接由锦衣卫拟罪请旨，圣旨由内廷直接下达。

（七）执行

依照《大明会典》记载，“三法司处决罪犯，奉钦依者，俱该锦衣卫直日官，将原给驾帖，填写缘由，列名批今，以凭送问处决”[③]。这是通常的正常法定程序，然而锦衣卫执行死刑，经常不依照法定程序。用刑致人死亡的，奉旨直接杀人的，听皇帝口头下达的命令就杀人的，这类情况是很普遍的。

四、锦衣卫具有维护明太祖朱元璋集权统治的职能

锦衣卫的设立是明代中央集权进一步加强的重要表现，其满足了朱元璋统治国家的需求，在维护朱元璋集权统治中发挥着极大的作用。明初，朱元璋面临着严峻的内外社会形势，元朝的残余力量与国内隐藏着的反统治势力蓄势待发，使得太祖朱元璋疑虑重重，集多种职能于一身的锦衣卫体制应运而生。其势力介入明朝大大小小的事务之中，不仅“掌侍卫、缉捕、刑狱之事”，还充分发挥了其自身在其他方面的作用。它在明代长达 263 年的统治时期中，一直起着维护君主统治的重要作用。锦衣卫成为皇帝直辖的司法机构，权力达到极致。锦衣卫是由皇帝直接管辖，

① 王伟凯：《明史·刑法志》考注，天津，天津古籍出版社，2005 年，第 53 页 .

② 王伟凯：《明史·刑法志》考注，第 158 页 .

③［明］申时行等：《大明会典》，第 551 页 .

朝中的其他官员根本无法对他们干扰，使得锦衣卫可以处理牵扯朝廷官员的大案，并直接呈送皇帝。所以，朝中官员多畏惧锦衣卫。但是，锦衣卫的刑讯范围只针对官员士大夫，一般不会审讯以及捉拿普通百姓。普通的百姓刑、民事案件只通过正常的司法进行处理。

洪武时期，因为锦衣卫有非法凌辱、虐待囚犯的行为，朱元璋下诏焚毁锦衣卫刑具，废除了他们的这项职能。锦衣卫直接听命皇帝，也有参与收集军情、策反敌将的工作，对加强中央集权、强化国家力量、处理异常有一定的历史功绩。但由于权力大，缺乏限制，他们为了邀功请赏而罗织罪名，不择手段地扩大牵连范围，制造的冤假错案不胜枚举。另外，锦衣卫拥有的特权，无形中令他们可以胡作非为、贪赃枉法，而又得到了皇帝的“屏障”保护，也给社会造成了一些不良影响。

五、明太祖朱元璋利用锦衣卫惩治腐败官员的职能

明太祖朱元璋是一个勤政廉政的皇帝，是中国历史上勤政的皇帝之一。他从来不惮给自己增加工作量。从登基到去世，他几乎没有休息过一天。朱元璋在遗诏中说：“三十有一年，忧危积心，日勤不怠”。据史书的记载，从洪武十八年（1385）九月十四日至二十一日，八天之内，朱元璋审批阅内外诸司奏札共1660件，处理国事计3391件，平均每天要批阅奏札二百多件，处理国事四百多件。仅此一端，即可想象他是多么勤奋。朱元璋的节俭，在历代皇帝中也堪称登峰造极。当了皇帝后，他每天早饭，“只用蔬菜，外加一道豆腐”。他所用的床，并无金龙在上，“与中人之家卧榻无异”。他命工人给他造车子、轿子时，按规定应该用金子的地方，都用铜代替。朱元璋还在宫中命人开了一片荒来种菜吃。洪武三年（1370）正月的一天，朱元璋拿出一块被单给大臣们传示，大家一看，都是用小片丝绸拼接缝成的百纳单。朱元璋说：“此制衣服所遗，用缉为被，犹胜遗弃也”。可见明太祖朱元璋生活的简朴和勤政。

百姓最痛恨腐败现象，腐败是皇权的最大威胁。朱元璋始终坚持无禁区、零容忍，坚持重遏制、强高压、长震慑，坚持受贿必查，不管腐败分子逃到哪里，锦衣卫都要缉拿归案，绳之以法。锦衣卫发力，在正风肃纪、反腐惩贪的发挥重要作用，一整套办法，形成反腐败的完整链条，使明朝大小官员不敢腐。同时，锦衣卫的强势和皇权的张扬密不可分，每一次锦衣卫的扩张都和皇帝想要扩大皇权、监视朝臣的目的密切相关。如在洪武时期，皇帝为了监控朝臣，特别是引发清理开国武将的洪武二十六年（1393）的“蓝玉案”，是由锦衣卫指挥使蒋瓛告发的。锦衣卫有侦查效率高的优势，在一定程度上遏制了腐败。

朱元璋对自己培养的干部决不姑息迁就。为了培养和提拔新力量，朱元璋专门成立了培养人才的国子监，为没有入仕的年轻读书人提供升迁机会。他对这些新科进士和监生厚爱有加，还经常教育他们要尽忠至公，不为私利所动。然而洪武十九年（1386），他派出大批进士和监生下基层查勘水灾，结果有 141 人接受宴请，收受银钞和土特产品。朱元璋在斩杀他们时伤心得连连叹气。

朱元璋制定整肃贪污的纲领《大诰》。两年时间编纂的《大诰》一书是他亲自审讯和判决的一些贪污案例成果的记录，书中还阐述他对贪官态度、办案方法和处置手段等内容。朱元璋下令全国广泛宣传这本书，他还叫人节选抄录贴在路边显眼处和凉亭内，让官员读后自律，让百姓学后对付贪官。

朱元璋允许民间百姓上访。明朝还有一项较为独特的体制，允许百姓扭送不法官吏。如果明朝官吏在征收税粮以及摊派差役作弊曲法，百姓既可以向上级官吏举报，也可以直接扭送。对于封建时代的百姓而言，完全打破了一贯“只许州官放火，不许百姓点灯”的传统惯例。上访，在明朝，受到了朝廷的保护，不仅如此，对于应当接访而没有接访处理的上级官员，亦要依法论处。

朱元璋作为开国之君，以残酷的法律严惩贪官污吏。其决心之大、力度之强、措施之精确，起到了强烈震慑作用。朱元璋从登基到驾崩，“杀尽贪官”运动贯穿始终未减弱，但贪官现象始终未根除，晚年只能发出“如何贪官此锁，不足以为杀，早杀晚生”的哀叹。

朱元璋利用锦衣卫，派出大量名为“检校”的特殊人员，遍布朝野，暗中监视。有一次，学士宋濂上朝，朱元璋问宋濂昨天在家喝酒没有，请了哪些客人，宋濂一一照实回答。朱元璋听后满意地说：“果未骗朕。”著名儒士钱宰被征参编《孟子节文》，一日散朝回家，随口吟诗道：“四鼓冬冬起着衣，午门朝见尚嫌迟。何日得遂田园乐，睡到人间饭熟时”。结果第二天上朝，朱元璋便问钱宰：“昨天的诗不错，不过朕没有‘嫌’迟，改作‘忧’字，如何？”钱宰一听，吓得忙磕头请罪。

朱元璋发明“剥皮揎草”的残酷刑法处置贪官。一天，朱元璋在翻阅一批处死贪官的卷宗时突发奇想：百姓痛恨的贪官一刀斩首太便宜了他们，何不采取挑筋、断指、断手、削膝盖等酷刑。他还创造了“剥皮揎草”刑法，把那些贪官拉到每个府、州、县都设有的“皮场庙”剥皮，然后在皮囊内填充稻草和石灰，将其放在处死贪官后任的公堂桌座旁边，以警示继任之官员不要重蹈覆辙，否则，这个“臭皮统”就是他的下场。这种触目惊心的举措震慑了一批官员，使他们行为大为收敛。

六、锦衣卫是明太祖朱元璋对监察职能的重要补充

锦衣卫还在明统治者加强统治、遏制腐败现象、打击不法分子的过程中充当了极其重要的角色，化身为明太祖朱元璋“以猛治国”治国理念的有力地执行者。蓝玉等重大事件的告破，都离不开锦衣卫官员的助力，锦衣卫指挥使蒋告玉谋反，“下吏鞫讯，狱具，族诛之”。起到了一定的震慑臣民的作用，起到了维护封建统治的积极效果。“明太祖惩元季吏治纵弛，民生凋敝，重绳贪吏，一时守令畏法，洁已爱民，以当上指，吏治焕然不变矣。下逮仁、宣，抚循休息，民人安乐，吏治澄清者百余年”，一定程度上反映了锦衣卫是维护明朝统治秩序中的得力工具，为更好地管理国家提供了强有力的保障。

洪武十三年（1380），朱元璋废除丞相体制，这导致皇帝一人难以处理众多政治事务，于是在洪武十五年（1382）重置御史台，变名为都察院，以御史为长官，都察院成为明朝最高一级的监察机构。朱元璋罢宰相的同时，权分六部，为了防止皇权下移现象的发生，在都察院之外，又按照吏、礼、兵、刑、户、工六部分别设立对应的六科作为独立机构，不与其他部门相统属，于是六科也成为明代监察体系中必不可少的一环。锦衣卫体制的建立完善了明朝的监察体制，发挥了一定的监察功能，在一定程度上弥补了都察院监察体制的不足。可以说，明代森严的监察网络，是由都察院、六科，地方按察司等与厂卫特别机构共同织成的。

锦衣卫官员集多种职能于一身，随着统治的不断发展，其权力不断扩大，深入到司法、监察等各个方面，锦衣卫官不仅能够代表皇权，参与会审。锦衣卫代表皇帝监督司法审判，锦衣卫监督司法纰漏，提高办案效率，体现出锦衣卫在一定程度上发挥了自身的功能。除此之外，锦衣卫官员还经常被派出逮捕罪犯押赴至京师，同时，在监督、查处等方面，都具有很大的作用。锦衣卫校尉在监督百官方面也发挥着自身作用，虽然锦衣卫多是秘密侦查，暗中查看，在过程中也发生了虚报、滥用权力等大大小小的问题，但在一定程度上遏制了官员的腐败现象，实现了对臣民的有效监控，是明朝监察体制的重要补充。

七、锦衣卫总体上对社会秩序的稳定起了促进作用

锦衣卫在维护君主专制统治、完善监察体制上具有很大作用，同时在促进社会秩序的稳定方面虽然存在着一些负面影响，但在总体上还是起到了促进作用。明代统治阶级为加强专制主义中央集权和维护日益没落的封建统治的需要，不仅建立起

强大的军队和独特的军事体制，加强了传统的封建官僚机构的治安管理职能，而且直接利用特殊组织来参与治安管理，使其成为公开或半固定的国家组织机构，这就是明代特有的厂卫体制。而锦衣卫官员也充分发挥了其“盗贼奸宄，街涂沟洫，密缉而时省之”的作用。

经过元末长期战乱之后建立的明王朝，大量土地荒芜，人口锐减，百姓流离失所，流民盗贼之变频发，发展为严重的社会问题，“盗贼纵横，至窃内中器物。获其横索，竟不能得也”，社会治安问题面临严峻挑战，京师的治安问题关乎一个朝代的统治安全问题，明朝统治者非常重视捕盗问题。京城巡捕原设有巡城御史专门进行管理，锦衣卫官协同治理取得了很好的效果，深得皇帝认同，有不少锦衣官校还因此得到升官的机会，类似记载不胜枚举。锦衣卫校尉在稳定社会秩序的作用不仅体现在抓捕盗贼上，在镇压农民起义、缉捕私盐、抗御蝗灾等其他方面也有所体现。由于朱元璋自身特定的出生环境，使得其深知农民聚众叛乱对于朝廷统治的威胁，于是积极采取镇压措施，“处州丽水县民有卖卜者，尝干谒富室不应所求，乃诣阙告大姓陈公望等五十七人聚众谋乱，命锦衣卫千户周原往捕之”；在地方上，在各府县的重要地方，朱元璋还设置了巡检司，负责把关盘查、缉捕盗贼、盘诘奸伪。可以说，其在清查社会弊病，为皇帝扫除政权隐患方面起了很大的作用。

八、结语

明代锦衣卫体制的建立有其自身不可忽略的合理因素，并在很多领域都表现出其积极作用。它是明代国家机器组成的一个部分，也是君主朱元璋控制大小臣僚的有力工具，它随着君主统治的加强发挥着特殊的作用。锦衣卫是情治刑讯系统，就其职能来说，它侵夺了刑部、大理寺诸法司的监察审刑的权力。它作为君主的耳目，均有共同侦讯百官的职权。锦衣帅的任用，系由君主所决定，是君主所认托的心腹大臣。其中除了少数擅权不法罪恶昭彰被时君所诛戮外，多数在新君旧君交替时，作为政治上的祭品而被送上断头台。锦衣帅者并不人人都是一丘之貉，他们因人因事而殊，既有正直仁恕者，也有作恶多端者，决不可一概而论。就锦衣卫的基本职能来看，自明初建立之后，迄于明亡始终不变。它在明代 263 年的统治时期，一直在起着维护君主统治的重要政治作用，明代锦衣卫直接听命于皇帝，他们除了侍卫、仪仗外，还有监视百官搞“廉政建设”；侦缉情报维护国家安全；处理皇帝亲自交付的大案要案等职能，地位无敌。锦衣卫体制是明太祖朱元璋巩固政权的重要手段，也是作为明代国家机器统治的重要组成部分，在维护君主专制统治中发挥了重要的作用，其集多种职能于一身，在统治者加强统治、澄清吏治、打击不法分子的过程中体现其价值，同时作为皇帝了解社会弊病的中介，促进了国家的更好治理。此外，作为明监察体制网络中的一员，锦衣卫体制的建立是明朝监察体制的重要补充，发挥了一定的监察功能，在一定程度上弥补了都察院监察体制的不足。在平定内乱、治安管理、缉捕私盐等方面都充分发挥了比较大的作用。锦衣卫的建立是明代社会背景和朱元璋个人因素综合作用的结果，是封建社会中央集权高度发展的产物；明代锦衣卫体制的设立，由于明初建国时加强皇权的需要，再加上朱元璋的贫苦的出生环境造就了其对于统治阶层欺压百姓的厌恶和多疑的性格。朱元璋在当上皇帝之后，采取了“以猛治国”的理念来维护自己的统治，这些因素使得锦衣卫体制的建立具有一定的必然性。朱元璋驾崩之后，直到朱棣时期，属于锦衣卫的一个低迷期。洪武二十六年（1393），处理完“蓝玉案”以后，朱元璋下令销毁锦衣卫的刑具，同时要求所有的案件都要经过相关的司法部门，不再采用法外用刑的方式，所以锦衣卫的权力出现了低迷状态。而在建文帝时期，他完全遵从了祖训，锦衣卫此时的作为非常小，直到明成祖靖难之后，锦衣卫的权力才开始重新复苏。

从职能来看，锦衣卫审讯以后，必须送给三法司拟罪。但实际上，锦衣卫权力极大，三法司的拟罪权被直接或间接的侵夺。直接的侵夺是皇帝直接授权锦衣卫拟罪，不交给三法司拟罪。间接的侵夺是在锦衣卫移送法司拟罪时附加参与，三法司畏惧它的权势，不敢变更平凡，锦衣卫等于有了准拟罪权。锦衣卫有拟罪权及准拟罪权，实际上成为司法审判机关，锦衣卫的缺失是皇帝的信任，它的职能扩大化；庞大的网络，没有科学的机制；权力缺乏限制，没有监督体制，是明代司法审判的弊端。

（作者单位；南京晓庄学院）

从纪纲的作为看永乐朝锦衣卫威权之重

王雪华

明代锦衣卫由太祖所奠立，掌管侍卫、缉捕和刑狱之事，可会同三法司复核录囚、审理案件，后鉴于锦衣卫职权过大，罢锦衣狱。成祖时期恢复锦衣卫典诏狱之职，任用亲信纪纲为指挥使，使锦衣卫在当时朝政中的影响力骤增，锦衣卫帅纪纲也权倾一时。纪纲的上位，自与时局、机遇以及他个人的性格和努力相关，但是其落马则与专制时代君主操控一切，不断整肃官场，而大臣无自主权等因素不无关系。有关锦衣卫或曰厂卫问题，学术界已有不少研究，早期有吴晗《明代的锦衣卫和东西厂》一文，论述厂卫的职能和危害[①]，丁易《明代特务政治》一书则对厂卫弊害有所揭示[②]。今有张金奎、徐连达、廖元琨等人所作不同角度的研究[③]。本文以此为研究基础，重在对锦衣卫帅纪纲的任职表现，所凸显的锦衣卫威权渐重，其与永乐朝政治生态的关联等问题进行考察，以就教于方家。

（一）

锦衣卫为明朝所特有，职掌侍卫、缉捕和刑狱之事。其建制由来，在《明史·职官志》中有较清晰的梳理："明初，置拱卫司，秩正七品，管领校尉，属都督府。后改拱卫指挥使司，秩正三品。寻又改为都尉司。洪武三年，改为亲军都尉府，管左、右、中、前、后五卫军士，而设仪鸾司隶焉。四年，定仪鸾司为正五品，设大使一人，副使二人。十五年，罢仪鸾司，改置锦衣卫，秩从三品，其属有御椅等七员，皆正六品。设经历司，掌文移出入；镇抚司，掌本卫刑名，兼理军匠。十七年，改锦衣卫指挥使为正三品。"[④] 即锦衣卫的前身是拱卫司、仪鸾司，原

① 吴晗：《明代的锦衣卫和东西厂》，载《灯下集》，北京，三联书店，1960 年 .

② 丁易：《明代特务政治》，北京，中华书局，2006 年再版 .

③ 见张金奎：《锦衣卫形成过程述论》,《史学集刊》2018 年第 5 期；张金奎：《锦衣卫职能述略》,《明史研究论丛》第八辑，北京，紫禁城出版社，2010 年；徐连达：《明代锦衣卫权势的演变及其特点》,《复旦学报》（社会科学版）1992 年第 6 期；廖元琨：《锦衣卫与明代皇权政治》,《北方论丛》2008 年第 4 期；王森威：《明代锦衣卫指挥使研究》，辽宁师范大学硕士学位论文，2015 年 .

④［清］张廷玉等：《明史》卷七六《职官五》，北京，中华书局，1974 年，第 1862—1863 页 .

本执行护卫、仪仗之职。洪武十五年（1382），明太祖朱元璋因“缉盗贼，诘奸宄”[①]之需，罢仪鸾司，改设锦衣卫。据明代史家王世贞《锦衣志》记，锦衣卫设都指挥使一人，正三品；同知二人，从三品，另有佥事、镇抚、千户等官职。锦衣卫下辖南北镇抚司，其中南镇抚司掌管本卫的刑名，兼管军匠，而“北司专理诏狱”[②]。明朝在外各军卫中均设有镇抚司，职在管理本卫狱讼，但锦衣卫所属北镇抚司之职权尤为特殊，其所管为诏狱，负责皇帝钦命的案件，锦衣卫、镇抚司狱以及廷杖、东西厂，“不衷古制”[③]，是明朝所独有的刑法设置。

锦衣卫的职能较为广泛。明末任职刑科给事中的孙承泽曾言：“锦衣典亲军，其后寄以诇察之柄，体势日重，然本非尊官也”“凡诸卫亲军，皆以番直宿卫，执戈戟，严巡警，监门禁，而锦衣所掌者乃卤簿仪仗之事……御座则夹陛而立，御辇则扶辕以行，出警而入跸，承旨而传宣，皆在所司，而诏狱所寄则又重矣”[④]。举其要者，约有三项：宿直侍卫、缉事侦查和掌管诏狱。其一是宿直侍卫，即分班入值，陪侍左右，这是沿袭拱卫司原有的职能。另外，原有仪鸾司掌管卤簿仪仗之职也继承下来，“凡朝会、巡幸，则具卤簿仪仗，率大汉将军共一千五百七等侍从扈行”[⑤]，是皇帝的贴身卫队和仪仗队。其二为稽查官民，这是锦衣卫最为后世所知晓的重要职能之一。由于负有保卫皇帝之责，就必须对相关事情做出秘密调查，“盗贼奸宄，街涂沟洫，密缉而时省之”[⑥]。大将蓝玉的“谋反”案，即是由锦衣卫指挥蒋瓛所告发。在锦衣卫给蓝玉的狱词中称，蓝玉和景川侯曹震、鹤庆侯张翼、舳舻侯朱寿、东莞伯何荣及吏部尚书詹徽、户部侍郎傅友文等谋反，拟乘朱元璋藉田时举事。有锦衣卫的举报，朱元璋遂族诛蓝玉，并株连蔓引，自公侯伯以至文武官员，被杀者一万五千人。又诏告天下，以为警示，并将刑讯所得口供和判决记录编成《逆臣录》，使其罪状朝野俱知[⑦]。其三是掌管诏狱。典诏狱是朱元璋的特殊设计，貌似与宿卫和仪仗并不相协调，或许与长久在皇帝身边而受到信任有关，故而授予其侦缉之责。皇帝通过对诏狱的直接掌握，可以及时而有效地剪除有碍其集权的枝干，在胡惟庸、蓝玉案之后，明朝的开国将领所剩无几，正如朱元璋对太子朱标所言：“今所诛者，皆天下之刑余也，除之以安汝，福莫大焉”[⑧]。他通过诏狱这种强力

①［清］张廷玉等：《明史》卷九五《刑法三》，第 2337 页 .

②［清］张廷玉等：《明史》卷九五《刑法三》，第 2335 页 .

③［清］张廷玉等：《明史》卷七六《职官五》，第 2329 页 .

④［清］孙承泽：《春明梦余录》卷六三《锦衣卫》，文渊阁四库全书本 .

⑤［清］张廷玉等：《明史》卷七六《职官五》，第 1862 页 .

⑥［清］张廷玉等：《明史》卷七六《职官五》，第 1862 页 .

⑦事见张廷玉等：《明史》卷一三二《蓝玉传》，第 3866 页 .

⑧［明］徐祯卿：《翦胜野闻》，文渊阁四库全书本 .

部门，替其后的接班人除掉了有觊觎之心的功臣和各种可疑力量，使承袭大统者的皇位更为稳固。可以说，锦衣卫及诏狱是明太祖通向个人高度集权道路上强有力的助推器。锦衣卫的职衔不算最高，但其权力却不小，这就更便利君主的掌控，体现出君主设计这类职官时的内在意图。

锦衣卫因权倾一时，故其禄秩名号虽与其他在京诸直卫相等，但地位较他卫为高，锦衣卫指挥使也都是皇帝的亲信，“恒以勋戚都督领之”①，以致锦衣卫中常有恃仗权势、“恣而舞文，有所操舍”②之事发生。洪武二十年（1387），朱元璋认为在政治上对朝廷上下的清洗已基本完成，也颇知锦衣卫有拷讯过酷、仗势弄权之弊，于是下令焚烧镇抚司刑具，还命百官观看焚烧现场，而羁押在诏狱的囚徒则送刑部审理。据《太祖实录》载：“先是，天下官民有犯者，俱命属法司，其有重罪逮至京者，或令收系锦衣卫审其情辞，用事者因而非法凌虐。上闻之，怒曰：‘讯鞫者，法司事也，凡负重罪来者，或令锦衣卫审之，欲先付其情耳，岂令其锻炼耶？而乃非法如是。’命取其刑具悉焚之，以所系囚送刑部审理。”③自洪武十五年（1382）以后，有锦衣卫之设，但其典诏狱的职权仅存在五年，至洪武二十年（1387）而罢，故在洪武后期，锦衣卫不再典诏狱，其炙手可热的权势有所下降。洪武二十六年（1393）正月，朱元璋仍然申明其禁，令内外刑狱不得再上锦衣卫，全部交由三法司处理④，可见太祖对各种权力部门也想有所平衡，不使某一方坐大。但是，就在洪武二十六年（1393）二月，洪武朝“四大案”之一的“蓝玉案”竟由锦衣卫指挥使首发，这是较早明确记载由锦衣卫揭发的大案。

太祖之后，锦衣卫在建文帝朱允炆时期仍然发挥一定作用。洪武三十一年（1398）十一月，建文帝遣锦衣卫和军队往北平监视燕王朱棣，对其加强防备。次年六月，锦衣卫抓获燕王派往京城的左护卫百户倪琼，供出燕王将谋反的信息，都有锦衣卫的功劳。但是，对锦衣卫的再一次重用，还是在成祖朱棣时期。

（二）

朱棣以藩王起兵，历经四年“靖难之役”夺取皇位，登基后，他对朝臣于自己的忠心有所疑虑，不能不严加提防，所谓“帝以篡得天下，驭下多用重典”⑤。朱棣

① [清] 张廷玉等：《明史》卷七六《职官五》，第 1862 页 .

② [明] 王世贞：《弇州史料》前集卷一七《锦衣志》，明万历四十二年刻本 .

③《明太祖实录》卷一八〇，洪武二十年正月癸丑，台北：“中央研究院”历史语言研究所校勘本，1962 年，第 2722 页 .

④ [清] 张廷玉等：《明史》卷九五《刑法三》，第 2335 页 .

⑤ [清] 张廷玉等：《明史》卷三〇八《陈瑛传》，第 7912 页 .

在监察官员、刺探臣民方面重用两个人，一是都察院都御史陈瑛，其职在纠核和考察官员；二是以纪纲为锦衣卫指挥使，掌管三法司之外的刑法，侦缉官民隐事。朱棣恢复了太祖试行过五年的诏狱，重用锦衣卫，明人沈德符言，锦衣卫至永乐“而任寄渐重”[①]。

成祖所信任的锦衣卫帅纪纲，是山东临邑（今山东德州）诸生，因劣行而被取消生员身份[②]，当燕王率师“靖难”攻打山东时，“纲叩马请自效。王与语，说之。纲善骑射，便辟诡黠，善钩人意向。王大爱幸，授忠义卫千户。既即帝位，擢锦衣卫指挥使，令典亲军，司诏狱。”[③]在起兵的燕王经过临邑时，纪纲没有站在朝廷一边，竟然投效燕王，可见其具有不同于一般书生的胆量。当朱棣得大位后，便重用纪纲，迅速擢升其为锦衣卫首领。从明人王世贞所写《锦衣志》和清人官修《明史》所列《纪纲传》来看，纪纲是一个非常特别的人物。

其一，纪纲能很好地完成皇帝所交任务。明人有言：“天子既由藩国起，以师胁僭大位，内不能毋自疑，人人异心，有所寄耳目矣”[④]，由于朱棣是夺取的天下，即位后不能不产生恐惧和焦虑的情绪，他既要迅速镇压忠于建文帝的大臣，“都御史陈瑛灭建文朝忠臣数十族，亲属被戮者数万人”[⑤]，又要建立效忠自己的耳目喉舌。而纪纲其人颇能体会皇帝的旨意，配合陈瑛的杀戮步伐，于是朝廷有重大案狱“悉下纲治”[⑥]。纪纲广置官校，日夜刺察臣民阴事，罗致罪名，办成各种案子。皇帝十分信任并亲近他，将他视如肺腑之臣，擢为都指挥佥事，正三品，仍掌锦衣卫。纪纲一时权势显赫，连当时的元勋大臣如淇国公丘福、成国公朱能等人亦不敢与之抗礼，道路相见时避之唯恐不及。他所任用的僚属如指挥庄敬、袁江，千户王谦等人，在外出侦事时，多怙权恣横，相缘为奸利，甚至非法榜掠朝廷命官。

其二，善测上意，有“觇帝旨”[⑦]的本领。在朱棣即位之初，纪纲能迅速体察朱棣的意思，用广置校尉等方法，监视臣民的隐事，防范各种不利于政权的事件发生，又用酷烈的手段，迅猛打击建文忠臣及其他异己势力，“日夜操切，阴计闻上，上大以为忠，昵之”[⑧]。他的勤力和善于揣测的本性令成祖非常满意，加上他善于谄媚逢迎，在皇帝面前应对自如，因而君臣关系十分亲近，一如明人所云：“时上宠

---

① [明] 沈德符:《万历野获编》卷二一《禁卫》，北京，中华书局，1959 年，第 532 页 .

② 见 [清] 张廷玉等:《明史》卷一四三《高贤宁传》言纪纲“故劣行被黜生也”，第 4061 页 .

③ [清] 张廷玉等:《明史》卷三〇七《纪纲传》，第 7876 页 .

④ [明] 王世贞:《弇州史料》前集卷一七《锦衣志》，明万历四十二年刻本 .

⑤ [清] 张廷玉等:《明史》卷三〇七《纪纲传》，第 7876 页 .

⑥ [清] 张廷玉等:《明史》卷三〇七《纪纲传》，第 7876 页 .

⑦ [清] 张廷玉等:《明史》卷三〇七《纪纲传》，第 7876 页 .

⑧ [明] 王世贞:《弇州史料》前集卷一七《锦衣志》，明万历四十二年刻本 .

用锦衣卫指挥纪纲，謦咳亡间”[①]。清代官修《明史》时将他列入《佞幸传》，认为纪纲之类人为皇帝所亲，备受宠渥。永乐八年（1410）大才子解缙之死，与纪纲揣摩和迎合皇帝旨意有关。据王世贞言：“考之野史，乃锦衣帅纪纲上囚籍。上见公姓名而怒曰：‘缙犹不死耶！’纲退而与缙对泣，沃以烧酒，埋雪中，立死。”[②]解缙去世时年四十七，诏籍没其家，妻子及族人流放辽东。由此事观之，纪纲之见信于成祖，与其善于揣测上意这一本事有关，他具有不同于常人的测知皇帝心思的能力，无须皇帝明言，即能贴合其意，经其手所办案子众多，有效缓解了成祖的焦虑和不安全感。

其三，手段狠毒。纪纲虽为诸生出身，但儒家理念在他身上不曾留下一丝印迹，他谙熟的只有法家之术，因而对惩治对象下手十分狠毒，以诬陷排挤闻名于官场。浙江按察使周新即被纪纲诬陷而死，据《明史·周新传》云：“锦衣卫指挥纪纲使千户缉事浙江，攫贿作威福。新欲按治之，遁去。顷之，新赍文册入京，遇千户涿州，捕系州狱，脱走诉于纲，纲诬奏新罪。帝怒，命逮新。旗校皆锦衣私人，在道榜掠无完肤。既至，伏陛前抗声曰：‘陛下诏按察使行事，与都察院同。臣奉诏擒奸恶，奈何罪臣？’帝愈怒，命戮之。临刑大呼曰：‘生为直臣，死当作直鬼！’竟杀之。”[③]周新以善于断案、清风劲节著称，曾任监察御史、云南按察使，再至浙江，不料在浙江按察使任上遭遇纪纲的毒手，冤屈而死。解缙也本可不死，岂料纪纲希旨，使解缙被害，都可见纪纲手段之诡异、残酷。由于成祖宠任纪纲，视为忠臣，使很多正人死于其手，“被残杀者不可胜数”[④]。他敲诈构陷富商大贾，数额巨大。与都督薛禄争道姑，“常喜道姑陈氏姿首，欲买置媵，为都督薛禄所先，怨之。遇于大内，持镢镢禄首，脑裂几死。禄慑噤不敢言。”[⑤]锤杀薛禄，使之几乎丧命。又恼怒都指挥哑失帖木路遇时不避让，于是诬持其冒领奖赏之事，将其捶死[⑥]。他还到死刑犯家中，明为帮助其说情赦免，实则诱取钱财，令死犯家属人财两空。其所用手段之狠毒往往非同寻常，可谓酷吏。

其四，其贪欲也超出常人。纪纲利用成祖的宠任和锦衣卫帅的职权，贪贿无度，据王世贞《锦衣志》载：

---

①［明］尹守衡：《皇明史窃》卷四四《周新传》，明崇祯刻本．

②［明］王世贞：《弇州史料》后集卷六九《家乘考一》，明万历四十二年刻本．

③［清］张廷玉等：《明史》卷一六一《周新传》，第4374—4375页．

④［清］张廷玉等：《明史》卷一九五《佞幸传》，第7875页．

⑤［明］王世贞：《弇州史料》前集卷一七《锦衣志》，明万历四十二年刻本．

⑥［明］王世贞：《弇州史料》前集卷一七《锦衣志》，明万历四十二年刻本．

纲前后使腹心幹伪为诏，下诸司盐场，勒盐四百余万，还复称诏，夺官舶二十艘，牛车四百辆，载入私第，弗予僦人，牛立槁。

又即狱喝持大贾数十百家，家索赂不等，为黄金三百五十两，白金二千两，钞四十五万贯，帛千五百疋。又挟诈取交趾使黄金八十两，金盆一，异宝二十枚。

夺民人倪贵等第舍庄宅十七所，计直金三十余万。匿县官予民地八所，直二十余万。

从籍故晋王，干没黄金五百两，金盆一，宝钏二，白金鞍辔二。又从籍故吴王，没琴瑟御龙服、王冠，还，辄衣故王冠服，坐高坐，置酒，命优童真保、道真、吉祥等，效伎乐，奉觞上寿，呼万岁，徐劳卿等无恙，故举卿之觞。

纲诸所用金装八宝，环八宝帽，鉟玉盏，玉水池，砚珊瑚犀毗，玉束带，红辅床，玉石马几，咸饰交龙日月星斗，度如乘舆副。

又上所怒内侍、右班，当下纲论弃市者，辄将至家，具洗沐，好食食之，阳为言见上赦若，诱取金帛且尽，更数日，将至市煞之，而先日以刑报。①

因其权势熏天，其贪欲亦迅即膨胀，一时无人能比。又得知大富商沈万三之子沈文度有利可图，于是答应将其收至门下。据记载："吴人故大豪沈万三子文度，万三生尝伏法，高皇帝籍没其家，所漏赀尚富，而文度颇为人把持其短，患之。因纲舍人蒲伏见，白进黄金百两，白金千两，龙文被一床，龙角一株，奇宝十具，异缯绮四十疋，愿得从赍御，列为外府外厩，岁致粲六百石，钞二十万贯，酤百石，布帛以时进，食饵羞果以月进。纲许之。"纪纲通过与正在寻找靠山的富商勾结，获利无数。又命沈文度为他在吴中索求美女，纪纲直接要求："吾后庭未充，若为我吴中征好者，不为数。文度因是挟纲什五而分民间室，亡谁何者。"②非但如此，纪纲还别出心裁，试图检验官员们对他是否甘愿服从。在端午时节，朝廷举行射柳活动，皇帝也参加。纪纲竟然采用"指鹿为马"的方式，估测满朝高官对他的服从和忠诚度。"纲自唯威日重，重且迫上，冀得所欲。当端午上射柳，纲嘱镇抚庞瑛曰：'我故射不中，若折柳鼓噪，以觇众意。'瑛如其言，无敢纠者。纲喜曰：'是无能难我矣。'遂谋不轨。"③看到在场官员都集体沉默，不敢稍有异议，纪纲以为官

① [明] 王世贞：《弇州史料》前集卷一七《锦衣志》，明万历四十二年刻本.

② [明] 王世贞：《弇州史料》前集卷一七《锦衣志》，明万历四十二年刻本.

③ [清] 张廷玉等：《明史》卷三〇七《纪纲传》，第 7877 页.

员们都服从于他，对其没有异心。此事可见纪纲的贪心和欲望过大，其行事已经违背基本常识，这就距离其灭亡不远了。

成祖以纪纲这样一个善于逢迎且手段酷烈、办案称旨的人掌锦衣卫达十四年，既有功于永乐早期特殊的政治时期，但久而久之纪纲也为自己埋下了灭亡的祸根。永乐十四年（1416）七月，有宦官向纪纲发难，“内侍仇纲者发其罪，命给事、御史廷劾，下都察院按治，具有状。即日磔纲于市，家属无少长皆戍边，列罪状颁示天下。其党敬、江、谦、春、瑛等诛遣有差。”[①]纪纲被迅速执行处决，而成祖并未阻拦，还命给事中和御史廷劾。此前，在永乐九年（1411）成祖已将另一酷吏，都御史陈瑛下狱罪死，此后，永乐十六年（1418）又除掉以稽查告讦闻名的礼部郎中秦政学。成祖在政局安定之后，义无反顾地抛弃了昔日的所谓忠臣们。当然，这些并不能洗刷朱棣身上的戾气及其罗织专制法网的本性。明末清初著名史家谈迁曾言：“文皇帝至严明也，纪纲起孤生，日夜操切。阴敛阳却，挡秘虿尾，包藏虺心，渔利肆螯，至不可胜数者。何哉？乘其疑忌，威劫天下，于是借丛倒柄，尽蔽其耳目而不自觉也。非中贵人发之，将终固宠，终身于长陵矣。读其爰书，未尝不三为之太息也。”[②]谈迁认为，当文皇帝朱棣正疑心所有臣民时，纪纲以逢迎称旨，于是恃恩骄横，遮蔽其所有耳目。其实，专制君主之所以听信小人所言，还是与君主自己的喜好有关。

在都察院给纪纲的诸多罪名中，最为严重的有四项。一是假传诏令，即让心腹持伪诏，向盐场勒索盐。又伪诏，夺官船二十艘、牛车四百辆，载入私第。二是欺骗皇上，将诏选妃嫔私自截留。“诏选婕妤才人，既试可，令暂出待岁，纲辄簿录其尤者内之，别以次塞，莫敢问”[③]。三是有僭越之举。在籍没吴王后，竟然身着查抄的亲王冠服，高坐置酒，命优童奏乐奉觞，高呼万岁。平时所用器物饰品也有超越规制之处，还“畜歌童舞女，出入迎导”[④]。又“腐取良家子十八以下数百人，充左右役”[⑤]，即阉割良家子为宦官，供自己驱使。四是私造武器，图谋不轨。“纲家蓄养亡命耗山刘等，多造铁甲弓弩万计”[⑥]。他在故意射柳不中之后说：无人能拦我，“遂谋不轨”。纪纲竟然敢私抢皇上的女子、敢命人高呼万岁，岂非冲昏了头脑？正如明末清初史家查继佐所言：“天子腹心臣负委任，妄意不轨，擢纲发不足数纲罪，

①［清］张廷玉等：《明史》卷三〇七《纪纲传》，第 7877 页．

②［清］谈迁：《国榷》卷一六，永乐十四年七月乙巳，北京，中华书局，1958 年，第 1132 页．

③［明］王世贞：《弇州史料》前集卷一七《锦衣志》，明万历四十二年刻本．

④［清］谈迁：《国榷》卷一六，永乐十四年七月乙巳，第 1132 页．

⑤［明］王世贞：《弇州史料》前集卷一七《锦衣志》，明万历四十二年刻本．

⑥［明］王世贞：《弇州史料》前集卷一七《锦衣志》，明万历四十二年刻本．

罪万死"①。这些罪名每一项都足以致他于死地。

有关纪纲的诸多罪状是否都属实，今已很难一一查证。纪纲确有不少枉法的行为，但是其落马的直接原因是与宦官的利益争夺和各种矛盾，所谓"中贵素仇纲者白发其端"②。纪纲虽然是皇帝的宠臣，而与宦官相比，后者更为皇帝所信任，纪纲自然无法敌过宦官。在相互争斗中，宦官可能会捕风捉影，捏造事实。而君主身处高位，唯我独尊，很难长久信任某个人，纪纲也不能例外。一旦有近侍进谗言，其倒台就是时间问题了，这是专制君主猜忌的行为特点所决定的。今天有学者认为这很可能是一起冤案③，也不无道理。

纪纲落马一案，虽起自内官的检举，而背后更重要的原因还是成祖对他的疏远和抛弃。当朱棣还是燕王的时候，纪纲对他而言是有用的，他非常需要这样的干将。当他登基之后，通过纪纲及其所掌锦衣卫，很好地完成了对异己力量的整肃，散布了有利于君主威权的恐怖气氛。随着时过境迁，纪纲又不能遏制住内心私欲，不能无限忠诚时，成祖就会毫不费力地清除他。鸟尽弓藏，势所必然。明末清初史家查继佐曾评论说："帝非不知纲，以纲防川，川塞而乃可以无纲矣。犹之用陈瑛法，法一文而一武也。时已任摘发于内侍，内侍不言，谁言之者！"④河流已无溃堤之虞，用来防川之人也就失去了价值。纪纲既知道成祖太多机密，又在替成祖大张杀伐时得罪了朝廷上下不少官员，加之居功自傲，与下属指挥庄敬、袁江，千户王谦、李春等人一同舞弊牟利，这些人"曲侍奉纲，相缘借奸利数百千端"，成祖"久亦颇悟，疏之"⑤。因此，对于大权独揽的君主而言，这类案件是否冤屈，从来就不是一个问题，问题只在于他不希望有人分享或利用皇家的权力，害怕他人觊觎和谋取其地位，不管是谁，其下场都会如此，当然也包括锦衣卫帅纪纲在内。为了自己能放心、安心，找到纪纲的罪名，并迅即逮问处死，这对文皇帝而言根本不算难事。而对纪纲来说，则是以身家性命在博弈，其下场自然可叹。纪纲之后，锦衣卫仍然典治诏狱，但终文皇帝世，锦衣卫帅"画可领诺而已，气焰中消，不复能望纲矣"⑥，与纪纲在任时期的威势相比，已不可同日而语。

---

① [清] 查继佐：《罪惟录》列传卷三〇《纪纲传》，杭州，浙江古籍出版社，1986 年，第 2643 页.

② [明] 王世贞：《弇州史料》前集卷一七《锦衣志》，明万历四十二年刻本.

③ 商传先生认为纪纲毕竟结怨太多，一旦为朱棣抛弃，必将被群臣置于死地，所以纪纲一案很可能是冤案。见商传所撰《明成祖大传》，北京，中华书局，2018 年，第 167 页.

④ [清] 查继佐：《罪惟录》列传卷三〇《纪纲传》，第 2643 页.

⑤ [明] 王世贞：《弇州史料》前集卷一七《锦衣志》，明万历四十二年刻本.

⑥ [明] 王世贞：《弇州史料》前集卷一七《锦衣志》，明万历四十二年刻本.

（三）

明朝锦衣卫的作用是有其两面性的。一方面它维护了如同庞大机器般王朝的运转，毕竟锦衣卫有司卤簿仪仗、宿卫皇帝、参刑狱、缉民间情伪等职能，常伴天子左右，又下辖十七个所，所领员额巨大，起着巩固统治的作用。锦衣卫作为皇帝的贴身侍卫，直属于皇帝，故获得行使侦查、缉捕、刑狱等一系列的职权，在完成皇帝交办的监察、执行和裁决任务时能发挥其高效率的特点。另一方面，在制度设计时，于三法司系统之外，朝廷另设锦衣卫、东厂等机构，不免有叠床架屋之病，此外，锦衣卫诏狱的酷刑、法外用刑和滥用权力的现象也非常普遍。《明史·刑法志》称："其徒黠者恣行请托，稍拂其意，飞诬立构，摘竿牍片字，株连至十数人"[①]。锦衣卫对法制的干预和破坏是显而易见的。而君主不仅不去纠偏，或是弥合这一缺陷，反而始终利用此特点来缉事办案。原本太祖晚年已废除锦衣卫典诏狱之职，但"文皇入立，倚锦衣为心腹"[②]，恢复了锦衣卫典诏狱之职能。自永乐对锦衣卫寄予重任后，便一直为其后的统治者所偏爱，对其职能的运用颇为娴熟。起初，锦衣卫在重大案件一审过后，即送法司定罪，锦衣卫通常并不出具审词。至成化初年，"用参语复奏，而刑官始掣肘矣"。而成化中叶，更添铸北镇抚司印信，"一切刑狱不复关白本卫堂官，即堂官所下行者，亦径自具奏请旨，堂官不得与闻，遂与东厂称表里衙门"[③]，此时更赋予北镇抚司以特权，所理诏狱直接向皇帝报告，即便锦衣卫帅都不得干预。

由于锦衣卫的设置和实际运转与君主制度的行为方式甚为吻合，颇便于君主个人集权，体现其个人对重大事务的裁断权。所以，终明之世君主对锦衣卫重视有加。《罪惟录》言："呜呼！太祖之设锦衣，原以惩奸宄，而二百余年之锦衣狱专杀君子。"[④]嘉靖朝户部主事海瑞因上书规劝皇上过失，就是被锦衣卫下狱拷问，日夜用刑，幸遇隆庆帝登基才被赦出，免于一死；天启朝杨涟、左光斗等六君子也是被魏忠贤下诏狱而死。正是由于锦衣卫存在滥用权力、缺少有效监督和制衡的缘故，加上各种社会弊端无法被及时革除，使得明王朝无可避免地遭遇了灭顶之灾。明末嘉兴士人沈起言："明不亡于流寇，而亡于厂卫"[⑤]，此言虽有简单之嫌，但锦衣卫、东厂确实是亡明的诸多原因之一。

---

①［清］张廷玉等：《明史》卷九五《刑法三》，第 2339—2340 页 .

②［清］张廷玉等：《明史》卷八九《兵志一》，第 2186 页 .

③［明］沈德符：《万历野获编》卷二一《禁卫》，第 533 页 .

④［清］查继佐：《罪惟录》卷二四《锦衣志》，第 922 页 .

⑤［清］朱彝尊：《静志居诗话》卷二二《沈起》，清嘉庆扶荔山房刻本 .

纪纲在永乐朝任锦衣卫帅达十四年。在建文年间，作为临邑城被除名的读书人，因缘际会，以能骑射、善应对逢迎而获得青睐，跻身于燕王的战车，至成祖登基而用为权重一时的锦衣卫帅，自此其个人的命运与文皇帝及锦衣卫密切相关，达到其人生的顶峰状态。他在任锦衣卫帅的十四年，也是永乐朝二十二年中锦衣卫最为势重之时，这既与永乐初政时期的政治环境险恶，不得不重用锦衣卫有关，也与纪纲个人精于揣测圣意而受到宠信不无关系。但是，鉴于皇权时代必然存在政权内部不断斗争、不断整肃的定律，加上纪纲其人随着权势增加而带来的权力欲、金钱欲的膨胀，他在事业的高峰落马也就不足为奇了。纪纲虽然身为朝廷重臣，但是个人并无话语权，一切事情的裁定权都在君主手中，君主可以随时令其遭遇不测。

纪纲落马之事，并不会成为君主矫正其行政和司法制度之弊的转折，庙堂上也不会放弃频繁的斗争和无情整肃。在纪纲之后，仍然有无数的大僚走上高位，又跌落下来。如武宗朝锦衣卫帅、武宗义子钱宁，因媚上获宠，但终被罢官抄家，世宗即位后又被磔杀于市；世宗朝势倾天下的锦衣卫帅、忠诚伯陆炳，虽得以善终，却也被其后的穆宗追论其罪。这是王朝时代的铁律和死结，也是以深谋远虑著称的明太祖在制定制度之初所始料不及的。

（作者单位：武汉大学历史学院）

锦衣卫与明天顺朝政局演变

高　强

锦衣卫与明朝相伴始终，根据最高统治者的需要，专司侦察、缉捕、刑狱等事。在政局平稳时期，锦衣卫发挥作用相对有限，而在朝政发生急剧变化的时期，锦衣卫的行为往往在相当程度上促成、激化和加速重要事件的发生及政局的发展演变。天顺朝是明史上一个极为特殊的时期，明英宗被俘归来、幽居八年后又通过“夺门之变”重新夺回帝位，各种势力错综复杂，斗争激烈，发迹的“夺门”派内部也是矛盾重重。天顺时期锦衣卫的所作所为不仅契合了最高统治者的需求和当时的形势，也较大地推动了朝局的发展演变。在查阅相关史料的基础上，本文力图还原此段历史，并为锦衣卫的研究略尽绵薄之力。

一、锦衣卫袁彬与明英宗“北狩”

正统十四年（1449），明英宗御驾亲征，在土木堡被瓦剌部也先所俘，此即著名的“土木之变”。此后英宗便以俘虏之身羁留塞北一年之久，在这段颠沛困苦的岁月中，锦衣卫近侍袁彬对英宗“北狩”期间的生活起居、对敌斗争乃至顺利归国均起到了较为重要的作用。袁彬，字文质，“土木之变”时为锦衣校尉，危难之际，“从官悉奔散”[①]，只有袁彬与哈铭二人随侍英宗左右，未曾离弃。在照顾英宗的生活方面，袁彬可谓是无微不至，“上下山坂，涉溪涧，冒危险，彬拥护不少懈”，“夜则与帝同寝，天寒甚，恒以胁温帝足”[②]。更为难能可贵的是，袁彬并未因此时的英宗是落难帝王而有所怠慢，而是“周旋患难，未尝违忤”[③]。英宗思念故国，时常心思抑郁，袁、哈二人则想方设法纾解其情绪。不仅如此，袁彬还成为英宗在塞北期间的主要幕僚，助其决断斗争策略。叛阉喜宁献计于也先，欲挟英宗侵掠江南，袁彬等对英宗说：“天寒道远，陛下又不能骑，空取冻饥。且至彼而诸将不纳，奈

①［清］张廷玉：《明史》卷一六七，北京，中华书局，1974 年，第 4509 页．

②［清］张廷玉：《明史》卷一六七，第 4509 页．

③［清］张廷玉：《明史》卷一六七，第 4509 页．

何？”[①] 此议遂止。也先亦曾计划将其妹嫁与英宗，英宗在袁彬的建议下借故推辞此事。另外，据《明实录》等记载，英宗被俘期间，曾多次命袁彬起草文书，与明朝沟通消息及办理相关差事，包括设计除掉喜宁等重要事件，足可见英宗对其的信任。可以毫不夸张地说，在艰困环境中的相依为命，使得此时的英宗与袁彬已经超越了单纯的君臣、主仆关系，更加类似患难朋友与生死兄弟。故此，当也先欲杀袁彬时，英宗“如失左右手，急趋救”，袁彬患寒疾，英宗“以身压其背”[②]，致袁彬流汗而愈。《明史》说：“帝居漠北期年，视彬犹骨肉也”[③]。

故此，英宗羁留塞北期间身陷险境，孤苦无依，如果没有袁彬的倾心照料、陪伴开导及出谋划策，英宗是否能身心健康地渡过一年由万乘之尊变为阶下囚的屈辱岁月，或是被也先裹挟南侵而横生变故，抑或与也先结亲而生出枝节，这些均不能排除其可能性，如此一来英宗是否还能平安归国就要打上问号。可以说，锦衣卫袁彬在英宗“北狩”期间对其的各方面照拂及襄助在一定程度上促成了英宗顺利回国，方有后来的天顺朝。

二、锦衣卫与天顺初冤狱

景泰八年（1457），在南宫幽居八年之久的明英宗发动“夺门之变”，成功复辟，开启了其第二次执政的“天顺”时代。英宗复辟后，虽将袁彬相继擢升为锦衣卫指挥签事与指挥同知，但并未任用这位曾“视之如骨肉”的塞北故人任锦衣卫主官，而是重用门达与逯杲二人执掌卫事。门达袭父职为锦衣卫百户，景泰年间任指挥签事，掌镇抚司刑狱，逯杲为锦衣卫校尉。英宗擢用其二人的部分原因是他们曾参与“夺门”，有辅弼之功，但更重要的天顺复辟之初英宗所面临的形势及其需求。

英宗在复辟之前，已在南宫担任“太上皇”八年之久，虽名位尊崇，但实为软禁，不仅远离朝政，连基本的自由也不具有，其宫门被上锁灌铅，并受到景帝严密监控。景帝治国八年，期间不仅成功抵御瓦刺，保卫社稷，也任用了于谦、石亨等一批文武良才，使国家重新稳定，民众安居，被时人誉为“英主”，有“再造之功”，出于正统观念，怀念和支持景帝的大臣必不在少。而且，当时于谦、王文等人欲迎立襄王朱瞻墡长子即位的流言甚嚣尘上。英宗及以徐有贞、石亨、曹吉祥为主的“夺门派”成员以一种极其冒险的方式戏剧化地复辟成功，其必然会考虑利用锦衣卫探听动向，察伺群臣，打击异己，以重新树立威权。在这种情况下，“行事

① [清] 张廷玉：《明史》卷一六七，第 4509 页 .

② [清] 张廷玉：《明史》卷一六七，第 4509 页 .

③ [清] 张廷玉：《明史》卷一六七，第 4509 页 .

安静”的袁彬显然不如“机警沉鸷”的门达和“强鸷”的逯杲更契合英宗所需。

天顺元年（1457）三月，门达被提升为锦衣卫指挥使，专司镇抚司刑狱，千户谢通协助门达，执法较为宽仁，朝野称贤，但这显然并不符合英宗所需，“是时英宗虑廷臣党比，欲知外事，倚锦衣官校为耳目”①。于是表现更为阴鸷和抢眼的逯杲脱颖而出，为英宗所倚重。门达、逯杲等人迎合当时的政治形势和最高统治者的需要，怙势弄权，兴起了一系列大狱。天顺元年（1457）逯杲诬陷锦衣卫百户杨瑛为与于谦一起被杀的中官张永的亲属，千户刘勤因与逯杲有仇隙，被逯参奏讪上，二人皆被斩。英国公张懋、太平侯张瑾等贵戚侵占官田，被逯杲参劾，不仅退回田土，且坦服其罪。逯杲“摭群臣细故以称帝旨”，“白遣校尉侦事四方，文武大吏、富家高门多进伎乐货贿以祈免，亲籓郡王亦然。无贿者辄执送达，锻炼成狱。”②在服务于英宗复辟之初铲除异己、震慑臣下的同时，中饱私囊，谋取个人私利。天顺四年（1460），逯杲污蔑江西弋阳王朱奠壏母子通奸，在英宗派员勘察，并无实据的情况下，逯杲仍执前说，英宗最终将朱奠壏母子赐死，舆论皆以为冤。英宗对景泰朝大臣的残酷清算、对“夺门”派官员的宽纵容忍和对朝野施行的特务控制是天顺朝初期的显著弊政，也是英宗个人帝王生涯的重要污点，对于这些锦衣卫均有程度不同的参与。

三、锦衣卫与石亨之败

逯杲所参与和操作的影响天顺朝政局走向的大事之一就是石亨叔侄的败亡。石亨在北京保卫战中战功卓著，且在“夺门”中功劳居首，被封为忠国公，“眷顾特异，言无不从”③。但石亨倚仗圣宠跋扈不法，其侄石彪亦有战功，骄横狂妄，并谋求镇守重镇大同，逐渐为英宗所厌恶与猜疑，逯杲即“伺其（石亨）阴事”④。天顺三年（1459）九月逯杲揭发石亨私遣义勇后卫指挥同知裴瑄出居庸关购买木材事，并自大同将裴瑄锁拿至京审讯治罪，石亨得英宗宽宥⑤；十月逯杲参劾石亨侄石彪之弟石庆不法事，请将其逮捕治罪⑥；四年春正月逯杲又奏石亨“怨望”，并且与其侄

①［清］张廷玉：《明史》卷三〇七，第 7878 页.

②［清］张廷玉：《明史》卷三〇七，第 7878 页.

③［清］张廷玉：《明史》卷一七三，第 4615 页.

④［清］张廷玉：《明史》卷三〇七，第 7878 页.

⑤《明英宗实录》卷三〇七，天顺三年九月己亥，台北，“中央研究院”历史语言研究所校勘本，1962 年，第 6468 页.

⑥《明英宗实录》卷三〇八，天顺三年十月壬子，第 6479 页.

孙石后制造妖言，甚至“心实怏怏怀不轨”[①]。最终，石亨被英宗下狱，并瘐死狱中，石彪被诛，石氏一门彻底败落。

石亨叔侄的败亡给天顺朝局及英宗个人思想所带来的变化无疑是巨大的。天顺元年“夺门”三大功臣之一徐有贞即因权力斗争被石亨、曹吉祥等排挤，最终被流放金齿卫。石亨败亡后，在李贤等大臣的规劝提醒下，英宗也开始反思之前的诸多做法。李贤曾对英宗说：“‘迎驾’则可，‘夺门’岂可示后？天位乃陛下固有，‘夺’即非顺。且尔时幸而成功，万一事机先露，亨等不足惜，不审置陛下何地！”[②]英宗有所悟，于是诏令日后章奏勿用“夺门”字样，并革除冒“夺门”之功者四千余人，一时朝野称快。

四、锦衣卫与曹钦之乱

石亨败亡之后，“夺门”三大功臣仅剩曹吉祥，兔死狐悲，曹自觉不安，于是渐蓄异谋，以金钱宝物多方结交在京达官（即蒙古武士）。逯杲经由曹吉祥推荐方擢升为锦衣卫指挥签事，在这种情况又不遗余力地伺查曹吉祥及其侄曹钦的秘事，遭到二曹痛恨。天顺五年（1461）七月，曹钦以私刑处罚家人曹福来，受到言官弹劾，英宗命逯杲勘察处置，并降敕遍示群臣，曹钦大惊，言道：“前降敕，遂捕石将军。今复尔，殆矣！”[③]于是决心造反。七月二日，曹钦举兵造反，其做的第一件事便是前往逯杲家，杀死逯杲，并将其头携至朝房，对李贤说“杲激我也”[④]。十数年后宪宗朝宦官汪直弄权，朝野人心惶惶，大臣商辂等也在奏疏中对宪宗言“往者曹钦之反，皆由逯杲生事，有以激之”[⑤]，提醒其注意防范，可见逯杲的所作所为确实在很大程度上对曹吉祥、曹钦的反叛起到了激化作用。

曹吉祥、曹钦之乱平定，“夺门”最后的核心成员覆灭，这标志着“夺门”派这一利益集团的彻底败落。“夺门”可以说是天顺一朝政局发展的锁钥，整个天顺朝即是循着夺门—清洗—夺门派煊赫—夺门派败落的主线发展。天顺朝初始，因扶助英宗复辟之功，以徐、石、曹为核心的“夺门”派瞬间发迹，势力鼎盛，因之封官赐爵者不可胜数，并对以于谦、王文、范广为主的景泰朝大臣进行了残酷清算。但不长时间之后，“夺门”派即因内讧和英宗宠遇的衰退和猜忌等原因一步步走向

---

①《明英宗实录》卷三一一，天顺四年正月癸卯，第6536页.

②［清］张廷玉：《明史》卷一七六，第4615页.

③［清］张廷玉：《明史》卷一九二，第7775页.

④［清］张廷玉：《明史》卷一九二，第7775页.

⑤《明宪宗实录》卷一六六，成化十三年五月丙子，第3004页.

败落，元年徐有贞被谪戍金齿卫，四年石亨叔侄败亡，五年曹吉祥叔侄覆灭，“夺门”派不仅最终作为一个松散的利益共同体最终灭失，其行为在石、曹败亡后也被英宗否定。而且，在“夺门”派逐步失败的过程中，英宗在忠正大臣的劝导下，对天顺初期的诸多过激政策进行了纠错与修正，如奏章中禁用“夺门”称号，革除滥功者封赏等。对于于谦，“夺门”后被冤杀，英宗事后“亦悔之”，徐有贞谪戍，石亨和曹吉祥相继败死后，“谦事白”，证明“夺门”派对于于谦等人的污蔑完全是无中生有。英宗在天顺朝虽未给于谦平反昭雪，但宪宗即位不久即为此事，其诏令曰“在先帝已知其枉，而朕心实怜其忠”[①]，便可窥见英宗的心境。而纵观以上天顺朝政局的发展演变，以逯杲为首的锦衣卫无疑起到了激发、推动和促进的作用。

结　语

综上，锦衣校尉袁彬在英宗“北狩”一年期间对其悉心照料，在一定程度上保障了英宗的安全、回归及天顺朝的最终出现。以逯杲为首的锦衣卫在天顺朝根据英宗的意旨伺察大臣、清除异己，加速、推动了石亨的败亡，激发了曹吉祥、曹钦的反叛，最终促成了“夺门”派的整体失败，英宗也对天顺初期的诸多政策进行了反思和修正。不过，天顺朝局的发展演变是一系列必然和偶然因素综合作用的结果，锦衣卫的行为只是在客观上加快和推动了演变进行的速度而已。

（作者单位：菏泽学院人文与新闻传播学院）

①《明宪宗实录》卷三三，成化二年八月丁卯，第 670 页.

明末天启党争与锦衣卫 ①

阳正伟

《明史·魏大中传》："大学士叶向高以举用文言，亦引罪求罢。狱方急，御史黄尊素语镇抚刘侨曰：'文言无足惜，不可使搢绅祸由此起。'侨颔之，狱辞无所连。文言廷杖褫职，牵及者获免。"②

《明史·魏忠贤传》："四年，给事中傅櫆结忠贤甥傅应星为兄弟，诬奏中书汪文言，并及左光斗、魏大中。下文言镇抚狱，将大行罗织。掌镇抚刘侨受叶向高教，止坐文言。忠贤大怒，削侨籍，而以私人许显纯代。"③

《明史》的这两段文字讲的都是关于天启时期的"汪文言狱"，《魏大中传》说传语刘侨的是东林党人黄尊素，而《魏忠贤传》说是首辅叶向高。另外，《明史·叶向高传》虽没有直接提到此事，但也说："当是时，忠贤欲大逞，惮众正盈朝，伺隙动。得櫆疏喜甚，欲藉是罗织东林，终惮向高旧臣，并光斗等不罪，止罪文言。然东林祸自此起"④。魏忠贤本想借傅櫆弹劾汪文言，而汪文言与东林交往密切"罗织东林"，因忌惮首辅叶向高才只给汪文言治罪而没有牵连左光斗等人，就是叶向高在其中起了作用，与《明史·魏忠贤传》的说法对应。黄尊素、叶向高二人，到底是谁，出于什么原因传语刘侨，这与汪文言又有什么关系，《明史》为什么会有不同的记录？"掌镇抚"刘侨与汪文言狱有什么关系，为什么他开始对此的处理让魏忠贤不满而将他削籍，改用自己的"私人"许显纯，许显纯又是否达到了魏忠贤的意图？本文将在广泛搜集、查阅史籍的基础上，对以上问题加以探究，循此以进，再对天启后期魏忠贤及其党羽打击迫害东林所借端的具体事由，东林党人"忠臣义士"之外的别样面貌，锦衣卫在明末天启党争中的作用等过去关注不多或认识不全的问题加以梳理和探讨。

---

①本文是教育部人文社会科学研究青年基金项目："清代晚明史书写中的东林话语研究"（17XJC770003）的阶段性成果.

②［清］张廷玉等：《明史》卷二四四《魏大中传》，北京，中华书局，1974年，第6335页.

③［清］张廷玉等：《明史》卷三〇五《魏忠贤传》，第7818页.

④［清］张廷玉等：《明史》卷二四〇《叶向高传》，第6237页.

一、汪文言狱

《明史》中都提到的汪文言狱的直接诱因，是天启四年（1624）三月吏部尚书赵南星调用邹维琏为吏部属官。

关于此事的大致来由，张廷玉《明史》说："吏部尚书赵南星知其（邹维琏——笔者按）贤，调为稽勋郎中。时言路横恣，凡用吏部郎，必咨其同乡居言路者。给事中傅櫆、陈良训、章允儒以南星不先咨己，大怒，共诟谇维琏。及维琏调考功，櫆等益怒，交章力攻。又以江西有吴羽文，例不当用，两人迫羽文去，以窘辱维琏。"[①]晚明言路势力横行[②]，赵南星没有征求言路的意见，而调用江西人邹维琏为吏部稽勋司郎中，后又改为考功司郎中，引起江西言官傅櫆等人对邹维琏的攻击。当时吏部验封司主事吴羽文也是江西人，吏部属官中同时有两个江西人，不符合常例，傅櫆等人迫使吴羽文去位，给人造成是被邹维琏逼走的印象。

这次纷争实际是由东林的内讧造成的。如邹维琏说："臣同乡省中二三臣同过臣寓，若教臣，又若憾臣，而独科臣傅櫆奋然草疏欲驳臣……允儒、良训犹是角口常情，而櫆则硬坐臣为幸进，且以新推铨司程国祥亦坐臣为曲成"，将弹劾他的傅櫆与章允儒、陈良训两人区别看待。当时的东林党官员李应升同样说："云中（指傅櫆——笔者按）自是一种意见，鲁斋、岵月（指章允儒、陈良训——笔者按）吾辈人也，乃愦愦生疑，中细人之挑唆，至使两正人（指邹维琏和吴羽文——笔者按）无端蒙其毒，阋墙招侮，岂不可为痛哭哉！"[③]认为"吾辈人"章、陈是被人挑唆，才"阋墙"参劾邹维琏。崇祯初期东林党人主导的惩治魏忠贤党羽的"钦定逆案"，傅櫆入案[④]，章、陈两人则不人，或者跟这个不无关系。与之不同，后来的复社人士吴应箕则认为是章、陈先攻击邹，才被傅櫆钻了空子："章允儒、陈良训疏相攻，因起玄黄之端，傅櫆乘而操戈。"章、陈之所以参劾邹，是因为自身利益受损："或曰维琏欲以知府转章、陈，故为所不容云"[⑤]。不管是受人挑唆，还是出于维护自身利益，章、陈弹劾邹都表明东林内部的分裂。而被认为在这场纷争中"挑唆"、"乘而操戈"、崇祯时期入"逆案"的傅櫆，在此之前的一些事情上也曾与东

---

①［清］张廷玉等：《明史》卷二三五《邹维琏传》，第 6137 页．

②参见拙著《"小人"的轨迹："阉党"与晚明政治》，北京，中国社会科学出版社，2016 年，第 79—84 页．

③［清］李逊之：《三朝野纪》卷二下《天启朝纪事》，上海，上海书店，1982 年，第 53 页．

④［清］谈迁：《国榷》卷九〇，北京，中华书局，1958 年，第 5473—5476 页．

⑤［明］吴应箕：《两朝剥复录》卷一，《四库禁毁书丛刊》史部第 19 册，北京，北京出版社，1997 年，第 123 页．

林保持一致，如以“红丸案”处理不当为由弹劾首辅方从哲[①]；当刑部尚书王纪被罢免时，他予以相救[②]；当工部郎中万燝因响应杨涟上疏弹劾魏忠贤被廷杖致死，巡城御史林汝翥又因得罪中官将被廷杖时，他上疏抗论[③]。这表明，傅櫆是因为参劾邹维琏才与东林走向对立，在此之前他与东林在很多事情上的见解相同，而他参劾邹维琏可能又是受了东林人士的鼓动，晚明人际网络、政治派性的复杂多变于此可见一斑。四年九月，赵南星被罢归，邹维琏与其一起离去。

纷争继续扩大，傅櫆接着又参劾内阁中书汪文言，并牵连东林党人左光斗和魏大中，“汪文言狱”由此肇端。“（汪文言）初充歙县门役，复谋充本县库胥，窃藏拟戍，潜逃京师，遂父事内监王安，内外交通，事露拟配，人皆以为灾。初而且敢易改名字，营纳今官。左光斗身在宪府，不能追论而且引为腹心，魏大中职忝谏垣，不行驱除，而且助其资斧。”汪文言与东林交往密切，他受结交东林的于玉立影响，“由此知朝廷之上某某者为正人，某某者为邪人”。后来又受于派遣入京，结交当时为东宫伴读太监的王安，“相与谈世事之得失，辨人才之邪正，安听之亹亹不怠”。他在万历末年曾帮助东林离间齐楚浙三党，泰昌及天启初期，“两朝宫府之难，维持调护；外则撤税阉、发内帑、起用诸贤，一切善政，安与南昌（指首辅刘一燝——笔者按）同心共济，文言居中通彼我之怀”，“时正人颂其功不啻口，嫉之者日以益众”。天启初期在受到顺天府丞邵辅忠参劾化险为夷后，他仍然不知退却，反而更与官员交结，尤其与东林党人来往密切，“文言益游公卿间，门外之辙益众，福清（指首辅叶向高——笔者按）题授内阁中书，一时正人蒲州、高邑、应山、桐城、嘉善（指韩爌、赵南星、杨涟、左光斗、魏大中——笔者按）俱延之入幕”[④]。此时傅櫆参劾汪文言结交太监王安钻营不法，左光斗、魏大中执掌监察、进言之权，不但不揭露他，反倒跟他来往密切。左、魏也分别上疏辩解，左还反击说傅櫆

①［清］王鸿绪:《明史稿列传》卷二〇二《方从哲传》，周骏富辑:《明代传记丛刊》第96册，台北，明文书局，1991年，第390页.

②《明熹宗实录》卷二四，天启二年七月癸亥，台北，“中央研究院”历史语言研究所校勘本，1962年，第1234页.

③［清］谈迁:《国榷》卷八六，第5289页.林汝翥被杖缘由及其主要履历，见［清］李聿求:《鲁之春秋》卷十一《林汝翥传》，杭州：浙江古籍出版社，1984年，第113—114页.

④［明］黄尊素:《黄忠端公文略》卷三《汪文言传》,《四库禁毁书丛刊》集部第185册，北京，北京出版社，1997年，第46页.［清］张廷玉等:《明史·魏大中传》中附记汪文言的内容与此大同小异，应是取材于此（［清］张廷玉等:《明史》卷二四四《魏大中传》，第6334—6335页）.

与东厂理刑太监傅继教结为兄弟[①]，而这种“通内”之举是为当时法律所禁止的[②]，两人都得到优旨慰答。

傅櫆参劾汪文言牵连魏大中、左光斗，据张廷玉《明史·魏大中传》，是由于魏大中反对对浙江巡抚刘一焜的恤典，刘为江西南昌人，魏因此得罪江西言官章允儒，于是唆使傅櫆上弹疏，仍是上述东林内部矛盾的体现。同时傅櫆也受到吏科右给事中阮大铖的怂恿：“会给事中阮大铖与光斗、大中有隙，遂与允儒定计，嘱櫆劾文言，并劾大中貌陋心险，色取行违，与光斗等交通文言，肆为奸利。疏入，忠贤大喜，立下文言诏狱。”[③]阮大铖最初也亲近东林，“清流自命”，为东林党人左光斗“引为同志”[④]。清初朱彝尊《静志居诗话》说：“大铖在东林点将录，号没遮拦”[⑤]。他看到的这份《东林点将录》，也被同一时期的阎若璩见过[⑥]。这么说来，阮大铖与东林闹翻也可视为是东林的一场内讧。他与东林“有隙”，是由于与魏大中争吏科都给事中一事：“四年春，吏科都给事中缺，大铖次当迁，光斗招之。而赵南星、高攀龙、杨涟等以察典近，大铖轻躁不可任，欲用魏大中。大铖至，光斗意中变，使补工科。大铖心恨，阴结中珰寝推大中疏。吏部不得已，更上大铖名，即得请。大铖自是附魏忠贤”。[⑦]

如果按照当时官员晋升的一般做法，应该是阮大铖就任该职，东林改用魏大中并不合理，由此也可看出东林当时的权势，可以违反常规任用官员。如当时的李清、章正宸就认为：“然大铖资俸居先，迫之去者过”[⑧]。复社人士归庄说：东林党人“激成阮入彼党，未始非失计。盖阮实有可用之才，惜诸君子无使贪使诈之作用也”[⑨]，把此事作为阮大铖背离东林、转投魏忠贤的分界线，并认为东林举动过激而

①［明］王世贞撰、王政敏订、王汝南补：《新刻明朝通纪会纂》卷四《熹宗哲皇帝》，《四库禁毁书丛刊》史部第13册，北京，北京出版社，1997年，第92页。左、魏二人辩疏，见蔡士顺：《傃庵野抄》卷四，《四库禁毁书丛刊》史部第69册，北京，北京出版社，1997年，第437—438、438—439页.

②《大明律》：“凡诸衙门官吏，若与内官及近侍人员互相交结……皆斩，妻子流三千里安置”（卷二《职制》，《续修四库全书》史部第862册，上海，上海古籍出版社，2002年，第433页）.

③［清］张廷玉等：《明史》卷二四四《魏大中传》，第6334—6335页.

④［明］钱澄之：《所知录》卷五《阮大铖本末小纪》，《四库禁毁书丛刊》史部第72册，北京，北京出版社，1997年，第185页.

⑤［清］朱彝尊：《静志居诗话》卷二一《顾杲传》，《续修四库全书》集部第1698册，上海，上海古籍出版社，2002年，第480页.

⑥［清］阎若璩撰、吴玉搢编：《潜邱劄记》卷六《与王山史书》，《文渊阁四库全书》子部第859册，台北，商务印书馆，1983年，第518页.

⑦［清］王鸿绪：《明史稿列传》卷二八七《阮大铖传》，第647页.

⑧［明］李清：《三垣笔记》卷下《弘光》，北京，中华书局，1982年，第114页.

⑨［清］归庄：《归庄集》卷一〇《随笔二十四则》，上海，上海古籍出版社，1984年，第517页.

有所批评。但阮大铖借助魏忠贤之力夺得吏科都给事中一职后，“到任未数日，即请终养归，以缺让魏公大中”[①]，似乎只是为泄一时气愤，并非真要与东林为敌。奇怪的是，当魏大中奉旨就任吏科都给事中面谢皇恩时，却又被圣旨严切责备。圣旨如此反复，傅櫆此时又一反常态，上疏指出这份圣旨是来自皇帝绕过内阁的“中旨”：“此旨之自中传出者无疑也”，并说“职非敢为大中等解也，特职恐行邪之径为害不小”[②]，声明自己不是要为魏大中叫屈，而是认为“中旨”如被皇帝的亲信太监操纵“行邪”将对政治带来重大危害，不言而喻他指的是魏忠贤。

傅櫆的参劾几乎被魏忠贤利用来“罗织东林”。天启初魏忠贤杀害与东林交好的太监王安，因而与东林开始决裂，“大珰魏忠贤阴持国柄，初亦雅意诸贤。而诸贤以其倾杀王安，弥恨恶之”[③]。之后东林掀起长期的“讨魏斗争”，两者的关系更趋恶化。魏忠贤一直伺机报复，傅櫆参劾与东林关系密切的汪文言正可以加以利用，“当是时，忠贤欲大逞，惮众正盈朝，伺隙动。得櫆疏喜甚，欲藉是罗织东林，终惮向高旧臣，并光斗等不罪，止罪文言。然东林祸自此起”[④]。上述操纵“中旨”切责魏大中应就是他采取的行动，但最终因为忌惮首辅叶向高的威望，只对汪文言治罪，而暂时没有波及左光斗、魏大中等人。

二、魏党打击东林制造的端由

由于傅櫆的参劾，汪文言受到廷杖的处分，但因为魏党刻意要将他作为打击东林的突破口，他的厄运并没有就此结束。四年十二月，御史梁梦环再度参劾他，而天启初期因反对杨涟、左光斗等人敦促李选侍移宫，长期遭罢斥的贾继春复起后此时也追论“移宫案”，得旨：“杨涟、左光斗妄希定策，串同王安，倡为移宫之事，又与魏大中、周朝瑞、袁化中深盟同结，招权纳贿，党护熊廷弼，伙坏封疆。铁案既定，犹贪其重贿，托汪文言内探消息，暗弄机关。及文言事发，乃巧借题目，以掩其罪，信口装诬，毫无影响。”[⑤]这份圣旨说东林的杨涟、左光斗等人串谋太监王安倡行移宫，又接受失陷辽东封疆的熊廷弼的重贿，托与内廷关系密切的汪文言进

---

①［清］钱澄之：《藏山阁集·文存》卷六“皖髯事实”条，《续修四库全书》集部第1400册，上海，上海古籍出版社，2002年，第645页.

②［明］蔡士顺：《傃庵野抄》卷四，第441页.

③［明］夏允彝：《幸存录》“门户大略”条，留云居士辑：《明季稗史初编》卷一四，上海，上海书店，1988年，第290页.

④［清］张廷玉等：《明史》卷二四〇《叶向高传》，第6237页.

⑤［明］文秉：《先拨志始》卷下，上海，上海书店，1982年，第175—176页.

行营救，将汪文言狱、“移宫案”和熊廷弼“封疆案”三事串合起来作为东林的罪证。这三件事情本来都与魏忠贤无关，“朝臣争三案及辛亥、癸亥两京察与熊廷弼狱事，忠贤本无预”①，但为了罗织杨涟等人罪名，将其置于死地，大理寺丞徐大化等人向魏忠贤献策串入三事，为魏接受，“‘彼但坐移宫罪，则无赃可指。若坐纳杨镐、熊廷弼贿，则封疆事重，杀之有名。’忠贤大悦，从之，由是诸人皆不免。”②蒋平阶《东林始末》也指出将此三事串合，是为了将杨涟等人一网打尽：“初杨、左事起以移宫为案，但属杨、左，与顾大章等无与也。已复改为封疆，周朝瑞曾疏荐廷弼，而顾大章与杨维垣相疏辩，与杨、左又无与也。乃以封疆牵入移宫，于是一网尽矣。”③

三事中的“封疆案”是魏党用来迫害东林的关键，也尤其能够看出魏党对东林的栽赃陷害，即诬陷东林官员收受熊廷弼贿赂为其开脱，为打压东林寻找最重要的借口。熊廷弼因天启二年（1622）正月失陷广宁而引起朝堂上对他是非功罪的争论，时隔三年魏党重提此事，全是为了借此牵连东林。如朱童蒙曾上疏陈述熊廷弼守辽之功和为其辩护，却没有受到牵连。孙承宗曾请求将熊廷弼发军前立功赎罪，也没有因此得罪④。而魏大中对于孙承宗申救熊廷弼之举曾极力反对，却被牵入此案⑤。天启初廷议起用熊廷弼，加罪魏应嘉等曾弹劾过熊廷弼的官员，左光斗抗疏相争，但也被牵入此案⑥。所以，崇祯时期的倪元璐道出此事的原委说：“至廷弼行贿之说，自是逆珰借此为杨、左诸人追赃地耳。逆珰初拟用移宫一案杀杨、左诸人，及狱上而以为难于坐赃，于是再传覆讯，改为封疆之案，派赃毒比。”⑦魏党就是要把“六君子”与熊廷弼“封疆案”扯上关系，陷害他们。汪有典也说：“诸君子之死以门户也，固也。然不借封疆则死无名，不坐廷弼赃则罪不着。然则诸君子非以门户死也。盖魏珰无大憾于廷弼，特假以杀诸君子，既杀诸君子，即不得不并杀廷

---

①［清］张廷玉等：《明史》卷三〇五《魏忠贤传》，第 7819 页 .

②［清］万斯同：《明史》卷三五五《徐大化传》，《续修四库全书》史部第 330 册，上海，上海古籍出版社，2002 年，第 290 页 .

③［明］蒋平阶：《东林始末》，《四库全书存目丛书》史部第 55 册，济南，齐鲁书社，1997 年，第 630 页 .

④［明］黄景昉：《国史唯疑》卷一一，上海，上海古籍出版社，2002 年，第 340 页 .

⑤［明］李逊之：《三朝野纪》卷二下《天启朝纪事》，第 61—62 页 .

⑥［清］张廷玉等：《明史》卷二四四《左光斗传》，第 6331 页 .

⑦［明］文秉：《烈皇小识》卷一，［清］留云居士辑：《明季稗史初编》卷一，上海，上海书店，1988 年，第 6 页 .

弼。此廷弼之所以死，而诸君子所以一网尽钦。”[①]魏党利用熊廷弼陷害“六君子”，熊自身也必然在劫难逃。因此高汝栻说他“不死于封疆，而死于时局；不死于法吏，而死于奸珰”，是魏忠贤等人借端陷害东林的牺牲品。

根据张廷玉《明史》卷二四四东林“六君子”传，可将“六君子”与“移宫案”等三事有无关系列表如下。

	杨涟	左光斗	魏大中	周朝瑞	袁化中	顾大章
移宫案	有	有	无	有	无	无
汪文言狱	有	有	有	无	无	无
封疆案	无	无	无	有	无	有

注1：说杨涟、袁化中跟封疆案无关，是指本传中没有记载；说左光斗、魏大中与封疆案无关，则是指两人都曾参劾熊廷弼。说周朝瑞、顾大章与封疆案有关，是指两人都曾为熊求情。

注2：杨、左、魏三人与汪文言案有关，据《明史》卷二四四《魏大中传》，第6334页。

由此表可以看出，六人中实际没有一人与三事都有关，袁化中甚至与三事都无关。六人都被牵扯上这三事，完全是因为魏党罗织陷害。

三、天启党争中的锦衣卫

以上当然是后来魏党利用汪文言狱打击东林的情形，而在汪文言被参劾之时，实际魏党就已有这样的设想，而东林也已有这样的担忧。所以，当审理被逮入诏狱的汪文言时，东林党人和魏党都要极力对审理施加影响。

被傅櫆参劾与汪文言交往密切的魏大中，嘱托黄尊素告知锦衣卫指挥同知署镇抚司刘侨：“文言无足惜，使缙绅之祸由文言不可”，得到刘侨相助，由是“谳辞卒无所坐，中旨廷杖之而已”[②]，只对汪文言惩戒，而没有牵连其他人。黄尊素要刘侨只给汪文言治罪，一是为了保护同志，一是出于个人好恶，他“素不喜文言”[③]，后者可能也是魏大中托他传话刘侨的重要原因，因为魏大中自己毕竟曾跟汪文言交往密切。魏大中这么做，很有为了保住自身，让汪文言一人担责的意味，而需要负

---

①［清］汪有典：《史外》卷五《顾大章传》，《四库禁毁书丛刊》史部第20册，北京，北京出版社，1997年，第388页.

②［明］黄尊素：《黄忠端公文略》卷三《汪文言传》，第46页.

③［清］徐乾学：《憺园文集》卷二五《赠太仆寺卿黄忠端公祠堂记》，《续修四库全书》集部第1412册，上海，上海古籍出版社，2002年，第627页.

责审理汪文言的刘侨相助，表明他对傅櫆参劾自己与汪文言结交，实际也是心中有数且有所畏忌的。张廷玉在《明史・魏大中传》中，或许觉得魏大中这么做不太光彩，不符合为东林立佳传的基调，所以删去了他托黄尊素的内容[①]。但是这出自当事人黄尊素之口，应该可以确定无疑。

而根据叶向高自撰的年谱《蘧编》，他和黄尊素都没有传语刘侨，而是刘侨自己对杀汪文言"坚持不肯"[②]。但也不能就此断定叶向高没有传语刘侨，因为《蘧编》所说完全可能是有意隐瞒。《明史》所说言之凿凿，必有所本，而且由叶向高以首辅的身份传语刘侨，也比黄尊素更能让刘侨听从。观《蘧编》说自己天启二年（1622）举荐汪文言为内阁中书是受东林怂恿，杨涟上疏弹劾魏忠贤后他上揭劝魏忠贤引退也是被东林逼迫，给人较强的感觉就是在规避与东林的关联。这很可能是他已感觉到魏党对东林的杀机，所以自主与东林撇清干系以避祸。隐去自己曾传语刘侨的内容，也可看作是在这一动机下的举动。

叶向高万历、天启时期两任首辅，见"士大夫好胜喜争"而"务调剂群情，辑和异同"，对天启时东林与魏忠贤等人之间的纷争"数有匡救"[③]。如周宗建天启二年（1622）五月参劾魏忠贤一事，就是得他调解才予平息[④]。因此，东林党人钱谦益曾称赞他"妙于调御"。东林党人李应升之子李逊之也说："逆珰用事，福清竭其才智，与之周旋，亦能挽回一二"[⑤]。上述傅櫆参劾汪文言等人，魏忠贤要借此对东林发难，叶向高要刘侨只处分汪文言而不牵连其他人，正是为了避免政争的更加激化，可能也有暗中保护东林的用意。

因此，黄尊素、叶向高出于各自的原因，都曾传语刘侨只给汪文言治罪，而不

---

①［清］张廷玉《明史》卷二四四《魏大中传》，第6335页.

②［明］叶向高：《蘧编》卷一六，《北京图书馆古籍珍本年谱丛刊》第54册，北京，北京图书馆出版社，1999年，第236—237页.

③［清］张廷玉等：《明史》卷二四〇《叶向高传》，第6233、6235、6237页.叶向高曾在万历三十五年至四十二年任首辅.

④周宗建之参疏见［明］周宗建：《周忠毅公奏议》卷二《历陈阴象首劾魏珰进忠疏》，第363—366页。周宗建说上疏后，"于文华殿上撤讲之后，进忠（指魏忠贤——笔者按）恨臣，摘臣疏中千人所指一丁不识两语诟辩，至怒激之声直达宸听"。叶向高居中调解，才平息此事。（卷二《请斥逆珰魏进忠并郭巩交通设陷疏》，第366—369页）黄景昉也钦佩地说此事是得叶向高"谈笑解"（《国史唯疑》卷一一，第336页）.

⑤［清］钱谦益：《牧斋初学集》卷五一《礼部右侍郎兼翰林院侍读学士赠太子少保礼部尚书谥文毅郭公改葬墓志铭》,《四部丛刊初编》集部第346册，上海，上海书店，1989年，第585页；［清］李逊之：《三朝野纪》卷二下《天启朝纪事》，第60页。陈鼎、夏燮也都对叶向高的调停效果加以肯定，分见［清］陈鼎：《东林列传》卷十七《叶向高传》,《文渊阁四库全书》史部第458册，台北，商务印书馆，1983年，第391页；［清］夏燮：《明通鉴》卷七九，北京，中华书局，1959年，第3053—3054页.

要牵连其他东林党人，论文开头《明史》的两种记录都没有问题。

但是事情并没有因为刘侨让汪文言扛下所有罪责而结束，不久，他就因对此事的处理引起魏忠贤的不满被削籍[①]，取而代之的是魏忠贤的“私人”许显纯，后者帮魏忠贤达到了预期目的。汪文言四年十二月又被御史梁梦环参劾，五年四月死于诏狱，当北镇抚司向朝廷上报时，圣旨说：“汪文言不以病闻，如何遽死？”[②]无疾而终，可见其死得蹊跷。杀害汪文言的就是许显纯，他借汪文言之手栽赃杨涟、左光斗等东林党人，又将他杀害造成死无对证[③]。后来他又听魏忠贤授意，害死东林“六君子”“七君子”[④]。汪文言“至死不肯屈服，以赃诬杨（涟）、左（光斗）”[⑤]，对东林也算是肝胆相照了，但崇祯初期东林党人重返政坛，却没有给他平反。

在魏党迫害东林的过程中，锦衣卫扮演了爪牙帮凶乃至刽子手的角色。魏党中有所谓“五虎”，指崔呈秀、吴淳夫、田吉、倪文焕、李夔龙，“主谋议”[⑥]。“五彪”，指田尔耕、许显纯、崔应元、杨寰、孙云鹤，都曾掌管锦衣卫，“主杀戮”[⑦]。如复社领袖张溥写的《五人墓碑记》，说的就是天启六年（1626）魏忠贤指使“缇骑”即锦衣卫到苏州逮捕东林党人周顺昌，由于言行暴横，受到“生于编伍之间，素不闻诗书之训”的五人的自发抗击。

魏忠贤打击东林党人，将其投入诏狱，那里“用法深刻，为祸甚烈”[⑧]，一些东林党人都被迫害惨死。清代桐城派代表人物方苞写的《左忠毅公逸事》，其中说到左光斗在诏狱受到的严酷刑罚，“面额焦烂不可辨，左膝以下，筋骨尽脱矣”。文末方苞说：“余宗老涂山，左公甥也，与先君子善，谓狱中语，乃亲得之于史公云”，以表明所说的可信。由此也可见诏狱的恐怖。因此“六君子”之一的顾大章，当杨涟、左光斗、魏大中、周朝瑞、袁化中死于诏狱后，魏忠贤及其党羽为了应付舆论，将其移往刑部审理。刑部尚书李养正对顾的判词与镇抚司相同，魏忠贤等人又准备将他移往镇抚司。顾不堪再次受刑，自缢于刑部牢狱[⑨]。“七君子”之一的高攀龙，在被逮捕之前就投水自尽[⑩]。

---

①［清］谈迁：《国榷》卷八六，第5278页.

②《甲乙记政录》，《续修四库全书》史部第438册，上海，上海古籍出版社，2002年，第241页.

③［清］张廷玉等：《明史》卷三〇六《许显纯传》，第7873页.

④［清］万斯同：《明史》卷三五五《田尔耕传》附许显纯传，第7873页.

⑤［明］李逊之：《三朝野纪》卷二下《天启朝纪事》，第52页.

⑥［清］张廷玉等：《明史》卷三〇六《阉党传》，第7851页.

⑦［清］张廷玉等：《明史》卷三〇五《魏忠贤传》，第7821—7822页.

⑧［清］张廷玉等：《明史》卷八九《兵志一》，第2186页.

⑨［清］张廷玉等：《明史》卷二四四《顾大章传》，第6342页.

⑩［清］张廷玉等：《明史》卷二四三《高攀龙传》，第6314页.

魏忠贤还利用锦衣卫实行特务统治。明末朱长祚《玉镜新谭》曾描述说："威福日甚，鹰犬日众，四方孔道，民间无敢偶语者。驿使停骖，即卧榻间无敢提一'魏'字者。身在京华，童仆往来无敢带一家书者。去国诸臣，典衣觅骑，萧条狼狈，全无士气。而一经削夺，门无敢谒，郊无敢饯者，虽师生戚友之谊亦荡然扫绝。重足而立，道路以目。凡衣冠士庶相见之间，皆缄嘿不敢吐半言，即寒温套语、问讯起居并忘之矣，惟长揖拱手而已……三四年来，普天率土，凡智慧者化为愚蒙，辩捷者装成喑哑。旷古及今，中宫之威劫海内者，未有若此大神通者也。时惟有骨鲠之臣交章论劾者，是大狱起而罗钳吉网之横行也。"[①]在特务遍布的社会里，人们都害怕祸从口出而三缄其口，人际冷漠，了无生气。《明史》也提到当时锦衣卫实行的高压恐怖统治："当是时，东厂番役横行，所缉访无论虚实辄糜烂。戚臣李承恩者，安宁大长公主子也，家藏公主赐器。忠贤诬以盗乘舆服御物，论死。中书吴怀贤读杨涟疏，击节称叹。奴告之，毙怀贤，籍其家。武弁蒋应阳为廷弼讼冤，立诛死。民间偶语，或触忠贤，辄被擒戮，甚至剥皮、刲舌，所杀不可胜数，道路以目。"[②]

洪武十五年（1382）明太祖设锦衣卫，置镇抚司掌刑狱。明成祖又将镇抚司分为南北，"南理本卫刑名及军匠，而北专治诏狱"，"东厂太监缉事，别领官校，亦从本卫拨给，因是恒与中官相表里"[③]。北镇抚司掌管诏狱，因此汪文言、"六君子"等被逮入诏狱的人，在程序上都必须经过北镇抚司的审理并得到证词，虽然所谓的证词可以上下其手，完全视主官的意志而定，刘侨可以"止罪文言"而不波及其他东林党人，许显纯也可以杀汪文言灭口而栽赃陷害东林党人，但它毕竟是程序所需，同时有了"证词"也才好应对舆论。所以北镇抚司的主官，也就成为两党争取的对象。而锦衣卫"恒与中官相表里"的制度设计，使魏忠贤掌控北镇抚司更具优势，为他打击迫害东林党人提供了条件。

（作者单位：昆明学院人文学院）

① [明] 朱长祚：《玉镜新谭》卷一《纳奸》，《四库禁毁书丛刊》史部第 71 册，北京，北京出版社，1997 年，第 314 页.

② [清] 张廷玉等：《明史》卷三〇五《魏忠贤传》，第 7820 页.

③ [清] 张廷玉等：《明史》卷八九《兵志一》，第 2186 页.

张道浚与崇祯己巳党争

曾　磊

张道浚是天启、崇祯时期一位活跃在政坛上的锦衣卫官员，他深深卷入了明末的党争，本文就其卷入党争的始末进行探讨，以求教于各位先进。

一、张道浚的生平

张道浚，字子玄，山西沁水人。他出身官宦世家，祖父张五典曾任明代大理寺卿，以兵部尚书致仕。父张铨，天启元年巡按辽东军务，努尔哈赤攻辽阳，兵败不支，自杀殉国。张道浚因此得以荫补为锦衣卫指挥佥事，他“弃诸生从戎，慷慨有请缨之志”[①]。天启三年（1623），迁都督同知，后任南镇抚司掌印管事。在天启年间，他曾监督军器制造，并赶赴辽东前线，“甲子正月孙相国东巡，属公治冶于泽潞，以边工窳滥也。才费二万六千余金，坚锐加等，袁崇焕守宁远赖之。”[②]后来由于触怒了魏忠贤之侄魏良卿而被迫辞官回乡。

崇祯年间，张道浚复出，“以建储迁都指挥使”[③]。崇祯四年（1631），张道浚因为触怒了当权者，被流放山西雁门。崇祯五年（1632），陕西农民军进入山西，山西沁水、阳城、晋城等地纷纷告急。张道浚应山西巡抚宋统殷召，参与镇压农民起义，并且立下一定功劳，但朝廷又以“沁城既失，不可言功”为由，更遣戍海宁卫。他在海宁卫流放之时，“遂放浪山水，所好稗说小令，与至濡笔，而请缨之志不少挫云”[④]。崇祯十五年（1642）冬，张道浚才得以回归故乡，此时明朝已经腐败不堪，李自成农民起义军打到北京城，张道浚被授予延安太守的官职，清军入关后被杀。

---

①［明］谈迁：《都督同知张公传》，《谈迁诗文集》卷三，沈阳，辽宁教育出版社，1998 年，第 163 页 .

②［明］谈迁：《都督同知张公传》，《谈迁诗文集》卷三，第 163—164 页 .

③［明］谈迁：《都督同知张公传》，《谈迁诗文集》卷三，第 164 页 .

④［明］谈迁：《都督同知张公传》，《谈迁诗文集》卷三，第 164 页 .

张道浚生活在风起云涌的明代末年，却仕途坎坷。他深深卷入了崇祯初年的激烈党争，从张道浚的生平，可以窥知明末的锦衣卫官员同朝廷党争之间的联系。

二、张道浚参与党争的过程

张道浚任职于锦衣卫，在天启年间声明不彰。他曾出关制造军器，参与孙承宗在山海关前线的整顿军务的活动，天启五年（1625），“道浚先在关门领银，制造军器，事竣报部，久未题覆。道浚以为言。上谓道浚销算不清，部覆久稽，必已见情弊，如何辄生怨望，黜之。”[①] 此后张道浚家居，一直到魏忠贤灭亡后，才得到重新启用。

崇祯元年（1628），张道浚为锦衣卫南镇抚司掌印佥书，多有建言，他上书要求清查南镇抚司内的魏忠贤余党，他先弹劾了罗光裕、沈嘉庆这两位锦衣卫内阿附魏忠贤而得官者，接着又将矛头对准了辽东前线名将赵率教：

> 至赵率教本一裨将，臣父实与共事，彼沈阳逃，辽阳再逃，广宁又逃，侥幸朝廷待以不死，令其立功赎罪，而派守前屯，一步不敢前，虽三年屯种关门，又不得其一粒之用。宁远之战役，率教观望倖功，推客氏为恩娘，结魏良卿为契弟，遂骤进宫保，滥荫禁员。脱彼时宁愿万一不守，臣恐率教必弃前屯而入关，又将效三逃之故辙矣。[②]

然崇祯并未因此深究赵率教。张道浚又于在崇祯二年（1629）三月上自劾疏，其中说道：“然年来闻见，殊有不然，或机画于当时，或昧审势而欲借盗粮，或惮图终而阴持和议，或仰屋无术，不免大声疾呼”[③]，对抗清前线提出了自己的不满，在这里他点名批评了朝廷内一些大臣试图通过议和缓和前线局势，且暗地里将矛头指向此时担任蓟辽督师的袁崇焕。

崇祯二年（1629），后金军队从口外侵入蓟镇大安口、龙井关等处，蓟镇的遵化、三屯营等重镇陷落，明蓟辽督师袁崇焕星夜率军来援，但后金军队绕过了蓟镇直逼北京城下，同时后金军主帅皇太极大量散播同袁崇焕有关的谣言，导致袁崇焕

①《明熹宗实录》卷六五，天启五年十一月甲戌，台北，“中央研究院”历史语言研究所校勘本，1962 年，第 3102 页 .

②［明］张道浚著，马艳点校：《张司隶初集》四编《奏草焚余》，上海，上海古籍出版社，2018 年，第 219 页 .

③［明］张道浚著，马艳点校：《张司隶初集》四编《奏草焚余》，第 228 页 .

被崇祯皇帝下狱。以此为契机，明朝内部掀起了大规模的党争，一大批支持袁崇焕的东林党人被排挤去职。

在这场党争中，张道浚也扮演了积极角色，他首先针对御史毛羽健展开弹劾。在他看来，毛羽健“揽权持局，以己推京堂之人，必欲推入选司，为引进私人纳贿说事之计”，而其幕后支持者就是钱龙锡，他们“表里相通，声势相倚”。且将他们同袁崇焕联系起来，认为毛羽健“且其力庇罪督，潜杀岛帅，尤为龙锡谋主”[①]。

不久，张道浚又上一道，声言毛羽健招权纳贿，“到处招摇，逢人包揽”，他认为毛羽健同袁崇焕、钱龙锡素来结党，以毛氏在其所上之《五问疏》之中，“一问进取，而往击邀来皆不可，二问兵制，而见在征调皆不可，三问粮运，而本色者色皆不可；四问局势，而用岛帅与款西虏皆不可；至五问则直言以十二万兵守关而有余者，以三十万兵戍辽而不足，四十万养守关兵而尚不足者，以四千万饷养戍辽兵而益无余。如羽健言，是辽必不可复，断不当复，唯有一款结局耳。”[②]在张道浚、陆澄源等人的配合下，毛羽健最终不安其位而退职。然后，张道浚又将斗争的矛头指向当朝大学士成基命等人，最终迫使成基命辞职。张道浚的弹劾活动最终取得了成功。

三、对张道浚弹劾对象的辩诬

从张道浚的政治活动可见明末政治斗争的严重和复杂。仔细观察张道浚对诸位当权派大臣的弹劾，可以发现其多夸张、不实，不应成为定见。

首先，张道浚对名将袁崇焕的活动采取彻底否定的态度，并不公允。据张道浚弹劾赵率教之文可知，张道浚认为赵率教有通珰情节，应严处之。事实上，辽东军将似皆有通珰情节，孙承宗之爱将马世龙就似有通珰情节。孙承宗的好友鹿善继，曾因为营救为兵部尚书王在晋所陷害之辽将马世龙，致书袁崇焕希望他有所挽救，他在给袁崇焕的书信中云：

> 翁台大咨，情理曲尽，而有疑者，柳河原系哨将接难民，已经高阳奏过，今云渡河斩级，似宜再酌，恐深文者，借为难端。通珰一段，似可略宽，盖马在罪中禁受不起。翁台之语，尤禁受不起也。[③]

---

① [明] 张道浚著，马艳点校：《张司隶初集》四编《奏草焚余》，第 233 页 .

② [明] 张道浚著，马艳点校：《张司隶初集》四编《奏草焚余》，第 235 页 .

③ [明] 鹿善继：《鹿忠节公集》卷二一，《续修四库全书》集部第 1372 册，第 343 页 .

由此可见马世龙似有通珰情节，而张道浚所云之赵率教通珰情节，似同马世龙相似，孙承宗幕僚蔡鼎的回忆如下：

> 六月入都，鹿乾岳太常使人来促急。余过，鹿出袁勘马帅三咨示余，叹曰："人情至此，勘皇赏，勘媚珰，勘柳河失事。"语语弹射，且速公。余曰："固知是儿心死久矣。我当一行，令彼必易。"鹿曰"袁自戕师（疑为帅误，时袁崇焕斩毛文龙于双岛）以来，目中大无忌惮，未可尝试。"余笑曰："彼何能为？不吾易，吾不归。"遂以明日去关，袁探得之严门者，不通以困。予往见赵帅，语侵之急，赵不能勘，泣告袁曰："三咨不易，率教无死所矣。"无能且谓率教与恩台实陷马，以波及师相。率教无辞于无能，更何不出。知余来者，邀予。余入，申明大义，谕以师相造就之恩，马帅八拜之盟，不可随俗排挤，动以祸福难祸易，前事后师，袁无以复曰："谨如教言"。①

由此可见，赵率教、马世龙等人似皆有通珰之情节，而张道浚所言似未必完全无据。然明末用人之际，应抓大放小，张道浚似过于尖刻。同时，张道浚反袁崇焕，也是因二人在如何处置辽东将领方面存在很大分歧。

张道浚声称早在崇祯二年（1629）三月，袁崇焕、钱龙锡等人权势正盛之时，"独臣早知其奸"。似乎他对此有先见之明，他说道：

> 臣初不知崇焕初入都门，即有奸辅钱龙锡为之主议，亦不知钱龙锡有伊门生御史毛羽健为之合谋。唯见关宁情状，日异月新，如高台堡囤粲米豆银、段等物，通奸东酋；如锦州开市，明为西虏，实为逆奴半杂其间。又如王喇嘛、李喇嘛，数四往返，修书答币。②

事实上，袁崇焕在辽东战局的问题上一直主张战和并用，"以守为正着、战为奇着、款为旁着"，利用暂时的议和以巩固防御，同后金势力长期周旋。用最小的代价解决问题。在他的治理下，辽东防御出现少有的稳固局面，因此，张道浚对袁崇焕的彻底否定，并不公允。

其次，张道浚坚持认为毛羽健、钱龙锡等人同袁崇焕相互勾结，以谋款而斩

①［明］蔡鼎：《孙高阳前后督师略跋》，［明］孙承宗著、李红权点校：《孙承宗集》，北京，学苑出版社，2014 年，第 1405—1406 页 .

②［明］张道浚著、田同旭、赵建斌点校：《张司隶初集》四编《奏草焚余》，第 239—240 页 .

帅，也为风闻心证，查无实据。在可见的史料中，毛羽健是崇祯元年（1628）七月思宗平台召对袁崇焕之后，唯一一位上书质疑袁崇焕平台召对的大臣，在上书中，他对袁崇焕提出的“五年平辽”计划提出了五个方面的问题：一问方略，认为袁崇焕于攻守两策不明，不知采取直接攻击还是先守后攻的策略。二问兵制，问袁崇焕仅依靠关宁十一万兵马平定辽东还是继续调发他镇兵马。三问粮运，问袁崇焕如何解决粮食问题，是因粮于敌还是内地转输。四问局势，问袁崇焕如何结纳蒙古察哈尔部及如何运用毛文龙部共同配合作战。五问善后，问袁崇焕在收复辽东后如何守卫。[①]此五问具是实际问题，同袁崇焕的事业密切相关，毛羽健在此问题上可谓较为务实者。

袁崇焕针对此疏并作上疏回，是为收录在《明清内阁大库史料》以及《中国明朝档案总汇》里的《督师袁崇焕为商定恢复之谋等事题本》。在该题本中，袁崇焕针对毛羽健的问题一一做了回答，针对方略，袁崇焕坚持了他一直主张的先守后攻的策略；针对兵制，他认为新饷仅可养兵十六万，“故就十六万而为用，关、宁之十二万为正，东江之二万余有奇，蓟门之一万二千为援”，足够可以收复辽东；针对粮食，袁崇焕认为粮食足够食用；针对局势，袁崇焕认为察哈尔部“夫插安能为我所用，但得其不与奴合，即为我助。插受款，则西不防插，而我得并力于东”[②]。

可见，毛羽健与袁崇焕的问答，都是具体针对如何收复辽东而展开，内容十分务实。张道浚对此五问则有自己见解：

> 一问进取，而往击邀来皆不可，二问兵制，而见在征调皆不可，三问粮运，而本色折色皆不可，四问势局，而用岛帅与款西虏皆不可，至五问则直言以十二万兵守关兵而有余者，以三十万辽兵戍辽而不足；四十万饷养守关兵而尚不足者，以四千万饷养戍辽兵而益无余。如羽健言，是辽必不可复习、断不当复、唯有一款局耳。[③]

张道浚这种弹劾，多为揣测风闻，其对毛羽健的指责站不住脚，理由有二：第一，若称毛羽健同袁崇焕共同勾结以谋款，则毫无确实证据，毛羽健并未在奏疏中声称“是辽必不可复，断不当复，唯有一款结局耳”[④]。第二，袁崇焕与毛羽健在崇

---

①《明清史料甲编》第八本，北京，北京图书馆出版社，2008 年，第 257 页 .

②《督师袁崇焕为商定恢复之谋等事题本》，中国第一历史档案馆、辽宁省档案馆编：《中国明朝档案总汇》，桂林，广西师范大学出版社，2001 年，第 200 页 .

③［明］张道浚著，马艳点校：《张司隶初集》，《山右丛书》本，第 235 页 .

④［明］张道浚著，马艳点校：《张司隶初集》，《山右丛书》本，第 235 页 .

祯即位之前未见密切往来，他们若希望算计迫使崇祯放弃收复辽东的想法以推卸政治责任，则袁崇焕对毛羽健的回答中丝毫未见退缩迹象，崇祯皇帝也未曾因此而动摇收复辽东的意志，反而更加坚定，则其图谋无法达到其目的。由此可见，张道浚指责毛羽健图谋放弃辽东，并同袁崇焕多有勾结乃系风闻，不足取信。

在崇祯即位之前，没有史料证明他与毛羽健、钱龙锡等人有来往，仅凭张道浚一面之词不足取信。时弹劾钱龙锡者并非只有张道浚一人，钱龙锡曾在受到江西道御史高捷，高捷认为他"崇焕之杀毛文龙也，龙锡密语手书"[①]，固弹劾之。给崇祯上书中说道："臣自元年七月以前与崇焕未识一面，崇焕起督师在元年四月，臣入直在六月，根抵不相涉也"。但是，反对派依然试图打倒钱龙锡，山东道御史史范上疏云："当龙锡出都，细软数万，皆崇焕马价寄之"[②]。若将张道浚、史范、高捷等人的弹劾相互联系，不难看出他们所采取的是深文入罪、造谣中伤的手段，其真实目的是打倒东林党人而获取政治利益。

四、张道浚参与党争的原因

由上可知，张道浚身为锦衣卫指挥佥事，深深卷入了崇祯朝的朝廷党争，发挥了很大作用，其参与党争的原因，笔者认为有以下几点：

第一，张道浚参与党争同崇祯时期明朝政坛的尖锐矛盾有着直接关系。崇祯皇帝即位后，采取了较为彻底的手段肃清阉党势力，但是此举也导致一部分在魏忠贤专权时期任职官员的利益受到冲击。与此同时，在崇祯的领导下，一大批在魏忠贤专政期间被罢免的官员重新启用，更加剧了朝堂之上政治利益的争夺。早在袁崇焕下狱之前，党争就已经很激烈，如钱谦益就因为枚卜入阁之事，同温体仁发生冲突而最终辞官。张道浚在之前也参与了对阁臣刘鸿训的斗争。

第二，张道浚同被视作阉党的诸多官员关系密切，在崇祯元年（1628），张道浚就因为"疏救贾继春、杨所修、杨维垣，旨以其出位妄言，夺俸一年"[③]。纵观张道浚之交游范围，多东林之外人士，如其多与陆澄源善，诗词多有昌和以及怀念其

①《崇祯长编》卷二九，崇祯二年十二月乙卯，第 1596 页．

②《崇祯长编》卷三七，崇祯三年八月癸丑，第 2239 页．

③《崇祯长编》卷九，崇祯元年五月丙子，第 500 页．

人者[①]。吕纯如被劾回家，张道浚有《送少司马吕益轩老师归田》：

尝闻张季鹰，秋风动归情。寄言思莼鲈，所志岂在乎？肉食不如藿食得，与其朝廷宁江湖，千秋此意知者孤。碌碌惟闻口腹，抽簪脱累访前模，可怜季鹰真吾徒。[②]

其又有佚诗《挽吕益轩司马二首》[③]。他同其他阉党人物也多有来往，如阮大铖多有和诗[④]。虽然张道浚也同一些东林党人和亲近东林党的人士多有往来，如同孙承宗，他有《应孙恺阳相国教赋得洗马鱼海云迎阵》诗：

辽破鼓声咽不起，强半征夫殉辽死。摧戈折戟走狼烽，千里封疆余棘枳。虎豹关前胡马嘶，黄沙裹甲铁泥生。鹤鸣才闻已夺气，剑花一断旋收霓。重来肚有孙夫子，挟策先谋图国耻。欲洗妖氛先洗兵，不挽天河挽海水。海水苍茫信有神，涛声怒吼浪风腥。吹将万里波澄练，卷起千堆雾展茵。波雾阴屯山岚惹，错杂喷云弥原野。微茫如黛卷如螺，轻薄飞烟疾奔马。乘之狂飙四合来，杀气相连黯不开。海水天河一时落，陡然壁垒驱尘埃。尘埃驱尽天犹拭，貔貅隐隐凭车轼。宁似摧戈折戟时，指顾旌旗削丑贼。归来天子劳成功，凌烟阁上无英雄。伯仲之间见伊吕，不须重数裴晋公。[⑤]

又有《送孙恺阳相公榆关视师》：

圣世匪穷兵，宗臣事远征。胡沙方荡日，龙剑暂麾旌。慷慨辞丹陛，

---

① 这方面的诗词可见《张司隶初集》内收之《出招庆南逢陆芝房司马泛舟作》《秋日同陆芝房司马王介人山人登烟雨楼》《新正怀陆芝房司马》《同彭德符孝廉、陆芝房司马、彭观民太守鸳湖夜泛分韵得微字》《和陆芝房职方观走马灯檃括五行二十八宿十二直神诗》《再次陆芝房观走马灯檃括五行二十八宿十二直神原韵》《上元虞乾阳给谏招同曹愚公侍御陆芝房职方谭梁生屯田魏道安山人周秀生女郎夜饮次韵》《湖上别陆芝房司马》《同韩青成王介人雨集陆芝房司马郁林别业》《寄陆芝房司马》《发京口迟陆芝房司马》《赠陆芝房司马歌姬五首》《哭陆芝房职方》，数量较多．

② [明] 张道浚著，马艳点校：《张司隶初集》，第 36 页．

③ [明] 张道浚著，马艳点校：《张司隶初集》，第 129 页．

④ 这方面的诗有《阮元海太常以诗见慰用韵寄谢四首》（《张司隶初集》第 46 页）、《别阮元海》（《张司隶初集》第 184 页）、《酬谢阮元海》（《张司隶初集》第 186 页）。

⑤ [明] 张道浚著，马艳点校：《张司隶初集》，第 54 页．

从容饬汉营。北门增锁轮，东海靖鲵鲸。不用前筹借，应知小丑平。燕然重勒石，麟阁首图名。万里金汤启，三台鼎鼐荣。归驰露布，明主待调羹。[①]

又有《初晴侍孙相公宁远阅边》：

远从威仪望大荒，千山初霁色苍苍。甲光耀日鱼鳞折，旗影翻风燕翼长。树合人烟疑是画，苔侵鸟篆谩成章。重开疆土谁俦侣，韩范旋看伯仲行。[②]

但孙承宗本非东林党中的核心人士，又同张道濬在天启年间在抗清战争上有所合作，他们之间的往来，不意味着张道濬的政治立场是亲近东林党人的。由上可见，张道濬的政治立场多倾向于“逆案”中人，这是他最终站在了反东林党人的政治立场上。

（作者单位：对外经济贸易大学）

①［明］张道濬著，马艳点校：《张司隶初集》，第54页．

②［明］张道濬著，马艳点校：《张司隶初集》，第57页．

永历朝的宦官与锦衣卫弄权

陈支平

永历嫡母王太后曾经劝阻众官不要拥立朱由榔为皇帝，理由是其“非治世才”[①]，可谓一语破的，这不能不说王太后对于朱由榔的才干品行有着深切的了解。永历帝在位的十余年里，他处处表现出缺乏战略思维、缺乏主见，以及懦弱苟且、容易受人摆布的性格。而这样的性格，除了导致朝政涣散、权臣武将横行之外，更是直接导致了永历朝中宦官与锦衣卫弄权的局面。

在永历帝登位不久，就有司礼秉笔太监王坤者，任意干预朝中政事，特别是对于朝廷的官员人事任命，根据自己的好恶而专擅进退。《明季南略》记载：

> 瞿式耜疏言：“草昧之初，惟养圣德、修纪纲、慎政教、挽人心、布威武、起用人望、招徕贤俊为首务。”王坤者，固北阉，自南都，失而入闽。隆武遣出，兹用司礼秉笔。有户部郎中周鼎瀚，内批改给事中，式耜力言不可，不听。以粤巡使王化澄升粤督，寻代佳鼎，晋少司马，掌中枢。大器先以病去矣。内批升化澄为大司马。式耜疏言：“化澄诚贤，有廷论。斜封墨敕，何可为例请？请补部。”疏尚得体，盖汲汲为阉预虑也。晋李永茂大学士。茂守制，佥请专知经筵，不入直。茂疏荐十五人为十五省卿望，疏上，王坤启视殊不悦。未几，十四人皆诛之，山西道御史刘湘客斥罢，永茂怫然曰：“朝廷方以经筵责茂，茂以十五省人进，非私也，斥湘客者，斥茂也。”即日解舟去。式耜疏言：“大臣论荐，新朝盛事，司礼辄去取其间，无以服御史，何以安大臣？”王坤复疏荐海内硕卿数十人，式耜又言：“司礼抑人不可，荐人更不可。”吏科都给事中刘鼒等疏论坤内臣不得荐人，永历怒，叱逐鼒等，式耜力持之，得复用。御史童琳参都御史周光夏“越资序题差用，私乱台规非法”，命廷杖琳，式耜力救得免。升翰林院检讨方以智为中允，改御史刘湘客为编修，充经筵讲官。坤

---

① [清]计六奇：《明季南略》卷九《粤中立永历》中有类似的记述：“时恭王王太妃王氏曰：‘诸臣何患乎无君，吾儿仁柔，非拨乱才，愿更择可者。’”北京，中华书局，1984年，第334页.

不悦湘客，且疑刘鼒疏出以智手，以智放舟去。[①]

据此，不仅永历帝放任宦官王坤随意干预官员的选拔任命，而且当朝臣异议时，还不断袒护宦官王坤的不法行为。

宦官王坤的弄权固然不法，但是王坤弄权的时间似乎并不长，在之后的文献中就不再见到有关王坤的记载[②]。取而代之的是宦官庞天寿和锦衣卫指挥马吉翔等人。这二者的相互勾结和擅自弄权，在很大程度上直接影响着永历朝的兴衰命运。

由于永历帝登基后的不久，国家就处于动荡流徙的命运之中，极其不安定的宫中生活起居，加之他性格上的懦弱、缺乏主见，使得永历帝不得不更多地依赖于近侍们的帮助和护卫，这样，宦官和锦衣卫就必然成为永历帝越来越信任和依靠的对象。顺治四年即永历元年（1647），“（八月）辛卯，进逼奉天，刘承胤举城降，大学士吴炳、兵部尚书傅作霖死之。商邱伯侯性、部将谢复荣，偕马吉翔奉上及三宫走靖州。复荣战死，性与太监庞天寿将兵追扈于古泥关，上乃由通道县入蛮境，达柳州。晋性祥符侯，天寿掌司礼监印。”十一月戊戌朔，“上在象州，我大清兵进逼全州，何腾蛟督诸军御却之。逼梧州，上走南宁，道阻不果，乃命王化澄、吴贞毓、庞天寿护三宫前往，而与马吉翔溯十八滩返桂林。”由于宦官庞天寿和锦衣卫马吉翔等人紧紧追随在永历帝身边，永历帝破例把朝中的“票拟”大权，交给锦衣卫马吉翔主持，“（十二月）己巳，上至桂林。自幸柳、幸象，票拟皆锦衣卫马吉翔主之。”这一举动引起大臣们的强烈不满，瞿式耜为此专门上疏，“劝上揽大权，明赏罚，亲正人”，奏疏虽然为“上嘉纳之”，但是宦官和锦衣卫专权的状况没有得到实质性的变化。顺治五年即永历二年（1648），“上如南宁，命严起恒、王化澄入阁，起恒兼吏部尚书，庞天寿掌司礼监。加南宁守道赵台巡抚衔，其余随驾者，马吉翔暨兵部尚书萧琦、科臣许兆进、吴其靁、尹三聘、洪玉鼎、洪士彭数人而已。”[③]

永历六年之后，永历帝位被孙可望所控制，宦官庞天寿和马吉翔等人看到孙可望势大，急于投靠以谋富贵，不但处处为孙可望献策，而且还一度策划威逼永历帝退位，从而拥立孙可望登基。“顺治九年壬辰……（十一月）时上在安龙，日益穷促，将吏罕人臣礼。马吉翔掌戎政，庞天寿督勇卫营，谋逼上禅位可望，恶大学士吴贞

---

①［清］计六奇：《明季南略》卷九《王坤进退诸臣》，第 337 页．

②［清］计六奇：《明季南略》卷一〇《永历入粤西》中云：“司礼庞天寿七月请催兵下梧，久在粤旧司礼王坤被承胤逐者，复入自武岗，至柳至象。票拟皆金吾吉翔手也。式耜疏请永历‘揽大权、明赏罚、严好恶、亲正人、闻正言、威德并行，以服远近。’时谓名言”。第 351 页．

③［清］徐鼒：《小腆纪传》卷四《纪第四》，北京，中华书局，1958 年，第 49 页．

毓之不附己也，嗾其党冷孟銋、吴象铉、方祚亨交章劾之。”[①] 关于庞天寿、马吉翔投靠孙可望谋逼永历帝禅位之事，《明季南略·安龙纪事》所记甚详，兹摘引如下：

壬辰二月初六日，上自广西南宁移跸贵州安龙府，安龙原名安隆所。时云、贵皆为孙可望所据，初阳尊朝廷，要封秦王，朝廷内外臣子稍忤其意则击斩随之，以故中外重足，无不胁署伪职。及东兵陷广西，可望遂改安隆所为安龙府，迎上居之，宫室礼仪，一切草简。时廷臣扈随者，文武止五十余人。中有马吉翔者，本北京市棍也，性便黠，颇识字，初投身内监门下，充长班，复为书办，逢迎内监，得其欢心，故内监皆托以心腹。及高起潜入典兵，吉翔窜入锦衣卫籍，冒授都司，居起潜门下，荼毒军民，无所不至……及永历即位，又营求宫禁勋戚，得封文安侯。吉翔历事既久，专意结媚宫禁宫竖，凡上一举一动，无不预知，巧为迎合，于是上及太后皆深信之，以为忠勤，遂命掌戎政事。

及至安龙，见国事日非，遂与管勇卫营内监庞天寿谋逼上禅位秦王，以图富贵。独虑内阁吴贞毓及朝中大臣不相附顺，阴嗾其党冷孟銋、吴象铉、方祚亨交章参毓……曰贞毓入阁视事，则我不得参预机密，公等参贞毓，徒费纸笔，今秦王权倾内外，我具一启，托张提塘封去，求秦王令，谕以内外事委戎政、勇卫两衙门总理，则大权归我两人。我两人作秦王心腹，公等作羽翼，然后徐谋尊上为太上皇，让位于秦王，则我辈富贵无量……六月，秦王有札谕天寿、吉翔云：“凡朝廷内外机务，惟执事力为仔肩，若有不法臣工，一听戎政、勇卫两衙门参处，以息纷嚣。”札到，中外惶惧……上怒，即召集廷臣欲治寿、翔罪，寿、翔惧，急入内廷求救太后，得免。两人奸既露，怨愈甚，欲谋杀极等，于是专意谄附可望，凡可望所欲为者，二人辄先意为请，可望愈肆无惮……上仅守府，势甚岌岌，私与内监张福禄、全为国曰：可望待朕无复有人臣礼，奸臣马吉翔、庞天寿为之耳目，朕寝食不安。近闻西藩李定国亲领大师直捣楚粤，俘叛逆陈邦传父子，报国精忠，久播中外，军声丕振，将来出朕于险，必此人也。且定国与可望久有隙，朕欲密撰一敕，差官赍驰行营，召定国来护卫，汝等能为朕密图此事否？福禄等即奏曰：前给事徐极、部司林青阳、胡士瑞、张镌、蔡演于秦王发札宠任天寿、吉翔时，曾抗疏交参，忠愤勃发，实陛下一德一心之臣也。臣将圣意与他密商，自能得当以报上……吉

① ［清］徐鼒：《小腆纪传》卷五《纪第五》，第62页．

翔大惧，遂逼令具启报知秦王西藩接勅之事，又嘱其弟雄飞尽出家赀，阴赂提塘王爱秀，求其应援，时吉翔党与布列甚密，日伺探听，上孤立自危……上见事急，即敕廷臣公议治罪，天寿惧，与雄飞数骑逃出。雄飞遂见秦王，将密敕与谋之人一一报知，而十八人狱成矣……上御文华殿，召郑国王爱秀进殿……国与爱秀愤愤而出，即同天寿汹汹至朝房，云我们要回贵州，列位须快说明白。贞毓云皇上虽值播迁，朝廷法度尚在，谁敢妄行？学生们实不晓得。天寿力证曰：你如何推避得！国与爱秀即将贞毓扭出朝房，一任天寿指挥。即将林钟、郑允元、蒋干昌、……等俱收，锁王爱秀宅内，随带家丁仝天寿进宫拿内监张福禄、金为国、刘衡，宫中大震……其逆党冷孟銋、朱企鋘、蒲缨、宋德亮且扬扬得意，犹奏上速将密敕情由指出是出何人所为，以便处分，不然危亡在旦夕矣。上曰：汝等逼朕认出朕知是谁，因悲愤而退。翌日，国具严刑拷究……天寿、吉翔出家赀厚赂国秀，吉翔以幼女送郑国为妾，国留宿二日复遣还，即诬十八公以“欺君误国、盗宝矫诏”为辞，飞报可望，发令于本月二十日到安龙，以十八人为奸，以吉翔为忠，请上裁断。国等请上召对，上忧愤御殿，随发廷臣公议……以“盗宝矫诏、欺君误国”八字为案，定张镌、张福禄、金为国凌迟，蒋干昌、徐极、杨钟、赵赓禹、蔡演、郑允元、周元吉、李颀、胡士瑞、朱议雳、李元开、朱东旦、任斗墟、易士佳等为从，拟叶市。惟贞毓以大臣赐绞，陈麐瑞与佐辰同乡同年力救，得杖一百二十，拟遣戍；刘议新杖一百二十，越五日死；刘衡杖一百免罪。复以福禄乃中宫近侍，用宝发敕，虽皇上自行，中宫俱知其事，天寿、吉翔等将废中宫，嘱仪制司萧尹上疏，引古废后事为例。维时中宫流涕哭诉上前，始免。遂将诸君子缚赴法场。①

从这些记载中，我们可以看出宦官庞天寿和马吉翔等相互勾结，投靠握有重兵的孙可望，是何等的肆无忌惮！不但策谋逼迫永历帝退位禅让于孙可望，同时也阴谋迫使永历帝罢黜后妃。在审讯大学士吴贞毓等十八位朝臣时，毫无人臣之礼，完全是用审讯下人的方式逼迫永历帝承认与这些反对孙可望的臣子有关联，致使永历帝多次“悲愤而退”“忧愤御殿”。

尽管如此，永历帝对于庞天寿、马吉翔等宦官、内侍的信任，似乎始终无法割弃。永历十一年（1657）李定国等人击败孙可望之后，“命马吉翔入阁办事如故。

① [清] 计六奇：《明季南略》卷一四《安龙纪事》，第448—454页 .

初，定国命靳统武执吉翔将请诏治罪，吉翔则日夜媚统武及维新铭，因得媚于定国，定国信之，因疏荐入阁办事，上不得已从之。”[①] 再加上永历帝本人柔弱经营无方，宫中日常开销全赖庞天寿和马吉翔等人支应，而庞、马二人由擅于专权营私，家拥巨万，永历帝愈发感到离不开这些宦官、锦衣卫等内侍之人。《明季南略》记云：“永历宫禁湫隘，供奉清简，不逾千金，子家侍女，寥寥俱幼蠢荆布。内侍夏国祥以六十金于广城觅一歌舞青娥，发方覆额，不一月失所在，遍索内外，越三日，于东池水面浮起红带，已殒命于中，想亦有所不得已也。盖府署与高要县学并峙，中隔一池，于是覆土填其半。日于下午偕庞天寿等骑射其中，帝亦多命中，三宫从侧楼阅视以为乐。三宫者，太后马氏，桂王原配也；圣后王氏，帝之生母也；中宫王氏，正宫也。每日三宫同帝供膳，止限二十四金，内寺包值，凡有赏赉亦在其中。帝复不节省，报捷面恩奏毕之后，必左顾曰：赏银十两与他。司礼吴国泰、夏国祥等深以值日为苦。至大司礼庞天寿，自养御营兵十营，每营正总兵一、副总兵二人、参将四人，参将以下，官头二人，官头以下，小卒一人耳。一营十人、十营百人，此皆天寿出自己钞，以为永历视朝日仪卫拥护，亦竭力苦支矣。”[②]

虽然到了永历后期，永历朝的处境更加艰难，但是宦官内侍如马吉翔辈，依然是腰缠万贯，生活奢侈。温睿临《南疆逸史》记载：“上在井亘，缅人供奉日衰……其秋上病足，日呻吟，而诸臣日纵饮。中秋之夕，吉翔与内侍李国泰饮王皇亲家，召伶人黎应祥使歌。应祥泣曰：今何时，而尚为此乐乎？且此去宫门不远，上体不安，岂宜惊动？吉翔以其语切，鞭之。”[③] 徐鼒：《小腆纪传》亦记载：“顺治十七年庚子……八月，降将郝承裔复以雅州叛大清来归，时举朝醉梦，招权纳贿如平时。马吉翔请以湖广道御史邬昌琦掌六科，乌撤知府王祖望以医中宫疾，授礼部主客司。行人任国玺谋转江西道。国玺又与太常寺博士邓居诏相讦。上欲面质之，不果，惟吉翔传旨云邓某当学好而已。庶僚之贫者饥寒蓝缕，大臣有三日不举火者。马吉翔、李国泰以语激上，上掷皇帝之宝，令碎之以给从臣。典玺太监李国用叩头不奉诏，吉翔、国泰竟錾以分饷，拥赀自赡不顾也。蒲缨大开赌肆，昼夜呼卢。上焚其居，缨赌如故。华亭侯王维恭与杨太监拳殴，喧讙声彻内外。”[④]

在宦官、内侍的弄权之下，永历帝失去了对朝政的控制，一般的朝臣，也以巴结宦官和锦衣卫权臣为要务清者凋敝至极，而同流合污之徒，无不随波逐流、醉生

---

①［清］徐鼒:《小腆纪传》卷五《纪第五》，第 66—67 页 .

②［清］计六奇:《明季南略》卷一二《永历骑射》，第 422—423 页 .

③［清］温睿临:《南疆逸史》卷五六《列传第五十二 · 马吉翔》，北京，中华书局，1959 年，第 454 页 .

④［清］徐鼒:《小腆纪传》卷六《纪第六》，第 77 页 .

梦死，《明季南略·举朝醉梦》记载云：

> 朝中袁彭年虽去，无敢弹击。时崇祯朝旧相何吾驺、黄士俊，正月二十八日自行入直以来，论草不止盈筐，并皆告归。此时揆席纷嚣，疏未拜稿，先商票拟，落旨拂情，则与宰相仇论。宰相袖中备一底簿，示之委云内改，闻有两底簿云。又日出拜客，客必候面，颇烦苦。惟严起恒耐之，故能久安。至九月十月，起恒独相，粉饰太平。又有假吴三桂疏，又有假南京书。钱启少入川回奏，陈拱枢约同诳，皆曰四方好音日至，如醉如梦，妄相妄忆而已。两衙门又以考选考贡事，是非贿路，朝夕忙忙。长洲伯王皇亲新蓄奚僮，苏昆曲调，鸾笺紫钗，复艳时目。文武臣工，无夕不会，无会不戏，卜画卜夜。加级加衔，三代恩纶，荫子貤封，诸等异数，所求必遂。武弁无不世袭分茅，蕞尔端溪餍腹大满。曾见有见机而作不俟终日者三人：吴燝、方以智、毛毓祥也。吴燝掌礼部，见咨入贡生皆牛头马面，挂冠朝门而去。方以智参机密，见涣发丝纶不达城外，托修道而入山。大银台毛毓祥封入奏章，杂年家眷弟名帖，永历笑而还之，自陈愚惫而去。至礼科李用楫，初遣敕封交南，以失印而罢，继差敕封滇南，以议更而罢。又以家眷舟中三次逢盗，日给无资，意欲拂衣而不能。此皆戊子、己丑两年事也……当时国势危如累卵，清势重若泰山，而举朝文武犹尔梦梦，欲不亡得乎！[①]

永历朝的宦官和锦衣卫等近侍的弄权，是导致这个南明小王朝灭亡的一个重要原因。温睿临在《南疆逸史·奸佞传》的评述中，有一段这样的文字，颇能道出其末世的气象："逸史曰：甚哉！世之否也，人材远不逮古，非独君子逊焉，即小人亦逊之矣……烽火日逼，三尺童子亦知亡在旦夕，而庙堂犹泄泄焉赏功拜爵，宴然自娱，至鱼烂土崩，身家俱陨而后已，承胤、吉翔愈鄙下不足言。悲夫！彼固庸奴也，而亲之信之，以国事委之者，又何人哉？然则后之小人，固李泰之徒所不屑与为伍者也。"[②] 永历帝及其后宫一方面离不开这班宦官佞臣，一方面又倍受这班宦官佞臣的折磨，这种极为矛盾的宫廷组合，不能不很快地消亡在历史的尘埃之中。

（作者单位：厦门大学）

---

①［清］计六奇：《明季南略》卷一二《举朝梦醉》，第420—421页.

②［清］温睿临：《南疆逸史》卷五六《列传第五十二》，第455页.

内外相制：从锦衣卫到东厂

——兼论永乐年间东厂设立的时间与背景

陈时龙

在明代，东厂设立之前，负责缉访大奸大恶之功能，通常是由皇帝的亲军卫队锦衣卫来执行的。作为皇帝的亲军卫队，锦衣卫直接受皇帝指挥，除扈从外，还有会审囚犯、巡查、侦缉等职权。然而，洪武年间，皇帝对于锦衣卫的使用似乎也疑惧参半，洪武二十年（1387）正月“焚锦衣卫刑具”的做法就足以表明皇帝的态度[①]。皇帝在获取外廷信息方面，也间用内臣，锦衣卫指挥使的权力与影响与之并不突出。但是，锦衣卫的侦缉之权与影响力在永乐初年迅速上升，出现了纪纲这样的跋扈的锦衣卫指挥使。

朱棣是由藩国通过武力而成为天子，内心疑惧，怀疑别人有异心，于是便希望锦衣卫成为自己的耳目。王世贞《锦衣志》说：“天子既由藩国起……位内不能毋自疑人人异心，有所寄耳目矣”[②]。在这种情形下，锦衣卫权力迅速扩大，锦衣卫官员如纪纲等人日益跋扈。永乐三年（1405），南京就发生了锦衣卫指挥赵曦杀驸马都尉梅殷之事。梅殷是朱元璋的女婿、朱棣的妹夫。赵曦因为与梅殷有宿怨，趁梅殷清晨上朝经过“竹桥”的时候，命人“捽殷”，并将梅殷扔到河里，向皇帝汇报说梅殷自己跳水淹死了。几天后事情败露，赵曦伏诛。这件事情表明，一个锦衣卫指挥有胆量杀害一个皇亲国戚，足见锦衣卫之跋扈。永乐年间的锦衣卫指挥使纪纲在《明史》中被列入“佞幸”。纪纲本是山东临邑县一名秀才，善骑射。燕王朱棣起兵时，他主动请求追随燕王。诡黠的纪纲因为善于揣摩别人心意，很快就到燕王的信任。纪纲任锦衣卫指挥使时，在镇压建文朝忠臣方面立下汗马功劳。朱棣认为纪纲忠心耿耿，“亲之若肺腑”。永乐八年（1410），扈从至北京的纪纲升都指挥佥事，仍然掌锦衣卫事，直至六年后纪纲被杀。根据《明史》的记载，纪纲的罪状很多。例如，纪纲曾经想娶一位女道士为妾，结果都督薛禄捷足先登。纪纲知道后很

---

① [清] 张廷玉等：《明史》卷三《太祖三》，北京，中华书局，1974年，第44页.

② [明] 王世贞：《锦衣志》，丛书集成初编本，第2页.

生气，在宫城恰好遇到薛禄，将薛禄头打破，“脑裂几死”。要知道，都督佥事在品秩上要比都督低两级。薛禄也是从一个士卒在靖难之役中屡立战功而升为都督的，在军中最称骁勇，人呼“薛六”。然而，纪纲凭借其掌锦衣卫的权力及朱棣的信任，就敢于“犯上”。朱棣手下的大将淇国公丘福、成国公朱能都让纪纲三分。除此之外，贩卖私盐、收取沈万三之子沈文度的贿赂、将皇帝选来的秀女中最漂亮的私自纳入府中、敲诈勒索、夺民宅田，都是纪纲的罪行。据说，纪纲经常诱骗被放到锦衣卫狱中的人向他行贿，在得到大量的金钱并确定囚犯已经被榨干之后，纪纲就立即将其杀害。纪纲种种不轨的行为，使自己树敌太多。一些与纪纲有仇的太监，便向皇帝朱棣检举纪纲的不轨行为。永乐十四年（1416）七月，纪纲被凌迟处死。这可以说是一个相对变异的时代赋予了锦衣卫相对变异的权力。纪纲的跋扈，也使得皇帝从此对锦衣卫的权力进行约束，而最有效的手段，则是对其侦缉权的分割，而负责分割锦衣卫侦缉权力的主要机构，便是永乐年间设立的东厂。

东厂的机构设立，其直接原因可以说是皇帝对锦衣卫权力的警觉。成化年间大学士万安的奏疏是值得体味的。万安在疏中说：“文皇帝建立北京，防微杜渐，初行锦衣卫官校暗行缉访谋逆、妖言、大奸、大恶等事，恐外官徇情，随立东厂，令内臣提督控制之，彼此并行，内外相制。”万安的话透露出的最重要的信息，即皇帝设立东厂的目的是“彼此并行、内外相制”。并行的“彼此”，自然指的是锦衣卫和东厂。从东厂人员构成来看，其主要办事人员是由那些从锦衣卫中挑选来的“最轻黠猾巧”的人来担任，相当于一个比锦衣卫更精练的侦伺机构。为了达到“内外相制”，东厂与锦衣卫的最关键的差别是：锦衣卫由锦衣卫指挥使负责，而东厂由太监负责。换言之，东厂设立以及其与锦衣卫的并行，目的就在于防止锦衣卫指挥使缉事之权过于集中。

然而，关于明代东厂设立的时间，向来流行的说法分两种：永乐七年（1409）说和永乐十八年（1420）说。《明史·成祖三》载：“（永乐十八）……是年，始设东厂，命中官刺事”[①]。清人夏燮《明通鉴》卷十七记载得更为详细：“（永乐十八）八月……是月，置东厂于北京。初，上命中官刺事。皇太子监国，稍稍禁之。至是，以北京初建，尤锐意防奸，广布锦衣官校，专司缉访。复虑外官瞻徇，乃设东厂于东安门北，以内监掌之。自是中官益专横，不可复制。”[②]至于《明史》与《明通鉴》记载的史源，则无从得知，因为《明实录》对东厂设立的时间并无记载。清初人谈迁对东厂初设不见于《明实录》深表遗憾，说永乐十八年（1420）始立东厂

---

①［清］张廷玉等：《明史》卷七《成祖三》，第100页.

②［清］夏燮：《明通鉴》卷一七，北京，中华书局，2009年，第674页.

“事不见正史……不知《实录》遗此何也”[①]。于是，谈迁自己对此的记载在永乐七年和永乐十八之间矛盾不一。《国榷》一书两处谈到东厂，一处说：“永乐七年……始立东厂刺事，内官主之”。另一处说：“永乐十八年……始立东厂，专内臣刺事”[②]。

此后，学者在两个说法间莫衷一是。商传先生进而推测永乐初已设东厂。他推论说，“永乐初年，以避夺位之嫌，东厂虽设而事必谨密，至迁都北京，于东安门外迤北建东厂，事遂公开”，所以“始设东厂之具体时间，估计不应迟于永乐七年”[③]。当然，清人夏燮其《明通鉴》正文中记录永乐十八年（1420）设东厂后，以小字“考异”方式表达其个人观点：“设东厂，诸书皆系于是年之八月，《三编》系于是年之末，《辑览》则汇记于元年内臣出镇下。按七年令中官刺事，是厂卫之设已久，此以将迁北京，命复设耳，今增入‘北京’二字。”[④]这可以说是第三种观点。近来，胡丹先生提出其第四种观点，即“东厂不可能设立于永乐之初，十八年说又能无直接证据，而以情理断之，以十五年（1417）后立东厂，最近于实。东厂之役，是营建新都的直接产物。”[⑤]胡丹先生所谓东厂不可能设于永乐初年的直接证据，是罗玘《圭峰集》卷十四的《锦衣卫千户李君妻邬氏权厝墓志铭》，那条资料显示东厂是朱棣在北京时设立。因为这则材料的发现，或许可以将“永乐初年设东厂说”做了一个排除。但是，排除永乐十八年始建东厂的证据却并不十分充分。胡丹先生认为《明史》所主“永乐十八年说”的史源是王世贞的《中官考》(《弇山堂别集》卷90)，而王世贞的“十八年说”的根据则是成化年间大学士万安的奏疏，并且认为王世贞把万安疏“行之五六十年”误读为“行之五十六年”，所以才会有“永乐十八年”说的提出[⑥]。但是，实际上，“行之五六十年”与“行之五十六年”的差别并不一定那么关键，而且是否真有这样的误读也很难说。因此，推论“洪武十五年后”设立东厂，只是强调“朱棣再次回到北京，开始大兴土木，修建宫苑城池……在这样一种扰攘的氛围下，纪纲虽死，缉访权却必须加强，此时开厂，才有现实的需要”[⑦]，讨论相对宽泛，并不一定能够坐实。不过，从纪纲之死以及对锦衣卫缉事权分割的角度来讨论东厂之设，有一定的启发性。但是，这种事权分割，是不是一定要从永乐十四年（1416）纪纲之死算起呢？

---

① [清] 谈迁:《国榷》卷一七，北京，中华书局，1958 年，第 1176 页.

② [清] 谈迁:《国榷》卷七，第 1033 页；卷一七，第 1176 页.

③ 商传:《永乐十八年始设东厂说不确》,《中国史研究》1984 年第 2 期，第 20 页.

④ [清] 夏燮:《明通鉴》卷一七，第 674 页.

⑤ 胡丹:《明代宦官制度研究》，杭州，浙江大学出版社，2018 年，第 115 页.

⑥ 胡丹:《明代宦官制度研究》，第 112—114 页.

⑦ 胡丹:《明代宦官制度研究》，第 114 页.

东厂设立，可能与此前锦衣卫指挥使纪纲、刘忠的相继失宠有关。在纪纲死后，刘忠继掌锦衣卫事。但是，永乐十七年（1419）七月，刘忠也因“擅执大臣”遭到兵部尚书方宾等人的弹劾，自己成了阶下囚。《明太宗实录》载：“永乐十七年秋七月……丁巳，下锦衣卫掌卫事都指挥刘忠狱。时后军都督府奏山西行都司都指挥李谦罪，上察所言妄，命忠执后府首领官付狱。忠乃（下）都督程宽于狱。于是，行在兵部尚书方宾及山西道监察御史顾敏等敕奏忠擅执大臣，敕付都察院鞫治。”[①]既然敢于“擅执大臣”，刘忠时代的锦衣卫的威权应该也不小。只不过，经皇帝干预之后，刘忠失宠了，在不久之后便死了。次年，刘忠的儿子刘昊袭任锦衣卫指挥使，“食禄，不视事”[②]，做了一个不管事的锦衣卫指挥使。从实录的记载来看，也看不到当时真正掌锦衣卫事的人是谁。一直到永乐二十二年（1424）十月，继位不久的仁宗朱高炽才任命原荆州右卫的指挥使钟信为新的锦衣卫指挥使，取代刘昊，而将刘昊外放到浙江观海卫指挥使任上[③]。刘昊自永乐十八年（1420）袭任锦衣卫指挥使，四年来一直赋闲而视事。从仁宗朱高炽一即位便任命新的锦衣卫指挥使以取代不视事的刘昊来看，任何一个皇帝对于锦衣卫这一机构都非常重视。现在已经无法知晓永乐末年的锦衣卫究竟处在一种什么样的状态，但是大概可以推测其处于一个权力的低谷时期。但是，皇帝对于外臣的侦缉之权，自然不会不存在，是否因此就转移到新设的东厂了？

大概，锦衣卫指挥使纪纲、刘忠接二连三地失去皇帝信任，使朱棣对于锦衣卫的管理可能感到忧虑，所以才有东厂之设。在纪纲之死中，太监恰恰也在其中发挥了重要的作用。这种“以内制外”的模式，也许给朱棣带来了一些启示！但是，从时间的序列来看，至少在纪纲死后，继任的刘忠仍然得到朱棣的信任，直到他永乐十七年（1419）失宠。即便如此，刘忠的指挥使一职仍然由他的儿子继承，直至永乐帝逝世。因此，把纪纲之死与东厂之设联系起来固然没有问题，但更直接的可能是刘忠的失宠，因此才会迫使朱棣最终推出内外相制的模式，建立由内臣控制的东厂。从这一个角度来说，永乐十八年（1420）东厂建立的传统说法似乎更合情合理。

（作者单位：中国社会科学院古代史研究所）

①《明太宗实录》卷二一四，永乐十七年七月丁巳，台北，“中央研究院”历史语言研究所校勘本，1962 年，第 2148 页 .

②《明太宗实录》卷二二八，永乐十八年八月戊戌，第 2223 页 .

③《明仁宗实录》卷三上，永乐二十二年十月壬寅，第 87 页 .

锦衣卫与明代司法实践关系纵论

——以廷杖为中心的考察[①]

彭 勇

锦衣卫具有的司法职能及其影响，《明史·刑法三》开宗明义说："刑法有创之自明，不衷古制者，廷杖、东西厂、锦衣卫、镇抚司狱是已。是数者，杀人至惨，而不丽于法。踵而行之，至末造而极。"[②]认为锦衣卫的司法职能与"廷杖"一样同为明代独创。有趣的是，明代的廷杖，因其实施的特殊性，其中的环节多由锦衣卫参与其中，锦衣卫虽然成分复杂，在性质上却是天子亲军卫，廷杖则是由皇帝发起，被认为是超越国家司法体系的法外用刑。然而实际执行起来，即便在皇权高度专制的明代，锦衣卫的司法实践和廷杖的实施都不可以完全超越国家法度。相反，他们都要受制于国家体制的运行管束，体现出鲜明的制度属性特征。故本文以明代廷杖的制度属性为分析点切入，通过参与其中锦衣卫职责的运用，来分析有明一代司法实践以及国家制度运行的基本状况，以丰富相关研究。

廷杖被认为是明代特有的皇权凌驾于国家法制之上的恶劣表现，它是天子的震怒，属偶然或突发事件，故并无制度可言，但事实并非如此。从实际执行和管理程序看，廷杖具有制度的基本属性和规定性，包括制度运行的主体以及组织程序、运行过程等都有比较清晰的规定，非并因为皇帝因素就可以任意行使。同时，明代的官员也一直努力把廷杖纳入国家司法体系中，使国家制度之外的皇帝"私法"转化为国家制度之内的"公法"。只不过，在皇权高度集权的时代，制度的运行弹性必然受制于皇权，这既是廷杖制度的属性，也是中国古代司法制度的基本特点之一。

---

① 本文系国家社科基金一般项目《明代州县军户的制度设计与群体身份变迁研究》（编号：18BZS065）中期建设成果.

② [清] 张廷玉等:《明史》卷九五《刑法三》，北京，中华书局，1974 年，第 2329 页.

一、问题的提出

廷杖是明史学界长期关注的热门话题。学人在从政治、思想和文化等角度研究时，对廷杖是现象还是制度，有不同的表述。曹国庆认为，廷杖“在有明一代，自太祖朱元璋至思宗朱由检，贯穿一朝之始终，成为一种不成文的制度”[①]。徐春燕认为，廷杖“殆近于一种制度”，是与东西厂、锦衣卫、镇抚司狱并列的秕政之一，它虽未被列入律典，“但自有一套程序”[②]。赵晓雷认为，“廷杖不见于明代法律，属于一种法外之刑”，是“明代特殊的政治现象”[③]。张靖胤称之为“廷杖现象”，而不是制度[④]。归纳起来，对廷杖属性的判断，大致有三种情况：第一，廷杖是一种政治现象；第二，它近似一种制度，或认为是不成文的制度；第三，径直称呼为廷杖制。[⑤]可以说，到目前为止，虽然学界内外对明代廷杖的关注度很高，学者的研究也有所涉及，但是尚没有对其制度属性进行专门探讨，也没有进行深层次的分析。[⑥]

对明代廷杖史事的论述，影响最大的论著当是丁易的《明代特务政治》一书。他说：“所谓‘廷杖’，便是在朝廷之上，行杖打人”“在明代这廷杖是没有法律规定的，无论多大官员，只要皇帝一不高兴，立刻就给拖下去鞭打，打完了一丢完事，打死了是活该”[⑦]。他认为廷杖的随意性很大，也没有法律规定。但是事实并非如此，一是并非什么品级的官员都可以被打，被廷杖的官员有明显的等级性；二是并非皇帝一不高兴，立刻就打人，行刑还有一套程序。

廷杖始自明代的说法，影响最大的文献是本文开篇所引的清修《明史·刑法三》，包括丁易等人在研究廷杖时，都重点引用上述内容，把廷杖视为明代独创的刑法，他既说廷杖有法的性质，又说它“没有法律规定”，是否可以理解为“法外用刑”之刑法呢？上述种种说法，促使我们去思考这样的问题：廷杖到底能不能称为制度？它要具备怎样的属性才能称为制度？而制度又是什么呢？

“制度”的定义极多，按照诺贝尔经济学奖获得者、美国经济学家道格拉斯·诺斯的定义，“制度乃是一个社会中的游戏规则。更严谨地说，制度是人为制

---

①《明代的廷杖》,《史学集刊》1990 年第 3 期．

②《从廷杖看明代的君臣冲突》,《中原文化研究》2013 年第 4 期．

③《明代廷杖及其社会反应》，东北师范大学硕士学位论文，2010 年．

④《明代廷杖研究》，西北大学硕士论文，2014 年．

⑤朱子彦：《明代的廷杖制》,《历史教学问题》1987 年第 3 期．

⑥笔者在通俗性短文《明代官员如何发挥谏言监督作用》(《人民论坛》2016 年 29 期）中曾提到了廷杖的制度属性，限于篇幅和体例，也未做深入研究．

⑦丁易：《明代特务政治》，北京，中华书局，2006 年，第 333 页．

定的限制，用以约束人类的互动行为”，这些约束人类制度的行为，是由正式的规则（如条约、法则和宪法）、不正式规则（如行为规范、习惯、自定的行事准则）和这些规则落实的特征等组成。他认为，究竟制度是正式的或是非正式的？答案是任一者皆可。制度限制包括了两种：一种是什么行为个人不准去做，另一种是何种条件下个人可以从事某些行为。在此定义之下，制度乃是人类发生互动行为的范围。制度的演变可以经由习惯、行为准则、社会规范，乃至成文法、不成文法以及个人契约来达成[①]。我们认为，若以此论，明代的廷杖固然表现在国家制度之外，即皇权凌驾于国家司法权力之上。同时，廷杖也已具备制度的基本属性，皇权并不可以恣意妄为，它也必须在基本的制度框架内来运行。

可以说，廷杖长期以来被视为明代皇权专断的表征，一如锦衣卫被视为明代的专制暴力和黑暗统治的符号一样，与历史事实是有出入的。

二、从锦衣卫的参与看廷杖的制度属性

明朝对施行廷杖是有明确而严谨的法律规定的，这主要体现在锦衣卫参与的环节均有明文规定和惯例可循，这也充分表明了廷杖的基本制度属性。

明代廷杖形成了相对固定而完整的程序，包括廷杖的发起、签发、执行和后期处置等整个过程，尤其是执行过程中的程序、实施、监督等，均有较为详细而严格的规定，锦衣卫职能的发挥是制度环节之一。

首先，廷杖的发生，绝大部分是由于官员的言行触怒了皇帝或权臣、权阉，而非皇帝在临朝听政时的一时兴起。即便皇帝很不高兴，也可能要与大臣商量，走完行政程序才能行刑。嘉靖十三年（1535）四月初一，世宗命武定侯郭勋代祭太庙，但此前户科给事中张选上疏称“宗庙之祭，惟诚与敬”，批评皇帝不亲自参加。世宗非常生气，他说：“时享命官，一时权宜，皆非无故，是否朕偷安忽祀”。于是，他下令礼部“看议以闻”。最后世宗“以选罪不可宥”，下令廷杖八十。按《明实录》的说法，世宗是因为身体不好，才暂由郭勋代行的[②]。此事，又见黄正色所撰张选的墓志铭：“上御文华殿，览疏震怒。命廷杖八十，杖折者三。”[③]如果没有实录交

① 参见吴艳红主编：《明代制度研究》“前言”，杭州，浙江大学出版社，2014 年，第 8 页．[美]诺思著，刘守英译：《制度、制度变迁与经济绩效》，上海，三联书店，2006 年．

②《明世宗实录》卷一六二，嘉靖十三年四月丁酉，台北，“中央研究院”历史语言研究所校勘本，1962 年，第 3595—3596 页．

③［明］黄正色：《通政使司左参议进阶朝列大夫张公选墓志铭》，见焦竑《国朝献徵录》卷六七，上海，上海书店，1986 年，第 2942 页．

待前因后果，也许后人误以为世宗发怒之后，直接廷杖张选了，实际情况不仅事出有因，还是下礼部复议之后才下令廷杖的。

类似的事情还发生在天启年间。天启七年（1627），熹宗廷杖之事屡有发生，大学士叶向高进言道："皇上御极以来，待大小臣工恩礼可谓厚矣。近因陈奏烦多，致干圣怒，雷霆屡震，驾帖频传，以数十年不行之廷杖三见于旬日之间。万燝已亡，林汝翥、汪文言亦将就毙。虽言者不无过激而论，以君臣一体之大义所伤多矣！长此不已，将至上下相猜，政事阻格，奸雄夷狄闻之，且复生心。"[①]此处所讲"驾帖频传"，恰恰说明廷杖是必须办理相应手续的，而皇帝心情不好，屡行廷杖也是事实。

其次，廷杖必须办理相应手续。一旦皇帝决定要以"廷杖"之刑处罚触怒龙颜的官员，身边的司礼监官员就要草拟"驾帖"，表示钦依皇帝之命而行，再交由锦衣卫官员带上驾帖，还应当再带上由司礼监盖印的精微批文[②]。据此证明材料，宦官亲赴刑科衙门，办理签发廷杖手续。办好手续之后，方可依期行刑。弘治元年（1488），时任刑部尚书何乔新给孝宗的奏疏就特别提到，按本朝旧制，廷杖必须遵守相应规定，不得变乱成法。他说：

> 旧制，提人勘事，所遣人员必赍精微批文，赴所在官司比号相符，然后行事。此祖宗防微杜渐之深意也。而京城内外提人，乃用驾帖，既不合符，真伪莫辨。倘有奸人矫命，谁则拒之？请自今遣官出外，仍给批文，以防奸伪。
>
> 上曰："提人勘事，必给精微批以防奸宄，乃祖宗旧制，不可不遵，所司其如例行之。应给批时，毋得稽误。"[③]

如果没有到刑科办理签发手续，廷杖则无法执行。万历后期就出现过刑科人手过少，办事不及时，锦衣卫一时无法拿到签批的情况。锦衣卫掌卫事都指挥使骆思曾上疏请明神宗及时补任刑科官员，以便办理手续，他说："臣衙门实与刑科职掌相关，凡奉旨提人必用驾帖，由刑科佥名，然后遵行。""欲奉命而行，恐谓违例，亦罪也。伏乞皇上将见在候命刑科给事曾汝召、韩继忠速赐允补，刻期任事，庶佥

①《明熹宗实录》卷四四，天启七年秋七月辛酉，第 2414 页.

② 关于驾帖和精微批使用程序的一般性规定，可参阅张金奎《明代的驾帖与精微批》,《社会科学辑刊》2017 年第 4 期.

③《明孝宗实录》卷一八，弘治元年九月壬午，第 437—438 页.

帖有人，明旨不稽。”[①] 南直隶兴化人李清是崇祯四年（1631）进士，曾历任刑科、吏科和工科纪事中，参与国家机要时务处置，他到刑科任职时已是明末，但廷杖施行仍然要求锦衣卫到刑科报备。他说：“予入刑垣，见一切廷杖拿送并处决，必锦衣卫送驾帖至科，俟签押持去”。这充分说明，听命于皇帝的锦衣卫在职责运行上，按规定是受制于人的，至少在制度层面上讲，它不能为所欲为，正所谓“欲奉命而行，恐谓违例，亦罪也”[②]。

按规定，行刑的地点一般在午门之外，行刑的场所是公开的，官绅士庶均可围观或被要求观刑。廷杖由司礼监官监督，锦衣卫行刑。行刑的详细过程虽然正史失载，但在当时当事人的文集或笔记小说中偶有记载。山东莱阳人姜采，崇祯年间因上疏中有猛烈抨击皇帝言语，如“上谕代人规卸，为人出缺，陛下果何见而云然”，以及“二十四气蜚语，惊闻清禁，此必大奸巨憝恶言官不利于己”等，使得崇祯皇帝勃然大怒，下令“着革职，锦衣卫拏送北镇抚司打问”。其间，有多名官员上疏求情营救，皇帝更怒，下令姜采、熊开元各杖一百。“是日，特遣大珰曹化淳、王德化监视，众官朱衣陪列午门外西墀下，左中使、右锦衣卫各三十员，下列旗校百人，皆衣襞衣、执木棍。宣读毕，一人持麻布兜自肩脊下束之，左右不得动，一人缚其两足，四面牵曳，唯露股受杖，头面触地，地尘满口中，杖数折，公昏绝不知人。”[③]

行刑的锦衣卫校卒也要经过训练，对使用的刑具和轮打的方式均有要求，对此前人已有研究，兹不赘述[④]。据《明史》记载，南京行杖始于成化十八年（1482），“正德间，南御史李熙劾贪吏，触怒刘瑾，矫旨杖三十”，但禁卫久不行刑，“选卒习数日，乃杖之”[⑤]。

由此可知，丁易把廷杖作为明代特务政治的表现之一，着墨较多可以理解，但他对廷杖解读和施行程序的描述，是不准确的。他想突出的是廷杖的随意性，但从实际的执行看，廷杖不在朝堂之上，廷杖的对象是先逮捕，皇帝下诏，司礼监、锦衣卫、刑科办理手续之后，再择日行刑，行刑时也有规定不是为所欲为。

再次，明代廷杖的对象，并不是高品级的官员也可以打，从实行情况看，以四品以下，或品级低的在京官员（尤其是言官）占绝大多数，“刑不上大夫”。如嘉靖初年，大礼仪之争中，“驳诘再三，举朝争之，疏不下，皆汹汹”，上百人俱跪伏左

---

①《明神宗实录》卷五八四，万历四十七年七月壬午，第 11127 页 .

②［明］李清：《三垣笔记》卷上《崇祯》，北京，中华书局，1982 年，第 20 页 .

③［清］魏禧：《明遗臣姜公传》，《魏叔子文集》，北京，中华书局，2003 年，第 854—856 页 .

④ 如曹国庆：《明代的廷杖》，《史学集刊》1990 年第 3 期 .

⑤［清］张廷玉等：《明史》卷九五《刑法三》，北京，中华书局，1974 年，第 2331 页 .

顺门，“杨慎、王元正乃撼门大哭，众皆哭，声震阙廷。帝益怒，命收四品以下官”。第二天，编修王相在内的18人被杖死[①]。廷杖不针对所有官员，这种做法在前代就有惯例，顾炎武说，“唐时自簿尉以上即不加捶楚，优于南北朝多矣”，“唐自兵兴以后，杖决之行即不止于簿尉”[②]。唐代的簿、尉只是基层地方官，品级远低于四品，顾炎武显然清楚明代廷杖的等级性。

最后，廷杖的主体和客体是相对固定的，它适用于以皇帝为中心的处罚事件，包括皇帝、皇室、皇权等，内监是皇帝的家奴，是皇权的伴生物，是皇权与国家权力发生冲突时，私权与公权的冲突解决方式，是皇权的体现，有它的适应范围。

廷权的发起者是皇帝以及窃取了皇权的人（如宦官、权臣）。震怒的天子可以下令廷杖大臣，但在君臣眼里，节制、慎重和非常态一直是廷杖的标准形象，所以，即便天子发怒也要有所克制。据说，“太祖常与侍臣论待大臣礼”，朱元璋认为：“古者刑不上大夫，以励廉耻也。必如是，君臣恩礼始两尽。”[③]万历四年（1576）正月，年轻的神宗在文华殿读书完毕，曾与老师张居正探讨过廷杖的话题。神宗问：“昨傅应祯以‘三不足’之说讪朕，朕欲廷杖之，先生不肯，何也？”张居正说：“圣德宽厚，海内共仰。此无知小人，何足介圣怀？且昨旨一出，人心亦当儆惧，无敢有妄言者矣！国家政事，或宽或严，行仁行义，惟皇上主之。”[④]以当时张居正的威信，神宗对他很信任，对自己有所克制，故没有恣意行廷杖。

除皇帝外，借助皇权的权阉、权臣、幸佞也可以发动廷杖之刑，这在明朝有许多事例。如正德年间，南御史李熙绰劾贪吏触怒刘瑾，矫旨杖三十。嘉、隆、万三朝，严嵩、张居正作为内阁首辅，势力强大，政敌也多，都曾借廷杖之名打击政敌。如嘉靖二十八年（1549）五月，给事中沈束上疏请求抚恤原大同总兵周尚文，“语侵严嵩。嵩恚，乃下束法司讯鞫。法司论赎刑上，嵩恨未泄，仍予廷杖，长系镇抚司。”[⑤]又，万历五年（1577），张居正的父亲去世，他却不按规定“丁忧”，吴中行、邹元标等大臣便上奏猛烈抨击他“夺情视事”，“居正怒，谋于冯保，欲廷杖之”，无论是翰林院诸学士“俱具疏救”，还是大学士王锡爵等数十人求情，最后还是对吴中行、邹元标等五人施以廷杖[⑥]。

---

①［清］赵翼撰，黄寿成校点：《廿二史札记》卷三四《成化嘉靖中百官伏阙争礼凡两次》，沈阳，辽宁教育出版社，2000年，第628—629页.

②［清］顾炎武著，黄汝成集释，秦克诚点校：《日知录集释》卷二八《职官受杖》，长沙，岳麓书社，1994年，第996页.

③［清］张廷玉等：《明史》卷九五《刑法三》，第2329页.

④《明神宗实录》卷四六，万历四年正月乙未，第1023页.

⑤［清］谷应泰：《明史纪事本末》卷五四《严嵩用事》，北京，中华书局，2015年，第815页.

⑥［清］张廷玉等：《明史》卷二二九《吴中行传》，第5999页.

像张居正、严嵩这样的权臣利用廷杖打击政敌的朝中大臣毕竟还是少之又少，他们能够得逞，不过是窃取了皇帝的权威而已。万历末年的内阁大学士叶向高对此分析说："我朝阁臣，只备论思顾问之职，原非宰相。中有一二权势稍重者，皆上窃君上之威灵，下侵六曹之职掌，终以取祸。臣备员六年，百凡皆奉圣断，分毫不敢欺负，部务尽听主者，分毫不敢与闻。"①真是一语破的。

可以说，王朝国家的制度运行，既有其制度层面的规定，也同样存在有制度之外"人治"的因素。虽然存在于制度之外的因素有时候会很突出，像皇权专制下的廷杖，但基于以上分析，说廷杖之制有它固定的基本属性，仍然是可以成立的。

三、明代皇权专制下的国家司法体系理念与实践

锦衣卫和廷杖是明代司法体系的重要组成，它虽然体现了皇权集中的鲜明特征，却不能视为明代独一无二的存在，对此明史学界已有驳正。然而，值得思考的是，在皇权专制时代，明代的国家司法体系建构的理念是什么，它与具体的司法实践之间，又是怎样的关系呢？

杖刑是中国传统司法制度体系的重要构成。元代以来的中国法律体制，已完成了由"律令"基本法到以"律例"为体系的转变，典、律、令、例等法律制度形式并存，"例"的功能又最为广泛。笞、杖、徒、流、死等五刑在汉代已存在，五刑之制一直延续到明清迄民国间。笞和杖都是对犯法者在肉体上的惩罚，笞是笞打，杖刑具用粗荆条拧成，隋代时定为法定刑，分五等：六十、七十、八十、九十和一百。击打部位是背、臀和腿等部位。明代的司法体系是承袭前代和沿用了历代例、律、典、则，"五刑"贯穿其中。相似的司法判例，本朝亦同样可作为此后的司法依据，诸如在明代的司法判决中，"援以为例""着为例"或"下不为例"的记载，比比皆是。

据《大明令》《明会典》等明代国家法律，包括官员在内的犯法者均有可能受到笞、杖之刑的处罚。例如万历《大明会典》就规定了言官上奏时凡"制书有违""上书奏事犯讳""事应奏不奏"等违反规章制度者，要受到笞、杖处罚，如其中有规定："凡奉制书，有所施行而违者，杖一百；违皇太子令旨者，同罪；违亲王令旨者，杖九十。"②处罚相当严厉。当然，以上处罚均不属于廷杖之"杖"。

在官员们看来，五刑中的笞、杖适应于官员，是千年的传统，属于国家司法

---

①《明神宗实录》卷五〇一，万历四十年十一月乙未，第 9485—9486 页．

②［明］申时行：《明会典》卷一六二《刑部四・例律三・吏律・职制》，北京，中华书局，1989 年，第 835 页．

的制度规定，对此并无异议。洪武年间，时任平遥训导的叶伯巨在给朱元璋那篇著名的《万言书》中说："开基之主垂范百世，一动一静，必使子孙有所持守。况刑者，民之司命，可不慎欤！夫笞、杖、徒、流、死，今之五刑也。用此五刑，既无假贷，一出乎大公至正可也。而用刑之际，多裁自圣衷，遂使治狱之吏务趋求意旨。"① 弘治六年（1493），时任太常寺少卿兼翰林院侍讲学士的李东阳应诏条陈政务，建议孝宗宽省刑罚，他说："今之五刑，最轻者为杖、为笞，然杖有分寸，数有多寡，极为详慎。狱讼既多，人苦难制，乃有矫轻以从重者。"② 那么，既然笞杖之刑普遍施于官员，作为廷杖之刑的杖责，便不是无凭无据，如杖责的数量，所分等则以十为级差，三十、四十、六十、八十和一百等等，与五刑的等级相当。廷杖的特殊性在于它的司法过程体现的是皇权至上的特殊性，它可视为由皇帝发起的特殊杖刑。

从明代立国之初，朝臣们就致力于阻止廷杖的发生，努力劝说皇帝将法外用刑的廷杖纳入国家法律体制之中，从此前史料看，唐代文臣已有如此的诉求和努力，但显然并没有什么效果。

明代中后期，受心学思想的影响，官员们推进国家制度建设和社会进步的努力得到更好的体现。万历初年，曾任刑部主事的管志道呼吁"辟进言之路"，并极力请求废除廷杖之制。他认为，如果言官有罪，可"下诸法司鞫问情实"，"律例自有明条"。他说：

> 臣又以为：不除言官之廷杖，言路终不得而开也。人臣进言孰非为国，言虽过当，心亦可原。历观祖宗盛朝，未尝有杖言官者。夫忠臣诚不爱其身以报国，而其身则依然父母、妻子、兄弟所仰赖之身也，曷忍其万死一生于棰楚之下哉？此非所以全天地之和而慰祖宗在天之灵也。愿陛下永勿以廷杖加诸言官，而镇抚司亦非拷掠言官之地。即有以言得罪者，下诸法司鞫问情实，如其罪不可宥，律例自有明条，死且瞑目，况生者乎？如此，不惟言路大开，而和气且熏蒸宇宙间矣！③

明末，黄宗羲的父亲黄尊素也曾上疏皇帝，他也是从"律例"层面切入，分析了权臣极力促成廷杖的险恶用心和危害，反对廷杖中的"人为"因素，指出廷杖的实质

① [清] 张廷玉等:《明史》卷一三九《叶伯巨传》，第 3991 页 .

② [明] 陈子龙等:《明经世文编》卷五四,[明] 李东阳:《应诏陈言疏》，北京，中华书局，1997 年，第 432 页 .

③ [明] 陈子龙等:《明经世文编》卷三九九《直陈紧切重大机务疏》，第 4325 页 .

是个人泄私愤的工具，对皇权、对国家都是有害的。

> 律例，非叛逆十恶无死法。今以披肝沥胆之忠臣，竟殒于磨牙砺齿之凶竖。此辈必欣欣相告，吾侪借天子威柄，可鞭笞百僚。后世有秉董狐笔继朱子《纲目》者，书曰“某月某日，郎中万燝以言事廷杖死”，岂不上累圣德哉！进廷杖之说者必曰祖制，不知二正之世，王振、刘瑾为之；世祖、神宗之朝，张璁、严嵩、张居正为之。奸人欲有所逞，惮忠臣义士掣其肘，必借廷杖以快其私，使人主蒙拒谏之名，己受乘权之实，而仁贤且有抱蔓之形。于是乎为所欲为，莫有顾忌，而祸即移之国家。[①]

黄遵素的深刻剖析既是对权臣和宦竖的批判，也是对皇权被滥用的指责。在努力把廷杖纳入国家司法系统的同时，官员们也在努力通过职官制度来弥补廷杖造成的不良影响，把制度之外的廷杖纳入制度之内来修补。平反和纠偏，就成为明代中央集权之下制度修补的重要方式。

言官是触犯皇帝最集中的群体之一，他们或以天下事为己任，或持不同政见，慷慨赴死，他们不仅可以博得朝野上下在道义上的普遍同情，也会在制度之内得到补偿。嘉靖十四年（1535），给事中薛宗铠、孙应奎因弹劾时任吏部尚书汪鋐，世宗认为此举有携党争之意气“首倡报怨”之嫌，下令由锦衣卫送抚镇司拷讯。薛宗铠受杖刑八十，五日后死去，海内外皆惊[②]。世宗一去世，穆宗即位后便收到吏部的奏请，给“建言死者”平反、嘉奖，“其等有三，戮死者为一等，应复职、赠荫、厚加谕祭，若员外郎杨继盛，左中允郭希颜，锦衣卫经历沈炼，给事中杨允绳，凡四人。其次廷杖死者，应复职、赠荫，若太仆寺卿杨最，编修王思，给事中薛宗铠、何光裕、裴绍、张原，御史浦鋐、曾翀、叶经，主事周天佐、仵瑜、臧应奎、殷承叙，凡十有三人。又次系狱、戍边、斥死牖下者。”“上从其议”[③]。次年，薛宗铠的儿子薛洪便被恩荫为国子监生[④]。

自然，官员士大夫的力量是无法对抗专制皇权的，他们又会义无反顾地、以群体理想化的人格和道德追求去直面廷杖的存在，一批批官员倒在廷杖之下，此举既

① [清] 张廷玉等：《明史》卷二四五《黄尊素传》，第6362页.

② 对此事件的研究，可参见唐立宗：《从廷鞫实录看明嘉靖年间的政争与诏狱》，载《通识教育与历史专业：东亚研究的微观与宏观学术研讨会论文集》，桃园，万能科技大学通识中心编印，2005年，第158—184页.

③《明穆宗实录》卷二，隆庆元年春正月壬戌，第32—33页.

④《明穆宗实录》卷一七，隆庆二年二月壬寅，第485—486页.

是为了阻止专制皇权对国家制度和社会秩序的破坏，更是为了自己心中的理想、道德与人格尊严。这实际上是官员在寻找把杖廷纳入法律制度框架之内的同时，在制度之外对抗廷杖的另一种尝试。不管他们是为了博取名声，“天下以为至荣”[①]，还是真正地为了阻止皇权的恣意扩张，采取的都是制度之外的努力。这样的抗争，客观上也体现了明朝新时代人文主义思想的崛起。

正德时，武宗执意南下巡游，数百名官员拼命劝阻，他们认为，此国难之际，不以死相劝，今后有何颜面见人？金吾卫指挥张英，甚至以拔刀自刎的方式相谏，当时身上带有两包土，说“恐污帝廷，洒土掩血耳”[②]。清代史官对明代士大夫直面廷杖、凛然赴死的态度既有点不太能理解，又多抱有几分敬意，他们说：“大礼之争，群臣至撼门恸哭，亦过激且戆矣。然再受廷杖，或死或斥，废锢终身，抑何惨也？杨慎博物洽闻，于文学为优；王思、张翀诸人，或纳谏武宗之朝，或抗论世宗初政，侃侃凿凿，死节官下，非徒意气奋发立效一时已也。”[③]

明清之际的思想家陈确说，“嗟乎！死节岂易言哉！死合于义之为节，不然，则罔死耳，非节也。人不可罔生，亦不可罔死。”[④]明朝官员士大夫“死节”的思想渊源，是传统士大夫的“修身齐家治国平天下”的理念。无论是追求心性之学的士大夫，还是崇尚经世济民的官员，他们都能够以天下苍生为己念。明末，受廷杖致残的邹元标，反而拖着一条废腿，为张居正的平反昭雪四处奔走，体现的就是这样的精神。

四、余论：旧制度、新观念与社会演进

由此，我们可以清楚地看出，明代的廷杖具有明显的制度属性。即便像廷杖这样看似发起自最高权力主宰者勃然大怒的决定，但它的“任性”是有限度的。随着中国传统皇权制度的发展，专制主义中央集权不断加强，皇权固然是在逐步强化，但在此过程中，对皇权的监督机制也在同步构建、发展并不断完善和加强。换言之，明代国家制度中对“皇权监督”的机制是多重的，廷杖事件的大量出现，充分体现了皇权的膨胀与制权的规范。对皇权之下廷杖的制约力量，一是来自几千年来逐步形成的治国传统与理念，“崇三代、法先王”的儒家传统规范了皇权的运行路线。二是明代国家制度本身的建设日趋成熟，在司法、行政、议政等方面规范了包

① 参见孟森：《明史讲义》（商传导读），上海，上海古籍出版社，2002 年，第 81—82 页 .

② [清] 谷应泰：《明史纪事本末》卷四九《江彬奸佞》，第 728 页 .

③ [清] 张廷玉等：《明史》卷一百九十二“赞曰”，第 5105 页 .

④ [清] 陈确：《陈确集》卷五《死节论》，北京，中华书局，1979 年，第 152 页 .

括皇帝在内的社会行为的方方面面。明朝的多重监察体系，对皇权具有强有力的监督作用。三是在明代商品经济发展的推进下，社会思想文化呈现出新的时代特征，出现了近代化思潮。士大夫群体在皇权监督意识方面大为提高，他们努力把凌驾于国家制度体系之上的皇权纳入正常的轨道上来，只是这种努力，在当时既有的政治体系下，终无法达到理想的结果。

对明末的基本特征，学术界还存在很大的分歧，但也取得不少的共识，即它是一个新旧杂陈、垂死与新生并现的时代，社会经济和思想文化领域的近代化因素萌生、国际交流的日益广泛[①]。在王朝后期的制度史研究中，我们常常要面临这样的困惑，为什么这一时期的制度建设看似越来越完善，像对廷杖的制约、反廷杖的呼声，以及将廷杖纳入制度化的努力一直都很清晰而强劲，但制度运行的效果并未有实质的改善，甚至是越来越差。社会秩序混乱，王朝的灭亡与制度失效都有直接的关系，廷杖制度依然是专制体制之下社会前进中无法突破的樊篱。清代统治者固然放弃了廷杖之刑，但在专制统治进一步强化的背景下，士大夫的社会地位仍然呈下滑趋势，国家司法体制之外的皇权肆虐仍然存在，法外用刑随处可见，并未见减轻，传统旧制度保持着它顽强的生命力，新旧之间并非截然对立，正义时常被邪恶淹没，近现代真正意义上的司法制度建设仍然遥遥无期。对于这样的现象以及深层原因，法国人托克维尔在他的《旧制度与大革命》的第三篇第八章《大革命如何从已往事物中自动产生》中一段话，或许对我们有所启发："实际上，旧制度已拥有晚近时代的整套规章制度，它们丝毫不敌视平等，在新社会中很容易就能确立，然而却为专制制度提供特殊方便"[②]。以皇权为核心的"旧制度"，是给"大革命"留下一定的空间，在许多时候它们之间还达成了默契，然而历史进程就是复杂的合力运动，在专制制度的根本利益面前，旧制度依然保持着顽强的生命力，"革命"的道路漫长而曲折。

（作者单位：中央民族大学历史文化学院）

①参见张显清主编：《明代后期社会转型研究》，北京，中国社会科学出版社，2008年；万明：《晚明社会变迁：问题与研究》，北京，商务印书馆，2005年；陈梧桐，彭勇：《明史十讲》，北京，中华书局，2016年.

②［法］托克维尔著，冯棠译：《旧制度与大革命》，北京，商务印书馆，1992年，第240页.

明代诏狱审判程序的构成及其运行

魏天辉

诏狱一词有两层含义，一是指监狱，专门关押钦犯的监狱。二是指诉讼案件，皇帝亲自下诏审理钦命案件[①]。就明代诏狱而言，“锦衣卫狱者，世所称诏狱也”[②]。作为监狱的诏狱就是锦衣卫狱，又可以称之为镇抚司狱或者北镇抚司狱，这是诏狱一词在明代的不同表述。顺着这一思路考察，结合明代史籍的记载，明确诏狱范围，不是皇帝下诏审理案件都可以称为诏狱，而是由锦衣卫审讯案件才可以称为诏狱。目前学术界对明代诏狱研究多集中于诏狱与政治关系、具体诏狱个案探究、作为监狱诏狱的管理等[③]，目前没有发现对明代诏狱审判程序研究，本文就这一问题展开研究。

一、明代诏狱审判程序的确立过程

明太祖在洪武十三年（1380）处理“胡惟庸案”后，为加强皇权，也为避免再度出现相权架空皇权，开始一系列改革。其一，改革旧的中央机构。“罢中书省，废丞相等官，更定六部官秩，改大都督府为中、左、右、前、后五军都督府”[④]。锦衣卫就是这次改革的成果之一。洪武十五年（1382）改仪鸾司为锦衣卫，为皇帝亲军卫所。其二，平衡各个中央机构的权力。在明太祖朱元璋分权制衡思想的指导下，一些非法司部门开始参与司法审判的过程中。洪武十四年（1381）十月，命

① 张忠炜：《诏狱辨名》，《史学月刊》，2006 年第 5 期，第 117—119 页 .

② [清] 张廷玉等：《明史》卷九五《刑法志三》，北京，中华书局，1974 年，第 2334 页 .

③ 代表性论文：马雪芹：《明代诏狱初探》，《第十届明史国际学术讨论会论文集》，北京，人民日报出版社，2004 年 . 主要是对明代诏狱与政治恶化之间关系做了论述；魏天辉：《简论明代诏狱的管理》，《河南师范大学学报》2010 第 6 期，探讨作为监狱的明代诏狱管理设置、犯人类别、诏狱环境等；胡吉勋：《明嘉靖李福达狱及相关历史评价考论》，《明史研究论丛》第七辑，北京，紫禁城出版社，2007 年 . 认为探讨具体诏狱案件，认为李福达狱兴起的更深层含义是世宗借助李福达狱将个人的影响力深入到以三法司为主的文官群体运作当中，将法司官员的依据以律例判案为原则职业操守转移到向个人效忠的道路上来 .

④ [清] 张廷玉等：《明史》卷二《太祖本纪二》，第 34 页 .

“法司论囚，拟律以闻，从翰林院、给事中及春坊正字、司直郎会议平允，然后覆奏论决”①。法司司法权受到监督。法司拟罪以后，须经翰林官会议，认为平允后，上奏皇帝。作为词臣翰林官员掌握生杀大权。“是生杀大事，主于词臣矣”②。作为皇帝侍卫亲军，明太祖朱元璋开始尝试让锦衣卫涉足三法司负责案件审讯，“凡负重罪来者，或令锦衣卫审之”，③但严格控制锦衣卫，让他们仅审讯一部分重刑犯，“或”字更表明锦衣卫的审讯权力带有临时性意味，并且给锦衣卫涉足上述案件这个不合理行为一个合理解释，“欲先付其情耳”④。表明锦衣卫参与审讯，仅仅预审。同时强调“鞫者，法司事也”。审讯仍然是法司职能。目的是“职在得情而未尝定罪，寓有谨微之意”⑤，看似给一个合理释解，并不是剥夺法司权力，而是为了案件审判更为公正，凸显专制体制之下一个无法破解难题：如何保证司法官员审判的公正，连圣明的开国之君也忧虑。对锦衣卫的意义而言，开始分享法司部门的审讯权。明太祖改革虽然暂时加强皇权，但是，造成中央机构之间权责不明，不利于各司其职。朱元璋本人很快也意识到这一问题。洪武十五年（1382）十一月丙戌，“诏吏礼兵户工五部凡有逮系罪人，不许自理，俱付刑部鞫问”⑥。随后，锦衣卫也因为在审讯犯人过程用刑残酷，洪武二十年（1387）春正月，“焚锦衣卫刑具”⑦。但锦衣卫的侦查职能并没有剥夺，在被焚毁刑具的当年五月广西都指挥使耿良在任多不法。“上命锦衣卫廉问得实，故贬之”⑧。在这个案件中，锦衣卫仅仅行驶侦查功能，更证明了明太祖削弱锦衣卫审讯权力的决心。洪武二十六年（1393）六月丁酉，重新申明锦衣卫鞫刑之禁，“凡所逮者俱属法司理之”⑨。锦衣卫审理本卫之外案件权力彻底被剥夺。锦衣卫这一短暂参与案件审理经历，被后人评价为“国初时，偶一行之于大逆大奸事，出一时权宜”⑩。

锦衣卫鞫刑之禁的祖制并没有被后继者所遵守。明成祖依靠靖难之役登上皇帝宝座，兵变获取的帝位，更迫切需要加强皇权。即位之初，恢复锦衣卫审理本卫之

---

①《明太祖实录》卷一三九，洪武十四年十月壬子，台北，“中央研究院”历史语言研究所校勘本，1962年，第2194页．

②［明］沈德符：《万历野获编》卷一〇《翰林权重》，北京，中华书局，1959年，第251页．

③《明太祖实录》卷一八〇，洪武二十年正月癸丑，第2722页．

④《明太祖实录》卷一八〇，洪武二十年正月癸丑，第2723页．

⑤［清］金堡：《岭海焚余》卷中《论锦衣卫擅杀疏》，台北，大通书局，1987年，第14—15页

⑥《明太祖实录》卷一五〇，洪武十五年十一月丙戌，第2368页．

⑦《明太祖实录》卷一八〇，洪武二十年正月癸丑，第2722页．

⑧《明太祖实录》卷一八〇，洪武二十年五月甲申，第2745页．

⑨《明太祖实录》卷二二八，洪武二十六年六月丁酉，第3327页．

⑩［明］刘宗周：《刘蕺山集》卷五《条列风纪疏》，上海，上海古籍出版社，1993年，第383页．

外案件的权力，主要打击反对自己建文朝旧臣。建文朝翰林院修撰王叔英自杀后，他的两个女儿也不放过。“叔英二女皆笄，就锦衣卫狱，俱赴井死”[①]。明成祖违反祖制这一做法，并不仅仅是权宜之计。很快锦衣卫审理诏狱范围有了进一步扩大，涉及国本之争。“左春坊大学士杨士奇辅导有阙，下锦衣卫颂系”[②]。同时，进一步加强锦衣卫权力涉及司法的深度，使其参与重大起案件的会审。永乐十三年（1415）七月，巡按山东监察御史林硕劾奏山东布政司参议魏瑛“渎乱人伦，有鸟兽行，宜加显戮。上命三法司、锦衣卫鞫之。”[③]

明成祖时期，锦衣卫主要受理的是官员渎职犯罪案件，都察院右副都御史黄信因泄露案情，“上命锦衣卫鞫之，有实状，特命诛之”[④]。因为案件数量少，成祖时期诏狱犯人数量很少，甚至成祖巡狩西京也被带上。“上方巡狩西京，凡下诏狱者率舆载以从，谓之随驾重囚，昌隆与焉”[⑤]。尽管对法司官员能否公正审理案件仍然心存怀疑，但是在选择时，仍将案件审讯权交给法司部门。永乐四年（1406）夏四月己丑，锦衣卫校尉有讦朝臣谤毁时政之失者。上曰：“此必诬之。盖朝廷未尝行此政，彼安得有此言，命锦衣卫诘之，果挟私忿诬之。”上曰：“人君于视听之际，岂可不审，向若不察，付之法司则死诽谤必矣。小人敢诬君子，此风不可长。命以校尉付法司论如律。”[⑥]此一时期，锦衣卫受理案件范围被严格控制，案件数量少，每一个诏狱，皇帝都能亲自过问，因此，诏狱受理的审判程序非常简单。一般为皇帝下令立案，锦衣卫鞫问，鞫问后结果上报皇帝，皇帝直接定罪。“我朝制度严密，尤慎于刑狱。二祖多由锦衣卫发落，此所谓天断也，不必言。自后必经法司招拟以上”。[⑦]但是这种审判模式，为后代皇帝绕过三法司直接干预诏狱审判确立不良先例。

宣宗，法司部门开始主动参与到锦衣卫审讯的诏狱中。宣德三年（1428）闰四月庚戌，五府、六部、都察院等衙门奏：“王通、陈智、马瑛、方政、弋谦等上违朝命，擅与贼和弃城来归，山寿庇护叛贼，马骐激变一方皆已伏罪，冥寘重典。命悉下锦衣卫狱。”法司主动向皇帝提出建议，“通等于律皆应籍没其家”，得到皇帝批准，“从之”[⑧]。甚至在一些案件中，由法司来议罪。宣德六年（1432）十二月乙未，内官袁琦等“往广东等处公干，而以采办为名虐取军民财物。事觉，下锦衣卫狱。”

①《明太宗实录》卷一四，洪武三十五年十一月甲辰，第 264 页.

②《明太宗实录》卷二五一，永乐二十年九月癸亥，第 2349 页.

③《明太宗实录》卷一六六，永乐十三年七月癸亥，第 1862 页.

④《明太宗实录》卷一九，永乐元年四月辛酉，第 343 页.

⑤［明］黄宗羲编:《明文海》卷四二五《尹昌隆》，北京，中华书局，1987 年，第 4438 页.

⑥《明太宗实录》卷五三，永乐四年四月己丑，第 799 页.

⑦［明］朱国祯:《涌幢小品》卷二五，明天启二年刻本，第 381 页.

⑧《明宣宗实录》卷四二，宣德三年闰四月庚戌，第 1041 页.

法司议罪"应死"①。但是在明宣宗时期，法司在一些个别案件中，获得议罪的权力。

明英宗正统年间，随着锦衣卫受理案件范围越来越多，为防止出现锦衣卫滥用权力，造成称冤假错案的情况，初步形成皇帝下令立案—锦衣卫审理—法司拟罪—皇帝定罪诏狱审判的程序。正统三年（1438）八月，保定伯梁瑶奉旨珞马应天诸郡县，在办差过程中"纳贿，滥收瘠小者且连取二妾以归"，"御史侯爵案其罪，六道十三道劾之"，"遂逮珤至京，法司论以赎绞还爵"②。

但是这种诏狱审判程序初步确立后，并没有给予法律化、制度化和规范化，之后制定的正德《明会典》和万历《明会典》两部法典并没有给予确认，仍是以司法惯例形式存在，预示其先天存在不足。

二、明代诏狱审判程序构成及其特点

一个完整的诏狱审判程序，由以下部分构成，同时也表现出与三法司主持中央司法审判程序不一样的特点。

（一）明代诏狱审判程序构成

诏狱审判程序启动并不是由参与诏狱审判官员直接受理案件，也不是依照审判权限由地方移交上来的案件自动启动，而是在以下情形下，由皇帝启动诏狱审判程序。

1. 程序启动

（1）弹劾

一定品级官员渎职犯罪立案受理，需要皇帝的批准。弹劾是征求皇帝批准和立案的一种途径和方式。因而，弹劾也是启动诏狱审判程序主要方式之一。永乐十三年（1415）七月，巡按山东监察御史林硕劾奏山东布政司参议魏瑛"渎乱人伦，有鸟兽行，宜加显戮。上命三法司、锦衣卫鞫之"③。天顺二年（1458）五月丙午，六科十三道劾奏五城兵马指挥司指挥李惟新等二十一员不带夜巡铜牌。"事觉，许令回话，奏对不实，俱宜问罪"。奏对没有令皇帝满意，"上命锦衣卫镇抚司鞫之"④。

（2）上奏章

官员向皇帝上奏章建言献策是君臣上下沟通信息和处理政务的一种方式，但奏章内容存在失真、敏感和言辞过于激烈和等情形，成为启动诏狱审判程序的一个因

①《明宣宗实录》卷八五，宣德六年十二月乙未，第 1961 页 .

②《明英宗实录》卷四五，正统三年八月庚寅，第 870 页 .

③《明太宗实录》卷一六六，永乐十三年七月癸亥，第 1862 页 .

④《明英宗实录》卷二九一，天顺二年五月丙午，第 6223 页 .

素。天顺三年（1459）冬十月戊辰，户部尚书沈固、左侍郎杨鼎、郎中孟瑛、员外郎陈旺、主事宋澄奏定明年公侯驸马伯仪宾等禄米，疏内恭顺侯误书为公顺侯。"上命沈固杨鼎停俸三月，瑛等锦衣卫镇抚司执问如律。"[①]大礼议期间更多官员因上书言事触怒皇帝，而下诏狱。"明嘉靖间御史杨公爵、给事周公怡、工部员外刘公魁皆以言事下锦衣卫"[②]。

（3）东厂、锦衣卫侦察

东厂和锦衣卫都是皇帝的耳目，具有侦缉职能，所侦察到的情报，上报给皇帝，引发诏狱审判程序启动。"凡厂卫所廉谋反、弑逆及强盗等重辟，始下锦衣之镇抚司拷问"[③]。成化十九年（1483）五月，"东厂官校发尹龙纳贿，下锦衣卫狱锦衣卫狱"[④]。

2. 立案

诏狱立案决定权归属皇帝，什么样的案件才属于诏狱范围而被立案，在《明会典》上并没有明确的规定，通常由皇帝个人意愿决定。在明代正统之前，诏狱范围较小，常为士大夫称颂"锦衣禁狱，非有冠贼奸宄不可入"。[⑤]后期，诏狱范围逐渐扩大，天启时期甚至有"今罪囚半归诏狱"[⑥]的说法。根据明代史籍记载，通常由以下几类案件。

①强盗案

"凡厂卫所廉谋反、弑逆及强盗等重辟，始下锦衣之镇抚司拷问"[⑦]。万历四十三年（1589）十一月壬辰，东厂节次擒获强贼高进朝等十三名。"上命各犯着锦衣卫拏送镇抚司打问"[⑧]。

②谋反案

谋反案指的是阴谋推翻朝廷，威胁皇权的案件。宣德时，汉王朱高煦叛乱。平定叛乱后，宣宗下令，"城中罪止坐同谋者，胁从者勿治，遂执其同谋王斌王彧韦达朱恒钱巽等数十人，悉下锦衣卫狱"[⑨]。明武宗御马监军迭里米失叛逃蒙古被抓回来，"及执迭里米失付锦衣卫鞫"[⑩]。

---

①《明英宗实录》卷三〇八，天顺三年十月戊辰，第 6486 页 .

②［清］周召：《双桥随笔》卷四，文渊阁四库全书本，第 39 页 .

③［明］沈德符：《万历野获编》卷二一《镇抚司刑具》，第 538 页 .

④［明］何乔远《名山藏》卷一七《典谟记》，明崇祯刻本，第 270 页 .

⑤［清］邹漪《启祯野乘二集》卷二《汤中丞传》，清康熙十八年金閶存仁堂素政堂刻本，第 29 页 .

⑥［明］朱长祚：《玉镜新谭》卷六《筑城》，北京，中华书局，1997 年，第 87 页 .

⑦［明］沈德符：《万历野获编》卷二一《镇抚司刑具》，第 538 页 .

⑧《明神宗实录》卷五三九，万历四十三年十一月壬辰，第 10253 页 .

⑨《明宣宗实录》卷二〇，宣德元年八月壬午，第 541 页 .

⑩《明英宗实录》卷五三，正统四年三月戊午，第 1019 页 .

③官员渎职犯罪案

通常官员的渎职犯罪由法司来审，犯罪情节严重的渎职案件下诏狱，为了避嫌，三法司官员涉嫌犯罪会被下诏狱，锦衣卫审理。天顺二年（1458）七月戊子，六科十三道被旨劾奏，"镇守独石等处右参将都督佥事周贤闻虏近塞，不待上报，而辄统兵出境。及至虏过，逗遛不进，抽军遽还，乞正其罪。上命锦衣卫镇抚司鞫之。"[①]嘉靖四年（1525）七月乙丑，中军都督府带俸泰和伯陈万言："奏元城县知县张好古擅拘国戚，非刑致死人命"，得到皇帝批复，"诏锦衣卫逮治之"[②]。

④谏言案

因直言进谏言而得罪君主入狱是古代君主政治的一个特点。其目的是"宜下之诏狱，明正典刑以为臣子悖逆之戒"[③]。在明代，因建言而下诏狱的案件屡见不鲜。天顺三年（1459）十月，河南郾城县儒学训导卢钦因在建言中，弹劾吏部尚书王直及陈循等，"上命锦衣卫执钦鞫之"[④]。甚至打破诏狱主要受理官员涉嫌犯罪的惯例，将直言进谏杂役下锦衣卫审讯。嘉靖六年（1527）十一月庚寅，光禄寺厨役王福请迎献皇帝梓宫葬祖陵旁，上曰："此事朝廷自有处，福敢妄言，下锦衣卫拷讯"[⑤]。

⑤仪礼案

古代社会，以礼法治天下，官员在庆典活动或者觐见皇帝过程中出现失礼行为，需要被惩戒，但进入正式司法程序，追究司法责任，显得过重，而纳入诏狱审理，往往由皇帝折中处罚，是一个合理合情的选择。正统二年（1437）八月，监察御史郑嘉自山东清军还，"陛见奏对失仪被劾，下锦衣卫狱"[⑥]。武宗时福建道监察御史秦锐侍班庆典，"纠失仪者而步趋迟慢，上命执付镇抚司鞫问"[⑦]。

⑥其他案件

有一些官员被弹劾的案件，经查实为诬告，原告被下诏狱。神武中卫小旗高益，"诬本卫指挥韩英等谋为不轨，下锦衣卫"[⑧]。明代宦官选取有着一套标准，"凡阉割火者，必俘虏之孥，或罪极当死者出其死而生之，盖重绝人之世"。禁止民间自宫求进，但是民间常常违反禁令。成化时将"直隶魏县民李堂等十一名自宫以求

①《明英宗实录》卷二九三，天顺二年七月戊子，第6250页.

②《明世宗实录》卷五三，嘉靖四年七月乙丑，第1316页.

③［清］弘历敕辑:《御选明臣奏议》卷一四《劾朱宁疏》,《四库全书》第445册，台北，商务印书馆，1986年，第231页.

④《明英宗实录》卷三〇八，天顺三年十月壬戌，第6485页.

⑤《明世宗实录》卷八二，嘉靖六年十一月庚寅，第1849—1841页.

⑥《明英宗实录》卷三三，正统二年八月乙亥，第645页.

⑦《明武宗实录》卷一八，正德元年十月癸酉，第556—557页.

⑧《明英宗实录》卷七五，正统六年正月乙卯，第1464页.

进，命执送锦衣卫狱罪之”[①]。

3. 案情核实

下诏狱，需要核实弹劾或者侦查的情况是否属实，需要核实案情，以免造成冤假错案。派往去核实案情的，首先是锦衣卫官，因为牵连的是诏狱。天顺五年（1461）十一月辛丑，河南都司都指挥使夏忠、按察司副使张谏下锦衣卫狱。起因是互相弹劾，张谏弹劾夏忠“卖放筑城士卒，致水为患”，夏忠弹劾张谏“侵欺赈济粟麦”。为弄清真相，“上命锦衣卫官往案之，互有虚实，遂俱下狱”[②]。

碰到中央官员和地方官员互相弹劾的案件，往往需要士大夫信任机构，监察系统官员是首选。天顺三年（1459）二月，巡按福建监察御史夏埙和福建按察司宋洵互相弹劾对方，“有疾宜黜”和“贪淫不法”，下令“俱下锦衣卫狱”，需要弄清真相，“命给事中张海等往核之”，结果是“洵诬埙，上乃命释埙，而令洵致仕”[③]。

地方官员下诏狱，往往会就地命熟悉地方事务巡按御史来核实涉及的犯罪事实。嘉靖四年（1525）二月庚子，山东濮州知州金骆侵官钱物千余弃官归京师，巡按御史劾奏之。“命锦衣卫百户冯相逮铬。铬惧，以五金贿相得脱已，又私往来娼家，事觉，收铬及相送锦衣狱。其赃下巡按御史覆验，皆实。”[④]

4. 审讯

锦衣卫镇抚司作为理刑衙门，但是并不直接接受诉讼案件。“锦衣卫虽见任官无受词例”[⑤]。而是负责审理皇帝指定案件，所有审理的案件都经过奏请。对锦衣卫镇抚司审讯这一环节也深受皇帝的重视。弘治十三年（1500）明孝宗特别强调：“凡东厂及本卫各处送到囚犯。令本司从公审察究问、务得真情。若有冤枉、即与辩理、不许拘定成案、滥及无辜。”[⑥]另外，锦衣卫镇抚司理刑受到东厂监视，督察。“北镇抚司拷讯重犯，本厂皆有人聽记。其口词一本，拶打数一本。于本日晚或次早奏进每日访看。”[⑦]汪文言案中，汪文言的口供对于牵连杨涟等人下狱极为重要，阉党希望能从汪文言寻找突破口，对汪文言的审讯极为重视。“每谳鞫，忠贤必遣

①《明宪宗实录》卷一九，成化元年七月丁巳，第385页.

②《明英宗实录》卷三三四，天顺五年十一月辛丑，第6838页.

③《明英宗实录》卷二九二，天顺三年二月甲申，第6247页.

④《明世宗实录》卷四八，嘉靖四年二月庚子，第1224页.

⑤《明世宗实录》卷一六九，嘉靖十三年十一月辛巳，第3700页.

⑥［明］申时行等：万历《明会典》卷二二八《镇抚司》，《续修四库全书》史部第791册，上海，上海古籍出版社，2002年，第680页.

⑦［明］刘若愚：《酌中志》卷一六《内府衙门识掌》，《四库全书》史部第437册，台北，商务印书馆，1986年，第508页.

人坐其后，谓之听记，其人偶不至，即袖手不敢问"[①]。许显纯因魏忠贤而得任镇抚，一切听从其指令，案件整个审理过程都在魏忠贤掌握之中。

司法审讯中，根据案情大小来确定刑讯的尺度，明代有着明确的规定。《明史》中有这样的记载，"凡内外问刑官，惟死罪并窃盗重犯，始用拷刑，余止鞭朴常刑"[②]。而诏狱审讯中刑讯尺度，在实践中，也摸索一条自己的规律。"凡厂卫所廉谋反、弑逆及强盗等重辟，始下锦衣之镇抚司拷问。寻常止云'打着问'，重者加'好生'二字，其最重大者，则云'好生着实行着问。"[③]经过皇帝批准，一些人可以免予刑讯。"郭勋下狱后，帝念其曾赞大礼，论镇抚司勿加刑讯"[④]。由于锦衣卫镇抚司刑讯极其惨毒，陷于其中的人把转入刑部监狱视为求生之路，"苟得一送法司，便不啻天堂之乐矣"[⑤]。

锦衣卫鞫刑过程严格做好保密，外人很难知道，甚至锦衣卫内部官员也很难了解。锦衣卫镇抚司审讯过后，审讯结果并不再直接上报锦衣卫堂上官，而是奏送皇帝。"洪武旧例：镇抚司问刑径自奏请不经本卫，或本卫有事送问者，成祖文皇帝有旨令问毕，仍自具奏，不必呈堂"[⑥]。通过案件移交法司拟罪，诏狱审讯的情况逐渐为外人所知。如杨涟等人下诏狱情况，直到"移大章刑部狱，由是涟等惨死状外人始闻"[⑦]。客观上，也使得诏狱处于公正监督下。

5. 拟罪

锦衣卫镇抚司审讯过后，奏请皇帝，经皇帝下令，由三法司联合拟罪。"镇抚奏送法司议罪"[⑧]。或者刑部或都察院单独拟罪。正统十年（1445）三月，永康侯徐安杖死安定门门卒。"事觉，下锦衣卫鞫验，刑部论当赎徒还爵"[⑨]。天顺三年（1459）三月，武选主事黄得温因乡人互讦奏词牵连下锦衣卫。"都察院论赎徒还职"[⑩]。

---

①［明］张廷玉等:《明史》卷三〇六《阉党》，第7875页.

②［明］张廷玉等:《明史》卷九四《刑法志二》，第2319页.

③［明］沈德符:《万历野获编》卷二一《镇抚司刑具》，第538页.

④［明］傅恒等:《御批历代通鉴辑览》卷一〇九《世宗皇帝》，《四库全书》第339册，台北，商务印书馆，1986年，第483页.

⑤［明］瞿式耜:《瞿忠宣公集》卷一，《续修四库全书》第1375册，上海，上海古籍出版社，2002年，第23页.

⑥《明神宗实录》卷三八，万历三年五月乙巳，第888页.

⑦［清］张廷玉等:《明史》卷二四四《顾大章列传》，第6343页.

⑧［清］弘历敕辑:《御选明臣奏议》卷二〇《陈愚悃疏》，《四库全书》第445册，台北，商务印书馆，1986年，第329页.

⑨《明英宗实录》卷一二七，正统十年三月戊子，第2539页.

⑩《明英宗实录》卷三〇一，天顺三年三月癸未，第6382页.

法司拟罪的主要依据是爰书，上面记录诏狱审讯过程和犯人供词。“诏狱必据爰书，不得逢迎上意”①。这给法司独立公正地拟罪理论上提供了合理的依据。

6. 定罪

诏狱通常由法司拟罪，必须报经皇帝批准，由皇帝定夺。“皇上犹天，春生秋杀无所不可”②。皇帝有权改变法司拟罪的结果。成化九年（1473）九月甲辰，刑部郎中尚冕、监察御史胡琮、刑部主事樊经在审讯中打死犯人，但他们将此事上报为犯人中风而死，事情被发现后，“下锦衣卫狱，都察院拟罪，冕坐斩，琮、经皆坐杖。有旨冕减死充边军，琮经不以人命为重相视不实，皆调外任。”③

（二）明代诏狱审判程序的特点

1. 皇权主导诏狱审判

诏狱审判程序流转都是皇权在推动，因而诏狱审判程序中每一个环节，皇帝都拥有决定权。“送锦衣卫镇抚司问，镇抚奏送法司议罪。中间情重始有来说之旨，部寺覆奏始有降调之旨。”④

皇帝还将由三法司主导的司法审判程序转向诏狱审判程序。天顺二年（1458）五月，器皿厂火，“逮工部都水司主事杨懋等下刑部狱。刑部论懋当杖还职，上复命锦衣卫拷讯之。”⑤

为控制诏狱审判，皇帝插手诏狱审判环节的官员人选，不惜破坏正常选拔制度。“成化二十二年（1486）秋七月丁巳，命锦衣卫副千户叶广、韩璟同指挥杨纲于镇抚司理刑。广用兵部会荐，璟出内批也。”⑥

2. 参与部门权力相互制约

明代制度设计的一个突出特点是衙门权力之间相互制约，形成制衡局面，以便于皇帝集权。正如《明书·职官志》所言：“文武夹维，内外交应，协恭互发则指臂相随，辄断独行则龃龉不遂。防微曲算，亦可谓精祥矣。”⑦诏狱审判程序设计更是如此，参与诏狱审判程序部门分别由锦衣卫、东厂、六科、锦衣卫镇抚司、刑部、都察院、大理寺等，涉及启动、立案、案情核实、审讯、拟罪等多个环节。但

① [清] 张廷玉等：《明史》卷七二《职官一》，第 1758 页 .

②《明世宗实录》卷一三三，嘉靖十年十二月壬寅，第 3164 页 .

③《明宪宗实录》卷一〇二，成化九年九月甲辰，第 2314 页 .

④ [清] 弘历敕辑：《御选明臣奏议》卷二〇《陈愚悃疏》，第 329 页 .

⑤《明英宗实录》卷二九一，天顺二年五月戊子，第 6210 页 .

⑥《明宪宗实录》卷二八〇，成化二十二年七月丁巳，第 4720 页 .

⑦ [清] 傅维鳞：《明书》卷六五《职官志一》，《四库全书存目丛书》史部第38册，济南：齐鲁书社，1997 年，第 636 页 .

其中最主要体现参与部门权力相互制约的，是三法司与锦衣卫镇抚司之间的权力制约，“镇抚司之设，原为鞫审钦发人犯，一经打问便送法司拟罪”①。

为强化法司责任，还具体规定失职所负的法律责任，“法司凡遇一应称冤调问，及东厂锦衣卫奏送人犯，如有冤枉，及情罪有可矜疑者，即与辩理，具奏发落，毋拘成案。若明知冤枉、不与辩理者，以故入人罪论。”②三法司拟罪对锦衣卫审讯是一种制约，纠正用刑造成的冤狱。明熹宗天启年间，左光斗下诏狱被严刑逼供，失望之余，担心遭到谋害，左公语所亲曰：“彼杀我有两法。乘我之不服而亟鞫以毙之，一法也；阴戕之狱中，徐以病故闻，一法也。”所以他设想一条脱离诏狱方法，先承认镇抚司诱供，这样“若初鞫辄服便送法司。既到法司，更无死理，脱诏狱而后图之。”利用送到司法拟罪的机会脱离诏狱。同监五君子采纳左光斗“果尔则诸公诬服”的办法，但没有想到的是，镇抚司在六君子承认赃罪以后，继续追赃，并没有将他移交法司拟罪，左光斗计划落空。“则外魏亦言其坏法矣”③。尽管失败，但也说明法司拟罪，在一定程度上是对镇抚司审案的监督和制约。

单方向三法司对锦衣卫制衡会造成三法司权力过大，法司权力同样也需要制衡，增加锦衣卫在诏狱审讯中的权限是一种策略。成化元年（1465），锦衣卫在诏狱审讯中又增加一项职能，“成化元年始令覆奏用参语，法司益掣肘”④。

3. 非法司部门参与诏狱审判

皇帝为控制诏狱审判，任用锦衣卫等非法司部门参与诏狱审判程序。锦衣卫等与皇帝关系特殊，使得其参与能否保证审判公正性饱受质疑。“厂卫乃天子私人，不可偏听，致轻法司”⑤。嘉靖吏科都给事中李学更明确指出：“夺法司所问而委之锦衣卫镇抚司，使得以高下其手，则赏罚俱失宜矣”⑥。

而锦衣卫自身素质，更加重质疑的声音。“掌卫刑者多膏粱子弟，未必读书知礼义者也。每听寺人之役使，势不容于不私矣。即皇上欲问贪赃坏法欺君罔上者，

---

①《明神宗实录》卷五五九，万历四十五年七月庚寅，第 10555 页 .

②［明］申时行等：万历《明会典》卷一七一《辨明冤枉》，《续修四库全书》史部第 791 册，上海，上海古籍出版社，2002 年，第 106 页 .

③［明］魏学洢：《茅檐集》卷八《答故人书》，《四库全书》第 1297 册，台北，商务印书馆，1986 年，第 608 页 .

④［清］张廷玉等：《明史》卷九五《刑法志三》，第 2335 页 .

⑤［明］焦竑：《国朝献徵录》卷七二《太仆寺卿曾正直墓志》，《四库全书存目丛书》史部第 104 册，济南：齐鲁书社，1997 年，第 78 页 .

⑥《明世宗实录》卷二九，嘉靖二年七月庚辰，第 785 页 .

亦不可不付之法司也”[①]。连嘉靖时，因大礼议之争深受皇帝信任霍韬也认为锦衣卫亲军的身份，并不适合兼理诏狱，“天下军卫一体也。锦衣等卫独称亲军，备禁近也。锦衣复兼刑狱，不亦甚乎，天下刑狱付三法司足矣。锦衣卫复横挠之，越介胄之职、侵刀笔之权，不亦甚乎！”[②]知道无法改变锦衣卫参与诏狱的现状后，又进一步提出一个合理性建议，改变单由锦衣卫镇抚司官员审理模式，改由刑部官员也参与进来。“其镇抚司理刑，不必专用锦衣卫官，乞推选刑部主事一人，共莅其事”[③]。

三、明代诏狱审判程序运行的异化及其原因

明英宗时期确立了诏狱审判程序，但其在运行过程中却发生异化，与其设立宗旨、性质和价值发生背离。作为一个司法审判程序，诏狱审判程序设立的目的是保证审判公正，但其运行过程中，司法审判公正屡屡遭到破坏，给人以诏狱多冤的印象。作为一个以维护皇权为中心的特殊司法审判程序，诏狱审判过程中，权力失衡，受权臣操纵。作为一个传统司法审判程序，诏狱审判价值本应达到主与臣下共治司法秩序，但却沦为皇权独裁的工具。

（一）司法审判公正屡屡遭到破坏，诏狱多冤

诏狱审判程序作为一个司法审判程序，其运行良好的标准是保证司法审判公正和司法审判结果公正。需要两个因素。

一是司法部门和司法官员在诏狱审判程序中地位和权力需要相对独立，其权力的行使不受干预。三法司在诏狱审判程序制度设计中，是对锦衣卫和东厂权力制约，但锦衣卫和东厂所拥有的侦缉权力，使得三法司在行使监督时不得不考虑日后锦衣卫可能会借题发挥。“东厂、锦衣卫，诏狱所寄，兼有访察之威，人多畏惮。自来访拏人犯送过法司，往往止依原案拟罪，或明知有冤不敢辨理斯，实累朝因袭之患，非一日之故矣。”[④]身为刑部典吏徐圭更是坦言：“臣在刑部三年，见鞫

①［清］黄宗羲：《南雷集》附《子刘子行状上》，上海，商务印书馆，1936年，《四部丛刊》初编第340册，第210页．

②［清］嵇璜等：《钦定续文献通考》卷一三六《嘉靖七年正月罢官校提人之例》，《四库全书》第630册，台北，商务印书馆，1986年，第766页．

③［明］余继登：《典故纪闻》卷一六，北京，中华书局，1981年，第288页．

④［明］陆粲：《陆子余集》卷五《乞霁天威以明大狱疏》，《四库全书》集部第1263册，台北，商务印书馆，1986年，第653页．

问盗贼，多东厂、镇抚司所获，其间有校尉挟仇诬陷，有校尉为人报仇者，有校尉受首恶之赃反以为从，却令旁人抵罪者，惟用刑罚逼之诬服，刑官即洞见真情，不敢擅更一字”①。因为法司不敢平反锦衣卫审理的案件，为避免冤狱，监察御史车梁提出强盗案先送法司审理的建议。弘治十五年（1479），车梁条列时政中言：“东厂锦衣卫所获盗先严刑具成案，然后送法司，法司不敢平反。请自今径送法司毋先刑讯。”②另外，锦衣卫非法用刑，常常会造成许多冤案。“一经下卫，则有不得不用之刑具；一经打问，则有不得不具之招由。严刑之下，何求不得其毙，使法官反似承行之吏，即谳断何由得平。”③

二是参与诏狱审判程序的任何机构和个人权力都需要制约。但作为主导诏狱审判皇权却没不受任何制约，为维护自身利益，甚至不惜破坏诏狱审判程序，直接定罪。在嘉靖大礼仪期间，被称为明代史料渊薮的《明实录》一共有53件诏狱明确记载审判结果，53件中有21件记载皇帝直接给诏狱定罪。即使皇帝不直接定罪，也常常干预性司法官员拟罪权力。“臣待罪刑部三年矣，每见诏狱一下，持平者多拂上意，从重者皆当圣心。如往年陈恕、王正、甄常照等狱。臣欺天罔人已自废法，陛下犹以为轻，俱加大辟，然则律例又安用乎？诚俯从司寇之平，勉就祖宗之法而囹圄之人心收矣……疏入，帝不纳。”④

（二）权力相互制衡，但并非法定授权，易受权臣操纵

作为一个以维护皇权为中心的特殊司法审判程序，其运行目的是要保证皇权在诏狱审判程序中的主导地位。为避免受到权臣控制，在制度上设立安排权力相互制衡，但是制度设计上却存在一个最大隐患。锦衣卫、三法司等参与诏狱审判权力并非《明会典》等法典明文规定，而是皇帝授予。职能和权力非法定授权造成其审判过程易受外部力量干扰。深受皇帝信任的阁臣和宦官操纵诏狱审判，破坏司法公正。“虽曰：朝廷之爪牙，实为权奸之鹰犬，口词从逼勒而来，罪案听指授而定。即举朝莫不知其枉，即法司无敢雪其冤，此诏狱之大弊也。”⑤

嘉靖二十年（1541）后，世宗皇帝迷恋斋醮，内阁权力开始膨胀，开始出现了严嵩这样内阁首辅。内阁出现宰相化倾向，许多官员投靠内阁。包括三法司官员、

---

①［明］余继登：《典故纪闻》卷一六，第278页．

②［清］张廷玉等：《明史》卷一八〇《车梁传》，第4798页．

③《崇祯长编》卷三二，台北，“中央研究院”历史语言研究所，1962年，第1884—1885页，

④［清］弘历敕辑：《御选明臣奏议》卷三三《陈天下安危疏》，《四库全书》第445册，第543—544页．

⑤［清］林时对：《荷闸丛谈》卷三《国家三大弊政》，台北，大通书局，1987年，第86页．

诏狱的审判被内阁控制。嘉靖时，杨继盛弹劾严嵩。严嵩利用其奏疏“疏末援证二王以为非所当言，密讦于上”。杨继盛被下诏狱，杨继盛所犯的只是奏疏用语不当，“惟此一语而无以为罪”，但最后的处理结果却是“法司则致其文以诈传亲王令旨，法当绞”。而其中的内情“时刑部尚书何鳌，嵩之门生，侍郎王学益，嵩之姻家，受嵩指使，法之合不合固不顾也”①。

作为宦官组织的东厂也直接参与诏狱审判程序中，宦官更容易操纵诏狱的审判，成为其专权的工具“夫诏狱者，天子之狱也。北镇抚司虽曰天子之狱，实逆珰私有者也。”②正如朱国弼疏略更直接明了,“自忠贤当权，而镇抚司遂为忠贤泄忿倖功之衙门矣”③。

（三）皇权过度主导诏狱审判，破坏君主与臣下共治司法秩序

明代皇帝拥有最高的立法权和司法权，是奠定诏狱合法性的基础。“诏狱之典，祖宗以来固所不废”④。作为一个皇权控制的特殊司法审判程序，在明代士大夫的心中，为保证司法审判的公正，制度设计上与常规司法审判程序一样，需要接受监督，非法司部门不能常态化参与司法审判过程中，但在实践中，在皇权推动下，却向相反方向发展。为防止诏狱狱情的泄漏，从明成祖时期，锦衣卫镇抚司就直接接受皇帝旨意，这与由刑科接到旨意，科抄法司部门的通常司法程序有所不同。为此，明神宗时刑科都给事中严用和提出抗议，认为这种做法“非所以一政体而重纶音也，宜并令送科抄发，一体奏知”。严用和的上疏强调司法体制的统一，但忽略了诏狱特殊性，上疏自然遭到驳回。“奉旨该卫镇抚司既奉有我成祖圣旨，只照旧行”⑤。诏狱审判程序中加入非司法部门锦衣卫，锦衣卫作为皇帝侍卫亲军，更为大臣所担心,“锦衣卫比周用事，致人主有私刑”⑥。锦衣卫的加入，是皇权强化诏狱审判过程控制的重要步骤。因此，当崇祯时刘宗周请释姜采、熊开元且云：厂卫不可轻信，是朝廷有私刑也。上色怒仰视殿梁曰：“东厂、锦衣卫俱为朝廷问刑。何公何私？”⑦

---

①［明］王樵:《方麓集》卷一〇《杨忠愍公传》,《四库全书》第 1285 册，台北，商务印书馆，1986 年，第 321 页 .

②［清］陈鼎:《东林列传》卷末下《附熹宗原本本纪下》,《四库全书》第 458 册，台北，商务印书馆，1986 年，第 517 页 .

③［明］朱长祚:《玉镜新谭》卷七《弹劾》，北京，中华书局，1997 年，第 105 页 .

④［明］刘宗周:《刘蕺山集》卷四《敬陈圣学疏》,《四库全书》第 1294 册，第 377 页 .

⑤《明神宗实录》卷三八,万历三年五月乙巳，第 888—889 页 .

⑥［明］刘宗周:《刘蕺山集》卷五《条列风纪疏》,《四库全书》1294 册，第 383 页 .

⑦《崇祯实录》卷一五，崇祯十五年九月甲子，第 456 页 .

皇权过度主导诏狱审判，必然带来诏狱审判紧紧围绕皇帝私利，离司法公正越来越远。在诏狱审判程序确立的正统年间，翰林院侍讲刘球就意识到这一点，“近者法司所上狱状，有奉敕旨减重为轻，加轻为重者，法司既不敢执奏，至于讯囚之际，又多有所观望，以求希合圣意，是以不能无枉”①。明代士大夫认为司法权力并非君主专享，“夫人君奉天讨以诛有罪，乃承天意以安生人，非一己之私也。有罪者当与众弃之。国人皆曰可杀，然后杀焉，何至别为诏狱以系罪人哉？”甚至认为君主不应该直接参与案件审判，“讯狱非天子事”②。诏狱存在加强君主直接干预司法，破坏君主与臣下共治司法秩序。邱濬更是把诏狱看作是一种法外制度。“后世因之往往于法狱之外别为诏狱，加罪人以非法之刑，非天讨之公矣，亦岂所谓与众弃之者哉”③。邱濬的看法在大臣中有普遍的代表意义，更有甚者把诏狱与政权联系起来，“贤人君子大则糜烂于诏狱，次则销磨于罢官遣戍，而明之社稷遂浸淫倾仆而不可复”④。将诏狱与江山社稷存亡联系在一起。

四、结语

在皇权推动下，明英宗确立的诏狱审判程序，其法律性质是一个在实践当中形成的司法惯例，而不是一个规范化的司法制度，注定其先天的不足。作为一个司法审判程序，确保审判结果公正，必须保证参与者权力之间的相互制约和平衡。显然，明显带有皇权标签的诏狱审判程序是做不到的，这必然会导致司法审判不公，这是其历史环境下的无奈结果。更为可悲的是，皇帝并未意识到，仍一意孤行肆意破坏本先天结构存在问题的审判程序，其结果本是加强皇权，去成为权臣和宦官专权的工具。究其实质，明代人已认识到“法者，天下之公”⑤，任何人都不能违背，天下共治的司法秩序需要皇帝和臣下共同经营和维护。诏狱阻碍了历史向前发展，被淘汰是其必然的选择。南明时期，重建弘光政权，不再设锦衣卫和锦衣卫镇抚司。“乃定京营制，如北都故事，侍卫及锦衣卫诸军，悉入伍操练。锦衣东西两司房，及南北两镇抚司官，不备设，以杜告密，安人心”⑥。锦衣卫镇抚司负责诏狱审

① [明] 陈子龙等：《明经世文编》卷三一《修省十事疏》，北京，中华书局，1997 年，第 221 页 .

② [明] 沈德符：《万历野获编》卷一八《再证李福达事》，第 467 页 .

③ [明] 邱濬：《大学衍义补》卷一〇四，《四库全书》第 713 册，台北，商务印书馆，1986 年，第 213 页 .

④ [清] 汪琬：《尧峯文钞》卷二五《远志之苗序》，《四库全书》第 1315 册，台北，商务印书馆，1986 年，第 452 页 .

⑤ [清] 张廷玉等：《明史》卷二二〇《舒化传》，第 5793 页 .

⑥ [清] 张廷玉等：《明史》卷二七四《史可法传》，第 7017 页 .

讯，是诏狱审判程序过程中过程承上启下的重要一环，锦衣卫镇抚司被废止，诏狱审判无法推进，也就意味着诏狱也同时被废止。清朝建立后，清承明制，但并没有恢复锦衣卫和诏狱，诏狱彻底退出历史舞台。

（作者单位：河南师范大学法学院）

明代锦衣卫的司法权及其影响

闫海青

明代锦衣卫之所以是有明一代的弊政，是因为它虽无法司之名，却有法司之实。锦衣卫对司法权力的拥有和侵夺，给时人和后世造成了极坏的影响。《明史·刑法志》对其评价曰："刑法有创之自明，不衷古制者：廷杖、东西厂、锦衣卫、镇抚司狱是已。是数者，杀人至惨，而不丽于法。踵而行之，而末造而极。举朝野命，一听之武夫宦竖之手，良可叹也。"① 锦衣卫从设置之初到拥有一定的司法权力有一个变化的过程，是皇权得以加强的表现之一。

一、锦衣卫的设置与职能性质

（一）锦衣卫的设置

锦衣卫的设置源于明代卫所制度中的亲军卫。明代主要的军事制度是卫所制，其设置之初，原则上每一卫管辖五个千户所，共5600人；每个千户所管辖十个百户所，共1120人；每个百户所管辖112人。全国各地卫所，由各地的都指挥使司及中央的五军都督府分别领导。《明史·职官志》载："都督府掌军旅之事，各领其都司、卫所，以达兵部"②。在北京设置的卫所称为"京卫"，京卫中有一种职能较为重要的"亲军卫"（或"上直卫"），原为上二十二卫，但宣德后扩大为上二十六卫。锦衣卫即为其中一卫，由原来的仪鸾司（掌管皇帝仪仗和侍卫）改制而成。洪武十五年（1382），朱元璋下令改仪鸾司为锦衣卫③。与普通军卫的额定编制不同，锦衣卫的兵力要多得多④。洪武十八年（1385），朱元璋命锦衣卫增置"中左、中右、

---

①［清］张廷玉等：《明史》卷九五《刑法三》，北京，中华书局，1974年，第2329页．

②［清］张廷玉等：《明史》卷七六《职官五》，第1856页．

③《明太祖实录》卷一二四，洪武十二年四月戊午，台北，"中央研究院"历史语言研究所校勘本，1962年，第1991页．

④具体论述参见张金奎：《锦衣卫职能略论》，《明史研究论丛》第八辑，北京，紫禁城出版社，2010年，第170页．

中前、中后、中中、后后六千户所分领之。余以隶旗手卫。"[①] 此前，仪鸾司的主要职责在于队列仪仗和护卫功能，改制为锦衣卫后，其职级有所上升，并取得了一定的侦缉权力，内设机构随之有所变化。锦衣卫在侦缉案件时口含天宪，手段特殊，令世人恐惧。

虽然锦衣卫的侦缉权力有利于皇权的巩固和对臣下的驾驭，但朱元璋很快就认识到锦衣卫和法司权力互相矛盾的弊端，后借故收回了锦衣卫的侦缉权力。洪武二十六年（1393），再次申明，内外狱不得上锦衣卫，大小官司都必须经由法司审理[②]。朱元璋收回锦衣卫的侦缉权力反映了其对三法司之外的机构拥有司法权的担心。

成祖掌握权力之后，为稳固皇权，又重新赋予锦衣卫一定的侦缉权力，便于控制百官和宗藩，防止生变。因宦官在"靖难之役"中立功，故又设东厂，在侦缉权力方面牵制锦衣卫，实现对锦衣卫机构的防范。厂卫并立，进一步加强了对文武百官的猜忌、防范和监视。锦衣卫虽属亲军卫，但和其他二十五卫不同，执掌有异，地位也较为特殊。《明史·职官志》："锦衣卫主巡察、缉捕、理诏狱，以都督、都指挥领之，盖特异于诸卫焉"[③]。锦衣卫一定司法权力的获得是加强皇权的需要。《大明会典》曰："（锦衣卫）永乐定都后，照例开设，虽职事仍旧，而任遇渐加，视诸卫独重焉"[④]。成祖时期，锦衣卫重新拥有了一定的司法权。锦衣卫的重要性，绝对不是其他亲军卫可以比拟的。自此以后至明末，锦衣卫就一直存在着。

明英宗、明宪宗之后，因加强皇权的需要，更加重视锦衣卫。"英宪以后，钦恤之意微，侦伺之风炽。巨恶大憝，案如山积，而旨从中下，纵之不问。"[⑤] 锦衣卫和东厂、西厂在侦缉、审讯等方面扮演着重要的作用。《明史·刑法志》还对此进行了比较，"卫之法亦如厂，然须具疏乃得上闻，以此，其势不及厂甚远"[⑥]。明武宗、明熹宗时期，厂卫特务机构曾权倾一时，恐吓人心。

（二）锦衣卫的职能性质

《明史·职官志》："锦衣卫掌侍卫、缉捕、刑狱之事，恒以勋戚都督领之，恩荫寄禄无常员。凡朝会、巡幸，则具卤簿仪仗，率大汉将军等侍从扈行。宿卫则分

---

①《明太祖实录》卷一七三，洪武十八年六月丙午，第 2640 页 .

② 原文为"太祖时，天下重罪逮至京者，收系狱中，数更大狱，多使断治，所诛杀为多。后悉焚卫刑具，以囚送刑部审理。二十六年，申明其禁，诏内外狱毋得上锦衣卫，大小咸经法司。"语出《明史·刑法三》，参见张金奎：《锦衣卫职能略论》，《明史研究论丛》第八辑，第 170—186 页 .

③ [清] 张廷玉等：《明史》卷七六《职官五》，第 1861 页 .

④ [明] 李东阳等撰，申时行等重修：《大明会典》，扬州，广陵书社，2007 年，第 236 页 .

⑤ [清] 张廷玉等：《明史》卷九三《刑法一》，第 2280 页 .

⑥ [清] 张廷玉等：《明史》卷九五《刑法三》，第 2333 页 .

番入值。朝日、夕月、耕猎、视牲，则服飞鱼服，佩绣春刀，侍左右。盗贼奸宄，街涂沟洫，密缉而时省之。凡承制鞫狱录囚勘事，偕三法司。"[①] 结合锦衣卫产生的渊源，张金奎认为，锦衣卫有四大职能，侍卫君主及其他军事职能；缉事与捕盗职能；司法职能；外事职能等[②]，可谓比较全面地分析了锦衣卫的职能。

锦衣卫设立之初的职责即为皇帝权力的延伸，去处理外官按程序不好处理的案件或事情。特别是明太祖朱元璋，为保证朱家天下得以永续，屡兴大狱，将凡有可能影响自己儿孙统治的功臣勋将诛杀殆尽。洪武时期的若干案件，若交给朝官们按照大明律法来办理，就有可能导致推诿扯皮，案件不了了之。为快速处理这些所谓的逆臣和贪官，就把这些案子作为诏狱交给锦衣卫办理。故锦衣卫的职能本质上是皇权的需要与延伸，由皇帝的亲兵按照特殊程序秘密侦缉案情，组织"刑狱"，有特务机构的特点。明太祖的锦衣卫，以消灭功臣为目的，罗织罪状，置无罪者于死地。《明史·刑法志》："胡惟庸、蓝玉两（大臣）案，株连且四万（人）"[③]。足见它的酷烈程度。独立于司法系统之外，按照皇帝的旨意，处理一些特殊事务，恐怕是锦衣卫留给人们最初的印象。

明成祖之后的锦衣卫，和东厂、西厂和内行厂相结合，有了比较固定的职能，如侦缉、捕盗等，在维护社会治安等方面起一定的作用。在司法职能方面，应视为皇帝赋予锦衣卫一定的司法权力，确实与法司系统产生职权方面的冲突，但锦衣卫并非得到皇帝的授权后，恣意妄为，随意抓人、杀人，它也遵循一定的程序和规矩，处理一些司法事务。故，有人认为，锦衣卫司法权是明代中央司法权力的一部分，是皇帝分割三法司权力，贯彻个人意志的手段[④]。同时，亦是监察制度的组成部分。

二、锦衣卫的司法权力

出于维护皇权、驾驭监督官员的需要，锦衣卫逐渐拥有了侦缉、逮捕、监禁、鞫讯、移送、拟罪等司法权力[⑤]，由一个单纯的军事机关过渡至拥有部分司法审判权力的机关。

---

①［清］张廷玉等：《明史》卷七六《职官五》，第 1862 页 .

②张金奎：《锦衣卫职能略论》，《明史研究论丛》第八辑，第 171—186 页 .

③［清］张廷玉等：《明史》卷九四《刑法二》，第 2319 页 .

④李文军：《论明代中央司法权力的划分》，《河南科技大学学报》2009 年，第 6 期。

⑤那思陆：《明代中央司法审判制度》，北京，北京大学出版社，2004 年，第 72—76 页 .

（一）侦缉

侦缉是锦衣卫的首要任务，所涉既有“机密重事”，如“不轨、妖言、人命、强盗重事”等，也有“盗贼奸宄，街途沟恤”[①]之事，侦缉包括的范围比较广。其中，“盗贼”可以依据《大明律》进行一个比较严格的界定，而“奸宄”所指的内容就要宽泛得多。“街途沟恤”本意是指街市、道路和田间小路、水渠等，这里指民间小事皆可归入锦衣卫的侦缉范围。我们可以理解为，锦衣卫对于可能破坏社会秩序的行为都具有侦查缉捕的权力，实际表明锦衣卫侦缉职责内涵不清，随意性较大。从司法职能上看，它的侦查缉捕权与传统的三法司权力多有交叉和矛盾之处，外延亦不清。

景泰三年（1452）时，景泰帝专门强调了锦衣卫的主要职责和其他事宜：“今后，但系谋逆、反叛、妖言惑众、窥伺朝廷事情，交通王府外夷、窝藏奸盗及各仓场库务虚买实收、开单官吏受财卖法有显迹重情，方许指实奏闻，点差御史核体实，方许执讯。其余事情，止许受害之人告发，不许挟警受嘱，诬害良善及将实事受财卖放法司。”[②]锦衣卫的侦缉职权主要以打击严重危害统治秩序类的犯罪为主，同时，亦可接受受害人的检举揭发，此时锦衣卫的司法权力在卫戍职能之上得到扩充。

天顺初，“锦衣卫指挥逯杲听诇事者言，诬（弋阳王）奠壏蒸母，帝令（靖王）奠培具实以闻，复遣驸马都尉薛桓与杲按问。”[③]侦缉宗藩违法之事，是锦衣卫的职责之一。

锦衣卫侦缉案件之情形令人心惊胆战，《明史·刑法志》有记载：“凡缙绅之门，必有数人往来踪迹。故常晏起早阖，毋敢偶语。旗校过门，如被大盗，官为囊橐，均分其利。京城中奸细潜入，佣夫贩子阴为流贼所遣，无一举发，而高门富豪局蹐无宁居。其徒黠者恣行请托，稍拂其意，飞诬立构，摘竿牍片字，株连至十数人。”[④]锦衣卫办案时对缙绅、富豪、官员等产生的心理压力是巨大的，这种压力与锦衣卫办案时的随意性有一定的关系。

（二）逮捕

锦衣卫逮捕嫌疑犯，仅奉圣旨似乎不行，在程序上还需要凭借驾帖，但不需精微批文。《大明会典》：“凡奉旨提取罪犯，本卫从刑科给驾帖，都察院给批，差官

---

① [清] 张廷玉等：《明史》卷七六《职官五》，第 1862 页 .

②《明英宗实录》卷二一四，景泰三年三月甲辰，第 4608 页 .

③ [清] 张廷玉等：《明史》卷一一七《诸王二》，第 3593 页 .

④ [清] 张廷玉等：《明史》卷九五《刑法三》，第 2339 页 .

前去”。《明神宗实录》曾记载锦衣卫掌卫事都指挥使骆思恭上书一事，可与此相印证。万历四十七年（1619），骆思恭上书曰：

> 臣衙门实与刑科职掌相关。凡奉旨提人必用驾帖。由刑科签名，然后遵行。昨岁该科给事中姚若水册封去后，今又外转，全署无官。阁部催请不啻舌敝□秃，至今悬缺。诸事犹可稍缓，惟是逮人旨下，即刻差官赍捧驾帖起程回奏，须臾不敢稽留。今辽事决裂，请逮之疏屡上，万一允行，臣欲候请科臣，恐谓稽旨罪也。欲奉命而行，恐谓违例，亦罪也。伏乞皇上将见在候命刑科给事曾汝召、韩继忠速赐允补，刻期任事，庶签帖有人，明旨不稽。①

很明显，锦衣卫有逮捕之司法权。只是在程序上，要有圣旨，且必须有刑科给事中在驾帖上的签名才可，否则无法成行，这说明锦衣卫办事也要遵循一定的程序和规矩。如果刑科给事中没有在驾帖上签名，锦衣卫不去逮捕人犯或延期逮捕，“稽旨罪也”，皇帝那里不好交代。如果锦衣卫只奉圣旨而行，“违例，亦罪也”。故才有骆思恭恳请万历皇帝任命刑科给事的奏章。

不过，因为皇帝的旨意代表无上的权威，在现实中，因为皇帝的重用，锦衣卫逾越旧例，径行逮捕的事情也有发生。成化十二年（1476），大学士商辂奏言：“近日伺察太繁，法令太急，刑网太密。官校拘执职官，事皆出风闻。暮夜搜检家财，不见有无驾帖。人心震慑，各怀疑惧。”② 锦衣卫狐假虎威，没有驾帖便搜检私人家财的事情也是有可能发生的。在政治上失势的高拱就曾遇到类似事情，万历元年（1573），“王大臣事起，冯珰密差数校至新郑，声云：‘钦差拿人’。胁高文襄（高拱），令自裁，家人皆痛哭，高独呼校面诘，索驾帖观之。诸校词窘，谓‘厂卫遣来奉慰耳’。非高谙典故，几浪死矣。”③ 校尉并未有驾帖却胁迫高拱，幸亏高拱熟悉锦衣卫的司法程序，才免于祸害。

锦衣卫欲得驾帖，须持原奏到刑科签发。《明史·刘济传》记载了因签发驾帖而发生争执的一件事，“故事，厂卫有所逮，必取原奏情事送刑科签发驾帖。千户白寿赍帖至，（刘）济索原奏，寿不与，济亦不肯签发。”④ 也说明锦衣卫执行逮捕、拘提等司法权时，并非随意为之，而是需要遵循一定的程序和规矩。

---

①《明神宗实录》卷五八四，万历四十七年七月壬午，第 11127 页．

②［清］傅维鳞纂，《明书》卷一五八《汪直传》，台北，华正书局，1974 年．

③［明］沈德符：《万历野获编》卷二一，北京，中华书局，1959 年，第 534 页．

④［清］张廷玉等：《明史》卷一九二《刘济传》，第 5089 页．

（三）监禁

锦衣卫狱世称镇抚司狱，监狱内部阴森可怕，条件简陋："镇抚司狱亦不比法司，其室卑入地，其墙厚数仞，即隔壁皋呼，悄不闻声。每市一物入内，必经数处验查，饮食之属，十不能得一。又不能自举火，虽严寒，不过啖冷炙，披冷衲而已。家人辈不但不得随入，亦不许相面。惟拷问之期，得于堂下遥相望见。"[①]锦衣卫狱墙既厚，且狱室潮湿，犯人只能吃残羹冷炙，亲人不得与犯人见面。诸多规定，使得其阴森可怕。在清朝人修撰的《明史》中就有了"锦衣卫狱者，世所称诏狱也"[②]的说法。虽然诏狱和锦衣卫狱应有所不同，但是，锦衣卫狱的阴森、残酷，给世人留下了深刻的印象。锦衣卫狱囚禁的人有的长达几年，甚至有几十年的。例如嘉靖年间，御史杨爵前后被关押了七年；万历年间，临江知府钱若庚更是被关押了三十七年。因小错而被关押多年，这或许是明代文官抨击锦衣卫狱的原因之一。明世宗时期，刑科都给事中刘济曾批评这一现象："自锦衣镇抚之官专理诏狱，而法司几成虚设。如最等小过耳，罗织于告密之门，锻炼于诏狱之手，旨从内降，大臣初不与知，为圣政累非浅。"[③]

锦衣卫狱是明朝廷认可的关押囚犯的地方，即锦衣卫监禁囚犯是明朝皇帝赋予，明朝廷认可的司法权力之一。《明神宗实录》卷三八五记载："先是，圣谕以天气暄热，令两法司并锦衣卫将见监罪囚笞罪释放，徒流以下减等发落……刑科都给事中杨应文因请并宽诏狱诸犯。请敕镇抚司将见监人犯通送法司，遵照热审之旨一体研究。不报。"[④]史料显示，两法司并锦衣卫狱均有囚犯，且一起按照皇帝旨意遵循一定的司法程序实施关押。刑科工作人员敦请锦衣卫将现押人犯送往法司，没有被允许。个中原因不得而知，但锦衣卫狱监禁犯人之司法权似乎非常稳固。《明熹宗实录》卷八十四载："诏，以天气暄热命法司并锦衣卫狱囚，笞罪无佐验者，释之；徒流以下，即从末减；重囚情可矜疑者，具录以闻。"[⑤]自永乐以来，锦衣卫狱及监禁司法权一直存在。

（四）鞫讯

鞫，即审问，审讯。锦衣卫具有鞫讯之司法权力。弘治年间，"内使刘雄过仪

① [明] 沈德符：《万历野获编》卷二一，第 538 页 .

② [清] 张廷玉等：《明史》卷九五《刑法三》，第 2334 页 .

③ [清] 张廷玉等：《明史》卷一九二《刘济传》，第 5090 页 .

④《明神宗实录》卷三八五，万历三十一年六月戊戌，第 7239 页 .

⑤《明熹宗实录》卷八四，天启七年五月丙寅朔，第 4060 页 .

真，知县徐淮不以时供应。雄怒，弃关文渡江，愬诸守备太监傅容，奏其事。命械系淮，付锦衣卫考鞫之。”[①] 类似交付锦衣卫“鞫之”的史实较多，审讯时使用刑讯亦有记载。锦衣卫刑讯最重的是全刑，《明史·刑法志》：“全刑者，曰械，曰镣，曰棍，曰拶，曰夹棍。五毒备具，呼声沸然，血肉溃烂，宛转求死不得。”[②] 被用刑以致寻死的情形非常普遍。它使用的酷刑非常多，其中一种酷刑，叫“昼夜用刑”。据明人记载：“此刑以木笼四面攒钉内向，令囚处其中，少一转侧，钉入其肤。囚之膺此刑者，十二时中但危坐如偶人。”[③] 锦衣卫羁押审讯并使用酷刑取证，可见一斑。

除此之外，亦可以实施一些特定的惩戒性处罚。《明史·刑法志》：“而外廷有扞格者，卫则东西两司房访缉之，北司拷问之，锻炼周内，始送法司。既东厂所获，亦必移镇抚再鞫，而后刑部得拟其罪。”[④] 锦衣卫进行审讯取证，即使是东厂所抓捕的人，亦要送到镇抚司狱进行审问。羁押并不是刑罚意义上的监禁，而是候审或者待审的一种临时剥夺人身自由的措施，这在锦衣卫等具有了侦查缉捕职权的情况下，是十分必要的。同时，此类羁押并不完全等同于皇帝设置的诏狱，锦衣卫从其机构设置上看，设有与其他兵卫类似的镇抚司，而锦衣卫之监狱也就是镇抚司监狱。长久以来，锦衣卫和东西厂都以其刑罚酷烈而臭名昭著，早在朱元璋办理“蓝玉案”的时候，锦衣卫就因为“非法凌虐，诛杀为多”而成了朱元璋的替罪羊，朱元璋对其焚毁刑具的行为则更像是为自己脱罪的一种手段罢了。按照《万历野获编》的记载，镇抚司狱条件极为恶劣，与法司监狱有天壤之别。采用地下或半地下的建筑方式，其墙体非常厚，声音无法传出。而狱中人的待遇也极差，饮食经过层层查扣后所剩无几，严寒时也没有炭火或者御寒的衣物，亲属也不能探望。锦衣卫侦缉行动无孔不入，其鞫讯手段残酷无情，给朝廷百官造成极大心理压力和震慑。皇帝使用得心应手，便于维护统治，锦衣卫之势随之也就越发肆无忌惮。在朝廷之上对大臣的廷杖更体现了这一点。

廷杖是锦衣卫把持的一项临时性的惩戒措施，是皇帝对直言进谏触怒其本人的大臣的一种惩戒措施和震慑手段，锦衣卫掌握其刑罚之权。一些明代有影响的大太监例如刘瑾、魏忠贤等人，曾利用矫诏等手段将廷杖作为殴杀自己政敌的工具。不过，如前文所述，锦衣卫提问人犯进行审讯也不是随意进行的，需要拿着驾帖到刑科签批。签批之际，似乎还需要皇帝御批原本。嘉靖元年（1522）发生的锦衣卫

---

① 转引自丁易：《明代特务政治》，南昌，江西教育出版社，2012 年，第 528 页 .

②［清］张廷玉等：《明史》卷九五《刑法志三》，第 2338 页 .

③［明］沈德符.《万历野获编》卷二一，第 535 页 .

④［清］张廷玉等：《明史》卷九五《刑法志三》，第 2339 页 .

千户白寿和刑科给事中刘济之争，或可说明，锦衣卫提审犯人需要一定的程序和文件。锦衣卫千户白寿按照“厂卫资驾帖提人，必由刑科签批”的旧例，拿着驾帖到刑科提审人犯，刑科给事中刘济拒不办理，理由是“当以原本送科，方知其事，乃敢批行”。双方争执不下，报至嘉靖皇帝。嘉靖帝命人查阅弘治、成化年间事例，但刑科和锦衣卫仍各执一词，刑科回奏曰：“不但二庙时为然，自天顺以至正德，厂卫节奉明旨，俱同原本送科，以凭参对”。但锦衣卫千户白寿等坚持说“驾帖送科，旧皆开写事略，会同署名，实不系御批原本”[①]。最后，因为嘉靖帝刚由外藩入主并加强皇权的需要，锦衣卫的意见被采纳。此事例也可说明，锦衣卫的司法权力根据皇权的需要，时有变化。

（五）移送拟罪

在锦衣卫审讯以后，应该移送到法司拟罪。同时，在成化年间，锦衣卫取得附加参语的司法权。

《明史·刑法志》：“而外廷有扞格者，卫则东西两司房访缉之，北司拷问之，锻炼周内，始送法司。即东厂所获，亦必移镇抚再鞫，而后刑部得拟其罪。”[②]镇抚司审讯拷问之后，送于法司定罪。移送之司法权力，由锦衣卫掌握。至嘉靖时期，似已成定制，内廷外朝均已经普遍接受。嘉靖年间，刑部尚书林俊说：“祖宗以刑狱付法司，以缉获奸盗付镇抚，讯鞫既得，犹必付法司拟罪”[③]。审讯之后，锦衣卫移送犯人至法司拟罪。

在成化元年（1465）以前，锦衣卫移送法司的时候，原本只是移送人犯和招供等，并不能附加参语。成化元年（1465）以后，为进一步提高审讯定罪效率，加强锦衣卫的权力，皇帝允许锦衣卫移送犯人时能够附加参语。附加参语即提供定罪意见，这是锦衣卫司法权力的扩大。《大明会典》记载：“凡（锦衣卫镇抚司）鞫问奸恶重情，得实，具奏请旨发落。内外官员有犯送问，亦如之。旧制俱不用参语，成化元年，始令复奏用参语。”[④]锦衣卫有了附加参语权以后，等于有了准拟罪权。三法司的拟罪权力在皇帝的支持之下被锦衣卫侵夺了。《明史·刑法志》：“镇抚职理狱讼……然大狱经讯，即送法司拟罪，未尝具狱词。成化元年始令复奏用参语，法司益掣肘。”[⑤]明代司法权力逐渐由三法司和锦衣卫等所共有。

---

①《明世宗实录》卷二一，嘉靖元年十二月辛丑，第626页.

②［清］张廷玉等：《明史》卷九五《刑法志三》，第2339页.

③［清］张廷玉等：《明史》卷九五《刑法志三》，第2337页.

④［明］李东阳等撰，申时行等重修：《大明会典》，第63页.

⑤［清］张廷玉等：《明史》卷九五《刑法志三》，第2335页.

（六）拟罪

封建专制之下，皇帝拥有一切权力，其授予部门司法权力具有一定的随意性。明代成化元年（1465）以后，锦衣卫有了附加参语权，侵夺了三法司的拟罪权。但是这仍然只是间接的侵夺，在国家体制上，三法司仍然是法定的审判机关，只有三法司才有法定的拟罪权。锦衣卫是皇帝的亲信，对于某些重大案件，皇帝就授权给锦衣卫拟罪权，与三法司平分拟罪权。嘉靖二年（1523），刑科都给事中刘济直言："锻炼于诏狱之手，旨从内降，大臣初不与之，为圣政累非浅"[①]。所谓"旨从内降"，也就是说犯罪案件不经过三法司的拟罪，直接由锦衣卫拟罪请旨，圣旨由内廷直接下达。

虽然锦衣卫取得了一定的拟罪权力，但它没有判决的权力。按照明朝的制度，锦衣卫审理完毕，要移交刑部或都察院依律论断。两法司有权对锦衣卫的审理结果提出质疑，乃至彻底推翻。如弘治十三年（1500），《大明会典》载："一法司凡遇，一应称冤调问。及东厂锦衣卫奏送人犯，如有冤枉，及情罪有可矜疑者，即与辩理，具奏发落，毋拘成案。若明知冤枉，不与辩理者，以故入人罪论。"这既是锦衣卫对三法司的制衡与监督，也是三法司对锦衣卫的约束与纠正。专制统治者的两面手法表现的淋漓尽致。

法司判决完毕后，如对罪犯进行处决，需由锦衣卫执行。依照《大明会典》，"凡击登闻鼓诉冤，并锦衣卫等衙门捉获人犯，三法司处决罪囚奉钦依者。俱该锦衣卫直日官，将原给驾帖，填写缘由，并人犯姓名。除鼓下词状，从各科直鼓官批送外。其余俱送本科，列名批鈐，以凭送问处决。"[②]这是正常的法定程序，锦衣卫的处决执行权力，亦须驾帖，以备核查。

正是因为锦衣卫取得了上述司法权，故明代中后期的司法事件均有锦衣卫的影子。三法司具有法定的司法审判权，锦衣卫的侵夺或瓜分，则冲击了明代文官所认同的司法体系，故锦衣卫及锦衣卫狱经常遭到一些官员和士大夫的抨击。但很显然，锦衣卫的司法权一直得到皇帝的支持和保护。甚至在明崇祯帝的眼中，锦衣卫和三法司同样是"刑官"，"法司、锦衣皆刑官，何公何私？"[③]可见，锦衣卫拥有一定的司法权，管理诏狱已经得到崇祯帝的认同。

综上，随着明朝政治走向及皇权的变化，锦衣卫由原来单纯的军事机关逐渐扩大至有一定司法权力的特殊机构。锦衣卫在某些方面取得一定的司法权力，主要表

---

①［清］张廷玉等：《明史》卷九五《刑法志三》，第 2332 页 .

②［明］李东阳等撰，申时行等重修：《大明会典》，卷二一三《刑科》，第 2850 页 .

③［清］张廷玉等：《明史》卷二五五《刘宗周传》，第 6584 页 .

现在侦缉、逮捕、监禁、鞫讯、移送、拟罪等方面。同时，亦可知锦衣卫的权力并非不受限制，主要体现在以驾帖签批、官员职权重合以及皇帝和司法机关对于终审权的控制上。

三、锦衣卫对司法的影响

锦衣卫是取得一定司法权力的特殊机构，其设立本意是便于皇帝监控臣下，但制度运行中出现膨胀和异化。虽然锦衣卫在维护社会治安和正常秩序等方面有重要职能，但在司法方面确实与传统的三法司产生抵牾，或曰利益冲突，对司法产生破坏作用。锦衣卫对司法权力的侵害或瓜分，与皇帝是否重视紧密相关，与宦官的权力紧密相关。特别是厂卫之间，存在着此消彼长的关系。“然厂卫未有不相结者，狱情轻重，厂能得于内……即东厂所获，亦必移镇抚再鞫，而后刑部得拟其罪。故厂势强，则卫附之，厂势稍弱，则卫反气凌其上。”[①]厂卫此消彼长的关系可见一斑。

锦衣卫在司法方面的权力主要集中于侦查缉捕、刑罚执行以及通过特别程序参与审判等方面。虽然其权力并非毫无限制，但由于封建专制主义和皇权控制的局限，在特定历史阶段，锦衣卫依据其强势地位，经常逾越权力范围，确实办过很多冤假错案，对明代司法产生一定影响。

（一）锦衣卫侵夺司法权

《明史·刑法志》：“刑法有创之自明，不衷古制者：廷杖、东西厂、锦衣卫、镇抚司狱是已。是数者，杀人至惨，而不丽于法。踵而行之，至末造而极。举朝野命，一听之武夫宦竖之手，良可叹也。”[②]锦衣卫和镇抚司狱是明朝司法的特色，盖因在三法司之外又有执行司法权力的特殊部门。传统观点认为锦衣卫是特务机关，有其历史的原因，但锦衣卫拥有部分司法职能确是历史事实。它在执行司法职能时，亦受一定的约束和制衡，并非随意妄为。当然，特殊历史时期，它又逾越规矩和约束，制造一定程度的司法黑暗。就不良影响而言，它侵夺了三法司一定的司法权。

明代司法权由中央司法审判机关拥有，它们是刑部、都察院和大理寺，统称为“三法司”，地方上也有一定的司法权，如承宣布政使司、提刑按察使司、都指挥使司等“三司”可受理本地本管案件，并且直接审判徒、流以下的案件。锦衣卫拘捕、审讯完毕后，须交由三法司拟罪。在实践执行过程中，由于皇帝对锦衣卫的依赖，锦衣卫的司法权力反而变大，三法司的拟罪权被直接或间接地侵夺。直接的侵

---

①［清］张廷玉等:《明史》卷九五《刑法志三》，第 2339 页 .

②［清］张廷玉等:《明史》卷九五《刑法志三》，第 2329 页 .

夺是皇帝直接授权锦衣卫拟罪，不交给三法司拟罪；间接的侵夺是在锦衣卫移送法司拟罪时附加参语，三法司畏惧它的权势，不敢变更平反，锦衣卫等于有了准拟罪权。锦衣卫有拟罪权及准拟罪权，实际上承担了部分司法审判机关的职能。

（二）锦衣卫制造冤假错案

封建专制主义统治下的锦衣卫唯皇帝意志马首是瞻，其执行司法职权时具有随意性和主观性，蔑视司法的事情时有发生，制造了不少的冤假错案。

天启五年（1625）杨涟案是典型的冤假错案。此案由北镇抚司指挥许显纯伪造了汪文言的供词来牵连杨涟等人，然后逮捕杨涟、左光斗等人下诏狱。许显纯在审问汪文言的时候，不停地使用大刑，让汪文言指证杨涟收了前兵部尚书熊廷弼的贿赂，汪文言始终不肯诬告别人，于是许显纯“乃手做文言供状”，用这份伪造的供词，使杨涟等人走上了一条不归之路。这是魏忠贤企图把政敌置于死地而策划的一场阴谋。锦衣卫在本案中滥用皇帝给予的侦缉、审讯权来污蔑无辜的人，混淆事实真相，伪造了犯人的供词，以便达到自己的政治目的。

类似的诬告行为在厂卫的历史中是屡见不鲜的。英宗天顺年间，锦衣卫指挥逯杲诬告指挥使李斌谋反，因此受牵连而被处死的人有 28 人，当时“帝两命庭臣会讯，畏杲不敢平反”①。世宗嘉靖年间，吏科给事中安盘上疏中就有说到厂卫机构的构陷行为与方式：“其捕奸盗也，或以一人而牵十余人，或以一家而连数十家，锻炼狱词，付之司寇，谓之‘铸铜板’。其缉妖言也，或用番役四出搜愚民诡异之书，或购奸僧潜行诱愚民弥勒之教，然后从而掩之，无有解脱，谓之‘种妖言’。数十年内，死者填狱，生者冤号。”② 锦衣卫大开告密之门，罗织诬告陷害无辜的人，锦衣卫的特权被他们肆意滥用。

锦衣卫制度的冤假错案使得人心惶恐，严重影响到明朝统治的稳定性。

（三）锦衣卫滥施酷刑

锦衣卫蔑视司法，滥用酷刑，有历史的原因。明王朝的建立者朱元璋本身就是一个为维护皇权而滥杀的人。为使朱家王朝得以永续，铲除对皇权的威胁，他屡次大兴诏狱，制造大案，利用锦衣卫诛杀大臣，其中许多大臣死在锦衣卫的酷刑之下。洪武二十年（1388），明太祖因为锦衣卫的诏狱多为非法凌虐，于是将刑具全部焚毁，罢锦衣卫狱，以缓和当时的政治高压气氛和矛盾。

明成祖通过“靖难之役”登上皇帝宝座。他重用宦官和锦衣卫，恢复了锦衣卫

① [清] 张廷玉等:《明史》卷三〇七《逯杲传》，第 7879 页 .

② [清] 张廷玉等:《明史》卷一九二《安磐传》，第 5092 页 .

狱，并设立东厂来加强专制独裁统治。“成祖幸纪纲，令治锦衣亲兵，复典诏狱……久之，族纲，而锦衣典诏狱如故。”①锦衣卫秉承皇帝意旨，滥施酷刑。据史料记载，镇抚司中的刑罚多达十几种，最常用的就是械、镣、棍、拶、夹棍五种，其中拶最厉害，能使人的十个手指全部折断。镇抚司中被用刑到寻死的情况非常普遍，它的手段尽管明显违法，但法司却不敢过问，这是因为锦衣卫得到了司礼太监和皇帝的大力支持，当权者要利用锦衣卫攫取权力、巩固统治，而至于法律是否得到切实的遵守就在所不计了。

（四）锦衣卫违例拘捕

虽有一定的程序和规定约束锦衣卫的司法职能，但因其是皇权统治的特殊产物，所以，它经常越过司法约束，违例拘捕人犯，具有一定的随意性，给司法造成较坏的影响。

《大明会典》规定，锦衣卫奉旨缉拿嫌疑人，应该先从刑科领取驾贴，并且要从都察院领取批文，才可以进行。如果是去京师以外的地方拿人，还要持有司礼监发的精微批文。但在实际执行中，锦衣卫却常常置法律于不顾，不拿驾贴和批文就随意拿人。前文所引，大学士商铬所奏之言及高拱所遇之事说明，锦衣卫违例捉人亦是常态。

明代锦衣卫本来是皇帝的亲军卫队，以保护皇帝个人安全为主要职责，充当了皇帝私人的镇压机关。锦衣卫受理诏狱，同时因为皇权赋予的侦缉权力，并且代表皇权监督或者不同程度地参与明代司法实践而为世人所侧目。因其权力与法司部门权力相抵牾且有违祖制，故招至大臣和士大夫的激烈反对，但锦衣卫和东厂、西厂等部门一直扮演着皇帝权力延伸的角色，其时常剥占法司原有权力，破坏原有司法程序，随意性较大，故在历史上留下恶名。

（作者单位：滨州学院）

① [清] 张廷玉等:《明史》卷九五《刑法志三》，第 2335 页 .

锦衣卫维护京城治安职能初探

张金奎[①]

京城是国家的政治中心，是首善之区，其治乱直接关系到最高统治集团的安危，也影响着全国的稳定，故历朝历代都十分重视京城建设，治安管理则是其中重要的一环。明代京城治安最初由兵马指挥司（兵马司）负责，锦衣卫和巡城御史等是此后陆续参与到这一工作中的。本文试就锦衣卫在明代京城治安管理中的作用及与相关部门之间的关系做初步探讨，以就教于方家。

一、从密缉捕盗到分区巡逻

明朝建立前后，维护京城治安的职责由兵马司负责。当年，朱元璋自立为吴国公，以金陵为首府，“置兵马指挥司，讥察奸伪”[②]。立国后，兵马司制度被保留下来，且权限有所扩大。如洪武元年（1368）十二月，“诏中书省：命在京兵马指挥司并管市司，每三日一次校勘街市斛斗秤尺，稽考牙侩姓名，时其物价。在外府州各城门兵马司一体兼领市司。”[③]市集管理也交给了兵马司。

对于兵马司的职能，朱元璋曾在敕书中明确：

> 今之兵马司，即宋军巡使。其为职也，御风火，察奸盗，禁城人众，谨关键，验出入，使真伪俱分，余无狂暴，以康善良之居。若膺是任，非机智速疾、人莫可测者，岂轻授焉[④]。

① 张金奎，中国社会科学院古代史研究所（中国历史研究院古代史研究所）研究员，主要研究方向为明代史 .

②《明太祖实录》卷四，丙申年七月己卯，台北，“中央研究院”历史语言研究所校勘本，1962 年，第 46 页 .

③《明太祖实录》卷三七，洪武元年十二月壬午，第 744 页 .

④ 钱伯城、魏同贤、马樟根主编：《全明文》（一）卷九《朱元璋九 · 兵马指挥敕》，上海，上海古籍出版社，1992 年，第 129 页 .

朱元璋自称兵马司制度承袭于宋，其实，它的直接源头是元。元世祖忽必烈至元年间，在大都路设置兵马都指挥司，“秩正四品，掌京城盗贼、奸伪、鞫捕之事，都指挥使二员，副指挥使五员……至元九年，改千户所为兵马司，隶大都路。而刑部尚书一员提调司事，凡刑名则隶宗正，且为宗正之属。二十九年，置都指挥使等官，其后因之。一置司于北城，一置司于南城。”①从职能上看，明代的兵马司与元代大都路兵马司没有大的区别，只在职级上有所不同。洪武十年（1377），明廷定兵马指挥司为正六品②，远低于元代。

洪武二十三年（1390）十月，明廷“更兵马指挥司治所。以旧南城兵马指挥司改为中兵马指挥司，聚宝门外为南城兵马指挥司，正阳门里为东城兵马指挥司，清凉门里为西城兵马指挥司，惟北城兵马指挥司仍旧。每司设指挥一人，正六品；副指挥四人，正七品；吏目一人，杂职。以京师内外地方分隶之。”③正式形成五个兵马司分片共管京城治安的制度。在京城设五个兵马司，较之元代多了三个，管辖区域缩减，级别自然下降，这或许是明代兵马司较元代降了四级的原因。

朱棣夺取政权后，着手进行迁都准备。永乐七年（1409），“设北京五城兵马指挥司”。④成化年间，吏部尚书姚夔等在奏报中说：“兵马之设，职专防察奸宄、禁捕贼盗、疏通沟渠、巡视风火，其责颇重”⑤。单从文字上看，北京兵马司的职责除增加了“疏通沟渠”外，其他方面和洪武时没有什么变化。

洪武十五年（1382），明廷设置了锦衣卫。其卫中西司房的职责是“缉捕京城内外盗贼。本卫指挥一员，奉敕专管，领属官五员，旗校一百名。”⑥从职责上看，西司房官兵应该对京城治安负有重要责任。可见，从锦衣卫创立伊始，参与京城治安管理就是其基本职能之一。不过，在《实录》中，笔者尚未发现宣德以前锦衣卫参与京城治安事务的例子。笔者认为，这不代表锦衣卫不承担京城治安的职责，而是和其工作方式有关。

宣德六年（1431）七月，明宣宗微服私访到大学士杨士奇宅。杨士奇以“万一有冤夫怨卒窥伺窃发，诚不可不虑”为由，劝阻皇帝不要微行，宣宗不以为然，“后旬余，锦衣卫获二盗焉。盖盗尝杀人，官捕之急，遂私结，约候车驾之玉泉寺，挟

---

①［明］宋濂等：《元史》卷九〇《百官志六》，北京，中华书局，1976年，第2301页．

②《明太祖实录》卷一一四，洪武十年八月丁巳，第1879页．

③《明太祖实录》卷二〇五，洪武二十三年十月丙子，第3064页．

④《明太宗实录》卷九五，永乐七年八月乙巳，第1257页．

⑤《明宪宗实录》卷八一，成化六年七月戊子，第1578页．

⑥万历《大明会典》卷二二八《锦衣卫》，《元明史料丛编》第二辑，台北，文海出版社，1984年，第3004页．

弓矢伏道傍林莽中作乱。时有捕盗校尉，亦变服如盗，入盗群之中。真盗不疑，竟以其谋告之，遂为所获”[①]。成化六年（1470），大学士彭时奏准：“近闻房山县强盗四五十人潜住金主陵内，不时出没。乞命锦衣卫密察虚实，早加缉捕，庶免贻患于人。”[②]可见，锦衣卫缉捕盗匪主要是通过秘密侦查乃至化装潜伏等方式，且有个专门的称谓——捕盗校尉。由于这种方式非常隐蔽，不便公开，如果不是涉及重大案情，很难在《实录》中留下印迹。

不过，锦衣卫公开参与捕盗的事例并不罕见。洪武十九年（1386），丽水县大户陈公望等五十七人被人举报聚众谋乱，朱元璋派出锦衣卫千户周原前往抓捕。知县倪孟贤“密召父老询之”，“又微服往察，见其男女耕织如故”，于是“具疏上闻，复令耆老四十人诣阙诉其妄”[③]，陈公望等得以逃过一次大劫。值得注意的是，知县倪孟贤采用的也是秘密调查的方式。

笔者目前见到的锦衣卫切实参与捕盗的事例来自朱元璋御制的《逆臣录》。《逆臣录》记录的都是所谓的蓝玉一党的供词。其中，锦衣卫指挥陶干供述曾于洪武二十五年（1392）四月初四，带领力士曲连、薛才等“前往河南捉贼，至九月内回还”[④]。《太祖实录》亦载次年五月，散骑舍人刘昌率领力士、官军分别前往广平、顺德、辽、沁等地缉捕聚众劫掠、行踪诡秘的大盗王天锡[⑤]。

明廷所谓的强盗，既包括小规模揭竿起义的被统治者，也包括一般意义上的刑事罪犯。这些人行动相对诡秘，难以正面打击，需要准确的情报支持，而秘密侦查正是锦衣卫的长项。上述两个捕盗的例子都远离京师，说明锦衣卫的捕盗负责区域非常广阔，在一定程度上也说明洪武年间的南京治安状况尚可，暂时没有多少供锦衣卫发挥作用的空间。不过，上述例子中的捕盗参与者并不仅限于校尉，还有力士和一般卫内官军。西司房专职的捕盗校尉是否出京参与其中，因为事涉隐秘，暂时找不到有力的证据。

宣德四年（1429），户部左侍郎李昶奏报：“江南官吏率民运粮至者，京师力士、军校、工匠之亡赖者多端诈伪，强索财物及揽纳诓骗，扰害非小，乞严禁止。”自迁都以后，通过运河或沿河陆路输送进京的江南物资成为明廷维系京城正常运转的主要后勤补给源，因而维系运道安全是重中之重，在得到李昶的奏报后，宣宗皇

① [明] 陈建：《皇明通纪法传全录》卷一八，宣德六年七月条，续修四库全书丛书影印本，第299页.

②《明宪宗实录》卷八三，成化六年九月己亥，第1623页.

③《明太祖实录》卷一七八，洪武十九年五月甲申，第2694页.

④《逆臣录》卷三《锦衣卫指挥陶幹等》，北京，北京大学出版社，1991年，第174页.

⑤《明太祖实录》卷二二九，洪武二十六年八月甲戌朔，第3350—3351页.

帝很快下令“行在都察院揭榜禁戒，锦衣卫遣人缉捕”[①]。这是笔者见到的锦衣卫第一次在北京公开执行缉捕任务的明确记载。

此前的宣德二年（1427），兵部曾奏准：

曩者霸州、固安盗贼为患，皇上命御史监锦衣卫官巡捕。令所在军民编为什伍，置巡警铺，严察慎防，盗用屏息。比者通州等处盗贼复作，请如故事遣官巡捕，申明其禁。[②]

这一决定有几点需要注意。一是文中称“故事”，即锦衣卫在此之前曾派官兵到通州等处捕盗。二是首次出现了御史的身影。到霸州等地捕盗需要地方政府的配合，职掌风宪的御史随行，便于督促地方政府及时、有效地配合，同时对锦衣卫也是个监督，因为已经出现了“假禽（擒）贼为名扰人”[③]的不良现象。三是要求当地设置巡警铺。巡警铺是明朝政府用于维护地方治安的固定设施，主要供在附近巡逻的治安人员使用。如果铺内有取暖设备，可供巡逻人员在冬季睡眠或临时休息，则称为火铺，反之称冷铺。史载：“(国初）于五城各设兵马司，设立弓手，专以巡徼京城内外，即《周官》修闾氏之职也。又于各坊里巷立为火铺，支更守夜”[④]。可见，巡警铺在洪武年间既已存在。

北京地区建巡警铺似始于宣德元年（1425）。当年正月，“时京城多盗，都御史刘观等议于五城兵马司各增官军一百人，与同捕捉。每五十家置巡更铺，一遇夜，以十人守之。有盗贼及违夜禁者，皆听捕以闻。上从其议。命英国公张辅同五军都督府按地方遣军助之，若所辖之地有盗不能捕者，领军头目及兵马司官皆论罪。”[⑤]明廷在霸州等地推广设置巡警铺，说明北京设置巡更铺后收到了一定的效果。

宣德五年（1430），行在通政司右参议何怀辉上言：“通州张家湾至北京中途花园等处，每有强盗劫掠，甚至杀伤人命。请于人烟稀少之处，或六里，或十里，设冷铺，置兵巡捕。”[⑥]在通州人烟稀少处设冷铺，也是在推广京城的经验。

不过以上还都是锦衣卫执行缉捕“盗匪”任务的例子，真正的转折点出现在宣

---

①《明宣宗实录》卷五二，宣德四年三月乙亥，第1260—1261页.

②《明宣宗实录》卷三四，宣德二年十二月丙子，第869页.

③《明宣宗实录》卷六八，宣德五年七月戊申，第1597页.

④［明］邱濬:《大学衍义补》卷一三六《治国平天下之要·严武备·遏盗之机上》，海口，海南出版社，2004年，第2116页.

⑤《明宣宗实录》卷一三，宣德元年正月甲子，第371页.

⑥《明宣宗实录》卷六八，宣德五年七月戊申，第1597页.

德七年（1432）。当年正月，兵部报告："兵马司巡警不严，盗于都城内诈称校尉，拘絷都督谭广家属，劫财而去，请付法司责令捕盗"[①]。月末，锦衣卫百户陈俊、朱喜等侦查后抓获罪魁——谭广的表侄女婿、济阳卫指挥佥事王斌，"悉得所劫赀物以闻"[②]。本案虽破，但皇帝以为这是京城治安恶化的表现，于是在三月下令：

> 比来京畿屡有盗贼，锦衣卫常差官校于京城内外分派地方，令昼夜巡捕。如所分地方内被盗，不即擒获者，所差官校及该管兵马司官一体论罪。兵马司仍常严督巡警铺，不许怠慢。[③]

锦衣卫被命令划拨官兵分区域巡捕盗贼，等于为京城增加了一支巡捕军。据《会典》记载："国初捕盗，在外无专官。惟在京设五城兵马指挥司，以巡逻京城内外地方为职。其后在京添用锦衣卫官校。"[④]《会典》中没有记载添用锦衣官校的起始时间。结合《实录》记载来看，这个时间节点应该就是宣德七年（1432）三月。

与西司房缉捕校尉有固定编制一样，参与京城巡逻的官校也有编制。"凡五城兵马司地方，每季委千户一员，百户十员，旗校二百五十名分管。城外地方，千户五员，百户十员，旗校二百五十名分巡。各缉捕盗贼。"[⑤]另据刑部右侍郎何文渊奏报："五城兵马指挥司所送窃盗多因巡捕校尉在于街市遇见擒获，就于各家搜检财物，拷逼虚招，不无冤滥"[⑥]。可见，负责巡逻的锦衣卫士兵的番号是"巡捕校尉"。巡捕校尉擒获犯罪分子后并不直接处置，而是移交给兵马司，再送到刑部等法司审问、判决。

巡捕校尉因为只在城内活动，又被称为"坐城校尉"。时人马愈曾记录了这样一件事：

> 京师明时坊朱段子家，一夕，有偷儿自天窗中下，检其细软，仍从屋上逸去，门户扃钥如故。坐城校尉俗所谓"皮条"者，日来看视，略无形迹。朝阳门外东岳庙庙门南，一碑相对，高二丈余，文字乃赵孟俯所书。有一白衣少年，着皂靴在碑下与群小戏剧，自以两手板碑蹑靴，缘左而

---

①《明宣宗实录》卷八六，宣德七年正月丙子，第 1982 页．

②《明宣宗实录》卷八六，宣德七年正月己丑，第 1995 页．

③《明宣宗实录》卷八八，宣德七年三月庚申，第 2022 页．

④ 万历《大明会典》卷一三六《兵部十九·巡捕》，第 1921 页．

⑤ 万历《大明会典》卷二二八《锦衣卫》，第 3005 页．

⑥《明英宗实录》卷六五，正统五年三月辛亥，第 1243 页．

上，跨碑题坐。少顷，循右而下，二三皮条在旁私谓曰："此何人，有此伎能？"心即疑之，遂觇其行止。

日已晡，少年入酒家饮。至暮，入庙去。一皮条尾之，至殿西庑，忽失所在。出与众议，入庙踪迹之，一无所见。夜已昏暗，众出庙门，坐石滚上，疑未决，望见西松林下白衣者出，遂散伏地所觇之，果少年也，尾至庙后一娼家宿焉。明旦执之，诘以朱段子家事，一一承服。云自某处上屋，至本家天窗缒下，后开室门上屋，复至某处下地，故不经由本家门户。问其所盗之物，云在庙中大殿内天花板上。众从之至殿庑角门，于腰间取一钥，启门入殿内，登神床，蹑象膝，登肩蹋冕，顶上直立，托开天花板兀上藻井，平昔凡盗之物咸在。送之官，论之如法。①

这个故事虽然近似小说家语，但大体应能反映巡捕校尉们巡逻时的工作状态。从中可以发现，发生案情后，校尉要到案发现场检视，但不是在第一时间。校尉巡逻时着便衣，否则不会被白衣窃贼无视，这应是借鉴了捕盗校尉的经验。无事时巡捕校尉也不能休息，而是在辖区内反复游走，因而获得了"皮条"的绰号。

拨军参与京城日常巡逻后，锦衣卫出京捕盗的职能并没有丧失。如宣德八年（1433），四川成都府郫县儒学训导王敏上书称当地盗贼纵横，请求中央派员治理。皇帝于是命"行在都察院副都御史贾谅、锦衣卫指挥佥事王裕同内官兴安往，会四川三司调军捕之"②。次年，"命行在锦衣卫指挥王裕、监察御史张琦往安庆等处巡捕盗贼。敕裕等曰：近闻安庆及湖广、江西缘河有劫盗。今命尔等率官校往捕，须密访盗所在，用计禽之。如盗多，则令军卫有司、巡检司发官兵同捕。既获，则会巡按御史及卫府官审验。无冤，就彼处决枭首示众，具奏来闻。"③正统三年（1438），陕西巡抚陈镒奏准："河南卫辉府获嘉等处岁屡不登，居民就食他所，其田地多为宁山卫屯卒所占，因而劫掠，其势渐盛。臣经过其地见之，请遣锦衣卫官同监察御史督领旗校缉捕。"④可见，出京捕盗仍是锦衣卫的重要职责，且"密访"仍是重要手段。

---

①［明］马愈：《马氏日钞·奇盗》，《中华野史》丛书"明朝卷一"，济南，泰山出版社，2000年，第179页.

②《明宣宗实录》卷一〇一，宣德八年四月丙午，第2274页.

③《明宣宗实录》卷一〇九，宣德九年三月癸卯，第2457页.

④《明英宗实录》卷四一，正统三年四月乙卯，第791页.

二、锦衣卫治安职责的延展

在被用于城内分区巡逻的同时，锦衣卫在京城周边地区捕盗的范围和时间也出现了固定化的趋势。宣德四年（1429），“上以河冻，天下朝觐官及往来之人俱由陆路，虑有盗贼，遣监察御史张政、白圭、唐琛同锦衣卫官校分往巡捕，仍命缘途军卫、有司并严巡警”①。成化十四年（1478）八月，兵部议准：“良乡、固安、通州河冰既合，例遣御史及锦衣卫千百户往督所司捕盗。今三路水灾尤甚，宜视常早遣一二月为便。”②。同年九月，都察院亦提出“旧例：每岁河冻时始遣御史、锦衣卫官各三员分投捕盗，迨春而还”③，于是派出三名御史前往良乡、固安、通州三路迤南捕盗。宣德四年派出御史和锦衣卫官兵在朝觐路上巡捕时并没有确定是常态化巡捕，而成化十四年兵部和都察院先后提出按旧例派员巡捕，似乎明廷已经把宣德四年这一决定作为固定的差遣。另据《会典》记载：“宣德四年，以冬月河冻，选差御史、锦衣卫官各三员，往良乡、固安、通州三路，督令军卫有司，各照地方设法捕盗”④。可见，运河封冻后锦衣卫官兵前往良乡等三路巡捕确实已经是成例，成化十四年兵部的建议只是把巡捕的时间又提前了两个月。成化四年（1468）六月，朱骥曾同巡城御史胡靖等建议增设军马，“京城之外东抵通州，南至张家湾，西抵良乡，北至昌平四路，截路强贼多系骑马，巡捕官军因是步行，不能追捕。今欲于四路各差千百户一员，率领马军三四十名，分为二班，轮流巡视。”⑤结合成化十四年兵部的奏报来看，朱骥增设昌平一路巡捕官兵的建议并没有获得批准。

对于冬季南下巡捕，罗玘曾有一段具体的描述：

> 岁聿云、莫、燕、赵之间，恶子弟食饮博奕费且尽，思为寇偷益急，每伺朔风尘起，跃马突出周道上，矢声搜然，虽有贲育千夫，而手足瘃饥虚困悴之余，亦不免战惧失色，伏而献囊，免患于瞬息间，诚畏之也。况南人素绵，道远而疲，三尺童子，可以制之。其所携者，固其物也，亦何择于公私哉？当是之时，悬人之命于手，壮哉，翼虎也。而国门南出三涂，视他域尤多，盖河冰不舟，天下贡道出焉。故令甲三涂，岁遣锦衣支

①《明宣宗实录》卷五九，宣德四年十一月丁卯，第1420—1421页.

②《明宪宗实录》卷一八一，成化十四年八月戊戌，第3255页.

③《明宪宗实录》卷一八二，成化十四年九月己未，第3279页.

④ 万历《大明会典》卷二一〇《都察院二·奏请点差》，第2801页.

⑤《明宪宗实录》卷五五，成化四年六月庚子，第1113页.

帅三人，握符提卫士，分出于逻。其出必以子月望日。又出三侍御并临之。凡兵民之司，皆受檄指麾从事，期以靖寇宁民，足国阜财而已。①

京杭大运河是北京物资供应的大动脉，但因通惠河长时间淤塞，大批物资只能在通州张家湾一带卸下，再通过陆路运到北京城内。由于商贸活动频繁，不免成为不法分子的目标。正统三年（1438），明廷派出“锦衣卫指挥佥事刘勉、监察御史萧銮带领官校往通州，直抵东昌捕盗”②，力图维护运道安全。正统五年（1466），明廷得报“通州张家湾军余邵斌等九人各立郎头、铁脸阎王、太岁、先锋、土地等名号，往来上下码头，欺侮良善，吓骗财物，肆恶恃强，莫敢谁何”③，无奈之下，只好再派锦衣卫官兵前往缉捕。景泰六年（1455），副都御史王竑又报告“沿漕河盗贼横甚，漕军为有杀掠者”，明廷再命监察御史王用同锦衣卫官严捕之④。成化二年（1466），给事中金绅又议准：“即今沿河道路阻涩，京师米价腾踊，欲绝二者之患，当除盗贼、去游食。乞自通州至临清，敕镇守都指挥同御史一员；自临清至仪真，敕锦衣堂上官同御史一员，专一督捕贼盗。”⑤

元代起就常受盗匪骚扰，元顺帝至正十三年（1353），元政府为维护京城南大门的安全，曾“命南北兵马司各分官一员，就领通州、漷州、直沽等处巡捕官兵，往来巡逻，给分司印，一同署事，半载一更”⑥。明廷这种临时打击盗匪的做法非长久之计，在长时间被盗匪侵扰后，使明廷不得不开始考虑恢复前朝旧制。

成化四年（1468），兵科给事中陈鹤上言：“张家湾抵京城裁六十里，不逞之徒往往肆行劫掠。甚至京城内外暮夜亦有强盗突发，明火持杖抢掠。请敕所司计议，于城外起至张家湾一路，每五里置一铺，每铺拨军十名守之。每三铺设一官总之，而以指挥更相轮替。置铜锣、军器，时行巡逻。其在城地方乞敕锦衣卫多拨旗校分管各城。每城设千百户二员而总之以指挥一员，亦更相轮替。各随地方分守。该管官员往来提督，遇有强盗，捕获一次者赏劳，二次三次者升迁。疏虞一次者罪罚，二次三次者降黜。”⑦兵部会议后建议参酌举行。陈鹤的建议究竟被采纳了多少，《明宪宗实录》没有明确记载。但《会典》中记载：

---

①［明］罗玘：《送锦衣卫张侯出逻序》，见［明］黄训编：《名臣经济录》卷四三，景印文渊阁四库全书本，第313页.

②《明英宗实录》卷四九，正统三年十二月乙亥，第952—953页.

③《明英宗实录》卷六五，正统五年三月乙巳，第1238页.

④《明英宗实录》卷二五八，景泰六年九月庚子，第5551页.

⑤《明宪宗实录》卷二九，成化二年四月壬寅，第565页.

⑥［明］宋濂等：《元史》卷四三《顺帝本纪六》，至正十三年四月戊戌条，第909页.

⑦《明宪宗实录》卷五三，成化四年四月癸丑，第1080页.

> 嘉靖十一年议准：通州张家湾一路，锦衣卫每季择委的当谨慎官校缉捕盗贼、奸细、妖言及机密重情，不许干预词讼，嘱托公事，及比较打卯、用强夺功，违者听该地方抚按、巡仓等官指实，参奏拏问。若缉获贼犯，即便拏送分守或州卫官处鞫审明白，解送该卫施行。[①]

《会典》中另外记载“凡通州张家湾、河西务地方奸盗，每季委千户一员，百户一员，旗校五十名缉捕。俱支给口粮。”[②] 据此推断，明廷针对陈鹤的建议采取了在通州设千户驻扎巡捕的政策，千户及其属下每个季度轮换一次。万历九年（1581），锦衣卫曾请求裁撤“五城及通州坐季千户二员、百户二员”[③]，可见，驻扎通州的锦衣卫官兵又被称为“坐季”。

另据《会典》记载：“成化二年奏准，选差监察御史二员，各请敕，一自通州直抵临清，一自临清直抵仪真，与巡河御史，提督捕盗”[④]。能载入《会典》的都是需要长期遵奉的定例。可见，成化二年（1466），给事中金绅的建议也成了长期执行的政策。沿运河分段捕盗和通州坐季巡捕不同，锦衣卫捕盗区域的相对固定化，但直接关系到北京城的后勤补给，因而也可视为锦衣卫在参与京城治安管理方面的职能扩展。

在固定的差遣之外，锦衣卫还有不少临时的任务。如正统十年（1445），因京城内外多盗，“命锦衣卫指挥佥事陈端捕盗于顺天、保定二府”[⑤]。景泰元年（1450）十一月，“户部言直隶松江府运折粮官银十万余两，比因河冻，自清县陆运赴京。恐途中有盗贼，请令锦衣卫遣官领军校驰往防护”[⑥]，等等。

与锦衣卫东西司房的秘密缉捕相比，参与京城治安巡逻可谓苦差事。前者即便无功也不会受罚，后者则不同。宣德二年（1427），明廷规定：“凡军官于所辖地方擒获强盗，即系应捕人员，不准升赏。若不系该管地方，及公差在外擒获者，指挥，四名以上；千户、卫镇抚，三名以上；百户、所镇抚，二名以上，照例升赏。旗校军民匠役等，不限地方。”[⑦] 换言之，在辖区内即便捉获强盗，也是分内工

① 万历《大明会典》卷一三六《兵部十九》，第 1922 页 .

② 万历《大明会典》卷二二八《锦衣卫》，第 3005 页 .

③《明神宗实录》卷一一二，万历九年五月丙戌，第 2146 页 .

④ 万历《大明会典》卷二一〇《都察院二 · 奏请点差》，第 2801 页 .

⑤《明英宗实录》卷一三五，正统十年十一月丙申，第 2692 页 .

⑥《明英宗实录》卷一九八，景泰元年十一月丁未，第 4203 页 .

⑦ 万历《大明会典》卷一三六《兵部十九 · 巡捕 · 赏罚》，第 1925 页 .

作，没有任何奖励，除非是基层军旗。相反，如果辖区内出现大案，还可能受罚。如正统五年（1440），因缉盗拖延，巡捕旗校被“锁其项，限缉获以赎”[①]。天顺五年（1461），宦官闵魁家被抢劫，“锦衣卫官校、兵马司官俱锁项捕贼”[②]。成化五年（1469）二月，“时京城盗贼滋蔓，同夜强劫两家”，不仅要“锁项捕贼”，连主管巡捕的锦衣卫指挥佥事朱骥，御史张进禄、何纯也被停俸各三月[③]。不仅要承受锁项的屈辱，有时还可能失财。如景泰七年（1456），礼部尚书胡濙被盗，皇帝诏命严捕，“即不获，各偿所盗”[④]。

或许是担心处罚过于严厉影响士气，明廷偶尔也会放松处罚力度。如成化八年（1472），锦衣卫千户吴宁等奏准：“巡捕京城千户屠洪、百户王昶因失盗事觉逮问。窃见近例许带锁夺俸，责限一月不获者降秩一级。但比者廷臣会议四方灾伤盗起，其分巡分守等官止令夺俸戴罪，缉捕得获者免，与京城巡捕论拟不同。今洪等乞准此例。”[⑤]

正德十五年（1520），兵部上言：

> 近例，三月不获，始夺俸，罚太轻。请自今五城并锦衣卫、团营捕盗官，盗起限外不获者，如千户姚安例，各夺俸两月，把总、巡捕官一月。总甲、校卒俱逮治。若一月内贼三四发者，参奏逮问。[⑥]

可见，处罚政策在正德年间有进一步松动。

虽然巡捕是个苦差事，但也促使锦衣卫关注有关民生问题。如成化六年（1470）七月，指挥朱骥等奏：“京畿及山东地方旱涝相仍，以故京城内外饥民多将子女牛畜减价鬻卖，其势必至于攘窃劫掠。又访得各处屯营达官人等亦随处群聚，强借谷米，或行劫夺……”[⑦]锦衣卫作为近侍之臣，可以相对容易地见到皇帝。其汇报相关民情固然有为属下捕盗不力脱罪的因素，但在客观上可以使皇帝尽可能准确、及时地了解皇宫之外的情况，对决策层做出正确的决策，无疑会有一定帮助。

上引兵部奏疏中提到了团营捕盗，这是怎么回事呢？

---

①《明英宗实录》卷七一，正统五年九月丁未，第 1377 页．

②《明英宗实录》卷三三五，天顺五年十二月戊辰，第 6846 页．

③《明宪宗实录》卷六三，成化五年二月庚寅，第 1279 页．

④《明英宗实录》卷二六二，景泰七年正月戊寅，第 5595 页．

⑤《明宪宗实录》卷一一一，成化八年十二月戊寅，第 2163 页．

⑥《明武宗实录》卷一九一，正德十五年九月辛未，第 3604 页．

⑦《明宪宗实录》卷八一，成化六年秋七月丙戌，第 1576 页．

三、京军巡捕营的组建与三方分工

关于京军参与京城治安管理，查继佐有这样一段描述：

> 国初置兵马指挥司，讥察奸伪。登极后，每夜发巡牌，旗士领之。已，复改命卫所镇抚官，而掌之中府。永乐中，填置五城指挥司。宣庙初立，增候卒五百人，兵马司给卒百人，相兼夜巡。成化中，始令锦衣卫指挥同御史督兵马缉捕。久之，拨团营二百人协捕。孝庙初立，严里甲之法，家给悬牌，悬之门，具书籍贯、丁口、名数。有异言异服者，听摘发。寻设把总都指挥，职巡捕。正德中，增选团营军多至四千人，而特置参将员名，请敕提督。初制，官军三千六百人，巡逻京城内外，南至海子，北至居庸，西过芦沟桥，东抵通州……嘉靖中，增巡捕官军至五千人。未几，额定一万一十八名，马半之。①

这段记载过于简略，很多时间节点不明确，需要具体分析。首先是洪武年间军队参与京城治安巡逻的起始时间。据清代官修《续文献通考》记载："（洪武）二十八年九月，命卫所镇抚发夜巡铜牌。初置兵马司，夜发巡牌，旗士领之，核城门扃钥及夜行者。至是，改命卫所镇抚官。每夜，镇抚一员发牌分锁，二员领军旗巡警，而掌于中军都督府。"②可见，京军全面参与京城巡逻开始于洪武二十八年（1395）。

北京城使用京军参与治安管理始于宣德元年（1426），这在《实录》中有明确记载。当年正月，都御史刘观等议准："时京城多盗……于五城兵马司各增官军一百人，与同捕捉。"③

成化末年"拨团营二百人协捕"一事，按照《会典》的记载，应始于成化二十一年（1485）④。弘治以后的变化，正德年间的兵部尚书王琼在奏疏中提供了如下信息：

---

①［清］查继佐:《明书（罪惟录）》卷二〇《兵志·京城巡捕》，济南，齐鲁书社，2014年，第947—948页.

②［清］嵇璜、曹仁虎等:《钦定续文献通考》卷一二六《兵考·禁卫兵》，景印文渊阁四库全书本，第517页.

③《明宣宗实录》卷一三，宣德元年正月甲子，第371页.

④万历《大明会典》卷一三六《兵部十九·巡捕》记载："（成化）二十一年奏准，团营摘拨精壮马队官军二百员名，随同官校，并力拿贼"，第1922页.

> 弘治元年，为因盗贼生发，奏准于三千营选拨官军一百员名，于彰义门外义井儿及良乡县并清河、高碑店四处，每处二十五名，堤备盗贼。正德初年，京城内添设把总官二员，委官八员，各分地方。每委官一员，管领马军二十四名，步军二十五名，共四百员名。京城外添设把总官二员，每员领有马官军五十员名。委官七员，每员管领马军六十名，共四百二十名。正德十年会议，京城内每委官一员，各添马军二十五名、步军二十五名，共军七百九十二名，马四百匹。京城外每委官一员，各添一百名，共军一千一百二十名，马一千一百二十匹。把总并委官，俱一年一换。[①]

弘治元年（1488）京营出兵的数据，《会典》的记载和王琼的奏疏略有差异。前者记载："弘治元年，令三千营选委指挥千百户四员，各管领精壮马军三十名，于京城外高密店、义井儿、良乡、清河，四处地方驻札，堤备盗贼。一年更替。又令锦衣卫委官十五员，并旗手等十五卫委官各一员，选带旗军各二十名，分定地方，相兼缉捕、巡警。"[②] 虽然数据有些差异，但不影响总体判断，即在正德以前，京营虽多次派出官兵参与京城治安管理，但都是和兵马司、锦衣卫"相兼缉捕、巡警"，真正独立分区巡捕始于正德初年，且城内外兵力合计超过 800 名。正德十年（1515）进一步增加到了近 2000 名。由于当时的京军已按营制管理，所以这两千余官兵统一纳入了巡捕营。

与锦衣卫一样，巡捕营成立后，兵员也处在不断增加状态，到万历中叶，额定官兵已经达到 10018 名，马 5641 匹，"今见在三千四百六十匹"[③]，数量远远超过锦衣卫和兵马司。不过，巡捕营编制超过一万不是发生在万历年间。史载，"嘉靖元年题准，添设城外巡捕把总指挥一员，及添拨官军一千员名。城内分东边、西边。城外分西南、东南、东北，共把总指挥五员，官军五千余名。南至海子，北至居庸关，西至芦沟桥，东至通州，分投巡捕。又于内拣选精锐五百员名，立为尖哨，加给行粮……俱自置盔甲什物，遇警调用"[④]。嘉靖二十一年（1542），"令巡捕官军，每二员名，给雨帽毡衫一副，计五千三百二十一副"[⑤]，据此推算，当时应已经有官兵 10642 名。

---

① [明] 王琼：《为传奉事》，见氏著《晋溪本兵敷奏》卷一，四库全书存目丛书影印本，第 15 页.

② 万历《大明会典》卷一三六《兵部十九·巡捕》，第 1921 页.

③ 万历《大明会典》卷一三六《兵部十九·巡捕》，第 1921 页.

④ 万历《大明会典》卷一三六《兵部十九·巡捕》，第 1922 页.

⑤ 万历《大明会典》卷一九三《工部十三·军器军装二》，第 2629 页.

兵马司、锦衣卫、巡捕营都负有巡捕盗贼的职责，如果不进行必要的分工，很容易形成相互推诿的现象。万历十二年（1584），明廷规定：

凡京城内外，遇有盗贼窃发，自卯至申，责成兵马司，属巡城御史参究。自酉至寅，责成巡捕营，属巡视科道参究。但遇失事之时，立刻申报，不许迟延隐蔽。贼情重大，仍要协力捕剿，毋以昼夜推诿。应缉盗贼，查自何官捕获，各论功叙录。①

可见，巡捕营在万历十二年后只负责夜间巡逻，白天归属兵马司。这里没有提及锦衣卫，估计是由于擅长侦探，工作时间不限。

在不断增加巡捕力量的同时，锦衣卫等负责巡捕的范围也在不断扩大。正统十一年（1446）正月，英宗敕谕锦衣卫指挥同知王山、千户邓宣：

比闻在京口外官员军民人等，往往通诸匠作，私造军器等物。俟瓦剌使臣回日，于闲僻之处私相交易，甚至将官给军器俱卖出境。该管官司纵而不问。又所在头目有假以送礼为名，将箭头贮于酒坛、弓帐里，以他物送与使臣。此等论罪，悉当诛戮。今使臣将回，特命尔等领旗校自居庸关至宣府、大同，凡使臣经过去处巡缉，敢有似前潜将军器与之交易者，即擒解京。有干应奏官员，具实奏闻逮问。如尔巡捕不密，事发，皆重罪不宥。仍须严禁带去旗校人等，不许依势作威，诓索官民财物。但有犯者，即尔之罪。②

私卖军器本属于东、西司房行事校尉、捕盗校尉查禁的范围，现在巡捕校尉等也开始参与其中。

同年三月，大兴县知县马聪上言：

京城内外有造诸色伪银以绐人者，贫民被其绐，往往窘忿致死。又有号风流汉子者，专以赌博致钱酬花酒费，或失意，费无所出，遂去为盗。又有醉卧于道者，往往冻死。其贪饕固无足惜，但死有可悯。凡此皆风化所系。臣请概命锦衣卫、五城兵马严警察之。敢有造伪银者，重罪之。其锻银，必张铺临通衢，毋得于私僻处。炉头毋得有梅矾、玉田沙。官军、

① 万历《大明会典》卷一三六《兵部十九·巡捕》，第 1924 页。

②《明英宗实录》卷一三七，正统十一年正月戊子，第 2725—2726 页。

> 民家、娼妓院毋得有双陆、骨牌、纸牌、骰子。道有醉卧者，令铺火夫举置铺内，伺其醒，枷示之。[①]

对此，法司讨论后奏准："造伪银者，宜发充边卫军；赌博者，运粮口外。但枷示醉人，非旧典，不可行"[②]。伪造白银属经济犯罪，赌博、醉酒属于一般治安问题，总之都不属于捕盗的范畴，对锦衣卫而言，都属于附加的任务。

成化六年（1470），京城涌入大量饥民，明廷决定开仓赈济，但大批粮食被"奸贪之徒买去高价要利"，明宪宗于是传令锦衣卫官校缉访，"但有停积在家不依原定价数粜卖者，俱枷项示众，追来入官"[③]。由此，锦衣卫又增加了一项打击囤积居奇的职责。

不断增加的任务和惩罚条规的存在，使参与治安管理的各方不约而同地开始寻找推卸责任的方法。三方中，巡捕营属于京营系统，地位相对超脱，且万历后主要负责夜间巡捕，与锦衣卫和兵马司的交集相对较少。锦衣卫和兵马司的关系则比较微妙。

成化六年七月，明宪宗指责五城兵马司多不称职，于是吏部、兵部奉命会同锦衣卫"选指挥张宁等八员堪任，其傅润等二十二员不堪任"，同时为其叫屈，"迩来内外官及诸势要不循旧制，凡事无分公私大小，皆属干理，又从而凌辱之。且占役夫甲，弊非一端，乞严禁前弊，稍重其权"。数日后，皇帝又批评兵马司、锦衣卫不用心捕盗。兵马司指挥张宁等回复：

> 内外官家属并勇士、匠作人等往往恃势不肯坐铺，兵马、火甲为杂差所扰。如刑部检尸、锦衣卫分拨房屋、市曹决囚、南海子巡视及神木厂、惜薪司、大慈仁寺各处守门、巡厂、扫除，皆有事其间。至于内官放河灯之类，往往追呼兵马，急于星火。稍不如意，辄市辱之。一日之内，奔走无时，官少事多，不得职专巡捕。乞每城增吏目一员、弓兵二十名，容令各官朔望朝参，专理巡街、巡夜。

皇帝随即批准了这一建议。但《实录》作者在记录了这一建议后附了一段评语：

> 时议者以京城坐铺一事甚为居人之害，盖每铺立总甲一人，以丁多

①《明英宗实录》卷一三九，正统十一年三月癸未，第2759页.

②《明英宗实录》卷一三九，正统十一年三月癸未，第2759页.

③《明宪宗实录》卷八五，成化六年十一月己丑，第1650页.

者充之，率三月一更。每旦受事官府，至晚不得息。一月之间，所经衙门二十七处，谓之打卯。官中供应皆取之更夫，谓之纸笔灯烛钱，不足，总甲辄出私钱补之。锦衣卫旗校夜巡需索酒食，即不得，辄加棰楚，害甚于盗。贫民苦之，多卖屋僦居，以图免坐铺，而中外有势者，各庇其私人，当坐铺者，尽为奏免。守更之夫，皆雇丐者充之。夜闻盗起，皆反关不敢出。明日，止报某处有盗，或劫财，或伤人与否而已。虽曰因宁言其弊故在，今则愈甚矣。[①]

可见，锦衣卫一方面为兵马司被势要杂差鸣不平，一方面自己也在做着欺压兵马司直属总、火甲的事情。

嘉靖五年（1526），御史朱辰在上疏中“极言京师总甲大为民害”，“言京师总甲，本以提防火盗，非为杂差。自役使浩繁，编审益众。夜则与火夫摇铃击柝，昼则同小甲打卯报事。及诸下夜，坐季官校等互有科索，民至夤缘投托，竭财鬻产以规避。虽先朝数禁，而蠹弊益深。诚如御史言禁之便。自今地方有事，第诣东厂、西司房及坐城御史白之。事关街道者，诣报所属。其打卯月二次皆可罢……总甲、火夫，第令于各铺巡更，听兵马点阅，御史稽察。”[②]可见，对兵马司所属总、火甲的扰害始终没有减轻。

万历十一年（1583），巡视南城御史黄钟上言：“锦衣卫与兵马司各有巡缉之责，原非以兵马司隶之锦衣卫，而使为千百户、为旗校者，皆得以奔走而奴隶之也。乞亟赐禁革，俾各循职守，毋得相侵，以滋扰害。”皇帝的批复却是“锦衣卫严督五城兵马昼夜巡逻等项事宜，原开载敕内，如何说职守相侵”[③]，黄钟反遭斥责。皇帝明确五城兵马司要受锦衣卫节制，兵马司自然再无机会摆脱锦衣卫的侵害了。

不过，重压之下，京城居民也要想办法转移伤害。“土著之家多不乐应役。不得已，移之流寓之民，而彼实又多豪有力，托之城社，无敢问者。于是乎城内外总甲、保甲非无籍少年，则卑琐乞流已耳。”[④]由于治理不当，流民原本就是京城治安的不稳定因素之一，其中的“豪有力”者更是窃盗之渊薮。设立火甲、总甲的目的是为了保证巡警铺正常发挥职能，现在反而由流民中容易转化成巡捕对象的“豪有力”者承担，无异于与虎谋皮。基层败坏，就是增加再多的巡捕力量也是恶性循环、本末倒置。

①《明宪宗实录》卷八一，成化六年七月戊子，第1578—页.

②《明世宗实录》卷六〇，嘉靖五年正月辛丑，第1413—1414页.

③《明神宗实录》卷一三八，万历十一年六月乙卯，第2572页.

④［明］沈榜:《宛署杂记》卷五《街道》，北京，北京古籍出版社，1983年，第42页.

结　语

锦衣卫从成立那一刻起，就在通过秘密稽查参与维护京城治安，西司房更是以缉捕盗匪为本职。宣德七年（1432），锦衣卫正式结束地下状态，与兵马司一道负责京城的公开巡逻，锦衣卫的队伍里也由此在“捕盗校尉”之外又增加了一个“坐城校尉”的番号。

但是锦衣卫的公开介入，并没有令京城治安状况有根本性的好转，对盗贼横行的抱怨依旧不绝于耳，皇帝也不时予以申斥，乃至对巡逻官兵施以锁项、罚俸和降级的处罚，但依旧没有起色，最后不得不调派京营官兵，组成专职的巡捕营参与京城治安巡逻，而且人数越来越多，迅速成为京城巡防的主体。

在维护京城治安的队伍中，另有一支不可忽视的力量，即由民间百姓组成的由总甲牵头的火甲队伍。火甲们管理和使用着散布于城乡的数以千计的巡警（更）铺。基于使用方式的不同，巡警铺又有火铺和冷铺之分，前者设于人烟密集，需要随时有警戒力量之所在；后者设于人烟稀少之处，大体仅在白天使用。在普通的巡警铺之外，皇城内外还设有大量的红铺。“皇城重围内墙外曰内红铺（前九铺象九翟，左、右、前共廿八铺，象廿八宿，隶五府勋臣）。外墙外曰外红铺（计七十二铺，象七十二候，隶留守等指挥，铜牌为信，铃箭为警。有太监提督，科道巡视，车驾司查点）”[①]，与之相对应，城内外各街巷的更铺又称为“白铺（总小甲，计日钱，更隶五兵马司）”[②]。这些星罗棋布的铺舍构成治安巡逻网中的各个节点。

与此同时，兵马司的力量也在增加。弘治元年（1488），因“五城兵马司相去辽远，不便巡逻”，命“各择地方立二分司，以为夜巡官往来止息之所。每夜，小甲率火夫会巡，亦至此暂憩”[③]。又命“五城兵马司家给一小由帖，揭之外门，各填卫所、府县军民、年甲、人丁、邻里。如有异言、异服者，自能觉察。法司问理盗贼，务令招出由帖、事理，以凭追究”[④]。由此，明廷构建起保火甲—兵马司—锦衣卫—巡捕营—巡城御史，五位一体的京城治安管理体系。在五个体系中，除了巡城御史以监督为主要职责，很少有机会受到处罚外，其他四个体系都有各自的奖惩制度。尽管体系完备，人马众多，但京城的治安状况始终没有明显改善，这不得不让

①［明］沈榜：《宛署杂记》卷十一《驾相》，第 87 页 .

②［明］沈榜：《宛署杂记》卷十一《驾相》，第 87 页 .

③《明孝宗实录》卷二一，弘治元年十二月丁酉，第 490 页 .

④《明孝宗实录》卷二一，弘治元年十二月丁酉，第 490 页 .

人怀疑明廷是否发力发错了方向[①]。

不论巡防体系如何健全，都属于消极防御，治标不治本，解决不了“盗贼”生发的难题。明王朝从建国伊始，就处在不断的战争当中，完全处于和平状态，与民休息的时间并不长。朱元璋一去世就爆发了百万大军参与的靖难之役，随后又有大规模的北征、安南之役、七下西洋，等等，国力严重消耗，百姓的生活也不免受到严重的冲击，大批农民失去土地，变成流动人口，成为社会不安定因素，这是在号称治世的宣德年间京城及周边地区频繁出现猖獗盗匪的重要原因。

从气候变化上讲，明代大体上处于小冰河期，自然灾害较多，水旱频仍。每次灾害都会产生一定数量外出逃荒的流民。明廷虽然也不时赈济，甚至直接救济在京流民，如成化六年（1470），分遣给事中、御史、锦衣卫及户部官属、兵马司官在京城勘察大雨冲毁房舍情况，“冲倒者，与米一石，损伤人口者，与米二石”[②]。也曾采取以工代赈方式减少流动人口，如嘉靖三十九年（1560）三月，在开仓直接放粮赈济饥民的同时，“凡年力少壮者，取具年籍，工部酌量顾觅，给与工价，勿令转徙”[③]，但总体效果并不好。

除了被动流徙者，明中叶还产生了一品“职业”流民，其中备受瞩目的就是僧侣。正统五年（1440），进士张谏上言：

> 僧道之数，已有定额。近因希求请给，数千百众奄至京师。非寄迹寺观，即潜住民间。黄冠缁服，布满街市。究其所学，无益于国，而所食，悉出于农。且今饥馑之年，尤宜痛加裁抑。其中亦有犯奸及为盗贼者，耗损民财，伤败风化，莫此为甚者。乞令锦衣卫、五城兵马司挨查，除原隶在京寺观者仍旧存留，其余悉令勒回本土[④]。

景泰二年（1451），僧录司上言：“京城诸寺皆奉敕建，各有住持，而御史等官往来巡视，点阅纷然。僧流或赴斋会，间有不在者，辄被笞辱，以致惊怖不安。乞行停罢。”[⑤]御史巡视寺院的政策不排除就是张谏上言后的产物。

成化十二年（1476），锦衣卫报告：“京城内外盗贼生发，前后已捕获七百余

---

① 万历《大明会典》卷一三六《兵部十九 · 巡捕》记载：成化十九年，“官校捕盗官兵百名以上，提督官升一级”。到弘治十年，变成了“捕盗至四百名以上者，提督官升一级”。捕盗奖励门槛的提升，从侧面说明所谓的盗匪数量上有不断增加的趋势。见第 1925 页 .

②《明宪宗实录》卷八〇，成化六年六月庚午，第 1565 页 .

③《明世宗实录》卷四八二，嘉靖三十九年三月丁亥，第 8055 页 .

④《明英宗实录》卷六四，正统五年二月壬午，第 1220 页 .

⑤《明英宗实录》卷二〇九，景泰二年十月辛未，第 4490 页 .

人。其中强盗多系僧人。今岁例该开度，如僧行道童不给有司文凭，先期来京者，缉出，俱发边徼居住，并罪其所主之家。或四方无籍之人至京，假名潜踪，放恣为非者，亦宜治之。其军士、达官、舍余因操练往回，每肆劫掠，自后非操练之日，不许骑马挟兵，群行途中。又京城尤多恶少，沿街索食，号为化子。夜遇盗贼招引，即从劫掠，并宜治之。凡擒获强盗，非应捕人，宜分首从，定其多寡，量为升赏。但以雠嫌妄指，冒功图利者，俱治以罪。”[①]可见，游方僧侣已经和恶少、游荡军士并列成为京城贼盗的三大来源之一。

僧道众多一方面是官方因为财政不敷滥发度牒，如“天下僧道额数不过三万有余，而成化年间所度已该三十五万有余”[②]。一方面是因为妖言妖书现象的泛滥。土地兼并、官府压榨、频繁的水旱灾害制造了大批失业人口。在生活无着状态下，绝望的人们很容易借助虚幻的谶言来自我安慰，进而成为传播妖言、妖书的载体。而妖言、妖书大多以宗教形式表现出来，大批僧道因此成为妖言、妖书的传播者。明中叶锦衣卫一度把缉捕妖言、妖书作为主要职责和传播妖言、妖书的僧道群体大量增加有一定关联。

大量生发的流民、四处游荡的僧侣要讨生活，自然会向经济发达地区靠拢，商贸活动频繁，相对富裕的京城和运河两岸因此成为流动人口的目标聚居地。对此，明人有清醒的认识。如成化十六年（1480）兵部尚书余子俊上奏：“臣等切惟京师乃宸居所在，四方万国所归，人烟辏集，买卖繁华，实有一等不务生理，各处逃往军匠、囚徒，心腹相结，三五成群，为非作歹，人号喇虎。迨至家业荡尽，却乃赌博、扶牌、下棋、打双陆、踢气球，赢者得财，仍恣所欲，输者丧气，袖手无为，遂至饥寒迫切，发起盗心，往往京师肆行劫掠。防微杜渐，诚不可缓。”但他给出的处置方法却是全城查访，“果有容留赌博，不务生理，来历不明军、匠、囚徒等项，许于各官处出首。系民者，送户部；系军者，送兵部；系匠者，送工部。递发原管官司收候。无籍贯者，送五城兵马司监候。”[③]简单说，就是赶走了事。类似方法嘉靖年间锦衣卫主官陆炳也曾提出过，“凡寓京邑者，概责屏出”[④]。这还是头痛医头，脚痛医脚的方法，丝毫无助于铲除流民生发的根源。

更糟糕的是，随着政治生态的日趋恶化，腐败加重，统治阶层还在培育着新的盗贼生发的土壤。由于处罚制度的存在，负责巡捕的官兵开始利用手中的权力谋求私利，堤内损失堤外补，“其后生事图利之人，营求差委，驯至今日，遂为地方之

①《明宪宗实录》卷一五〇，成化十二年二月戊子，第 2736 页．

②［明］倪岳：《止给度疏》，见［明］陈子龙等编：《明经世文编》卷七七，第 666 页．

③［明］余子俊：《严捕盗贼事》，［明］黄训《名臣经济录》卷四〇，第 196 页．

④《明世宗实录》卷三二九，嘉靖二十六年十月己未，第 6055—6056 页．

害"[①]。有的干脆钓鱼执法,"豫设逻卒于乡村，诱引愚民为非，寻以妖言发之，文致以法"[②]，或者胡乱判断，制造冤狱。一些非应捕旗校则利用较高的奖励政策，主动介入，抓捕一些所谓的强盗。如腾骧右卫纳粟指挥使白锦"偶遇盗二人，率其家人白庆等擒之"，白锦因此晋升为署都指挥佥事，但"所获实非真盗"[③]。时人提出"近缘听人报效，贪冒功赏，名器太轻，宜掣回，令供本役。止责成东厂、锦衣卫并义井各官军旗较分地巡捕"[④]的建议正是针对这一现象。至于贪功、冒功的现象更是层出不穷。如万历年间引起朝野轩然大波的妖书案，"奉旨，令厂卫城捕缉捕奸人。厂卫不闻有所扰，而巡捕武弁与五城兵马之势张甚。事罢，官与役皆富不赀。然终得奸人者，厂卫也，而城捕又与之同受赏焉。后虽以考功法罢之，犹不失为富翁也。"[⑤]

不过，有时士大夫们的批评也会成为巡逻官兵脱困的借口。如万历年间张原提出通州坐季官兵扰害地方，建议撤回[⑥]，锦衣卫马上于万历九年（1581）五月主动要求"裁五城及通州坐季千户二员、百户二员以省冗散"，同时又指责"本卫以缉访为职，间有不能悉知者，多由五城兵马司密行申报。近来往往隐匿，容臣等行五城兵马司，以后密报不得仍前怠玩"[⑦]，暗示巡捕不力，责不在本卫。

兵马司工作不力，很大程度是因为他们依靠的基层火甲制度遭到破坏。自成化年间开始，就不断有臣僚抱怨专以备盗的火夫、民壮、快手、机兵等被势要群体私役，且屡禁不止。火甲们为脱困，纷纷把出巡驻铺任务推给熟识的流民中之有力者。这些人又再次转嫁祸水，"苟可鳌搏，无所顾恤。每民间有事，应与拘送，则有鞋脚钱；或已就拘执，两愿和息，则有酒饭钱；奉檄踪迹奸宄，未得而株连之，则有宽限钱；已得而墨覆之，则有买放钱；城内每月每家有灯油钱；买卖房契有画字钱；各巷搭盖披檐有隐报分例；相验有被犯法物；每初佥及年终，置酒邀会，每家银三五分，则曰打网、曰秋风；催收房号，展转支吾，则曰那上趱下；送赂以分计者，则曰几厘；以钱计者，则曰几分；巧立名色，莫可枚举。无论大利小害，即以一醉饱故，至囊头福堂，警迹邮置，亦所甘心。彼岂独无人心哉！其饥寒所迫，势则然也。"[⑧]

发展到明末，干脆出现了事先豢养盗匪的丑恶现象。清代话本《豆棚闲话》中

---

①［明］张原:《论锦衣卫朱宸等罪状》，见氏著《玉坡奏议》卷三，景印文渊阁四库全书本，第382页.

②《明武宗实录》卷一七六，正德十四年七月丙辰，第3440页.

③《明宪宗实录》卷二八八，成化二十三年三月辛酉，第4871—4872页.

④［明］许进:《兴革事宜》，见［明］陈子龙等编:《明经世文编》卷六八，第577页.

⑤［明］王肯堂:《郁冈斋笔尘》卷四，续修四库全书丛书影印本，第123—124页.

⑥［明］张原:《论锦衣卫朱宸等罪状》，见氏著《玉坡奏议》卷三，第382页.

⑦《明神宗实录》卷一一二,万历九年五月丙戌，第2146页.

⑧［明］沈榜:《宛署杂记》卷五《街道》，第43页.

有这么一段话：

在下向在京师住了几年，看见锦衣卫、东厂及京营捕盗衙门管着禁城内外地方，奉旨严缉贼盗。属着锦衣卫、东厂的，叫做伙长，当头俱是千百户官儿出身。属着东、西、南、北、中五城兵马司的，叫做番子手。逢着三、六、九日，立限比较。若官府不甚紧急，那比较也是虚应故事。如地方失事，上边官府严追，不消几个日子，那盗贼一一的捉将来了，却象瓮中捉鳖，手到拿来，不知甚么神通。偶然相会一个番子，无心间请问着他。那番子倒也口直，说道这强盗多没有真的。近日拿来的，都是我们日常间种就现成有的。所以上边要紧，下边就有。在下一闻此言，不觉十分惊骇，道怎么盗贼也象瓜儿菜儿种得就的？那番子道：我们京城里伙伴不下万人，日常里伙长当头出些盘费，吩咐小番子三两个一伙，或五六个一伙，走出京城四五百里之内外，到了村头镇脑，或大集大会所在，寻个庵堂寺观居住。逢着赌场、妓店，挜身进去，或帮嫖促赌，大手花费，妆着光棍模样，看得银子，全不在心，逢人就拜弟兄，娼妓就拜姊妹，自然有那不肖之子亲近前来，日日酒肉，夜夜酣歌。遇着有钱的子弟，乘空就骗他的钱财，无钱的小伙，就损来做了龙阳，到处花费。看见他身边没了银子，故意哄他输了赌钱。人上与他吵打，然后伙中替他代应，自从得他应了银子，只当这身子卖与他的一般。过了几日，变转脸来，要他本利算还，却无抵手。一边就挽几个积贼，暗地哄说钱财便利，手到拿来。不知不觉，勾到空闲之处，做了一账两账，手便滑利，心便宽闲，吃得肥肥胖胖，也就象个好汉。设或北京城上某处失事，比较得紧，即便暗地捉他顶缸。虽然赃物不对，说不得也冤屈了他。那些小伙子亦拚送这条性命，绝无怨心，所以绑在法场之上，还要唱个歌儿，正经那大伙打劫人的本根老贼，倒在家中安享。每月每季，只要寻些分例进贡他们。若把本贼缉获尽了，这班番子当头所靠何来？这都是京城积年的流弊，惟有番子心里知道，外边人却不晓得。[①]

虽说是小说家语，但颇能反映当时的实态。治安管理系统败坏到如此地步，不能不说是明廷御盗政策上长期的本末倒置的必然结果。

（作者单位：中国社会科学院古代史研究所）

①［清］艾衲居士：《豆棚闲话》第九则《渔阳道刘健儿试马》，上海，上海古籍出版社，1983年，第95—96页．

明代的勋卫与散骑舍人

秦 博

明代宫廷侍卫部队由锦衣卫大汉将军、三千营红盔及明甲将军、五军营叉刀围子手、府军前等卫带刀官及勋卫、散骑舍人等特色军伍构成，负责朝会仪仗、夜值内禁及扈从皇帝出行[①]。其中勋卫、散骑舍人又是侍卫中身份显赫者，由勋贵及高级武将的子弟充任，沿袭自周秦以来胄子宿卫朝堂的传统。勋卫、散骑舍人的职官沿革还与锦衣卫职官体制及勋爵封袭程序紧密相关，涉及明代宫廷、贵族、军事制度等多个方面。可以说，勋卫、散骑舍人制度既是明代皇权统治的特有产物，又反映了中国古代宫廷禁卫的演化进程，值得深入探析。鉴于迄今学术界未有对明代勋卫、散骑舍人的系统研究，笔者撰此小文以为尝试。

一、明前中期散骑舍人与勋卫制度的演变

据正德《明会典》，勋卫、散骑舍人依“旧制择公、侯、都督及指挥嫡长、次子为之，俸秩视八品”，天顺朝令“俸秩比正千户”[②]。这里所谓“俸秩视八品”的旧制，实单指洪武朝散骑舍人的视品。而天顺朝“比正千户”之制，又单指勋卫，应不包括散骑舍人。其实，勋卫、散骑舍人二职既相互关联，又有着各自的制度流变轨迹，难以混而论之，现分别加以考论。

查《明太祖实录》，洪武九年（1376）即有散骑舍人之设，但未提及勋卫一职，原文载：

> 上命都督府择公、侯、都督及各卫指挥嫡长次子才可试用者，为散骑、参侍舍人，俸秩视八品，隶于都督府，佩弓刀充宿卫，或署各卫所事，及听省、府、台、部差遣，历试以事，其有才器超卓者，不次用之。

① 有关勋卫、散骑舍人之外明代其他侍卫部队的专题研究，可见张金奎《明锦衣卫侍卫将军制度简论》，《史学月刊》2018 年第 5 期及拙文《明代府军前卫侍从体制考》，《历史档案》2018 年第 4 期 .

② 正德《明会典》卷一一七《兵部十二 · 侍卫》，东京，汲古书院，1989 年，第二册，第 557—558 页 .

于是择长兴侯耿炳文子瓛、荥阳侯杨璟子进等一百四人为散骑舍人。[①]

按朱元璋所定初制，散骑舍人本直接隶属大都督府，但洪武十三年（1380）大都督府解体后，散骑舍人转而归入锦衣卫，这也符合散骑舍人是皇帝亲卫的身份。如朱棣靖难兵至灵璧时，有都督佥事袁义次子袁兴以“锦衣卫散骑舍人来朝”[②]。再据档案资料，洪武二十五年（1392）除散骑舍人的张信，在两年后转为锦衣卫世袭百户[③]。另据墓志所载，仁宗朝袭武定侯爵的郭玹，其长子郭聪为“锦衣卫散骑舍人”[④]。洪武朝功臣子弟充散骑舍人带刀侍驾者颇多，甚至文官吏部尚书唐铎弟唐鉴，亦尝任散骑而“随直宿卫”[⑤]。天启、崇祯朝名士茅元仪就有云，“散骑舍人，国初以处侯家子弟，然不必尽侯家子弟”[⑥]。

散骑舍人或承袭父祖官爵，或别升高级军职。例如临江侯陈德子陈镛洪武九年（1376）为散骑舍人，洪武十四年（1381）袭父爵[⑦]。信国公汤和庶子散骑舍人汤醴在洪武二十九年（1396）被擢为左军都督府都督佥事[⑧]。另有蕲春侯康铎子康渊，两岁优给，又充散骑舍人，后被太祖“革去冠带，山西罢闲”[⑨]，应是在洪武末年卷入勋贵党案而被打压。

永乐以来，散骑舍人之制大体稳定，部分勋戚、都督应袭子弟以充任该职作为嗣官爵前的过渡。如景泰时期定襄伯郭登无子，以其侄嵩为嗣，郭嵩初拜“散骑舍人，侍卫禁中”，成化八年（1472）郭登死，嵩遂承袭伯爵[⑩]。任散骑舍人的武将庶次

①《明太祖实录》卷一〇三，洪武九年正月戊午，台北，“中央研究院”历史语言研究所校勘本，1962 年，第 1731—1732 页.

②《明太宗实录》卷一三，洪武三十五年十月庚午，第 242 页.

③《锦衣卫选簿·张槐》，《中国明代档案总汇》第 49 册，桂林，广西师范大学出版社，2001 年，第 346 页.

④［明］罗亨信:《觉非集》卷四《镇朔将军总兵官武定侯郭公墓志铭》，《四库全书存目丛书》集部第 29 册，济南，齐鲁书社，1997 年，第 553 页.

⑤《明太祖实录》卷二二二，洪武二十五年十月乙卯，第 3240 页.

⑥［明］茅元仪:《暇老斋杂记》卷一三，《续修四库全书》子部第 1133 册，上海，上海古籍出版社，2002 年，第 656 页.

⑦《明太祖实录》卷一八二，洪武二十年六月庚子，第 2748 页.

⑧《明太祖实录》卷二四四，洪武二十九年正月辛巳，第 3539 页.

⑨《明功臣袭封底簿》卷一《蕲春侯》，周骏富辑:《明代传记丛刊》第 55 册，台北，明文书局，1991 年，第 157 页.

⑩［明］倪岳:《青谿漫稿》卷二二《南京前军都督府掌府事定襄伯郭公墓志铭》，景印《文渊阁四库全书》第 1251 册，上海，上海古籍出版社，1987 年，第 311 页.

子孙，或在锦衣卫机构内升职，如仁宗擢皇亲散骑舍人钱通为锦衣卫指挥佥事[①]；或别调他卫，如英国公张辅弟锦衣散骑舍人张軏在永乐十四年（1416）升旗手卫指挥使[②]。

散骑舍人中“舍人”一词，在明代泛指军官子弟，有时更扩展为对各类富贵子弟的代称，明代军中有各种舍人名号的人员听调差遣；“散骑”亦不过取汉代“散骑”“散骑常侍”[③]旧名，强调其职在随锦衣卫禁卫侍从。散骑舍人一职主要体现武官子弟的名位，是他们正式袭任军职前所领的预备性职官，领该职者除朝堂侍卫外别无具体、固定的事权与任务，在官僚结构中的实际作用不大。因此散骑舍人仅设较低的八品俸秩，且在洪武九年（1376）一次就广泛授予各级武职大臣家子弟达104人，已显露出轻授的趋势。洪武二十五年（1392）任散骑舍人的张信，甚至只是锦衣卫指挥佥事葛德的姻亲妻侄[④]，此类加授更显冒滥。随着勋贵与一般武职地位差距的拉大，散骑舍人显然已不能完全体现贵戚子弟随侍天子的尊贵。

“勋卫”的职名实取法隋、唐旧制。隋、唐宫廷仪仗中有亲卫、勋卫、翊卫三部，其中勋卫可由“勋官三品以上有封及国公子”[⑤]选补。可知相比散骑舍人，勋卫更强调勋爵子弟的显贵身份。明代官方《实录》、政书中不见勋卫一职的初设时间。清修《续文献通考》言，洪武九年（1376）正月“以勋臣子弟有才者置勋卫、散骑舍人”[⑥]，是将勋卫的肇始年份混同于散骑舍人，其实无确切依据。排查《明太祖实录》，至洪武十八年（1385）徐达去世时，方在其小传中出现徐氏次子徐添福“授勋尉”“早世”[⑦]的记载。这里的“勋尉”显然是“勋卫”之误，因为《明太宗实录》别载，朱棣登基之初，擢故魏国公徐达之孙、“勋卫添福”之子徐茂先为宗人府仪宾，以娶周王女兰阳郡主[⑧]。徐添福实笔者所见明代首位充勋卫的功臣子弟。又《明太祖实录》“洪武二十四年三月戊子”条云，有勋卫徐增寿与其兄魏国公徐辉祖等公侯“往陕西等处防边”[⑨]。检《明实录》所收徐增寿小传可知，增寿以魏国公徐达

---

①《明仁宗实录》卷一下，永乐二十二年八月甲子，第30页.

②《明太宗实录》卷一七八，永乐十四年七月癸巳，第1937页.

③［东汉］班固:《汉书》卷一九上《百官公卿表第七上》，北京，中华书局，1962年，第739页；［唐］杜佑撰，王文锦、王永兴、刘俊文、徐庭云、谢方点校:《通典》卷二一《职官三·宰相并官署·门下省》，北京，中华书局，2016年，第551页.

④《锦衣卫选簿·张槐》，《中国明代档案总汇》第49册，第346页.

⑤［北宋］欧阳修:《新唐书》卷四九上《百官志四上·十六卫》，北京，中华书局，1975年，第1281—1282页.

⑥《钦定续文献通考》卷一二六《兵考·禁卫兵》，景印《文渊阁四库全书》第629册，上海，上海古籍出版社，1987年，第515页.

⑦《明太祖实录》卷一七一，洪武十八年二月己未，第2618页.

⑧《明太宗实录》卷一一，洪武三十五年八月辛未，第188页.

⑨《明太祖实录》卷二〇八，洪武二十四年三月戊子，第3093页.

子，又特“勇敢善骑射”，被太祖“选为勋卫带刀侍从”[①]。洪武朝勋贵都督子弟多授散骑舍人亲从，但徐达次子徐添福却独领勋卫，添福早卒后，徐氏三子徐增寿又再补兄职，这反映了朱元璋特隆徐氏家族开国元勋的地位。由于勋卫几乎为徐氏专任，其授职又稍显随意，制度化不强，故徐添福、徐增寿兄弟始膺勋卫的时间史无详载，勋卫品级亦不明。另外，曹国公李文忠次子李增枝在洪武朝也被授勋卫[②]。

在明前期，勋卫一职的授予仍不普遍，目下史料所见仅有四例，依授职时间先后依次为：第一，武定侯郭英之孙郭登在仁宗登极之初被授为勋卫，后于正统八年（1443）从征云南升锦衣卫指挥佥事，正统十四年（1449）随军抵抗瓦剌有功，景泰朝晋封定襄伯[③]。第二，宁阳侯陈懋长子陈昭在仁宗登基时为勋卫，宣德八年（1433）坐同父侵占官粮、官盐罪而罢闲[④]。第三，英国公张辅应袭嫡长子张忠于洪熙元年（1425）加勋卫。正统十四年（1449），张辅在土木堡战殁，张忠因“被马跌伤手足”难以袭爵，张忠庶子张杰又系使女所生，来历不明，故朝廷遂以张忠幼弟张懋嗣英国公[⑤]。第四，平江伯陈瑄第三子陈仪，被擢勋卫而“日带刀侍从”，后累升锦衣卫指挥佥事，而陈仪又是在元勋重臣成国公朱勇的保荐下被授任勋卫[⑥]。

从以上自洪武至正统朝的事例可知，明初勋卫升授虽制度性尚不完善，但仍大体形成了三个基本特征：其一，勋卫仅为一小部分勋贵子弟所领，一般武臣家难沾此恩，绝无散骑舍人一次加升百余人的情况，但亦不能由此判断勋卫的品级地位在当时一定比散骑舍人高。其二，领勋卫的这些贵戚子弟或是应袭嫡长子孙，或是旁支子弟，并非固定，从有限的事例来看，旁支任职者的数量稍多。一个明显例子，即武定侯郭玹嫡长子郭聪为散骑舍人，而郭玹同辈的远支郭登却初授勋卫。直至景泰、天顺之际，尚有定襄伯郭登应袭子郭嵩为散骑舍人，而登弟璟为勋卫的情况[⑦]。

①《明太宗实录》卷九下，洪武三十五年六月辛未，第 137 页 .

②《明太祖实录》卷一六〇，洪武十七年三月戊戌，第 2484 页 .《明实录》原文载增枝任“勋尉”，当系“勋卫”之误 .

③《明功臣袭封底簿》卷二《定襄伯》，第 253 页 .

④［明］李贤：《古穰集》卷一〇《奉天靖难推诚宣力武臣特进荣禄大夫柱国太保宁阳侯追封滑国公谥武靖陈公神道碑铭》，景印《文渊阁四库全书》第 1244 册，第 583 页；《明宣宗实录》卷一〇二，宣德八年五月庚辰，第 2291 页 .

⑤《明仁宗实录》卷八上，洪熙元年三月己卯，第 254 页；《明功臣袭封底簿》卷三《英国公》，第 390—391 页 .

⑥《明英宗实录》卷三，宣德十年三月戊戌，第 78—79 页；［明］王直：《抑菴文集》卷一〇《都指挥佥事陈公墓志铭》，景印《文渊阁四库全书》第 1241 册，第 206 页；［明］杨士奇：《东里文集》卷一三《奉天翊卫推诚宣力武臣特进荣禄大夫柱国追封平江侯谥恭襄陈公神道碑铭》，北京，中华书局，1998 年，第 192 页 .

⑦ 郭璟领勋卫之事，见《明英宗实录》卷二八六，天顺二年正月庚辰，第 6127 页 .

其三，从郭登、陈仪等皆升为锦衣卫军官这一点来看，勋卫亦如散骑舍人之例铨注锦衣卫。锦衣卫的一个职官特性是勋戚大臣子弟恩荫寄禄无常员之所在①，是故散骑舍人、勋卫皆注锦衣卫有制度上的依托。

至天顺朝之初，勋臣嫡长应袭子弟开始较多地被集中加授为勋卫，这显然是英宗复辟后对新、老勋爵的酬赏，其情况大略如下表：

表 1　天顺朝勋卫任职、袭爵情况表

所属勋臣家族	领勋卫子弟伦序	任勋卫前官职	由勋卫所晋升的官爵	史料出处
英国公张辅弟、文安伯张輗家	张輗嫡次子张斌	无	天顺六年（1462）袭父爵。	《明英宗实录》卷二七五，天顺元年二月甲辰，第 5843 页；《明功臣袭封底簿》卷二《文安伯》，第 247 页。
宁阳侯陈懋家	陈懋庶三子陈晟	无，待袭爵	成化二年（1466）以揽纳事发，下法司夺官闲住。	［明］李贤：《古穰集》卷一〇《奉天靖难推诚宣力武臣特进荣禄大夫柱国太保宁阳侯追封浚国公谥武靖陈公神道碑铭》，景印《文渊阁四库全书》第 1244 册，第 584 页；《明宪宗实录》卷三七，成化二年十二月癸卯，第 724 页。
宁远伯任礼家	任礼嫡长子任寿	锦衣卫正千户	成化元年（1465）袭父爵。	《明英宗实录》卷二七七，天顺元年四月癸卯，第 5908 页；《明功臣袭封底簿》卷二《宁远伯》，第 269 页。
兴济伯杨善家	杨善长子杨宗	锦衣卫副千户	天顺二年（1458）袭父爵。	《明英宗实录》卷二七七，天顺元年四月甲寅，第 5919–5920 页；《明功臣袭封底簿》卷二《兴济伯》，第 250 页。
安远侯升家	安远侯柳升长孙、柳溥长子柳承庆	无，待袭爵	以腿疾难以袭爵，承庆嫡子柳景天顺五年（1461）袭爵。	《明英宗实录》卷二八四，天顺元年十一月庚午，第 6088 页；《明功臣袭封底簿》卷三《安远侯》，第 433 页。

明代勋爵公、侯、伯不设品级，但秩序在正一品之上。勋卫、散骑舍人作为贵胄子弟所任职官，也不设具体品级，但可与品官相较以定禄秩。上表中所列的杨宗在任勋卫之前任副千户，而他之所以得充勋卫，是因为其父兴济伯兼礼部尚书杨善上奏诸子“夺门”有功，请量加授职。英宗在加任杨宗勋卫的同时，又将杨善诸子

① 锦衣卫内勋戚、宦官子弟本恩荫寄禄无常员。见［清］张廷玉：《明史》卷七六《职官志五・锦衣卫》，北京，中华书局，1974 年，第 1862 页 .

杨容、杨能俱升一级[①]。由此可知，勋卫一职在当时应高出副千户一阶，与正千户相侔，锦衣卫正千户任寿转任勋卫的例子也可证此点，这就与正德《明会典》中天顺朝令勋卫“俸秩比正千户”[②]的记载完全相符。勋卫一职的秩级至此正式确定，大大高于仅视正八品的散骑舍人。除上表所列勋臣应袭子弟任勋卫者外，天顺初年，兵部尚书靖远伯王骥嫡子王玉、王瑢皆早卒，以庶长子王瑺袭爵，庶次子王珩充任勋卫[③]，当别有候补袭爵之意。

二、勋卫授予与勋爵承袭制度

成化、弘治之后，勋家应袭子孙逐渐例领勋卫以确立在家族中的正统地位，勋卫一职除负责宫廷侍卫外，还与勋爵承袭制度紧密结合。如襄城侯李瑾嗣子李鏽、保国公朱永嗣子朱晖二人，皆曾为勋卫带刀侍从[④]。另如定西侯蒋琬家嗣爵长子蒋骥曾任勋卫[⑤]。大约至嘉靖、万历时期，已形成勋爵“应袭则授锦衣卫勋卫，附记将材簿内”[⑥]的定制，至有“公侯世子称勋卫”[⑦]的说法，将勋家应袭子孙与勋卫相等同。至此勋卫又常被称为“小侯”[⑧]，取汉代邓禹幼子邓鸿为小侯之典故[⑨]，反映出勋卫虽

①《明英宗实录》卷二七七，天顺元年四月甲寅，第 5919—5920 页．

② 正德《明会典》卷一一七《兵部十二・侍卫》，第二册，第 557—558 页．

③［明］李贤:《古穰集》卷一〇《奉天翊卫推诚守正文臣特进光禄大夫柱国兵部尚书靖远伯追封靖远侯谥忠毅王公神道碑铭》，景印《文渊阁四库全书》第 1244 册，第 594 页．成化年间，有南和伯方煜、泰宁侯陈桓、丰润伯曹振、锦衣卫指挥王珩等各在家“招妓兴乱”诸事，其中的锦衣指挥王珩就是原任靖远伯勋卫者。见《明宪宗实录》卷一五四，成化十二年己丑，第 2809—2810 页．

④《明宪宗实录》卷二三七，成化十九年二月戊寅，第 4028 页;《明功臣袭封底簿》卷三《襄城伯》，第 494 页;《明孝宗实录》卷六二，弘治五年四月壬戌，第 1202 页;《明功臣袭封底簿》卷三《保国公今袭抚宁侯》，第 399—400 页．

⑤［明］程敏政:《篁墩文集》卷四十四《太保兼太子太傅掌左军都督府事定西侯追封凉国公谥敏毅蒋公墓志 铭》，景印《文渊阁四库全书》第 1253 册，上海，上海古籍出版社，1987 年，第 65 页．

⑥［明］魏时亮:《为勋裔失教缓急乏人乞赐申饬旧制务敦预养以责成世臣报效疏》，［明］陈子龙辑:《明经世 文编》卷三七一《魏敬吾集二》，北京，中华书局，1962 年，第 4029 页．

⑦［明］茅元仪:《暇老斋杂记》卷一三，《续修四库全书》子部第 1133 册，第 656 页．

⑧ 如万历朝临淮侯李言恭、李宗城父子，在充勋卫期间皆被称为“李小侯”。见［明］王世懋:《王奉常集》卷六《李唯寅〈贝叶斋诗集〉序》，《四库全书存目丛书》集部第 133 册，济南，齐鲁书社，1997 年，第 273 页;［明］欧大任:《欧虞部集》文集卷二《李小侯婚颂并序》，《北京图书馆古籍珍本丛刊》第 81 册，北京，书目文献出版社，2000 年，第 610 页．

⑨ 据《后汉书・邓寇列传》，东汉开国功臣邓禹有四子，前三子分封为三侯，幼子邓鸿为“小侯”，即非正式领爵，但享相近的地位。勋卫非正式勋爵，但系爵位继承人，其地位与汉代小侯相近，故明人以此名代称勋卫。见［南朝宋］范晔:《后汉书》卷一六《邓寇列传》，北京，中华书局，1965 年，第 605 页．

非勋爵但亚享其尊的过渡身份。晚明时期，朝廷遍立诸家勋贵应袭子孙任勋卫，相关事例不胜枚举。可以说，勋卫选任在一定程度上成为勋爵承袭的附属制度，勋卫具备了标识勋爵应袭地位的礼法功用，与皇家太子、亲王家世子有一定的相似性，其作为宫廷侍卫的本职反居次要。与勋卫相比，散骑舍人由于品级较低、授职较滥，且没有演化出更加实际、具体的职能，在官僚结构中的定位模糊，故在明代中后期极少再被加授，几至停用。《明实录》中再次出现集中加官散骑舍人的记载，已是熹宗登基之初，时皇帝推恩，诏补勋臣子弟朱元臣等九人为散骑舍人，"轮流带刀侍卫，令锦衣卫带俸"[①]。朱元臣是时任成国公朱纯臣末弟，过继给其叔锦衣卫指挥使朱应梅为后[②]。可知在勋爵应袭子弟已大多例任勋卫的情况下，朝廷重授散骑舍人，是为给部分未沾爵禄的勋家庶次子弟一定的地位。不过这只是一时变通之法，并不意味着散骑舍人制度的全面复设。随着散骑舍人的基本停设，勋卫最终成为勋臣子弟最重要的荣耀性职衔。

明中期之后，勋臣非袭子弟仍不时被授勋卫者，这多是在勋家出现无嫡长子应袭、子孙孤弱或爵主被罢等特殊状况时，朝廷给予的特别安置。如宁阳侯陈懋天顺七年（1463）卒，当时其长、次子均已先死，三子陈晟原任勋卫应嗣，但因事充军，故由晟弟陈润袭爵。至成化二年（1644），陈润卒无子，其弟陈瑛以陈懋庶五子请袭，而陈晟以兄长身份争袭，朝廷准瑛借袭，待陈晟有子后退还。成化十七年（1481），陈晟子陈辅出幼请袭爵，朝廷准其奏，并安排失爵的陈瑛为勋卫，带俸闲住[③]。再如第四代靖远伯王宪是第三代王添独子，王宪成化十九年（1483）袭爵时年幼，仍需在国子监习礼，宪后生二子瑾、瑚，以瑾应袭，瑚并任勋卫[④]。另如万历朝有诚意伯勋卫刘世学，系原诚意伯刘世延从弟，世学任勋卫当与刘世延在嘉靖、万历朝反复犯事革爵，家无主事有关[⑤]。当然，也有少部分勋爵任意为支子奏讨勋卫之职，或受皇帝推恩而得官。

另明末人茅元仪在所著笔记中有云，"魏国、镇远等六家自应袭外，介弟支子

①《明熹宗实录》卷三，泰昌元年三月庚子，第 161 页 .

②［明］叶向高：《苍霞续草》卷一三《成国公左军都督府掌府事赠太子太保谥□□荫亭朱公暨封成国夫人孙氏合葬墓志铭》，《四库禁毁书丛刊》集部第 125 册，第 155 页 .

③《明功臣袭封底簿》卷三《宁阳侯》，第 456—457 页；［明］李贤：《古穰集》卷一〇《奉天靖难推诚宣力武臣特进荣禄大夫柱国太保宁阳侯追封潞国公谥武靖陈公神道碑铭》，景印《文渊阁四库全书》第 1244 册，第 584 页 .

④［明］郑汝璧：《皇明功臣封爵考》卷四《靖远伯》，《四库全书存目丛书》史部第 258 册，济南，齐鲁书社 1996 年，第 479 页；《明宪宗实录》卷二三七，成化十九年二月壬辰，第 4033 页 .

⑤《明神宗实录》卷三一一，万历二十五年六月戊寅，第 5810 页；李谷悦：《明朝历代诚意伯》，《古代文 明》2014 年第 2 期。

得别袭一勋卫，他家遇覃恩方可乞”[①]，又云“今魏国、镇远六家多袭一次子为勋卫”[②]。六爵支子法定世袭勋卫之说，不见于其他记载，颇具小说色彩。事实上，在明代中期以后应袭子弟例充勋卫的情况下，若有多家勋贵形成支子世袭此职的定制，就极易引起族众争袭爵位，朝廷不会行此下策。不过，茅元仪的记载也有一定的历史根据，可对其详加辨析以进一步揭示明代勋卫加授予勋爵承袭之间的制度联系，现分条考论如下。

第一，在明代末期，镇远侯顾氏确实有某一别支子孙世袭勋卫，这最初也是为应对顾家无子承爵而实行的补救之法。嘉靖、万历年间袭领镇远侯的顾寰因无子，因此“以弟宇之子承光为后”，而顾承光之弟顾承学再立为本爵勋卫，后承学子顾大猷在天启朝又袭父勋卫之职[③]，可谓异典优待，具有独一性。不过，顾大猷嗣勋卫一职时，恰逢天启、崇祯两朝明代覆亡之际，故该职实际上只承袭一辈。

第二，无明确资料可佐证魏国公家某支子孙不经奏请即可世袭勋卫，但该爵在成化至万历朝屡有次支子弟受推恩领任该职，在一定程度上形成惯例性优待。明初徐达次子徐添福、三子徐增寿相继任职勋卫，但此并非真正意义上的军职世袭，而是皇帝对徐家的特别赏赉。此后，成化十四年（1478）三月，有第六代魏国公徐俌弟徐佐在俌的乞请下被朝廷授予勋卫带刀侍从[④]。徐俌成化十五年（1479）始即久住南京奉祀孝陵[⑤]，因此他在离京前一年奏请其弟代侍皇帝，虽有冒滥恩荫之嫌，亦是尽人臣之责。据徐俌墓志记载，他正德十二年（1533）卒时，三子的状况分别为“长壁奎，先一年卒；次应宿，锦衣勋卫；次天锡，锦衣指挥”[⑥]，而由徐壁奎子徐鹏举袭爵[⑦]。复检《明武宗实录》，正德七年（1512），徐俌请以其子徐天赐为勋卫，朝廷准其奏[⑧]。徐应宿为徐俌次子，徐天赐为徐俌三子，二人皆无军功，但应宿终生仅为勋卫，天赐反而超越其兄被升至锦衣卫指挥，这一情况颇不寻常。对此最合理的解释是，徐应宿早卒，故徐俌再请徐天赐补为勋卫，这就又与徐添福、增寿兄弟

①［明］茅元仪：《暇老斋杂记》卷一三，《续修四库全书》子部第1133册，第656页.

②［明］茅元仪：《三戌丛谭》卷一〇，《续修四库全书》子部第1133册，上海，上海古籍出版社，2002年，第540页.

③［明］钱谦益：《牧斋初学集》卷六六《镇远侯勋卫顾君墓表》，上海，上海古籍出版社，2009年，第1538—1539页.

④《明宪宗实录》卷一七六，成化十四年三月乙酉，第3183页.

⑤［明］郑晓：《今言》卷二《一百三十三条》，北京，中华书局，1984年，第79页.

⑥［明］乔宇：《乔庄简公集》卷一〇《南京守备太子太傅魏国徐公墓志铭》，国家图书馆藏明隆庆五年刻本.按“徐壁奎”又作“徐璧奎”或“徐奎璧”。“徐天锡”又作“徐天赐”，古“赐”“锡”通假。

⑦《明功臣袭封底簿》卷三《魏国公》，第375页.

⑧《明武宗实录》卷九三，正德七年十月乙丑，第1982页.

接连任职的情形相类。徐应宿任勋卫的时间不详，但徐天赐正德七年（1512）补任勋卫时，徐俌长子徐壁奎仍在世，且壁奎子鹏举应已近成年，魏国公家无子嗣承袭危机，天赐之任当属无端恩授。王世贞《游金陵诸园记》有云，徐俌爱其少子锦衣指挥天锡，将世传园林“悉橐而授之”[①]，据此可进一步判定，天锡实因父亲徐俌的宠信而补任勋卫一职。正德十一年（1532）十二月，在徐俌乞请下，徐天锡又被武宗直接从勋卫升为南京锦衣卫指挥佥事[②]。当时徐俌长、次子皆已卒，俌本身亦在残年，唯有三子徐天赐可主家事，故朝廷在补授天锡勋卫的基础上继续超擢其军职。徐天赐子徐缵勋、徐继勋虽皆任锦衣卫军职[③]，但史料中未见他们曾领勋卫的记载，因此缵勋、继勋的官职应得自一般的勋戚恩荫，非以勋卫转升。再查阅晚明历代魏国公资料，徐鹏举长子徐邦瑞隆庆六年（1572）袭爵后[④]，其弟邦荣又于万历元年（1573）继补为勋卫[⑤]。徐鹏举享爵久，徐邦瑞袭爵时年已四十余，膝下又有成年子三人[⑥]，人丁兴旺，无需再择旁支充勋卫。徐邦荣的获任可视为此前魏国公家多立勋卫传统的延续。另外，徐邦瑞待嗣期间，其父徐鹏举曾有意立最幼子邦宁为嗣，引发持久争端[⑦]。邦瑞袭爵后请立三弟邦荣为勋卫，或意在进一步断绝幼弟徐邦宁争袭的可能。徐邦瑞后代中，仅应袭子徐维志充勋卫，其余二子维学、维明不任[⑧]。徐邦荣、徐维志叔侄二人或曾同时并任勋卫。第九任魏国公徐维志终年四十一岁，卒时嗣爵的长子徐弘基年方十五，刚刚出幼，次子徐弘谟年龄更小[⑨]，兄弟二人或都未曾领任勋卫。需要指出的是，在徐俌袭爵之后，魏国公一脉世居南京，即便子弟充任勋卫，也无法真正随侍宫廷，如世镇云南的黔国公家族，无论应袭、旁支子孙，基

①［明］王世贞：《弇州续稿》卷六四《游金陵诸园记》，景印《文渊阁四库全书》第 1282 册，上海，上海古籍出版社，1987 年，第 835 页 .

②《明武宗实录》卷一四四，正德十一年十二月癸丑，第 2819 页 .

③［明］王世贞：《弇州续稿》卷六四《游金陵诸园记》，景印《文渊阁四库全书》第 1282 册，第 835、838 页 . 徐继勋甚至在嘉靖年间以署都指挥佥事佥书南京锦衣卫事，成为南锦衣卫最高长官之一。见《明世宗实录》卷四八四，嘉靖三十九年五月庚午，第 8077 页 .

④［明］郑汝璧：《皇明功臣封爵考》卷一《魏国公》,《四库全书存目丛书》史部第258册，第324页 .

⑤《明神宗实录》卷二〇，万历元年十二月乙卯，第 546 页 .

⑥［明］王世贞：《弇州续稿》卷一一八《南京守备掌中军都督府事魏国公徐少轩公墓志铭》，景印《文渊阁四库全书》第 1283 册，上海，上海古籍出版社，1987 年，第 652 页 .

⑦［明］许重熙：《嘉靖以来注略》卷六《隆庆注略》,《四库禁毁书丛刊》史部第 5 册北京，北京出版社，2000 年，第 119 页 .

⑧［明］王世贞：《弇州续稿》卷一一八《南京守备掌中军都督府事魏国公徐少轩公墓志铭》，景印《文渊阁 四库全书》第 1283 册，第 652 页 .

⑨［明］衷吉贞：《明故南京协同守备掌南京后军都督府事魏国公冲宇徐公墓志铭》，转引自邵磊：《明中山王 徐达家族成员墓志考略》,《南方文物》2013 年第 4 期 .

本不见领该职者。但徐氏子弟仍在缺少充足理由的情况下多次被授勋卫，这反映出朝廷对开国首勋的优赉。

第三，按茅元仪的记载，除镇远、魏国两爵，当时还有四家勋贵支子无需“恩覃”即可“别袭”勋卫。以目前掌握的资料来看，定国公、英国公两家自成化朝直至明末，成国公家在明中后期，均接连有数代支次子弟领受勋卫，其中定国家四次任，成国家三次任，英国两次任，虽不足四家之数，亦非有法定世袭之制，但仍在一定程度上与茅氏所论相近，可资进一步考述。

定国公家别立勋卫皆事出有因，非相沿成制，更非由某一家支固定承袭。在成化十四年（1478），有定国公徐永宁堂弟徐永宏为勋卫带刀侍从[①]。定国公徐永宁在成化朝曾长期罢废在家养病[②]，徐永宏是永宁唯一的同辈兄弟，因此朝廷授予永宏勋卫，应有命其代掌定国家事之意。至成化十六年（1480），徐永宁应袭长子徐世英按例任勋卫[③]。成化二十年（1484），徐世英上告徐永宏“饮酒宿娼”，此案经反复审谳后，宪宗奏最后准将徐永宏革去勋卫发原籍居住[④]。明中期勋卫授予与爵位承袭渐生关联，徐永宏、徐世英从叔侄二人同时充勋卫，难免引发争端。弘治元年（1488），徐永宁次子徐世华又任勋卫[⑤]，不过徐世华在任时，徐世英应已未袭而卒[⑥]。从徐永宁的年龄来看，徐世英享年不长，遗下二子光祚、光祀当皆年幼[⑦]，故由世英弟世华充勋卫候补袭爵。弘治十年（1497），经徐永宁奏请，其长孙徐光祚任勋卫[⑧]。此时徐光祚必已出幼，故正式任职以确立待袭地位。徐光祚弘治十七年（1504）嗣爵后，光祚弟光祀又在正德元年（1506）任勋卫[⑨]。依照徐光祚兄弟的年龄判断，光祀补任勋卫，也是由于当时光祚尚无子或有子年幼。又据《皇明功臣封

①《明宪宗实录》卷一七五，成化十四年二月辛酉，第 3164 页.《明实录》中载徐永宏为徐达曾孙，有误。按定国公家宗图，第三代定国公徐显忠唯有独子徐永宁，永宁嗣爵为第四代定国公。故与徐永宁同伦的徐永宏应系显忠弟显义之子，乃徐达第五代孙。见郑汝璧:《皇明功臣封爵考》卷二《定国公》,《四库全书存目丛书》史部第 258 册，第 379 页.

②《明功臣袭封底簿》卷三《定国公》，第 371 页.

③《明宪宗实录》卷二〇七，成化十六年九月乙酉，第 3606 页.

④《明宪宗实录》卷二五二，成化二十年五月庚戌，第 4270 页.

⑤《明孝宗实录》卷一四，弘治元年五月己丑，第 355 页.

⑥［明］郑汝璧:《皇明功臣封爵考》卷二《定国公》,《四库全书存目丛书》史部第 258 册，第 379 页.按,《明功臣袭封底簿》中将徐世英名误写作徐世美。见《明功臣袭封底簿》卷三《定国公》，第 372 页.

⑦ 据徐永宁墓志记载，他弘治十七年去世时年六十四岁，按此推算，永宁子世英死时年应二十余，世英子更在冲龄。见［明］李东阳:《李东阳集·文后稿》卷二六《定国公墓志铭》，长沙，岳麓书社，2008 年，第 1283 页.

⑧《明孝宗实录》卷一二六，弘治十年六月壬午，第 2244 页.

⑨《明武宗实录》卷二〇，正德元年十二月癸亥，第 581 页.

爵考》所收定国公世系宗图显示，其家族第八代嗣爵子孙徐延德弟延绩曾充勋卫[①]。查徐延德墓志可知，他袭爵时年仅十六[②]，刚刚出幼，故以弟徐延绩先充勋卫候嗣。

英国公家族之所以两度别立支子任勋卫，均是由于长支乏嗣。景泰至正德朝在任六十余年的第二代英国公张懋长子张锐死，朝廷补任懋嫡长孙张仑为勋卫待嗣[③]，朝廷又别立张锐弟张钦为勋卫[④]。正德十年（1515）三月，张懋病故，由时任锦衣卫带俸指挥同知的张钦出面为幼侄仑奏请袭爵[⑤]。可见，张钦任勋卫之后更便于代父兄掌家。嘉靖朝嗣英国公爵的张仑之子张溶有六子，溶先以长子张元功充勋卫袭爵，因元功无子，又以第二子张元德继任勋卫以候嗣，元功死后，元德终袭兄爵。值得一提的是，张元功领爵时间较长，故张元德有二十余年任勋卫的待袭的经历[⑥]。

在嘉靖、万历、天启三朝，成国公朱氏家族曾三次请补支次子充勋卫，皆有特殊缘由。据成国宗图旁注所示，嘉靖十三年（1534），成国公朱凤以祖宗“开国、靖难功臣，以身殉国，比例乞荫”，经兵部题报，皇帝钦授朱凤次子希孝为勋卫[⑦]。希孝任勋卫时，其兄长兄朱希忠尚未袭爵，兄弟二人当并任勋卫。朱凤题请次子任勋卫的原因，除争取朝廷优待外，实与家族子嗣不繁有关。依照朱希忠、希孝的碑铭资料，希孝任勋卫时年仅十七[⑧]，而朱希忠在两年后以时龄二十二岁袭爵[⑨]，兄弟二人应都尚无子嗣或独子孤幼。故希孝先补任勋卫，如此即使希忠早卒，成国公爵位也可以兄终弟及的方式传承。朱希孝后在锦衣卫衙门内由勋卫累升至左都督掌卫

---

①［明］郑汝璧：《皇明功臣封爵考》卷二《定国公》,《四库全书存目丛书》史部第 258 册，第 379—380 页 .

②［明］李春芳：《李文定公贻安堂集》卷八《定国公敬斋徐公墓志铭》,《四库全书存目丛书》集部第 113 册，济南，齐鲁书社，1997 年，第 222 页 .

③［明］边贡：《华泉集》卷一二《张勋卫妻游氏墓志铭》，景印《文渊阁四库全书》第 1264 册，上海，上海古籍出版社，1987 年，第 211 页 .

④《明宪宗实录》卷一七六，成化十四年三月壬申，第 3176 页 .

⑤《明功臣袭封底簿》卷三《英国公》，第 392—393 页 .

⑥［明］郑汝璧：《皇明功臣封爵考》卷三《英国公》,《四库全书存目丛书》史部第258册，第374页；［明］叶向高：《苍霞续草》卷一〇《英国公凤冈张公墓志铭》,《四库禁毁书丛刊》集部第 125 册，北京，北京出版社，2000 年，第 102 页 .

⑦［明］郑汝璧：《皇明功臣封爵考》卷二《成国公》,《四库全书存目丛书》史部第258册，第368页.

⑧［明］张居正：《张太岳集》卷一二《特进光禄大夫柱国太保兼太子太傅掌锦衣卫事后军都督府左都督赠太 傅谥忠僖朱公神道碑》，上海，上海古籍出版社，1984 年，第 155 页 .

⑨［明］张居正：《张太岳集》卷一二《特进光禄大夫柱国太师兼太子太师成国公追封定襄王谥恭靖朱公神道 碑神道碑》，第 152 页 .

事[①]，希忠、希孝兄弟同时官居极品，为当时朝堂盛事。朱希忠唯有一应袭子朱时泰[②]，无次子再任勋卫；朱希孝独子不寿，以侄孙朱应梅为后而荫授锦衣卫指挥[③]，亦无子孙担任勋卫。朱时泰袭爵不到一年即死，其子朱应桢在万历初年袭爵[④]，而应桢弟朱应槐在万历十二年（1584）又被授予勋卫一职[⑤]。按《明实录》记载，万历十四年（1586），时朱国桢已死，其母成国太夫人刘氏奏请朝廷赐祭葬，礼部覆斥云："应桢少年不知自爱，死于非命，似当量行裁减，或以别无隐情照例给与"[⑥]。另《明史·功臣世表二》云，应桢万历十四年（1586）自杀[⑦]。朱应桢亡故的具体细节不明，但无疑自戕身死。至于《明史》所谓朱应桢死于万历十四年的说法，当是取《明实录》中应桢母刘氏奏请丧礼的时间。不过，逐年翻检《明神宗实录》可知，朱应桢在万历十一年（1583）频繁代天子主持各类国家祭典，但万历十二年（1584）、十三年（1585）的实录中却完全不见有关他的记载。据此，朱应桢万历十二年已自尽，因属非正常死亡，故须查验而导致下葬延迟，这也与应桢弟朱应槐万历十二年补任勋卫的时间相吻合。朱应桢死时，其遗腹子朱鼎臣尚未出生[⑧]。概言之，朱应槐是在其兄应桢暴死的情况下被暂且授职勋卫，作为排在朱鼎臣之后的第二顺位继承人。朱应槐也是明代少有的次子充勋卫但最终得爵者。万历二十八年（1600），朱鼎臣正式膺爵，但享爵仅一年余即卒且无子[⑨]，由其叔应槐就袭。朱应槐四十五岁时寿终，一生有子四人，长子早卒，次子朱纯臣袭爵为末代成国公，三子

---

①［明］张居正:《张太岳集》卷一二《特进光禄大夫柱国太保兼太子太傅掌锦衣卫事后军都督府左都督赠太 傅谥忠僖朱公神道碑》，第154—155页.

②［明］张居正:《张太岳集》卷一二《特进光禄大夫柱国太师兼太子太师成国公追封定襄王谥恭靖朱公神道 碑神道碑》，第154页.

③［明］张居正:《张太岳集》卷一二《特进光禄大夫柱国太保兼太子太傅掌锦衣卫事后军都督府左都督赠太 傅谥忠僖朱公神道碑》，第154—155页.

④［明］郑汝璧:《皇明功臣封爵考》卷二《成国公》,《四库全书存目丛书》史部第258册，第369页；《明史》卷一〇六《功臣世表二》，第3100页.按成国公宗图旁注云，朱应桢万历二年（1547）袭爵"年幼优给"。《明史·功臣世表二》载，朱应桢万历八年（1580）袭爵。应桢或万历二年优给，万历八年出幼正式袭爵.

⑤《明神宗实录》卷一五六,万历十二年十二月庚戌，第2878页.

⑥《明神宗实录》卷一七六,万历十四年七月辛亥，第3247页.

⑦［清］张廷玉:《明史》卷一〇六《功臣世表二》，第3100页.

⑧［明］叶向高:《苍霞续草》卷一三《成国公左军都督府掌府事赠太子太保谥□□荫亭朱公暨封成国夫人孙 氏合葬墓志铭》,《四库禁毁书丛刊》集部第125册，第154页.

⑨《明神宗实录》卷三四五、三六三,万历二十八年三月辛亥，万历二十九年九月已酉，第6424、6771页.

朱荩臣，四子朱元臣①。据《明熹宗实录》记载，朱纯臣弟朱荩臣又任勋卫，并受命往南京“守催防卫军器”。②由于朱应槐卒时尚值壮年，其子朱纯臣即便已出幼袭爵，年龄也不会太大，很可能尚无子，故先以弟朱荩臣充勋卫。

综上所述，镇远侯、魏国公、定国公、英国公、成国公五家勋臣在支子领任勋卫一事上尤显特异，大体对应茅元仪的“六家”之说，余一家待考③。其中镇远侯家确实有旁支子孙在万历、天启朝世袭勋卫一辈，其余四家曾多次以次庶子“别任”勋卫，但绝非元仪笔下的“别袭”或“多袭”。各爵勋卫都需经奏讨获“覃恩”而得，除魏国公家常随意奏请外，另外四家多是在遇到本爵早卒、长房乏嗣等承袭危机时，才有庶次子孙被准许任职候袭。可以说，朝廷补授部分勋家支子以勋卫之职，这在大多数情况下仍是将勋卫作为勋爵承袭的附属制度来运作，用以保证勋臣爵位的传承有序。而魏国、定国、英国、成国四爵作为开国、靖难元勋，明显在勋卫补授的待遇上较他爵为优厚，明代大多数勋家即使长支孤幼，也不过享受禄米优给之保育，旁支子弟不会被拔擢为锦衣勋卫。

三、明中后期部分勋卫职权的增加

以诸侯、功臣子孙侍从宫禁的制度在中国古代早有渊源，弘治朝内阁大学士邱濬对此有言：“周制，宫伯掌王宫之士庶子，凡在版者，则是王朝宿卫之人，皆公卿大夫士之子弟也。祖宗以来，用功臣子弟以为勋卫，盖亦此意。”④明代散骑舍人、勋卫之名本就取自汉、唐官职，可视为对前朝旧制的继承。此外，蒙元朝廷有伴当、质子、怯薛等贵族侍从，对明初皇家宿卫的建制也存在一定影响⑤。无论汉、唐旧制抑或草原传统，贵族子弟侍卫宫禁都具有四个方面的功能：一为保证帝王安危，突显朝堂威仪。二为训练功臣子弟的军事、礼仪技能。三为体现贵族身份。四为象征臣子对帝王的人身依附关系，有纳献质子之意。明中期以后，勋臣应袭子孙例领勋卫一职，这更多是为体现他们胄子的尊贵身份，各爵勋卫除在典礼朝会时

①［明］叶向高：《苍霞续草》卷一三《成国公左军都督府掌府事赠太子太保谥□□荫亭朱公暨封成国夫人孙 氏合葬墓志铭》，《四库禁毁书丛刊》集部第 125 册，第 155 页 .

②《明熹宗实录》卷六〇，天启五年六月乙巳，第 2861 页 .

③［明］茅元仪《暇老斋杂记》《三戍丛谭》等本私著笔记，多载稗官时闻，所谓“六家”也有可能只是一 个虚数，而非确指六家。

④［明］丘濬：《大学衍义补》卷一一八《治国平天下之要 · 严武备 · 宫禁之卫》，北京，京华出版社，1999 年，第 1021 页 .

⑤ 李治安：《元代质子军刍议》，《历史教学》1988 年第 5 期；萧启庆：《元代的宿卫制度》，《内北国而外中 国：蒙元史研究》上册，北京，中华书局，2007 年，第 216—220 页 .

侍从皇帝外，实际军政职权不高。又由于勋卫铨注于锦衣卫，该职又是勋家庶次子孙升任锦衣卫军职的基础。据《明史·刑法志》，锦衣卫军官有“勋卫、任子、科目、功升”[①]四种，而勋卫位列其首。成国公家次子勋卫朱希孝、魏国公家三子勋卫徐天赐等，均由勋卫陡升至锦衣卫军官，希孝甚至以都督掌锦衣卫印。另如万历朝成山伯王允忠弟王允廉为勋卫，允廉在万历三十年（1602）补锦衣卫南镇抚司佥书管事[②]。

至嘉靖、隆庆、万历等朝，皇帝又授予一些勋卫较多的职权。万历朝名臣王世懋在《赠李惟寅袭临淮侯序》中言：“国家制，当勋臣世，诸胄子不得任事，独惟寅为当道所器，得参戎政，已又为中领军，皆前所无，自惟寅始着令甲矣”[③]。这里的“李惟寅”，指明初曹国公李文忠后裔李言恭，他在万历三年（1575）袭临淮侯爵[④]。再查《明穆宗实录》的记载，李言恭充勋卫时尝兼“充五军营游击将军”[⑤]，也就是王世懋所谓“参戎政”。言恭不久又与靖远伯勋卫王学诗同管红盔将军侍卫[⑥]，即世懋所言的“中领军”。不过，李言恭又并非首名实管军务的勋卫，因此王世懋的记载在一定程度上有所失实。据万历朝参赞戎政兵部侍郎魏时亮奏议：

> （勋臣）应袭则授锦衣卫勋卫，附记将材簿内，遇有将领员缺并推……嘉靖四十四年如徐文壁、张元功，万历四年如陈胤兆，九年如徐廷辅，俱授勋卫，管红盔将军，则以应袭而荐用者也。有管营务充参游佐击，在嘉靖四十四年则王应龙，四十五年则王学诗，隆庆二年则李言恭、卫国本是也。[⑦]

---

①［清］张廷玉：《明史》卷九五《刑法志三》，第 2339 页 .

②［明］余继登撰，［明］冯琦编：《淡然轩集》卷六《明太子太保平江伯赠少保谥武靖万峰陈公墓志铭》，景印《文渊阁四库全书》第 1291 册，上海，上海古籍出版社，1987 年，第 898 页；《明神宗实录》卷三七七，万历三十年十月甲寅，第 7096 页 .

③［明］王世懋：《王奉常集》卷五《赠李惟寅袭临淮侯序》，《四库全书存目丛书》集部第 133 册，第 262 页 .

④ 曹国公爵在李文忠子李景隆任时被罢，弘治六年朝廷录文忠嫡长玄孙李濬为世袭指挥使，嘉靖十一年李　濬子李性被复封临淮侯，子孙世袭。见《明功臣袭封底簿》卷一《曹国公今为临淮侯》，第 21—23 页 .

⑤《明穆宗实录》卷一八，隆庆二年三月辛未，第 516 页 .

⑥《明穆宗实录》卷二一，隆庆二年六月癸巳，第 574 页 .

⑦［明］魏时亮：《为勋裔失教缓急乏人乞赐申饬旧制务敦预养以责成世臣报效疏》，［明］陈子龙辑：《明经世 文编》卷三七一《魏敬吾文集二》，第 4029 页 .

由此可知，在嘉靖末年，朝廷即开始着意选任勋卫署理一些本归勋爵管辖的事务，并出现“附记将材簿”以备推用的制度，其中定国公勋卫徐文璧、英国公勋卫张元功等最早实管宿卫将军。另查《明穆宗实录》，隆庆元年（1567）军政考选时，管红盔将军者为武定侯郭大诚、彰武伯杨炳及勋卫徐文璧、张元功等人[①]，可确证魏时亮奏疏所言不虚。神宗初年，军政考选时至有“专管围子手、红盔，侯、伯、勋卫等官”[②]的合称，可知当时勋卫已例与勋爵并为侍卫管领官。比照魏时亮奏议中列举的具体成例，如万历四年（1576），有平江伯勋卫陈胤兆“管理红盔将军，上直侍卫”[③]。而定国公徐文璧长子徐廷辅虽早卒未袭爵，但充勋卫期间仍特许“先后管理红盔将军及叉刀围子手”[④]。依魏时亮所奏，除管侍卫的勋卫外，嘉靖、隆庆之际还有成山伯勋卫王应龙、靖远伯勋卫王学诗及临淮侯勋卫李言恭已在京营中充任偏裨，职权更显。

嘉靖朝以后，诸帝选任勋卫管事的做法并非突发奇想，而应与当时勋家子弟能力普遍衰落，无法承担军政职责的现实状况有关。嘉靖中后期，北虏连年犯边，最终威逼京城，导致庚戌之变，但职在防护京师的京营提督勋臣率不得其人。庚戌之变发生时，执掌京营的靖难功臣后代成国公朱希忠、遂安伯陈鏸等怯懦无为，兵部侍郎王邦瑞称京营将领多“世胄纨绔，不闲军旅”，并建议：“愿大振干纲，严饬提督朱希忠、陈鏸等，令洗涤自新，或推让贤能，以保禄位”[⑤]。不久，朱希忠、陈鏸等求罢兵权，嘉靖帝即刻许其“辞团营提督”[⑥]。世宗随后设戎政府，以边帅子弟出身的第二代勋臣咸宁侯仇鸾接替朱希忠等提督京师防护。仇氏骤秉戎政大权，恃宠恣肆，“数在上前画策”，但仍“调兵御虏皆无效”，致使“上心厌之”，不久“诸镇告警，鸾病不能行，乃诏收其兵权”[⑦]。徐阶、陆炳等权臣又罗织仇鸾“通虏”罪名，最终仇氏虽病死，法司仍判他谋反大逆，世宗将其戮尸传首，并株连亲党[⑧]。仇鸾并非真有谋逆之举，只是他“贪戾”而驭兵失策，有负世宗信重之初意，故为皇帝所深恨[⑨]。世宗在晚年开始授予部分勋卫管事之职，正是看到勋爵群体普遍庸碌无

①《明穆宗实录》卷三，隆庆元年正月甲戌，第 72 页 .

②《明神宗实录》卷三，隆庆六年七月甲辰，第 106 页 .

③《明神宗实录》卷四八,万历四年三月乙未，第 1090 页 .

④［明］邓原岳:《西楼全集》卷一五《明定国小侯徐公墓表》(代),《四库全书存目丛书》集部第 174 册，济南，齐鲁书社，1997 年，第 116 页 .

⑤《明世宗实录》卷三六五，嘉靖二十九年九月辛卯，第 6515 页 .

⑥《明世宗实录》卷三六五，嘉靖二十九年九月辛卯，第 6516 页 .

⑦《明世宗实录》卷三八八，嘉靖三十一年八月乙亥，第 6827 页 .

⑧《明世宗实录》卷三八八，嘉靖三十一年八月乙亥，第 6827—6828 页 .

⑨《明世宗实录》卷三八八，嘉靖三十一年八月乙亥，第 6828 页 .

能之积弊，故希望年轻勋卫能够较早参与军事，待日后可堪大用。或有鉴于急用仇鸾的教训，皇帝对勋卫的选用仍比较谨慎，有徐徐教养之意，这些勋卫大多只是管领宿卫将军，这尚未脱离侍从本职，个别在京营中分管军伍者，也非被给予重权。不过，明廷选用、培养勋卫的效果并不明显。崇祯朝又有大臣提议选拔勋卫中干练者，严训其火器操法，令其防守北京城门，以报家国之恩①，亦不多见成效。需要强调的是，晚明时期对勋卫职权的调整，是将各家勋卫作为备选对象，从中拔擢适当人员加授一定事权，但这并不意味着“勋卫”这一职官的固定权责被扩展，大部分充领勋卫的勋家子弟的职权仍然仅为侍从宫禁，待袭本爵，其余担任一般军官的勋戚子弟更无职权上的优遇，故也不能因勋卫职权增加就认为当时勋戚子弟的权力获得提升。

晚明时期真正以勋卫身份执掌要职的贵胄子弟数量甚少，其中又以临淮侯李言恭嗣子李宗城及镇远侯子弟顾大猷最显。

万历二十二年（1594），抗倭援朝战争暂时告停，明廷计划册封日本关白丰臣秀吉为国王以作安抚。时任明军经略的宋应昌奏报朝廷，“请择才力武臣”充任册封大使②。明代册封亲王、妃嫔一律由勋臣充当正使，而这次册封日本更关乎军国体统，非国内礼仪事务可比，所以宋应昌所谓“择才力武臣为使”的建议，其实是强调派遣有才干的勋贵充任册使。当时，临淮侯李言恭嗣子、勋卫李宗城欲凭借册封日本的功劳“复先世曹国公故封”，兵部尚书石星于是向万历皇帝推荐宗城出使，获得皇帝钦准③。李宗城父李言恭在守备南京时期，曾与南京兵部尚书郝杰合编刊行过《日本考》一书，借以向国内传播日本信息。该书收录有大量日本“山川地理及世次土风”的资料，而“于字书译语，胪载尤详”④。李宗城因此被皇帝认为是熟悉日本掌故，可委以册封重任的最佳人选。然而，明朝使团登陆釜山后，日本战意又起，李宗城受到随行人员恫吓，旋即丢弃印册逃归，时有“贻笑远人”⑤之说。

再来看顾大猷的事例。天启元年（1621），朝廷为加强江防，曾委派御史游士

---

①［明］程开祜：《筹辽硕画》卷二六，《国立北平图书馆善本丛书》，上海，商务印书馆，1937 年，中国国家图书馆藏 .

②［明］瞿九思：《万历三大征考》《倭上》，《续修四库全书》史部第 436 册，上海，上海古籍出版社，2002 年，第 18 页 .

③［明］沈德符：《万历野获编》卷一七《兵部 · 日本》，北京，中华书局，1959 年，第 437 页 .

④［清］纪昀总纂：《四库全书总目提要》卷七八《史部三十四 · 地理类存目七 · 日本考五卷》，石家庄，河北人民出版社，2000 年，第 2017—2075 页；［明］李言恭、郝杰：《日本考》，《四库全书存目丛书》史部第 255 册，济南，齐鲁书社，1996 年，第 569 页 .

⑤［明］瞿九思：《万历三大征考》《倭上》，第 19 页；［明］沈德符：《万历野获编》卷一七《兵部 · 日本》，第 437 页 .

任募兵江淮，士任保举数人，请量加武职[①]。兵部于是提议：

自御史游士任剧谈江淮之士，请自充招募之使，臣部驰心以拟奋臂之呼，极目以盼扬帆之报，非一日矣……今果有奇材剑客，不盗虚声，方效推毂，岂蹈刓印耶？勋卫顾大猷，量加参将，管副总兵事。[②]

这里提到顾大猷，即镇远侯家支子世袭勋卫者。大猷自幼生长于镇远侯家祖籍地扬州，万历年间，他入京袭锦衣勋卫之职，欲以世臣参论国政，但未遂愿，于是离京而壮游天下，以考察边地形式，研究抵御蒙古的方略。对于顾氏的这段经历，与顾大猷交好的名臣吏部尚书赵南星有详细记载：

（顾大猷）入京师嗣勋卫，适倭踏朝鲜，所建（大猷字所建——笔者按）欲从军一用其倜傥奇伟之画策，而当事者主封贡，不果。会矿税议起，金吾与貂珰杂出，或欲以属所建，所建污之，遂请急归。顷之游楚、游越，北游徐沛，之齐鲁，之赵西，从蒲坂入关中。[③]

顾大猷被游士任保举授参将职管副总兵事，正可实践其“倜傥奇伟之画策”，然而，大猷就任不久，就被忌恨游士任的阉党诋毁罢职。据《酌中志》载：

台臣游士任以募兵之差，已陛辞濒行，特上疏力劾客氏，盖首犯凶锋之第一人，故乙丑缇骑之逮，亦首及士任也，客氏甚恨之。[④]

游士任抨击客氏而同东林党政见相合，故被崔成秀列名“东林点将录”而遭到迫害[⑤]。至天启二年（1622），魏党即将打击对象扩大至士任招募的顾大猷等人，时兵科给事中王志道题奏：

①《明熹宗实录》卷一一，天启元年六月甲戌，第547—548页.

②［明］鹿善继：《鹿忠节公集》卷四《覆游侍御疏》，《续修四库全书》集部第1373册，上海，上海古籍出版社，2002年，第163页.

③［明］赵南星：《赵忠毅公诗文集》卷一〇《寿顾母王太夫人七十序》，《四库禁毁书丛书》集部68册，北京，北京出版社，2000年，第260页.

④［明］刘若愚：《酌中志》卷八《两朝椒难纪略》，北京，北京古籍出版社，1994年，第44页.

⑤《东林点将录》，钱人麟辑：《东林别乘》，广东省中山图书馆藏.

何谓议论已明，游士任一案是也。何谓国法已明，熊廷弼一案是也。乞立敕士任将见在之兵，听按臣董羽宸查点，交辅臣李邦华调用，束手归朝，虚实自见。其孟淑孔等即应逮来京，与顾大猷同一究追。[①]

第二年，法司判顾大猷“借练兵之名，为骗官之计，托疾规避而坐耗廪粮”，将其贬戍[②]。顾大猷后终生家居闲住，在崇祯中“邑邑不得志而卒”[③]。

明朝末年，国家对武将的选用有务虚之风，凡矫饰好文者常为朝廷所重。李言恭风流倜傥，有“奋迹词坛，招邀名流，折节寒素”[④]的时誉，公卿大臣多推毂其人，神宗也以青眼待之。因此，李言恭子李宗城可以借助家族名望谋得要职，但宗城并无真才实干，最终丧辱国威。与李宗城相比，顾大猷忠心报国，却碍于时局稗政，只能老死乡间。从李、顾二人的例子可以看出，明廷对勋卫的超擢任用基本以失败告终，导致这种用人失策的主要原因有二：首先，勋卫并非正式勋爵，又非一般武官，本就在官僚结构中地位特殊，朝廷对个别勋卫的擢拔常出于一时之需，甚至有盲动之嫌，难以形成制度化的任用模式。其次，勋戚家族军事素养整体败落，勋卫作为勋家子弟势必大多沾染父祖纨绔习气，难堪大用。

四、勋戚专管侍卫体制的形成

由于勋卫本属锦衣卫侍卫，一些充勋卫者在明末又与勋爵一起统领禁卫部队，因此有必要对明代贵戚执掌侍卫的制度略做梳理。邱濬《大学衍义补》云：“禁旅之帅，必用勋旧之胄，三代之制”[⑤]。以功臣贵戚管理近侍，此为历代王朝通行的惯例。不过，在明代前期，侍卫部队尚未由勋爵专掌。宣德、正统时，锦衣卫大汉将军一般由本卫指挥一级的军官管领。如洪熙、宣德间，有锦衣卫指挥佥事毕盛“管将军，带刀上直”[⑥]。三千营将军、五军营围子手兼由都督、都指挥一级的高级武官统领。如宣德九年（1434），有署行在后军都督佥事都指挥同知武兴、都督佥事李通共同兼管围子手[⑦]。另如正统末年，有历任都指挥佥事、左军都督佥事的军官孙镗

①《明熹宗实录》卷二七，天启二年十月甲戌，第 1361 页．

②《明熹宗实录》卷三〇，天启三年正月戊午，第 1548 页．

③［明］钱谦益：《列朝诗集小传》丁集下《顾勋卫大猷》，上海，上海古籍出版社，2008 年，第 590 页．

④［明］钱谦益：《列朝诗集小传》丁集上《李临淮言恭》，第 461—462 页．

⑤［明］丘濬：《大学衍义补》卷一一八《治国平天下之要・严武备・宫禁之卫》，第 1027 页．

⑥《明宣宗实录》卷三，洪熙元年七月癸酉，第 76 页．

⑦《明宣宗实录》卷一〇九，宣德九年三月戊戌，第 2451 页．

把总三千营入直护卫等[①]。

英宗在位的正统、天顺两朝是勋戚管理侍卫机制得以构建的关键时期。正统十四年（1449），英国公张辅弟都督佥事张輗被任命"领禁兵宿卫"。輗虽非袭爵勋贵，但却是功臣子弟，英国公家又联姻帝室，故张輗诚以勋戚"托以心膂之寄"[②]。至于张輗所管是哪一支侍卫部队，可通过他景泰元年（1450）的一份奏疏来分析：

> 旧制将军一千人，自土木陷没之后，今止六百余人……上直、贴直不足于用，乞遣官于山西、山东、陕西、河南、北直隶军民中，选其身力相应、公私无过者补役。[③]

在所有皇帝侍卫将军中，仅锦衣卫大汉将军有民间佥补之法，故可知张輗是大汉将军主官。天顺初，张輗以夺门封文安伯，仍领将军宿卫[④]，此笔者所见明代勋爵特管侍卫的开始。天顺五年（1461）四月，张輗久患疾命，英宗乃命其侄太平侯张瑾代管宿卫[⑤]。当年十一月，张輗复领宿卫将军，张瑾罢职，仅"令佩刀侍卫"[⑥]。第二年，张輗背发疽将死[⑦]，英宗别选武进伯朱云、定西侯蒋琬二爵一同"佩刀侍卫，管领将军"[⑧]。天顺五年（1461），又有襄城侯李瑾领"三千营将军侍卫"[⑨]。

英宗专任勋戚管领侍卫部队的原因有二。其一是提升侍卫的礼法规格。随着宫禁部队渐趋成形，其战备职能减弱，礼仪职能增强，更需贵戚执掌以突显朝廷和皇帝的尊隆。其二是确保随侍兵勇忠心无二。英宗在位期间屡蒙土木之变、夺门之变、曹石之变等重大变故，于是对文、武朝臣多不信重，更倾向于倚靠与皇室休戚与共的贵族世臣。正统朝统领侍卫的勋戚中，英国公张氏与皇室的紧密渊源自不必

---

①《明英宗实录》卷一八三，正统十四年九月甲午，第 3578 页 .

②［明］李贤：《古穰集》卷一七《奉天翊卫推诚宣力武臣特进光禄大夫柱国文安伯追封文安侯谥忠僖张公墓志铭》，景印《文渊阁四库全书》第 1244 册，第 661 页 .

③《明英宗实录》卷一九七，废帝郕戾王附录第十五，景泰元年十月戊子，第 4185 页 .

④［明］李贤：《古穰集》卷一七《奉天翊卫推诚宣力武臣特进光禄大夫柱国文安伯追封文安侯谥忠僖张公墓志铭》，景印《文渊阁四库全书》第 1244 册，第 661 页 .

⑤《明英宗实录》卷三二七，天顺五年四月癸酉，第 6736 页 .

⑥《明英宗实录》卷三三四，天顺五年十一月乙丑，第 6842 页 .

⑦［明］李贤：《古穰集》卷一七《奉天翊卫推诚宣力武臣特进光禄大夫柱国文安伯追封文安侯谥忠僖张公墓志铭》，景印《文渊阁四库全书》第 1244 册，第 661 页 .

⑧《明英宗实录》卷三四七，天顺六年十二月戊辰，第 6993 页 .

⑨《明孝宗实录》卷二四，弘治二年三月癸亥，第 540 页 .

论，而定西侯蒋琬在土木之变中临危袭爵，以任职“忠勤”为皇帝信赖[①]。此外，武进伯朱云的祖父朱冕，亦有随英宗北征蒙难的烈迹[②]。天顺初，英宗甚至直接任命兼有外戚身份的恭顺侯吴瑾亲自“随侍应对”。在曹石之变发生的当晚，吴瑾同其弟广义伯吴琮“诣长安门告变”并领兵平叛，瑾本人更在乱军中战死[③]。这无疑促使英宗进一步贯彻世胄管理侍卫的方略。

在成化、弘治年间，贵戚普遍被任命管领侍卫，宫禁统领体制逐步确立。据《菽园杂记》载，“管将军宿卫”，旧规“皆以国戚充之，勋臣非在戚里，不得与也”，而“管将军非国戚者，自安远侯柳景始”[④]。这里所谓的“管将军”，实专指锦衣卫大汉将军。因《明宪宗实录》有载，在成化十四年（1478），朝廷曾命广平侯袁瑄、安远侯柳景“带管奉天门两阶侍卫、带刀勋卫、指挥等官，寻命景专管大汉将军”[⑤]。其实，在柳景任职之前，并未有《菽园杂记》所谓“勋臣非在戚里”不得管领大汉将军的定制。已论及的明前中期诸多勋戚侍卫长官中，虽有张軏、张瑾、袁瑄等戚臣[⑥]，但蒋琬、朱云等皆非皇亲。反而是在柳景之后，成化二十二年（1487）有广德公主驸马樊凯“统禁兵，日介胄升殿侍卫”[⑦]。樊凯独领大汉将军几十年，至正德初才解任家居[⑧]，此后锦衣卫大汉将军基本由一名驸马专掌。《菽园杂记》强调了亲臣统领大汉将军的特异性，但所记内容显然颠倒不实。三千营红盔、明甲将军在成、弘两朝例由多名勋爵更番领管。成化元年（1465），宪宗命丰城侯李勇、太平侯张瑾、抚宁侯朱永、襄城侯李瑾“轮番守卫直宿”[⑨]。因襄城侯李瑾在天顺末即管三千营将军，又按王世贞所言，朱永在成化初分领“大营禁兵”[⑩]，可知永也是统领三千营将军。成化六年（1470），又有丰润伯曹振、忻城伯赵溥，“协同丰城侯李

---

①［明］程敏政：《篁墩文集》卷四四《太保兼太子太傅掌左军都督府事定西侯追封凉国公谥敏毅蒋公墓志铭》，景印《文渊阁四库全书》第1253册，第64页.

②《明功臣袭封底簿》卷三《武进侯》，第538页.

③［明］李贤：《古穰集》卷一〇《恭顺侯追封凉国公谥忠壮吴公神道碑铭》，景印《文渊阁四库全书》第1244册，第589页.

④［明］陆容：《菽园杂记》卷五，北京，中华书局，1985年，第52页.

⑤《明宪宗实录》卷一八一，成化十四年八月辛亥，第3271页.

⑥ 袁瑄父袁容娶成祖女为驸马都尉，又“靖难”有功兼封广平侯。瑄非公主嫡生，初授长陵卫指挥，天顺元年复袭侯爵，成化十四年卒。见《明功臣袭封底簿》卷一《广平侯》，第122—124页.

⑦［明］崔铣：《驸马都尉樊大振传》，［明］焦竑辑：《国朝献徵录》卷四《驸马都尉》，周骏富辑：《明代传记丛刊》第109册，台北，明文书局，1991年，第135页.

⑧《明武宗实录》卷一〇〇，正德八年五月癸酉，第2074页.

⑨《明宪宗实录》卷一四，成化元年二月丙午，第328页.

⑩［明］王世贞：《抚宁侯进保国朱公传》，［明］焦竑：《国朝献徵录》卷七《侯一·世封侯》，第258页.

勇等管领将军，直宿侍卫”[①]，也可反映当时多官更代管领三千营将军的制度。在成化中期，五军营叉刀围子手亦渐为勋爵专管。成化十四年（1478），宪宗命宁阳侯陈瑛“代都指挥佥事黄琮管围子手”带刀侍卫，黄琮回营管操[②]。弘治元年（1488），丰城侯李玺又专“领围子手官军侍卫”[③]。

经成化、弘治两朝制度调整，至正德《明会典》编成时，关于宿卫部队统领官员的正式规制如下：

> 朝廷侍卫将军等项人员，各设官统领……凡常朝，御奉天门，掌领侍卫官三员，一员管大汉将军及府军前卫带刀官，一员管红盔将军，一员管叉刀官军。[④]

这里“凡常朝”有官“一员管红盔将军”的记载，与前文三千营将军由多名勋戚管领的结论并不矛盾。因正德《明会典》又载，“凡管大汉将军及管叉刀官，每日侍卫”，管红盔将军官“三日一更番”[⑤]，这里的“管红盔将军”官，其实是泛指管三千营红盔、明甲将军者。据此可知，三千营将军系由多名勋戚每隔三日更番统率，只是当日应直时仅由一名勋戚领军入卫。万历《明会典》的相关记载基本沿袭自正德《会典》，只是进一步明确了管三千营将军勋臣的人数，其文曰：

> 掌领侍卫侯伯驸马等官六员。一员管锦衣卫大汉将军及勋卫、散骑舍人、府军前卫带刀官；四员管神枢营（原三千营——笔者按）红盔将军，每日一员轮直；一员管五军营叉刀官军。[⑥]

再据《明世宗实录》，嘉靖八年（1529）有抚宁侯朱麒、武平伯陈熹、应城伯孙越、平江伯陈圭管理红盔将军上直宿卫[⑦]，即勋爵四员更番统领三千营将军的实例。可以说，正德、万历《明会典》中对侍卫统领制度的各类规定，实与成化、弘治两朝的相关事例基本吻合，又可上溯至天顺朝故政。

万历四十三年（1606），兵部题奏军政考选事宜，有“五府掌印、佥书公、侯、

①《明宪宗实录》卷七七，成化六年三月乙酉，第1488页．

②《明宪宗实录》卷一八一，成化十四年八月甲寅，第3275页．

③《明孝宗实录》卷一八，弘治元年九月六日丙寅，第430页．

④ 正德《明会典》卷一一七《兵部十二·侍卫》，第2册，第554、556页．

⑤ 正德《明会典》卷一一七《兵部十二·侍卫》，第2册，第557页．

⑥ 万历《明会典》卷一四二《兵部二十五·侍卫》，北京，中华书局，1989年，第728页．

⑦《明世宗实录》卷一〇七，嘉靖八年十一月庚子，第2533页．

伯、都督并管理府军前卫、掌管红盔将军侯、伯”[①]之称谓。可知当时管侍卫一职已被纳入勋爵军政考选之列。崇祯朝参赞京营戎政兵部侍郎李邦华又奏：“今之叉刀围子手、红盔明甲军也，原虽出于京营，第统辖则勋爵为政，替补则兵部车驾司专职，虽领军把总尚寄营中，而军之消长，臣等不得过而问焉”[②]。侍卫部队虽多统属于京营，然而管领之权归于勋臣，兵勇的选拔更替又只经兵部奏请，京营长官不得参与，这反映出宫禁制度中一以贯之的权力制衡理念。

明代中期以后，初袭爵位的年轻勋臣或待袭爵的勋卫多以管理侍卫禁兵作为早期军政历练之一。如成化朝平江伯陈锐嗣爵后，先“领三千营分司”，寻转坐团营奋武营“兼领禁卫”[③]。弘治朝袭爵的镇远侯顾仕隆初“司神机营戎务”，正德朝“兼管红盔将军，复领围宿禁兵，带剑侍卫”[④]。万历朝灵璧侯汤之诰在膺爵后“不阅月”，即受命“管红盔将军，赐蟒服及佛像、盔轮、钉甲、绣春刀”[⑤]。值得深究的是，汤之诰佩服的“绣春刀”是一种特殊的礼仪兵仗。依正德《明会典》，管领侍卫勋臣当直朝会时，皆佩一整套高规格军事装备，包括凤翅盔、锁子甲、金牌，绣春刀[⑥]。又孙承泽《春明梦余录》即云，“绣春刀极小，然非上赐，则不敢佩”[⑦]。故所谓“绣春刀”，其刀身应较短狭，而刀柄、刀鞘装饰应繁复华丽，非适用于实战，更非大众一般所认为的锦衣卫军士惯用兵器。除侍卫仪仗外，明代勋爵、都督等高级将领或被特准佩绣春刀，以凸显高贵身份。如天顺朝，守卫西北的都督毛锐有在镇被赐“明甲、凤翅盔、绣春刀，以壮军容”[⑧]的特权。保国公朱晖在正德朝被授“蟒衣、玉带、绣春刀，皆出常格”[⑨]，可知该刀体统之尊。即使在锦衣卫内部，能被准佩绣春刀者，也属掌卫指挥使之类的高官。如于谦女婿成化朝任锦衣卫都指挥使的朱骥，“累荷绣春刀、彩币、宝镪”[⑩]。

---

①《明神宗实录》卷五三五，万历四十三年八月丙子，第 10130 页 .

②［明］李邦华：《李忠肃先生集》卷四《酌定三大营粮饷经制疏》，《四库禁毁书丛刊》集部第81册，北京，北京出版社，2000 年，第 195 页 .

③［明］李东阳：《李东阳集・文后稿》卷二六《明故太傅兼太子太傅平江伯陈公墓志铭》，第 1275 页 .

④［明］谢廷谅：《镇远侯荣靖公顾仕隆》，［明］焦竑辑：《国朝献徵录》卷七《侯一・世封侯》，第 234 页 .

⑤ 叶向高：《苍霞续草》卷九《南京前军都督府掌府事灵璧侯汤公墓志铭》，《四库禁毁书丛刊》集部第 125 册，第 65 页 .

⑥ 正德《明会典》卷一一七《兵部十二・侍卫》，第 2 册，第 556 页 .

⑦［清］孙承泽：《春明梦余录》卷六三《锦衣卫》，北京，北京古籍出版社，1992 年，第 1226 页 .

⑧［明］邓廷瓒：《伏羌伯赠伏羌侯谥武勇毛公忠传》，［明］焦竑辑：《国朝献徵录》卷九《伯一・世封伯》，第 313 页 .

⑨［明］李东阳：《李东阳集・文后稿》卷三〇《明故太保保国公墓志铭》，第 1338 页 .

⑩［明］倪岳《青谿漫稿》卷二二《大明故骠骑将军锦衣卫掌卫事都指挥使朱公墓志铭》，景印《文渊阁四库全书》第 1251 册，第 310 页 .

结　语

洪武朝先设散骑舍人，后设勋卫，二职均铨注于锦衣卫衙门，由贵戚及高级军官子弟领授，循周秦以来胄子入卫天子的旧制而职在侍从朝会大驾。明初，功臣家族子弟加授散骑舍人者多，加勋卫者少，二职的领任几无嫡庶长次之分。明中期之后，逐步形成各勋爵家应袭子弟例任勋卫的惯例，勋卫选任与勋爵承袭身份紧密结合，成为爵位封袭的补充性制度，而散骑舍人因缺少固定功能，基本上被停罢不授。勋家应袭子孙以外，各爵支子次孙因特殊缘故也间或被补授勋卫，支子多授的情况在开国、靖难诸元勋公爵家较为多见。各爵支子领勋卫者一般会加秩至锦衣卫高官，乃至掌卫都督。勋卫本系宫廷侍卫之一部，实权无多，至嘉靖、万历以后，皇帝才开始授予某些勋卫统辖侍卫部队、出使外国、领军作战等管事权责。不过，由于体制有阙、选人失策及贵族子弟本身的腐化，朝廷对勋卫的整体任用效果不佳。明代宫廷侍卫长官因身系朝廷威仪及内廷安危，故长期是勋戚驸马及勋卫等皇亲贵胄的禁脔，年轻勋爵或勋卫初掌职事时常被委派管领侍卫军伍，以为军政历练的开端。勋卫起初仅作为特殊的侍从荣衔被专授予少数勋爵子弟，因此该职的制度规范性较低。由于这种制度特性，勋卫逐渐演化延伸出不同的职能，成为宫廷侍卫、锦衣卫军职及勋爵承袭三种制度的结合点，而其较晚被确立的凸显勋爵应袭地位的职能甚至在重要性上超越了原本作为宫廷侍卫的职能。在明代职官体制，尤其是军事官僚体制中，与皇权关系紧密，且具备贵族属性的职位，常常具有这种较强的制度弹性，体现了皇帝对近臣贵胄的恩赉无常。

（作者单位：中国社会科学院古代史研究所）

明代锦衣卫力士制度述论

崔继来

有明一代，力士属于军事编制，不仅是锦衣卫、旗手卫、腾骧左卫、腾骧右卫、武骧左卫、武骧右卫[①]、羽林左卫[②]、羽林右卫[③]等京卫的重要组成人员，在外卫所或边镇亦有之[④]。披览所及，学术界针对力士群体虽未有专文，但在考察锦衣卫的职能、锦衣卫的形成过程、锦衣卫侍卫将军、北京杂役、卫所武官世袭制度、进士役籍时已关注到力士侍卫君主及捕盗职能、力士的佥选、力士的月粮、由力士成长起来的武官、力士籍进士等问题[⑤]。总之，学术界已经关注到的问题仍待深入，侍卫君主及捕盗之外的其他职能，力士月粮之外的其他待遇，力士制度在运行过程中出现的问题、原因及引发的社会问题等更值得深思。笔者拟以锦衣卫力士群体为研究

①［基金项目］2019 年度教育部人文社会科学研究青年基金项目《明代军装供应研究》（19YJC770004）。万历《大明会典》记载，“力士初隶旗手卫，后亦隶锦衣及腾骧四卫”（［明］申时行等修：《大明会典》卷二二八《上二十二卫》，《续修四库全书》第 792 册，上海，上海古籍出版社，2002 年，第 675 页 . 以后简称万历《大明会典》），腾骧四卫即腾骧左卫、腾骧右卫、武骧左卫、武骧右卫 .

② 如洪武十六年“给羽林左卫征南力士五百九十七人布各二匹”（《明太祖实录》卷一五三，洪武十六年四月丁亥，台北，“中央研究院”历史语言研究所校勘本，1962 年，第 2396—2397 页）.

③ 如“赵昂，博野县人。祖赵忠，洪武十三年举充力士，拨羽林右卫，十七年选充锦衣卫后所小旗，二十四年并枪得胜升充总旗，二十五年以年深总旗升成都左护卫世袭百户。”（《成都左护卫选簿》左所实授百户赵承选簿，中国第一历史档案馆、辽宁省档案馆编：《中国明朝档案总汇》第 57 册，桂林，广西师范大学出版社，2001 年，第 222 页）.

④ 如万历四十六年，总督蓟辽汪可受，“以所募标下力士二百余名操防于关外之八里屯”（《明神宗实录》卷五七三，万历四十六年八月丙寅，第 10826 页）.

⑤ 张金奎：《锦衣卫职能略论》，《明史研究论丛》第八辑，北京，紫禁城出版社，2010 年，第 169—186 页；张金奎：《锦衣卫形成过程述论》，《史学集刊》2018 年第 5 期；张金奎：《明锦衣卫侍卫将军制度简论》，《史学月刊》2018 年第 5 期；高寿仙：《明代北京杂役考述》，《中国社会经济史研究》2003 年第 4 期；高寿仙：《明代北京社会经济史研究》，北京，人民出版社，2015 年，第 262—263 页、第 269—270 页、第 325 页；梁志胜：《明代卫所武官世袭制度研究》，北京，中国社会科学出版社，2012 年，第 86—87 页；孙经纬：《明代军籍进士研究》，辽宁师范大学硕士学位论文，2011 年；颉小录：《清代甘肃科举家族与地方社会》西北师范大学硕士学位论文，2014 年；王红春：《明代进士家状研究》，上海，上海书店出版社，2017 年，第 78 页等 .

对象，就力士的职能、来源、人员分流机制、制度在运行过程中出现的问题、原因及引发的社会问题等做一粗浅讨论，以就教于方家。

一、锦衣卫力士的职能

将军、力士、校尉“职掌直驾、侍卫、巡察、捕缉等事”[①]，这是其主要职能。征战是明代卫所武官、旗军的职责，锦衣卫力士亦不能免。除此，力士还承担工程建造、参与祭祀、传旨、催办钱粮、抬棺、梳篦、执扇、杀虎、护卫龙亭等差使。

直驾、侍卫。例如洪武二十年（1387），“命锦衣卫选精锐力士五千六百人随驾”[②]。再如永乐六年（1408），礼部议奏巡守事宜，除在京扈从兵马随行外，经过地区亦驻扎军马，其中“锦衣卫仍选将军五百人、校尉二千五百人、力士二千人，在外马军一万人，山东一千四百人驻兖州”[③]。力士承担侍卫职能，不止皇帝本人，皇室宗亲也在其中，肃王、裕王官邸中便有力士。兰州段氏家族原为山西太原府阳曲县人，始迁祖段鸣鹤，“始为锦衣卫力士，侍肃王邸，移封于兰，遂家焉”[④]。穆宗以裕王即皇帝位，隆庆六年（1572）议准，“先拨送东宫侍卫后遇登极乞恩，系校尉者升小旗，力士者升校尉，系军者升力士”[⑤]。

巡察暨负责城市治安。五城兵马司在城市治安管理上扮演者重要角色，如南京五城兵马司的一项工作是编当各城坐铺火夫[⑥]，力士编入其中。如成化二十一年（1485）奏准，“京城坐铺火夫，除官员一门并无丁外，其余勇士、力士、将军、旗校、人匠等项家人余丁例不优免，敢有投托内府及在外各衙门分付优免者，听该城兵马呈巡城御史送问”[⑦]。

捕缉。如胡蓝之狱起，锦衣卫力士到各地搜捕胡蓝党属，洪武二十一年（1388），刑部差锦衣卫力士石玘等到江西吉安府庐陵县二十七都抄解胡巽初、胡子

① 万历《大明会典》卷二二八《上二十二卫》，《续修四库全书》第792册，第675页.

②《明太祖实录》卷一八六，洪武二十年十月丁卯，第2789页.

③《明太宗实录》卷八二，永乐六年八月己卯，第1095—1096页.

④［明］彭泽：《段容思先生年谱纪略》，《西北史地文献》第24卷，兰州，兰州古籍出版社，1990年，第117页.

⑤ 万历《大明会典》卷一四二《兵部二十五·侍卫》，《续修四库全书》第791册，第460页.

⑥［明］施沛：《南京都察院志》卷二〇《职掌十三·巡视五城职掌》，《四库全书存目丛书补编》第73册，济南：齐鲁书社，1997年，第553页.

⑦［明］施沛：《南京都察院志》卷二〇《职掌十三·巡视五城职掌》，《四库全书存目丛书补编》第73册，第550页.

同[①]。洪武二十五年（1392）四月初四日，锦衣卫力士曲廉、薛才、杨福儿、董败儿等随锦衣卫指挥使陶斡前往河南捉贼[②]。捕辑其他盗贼，如洪武二十六年（1393），真定府元氏县王天锡作乱，命散骑舍人刘昌“率力士、官军分诣诸县捕之”[③]。

征战。洪武年间已有之，如嘉兴严家“遇例摄军，三丁抽一，乃以其从弟太之子胜应命充锦衣卫仪銮司力士，时洪武十七年也。胜后从沐西平侯征云南，家焉，是为云南之始祖。”[④] 再如正统十四年（1449）十月，“锦衣卫官、旗、士、校征进还京，奏请给赏银布。命本卫验实见操者给之。”[⑤] 其他力士外出征战并获功升迁的例子详见下文选簿资料，此不赘述。

修造宫殿，如成化十六年（1480），命后军都督同知冯升督领官军一万二千人修理朝天宫、天坛等宫殿，宪宗令“朝天宫已择日兴工，其修理天坛并城垣，每处摘拨一千五百人，三营三千，锦衣卫拨官军、力士一千人并工修理”[⑥]。弘治三年（1490）修南城龙德等殿，“拨锦衣卫力士三百人助役”[⑦]。修造营房，“锦衣卫百户万成，为监造营房，打死力士于青”[⑧]是为例证。

参与祭祀活动，如大祀圜丘。据万历《大明会典》记载，“凡大祀圜丘，先期二日，委把总千户一员，督率百户十二员、旗校四百九十二名，抬香亭、舆亭，请太祖高皇帝神版诣坛配天。次日，圣驾出郊，本卫堂上官俱披带随侍，选委把总千户二员，千百户一百四十二员，旗校、军余、力士五千四百二名，将军一千五百四十六员名，各供事。”[⑨]

传旨。《御制大诰续编》中有“差使人越礼犯分”的案例，朱元璋在其中训谕道，“若六部、督察院、在京诸衙门及虽驾前校尉、力士、旗军、行人等非捧制书，

①［明］余懋学撰、余光诏辑：《婺源沱川余氏族谱·钦差人材官余公顺吉安府具呈》，抄本，Family Search 线上缩微胶卷。网址：https://www.familysearch.org/search/film/007823416?i=2&cat=1068976，访问时间：2018-12-29.

②［明］朱元璋敕录，王天有、张河清点校：《逆臣录》卷三《锦衣卫指挥陶斡等》，北京，北京大学出版社，1991 年，第 174 页 .

③《明太祖实录》卷二二九，洪武二十六年八月甲戌，第 3350—3351 页 .

④ 崇祯《嘉兴县志》卷四《建置志·丘墓》，《日本藏中国罕见地方志丛刊》，北京，书目文献出版社，1991 年，第 139 页 .

⑤《明英宗实录》卷一八四，正统十四年十月辛亥，第 3617 页 .

⑥《明宪宗实录》卷二〇〇，成化十六年二月戊辰，第 3512 页 .

⑦《明孝宗实录》卷三五，弘治三年二月庚子，第 761 页 .

⑧［明］朱元璋御撰：《大诰武臣·打死军人第十四》，《续修四库全书》第 862 册，上海，上海古籍出版社，2002 年，第 358 页 .

⑨ 万历《大明会典》卷二二八《上二十二卫》，《续修四库全书》第 792 册，第 676 页 .

止受批差，敢有似前越礼犯分者，许所在官长实封入递”[①]，“捧制书”一语是锦衣卫力士出外传旨的例证。催办钱粮，例如力士周金保等八人“为催办城砖事差往常州等府”[②]。

抬棺、梳篦、执扇、杀虎等杂差。天顺六年（1462）十月，宣宗皇后孙氏崩，“赐舁送梓宫并诸葬仪官、校、力士人等米钞有差”[③]。锦衣卫中所实授百户石玉，“遵化县人。父石友文，洪武二十三年充锦衣卫中所力士，三十五年故。玉补役，永乐三年选习梳篦，八年随征，二十二年钦除锦衣卫中所百户，支俸不管事，正统七年钦与流官。”[④]锦衣卫中所副千户张嘉“（洪武）二十一年十一月，为力士执扇不齐调临安卫左所副千户”[⑤]。巨野人程敬“永乐九年以力士充杀虎手”[⑥]。

据《南京兵部车驾司职掌》记载，还有几类特殊的力士名目，“力士：原额二百二十二户，见在一百一户……黄船力士一户、龙亭力士一户、大营寄操力士七十七户、新江口寄操力士四户、决囚力士六户、本卫军伴力士一户、纪录校力丁四户、未补力士七户”[⑦]。这是南京兵部车驾司管理的承担各种事务的力士。大营和新江口寄操力士，是力士承担军事防御职能。决囚力士是承担刑狱和司法职能。明代军伴是为处理军务的衙门及武官、监军等官员服杂役的群体，其地位低于一般军士。军伴的本源来自军队，受卫所体制的约束[⑧]，军伴力士即力士充当军伴。

黄船力士。黄船隶属南京兵部，专门负责向北京运送皇家贡品，南京守备“每岁进贡黄船，差官监拨”[⑨]。黄船制额如“南京大黄船一十五支”“南京小黄船三十六支”，小黄船由各卫分摊承造，如锦衣卫三支、旗手卫一支、龙江左卫五支等[⑩]。黄船力士，或许有两种解释，一是负责修造黄船，二是随黄船负责运送贡品事宜。

龙亭力士。龙亭是皇帝举行册封（皇后、驸马受诰等）、出征、释奠、论功行赏、接受外国使臣朝贺，群臣进贺表笺、亲王及地方官员迎诏时重大礼仪活动必须之物。如驸马受诰，洪武九年（1376）七月，以李善长之子李祺为驸马都尉，尚皇

---

①［明］朱元璋御撰：《御制大诰续编·差使人越礼犯分第五十六》，《续修四库全书》第862册，第258—259页.

②［明］朱元璋御撰：《御制大诰续编·力士催砖第八十一》，《续修四库全书》第862册，第301—302页.

③《明英宗实录》卷三四五，天顺六年十月戊子，第6980页.

④《（北京）锦衣卫选簿》中所实授百户石勋选簿，《中国明朝档案总汇》第49册，第246页.

⑤《临安卫选簿》前所副千户张邦教选簿，《中国明朝档案总汇》第59册，第271页.

⑥《府军前卫选簿》前所试百户陈文宪选簿，《中国明朝档案总汇》第49册，第71页.

⑦《南京兵部车驾司职掌》卷二《力士科·校尉力士》，《中国明朝档案总汇》第78册，第371—373页.

⑧ 程彩萍：《明代军伴的产生及其社会化》，《历史档案》2016年第4期.

⑨ 万历《大明会典》卷二二七《五军都督府·南京中军都督府》，《续修四库全书》第792册，第672页.

⑩［明］李昭祥撰：《龙江船厂志》卷二《舟楫志》，《续修四库全书》第878册，第289页.

长女临安公主。其受诰仪，“吏部官奏请颁诰。捧诰命，置龙亭，鼓乐仪仗前导至太师府。驸马设鼓乐出迎，太师家先设香案及诰命案于正厅，龙亭至，吏部官捧诰命置于案，驸马服朝服讫，引礼引诣香案前，赞礼赞再拜毕……”[①]笔者推测，龙亭力士应该是负责抬送、摆设、护卫龙亭的。

二、锦衣卫力士的征佥与有限的人员分流

（一）锦衣卫力士的征佥

力士征佥形式笔者所见有四种：从民户中佥充、以锦衣卫侍卫将军儿男替补、以“人材”改充、从民间投充者中收用，国家皆有相关规定。除此，“靖难之役”中以至永乐初年，建文帝和成祖在特殊形势下分别佥选部分力士。如山东昌邑人陈雄“洪武三十三年为顺民起取京，选充锦衣卫力士”[②]，这是建文帝采取的奖励性措施，意在鼓励更多民众归附。又为补充军伍，“靖难之役”中，力士参战，不免损耗，建文四年（1402）十月，即位不久的成祖“命陕西、河南、山西、山东、凤阳诸府州县选力士三千五百人”[③]。这项工作永乐元年（1403）时仍在进行，如南京锦衣卫左所试百户、山东栖霞人刁琪曾祖刁先“永乐元年充力士”[④]，南京锦衣卫后所试百户、山西绛县人崔斌永乐元年时“本县以力士举保赴京，拨锦衣卫镇抚司代管”[⑤]。据张金奎研究，选到锦衣卫的力士基本在上中、上左、中后、亲军等后七所[⑥]，集中管理。具体来看四种佥选形式。

1.从民户中佥充。标准是“佥民间丁壮无疾病、过犯者”[⑦]，包括民户在内的所有人口都有入选可能。例子很多，如山东沂水人田胜“洪武二年充力士”[⑧]、山东莱芜人丘原“洪武三年力士”[⑨]、通州人鄷得“洪武十年充锦衣卫中所力士”[⑩]、华县人耿

---

①《明太祖实录》卷一〇七，洪武九年七月壬戌，第1779、1781页.

②《武骧右卫选簿》中左所世袭百步陈俊选簿，《中国明朝档案总汇》第53册，第148页.

③《明太宗实录》卷一三，洪武三十五年十月丁巳，第233页.

④《（南京）锦衣卫选簿》左所试百户刁文祐选簿，《中国明朝档案总汇》第73册，第86页.

⑤《（南京）锦衣卫选簿》后所试百户崔斌选簿，《中国明朝档案总汇》第73册，第129页.

⑥ 张金奎:《锦衣卫形成过程述论》,《史学集刊》2018年第5期.

⑦《明太祖实录》卷一二四，洪武十二年四月戊午，第1990页.

⑧《（北京）锦衣卫选簿》中所副千户田登选簿，《中国明朝档案总汇》第49册，第197页.

⑨《成都左护卫选簿》右所世袭百户丘恩选簿，《中国明朝档案总汇》第57册，第246页.

⑩《镇西卫选簿》指挥使鄷天相选簿，《中国明朝档案总汇》第71册，第195页.

原“洪武十二年充锦衣卫力士”[①]、綦江人张信“洪武十三年举充锦衣卫力士”[②]山东邹平人邢斌“洪武十五年充锦衣卫右所力士”[③]、福建清流人魏荣“洪武十七年举保力士”[④]。洪武十八年（1385）是入选力士到大量到京的年份，该年六月，“天下府州县佥民丁充力士者万四千二百余人至京，命增置锦衣卫中左、中右、中前、中后、中中、后后六千户所分领之，余以隶旗手卫”[⑤]。河南遂平人王信[⑥]、陕西甘泉人王铭[⑦]、陕西蒲城人周二[⑧]、广东怀集人黎亚章[⑨]、广东番禺人张细奴[⑩]、开州人朴驴（充旗手卫力士）[⑪]都是该年充力士。

随着明朝户籍制度的不断完善，洪武二十四年（1391）定攒造赋役黄册格式[⑫]，力士户单列并载入黄册，“凡图册，有民户，有军户，有匠户，有寄籍官户，有校尉户，有力士户，有渔户，有船户，有红船户，有女户，有僧道户，有医户”，[⑬]如广东澄迈县（今海南）嘉靖元年（1522）时有力士户7户、19口[⑭]。或与校尉户一起统计，如江西南城县正德七年（1512）时校尉、力士户40户、186口[⑮]。这在一定程度上利于力士的管理与佥选。

力士佥选工作等由府州县正官总负责，主簿、兵房吏员等参与其中，如“若勾补逃军力士，卖放正身，拿解同姓名者，邻里众证明白，助被害之家将兵房该吏拿来”[⑯]。并填有册籍，“一件为选取力士事。某年月日、某衙门坐下关填内府黄字几号

① 万历《福宁州志》卷六《兵戎志下》，《日本藏中国罕见地方志丛刊》，北京，书目文献出版社，1990年，第95页.

②《成都左护卫选簿》左所试百户张奎选簿，《中国明朝档案总汇》第57册，第229页.

③《武骧右卫选簿》中左所试百户邢举选簿，《中国明朝档案总汇》第53册，第155页.

④《云南后卫选簿》后所试百户魏垣选簿，《中国明朝档案总汇》第59册，第438页.

⑤《明太祖实录》卷一七三，洪武十八年六月丙午，第2640页.

⑥《(北京）锦衣卫选簿》中后所世袭百户王勋选簿，《中国明朝档案总汇》第49册，第288页.

⑦《成都左护卫选簿》中前所实授百户王正东选簿，《中国明朝档案总汇》第57册，第278页.

⑧《成都左护卫选簿》后所实授百户周葵选簿，《中国明朝档案总汇》第57册，第318页.

⑨《云南后卫选簿》后所试百户署所镇抚事黎俸选簿，《中国明朝档案总汇》第59册，第443页.

⑩《云南后卫选簿》后所试百户张鸾选簿，《中国明朝档案总汇》第59册，第439页.

⑪《越巂卫选簿》左所试百户王武选簿，《中国明朝档案总汇》第58册，第77页.

⑫［明］赵官等编纂：《后湖志》卷四《事例一》，南京，南京出版社，2011年，第53页.

⑬ 隆庆《仪真县志》卷六《户口考》，《天一阁藏明代方志选刊》，上海，上海古籍书店，1963年.

⑭ 康熙《澄迈县志》卷三《赋役志·户口军户附》，康熙四十九年刻本，中国数字方志库·影像版，叶2b—3a.

⑮ 正德《建昌府志》卷三《图籍乡保附》，《天一阁藏明代方志选刊》，上海，上海古籍书店，1964年.

⑯［明］朱元璋：《御制大诰三编·民拿害民该吏第八十一》，《续修四库全书》第862册，上海，上海古籍出版社，2002年，第341—342页.

勘合，起取力士几名，经今几个月未完，已起送李四等几名，未起送于五等几名，余件照开”[①]。官员佥选不力会受惩罚，如洪武十五年（1382），“上海知县王瑛以选力士不称旨，刑官以欺诳不敬论之。给事中刘逵驳以为贡举非人，律有定条，选力士不称而坐以不敬，太重，不当律意，上是其言。命法司自今论决，务从平恕，毋或深文，于是瑛得从轻论”[②]。遇有灾荒，佥选工作可推后。如景泰五年（1454），浙江杭州、嘉兴，直隶苏州等府被灾，“应该佥选幼军、校尉、力士、将军见清勾逃故等项军丁俱暂停止，候明年秋成佥解，如已佥解在官者不此例”[③]。

2. 由锦衣卫侍卫将军儿男替补。宣德八年（1433）已有之，锦衣卫中所副千户郑海之父郑安“宣德八年由将军收充锦衣卫力士”[④]。其后，明朝政府对锦衣将军儿男替补力士的标准屡有规定，如嘉靖二十四年（1545）题准，“选退将军儿男，查系应役十年以上者许充校尉，不及年分者止与力士，着为定规”。嘉靖二十七年（1548）题准，“选退将军儿男改充力士者，照校尉例止许补当一辈”。万历二年（1574）题准，“锦衣卫将军、千百户、侍卫三十年以上者儿男许替冠带总旗，将军、侍卫二十年以上者许替校尉，二十年以下者止与力士，俱止准一辈，其应役三年五年，照旧查革，永行遵守”[⑤]。

比较三次规定，锦衣卫将军儿男补校尉、力士的标准不断提高，万历二年（1574）时已规定只准袭一辈，应役年限三到五年。试举《武职选簿》中两例：①“万历九年二月，郝邦点年十七，沈阳右卫人，系锦衣卫中（有损泐），郝权投充大汉将军，隆庆四年补缺为始，至万历六年（有损泐）例该授力士一辈，本舍合照例替力士，以后停革”[⑥]。②“张进朝，年二十九岁，真定卫人，系锦衣卫上中所已故百户张副长男。伊父万历二年补授大汉将军，计至身故，共该九年，合照例本舍袭力士一辈而止，后子孙不许承袭。”[⑦]郝邦点和张进朝正是按规定替力士一辈。

3. 以人材改充。“人材”是荐举名目，洪武时期，“所用布政司、府州县、按察司官多系民间起取秀才、人材、孝廉”[⑧]，如河南开封府兰阳县人王守中“（洪武）

①万历《大明会典》卷九《吏部八·关给须知》，《续修四库全书》第789册，第173页.

②《明太祖实录》卷一四四，洪武十五年四月戊戌，第2267页.

③《明英宗实录》卷二四五，景泰五年九月壬戌，第5324页.

④《（北京）锦衣卫选簿》实授百户郑鉴选簿，《中国明朝档案总汇》第49册，第233页.

⑤万历《大明会典》卷一三四《兵部十七·营操·将军营》，《续修四库全书》第791册，第377页.

⑥《（北京）锦衣卫选簿》郝邦点选簿，《中国明朝档案总汇》第49册，第183页.

⑦《（北京）锦衣卫选簿》张进朝选簿，《中国明朝档案总汇》第49册，第360页.

⑧［明］陈子龙等辑：《明经世文编》卷一八八《霍韬·霍文敏公文集·疏·论内外官铨转资格疏》，北京，中华书局，1962年，第1937页.

十三年举人材，官知县”[①]。洪武时期已有以人材改充力士的情况，笔者所见有两例：①山东黄县人柳政“洪武二十七年以人材举充锦衣卫力士将军”[②]。②宛平人安义“洪武二十四年以人材拣选不中，发锦衣卫（有损渤），（永）乐二十三年改充校尉”[③]，选簿文字有损渤，安义拣选人材不中，发锦衣卫，极有可能为力士。人材改充力士，是因为没有真才实学，天顺六年（1462）“凡人材不识字者，改充力士、校尉”[④]的规定恰恰说明这一问题。

4. 从民间投充者中收用。民间投充不知起于何时，多为躲避差徭，其中问题重重，具体见下文论述。晚至天顺二年（1458）时，政府出台规定，“民人投充力士、校尉者，行原籍官司查无违碍，方准收役”[⑤]，以规范民间投充力士行为。

（二）有限的人员分流：老疾释放、调卫、军功升迁、科举

明朝政府有一定的人员分流机制，以控制力士的数量，节省开支。力士老疾按规定释放回家，如永乐五年（1406）规定，“力士……如有老疾，听于岁终具告兵部，行该卫勘明，具奏释放”[⑥]。再如天顺元年（1457）释放老疾力士、将军、等人回原籍，“毋使妄费京储”[⑦]。除正常的老疾释放外，还有调卫、军功升迁、科举等人员分流机制。

洪武、永乐年间，止洪武十八年（1385）、建文四年（1402）两次佥选的力士将近两万名，正常的老疾释放制度难以抵消，锦衣卫、旗手卫、羽林右卫等京卫已无法全部容纳，只得以调卫方式适当分流。以现有《武职选簿》来看，四川都司成都右卫、成都中护卫、成都左护卫，云南都司景东卫、云南后卫等接收了一定数量的力士。较早的例子是调往成都右卫的邵升，“一世祖邵升，洪武二年归附，选充锦衣卫力士，本年从军，选充成都右卫右所小旗。疾，始祖邵得胜补，并，七年升左卫左所总旗。”[⑧]调出时间不晚于洪武七年（1374）。

洪武十九年（1386），“改成都护卫为成都左护卫，并置中、右二护卫”[⑨]，该年前后调往三卫的锦衣卫力士更多。如张信“洪武十三年举充锦衣卫力士，编充成都

① 康熙《开封府志》卷二三《选举·荐辟》，同治二年刻本，中国数字方志库·影像版，叶7a.

②《天津右卫选簿》前所镇抚柳昌龄选簿，《中国明朝档案总汇》第68册，第69页.

③《（北京）锦衣卫选簿》衣中所试百户王章选簿，《中国明朝档案总汇》第49册，第297页.

④ 万历《大明会典》卷一四四《兵部二十七·力士校尉》，《续修四库全书》第791册，第471页.

⑤ 万历《大明会典》卷一四四《兵部二十七·力士校尉》，《续修四库全书》第791册，第471页.

⑥ 万历《大明会典》卷一四四《兵部二十七·力士校尉》，《续修四库全书》第791册，第471页.

⑦《明英宗实录》卷二七六，天顺元年三月己丑，第5892—5893页.

⑧《成都左护卫选簿》左所试百户邵廷辅选簿选簿，《中国明朝档案总汇》第57册，第297页.

⑨《明太祖实录》卷一七八，洪武十八年七月癸亥，第2699页.

中护卫中所小旗，二十三年征云南有功，升总旗”[①]，调出时间不晚于洪武二十三年（1390）；王铭“洪武十八年充锦衣卫力士，当年调成都左护卫中所军”[②]；周二“洪武十八年充锦衣卫力士，调成都中护卫后所军，十九年并充小旗”[③]。洪武十八年（1385）是力士大量到京的年份，亦有大量力士被调出，成都三护卫只是我们现今能看到的例证。

明廷平定景东、蒙化土酋思伦发、俄陶等人叛乱之后，于洪武二十三年（1390）正式开设景东、蒙化二卫，“以锦衣卫指挥佥事胡常守景东，府军前卫指挥佥事李聚守蒙化”[④]。许多力士先被调入景东卫，再被调入云南后卫。如魏荣“洪武十七年举保力士，调云南景东卫”[⑤]；叶胜保“洪武十三年充力士，开设景东卫，拨本卫充军，调云南后卫”[⑥]；黎亚章“洪武十八年充力士，二十三年开设景东卫，二十七年充小旗”[⑦]。

洪武时期调出的锦衣卫人员还有校尉、总小旗、由力士升迁的总小旗等，接收卫所已不止前述成都中护卫等卫。如朱显，“洪武十八年充南京锦衣卫校尉，随侍蜀府，充仪卫司典杖”[⑧]。陈斌“洪武十八年充锦衣卫小旗，拨成都中卫中前所”，子陈贵补役总旗，“宣德六年改成都左护卫”[⑨]。李钦，“洪武十三年充力士，十四年权小旗，二十年调大宁后卫守御”[⑩]。卢清，“洪武十五年充力士，洪武二十一年功升锦衣卫小旗，洪武三十年调宁夏中护卫右所[⑪]。毕能，“洪武十三年本县举充力士赴京，拨前仪鸾司，升充小旗，后改锦衣卫，十八年充升充总旗，十九年调成都中护卫右所”[⑫]。

洪武以后，仍有部分力士、由力士成长起来的总小旗等升迁调卫或直接调卫，分流机制仍发挥一定作用。如胡海，“永乐年间以力士举，由军功除授昭信校尉，

---

①《成都左护卫选簿》中所试百户张信选簿，《中国明朝档案总汇》第 57 册，第 229 页 .

②《成都左护卫选簿》中前所实授百户王正东选簿，《中国明朝档案总汇》第 57 册，第 278 页 .

③《成都左护卫选簿》后所试百户周葵选簿，《中国明朝档案总汇》第 57 册，第 318 页 .

④《明太祖实录》卷二〇六，洪武二十三年十一月乙卯，第 3072 页 .

⑤《云南后卫选簿》后所试百户魏垣选簿，《中国明朝档案总汇》第 59 册，第 438 页 .

⑥《云南后卫选簿》后所试百户叶敷选簿，《中国明朝档案总汇》第 59 册，第 442 页 .

⑦《云南后卫选簿》后所试百户署所镇抚事黎俸选簿，《中国明朝档案总汇》第 59 册，第 443 页 .

⑧《成都左护卫选簿》左所试百户朱玺选簿，《中国明朝档案总汇》第 57 册，第 233 页 .

⑨《成都左护卫选簿》后所实授百户陈裕选簿，《中国明朝档案总汇》第 57 册，第 306 页 .

⑩《镇番卫选簿》卫镇抚李世芝选簿，《中国明朝档案总汇》第 57 册，第 104 页 .

⑪《宁夏中屯卫选簿》中所实授百户卢从政选簿，《中国明朝档案总汇》第 57 册，第 37 页 .

⑫《（南京）豹韬左卫选簿》前所所镇抚毕纪选簿，《中国明朝档案总汇》第 74 册，第 54 页 .

升甘州中卫百户”[①]。一辈姚仪，“洪武十八年充锦衣卫力士”，二辈姚顺，宣德六年（1432）调成都右护卫[②]。张俊于景泰三年（1452）以锦衣卫总旗升云南后卫后所试百户，其祖父张细奴洪武十八年（1385）充锦衣卫力士[③]。一辈杜均儿“洪武八年军，充锦衣卫力士”，四辈杜隆“成化十一年成都左护卫，并枪小旗，升总旗”[④]，杜家族人调入成都左护卫时间不详，但不晚于成化年间。

还有部分力士以军功升迁，步入武官行列。如锦衣卫中所副千户田登始祖田胜，“洪武二十年充力士，三十一年并枪充小旗，三十四年西水寨升燕山中卫实授百户，三十五年平定京师，升锦衣卫前所副千户”[⑤]。南京锦衣卫左所试百户刁先，“永乐元年充力士，九年杀退番贼，奇功，升总旗，十三年西洋二次有功（于白沙岸与苏干剌对敌厮杀），升试百户”[⑥]。宁夏中屯卫中所百户卢从政始祖卢清，“洪武十五年充力士，二十一年功升锦衣卫小旗，二十八年充总旗，三十年调宁夏中护卫右所”，祖卢鸾嘉靖十五年在波罗堡等处斩首有功，嘉靖十八年升试百户[⑦]。程兴，“洪武间由锦衣卫力士征伐有功，历升南京府军右卫千户”[⑧]。崇祯年间战事倥偬，力士因功升级者更不鲜见，如崇祯三年（1630）二月二十五日奉旨照例升一级者有锦衣卫力士七人：衣右所扇手司力士王应举、衣中所銮舆司力士殷仲魁、衣中所旌节司力士高应元、衣前所班剑司力士杨凤[⑨]、衣右所旗幢司力士徐文耀、衣后所戈戟司力士顾养德……所力士黄印[⑩]。

科举是中国传统社会实现社会流动的重要途径，有一定数额的锦衣卫力士或力士籍人士考中进士等功名，入仕为官。笔者所见，锦衣卫力士籍文科进士有两位、举人一位，武科进士一位、举人五位。明确写有“锦衣卫力士籍”的文科进士是隆庆二年进士张书，“贯锦衣卫力士籍，湖广蒲圻县人，顺天府学生”。曾祖张朝

① 嘉靖《铜陵县志》卷六《选举志·杂显》，《天一阁藏明代方志选刊》，上海，上海古籍书店，1962年.

②《成都左护卫选簿》中所署试百户事总旗姚仕爵选簿选簿，《中国明朝档案总汇》第57册，第277页.

③《云南后卫选簿》后所试百户张鸾选簿，《中国明朝档案总汇》第59册，第439页.

④《成都左护卫选簿》右所试百户杜承恩选簿，《中国明朝档案总汇》第57册，第252、253页.

⑤《（北京）锦衣卫选簿》中所副千户田登选簿，《中国明朝档案总汇》第49册，第197页.

⑥《（南京）锦衣卫选簿》左所试百户刁文祐选簿，《中国明朝档案总汇》第73册，第86页.

⑦《宁夏中屯卫选簿》中所实授百户卢从政选簿，《中国明朝档案总汇》第57册，第37页.

⑧ 康熙《彭泽县志》卷一〇《人物志下·武勋传》，康熙二十二年刻本，中国数字方志库·影像版，叶3a.

⑨《锦衣卫经历司为有功官旗遵例三年升叙事手本》，《中国明朝档案总汇》第7册，第103页.

⑩《锦衣卫北镇抚司为开送傅作揆等应升官员名单事手本》，《中国明朝档案总汇》第7册，第57页.

祖、祖张彦夫无功名，未入仕，父张廷策“恩例训导”[①]，应该有功名。张书被选为庶吉士，散馆授兵科给事中，累至河南布政司参政，分守河南道。子张时雍，万历四十一年（1613）进士，历河南知府、松江府同知等官；张时熙，万历三十一年（1603）举人，累至盐运司同知；张时麟，万历三十三年（1605）武进士，累官至鲶鱼关参将[②]。

王红春依据所见科举录等考证明代力士籍进士共有两位[③]，应为上文所言张书及旗手卫力士籍、弘治三年（1489）进士黄繍[④]，并不准确，张时雍也是锦衣卫力士籍进士。前引乾隆《蒲圻县志》记载张时雍、张时熙、张时麟的“籍”为“锦衣卫旗籍”,《国朝历科题名碑录初集》记张时雍为“锦衣卫籍”[⑤]，未明确写明是“锦衣卫力士籍”。武进士、武举人，除张时麟外，张时雍之子张昂中崇祯六年（1633）武举人，累官至锦衣卫正千户[⑥]。再据崇祯四年（1631）经历杨知□造报的文册，还有衣前所銮舆司力士凌尚志、衣前所旌节司力士王化远[⑦]、衣左所戈戟司食粮力士许邦兴、镇抚司食粮力士赵三元[⑧]四人，中第后任何官职暂不得知。总之，调卫、军功

①《隆庆二年进士登科录》，屈万里主编：《明代史籍汇刊·明代进士登科录汇编》第17册，台北，学生书局，1969年，第8968页．

② 乾隆《蒲圻县志》卷七《科贡志·历朝科贡年表》、卷7《科贡志·武科》、卷11《人物志上·才猷》，乾隆四年刻本，中国数字方志库·影像版，叶18a、27a、27a—28b、29ab.

③ 王红春：《明代进士家状研究》，上海，上海书店出版社，2017年，第78页．

④ 黄繍，“贯旗手卫，力士籍，江西清江县人”（《弘治三年进士登科录》，龚延明主编、邱迎春点校：《天一阁藏明代科举录选刊·登科录》中册，宁波，宁波出版社，2016年，第6页）．

⑤［清］李周望辑：《国朝历科题名碑录初集》,《北京图书馆古籍珍本丛刊》第116册，北京，书目文献出版社，1990年，第859页．据悉，北京大学图书馆藏有《万历四十一年会试录》一卷（［日］鹤成久章撰、陈翀译：《天一阁〈明代登科录〉大型藏书之谜——兼论传入日本的〈明代登科录〉》，天一阁博物馆编：《科举与科学文献国际学术研讨会论文集》，上海，上海书店出版社，2011年，第326页），笔者暂未得见，不知其中如何记载张时雍的“籍”．

⑥ 乾隆《蒲圻县志》卷一一《人物志上·才猷》，乾隆四年刻本，中国数字方志库·影像版，叶29b。

⑦《锦衣卫经历司查对武进士卫籍事手本》,《中国明朝档案总汇》第12册，第57—60页．

⑧《锦衣卫经历司为查明武进士崔子仪等籍贯到卫事手本》,《中国明朝档案总汇》第12册，第113—115页．

升迁、考中高级功名入仕为官的锦衣卫力士、力士籍人士不会太多①。

三、锦衣卫力士的待遇

锦衣卫力士既是卫所组成人员，享有月粮、冬衣布花、胖袄裤鞋和不定期赏赐等常规待遇。又因天子近卫，其服制高于庶民、商贾、步军及军下余丁等阶层。力士及其子孙还可以在顺天府、应天府入学受教，参加童试、乡试。

终明一代，力士月粮数额稍有变动。洪武十九年（1386）题准，"锦衣卫将军月支本色一石，余折钞。旗军、力士、校尉人等有家小者月支本色米六斗，无者四斗五升，余折钞。"②洪武二十二年（1389）规定，"锦衣卫将军、总小旗每月添支粮五斗，力士、校尉人等有家小者四斗，无者一斗五升"③。遇有大工、战争

① 俞世灏、金允治、兰州肃府仪卫司段家、云南后卫严家较为特殊。俞世灏是锦衣卫衣中所銮舆司力士俞世逊的堂弟、金允治是衣后所班剑司力士金志福堂弟，但被褫夺功名。兰州段氏始迁祖段鹤鸣、云南后卫严家始迁祖严胜为锦衣卫力士，他们于洪武时迁出京师，科举录、地方志等史料载其"籍"为"军籍"，如景泰五年进士、段鹤鸣孙段坚，"贯陕西肃府仪卫司，军籍，山西阳曲县人"（《景泰五年进士登科录》，龚延明主编、方芳点校：《天一阁藏明代科举录选刊·登科录》上册，第231页），我们不再将其视为考察对象。崇祯三年顺天府乡试，俞世灏、金允治以"武生中文试"，经内阁及科道官复试，"俞世灏书《经论》三篇，真、稿俱完。金允治三稿亦完，誊真仅少论尾"，建议"将允治、世灏姑准其中式，而允治少一结，应罚停会试一科，世灏文多疵额，罚停会试三科，俾各肄业，以克其学"。俞世灏最终被"斥革问杖"（[明]李湘洲撰，朱树人、刘依平、汤颖芳等校点：《李湘洲集》卷九《复顺天府乡试中试冒籍武生俞世灏等疏》《再复俞世灏等疏》，长沙，岳麓书社，2012年，第348—354页；《崇祯长编》六二,五年八月庚午，第3552页），金允治受何惩处未见明确记载。除段坚外，兰州段氏家族明代时还有三位进士段炅（弘治十八年，翰林检讨）、段续（嘉靖二年，兵备副使）、段补（隆庆五年进士，南京户部主事）。七位举人，分别是：段[纟妾]（嘉靖十九）、段在（嘉靖四十一年，宁波通判）、段锽（万历三十一）、段钦（万历三十四年，公安知县）、段铨（万历三十七）、段鉷（万历四十六）、段应甲（崇祯九年，顺治初年授峄县知县）。（《景泰五年进士登科录》，《天一阁藏明代科举录选刊·登科录》上册，第231页；《弘治十八年进士登科录》《嘉靖二年进士登科录》，《天一阁藏明代科举录选刊·登科录》中册，第169、338页；《隆庆五年进士登科录》，《天一阁藏明代科举录选刊·登科录》下册，第456页；康熙《兰州志》卷3《人物志》，《中国地方志集成甘肃府县志辑》，南京，凤凰出版社，2008年，第198—215页）。严胜五世孙严清中嘉靖二十三年（1544）进士，"贯云南后卫军籍，浙江嘉兴县人"（《嘉靖二十三年登科录》，《明代史籍汇刊·明代进士登科录汇编》第10册，第5386页），严清之孙严似祖是崇祯十三年进士（《崇祯十三年庚辰科进士三代履历》，《天一阁藏明代科举录选刊·登科录》下册，第677页）

② [明]刘斯洁：《太仓考》卷五之十《岁支》，《北京图书馆古籍珍本丛刊》第56册，北京，书目文献出版社，1998年，第776页.万历《大明会典》卷四一《户部二十八·经费二·月粮》记为"永乐十九年"，《续修四库全书》第789册，第708页.

③ [明]刘斯洁：《太仓考》卷五之十《岁支》，《北京图书馆古籍珍本丛刊》第56册，第777页.但在万历《大明会典》卷四一《户部二十八·经费二·月粮》中记为"永乐二十二年".

等，月粮会减支，这与国家财力息息相关。“初，南京操守旗军、力士、校尉月粮以营造减节，后以少保兼户部尚书黄福言仓粮足用，于是有室家者增至八斗，无者六斗。至是，襄城伯李隆复以为言，上命有室家者给一石。”①月粮之外，光禄寺会为他们提供饭食，“凡每岁细粟米，山东、河南征解五万五千石，正德二年会增五千七百九十七石零，隆庆二年减去三千二百九十七石零，见征五万七千五百，石折银五万七千五百两。以上二项俱收兑，每日造饭，衹待内府衙门官吏、监生、锦衣卫将军、力士及各监局等衙门军民等匠食用。”②这是一般军士享受不到的。

布花。洪武时锦衣卫力士已有布花之赏，且有专门的支赏册，据《御制大诰》记载，户部主事王肃藏匿锦衣卫力士支赏册，“内力士四千名……赏人各钞一锭，布二匹，计钞四千锭，布八千匹”③。正统四年（1439）定例，力士人赏布三匹④。力士获赏布花之例至明末不变，如万历二十四年（1596）户部题称，“两京各卫所旗军、力士、家丁人等该赏冬衣布花、钞锭，岁终类解，先将总部部运官职名具奏，以凭查核”，从之⑤。力士的红胖袄亦官给之，无需自备⑥。

不固定赏赐，如战功赏赐、新君即位赏赐、册立赏赐等。如永乐二十二年（1424）正月北征归来封赏，其中“将军、力士、校尉、旗军、养马勇士、小厮人十锭”⑦。再如宣德元年（1426），汉王朱高煦谋反⑧，宣宗命三法司“凡军、旗、校尉、将军、力士徒罪以下见系狱者皆宥之，俾从征”⑨，给了罪徒一次机会。九月征胜还京，赐从征人员钞，其中“军士、校尉、力士各一百贯”，“病故、溺死官军加半，倍给其家”⑩。次日命“加赐扈从文武官军、旗、校人等彩币绢布”，其中“千百户、镇抚、将军、力士、校尉、旗军绢一”⑪。

新君即位赏赐。如成祖即位后赏赐在京文武群臣军民，其中“旗军、校尉、将军、力士、屯军、恩军、养羊习匠、幼军人钞五锭”⑫。册立赏赐，如弘治五年（1492），以

①《明英宗实录》卷二九，正统二年四月癸未，第587页.

②万历《大明会典》卷二一七《光禄寺》，《续修四库全书》第792册，第579页.

③［明］朱元璋御撰：《御制大诰·御史汪麟等不才第六十八》，《续修四库全书》第862册，第263页.

④万历《大明会典》卷四〇《户部二十七·经费一·赏赐》，《续修四库全书》第789册，第702页.

⑤《明神宗实录》卷二九六，万历二十四年四月丙辰，第5513页.

⑥《明太祖实录》卷一九三，洪武二十一年八月戊寅，第2902—2903页.

⑦《明太宗实录》卷二六七，永乐二十二年正月壬寅，第2426—2427页.

⑧《明宣宗实录》卷二〇，宣德元年八月壬戌，第517页.

⑨《明宣宗实录》卷二〇，宣德元年八月丁卯，第528页.

⑩《明宣宗实录》卷二一，宣德元年九月辛丑，第554页.

⑪《明宣宗实录》卷二一，宣德元年九月壬寅，第555页.

⑫《明太宗实录》卷一二下，洪武三十五年九月辛卯，第212—213页.

册立皇太子礼成，赏赐两京文武群臣并守卫京操官军，其中“守卫京操官军及将军、力士、校尉、勇士等每人银一两……锦衣卫力士每人米一石”[①]。其他赏赐如天顺六年（1462），宣宗皇后孙氏崩，“赐舁送梓宫并诸葬仪官、校、力士人等米钞有差”[②]。

礼乐、服饰是中国传统社会等级秩序的体现，明朝政府对力士服饰有严格规定，待遇高于庶民、商贾、步军及军下余丁等阶层。如洪武二十二年（1389）时规定，“将军、力士、校尉、旗军常戴头巾或榼脑，官下舍人并儒生、吏员、民人常戴本等头巾”[③]。洪武二十五年（1392）申明靴禁，其中规定“校尉、力士遇上直，乐工当承应许穿，出外不许。其庶民、商贾、技艺、步军及军下余丁、管步军总小旗官下家人、火者、皂隶、伴当、在外医卜、阴阳人皆不许，只许穿皮扎𩌦，违者罪之”。[④]洪武二十一年（1388）时还规定了中外卫所马步军士服色，“惟驾前旗手一卫用黄旗，军士、力士俱红胖袄，盔甲之制如旧。其余卫所悉用红旗、红胖袄。凡胖袄长齐膝，窄袖，内实以棉花。旗帜各分记号，用青蓝为边，玄黄紫白间色俱不许用。”[⑤]

明代两京十三布政使司乡试解额不断调整，南北直隶乡试解额高于十三布政司[⑥]，中试稍易，前揭张书及其子张时雍、张时熙、张时麟都是顺天府参加乡试中第。张书参加的隆庆元年（1567）顺天府乡试（丁卯科）共取中举人135名，张书位列第48名[⑦]，同年湖广布政司乡试只取中举人87名[⑧]。还有优免本身差役、优免户丁等待遇，但开始并不符合国家规定、投充者与相关官员之间的利益链条。在受益官员的推动下，国家只好违反规定，形成投充力士可免差役的规定，成例相沿，再难废止，导致州县系统管理的纳税人口减少，影响国家财政收入等一系列问题，详见第四部分，此不赘述。

---

①《明孝宗实录》卷六一，弘治五年三月戊寅，第1181—1183页.

②《明英宗实录》卷三四五，天顺六年十月戊子，第6980页.

③《明太祖实录》卷一九八，洪武二十二年十二月己亥，第2972页.

④《明太祖实录》卷二一九，洪武二十五年七月壬午，第3213—3214页.

⑤《明太祖实录》卷一九三，洪武二十一年八月戊寅，第2902—2903页.

⑥ 参汪维真：《明代乡试解额制度研究》中的相关论述，北京，社会科学文献出版社，2009年.

⑦《隆庆二年进士登科录》,《明代史籍汇刊·明代进士登科录汇编》第17册，台北，学生书局，1969年，第8968页；宁波市天一阁博物馆整理：《隆庆元年顺天府乡试录》，宁波，宁波出版社，2010年.

⑧ 康熙《湖广通志》卷二一《选举三》，康熙二十三年刻本，中国数字方志库·影像版，叶59a—61b.

四、锦衣卫力士制度运行中出现的问题

力士制度初创时期，其佥选与汰补、待遇皆都有严格的制度约束。受明朝政治日趋腐败的影响，力士佥选与汰补标准渐疏，主要表现在民人投充力士问题屡禁不止、锦衣卫侍卫将军儿男替补的标准执行不严、政府在力士老疾是否需要勾补户丁补役摇摆不定三个方面，最终导致人多冒滥，素质下降，不仅无法正常履行各项职能，反而扰乱社会秩序，加重了明王朝的财政负担，最终随着明王朝的灭亡走向终结。

民人投充力士受免差役等利益驱使，扰乱正常的佥选规定和户籍制度，导致州县管理的纳税人口减少，影响国家财政收入。以顺天府为例，天顺元年（1457），府尹王福奏称，顺天府二十七州县属民只有五百六十里，但赋役负担极重，每年应神木厂夫、铺司铺兵等16600余名，还有办纳税粮、草束，承应各衙门采办军需等项事务，加之连年灾伤疾瘟，“所属民欲避重就轻，往往三五相率，数十成群，告投力士、校尉、军役，一县或一二百名，或七八十名。切惟民者国之本，有民而后有赋役，今投充军役者日多，则应当民差者日少。况投军一名，又要户下一二丁贴备，俱系不当民差之数。臣访得所投之人多系正贴军户、匠、灶、驿站夫役占者，兵部不行体勘，就准收伍，甚至改换乡贯、名籍，此等初无竭力效劳之诚，不过脱免差徭，叨窃粮赏而已。既投之后，却又逃躲。乞敕兵部查勘，自天顺元年正月以后，但系本府所属民投充力士、校尉军役者照依上林苑监奏准事例，不分已未收伍，俱发原籍为民，当差纳粮，实为便宜”，上从之①。次年再次规定，“民人投充力士、校尉者，行原籍官司查无违碍，方准收役”②。

但这一规定并未刹住民人投充力士、校尉、将军的歪风。弘治十一年（1498），顺天府尹张宪疏言禁冗费以省民财四事，下兵部覆奏，其中说：“将军、力士、校尉原无优免户丁事例，惟勇士自迤北来者乃优免三丁，投充勇士不在优免之内。今顺天府人户凡充将军、力士、勇士、校尉者俱不应差役，故平民多用计投充将军等役，此京畿之民所以贫困逃亡。请如宪等奏，凡将军、力士、校尉及投进将军止许免户一丁，其原籍户下人丁不许一概优免，亦不许将户下人丁报造营卫籍册，影射民差，庶京民不致重困”，从之③。

张宪的奏疏显示，投充力士可以免差役是引发民人投充的重要因素。投充之人

①《明英宗实录》卷二七八，天顺元年五月甲戌，第5948—5949页.

② 万历《大明会典》卷一四四《兵部二十七·力士校尉》,《续修四库全书》第791册，第471页.

③《明孝宗实录》卷一四四，弘治十一年闰十一月乙亥，第2511—2512页.

及其家属会贿赂相关人员，嘉靖三年（1524）时的诏命中说，“锦衣等卫力士、校尉不许买窝冒顶，及异姓外孙女户买求该管官旗州县里书，朦胧起送替补”[①]，在显示出投充者与相关官员之间的利益链条。在受益官员的推动下，国家只好违反规定，形成投充力士可免差役的规定，成例相沿，再难废止。而且，不仅贫民，富民亦热衷此道。如嘉靖年间，冯惟敏任保定府涞水县知县[②]，涞水“县民富者为将军，为校尉，为执金吾，为中贵人，兼并地无算而逋租挈，惟敬摘其最负者惩之，贫民以为德，而豪右谤四起矣，坐谪镇江教授”[③]。富户投充力士，贫苦人民的赋役负担更重。

前文言及，锦衣卫将军儿男补校尉、力士的标准不断提高，万历二年（1574）时已规定只准袭一辈，应役年限三到五年。但违反规定的例子并不鲜见，张金奎在《明锦衣卫侍卫将军制度简论》一文已有讨论，甚至有最高统治者主动违反规定之例，如熹宗即位时，在即位诏中宣布：“其退役将军儿男见在守候大选袭替者，免其守候，查照其父历役年月久近，准与袭替旗校、力士。若年分未及，与例未合者，不许滥冒袭替。”[④]

力士老疾、病故是否补役，政策摇摆不定。洪武、永乐时期有补役的记载，如周盛“父周源，洪武二十一年充锦衣卫力士，病故，叔陶忠补役”[⑤]，陈景“洪武二十三年为盐课事起取，二十四年选充锦衣卫力士，三十一年残疾，曾叔祖陈丑儿补役。故，永乐三年，祖陈英补役。”[⑥]永乐五年（1406）时，出台相互矛盾的规定，其一，“力士、校尉系民间佥充者例不勾丁”。其二，“佥充力士、校尉，若逃回病故，或老疾不堪者，仍勾其户丁补当一辈，若系原祖充当而在逃者，发册清勾到部，送问，发卫着役，原逃事故，解到户丁补役者发卫查收，凡四丁抽佥者，病故俱勾补”[⑦]。成化十四年（1478）时虽再次规定“例不勾丁”，但是“其子孙告替补者，行移该卫查系在营生长册籍，有名无违碍者，具奏收役，虽例不勾丁，而子孙愿替补者亦准查收”[⑧]。政府在执行“例不勾丁”政策时摇摆不定，甚至主动徇情，为力士子孙替补大开方便之门。

---

① 万历《大明会典》卷一四四《兵部二十七 · 力士校尉》，《续修四库全书》第 791 册，第 471 页 .

② 光绪《涞水县志》卷五《职官志》，光绪二十一年刻本，中国数字方志库 · 影像版，叶 25b.

③ [明] 李维桢：《大泌山房集》卷六五《传 · 冯氏家传》，《四库全书存目丛书》集部第152册，济南，齐鲁书社，1997 年，第 114 页 .

④ 张金奎：《明锦衣卫侍卫将军制度简论》，《史学集刊》2018 年第 5 期 .

⑤《（北京）锦衣卫选簿》中所副千户陶师辅选簿，《中国明朝档案总汇》第 49 册，第 187 页 .

⑥《武骧右卫选簿》中所实授百户陈三才选簿，《中国明朝档案总汇》第 53 册，第 87 页 .

⑦ 万历《大明会典》卷一四四《兵部二十七 · 力士校尉》，《续修四库全书》第 791 册，第 471 页 .

⑧ 万历《大明会典》卷一四四《兵部二十七 · 力士校尉》，《续修四库全书》第 791 册，第 471 页

官员卖放力士、力士军纪败坏问题亦十分堪忧。如洪武年间，锦衣卫百户裴兴“接受力士蒋次五等八名钞九十贯、夏布五匹，将各人脱放……事发，都发去边远充军”①。宣德年间，泰兴县选民人嵇盛九等充力士，“主簿宋仲祥受赂脱之，而以韩保伍等充选，保伍诉于县丞谢希哲，希哲不能理，保伍憾之，告希哲受财，希哲坐绞，遇赦为民，希哲负屈伸诉，得辩其诬”，此事被监察御史等人弹劾，行在大理寺卿徐初、少卿贺祖嗣、行在刑部陕西司郎中刘宽因审理案件不力，下都察院狱②。此案牵涉中央和地方官吏数人，可见腐败问题之深。还有不少力士无事悠游，敲诈勒索，扰乱正常的社会秩序，如宣德四年（1429）行在户部左侍郎李昶奏：“江南官吏率民运粮至者，京师力士、军校、工匠之亡赖者多端诈伪，强索财物及揽纳诓骗，扰害非小，乞严禁止”，宣宗“命行在都察院揭榜禁戒，锦衣卫遣人缉捕”③。再如成化元年（1465）刑部尚书陆瑜等奏，力士赵宣、留守前卫右所军王玉等“各不合不务本等生理，号名‘打光棍’，专在通政使司并兵部门首，接揽告状人并送问囚犯，前来卖纸人尤昱等家，指以买纸札，用强勒要财物”④。

总之，有限的人员分流机制抵制不住政治腐败带来的恶果，致使锦衣卫力士、军校等各类人员日渐冗滥，扰乱社会秩序，加剧明王朝的财政负担。崇祯年间，仓场侍郎南居益奏称，“锦衣卫旗、力、军校，在万历年间止以一万六七千为常。乃自天启年来，骆思恭题增三万，后田尔耕陆续滥收至三万四千四百名有零，虽节经查汰，较万历四十六年尚有万四千九百五十员名，月增米一万四千九百五十石，岁约增米一十七万九千四百石。”⑤骆思恭和田尔耕先后掌锦衣卫事，田尔耕又是魏忠贤党徒，他们为了一己之私，滥收力士、军校等成员。但此时的明王朝战事倥偬、财政捉襟见肘，无暇顾及这些问题，随着明王朝的覆灭，锦衣卫力士制度也走向终结。

结　语

明代锦衣卫力士的主要职能是直驾、侍卫、巡察、捕缉、征战，除此，还承担工程建造、传旨、催办钱粮、抬棺、匠役、执扇、杀虎等杂差。力士的待遇，除月

①［明］朱元璋御撰：《大诰武臣·卖放军人第十八》，《续修四库全书》第 862 册，第 360 页.

②《明英宗实录》卷七，宣德十年七月辛未，第 128 页.

③《明宣宗实录》卷五二，宣德四年三月乙亥，第 1260—1261 页.

④《皇明条法事类纂》卷五《名例类·按季估计囚人纳［官］纸价及禁约打揽囚人纳纸札》，杨一凡主编：《中国珍稀法律典籍集成》乙编第四册，北京，科学出版社，1994 年，第 184 页.

⑤［清］孙承泽：《春明梦余录》卷三七《户部三·仓支》，扬州，广陵书社，1990年，第474页.又，据［清］张廷玉等：《明史》卷二六四《南居易传》，北京，中华书局，1974 年，第 6819 页载：“崇祯元年，起南居益为户部右侍郎，总督仓场”.

粮、布花、不定期赏赐之外，其衣帽鞋靴规制高于庶民、商贾、步军及军下余丁等其他阶层。还有优免户丁，家族成员在南北直隶入学、参加科举等待遇。力士制度初创时，佥选与汰补有严格的标准，如佥充民户的标准是"佥民间丁壮无疾病、过犯者"，锦衣卫将军儿男替补力士的标准不断提高，至万历二年（1574）时已规定只准袭一辈，应役年限三到五年。力士老疾，释放回原籍。还有调卫、军功升迁、科举等有限的人员分流，以控制力士数量，节省开支。

力士制度在运行过程中出现的主要问题是佥选与汰补标准渐疏，导致人多冒滥，素质下降，不仅无法正常履行各项职能，还扰乱社会秩序，加重了明王朝的财政负担。究其原因，是力士较高的待遇和明朝政治日趋腐败。力士的衣帽鞋靴规制高于庶民、商贾、步军及军下余丁等阶层，家族成员在南北直隶入学、参加科举符合国家规制。优免户丁政策本身不符合规定，但投充者贿赂相关官员，二者之间构建起利益链条。在受益官员的推动下，国家只好违反规定，形成投充力士可免差役的规定，成例相沿，再难废止，吸引着更多民众贿赂官员，投充力士。军功升迁作为分流机制，因为军政腐败，卫所武官比试不严、犯罪难革、军功冒滥，数量激增，至万历年间"武职以十万计，旗军以百万计"[①]，自身已是明帝国的毒瘤，吸纳力士、旗军等卫所基层人员的能力削弱，考中进士、举人等功名，入仕为官的力士或力士籍人士比例更小，人员分流之际抵消不了力士的增长，最终随着明王朝的灭亡走向终结。

（作者单位：赣南师范大学历史文化与旅游学院、王阳明研究中心）

① [明] 陈子龙等辑：《明经世文编》卷四二六《陈于陛·陈玉垒奏疏·批陈时政之要乞采纳以光治理疏》，第4652页。具体层面，可参梁志胜《明代卫所武官世袭制度研究》，北京，中国社会科学出版社，2012年，第401—429页.

明代锦衣卫千户所考

曹　循

明代锦衣卫职能特殊，其所辖千户所的数量、名目都不同于一般卫所。对此，史志记载疑窦甚多，不但千户所总数有 14、17、18 三种记载，而且这些总数又与所载具体千户所名目不尽相符。近来已有学者厘清锦衣卫在洪武年间至少辖 19 个千户所①，但仍未彻底究明永乐以后锦衣卫辖所数之矛盾记载。孰是孰非，本文试做考辨。

一、“十七所”考辨

有关锦衣卫的编制，最常被学者引用的是《明史·职官志》的记载：“锦衣卫……统所凡十有七。中、左、右、前、后五所，领军士。五所分銮舆、擎盖、扇手、旌节、幡幢、班剑、斧钺、戈戟、弓矢、驯马十司，各领将军、校尉，以备法驾。上中、上左、上右、上前、上后、中后六亲军所，分领将军、力士、军匠。驯象所，领象奴养象，以供朝会陈列、驾辇、驮宝之事。”②

这段文字的史源是嘉靖末年成书的郑晓《吾学编·皇明百官述》：“锦衣卫……凡十八所。锦衣中、左、右、前、后五所，领军士。五所各分銮舆、擎盖、扇手、旌节、幡幢、班剑、斧钺、戈戟、弓矢、驯马十司，分领将军、校尉。上中、上左、上右、上前、上后、中后、亲军，分领将军、力士、军匠。驯象所，领象奴养象。”③

① 张金奎：《锦衣卫形成过程述论》，《史学集刊》2018 年第 5 期 .

② [清] 张廷玉：《明史》卷七六《职官五》，北京，中华书局，1974 年，第 1862 页 .

③ [明] 郑晓：《吾学编·皇明百官述》卷下，《北京图书馆古籍珍本丛刊》第 12 册，北京，书目文献出版社，1988 年，第 674 页 .

郑晓的记载被《续文献通考》《石匮书》《罪惟录》《明书》等辗转传抄[①]，影响甚大，故被《明史》采用。但《明史》编纂者误以为上中等六所的名号有“亲军”二字，从而遗漏了亲军所，于是将千户所总数改为“凡十有七”。两部《会典》皆明载锦衣卫诸所中有一个“亲军所”，另据《隆平县志》载，有靖难军官兵董成“渡江平定京师，以军功除昭信校尉、锦衣卫亲军所百户，恩赐世袭”[②]，可见该所至迟在永乐初年就有了。《明史》“凡十有七”之说有误。

二、“十八所”考辨

《吾学编·皇明百官述》只列举了13个千户所名目，另外5个千户所是何名目番号，不得而知。郑晓的依据应是（正德）《大明会典》卷一八〇《上二十二卫·锦衣卫》：“锦衣中所、锦衣左所、锦衣右所、锦衣前所、锦衣后所，各所官分领军士，与诸卫同，而各所又分十司，统领校尉，掌卤簿仪仗及直驾、拏人、直宿等事，凡本卫各项差委，轮流承行……上中所、上左所、上右所、上前所、上后所、中后所、亲军所，各所官分管力士及军匠，其侍卫将军千百户、总旗等于中后所支俸、食粮，凡文移用中后（应为上中——编者按）所印信。驯象所，本所官领本卫军奴养象，以备朝会陈列及驾辇、驮宝之用。”[③]

郑晓认为锦衣中等“五所，领军士”，另有“五所各分……十司”，这是他与《大明会典》的重要分歧。据《明太祖实录》载，洪武三十年（1397）二月，“置锦衣卫前千户所十司，曰銮舆……曰驯马”[④]。另一件崇祯八年（1635）的锦衣卫、东厂侦缉立功人员名单档案中，有衣右所擎盖司李梦麟、衣中所旌节司闵世勋、衣左

---

①［明］王圻：《续文献通考》卷九五《职官考》，《续修四库全书》第763册，第590页；［明］张岱：《石匮书》卷二八《百官志》，《续修四库全书》第318册，第490页；［清］查继佐：《罪惟录》志卷二七《职官志》，《续修四库全书》第321册，第612页；［清］傅维麟：《明书》卷六六《职官志二》，《四库全书存目丛书》史部第38册，第660页.

② 乾隆《隆平县志》卷八《人物志·明·董成》，台北，成文出版社，1969年，第370页。按，从行文体式看，此段记述或来自董成升授世职的公文.

③ 正德《大明会典》卷一八〇《上二十二卫·锦衣卫》，第3册，东京，汲古书院，1989年，第563—565页。按，“凡文移用中后所印信”一句，（万历）《大明会典》作“凡文移用上中所印信”，四库本（正德）《大明会典》亦改作“凡文移用上中所印信”（《文渊阁四库全书》第618册，第759—760页），今从之.

④《明太祖实录》卷二五〇，洪武三十年二月壬子，台北，“中央研究院”历史语言研究所校勘本，1962年，第3627页.

所驯马司庞从善、衣前所班剑司徐邦泰、衣后所弓矢司耿正臣等15名校尉[①],“衣某所”即“锦衣某所”的简称。可见，銮舆等司及其校尉自设立以迄明末，都是隶属锦衣中等五所的。校尉、将军等因使命不同而有不同称谓，但身份都是军士，如明末户部尚书毕自严就说：“查天启七年，锦衣卫造册军士四万五千二百一十五名”[②]。《大明会典》应是强调五所各辖十司，与其他千户所辖十百户不同，而分领军士这一基本功能相同。因此，郑晓所云“五所”乃子虚乌有。

有学者认为，“锦衣中左右前后”五所与“中左右前后”五所并存，前者是从后者分化独立出来专领十司校尉的，因明太祖严禁后世更改祖制，而“锦衣五所在洪武年间并不存在，或许是这一祖训限制了《会典》编者的手脚”，有意掩饰[③]。笔者拙见，若《大明会典》修纂者果真忌讳祖制，则应将“锦衣中所”等隐去不书，而保留中左右前后五所。另一方面，若锦衣中等五所领十司校尉，中左右前后五所领其他军士，就与郑晓、《大明会典》记载的顺序相反，故此说不能成立。锦衣中等五所就是中左右前后五所冠以“锦衣”二字，与上中等五所加“上”字类似，皆为凸显其特殊地位（其他卫辖所超出5个的，通常加“中”字——编者按)。锦衣卫在洪武时的“上十二卫”中排第11位，北迁后一跃为“上二十二卫”之首，诸所更改名号或许就在此时。史称郑晓“谙悉掌故，博洽多闻”[④]，也曾任兵部职方司主事，但负责卫所事务的是武选司，或许他并不了解锦衣卫详情，以致此误。《吾学编・皇明百官述》及明末清初诸史志“凡十八所”之说，并非史实。

三、“十四所”考辨

（正德)《大明会典》列举了13个千户所名目，但未明言其总数。(万历)《大明会典》卷二二八《上二十二卫・锦衣卫》则云：“所属有南北镇抚司、十四所。”据此记载，似乎锦衣卫在正德以后增设了一个千户所，但遍检该卷全文，只能找到与（正德)《大明会典》完全相同的13个千户所名目[⑤]。即使是官修官刻，两部《大明会典》也有不少错误，这里是否有遗漏呢？由江西书商在万历四十一年（1613)

---

①《中国明朝档案总汇》第1681号，第21册，桂林，广西师范大学出版社，2001年，第33—41页.

②［明］毕自严:《度支奏议》堂稿卷四《军粮布花迟缓认罪回话疏》,《续修四库全书》第483册，第170页.

③张金奎:《锦衣卫形成过程述论》,《史学集刊》2018年第5期.

④［清］张廷玉:《明史》卷一九九《郑晓传》,第5274页.

⑤万历《大明会典》卷二二八《上二十二卫・锦衣卫》，台北，新文丰出版公司，1976年，第3001、3006—3008页.

刊印的《大明一统文武诸司衙门官制》载锦衣卫有14个千户所，比《大明会典》多了一个“将军所”[①]，但这不仅得不到其他史料的支持，而且存在反证。将军所，顾名思义应是管领皇帝仪仗队——将军的。然《大明会典》已明载将军“于中后所支俸、食粮，凡文移用上中所印信”，万历四十六（1618）、四十七年（1619）的两件选补将军的档案均载“上中千户所申”[②]。若有“将军所”，将军何必在中后所食粮，由上中所移文选补呢？（万历）《大明会典》载有一个“将军营”，乃将军日常操练之处[③]，《大明一统文武诸司衙门官制》或是受其误导，为凑足“十四所”之数而据此编造了一个千户所名目。

考察诸所之职能、地位，或有助于考辨第14个千户所是否存在的问题。校尉、力士、将军等军士执行不同任务，分隶不同千户所，陆釴《病逸漫记》的记载值得重视：“锦衣卫：校尉五所，约八九千人，二十四监催事二百，五城巡城五百，东西厂共二百，朱指挥一百，袁指挥一百，巡店三十名，上直每番连官共五百三十；力士五所；将军一所；清军一所，达官”[④]。陆釴卒于弘治二年（1489），其所言朱指挥、袁指挥即朱骥、袁彬，成化中同理锦衣卫事[⑤]。这段史料早于《大明会典》，是当时人的原始记录。“校尉五所”履行该卫几乎全部重要职能，显系《大明会典》所载“凡本卫各项差委，轮流承行”的锦衣中等五所。力士由“有力精壮”之人充当，“随从直驾”，护卫皇帝[⑥]，“力士五所”就是上中、上左、上右、上前、上后所，“将军一所”就是将军支俸食粮的中后所。明人云“中后所为锦衣卫散地”[⑦]，是指将军侍卫年久可以升任千百户，但不管事，故有关事务是上中所代为经办的。“清军”似应是“亲军”。朱棣“靖难”多赖蒙古朵颜三卫之力，不少蒙古骑士成为其亲兵，长陵“八骏图”中为朱棣拔坐骑中箭的8位亲兵就都是达官，“盖靖难时，胡骑官军最近左右故也”[⑧]，故而朱棣将部分蒙古、女真亲军编隶锦衣卫。陆釴所言亦可得到实录的印证。《明宪宗实录》载，成化十七年（1481），兵部尚书陈钺奏：“锦衣

①《大明一统文武诸司衙门官制》卷一《京师》，《续修四库全书》第748册，第442页．按，是书载锦衣卫辖“左右中前后千户所、亲军千户所、中后千户所、锦衣左右中前后五千户所……驯象所、将军所”，其“左右中前后千户所”似各脱一“上”字，应是上中等五所．

②《中国明朝档案总汇》第93号、第96号，第1册，第246页，第249页．

③ 万历《大明会典》卷一三四《兵部十七·营操·将军营》，第1911页．

④［明］陆釴：《病逸漫记》，［明］邓士龙辑：《国朝典故》，北京，北京大学出版社，1993年，第1498页．

⑤《明宪宗实录》卷三四，成化二年九月壬辰，第685页．

⑥ 万历《大明会典》卷一四四《兵部二十七·力士校尉》，第2013页．

⑦《明孝宗实录》卷一一八，弘治九年十月己卯，第2125页．

⑧［明］黄瑜：《双槐岁钞》卷三《长陵八骏》，北京，中华书局，1999年，第47页．

五所千百户、所镇抚、总小旗俱有定额，例不得妄图转调……原在七所、镇抚司，不许调补锦衣五所”①。也提到了12个千户所。陈钺奏疏还披露，锦衣中等五所和其他千户所之间存在地位差别。万历中有恩诏云：“东宫直宿、巡缉旗尉，量照舍人例，给以冠带，如原系后七所者，量改前五所”②。宿卫、巡缉官兵改隶“前五所”是一种恩赏，而驯象所军奴不执行此类任务，故不在“后七所”之内。将驯象所计入，就是13个千户所。明末档案显示锦衣中等五所军士中也有力士③，与陆釴所言成化时的情况不同，应即恩赏改隶所致。总之，前五所、后七所、驯象所职能不同、地位有别，两部《大明会典》正是依照此顺序排列诸所并分述其职能的。厘清上述问题，可排除第14个千户所存在的可能。

档案中亦有锦衣卫编制的蛛丝马迹。崇祯元年（1628），掌锦衣卫事郑士毅在奏疏中说：“皇上登极之赏，实领兵部之银，公同五所、八所、镇抚司掌印等官封贮卫库”④。郑士毅在此理应提及麾下所有属官，根据前文的考证可以推断“八所”就是“后七所”和驯象所。这不仅是锦衣卫实辖13个千户所的重要证据，也说明自成化以迄崇祯，锦衣卫千户所数目再无变化。（万历）《大明会典》“十四所”的记载应是编纂讹误。

综上所述，两部《大明会典》所列锦衣卫千户所名目是正确的，而明清诸史志所载14、17、18三种总数都是错误的。洪武末年的锦衣卫至少辖有19个千户所，其中屯田、马军、水军等所的建置⑤，说明其依然承担一般卫所的征伐、屯戍职能。永乐帝北迁后，锦衣卫千户所数量减少，始专注侍卫、缉捕、刑狱等特殊使命。至迟在成化时，锦衣卫千户所固定为13个，以迄明末。这在一定程度上反映锦衣卫的职能在成化时已发展成熟，此后比较稳定。

（作者单位：西北大学历史学院）

①《明宪宗实录》卷二一四，成化十七年四月癸亥，第3725页．

②《明神宗实录》卷四一八，万历三十四年二月丁巳，第7908页．

③《中国明朝档案总汇》第1681号，第21册，第33—41页

④《中国明朝档案总汇》第423号，第5册，第426页．

⑤张金奎：《锦衣卫形成过程述论》，《史学集刊》2018年第5期。

锦衣卫外事职能浅析

何金骑

明朝历史上，锦衣卫是一个承担着诸多职能、有着广泛影响的机构，其在明代的政治、军事、外交、经济等领域都曾发挥过重要影响。但该机构在进入现代明史学科研究者视野之初，便带有浓重的“黑暗”色彩，被贴上特务的标签，且为相当多的研究者所接受[①]。知识分子为了影射现实，对锦衣卫的描述不可避免地掺杂着情绪化的表达，锦衣卫顺理成章地成了明朝黑暗统治的代名词。正如张金奎先生所言，“这一论断不免有片面、偏颇之嫌。要客观评价锦衣卫在历史上的作用，需要对其组织结构、成员来源、运作方式等做全面、系统的研讨”[②]。珠玉在前[③]，囿于平平学识，本文以实录为主要资料，略及其他，拟从锦衣卫的外事职能方面做一粗浅分析，以就教于方家。

洪武十五年（1382）三月，明太祖“改仪鸾司为锦衣卫，秩从三品”[④]，洪武十七年（1384）三月，“改锦衣卫指挥使司为正三品”[⑤]，居亲军卫之首。锦衣卫成立之初，“其属有御椅、扇手、擎盖、旛幢、斧钺、銮舆、驯马七司，秩皆正六品”[⑥]，显而易见，此七司具备的无疑是仪仗职能。洪武三十年（1397），“置锦衣卫前千户

① 其中，吴晗先生和丁易先生的观点最具代表性，明确提出锦衣卫是特务机构。参见张金奎《锦衣卫职能略论》（《明史研究论丛》第八辑，北京，紫禁城出版社，2010）第 169 页注释①。目前学术界关于锦衣卫的研究成果相对丰赡，研究领域大为拓展，但主要研究领域仍然较为集中，“大多集中在锦衣卫的监察与司法职能、廷杖制度及其在加强集权统治中的作用等问题上”（张金奎:《锦衣卫形成过程述论》，《史学集刊》2018 年第 5 期，第 4 页），现代明史学科近百年来有关锦衣卫的研究成果备览可参见张金奎《八十年来锦衣卫研究述评》（《中国史研究动态》2015 年第 1 期）一文，该文对相关成果做了很好的回顾与总结，并对将来的研究方向进行了展望.

② 张金奎:《锦衣卫职能略论》,《明史研究论丛》第八辑，北京，紫禁城出版社，2010 年，第 169 页.

③ 张金奎先生《锦衣卫职能略论》一文对锦衣卫的有关职能做了比较细致的分析，文中对锦衣卫所承担的外事职能也着墨颇多，且多精彩论述，给予本文很大启迪.

④《明太祖实录》卷一四四，洪武十五年四月乙未，台北，“中央研究院”历史语言研究所校勘本，1962 年，第 2266 页.

⑤《明太祖实录》卷一六〇，洪武十七年三月己卯，第 2486 页.

⑥《明太祖实录》卷一四四，洪武十五年四月乙未，第 2266 页.

所十司，曰銮舆、曰擎盖、曰扇手、曰旌节、曰幡幢、曰班剑、曰斧钺、曰戈戟、曰弓矢、曰驯马”[①]，至此，又增设了旌节、班剑、戈戟、弓矢四司。(正德)《大明会典》记载，锦衣卫下属五所，“各所官分领军士与诸卫同，而各所又分十司，统领校尉，掌卤簿仪仗及值驾、拿人、直宿等事”[②]。《明史》也称，“锦衣卫，掌侍卫、缉捕、刑狱之事，恒以勋戚都督领之，恩荫寄禄无常员”[③]，点明了锦衣卫所承担的几项基本职能。由前可知，由仪鸾司等发展而来的锦衣卫，宫廷侍卫是其基本职能之一，与之相适应，参与宫廷各类礼仪则是其日常开展的主要工作。被视为近侍之职[④]、朝廷亲军[⑤]的锦衣卫，承担的另外一项与侍卫、礼仪、侦缉、刑狱等联系密切的工作便是外事职能。

一、出使和赏赐

早在洪武年间，锦衣卫即有执行外事任务的相关记载。洪武二十一年（1388）十月，“故元国公老撒、知院捏怯来、丞相失烈门于耦儿干地遣右丞火儿灰、副枢以剌哈、尚书答不歹等率其部三千人至京进马乞降”，朱元璋派遣锦衣卫指挥答儿麻失里“赍白金、彩缎往赐之”[⑥]。洪武二十五年（1392）八月，甘肃塔滩里长史马哈沙、怯失迭力、迷失等来朝贡方物，朱元璋“以其道里辽远，往来跋涉，不欲遽遣其还”，特命锦衣卫指挥使张政“谕以恩意，俾留京师休息，丰其廪饩，以优待之”[⑦]。在明初大的历史背景下，此时锦衣卫面向归降和朝贡人员等所执行的外事任务带有浓重的心理安抚和统战色彩。永乐时期，明王朝继续处于战略攻势地位，为了发展和巩固以明朝为主导的天下秩序，锦衣卫继续较多地执行着对外出使和赏赐任务。永乐三年（1405）六月，正千户王复亨、副千户李满、总旗刘海、小旗马贵俱升为锦衣卫指挥佥事，“初，满等由仪卫司校尉从征渡江，出使西洋，累着勋

①《明太祖实录》卷二五〇，洪武三十年三月壬子，第 3627 页 .

②《明会典》卷一八〇，《影印文渊阁四库全书》史部第 618 册，台北，台湾商务印书馆，1986 年，第 759 页 .

③［清］张廷玉等：《明史》卷七六，北京，中华书局，1974 年，第 1862 页 .

④ 正德十六年十二月，兵部尚书彭泽奏称，“锦衣卫官，近侍之职，尤须得人”。《明世宗实录》卷九，正德十六年十二月庚子，第 349 页 .

⑤ 给事中庞泮、监察御史刘绅等言，“锦衣卫官校，系朝廷亲军”。《明孝宗实录》卷一一二，弘治九年四月戊子，第 2037—2038 页 .

⑥《明太祖实录》卷一九四，洪武二十一年十月丙午，第 2909—2910 页 .

⑦《明太祖实录》卷二二〇，洪武二十五年八月辛未，第 3226 页 .

绩，故有是命”[①]。永乐六年（1408），锦衣卫千户朵儿只等受命出使泰宁、朵颜、福余等卫[②]。永乐八年（1410）十二月，朱棣派遣锦衣卫指挥岳山、镇抚丁全等与鞑靼太师阿鲁台使臣脱忽歹等偕行，前去传达朱棣敕谕，并赐彩币[③]。永乐九年（1411）正月，锦衣卫百户马贵因为出使西洋古里等处有“劳绩”，升任本卫指挥同知[④]。永乐十一年（1613）五月，锦衣卫千户丁全赍敕前往赤斤蒙古卫升赏指挥佥事塔力尼诸人[⑤]。永乐十三年（1415）十二月，张通由小旗擢升为锦衣卫指挥佥事，理由同样是“以使西洋有劳也”[⑥]。永乐十四年（1416）七月，锦衣卫千户丁全、嘉剌丁奉使撒剌亦回国，俱升任指挥佥事[⑦]。锦衣卫千户杨真跟随郑和出使西洋，至锡兰山故去，永乐十四年九月，其子杨荣以父功袭升本卫指挥佥事[⑧]。永乐十四年三月，鞑靼和宁王阿鲁台“以战败瓦剌之众”，派遣使臣舍驴等“奏献所俘获人马”，朱棣“特赐宴劳”。舍驴完成使命北归，明廷特命锦衣卫指挥徐晟与之偕往，带去大批赏赐。徐晟此行，代表明朝方面赐阿鲁台及其母彩币五十表里；都督也先土干因与瓦剌作战有劳，赐彩币二十表里；阿鲁台部下头目格檐等二百三十人因作战有劳，各以功升任都指挥、指挥、千、百户，赐赉有差；战殁者赐祭[⑨]。可以看出，徐晟此次出使鞑靼，虽然赏赐人数众多、等级有别，但是覆盖面更广，不仅物质赏赐丰厚，同时关注到了精神层面，十分明显地体现出了锦衣卫出使所承担的笼络统战职责。永乐十五年（1417）三月，别失八里王纳黑失赤罕[⑩]遣使哈即哈剌罕[⑪]等进贡方物，且言“将嫁其妹撒马儿罕，请以马市妆奁”，明廷随后派遣中官李信、锦衣卫指挥丁全等“赍文绮、帛各五百匹助之”[⑫]。此处同样显示锦衣卫出使所具备的统战功能。永乐二十二年（1424）十一月，初即位的仁宗亦有派遣中官别里哥、锦衣卫指挥赵回来的等赍敕谕及彩币等赏赐前往和宁王阿鲁台处的举动[⑬]。

---

①《明太宗实录》卷四三，永乐三年六月癸巳，第 688 页 .

②《明太宗实录》卷八三，永乐六年九月辛亥，第 1111 页 .

③《明太宗实录》卷一一〇，永乐八年十二月丁未，第 1419—1420 页 .

④《明太宗实录》卷一一二，永乐九年正月辛未，第 1431 页 .

⑤《明太宗实录》卷一四〇，永乐十一年五月壬辰，第 1682—1683 页 .

⑥《明太宗实录》卷一七一，永乐十三年十二月癸巳，第 1907 页 .

⑦《明太宗实录》卷一七八，永乐十四年七月癸巳，第 1937 页 .

⑧《明太宗实录》卷一八〇，永乐十四年九月己亥，第 1956 页 .

⑨《明太宗实录》卷一七四，永乐十四年三月壬寅，第 1915—1916 页 .

⑩ 据校勘记，广本抱本赤作只。卷一九七第二页馆本亦作只 .

⑪ 据校勘记，广本即作郎。广本抱本哈剌作答剌 .

⑫《明太宗实录》卷一八六，永乐十五年三月乙未，第 1991 页 .

⑬《明仁宗实录》卷四上，永乐二十二年十一月甲戌，第 133 页 .

宣宗和英宗时期，锦衣卫依旧大量执行着出使和赏赐任务。宣德二年（1427）十二月，锦衣卫指挥佥事喜剌儿丁因出使亦力把里有劳，升任都指挥佥事[①]。宣德三年（1428）十一月，和宁王阿鲁台使臣多赤等陛辞，宣宗以“阿鲁台摅诚归化”，派遣曹者赤帖木儿等与多赤偕行，“赍敕抚谕，仍赐锦绮器物，视昔加厚”[②]。宣德四年（1429）十一月，行在锦衣卫指挥同知曹者赤帖木儿“以使远夷劳”，升任都指挥佥事[③]。宣德七年（1432）七月，明廷派遣锦衣卫指挥丁全、赵回来的等“赍敕及金织彩币表里”赏赐泰宁卫掌卫事都督佥事脱火赤等、朵头卫都指挥佥事哈赤哈孙[④]等、福余卫都指挥佥事安出等，“以能绥抚其众、恭事朝廷故也”[⑤]。宣德八年（1433）三月，宣宗派遣锦衣卫指挥同知赵灰来的等“赍敕往抚泰宁、朵颜、福余三卫官军，并赐都督、都指挥、指挥脱火赤等彩币有差”[⑥]。宣德九年（1434）四月，明廷再次派遣行在锦衣卫指挥佥事丁全、王息等“赍敕往赐福余等卫都指挥同知安出等四十二人彩币表里有差”[⑦]。同月，和宁王阿鲁台派遣头目土鲁台薛别孙来奏，称“为瓦剌所败，今脱身走，父子兄弟不复相顾”。宣宗闻之恻然，派遣锦衣卫百户马亮“赍敕驰往抚慰，并赐阿鲁台及部属失捏干等彩币表里”[⑧]。宣宗年间，锦衣卫多次受命出使，目的依旧是以抚谕为主，归化人心。

宣德十年（1435）二月，明廷以英宗的名义派遣指挥丁全赍敕往谕和宁王阿鲁台男昂克孛罗及大小头目，敕谕里提道，“比闻尔等就我边疆休牧，即敕边将严部伍、禁侵害，使尔等咸遂生业。尔能克知天命，具情驰奏，朕悉尔意。”[⑨]随即称，“尔等其益顺天道，恪效勤诚，如欲率属来归，悉不尔拒，尔等尚体朕一视同仁之意”[⑩]，招抚之意十分明显。正统四年（1439）十二月，英宗任命金吾左卫带俸都指挥佥事张信、锦衣卫带俸指挥同知牙鹘为正使，“封已故哈密忠顺王卜答失里男哈力锁鲁檀为忠顺王”。英宗在敕谕里说，“比闻尔父忠顺王卜答失里已卒，哈密军民无所统属。兹特遣使赍敕，命尔哈力锁鲁檀承袭父爵，仍为哈密忠顺王”，要求其“抚治人民，保守地方”，同时敕谕都督、头目皮剌纳等“协赞抚绥，不许头目人等

---

①《明宣宗实录》卷三四，宣德二年十二月己未，第 861 页．

②《明宣宗实录》卷四八，宣德三年十一月庚午，第 1173 页．

③《明宣宗实录》卷五九，宣德四年十一月辛未，第 1424 页．

④ 抱本礼本赤作剌．

⑤《明宣宗实录》卷九三，宣德七年七月戊午，第 2110 页．

⑥《明宣宗实录》卷一〇〇，宣德八年三月己巳，第 2246 页．

⑦《明宣宗实录》卷一一〇，宣德九年四月己酉，第 2461 页．

⑧《明宣宗实录》卷一一〇，宣德九年四月壬戌，第 2467 页．

⑨ 广本能作等．

⑩《明英宗实录》卷二，宣德十年二月癸卯朔，第 39 页．

互相仇杀”，希望努力达到“大小官员各安其职，军民各安其业”的目的[①]。之后，英宗不无警示意味地告诫到：

> 凡朝廷使臣及诸番进贡使臣来往经过，尤须至诚礼待，不可轻忽。尔其益顺天心，敬承朕命，永笃忠诚，以副宠眷之隆。如有头目人等，不遵朝廷号令，仍前仇杀，不服管束者，王即具实奏闻，必罪不赦。[②]

张信、牙鹘二位使节完成对哈力锁鲁檀哈密忠顺王的册封仪式之后，还需“将先年沙州移去哈密住坐都指挥阿赤卜花等遗下人口，尽数领回原卫，如旧生理”。此次册封，明廷赏赐“哈力锁鲁檀织金文绮、蟒龙袭衣、彩绢，及哈密大小头目并困即来、且旺失加织金袭衣、彩绢有差”，张信、牙鹘及随从人员也得到“各赏钞、锭、彩缎表里”的赏赐[③]。成化元年（1465）四月，因为哈密忠顺王绝嗣，应哈密王母请求，明廷亦有派遣锦衣卫人员充当使臣前去处置的行为[④]。

正统七年五月，英宗敕谕建州右卫掌卫事都督同知凡察：

> 比因尔遗下镜城人口，与朝鲜各执一词，积久不已。朕虑尔等构怨日深，特敕锦衣卫指挥佥事吴良[⑤]等赍敕谕朝鲜国王李祹，令拘前项人口对众面审。果愿还尔处者，即付领回；愿留朝鲜者，亦听在彼安住。[⑥]

建州右卫是数月前明廷分建州左卫而设，当时英宗在给凡察的敕谕里就曾提到“所遗亲属家口在镜城住者，已遣指挥吴良赍敕谕朝鲜国王，令查审发还”[⑦]一事。吴良等查实具体情况回奏之后，英宗向凡察通报称：

> （吴良）同尔头目款赤及朝鲜委官审得，童阿哈里等八十五名俱称世

①《明宪宗实录》卷一六，成化元年四月戊子，第346—347页.

②《明宪宗实录》卷一六，成化元年四月戊子，第346—347页.

③《明英宗实录》卷六二，正统四年十二月戊寅，第1176—1177页.

④《明宪宗实录》卷一六，成化元年四月戊子，第346—347页.

⑤吴良，初名完者帖木儿，女真人。兄观童，洪武间归附，占籍东光县，选充锦衣卫小旗。兄卒，良补其役，以战功累升锦衣卫世袭指挥使。天顺初，升都督同知，逾年调南京右府管事。成化三年，以年老乞闲，子鉴袭指挥使。成化十年，吴良卒，年九十九，赐祭葬如例。《明宪宗实录》卷一三四，成化十年十月甲辰，第2523页.

⑥《明英宗实录》卷九二，正统七年五月庚申，第1854页.

⑦《明英宗实录》卷八九，正统七年二月甲辰，第1792页.

居朝鲜，父母坟茔皆在，又受本国职事，不愿回还。其余有已故者，有先徙远处者，有原非管属、不识其名者，俱审实明白，皆非朝鲜拘留。[①]

英宗告诫凡察“尔自今宜上顺天理，下体人情，安分守法，用图长远享福”，同时，谕朝鲜国王李祹：

览奏具悉……其凡察所索之人，既不愿回，听其所使。盖安土重迁，人人同情，况其亲之坟墓所在。王之抚绥加厚，不忍违去，亦是良心。已严戒凡察，不许复索之矣。然豺豕之心难必，王其饬边臣备之。[②]

通过吴良的出使和调查，明廷查实了建州右卫与朝鲜之间因历史原因所起争执一事，对双方进行了抚慰，这既反映出明廷对边疆地区稳定的重视，也展示了对建州右卫上层和朝鲜的安抚态度。英宗对双方都表现出了极大的耐心，对朝鲜方面更是眷顾有加[③]。同时，对比英宗给凡察和李祹的敕谕，可以明显地感受到此时明廷对建州的不信任感，这种不信任感应当也是当初分建州左卫而增设建州右卫的一个重要原因。

正统八年（1443），锦衣卫指挥佥事王息“奉使兀良哈三卫”[④]。同年十二月，沙州卫右都督困即来、赤斤蒙古卫都督[⑤]且旺失加相继卒，英宗派遣锦衣卫指挥同知[⑥]丁全“往祭之，并[⑦]各赐钞五百贯、彩币二表里及香帛等物”[⑧]。正统十二年（1447）十二月，锦衣卫指挥马政、贺玉、王喜、吴良受命为正副使，出使瓦剌[⑨]。正统十四年（1449）正月，明廷以锦衣卫指挥吴良为正使、千户纪信为副使，“赍金帛等物，往使瓦剌也先处”[⑩]。同年，锦衣卫指挥同知岳谦、千户梁贵也曾出使瓦剌[⑪]。土

①《明英宗实录》卷九二，正统七年五月庚申，第1854—1855页.

②《明英宗实录》卷九二，正统七年五月庚申，第1854—1855页.

③ 英宗曾言，“朝鲜国习尚文物”，因为朝鲜慕中华文物，故对其颇有好感。[明] 张宁撰：《方洲集》卷一二，《影印文渊阁四库全书》，集部第1247册，台北，台湾商务印书馆，1986年，第349页.

④《明英宗实录》卷一〇三，正统八年四月辛卯，第2079—2080页.

⑤ 馆本“督”上四字残缺.

⑥ 广本无“同知”二字.

⑦ 影印本“并”字不明晰.

⑧《明英宗实录》卷一一一，正统八年十二月丙午，第2243页.

⑨《明英宗实录》卷一六一，正统十二年十二月乙酉，第3137页.

⑩《明英宗实录》卷一七四，正统十四年正月己丑，第3346页.

⑪《明英宗实录》卷一八二，正统十四年九月辛巳，第3540页.

木之变后，英宗被瓦剌扣留，明廷与瓦剌之间仍常遣使往来。景泰元年（1450）七月，右都御史杨善、工部右侍郎赵荣、都指挥同知王恩、锦衣卫正千户汤胤绩诸人受命出使瓦剌。值得玩味的是，礼部尚书胡濙等建议使团“量赍服食御用，备太上所需，不报”[①]。天顺五年（1461）二月，都指挥佥事海荣、锦衣卫指挥使马鉴出使海西等处[②]。天顺五年十月前后，明廷派遣锦衣卫带俸都指挥使詹升等“使虏通和”，后“孛来退兵出境，遣使臣纳阿出等偕升等由大同旧道入贡。已行一日，纳阿出言大同路不可行，欲改道自兰县入”，詹升等遣人疾驰奏报之后得到许可[③]。可以看出，经历土木之变后的英宗和明廷，在北部边防问题上为了达到息事宁人的目的，尽可能地给予了对方很大的礼遇、尊重和妥协。

天顺五年，安南国内继承人问题出现不明朗的状况。礼部上奏：

> 安南国王黎麟卒于正统七年，朝廷封其嫡子浚为王，浚于天顺三年为庶兄琮所弑，来求袭封。诏使未至其国，闻琮自尽。今琮弟灏遣陪臣阮升等奏，灏实麟嫡子，宜为王。臣等恐其国事未定，难辄遣官往封。宜宴赏升等，令其先归。仍移文广西三司、巡按御史往其近地凭祥县境察之，琮果没、灏果浚嫡弟，别无争端，然后可封。[④]

英宗同意了礼部的意见，继而“命锦衣卫官往察之”[⑤]。无独有偶，嘉靖年间安南再次发生内乱，且不再朝贡，明廷就是否出兵问罪产生争议。嘉靖十五年（1536）十一月，礼、兵二部上言：“乞先差锦衣卫官有胆略材识、通达事机者一二人，令广西镇、巡官选委军卫有司官员深晓夷情、熟知道路者三五人，同往彼国勘问背叛情由奏报”。嘉靖帝批准了此议，且称“安南背叛不庭，在所必讨。差官勘问，俱如所拟。兵部仍会议征讨事宜以闻。”[⑥]随后，明廷“差锦衣卫千户陶凤仪、百户王桐于广西，千户郑玺、百户纳朝恩于云南，诘勘安南国篡夺罪人及武严威等犯边事情”[⑦]。派遣锦衣卫前往两国边境地区查勘，显系涉及外事。不久，户部左侍郎唐胄上疏谏伐安南，列举了七大原因，且认为“锦衣武人，闇于大体，万一狥私

①［明］谈迁著，张宗祥校点：《国榷》卷二九，景泰元年七月庚申，北京，中华书局，1958 年，第 1864 页．

②《明英宗实录》卷三二五，天顺五年二月己卯，第 6714 页．

③《明英宗实录》卷三三三，天顺五年十月辛卯，第 6831 页．

④《明英宗实录》卷三二九，天顺五年六月癸巳，第 6773—6774 页．

⑤《明英宗实录》卷三二九，天顺五年六月癸巳，第 6773—6774 页．

⑥《明世宗实录》卷一九三，嘉靖十五年十一月乙丑，第 4080—4081 页．

⑦《明世宗实录》卷一九三，嘉靖十五年十一月甲戌，第 4083 页．

枉费，衅或随之”，希望“停遣锦衣卫勘官，并罢一切预备兵粮之令”，虽然兵部认为此疏“忠谋”，但是嘉靖帝仍然坚持“待所遣锦衣官勘奏，更议之”[①]。世宗的意见和态度，肯定了非常时刻锦衣卫在外事领域所扮演的关键角色，这既是对锦衣卫的信任，也是对锦衣卫能力的赞赏。礼部尚书夏言在奏疏里就曾十分不满地写道：“查得两广镇、巡等官，节奉钦依访勘，迄无回报。显是轻忽边情，违慢明旨，以致纵长夷奸，积损国体。”[②]可见地方官员的办事效率、执行能力和对朝廷态度的把握在相当程度上是不及锦衣卫的，这也是为什么明朝君臣在遣使勘问主导者这一问题上的意见高度统一。后严嵩上奏称，“原差锦衣卫官前去彼中体勘，今该国事由大略已见”[③]，表明锦衣卫此次查勘安南之行圆满完成了预定任务，带回了决策层所需要的相关情况说明。同时，辗转抵达京师的原安南黎氏使臣郑惟憭等，嘉靖帝也要求锦衣卫将其“拘留严密处所听候，不许与外人交接，光禄寺照朝鲜国贡使例供给”[④]。这反映出锦衣卫在执行外事任务时所扮演的特殊角色[⑤]。面对京师里与安南有关的各路人马交织、乱花渐欲迷人眼的情况，明廷在尚未对近期安南国内所发生的事情完全弄清楚之前，这样的安排无疑是审慎和妥当的。

崇祯时，明廷亦曾有遣使锦衣卫求和之举。崇德七年（1642）三月，“驻守锦州杏山王贝勒等遣启心郎詹霸奏报，明国差总兵二员、锦衣卫官一员、职方司官一员至王贝勒前，欲求讲和，赍来明主敕谕一道”[⑥]。但是今非昔比，在双方整体面貌发生明显改变、实力和要求不甚相符之时，出使求和自然难免被奚落的下场。到了南明时期，情况更糟，甚至有派遣锦衣卫乞师安南的举动。隆武元年（1645）十二月，“遣锦衣卫康永宁如安南，不克行。遣永宁航海借兵，至明年五月回。”康永宁此行并未能抵达安南完成使命，理由竟是“风逆不得泊舟，望崖而返”[⑦]，令人哂笑。时也势也，回顾此前嘉靖时期遣使锦衣卫查勘安南的情景，再与此时两相对照，不

---

①《明世宗实录》卷一九五，嘉靖十五年闰十二月壬子朔，第 4115—4117 页．

②［明］严从简著，余思黎点校：《殊域周咨录》卷六，北京，中华书局，1993 年，第 211 页．

③［明］严嵩撰：《南宫奏议》卷二六，《续修四库全书》史部第 476 册，上海，上海古籍出版社，2002 年，第 474 页．

④［明］严嵩撰：《南宫奏议》卷二六，第 473 页．

⑤ 嘉靖帝要求锦衣卫将郑惟憭等“拘留严密处所听候，不许与外人交接”，可见锦衣卫狱的高度保密性。成化年间的一个例子亦可作旁证：行人司副张瑾因为奉使擅封而被关押在都察院狱，虽然“屡从狱中遣家人讼冤”，但是皇帝依旧“命依律监禁，待占城国使至，奏报处治”。成化二十年六月，“占城使至，瑾复遣家人击登闻鼓言状”。宪宗下旨：“瑾在狱，何由知外事？必该道御史漏言。李裕等其勘详以闻，瑾移锦衣卫狱”。《明宪宗实录》卷二五三，成化二十年六月乙亥，第 4281 页．

⑥《清太宗实录》卷五九，崇德七年三月乙酉，北京，中华书局，1985 年，第 804 页．

⑦［明］瞿共美撰：《天南逸史》，杭州，浙江古籍出版社，1985 年，第 256 页．

禁让人唏嘘不已。

综前所述，锦衣卫出使涵盖的对象、覆盖的范围十分广泛，且在明朝中前期出使频繁，较多地执行着出使任务。应当说，锦衣卫每次出使承担的任务都十分繁重，而且涉及册封、赏赐、调解矛盾和居住人口等十分敏感且重大的问题，其要达成的使命则是维护“中国君主四夷之道”[①]。按照惯例，出使一般为文官或宦官职责[②]，锦衣卫却是以武职背景出使，明廷之所以做出这样的制度选择和安排，和锦衣卫本身所具备的军事性，且通晓外部情形有相当重要的关系。因为锦衣卫出使时所面对的地区和对象都较为特殊，且道路辽远，路途艰险，情况纷繁复杂，出使途中随时都会面临许多不可预知的危险和突发状况[③]，对出使人员的素质要求自然极高。在这种背景之下，选择礼仪、身体和军事素质等兼具的锦衣卫人员承担出使任务便在情理之中。

正是因为锦衣卫出使危险系数高、难度系数大，所以其出使前后，一般都会获得升职和赏赐等优待，这在一定意义上也成为锦衣卫人员的终南捷径。如前面已经提到的王复亨、李满、马贵、丁全、喜剌儿丁、曹者赤帖木儿诸人。此外，正统八年（1443）四月，“升锦衣卫指挥佥事王息为指挥使……以使兀良哈功也”[④]。正统八年十一月，“升锦衣卫带俸指挥佥事火吉为指挥同知……锦衣卫试百户梁贵为副千户，官军八十三人俱升一级，以使瓦剌还，有劳故也”[⑤]。正统十四年（1449）二月，“赏锦衣卫千户王勉等、野人都督剌塔、都指挥木当加等各绢二匹，彩缎四表

---

①［明］严嵩撰：《南宫奏议》卷二六，第476页.

② 神宗曾言，“累朝往封朝鲜、琉球，或内臣、或文臣充正使、副使”。（《明神宗实录》卷二九七，万历二十四年五月壬申，第5549页）一个比较显著的例子，天顺四年二月，文职七品的礼科掌科事给事中张宁同武职三品的锦衣卫带俸都指挥武忠前往朝鲜公干，调查毛怜卫都督佥事郎卜儿哈等十六人死亡缘由。由于在座次和题本签名序次等问题上拿不定主意，张宁奏请皇帝裁决，英宗下旨：“朝鲜国习尚文物，张宁正使，武忠副使”。后面张宁面见皇帝时，英宗又说：“汝近侍官，岂论品级。闻李球读书，或有典故，问答非武忠所能，汝坐次在上”。（［明］张宁撰：《方洲集》卷一二，第349页）这同时反映出明中后期文武官员地位的升降问题.

③ 例如，天顺四年九月，兵部奏：“锦衣卫带俸都指挥佥事金贵等遣往哈密并三简城、吐鲁番地面公干，行次甘肃，闻先遣使撒马儿罕等处都指挥佥事马云等尚在哈密，为乩加思兰攻劫，欲如云例遣兵送至卜鲁古秃地面，并敕赤斤蒙古、罕东二卫防护。”英宗敕令“甘肃总兵等官留贵，等待道通时遣之”。（《明英宗实录》卷三一九，天顺四年九月辛卯，第6651页）是年十月，兵部又奏：“先差锦衣卫带俸都指挥佥事马云等赍敕书、金牌往撒马儿罕等处，行至哈密，为乩加思兰攻劫，回在肃州。奏称，有堕思马黑麻王等处所差使臣二百余人，各赍方物，欲同来朝贡，乞命礼部照例遣官迎迓。”英宗批准了兵部所奏情事，“且命召云等回京”。（《明英宗实录》卷三二〇，天顺四年十月己未，第6663—6664页）

④《明英宗实录》卷一〇三，正统八年四月乙未，第2081—2082页.

⑤《明英宗实录》卷一一〇，正统八年十一月壬申，第2224页.

里，纻丝衣一袭。先是，勉等赍敕往海西考郎兀等卫同剌塔等抚谕野人，既而剌塔等同来朝贡马，故赏之。"[①] 正统十四年（1449）九月，"令升锦衣卫指挥同知岳谦为都指挥佥事，千户梁贵为指挥佥事。人赐白金二十两，纻丝四表里。其随从官军人赐白金五两，纻丝二表里。以使瓦剌艰苦故也。"[②] 天顺元年（1457）二月，"升锦衣卫带俸都指挥使喜信为后军都督府都督佥事……以其同吴良出使瓦剌回也"[③]。天顺六年（1462）五月，"升锦衣卫带俸都指挥同知程俊为都指挥使，指挥同知马亮为指挥使。初，俊等充正副使使乩加思兰处，还，累求迁职。兵部言：出使非有军功，难允。上特命升一级。"[④] 天顺六年七月，"赏锦衣卫都指挥佥事金贵银十两，彩币二表里；指挥佥事冯普银七两，彩币一表里；总、小旗、舍人等各银五两，绢五匹。以出使迤西哈密抚谕番夷有功也。"[⑤] 成化元年（1465）四月，"遣锦衣卫带俸都指挥佥事李珍使哈密，赐珍银八两，彩缎二表里"[⑥]。成化三年（1467）正月，"命锦衣卫带俸署都督指挥使武忠往谕建州毛怜等卫都督董山等"[⑦]，武忠称"建州女直董山等俱已官都督，臣止署都指挥使，位出其下，恐不为所尊信。乞量加升擢使，声位相等，庶可以慑夷心而全国体"，于是武忠由锦衣卫带俸署都指挥使一职擢升为署都督佥事[⑧]。

出使既是一副重担，同时也是出使机构和人员自身地位的一种反映，任务完成的好自然会有不少优待，但一旦出现差池，惩罚也就会随之而来。天顺五年（1461）四月，锦衣卫都指挥同知张隆因为出使番国，特进一级为带俸都指挥使。但是后来出使，半途而归，被法司执问，拟"应追预给俸粮"，英宗虽然也认为"张隆不才，不称任使"，可能是考虑到其之前的功劳，所以采取了"俸粮免追，革去先升一级官以愧之"的怀柔手法，将其仍降级为都指挥同知，忠义后卫带俸[⑨]。天顺五年（1461）七月，锦衣卫带俸都指挥佥事马云等，"以奉使失职，仍追原赏"[⑩]。天顺六年（1462）十二月，锦衣卫带俸都指挥赵荣出使吐鲁番，有"索所部贿"的非法行径，"下法司，论当赎流"，恰好遇到朝廷有赦免，但是英宗仍然"特命降二

---

①《明英宗实录》卷一七五，正统十四年二月癸亥，第 3368 页 .

②《明英宗实录》卷一八二，正统十四年九月辛巳，第 3540 页 .

③《明英宗实录》卷二七五，天顺元年二月丙辰，第 5854 页 .

④《明英宗实录》卷三四〇，天顺六年五月丙午，第 6909 页 .

⑤《明英宗实录》卷三四二，天顺六年七月辛丑，第 6935 页 .

⑥《明宪宗实录》卷一六，成化元年四月戊子，第 346 页 .

⑦《明宪宗实录》卷三八，成化三年正月癸酉，第 754 页 .

⑧《明宪宗实录》卷三八，成化三年正月庚辰，第 757 页 .

⑨《明英宗实录》卷三二七，天顺五年四月丙申，第 6749 页 .

⑩《明英宗实录》卷三三〇，天顺五年七月壬子，第 6791 页 .

级，调外卫"①，惩罚也不可谓轻。成化二年（1466）四月，锦衣卫带俸都指挥佥事李珍因出使哈密无功而返，礼部甚至上奏请求连同举荐者都督同知季铎"并置之于法"，宪宗虽然认定"李珍出使无状，季铎举用非人，法固难容"，但最终还是采取了宽宥的做法②。

二、安置归附人员

锦衣卫之所以能执行外事任务，与该卫有大批外族、外国归附人员等有着很大关系。如前面述及的锦衣卫指挥答儿麻失里、锦衣卫千户朵儿只、锦衣卫指挥佥事喜剌儿丁、锦衣卫指挥同知曹者赤帖木儿等的出使即系此种情况。英宗时期，吴良虽以锦衣卫身份出使朝鲜，调查建州右卫和朝鲜之间的争端，但其同样也有着女真人的身份背景。成化年间官至中军都督同知的武忠，同样是女真人，且多次担当出使任务。《明宪宗实录》记载：

> 宣德中，（武忠）遣使奴儿干，授锦衣卫百户，后代叔父乃当哈为海西都指挥佥事，改注锦衣卫带俸，以军功历升都指挥同知，署都指挥使。成化三年，遣往建州招谕都督董山等，升中军署都督佥事。未几，进升同知。③

同时，武忠还是会昌侯孙继宗之婿，同给事中张宁出使朝鲜时，因其"貌壮伟，善射"，还发生过一段轶事④。山后人李显，洪熙元年（1425）内附，授锦衣卫指挥同知。宣德三年（1428），升任指挥使，出使西域⑤。

明制："四夷降附老弱者，皆于锦衣卫带俸"⑥。归附人员待遇优渥，赏赐丰厚。洪武三十五年（1402）十月，"升撒马儿罕归附千户亦剌思为锦衣卫指挥使"⑦。同

---

①《明英宗实录》卷三四七，天顺六年十二月甲戌，第6997页.

②《明宪宗实录》卷二九，成化二年四月辛酉，第574页.

③《明宪宗实录》卷八五，成化六年十一月丙戌，第1648页.

④ 武忠出使朝鲜时，"国人请阅兵，因以弓矢请射。忠挽弓，辄嫌其软，并张两弓折之。既而有雁横空而过，国人跽请射，忠援弓射，应弦而落，国人大慑服"。《明宪宗实录》卷八五，成化六年十一月丙戌，第1648页.

⑤《明宪宗实录》卷一三六，成化十年十二月壬午朔，第2543页.

⑥《明英宗实录》卷二一，正统元年八月辛卯，第418页.

⑦《明太宗实录》卷一三，洪武三十五年十月壬戌，第236页.

年十一月，“鞑靼头目伍丑驴自凉州来朝，命为锦衣卫指挥佥事”[①]。永乐二十二年（1424）正月，“鞑靼把脱木儿等七十八人来归，命隶锦衣卫。各赐钞百锭，绵布十匹，米五石，柴五百斤，牛五头，羊十羫。月赡米二石。其从人及家属减半赐之。”[②]宣德元年（1426）二月，“赐行在锦衣卫带管归附鞑靼都指挥阿老丁等三十二人田地、草场于顺天府”[③]。正统元年（1436）五月，“赐迤北达子沙哈巴子、火者阿力在京居住，授沙哈巴子试百户，火者阿力试所镇抚，于锦衣卫带俸。赏织金袭衣、米、钞、彩缎、绵花、靴韈、牛羊、柴炭有差，仍赐房屋、器皿”[④]。正统九年（1444）九月，“迤北头目孛罗失里及弟乃颜台、完卜林等七人来归，命为正千户等官，居之南京，隶锦衣卫。赐冠带、房屋、器物。”[⑤]正统十二年（1447）十月，“撒马儿罕回回哈只等来归，上命隶南京锦衣卫。月支米二石。赐钞、布、纻丝、袭衣，并房屋、床榻、器皿等物。”[⑥]正统十三年（1448）正月，“朵颜卫达子火儿赤台等男妇六人来归，上命为头目，月给米二石，隶南京锦衣卫。赐彩币表里，布、绢、钞锭、房屋、器皿等物。”[⑦]正统十三年（1448）三月，“瓦剌也先下回回哈只、马黑麻等三人来归，命隶南京锦衣卫。赐衣靴、钞币、房屋、器皿。”[⑧]景泰三年（1452）二月，“指挥同知牙失哈、指挥佥事栢羊哈、副千户打隆加、头目伯的牙儿等三十四名来降，送南京锦衣卫安插。月给米二石，并房屋、器皿等物。”[⑨]景泰三年五月，“撒马儿罕地面回回马黑麻来归，命为小旗，于南京锦衣卫安插。月支米二石，赐钞、布、纻丝、袭衣、房屋、器皿等物。”[⑩]景泰四年（1453）八月，“脱脱卜花王部下达子答失苦咄来归，命为所镇抚，南京锦衣卫带俸”[⑪]。景泰六年（1455）正月，“达子地骨斯、伯罗克秃二人来归，命为头目，隶南京锦衣卫。给月米、房屋、什器。”[⑫]天顺元年（1457）七月，“迤北孛来部下达子百十有四人来归，命如例

①《明太宗实录》卷一四，洪武三十五年十一月己丑，第256—257页.

②《明太宗实录》卷二六七，永乐二十二年正月癸卯，第2427页.

③《明宣宗实录》卷一四，宣德元年二月戊寅，第381页.

④《明英宗实录》卷一七，正统元年五月癸巳，第347页.

⑤《明英宗实录》卷一二一，正统九年九月丙子朔，第2433页.

⑥《明英宗实录》卷一五九，正统十二年十月庚辰，第3100—3101页.

⑦《明英宗实录》卷一六二，正统十三年正月辛丑，第3146页.

⑧《明英宗实录》卷一六四，正统十三年三月丁未，第3185页.

⑨《明英宗实录》卷二一三，景泰三年二月乙酉，第4591页.

⑩《明英宗实录》卷二一六，景泰三年五月戊午，第4674页.

⑪《明英宗实录》卷二三二，景泰四年八月丙午，第5080—5081页.

⑫《明英宗实录》卷二四九，景泰六年正月己未，第5389—5390页.

送锦衣卫安插。给以房屋、器物。"[①] 安置到锦衣卫的达官，大多由镇抚司带管，如天顺元年（1457），"迤北鞑靼奄克不花、塔歹乃、来忽来归，俱命为头目，隶锦衣卫镇抚司带管。给房屋、器物。"[②] 归附达官去世之后，也会有赐祭的待遇。如弘治十四年（1501）十二月，"赐锦衣卫故达官指挥使马忠等七人祭，并棺木之费如例"[③]。此外，还会有赐姓之举，以示隆眷。宣德二年（1427）十一月，"赐都督把台姓名曰蒋信，锦衣卫指挥哈只曰李诚"[④]。天顺二年（1458）十二月，"赐鞑官姓名……锦衣卫带俸都指挥同知牙失纳曰芮刚"[⑤]。达官即使犯罪也多有宽宥，如景泰六年（1455）十一月，"达官指挥使兀抱儿舍等子侄数人俱于畿内为强盗，锦衣卫捕得之。命即诛以狥，不必覆奏。法司请按诸达官罪，诏从，宥之。"[⑥] 此外，也有通过非正常途径隶入锦衣卫的。例如正德中，回回人于永"进秘方得幸，拜锦衣卫都指挥同知"[⑦]；哈密"虎仙与侄婿夤缘，俱赐从朱姓，传升锦衣指挥"[⑧]。

来降的归附人员是明朝获知外部信息的一个重要途径。正统十二年（1447）十一月，鞑靼阿儿脱台来归，授职南京锦衣卫带俸所镇抚，就曾带来也先与其主脱脱不花有隙，将谋南侵的讯息。又言，"也先尝放其所获夜不收二人归京师，非美意，实欲窥朝廷所为何如"[⑨]。成化二十三年（1487）五月，被也先部下掳去的锦衣卫军匠徐安因借朝贡之机"传报虏情"而被擢升为泰宁卫副千户。其后徐安又"偕子宁各携家属颜猛可脱脱忽等十三人，并马牛羊畜入关……升安正千户，子宁授所镇抚，俱锦衣卫带俸。猛可脱脱忽俱收充勇士。"既而，徐安"复自陈当先帝北狩，时与都督袁彬等同效劳，乞如彬等例加升"。兵部上言，称"安言无凭，而其义可取。且朝廷爵赏，所以劝忠义。况安备谙虏情，用之未必无补，宜如所陈，以示优异"，徐安因此由正千户升任锦衣卫指挥佥事[⑩]。

此外，还有一定数量的因特殊原因留居明朝的外国使臣等，被安置在锦衣卫带俸，明廷一般也会授予其人官职。天顺三年（1459）八月，"爪哇国番人火失

①《明英宗实录》卷二八〇，天顺元年七月壬申，第5999页.

②《明英宗实录》卷二八四，天顺元年十一月壬戌，第6083—6084页.

③《明孝宗实录》卷一八二，弘治十四年十二月戊辰，第3362页.

④《明宣宗实录》卷三三，宣德二年十一月甲午，第842页.

⑤《明英宗实录》卷二九八，天顺二年十二月辛巳，第6343页.

⑥《明英宗实录》卷二六〇，景泰六年十一月辛巳，第5570页.

⑦［明］茅瑞征撰：《皇明象胥录》卷七，《四库禁毁书丛刊》史部第10册，北京，北京出版社，1997年，第662页.

⑧［明］严从简著，余思黎点校：《殊域周咨录》卷一二，第420页.

⑨《明英宗实录》卷一六〇，正统十二年十一月丁未，第3118页.

⑩《明宪宗实录》卷二九〇，成化二十三年五月庚戌，第4901页.

的朝贡至京，奏愿居京自效，命发锦衣卫养象，月支食米一石”[①]。嘉靖四十一年（1562），进贡的回回把部剌朵思麻留在明朝，“因令收养狮子”，并娶妻生子。万历二年（1574）二月，把部剌朵思麻“告比照宣德、景泰年间哈密进贡回回升授官职”的成例求职，兵部得旨：“回夷归附，既有授官旧例，都准与作指挥佥事，着在锦衣卫带俸，以后不许再来奏扰”[②]。

明廷把归附人员大批集中安置在锦衣卫，既有便于支俸、安抚等因素，亦暗含其他目的。洪武二十六年（1393）十一月，辽东都司擒获李敬先等六名朝鲜细作，押送到南京，朱元璋命锦衣卫“给庐舍居之”[③]。此时的朝鲜半岛正处在政权交替的剧变之中，朱元璋命锦衣卫优待他们，既出于外交考虑，同样有便于监视的目的。正统十一年（1446），兵部奏准：

> 河州卫番僧加失领真在罕东卫住坐年久，为其都指挥班麻思结奉使往瓦喇也先处约为婚姻，交结深密。今本僧来朝，意在与外夷缉探中国事情，不宜使还本土，宜发往南京锦衣卫安插居住。[④]

可以说此处监管目的已经表露得十分明显。景泰三年（1452），一批被脱脱不花控制的女真民众阿里等脱离蒙古来归，明廷决定护送其返回辽东居住。但兵部认为其中的海西忽里吉山卫女真“哑哈等二名叛服不常，难住辽东，宜升为头目，送南京锦衣卫安插”[⑤]，其目的与处置加失领真如出一辙。明廷对于一部分归附人等始终难以摆脱不信任的心态。南京锦衣卫指挥佥事吕贵曾奏，“本卫安插达官指挥、千、百户、头目等二百五十八人，虽称归顺，其心难测。且汉人不晓其言语，乞选在京达官内素有名望、谙晓夷语者一员以抚恤之。”天顺元年（1457）八月，明廷派遣达官都督佥事高通“往南京后军都督府理事，兼抚在彼达官头目人等”[⑥]。

据相关史料透露的信息来看，管束归附人员的任务相当繁重。天顺三年（1459）五月，南京守备魏国公徐承宗及太监周礼等联名上奏，称“南京安插夷人数多，都督佥事高通独员管束不及。访得南京右府都督同知吴良老成练达，谙晓夷语，乞令良与通同管夷人。”虽然兵部对徐承宗等人的工作表达了明显的不满，要

①《明英宗实录》卷三〇六，天顺三年八月丙寅，第6452页.

②《明神宗实录》卷二二，万历二年二月丙辰，第582页.

③《明太祖实录》卷二三〇，洪武二十六年十一月丁卯，第3367页.

④《明英宗实录》卷一四四，正统十一年八月辛酉，第2846页.

⑤《明英宗实录》卷二一五，景泰三年四月庚辰，第4626—4627页.

⑥《明英宗实录》卷二八一，天顺元年八月壬子，第6041—6042页.

求将承宗等执赴京师治罪，但皇帝还是选择了宽宥[①]。是年七月，兵部再次上奏，称“向者南京守备魏国公徐承宗等妄举都督吴良堪管夷人，已蒙恩宥，令再别举，今乃饰词抗违，请治其罪”，英宗同样只是“赐敕切责承宗，令于久住达官内会选谙晓夷语、老成谨厚者三四人以闻”[②]。徐承宗等人冒着被治罪的风险多次上奏，反映出对在锦衣卫等处安置的归附人员的管理确实是明廷所要处理的一大重要事项。另一方面，“有小技者及各王、公主守庄墓者”也被安排在锦衣卫带俸。明廷将归附人员及其他相关人等大量安置在锦衣卫，由此带来一个严峻的现实问题，即锦衣卫自身的臃肿。正统元年八月，行在户部奏：“近制，事从撙节。此辈坐食，亦宜汰之。”英宗于是“令有技者自食其技，守庄墓者自食其力，四夷老弱者就食于南京”，迈出“汰锦衣卫带管官校”的步伐[③]，但成效似乎很小。当然，锦衣卫机构的庞大臃肿并不全部是由于接收归附人员造成的，除了安置四方归附人员外，锦衣卫还存在着大量冒滥的积弊，徒费国帑。弘治十三年（1500）四月，兵部就曾因为“各卫指挥、千、百户等官多滥改锦衣卫，奏请禁止”[④]。弘治十六年（1503）五月，兵部覆奏，以“锦衣卫系近侍衙门”为辞，希望朝廷下令“不许滥入”[⑤]。到了嘉靖年间，事情变得更糟。嘉靖七年（1528）正月，兵部在复詹事霍韬的奏疏中承认，“洪武时，内外大小军职载在职掌者，原有定额，其后除授渐多，员数冗滥，遂至带俸官加于原额不知凡几倍矣……若内之锦衣卫冗滥尤甚”[⑥]。

三、与外事相关的其他职责

明朝对本朝民人与外“夷”交往非常敏感，严加防范。永乐四年（1406）四月，锦衣卫抓获与外国使人交通者，且言：“宜执付法司，治如律”。永乐帝询问其中情由，原来只是“以毡衫市之，而与之言甚久”，于是下令释放，但锦衣卫官坚持认为“毡衫市之虽微，交通于法难宥”。永乐帝则称：“立法以禁奸，过轻则民慢；用法在体情，过重则民急。彼小人治生，富则以钱易物，贫则以物易钱。交议价直，岂一言可决？彼何知国法，其释之。”仍然下令释放[⑦]。正统四年（1439）九

①《明英宗实录》卷三〇三，天顺三年五月乙未，第6414页.

②《明英宗实录》卷三〇五，天顺三年七月庚寅，第6438页.

③《明英宗实录》卷二一，正统元年八月辛卯，第418页.

④《明孝宗实录》卷一六一，弘治十三年四月乙酉，第2881页.

⑤《明孝宗实录》卷一九九，弘治十六年五月己巳，第1680页.

⑥《明世宗实录》卷八四，嘉靖七年正月己亥，第1909页.

⑦《明太宗实录》卷五三，永乐四年四月庚辰，第795页.

月，英宗以瓦剌脱欢使者将至，“诏行在都察院揭榜，戒军民人等毋肆欺侮，毋侵盗所携，与之交易价毋增溢，毋得货与兵器，毋私与语。敢有违者，谪戍海南。仍命锦衣卫伺察之。”[①]正统八年（1443）十二月，“民有以铁器卖与瓦剌使臣规厚利者，诏锦衣卫擒获监禁之”[②]。正统十四年（1449）正月，英宗派遣正使都指挥佥事马政、副使指挥同知贺玉等赍书达达可汗，并携带大量金银珠宝等物与瓦剌使臣一同回还，要求锦衣卫指挥同知王山等人“自京师至居庸、宣府、大同沿途缉捕、禁约军民与使臣交通、私卖与兵器者”[③]。成化七年（1471）三月：

> 琉球国使臣蔡璟以织金蟒龙罗衣雇匠纫制。时，锦衣卫校尉有缉获市民与外国人交通者，刑部鞫之，疑其罗出于私交者，皆不服。及询璟，固称为其国王受赐于先朝者。事闻，上命礼部稽旧籍有无，礼部云无，遂收贮内库，仍敕谕其国王知之。[④]

成化十二年（1477）十一月，泰宁等卫遣都指挥亦吉歹等三百人入贡，兵部事先已经获知其与蒙古鞑靼部讲和，于是上奏宪宗“请令锦衣卫官校密防闲之。凡所赍马物，止许于夷馆中与我军民和买，不许以铜铁筋角私相贸易，因而漏泄机事。违者执问处治。”[⑤]可见，锦衣卫不仅承担了稽查沟通外“夷”民人的职责，而且范围十分宽泛，执行亦非常严格。

除了严密防范和监视本国民人和外“夷”交通外，对外“夷”本身的侦缉也是锦衣卫承担的一项重要任务。成化十年（1475）十一月，泰宁卫都指挥安塔木儿等进贡，在进贡的队伍中挟带了一名朵颜卫人纳哈出，随即被锦衣卫官校缉知上报[⑥]。成化二十三年（1487）三月，天方国回回阿力欲至云南访求，“因自备宝物累万，于满剌加国附行人左辅至京进贡，而为内官韦眷所侵克，奏乞查验”。礼部建议“估其贡物，酬以直，而许其访兄于云南”。宪宗却认为，“阿力实以奸细窃携货物，假进贡索厚利”，加之其“在馆悖言肆恶”，于是要求锦衣卫“速差人押送广东镇、巡官收管，遇便遣回”[⑦]。正德十一年（1516）八月，兵部议处地方奏报的获虏

①《明英宗实录》卷五九，正统四年九月乙丑，第 1137 页 .

②《明英宗实录》卷一一一，正统八年十二月丙午，第 2243 页 .

③《明英宗实录》卷一七四，正统十四年正月己酉，第 3354—3358 页 .

④《明宪宗实录》卷八九，成化七年三月戊戌，第 1741 页 .

⑤《明宪宗实录》卷一五九，成化十二年十一月壬寅，第 2904 页 .

⑥《明宪宗实录》卷一三五，成化十年十一月壬戌，第 2532 页 .

⑦《明宪宗实录》卷二八八，成化二十三年三月丁卯，第 4877 页 .

奸细情况，并称“其所获奸细皆潜入京城而归，宜令锦衣卫、巡城御史严督兵马司缉访，凡流移潜住及踪迹不明者，皆捕治”[①]。同年九月，锦衣卫正千户郭鳌因缉获奸细立功而被擢升为指挥佥事[②]。如果来华使节有违背礼法的行为发生，锦衣卫也会主动或被动地介入。例如，景泰五年（1454），日本使臣已蒙重赏，仍然提出非分要求，且有“沿途则扰害军民，殴打职官；在馆则陲楚馆夫，不遵禁约”的非法之举，礼部建议“宜令锦衣卫能干官员带领旗校人等，示以威福，催促起程”，被皇帝采纳。[③]成化十三年（1478），锦衣卫奏“朵颜等卫并日本国差来使臣，于会同馆争夺柴薪，日本从人殴朵颜夷人”，宪宗随后命礼部“晓谕各夷，宜遵守礼法，毋相争竞”[④]。

此外，锦衣卫还担负有与外国使臣、归附人等及其他相关人员的司法职责。洪武十二年（1379）闰六月，高丽遣门下赞成事张子温来华，谢许改冠服。其人一行到了南京，朱元璋认为此次进献的马匹为驽马，“下囚子温锦衣卫”[⑤]。洪武十四年（1381），明太祖在给高丽的圣旨中再次点明囚禁张子温于锦衣卫狱的原因：

> 高丽愿听朕约束。朕令岁贡马，所进马不中用，而又诉难。我令勿进，只令三年进种马五十匹，所进马又不中用。后买五千匹，又皆弱小，以我一匹价，可买彼两三马。今又以改衣冠谢恩进马，粗蹄肿腿。既是来献，何至于此？是必使臣行至西京卖换而来耳。[⑥]

朱元璋明言要将张子温“经年罪之”[⑦]。后来朴宜中受遣来华，“时张子温死于锦衣卫，其从行二人尚未东还，帝附宜中遣之”[⑧]。太监喜宁曾邀番僧锁南至家阅兵书图识，被锦衣卫校尉侦缉，于是下锦衣卫狱，至景泰元年（1450）闰正月始获释[⑨]。天顺元年（1457）六月，游击将军、右都督石彪“械磨儿山所擒鞑贼至京，法司请

①《明武宗实录》卷一四〇，正德十一年八月癸亥，第2760—2761页.

②《明武宗实录》卷一四一，正德十一年九月丁亥，第2776页.

③［明］王士骐撰:《皇明驭倭录》卷四,《北京图书馆古籍珍本丛刊》史部第10册，北京，书目文献出版社，1988年，第46—47页.

④［明］王士骐撰:《皇明驭倭录》卷四，第49页.

⑤［朝鲜］郑麟趾等著，孙晓主编:《高丽史》一三六《列传》卷四九《辛禑四》，重庆，西南师范大学出版社，北京，人民出版社，2014年，第4112页.

⑥［朝鲜］郑麟趾等著，孙晓主编:《高丽史》一三七《列传》卷五〇《辛禑五》，第4121页.

⑦［朝鲜］郑麟趾等著，孙晓主编:《高丽史》一三七《列传》卷五〇《辛禑五》，第4121页.

⑧［朝鲜］郑麟趾等著，孙晓主编:《高丽史》一一二《列传》卷二五《朴宜中》，第3438页.

⑨《明英宗实录》卷一八八，景泰元年闰正月戊申，第3817页.

悉诛之，上命锢于锦衣卫狱”①。天顺二年（1458）五月，锦衣卫捕获了越狱的番僧加失领真等五人及犯边“达贼”十五人，英宗下令俱斩于市②。天顺五年（1461）七月，达官都督同知也先帖木儿从曹钦谋反失败，逃至通州被捕，“法司论当凌迟处死，上命锦衣卫禁锢之”③。天顺六年（1462）四月，副总兵右都督冯宗等“以固原州所获鞑子脱脱木儿等械至京师，上命付锦衣卫鞫之”④。成化二十二年（1486）二月，锦衣卫缉事官校侦缉到兵部武选司吏樊忠、韩锡、大兴县民匠吴鉴、吴兴等人在会同馆“交通夷人盗卖敕书”，樊忠等随即被“下锦衣卫鞫实”。宪宗认为诸人所作所为“大不畏法”，下令诛杀⑤。《明宣宗实录》记载，洪熙元年（1425）六月，浙江海门卫“献所俘倭寇”，宣宗同样下令将其关押在锦衣卫狱⑥。这表明锦衣卫司法职能管辖范围较为宽泛，与外事领域关涉紧密。

除了前面述及的诸项外事相关职责外，锦衣卫还有其他一些与外事相关的行为。例如，向朝廷提出与外事相关的政策建议。正统六年（1441）二月，行在锦衣卫带俸都指挥佥事陈友等奏称，“辽东东宁卫及安乐、自在二州寄住达官人等，累年进贡，不限时月，多带家人，贪图赏赐，所过劳扰军民，妨废农务”，希望“敕辽东镇守总兵等官，谕令今后皆候农隙之时进贡，毋容多带家人，仍踵前弊”，该条意见被英宗采纳⑦。正统八年（1443）四月，锦衣卫指挥佥事吴良上奏，称：

> 臣奉命使海西，见女直野人家多中国人驱使耕作。询之，有为掳去者、有避差操罪犯逃窜者，久陷胡地，无不怀乡。为其关防严密不得出，或畏罪责不敢还，情深可悯。今海西各卫累受升赏，皆知感激，请给榜开原及境外，于野人女直则谕以理，使无拘禁，于逃叛则宥其罪，俾之来归。⑧

吴良奏上，英宗“可其奏，仍敕辽东总兵官禁约守边官旗，自今有军余逃叛者，俱重罪之”⑨。弘治六年（1493）五月，大通事、锦衣卫带俸指挥佥事王英建言：

---

①《明英宗实录》卷二七九，天顺元年六月辛亥，第 5984 页 .

②《明英宗实录》卷二九一，天顺二年五月丁亥朔，第 6207 页 .

③《明英宗实录》卷三三〇，天顺五年七月戊申，第 6786 页 .

④《明英宗实录》卷三三九，天顺六年四月庚午，第 6898 页 .

⑤《明宪宗实录》卷二七五，成化二十二年二月辛丑，第 4638—4639 页 .

⑥《明宣宗实录》卷二，洪熙元年六月乙卯，第 40 页 .

⑦《明英宗实录》卷七六，正统六年二月戊寅，第 1488—1489 页 .

⑧《明英宗实录》卷一〇三，正统八年四月庚戌，第 2090—2091 页 .

⑨《明英宗实录》卷一〇三，正统八年四月庚戌，第 2091 页 .

永乐间，女直各卫授都督等官，令率所部为中国藩篱。比来各官不能约束，以致边方多警。今后各卫掌印都督若历任无过、所部未尝犯边者，仍许袭原职。否则，止令袭指挥使，别选众所信服者升都督。①

兵部复奏时将此条建议加以改进，得到孝宗批准②。此外，锦衣卫还参与核查与外事有关的情况。景泰元年（1450）五月，“虏酋阿剌知院遣其参政完者脱欢等贡马请和，边将留于怀来以闻。文武大臣议请往审其情伪，于是命太常寺少卿许彬、锦衣卫都指挥同知马政往审。”③天顺六年（1462）六月，锦衣卫千户冯瑶受命核验镇守山海等处总兵官、都指挥佥事马荣“受所部指挥赂及用货物贸易夷人马匹”④一事。为了与来明的使臣沟通及出使需要，锦衣卫也会培养自己的翻译人才。例如，宣宗“以四夷朝贡日蕃，翻译表奏者多老”，下令胡濙同杨士奇、杨荣于北京国子监“选年少监生及选京师官民子弟有可教者，并于翰林院习学”。宣德九年（1434）八月，诸人“选监生王瑄等及官民子弟马麟等各三十人以闻”，宣宗命锦衣卫指挥李诚⑤、丁全等教之，翰林学士程督之⑥。这表明锦衣卫储备有谙习翻译的人才。回鹘人、后军都督佥事昌英曾于正统六年（1442）调锦衣卫带俸，“充通事及四夷馆教译书”⑦。锦衣卫带俸都指挥使昌英、都指挥佥事陈友、指挥同知丁全、岳谦等人此前“坐罪，革冠带办事”，于正统八年（1444）正月复职，同昌英一样，其余诸人皆为通事⑧。隶属锦衣卫籍的吴祯，“幼以子弟译字四夷馆中”⑨。锦衣卫本身即具备的礼仪职能，在外事场合自然更是不可或缺。（正德）《大明会典》记载，洪武十八年（1383），更定蕃使朝贡礼仪：“凡蕃国初附，遣使奉表，进贡方物。先于会同馆安歇，礼部以表副本奏知，仪礼司引蕃使习仪，择日朝见。其日，锦衣卫陈设仪仗……”⑩

---

①《明孝宗实录》卷七五，弘治六年五月乙亥，第1422—1423页.

②《明孝宗实录》卷七五，弘治六年五月乙亥，第1422—1423页.

③《明英宗实录》卷一九二，景泰元年五月辛未，第4020页.

④《明英宗实录》卷三四一，天顺六年六月戊辰，第6918页.

⑤ 李诚即哈只，宣德二年十一月宣宗赐现名。据记载，“哈只始以翻译得官”。《明宣宗实录》卷三三，宣德二年十一月甲午，第842页）又，《明太宗实录》载，永乐四年三月，“升鸿胪寺序班哈只为本寺右寺丞。哈只，回鹘氏，谙通西域言语文字，故进用之”。（《明太宗实录》卷五二，永乐四年三月庚子，第778页）两处记载应为同一人.

⑥《明宣宗实录》卷一一二，宣德九年八月戊辰，第2522—2523页.

⑦《明英宗实录》卷二六六，景泰七年五月己巳朔，第5639页.

⑧《明英宗实录》卷一〇〇，正统八年正月甲申，第2029页.

⑨《明宪宗实录》卷二六，成化二年二月癸未，第516—517页.

⑩《明会典》卷五五，《影印文渊阁四库全书》史部第617册，第595页.

四、结语

由前所述，我们基本对锦衣卫所具备的外事职能做了粗浅分析。锦衣卫在主要承担宫廷侍卫、参与各类宫廷礼仪之外，更是经常性地执行着与侍卫、礼仪、侦缉、刑狱等密切联系的外事职能。锦衣卫执行外事任务的职能与明朝相始终，由洪武迄至南明，均见记载。在明初大的历史背景之下，为了发展和巩固以明朝为主导的天下秩序，锦衣卫较多地执行着出使和赏赐任务，其面向归降和朝贡人员等所执行的外事任务带有浓重的心理安抚和统战色彩。锦衣卫出使涵盖的对象和范围十分广泛，承担的任务也都繁重艰巨，涉及诸多敏感且重大的问题，关涉明朝核心利益。出使既是一副重担，同时也是出使机构和人员自身地位的一种反映。锦衣卫能够在外事领域扮演特殊角色，既是皇帝对锦衣卫的信任，也是对其能力的赞赏。明朝中前期、特别是英宗时期，是锦衣卫出使的高峰时期，明后期锦衣卫出使频次则相对减少，这既是明朝国力衰退、外交需求减弱的体现，同时与明朝文武官员地位的升降消长存在着一定的联系。锦衣卫之所以能以武职背景出使，当与其本身所具备的军事性，且通晓外部情形有着相当重要的关系。相较于文官及宦官而言，礼仪、军事素养和身体素质等兼具的锦衣卫人员承担出使任务，可以较好地处理出使途中遇到的各种纷繁复杂的情况。同时，因为锦衣卫出使危险系数高、难度系数大，所以其出使前后，一般都会获得升职和赏赐等优待，这在一定意义上成为锦衣卫人员晋升的捷径。需要指出的是，锦衣卫出使任务一旦出现差池，相应的惩罚也会随之而来。

锦衣卫之所以具备外事职能，与该卫有大批外族、外国归附人员等有着很大关系。归附人员一般被安置在锦衣卫带俸，待遇优渥。此外，还有一定数量的因特殊原因留居明朝的境外使臣等，同样被安置在锦衣卫带俸，一般也会被授予官职。同时，来降的归附人员也是明朝获知外部信息的一个重要途径。由于明廷对于一部分归附人员始终难以摆脱不信任的心态，因此把他们大批集中安置在锦衣卫，这其中既有便于支俸、安抚等考虑因素，同时暗含便于监管的目的。但是，明廷如此大量地安置归附人员于锦衣卫带俸，很大程度上也带来了严峻的现实问题，即对归附人员繁重的管束任务和锦衣卫自身的臃肿。明朝对本朝民人与“外夷”交往非常敏感，严加防范。锦衣卫不仅承担了稽查沟通外“夷”民人的职责，而且范围十分宽泛，执行非常严格。除了严密防范和监视本朝民人和外“夷”交通外，对外“夷”本身的侦缉也是锦衣卫承担的一项重要任务。锦衣卫还担负有与外国使臣、归附人员等相关的司法职责。来明使节如果有违背礼法的行为发生，锦衣卫也会主动或被动地介入。同时，锦衣卫还有其他一些与外事相关的行为。如向朝廷提出与外事相关的政策建议，参与核查与外事有关的情况，培养自己的翻译人才等。

锦衣卫对官僚系统的严厉打击和一定意义上对其职权的攘夺，以及锦衣卫自身的违法行为等原因，引发官僚系统的激烈反应，故而在把持着历史话语权的文人士大夫笔下，乃至现代意义的学术研究中，锦衣卫多以负面形象呈现。由前文所述，我们可以发现，锦衣卫在外事领域其实扮演着特殊角色，发挥着重要作用。总之，明代的锦衣卫是一个承担着诸多职能、有着广泛影响的机构，将其具备的特务职能不恰当地过分放大，或者仅仅把它简单地视作特务组织，是不完整的或者说片面的，从而造成了对其认知的缺失。文中有关锦衣卫外事职能的浅见，希望能在一定程度上揭开附着在锦衣卫身上朦胧面纱的一角，进而为认识明代历史提供一个新的参考。诚然，要全面细致、公正客观地认识锦衣卫在明代历史上的作用和地位，则还需进行更为充分的探讨。

（作者单位：南开大学历史学院）

明代武职译员述论

——以锦衣卫通事为中心

姚　胜

从事外语[①]翻译工作的人员，今天称为翻译或译员，古代则称之为通事。明代通事，在属于文职系统的鸿胪寺、四夷馆等机构均有设置，学界已有比较深入的研究[②]。除此之外，明代还有大量武职通事，其中尤以出身或隶籍于锦衣卫的居多[③]。

锦衣卫是明代一个备受关注的军事政治机构。《明史》记载："锦衣卫掌侍卫、缉捕、刑狱之事"[④]。自学术界相关研究伊始，锦衣卫就以特务机关的形象长期存在于人们心中。不过随着研究的深入，这一误区早已得到破除。基于《明实录》与《武职选簿》[⑤]等史料的整理与利用，锦衣卫研究，尤其是关于锦衣卫的设立、发展、

① 此处所称之"外语"，既指外国语言，也指中央王朝版图内少数民族的语言，相当于"非汉语"，而与国籍、国界无关。后文"夷人""夷语""夷书""番语""番书"中"夷""番"的用法，既指外国，也指中央王朝版图内的少数民族，只为行文简洁、流畅，并无歧视之意．

② 乌云高娃、刘迎胜：《明四夷馆"鞑靼馆"研究》,《中央民族大学学报》(哲学社会科学版) 2002年第4期。林杏容：《明代通事研究》，暨南大学硕士学位论文，2006年．李云泉：《明代中央外事机构论考》,《东岳论丛》2006年第9期。张文德：《论明代通事与西域贡使的关系》,《西域研究》2009年第3期。任萍：《明代四夷馆研究》，北京：北京师范大学出版社，2015年．廖大珂、孙魏：《明代四夷馆初探》,《史林》2016年第4期。李文颖：《明代四夷馆新探》，南京大学硕士学位论文，2017年．

③ 本文之所以以锦衣卫通事为中心，主要是因为史籍记载的武职通事以锦衣卫通事为主，当然，这一情况也可能与明代武职通事主要集中于锦衣卫有关。"锦衣卫通事"，也被记载为"通事锦衣卫"。还有一些记载将"通事"与"武官职衔"连称，虽未直言何卫武职，但我们能判断出某些武职即锦衣卫，因而这些人也可称作"锦衣卫通事"．

④ [清] 张廷玉等：《明史》卷七六《职官五》，北京，中华书局，1974年，第1862页．

⑤《明实录》，台北，"中央研究院"历史语言研究所校勘本，1962年．本文所用明代各朝《实录》及《宝训》均为此版本．《武职选簿》见《中国明朝档案总汇》第49—74册，桂林：广西师范大学出版社，2001年．其中第49册为《锦衣卫选簿》，第73册为《南京锦衣卫选簿》。

职能、构成等问题的研究，已比较深入[①]。锦衣卫的形象大为丰富、多元，不再只是神秘、毒辣、残暴的特务机关。然而，对锦衣卫的认知又出现了某些反向偏差，有学者认为锦衣卫承担有外事职能。从史籍记载来看，锦衣卫（主要是锦衣卫通事）的确参与了大量涉外事务。不过，是否就能因此认为锦衣卫具有外事职能呢？

本文围绕锦衣卫通事的选任、职掌、陟黜和性质四个问题展开论述，以拓展对锦衣卫的认知，并澄清外事并非锦衣卫的机构职能。

一、选任

锦衣卫通事的选任有多种途径，既有以锦衣卫身份差做通事的，也有由通事而调入锦衣卫籍的，还有袭职的，下面一一进行论述。

（一）差做

徐庆，爪哇国人，洪武十二年（1379）差送西马赴京，拨兵部典牧所养马。二十一年（1388）拨锦衣卫中后所养象。建文四年（1402）差做通事，出使爪哇国。永乐二年（1404）返回，升锦衣卫驯象所百户[②]。徐庆先入锦衣卫籍，之后才差做通事。

（二）调籍

何义宗，江都县人，洪武十九年（1386）差做通事，跟占城王子管领船只到京，后返回占城。二十年（1387）仍使臣进象，后回至广东，蒙明朝勘合取回。二十一年（1388）钦留提调操练象只，拨充锦衣卫中右所总旗。三十年（1397），何义宗再次前往占城，引领占城王子赴京朝觐。建文四年（1402）何义宗出使爪哇。永乐年间，何义宗多次随使前往西洋等国，最终升为锦衣卫指挥同知[③]。何义宗先为通事，后入锦衣卫籍。从其入锦衣卫籍之后仍往占城、爪哇并多次下西洋的情况来看，何义宗之后仍然从事通事工作。

昌英，回鹘人，永乐二年（1404）袭父职为百户，寻以父阵亡功升羽林前卫

① 张金奎:《锦衣卫职能略论》,《明史研究论丛》第八辑，北京：紫禁城出版社，2010年。孙志虎:《〈锦衣卫选簿〉整理与研究》，陕西师范大学硕士学位论文，2013年。张金奎:《八十年来锦衣卫研究述评》,《中国史研究动态》2015年第1期。张金奎:《锦衣卫形成过程述论》,《史学集刊》2018年第5期.

②《南京锦衣卫选簿》,《中国明朝档案总汇》第73册，第157页.

③《南京锦衣卫选簿》,《中国明朝档案总汇》第73册，第2、3页.

正千户，在翰林院习译书，宣德年间累使亦力把里、哈密、鞑靼等地[①]。正统六年（1441）调锦衣卫带俸并充通事及四夷馆教译书，至迟于景泰七年（1456）五月初一日，卒于任[②]。

何敏，“习番语”，原为鸿胪寺丞、通事，宣德二年（1427）五月十九日调籍升为行在锦衣卫指挥佥事[③]，后曾前往四川松潘招抚番蛮[④]。

刘祥，原隶籍东宁卫，成化十八年（1482）十一月二十九日，奉旨改调锦衣卫带俸。在东宁卫时，刘祥即任通事[⑤]。

（三）袭职

马鉴，天顺二年（1458）二月二十二日，袭父马政职为锦衣卫带俸指挥使，仍为通事[⑥]。

杨琮，弘治十六年（1503）九月十四日，时任带俸指挥使、大通事，为先父锦衣卫通事杨铭乞祭葬[⑦]。弘治四年（1491）三月，锦衣卫带俸指挥使杨铭以“与其父哈只有出使虏庭随侍英宗北狩之劳，累升指挥佥事，后复以杀贼功进今职”奏乞世袭获准[⑧]。杨琮或于该年三月之后即已世袭锦衣卫指挥使一职。

詹铭，锦衣卫通事詹升之子，成化十九年（1483）十一月二十四日袭职为指挥佥事[⑨]。史籍未言明詹铭是否也是通事，但从詹升事迹及杨琮袭父职的情况来看，詹铭袭职为锦衣卫之后仍为通事的可能性很大。

不仅锦衣卫通事，其他武职通事的选任，也有袭职这一方式。

季铎，山后人，袭父职升为金吾右卫千户，在四夷馆担任译字官，以出使罕东、瓦剌，历升指挥使、都指挥使[⑩]。天顺元年（1457）正月二十八日，后军都

①《明宣宗实录》卷四一，宣德三年四月己未，第 1002、1003 页；卷八二，宣德六年八月乙未，第 1892、1893 页；卷九四，宣德七年八月壬子，第 2138 页；卷一一二，宣德九年八月乙未，第 2535 页；《明英宗实录》卷二六六，景泰七年五月己巳，第 5639 页 .

②《明英宗实录》卷二六六，景泰七年五月己巳，第 5639 页 .

③《明宣宗实录》卷二八，宣德二年五月丙午，第 733 页 .

④《明宣宗实录》卷五二，宣德四年三月丁未，第 1240 页 .

⑤《锦衣卫选簿》,《中国明朝档案总汇》第 49 册，第 357 页 .

⑥《明英宗实录》卷二八七，天顺二年二月辛亥，第 6158 页 .

⑦《明孝宗实录》卷二〇三，弘治十六年九月丁丑，第 3780 页 .

⑧《明孝宗实录》卷四九，弘治四年三月己亥，第 996 页 .

⑨《明宪宗实录》卷二四六，成化十九年十一月癸丑，第 4170—4171 页 .

⑩《明宪宗实录》卷四五，成化三年八月庚申，第 943 页 .

督府带俸都督佥事马政奏请将季铎复职[①]。六月四日，季铎升为都督佥事，于后府带俸。可知在此之前，季铎已由金吾右卫都指挥使升为后府都督佥事[②]。天顺五年（1461），季铎由都督佥事升任都督同知，此后以都督同知职致仕，成化十年（1482）八月二十七日去世[③]。

（四）任途未知

武忠，先祖为女直人，宣德中曾遣使奴儿干授锦衣卫百户。天顺七年（1463）六月九日，明英宗派遣通事都指挥武忠赍敕抚谕海西呕罕河卫都督你哈答[④]。正统十年（1445）正月，武忠代叔父乃当哈为玄城卫指挥佥事[⑤]，后改注锦衣卫带俸[⑥]。从载文文意来看，武忠当为锦衣卫袭职，虽短暂改调玄城卫，但很快又改回了锦衣卫。

岳谦，宣德三年（1428）三月由锦衣卫正千户升为指挥佥事[⑦]。宣德、正统间，岳谦曾多次出使瓦剌[⑧]，并护送忠义王子脱脱帖木儿返回哈密[⑨]，土木之变时被俘。正统十四年（1449）十月初一日，蒙古也先挟明英宗至大同东门，遣知院及太监喜宁、通事指挥岳谦至城下劝说守臣开城[⑩]。

丁全，历任镇抚[⑪]、千户[⑫]、指挥佥事[⑬]、指挥[⑭]，正统十二年（1447）闰四月十八日卒，时为锦衣卫通事指挥同知[⑮]。丁全曾出使鞑靼、撒剌亦、泰宁等地。

李诚，亦名哈只，卒于正统十二年（1447），时任锦衣卫致仕通事都指挥同知[⑯]。

---

①《明英宗实录》卷二四七，天顺元年正月癸巳，第 5826 页.

②《明英宗实录》卷二七九，天顺元年六月丙申，第 5970 页.《明实录》于此处注明季铎为“达官”。

③《明宪宗实录》卷四五，成化三年八月庚申，第 943 页.

④《明英宗实录》卷三五三，天顺七年六月丁卯，第 7069—7070 页.

⑤《明英宗实录》卷一二五，正统十年正月己亥，第 2507 页.

⑥《明宪宗实录》卷八五，成化六年十一月丙戌，第 1648 页.

⑦《明宣宗实录》卷三九，宣德三年三月己丑，第 969 页.

⑧《明宣宗实录》卷一三，宣德元年正月丙午，第 348、349 页；卷四一，宣德三年四月己未、庚申，第 1002、1003 页；《明英宗实录》卷三二，正统二年七月庚寅，第 625 页；卷一八二，正统十四年九月壬午，第 3542 页.

⑨《明宣宗实录》卷七九，宣德六年五月辛未，第 1829 页.

⑩《明英宗实录》卷一八四，正统十四年十月戊申，第 3612 页.

⑪《明太宗实录》卷一一一，永乐八年十二月丁未，第 1419—1420 页.

⑫《明太宗实录》卷一七八，永乐十四年七月癸巳，第 1937 页；《太宗实录〈校勘记〉》，第 661 页.

⑬《明宣宗实录》卷一一二，宣德九年八月丙辰，第 2515 页.

⑭《明宣宗实录》卷一一二，宣德九年八月戊辰，第 2522—2523 页.

⑮《明英宗实录》卷一五三，正统十二年闰四月己卯，第 3000 页.

⑯《明英宗实录》卷一五〇，正统十二年二月甲辰，第 2942 页.

李诚与丁全为曾同事。宣德九年（1434）八月二十四日，选习四夷译书学生，“命指挥李诚、丁全等教之”[①]。

马显，景泰元年（1450）十月二十九，因出使瓦剌有功，由锦衣卫带俸指挥使升为都指挥佥事[②]。后因事被罚停俸禄，天顺三年（1459）七月二十日恢复，此时《英宗实录》明确记载其为通事[③]。虽然史籍其后记载其为后军都督同知[④]，但其以锦衣卫带俸指挥使身份出使瓦剌时，当已为通事。

马政，即上文为季铎奏请复职的后军都督府带俸都督佥事。天顺元年（1457）正月二十五日，由锦衣卫带俸都指挥使升为此职，“仍为通事，出使瓦剌”[⑤]。“仍为通事”表明马政在锦衣卫时即为通事。出使瓦剌之后，马政升为都督同知[⑥]。不久，马政去世。

哈铭，天顺元年正月二十五日升为指挥佥事，其与后军都督府马政一同升职，并一同“仍为通事，出使瓦剌”[⑦]。

詹升，成化三年（1467）二月初一日，以通事身份赍敕奖谕鞑靼酋目毛里孩[⑧]。成化九年（1473）六月初一日，礼部奏请建议鸿胪寺选拔通事，须由通事都指挥佥事詹升等人：“从公访保，必须精晓夷语、籍贯明白、行止端方、身无役占者，具奏送部，审考相同，方奏送鸿胪寺”[⑨]。天顺五年（1461）十月，詹升出使鞑靼，时任锦衣卫带俸都指挥使[⑩]。

杨铭，杨琮之父，成化七年（1471）五月二十二日，以通事指挥的身份前往大同审录馆伴乩加思兰同孛罗太子的贡使赴京[⑪]。成化八年（1472）三月初一日，抚宁侯朱永以通事都指挥佥事詹升、署指挥使杨铭等人“谙晓夷字”，为其奏请升职[⑫]。

---

①《明宣宗实录》卷一一二，宣德九年八月戊辰，第 2522—2523 页.

②《明英宗实录》卷一九七，景泰元年十月己亥，第 4195 页.

③《明英宗实录》卷三〇五，天顺三年七月己亥，第 6439 页.

④《明英宗实录》卷三〇五，天顺三年七月丙午，第 6441 页.

⑤《明英宗实录》卷二七四，天顺元年正月庚寅，第 5820 页.

⑥《明英宗实录》卷二八二，天顺元年九月丁卯，第 6053 页. 按，当日记载，“都督同知”马政奏请为即将出使撒马儿罕的詹昇等人升职，可见马政由都督佥事升都督同知，当在天顺元年正月二十八日之后，九月六日之前.

⑦《明英宗实录》卷二七四，天顺元年正月庚寅，第 5820 页. 从《明英宗实录》的表述方式来看，哈铭也有可能系由锦衣卫升为本卫指挥佥事.

⑧《明宪宗实录》卷三九，成化三年二月丁酉，第 772、773 页.

⑨《明宪宗实录》卷一一七，成化九年六月庚申，第 2255 页.

⑩《明英宗实录》卷三三三，天顺五年十月辛卯，第 6831 页.

⑪《明宪宗实录》卷九一，成化七年五月甲午，第 1770 页.

⑫《明宪宗实录》卷一〇二，成化八年三月丁酉，第 1979 页.

成化十四年（1478）七月二十二日，杨铭已升“大通事署指挥使”[①]。成化二十年（1484）四月五日，明确记载为“大通事锦衣卫署指挥使”[②]。

王英，曾随“武靖伯赵辅征建州，抚宁侯朱永征延绥，有通译功”，升锦衣卫百户。成化十九年（1483）十二月十四日，“以传奉升正千户”[③]。

王喜，锦衣卫带俸指挥佥事大通事，所见事迹俱在正德三年（1508）。王喜多次挑战会同馆及鸿胪寺管理制度，未果[④]。

上述见诸《明实录》《武职选簿》等史籍的锦衣卫通事，由于记载只鳞片爪，我们无从考察每一个人的选任详情。即便如此，我们仍然可以从中看出，明朝初年锦衣卫通事的选任不拘一途，但从宣德朝以后，社会趋于稳定，加之翻译要求的特殊性，锦衣卫通事袭职的情况增多。

此外，我们还能看到，锦衣卫通事有不少由非汉族群人士充任。例如徐庆为爪哇国人，昌英、李诚、杨铭、杨琮为回回人，武忠为女直人，季铎为达官[⑤]，除了这些明确记载族属身份的之外，马政、马鉴、马显、哈铭等，很可能也是回回人。

对于通事的起源，有一种观点认为，通事的前身是洪武初年设立的“通事舍人”[⑥]。通事舍人最早见诸《明实录》，是洪武三年（1370）八月四日，通事舍人巩哥、锁南等出使吐蕃[⑦]。洪武二十九年（1396）十一月八日，“增设詹事府属官……通事舍人各五人”[⑧]。永乐初，鸿胪寺、詹事府均设有“通事舍人”一职[⑨]。从《神宗实录》万历三十四年（1606）二月十八日的记载来看，锦衣卫也有通事舍人的设置[⑩]。不过，除洪武初年之外的明朝大部分时期，通事舍人应当属于各相关机构的低级办事人员或勤务人员，不太可能都从事翻译工作。不能因为洪武初年通事舍人出

---

①《明宪宗实录》卷一八〇，成化十四年七月辛巳，第 3244 页 .

②《明宪宗实录》卷二五一，成化二十年四月辛酉，第 4244 页 .

③《明宪宗实录》卷二四七，成化十九年十二月癸酉，第 4179 页 .

④《明武宗实录》卷四三，正德三年十月甲戌、乙亥、丙子，第 990、991、993 页；卷四五，正德三年十二月己巳、庚辰，第 1025、1030 页；《武宗宝训》卷二“优远人”，第 185、186 页；《礼部志稿》卷九二，文渊阁《四库全书》史部第 598 册，台北，台湾商务印书馆，第 685、686 页 .

⑤ 明确为达官通事的还有马云、马青，曾于英宗时数次出使瓦剌。参见《明英宗实录》卷一二五，正统十年正月己亥，第 2504—2506 页；卷一三七，正统十一年正月癸巳，第 2728、2729 页；卷一四九，正统十二年正月，第 2922、2923 页；卷一五八，正统十二年九月丁巳，第 3086、3087 页；卷一九二，景泰元年五月壬子，第 3999 页 . 马云为府军卫，马青为骁骑右卫 .

⑥ 张文德：《论明代通事与西域贡使的关系》，《西域研究》2009 年第 3 期。

⑦《明太祖实录》卷五五，洪武三年八月庚申，第 1077 页 .

⑧《明太祖实录》卷二四八，洪武二十九年十一月壬戌，第 3597 页 .

⑨《明太宗实录》卷三〇，永乐二年四月癸酉，第 536 页；卷六五，永乐五年三月丙子，第 922 页 .

⑩《明神宗实录》卷四一八，万历三十四年二月丁巳，第 7908 页 .

使，就认为其为“通事”[①]的前身。

二、职掌

锦衣卫通事或出身夷人，擅长夷语，或学习过夷语，由这些人出使并从事翻译工作是当然之选。而作为锦衣卫作为武职，其职掌又不仅限于翻译，也包括管理、处置、传谕、备边等其他一些夷务。

（一）审译夷书

天顺七年（1463）九月九日，兵部奏：“于兵科译出女直忽刺温、海西呕罕河卫都督察阿奴哥、建州左卫都督董山等番文，奏辞内有请命内官白全通事等情。及令通事审核，阿奴哥等皆言未尝具奏，而董山亦未尝到京。此辈夷人言语不通，无从推究。”兵部接着建议，令后军通事都督同知季铎等“今后凡遇外夷投进番文，必须研究明白，然后奏闻。从之。”[②]兵部重视夷书译出内容与实情不符的情况，表明审译夷书是通事的重要职责。

成化十二年（1476）十一月二日，泰宁等卫遣都指挥亦吉歹等三百人入贡。兵部言：“宜令通事詹升译审此夷近报”[③]。成化十七年（1481）九月初一日，礼部奏：“自今诸夷朝贡，乞令大、小通事审译精当，方与赏赉，以革伪妄。报可。”[④]天顺四年（1460）十二月二十六日，“女直贡使朝望日因廷进番书，通事都督同知马显、佥事季铎失于奏达，下锦衣卫，送法司，当赎杖复职。从之。”[⑤]贡使所进之番书，显然是需要先进行审译方可奏达的。

史籍中，从事夷书审译工作记载最为集中的武职通事是杨铭。成化七年（1471）五月二十二日，乩加思兰同孛罗太子遣使入贡，通事指挥杨铭受命前往大同审录。弘治元年（1488）六月十一日，鞑靼小王子遣使入贡，大通事杨铭受命前往大同译审[⑥]。弘治三年（1490）十一月二十五日，瓦剌太师遣使入贡，大通事指挥杨铭受命前往查验[⑦]。弘治十二年（1499）八月十一日，辽东朵颜三卫来贡，大通事指挥使杨

① 张文德：《论明代通事与西域贡使的关系》，《西域研究》2009 年第 3 期。

②《明英宗实录》卷三五七，天顺七年九月乙丑，第 7117—7118 页 .

③《明宪宗实录》卷一五九，成化十二年十一月壬寅，第 2904 页 .

④《明宪宗实录》卷二一九，成化十七年九月壬，第 3785 页 .

⑤《明英宗实录》卷三二三，天顺四年十二月戊戌，第 6698—6699 页 .

⑥《明孝宗实录》卷一五，弘治元年六月癸卯，第 369 页 .

⑦《明孝宗实录》卷四五，弘治三年十一月癸卯，第 914 页 .

铭等审之[①]。

由于并非所有人贡夷使均能撰写夷书，明朝存在通事揷掇为夷使代笔的情况。针对这一问题，明朝力图予以制止，并要求大通事亲自阅审，并令夷人复写以验其虚实。成化十六年（1480）十二月二日，兵部奏请“以今年入贡夷人奏请番文，令大通事詹升辈会本部该司究其所书，夷人给以笔扎，令其覆写。不能则究问代书之人，治以重罪，而戒谕诸夷约无再犯。仍移天下诸边守臣，各谕所在起送有司，自今诸夷入贡，即取其番文用印封识，具疏付馆伴之人赍至京师，令大通事亲为阅实。其余果有奏请，大通事仍会本部该司，拘令夷人面书奏词，已乃封上。”[②]

（二）管理赴京夷使

夷使赴京，武职通事有馆伴之责。成化七年（1471）五月二十二日，蒙古乩加思兰同孛罗太子遣使入贡，通事指挥杨铭受命前往大同馆伴赴京[③]。成化十一年（1475）九月三日，“满都鲁王及乩加思兰进贡使臣平章桶哈……还，仍命太监覃平、都指挥佥事詹升至大同馆送之”[④]。

在京夷使主要居住于会同馆、乌蛮驿，二馆归兵部管理，武职通事有处置之权。景泰四年（1453）十一月二十五日，锦衣卫将军段振奏：“近年以来，也先差来进贡使臣实无敬顺之意……在外亵慢无礼，甚是欺侮守卫官军，侈然放肆，莫敢谁何，守门军士每被抢夺什物。诚恐贼心觊觎，祸生不测，乞遇朝参之日、给赏之时，务令通事都督佥事昌英等官严加防范，使彼不得放肆。”[⑤]天顺四年（1460）十一月六日，通事都督同知马显等言：“朝鲜国使臣七十余人、毛怜女直来朝者三百人，杂处于会同馆二处，旧有仇隙，恐致争竞。请分馆处之。”礼部议迁女直其头目尚佟哈，不从。朝鲜使臣请迁，乃命迁于乌蛮驿[⑥]。天顺七年（1463）十二月二十四日，迤北使臣平章朵罗秃等来朝，其使臣留大同者八百有余，馆于乌蛮驿者，凡千人。通事都督同知季铎等言：“有朵颜三卫使臣四十人，宜别处之会同馆”[⑦]。

锦衣卫承担有缉捕、刑狱之责。对于在馆夷使的不法行为，锦衣卫通事可绳之以法。正统五年（1440）十一月十七日，“哈密使臣早丁忿赐宴不备肆詈，诸通

---

①《明孝宗实录》卷一五三，弘治十二年八月戊戌，第 2709 页 .

②《明宪宗实录》卷二一〇，成化十六年十二月丁未，第 3653、3654 页 .

③《明宪宗实录》卷九一，成化七年五月甲午，第 1770 页 .

④《明宪宗实录》卷一四五，成化十一年九月己酉，第 2664 页 .

⑤《明英宗实录》卷二三五，景泰四年十一月丁丑，第 5133—5134 页 .

⑥《明英宗实录》卷三二一，天顺四年十一月戊寅，第 6668 页 .

⑦《明英宗实录》卷三六〇，天顺七年十二月戊申，第 7161—7162 页 .

事都指挥佥事陈友等乞擒早丁，下法司，以惧其余。从之。”[①] 正统十三年（1448）十一月二十八日，会同馆大使姬坚奏：“近者，朵林山等卫野人女直朝贡到馆，不循门禁，俓出街市，强夺民货；其日给薪炭，不俟均分，辄肆抢夺馆夫人等。绳之以法，反被殴伤，乞加禁治。”都指挥昌英等受命于会同馆追问，违法者人杖三十[②]。明英宗命令锦衣卫通事昌英审讯、杖责滋事夷使，正是锦衣卫履职的体现。

管理不力，锦衣卫通事则须受罚。正统八年（1443）正月十三日，瓦剌使臣卯失剌等庆成宴毕，出长安左门与女直使臣喧呼忿争，夺卫士兵械殴伤之。通事都指挥昌英，都指挥佥事陈友，指挥同知丁全、岳谦等因此受到处分[③]。成化二十二年（1486）二月二十五日，大兴县民匠吴鉴、吴兴勾结兵部武选司樊忠、韩锡盗取敕书，出入会同馆与夷人贸易，事发。锦衣卫通事指挥杨铭被科道论劾“怠于防闲之罪”[④]。“怠于防闲”，或许是指疏于对夷使的管理以致奸人盗取敕书与夷人贸易，或许是指疏于对会同馆的管理以致奸人出入会同馆与夷人贸易。

（三）出使、传谕及备边

前文已经述及徐庆、何义宗、昌英、何敏、武忠、丁全、岳谦、马显、马政、詹升、马云、马青等多有出使民族地区或外国的记载，本处不再赘述。出使一般会携带敕谕，作为通事，其本身也有传谕的任务。

除出使传谕外，还有一部分为面向在京贡使的传谕。弘治八年（1495）五月二十七日，西番着落族番僧领占札石来贡乞赏，大通事杨铭受命谕之不许再奏扰[⑤]。十三年（1500）三月二十三日，番僧端竹等违例进贡，大通事杨铭再受命谕之。[⑥]

防备夷人滋扰边境，更是武职通事的职责。正统四年（1439）二月十八日，行在户部奏：“都指挥昌英等官一百八十八员赴甘肃备边”[⑦]。天顺七年（1463）十月二十日，朵颜卫指挥兀孙帖木儿奏：“孛来营所逼近本卫，乞依边城牧放。”为此，兵部奏请：“夷情谲诈难信，宜令沿边守将为备，并令通事都督季铎等省谕兀孙帖木儿回还，遍谕其部落，毋得近边。从之。”[⑧]

①《明英宗实录》卷七三，正统五年十一月丙辰，第1418—1419页．

②《明英宗实录》卷一七二，正统十三年十一月庚戌，第3319页．

③《明英宗实录》卷一〇〇，正统八年正月己巳、甲申，第2016、2029页．

④《明宪宗实录》卷二七五，成化二十二年二月辛丑，第4638、4639页．

⑤《明孝宗实录》卷一〇〇，弘治八年五月己酉，第1844页．

⑥《明孝宗实录》卷一六〇，弘治十三年三月丁丑，第2877页．

⑦《明英宗实录》卷五一，正统四年二月丁卯，第984、985页．

⑧《明英宗实录》卷三五八，天顺七年十月乙巳，第7134页．

（四）御前答应

普通通事并不能直接向面圣，负责为皇帝传译或奏事之职，即“御前答应”的是“大通事”。

弘治十年（1497）九月二十日，上谕提及大通事杨铭“职专答应”①。成化十四年（1478）七月二十二日，杨铭的职务全称为“大通事署指挥使”②。成化二十年（1484）四月五日，再次明确其为“大通事锦衣卫署指挥使”③。弘治元年（1488）八月二十八日，迤北伯颜猛可王遣使臣知院桶哈等朝贡，在宴会上，正使桶哈已获赏赐而副使满脱干未得，大通事杨铭为之乞恩，满脱干复获赏赐④。

此外，马政、王英、王喜也曾任大通事一职，均有上奏皇帝的记载。天顺元年（1457）正月二十五日，锦衣卫带俸都指挥使马政调籍升为后军都督佥事带俸，为通事，出使瓦剌。在此之前，马政为“御前答应”。天顺元年正月二十八日，大通事后军都督府带俸都督佥事马政奏请将通事都指挥使季铎复职⑤。

弘治六年（1493）五月十二日及七年（1494）八月二十四日，大通事锦衣卫带俸指挥佥事王英先后上疏讨论女直各卫官员袭职⑥及恢复哈密之事⑦。正德初，王喜多次上疏挑战会同馆及鸿胪寺管理制度⑧。

除一般性通事事务外，大通事还负责管理朝房内各通事。弘治十年（1497）九月，礼部尚书徐琼在上奏批评大通事杨铭时，提道：“朝房内各通事受铭等钤制，莫敢异同，或有私言皆不能知”⑨。

大通事也有其他武职或文职出任的情况。刘福，弘治八年（1495）三月十六日，以鸿胪寺带俸后军都督府经历职，出任大通事⑩。正德二年（1507）九月十七

---

①《明孝宗实录》卷一二九，弘治十年九月戊午，第 2285 页 .

②《明宪宗实录》卷一八〇，成化十四年七月辛巳，第 3244 页 .

③《明宪宗实录》卷二五一，成化二十年四月辛酉，第 4244 页 .

④《明孝宗实录》卷一七，弘治元年八月乙未，第 424 页；《孝宗宝训》卷三“恤远人”，第 280、281 页 .

⑤《明英宗实录》卷二七四，天顺元年正月癸巳，第 5826 页 .

⑥《明孝宗实录》卷七五，弘治六年五月乙亥，第 1422 页 .

⑦《明孝宗实录》卷九一，弘治七年八月甲申，第 1679 页 .

⑧《明武宗实录》卷四三，正德三年十月甲戌、丙子，第 990、991、993 页；卷四五，正德三年十二月己亥、庚辰”，第 1025、1030 页；《武宗宝训》卷二“优远人”，第 185、186 页；《礼部志稿》卷九二，文渊阁《四库全书》史部第 598 册，第 685—686 页 .

⑨《明孝宗实录》卷一二九，弘治十年九月戊午，第 2285 页 .

⑩《明孝宗实录》卷九八，弘治八年三月己亥，第 1796 页 .

日，光禄寺带俸通事署正舍诚、鸿胪寺通事序班王永，俱为大通事[①]。正德十一年（1516）四月二十四日，鸿胪寺带俸大通事、光禄寺署正舍诚九年考满，吏部拟升中军都督府经历，皇帝下诏升舍诚为鸿胪寺少卿，仍旧带俸办事[②]。王永为大通事锦衣卫带俸指挥佥事王英之子。正德五年正月，王永坐事减死罚米三百石[③]。正德七年（1512）七月二十七日，贼刘七、齐彦明坐死，传闻"时大通事王永者得幸，贼彦明赂之，尝托名永弟引入豹房见上，经宿乃出。京师传言永与贼约为内应，而上不知。"[④]此外，大通事根据不同语种，可有多人同时担任。正德三年（1508）十二月，女直大通事王玘罢，鸿胪寺奏请推补，而大通事王喜则言不必补[⑤]。

通事是中央机关或军队系统的职位设置，地方政府无通事之设，曾有土官诈冒，遭到处分。正统三年（1438）十月四日，"云南定远县土人杨斌，初随南安州土官李保进贡，赂保荐为冠带通事。吏部请下所司核之。上命姑与冠带，仍令三司及巡按御史廉其实以闻。至是，御史、三司言：州素无通事，斌实诈冒妄请，械赴京，法应斩。上曰：土人不谙礼法，宥其死，发戍威远。"[⑥]古代王朝历来严夷夏之防，地方不设置通事，当为防备夷人窥探内地虚实。

三、陟黜

锦衣卫通事因隶属军籍，其陟黜与一般武职无异[⑦]。晋升分"原籍晋升"与"调籍晋升"，处分则有降职和罚俸。

（一）晋升

景泰元年（1450）十月二十九日，马显由锦衣卫带俸指挥使升为都指挥佥事，"以出使瓦剌功也"[⑧]。成化十九年（1483）十二月十四日，锦衣卫通事王英由正千户升为指挥佥事。"初，英自陈尝随武靖伯赵辅征建州，抚宁侯朱永征延绥，有通译

①《明武宗实录》卷三〇，正德二年九月丁巳，第757页.

②《明武宗实录》卷一三六，正德十一年四月乙亥"，第2695—2696页.

③《明武宗实录》卷五九，正德五年正月己卯，第1312、1313页.

④《明武宗实录》卷九〇，正德七年七月戊戌，第1931页.

⑤《明武宗实录》卷四五，正德三年十二月庚辰，第1030页.该记载显示，弘治大通事刘福亦女直大通事。

⑥《明英宗实录》卷四七，正统三年十月乙卯，第908页.

⑦"通事并伴送人等系军职者，照军职例，系文职有脏者，革职为民。"《礼部志稿》卷36，"主客司职掌·交通禁令"，文渊阁《四库全书》史部第597册，第677页.

⑧《明英宗实录》卷一九七，景泰元年十月己亥，第4195页.

功。升百户后，以传奉升正千户。”[①] 弘治四年（1491）三月二十三日，锦衣卫带俸指挥使杨铭以“父子出使虏庭随侍英宗北狩之劳……复以杀贼功进今职”，乞与世袭指挥使一职，获御准[②]。以上为原籍晋升。

武忠，原为锦衣卫百户，正统十年（1445）正月代叔父乃当哈为玄城卫指挥佥事[③]，后又改注锦衣卫带俸，此后以军功历升都指挥同知、署都指挥使。成化三年（1467）遣往建州招谕都督董山等，又调籍中军都督府，升署都督佥事，未几进同知[④]。昌英，原为羽林前卫，正统六年（1441）调锦衣卫带俸都指挥使，并充通事及四夷馆教译书[⑤]。正统十四年（1449）九月二十四日，昌英由锦衣卫带俸都指挥使调籍晋升为后军都督府都督佥事[⑥]。马政，天顺元年（1457）正月二十五日，原籍晋升为锦衣卫带俸都指挥使，后调籍升为后军都督佥事带俸[⑦]。马显，天顺元年三月，调籍升为后军都督佥事[⑧]。

（二）处分

正统八年（1443）正月十三日，瓦剌使臣卯失剌等与女直使臣喧呼忿争，夺卫士兵械殴伤之。通事都指挥昌英等因管理无力，由“冠带通事”降为“戴平巾”供事[⑨]。哈铭原为指挥佥事，天顺三年（1459）二月二十六日，因为罪囚李成请托，下锦衣卫狱，降为副千户，调发贵州卫差操[⑩]。哈铭不仅被降职，还被改调地方军卫。

天顺三年（1459）七月二十日，“复通事都督同知等官马显等俸。先是，显等坐事停俸。至是，命照旧支给。”天顺四年（1460）五月二日，马显再次受到处分，其与后军都督府都督佥事季铎道逢襄王不下骑，为校尉所觉。六科十三道奉旨劾其

①《明宪宗实录》卷二四七，成化十九年十二月癸酉，第4179页.

②《明孝宗实录》卷四九，弘治四年三月己亥，第996页.

③《明英宗实录》卷一二五，正统十年正月己亥，第2507页.

④《明宪宗实录》卷八五，成化六年十一月丙戌，第1648页.按,《明实录》尝尝将“都督佥事”“都督同知”略称为“都督”.

⑤《明英宗实录》卷二六六，景泰七年五月己巳，第5639页.

⑥《明英宗实录》卷一八三，正统十四年九月辛丑，第3587页.

⑦《明英宗实录》卷二七四，天顺元年正月癸巳，第5826页.

⑧《明英宗实录》卷二七六，天顺元年三月甲戌，第5874页.

⑨《明英宗实录》卷一〇〇，正统八年正月己巳、甲申，第2016、2029页.按，明朝制度，通事冠带支米，平巾不支米。如果昌英在军卫领俸，其通事职被降级对其似乎并没有什么影响，除非他虽带俸锦衣卫但于通事领俸。当然，还有一个情况，所谓“戴平巾供事”，只是在面子上予以惩戒，并未与俸禄挂钩.

⑩《明英宗实录》卷三〇〇，天顺三年二月己卯，第6377—6378页.

轻侮亲王，失人臣礼。下锦衣卫鞫，送都察院，论当赎徒。诏固禁之[①]。至迟天顺四年（1460）十一月六日，马显的处分已得到解除，当日有记载马显关于朝鲜使臣管理的上奏[②]。然而，不到两个月，马显又一次遭到处分。十二月二十六日，女直贡使廷进番书，通事都督同知马显、佥事季铎失于奏达，下锦衣卫，送法司，论当赎杖复职[③]。季铎不仅与马显一同受过处分，此前还曾因出使瓦剌迎奉英宗时翻译失措，被降调为福建延平卫副千户[④]。

其他地方军卫的武职通事，也有因坐事被弹劾或治罪的记载。

通事指挥李让，正统十四年（1449）九月十九日，大同总兵官都督同知郭登奏劾其以讲和为由勾结也先[⑤]。李让或隶属于大同镇所辖某卫。甘州北关通事千户马黑麻，成化十年（1474）十一月初九日，吐鲁番贡使留甘州者十余人乘隙逃去，兵部奏请行巡按御史令究其罪[⑥]。哈只马黑麻或隶属于甘州卫。通事千户梁勋，嘉靖三十一年（1552）九月二十一日，辽东多名土官“洗改敕书，以都指挥例得赏”，边吏失察，梁勋等人被下巡按御史勘问[⑦]。梁勋当属辽东都司某卫。

四、性质

通事，是否为武官的一项职能，或者说，外事是否为锦衣卫的一项职能，需要从其自身性质来加以判断。笔者认为，锦衣卫并不具有外事职能，通事只是锦衣卫官的一项差事，在某些情况下，通事还可以视为锦衣卫的一项出身。

（一）锦衣卫无外事职能

通事工作本身确实有涉外性质，武职通事也有出使的职掌，但并不能因此就认为锦衣卫具有外事职能。

《大明会典》“锦衣卫条·奉旨差官出外堪问事情”：“嘉靖十五年题准本卫带

①《明英宗实录》卷三一五，天顺四年五月丁丑，第 6585 页.

②《明英宗实录》卷三二一，天顺四年十一月戊寅，第 6668 页.

③《明英宗实录》卷三二三，天顺四年十二月戊戌，第 6698—6699 页.

④《明英宗实录》卷二〇一，景泰二年二月甲申，第 4297 页；《明宪宗实录》卷四五，成化三年八月庚申，第 943 页.

⑤《明英宗实录》卷一八三，正统十四年九月丙申，第 3582 页.

⑥《明宪宗实录》卷一三五，成化十年十一月庚申，第 2531—2532 页.

⑦《明世宗实录》卷三八九，嘉靖三十一年九月庚子，第 6844 页.

俸官奉命堪事外夷者，添注见任管事”[①]。“堪事外夷”确属涉外性质，但此事并非外事。我们可以看一下详细情况。该年十一月二十二日，“差锦衣卫千户陶凤仪、百户王桐于广西，千户郑玺、百户纳朝恩于云南，诘勘安南国篡夺罪人及武严威等犯边事情”[②]。“于云南诘堪”实为司法性质的堪问，而非外交性质的出使。至于《大明会典》“会同馆夷人乘坐马匹，每季委百户一员监拨”的记载，当系兵部管理会同馆职能，亦非外事工作[③]。《大明会典》对锦衣卫职掌的归纳是“直驾、侍卫、巡察、捕缉等”[④]，《明史》则概括为三项：“侍卫、缉捕、刑狱”，其中均没有出使等外事职能[⑤]。明代关于“锦衣卫”的私修史籍，也未将出使作为其记载的内容。可见在当时人心目中，“外事”并非锦衣卫机构职能[⑥]。参与其事，并不一定就负其职能。类似情况，古今皆有。正统末，英宗皇帝特诏锦衣卫指挥同知王山侍经筵[⑦]。但那只是锦衣卫王山侍卫经筵，而非侍读经筵。我们不能因为明代锦衣卫通事从事有涉外事务，就认为锦衣卫具有外事职能。《明史》概括，甚为允当。

（二）通事是锦衣卫官的一项差事

武职通事中，不仅有隶籍于锦衣卫的，也有隶籍其他军卫的。各武职通事的选任、职掌与陟黜基本相同。以出使和夷使管理为例，不仅锦衣卫通事参与过，后军通事也有参与，如果说锦衣卫具有外事职能，那是否可以说后府军卫也具有外事职能呢？

其实不只是从事翻译，我们还能看到锦衣卫通事出征作战的记录。正统五年（1440）十一月十七日，通事都指挥佥事陈友多次承担军事任务。正统九年（1444）正月十九日，陈友充游击将军往宁夏出境巡哨[⑧]。五月二日，由锦衣卫调升后军都督佥事，二十四日率兵出境招抚达子[⑨]。正统十四年（1449）七月二十五日，升都督同

---

①《大明会典》卷二二八《锦衣卫》，《续修四库全书》史部第792册，上海，上海古籍出版社，第678页.

②《明世宗实录》卷一九三“嘉靖十五年十一月甲戌”，第4083页.

③《大明会典》卷二二八《锦衣卫》，《续修四库全书》史部第792册，第680页.

④《大明会典》卷二二八《锦衣卫》，《续修四库全书》史部第792册，第675页.《会典》还通过列举的方式详细记载了锦衣卫的具体职掌，基本都可以归并入上述四种.

⑤［清］张廷玉等：《明史》卷七六《职官五》，第1862页.

⑥［明］徐学聚：《国朝典汇》卷一三九，北京，北京大学出版社，第6671—6705页.［明］王世贞：《锦衣志》，《弇州史料前集》卷一七，《四库禁毁书丛刊》史部第48册，北京：北京出版社，第692—702页.

⑦［明］王世贞：《弇山堂别集》卷九，北京，中华书局，1985年，第166页.

⑧《明英宗实录》卷一一二，正统九年正月己巳，第2255—2256页.

⑨《明英宗实录》卷一一六，正统九年五月辛亥，第2333页.

知，“往南京选调精壮官军一千员名赴兵部尚书靖远伯王骥处听调”，二十七日率军往胡广贵州征剿苗贼[①]。后府通事季铎，也曾在正统九年从陈友出境招抚，立功受赏[②]。

锦衣卫通事原本即为武职，出征作战，当属正常。通事与作战一样，均为锦衣卫官的一项差事。由于身为武官，具体从事何种工作并不妨碍其身份确定、职务陟黜及俸禄领取仍隶属原籍军卫。因此，通事只能说是包括锦衣卫在内的武职官员的一项差事而非职能。

（三）通事也可视为锦衣卫的一项出身

通事除了是一项差事之外，也是锦衣卫的一项出身。锦衣卫在明朝属于上亲军卫，地位很高，加之明朝军户及荫恩等制度原因，世袭通事进而成为锦衣卫的构成部分。《明实录》有两处列举了锦衣卫的来源。

成化二十三年（1487），孝宗皇帝朱佑樘继位，明朝对各类传升锦衣卫进行了一次大清理。兵部上疏：“传升武官锦衣卫指挥佥事王荣等七百一十四员，其款十有四：曰皇亲，曰保母，曰女户，曰恩荫，曰录用，曰通事，曰勋卫，曰散骑，及匠人、舍人、旗校、勇士，军民人等，仍请行南京兵部及各巡抚按一体奏革。上是之，命勋卫、散骑及皇亲锦衣卫指挥同知孙纯宗等五十一员仍旧；其皇亲指挥同知王荣、正千户郭勇、章瑄、张俊、王清、王钦、潘成、岳秀、王敏、王福员十员降百户，邵安、邵喜降冠带小旗；百户李祥、陈经、万安、万泰革职；保母指挥同知吕永昌、佥事胡琺、千户张浩等六员，女户百户吴宽、张铭并勇士王端亦乃旧；女户千户韩全、刘瓒、施仁降百户；百户祝瑁等九员降冠带小旗；恩荫太监韦泰等孙，百户韦玺等三十八员不动；余太监裴当、张敏等侄，指挥使张质、千户裴玺等十五员降百户；录用太监孙清侄，千户孙通等三员不动；余太监陈玄、覃礼侄，千户陈泰、覃安等七十五员降冠带小旗。匠艺、舍人、旗校、勇士、监生、军民人等出身传升者，二品降正千户；三品，副千户；四品，百户；五品，冠带总旗；六品，冠带小旗。各带俸着役差操终身。内各项官员原有功升、功袭及原系通事者，仍查其功次定与职役。闻奏其疑目有未载者，止革传升职事，存其旧职。”[③]梳理上述引文，我们能够看到在此次清理中，传升锦衣卫有十四项出身：皇亲、保母、女户、恩荫、录用、通事、勋卫、散骑、匠人、舍人、旗校、勇士、监生、军民人。此次清理没有对通事提出降职要求，或许与其工作性质特殊有关。

①《明英宗实录》卷一八三，正统十四年九月壬寅，第3589页.

②《明英宗实录》卷一一七，正统九年六月癸未，第2360页

③《明孝宗实录》卷五，成化二十三年十月戊子，第90—91页.

弘治十八年（1505），武宗皇帝朱厚照继位，明朝再次对武官进行了一次大清理。兵部奉诏，“查武官冗食之应裁革者六百八十三人：曰皇亲，曰保母，曰乳母，曰女户，曰恩荫，曰录用，曰勋卫，曰将军，曰通事，曰匠艺人等”[1]。可见此处仍将通事视为锦衣卫的一项出身。

余　论

中国自古以来就是一个多民族国家，对外交往频繁，翻译是沟通的桥梁。在与周边少数民族及东西两洋的交往中，通事需求旺盛自不待言。元亡之后的大批色目人归附明朝，其中绝大多数被归入军卫。锦衣卫作为上亲军卫，职司侍卫，殊为荣宠，归附人归入军卫，也以锦衣卫较多。明朝开国之初，多有由通事而充任锦衣卫的情况。到明朝中期，因军户世袭制度，更多的情况为锦衣卫子弟世袭为通事。锦衣卫虽然负责侍卫、缉捕、刑狱，但由于翻译工作的特殊性，锦衣卫中的通事基本没有涉足这三项职能，而是更多地以夷书审译和夷使管理为主。不过毕竟仍属于武职，其管理、领俸、调籍、升迁、处分等，均未脱离军卫系统之外。

“国之大事，在祀与戎”，军队是国家统治的支柱，国家对军队的倚仗和支持也最为巨大和直接。因此，在培养、使用通事方面，以军队为依托是最自然不过的事情。将视野放诸今日，世界各大国的翻译人员，出身军队系统的不在少数。

（作者单位：北京外国语大学历史学院中国史研究中心）

①《明武宗实录》卷五，弘治十八年九月壬午，第151页.

简论正统时期明蒙交往中的锦衣卫

马晓菲

一、锦衣卫职责与人员

自朱元璋创立锦衣卫的初衷，便是将其作为皇帝一种便利工具，对上，护卫圣驾；对下，侦探臣民。规定：

> 统军与诸卫同。所属有南北镇抚司十四所。所隶又有将军、力士、校尉人等。其职掌直驾、侍卫、巡察、捕缉等事。恩功寄禄无常员，恒以都指挥、都督统之。永乐定都后，照例开设。虽职事仍旧，而任遇渐加，视诸卫独重焉。①

从建立锦衣卫的目的与具体规章制度看，这是一个直属皇帝的特殊军事机构，但“恩功寄禄无常员”，短短几个字，却给锦衣卫系统埋下了巨大的人员容纳之危。洪武时期尚可，永乐时期重设后，随着大量人员需要恩荫、赏功、寄禄，隶属锦衣卫的人员剧增。这种现象，一方面造成了大量冗员，其中不乏带俸不做事者，给国家造成更多财政负担。至英宗登基，带俸不做事的冗员已比较严重。于是，政府下令裁汰冗员：

> 汰锦衣卫带管官校。先是有小技者，及各王公主守庄、守墓者，四夷降附老弱者，皆于锦衣卫带俸。至是，行在户部奏：近制事从撙节。此辈坐食，亦宜汰之。上令有技者，自食其技；守庄墓者，自食其力；四夷老弱者，就食于南京。②

---

①［明］申时行等修：《大明会典》卷二二八《锦衣卫》，《续修四库全书》第792册，上海：上海古籍出版社，2002年，第675页.下引《续修四库全书》皆为此版.

②《明英宗实录》卷二一，正统元年八月辛卯，台北，“中央研究院”历史语言研究所校勘本，1962年，第418页.下引同书资料皆为此版.

这正是“祖制”给后继者留下的极大问题。但从另一角度看，各色人加入锦衣卫群体，使锦衣卫可调用的人员范围也得到极大拓展。于是，锦衣卫系统在其主要职责之外，便具有拓展延伸职能的空间和潜力。如何将这些人员有效利用为政权服务，同样考验统治者能力。正统时期，政府一方面对锦衣卫裁员，以节省财政，另一方面，则力图在锦衣卫庞大群体中选用有用之人，从事多方面事务。在此情况下，主要担负内部护卫、侦探、刑讯等职务的锦衣卫，其辖下数目众多的中下层职员，在明与蒙古交往中发挥了不少作用。正统时期，可看作明代锦衣卫系统对蒙交往的第一个高峰，盖因此时明朝面临的边疆形势变化。

二、正统朝明蒙形势与交往形式

明建国北伐，迫使蒙元势力一直退往塞外，蒙古统治者于明之北疆重建元朝。洪武、永乐两朝，明政权连续对蒙古用兵及分而治之，加之蒙古内讧，导致蒙古势力分裂，互有盛衰。至英宗正统时期，蒙古瓦剌部逐渐强大，重新统一蒙古各部。面对北方崛起的强大统一政权。明朝颇感压力。采取种种手段以维系边疆安定。其主要外交手段有：

其一，派遣使者，安抚瓦剌，或结交其他部落，共同应对瓦剌。

其二，强化封贡体系，构建新的政治与经济往来格局。

其三，增兵驻守边塞，抵御瓦剌南下。

其四，发动大规模征讨，以攻为守。

为此，明政府动用各部门大量的人员从事对蒙外交。而锦衣卫基于其主要职责的延伸职能中，有一项便是对外交往。

三、锦衣卫在正统朝明蒙交往中的角色

在以上几种对蒙交往形式中，锦衣卫人员几乎皆有参与。有时甚至扮演至关重要角色。以下结合正统时期明蒙交往形势具体变化及锦衣卫在其中的职能与影响加以论述。

（一）御边侦查

锦衣卫本属军事系统，其官吏任用考核也由武选部门负责。正统时期，明朝北疆并不安定，此时锦衣卫的军事职能较为突出，因锦衣卫的军事职责，对边患与兵马调度也颇知一二。尤其中下层职员，通常被派去参与军事相关事务。因此，他们

通过汇报情况、防守边疆等方式，与其他卫所官兵一起，担负保卫政权使命。正统七年（1442）十一月辛巳，锦衣卫指挥佥事王瑛针对边疆守卫问题进言，提出八条建议，其中四条涉蒙事务。兹条列之：

> 御虏莫善于烧荒。盖虏之所恃者马，马之所资者草。近年烧荒，远者不过百里，近者才五六十里。胡马来侵，半日可至。向者甘肃，今者义州，屡被扰害。良以近地水草有余故也。乞敕边将，遇秋深，率兵约日同出数百里外，纵火焚烧，使胡马无水草可恃。如此，则在我虽有一行之劳，而一冬坐卧可安矣。
>
> 积粮莫先于屯田。近年屯田，皆取卫所老弱之人，是以粮无所积。乞将马队守了夜不收，并精选奇兵，遇警调用外，其余悉令屯田。责其成效。俟秋成之后，归伍操备。如此，则民力不劳，而边储有积矣。
>
> 虏使入贡朝廷。每遣官锡宴、赏赉有加。但犬彘之性，实贪货利交易。物货稍不足其意，辄凌侮驿夫、伤残市人，朝廷每曲法宥之。彼以我为可欺，而恣肆不止。乞凡遇虏使非礼凶虐，即令其酋长自责罚，使知朝廷法度之明。如此，则中国尊严而夷狄知戒矣。
>
> 边境士卒终年演习武艺，别无奖劝。止是视其军装有不称，即加捶楚，致其贫难逃窜者有之。乞将陕西、山西税课赃罚，量拨甘宁、大同等处，收买皮、铁、筋、角，以供修造军器。遇总兵官会同较艺，果有才勇、骑射特出者，量加赏赉。如此，则赏罚明信，而三军鼓勇矣。[①]

建议中涉及坚壁清野以断敌供应、加大屯田保障己方粮草供应、严明法度使外使守规、改善边疆士兵待遇等事项。这些建议，对明蒙边疆情况论述颇详。此外四条，为东南备倭事宜。锦衣卫指挥佥事，隶属锦衣卫指挥使司，可以看出，王瑛作为指挥佥事，边疆防务及与外部政权交往，皆为其关注问题。但北疆与东南，路途遥远，王瑛应为汇总各处下属情报及提出方案。此外，锦衣卫人员也加将官之职，领兵巡逻侦查。尤其正统九年到十年间，北方局势有紧张化趋势。锦衣卫多次奉命到边境一带巡视，布置防御。

> （正统九年正月己巳）命锦衣卫带俸都指挥佥事陈友充游击将军，往宁夏出境巡哨。[②]

---

①《明英宗实录》卷九八，正统七年十一月辛巳，第1978—1979页.

②《明英宗实录》卷一一二，正统九年正月己巳，第2255—2256页.

（正统九年六月丙申）锦衣卫指挥佥事刘勉、监察御史郑观奏："奉敕巡视蓟州等处关隘。其密云地方山势平坦，烟墩离远，宜增设墩台六十三座，益军守哨。"从之。①

此外，朝廷还有针对性地将锦衣卫相关职员调往边疆驻扎。

（正统十年八月己未）锦衣卫校尉王子进等十二人奏："臣等俱蒙选于御马监控马。年深，乞照例授职。"上曰："此辈希求升用。"兵部遣人押往大同备边。待有功升用之。②

在边疆形势日渐吃紧背景下，朝廷也将军功与升迁紧密关联，发挥锦衣卫官兵御边作用。

土木堡之变后，瓦剌军南下。驻守京师的明朝机关十分紧张，上下动员，空前紧急状态下，几乎将手头可用的人员全部利用起来。此时，敌军动向成为上下一致关注的重大问题。而在此情况下，擅长侦探的锦衣卫自然派上用场。

（正统十四年九月）辛丑，锦衣卫小旗陈喜同自瓦剌走回，言脱脱不花王领一万达子去劫广宁，既回野猪口旧营，又往西南，欲与也先及阿剌知院约来攻北京。命升喜同为百户。③

陈喜同带来详细军情，让驻京的朝野上下及时获悉敌军部队分布与战略，为其后明朝战略部署提供了重要参考。因此，陈喜同功劳不小，遂越总旗一级升迁，自小旗直接晋升百户。

十月，瓦剌军进抵京城附近，明政府紧急动员。锦衣卫再次派上用场。熊天平《锦衣卫：畸变的国器》中描述锦衣卫指挥佥事吕贵被派遣搜集瓦剌情报情形：

接到任务之后，锦衣卫迅速出动，很快便有战果传来。锦衣卫指挥佥事吕贵奏报，说临洮一带虏寇已经逃遁，人民安居乐业，可以对守备力量

①《明英宗实录》卷一一七，正统九年六月丙申，第2368页.

②《明英宗实录》卷一三二，正统十年八月己未，第2629页.

③《明英宗实录》卷一八三，正统十四年九月辛丑，第3588页.

进行适当调整。[①]

对此，笔者根据史料，做一点补充说明和不成熟商榷，不当之处，切望海涵：据《明英宗实录》记载：

（正统十四年冬十月壬戌）命锦衣卫指挥佥事吕贵为署都指挥佥事，代高礼，同毛福寿领军杀贼。[②]

由上可知，吕贵此次行动，其主要目标是御边，并非侦查。而吕贵在接受署都指挥佥事职务后的第九天，便请求改任原职[③]。究其原因，署都指挥佥事为实际职务，且需镇外御边。如之前外地袭扰边疆时，便有“升行在锦衣卫指挥同知任启为指挥使、署都指挥使事、掌陕西行都司事”[④]等事例。朝廷任命吕贵为此职之目的，就是让其与其他将领会同领兵杀敌，这是锦衣卫军事职能的典型体现。但吕贵以署都指挥使身份归来后，担心自己被外调，“恐调出失势”，于是想方设法辞掉新职务，“托太监金英家人锦衣卫百户金善以赂英，得辞升职，仍旧官”[⑤]。因此，吕贵对这种升职但有失势甚至丧命风险的御边，持抵制态度。至于涉及临洮一事，则是吕贵复原职五天以后的奏报。史料描述与《锦衣卫：畸变的国器》有所出入：

（正统十四年十月乙亥）锦衣卫指挥佥事吕贵奏：“迩者，遣人调陕西临洮土军来京策应。今虏寇已遁，人民安业，乞将土军或就陕西守边都督王祯处备冬，待春放回原卫；或停止，不必调用事。”[⑥]

据上，笔者认为，更接近当时事实的情形是，京城危难之际，朝廷急忙从临洮调兵入援。部分援军出发，但距京师尚远，部分援军尚未出发。此时，京城附近瓦剌军退去。于是，吕贵奏报，应让临洮援军出发部队择机返回驻地，未出发部队，不必再出发。并非如《锦衣卫：畸变的国器》所言吕贵带来临洮一带瓦剌军逃遁的

---

① 思岐：《锦衣卫：护国与误国》，http://wemedia.ifeng.com/93230408/wemedia.shtml，2018-12-15。节选自熊天平：《锦衣卫：畸变的国器》，北京，中华书局，2018 年 .

②《明英宗实录》卷一八四，正统十四年冬十月壬戌，第 3638 页 .

③《明英宗实录》卷一八四，正统十四年冬十月庚午，第 3648 页 .

④《明英宗实录》卷一三，正统元年春正月丙子，第 231 页 .

⑤《明英宗实录》卷一九八，景泰元年十一月甲辰，第 4201 页 .

⑥《明英宗实录》卷一八四，正统十四年十月乙亥，第 3663 页 .

情报。此时吕贵做得更多的，是御边和领兵，非情报侦查。

体现锦衣卫御边职责的事例还有：瓦剌军挟英宗南下之时，锦衣卫指挥王虹被派遣与佥都御史段信、按察使曹泰、监察御史吴中、郭仲曦、王晋等分守居庸关、紫荆关等关隘，后来关隘相继失守，都察院便以关隘失守、未能履职尽责为由参劾，王虹等被逮捕定罪[①]。最后降为事官，从长官修筑关口赎罪[②]。

综上可知，统兵御边，为当时锦衣卫重要职能。至少正统时期，其重要性绝不在情报侦查之下。而此两项职能消长与地位转化，当在正统以后。

（二）伴驾征伐

锦衣卫前身为仪鸾司，本身就与依仗礼仪有关。朱元璋罢仪鸾司，改置锦衣卫，其目的之一就是改创一个更有利于行使伴驾、仪仗功能的军事部门。因此，锦衣卫护驾、仪仗职能，依旧延续。

> 凡朝会、巡幸，则具卤簿仪仗，率大汉将军等侍从扈行。宿卫则分番入直……五所分銮舆、擎盖、扇手、旌节、旛幢、班剑、斧钺、戈戟、弓矢、驯马十司，各领将军校尉，以备法驾。[③]

皇帝亲征时，锦衣卫相关大小职员通常作为皇家卫队，护驾左右。正统朝比较典型的就是锦衣卫校尉袁彬。正统十四年（1449）八月，英宗亲征瓦剌，袁彬时任锦衣卫校尉，随同出征。锦衣卫校尉，本锦衣卫低级职员，此等职务，要老老实实按一般途径晋升，也达不到太高职位，最后可能按资历年限逐层晋升，而这又是个漫长的过程。更何况，还有大量恩荫和皇帝青睐的人员进入锦衣卫或升迁。而要得皇帝青睐，也绝非易事。袁彬之父袁忠，于建文二年（1402）被选为锦衣卫校尉，任职至正统四年（1439），三十八年间，职务一直未动，就在当年，因疾辞职，由袁彬继任。袁彬此时已三十九岁，若照此情况发展下去，袁彬的人生轨迹极有可能复制其父，在锦衣卫校尉的岗位上任职到退休。正是土木堡之变，不但改变了英宗命运，也改变了袁彬命运。袁彬后来回忆当年大军溃散后，自己如何再与英宗相见，颇为偶然：

①《明英宗实录》卷一八五，正统十四年十一月戊寅，第3667页.

②《明英宗实录》卷一八六，正统十四年十二月庚戌，第3715页.

③［清］张廷玉等:《明史》卷七六《职官五》，北京，中华书局，1974年，第1862页.下引同书资料皆为此版。

> 皇上在雷家站高冈地上坐，众达子围着，是臣远观，认的是我英宗皇帝。臣叩头哭。上问："你是甚么人？"臣说："是校尉。"[①]

袁彬因锦衣卫校尉身份，常伴驾左右，故此认得英宗，只因远远望了几眼，本在历史长河中默默无闻的小人物命运，瞬间迎来改变之机。而袁彬把握住了人生转折，从而改变了以后人生轨迹。可谓历史之机缘巧合。又因其知书识字，英宗留以服侍。袁彬遂留侍英宗，俨然故国时锦衣卫伴驾帝王场景，不过物是人非，而今阶下之囚。好在袁彬亦甘心伴驾，悉心侍奉英宗左右，与之共患难。另一侍从哈铭，为锦衣卫通事。两名锦衣卫职员，一护驾校卫，一传达通事，分工合作，成为英宗患难与共的左膀右臂。

> 帝既入沙漠，所居止毡帐敝帏，旁列一车一马，以备转徙而已。彬周旋患难，未尝违忤，夜则与帝同寝，天寒甚，恒以胁温帝足。有哈铭者，蒙古人，幼从其父为通事，至是亦侍帝。帝宣谕也先及其部下，尝使铭。也先辈有所陈请，亦铭为转达。帝独居毡庐，南望悒鬱，二人时进谐语慰帝，帝亦为解颜……彬尝中寒。帝忧甚，以身压其背，汗浃而愈。帝居漠北期年，视彬犹骨肉也。[②]

此段描述，读来不禁让人拍案称道。袁彬除尽心侍奉外，还成为英宗的"智囊"，为英宗出谋划策，数次转危为安。

> 中官喜宁为也先腹心。也先尝谓帝曰："中朝若遣使来，皇帝归矣。"帝曰："汝自送我则可，欲中朝遣使，徒费往返尔。"宁闻，怒曰："欲急归者彬也，必杀之。"宁劝也先西犯宁夏，掠其马，直趋江表，居帝南京。彬、铭谓帝曰："天寒道远，陛下又不能骑，空取冻饥。且至彼而诸将不纳，奈何？"帝止宁计。宁又欲杀二人，皆帝力解而止。也先将献妹于帝，彬请驾旋而后聘，帝竟辞之。也先恶彬、铭二人，欲杀者屡矣。一日缚彬至旷埜，将支解之。帝闻，如失左右手，急趋救，乃免。[③]

话说回来，也正是有了袁彬的贴身尽职侍奉，英宗也才能够在身心饱受折磨的

① [明] 袁彬撰，尹直录：《北征事迹》，《续修四库全书》第 433 册，第 149 页 .

② [清] 张廷玉等：《明史》卷一六七《袁彬》，第 4509 页 .

③ [清] 张廷玉等：《明史》卷一六七《袁彬》，第 4509 页 .

苦寒之地，看到更多光明与希望。英宗获释后，本想大力提升袁彬。但因景泰帝在位，只授袁彬为锦衣卫试百户。英宗复辟后，感袁彬往日护驾侍奉功劳，又以平定曹石之变有功，升锦衣卫指挥佥事，之后改锦衣卫指挥同知。袁彬一直做到都指挥使，但更关键的是，这些职称，许多皆无实权，需加其他称号，方才执事。而袁彬所加便是“掌锦衣卫事”，真正掌握了锦衣卫实权。袁彬执掌锦衣卫多年，英宗对其十分眷待，袁彬所请之事，无不听从。并时常召入宴请，谈论当年患难时事，欢洽如故。在英宗看来，袁彬这个当年的锦衣卫小校尉，无疑是影响自己人生命运的一个重要人物。正是与英宗在瓦剌的这段患难与共，才有了袁彬将来的飞黄腾达。若无当年苦寒之地共患难，难说袁彬能有日后之荣耀。

（三）出使外交

针对北疆蒙古的复杂形势，明一直以来的外交策略，除了防御、征伐，还以使者往来形势传达，寄希望以此维持双方和平往来。而锦衣卫职员出使外邦之事，史书中也屡见不鲜。据《明英宗实录》记载，正统时期，明朝出使蒙古的锦衣卫职员具名者有：

指挥佥事王息（出使兀良哈），指挥佥事火吉（出使瓦剌），带俸都指挥康能（出使瓦剌），指挥同知岳谦（出使瓦剌），千户梁贵（出使瓦剌），指挥使吴良（出使瓦剌），千户纪信（出使瓦剌），通事哈只、哈铭父子（出使瓦剌），千户梁泰（出使瓦剌）[①]

综合史料分析，笔者认为，锦衣卫职员能够作为外交使臣出使外邦，主要有以下三个原因：

其一，锦衣卫属军事系统的卫所体系，许多职员驻守边疆地区，或主要从事边疆民族与政权信息的搜集、奏报。作为负责护卫防御性质的机构和人员，与其他卫所职责实质无二。且以武职人员出使，更可宣示朝廷对边疆地区恩威并用之意。不过，即便军事系统人员，在并不安定的边地依然存在较大风险。如在正统六年（1441），锦衣卫都指挥康能率使团出使瓦剌，中途遭遇劫掠，被劫去马二百余匹。事后调查发现：是朵颜三卫之一的福余卫人所为[②]。

其二，锦衣卫负责刺探情报职能，具有极强的侦查意识与能力。因此，间谍性质，因此，有时会派锦衣卫官员直接出使外邦，发挥其专长，刺探情报，考察形势。

---

① 详见《明英宗实录》.

②《明英宗实录》卷八四，正统六年冬十月乙酉，第1678页.

（正统十四年冬十月）壬戌，升锦衣卫指挥同知吴良为都指挥同知子孙世袭指挥使。①

值得注意的是，吴良除出使瓦剌外，还曾出使朝鲜、海西等处，对边疆事务颇知，经验丰富，多次安抚边疆民族。因此，受到朝廷优厚奖励。

而这些锦衣卫外交使者，其命运却迥异。岳谦、杨铭与袁彬，皆在瓦剌处面见英宗。也先兵临北京城下时，岳谦奉命前去叫门，被杀。

其三，锦衣卫系统中有大量少数民族职员。其中不少蒙古人，这些蒙古人主要来源有三类：明统治区蒙古人、主动投诚归顺者、战俘。因锦衣卫可“恩功寄禄无常员”，因此，此类人员常被安排至锦衣卫系统，领俸赐宅。如：

（正统二年十一月）己丑，授迤北来归鞑靼者兰帖木儿为副千户、脱脱不花为试所镇抚，给赐冠带，俱行在锦衣卫支俸。②

（正统九年八月己未）迤北鞑靼脱脱伯孛罗不花等来归。命为所镇抚于南京锦衣卫，支俸，赐彩段表里、金织袭衣、房屋器皿等物。③

正统期间，上述情况屡见不鲜。这些人员出身蒙古、西域等地，精通番语，熟悉边疆风土人情，以之为使，一来对自然风土气候地貌了解更多，具有向导作用。二来更容易与对方在风俗文化相近、相通的基础上进行交流，从而实现较顺利的对话，成为明朝与蒙古交流的文化纽带。如上述哈只、哈铭父子，皆蒙古人，哈铭“幼从其父为通事”④。土木堡之变前，为协调明与瓦剌关系，哈只、哈铭父子曾数次作为使团成员，出使瓦剌：

正统十三年三月内，同父杨只，随同金吾左卫指挥使王喜，往瓦剌公干回还。

十四年二月内，随父同指挥使吴良，赍送赏赐往瓦剌地面也先太师处。⑤

蒙古政权对于这些投靠明朝官员的态度，在双方关系和谐时，也比较体面。

①《明英宗实录》卷一八四，正统十四年冬十月壬戌，第3638页.

②《明英宗实录》卷三六，正统二年十一月己丑，第697—698页.

③《明英宗实录》卷一二〇，正统九年八月己未，第2425页.

④［清］张廷玉等:《明史》卷一六七《袁彬》，第4509页.

⑤［明］杨铭撰:《正统临戎录》，《续修四库全书》第433册，第135页.下引同书资料皆为此版。

但双方关系紧张时，使者往往比较危险。想必哈铭也无法预料到，正统十四年（1449）二月，这次看似一如往常的出使，会彻底改变自己将来命运。正统十四年（1449）五月，哈铭一行面见也先，也先遂以明朝不许私自贸易、减少赏赐为借口，将这批使者扣留，"膀带木枷，每人着四个达子看守，夜晚绑缚"[①]。英宗被也先俘虏后，君臣才在边地会面。哈铭与英宗会面未如袁彬那般偶然。也先俘虏英宗后，想更好地利用英宗要挟明朝谈条件，于是就让之前扣押的明朝使者与英宗相见，一则显示自己诚意，二则将使者作为与英宗以及大明朝廷谈判的枢纽。如哈铭本为同事，从事信息传达，自然更在考虑之列。英宗此时为阶下囚，也先与其手下虽也以礼待之、派人侍奉，但毕竟不同往日，英宗并无过度自由的选择余地，只能从有限的人中选择侍从，英宗见哈铭第三面时，便决定留他侍奉左右。英宗为何会同意哈铭留在身边侍奉？根据记载，笔者推测，大致有两个原因：一则哈铭作为使者，又是蒙古人，多次出使蒙古地区，对风土人情熟悉，又能较为准确传达信息。二则此时哈只、哈铭父子表现，也让英宗十分满意。据哈铭回忆：

> 在金山，我父子二人与原看守达子取讨马乳一皮袋，寻看爷爷朝见。爷爷见了，问使臣纪信："那里来的是谁？"纪信回奏："是原做使臣来的老哈父子。"近前叩头，进马乳毕，有伯颜帖木儿那营往东行，有纪信、李虎、袁彬随驾，我父子当回达子营，奉圣旨："再来看我。"后铭父子寻取米面，又去朝见。后又将自己穿的衣服换羊一只，又去朝见。进羊毕，奉圣旨："着老哈你回达子营去，着哈铭在这里，答应我。"[②]

这段描述中，可以看出哈氏父子并未如其他人一样，因帝王落难便弃之而去。反而恭敬谦卑，礼仪周到，三次晋见，哈氏父子先后进献马乳、米面、羊，为此甚至卖掉自己的衣服。此忠心，英宗也逐渐了解。因此，这三次晋见，也可看做对其父子的考查。正因忠诚且身份特殊，哈铭方才得以留侍英宗。而哈铭也如袁彬一样，尽心竭力。"铭随圣驾，不离左右，寻来面做干粮，预备答应"[③]。此时，哈铭与袁彬一起，心甘情愿在英宗驾前听从差遣。在严峻的自然与人际环境中，他们也曾倍感绝望无助。但此时，越是绝望，则越无希望。而此时已不存在烦琐礼仪与严格上下级界限，作为逆境中的人，相互鼓励、扶助，才是解脱困境的唯一道路。一次，袁彬无法抑制思乡之情，痛哭流涕："罢了，我家里母年老无人侍养，怎么

① [明] 杨铭撰：《正统临戎录》，第 135 页 .

② [明] 杨铭撰：《正统临戎录》，第 135 页 .

③ [明] 杨铭撰：《正统临戎录》，第 137 页 .

好？”哈铭劝解道：“奇不必烦恼，你我如草木沙土一般，有什么打紧。爷爷的金身在这里，只管收拾备马驮行李。”[①]意谓此时，我们既往同事也罢，上下级也罢，现在共同身份是忠臣，最大使命是护主保驾。相信也正是这种鼓励，使他们精神上得以振奋坚强，一起共度艰难坎坷。英宗感哈铭忠诚，许诺他：“到家与你都指挥做，钦此”[②]。后英宗还朝，升哈铭为实授所镇抚司都指挥，赐其父子姓杨，从此改称杨只、杨铭。天顺、成化年间，杨铭又先后扶英宗重新登基、擒杀叛臣、地方平乱等，职务一路提升，至弘治间，为世袭指挥使。

（四）监视交往

锦衣卫的侦查作用，不仅体现在对他国军情、动向的刺探，对对方的来使、人员动向及与汉人交往，包括物资交流，也颇为关注，尤其对于对方使者，来到明朝国土，明朝既要保障使者安全，又要特别注意他们是否别有用心，通过各种途径探听情报。正统时期，明蒙关系存在不确定因素的情形下，便有锦衣卫从事此项事务事情的监视，以便采取相应措施。

> （正统四年九月乙丑）上以瓦剌脱欢使将至。诏行在都察院揭榜，戒军民人等毋肆欺侮，毋侵盗所携，与之交易价毋增溢，毋得货与兵器，毋私与语，敢有违者，谪戍海南。仍命锦衣卫伺察之。[③]

由上述记载可知，锦衣卫负责侦查有无此类状况。而随着瓦剌日渐强大，明朝危机意识深化，期间瓦剌使臣借朝贡机会，私下与民交易兵器及军事相关物资现象越加严重，引起明朝关注，而对这种交易的侦查，也越来越严。

> （正统七年冬十月乙卯）巡抚大同宣府右佥都御史罗亨信奏：“比闻瓦剌贡使至京。官军人等亡赖者，以弓易马，动以千数。其贡使得弓，潜内衣箧，踰境始出。臣思虏居常利此器，今中国人贪其货贿，反与易之。宁不资其威力？请敕机要重臣密廉在京弓人，究市弓以易马者治之。及俟贡使就道，于居庸关诘检。仍敕万全并山西行都司，俱以此禁治所部官军人等。”事下，都察院右都御史王文等言：“亨信所奏，已有著令。请再行锦衣卫遣官校巡视，及行守居庸关者，俟其回诘检。”上曰：“不必诘检，俟

---

①［明］杨铭撰：《正统临戎录》，第139页．

②［明］杨铭撰：《正统临戎录》，第144页．

③《明英宗实录》卷五九，正统四年九月乙丑，第1137页．

回时再具以闻。”[①]

（正统八年十二月丙午）民有以铁器卖与瓦剌使臣、规厚利者，诏锦衣卫擒获，监禁之。[②]

（正统十一年春正月戊子）敕锦衣卫指挥同知王山、千户邓宣曰：“比闻在京口外，官员、军民人等，往往通诸匠作，私造军器等物。俟瓦剌使臣回日，于閒僻之处，私相交易，甚至将官给军器俱卖出境。该管官司纵而不问，又所在头目有假以送礼为名，将箭头贮于酒坛，弓张里以他物，送与使臣。此等论罪，悉当诛戮。今使臣将回，特命尔等领旗校，自居庸关至宣府、大同，凡使臣经过去处巡缉。敢有似前，潜将军器与之交易者，即擒解京。有干应奏官员具实奏闻逮问。如尔巡捕不密，事发，皆重罪不宥。仍须严禁带去旗校人等，不许依势作威、诓索官民财物，但有犯者，即尔之罪。”[③]

期间，锦衣卫扮演的是巡视侦察角色。其后发生土木堡之变，敌兵压境，京城危急，人心惶惶，锦衣卫则担负起城内反间谍职责。

（正统十四年八月乙丑）驸马都尉焦敬等言：“……城市关厢，有潜住、听探消息之人，许锦衣卫五城兵马挨拏处治。”王令礼部榜示多人知之。[④]

监视交往与御边侦查，共同构成了锦衣卫涉外侦查职能，具有间谍与反间谍双重性质，为明政府提供了大量情报信息。

结　语

对外交往，虽非锦衣卫主要职责，但亦为重要职责，正因锦衣卫职务广泛与人员多样性，扩大了外交领域可选择范围。而锦衣卫诸职员，其身份或高或低，使命或成或败，命运或荣或衰，然在民族交往之漫漫历史长河中，留下了或浓或淡的笔墨，也正是由于这些笔墨的纵横融汇，才造就了明代民族交往的绚丽画卷。而锦衣卫的身份与职能多样性，则无疑为其提供了挥洒笔墨之平台。在这绚丽多姿之外，

①《明英宗实录》卷九七，正统七年冬十月乙卯，第 1957—1958 页 .

②《明英宗实录》卷一一一，正统八年十二月丙午，第 2243 页 .

③《明英宗实录》卷一三七，正统十一年春正月戊子，第 2725—2726 页 .

④《明英宗实录》卷一八一，正统十四年八月乙丑，第 3511 页 .

锦衣卫，这个在世人眼中冷冰冰的称号，也因人因事，在波谲云诡的沧桑变幻中，平添了几许温情。偶然也罢，必然也罢，小人物也是历史的见证与经历者，也会因其身份、才能、机遇，以及把握机遇之能力，成为历史的改变者。

（作者单位：滨州学院）

“朝贡”与“锦衣卫”：南京锦衣卫的东南亚归附人

郭嘉辉

一、引言

已故陈学霖教授（1938—2011）透过“华人夷官”[①]与“外籍宦官”[②]的研究，不仅反映出明朝与国际的密切往还，更展示出其具有多元文化的一面，并非过往封闭的刻板形象[③]。而中外往还绝非单向，既有明人出洋投奔外国，同时也有外国人来明归附，加上近年学界利用“武职选簿”陆陆续续揭示出卫所武官在郑和下西洋等对外关系重大事件的参与细节及角色[④]。本文拟透过《中国明朝档案总汇》南京锦衣卫选簿当中的指挥佥事暹罗国人三迁、实授百户爪哇国人徐卿、指挥佥事交趾国人宗信可等三个武官家族的记载，分析这些来自东南亚的外国人，如何来华并又为何安

---

① 陈学霖：《“华人夷官”：明代外蕃华籍贡使考述》，《中国文化研究所学报》第 54 期，2012 年 1 月；陈学霖：《暹罗贡使“谢文彬”事件剖析》，收入氏著《明代人物与传记》，香港，香港中文大学出版社，1997 年，第 275—306 页；陈学霖：《明代外番入贡中国之华籍使事》，《大陆杂志》第 24 卷第 4 期，1962 年 2 月；Chan Hok-lam，“The Chinese Barbarian Officials' in the Foreign Tributary Missions to China during the Ming Dynasty，” Journal of the American Oriental Society，88：3（1968.7-9），pp. 411—418.

② 陈学霖：《洪武朝朝鲜籍宦官史料考释——〈高丽史〉李朝〈太祖实录〉摘抄》《海寿——永乐朝一位朝鲜籍宦官》《明代安南籍宦官史事考述——金英、兴安》，收入氏著《明代人物与史料》，香港，中文大学出版社，2001 年，第 77—166，205—264 页 .

③ 陈文石：《明洪武嘉靖间的海禁政策》，台北，台大文学院，1966 年；张彬村：《明清两朝的海外贸易政策：闭关自守》，载吴剑雄主编：《中国海洋发展史论文集》，第 4 辑，台北，“中央研究院”中山人文社会科学研究所，1991 年，第 45—59 页；陈尚胜：《“怀夷”与“抑商”：明代海洋力量兴衰研究》，济南，山东人民出版社，1997 年 .

④ 范金民：《〈卫所武职选簿〉所反映的郑和下西洋史事》，《明代研究》第 13 期，2009 年 12 月；李国宏：《福州右卫百户吴铭下西洋史料新证》，《海交史研究》2016 年第 2 期；徐恭生：《再谈郑和下西洋与〈卫所武职选簿〉》，《海交史研究》2009 年第 2 期；李国宏：《福建兴化卫下西洋官兵史料考略》，《海交史研究》2012 年第 1 期；徐恭生：《明初福建卫所与郑和下西洋》，《海交史研究》1995 年第 2 期 .

插至卫所，而他们被安置于锦衣卫又有什么意义，从而更进一步揭示锦衣卫以至卫所在明代中外关系的角色与意义，以更全面地理解锦衣卫的历史意义。

二、卫所夷人

明太祖虽屡言"夷狄腥膻，污染华夏"①，但实际上却并不抗拒"夷狄"。先是洪武元年（1368）徐达攻下大都后，大批前元官兵投降。洪武四年（1371）又将北平山后顺宁等州边民散入卫府，形成了卫所聚集了大量的"故元官兵"与"山后移民"②，更设"蒙古卫""蒙古左卫"与"蒙古右卫"等以为安置③。由此可见，卫所不单纯是军事体制，更是收容归附异族的重要制度。而武职选簿登记的"山后人"，更并不止是洪武四年（1371）北平山后诸州的移民，而且是包括洪武、永乐、宣德、正统、天顺时期归附的"迤北""女直""金山"、"辽东胡胡不花"等各地的少数民族。由此可见，卫所武官的来源不一，异族归附正构成了卫所武官多元民族的特色④，而正因此也使得卫所武官在对外关系中发挥积极的作用，特别是入直宿卫的锦衣卫。

而现存的锦衣卫武职选簿所载的三百多位武官中，最少有四十三为归附的"山后人"当中更有不少官至指挥使、指挥同知、指挥佥事⑤。李贤于《达官支俸疏》提到"切见京师达人。不下万余""在京指挥使正三品、该俸三十五石。实支一石。而达官则实支十七石五斗是赡京官十七员半矣传曰、朝无幸位、则食者寡矣、此又非幸位之比也。"⑥而奇文瑛更指出永乐以后鞑靼归附人，多被安置在锦衣卫等⑦，可知在京锦衣卫存有为数不少的归附异族，然而他们又于中外往还有什么意义？且参指挥佥事矮以幽的内黄提到其四辈艾忽先：

> 艾忽先，迤北人。祖完者秃，洪武二十一年充平阳卫军，改虎贲右

①《明太祖实录》卷四六，洪武二年十月辛卯，台北，"中央研究院"历史语言研究所校勘本，1962年，第924—925页.

② 奇文瑛：《明代卫所归附人研究—以辽东和京畿地区卫所达官为中心》，北京，中央民族大学出版社，2011年；张鸿翔：《明代各民族人士入仕中原考》，北京，中央民族大学出版社，1999年.

③《明太祖实录》卷七一、八三、一〇〇，洪武五年正月甲子、洪武六年七月癸丑、洪武八年六月乙未，第1318，1487—1488，1697页.

④ 郭嘉辉：《明代卫所中的少数民族—论"山后人"》，《中国史研究》第84辑，2013年6月.

⑤ 郭嘉辉：《明代卫所中的少数民族—论"山后人"》，《中国史研究》第84辑，2013年6月.

⑥［明］陈子龙：《明经世文编》卷三六《李文达文集》，北京，中华书局，1962年，第277页.

⑦ 奇文瑛：《论明初卫所制度下归附人的安置与任用》，《民族研究》2012年第6期.

卫（原文缺）送锦衣卫带官。十三年，撒马儿罕公干，升锦衣卫带俸百户。十六年，撒（原文缺）。八年，撒马儿罕公干，升本卫带俸流官指挥佥事。①

矮以幽、艾忽先的军籍始于先祖完者秃，而选簿对“完者秃”的归附来历或已失载，仅能从“洪武二十一年充平阳卫军”与“迤北人”，大致推断其似为山西一带的蒙古或色目遗民。而正由于“完者秃”源于异族可能与蒙古、色目相关，正彼益于其参与对外派遣的任务，先后于永乐十三年（1415）、十六年（1418）、宣德八年（1433）出使至同曾为蒙古帝国一部分的撒马儿罕。

而锦衣卫与中外往还并不止是遣使，锦衣卫指挥佥事章纲的内黄提道：

章狗儿，迤北达子。有父火儿忽歹，宣德七年赴京朝贡，钦升本卫指挥佥事。八年又赴京朝贡，愿住坐锦衣卫镇抚司带官支俸。②

章纲的先祖儿忽歹正是通过来明朝贡而归附，这首先说明锦衣卫的多种来源正是造成其多元民族与文化的重要原因。再者，锦衣卫与中外往还不仅在于遣使，也涉及朝贡。故此，锦衣卫与朝贡乃至对外关系之间的联系无疑必须厘清。为此，以下则说明锦衣卫的职掌与朝贡关系。

三、朝贡与朝会：锦衣卫与卤簿—驯象

锦衣卫设于洪武十五年（1382）四月③，前身为仪鸾司，早于吴元年（1367）议定的即位礼仪已提到“仪鸾司官位于殿中门之左右”④，而洪武元年（1368）的皇太子亲王及士庶婚礼，更提到“仪鸾司进金辂于东宫门内”⑤，洪武六年（1373）制定的“大辂”也是交付仪鸾司⑥，翌年仪鸾司大使叶茂更奏进“御用车轿九。龙马车一、三辕马车一、象车一、四马轿七、用马棕轿一、红毡轿一、红竹轿一，以人肩之。”⑦而洪武三年（1370）《大明集礼·仪仗篇》更提道：“制黄麾仗。凡正至圣节、朝会及册

① 中国第一历史档案馆、辽宁省档案馆编：《中国明朝档案总汇》第49册，桂林：广西师范大学出版社，2001年，第399—400页.

② 中国第一历史档案馆、辽宁省档案馆编：《中国明朝档案总汇》，第49册，第398—399页.

③《明太祖实录》，卷一四四，洪武十五年四月乙未，第2266页.

④《明太祖实录》，卷二八上，吴元年十二月辛酉，第434页.

⑤《明太祖实录》，卷三七，洪武元年十二月癸酉，第711—743页.

⑥《明太祖实录》，卷八六，洪武六年十一月丁巳，第1528—1530页.

⑦《明太祖实录》，卷九三，洪武七年九月己巳，第1620页.

拜、接见蕃臣、仪鸾司陈设仪仗。"[①] 特别是正旦、冬至或圣节的朝会均有"使者位于文官拜位之东北""使者位，验品在文官拜位之东北"，都有"仪鸾司官位于殿中门之左右"[②]。

锦衣卫正是继续了仪鸾司陈设仪仗的职能，洪武十八年（1385）更定的蕃国进表礼仪更提道："凡蕃国初附遣使奉表进贡方物。先于会同馆安歇，礼部以表副本奏知。仪礼司引蕃使习仪，择日朝见。其日，锦衣卫陈设仪仗。和声郎设大乐于丹陛如常仪。"[③]而更为重要的是，锦衣卫进一步整合仪鸾司与拱卫司，并更为完成地接掌了仪仗队伍[④]。换言之，外国使者来明朝贡可能参与的正旦、圣节、冬至的朝会或入朝均由锦衣卫负责陈设。然而锦衣卫与朝贡关系并不止于此，更为重要的是"卤簿"。

早于吴元年的即位礼仪或是洪武元年的正旦朝贺仪，都提道：

> 陈设卤簿，列甲士于午门外之东西，列旗仗于奉天门外之东西，龙旗十二分左右，用甲士十二人。北斗旗一纛一居前，豹尾一居后，俱用甲士三人。虎豹各二、驯象六，分左右。左右布旗六十四……[⑤]

而《大明集礼·蕃王朝贡》中的《蕃王朝见之图》更绘有：

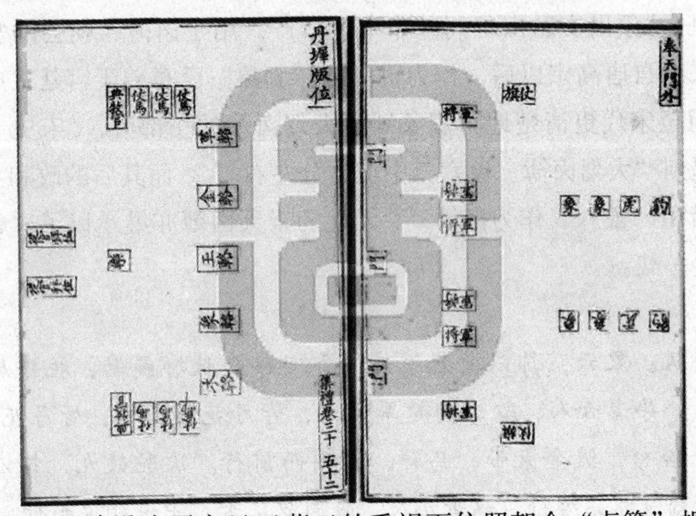
丹墀版位

奉天门外

旗仗

将军

集礼卷三十 五十二

"蕃王朝见"的陈设为了突显于蕃王的重视而仿照朝会"卤簿"规格，陈设象、

① ［明］徐一夔：《大明集礼》卷四二《仪仗篇·总序》，中国国家图书馆藏明嘉靖九年内府刻本，第1b页.

②《大明集礼》卷一七《嘉礼第一·朝会》，第28—38页.

③《明太祖实录》卷一七二，洪武十八年三月庚辰，第2628—2629页.

④ 张金奎：《锦衣卫形成过程述论》，《史学集刊》2018年第5期.

⑤《明太祖实录》卷二八上、三五，吴元年十二月辛酉、洪武元年十月丁酉，第435—436，638—655页.

虎、豹。故此，明初朝会、册拜等重要典礼使用的“卤簿”，甚至蕃王朝见礼仪均会使用到虎、豹、象等猛兽。而《大明集礼·仪仗》提道：

> 晋舆服志云：武帝太康中，南越献驯象，诏作大车驾之，以载黄门鼓吹数十人，使越人骑之。正旦大会驾象入庭。唐开元中，畜巨象於闲廐，供陈设仪仗。宋制卤簿，象六中道分左右，并木莲花坐……驾出则先导。朝会则充庭。①

可见明代朝会卤簿使用驯象有悠久的历史渊源，而诚如《大明集礼》又提到“又范至能志书云，象出交趾山谷间”，值得思考的是朝会、卤簿等礼仪所使用的驯象又是从何而来？而参照《唐会要》提道：

> 大历十四年五月诏，鹰隼豹貀猎犬，皆放之。时以永徽已来，文单国累贡驯象三十有二，皆豢于禁中。有善舞者，以备元会充庭之饰。因是与鹰隼之类同放之。②

由此可见，“象出交趾山谷间”非中土所产，用于卤簿、朝会的驯象也有可能是由朝贡而来。自唐高宗以后，作为贡品的“驯象”已畜养于宫廷之中，适时作为朝会之用。而至宋代更清楚地将驯象划为大驾卤簿的一部分，《宋史·仪卫三·大驾卤簿》正提到“大驾卤簿。象六，中道，分左右。”③而其后的政和大驾卤簿、绍兴卤簿亦是沿用“象六”作为卤簿④，元代的崇天卤簿亦继承以了“象六”作为卤簿，参《元史》载：

> 顿递队：象六，饰以金装莲座，香宝鞍韂秋辔罽勒，牦牛尾拂，跋尘，铰具。导者六人，驭者南越军六人，皆弓花角唐帽，皆弓花角唐帽，绯絁销金袄衫，镀金束带，乌鞾，横列而前行。次驼鼓九，饰以镀金铰具，辔饰罽笼旗鼓缨枪。驭者九人，服同驭象者，中道相次而行。⑤

---

①《大明集礼》卷四三《仪仗》，第2—3页.

②［宋］王溥：《唐会要》卷七八《诸使中·五坊宫苑使》，上海，商务印书馆，1935年，第1421页.

③［元］脱脱：《宋史》卷一四五《仪卫三·大驾卤簿》，北京，中华书局，1985年，第3408页.

④《宋史》卷一四六、一四七《仪卫四·政和大驾卤簿并宣和增减小驾附》《仪卫五……绍兴卤簿》，第3423，3439页.

⑤［明］宋濂：《元史》卷七九《舆服二·崇天卤簿》，北京，中华书局，1976年，第1975页.

而值得注意的是，元代崇天卤簿顿递队的"象六"是"驭者南越军六人"，而加上前述晋太康南越献驯象，也是"使越人骑之"。可见，由于"象出交趾山谷间"迥异于中土物产，致使其驾驭则须仰赖越人。洪武中林膳部的《义象行》提到"有象有象来天都，大江欲渡心次且。诱之既渡献天子，拜跪不与众象俱。象奴劝之拜，怒鼻触象奴。赐酒不肯饮，哺之亦不餔……"①，虽然这与《义象歌》毋宁是借驯象反映明初不愿仕新朝的心态②，但亦反映了太祖开国虽继承宋元以驯象为卤簿，唯洪武建基江左，有别于元大都，致使新朝建立驯象卤簿有一定的困难。然而明初是如何克服这一难题，以下则可透过南京锦衣卫武职选簿所收录的三个来自东南亚归附的武官家族得到答案。

四、暹罗国人三英、爪哇国人徐庆、交趾国人宗信可

永乐十九年（1421）的迁都造成了首都与经济中心分离、政治和军事重心的北移，北京的卫所陆续扩张，而南京的卫所特别是亲军卫等卫所也于永乐十八年（1420）分为"留守南京"与"分守两京"而被迁徙，锦衣卫亦分南北直隶③，而由于北京锦衣卫设于迁都以后，有不少是来自于永乐或以后的归附异族，所以"留守南京"的锦衣卫反而更能呈现明初的情况。现存的武职选簿大多于隆庆三至四年间由兵部主持修造，并在万历二十二年（1594）陆续补修宜至明亡④。而现存南京锦衣卫选簿正辑有指挥佥事暹罗国人三迁、指挥佥事交趾国人宗信可、实授百户爪哇国人徐卿、实授百户交趾国人陈鸾、署副千户事所镇抚古里国人沙孝祖等来自东南亚及南亚的武官家族，其中三迁、徐卿与宗信可等家族不仅在贴黄有记及他们祖先于洪武时期归附的来历，而且与朝贡、驯象等关系密切，故以下将以三个武官家族分析说明。

先就爪哇国人而言，武职选簿当时所记者为六辈的实授百户徐卿，而选簿的贴黄亦有记到其后万历时期的七辈徐必达与八辈徐承祖，而其贴黄则记有先世从军的经历：

徐庆，爪哇国人，洪武十二年差送西马赴京，拨与典牧所养马。二十

① [明] 陆粲：《庚巳编》卷一〇《义象行》，北京，中华书局，2007年，第118—119页．

② 萧启庆：《元代的族群文化与科举》，台北，联经出版，2008年，第246页．

③ 于志嘉：《明代两京建者与卫所军户迁徙之关系》，《台北"中央研究院"历史语言研究所集刊》64本第1分，1993年3月．

④ 梁志胜：《明代卫所武官世袭制度研究》，北京，中国社会科学出版社，2012年，第31页．

年拨锦衣卫中右所养象。二十三年并充旗。三十五年（改）做通事跟往爪哇国。永乐二年回还，升锦衣卫驯象所百户，徐英系徐庆嫡长男，父[ ]故，英袭世袭百户。①

可见徐卿一族，先世徐庆本为爪哇国人，因为“洪武十二年差送西马赴京，拨典牧所养马”而定居明朝编入卫所。而查《明太祖实录》的“洪武十二年十月己卯条”仅载“爪哇国王八达那巴那务遣其臣八智巫沙等奉表贡方物”②，并未提及具体是何方物，唯参照早前的“洪武十年十一月癸未条”载“爪哇国王八达那巴那务遣其臣八智巫沙等上金叶表，贡马及白鹿、孔雀、犀角之属”③，则可知爪哇国亦曾进贡马匹作为方物，故此徐庆很有可能是洪武十二年（1379）十月随八智巫沙使团来明。而参照洪武元年（1368）议定的正旦朝会议亦提到“典牧所官二人位于乘马之前”④，可见徐庆来华时已与朝会的陈设有密切关系，虽然当时并未负责驯象，但直至洪武二十年（1387）则有“拨锦衣卫中右所养象”，而此举相信是由于其爪哇国人的背景有关。

而且同样由于其出身爪哇国的背景，洪武三十五年（1402），当太祖派即位诏谕安南、暹罗、爪哇、琉球、日本、西洋、苏门荅剌、占城诸国时⑤，即作为通事随按察副使闻良辅、行人甯善使团出使爪哇国⑥，并于永乐二年（1404）回国。毫无疑问，正由于徐庆出身爪哇国的背景，明初以其东南亚熟悉事物，分拨做养马、养象，而且更因为出使需要，而协调随团出通事。这则如同早前完者秃出身山西迤北的身份，而被派往撒马儿罕。

此外，南京锦衣卫指挥佥事三迁作为暹罗国人三英的第七代子孙，据贴黄载：

三保，暹罗国人，有父三吴，洪武九年前来养象。二十年充小旗，二十三年并充总旗。永乐元年除世袭百户，永乐六年升世袭千户，十二年故。保系嫡长男，永乐十四年钦锦衣卫驯象所世袭，宣德四年为违法事问拟重罪运砖。宣德钦依还职。⑦

---

① 中国第一历史档案馆、辽宁省档案馆编：《中国明朝档案总汇》第 73 册，第 157 页.

②《明太祖实录》卷一二六，洪武十二年十月己卯，第 2018 页.

③《明太祖实录》卷一一六，洪武十年十一月癸未，第 1892 页.

④《明太祖实录》卷三五，洪武元年十月丁酉，第 638 页.

⑤《明太宗实录》卷一二上，洪武三十五年九月丁亥，第 205 页.

⑥《明太宗实录》卷二二，永乐元年八月癸丑，第 408 页.

⑦ 中国第一历史档案馆、辽宁省档案馆编：《中国明朝档案总汇》第 73 册，第 25 页.

三迁如同徐卿家族般，其祖先也是因为朝贡而定居明朝。三迁的祖先暹罗国人三吴，据贴黄所载因"洪武九年前来养象"而编入军户。考暹罗自洪武三年（1370）八月，太祖派遣吕宗俊等招谕暹罗国，始建立关系[①]。翌年九月，暹罗王参烈昭毘牙遣其臣昭晏孤蛮随吕宗俊入贡，为暹罗首次入贡明朝。自洪武四年至八年间，撇除暹罗斛国王女兄参烈思狞于洪武六年两次被拒入贡外及洪武七年疑为番商被拒外，暹罗先后十一次入贡，唯提及贡驯象则只有洪武四年（1371）九月一条，故此三迁很有可能是在洪武四年（1371）九月随昭晏孤蛮使团来明，或因处理朝贡的驯象而遣留在明负责。

至于指挥佥事宗信可的贴黄，虽然只是提到"宗信可，年二十一岁，系南京锦衣卫指挥佥事，原籍交趾清华府。一世祖真忠同纨袴子弟宗真，洪武六年进"，但从太祖实录提到洪武六年（1373）正月安南陈叔明遣其臣谭应昂等奉表谢罪贡方物且请封爵[②]，则可知宗信可的先祖真忠、宗真也有可能是随同该使团来明。而有别于三迁与徐卿，宗信可的第一辈、二辈是同时归附，故此当真忠，宗真也快接任其位置并"到于占城封充头目"，也正因为这次出使占城，宗真也于"九年差领牙象进贡"，可见虽然并未知真忠与宗真从安南归附是否与贡象相关，但由他们出身交趾国的背景，致使出使占城时也"差领牙象进贡"，洪武二十三年（1390）更"并鎗充本卫所管象总旗"。而宗真也如同爪哇国人徐庆在洪武时期归附后，或由于其出身东南亚外国的背景，先是建文四年（1402）"往暹罗国"，其后更于永乐元年（1403）、十年（1412）追随郑和下西洋的船队"往西洋公干"，而且于永乐三年（1405）更因"阿鲁洋杀获贼船功"而升为世袭副千户。然而，其实除了交趾国人真宗外，锦衣卫署副千户事所镇抚沙孝祖的高祖舍班以所镇抚也是"宣德五年西洋公干升副千户"[③]，南京鹰扬卫的番国人正千户金龙也提到一辈金沙班"永乐十三年因下西洋通事，升所镇抚"[④]。由此可见，这些来自东南亚等地的归附外国人被安置在卫所后，或因为其出身异国的背景，致使他们活跃于遣使于外、下西洋等对外关系的任务。

此外，值得注意的是，三吴、徐庆等虽因其暹罗国、爪哇国背景而入贡留明养象，唯因锦衣卫于洪武十五年（1382）成立仅有"御椅、扇手、擎盖、旛幢、斧鉞鸾、舆驯马七司"，直至到洪武二十六年（1393）编成的《诸司职掌》才提道：

①《明太祖实录》卷五五，洪武三年八月辛酉，第 1077 页．

②《明太祖实录》卷七八，洪武六年正月是月，第 1433—1434 页．

③ 中国第一历史档案馆、辽宁省档案馆编：《中国明朝档案总汇》第 73 册，第 50—51 页．

④ 中国第一历史档案馆、辽宁省档案馆编：《中国明朝档案总汇》第 74 册，第 322—323 页．

凡进马骡到于会同馆，即令典牧所差医兽辨验儿骒骟及毛色、齿岁明白，备写手本交收，及令本馆放支草料喂养，仍拨人夫管领。至期进内府行列于丹墀东伺候，御前牵过同手本交付御马监官收领。凡进象驼到于会同馆，令本馆喂饲。次日早进内府御前奏进，如候圣节、正旦、冬至陈设，进收日远先行奏闻，象送驯象所，驼送御马监收养至期。①

换言之，三吴、徐庆则是在锦衣卫成立驯象所之初就负责养象，而交趾国人真忠更为“管象总旗”。由此可见，锦衣卫接掌卤簿仪仗之初，三吴、徐庆、真忠等暹罗国、爪哇国、交趾国的东南亚归附人负责管养驯象，可见他们于明初卤簿仪仗设立的贡献。

然而值得注意的是暹罗人国三英、爪哇国人徐庆、交趾国人宗信可等三个武官家族至万历修订武职选簿时归附定居至第八、九辈，但三英家族的三辈三纲、四辈三源、五辈三杰、六辈三才、七辈三迁、八辈三烈、九辈三勋均在选簿登记其籍贯为“暹罗国人”，徐庆家族的三辈徐政、四辈徐宗敬、五辈徐隆也是籍贯为“爪哇国人”，而真忠家族的四辈宗浩、五辈宗世勋都提到为“交趾国人”，而三英的九辈三勋的选簿更是“万历十七年六月，三勋，年十七岁，暹罗国人”。换言之，这些归附来明的东南亚人被安插在卫所，由于没有原籍，他们在卫所的军籍籍贯也一直沿用“暹罗国人”“爪哇国人”“交趾国人”等身份，而这其实则如同“山后人”作为归附异族在军籍的籍贯登记，用以区别他们作为归附异族、外国人，由于没有原籍，在支俸、勾军等军政管理上特别处理，但从另一角度而言卫所并未由于他们归附外国人的身份，另做处理，而是沿用其军籍登记，但由此可见，明代卫所处理异族或外国归附的重要制度。所以值得关注的是，这些东南亚人归附后，他们在卫所的待遇上是否存在区别。

从借职出幼方面而言，徐庆的嫡长孙徐潮由于“患眼瞎残疾不堪承袭”而由次男徐政“借职”，直至徐潮子徐宗敬于成化二十三年（1487）长成“照例改正袭职，伊叔革开”。真忠的七辈宗承嗣也是由于“伊伯宗信可原袭带俸指挥佥事。今年老无子，本舍合照例借替带俸指挥佥事，待伊伯生有男儿退还职事”而“借职”。而优给方面，徐庆的第五辈徐隆逝时，其子徐卿仅五岁，因而获“照例与全俸优给至嘉靖二十九年终住支”。而三英的第五辈三杰逝时，其子三才十三岁，因而“钦与全俸优给至弘治十九年终住支”，而九辈三勋因“无承袭之人”，仅有长女而“照例

①《诸司职掌》,《续修四库全书》本，第708—709页.

与月粮五石优养至万历三十四年住支”[①]。徐卿、三才得到“全俸优给”，长成后，则得以“出幼袭职”。虽然徐庆、三英的后代于贴黄均载有“南京锦衣卫驯象所带俸世袭指挥佥事”。而三英的八辈三烈在出幼袭职时有“比中三等”，而其弟三勋袭职亦有“比中二等”，而徐庆的八辈徐承祖出幼袭职时亦有“比中一等”，可知他们袭职时并未如同达官不试，这大抵反映他们虽然是来自东南亚的归附人，但由于是在洪武时期归附，所以并未得到如同永乐归附的达官、达军的待遇。但大体而言，暹罗国人三英、爪哇国人徐庆、交趾国人真忠等武官家族在卫所武职的管理与待遇与其他武官差别不大。

六、结论

锦衣卫由于继承仪鸾司于朝会、朝见陈设仪仗的职能，因而成为“朝贡”的必然参与者，而与其有密不可分的关系。而且自驯象成为大驾卤簿，更令驯象、朝贡与朝会的关系更为密切，正是在这一契机之下，不单作为贡品的驯象成为朝会的陈设，而随着使团来明的随役也因为其相关的背景而被留在明朝，协助管理驯象，这令到锦衣卫更具有多元民族文化的背景，而这一特性亦锦衣卫在中外关系上担演了特别的角色，如爪哇国人徐庆作为通事随团出使回爪哇国、迤北人完者秃出使撒马儿罕，甚至乎交趾国人真忠先后出使暹罗国及追随郑和下西洋。

故此，透过研究南京锦衣卫中暹罗人国三英、爪哇国人徐庆、交趾国人真忠的家族，不仅可让我们理解到外国人是基于怎样的情景或机缘下留在明朝，而他们留在明朝的户籍又是如何管理，更为重要的是展示了锦衣卫和卫所在明初的多元民族文化特色，这不仅有助于我们理解明代的中外往还，而且更重要的是展示出明初社会的多元交流格局。

［作者单位：中山大学历史学系（珠海）、“一带一路”研究院］

① 梁志胜：《明代卫所武官世袭制度研究》，第 252—253 页 .

明代锦衣卫佞幸述论

吕　杨

明代出身锦衣卫的佞幸共五人，分别为永乐时期的纪纲，天顺时期的门达、逯杲，正德时期的钱宁、嘉靖时期的陆炳。本文通过对锦衣卫权力扩张过程的阐述，探讨锦衣佞幸对巩固皇权及锦衣卫自身发展所起的作用。

一、锦衣卫的性质及职能

对于锦衣卫的研究，丁易先生于1948年完成的力作《明代特务政治》，可谓研究明代锦衣卫制度的奠基之作。该书对明代锦衣卫的机构设置、职能、运作方式等进行了阐述，对锦衣卫出身的佞幸也有介绍。他认为锦衣卫的建立，体现了君主专制的进一步强化。其研究成果，使学界对锦衣卫的职能有了一定的了解。但该书撰写目的是因为“蒋帮特务的镇压、逮捕、屠杀越发来得厉害”，作者“想到利用历史事实绕个弯儿来影射”[①]，所以以阶级斗争观点，将锦衣卫定名为“特务机构”，这一观点直至今日还被学界普遍认同[②]。楼劲、刘光华二位先生则对锦衣卫的监察职能予以正面评价[③]。朱绍侯、陈鸿彝等先生从治安、警政、侦查学的角度，概述性介绍了锦衣卫的侦查职能[④]。廖元琨先生在其硕士学位论文中，较详细地探讨了锦衣卫

① 丁易：《明代特务政治》，北京，中华书局，2006年，第531页.

② 韦庆远：《明代的锦衣卫和东西厂》，北京，中华书局，1979年；王恩厚：《明代的镇压机构“锦衣卫”》，《中学历史教学》1982年第5期；栾成显：《论厂卫制度》，《明史研究论丛（一）》，南京，江苏人民出版社，1982年；南炳文、汤纲：《明史》，上海，上海人民出版社，2003年.

③ 楼劲、刘光华：《中国文官制度》，兰州，甘肃人民出版社，1992年，第443页.

④ 近年来对古代治安、侦查的研究较多，很多研究都涉及锦衣卫，如朱绍侯：《中国治安制度史》，开封，河南大学出版社，1994年；陈鸿彝：《中国古代治安简史》，北京，群众出版社，1998年；刘光明：《我国古代秘密侦查技术源流探析》，《湖北警官学院学报》2003年第3期；万川：《中国警政史》，北京，中华书局，2006年；江卫社：《明朝的“秘密警察”：极权统治的血腥工具》，《北京人民警察学院学报》2006年第5期等。除朱绍侯先生，其余进行此类研究的人员多数为公安院校教师或公安机关警务人员，因专业原因，在阐述锦衣卫职能时，一般都是概述性介绍，基本承袭丁易先生的观点.

在政治和法制上所起的作用，对锦衣卫在监察、治安等方面所起的正面作用予以肯定[①]。张金奎先生更为详细地阐释了锦衣卫形成过程、基本职能等问题，是目前学术界对于锦衣卫研究最翔实的论著。他认为由于亲军都尉府品级设计存在缺陷以及仪鸾司不便以文职统率隶属军队系统的校尉等原因，在朱元璋于洪武十三年（1380）恢复亲军制度之后，锦衣卫很快成为皇帝的唯一禁卫机构。但过于繁复的演化过程使锦衣卫的职能非常庞杂[②]。

中国历代统治者在确保统治秩序的过程中，十分重视以严刑峻法保障其权威和政令的有效运行。就明代而言，建立伊始，北方蒙元残余势力颇大，扰害边塞。南方富民兼并土地，隐匿赋税，部分江浙文人依旧怀有“故国情思”，眷恋蒙元及张士诚统治，不附新朝。很大一部分开国功臣骄奢不法，跋扈自恣。面对内忧外患并存的局面，明太祖朱元璋在颁行律令敕的谕旨中，表明了自己严于法治的想法。如明太祖在洪武元年（1368）正月十八日《颁行律令敕》中称“今所定律，芟繁就简，使之归一，直言其事，庶几人人易知而难犯，《书》曰：‘刑期于无刑’，天下果能遵令而不蹈于律刑？惜之，效亦不难致。兹命颁行四方，惟尔臣庶体予至意。”[③]洪武二年（1369）二月，明太祖又对群臣说：“故今严法禁，但遇官吏贪污蠹害吾民，罪之不恕”，“苟贪贿罹法，犹行荆棘中，寸步不可移。纵得出，体无完肤矣，可不戒哉？”[④]但明太祖也深知，单纯以谕旨劝诫，从道德方面对臣民进行约束，不可能达到效果最大化。只有通过严刑峻法，以刚猛治国，对臣民起到震慑，方能使效果最大化，确立统治秩序，达到事半功倍的效果。

洪武元年（1368），朱元璋即派夏煜、高见贤、杨宪、凌说为检校，不隶属任何部门。“四人以伺察搏击为事”[⑤]，“察听在京大小衙门，官吏不公不法，及风闻之事，无不奏闻”，“惟务劾人，李善长等人畏之”，朱元璋称“此数人譬如恶犬，则人怕见”[⑥]。随着政权的逐渐巩固，单纯依靠四位文职检校的秘密侦缉活动，去监视臣民、清除异己，显然是不够的。古代君主为了防止大权旁落，常常用身边的近侍或宦官参与国家大政，朱元璋也不例外。由于朱元璋对宦官不甚信任，不委以重任，使宦权处于蛰伏状态，设立侍卫亲军，既能保卫皇帝人身安全，又能侦查臣民，控制臣下，保障统治秩序有效运行，由侍卫亲军组建的特别侦查机构也就应运

① 廖元琨：《明代锦衣卫行为研究》，西北师范大学硕士学位论文，2007年.

② 张金奎：《锦衣卫形成过程述论》，《史学集刊》2018年第1期.

③《皇明诏令》卷一《颁行律令敕》，台北，文海出版社有限公司，1984年，第27—28页.

④《明太祖实录》卷三九，洪武二年二月甲午，上海，上海书店出版社，2015年，第800页.

⑤［清］张廷玉等：《明史》卷一三五《夏煜传》，北京，中华书局，1974年，第3919页.

⑥［明］刘辰：《国初事迹》，《四库全书存目丛书》史部46册，济南，齐鲁书社，1997年，第16页.

而生。锦衣卫作为侍卫亲军之一，逐渐被赋予了侦缉、刑讯的权力。

明初设上十二卫为皇帝亲军，不隶属于五军都督府，由皇帝直接指挥，锦衣卫即其中一卫。初为1364年朱元璋任吴王时所设的拱卫司，最初品秩仅为七品，隶属于都督府，后改为拱卫指挥使司，品秩升为正三品，很快又改名为都尉司。洪武三年（1370），朱元璋将都尉司改为亲军都尉府，隶属于正五品的仪鸾司。其职能是纠察朝仪时仪仗军士、朝参官员的违规行为，并无侦查、刑讯权力。最终于洪武十五年（1382），撤消仪鸾司建制，改置锦衣卫，秩从三品。洪武十七年（1384），又将锦衣卫指挥使升为正三品，从此遂为定制。"锦衣所掌者，乃卤簿仪仗之事"，"独领校尉力士"，"盖御座则夹而立，御辇则扶辕以行，出警而入跸，承旨而传宣，皆在所司，而诏狱所寄，则又重矣"[①]。锦衣卫拥有巡查、缉捕、理诏狱的权力，是锦衣卫与其他侍卫亲军最大的区别。明代士人陈际泰认为锦衣卫"盖其本职，则汉执金吾也。其纠察，则司隶也"[②]。明末士人孙承泽认为"锦衣卫与在京诸卫，即唐人十六卫之遗制"[③]。清代学者则认为锦衣卫源自五代时期后唐明宗"设侍卫亲军马步军都指挥使，乃天子自将之名"[④]。锦衣卫作为侍卫亲军，进行侦查、刑讯活动，具有一定的历史传承性，并非朱元璋独创。明代之前，很多朝代都曾存在由皇帝侍卫亲军组建的侦缉、刑讯组织。如汉代"诏狱"、唐代"丽景门"、五代"侍卫司狱"、宋代"皇城司狱"等。

锦衣卫自洪武十五年（1382）正式建立，直至明亡，几乎与整个明王朝相始终。锦衣卫本为皇帝的仪仗部队，最终发展成为集仪仗、护卫、侦缉、刑讯、特工于一体的组织，体现了明代皇权扩张，力图在政治体制上消除一切危及皇权的因素，最大限度地扩张皇权，强化君主专制的特点。朱元璋认为"设五府、六部、都察院、通政司、大理寺等衙门，分理天下庶务，彼此颉颃，不敢相压，事皆朝廷总之，所以稳当"[⑤]，充分表现出朱元璋视外廷为皇权首要威胁的思想。因此，在明初的政权结构的设计中，必然产生出以内制外、内外相制、以小制大、相互制衡的权力运行模式。厂卫侦缉职能、巡按御史制度，以及正统之后监、阁并行辅政模式等，均源于朱元璋的这种政权结构设计。

锦衣卫作为皇帝直接控制的国家机器，对巩固皇权，保障皇权有效运行，发挥

---

①［清］孙承泽：《春明梦余录》卷六三《锦衣卫》，扬州，广陵古籍刻印社，1990年，第426页．

②［明］陈际泰：《已吾集》卷一一《兵志议》，《四库禁毁书丛刊》集部第9册，北京，北京出版社，2000年．

③［清］孙承泽：《春明梦余录》卷六三《锦衣卫》，第426页．

④［清］张廷玉等：《明史》卷九五《刑法志三》，第2334页．

⑤《明太祖实录》卷二三九，洪武二十八年六月己丑，上海，上海书店出版社，2015年，第3478页．

着重要的政治作用。明初，锦衣卫侦缉对象以京畿地区的中高级官员为主。明初大案的侦办，多有锦衣卫参与，以打击开国武臣为目的的蓝玉案，起因即“锦衣卫指挥蒋瓛告玉谋反”[①]。锦衣卫下辖两镇抚司，洪武十五年（1382）设北镇抚司，专理诏狱，“天下重罪逮至京者，收系狱中，数更大狱，多使断治，所诛杀为多”[②]。而南镇抚司则主要负责管理本卫军匠，也兼理刑狱。洪武后期，统治秩序已稳定，政治格局完全确立，异己及被朱元璋认为有潜在谋反可能性的勋臣被诛戮殆尽。同时，朱元璋也认识到法外用刑的危害，于是下令焚毁锦衣卫刑具，将囚犯移送刑部审理。洪武二十六年（1393）又再次重申，“诏内外狱毋得上锦衣卫，大小咸经法司”[③]，在一定程度上缓和了锦衣卫法外用刑、秘密缉捕所造成的政治恐慌气氛。

成祖靖难后，锦衣卫权力得到进一步扩大。就建制而言，明代一般一卫为5600人，辖五个千户所。而锦衣卫在洪武时期就辖两镇抚司十四所，永乐北迁后，除两镇抚司外，下辖十七个千户所，又分领銮舆、擎盖等十司及驯象所，远远超过卫的建制。锦衣卫还拥有“凡本卫军政官员，例免考察”[④]的特权，这也是其他亲军所没有的特权之一。特别是由于锦衣卫地位尊崇，待遇远高于其他卫的侍卫亲军的原因，故又有众多“恩功寄禄”的冗员[⑤]。仅嘉靖初期，即革除寄禄冒衔者2199人，隆庆四年（1570）又清除冒滥官旗者1115人[⑥]。

纪纲、逯杲、门达、钱宁、陆炳的行为，在锦衣卫权力不断膨胀的过程中，起着不可忽视的作用。换言之，由于这些锦衣佞幸在维护皇权中起到重要作用，才使锦衣卫的权力得到进一步的扩张。

二、纪纲与永乐政治

纪纲，山东临邑人，本为郡庠生，在成祖靖难，兵行其家乡时，毛遂自荐。略懂一些军事知识和治国常识的纪纲，与成祖交谈后，获得赏识。纪纲虽出身庠生，但其人善射，这与其他手无缚鸡之力的儒生相比，更加显得与众不同。纪纲因其“便辟诡黠，善钩人意，向先发以为功”[⑦]的性格，越发得到成祖的赏识，被授予忠

---

①［清］张廷玉等：《明史》卷一三二《蓝玉传》，第3866页．

②［清］张廷玉等：《明史》卷九五《刑法志三》，第2335页．

③［清］张廷玉等：《明史》卷九五《刑法志三》，第2335页．

④［明］申时行：《万历会典》卷二二八《上十二卫》，北京，中华书局，1989年，第1119页．

⑤［明］申时行：《万历会典》卷二二八《上十二卫》，第1118页．

⑥［清］孙承泽：《春明梦余录》卷六三《锦衣卫》，第427页．

⑦［清］万斯同：《明史》卷四〇三《佞幸上》，《续修四库全书》史部第311册，上海，上海古籍出版社，1995年，第347页．

义卫千户。成祖即位后，又超擢纪纲为锦衣卫指挥使，典亲军、掌诏狱。纪纲用事是锦衣卫权力重新扩张的标志。

锦衣卫在洪武后期，虽然依然肩负着秘密侦查的任务，但其治理诏狱的权力，却因“治锦衣卫者多非法凌虐”，于洪武二十年（1387）被明太祖剥夺。明太祖下令各类案件均移送司法部门审理，并焚毁锦衣卫刑具，试图从制度层面杜绝法外用刑。成祖即位后，锦衣卫治理诏狱的权力被恢复，成祖之所以不惜违反祖制，恢复锦衣卫法外用刑的权力，是因为成祖出身藩王，打着“清君侧”的旗号，历时四年，终于攻入南京，从侄子手中夺得帝位，成祖自己也深知自己的皇位来得名不正、言不顺。同时，燕军进入京师时，建文帝下落不明，而且还拥有很多的支持者，朝野内外反对势力众多。王熹先生认为成祖“意识到建文朝臣中还有相当一部分人对自己抱有敌视和轻蔑的态度，宁死不肯就范称臣。他当然不能听任这样一股敌对势力的暗流存在，必须予以铲除。”[①]因此，成祖急需采用严刑峻法震慑臣民，稳定统治秩序。在这种历史背景下，酷吏陈瑛和佞幸纪纲登上了政治舞台。

纪纲这类人，由于出身低贱的原因，内心充满权力欲，如果机会来临，就会不惜一切代价去迎合上峰的意图，以求干进。这类人一旦得到帝王的赏识和眷顾，便不可一世，狐假虎威，将自己手中的权力发挥到最大化，不仅为迎合上意，去残酷打击异己，而且还贪虐无度、为非作歹、仗势欺人、肆行不法，破坏正常的统治秩序。纪纲担任锦衣卫指挥使后，迅速成为成祖屠戮建文遗臣和清除异己的主要打手。纪纲在陈瑛大规模清除建文遗臣的基础上，变本加厉，“广布校尉于都城内外，日摘发臣僚及民间阴事上闻”[②]。纪纲秘密侦缉政治异己的行为和其“应对刻精诡秘”的特点[③]，在一定程度上打消了成祖的顾虑，使生性多疑的成祖认为纪纲忠于自己，视其为耳目心腹，将锦衣卫侦获的各类案件均交与纪纲审理。大权在握的纪纲，深谙成祖的意图，秉承成祖的授意，“益布其私距，日夜操切，阴计闻上”[④]，继续“深文诬诋”，对臣民罗织罪名，严加惩治。

可以说，明成祖是永乐恐怖政治的策划者和操纵者，佞幸纪纲则是永乐恐怖政治的主要执行者。我们从纪纲陷害周新和残杀解缙的事例中，可以对永乐恐怖政治略知端倪。

---

① 王熹：《永乐皇帝大传》，北京，中国社会出版社，2008 年，第 178 页 .

② [清] 万斯同：《明史》卷四〇三《佞幸传上》，第 347 页 .

③ [明] 何乔远：《名山藏》卷九一《臣林杂记》，《续修四库全书》史部第 427 册，上海，上海古籍出版社，1995 年 .

④ [明] 王世贞：《锦衣志》，《续修四库全书》史部第 749 册，上海，上海古籍出版社，1995 年，第 661 页 .

浙江按察使周新一个比较正直的官僚，纪纲由于向周新“索贿无所得”[①]，对他早已怀恨在心。而后来纪纲派往浙江侦事的锦衣卫千户，因擅作威福，被周新下令逮捕。该千户逃脱后，回京后禀告纪纲。纪纲遂借机在成祖面前诬陷周新，致使周新被锦衣卫逮解京城，由于押解人员均为锦衣卫旗校，使周新遭到残酷迫害，“在道榜掠无完肤”[②]。入京后，周新依然“抗言不承”，最终因激怒成祖而被害。陷害周新，不过是纪纲众多陷害臣民行为中的事例之一。即使是内阁大学士解缙最终也死于纪纲之手。解缙入仕一直身处中枢要职，常在明太祖左右，颇受器重。建文时，解缙又任翰林待诏。成祖即位后，“特简解缙、胡广、杨荣等直文渊阁，参预机务”[③]，是为明代内阁制度的开始。“翰林七人，而公（解缙——编者按）为首”[④]，按照后来内阁首辅的标准，可以认为解缙的地位相当于后来的首辅。永乐二年（1404）十二月，“赐学士解缙等六人二品金织衣，与尚书同”[⑤]，亦足见其地位显赫。由于解缙其人喜欢臧否人物，评价无所顾忌，以致“廷臣多害其宠”[⑥]，结怨颇多。解缙则坚决反对易储，力保皇长子朱高炽，由此结怨于汉王朱高煦。最终引起成祖不满，解缙被初贬广西，再贬交趾。永乐八年（1410），解缙因回京私谒太子，又遭汉王高煦进谗言，被逮入诏狱，遭到残酷迫害。

永乐十三年（1415），纪纲上诏狱囚籍，成祖看见解缙姓名，故意问纪纲：“缙犹在耶？”纪纲立即领会了成祖之意，先用酒灌醉解缙，再将其埋入积雪之中，导致解缙当即毙命，又“藉其家，妻子宗族徙辽东”[⑦]。关于解缙之死的另一种说法，是王世贞在《弇山堂别集》中引述《考信录》的记载，称“久之，掌卫事指挥纪纲请曰：‘缙久在诏狱，实无大罪，陛下赦之。’文皇大怒曰：‘朕以彼为死矣，乃在乎！’纲知上必欲杀之。既还，遂召缙出狱，对之流涕，饮以烧酒，既醉，遂埋于堂下雪中，顷刻而死。”[⑧]在这里，纪纲则是以正面形象出现，主动为解缙求情，闻知成祖必杀解缙，还为之流泪。也许王世贞等人是想说明，即使是纪纲这样的佞幸之徒，也存在一丝善念，良心未泯。但此说却存在矛盾，既然心存善念，为何采用

①［清］万斯同：《明史》卷四〇三《佞幸传上》，第348页.

②［清］夏燮：《明通鉴》卷一六，永乐十年十二月己卯，长沙，岳麓书社，1999年，第512页.

③［清］张廷玉等：《明史》卷七二《职官志一》，第1734页.

④［明］尹直：《謇斋琐缀录》卷四，《四库全书存目丛书》子部第239册，济南，齐鲁书社，1997年，第387页.

⑤［明］朱国桢：《皇明大政记》卷八，《续修四库全书》史部第428册，上海，上海古籍出版社，1995年，第633页.

⑥［清］张廷玉等：《明史》卷一四三《解缙传》，第4121页.

⑦［清］张廷玉等：《明史》卷一四三《解缙传》，第4122页.

⑧［明］王世贞：《弇山堂别集》卷二二《史乘考误三》，北京，中华书局，1985年，第406页.

灌醉后，雪中活埋这种酷刑？难道在雪中活埋冻死，比其他刑罚痛苦要少？这种说法显然不符合常理。纪纲使用将解缙埋在雪中，活活冻死的残酷手段，更显示出纪纲的残暴。

纪纲凭其秘密侦查行为，清除了永乐政治中的异己，在一定程度上稳定了永乐前期的统治秩序，深得成祖的信任。纪纲的权势亦炙手可热，权倾朝野，锦衣卫的权力也达到高峰，即使是淇国公丘福、成国公朱能这样的靖难元勋，在纪纲面前"见则自匿引，不敢以身比数"①。而纪纲这种人却往往不知韬光养晦，内敛保身，反而更加得意忘形，愈发恣意妄为，最终导致大祸来临。

纪纲在监控臣民的同时，利用职权多次假传诏旨，勒索盐引四百余万，又强夺官船二十艘，牛车四百辆，将勒索的食盐运载回府，利用锦衣卫秘密侦查的特权，构陷大商人百余家，敲诈钱物，直至榨干。纪纲又诈取交趾使者的珍宝，强占民田，将藉没晋王、吴王的金银珍宝据为己有，甚至私穿王服，"高坐置酒，命优童奏乐奉觞，呼万岁，器物僭乘舆"②。因都督薛禄将纪纲看中并欲买为妾的一名道姑先行买走，致使纪纲妒火中烧，竟在皇宫大内持钝器重伤薛禄，使其险些丧命。纪纲又因都指挥哑失帖木没有让路，对其亦怀恨在心，诬陷哑失帖木冒赏，将其捶死。纪纲的官职是锦衣卫都指挥佥事，而被其袭击的薛禄和打死的哑失帖木职务分别为都督和都指挥使，远远高于纪纲。明代等级制度森严，对以小犯上的行为，惩罚极严。如果是普通人，漫说是将上级官员打成重伤，就是对上官稍有不敬，都会遭到杖责的惩罚。但由于成祖需要倚靠纪纲的秘密侦查活动去维护统治，因此成祖对纪纲的胡作非为不闻不问，纪纲遂气焰熏天。更为甚者，在成祖选嫔妃时，纪纲居然私选出色女人，据为已有，又私腐良家子数百人，充为自己左右侍从。如此肆无忌惮的行为，在成祖需要利用纪纲进行秘密侦查，巩固皇权时，方可容忍，但当政治秩序日趋稳定，已不需要通过秘密侦查手段去稳定统治秩序时，纪纲如此"擅作威福""气势倾中外"③的一系列僭越行为，便成为威胁皇权的一个重要因素，其结局就是"鸟尽弓藏、兔死狗烹"。纪纲以维护皇权为名，进行大肆杀戮破坏的行为，暴露出体制漏洞所带来的恶性影响。相对皇权而言，锦衣卫的侦缉职能，如果超过皇权所认定的限制范围，就是对皇权的危害，对其进行清算也就成为必然。纪纲十四年的胡作非为，已使自己声名狼藉，成祖亦深知，纪纲惹得天怒人怨，清除纪纲，将他作为永乐暴政的替罪羊，既可以平息众怒，使自己获得明君的美誉，又可以消除威胁皇权的潜在因素。在仇恨纪纲的宦官揭发下，永乐十四年（1416）七

①［明］王世贞：《锦衣志》，第 661 页．

②［清］张廷玉等：《明史》卷三〇七《佞幸传》，第 7877 页．

③《明太宗实录》卷一七八，永乐十四年秋七月乙巳，第 1941 页．

月，纪纲被下狱，随即与其干将庄敬一同被处以磔刑，并夷三族。纪纲的党羽袁江、王谦、李春、庞瑛均被处死。

成祖任命纪纲掌管锦衣卫，是成祖实行权力制衡的最有力说明。从纪纲在成祖的指使下，肆无忌惮地进行十四年的侦缉活动中可以看出，成祖不惜突破祖制，对侦缉机构的权力给予了充分的扩张，构成了其制衡体系中一个重要的砝码。在平衡皇权与普通官僚阶层之间的政治冲突，及对官僚阶层的有效监控和权力制约等方面起到了巨大作用。成祖的皇权，在有效的权力制衡过程中也得到了最大程度地提升。成祖与纪纲的关系，清人查继佐一语道破："帝非不知纲，以纲防川，川塞而乃可以无纲矣"[①]。至永乐十四年（1416），统治秩序已经确立，纪纲已失去了维护皇权、制衡官僚的作用，其嚣张的气焰已不再是皇权可以承受的限度，纪纲的结局必然是被彻底清除出政治舞台。纪纲被清除，使锦衣卫势力遭到沉重的打击，虽然锦衣卫依然拥有典诏狱的权力，但只是"画可领诺而已，气焰中消，不复能望纲矣"[②]。成祖对锦衣卫过于膨胀的权力已表现出了忧虑，为制衡锦衣卫，又一个新的秘密监控、侦查部门——由宦官统领的东厂终于诞生，并在后来的历史中，与锦衣卫势力互相监督、制约和配合。成祖初步建立了侦查机构间的制约机制和平衡结构，为明代秘密侦缉体系的划分，奠定了基础。

三、逯杲、门达与天顺政治

英宗幼年即位，起初由阁臣"三杨"辅政，继而宦官王振擅权。在王振擅权时期，王振非常重视锦衣卫的秘密侦查职能，虽然纪纲被诛后，锦衣卫权力一度跌入低谷，新建的侦查机构东厂也取代了锦衣卫的部分侦缉权力，但由于这一时期，东厂的侦缉能力并未得以充分发挥，职能亦不明确，因此王振加强了对锦衣卫的控制，其"弟山、海俱缘振，官指挥，治锦衣事"，锦衣卫将领马顺也"以义子事王振"[③]，充当王振的政治打手和爪牙。王振通过锦衣卫秘密侦查官民隐私，控制官僚，并指使马顺，先后枷李时勉、杀刘求，以恐怖政治震慑并控制了外朝官僚势力。正统十四年（1449）土木之变后，英宗被俘、王振被杀，皇权转移到郕王朱祁钰手中。景帝即位，具有很大的偶然性。其即位的依据是"兄终弟及"的原则，但此时英宗并未死亡，只是被俘虏。朝臣推举景帝即位，也只是面对重大危机时的一

---

①［清］查继佐：《罪惟录》卷三〇《奸壬传》，《续修四库全书》史部第 331 册，上海，上海古籍出版社，1995 年，第 501 页．

②［明］王世贞：《锦衣志》，第 662 页．

③［明］王世贞：《锦衣志》，第 662 页．

种应急的变通措施，其目的是打消瓦剌以英宗为人质，进行政治要挟的阴谋。但毕竟景帝的即位亦有些“名不正，言不顺”，随着英宗的回归，皇权与官僚权力之间，相对均衡的局面开始发生动摇。景泰统治的当务之急，已从打退瓦剌进攻，维护国祚，转变为控制官僚与英宗的接触，保全幸运而来的皇位。在这种形势下，除了幽禁英宗外，景帝开始依靠锦衣卫的秘密侦查手段去监控朝臣。景帝“乃命锦衣卫指挥同知毕旺专伺侦访”，一度沉寂的锦衣卫“渐复用事”①。但景帝所倚重的锦衣卫指挥毕旺，却因为个人能力的问题，“碌碌循职而已”②。锦衣卫的侦缉活动虽然未掀起较大的风浪，但也造成了一定程度的政治恐慌，如“卫卒伺百官阴事，以片纸入奏即获罪，公卿大夫莫不惴恐”③。正是由于景泰帝在名不正，言不顺的情况下即位，并刻意营造恐怖政治氛围，加之违背诺言，废掉英宗之子朱见深太子地位的行为，最终引发外朝部分官僚的不满。景帝病重时，在宦官曹吉祥、将领石亨、文官徐有贞等的策动下，发生了拥戴英宗朱祁镇复辟的夺门之变。

英宗在曹吉祥、石亨等人的扶植下，终于回到了久违的皇帝宝座。英宗为了巩固重新夺回的皇权，除了迅速将拥戴景帝的王文、于谦等清除出政治舞台外，面对以曹、石为代表的夺门集团的咄咄逼人之势，英宗一方面起用李贤等辅政，另一方面则重新祭起锦衣卫这一法宝，利用锦衣卫的秘密侦查活动去监控朝臣，稳定和巩固统治秩序。在这种政治背景下，逯杲、门达走上了政治舞台。

门达和逯杲是天顺时期锦衣佞幸的代表人物。门达出身军户，袭父职为锦衣卫百户，正统末年晋升为千户，景泰七年（1456）升任锦衣卫指挥佥事，“佐理卫事兼镇抚理刑”④，又以夺门功，先后任指挥同知、指挥使，专理镇抚司刑狱。门达理镇抚司刑狱时，僚佐谢通“颇读书知事”，为门达所倚重。在谢通的帮助下，门达行事较为和缓，处理镇抚司案件时，多能平反冤狱，“一时有事者，以下禁狱为幸，时誉翕然称之”⑤。

门达相对和缓的作风，却与此时英宗复辟初成，急需采取严刑峻法、实行恐怖政治去巩固皇位的意愿相悖。在这种背景下，最初为锦衣卫普通旗校的逯杲初露头角。逯杲是北直隶安平人，军户出身，曾参与夺门。英宗在清算景泰朝旧臣的过程中，逯杲先后擒锦衣卫百户杨瑛、千户刘勤，称杨瑛为张永亲属、刘勤讽讪皇帝，导致二人被杀。逯杲因此从旗校升任百户，后在宦官曹吉祥的推荐下，擢升指挥佥

①［清］夏燮：《明通鉴》卷二六，景泰三年三月戊午，第742页.

②［明］王世贞：《锦衣志》，第662页.

③［清］张廷玉等：《明史》卷一六五《毛吉传》，第4471—4472页.

④［清］张廷玉等：《明史》卷三〇七《佞幸传》，第7877—7878页.

⑤《明宪宗实录》卷二，天顺八年二月丙申，第44页.

事。英宗认为逯杲"强鸷"，逐渐委以重任[①]。由于当时"英宗好知外事，倚锦衣官校为耳目"[②]侦伺朝臣，急需有能力的锦衣卫帅去肩负此重任。特别是英宗"思裁抑石亨、曹吉祥权，以属袁彬，避谢不敢"，而逯杲却"勇承之"[③]，逯杲的这一举动，使他的地位迅速超越锦衣卫帅袁彬、门达。逯杲不负英宗所望，"摭群臣细故，以称帝旨"。逯杲的这种迎合方式，正中英宗下怀，使逯杲更为英宗所倚重。特别是武臣石亨，依仗"夺门"之功飞扬跋扈，"恃宠不法，帝渐恶之，杲即伺其阴事"[④]，导致石亨被瘐死锦衣卫狱中，夺门势力被斩去一臂。英宗趁机革除夺门之功，因夺门而迅速膨胀起来的这股政治势力，遭到了重创。在英宗与夺门集团的权力之争中，锦衣卫所发挥的秘密侦缉和监察作用，是其他司法、监察机关所做不到的。逯杲的行为，进一步稳定了英宗的统治，愈发为英宗所器重，逯杲倚仗皇权、气焰熏天，狐假虎威，行事更加有恃无恐。

逯杲借侦缉隐事为名，遣旗校到处缉事，而且立限缉捕督办，罗织罪名，"以多获为主"。逯杲又讹诈来京朝觐的官员，使"天下朝觐官陷罪者甚众"[⑤]。锦衣卫官校所至之处，"总兵、镇守、巡按、三司有司官，无不畏恐，多具酒肴，选声伎以乐之，且馈金祈免，虽亲藩亦然，久则以无所馈者塞责"，"其遣提勘问者，尤凶暴，每至一府卫，辄破数大家。在京城内外居止者，亦占民田，揽粮税，嘱公事，莫敢谁何。"锦衣卫官校倚仗皇权，其肆无忌惮的横行，无人敢问，导致一些地方无赖趁机假冒锦衣卫校尉，"出入乘传，纵横往来，诈取财物，良善受害，无所控诉"[⑥]，造成严重的政治恐慌和社会动荡。阁臣李贤曾向英宗进谏，他称锦衣卫官校"一出于外，如狼如虎，贪财无厌，宁有纪极"。英宗对李贤的进谏表示认可，承认锦衣官校的残暴行为，并表示尽量减少锦衣官校的侦缉行动，称"此辈外出，谁不畏惧？其害人不言可知，今后非大故重事不遣。"[⑦]从英宗的话中，可以看出当时锦衣卫权势之大。逯杲也担心锦衣官校恣意横行，会激起事端，导致无法收场，遂主动奏请"出榜禁约"[⑧]，锦衣卫官校横行的局面才稍稍有所改观。

逯杲在侦缉过程中，不仅对官员罗织罪名，即使是宗室亦在其侦查范围之内。

---

①［清］张廷玉等:《明史》卷三〇七《佞幸传》，7878 页.

②［清］万斯同:《明史》卷四〇三《佞幸传上》，第 348 页.

③［明］黄景昉:《国史唯疑》卷三《正统·景泰·天顺》，上海，上海古籍出版社，2002年，第83页.

④［清］张廷玉等:《明史》卷三〇七《佞幸传》，第 7878 页.

⑤［清］张廷玉等:《明史》卷九五《刑法志》，第 2335 页.

⑥《明英宗实录》卷三一八，天顺四年八月己未，第 6631—6632 页.

⑦［明］李贤:《天顺日录》，《丛书集成初编》第 3961 册，上海，商务印书馆，1936 年，第 35 页.

⑧《明英宗实录》卷三一八，天顺四年八月己未，第 6632 页.

天顺四年（1460），逯杲“听诇事者言”[①]，未经核实，即上奏称江西宁藩的弋阳王朱奠壏母子乱伦。宁藩与皇室的亲缘关系，至英宗时期尚未出五服，故英宗对此事非常愤怒，称“天地所无有，禽兽中所不为，不幸于宗室中见之。朕虽欲隐忍不发，然祖宗在天之灵决不能容！”[②]英宗遂派宦官李广、驸马都尉薛桓和逯杲赴江西，会同宁藩的宁王、瑞昌王对此事进行调查。本来所谓弋阳王朱奠壏母子乱伦之事，就是逯杲听信传言的子虚乌有之事，调查自然是一无所获。英宗亦有所察觉，在天顺五年（1461）正月给宁王朱奠培的书信中说：“去岁闻知弋阳王奠壏淫乱事，差官赍书前去，欲王同瑞昌王尽情直说，今奏称俱无知见，的确似有隐讳推托。书至，王与瑞昌王务要尽情直说，庶好处置，若此隐讳，日后败露，俱不得辞其失责矣，特书以达。”[③]英宗又于天顺五年（1461）二月令司法机构辨冤狱，要求对刑狱“须加研审，当辩者辩之，不许畏避嫌疑，致人冤枉”[④]，并对李贤说：“锦衣指挥逯杲诬弋阳王奠壏败伦事，今云不实，宗室如此，他枉多矣”[⑤]。对于这起所谓的乱伦事件的调查结果，起初“奠培奏无事，逯杲按亦无实”[⑥]，调查人员“以无是事闻”。英宗对逯杲构陷宗室的行为非常恼怒，下敕责问。逯杲害怕背负构陷宗室的罪名，一口咬定乱伦之事成立，而同去调查的宦官李广、驸马都尉薛桓等畏惧逯杲，“竟为杲所把持，不能白”[⑦]。在没有任何证据的情况下，弋阳王朱奠壏母子被赐自尽。

夺门之时，逯杲只不过是一个普通的锦衣卫旗校，最初发迹，是由宦官曹吉祥推荐，但逯杲被英宗赏识后，通过侦缉罗织罪名，先将徐有贞下狱，再构陷石亨叔侄，将石彪处死、石亨下狱瘐死。逯杲又在英宗的授意下，对另一夺门的领导者宦官曹吉祥进行秘密侦查。曹吉祥倚仗夺门之功，卖官鬻爵，其亲属亦随之飞黄腾达。最初，由于英宗复辟伊始，立足未稳，皇权未固，“不得已而从其所为”，随着英宗地位的不断稳固，特别是摧毁石亨集团后，对曹吉祥的行为已不能容忍，开始“稍竦抑之”[⑧]。逯杲秉承英宗的授意，亦加紧对曹吉祥的侦查和罗织，但由于操之过急，曹吉祥及其侄曹钦，此时已感觉到形势不妙，遂先发制人，发动叛乱，曹钦杀死逯杲，又杀死与逯杲私交甚密的都御史寇深。曹钦提逯杲人头，劫持被叛乱

---

①［清］张廷玉等：《明史》卷一一七《诸王传二》，第 3593 页 .

②《明英宗实录》卷三二三，天顺四年十二月丙子，第 6687—6688 页 .

③《明英宗实录》卷三二四，天顺五年正月癸亥，第 6707 页 .

④《明英宗实录》卷三二五，天顺五年二月辛卯，第 6718 页 .

⑤［清］谈迁：《国榷》卷三三，天顺五年二月辛卯，北京：中华书局，1958 年，第 2116 页 .

⑥［清］张廷玉等：《明史》卷一一七《诸王传二》，第 3593 页 .

⑦［明］朱国桢：《皇明史概·皇明大政记》卷一六《补遗》，《续修四库全书》史部第 429 册，上海，上海古籍出版社，1995 年，第 84 页 .

⑧［明］李贤：《天顺日录》，第 68 页 .

人员砍伤的阁臣李贤，称“我非此贼，岂有今日之举？尔可与我奏所以举行复仇之意。”[①]李贤回答“此人生事害人，谁不怨恨？既除此害，即可请命。”[②]李贤这样的回答，并非完全是为敷衍曹钦，保全自己性命，在一定程度上是由感而发，因为逯杲“屡摭拾群臣细故，滥及无辜，坐罪者甚众，朝野侧目”，逯杲之死，“人皆快之”[③]，可见逯杲结怨之深。成化时大学士商辂在奏疏中也称“曹钦之变，由逯杲刺事激成，可为惩鉴”[④]。逯杲死后，其妻上奏，要求袭职优给，可能由于逯杲在世之时，其惯于侦缉罗织罪名的恶行，惹得朝野共怒，所以其妻的请求，被兵部以“杲得官非有汗马功”的理由拒绝。但英宗却下令对逯杲之子“优给指挥佥事俸”[⑤]。英宗这样做，一方面是出于大乱之后，收买和稳定人心的考虑。另一方面则是因为逯杲在清除石亨集团、削弱夺门势力，巩固英宗统治方面，确实起到极为重要作用。

逯杲死后，门达终于走上前台。逯杲用事时，门达行事较为和缓，尚不为恶，在士大夫中口碑较好。门达获得士大夫赞誉的主要原因，是因为辅佐门达理镇抚司刑狱的佐官谢通是个知书懂法之人，在协助门达处理刑狱方面，表现得比较宽厚。如门达与都察院左佥都御史高明藉没石亨家时，即如实奏闻，“不坐其僮仆”，使石亨僮仆“得免者四十余人”[⑥]。

本来门达的职位一直在逯杲之上，但由于逯杲勇于任事，锋芒毕露，深得英宗信任而迅速发迹。逯杲“趋走达前，及为帝所任，颇恣肆”[⑦]。门达则“嫉旗校逯杲随堂，使势力逐之”，不但没有成功，逯杲反而步步高升，因此逯杲“每欲害达，达惴惴自保”[⑧]，不敢有所作为。一般来说，在各类权力机构中，一旦出现有背景或深得上级赏识的同僚进行争权夺利时，如果无力与之相抗衡，避让锋芒，主动让出事权，对事务不闻不问，韬光养晦，是明哲保身的最好手段之一，门达亦是如此。天顺元年五月，门达主动上疏，称“既管卫事，又掌刑名，实难克荷，乞令止管一事，庶无疏失。上从之，命达专理镇抚司刑名事”。[⑨]

在逯杲得势期间，门达始终为逯杲所压制。曹钦叛乱后，门达正式接管锦衣卫

①《明英宗实录》卷三三〇，天顺五年七月庚子，第 6781 页 .

②［明］李贤:《天顺日录》，第 69 页 .

③《明英宗实录》卷三三〇，天顺五年七月庚子，第 6783 页 .

④［清］张廷玉等:《明史》卷一七六《商辂传》，第 4690 页 .

⑤《明英宗实录》卷三四〇，天顺六年五月丁未，第 6910 页 .

⑥［明］焦竑编:《国朝献徵录》，卷五九《都察院六》，［明］何乔新:《中宪大夫都察院左佥都御史高公明神道碑》，上海，上海书店出版社，1987 年，第 2516 页 .

⑦［清］万斯同:《明史》卷四〇三《佞幸传上》，第 348 页 .

⑧《明宪宗实录》卷二，天顺八年二月丙申，第 45 页 .

⑨《明英宗实录》卷二七八，天顺元年五月壬午，第 5958 页 .

的侦缉事务。门达从逯杲步步高升的事例中，看出了英宗对锦衣卫秘密侦缉活动的高度重视。门达“遂学为杲以媚上，分遣官校，中外搜求幽隐，吹毛批根，及乎僚庶，或不輙称奉旨，残酷特甚。上以为能，委任至与学士李贤等。”[①]门达“为人沈敏，善计算，所谳恒规上旨而决”，绝不僭越，深得英宗信任，“每朝而左顾，则命贤，右顾则命达，赏赉无算”[②]。

皇权具有绝对的排他性，无论是昔日君臣多么友善、多么信任，一旦发现任何对皇权构成威胁的迹象，皇帝必然会迅速将威胁因素扼杀于萌芽中。虽然这与皇帝的性格、素质有一定关系，但在整个皇权社会大体如此。英宗一生，先是做了十四年太平天子，土木之变沦为俘虏，回朝后，被幽禁于宫中，无异于阶下囚。复辟后，又面临曹、石咄咄逼人之势，特别是曹钦组织的武装叛乱，虽被迅速扑灭，但难免给英宗造成了严重的恐慌，形成心理阴影，至少使英宗极大地增强了对臣僚的防范和警惕心理。“上居常不自安”[③]，于是加大了锦衣卫的侦缉力度。由于门达久为逯杲压制，此番终于大权在握，而且又获得皇权的支持，遂变本加厉，“欲抒宿愤，乃建遣官校，分行中外，缉访事情，蒐求幽隐，索取货贿，内外官僚，重足而立，由是，诡服诈冒者，接迹于途，天下骚然不安”[④]。由于被门达抓捕的人员太多，天顺六年（1462），门达以囚多狱舍少为借口，要求工部在城西扩建狱舍，得到英宗的同意[⑤]。门达倚仗皇权，继续制造恐怖政治氛围，“告讦者亦日盛，中外重足”[⑥]，“各处告讦并采访事实，辄遣锦衣卫官校籍其家”，弄得人人自危。李贤“言其多枉”，英宗搪塞称“情重者奏请，余悉发巡按御史并所司问理，不许枉人，违者重罪不宥”[⑦]。门达行事如故，更甚于逯杲，造成“道路汹汹，相视以目”的恐怖局面[⑧]。门达听从其党羽指挥吕贵的建议，以“抑文扶武为事念”[⑨]，遂加大对文官阶层的侦伺和罗织力度，这样即可以向上邀功行赏，又可以避免象逯杲那样，因行事过激，逼反曹钦，落得身首异处的下场。门达的侦缉罗织行为，虽然造成严重的政治恐慌，引发官僚阶层的不满，但却对巩固英宗的统治极为有利，而且门达的行为，完全在

---

①［清］查继佐：《罪惟录》卷三〇《奸壬传》，第502页．

②［明］王世贞：《锦衣志》，第664页．

③［明］何乔远：《名山藏》卷九一《臣林杂记一》，第465页．

④《明宪宗实录》卷二，天顺八年二月丙申，第45页．

⑤《明英宗实录》卷三四四，天顺六年九月壬子，第6963页．

⑥［清］万斯同：《明史》卷四〇三《佞幸传上》，第349页．

⑦［明］余继登：《典故纪闻》卷一三，北京，中华书局，1981，第240页．

⑧［明］雷礼：《国朝列卿记》卷一一《内阁行实·李贤》，台北，文海出版社有限公司，1984年，第661页．

⑨《明宪宗实录》卷二，天顺八年二月丙申，第45页．

英宗掌控范围之内。因此，英宗对门达的侦缉活动采取默许和纵容的态度。

英宗指使门达营造恐怖政治氛围的出发点，就是为了巩固皇权和维护统治秩序，即“英主虑失其权，为人所窃”[①]。故整个天顺朝，英宗一直倚靠锦衣卫对朝臣进行监视。锦衣卫都指挥佥事袁彬和阁臣李贤，险遭门达陷害的事例，就可以证明这一点。

袁彬在土木之变时，为锦衣卫扈从校尉，“从官悉奔散，独彬随侍，不离左右”，“周旋患难，未尝违忤。夜则与帝同寝，天寒甚，恒以肋温帝足”，“彬尝中寒，帝忧甚，以身压其背，汗浃而愈。帝居漠北期年，视彬犹骨肉也”，“奏请无不从。”[②]故袁彬在门达“权势隆赫”之时，“恃恩不为之下”[③]，遭到门达的嫉恨，遂产生矛盾。李贤由于“气度端凝，奏对皆中机宜，帝深眷之”[④]。但李贤因奏称锦衣官校“势如狼虎，所过无虚，必饱其欲”，“有司不胜其扰”，被“左右近贵”诋毁，而“见疏”[⑤]。门达因“讦临川、弋阳二王阴事，训无左验”。李贤遂趁机向英宗进谏，“请戒缉事者”[⑥]，此后又屡次奏请禁锦衣卫官校横暴，并“乘间复具陈达罪”，使门达对李贤“衔次骨”[⑦]，并伺机报复。

门达利用袁彬妾父锦衣卫千户王钦倚仗袁彬之势，诓骗钱财一事，“讦彬尝受石亨、曹钦及诸干谒者馈遗，多用官木造私居，索内官督工者砖瓦，夺人子女为妾，诸不法事”[⑧]，奏请将袁彬下狱。英宗此时丝毫不顾及袁彬与自己昔日的情谊，立即向门达下达了“从汝拿问，又要一个活袁彬”[⑨]的谕旨，袁彬遂被下锦衣卫狱。门达对袁彬严刑拷讯，恰在此时，锦衣卫军匠杨埙，因素得袁彬照顾，舍命击登闻鼓为袁彬诉冤，“诋达奸恶数十百，事事有指，而极称彬枉，有社稷功，不宜罪”[⑩]。但英宗却将此事再次交给门达处理，门达对杨埙软硬兼施，让杨埙诬陷李贤为击鼓事件主使者，杨埙假意应承。门达立即向英宗报告，称李贤为杨埙的主使者。英宗下令三法司在午门会审杨埙击鼓案。三法司会审杨埙时，门达欲将李贤直接抓来对

---

①［清］谈迁:《国榷》卷三三，天顺七年十二月辛卯，第 2162 页 .

②［清］张廷玉等:《明史》卷一六七《袁彬传》，第 4509—4510 页 .

③《明英宗实录》卷三五九，天顺七年十一月丁卯，第 7143 页 .

④［清］张廷玉等:《明史》卷一七六《李贤传》，第 4674 页 .

⑤［明］李贤:《天顺日录》，第 38—39 页 .

⑥［明］郑晓:《吾学编》,《名臣记》卷一五《太师李文达公》,《北京图书馆古籍珍本丛刊》史部第 12 册，北京，书目文献出版社，1988 年，第 375 页 .

⑦［清］张廷玉等:《明史》卷一七六《李贤传》，第 4676 页 .

⑧《明英宗实录》卷三五九，天顺七年十一月丁卯，第 7143 页 .

⑨［明］尹直:《謇斋琐缀录》卷四，第 381 页 .

⑩［清］谈迁:《国榷》卷三三，天顺七年十一月丁卯，第 2175 页 .

质，被监审宦官裴当以“大臣不可辱，况此小事”[①]的理由拒绝。而杨埙则在会审官员面前当场翻供，称“天乎冤哉！门指挥醪肉食我，而令引李也。李学士贵人，吾何从见之。且吾死固分，奈何冤他人为也。”[②]杨埙这一突如其来的翻供，让门达始料未及，尴尬不已，陷害袁彬、李贤的事件也不了了之。但因会审官员畏惧门达，不敢如实奏闻，竟“论彬赎绞，埙斩”，而英宗“特命彬赎毕，调南京锦衣卫带俸闲住，而禁锢埙。”[③]事后，李贤“以事白上”，“且以知足不辱，知止不殆为言”，坚决要求辞职。李贤的辞职请求被英宗拒绝，英宗安慰李贤，称“此细故，无用介意”[④]。但门达并未罢休，继续对李贤罗织罪名，进行构陷。李贤的从兄在安庆府任同知，门达“遣校尉往缉之，务欲倾李”，最终因英宗去世，李贤才得以幸免[⑤]。

在门达制造恐怖政治的氛围中，官僚层权力进一步遭到压制，无论是阁权还是部权，均倒向皇权，寻求庇护。佞幸用事，皇帝是最大的操控者和受益者。英宗在其策划的恐怖政治中，左右逢源，最终以“圣明”“宽厚”“仁慈”的面目出现，去进行调解、赦免、抚慰，让官员感到皇帝的英明和浩皇恩荡，对皇帝感激涕零，在朝野内外的赞誉声中，使英宗失而复得的皇权愈加巩固。可见，“君主们却不重视守信，而是懂得怎样运用诡计，使人们晕头转向，并且终于把那些一贯守信的人们征服了”[⑥]。虽然中西传统文化存在很大的差异，但相对专制君主的信义而言，中西君主的信义大体如此。

天顺八年（1464）正月，英宗去世，宪宗即位。宪宗采取了与其父不同的政策，在政治上相对宽松，对锦衣卫侦缉罗织罪名的行为，进行了一定程度的抑制。其原因主要是：一方面在天顺时期，英宗通过利用锦衣卫秘密侦缉官僚，强化并巩固了皇权。宪宗即位需要进行适当的调整，用相对宽松的政策去笼络人心，缓和各种矛盾。另一方面则是宪宗早年的太子地位也经历了废立的周折。在景泰时期，即宪宗的个人成长阶段，宪宗始终处于被监视状态，从心理的角度上，他对这种秘密监视行为也会产生出抵触的情绪。基于这样的原因，门达的作用也就失去。加之门达“武夫不学，昧于大理，是以怙宠立威，荐及于祸”[⑦]，其结局亦必然是被清除出政治舞台。

---

①《明英宗实录》卷三五九，天顺七年十一月丁卯，第7143页.

②［清］谈迁:《国榷》卷三三，天顺七年十一月丁卯，第2175页.

③《明英宗实录》卷三五九，天顺七年十一月丁卯，第7144页.

④［明］雷礼:《国朝列卿记》卷一一《内阁行实·李贤》，第661页.

⑤［明］尹直:《謇斋琐缀录》卷四，第382页.

⑥［意］尼科洛·马基雅维里:《君主论》，北京，商务印书馆，1985年，第83页.

⑦《明宪宗实录》卷二，天顺八年二月丙申，第45—46页.

时值新君登极，必定要政治上做出一些不同于前朝的姿态，以示革故鼎新。一般来说，官僚阶层对于皇帝极为宠信之人，在其得势之时，争相锦上添花，尽力谄媚，这样既可以讨好君主，又可与宠臣搞好关系，避免遭其构陷。若宠臣失势，必然会墙倒众人推，借机报复，痛打落水狗。这一官僚群体的特征，至今也未改变。既然门达失势，必然要清算其旧账，于是"诉冤者纷然"，时任刑科给事中的金绅，怒斥门达为"此天下之大蠹"，声称"此而不言，又何用六科为？"率先对门达进行弹劾[①]。继而廷讯，罗列门达罪行，称门达"恃恩宠窥法，玩弄威权，文网苛细，大狱屡兴，内直垂帘，别舍置系，假托上旨，恣行忍贪，官校驿骚，子弟交通为奸利"[②]。最终，门达被贬到广西南丹卫，彻底退出政治舞台。门达扩建的锦衣卫城西监狱也被拆除，标志着锦衣卫秘密侦查高峰期的终结。

四、钱宁用事与厂卫合流

锦衣卫自门达被贬黜后，虽然仍拥有侦缉刑讯权力，但卫权始终处于相对低迷状态。出现这种原因，一方面是因为卫帅个人能力低下，另一方面则是由于皇权处于相对稳固时期，暂不需要通过实行恐怖政治去震慑朝臣、巩固统治秩序。因而，自永乐时期建立的由宦官指挥的侦缉机构东厂，开始逐渐发挥其职能。

根据万历《明会典》中关于锦衣卫职能的记载可知，锦衣卫主要负责皇帝的仪仗、安全保卫，协助值守登闻鼓、协助兵科处理军事人员上访、降兵安置、部分军需物品调拨、监控来京外夷、协助提审囚犯，京师治安巡防、街道修理，张家湾、河西务治安，两京刑事案件和治安案件的侦查、预审等[③]。锦衣卫镇抚司"掌卫刑名，兼理军匠，添设镇抚二人，别印分司，专理诏狱。狱成，直达上，下法司覆拟。"[④]锦衣卫最主要的职能是负责皇帝的安全保卫工作和京畿地区刑事、治安案件的侦查、预审。东厂的职能主要是"缉访谋逆、妖言、大奸恶"[⑤]，并负责秘密侦查官府，暗察、监视会审大案，及京内其他琐碎事，"凡中府等处会审大狱，北镇抚司拷讯重犯，本厂皆有人听记。具口词一本，拶打数一本，于本日晚或次日早奏进，每日兵部访看有无进部，有无塘报，京师各门、皇城各门关防出入，俱有事件奏闻。或地方失火，或雷击何物，亦奏闻之。又每月晦日奏报在京杂料米□□面之

①［明］焦竑编：《国朝献徵录》，卷四九《南京刑部二》；《南京刑部右侍郎金公绅传》，第 2054 页．

②［清］谈迁：《国榷》卷三四，天顺八年二月乙未，第 2165 页．

③［明］申时行：《万历会典》卷二二八《上十二卫》，第 1118—1120 页．

④［明］郑晓：《吾学编》，《百官述》卷下，第 674—675 页．

⑤［清］张廷玉等：《明史》卷九五《刑法志三》，第 2331 页．

价，凡禁地人命，亦皆有事件"[①]。"凡各处办事打来事件，皆到内署，先见厂公心腹内官，发司房删润奏之"[②]。相比之下，锦衣卫侦查范围较广，而东厂负责秘密监察的职能较多。厂卫在侦查上有部分职能重合，即在政治类案件侦查方面，厂卫均负责侦缉。东厂更多地负责意识形态方面的案件侦查，如"妖言"之类。东厂的这一侦查任务，使其事权范围更加扩大，在锦衣卫状态低迷时，东厂势力迅速崛起。

东厂自成立之日起，一直由皇帝宠信的宦官负责指挥。其外勤人员主要由锦衣卫军士充当。侦查案卷虽由锦衣卫派驻东厂的两名千户负责处理，但最终案卷需要由宦官呈递给皇帝。门达倒台后，由于锦衣卫卫帅的个人能力低下、当时的政治环境相对宽松，以及宦官相对于锦衣卫卫帅更接近权力源的缘故，自成化初，东厂的权力"稍稍出卫上矣"[③]。

成化中期，宫中相继发生了出现黑眚、"妖人"李子龙交结宦官入宫被诛等事件。宪宗对此十分厌恶，故"锐欲知外事"[④]。由于宪宗不见阁臣，与外朝臣僚也缺少沟通，所信任的对象，只有宦官群体。因此，性格狡黠的汪直便承担了侦缉臣民隐事这一重任。汪直等人"布衣亵帽，乘驴骡往来都下"[⑤]，"分命各校，广刺督责，大政小事，方言俚谚，悉采以闻"[⑥]，"刺事暮夜，词人床笫，方言巷语，竟入宸聪，瓜蔓枝连，立成大狱"[⑦]。汪直因秘密侦查取得了一定的成效，故备受宪宗的器重，其权势也越发强大。汪直用事，是宦官势力崛起，掌握刑讯侦缉职能的一个重要标志。在汪直的请求下，宪宗于成化十三年（1477）设立了另一支由宦官指挥的侦缉机构——西厂，与东厂、锦衣卫并行秘密侦缉的任务。西厂的外勤人员与东厂一样，为"锦衣官校善刺事者"[⑧]，但西厂"所领缇骑倍东厂，自京师及天下，旁午侦事，虽王府不免"，"冤死者相属"[⑨]，"人情大扰"，"公卿皆避道"[⑩]，"远州僻壤，见鲜衣怒马作京师语者，转相避匿。有司闻风，密行贿赂。于是无赖子乘机为奸，天下

① [明] 刘若愚：《酌中志》卷一六《内府衙门职掌》，《四库禁毁书丛刊》史部第 71 册，北京，北京古籍出版社，1997 年，第 149 页 .

② [明] 刘若愚：《明宫史》卷二《内府衙门职掌》，"东厂"条，《中国野史集成》第 39 册，成都，巴蜀书社，1993 年，第 11 页 .

③ [明] 王世贞：《锦衣志》，第 665 页 .

④ [清] 张廷玉等：《明史》卷三〇四《宦官传一》，第 7778 页 .

⑤ [清] 谈迁：《国榷》卷三七，成化十三年二月丁丑，第 2376 页 .

⑥ [明] 陈建：《皇明通纪》卷二二，成化十三年正月，北京，中华书局，2008 年，第 847 页 .

⑦ [清] 蒋棻：《明史纪事》，《汪直用事》，扬州，广陵古籍刻印社，1990 年，第 158 页 .

⑧ [清] 谷应泰：《明史纪事本末》卷三七《汪直用事》，北京，中华书局，1977 年，第 551 页 .

⑨ [清] 张廷玉等：《明史》卷九五《刑法志三》，第 2331 页 .

⑩ [清] 张廷玉等：《明史》卷三〇四《宦官传一》，第 7779 页 .

皆重足立”[①]。其气焰和权势可见一斑。虽然西厂在大学士商辂、万安等人的进谏下被裁撤，汪直也因逐渐失去宪宗的宠信而失势，但此时的厂权，已远远高于卫权。

正德初，因刘瑾干政，厂权更大。“时东厂、西厂缉事人四出，道路惶惧。瑾复立内行厂，尤酷烈，中人以微法，无得全者。”[②]“虽东西厂皆在伺察中，加酷烈焉”[③]。清代史家认为刘瑾用事时，“卫使石文义亦瑾私人，厂卫之势合矣”[④]。这种说法是有问题的，因为所谓“厂卫”，是在东厂系统和锦衣卫系统势力均等、并立的情况下，才能够成立。天顺时，逯杲、门达用事，东厂权力远不及卫权，而在汪直、刘瑾用事时期，宦官指挥的侦缉系统，其权力远远高于锦衣卫系统。正德初，刘瑾“恶锦衣佥事牟斌善视狱囚，杖而锢之”[⑤]的事例，说明当时的锦衣卫完全沦为东厂系统的附庸和走卒，锦衣卫的卫帅对东厂系统只能俯首听命，并未实现真正意义的厂卫合流。

正德时期锦衣佞幸的代表人物是钱宁。钱宁幼年之时被卖到宦官钱能家为奴，因此为钱姓。钱能死后，钱宁以宦官养子的身份，受恩荫进入锦衣卫，并得到百户的职位，正德初年因为依附刘瑾而得以接近武宗。钱宁“为人猥狡柔佞，善伺迎合，大被宠幸”[⑥]，既善射，能左右开弓，又善于迎合武宗，深受武宗的赏识，不仅未受到刘瑾的株连，还被赐姓朱、收为义子，并被提升为锦衣卫正千户。此后钱宁官运亨通，“历指挥使，掌南镇抚司。累迁左都督，掌锦衣卫事，典诏狱，言无不听”[⑦]。

钱宁与武宗形影不离，“帝在豹房，常枕宁卧”，连百官候朝，不知武宗是否起床临朝，也必须观察钱宁的动向，如看到钱宁才能知道皇帝将要到来。正是由于与皇帝的亲密关系，钱宁气焰熏天。甚至还发生过钱宁删改外朝奏疏和内阁票拟之事，如杨廷和称“各衙门题奏文书，有留中十余日或月余不下者，外者谓钱宁令家僮送王兵部琼处改拟。一日兵部参奏四川巡抚马昊本中，误遗一竹纸小票，盖改拟之词也。”[⑧]与成化时期必须通过攀附宦官，才能进入中枢的佞幸群体不同，正德

① [清] 张廷玉等:《明史》卷九五《刑法志三》，第 2332 页 .

② [清] 张廷玉等:《明史》卷三〇四《宦官传一》，第 7789 页 .

③ [清] 张廷玉等:《明史》卷九五《刑法志三》，第 2332 页 .

④ [清] 张廷玉等:《明史》卷九五《刑法志三》，第 2332 页 .

⑤ [清] 张廷玉等:《明史》卷三〇四《宦官传一》，第 7788 页 .

⑥ [明] 徐学谟:《世庙识余录》卷一，《北京图书馆古籍珍本丛刊》史部第 12 册，北京，书目文献出版社，1988 年，第 45 页 .

⑦ [清] 张廷玉等:《明史》卷三〇七《佞倖传》，第 7891 页 .

⑧ [明] 杨廷和:《杨文忠三录》卷三《视草余录》，《景印文渊阁四库全书》史部第 428 册，台北，商务印书馆，1986 年，第 811 页 .

时期相当一部分佞幸，必须通过钱宁才能进入宫中，例如“伶人臧贤、回回人于永者，善阴道秘戏，若诸番僧善为幻咒者，皆引入见”。钱宁“内侍上，外招权纳贿，即诸大臣造谒恐后，诸司事必关白之。小觖意，辄遭其中害”，“内臣武将率持重资投宁，求为镇守总兵。若扣以危急事，亦往往得解。”①都察院经历钱岌拜钱宁为义父，钱宁通过钱岌每日“潜察中外官，有议己者，辄斥之”②。连后来最为武宗宠信的佞幸——边将出身的江彬，也是通过钱宁引荐，才进入豹房的。可见，钱宁的权力已经达到可以进退大臣的程度。当时宦官张锐提督东厂缉事，就已经“横甚”，而钱宁掌管的锦衣卫则“势最炽”③。锦衣卫、东厂二者并行，共同辅翼皇权，且势力基本均等，构成了真正政治意义上的“厂卫”。至此，明代两支秘密侦缉机构的合流正式形成。

钱宁用事初期，因锦衣卫校尉在路上未对大理寺的两位官员避让，又出言不逊，先后遭到这两个官员的杖责。钱宁向武宗进谗言，致使二人被下锦衣卫狱拷讯，最终这两个官员，一个被罢官，另一个被降职外调。在刑部处理一个锦衣卫千户的朋友，与他人殴斗致死事件时，钱宁因不满刑部的裁定，抓住刑部狱卒挪用、挤占狱囚伙食费事件的把柄，“阴讽东厂发其事，遂收系前后提牢者”，并欲穷治，“三法司皆诣东厂求解”。当三法司官员得知事出钱宁之意时，又集体去拜谒钱宁，以求免受株连④。钱宁的权力不仅可以左右司法机构，甚至当时不可一世的“太监廖鹏得罪”，也要“拜钱宁为父，出所宠妾事宁”⑤。从上述事例可以看出，在厂卫合流形成后，二者权力相比较而言，钱宁统领的锦衣卫略占上风。

钱宁执掌锦衣卫期间，完成了真正意义上的厂卫合流。虽然积极作用较少，但也不能一笔抹杀，至少“钱宁为方良永所劾，不怀报害，又能恤胡世宁狱中，自其一念之善，不可诬也”⑥。钱宁作为武宗的佞臣，为何倒向藩王朱宸濠？其原因不仅是因为接受了朱宸濠的大量贿赂，更主要的是由于自己这个昔日的豹房大总管，相对于江彬在武宗面前如日中天的地位而相形见绌。钱宁“念富贵已极，帝无子，思结强藩自全”⑦。正是佞幸间的矛盾，将钱宁推向了皇权的对立面，其结果也必然如刘瑾一样彻底退出政治舞台。正德十五年（1520），朱宸濠在南昌发动叛乱，武宗

①［明］何乔远：《名山藏》卷九三《臣林杂记三》，第 473 页.

②［明］徐学谟：《世庙识余录》卷一，第 45 页.

③［清］张廷玉等：《明史》卷三〇七《佞幸传》，第 7891 页.

④［明］何乔远：《名山藏》卷九三《臣林杂记》，第 473—474 页.

⑤［明］黄景昉：《国史唯疑》卷五《正德》，第 126 页.

⑥［明］黄景昉：《国史唯疑》卷五《正德》，第 137 页.

⑦［清］张廷玉等：《明史》卷三〇七《佞倖传》，第 7891 页.

在江彬的唆使下南征宁藩，钱宁担心远离武宗，江彬、张锐等于己不利，遂千方百计要求护驾随行。武宗虽然同意钱宁随行，行至临清，在江彬的唆使下，武宗停止钱宁护驾，令其在临清管理皇店事务。江彬见时机成熟，在路上向武宗揭发钱宁勾结宁藩的罪行，武宗对于钱宁的叛变非常恼火，下令将钱宁逮捕。武宗回京后，“宁与陆完裸反接俘前，藉其家”①。世宗即位后，钱宁被凌迟处死，养子十一人皆斩，妻妾发功臣家为奴。

五、陆炳用事时期的卫权

陆炳原籍浙江平湖，其祖父隶属锦衣卫军籍，后随兴王朱祐杬之国湖广安陆。陆炳之父亦袭军职，陆炳即在湖广安陆出生。正德十六年（1521）三月，武宗去世，因无子嗣，内阁首辅杨廷和依据《皇明祖训》中兄终弟及的原则，从与武宗血缘最近的支脉，选定时为兴王的朱厚熜即皇帝位，是为明世宗。陆炳之父陆松作为兴府的护卫，随朱厚熜进京，因有“从龙”之功，累官至都督佥事。

世宗进京伊始，即与首辅杨廷和为代表的正德遗臣，因即位礼仪问题发生矛盾，继而又因以故兴献王朱祐杬的名分地位问题，发生了更激烈的冲突，拉开了长达二十年的嘉靖大礼议的序幕。大礼议既是皇权与阁权之争，又是皇统的直接争夺。大礼议包含了孝宗、武宗系统的顾命大臣与依附于世宗的中下级官吏之间的斗争，以及首辅与皇帝争权力的内容。大礼议虽然最终以世宗的全胜而告终，但皇权取得胜利的原因，并不在于张璁、桂萼等议礼新贵的有多大的理论优势，事实上议礼新贵也无理论优势而言。议礼胜利的一个重要因素，是世宗此时已拥有了完全服从自己的武装，并对议礼大臣进行了残酷的暴力镇压。

世宗以藩王入继皇位，在朝中并无基础。此时，杨廷和的威望如日中天，阁权膨胀，在朝野内外和士大夫中，拥有相当多的拥护者。本来世宗提出的兴献王名分问题，在当时的社会背景就下，就不合礼法。如果世宗在立足未稳之时，就倚仗皇帝的名分，肆无忌惮地与杨廷和正德元老等对抗，那么西汉昌邑王刘贺被辅政大臣霍光以其荒淫为借口而废除的事例，很可能再现。在统治基础极其薄弱的政治环境下，世宗重新祭起利用秘密侦缉机构的这一法宝。由于世宗本人对宦官不信任的原因，不能依靠东厂力量，只能依靠锦衣卫武装，利用锦衣卫侍卫亲军和拥有侦缉职能的优势，去控制朝臣。世宗利用杨廷和起草的即位诏书中革除冒滥锦衣卫旗校一事，对锦衣卫进行了多次大规模的清洗，除革除冒滥锦衣卫的冗员外，正德十六

① [清] 查继佐:《罪惟录》卷三〇《奸壬列传》，第 506 页 .

年（1521）四月将锦衣卫都指挥使郭鳌、指挥王钦、殷镗、周瓒、姚瓒，千户王锦、王铨、周保蓝、毕章琏，以“党附钱宁、江彬、擅作威福”[①]的罪名下诏狱。七月，又以蛊惑先帝、受贿请托为借口，处死锦衣卫都指挥廖鹏、指挥佥事齐佐、都督同知王瓛。以“因贸易而寄财，因勘事而受贿”的罪名，处死锦衣卫指挥陈善、薛玺[②]。至此，正德时期锦衣卫的骨干力量，基本被清除殆尽，世宗遂安插自己从兴邸带来的心腹，去控制锦衣卫，出现了“初裁锦衣冒滥”,“藩邸旗校尽补亲军”[③]的局面。邓志峰先生根据《明世宗实录》的记载，统计出兴藩进京人员进入锦衣卫系统者共四十三人，占兴藩来京人员的三分之二。[④]兴邸的于海、王佐、陆松、陈寅等武官迅速获得擢升，逐渐掌握了锦衣卫系统。由于世宗对锦衣卫系统控制加强，其皇位也越发巩固。特别是左顺门杖责廷臣后，世宗已取得了议礼的绝对优势。随着世宗皇权的扩张，议礼也是步步升级，从兴献大王到兴献帝，再到兴献皇帝，直至灵位进入太庙。世宗每一次将其父的名号级别提高，都是一个皇权张扬的过程。由此也可以看出，世宗对锦衣卫的重视程度和锦衣卫在嘉靖初期对巩固皇权所起的作用。

陆炳参加武会试后，被授予锦衣卫千户的职务。陆炳发迹，一方面是因为其母曾为世宗的乳母，陆炳幼时即被其母带入兴邸，与世宗“共寝处”，长大后在世宗身边“日侍左右”[⑤]。陆炳“健沉鸷，长身火色，行步类鹤”[⑥]，少年时即“以力干强敏称”[⑦]，世宗对陆炳的才能比较了解。另一方面，卫辉行宫发生火灾时，宿卫大臣、士卒均未及时赶到，在此危急关头，陆炳冒死从火海中救出世宗。因救驾之功，世宗回京后，立即下令由陆炳掌锦衣卫事，并加都督职务，遂“骤贵”。陆炳不仅“狡黠多智，善迎合帝意”[⑧]，而且“勤于治官，戴星出入”[⑨]。对世宗“无顷刻敢怠，夜半呼陆炳，即甚寒暑风雪，披衣驰马，缒宫城入矣”[⑩]。发生壬寅宫变时，陆炳率领卫士在宫门外巡守，待皇后懿旨出，立即率部擒拿住参与宫变的宫女。世宗

①《明世宗实录》卷一，正德十六四月辛亥，第 57 页 .

②《明世宗实录》卷四，正德十六七月庚午，第 193 页 .

③［清］谈迁:《国榷》卷五二，嘉靖元年七月戊申，第 3262 页 .

④ 邓志峰:《嘉靖初年的政治格局》,《复旦大学学报 · 社科版》1999 年第 1 期，第 90 页 .

⑤［清］傅维鳞:《明书》卷一五六《残酷传》,《丛书集成初编》第 3956 册，上海，商务印书馆，1936 年，第 3082 页 .

⑥［清］张廷玉等:《明史》卷三〇七《佞幸传》，第 7892 页 .

⑦［明］何乔远:《名山藏》卷九二《臣林杂记二》，第 471 页 .

⑧［清］万斯同:《明史》卷四〇四《佞幸传下》，第 363—364 页 .

⑨［明］何乔远:《名山藏》卷九二《臣林杂记二》，第 471 页 .

⑩［明］朱国桢:《皇明史概 · 皇明大事记》卷三六《陆炳》，第 35 页 .

苏醒后，得知此事，"甚喜"[①]，更加重了陆炳在其心中的分量。庚戌之变时，陆炳率领本部，"门各三百人，讥察出入，其余巡诸街巷，有乘机抢掠者，缚其魁，治以法，中外赖之"[②]。

同为锦衣佞幸，但陆炳用事，与纪纲等锦衣佞幸不同。陆炳并未采用广布校尉，对廷臣侦缉罗织的手段，制造恐怖氛围。究其原因，主要是陆炳用事时，世宗皇位已巩固，皇权张扬，没必要通过恐怖政治去震慑百官、稳定统治。陆炳初掌锦衣卫时，卫中很大一部分上层将领是其父的同僚，是陆炳的长辈。陆炳对其父的同僚表面上都很尊敬，但对于那些倚老卖老、看不起自己的长辈，则采用"阳为敬事之，而徐以计，去其易己者"[③]的手段，很快控制了卫权。

钱宁用事时期，完成了厂卫合流。钱宁倒台后，在清除江彬时，宦官力量发挥了重要作用，因此嘉靖初期，东厂的权力又重新扩张，"东厂芮景贤任千户陶淳，多所诬陷"[④]，其势力已在锦衣卫之上。即使在世宗大量清除宦官势力之后，因议礼骤贵、不可一世的张璁，在主持复审张福杀母案时，由于此案最初为东厂侦办审结，张璁明知是冤案，却因"事出东厂"而"噤不一发"[⑤]，不敢与东厂系统硬碰硬，只能按照东厂的处理意见，依样画葫芦，枉法裁判。

陆炳虽然是世宗的宠臣，但在监、阁并行的辅政体制下，要充分扩张卫权，压制厂权，除了需要继续迎合皇帝，以保持皇帝对自己的宠信外，还必须要视阁臣权力高下与之结交，使卫权与阁权相结合，通过皇权裁抑宦权，利用阁权制衡宦权，只有这样才能拓展权力运行空间，充分发展自身权力。故陆炳"善事阁臣，以此日益重。"[⑥]以首辅夏言为例，最初陆炳与夏言关系甚好，后因御史弹劾陆炳"乱盐政，擅榜禁小钱"等不法事，夏言当即要拟旨缉捕陆炳。陆炳行三千金打点夏言亦未成功，最后"长跪泣谢"，请求宽恕，夏言才肯罢休，但陆炳至此对夏言已是恨之入骨，并伺机报复[⑦]。是时，次辅严嵩也与夏言不睦，共同的敌人，使严嵩和陆炳勾结在一起。夏言因不配合世宗斋醮而逐渐失势，严嵩则因青词助玄而愈发得宠。陆炳侦缉到夏言与边帅来往书信，由严嵩在世宗面前进行揭发，严嵩抓住世宗"英察自信，果刑戮，颇护己短"[⑧]的性格特点，故意以收复河套之议激怒世宗，导致夏言被

①［清］傅维鳞：《明书》卷一五六《残酷传》，第 3082 页．

②［清］傅维鳞：《明书》卷一五六《残酷传》，第 3082—3083 页．

③［明］王世贞：《锦衣志》，第 668 页．

④［清］张廷玉等：《明史》卷七一《刑法志三》，第 2332 页．

⑤［清］谈迁：《国榷》卷五四，嘉靖八年七月，第 3404 页．

⑥［明］何乔远：《名山藏》卷九二《臣林杂记二》，第 471 页．

⑦［清］万斯同：《明史》卷四〇四《佞幸传下》，第 363 页．

⑧［清］张廷玉等：《明史》卷三〇八《奸臣传》，第 7916 页．

杀。夏言之死，既表明了世宗为张扬皇权，用诛夏言的手段，来限制阁权、震慑臣僚的用心，又说明了阁臣与卫帅相配合的权力之大。

陆炳和严嵩除了置夏言于死地之后，另一个重臣仇鸾也栽在陆、严之手。仇鸾本是边将，深受世宗赏识。严嵩初与仇鸾相善，继而因权力之争，二人互相倾轧，仇鸾多次密奏严嵩不法事，但对陆炳却甚为忌惮。陆炳虽表面与仇鸾交好，避其锋芒，但暗中派人侦查仇鸾不法之事。在仇鸾病重之时，陆炳突发仇鸾交通蒙古俺答之事，世宗极为震怒，当时仇鸾已病故，世宗令陆炳会同三法司拟仇鸾罪，结果仇鸾落得被剖棺戮尸，传首九边的下场。“父母妻子及时义、侯荣皆斩，妾、女孙发功臣家为奴，财产没入官，家属流置，诸党恶悉发遣、发配有差”[①]。陆炳则因揭发仇鸾之功，加少保兼太子太傅，位列一品。继而陆炳又破获了司礼监宦官李彬贪污工所物料、内府钱财、私役军士营造“僭拟山陵”坟墓一案，“藉其赀银四十余万，金珠珍宝无算，都人快之”。陆炳因此被加太保兼少傅，继续掌管锦衣卫，开创了明代三公兼领三孤的先例[②]。陆炳的威望也如日中天，“威行宫省，内外惕息，不称官，不称号，惟曰陆堂，至用以止小儿啼云”[③]。陆炳用事时，“厂权不及卫权远矣”[④]。

与纪纲、逯杲、门达、钱宁相比，陆炳并非是不学无术的武夫，尚未进入锦衣卫系统时，陆炳就已“颇揽文籍”，并欲弃武从文，参加科举考试，因其父反对，而参加武举并中试[⑤]。陆炳进入锦衣卫后，为卫帅王佐的僚属，王佐对陆炳十分看重，“教以爰书公移之类”，并教诲陆炳，“锦衣帅不可不精刀笔”[⑥]。在王佐等的培养下，陆炳的行政能力迅速提高。与当年专门构陷文官的门达不同，陆炳非常注意礼待士人，广泛结交士大夫。其原因在于陆炳相对于那些不学无术，武夫出身的卫帅，文化程度要比起他们高许多。陆炳在朝中又善于左右逢源，“与严氏相处坦然，虽互以权势附丽，而善于不露迹，即世蕃恣睢，亦入笼络中，不敢肆”[⑦]。世宗屡兴大狱，陆炳并未推波助澜，而是周旋于其中，对受害官员“多所保全，折节士大夫，未尝构陷一人”[⑧]，“至士大夫上意所恨，下诏狱廷杖者，炳缓之，不令即死，俟上解，即贬谪，出金钱，为治道里饮食费”[⑨]。因此在朝中多得文官赞誉。正是因为

① [明] 何乔远:《名山藏》卷九三《臣林杂记三》，第 481 页 .

② [清] 万斯同:《明史》卷四〇四《佞幸传下》，第 364 页 .

③ [清] 傅维鳞:《明书》卷一五六《残酷传》，第 3085 页 .

④ [清] 张廷玉等:《明史》卷七一《刑法志三》，第 2332 页 .

⑤ [明] 朱国桢:《皇明史概 · 皇明大事纪》卷三六《陆炳》，第 32 页 .

⑥ [清] 傅维鳞:《明书》卷一五六《残酷传》，第 3084 页 .

⑦ [明] 朱国桢:《皇明史概 · 皇明大事纪》卷三六《陆炳》，第 34 页 .

⑧ [清] 张廷玉等:《明史》卷三〇七《佞幸传》，第 7894 页 .

⑨ [明] 何乔远:《名山藏》卷九二《臣林杂记二》，第 471 页 .

陆炳礼遇士大夫的原因，陆炳在上层文人中，口碑甚好。直至今天的戏曲舞台上，如京剧马派、奚派等久演不衰的经典名剧《一捧雪·审头刺汤》中的陆炳，一直以英雄、清官等正面形象示人。陆炳能获得这样的戏剧人物形象塑造，和他当年广泛结交士大夫，深得士大夫群体的赞誉，有着密切的关系。当然，历史上的陆炳并非如戏曲舞台上那么高大伟岸，虽然他礼遇士大夫，但并不礼遇百姓，也并非清官廉吏。陆炳"任豪恶吏为爪牙，多布耳目，铢两之奸悉知之。富民有小过，辄收捕搒掠，文致成狱，没其家所，夷灭者不可胜计，积赀数百万，厚自奉养，营别宅十余所，咸极壮丽，分置妾媵其中，钟鼓帷帐不移，而其四方佳丽处，皆有庄宅，声势倾天下。"[①]可以算作一个十足的贪官酷吏。

嘉靖三十九年（1560），陆炳去世，世宗甚感悲伤，"赠忠诚伯，谥武惠，祭葬有加，官其子绎为本卫指挥佥事"[②]。陆炳在嘉靖专制统治的政治环境下，周旋于世宗与外臣之间，对于保护中枢文官，保持官僚队伍的稳定，也算起到了一定的积极作用。对于陆炳之死，明人丁元荐是这样描述的：

> 时裕帝有一中贵人不法，炳令卫卒擒之，先下缇骑狱，而后以闻。朝廷方寝，引烛阅其疏，讶曰："得无惊小主人乎？陆炳好大胆！"炳候旨于宫门外，小黄门传者踵接。炳惊悸仆地，数人掖之不能起，又明日，呕血死。嗟乎，此天威也！[③]

按丁元荐的说法，陆炳是因抓了裕王（明穆宗）的太监，听到世宗发怒的消息而被吓死的。此说虽有待商榷，但从另一个角度，也体现了嘉靖专制政治的特点和世宗喜怒无常的性格。陆炳能在喜怒无常的明世宗身边，获尽殊荣，又得善终，也算辉煌一生。隆庆初，在言官的弹劾下，陆炳被褫官夺爵，其子罢官，家产也被没收充公。

结　语

纪纲、逯杲、门达三佞幸在永乐、天顺时期的侦缉罗织行为，是锦衣卫势力倚靠皇权，扩张卫权的一个历史过程。虽然这三位锦衣佞幸权势熏天，不可一世，但

① [清] 万斯同：《明史》卷四〇四《佞幸传下》，第 364 页 .

② [清] 张廷玉等：《明史》卷三〇七《佞幸传》，第 7894 页 .

③ [明] 丁元荐：《西山日记》卷上《英断》，《续修四库全书》子部第 1172 册，上海，上海古籍出版社，1995 年，第 288—289 页 .

其本官并不大，王世贞认为“锦衣典亲军，其后寄以诇察之柄，体势日重，然本非尊官也。故虽纪纲、门达、逯杲之宠寄横肆，然纲、达不过都指挥佥事，杲仅指挥同知而已。”[①]可见，锦衣佞幸权力的大小完全取决于皇权的需要。由于明代皇权的极度膨胀，皇权在国家权力结构中，占据主导和支配地位，行使皇权具有很大的随意性和不可逆性。专制君主为了维护统治、最大限度地扩张皇权，利用锦衣卫等侦缉机构，采取秘密侦查等手段，多方位监控臣民，并赋予其侦伺、监控臣民及法外用刑等特权。而锦衣佞幸势力则倚仗皇权，滥用和最大限度地扩张权力，干预国家政治事务。在一定程度上，既阻碍和干扰了政府系统正常的行使行政职能，造成了严重的政治恐慌，又破坏了政治秩序和社会秩序。但如果从稳定和巩固皇权的角度去审视，三位佞幸的行为，对维护永乐、天顺时期的皇权稳定，起到极为重要的作用。

正德时期，钱宁用事，完成了厂卫这两支明代秘密侦缉机构的合流。陆炳用事时期，锦衣卫的权力达到巅峰。故王世贞称，锦衣卫权力“一重于纪纲、再重于钱宁，三重于陆炳”[②]。陆炳去世，标志着锦衣卫权力巅峰时代的彻底结束。在其后的秘密侦查活动中，厂卫并行，基本无高下之分。万历初，在处理王大臣案时，虽然张居正掌内阁、大阉冯保掌东厂相互勾结，欲借此案族诛高拱，但在锦衣卫帅朱希孝的坚持和力争下，此案不了了之，高拱最终得以幸免。万历时期，著名的妖书案，即完全由东厂独立侦办，虽然整个侦查过程，锦衣卫根本无权过问，但在谳审嫌疑人皦生光时，锦衣卫帅与东厂提督陈矩共同参与，并无高下之分。是时“卫犹不大附厂也”[③]，但已逐渐走向衰落。沈德符幼年时曾听闻锦衣卫卫帅“刘守有每谒首珰必叩头”[④]，可见此时锦衣卫之势已完全在东厂之下。至明末，魏忠贤擅权，“东厂番役横行”[⑤]，锦衣卫帅田尔耕、镇抚许显纯完全依附于魏忠贤，成为宦官系统的走卒，东厂权力也自然凌驾于锦衣卫权力之上，锦衣卫彻底沦为东厂的走卒和打手。

（作者单位：常州大学周有光语言文化学院）

---

①［明］王世贞：《弇山堂别集》卷八《皇明异典述三》，“锦衣一品”，第 154 页 .

②［明］王世贞：《锦衣志》，第 669 页 .

③［清］张廷玉等：《明史》卷九五《刑法志三》，第 2332 页 .

④［明］沈德符：《万历野获编》卷二一《禁卫》，“锦衣帅见首珰礼”条，北京，中华书局，1959 年，第 537 页 .

⑤［清］张廷玉等：《明史》卷三〇五《宦官传二》，第 7820 页 .

明代锦衣缇帅陆炳的职掌与行为研究

刘　涛

作为明代历史上唯一一个“以公兼孤”的锦衣卫缇帅，陆炳对嘉靖朝政局产生了深远影响。陆炳自嘉靖二十四年（1545）执掌锦衣卫事至嘉靖三十九年（1560）暴卒，十五年间，勤于职事，深得世宗信任。其主要职责是侍卫君王、提督礼仪、缉事捕盗、维护京师治安、掌理刑狱、参与京城建设，以及非常时期的护卫京城、抵御外敌等。就其行为而言，已完全超过了锦衣卫的职责范围，可谓权涉六部，势倾天下。陆炳死后，关于其功过，明代士人基本上给予了毁誉参半的评论。但总体而言，陆炳在历史上是一位具有一定清望和口碑的锦衣卫缇帅。目前学术界关于陆炳的研究已取得了一些成果[①]，但关于其职掌与行为的研究则略显不足。因此，本文就此做进一步的探讨。不当之处，还请方家指正。

一、锦衣缇帅陆炳生平

陆炳，字文孚[②]，号东湖，其先明代平湖人（今浙江省嘉兴市），正德五年（1510）出生于湖广安陆。出身于锦衣世家，是明朝嘉靖时期举足轻重的政治人物。“祖墀，以军籍隶锦衣卫为总旗。父松，袭职，从兴献王之国安陆，选为仪卫司典仗。世宗入承大统，松以从龙恩，迁锦衣副千户。累官后府都督佥事，协理锦衣事。”[③]陆炳祖父陆墀，父陆松，皆为兴献王朱祐杬藩邸旧人。母范氏为世宗乳母，自幼随母出入兴王府，为嘉靖帝儿时玩伴。嘉靖十一年（1532）“以世职千户应试

---

① 徐连达：《明代锦衣卫权势的演变及其特点》，《复旦学报》1992 年第 6 期；吴政汉：《嘉靖朝锦衣卫首长之职权与活动——以陆炳（1510—1560）为例》，《台湾中央大学人文学报》2010 年第 42 期；高寿仙：《社会地位与亲缘关系的交互建构——以明代科第大族平湖陆氏为例》，《北京联合大学学报》2016 年第 1 期；赵浩林：《陆炳研究》，山东师范大学硕士学位论文，2017 年 .

②［明］徐阶：《世经堂集》卷十七，《四库全书存目丛书》本 .

③［清］张廷玉等：《明史》卷三〇七，北京，中华书局，1974 年，第 7892 页 .

武举，会试高等”[①]，被授予署所镇抚，赞画蓟州（今天津）。嘉靖十五年（1536），其父陆松去世，陆炳袭指挥佥事，进指挥使，掌南镇抚司事。嘉靖十八年（1539），随驾南巡至卫辉府（今河南汲县），“夜四更，行宫火，从官仓猝不知帝所在。炳排闼负帝出，帝自是爱幸炳。”[②]陆炳因救驾有功，得世宗恩宠，自此“眷任独隆”。嘉靖二十四年（1545），“命锦衣卫都指挥同知陆炳掌本卫事”[③]。至此，开启了明代锦衣卫极具权势的时期。陆炳权势日重，“未几，擢署都督佥事。又以缉捕功，擢都督同知。”[④]嘉靖二十七年（1548），又以缉捕功升为右都督。嘉靖二十九年（1550），俺答入犯，京师戒严，陆炳奉命提督皇城诸门。嘉靖三十年（1551），因缉访有功，升左都督，又因擒获哈舟儿功，加太子太保。嘉靖三十二年（1553），又“诏加炳少保，兼太子太傅，岁支伯爵禄”[⑤]。嘉靖三十三年（1554），世宗命陆炳“入直西内”，与严嵩、朱希忠等侍修玄[⑥]。嘉靖三十六年（1557），世宗以“直赞撰文”功，加陆炳少傅[⑦]，并赐御札云：“以公兼孤亦可”[⑧]。《明史·佞幸传》云：“三公无兼三孤者，仅于炳见之”[⑨]。沈德符《万历野获编》亦云：“以公兼孤领缇骑，古未有也”[⑩]。嘉靖三十九年（1560）十二月，暴卒于任上，享年五十一岁。世宗“深悼之”，下诏道：“其为国发逆尽忠，直撰之功，追赠忠诚伯，谥武惠，祭葬有加”[⑪]。陆炳死后，终嘉靖一朝，未有追论其罪者。

二、陆炳的职掌与行为

作为锦衣卫缇帅，陆炳的主要职责是侍卫君王、提督礼仪、缉事捕盗、维护京师治安、掌理刑狱、参与京城建设，以及非常时期的护卫京城、抵御外敌等。

---

①［清］傅维鳞：《明书》卷一五六，上海，商务印书馆，1936 年，第 3082 页.

②［清］张廷玉等：《明史》卷三〇七，第 7892 页.

③《明世宗实录》卷二九五，嘉靖二十四年闰正月壬申，台北，“中央研究院”历史语言研究所校勘本，1962 年，第 5636 页.

④［清］张廷玉等：《明史》卷三〇七，第 7893 页.

⑤《明世宗实录》卷三九四，嘉靖三十二年二月戊辰，第 6939 页.

⑥《明世宗实录》卷四一二，嘉靖三十三年七月戊午，第 7177 页.

⑦《明世宗实录》卷四五〇，嘉靖三十六年八月癸巳，第 7640 页.

⑧［明］王世贞，魏连科点校：《弇山堂别集》卷七，北京，中华书局，1985 年，第 119 页.

⑨［清］张廷玉等：《明史》卷三〇七，第 7893 页.

⑩［明］沈德符：《万历野获编》卷五，北京，中华书局，1959 年，第 142 页.

⑪《明世宗实录》卷四九一，嘉靖三十九年十二月壬寅，第 8168 页.

（一）侍从扈行，提督朝政礼仪

侍卫君王，保护皇帝身家安全，是陆炳的基本职能之一。嘉靖十八年（1539）二月十六日，陆炳随帝南幸。二十八日到达卫辉府，是夜行宫失火，“炳排闼负帝出”①。嘉靖二十一年（1542）十月二十一日夜，发生了以杨金英、张金莲为首的宫女谋杀世宗未遂的“壬寅宫变”。“宫变之夕，炳心动，带卫士急趋候门外。门开，皇后懿旨出，立应，缚逆人正法。上甦，闻之甚喜。”②这两起关系皇帝身家性命的事件，均发生在他执掌卫事之前。由于护卫之功，世宗对他宠幸有加，对其“眷任独隆，赐之伯爵，托以心膂”③。不久，便被提拔为都指挥同知掌锦衣卫事，得宠甚隆数十年。在执掌卫事期间，陆炳兢兢业业，尽心尽力的履行皇帝护卫之责，可谓做到了鞠躬尽瘁。

世宗非常重视礼仪制度，陆炳担负着提督礼仪之责。如嘉靖二十三年（1544）三月甲辰，“施乐于朝天等宫，敕礼部侍郎孙承恩，锦衣卫指挥使陆炳提督”④。嘉靖二十五年（1546）二月庚子，“命掌锦衣卫事都同知陆炳，掌詹事府事侍郎孙承恩，于朝天宫施乐”⑤。在行礼时，有时世宗担心本人未到场，官员违礼失仪，懈怠职事，于是特命陆炳督查纠仪，对失仪官员指名奏治。如嘉靖二十五年（1546）十一月，“以圜丘大祀，当传制誓、戒百官。上手诏谕礼部，大报至重典礼，朕连岁祗仰恩眷，虽未躬事，命代摄即同朕诣。百执事官，其各祗肃供事勿怠，特命文武大臣费采、陆炳督查，违者指名奏治。”⑥

在重大祭典之时，世宗常命陆炳陪祀。如嘉靖二十九年（1550）三月乙丑朔，“祭历代帝王，遣遂安伯陈鏸行礼，都督陆炳、陈至，侍郎李默、都御史孙应奎分献”⑦。嘉靖三十二年（1553）八月甲午，“祭历代帝王，遣公徐延德行礼，伯陈圭、都督陆炳、尚书聂豹、欧阳必进分奠”⑧。又如，在嘉靖三十四年（1555）、三十六

① [清] 张廷玉等:《明史》卷三〇七，第 7892 页 .

② [明] 朱国桢辑:《皇明大事记》卷三六，《四库禁毁书丛刊》本 .

③ 南炳文、吴彦玲辑校:《辑校万历起居注》第 1 册，天津，天津古籍出版社，2010 年，第 98 页 .

④《明世宗实录》卷二八四，嘉靖二十三年三月甲辰，第 5501 页 .

⑤《明世宗实录》卷三〇八，嘉靖二十五年二月庚子，第 5804 页 .

⑥《明世宗实录》卷三一七，嘉靖二十五年十一月庚午，第 5916 页 .

⑦《明世宗实录》卷三五八，嘉靖二十九年三月乙丑，第 6415 页 .

⑧《明世宗实录》卷四〇一，嘉靖三十二年八月甲午，第 7028—7029 页 .

年（1557），行祭帝社、帝稷礼时，命成国公朱希忠代祭，都督陆炳等人陪祀[①]。另外，在祭典举行前一天，祭祀用牺牲要在神厨内陈设，承祭亲王或大臣要依次阅视，这项礼仪称为视牲。在举行视牲礼时，陆炳常与亲王、大臣等前往轮视。如嘉靖三十五年（1556）、三十七年（1558）、三十九年（1560）举行"祈谷视牲""方泽视牲""圜丘视牲"等，陆炳均依次前往轮视[②]。甚者，世宗还命陆炳代皇帝行礼致敬。如嘉靖三十二年（1553）七月己酉，"掌锦衣卫事左都督陆炳请祭旗纛之神于射所，从之，即遣炳行礼"[③]。陆炳地位日益优渥，于此可见一斑。嘉靖三十三年（1554），世宗甚至特召陆炳命"入直西苑，与严嵩、朱希忠等侍修玄"[④]。《万历野获编》"直庐"条载："撰文诸臣，初不过一二宰辅，既而郭勋、崔元以勋爵入，陆炳、朱希孝以缇帅入……得在列者，方有登仙之羡"[⑤]。陆炳已身处世宗亲信之列，一些重要礼制都由其提督，受到了独特恩宠。

（二）缉事捕盗，维护京师治安

缉事和捕盗是锦衣卫的重要职责。作为皇帝耳目，锦衣卫缉事范围十分广泛，凡"谋逆反叛，妖言惑众，窥伺朝廷事情，交通王府外夷，窝藏奸盗及各仓场库务虚买实收，开单官吏受财卖法有显迹重情"等都在"奏闻"[⑥]范围。世宗平日虽深居清修，但并未放松对臣下的侦伺，依靠厂卫窥探臣下隐私。陆炳平日派人暗中侦伺朝臣动静，屡立功劳，故常以"缉访功"受到世宗嘉奖。如嘉靖二十四年（1545）十二月甲午，"以提督缉访功，升锦衣卫掌卫事署都督佥事陆炳为都督同知"[⑦]。嘉靖二十八年（1549）十月丙辰，"给锦衣卫掌卫事右都督陆炳三代诰命，以缉捕功也"[⑧]。嘉靖二十九年（1550）十月丙戌，"以厂卫缉事功，荫太监麦福、都督陆炳各

---

①《明世宗实录》卷四一九，嘉靖三十四年二月乙巳，第7261页；卷四二五，嘉靖三十四年八月己巳，第7357页；卷四四四，嘉靖三十六年二月己丑，第7576页；卷四五〇，嘉靖三十六年八月己丑，第7639页.

②《明世宗实录》卷四三一，嘉靖三十五年正月辛未，第7440页；卷四三五，嘉靖三十五年五月戊午，第7489页；卷四四一，嘉靖三十五年十一月庚申，第7550页；卷四五九，嘉靖三十七年五月戊辰，第7766页；卷四八〇，嘉靖三十九年正月壬辰，第8021页；卷四八四，嘉靖三十九年五月己卯，第8082页；卷四九〇，嘉靖三十九年十一月辛巳，第8153页.

③《明世宗实录》卷四〇〇，嘉靖三十二年七月己酉，第7014页.

④［清］张廷玉等:《明史》卷三〇七，第7893页.

⑤［明］沈德符:《万历野获编》卷八，第216页.

⑥《明英宗实录》卷二一四，景泰三年三月甲辰，第4608页.

⑦《明世宗实录》卷三〇六，嘉靖二十四年十二月甲午，第5775页.

⑧《明世宗实录》卷三五三，嘉靖二十八年十月丙辰，第6371页.

子侄一人为总旗”[①]。嘉靖三十年（1551）十二月丙辰，“以缉捕功，荫左都督陆炳一子为锦衣卫百户”[②]。嘉靖三十二年（1553）十月乙未，“以缉获妖逆，赐掌锦衣卫事左都督陆炳白金彩币，仍升荫其子副千户经为锦衣卫指挥使，南镇抚司管事”[③]。嘉靖三十三年（1554）十二月戊辰，“录三年内厂卫缉访，及镇抚司理刑功，荫司礼监太监黄锦弟侄一人，及掌锦衣卫事左都督陆炳一子俱为百户”[④]。陆炳对朝臣的侦伺非常细致，如《明世宗实录》载：“大学士徐阶因密疏（仇）鸾通倭误国。上览之大惊，命掌锦衣卫事都督陆炳密访，炳素恶鸾，常使人微伺鸾动静，及其左右用事者，铢两之奸悉知之”[⑤]。陆炳因发奸有功，诏加“少保兼太子太傅，岁支伯爵禄”[⑥]。除了对朝臣的缉事外，凡民间事务都在其侦缉范围。如《明史·佞幸传》载：“炳任豪恶吏为爪牙，悉知民间铢两奸。富人有小过辄收捕，没其家。积赀数百万，营别宅十余所，庄园遍四方，势倾天下。”[⑦]《湖广总志·陆炳传》载：“炳掌卫事久，喜诇察民间阴事，有抵打者辄罗织成狱，其家立倾，京师富贾无一得脱者，人畏惮之甚于乳虎”[⑧]。可以说到处都是其耳目，势焰嚣张，人们畏之如虎。

嘉靖二十九年（1550）以降，北方边患告急，俺答率军入侵大同，直到嘉靖三十二年（1553），北部边境蓟辽地区一直是滋扰不断。为了加强对敌反侦查，陆炳扩编锦衣卫队伍，吸纳各类人物广搜情报。据王世贞《锦衣志》载：“炳所选用卫士缇骑，皆长安中大豪善把持长短者。多布耳目，所睚眦，无不立碎。然其属下小犯法，即置之死。而炳侍幸，上无不从，夕趋走麾下唯诺者，晨拔置同列，故其下甚畏炳，而慕趋之恐后。”[⑨]为了侦伺情报，陆炳使用了社会中“善把持长短”的各色人等。这些人对搜缉情报确实发挥了很大作用。嘉靖三十三年（1554）十二月甲申，“论擒获奸细哈答儿虎喇赤功，赏都督陆炳，银币官校各升级有差”[⑩]。嘉靖三十四年（1555）正月乙丑，“锦衣卫逻卒侦获虏谍赵龙等六人，诏赐左都督陆炳，

①《明世宗实录》卷三六六，嘉靖二十九年十月丙戌，第6557页．

②《明世宗实录》卷三八〇，嘉靖三十年十二月丙辰，第6732页．

③《明世宗实录》卷四〇三，嘉靖三十二年十月乙未，第7053页．

④《明世宗实录》卷四一七，嘉靖三十三年十二月戊辰，第7234页．

⑤《明世宗实录》卷三八八，嘉靖三十一年八月乙亥，第6827页．

⑥《明世宗实录》卷三九四，嘉靖三十二年二月戊辰，第6939页．

⑦［清］张廷玉等：《明史》卷三〇七，第7894页．

⑧［明］焦竑编：《国朝献徵录》卷一〇九，《明代传记丛刊》第114册，台北，明文书局，1991年，第577页．

⑨［明］沈节甫编：《纪录汇编》卷一九五，上海商务印书馆涵芬楼用明万历刊本景印，1938年．

⑩《明世宗实录》卷四一七，嘉靖三十三年十二月甲申，第7243页．

右都督朱希孝各银三十两，纻丝二表里，枭龙等于市"[①]。嘉靖三十四年（1555）十月癸未，"以捕获奸细功，荫锦衣卫掌卫事左都督陆炳，右都督朱希孝各一子为本卫百户千户，严鹄等各升赏如例"[②]。但是，这些各类人物在起到侦伺作用的同时，也很难驾驭，鱼肉百姓常有发生。陆炳在世时尚能勉强约束，但其死后便肆无忌惮。汪道昆就在"明故通议大夫南京户部右侍郎程公行状"云："故陆太保以司隶幸世宗，乃暴死，其徒属横如故，侵公部民田"[③]。

维护京师治安，诘防奸宄是陆炳的重要任务。京城内外流动人口较多，难免潜藏奸宄。锦衣卫与都察院、五城兵马司成为京城治安主体。为了杜绝奸宄，陆炳以"京师流寓人多，乞行禁戢"。世宗下旨道："京城内外潜藏奸宄，作遇多端，都察院出榜禁约，有犯者，厂卫并巡城御史从实访治"[④]。为此，旗校四出，人心惴惴。锦衣官校巡逻于京城周边地区以维护治安，取得了一定效果。时人王维桢对陆炳评价道："自公为司隶，闾里之侠不敢掉臂行四方，亡命悉奔窜出镜。都城虽广，万姓虽众，门无伏奸，人不触禁。前此为司隶者，桢未之闻；方来者，未可再也。庚戌之秋，虏骑环城，而掠至纷纷矣。城中人帖定，卒无一夫敢夜呼者，巡徼素严，威令素伸也。"[⑤]

除了缉事、捕盗外，了解民情、关注民生也是陆炳维护京师治安的重要职责。嘉靖二十四年（1545）春疾疫流行，嘉靖帝诏谕掌詹事府事吏部左侍郎孙承恩，锦衣卫指挥使陆炳曰："方此春时，民多疾疫，朕体上天好生之令，命尔等以是月十五日施药于朝天门外，以溥济群生，如往年例，如谕奉行"[⑥]。因"施药效劳"，嘉靖帝"赐詹事府掌府事吏部左侍郎孙承恩，掌锦衣卫都指挥同知陆炳，各银三十两，彩假二表里，官校执役者，俱赉银币布匹有差"[⑦]。嘉靖二十九年（1550）六月癸卯，嘉靖帝又命礼部尚书徐阶，掌锦衣卫事右都督陆炳，施药于朝天等三宫[⑧]。嘉靖帝时期，道教盛行，施药济民是其崇道的一种表现。在施药时，嘉靖帝常派陆炳一同散给。可以说，这已经成为陆炳的固定职责。另外，对京城存在的徭役不均、苛敛铺户等行为，陆炳也据实奏疏。嘉靖三十四年（1555）十一月癸巳，"掌锦衣卫事陆炳亦请处铺户，均甲役，革铺长，以恤民穷，俱下都察院会各衙门议

①《明世宗实录》卷四一八，嘉靖三十四年正月乙丑，第7258页.

②《明世宗实录》卷四二七，嘉靖三十四年十月癸未，第7389页.

③［明］汪道昆:《太函集》卷四三,《四库全书存目丛书》本.

④《明世宗实录》卷三二六，嘉靖二十六年八月己亥，第6030页.

⑤［明］王维桢:《槐野先生存笥稿》卷二四,《续修四库全书》本.

⑥《明世宗实录》卷二九四，嘉靖二十四年正月丁未，第5628页.

⑦《明世宗实录》卷二九五，嘉靖二十四年闰正月癸酉，第5638页.

⑧《明世宗实录》卷三六一，嘉靖二十九年六月癸卯，第6446页.

奏……上诏俱允行，铺户纳过钱粮，未偿偵者，户工二部查明以请”①。嘉靖三十四年（1555）闰十一月癸未，陆炳又对商户备受苛敛的情况再次奏疏道：“在商人比因估价亏折，领银过期，上纳不前，率多逃窜不得已。审编铺户，乃有力者百计营免，惟贫民坐受其困。乞敕该部照时估外，量加羡余，依限给价，使民乐趋。”对此，嘉靖帝下诏允从，“仍命工部将铺户纳过钱粮、未经领银者，查给”②。所以说，陆炳在维护京师治安的同时，在社会民生领域也发挥着重要作用。

（三）掌管刑狱，执掌司法事务

掌管诏狱和廷杖是陆炳的重要职责。诏狱作为锦衣卫狱的一种，主要指镇抚司狱，是由皇帝直接掌管的监狱，为“明之自创，不衷古制”。廷杖，始于东汉明帝，金元时期已普遍实施，至明成为一种制度，是对朝臣身体的鞭杖之刑。无论诏狱，还是廷杖，都是皇帝控御臣下，发泄私愤的手段，历来颇受非议。陆炳作为诏狱、廷杖的实际执行者，在执行时常从中调护，保护善类。《明史·佞幸传》云：“帝数起大狱，炳多所保全，折节士大夫，未尝构陷一人，以故朝士多称之者”③。明代史家对此多有记载，如王世贞《锦衣志》称炳“浮慕义名，居之又好为敬礼士大夫，士大夫即上所甚恨，下诏狱廷杖，缓之不令死，以俟上怒解，即贬戍，出金钱治道里饮食费不惜也。炳既贵，骤得荐绅间声。”④雷礼《祭太保陆东湖文》称炳“申理善类、雪白无辜，赖以全生者，不下数千人”⑤。沈德符《万历野获编》云：“陆东湖为缇帅，诸谏官下诏狱者，为周全存活者甚众”⑥。《湖广总志·陆炳传》记载了陆炳设法调停严嵩和徐阶矛盾，保护言官的事例。据载如下：

华亭（徐阶）在政府，素与分宜（严嵩）不协，而给事中吴时来，主事张翀、董传策同日上书交论分宜，分宜以吴、张，皆华亭公所取，董又乡人，疑默（李默）佐使，泣讼于上前。上亦犹豫以问，炳不敢言，第封进癸丑会试录，请上自裁，而私嘱贵珰，所以调停之者甚力，上意渐解，其以智数能周人绥急如此。上天威严，重言官，稍不称旨，即被廷杖，炳

①《明世宗实录》卷四二八，嘉靖三十四年十一月癸巳，第7393—7394页.

②《明世宗实录》卷四二九，嘉靖三十四年闰十一月癸未，第7421页.

③［清］张廷玉等:《明史》卷三〇七，第7894页.

④［明］沈节甫编:《纪录汇编》卷一九五.

⑤［明］雷礼:《镡墟堂摘稿》卷一七，《续修四库全书》本.

⑥［明］沈德符:《万历野获编》，第143页.

每戒杖者，谨护持之，以是多得保全。[①]

于此可见，陆炳在执掌诏狱、廷杖之际常设法保护因触怒世宗而受刑的官吏，特别是“言官”，使得很多人得以保全。但是，有时候陆炳虽竭力回护，但在世宗盛怒之下，仍无法挽回悲惨下场。如嘉靖三十四年（1555）十二月乙巳记载，户科左给事中杨允绳和浙江道御史张巽言上疏奏先祥寺丞胡膏“侵冒之罪”，结果却反被胡膏诬陷“欺谤玄修”，世宗大怒，“诏锦衣卫逮膏、允绳等俱送镇抚司从公掠治，不得畏避，镇抚司具狱词上”。具体记载如下：

> 时允绳与巽言巡视光禄，疏论膏收鹅混周（同）子老，伪僧（增）物价至数百金，宜正其侵冒之罪，事下法司验问。膏言玄典隆重，所用品物不敢从取充数，前月子鹅嫩小，故全收老鹅，允绳增（憎）臣拣取大（太）精，斥言诸物不过齐事之用，取具可耳，何必精择，其欺谤玄修如此。上览其疏大怒，诏锦衣卫逮膏允绳等俱送镇抚司从公掠治，不得畏避，镇抚司具狱词上 。上以该卫不逮巽言，诘问掌卫事左都督陆炳，责其故脱，以直赞宥之，其右都督朱希孝以下各夺俸三月，允绳等送法司拟罪。于是，刑部尚书何鳌等奏允绳坐仪伏内诉事不实者绞，引例发边卫充军，膏妄费受赃为民。上诏，允绳依律处绞系诏狱，仍同御史巽言杖之于廷，巽言降二级，与膏俱调外任。[②]

通过这个案件可见，陆炳虽竭力回护户科左给事中杨允绳和浙江道御史张巽言，但由于先祥寺丞胡膏以“欺谤玄修”为借口污蔑，最终也无法保全二人。最终结果就是“允绳依律处绞系诏狱，仍同御史巽言杖之于廷，巽言降二级，与膏俱调外任”。胡膏却因此得逞，仅受到了调外任的薄惩。陆炳虽执掌锦衣卫事，但终究唯世宗马首是瞻，在巍巍皇权面前也无能为力，自己也因而受到“诘问”和斥责。

当然，陆炳在执行诏狱之权时，除了想办法“保全善类”外，有时候对自己的政敌也会想方设法置之死地。如在究问“曾铣关节夏言”案中，陆炳阴与严嵩图谋，谓曾铣行贿夏言，“极意煅炼”成狱，最终致都御史曾铣、大学士夏言等论斩，弃市的结局[③]。又如御史张登高“疏劾陆炳专权”，被逮诏狱“榜掠几毙”[④]。嘉靖

①［明］焦竑编：《国朝献徵录》卷一〇九，第 577 页．

②《明世宗实录》卷四三十，嘉靖三十四年十二月乙巳，第 7431—7432 页．

③［明］焦竑编：《国朝献徵录》卷一六，第 570 页．

④［清］岳濬等监修，杜诏等编纂：《山东通志》卷二八，《文渊阁四库全书》本．

时期，“世宗驭中官严，不敢恣，厂权不及卫使陆炳远矣”[①]。王世贞在《锦衣卫志》中云：“中贵人马广领东厂者也，李彬司枢密者也，其人咸耆宿，握重自恣，炳前后刺其罪下狱死，京中外惴惴重足，不寒而栗”[②]。当然，陆炳的权力也是有约束力的。逮捕罪人，必须奉诏，凭驾帖拿人。即使提问人犯，按旧例，也必须“由刑科佥批。”[③]逮捕人犯，执送镇抚司拷讯，拷讯后交刑部或都察院拟罪。嘉靖三十六年（1557）二月戊子，陆炳“劾奏司礼监太监李彬侵盗帝真工所物料，及内府钱粮以数十万计，私役军丁造坟于黑山会，起丁字大券，循拟山陵，大不道，宜寘诸法”。于是，世宗命锦衣卫捕送镇抚司拷讯，下刑部拟罪，“比依盗大祀神祇御用等物律，与其党杜泰李庚王恺皆论斩，余发遣如律，没入其赀银凡四千万有奇，金珠珍宝不可胜计”[④]。可见，锦衣缇帅陆炳，虽拥有一定的司法职能，但在履行执掌时，并不能随意。对逮捕的人犯，只有拷讯之权，并无判决之权，判决的权力往往交于刑部等法司问拟。

（四）提督工程，参与京城建设

对于京师的重大工程，世宗常派陆炳前往“阅视”或“督工”，如太庙、京师外城兴建，大朝等皇门的新建，大玄都殿、玉熙宫等宫殿的建成等。在嘉靖二十年（1541）四月辛酉夜，太庙发生火灾，“群庙一时俱烬，惟霁（睿）庙独存”[⑤]。世宗乃命以同堂异室旧制，重建太庙。嘉靖二十三年（1544）十二月己巳，世宗命锦衣卫指挥使陆炳“阅视太庙工程，兼提督官军”[⑥]。二十四年（1545）七月甲子太庙成，“诏荫内官监太监高忠弟侄一人为锦衣卫指挥佥事，成国公朱希忠子为锦衣卫百户……锦衣卫都指挥同知陆炳升都督佥事仍掌卫事，都指挥佥事赵俊升俸一级，各赏银三十两，纻丝二表里”[⑦]。嘉靖二十九年（1550），庚戌之变后，边患告急，亟须加强京师防备。加之，经过上百年的发展，京师人口繁衍，商业繁荣，城外关厢居民人数已超过城内。因此，修建京师外城已成为当务之急。是年九月壬寅，工部侍郎王邦瑞“奏请筑重城”，嘉靖帝“以筑城事重，令且休兵息民，待来秋行”[⑧]。十二月甲申，因居民朱良辅等自愿出财力，于是“筑正阳、崇文、宣武三关厢外

①［清］张廷玉等:《明史》卷九五，第2332页.

②［明］沈节甫编:《纪录汇编》卷一九五.

③《明世宗实录》卷二一，嘉靖元年十二月辛丑，第626页.

④《明世宗实录》卷四四四，嘉靖三十六年二月戊子，第7575页.

⑤《明世宗实录》卷二四八，嘉靖二十年四月辛酉，第4973页.

⑥《明世宗实录》卷二九三，嘉靖二十三年十二月己巳，第5610页.

⑦《明世宗实录》卷三〇一，嘉靖二十四年七月甲子，第5721页.

⑧《明世宗实录》卷三六五，嘉靖二十九年九月壬寅，第6526页.

城，命侍郎张时彻、梁尚德，同都御史商大节、都督陆炳督工”[①]。但在嘉靖三十年（1551）二月，世宗又就“筑城便否”问询陆炳意见，“炳对南关居民稠密，财货所聚，筑城防卫未为不可。但财出于民，分数有限，工役重大，一时未易卒举，宜遵前旨俟来秋行之”[②]。于是，世宗诏令停止兴工。可见，陆炳的意见对世宗十分重要，是他决定暂停兴工的重要因素。嘉靖三十二年（1553）三月丙午，兵科给事中朱伯辰、通政使赵文华等再次提出修筑外城的建议，最终世宗同意兴建，并“命总督京营戎政平江伯陈圭，协理侍郎许伦、锦衣卫掌卫事陆炳”与兵、户、工等部官吏“相度地势，择日兴工”[③]。在施工时，世宗还就施工方案、材料应用、工费支出等事项问询严嵩、陈圭、陆炳、许伦等[④]。陆炳向世宗建议：“拓城基，建楼关，集夫役，增工食，严赏罚，给医药等六事。”世宗“皆从之”[⑤]。陆炳奉命提督工程修建，亲自督促和视察工程，竭心尽力。嘉靖三十三年（1554）四月丁酉，京师外城完工，世宗“遣成国公朱希忠告太庙，录管工诸臣功”，其中，掌锦衣卫事左都督陆炳，“荫一子为百户”[⑥]。嘉靖三十三年（1554）四月癸未，陆炳又奏请改大兴恩寺址为锦衣卫射所，但是世宗认为“大慈恩废地，锦衣卫奏请作射所，金声鼓击未宜也”，建议别于“大兴隆地为射所”。陆炳针对上谕，覆言道：“大兴隆地逼近禁城，恐金鼓之声日彻御前不便，即今安定门外有已废东西官厅等隙地，宜将宣武门外民兵教场移徙于此，而以本卫射所移于民兵教场，其大兴隆故地俟臣等渐次平治，以先年射所原立神祠移建于中，崇奉香火，及为演犨演象点视拨差之所。”最后，世宗采纳了陆炳的建议，将射所移于民兵教场，将射所旧地（宣武街牌坊之西）改为“演象点视差拨之所”[⑦]。除了奏建射所外，陆炳还参与了嘉靖三十五年（1556）陵寝工程的建设，四月己亥，陵工完，世宗赏陆炳“银十五两，纻丝一表里”[⑧]。三十七年（1558），陆炳又参与了新建朝门午楼、东西角门、左右顺门、阙左右等工程，因效劳有功，世宗赏“锦衣卫都督陆炳银四十两，纻丝三表里”[⑨]。嘉靖三十八年

①《明世宗实录》卷三六八，嘉靖二十九年十二月甲申，第 6593 页 .

②《明世宗实录》卷三七〇，嘉靖三十年二月庚辰，第 6616 页 .

③《明世宗实录》卷三九五，嘉靖三十二年三月丙午，第 6956—6958 页 .

④《明世宗实录》卷三九七，嘉靖三十二年四月丙戌，第 6980—6982 页 .

⑤［明］徐阶撰：《世经堂集》卷一七，《四库全书存目丛书》本 .

⑥《明世宗实录》卷四〇九，嘉靖三十三年四月丁酉，第 7141 页 .

⑦《明世宗实录》卷四〇九，嘉靖三十三年四月癸未，第 7135—7136 页 . 另参见［明］朱国祯辑：《涌幢小品》卷四，明天启二年自刻本；［明］刘侗、于奕正著，孙小力校注：《帝京景物略》卷四，上海，上海古籍出版社，2001 年，第 233 页 .

⑧《明世宗实录》卷四三四，嘉靖三十五年四月己亥，第 7483 页 .

⑨《明世宗实录》卷四六四，嘉靖三十七年九月辛卯，第 7832 页 .

（1559）、三十九年（1560），陆炳又分别参与了大玄都殿、玉熙宫等的修建。据实录记载，嘉靖三十八年（1559）十月甲子，大玄都殿工完，世宗赏都督陆炳“银五十两，纻丝二表里”[①]。嘉靖三十九年（1560）九月壬辰，玉熙宫工完，世宗又赏陆炳“（银）四十两，（纻丝）二表里”[②]。

通过陆炳提督工程，参与京师工程建设的情况可见，陆炳的职权已经涉及了工部主管营事的范畴。世宗对陆炳十分信任，常委以重任，其中很多都是职责之外的事情。这充分说明，在嘉靖时期，陆炳位高权重，权倾朝野的地位。

（五）参与军事，抵御外敌进犯

嘉靖二十九年（1550）八月，俺答率大军入古北口，“分掠密云、怀柔、三河、昌平各州县”，明军一触即溃，俺答长驱入内地，营于潞河东二十里之孤山（今通州东北）、汝口等处，京师戒严。世宗一面“诏大同总兵仇鸾，引兵发居庸亟前御虏。征蓟镇诸路及河南、山东兵入援。”[③]一面“分遣文武大臣各九人，守京城九门……而以锦衣都督陆炳，礼部侍郎王用宾，给事御史各四人，巡视皇城四门。”[④]陆炳作为锦衣缇帅，负责“提督皇城诸门，讥察不虞”的重任。由于“变起仓卒，诸务未备。勤王师各轻骑驰至，未赍糗粮。制下犒师牛酒诸费，皆不知所出。户部文移往复越二三日，军士始得数饼饵。开庾发粟，则囊橐釜甑皆无所需索，故士卒饥疲。”[⑤]基于此，陆炳建言：“今相持已久，远卒饥疲，馈饷不继，可为寒心。宜趋令兵部发兵应援，令户部发银充饷，令蓟镇守臣伺虏归路遮击之，事宁之日，巡按御史王忬纪录功过以闻。”对于这一建议，世宗完全采纳，“因切责户部曰：仇鸾等各营兵马至此，粮草不敷，安能应敌，李士翱等不以国事为重，俱令停俸戴罪，即日计处兵食运送各营，毋得违误时刻，余俱如炳言”[⑥]。可见，世宗对陆炳的建议十分重视。在危机时刻，陆炳积极建言献策，“详言备守攘夷之法”[⑦]，很多建议都被世宗采纳。嘉靖三十三年（1554）十月癸卯，又因录“蓟镇、山西、宣大各守臣御虏功”，赏陆炳“岁增禄米五十石”[⑧]。嘉靖三十七年（1558），鞑靼大军围攻大同右卫。世宗令兵部右侍郎兼右佥都御史江东前往大同暂理总督事务，并诏“缇帅陆炳推二

①《明世宗实录》卷四七七，嘉靖三十八年十月甲子，第 7988 页 .

②《明世宗实录》卷四八八，嘉靖三十九年九月壬辰，第 8131 页 .

③《明世宗实录》卷三六四，嘉靖二十九年八月戊寅，第 6485 页 .

④ [清] 张廷玉等:《明史》卷二〇四，第 5390 页 .

⑤ [清] 谷应泰:《明史纪事本末》卷五九，北京，中华书局，1977 年，第 901—902 页 .

⑥《明世宗实录》卷三六四，嘉靖二十九年八月庚辰，第 6491 页 .

⑦ [明] 陈子龙等选辑:《明经世文编》卷二八〇，北京，中华书局，1962 年，第 2962 页 .

⑧《明世宗实录》卷四一六，嘉靖三十三年十一月癸卯，第 7223—7225 页 .

校参军事”。于是，陆炳遣锦衣卫千户张大用、百户谢麟前往大同参与军事。徐阶“召炳授之方略，俾授二校以佐江公”[①]。随着明军援至，大同右卫也得以转危为安。此外，陆炳还参与军政考选。据实录记载，陆炳在嘉靖二十九年（1550）已参与军政考选，直到嘉靖三十九年（1560）十二月去世为止[②]。其实，陆炳不仅参与军政的考选，对文官的考选也多有干预。陆炳常与严嵩父子干预文武官铨选。明人冯时可称陆炳“南关城成，加太保，赐肩舆，禁中许乘骑。自是与嵩子与世蕃揽文武选权，诸曹事多关白而后行，朝士辐辏其门。”[③]王世贞在《锦衣志》中记载道：“元相嵩，既已纵其子揽文武选权，而炳从中调停各曹事，亡所不关白。方镇督抚大臣非乂，故而钱通者以八九，给事御史自跪门下者亦十之三四。炳所畜金琉奇异以巨万计，甲第膏腴擅燕中。”[④]陆炳通过干涉文武选官，大肆敛财，权倾天下。王世贞亦称陆炳“独其阴操吏、兵二部权，每文武大选、岳牧进退，时时与之”[⑤]。

除了以上这些内容外，在朝廷举行廷试时，陆炳又负责巡查，以防传递信息。如嘉靖三十八年（1559）三月丙戌，世宗又“谕掌锦衣卫事都督陆炳多拨官校，严巡有私入传递者捕奏”[⑥]。

三、陆炳的功过评价

作为明代历史上极具权势的锦衣缇帅，陆炳在任职期间“勤于职事，每戴星出入，善揣合人主意”[⑦]，故深得世宗信任。凭借世宗的独特恩宠，陆炳执掌锦衣卫事十余年，一再受到升擢和褒奖，甚至到了兼拜公孤的地位。陆炳权涉六部，势倾天下，很多职能行为已经超出了锦衣卫职官的责任范畴。据《明史·职官五》载：“锦衣卫，掌侍卫、缉捕、刑狱之事，恒以勋戚都督领之，恩荫寄禄无常员。凡朝会、巡幸，则具卤簿仪仗，率大汉将军共一千五百七员等侍从扈行。宿卫则分番入直。朝日、夕月、耕耤、视牲，则服飞鱼服，佩绣春刀，侍左右。盗贼奸宄，街途沟洫，密缉而时省之。凡承制鞫狱录囚勘事，偕三法司。五军官舍比试并枪，同兵

---

①［明］王世贞：《弇州史料后集》卷九，《四库禁毁书丛刊》本．

②《明世宗实录》卷三六七，嘉靖二十九年十一月己未，第6574页；卷四九一，嘉靖三十九年十二月辛丑，第8168页．

③［明］冯时可：《冯元成选集》卷四六，日本内阁文库藏明代稀书．

④［明］沈节甫编：《纪录汇编》卷一九五．

⑤［明］王世贞，魏连科点校：《弇山堂别集》卷二七，第493页．

⑥《明世宗实录》卷四七〇，嘉靖三十八年三月丙戌，第7897—7898页．

⑦［明］焦竑编：《国朝献徵录》卷一〇九，第577页．

部莅视。”[①]但是，陆炳的行为已完全超出了这一范畴。很多工作，已侵夺六部之权。正如时人王世贞所言：“凡吏兵之黜陟，户工之出纳，刑曹之谳比，咸取咨决。给事御史，半由其门进矣，可畏哉！”[②]“锦衣一禁校耳，其领宿卫，则光禄勋也。刺奸，则司隶也。至炳而分将相任极矣。”[③]陆炳之所以能分将相之任，这与世宗英明刚愎、偏听亲信以及漠视制度的行事作风有关。加之，陆炳文武兼备、沉鸷有谋，又能折节士大夫，且联姻亲贵，更使其势力张狂。强势的世宗皇帝，加上“才能实高人数等”[④]的陆炳，造就了明代历史上唯一一个“以公兼孤”的锦衣缇帅。

陆炳死后，关于其功过，明代士人给予了莫衷一是的评论。就嘉靖时期官员而言，如聂豹[⑤]、尹台[⑥]、张瀚[⑦]等，对陆炳行宫救驾、揭发奸佞、保护善类、护卫京师及重城建设等功绩给予了肯定和褒扬。但是，隆庆朝政局丕变，关于陆炳的评论也发生了变化。当时，首辅徐阶与大学生高拱抵牾不断，互相倾轧。高拱以已故陆炳为徐阶姻亲，将之卷入其中。高拱授意御史张守约上疏声讨陆炳之罪。隆庆四年（1570）九月，御史张守约追论陆炳之罪，奏疏云：“当先帝时结纳严世蕃，窃弄威权，播恶流毒，其罪有十。世蕃既以就戮，而炳乃得保首领，以当厚遗子侄，宜追戮炳尸，逮治其子绎、侄绪、家人佐，籍其家。”从而完全否定了陆炳的功绩，片面夸大了其罪过。穆宗下旨：“炳负国擅权，播弄威福，戕害无辜，本当戮尸尽法，第身故既久，姑削其官职，追夺诰命。绎、绪、炜，俱革职发原籍为民。余如拟资产赃物，如数籍入。绍庭，发口外为民；佐，边卫永远充军。”[⑧]陆炳在隆庆朝被清算，虽逃过戮尸之辱，但其家人却惨遭迫害。万历三年（1575），内阁大学士张居正为陆炳后人求情云：

> 陆炳功罪，自不相掩。昔世祖南幸，至卫辉，行宫失火，侍卫仓卒不知乘舆所在。炳独身负世祖出于大火，以免难。此社稷之功也。世祖因是眷任独隆，赐之伯爵，托以心膂。而炳小人，不知道，凭藉宠灵，擅作威福，京师豪横为之敛手而所夷灭，亦往往有无辜罗祸者，此则炳之罪也。臣等谨按律，惟谋反叛逆奸党罪乃籍没家产，余罪皆否。且籍没者，

① [清] 张廷玉等：《明史》卷七六，第 1862 页 .

② [明] 谈迁著，张宗祥点校：《国榷》卷六三，北京，中华书局，1958 年，第 3952 页 .

③ [明] 沈节甫编：《纪录汇编》卷一九五 .

④ [明] 沈德符：《万历野获编》卷五，第 142 页 .

⑤ [明] 聂豹：《双江聂先生文集》卷七，《四库全书存目丛书》本 .

⑥ [明] 尹台：《洞麓堂集》卷六，《文渊阁四库全书》本 .

⑦ [明] 张瀚，盛冬铃点校：《松窗梦语》卷七，北京，中华书局，1985 年，第 128 页 .

⑧《明穆宗实录》卷四九，隆庆四年九月壬申，第 1220—1221 页 .

> 不更追赃，追赃不行籍没。此国法也。今二法并行，而家产已尽，丘陇俱夷，其子绎贫困蓝缕，殆类乞人。若更尽法，惟有死耳。论炳之罪，未与反逆同科，而翊主保驾之功，不能庇一孤子？世祖在天之灵，必不安于心者矣。①

于是，神宗下旨道："陆炳生前功罪，及家产果否尽绝，著法司从公勘议。"在奏疏中，张居正既肯定其"社稷之功"，又指出其"擅作威福"之过，并认为"陆炳功罪，自不相掩。"张居正关于陆炳功罪的评论，基本反映了时人的意见。之后的明清士人在评价陆炳时，基本上是给予了毁誉参半的评论。

总体而言，陆炳在历史上虽有争议，但相对来说是一位具有一定清望和口碑的锦衣卫缇帅。

（作者单位：滨州学院人文学院）

①《明神宗实录》卷三七，万历三年四月壬戌，第867—868页.

明代麻城锦衣卫刘守有生平考略

陈雅丽　余劲东

锦衣卫作为明代皇帝的亲军卫队，在明代政治生活中发挥了重要作用。尽管锦衣卫作为机构而言在明朝历史上产生过广泛影响，然而由于锦衣卫时常身处幕后来履行有关职能，因此对他们的专门研究并不多见。吴晗《明代的锦衣卫和东西厂》、丁易《明代特务政治》由于发表时特殊的政治氛围，对锦衣卫的讨论大多趋向消极，认为锦衣卫实质是无恶不作的特务机关。20世纪80年代以来，对锦衣卫的评价渐趋客观，更多地关注到其监察职能的行使、权势的变化等问题。进入新世纪，对锦衣卫的研究日渐增多①，但这些研究仍主要集中在对锦衣卫机构和职能的有关探讨，对任职锦衣卫系内的官员个体关注相对不足。因此，本文将从明代万历年间身处政治漩涡中心的锦衣卫指挥使刘守有入手，来讨论作为锦衣卫个体官员的家族、仕宦和交游问题。刘守有是嘉靖时名臣刘天和之孙，自万历到万历十六年（1588）前后一直在锦衣卫系统内部担任排名第一、二位的长官，更与当时名震一时的朝臣如徐阶、张居正、冯保、申时行、王锡爵等都有过交集。通过对他的研究，不仅有助于加深对锦衣卫个体的了解，也有助于了解锦衣卫在政局变换过程中所发生的重要作用及其制约因素。

一、刘守有的家世背景

刘守有出身于明代麻城四大望族之一的刘氏家族，其家族的兴起可以追溯到洪武年间。刘氏祖先“南昌人讳梦者，从高皇帝起义兵，有功。官同知漳州府。赐田麻城，遂为麻城人。”② 因为军功的原因，刘梦由一介庶民晋升为朝廷命官，并由南昌徙家至麻城，为此后刘家在麻城不断地发展壮大打下基础。洪武晚期，刘梦长子刘从政成为明代麻城第一位进士，此后麻城刘氏一族先后有十七人举乡试，有十四

① 见张金奎：《八十年来锦衣卫研究述评》，《中国史研究动态》2015年第1期．

②［明］王世贞：《弇州山人四部稿》卷八六《光禄大夫太子太保兵部尚书赠少保刘庄襄公天和墓志铭》，《景印文渊阁四库全书》第1280册，台北，台湾商务印书馆，1983年，第406页．

人中文、武进士。刘家因之被誉为“荆湖鼎族”[①]。

刘守有的高祖刘仲輢，景泰四年（1453）举人，官至浙江崇德（今浙江桐乡）县令[②]。刘守有的曾祖刘璲，弘治三年（1490）庚戌科进士，其为政颇受上级认可，被评为“江右有司第一”[③]，但不久后病死于江西丰城知县任上[④]。刘守有的祖父刘天和官至兵部尚书，谥庄襄，为有明一代名臣，《明史》卷二百有传。刘守有的父亲刘濲，嘉靖十一年（1532）进士，担任到郎中级别的官员。以上是刘守有高曾祖考的有关情况。不难看出，刘守有出身于地位十分显赫的官宦世家。

二、刘守有的仕宦履历

刘守有走入仕途出人意料地顺利。嘉靖十五年（1536）刘天和因为战功卓著，“加太子太保，荫一子锦衣卫千户”[⑤]，但是刘天和的四个儿子当中，三个很早就已经去世[⑥]，仅存的刘濲早先已中进士并出任其他官职，不需要享受荫叙的礼遇[⑦]。因此，刘濲的长子、亦即刘天和的长孙刘守有很自然地获得了荫叙，成为锦衣卫千户[⑧]。尽管难以确知刘守有准确的出生年份，但其祖父刘天和出生于成化十五年（1479），其子刘承禧出生于嘉靖三十九年（1560）。因此，刘家的代际间隔大概是27年左右。

---

① 刘天和墓前碑上有碑文：“钦赐，荆州鼎族，大执金吾，海内名家，清华望第”。见余晋芳：《麻城县志前编（1935年铅印本）》卷八六，台北，成文出版社，第714页.

②［明］王世贞：《弇州山人四部稿》卷八六《光禄大夫太子太保兵部尚书赠少保刘庄襄公天和墓志铭》,《景印文渊阁四库全书》第1280册，第406页.

③ 据《麻城县志》载：“刘璲字士约，训之孙，弘治庚戌进士。知丰城县，恺悌果断，兴学育才。县好淫祀，首毁之，以正民俗。自守狷介，不私一钱。征敛有方，奸猾屏迹。述职为江右第一。”见余晋芳：《麻城县志前编（1935年铅印本）》卷九《耆旧·名贤》，台北，成文出版社，第718页.

④［明］王世贞：《弇州山人四部稿》卷八六《光禄大夫太子太保兵部尚书赠少保刘庄襄公天和墓志铭》,《景印文渊阁四库全书》第1280册，第406页.

⑤［清］张廷玉等：《明史》卷二〇〇《刘天和》，北京，中华书局，1974年，第5293页.

⑥［明］王世贞：《弇州山人四部稿》卷八六《光禄大夫太子太保兵部尚书赠少保刘庄襄公天和墓志铭》,《景印文渊阁四库全书》第1280册，第406页.

⑦ 考诸明朝对于荫职规定：“大臣恩荫武职，必须世嫡或嫡长子孙别有职事，方许次房借荫。次房亦有职事，方及再次，待后身终及应替日，仍还嫡长子孙世袭。若一家二荫或原有世职，则以职大小为序，职大者与长房，次者与次房。”当刘天和得荫职赏赐时，刘濼已经在任，已有职位了，因此他不承袭其荫职是有可能的。参［明］申时行等：《大明会典》卷一二〇《恩荫》,《续修四库全书》第791册，上海，上海古籍出版社，2002年，第210页.

⑧ 据《黄州府志》载：“刘守有，以祖天和袭锦衣千户”，见［清］邓琛：《黄州府志（清光绪十年刊本）》卷一八《荫袭》，台北，成文出版社，第667页.

所以，刘守有应该在孩提时代便已经享有锦衣卫千户的身份。

在诗书传家的良好家庭氛围熏陶下，刘守有显然具备了良好的政治素养。在他步入政坛后，很快走进政治舞台的中心。关于刘守有的快速升迁，沈德符认为这和当时的权相张居正不无关系。其称："今上，江陵在事，以同乡麻城刘太傅守有领锦衣，寄以心膂"[①]，"刘故大司马谥庄襄天和之孙，为江陵牙爪，故特擢之"[②]。

沈德符如此言之凿凿，并非没有根据。第一，麻城刘氏与荆州张氏同属湖广行省，在颇为看重乡谊的明朝时期，很容易让人对两者的关系有所联想。第二，嘉靖朝首辅徐阶的长孙徐元春"以女字刘金吾（守有）之子"[③]。从此，刘家与徐家成为姻亲，刘守有从此成为徐阶的家人。而徐阶对张居正又有知遇之恩[④]，张居正对此颇为感怀，即使是在其日后身居首辅时，仍对早已致仕的徐阶保持应有的尊崇[⑤]。因此，张居正没有理由对老上级的姻亲刘守有过分为难。第三，刘守有在张居正面前表现得异常谦卑，"居正广制吴妆绮绣，奇器宝玩，以进上及慈宁宫，所费颇巨。而锦衣缇帅刘守有受役如奴客，为之收敛织作矣。"[⑥]俗话说"伸手不打笑脸人"，刘守有对张居正百般迎合，至少不会让张居正过分厌烦。第四，刘守有对张居正的政治盟友冯保同样有着异乎寻常的尊重。据时人称："缇帅体甚隆，与东厂并重……而并列共事，无低昂也。刘守有每谒首珰，必叩头。"[⑦]对此，冯保作为司礼监太监，也很是受用。

纵是有如此之多的关系，张居正却似乎并未给刘守有过分地关照。万历二年（1574）刘守有巡视会试时，其职衔是"昭勇将军、锦衣卫管卫事署指挥使"，以正三品的散阶，排名锦衣卫长官的第二位。但这种陞擢却很难跟张居正扯上关系。因

① [明] 沈德符:《万历野获编》卷二一《陆、刘二缇帅》，北京，中华书局，1959 年，第 535 页.

② [明] 沈德符:《万历野获编》卷二一《世锦衣掌卫印》，第 536 页.

③ [明] 沈德符:《万历野获编》卷一一《郑蒋翁婿》，第 284 页.

④ 早在张居正初中进士之时，"徐阶辈皆器重之"；而在徐阶取代严嵩（1480—1567）成为首辅后，更是"倾心委居正"，以至于在嘉靖皇帝驾崩前后，徐阶、高拱、张居正身居内阁，"阶草遗诏，独与居正计，拱心弥不平。"分别见 [清] 张廷玉等:《明史》卷二一三《张居正传》，第 5643 页. [清] 张廷玉等:《明史》卷二一三《高拱传》，第 5639 页.

⑤ 万历七年（1579）江南地区发水灾，徐阶写信询问张居正为何迟迟不下发蠲免钱粮的命令，张居正耐心回信："兹不敢徒用镯免存留，虚文塞责，以重得罪于元元也。"徐阶的信函，见 [明] 陈子龙等:《皇明经世文编》卷二四五《上太岳少师乞救荒》，《续修四库全书》第 1658 册，上海，上海古籍出版社，2002 年，第 542—543 页。张居正的复疏，见 [明] 张居正:《张太岳先生文集》卷三四《答上师相徐存斋并附与诸公疏（二十七）》，《续修四库全书》第 1346 册，上海，上海古籍出版社，2002 年，第 279 页.

⑥ [明] 王世贞:《嘉靖以来首辅传》卷八《张居正》，《景印文渊阁四库全书》第 452 册，台北，台湾商务印书馆，1983 年，第 520 页.

⑦ [明] 沈德符:《万历野获编》卷二一《锦衣帅见首珰礼》，第 537 页.

为，从刘守有荫叙锦衣卫的身份开始到万历初年，时间长达30多年。可供参考的是因为徐元春的儿子徐有庆，“未冠，袭世职，积资至三品”[①]。所以，刘守有能够有三品的散阶也并不奇怪。万历五年（1577），刘守有再次巡视会试，其职衔和在锦衣卫系统内的排序一如三年之前，并未取得任何进步。直到万历八年（1580），刘守有的老上级锦衣卫掌卫事都指挥使余荫卸任之后，刘守有才循资升任“昭毅将军、锦衣卫掌卫事署都指挥佥事”，排名锦衣卫长官的第一位，但与沈德符所说的“特擢”相去甚远。然而，同样是锦衣卫长官，余荫可以是“都指挥使”，刘守有不过是“署都指挥佥事”，其中的差别深可玩味。

尽管刘守有很难说受到过张居正实质性的关照，但在张居正倒台后，仍然被朝臣视为张居正的余党而时常遭到牵连。“时掌锦衣麻城刘守有，故江陵所卵翼，驯致贵显，惴惴虑株连波及”[②]。张居正去世后不久，刘守有奉旨前去抄家。很快御史毛在便弹劾刘守有在奉旨抄家的过程中“搬运鼠窃，报官者十一二耳。至房屋、田产，公行欺隐。各犯家属浼张照等，转为方便。党恶欺君，何以自解？”[③]面对御史的指控，万历皇帝的处分明显有轻重之别。对于给各犯家属提供方便的张照等人，一概革任闲住，而对刘守有却不过是诘责称：“逆犯财产，还著尽心稽查。如再有容隐脱漏，定行重治。”[④]一般而言，大臣受到弹劾，理当主动请求避事待勘，然而万历皇帝丝毫不以为意[⑤]，继续让刘守有原任管事，从圣谕中不难发现皇帝对刘守有的眷顾方隆。七天后，御史陈性学继续“陈（刘）守有通赂、卖法七大罪”，皇帝仍不过是责令“刘守有著痛加省改，遵前旨供职”[⑥]。而且，在稍后的春闱之中，刘守有以“荣禄将军、锦衣卫掌卫事、左军都督府都督同知”的身份巡视会试，此时已经跻身从一品的大员[⑦]。

次年七月，御史刘一相继续弹劾刘守有在抄家过程中藏匿张居正家产之事。在御史锲而不舍的弹劾，尤其是将刘守有和张居正捆绑在一起的情况下，万历帝终

---

① 上海市青浦区博物馆编：《青浦望族》，上海：上海人民出版社，2016年，第197页.

② ［明］沈德符：《万历野获编》卷一八《刘东山》，第464页.

③《明神宗实录》卷一三二，万历十一年正月乙卯朔，台北，“中央研究院”历史语言研究所校勘本，1962年，第2556页.

④《明神宗实录》卷一三二，万历十一年正月乙卯朔，第2556页.

⑤ 一种可能的解释是：万历帝对刘守有将抄家所得据为己有的说法并不相信。第一，刘守有本身就属世家贵胄，很难有贪图蝇头小利的动机；第二，无论万历帝或刘守有事先都很难知道抄家的实际所得会有多少，更毋论处于信息边缘的言官群体。如果万历帝以“莫须有”的名义指派刘守有强制征收物件，事后才发现诬枉，显然有损君王和大臣之体面。综合考虑之下，万历帝对这一弹劾视而不见.

⑥《明神宗实录》卷一三二，万历十一年正月辛未，第2561页.

⑦ ［明］徐学谟：《万历十一年进士登科录（明万历刻本）》，第7页.

于有些许犹豫，并谕令内阁拟旨罢黜刘守有。当时的内阁辅臣申时行等人抗奏称："窃见（刘）守有敬慎无过。张简修携金宝潜匿其家，事属风影……守有遽难议罢。"[①]据清人的说法是万历帝"重违大臣意"[②]，因此，刘守有在当时未受追究。但实际恐怕却并非如此简单，当时与刘守有一同因张居正之事而受到弹劾的，还有刑部尚书潘季驯、吏部侍郎陆光祖，结果是潘季驯削籍[③]，陆光祖调任南京[④]。然而刘守有不但未受冲击，反倒在五个月后，升任左都督并提督巡捕[⑤]，成为正一品的高官。又过六个月，"加太子少保"[⑥]衔，最终位极人臣。可见在张居正去世后的很长一段时间，刘守有仍然受万历皇帝的信任。其原因应当在于刘守有"与政府及厂珰张鲸交结用事"[⑦]，申时行作为首辅，张鲸作为司礼监太监时常在皇帝左右进言，为刘守有营造了非常宽松的政治环境。早先弹劾刘守有的御史刘一相就是因此事而遭"执政者"所忌，被排挤出任陇右佥事，最后死在陕西副使任上，断送了大好的政治前途。

万历十六年（1588），刘守有已经在锦衣卫都指挥使的任上做到了第六个年头。这年十一月，御史何出光上疏弹劾司礼监太监张鲸和锦衣卫都督刘守有"相倚为奸，专擅威福，罪当死者八，赃私未易缕指"[⑧]。然而，这一次刘守有未能继续得到庇佑。神宗下令："张鲸策励供事，刘守有革任"[⑨]。张鲸是早在万历帝尚在东宫时便已鞍前马后的服侍，又在扳倒冯保的过程中出谋划策[⑩]，因此，神宗对其深信不疑，不忍将其罢黜。如果张鲸继续掌权，尚有庇护刘守有的可能，然而张鲸在当权时的作为并不受朝臣群体的接纳，在神宗做出"策励供事"的决定后，"九卿大臣科道等官，联章论劾"[⑪]。就连内阁首辅申时行也加入反对张鲸的行列中来[⑫]。在这种情况下，皇帝最后不得不罢免张鲸，而刘守有的仕途也随之走到尽头。

---

①《明神宗实录》卷一五一，万历十二年七月戊子，第2937页.

②［清］张廷玉等:《明史》卷二三六《李植传》，第6143页.

③［清］张廷玉等:《明史》卷二三六《李植传》，第6145页.

④［清］张廷玉等:《明史》卷二二四《陆光祖传》，第5892页.

⑤《明神宗实录》卷一五六，万历十二年十二月丙午，第3016页.

⑥《明神宗实录》卷一六二，万历十三年六月辛丑，第3099页.

⑦［明］沈德符:《万历野获编》卷二一《世锦衣掌卫印》，第536页.

⑧《明神宗实录》卷二〇五，万历十六年十一月壬戌，第3987页.

⑨《明神宗实录》卷二〇五，万历十六年十一月壬戌，第3987页.

⑩"东宫旧阉张鲸、张诚间乘陈其（冯保）过恶，请令闲住。"见［清］张廷玉等:《明史》卷三〇五《宦官二·张鲸》，北京，中华书局，1974年，第7803页.

⑪［明］王世贞:《弇州续稿》卷一四三《会劾司礼监张鲸疏》，《景印文渊阁四库全书》第1284册，台北，台湾商务印书馆，1983年，第96页.

⑫《明神宗实录》卷二〇五，万历十六年十一月丙子，第3992页.

不难看出，刘守有虽然长期在锦衣卫系统内任职且享有极高的政治待遇，但究其本身而言，却对朝中包括皇帝、权相、权宦的强权势力有着极强的依附性。尽管刘守有善于利用在锦衣卫系统内任职的特殊身份与朝中其他大臣的建立广泛联系，而且也一度左右逢源，但锦衣卫官员乃至首领的职能并不具有明显的不可替代性，如果丧失了皇帝的信任或是权臣的关照，便很难在复杂的政治环境中生存。在张居正时期，刘守有可以平流进取；在张鲸和申时行的关照和皇帝的宠信下，刘守有得以平步青云。而在圣眷日淡和所依附的权臣失势后，刘守有尽管身居一品、身居近密，也难以经受得住言官的弹劾，不得已退出政治舞台。

然而，刘守有在仕途上的一度成功，竟使得时人对任职锦衣卫的观念产生了微妙的变化。在刘守有之前，世家子弟如果能够考上进士，经常会愿意主动放弃业已取得的荫叙身份[①]，诚如清人所论“锦衣卫（官）……文臣子弟多不屑就”[②]。例如于谦之子于冕，先是“荫授副千户”，尽管因为于谦的事情受到牵连，但是在获得平反并有了复官的机会后，却“自陈不愿武职”[③]。但在刘守有之后，这种情况为之一改：“刘守有以名臣子掌卫，其后皆乐居之”[④]。锦衣卫职衔从此被视为官场升迁的终南捷径，“世家子孙，求绾卫篆……以至明攻暗击，蔑人闺门”[⑤]，为争夺绾卫的身份无所不用其极，得之便如一步登天。后来的世家子弟将刘守有的成功经历视为官场上奋斗的目标，认为是锦衣卫的身份促成了刘守有的成功。但明代任职锦衣卫的官员也并不稀见，为何刘守有却可以成为其中的翘楚？除了对权臣的依附外，刘守有的成功是否有其他的踪迹可寻？

三、刘守有在锦衣卫任上的行政作为

锦衣卫兼具执法与司法的双重职能，“掌侍卫、缉捕、刑狱之事……盗贼奸宄，街途沟洫，密缉而时省之”[⑥]。尽管清人对明代锦衣卫的评价实在不高，认为“（明锦衣卫狱）幽系惨酷，害无甚于此者”[⑦]。但难以否认的是，锦衣卫作为维护皇帝独尊

① 屈超立：《论明代科举发展对选官世袭制的遏制作用》，《哈尔滨工业大学学报（社会科学版）》2012 年第 1 期 .

② [清] 张廷玉等：《明史》卷九五《刑法三》，第 2339 页 .

③ [清] 张廷玉等：《明史》卷一七〇《于谦传》，第 4551 页 . 关于明代文官荫叙的问题，可参秦博《明代文官荫子武职制度探析》，《史学月刊》2015 年第 11 期 .

④ [清] 张廷玉等：《明史》卷九五《刑法三》，第 2339 页 .

⑤ [明] 沈德符：《万历野获编》卷二一《世锦衣掌卫印》，第 536 页 .

⑥ [清] 张廷玉等：《明史》卷七六《职官五》，第 1862 页 .

⑦ [清] 张廷玉等：《明史》卷九五《刑法三》，第 2335 页

地位的重要屏障，同时也是皇帝意图的坚决执行者，在国家政治生活中发挥着不可替代的作用。刘守有在任职锦衣卫期间，也大体按照既有的制度规定来履行职能。

就缉捕言之。“锦衣旧例有功赏，惟缉不轨者当之”[①]。可见锦衣卫官员的封赏与是否有效执行皇帝的缉捕意图密切相关。在张居正和冯保先后倒台后，刘守有作为锦衣卫都指挥使，两次奉旨前去抄家。《实录》记载：“锦衣卫都督同知刘守有等，抄没犯人冯保并伊弟侄冯佑等及张大受、徐爵等家财，金银睛碌、珠石帽顶、玉带书画等件，并新旧钱，各色蟒衣、纻丝、细绢无筭”[②]。而在抄家之后，也确实步步高升。

就刑狱言之。在对冯保进行抄家时，惜薪司太监姚忠贪占冯保之侄冯邦定的财产，其表侄邓勋知晓此事并要求均分贪墨财物，姚忠指令锦衣校尉马禄将邓勋殴打致死。事情败露后，“南城黄御史关行锦衣卫拘提”[③]，可见锦衣卫有权对内廷一般罪犯进行拘捕传讯。但锦衣卫享有的这种三法司之外的刑讯权却一直遭到广泛质疑。嘉靖时期，刑部尚书林俊便上疏称：“内臣所犯，宜下法司，明正其罪，不当废祖宗法”[④]。但嘉靖帝不予采取。

关于刘守有侍卫皇帝的情况，史籍中未见明确记载，但可以发现，除了履行制度既定的职责之外，锦衣卫也需要完成皇帝临时交付的其他事务性工作。刘守有在任期间，先后协助工部修建了武英殿、慈宁宫，并由此得到赏赐。万历十一年（1583）八月，刘守有协助武英殿修缮工成，得到银币的奖赏。[⑤]万历十三年（1585）六月，历时两年的慈宁宫重建成功，但花费不及往年修建的一半，万历帝龙颜大悦，加封刘守有太子少保，并对其赐币奖励[⑥]。此外，从万历二年（1574）到十一年（1583）连续四届会试，刘守有每次都担任巡绰官。

然而，锦衣卫的身份颇为微妙。在日常履职时，他们以皇帝爪牙的面貌出现，因为直接服务于皇帝，所以经常会受到奖擢。但如果锦衣卫在执行皇帝意图时过于严苛而激起朝臣的强烈反抗，也很可能被作为皇帝“壮士断腕”的牺牲品。因此，如何在贯彻皇帝意图和实现自我保护之间取得平衡，成为不少锦衣卫官考虑的问题。这就导致任职锦衣卫指挥使的官员“在处理一些政治案件中，对皇帝的旨意多

①［清］张廷玉等：《明史》卷九五《刑法三》，北京，中华书局，1974 年，第 2340 页 .

②《明神宗实录》卷一三三，万历十一年二月丙戌，第 2575 页 .

③《明神宗实录》卷一三二，万历十一年正月壬申，第 2561 页 .

④［清］张廷玉等：《明史》卷九五《刑法三》，第 2341 页 .

⑤《明神宗实录》卷一四〇，万历十一年八月乙巳，第 2731 页 .

⑥《明神宗实录》卷一六二，万历十三年六月辛丑，第 3099 页 .

是有保留地去执行，以至于在普通官僚阶层中保有较好的口碑”[①]。

刘守有也不例外，在他担任锦衣卫头目时，不少士大夫因事遭到廷杖处罚，而刘守有在主持行刑时往往留下余地，使很多受到杖责的大臣性命得以保全。早在张居正担任首辅之初，“适台臣傅应桢、刘台等，以劾江陵逮问，赖刘调护得全”[②]。张居正因为夺情一事件而遭受多次弹劾，“五君子先后抗疏拜，杖阙下。亦赖其（刘守有）加意省视，且预戒行杖者，得不死箠楚。”[③]时任上林丞洪某因为给其父洪朝选诉冤而遭受廷杖，但洪朝选先前与张居正修隙。因此张居正希望借此机会将上林丞杖毙。刘守有明言“杀人以媚人，我不为”[④]，借故迁延行刑，使洪某得以保全。

刘守有的周急救困不仅保全了朝中大臣，也为自己赢得了美誉。在申时行之后担任内阁首辅的王锡爵盛赞刘守有：“自门下典握禁兵，用儒饰将，府中不闻急步、疾呼……豪杰当事，作用断与书生不同”[⑤]。时代稍晚的沈德符认为刘家“子孙贵盛不绝”[⑥]正是刘守有宽松用刑的福报。即使是清代人，也不得不称赞“士大夫与往还，狱急时，颇赖其（刘守有）力”[⑦]。尽管清人对明代厂卫的评价并不为高，但“举朝野命，一听之武夫、宦竖之手”[⑧]的情况并未在刘守有执掌锦衣卫时出现，时人对锦衣卫的态度也一度有所改观，以致出现了上节所论的那种功臣子弟争相求去锦衣职位的情况。毫不夸张地说：刘守有可称是用一己之力扭转了时人对锦衣卫凶残贪酷的刻板印象。

四、刘守有的仕宦交游

麻城刘氏之所以能够在明代成为当地望族，固然得益于刘家历代先祖的积累，但也离不开刘守有在京城为官多年而构筑的交际网络。刘守有的社会关系网主要由三部分构成：一是广泛与朝臣进行联姻，这种联系最为稳固；二是在锦衣卫任上时利用公务便利与朝中大员产生交集并加强联系；三是利用同乡之谊的优势与朝

---

① 廖元琨：《明代锦衣卫行为研究》，西北师范大学硕士学位论文，2007 年，第 43 页 .

②［明］沈德符：《万历野获编》卷二一《陆、刘二缇帅》，第 535 页 .

③［明］沈德符：《万历野获编》卷二一《陆、刘二缇帅》，第 535 页 .

④［明］王同轨：《耳谈类增》卷二《刘庄襄守有》，《续修四库全书》子部第 1268 册，上海，上海古籍出版社，2002 年，第 19 页 .

⑤［明］王锡爵：《王文肃公文集》卷一四《刘守有锦衣》，《四库禁毁书丛刊》集部第 7 册，北京，北京出版社，1997 年，第 331 页 .

⑥［明］沈德符：《万历野获编》卷二一《陆、刘二缇帅》，第 535 页 .

⑦［清］张廷玉等：《明史》卷九五《刑法三》，第 2339 页 .

⑧［清］张廷玉等：《明史》卷九五《刑法三》，第 2329 页 .

臣结交。

刘家的姻亲范围十分广泛，刘守有的岳父是曾经担任福建左参议的曾烶，曾烶与刘守有的父亲刘燦结成儿女亲家，曾烶的长子曾梦麟娶刘燦之女为妻，而刘守有则娶曾烶的三女为妻，曾刘两家可称是亲上加亲。而曾烶的另外两位儿子亦即刘守有的表兄，一位娶黄冈籍的金华知府汪文渊之女，一位娶麻城籍的琼州知府周思久之女[①]。刘守有又与前任首辅徐阶的长孙徐元春结成儿女亲家，这在前文已有论述，于兹不赘。除徐元春之外，刘守有之子刘承禧，还与麻城另一望族的成员梅国祯之女定下婚约[②]。梅国桢每到京师，作为亲家的刘守有"辄以羽林卫士给之，因得纵游狎邪"[③]。梅国祯和他的亲兄弟梅国楼考上进士的万历十一年（1583），刘守有担任排名第一的会试巡绰官，尽管难以知晓刘守有是否利用职务之便为梅氏兄弟谋取便利，但刘梅两家的交好却是不争的事实，在刘守有去世六年后，梅国楼还专门撰诗纪念并在诗前小识中称"一死一生，乃见交情"[④]，言辞极其恳切。此外，据冯梦龙称："刘金吾（守有）有姻家为云间司李（松江府推事）"[⑤]，可见冯梦龙利用姻亲关系为自己编织了一张从中央到地方的巨大关系网。

刘守有尽管作为皇帝的侍卫之臣，但与朝臣也过从甚密。如前所述，先后在朝担任内阁辅臣的张居正、申时行、王锡爵等与申时行都有过交往，沈德符即称："(刘守有）与江陵、吴门（申时行）二相相昵，而好文下士"[⑥]，如前所述，申时行在刘守有遭遇弹劾时对其伸出过援手，王锡爵更是对其褒奖有加。刘守有不仅在对朝臣进行廷杖时手下留情，在同僚遇到麻烦时也经常扮演周急济困的角色。吏部尚书王国光欲为其子觅一经师却久而未得，转向刘守有求助，刘守有随即安排梅国祯

---

①［明］王世贞：《弇州山人四部续稿》卷九七《朝列大夫福建承宣布政司左参议笔山曾公墓志铭》，《景印文渊阁四库全书》第 1283 册，第 396 页 .

② 据《梅氏族谱》卷一九（湖北麻城 1926 年刻本）载："三女受刘承禧聘，未字刘卒。全贞空门，圆寂年三十七。"但事实并非如此。刘承禧在搜集书画时认识的好友吴廷在《快雪时晴帖》题跋中说："余与刘司隶延伯寓都门，知交有年……越二年，闻司隶仙逝矣！……临终清白，历历不负，可谓千古奇事。天启二年望日书于楚殉余清斋主人记。"可知刘承禧应是死于天启二年（1622），而刘承禧早在万历八年已中了武进士，此间相隔四十二年，即刘承禧至少活了五十岁以上，而梅澹然三十七岁即去世了，不可能是"未字刘卒"，这种记载可能只是家族为掩盖实际情况所写。即便如此，但也并未影响刘守有与梅国桢的关系。相关引文，见［清］张照：《石渠宝笈》卷一〇《快雪时晴贴》，《景印文渊阁四库全书》第 824 册，台北，台湾商务印书馆，1983 年，第 267 页 .

③［明］沈德符：《万历野获编》卷一七《梅客生司马》，第 449 页 .

④［明］梅国楼：《梅公岑草》，湖北省图书馆藏明万历乙巳（1605）刊本 .

⑤［明］冯梦龙，《情史类略》卷六《丘长孺》，长沙，岳麓书社 1984 年，第 186 页 .

⑥［明］沈德符：《万历野获编》卷一七《梅客生司马》，第 449 页 .

与其宴见，王国光之后在公开场合声称："梅大（国桢）将来名位，未易涯也"①，可见其对刘守有引荐的老师非常满意。兵部尚书凌云翼受到弹劾，长子凌廷年也在锦衣卫系统内任官，刘守有作为部门长官"以僚谊贷之数千"，而在不久之后，仅仅因为凌氏父子的一次招待，"刘为（之）焚券而去"②，这些行为毫无疑问为其在同僚中积累了口碑。

除了与姻亲和朝中大员密切联络，刘守有还特别注重"好文下士"③，王世贞、屠隆、冯梦龙、汤显祖等当时名重一时的文化官员，也都与刘守有有过交集、甚至私交甚笃。

王世贞在文集里回忆了一件往事。当其为官京华担任郎中时，"颇思寓目林泉园圃，以一畅其悰，而官贫薄，不能治游具"④。尽管如此，却一直对京城的韦园念念不忘。其后，王世贞外出任官，长达20年才重回京城任职。而此时韦园也转到刘守有名下。在王世贞甫回京城之时，刘守有立刻邀请王世贞兄弟游览韦园，令其夙愿得偿。此外，王世贞的胞弟王世懋与刘守有也常有书信往来。王世懋仕途发展一直不太顺遂，而在刘守有得势后，一再援引王世懋入京为官，尽管王世懋已无意于仕途，但却使用《易经》中"断金如兰"的典故来形容与刘守有的感情，对其畅述乡居生活和儿子的成长情况，并且鼓励刘守有"勉力善事圣君"，以书信内容言之，二者的关系应当不局限于官场上的客套。

刘守有与屠隆结交于京师。屠隆在写给学生周叔南的祭文中明言："叔南丈人刘金吾亦与余厚善"⑤。但二人的"厚善"绝非屠隆的学生同时也是刘守有的女婿这么简单。从屠隆写给刘守有的书信中可以知道，在屠隆初遭弹劾时，"明公（刘守有）一日三造不佞邸中，对长安诸公冲冠扼腕，义形于色"⑥，其情况激烈到连屠隆都害怕拖累刘守有而劝其不要再为自己争执。而在屠隆离开京城时，正值两子生病，刘守有将屠隆妻儿八口留在自己家中照顾，而屠隆冬日出京，受阻与潞河一带，刘守有更是"馈饷不绝，又为治千里装"⑦。刘守有对士人的关照一至如此。

---

①［明］袁中道：《珂雪斋近集》卷七《梅大中丞传》，《续修四库全书》第1376册，上海，上海古籍出版社，2002年，第628页.

②［明］冯梦龙：《情史类略》卷六《丘长孺》，第185页.

③［明］沈德符：《万历野获编》卷一七《梅客生司马》，第449页.

④［明］王世贞：《弇州续稿》卷四六《古今名园墅编序》，《景印文渊阁四库全书》第1282册，第601页.

⑤［明］屠隆：《栖真馆集》卷七《哭周叔南》，《续修四库全书》第1360页，上海，上海古籍出版社，2002年，第378页.

⑥［明］屠隆：《栖真馆集》卷一八《与刘金吾》，《续修四库全书》第1360页，第546页.

⑦［明］屠隆：《栖真馆集》卷一八《与刘金吾》，《续修四库全书》第1360页，第546页.

刘守有与汤显祖同样过从甚密。汤氏在《答陈偶愚》中称："弟孝廉两都时，交知唯贵郡诸公最早。无论仁兄、衡湘昆季，即思云爱客，亦自难得。"[①]可见早在汤显祖声名未显时，便已与刘守有结交。而在汤显祖初入仕途时，刘守有也给予他极大地帮助，汤氏自称："炙肉行觞深夜留，锦衣重复敝貂裘。新丰满市无人识，欲傍常何问马周。"[②]可见刘守有对他的关照，绝不是"吐哺食之，推衣衣之"这么简单，更是常向其介绍京城人脉，便于汤显祖快速融入当时的士人群体。无怪乎在刘守有去世后多年，汤显祖仍写信怀念称："幕府才华千古尽，锦衣人地一时无。曾同吊屈今垂老，犹自招魂楚大夫。"[③]结合刘守有与王世贞兄弟、屠隆、汤显祖等人的交际，可以发现刘守有不光是"好文下士"，而且还是实实在在地给予了当时众多官员以帮助，无论这种行为是发自内心抑或是沽名钓誉，但给当时诸多文化官僚提供了便利却是不争的事实，无怪乎时人对刘守有的评价颇高。

同乡之谊也是明代士人构建社交网络时非常看重的因素，尽管与前述的姻亲和僚友之谊而言，对官员的帮助可能并非那么直接。如前所述，同属楚人的张居正，似乎对刘守有仅仅只是不过分为难，并没有直接证据证明二人的交好，但张居正的江陵后进"公安三袁"与刘氏家族的交谊却常见与三袁的文集之中。此外，王世贞在为刘天和撰写的墓志中明言："公有子四，其三皆先卒，最后灿，最贤，而又继卒。诸孙幼，以故公殁十六年，而门人大司马刘公采，始克具状。"[④]可见即使在刘天和去世后 16 年，子亡孙幼之时，同乡后进担任南京参与机务兵部尚书的刘采不忍其功绩湮没，亲自为其求取墓志铭。可见同乡之谊对刘守有的仕途帮助虽不直接，但也让刘守有在政务之余感受到一丝温情。

总的来看，尽管在《实录》寥寥数条的记载中，刘守有不过是循规蹈矩地完成皇帝抄家、缉捕的指令，给人所谓"朝廷鹰犬"之感，但这本就是制度规定的职责所在，刘守有也不可能离开所处的职位本身肆意妄为。但结合与刘守有有过切身交集者的记载来看，刘守有的形象绝不至于恶劣，甚至可以说是明辨是非、气节高尚的名门贵胄。作为理当只对皇帝负责的锦衣卫，刘守有却能在皇帝、宦官和朝官中斡旋自如，尽力周济士大夫，并且广泛结交文化名流，与过往刻板印象中的锦衣卫

---

①［明］汤显祖：《玉茗堂全集》尺牍卷五《答陈偶愚》，《续修四库全书》第 1363 册，上海，上海古籍出版社，2002 年，第 164 页 .

②［明］汤显祖：《玉茗堂全集》诗集卷一八《长安酒楼同梅克生夜过刘思云宅》，《续修四库全书》第 1362 册，第 903 页 .

③［明］汤显祖：《玉茗堂全集》诗集卷九《寄麻城陈偶愚怀梅克生、刘思云》，《续修四库全书》第 1362 册，第 741 页 .

④［明］王世贞：《弇州山人四部稿》卷八六《光禄大夫太子太保兵部尚书赠少保刘庄襄公天和墓志铭》，《景印文渊阁四库全书》第 1280 册，第 406 页 .

形象绝不相同，以致清修《明史》都能给出“名臣子掌卫，士大夫……颇赖其力”[①]的盖棺定论。

五、结论

本文主要对明代湖北麻城进士家族的一员，万历时期锦衣卫长官刘守有的家族背景、仕宦履历、为政梗概、生平交游进行了初步探究。尽管刘守有出身于麻城望族，但是在其祖父刘天和去世后，刘家香火难继加之刘燦官位不显，刘氏家族的势力一度中衰。但是经过刘守有十数年的努力，刘家在明代后期再度显赫，维持了麻城望族的家族身份。刘守有的成功至少有三个方面的原因：一是坚实的姻亲网络，如前述的徐阶家族、曾烶家族、梅国祯家族等；二是广泛的士人交游，如前述张居正、申时行、王锡爵、王国光、凌云翼等人，无一不是位极人臣的大僚；三是注重个人形象的塑造，通过和王世贞、屠隆、汤显祖、公安三袁等人的交流，刘守有无疑在掌握舆论权的文化人中获得了口碑。刘守有在担任锦衣卫最高长官后，积极在政治舞台上发挥作用，促成了时人对锦衣卫观念的转变。因为历史、文化等各种原因，加之现时影视作品的塑造，每每谈起锦衣卫，总会给人颇为消极负面的印象。但通过对刘守有的个案研究，不难发现锦衣卫的形象并非完全没有一丝亮色，锦衣卫的身份不仅是良好的晋身之阶级，而且可以在更高的平台上兼济天下，乃至引领政治风气的变化。

（作者单位：长江大学历史系）

① [清] 张廷玉等：《明史》卷九五，第 2339 页 .

明代外戚任职锦衣卫述论

叶群英

在明代，“外戚”一词通常被用于特指皇帝的外姓亲属，主要是指皇帝的母族和妻（妾）族，即后妃的家人[①]。

在家天下、宗法制以及儒家“亲亲”原则的前提下，外戚作为与最高统治者有着姻亲关系，甚至血缘关系的特殊群体，理所当然地跻身于明代社会结构的上层，并在政治、经济等方面享有一定的待遇和特权。而获得一定级别的官职正是明代外戚享有的政治待遇中最重要的一项，也是外戚群体跻身特权阶层的基础。因此，我们只要对《明实录》等明代官方史料稍加检索，就会发现其中有关外戚授官及升迁的记载比比皆是[②]。同时也不难发现，作为皇帝禁卫亲军的锦衣卫（含南京锦衣卫）是外戚授官最为常见、人数也最多的部门。那么有明一代外戚任职锦衣卫有何特点，其背后的制度根源何在，这一现象对于明代的政治和社会又有哪些影响？以下略做探讨，以求教于方家。

一、外戚任锦衣卫官之冗滥

有明一代享国276年，先后有16位皇帝临朝称制，这些皇帝又绝大多数后宫充实，妃嫔众多，因此累朝合计，明代具有外戚身份的人数是十分庞大的。笔者曾据现存明清时期中外官私史籍、明代档案以及出土墓志等材料，对姓名可考、事迹可寻的明代外戚做过一个初步统计，其总数已达500余人[③]。关于这些外戚授官任职

① 在明人著述中，外戚有时也被称作皇帝的“外家”“外氏”，或是“皇亲”“贵戚”“戚里”“戚畹”“国戚”，有官爵者或称作“戚臣”。又由于明初“勋而兼戚”等历史原因，外戚还常常与文武勋贵并提为“勋戚”。相比而言，“戚里”“戚畹”“国戚”“戚臣”“勋戚”等词往往比“外戚”所指代的人群范围更大，有时可能包括驸马以及近支宗室姻亲在内；而“贵戚”则专指外戚上层官爵较高者．

② 参见叶群英：《明代外戚研究》附表3《明代外戚授职事例》，北京，中国人民大学出版社，2018年，第425—462页．

③ 参见叶群英：《明代外戚研究》附表1《明代后妃、外戚一览》，第401—416页．

的事例，明代历朝《实录》中多有记载，但对其任官制度无论是在《明实录》中还是在《大明会典》等明代官方典志中都鲜有明确的记载。清修《明史》则以“后父初秩不过指挥，侯伯保傅以渐而进”[①]一语带过。之所以出现这种状况，主要是明代外戚恩泽授职确实并无一定之制，其官品的高低、升迁的快慢，以及家族成员中授官人数的多少，往往因人因时而各不相同。

总体来看，明代外戚因恩泽任官者除部分曾暂任兵马司指挥、光禄寺卿等文职外，绝大多数以武职为主，其中又以锦衣卫为最主要的初授官职和迁转之地。从明代外戚恩授锦衣卫官的事例来看，从品级较低的所镇抚、百户、副千户、千户到高级军职指挥佥事、指挥使，再到都指挥佥事、都指挥使，都可见于记载。当然，不断获取升迁直至位居武职高阶的都督、都督同知，甚而爵封侯伯的外戚也大有人在。

明代后妃封号、等级不同，疏宠各异，其外家亲属初授官品的高低、升迁的快慢，以及恩荫人数的多少也存在着很大的差异。一般而言，明朝皇帝推恩外戚时首先会顾及嫡庶有别、长幼有序的原则。也就是说，皇太后家族通常优先于皇后家族，皇后家族又优于皇贵妃、贵妃、妃、嫔家族，而在同一外戚家族内部，各成员所受恩典又以辈分、嫡庶、长幼、亲疏等为据依次减杀。

但事实上外戚家族在授官方面的待遇高低又不完全取决于后妃的位份，往往后妃受宠的程度，即在位皇帝的个人意愿才是更重要的影响因素。例如宣德初年，明宣宗因宠爱贵妃孙氏，就不顾嫡庶之别，命贵妃父鸿胪寺序班（从九品）孙愚与皇后父光禄寺卿（从三品）胡荣同升行在中军都督府都督佥事（正二品），旋即又分授贵妃兄弟继宗、绍宗、显宗、续宗四人府军前卫指挥使、指挥同知之职，而皇后兄胡安却仍其府军前卫指挥佥事之职，不获升迁，以致品级反低于贵妃兄弟。再如万历年间，备受眷宠的皇贵妃郑氏家除囿于成例没有获封爵位之外，其子弟群从恩荫授职于锦衣卫的人数远远多于皇后王氏家族，而不受神宗待见的皇太子生母王贵妃家族在授官等各个方面的待遇上更是无法与郑贵妃家族相匹及。

从授锦衣卫官的对象和人数上来看，明代外戚恩泽授官又有明显的阶段性，呈现出逐渐泛滥的特点。明初由于皇室和朝中文武勋贵普遍联姻，往往勋而兼戚、戚而兼勋，外戚授官封爵多以自身的军功，恩泽授职的事例总体较少，笔者目前尚未见到洪武至永乐年间外戚因恩授锦衣卫官的记载。外戚恩授锦衣卫官的记载最早始

---

①［清］张廷玉等：《明史》卷一〇八《外戚恩泽侯表序》，北京，中华书局，1974 年，第 3269 页 .

于仁宗即位之初[①]。此后逐渐增多。但仁宣时期外戚恩泽授职尚有一定节制，授官对象主要是后妃的至亲家人，如父亲、兄弟、侄子等，每家获职的人数也很有限。从正统时期开始，外戚恩泽授官的人数渐增。至天顺初，大肆封赏“夺门功”，而孙太后之兄孙继宗及其子侄多有参与夺门之变者，孙氏一门因此“长封侯爵，次皆高官，子孙二十余人皆官之”[②]，其中多为锦衣卫官。至成化时期，外戚恩赏更滥。最受宪宗宠爱的万贵妃家族受恩最隆，不仅兄弟子侄皆位居高官，甚至万通乳臭未干的养子、奴仆身份的家人也被授以锦衣卫指挥、千户等职。而弘治至正德年间，孝宗张皇后外家，则不仅父子、兄弟先后拜官封爵，还连带群从族属乃至外姓姻亲都纷纷推恩升、授官职。明世宗即位后曾着手削夺戚恩，外戚授官对象和人数一度受到限制，但因世宗在明朝诸帝中妃嫔人数最多，所以嘉靖一朝外戚授官总人数并不少。穆宗以后诸帝又逐渐放松对外戚授官的恩典，外戚授官人数重又趋于膨胀，一直延至明末。

明代外戚恩泽授锦衣官的人数越来越多，不仅因为授官的对象越来越宽泛，还因为外戚任官往往父死子继、世代相承。按明制，包括锦衣卫在内的卫所武官都有流官、世官之分，且武职非军功不得世袭[③]。但事实上，明代外戚及其子弟因恩所授的锦衣卫官中既有只及一身的流官，也有不少是子孙袭替的世官。从正统时期开始，外戚恩授武职准予世袭或冒功世袭的事例比比皆是，至嘉靖初年，外戚恩授锦衣卫指挥以下官者几乎例加“世袭”二字，成为造成明代中期冗官之弊的重要原因。

面对日益严重的冗官特别是武职冗滥问题，明朝统治集团也曾试图解决，故天顺、成化、弘治、正德、嘉靖年间都曾下令裁革[④]。但由于最高统治者总是裁革之令甫下，传升之旨又出，冗职冗禄根本无法消除，更何况因推恩荫授、袭替官职的外戚子弟还屡屡被作为特例免于裁革。例如成化二十一年（1485），因传奉官太滥引起朝臣反对之声不断，明宪宗迫于舆论压力下令裁革，同时却令无论传奉文官还是传奉军职，俱“除勋戚功升荫授录用不革”[⑤]。孝宗即位之初下诏裁汰前朝冗官，但很快推恩传升之旨又频频而出。弘治十一年（1498）、十二年（1499）间，言官、部臣屡次上疏要求裁革传升武职皇亲及恩荫录用锦衣卫指挥周璋等人，却一概遭

① 据《明实录》记载，明仁宗甫一即位就命“擢皇亲散骑舍人钱通为锦衣卫指挥佥事”，这应该是外戚因恩授官锦衣卫最早的记录，但这位名为钱通的“皇亲”与皇室的姻亲关系待考。见《明仁宗实录》卷一下，永乐二十二年八月甲子，台北，“中央研究院”历史语言研究所校勘本，1962 年，第 30 页. 以下各朝《明实录》出版信息相同.

②《明英宗实录》卷二八九，天顺二年三月甲辰，第 6182 页.

③ 参见梁志胜:《试析明代卫所武官的类型》,《西北师大学报》(社会科学版) 2001 年第 5 期.

④ 万历《明会典》卷一二〇《兵部三 · 武选三 · 武职袭替》，北京，中华书局，1989 年，第 622 页.

⑤《明宪宗实录》卷二六〇，成化二十一年春正月己丑，第 4389 页.

到皇帝否决[①]。弘治十三年（1500）终于奏准武职“乞恩升者俱不准袭”，但不久又经“上裁”，令不由军功升职的外戚锦衣卫指挥佥事孙璟之子代袭父职[②]。武宗即位，再次诏令各部查议裁革冗食人员，兵部遂奉诏查列各类应革武官数百人，其中就有“皇亲”一项，武宗下令其中“全由传乞者三品、四品降三级，五品降二级，六品减半俸，并调卫者俱留之，余悉裁革”[③]。于是大批恩授武职的外戚子弟依例降革。然而很快，这些被降级裁革的外戚又纷纷乞恩复职，结果几乎无一不允，裁革之诏又成一纸空文。正德十六年（1521），明世宗即位诏中也有“自正德元年以来诸色人等传升乞升大小官职尽行裁革”之语，然而“其皇亲……朝廷推恩升授者，不在此例”[④]。外戚恩荫、世袭武职者再次成为免于裁革的特殊人群。事实上，世宗本人在即位的最初几年里同样频频推恩外戚，滥授世袭武职。

直到嘉靖九年（1530），嘉靖君臣才真正开始着手大力去除外戚世袭武职之弊。这年七月，英宗顺妃樊氏侄孙樊名奏请袭其伯父樊通锦衣卫百户之职，但兵部言樊通之职乃由戚畹升者，例不当袭，何况“其戚畹后裔，则亲有远近，恩宜降杀”，而樊氏之恩已越二世，故更不当允袭。世宗遂命革樊氏之职[⑤]。且命：“宣德年后武职逐一查验功册……若皇亲驸马一应戚畹子孙以恩泽升，许世袭者，候子孙袭替，仍开具袭过辈数与亲谊来历，奏请定夺。”继之，又于嘉靖十二年（1533）题准：“皇亲官员子孙袭替，备查黄选明白，若原奉钦依，有世袭字样者，许袭一辈，查无世袭字样者，止荣本身，不准袭。其例前袭过者，候子孙袭替，照例查革。”[⑥]嘉靖二十三年（1544）又因两京部、科之议，对“世袭未及革而冒袭”的外戚再次进行了一次集中的清理，并重申了前例[⑦]。此后嘉靖朝授职的外戚基本再无“世袭”字样，偶有几例子袭父职者，都被冠以“特恩”之名。恩授世袭武职（尤以锦衣卫职为多）作为明代外戚群体曾经普遍享有的一种政治特权被剥夺。

然而，外戚恩荫授职冗滥的问题并没有就此得到根本解决。特别是到了万历年间，明神宗动辄加恩外戚，后妃外家亲属不但频获授职或升迁，还屡以特恩为名获

①《明孝宗实录》卷一四四，弘治十一年闰十一月甲子，第 2507 页；卷一五四，弘治十二年九月甲戌，第 2743—2744 页 .

② 万历《明会典》卷一二〇《兵部三 · 武选三 · 武职袭替》，第 622 页 .《明孝宗实录》卷一六九，弘治十三年十二月乙巳，第 3071—3072 页 .

③《明武宗实录》卷五，弘治十八年九月壬午朔，第 151 页 .

④《明世宗实录》卷一，正德十六年四月癸卯，第 12—13 页 .

⑤《明世宗实录》卷一一五，嘉靖九年七月乙巳，第 2727—2728 页 .

⑥ 万历《明会典》卷一二〇《兵部三 · 铨选三 · 武职袭替》，第 622 页 .

⑦《明世宗实录》卷二八六，嘉靖二十三年五月己酉，第 5530—5531 页；卷二九三，嘉靖二十三年十二月丙寅，第 5609 页 .

准袭替例不当袭的高级武职。其中，神宗生母李太后家、宠妃郑贵妃家受恩尤著。及至启、祯年间，外戚滥恩积弊已久，甚至形成了皇后、皇太后外家父兄子侄俱授官职的惯例，兵部官员也以常规视之了[①]。

二、外戚任锦衣卫官多“带俸”不任事

有明一代，外戚任官锦衣卫者虽然人数众多，但无论官阶高低、世袭与否，除几个特例外，都有一个共同的特点，就是“带俸”而不任事。

事实上，明代的外戚除了明初立有军功的“勋而兼戚”者之外，凡是推恩授官的，不仅是任锦衣卫官者，即使官至一品的都督，甚至是爵封侯伯的贵戚，大多也只是“食禄奉朝请”而已。除朝参之外，他们能参与的主要是一些与皇家、宗室有关的礼节性事务，如祭祀、册封等，表面看来都是非常神圣而体面的差使，但实际上却“非有军国之权”[②]，于王朝的统治和历史的进程没有多大影响。这也正是后人认为明代外戚“最为孱弱”[③]最直接的原因。

因为早在建立明朝之初，明太祖朱元璋就以“祖训”的形式告诫其后嗣子孙：“凡外戚不许掌国政，止许以礼待之，不可失亲亲之道。若创业之时因功结亲者尤当加厚，其官品不可太高，虽高亦止授以优闲之职。”[④]这条“祖宗家法”体现了朱元璋对外戚干政和篡权的防范意识，是他政治理想的一个重要组成部分，明代后世君臣也多将此奉为对待外戚的基本准则，并作为后来外戚只授武职虚衔不任实事的法律依据。

但就朱元璋本人在位的洪武时期而言，这条原则却实施得并不彻底。

洪武一朝后妃众多，但多出自文武勋贵之家，非“因功结亲”的外戚事迹很少见于记载。目前我们所知的仅有孙贵妃长兄孙瑛曾官参省，贵妃死后，孙瑛就主要

① 中国第一历史档案馆、辽宁省档案馆：《中国明朝档案总汇》第 385 号《兵部尚书王在晋等为将周奎照例祈恩从优授职事题行稿》第 5 册，桂林，广西师范大学出版社，2001 年，第 135—141 页 . 另据《旧京遗事》记载，崇祯年间，诸外戚家授官情况为：“永宁家（按即光宗生母王太后家）仕大将军、将军者八位，嘉定家（按即周皇后家）十位，刘昭妃家四位，郑贵妃家亦四位。慈宁太后家六位，又刘岱家九位，杨光夔家六位，余家不过两三位或一两位。”（[清] 史玄：《旧京遗事》，北京，北京古籍出版社，1986 年，第 2 页 . ）其中“刘岱家”即神宗刘昭妃外家，故其数据未必完全可信，但从中仍可大致反映出当时外戚家族恩荫锦衣卫官者之滥，以及与皇帝关系亲疏各异的外戚家族之间所受皇恩的隆杀之别 .

② [清] 张廷玉等：《明史》卷三〇〇《外戚传 · 序》，北京，中华书局，1974 年，第 7659 页 .

③ [清] 张廷玉等：《明史》卷三〇〇《外戚传 · 序》，第 7660 页 .

④ [明] 朱元璋：《祖训录 · 箴戒》，《中国史学丛书 · 明朝开国文献》本 .

负责贵妃的祭祀，倒的确是个“优闲之职”[①]。此外，据说李贤妃的两位兄长李谅、李忠曾授金吾指挥之职，“与锦衣同掌诏狱”[②]，洪武二十九年（1396），李谅又升授中军都督府都督佥事，李忠则改旗手卫指挥（均并非带俸）[③]，故永乐初朱棣说他们兄弟是“以掖庭之亲得至显官”[④]。

宣德元年（1426）十月，当时仍为皇后的胡氏之父胡荣与时为贵妃的孙氏之父孙忠同时升授行在中军都督府都督佥事，但俱“食禄不任事”[⑤]，可以说开辟了明代外戚授以高官却不许任事的先例（此前虽也有食禄不任事者，但官品皆不甚高）。此后，除个别以“特恩”管事者之外，外戚恩荫授职，均注明“带俸”“食禄不任事”字样，外戚不授实职、不许管事逐渐成为“祖宗成例”。

宣宗孙皇后之兄孙继宗是明代宣德以后外戚任事的一个特例。

孙继宗是孙皇后父孙忠的长子。如前所述，孙忠于宣德元年（1426）十月因孙氏封贵妃推恩升授行在中军都督府都督佥事，但“食禄不任事”。两个月后，孙继宗被授以指挥使之职，命于府军前卫“带俸不管事”，继宗弟绍宗、显宗、续宗也分别被授以府军前卫指挥使、指挥同知之职，俱“带俸不管事”[⑥]。正统十二年（1447）继宗幼弟纯宗授府军前卫副千户，亦为带俸官[⑦]。此时的孙氏父子可谓外戚“食禄不任事”的典型。景帝即位，孙继宗升授都指挥佥事，仍于府军前卫带俸，景泰三年（1452）袭封会昌伯[⑧]。虽然此后孙继宗曾于景泰六年（1455）。以伯爵身份赴教场操习弓马之技[⑨]，但并未见其受命管事。

天顺元年（1457）正月，明英宗复辟，孙继宗的命运也随之发生转折，不仅旋即以久处戚里又有夺门迎驾之功而进封侯爵，更于是年四月受命“总管五军营”兼“理后军都督府事”[⑩]，结束了“食禄不任事”的经历而开始其“管事”的政治生涯。

---

①［清］查继佐:《罪惟录》卷二《皇后列传》,《四部丛刊三编》本；［明］王世贞《弇山堂别集》卷三九《恩泽公侯伯表·序》，北京，中华书局，1985年，第697页；［清］毛奇龄《胜朝彤史拾遗记·太祖朝洪武》,《丛书集成初编》本.

②［清］查继佐:《罪惟录》卷二《皇后列传》,《四部丛刊三编》本.

③《明太祖实录》卷二四五，洪武二十九年三月癸未，第3557页.

④《明太宗实录》卷二九，永乐二年三月丁卯，第523页.

⑤《明宣宗实录》卷二二，宣德元年冬十月辛酉朔，第571页.

⑥《明宣宗实录》卷二三，宣德元年十二月丁卯、戊寅，第608页、617页.

⑦《明英宗实录》卷一五八，正统十二年九月丙午，第3080页.

⑧《明英宗实录》卷一八六，正统十四年十二月丙辰，第3727页；卷二二四，景泰三年十二月乙未，第4863页.

⑨《明英宗实录》卷二五一，景泰六年三月辛亥，第5429页.

⑩《明英宗实录》卷二七四，天顺元年正月辛卯，第5820页；卷二七七，天顺元年夏四月癸丑、己未，第5919页、5927页.

宪宗嗣位，命继宗提督十二团营兼督五军营，知经筵事，监修英宗实录。朝有大议，必继宗为首。自天顺八年（1464）始，孙继宗即以年老屡次上疏请辞军务、乞休致，但英、宪二帝始终优诏慰留。至成化十年（1474）以言官弹劾，继宗辞请更切，宪宗优诏许解营务，仍莅后府事，知经筵，预议大政。此后孙继宗又多次疏辞府事而不得，直至成化十五年（1479）十一月以八十五岁高龄辞世，竟始终掌后军府事不辍[①]。

对于孙继宗以外戚身份而久掌兵政这一特例，明清以来史家多持一定的批评态度。例如《明实录》史官即评价孙继宗："为人谨愿，无他异能，国朝外戚不预政事，继宗始总兵柄，晚年耽权固位，颇为言者所论"[②]。王世贞也曾就此事评论道："会昌侯孙继宗以元舅总团营兵马，监修国史，知经筵，迨八十告老，犹掌后军都督府事。此亦政体一大变也。"又说弘治以来张鹤龄、方锐、李伟等宠戚"皆不得预（政）"，"此千古所当法也"[③]，意指孙继宗掌兵预政之事不足也不当为例。明末徐学聚在其《国朝典汇》一书中转引了王世贞的这段评论[④]。但王世贞同时又认为"会昌主兵符，而不能易人主之喜怒"[⑤]，实则对朝政的影响极为有限。

孙继宗死后，他的孙子孙铭、曾孙孙杲先后袭封会昌侯。孙铭袭爵后，"寻管理三千营事，弘治间迁武军耀武营，兼理殚忠、效义二营。正德初遣祀孝陵，还坐奋武营掌操，已而掌府军前卫事，提督神机营军务，佥书后军都督府事，加太保，改掌右军及中军都督府事。"直至正德十五年（1520）病逝于任上[⑥]。虽仍受命参理京营和中军府事，但已不再与议国政，晚年更主要忙于代武宗行各类祭祀之礼。孙杲也曾于嘉靖年间受命于五军、耀武等营坐营管操。然而此时的京营早已今非昔比了。嘉靖十六年（1537）十二月，孙杲病故，其子应乾以嘉靖八年（1529）例革袭。此后孙氏一族再未见有任以实职者。

值得注意的是，孙继宗虽然借助"夺门之变"的特殊机遇，得以长期掌管京营、兼理府事，成为明中期以后外戚任事的特例，孙氏一门以外戚恩、"迎驾"功授锦衣卫官者更是多达数十人，但在其中却几无担任实职并于本卫管事者。成化初年，孙继宗曾奏乞特恩，令其庶子锦衣卫带俸指挥同知孙瓒于本卫管事，明宪宗本

---

①［清］张廷玉等：《明史》卷三〇〇《外戚传》，第7667—7668页．

②《明宪宗实录》卷一九七，成化十五年十一月己酉，第3472页．

③［明］王世贞：《弇山堂别集》卷九《皇明异典述四・外戚握兵权》，第165页．

④［明］徐学聚：《国朝典汇》卷一二《朝端大政十二・戚畹》，北京，北京大学出版社，1993年，第861页．

⑤［明］王世贞：《弇山堂别集》卷三九《恩泽公侯伯表・序》，第697页．

⑥《明武宗实录》卷一八四，正德十五年三月辛亥，第3546页．

来念及孙太后之恩已经应允其请，既而还是因言官极力反对而作罢。当时六科给事中秦崇、十三道御史丁川等奏称："会昌侯孙继宗叨居戚里，掌握重兵，皇上广亲亲之爱，又命其子瓒理锦衣卫事。是虽出自宠恩，而继宗父子即当省躬加畏，累牍连章以求辞避可也。今乃处之泰然，若所固有。臣以继宗既握五军大权，而瓒又司亲军，禁旅内外之权归于一门，谓之宠爱则可矣，然非所以保全之也。"宪宗批复："朕念皇祖妣遗德，故特用瓒，今尔等陈保全之道，深得治理，其即罢之"[①]。孙继宗临终前上疏乞休时，又屡以授孙瓒实职并任之以事为请，却终究没有得允[②]。

明代锦衣卫职能复杂、地位特殊[③]，明宪宗之所以坚持不让孙瓒掌锦衣卫事，主要当是虑及于此。他怕一旦让孙瓒掌锦衣卫事，其对朝政的影响甚至可能会超过督掌京营的孙继宗，不仅违反了外戚不得干政的"祖制"，也确实可能对皇权有潜在的威胁。更重要的是，此前孙继宗久掌军政已经遭到以科道官为代表的文官们的屡屡抨击，再让孙瓒掌锦衣卫事必然会招致朝臣们的坚决反对和不断弹劾，连篇累牍的奏章也是宪宗极不愿应对的。当然，只要不涉及锦衣卫的缉捕、刑狱等敏感职能，偶尔任之以事以彰显皇恩却是君臣都可以接受的。因此当成化十七年（1481），提督上林苑海子太监蒋琮奏乞修理房屋、墙垣等事时，明宪宗即命孙瓒在"不妨卫事"的前提下前往协同提督该项工程，相关部门的文官也未见反对[④]。

明代武职带俸官的各项待遇与现任官相比相差悬殊[⑤]，所以像孙瓒这样，试图通过请乞特恩准许管事以获得实权的外戚肯定不止一个，只是多数时候并不能得成所愿。例如成化二十三年（1487），徽王见沛为其母妃（英宗魏德妃）的两个弟弟锦衣卫带俸百户魏昂和所镇抚魏冕奏乞实授管事，却未获恩准，得旨"昂、冕仍旧带俸"[⑥]。

当然也有成功的案例。如同样是由亲王出面，弘治十二年（1499）雍王为锦衣卫指挥使邵华奏请本卫南镇抚司管事，就得到了明孝宗的应允[⑦]。而正德年间，外戚崇善伯王清为其义子存嗣请乞锦衣卫正千户之职，并世袭、管事，竟也如愿了[⑧]。

①《明宪宗实录》卷七一，成化五年九月丁亥，第 1391—1392 页 .

②《明宪宗实录》卷一八二，成化十四年九月丙寅，第 3285 页；卷一九三，成化十五年八月丙申，第 3413 页 .

③ 参见张金奎《锦衣卫职能略论》，《明史研究论丛》第八辑，北京，紫禁城出版社，2010 年 .

④《明宪宗实录》卷二一二，成化十七年二月丁巳，第 3688—3689 页 .

⑤ 程彩萍:《明代带俸武官初探》，《江苏社会科学》2013 年第 2 期 .

⑥《明宪宗实录》卷二九〇，成化二十三年五月癸卯，第 4897 页 .

⑦《明孝宗实录》卷一五三，弘治十二年八月戊戌，第 2711—2712 页 . 按，邵华成化末年仍是锦衣卫带俸官，至此则称在象房管事。笔者未能找到其改任实授管事官的记载 .

⑧《明武宗实录》卷五九，正德五年春正月辛巳，第 1314 页 .

有意思的是，三十余年后，待王清去世，其嫡子王极未能袭爵，只能降级授锦衣卫都指挥同知，品级虽高于存嗣，却注明只是“带俸”官，即无世袭，也不管事[①]。而王清长兄瑞安侯王源之子王桥在袭父爵之前也只是带俸不任事的锦衣卫指挥佥事而已。

另一个类似的事例是，成化年间万贵妃倍受恩宠，妃弟万通有个叫徐达的家人也获沾恩典，得授锦衣卫带俸百户，后升锦衣卫正千户，并允其世袭、于本所管事，不久又升至锦衣卫指挥佥事[②]。而万通兄弟几人虽然官阶高于徐达，却都是带俸不管事的闲职。沈德符在《万历野获编》中揭示了徐达仕途通达的秘密，即先通过进献美色成为万通家人，获得后者的信任为其理财，并以外戚恩得授锦衣卫百户，待万通死后又拿着万通给他的钱财去打通关节，得以升官进级，并获任实职[③]。如果不是因为不久万贵妃和明宪宗先后去世，万氏一族被削恩而受到牵连，徐达的仕途或许不可限量。徐达的经历一方面说明，带俸武官通过行贿是可能成为现任官的，从而以实例展示了明代中后期武职系统选官的混乱和腐败。另一方面，徐达以及上文王存嗣的事例似乎也说明，外戚授官不许任实事的规定只是针对外戚家族主要成员的，外戚疏属出任实职反倒不会引起君臣们的过度反应。

归根到底，明代外戚恩授锦衣卫官多“带俸”不任事的特点背后反映的是明朝统治者严防外戚专权的政治原则。

三、外戚大量恩授锦衣卫官的影响

尽管明代外戚任锦衣卫官依例只能带俸而不任实事，因而无法借此干预朝政，大量外戚恩荫寄禄于锦衣卫仍然给明代的统治造成了一定的负面影响。这一方面表现在明中后期外戚恩荫泛滥构成了明代武职冗官的重要原因，从而一定程度上加速了武职选官制度的败坏（如前所述）。另一方面则主要表现为由此对国家财政造成的沉重负担。

明代外戚的俸禄除爵封公、侯、伯者之外，俱按其品级支给。明代外戚多恩荫寄禄于锦衣卫官等两京武职部门，其官俸也从武职支俸之例。如前文所述，外戚授职从最低的从六品所镇抚到最高的正一品左都督，几乎涵盖了明代武职序列的所有品级。而按照洪武二十五年（1392）更定的百官禄制（自后为永制），武职

①《明世宗实录》卷二四六，嘉靖二十年二月戊寅，第 4944 页．

②《明宪宗实录》卷二二六，成化十八年夏四月癸卯，第 3872 页；卷二五九，成化二十年十二月庚辰第 4381 页；卷二六九，成化二十一年八月壬午，第 4542 页．

③［明］沈德符：《万历野获编》卷五《勋戚·万通妒死》，北京，中华书局，1959 年，第 138 页．

正一品月支禄米八十七石，岁该一千四十四石；从一品月支禄米七十四石，岁该八百八十八石；正二品月支禄米六十一石，岁该七百三十二石；从二品月支禄米四十八石，岁该五百七十六石；正三品月支禄米三十五石，岁该四百二十石；从三品月支禄米二十六石，岁该三百一十二石；正四品月支禄米二十四石，岁该二百八十八石；从四品，月支禄米二十一石，岁该二百五十二石；正五品，月支禄米一十六石，岁该一百九十二石；从五品月支禄米一十四石，岁该一百六十八石；正六品月支禄米一十石，岁该一百二十石；月支禄米八石，岁该九十六石[①]。

当然，大多数时候外戚们并不能全额领取到自己的禄米。因为自明成祖即位，即命文武官俸米钞兼支。其时官高者支米十之四、五，官卑者支米十之六、八；惟九品、杂职、吏、典、知印、总小旗、军，并全支米。至成、弘以后，演变为正一品者本色仅十之三，递增至从九品，本色乃十之七。其本色有三：曰月米，曰折绢米，曰折银米。月米，不问官大小，皆一石。折绢，绢一匹当银六钱。折银，文官六钱五分当米一石，武职府卫官则米每石仅折二钱五分。其折色，或折钞，或折绢布，所值更薄。故《明史》史臣不禁慨叹：“自古官俸之薄，未有若此者”[②]。

尽管单个来看，明代外戚（封爵者除外）的官俸并不高，但因为明中期以后外戚恩荫授职日益泛滥，带俸寄禄于锦衣卫的外戚子弟亲属人数众多，其俸禄总数对于国家财政来说仍是一笔不小的开支。外戚子弟也与恩荫的内官子弟、文官子弟等一起构成了明代中后期锦衣卫冗官冗费的主要来源。

而且官俸太低还常常成为外戚们特别是受到恩宠的上层外戚向皇帝哭穷乞恩的理由。明代后期这类记载尤为多见。如崇祯元年（1628）九月，礼妃田氏父锦衣卫田弘遇上言，称自己“月俸不足五两，至今犹未开支，家口嗷嗷。”故此，“不得不援例以乞新恩”，奏请加升官职并赐给“赡田”[③]。田弘遇上疏时官居锦衣卫都指挥同知，为从二品，按制月该禄米四十八石，支本色十分之四，即十九石二斗，若以每石折银二钱五分计，则应折银四两八钱，确如其言“月俸不足五两”。不过田弘遇家原是世居扬州的陕西富商，家境殷实，其所谓月俸不支以致“家口嗷嗷”之说当然是有意夸张之辞，这不过是为了乞要恩赏。但他的这一奏乞却也说明，对于贵戚们来说，仅靠朝廷支给的俸禄肯定是不足以支持他们过上奢华的贵族生活的。事实

---

①万历《明会典》卷一一八《兵部一·铨选一·勋禄》，第613—614页．按，武官原无七、八、九品。

②［清］张廷玉等：《明史》卷八二《食货六·俸饷》，第2003页．

③《崇祯长编》卷一三，崇祯元年九月丙子，第746—747页．按，此处原文所载田弘遇官职为“锦衣卫带俸都指挥使”，而同书卷三八“三年庚午九月甲辰”却载：“叙巡缉各门各坊仓场功……都指挥同知田弘遇准复原职”，又据田弘遇本人“月俸不足五两”的说法推算，田弘遇崇祯元年官衔当以都指挥同知为是．

上，自明中期以后，在上层外戚的经济来源中，爵禄和官俸早已成为其中很小的一部分而已，他们更多的收入是来自于所谓的钦赐“赡田”等其他各类恩赏，以及他们利用特权侵占田地和经营商业获取的财富。较之于大量外戚恩荫寄禄于锦衣卫等处对明朝造成的财政负担而言，贵戚们兼并土地、侵夺商利的行为给明代社会稳定和经济发展所带来的破坏有过之而无不及。

此外需要提及的是，虽然明中期以后外戚恩授的锦衣卫官多为武职虚衔，仅“带俸”而不任实事，却仍会依照管事实职之例配给校尉、军伴、皂隶人等，有时甚至会因为皇帝特恩而享有比实职管事者更好的待遇。例如成化年间，万贵妃的兄弟万喜、万达二人先因授锦衣卫带俸都指挥使等职而按例配给校尉二十人，后升授都督佥事、都督同知等府职，又循例奏请增拨军伴二十人相随，而其原给校尉竟得特旨分别转给了二人之子万祥（时任锦衣卫副千户）和万安（时任锦衣卫百户）①。这种待遇即使是管事的实授武官也无缘享受。

由于带俸不任事的外戚们本无军政事务需要打理，这些官为支俸或给价的校尉、军士、皂隶们实际就成了外戚的私人力役，为之打理杂务，甚而管理庄田、经商营利，几可视之为外戚们不以禄米或折钞、折银形式支给的一项常禄。同时大量军士、校尉长期被外戚私人占用也使他们疏于训练、荒废本职，进一步加剧了明朝军队的腐败和武备的废弛。为此，成化年间兵部尚书陈钺等朝中大臣就已多次建议裁革带俸皇亲的军伴、校尉、皂隶人等，却又屡被皇帝否决②。正是因为最高统治者的纵容，带俸戚臣配给校尉、军伴的制度一直维持，直至明末。崇祯年间，内外交困之际，身为皇家懿亲的外戚们仍在不断向朝廷奏乞各项福利，其中就包括拨给校尉、军伴供其役使。如崇祯五年（1632），锦衣卫带俸都指挥使杨光皋、杨光旦、都指挥同知陈正纶等十二位外戚各奏请校尉十名军伴二十名。崇祯帝不胜其烦，却也不能全然拒绝，最终只能命减半给予③。

不仅如此，有时朝廷配给的校尉、军伴们还会成为贵戚们横行霸道、欺侮官民的帮凶。例如弘治年间，外戚张氏“贵震天下”，其家奴常四出豪夺民田。地方官员慑于张氏之势，多迁就顺从以求自保。时任扬州府同知的叶元却拒不肯从，并将仗势作威的张氏豪奴教训了一顿，结果就被张氏携官校报复。关于此事，明清史籍

①《明宪宗实录》卷二五八，成化二十年十一月乙巳，第 4362 页；卷二六九，成化二十一年八月壬午，第 4542—4543 页 .

②《明宪宗实录》卷二一四，成化十七年夏四月丁未，第 3713—3714 页 .

③《崇祯长编》卷六二，崇祯五年壬申八月丙寅朔，第 3533 页 .

多有提及[①]，其中尤以王鏊《震泽纪闻》的记载最为翔实。据其载，"时高邮有腴田，寺以献，（张氏）遂遣官校往按之，自巡抚以下皆顺旨。时元为扬州府同知，独拒不听。使者从百人，拥至元厅事，厉声诘责。元怒，命左右缚其下十余人，系之狱。同官谏曰：'祸其至矣！'元曰：'吾为怨，若为德，可也。'同官乃释之。其后元考绩至京，以事出，张遣官校围其舍，笞系其从人有几死者。或谓元盍少避之，元曰：'避将安往？'乃径入通政司，大呼曰：'皇亲家杀人！'时高录（即高禄——编者按）为通政使，张姻家也，闻之避不出。通政王敞出问曰：'若何为者？'元具言其故，曰：'吾不敢出此地，乞纸笔为疏上闻。'高录出，骂曰：'若乃敢与皇亲为敌！'元不顾，敞慰遣之出。不至舍，就所亲家草疏。吏部马尚书（即马文升——编者按）闻而召之，元曰：'吾生矣。'乃往见。马公问故，曰：'何至此！'遣人送之归。曰：'有官校在，若与偕来。'元至舍，则官校悉遁去矣，元乃得免"[②]。此事常被后人引以说明当时外戚张氏气焰之盛，而在此事中那些气势汹汹的"官校"无疑起到了为虎作伥的作用。虽然相关史料的记载中并没有指明这些"官校"的卫所籍属，但按照当时的惯例，极有可能就是来自锦衣卫的校尉官军。

这类事件的发生和传播，难免会加深锦衣卫在世人心目中的负面印象，进而败坏整个朝廷的形象和威信，影响恶劣。对此，明朝最高统治层也并非完全不予过问。如孝宗去世后，武宗便在其登极诏中特别强调，"锦衣卫校尉专为直驾而设，非臣下所得役使"，但近来内外官员却多有"奏讨投托滥占跟用，因而令其干办私事，挟势害人"者，故而诏令将那些被借用、滥占的锦衣卫校尉尽数收回，并禁止权贵奏讨校尉及本卫管事官员徇情拨付[③]。然而事实证明，明廷的这条禁令并没能起到多大作用。此后外戚等权贵势要奏讨锦衣卫校尉以供私用的情况仍层出不穷，直至明亡。

（作者单位：江西师范大学历史文化与旅游学院）

① 见［明］何乔远：《名山藏》卷三〇《坤则记·张皇后》，《续修四库全书》本；［明］朱国桢：《皇明大事记》卷三二《张延龄之狱》，《四库禁毁书丛刊》本；［清］查继佐：《罪惟录》"列传"卷二《皇后列传·张皇后》，《四部丛刊三编》本；［清］万斯同：《明史》卷一五一《后妃下》，国家图书馆藏清抄本．

②［明］王鏊：《震泽纪闻》卷下《叶元》，《续修四库全书》本．

③《明武宗实录》卷一，弘治十八年五月壬寅，第22—23页．

明代南京锦衣卫武官及其家族成员墓志考释

邵　磊

作为明初京师与永乐后期正式迁都北京后的留都所在，南京始终维持着一支庞大的武官集团，而南京的锦衣卫武官，以其职能的多样化以及后世文艺作品对明代锦衣卫侦缉功能的演绎和渲染，而尤为引人瞩目。近数十年来，笔者在南京陆续调查发现了一批明代锦衣卫武官及其家族成员的墓志，对于补订明代南京锦衣卫武官的家世履历、探讨相关的明代史事，都具有一定的史料价值，今择取其中部分见录于明代卫所《武职选簿》者略做考察。

一、淑人范氏墓志

失盖，出土时地不详，20 世纪 90 年代末由笔者与贺云翱先生以南京市文物研究所的名义征集，先后暂存于南京民俗博物馆和明岐阳王李文忠墓园，现藏南京市博物馆。志石边长 63.5 厘米，在征集之前已断裂，志文略有残损。志石四边减地雕刻如意云纹，内廓边框，志文首题“故徐母淑人范氏墓志铭”，次刻题名“赐进士出身中宪大夫南京太常寺少卿四明郑雍言撰奉训大夫南京工部都水清吏司员外郎东吴钱慱书丹赐进士出身南京刑部云南清吏司主事永丰陈诚篆盖”。墓志正文 22 行：

淑人讳□，姓范氏，世为庐州府无为州巢县人。曾祖讳友谅，妣成氏；祖讳琳，妣廖氏，郧国公永安长女；父讳岳，妣李氏。淑人生而端靖柔慧，寡言笑，慎重有仪，精于女红，纤巧绝伦，父母特钟爱之。及笄归怀远将军、锦衣卫指挥同知徐毅。克孝舅姑，克相夫子。祭祀以时，必精必洁。宾客过从怀远，虽未有治具□□□具已治，俟命而设，丰俭适宜，人称为贤内助也。怀远没，淑人□□□□襄事，礼无遗缺。既葬，屏华饰，茹淡素，为未亡人十有馀年，其间男婚女嫁，悉合礼度。内外家政，井然有条。居常以勤俭，率其子妇必身先之。每训曰：吾归徐门已四十馀年，赖祖宗之庥，禄入虽盈，未尝侈靡；褒典虽及，未尝骄纵。唯劬劬以相厥家，乃克至于今日，尔等宜深识之。诸子妇佩服唯谨。一日，无疾而卒，实正统癸亥九月三十日也，生于洪武乙丑二月二日，享年五十有九。子男三人：长曰昇，袭怀远将军、锦衣卫指挥同知，绰有父风，政声□□，娶顾氏，镇远侯女；次曰暹，娶来氏，鹰扬卫指挥女；次曰旭，聚于氏，神策卫指挥女。女一，锦衣卫前所千户沈旺，其婿也。孙男一，曰□；女三，安寿、安祥、智惠，俱幼。卜以是年十月二十八日葬于江宁县安德乡，与怀远合窆焉，礼也。昇具淑人事状来徵予铭，不获辞，乃□之铭。铭曰：婉婉淑德，秩秩令仪，作配君子，室家是宜。内治孔脩，助祭克敬，冠服煌煌，以膺宠命。良人谢世，淡素以居，为未亡人，十载有馀。云何一旦，无疾而逝，母仪妇道，始终无媿。□□□□，□□□□，风气固閟，于焉永藏。

据墓志所述，传主范氏，世为庐州府无为州巢县人，其先世依次为：曾祖范友谅，曾祖母成氏；祖父范琳，祖母廖氏；父范岳，母李氏。范氏生而端靖柔慧，寡言笑，慎重有仪，精于女工，尤为父母钟爱，及笄适怀远将军锦衣卫指挥同知徐毅。入徐门四十馀年，克孝舅姑，克相夫子，勤俭持家，人称为贤内助。徐淑人生于洪武十八年（1385）二月二日，卒于正统八年（1443）九月三十日，享年五十九岁，卜以是年十月二十八日葬于江宁县安德乡，与先葬的夫君徐毅合窆。

传主范氏的祖母廖氏，为郧国公廖永安的长女。廖永安，字彦敬，巢县人。元末纷乱之际，与弟廖永忠及俞通海兄弟等结寨自保。值朱元璋起兵，遂率舟师归附，以军功授管军总管。入集庆，擢建康翼统军元帅，升同知枢密院事。后为张士诚所执，囚禁八年之久，死于狱。据《明史》本传："廖永安，字彦敬，德庆侯永忠兄也。太祖初起，永安兄弟偕俞通海等以舟师自巢湖来归……入集庆。擢建康翼统军元帅……偕俞通海拔江阴之石牌戍，降张士诚守将栾瑞，擢同知枢密院事。又以舟师破士诚兵于常熟之福山港，再破之通州之狼山，获其战舰以归。遂从徐达复宜兴，乘胜深入太湖。遇吴将吕珍，与战，后军不继，舟胶浅，被执。永安长水战，所至辄有功。士诚爱其才勇，欲降之，不可，为所囚。太祖壮永安不屈，遥授行省平章政事，封楚国公……已，又改封永安郧国公。无子，授其从子昇为指挥佥事。"① 今据范氏墓志可补，廖永安虽无子但却有女，且不止一女，其长女适范友谅

①［清］张廷玉等：《明史》卷一三三《廖永安传》，北京，中华书局，1974年，第3873—3875页.

之子范琳。另据墓志正文首行所述，范氏“世为庐州府无为州巢县人”，而廖永安亦巢县人[①]，庶可知，范友谅与廖永安本为同乡，则廖永安兄弟微时与其家通娉婚姻自属情理中事。

传主范氏及笄适怀远将军、锦衣卫指挥同知徐毅，徐毅武职世家的袭替经历，见录于《武职选簿》，迻录如下：

> 年远事故指挥同知一员：宣德二年八月，徐毅，系锦衣卫故世袭指挥同知徐斌嫡长男；宣德七年十二月，徐昇，系锦衣卫故世袭指挥同知徐毅嫡长男；景泰七年十月，徐瑛，系锦衣卫故世袭指挥同知徐昇嫡长男；弘治元年九月，徐锐，蕲州人，系南京锦衣卫故带俸世袭指挥同知徐瑛嫡长男；弘治九年闰三月，徐环，年十四岁，蕲州人，系南京锦衣卫故带俸世袭指挥同知徐锐嫡长男，钦与全俸优给，至弘治九年终住支。[②]

综上所述，徐毅武职世家的袭替共计经历了徐斌—徐毅—徐昇—徐瑛—徐锐—徐环六世。由此来看，墓志谓范氏及笄归徐门适怀远将军、锦衣卫指挥同知徐毅后，一度“克孝舅姑”之舅，即徐毅之父徐斌。又，墓志正文第15行谓徐毅与范氏有孙男一，惜其名讳因志石残损不可见，今据《武职选簿》知或为徐瑛。

作为新出土的史料，范氏墓志对于《武职选簿》所述徐氏武职世家的第二辈至第四辈多有补证，摭之如下：

徐氏武职世家的第二辈徐毅妻范氏的家世已见前述，以范氏祖辈与廖永安婚配，至范氏本人又与怀远将军、锦衣卫指挥同知徐毅婚配而言，可大致推断范氏或亦出自身份不高的武职家庭。

徐毅与范氏育有三子，其中，长子徐昇即家族第三辈应袭者，墓志谓其“绰有父风，政声□□”，徐昇“娶顾氏，镇远侯女”，据《明史》卷一〇六《功臣世表二》，有明一朝，授封镇远侯爵的依次为顾成、顾兴祖、顾淳、顾仕隆、顾寰、顾承光、顾大理、顾肇迹，但与此相合者，仅有顾成嫡孙、永乐十三年（1415）二月至天顺八年（1464）四月之际在位的第二任镇远侯顾兴祖。又，顾兴祖死后，卒以

① [明] 焦竑辑：《国朝献徵录》卷六《楚国公廖永安传》，上海，上海书店，1987年，第207页．“廖永安，字彦敬，巢县人。”

② 中国第一历史档案馆、辽宁省档案馆编：《中国明朝档案总汇》第73册，桂林，广西师范大学出版社，2001年，第11页．

其孙顾淳袭替，史载未及其息出[①]，今据志文可补，顾兴祖尝有女适怀远将军、锦衣卫指挥同知徐毅长子徐昇。

除了徐昇的家室外，墓志还述及这一武职世家第三辈应袭者之外的子弟，他们是：次子徐暹，娶来氏，鹰扬卫指挥女；第三子徐旭，娶于氏，神策卫指挥女。值得一提的是，志文谓徐毅尚有一女，适锦衣卫前所千户沈旺，而沈旺的父亲沈友则是身与"靖难之役"以及永乐九年（1411）随郑和下西洋未及升迁而病故的有功之辈，身世可谓颇不寻常，其后嗣更是承祖荫直至明末[②]。这不禁让人联想到，徐毅的姻亲、第二任镇远侯顾兴祖在宣德年间"徵下锦衣卫狱"却幸而"逾年得释"之事，未知是否也与徐毅家族在锦衣卫长年积聚起来的势力有一定关系。关于徐氏武职世家第四辈，除了应袭者徐瑛外，墓志还补充了徐安寿、徐安祥、徐智惠三女。

为范氏墓志撰文的郑雍言，一作郑永言，浙江鄞县人。永乐十三年（1415）进士，改庶吉士，授中书舍人，迁河南按察佥事。宣宗时留值文华殿，日备顾问。终太常少卿，景泰元年（1450）卒[③]。郑雍言文词典雅，作字亦端楷严密，尤工篆书，其居官南京期间，曾为不少勋旧官贵书丹、篆题墓志，但出自其撰造的碑志文字则相对较少，除此范氏墓志外，所见尚有宣德改元守备南京的郑和同僚、内官监太监罗智墓志[④]。

二、怀远将军、留守左卫指挥同知袁纪墓志

失盖，20世纪八九十年代出土，具体出土地点不详，现藏南京江宁区博物馆。

① [清] 张廷玉等：《明史》卷一四四《顾成传》，第4075、4076页．"（顾）统子兴祖嗣侯……天顺初，复侯，守备南京，卒。孙（顾）淳嗣……"

② 中国第一历史档案馆、辽宁省档案馆编：《中国明朝档案总汇》第73册，第109、110页．《武职选簿》之《南京见设卫所・亲军卫・锦衣卫・前所官员》："沈承宗，副千户。《内黄》查有：沈友，新城县人，洪武三十四年□充前仪卫司校尉小旗，三十五年平定京师，升锦衣卫衣中所总旗。永乐九年杀败番贼，升锦衣卫衣中所实授百户，未年升选敬授流官职事。一辈沈友，已见前《黄》。二辈沈旺，旧《选簿》查有，宣德二年八月，沈旺年十六岁，系锦衣卫衣中千户所流官百户沈友嫡长男，父下西洋有功，未升病故。本人先因年幼，已升副千户，俸优给，今出幼，钦准袭流官副千户。三辈沈瑛，旧《选簿》查有，天顺四年闰十一月，沈瑛，保定府新城县人，系南京锦衣卫前所故副千户沈旺嫡长男，钦与世袭。……八辈沈振先，崇祯十二年四月□本选过，南京锦衣卫中所副千户一员沈振先，年二十九岁，系故副千户沈用宾嫡长男，仅处比中三等。"

③ [明] 王锜撰，张德信点校：《寓圃杂记》卷九《郑雍言》，北京，中华书局，1984年，第73页；[明] 王直：《抑菴文集・后集》卷一七《赠少卿郑君序》，《景印文渊阁四库全书》集部第1241册，台北，商务印书馆，1986年，第741、742页．

④ 邵磊：《明代南京守备太监罗智墓志考释》，《郑和研究》2010年，第3期．

志石边长55、厚8.5厘米，四边廓以框栏，志文首题“故怀远将军指挥同知袁公墓志铭”，次刻题名“通议大夫南京吏部左侍郎萧山魏骥撰文中宪大夫南京太常寺少卿四明郑雍言篆盖奉议大夫南京户部郎中羊城李宁书丹”。墓志正文26行：

正统九年又七月十六日，怀远将军、指挥同知袁公年五十有六卒于官，以是年十二月十六日葬应龙山之原。先事，其子佑持陇西贺碓所为状诣予，拜泣请铭。呜呼！公，予友也。予尝重其为人，兹竟止于此，铭其可辞？按状，公讳纪，字彦常，其先凤阳之颍上人。曾大父讳诚，大父讳通海，皆赠怀远将军、指挥同知。父讳聚，永乐初起行间，从太宗文皇帝平内难有功，累升燕山右卫指挥同知，封怀远将军。母王氏，封淑人。继母陈氏。公天资凝重，自幼寡言笑，举止如老成人。及长，嗜学，务记览，凡经传子史与夫兵家之书，悉究通其义，文藻日著，而见者初不知其为武官家子也。都督山公总训练南京士卒时，选隶麾下，公尽心赞画，多所裨益。宣德四年，燕山卒，公以嫡长袭。凡居官行己，动法古人，恒书“公、勤、廉、俭”四字于座侧，每自勉曰：“此皆在我者，行之不可不力。”正统元年，调留守左卫，总戎、襄城伯李公待遇有加，公府之事，多所委任。时京民饥，上出粟减时直以粜，因委公监守，公指画有方，民皆称便。寻委总督屯伍，公申明成法，因其所利者而利之，卒致年谷屡登，军用饶裕，至今人犹称誉之。今年夏，遘疾弗愈，所亲有欲为公禳禬者，公曰：“生死有命，非禳禬所能免。”谢却之。疾革，会亲友与之诀曰：“人不能无死，今吾年逾五十，死亦非夭，惟以未能尽臣职、报朝廷厚恩为恨耳。”索纸笔书后事十馀条，皆矫俗从正，切当于理者，并训其子曰：“汝能修身行己无失道以坠吾业，吾瞑目无憾。”遂夷然而逝，一时闻者自公卿大夫以至士卒，无不悼惜焉。娶徐氏。子男二：曰俭，先卒；曰佑，即求铭者。女一人，适羽林右卫指挥鲁广。公为人达理安分，不諂不渎，不妄取与。在官几二十年，食无重味，衣不纨绮。公退，非读书赋诗，则与所善者讲论理道，以适其所适。家事悉付其弟绶，绶亦善事其兄，所行未尝不禀命，而弟兄友爱之笃尤，终始无间。其诗词雄浑，典雅致名，能诗者多推许之，所著有《丽泽集》《笑谈集》若干卷，藏于家。铭曰：公惟武臣，操行特异。表表在人，文学政事。天倏见夺，弗竟厥施。位不满德，而止于斯。川丽山明，卜藏于此。揭芳振华，铭诗是矢。

传主袁纪，字彦常，世为凤阳颍上县人，其家族世系与史事，既见载于《武职选簿》[①]，也见载于晋陵王偀为袁纪嗣子袁佑所撰墓碑碑文[②]以及明代南京地方志中关于袁纪孙袁勋墓的条目[③]，其中，袁佑墓碑仅将其先世溯及祖父、以靖难功起家的袁聚，《武职选簿》虽亦以袁聚为这一武职世家的第一辈，但却将家族的始祖追溯到袁聚的父亲，至正二十四年（1364）即投身明太祖朱元璋起义军中的袁通海。今据魏骥、贺確撰述袁纪墓志可补，这一袁姓武职世家的先世尚可追溯到袁纪曾祖、亦即袁通海的父亲袁诚其人，并且，袁诚与袁通海二人皆曾获赠怀远将军、指挥同知，无疑沾溉了以靖难功终封燕山右卫指挥同知、怀远将军的袁纪之父袁聚的恩泽。

关于袁纪的子嗣，向仅知有袁佑一人，《武职选簿》并称“袁佑系南京留守左卫故世袭指挥同知袁纪嫡长男”，然据袁纪墓志所载，袁纪有二子，嫡长子实为袁俭，袁佑当为次子，只是由于袁俭先卒，遂由袁佑袭职。

此外，袁纪墓志还补充了不少家族支庶、女眷等次要成员，如谓乃父袁聚的妻室有二人，其一即袁纪生母、封淑人的原配王氏以及继室陈氏。袁纪本人娶徐氏，并育有一女，适羽林右卫指挥鲁广。袁纪有弟袁绶，志文谓袁纪“家事悉付其弟绶，绶亦善事其兄，所行未尝不禀命，而弟兄友爱之笃尤，终始无间”。这一段文字堪可玩味，武臣家族的支庶旁系历来不被重视，甚至是可忽略不计的，袁纪墓志里这一番兄弟怡怡之情，间接透露出袁纪、袁绶之间相互的依傍关系，袁绶固无袁纪的政治地位，所恃无非钱财和资产，当然，财产的积累断不会没有来自袁纪政治地位的影响，相应的回馈也就是理所当然的了，这恐怕与平江伯陈瑄庶子陈伦墓志

---

① 中国第一历史档案馆、辽宁省档案馆编：《中国明朝档案总汇》第 73 册，第 8、9 页 .《武职选簿》之《南京见设立卫所 · 亲军卫 · 锦衣卫 · 指挥使等》：“袁应龙，指挥同知。《外黄》查有：袁孟龄，系南京锦衣卫指挥同知，颍上县人，始祖袁通海，甲辰年从军。故二世祖袁聚，补充小旗，洪武二十九年拼抢升总旗，三十二年郑村坝升实授百户，三十三年白沟河升副千户，三十四年藁城升正千户，三十五年克金川门升指挥同知。故高祖袁纪，系嫡长男袭。故曾祖袁佑，系嫡长男替，天顺七年升署都指挥佥事，八年实授，成化六年升都指挥同知。故祖袁勋，系嫡长男，替指挥同知。故伯袁汉，系嫡长男袭。故绝父袁漳，系亲弟替，调今卫佥事。故孟龄，系嫡长男，袭指挥同知。一辈袁聚，已载前《黄》。二辈袁纪，旧《选簿》查有：宣德六年三月，袁纪系潞州卫流官指挥同知袁聚嫡长男。三辈袁佑，旧《选簿》查有：正统十年六月，袁佑系南京留守左卫故世袭指挥同知袁纪嫡长男。四辈袁勋，旧《选簿》查有：成化九年堂　为照例管事事误袁勋告系南京留守左卫指挥同知，父袁佑，原系本卫见任同知，历升都指挥同知充参将□运粮储，注锦衣卫带俸，成化九年六月在任病故。勋系嫡长男，保送兵部，本年十月十六日袭职……。”

② [明] 王偀：《思轩文集》卷一四《锦衣卫都指挥同知袁公墓碑铭》，《续修四库全书》集部第 1329 册，上海，上海古籍出版社，1995 年，第 566、567 页 .

③ [明] 李登、周诗纂修：《万历江宁县志》卷四《祠宇志 · 冢墓》，南京古旧书店影印明刊本，1987 年 .

揭示出的家族成员之间的经济关系很接近[①]。

关于传主袁纪本人，就墓志内容而言，主要有两点可述。

其一，关于袁纪的职任。袁纪袭职的具体时间，《武职选簿》明载为宣德六年（1431）三月，然墓志谓“宣德四年，燕山卒，公以嫡长袭”，未知孰是，或墓志所述仅仅是袁聚的亡故时间，至其袭替父职尚有所迁延。袁聚原隶燕山右卫、潞州卫，至袁纪调南京留守左卫，这一武职世家始定居南京[②]，由此可见，袁纪调任南京留守左卫对于其家族影响深远。袁纪调任南京留守左卫的确切时间，《武职选簿》等皆失记，据墓志可知为正统元年（1436）。另据墓志记载，袁纪之所以调任南京留守左卫，可能与此前“都督山公总训练南京士卒时，选隶麾下，公尽心赞画，多所裨益”不无联系，这位“都督山公”应当就是“深沈有将略，用兵如神，而其廉其正，文臣中比肩者亦不多见”的山云，山云曾出守广西，被誉为“光前绝后”的名将[③]。袁纪调任南京留守左卫后，“总戎、襄城伯李公待遇有加，公府之事，多所委任”，“襄城伯李公”即李隆，李隆十五岁袭父李濬爵襄城伯，以雄伟有将略，数从北征，成祖器之，命留守南京，仁宗时初镇山海关，后复守南京[④]。

其二，袁纪虽为武官，但却雅好文艺，其子袁佑墓碑称其“为人有才略，而喜文翰”，袁纪本人的墓志亦谓“及长，嗜学，务记览，凡经传子史与夫兵家之书，悉究通其义，文藻日著，而见者初不知其为武官家子也……公退，非读书赋诗，则与所善者讲论理道，以适其所适……其诗词雄浑，典雅致名，能诗者多推许之，所著有《丽泽集》《笑谈集》若干卷，藏于家。”其中，关于袁纪“著有《丽泽集》《笑谈集》若干卷”云云，则可补《明史·文苑传》之阙失，又及，袁纪还曾为济川卫指挥佥事、明威将军孟真的墓志书丹[⑤]，凡此种种，皆可证袁纪嗜学擅文，洵非虚誉。

为袁纪墓志撰文的魏骥，《明史》有本传，明人徐紘所辑《明名臣琬琰续录》亦收录《吏部尚书文靖魏公（骥）墓志铭》。篆盖者郑雍言，亦一时名流。唯书丹者李宁，未见史载，据墓志可知为羊城人，官南京户部郎中。提供袁纪行状的贺

① 据出土墓志，明代平江伯陈瑄庶子陈伦不仅常常资助其侄、时守备南京的第三任平江伯陈豫，甚至将吴江庄田岁输租禄也尽数供济陈豫。详见邵磊：《明平江伯陈瑄家族成员墓志考》，天津博物馆编《天津博物馆论丛 2012》，北京，科学出版社，2013 年，第 89—103 页 .

② [明] 王㒜：《思轩文集》卷一四《锦衣卫都指挥同知袁公墓碑铭》，第 566 页 .

③ [明] 叶盛，魏中平点校：《水东日记》卷五《广西先后守将优劣》，北京，中华书局，1980年，第 50 页 .

④ 襄城伯李隆事迹，详见 [清] 张廷玉等：《明史》卷一四六《李濬传附李隆传》，第 4108 页；[明] 王直：《抑菴文集》卷一〇《襄城伯李公墓志铭》，《景印文渊阁四库全书》集部第 1241 册，第 209—211 页 .

⑤ 济川卫指挥佥事、明威将军孟真墓志一合，志石边长 61 厘米、厚 95 厘米，于 20 世纪 80 年代出土于南京江宁区原东山镇红光行政村王家凹，现藏江宁区博物馆 .

確，字存诚，其先为陇西人，后徙四明，再迁上元，少事举业，不中，遂肆力于古，年九十三卒葬南京凤西乡。贺確号友菊处士，有《友菊诗集》八卷[①]。

三、秦仲良、秦仲和兄弟暨其侄秦瑛墓志

明代南京锦衣卫百户秦氏家族成员墓志，共计三种，其中，秦仲良、秦仲和昆仲的墓志，初为20世纪90年代末由笔者与贺云翱先生以南京市文物研究所的名义征集。后两年，复有文物爱好者捐赠二秦之侄、南京锦衣卫百户秦瑛墓志一石。这三种明代秦氏墓志现，皆收藏于南京市博物馆。

秦仲良墓志边长55.5—56.5厘米，志盖四边减地雕刻流云纹带，其内篆题“明故秦仲良墓志铭”3行8字；志文外廓极浅细的阴刻框栏，首题“明故秦仲良墓志铭”，次刻题名“赐进士及第正义大夫资治尹南京礼部侍郎前翰林学士侍文华殿讲读直东阁兼修国史钱唐倪谦撰文赐进士出身文林郎南京山西道监察御史姑苏徐完书丹赐进士出身承德郎刑部主事南康邓存德篆盖”。墓志正文23行：

> 成化乙未秋八月三日，金陵秦仲良卒，其子玮既以礼敛之，扶杖衰绖，持郡庠龙君民望所述事状，再拜，来乞铭。予与秦氏居相邻，且有旧也，铭恶可辞？按状，仲良讳能，仲良其字也。姓秦氏，其先维扬之泰州人。洪武初，厥祖通，从太祖高皇帝起兵淮甸，累建奇勋，擢锦衣百户；父胜，世其官，有声于时。曰刘氏、李氏、张氏，则公之祖妣、妣也。仲良天性严正，在龆龀时，不与群儿游戏，及就外傅，孜孜务学，比长，日涉猎诸子百家之书，诗赋骈丽之章亦皆记诵，至于《小学》一书，诵之尤熟，盖欲身体而力行之也。平居，教诸子有义方，其犹子百户瑛，治事有声誉；冠带舍人云，进学问，累游场屋。秦氏之多佳子弟者，有仲良绳督之也。善营居室，虚敞高明。喜种菊，所居之旁，黄白成蹊。虽落落与人寡合，至于贤士大夫过其门，必把菊玩赏，命觞咏歌，罄欢而后已。遇乡邻子弟，恒勉以读书，教以孝弟。不喜僧道，履其门必麾斥之。事母孝，扁其堂曰“奉萱”。早游江湖，晚乐闲逸，悠然自得，无求于世，真物外人也。平昔衣冠整洁，人物魁伟，议论英发，人莫敢与之狎。所与知厚者，皆金陵之贵公子也。忽遘奇疾，伏枕三四载，至是卒，享年六十有四，距所生为永乐壬辰七月二十五日。娶刘氏，先卒，继林氏。子四，

① [明] 陈镐：《贺友菊先生確传》，收录于《国朝献徵录》卷一一六《隐逸》，第5114页.

玺、璋，先卒，玮、瓒，皆克家幹蛊。女一，适府军卫指挥刘镛，中军都督聚之孙也。孙三，鉴、钺、铭。以次月望日祔葬江宁县安德乡大店坊之原，从先兆也。于戏！仲良自幼至老，持身治家，内外井井，不以生长贵族而骄纵，可谓有德者矣。是宜铭，铭曰：惟恬淡是甘兮，不炎以趋。乐林下之清风兮，浩歌唐虞。岂逸民之徒兮，遯世全躯。勒铭贞石兮，百世弗渝。

秦仲和墓志边长59.7厘米，失盖，志文外廓极浅细的阴刻框栏，首题“明故秦公仲和墓志铭”，次刻题名“赐进士嘉议大夫南京礼部侍郎前太常少卿翰林侍读经筵讲官直东阁同修国史西蜀李本撰文赐进士第文林郎南京山东道监察御史金陵吴文度书丹赐进士出身奉政大夫南京兵部郎中东鄞金泽篆盖”。墓志正文26行：

公讳忠，字仲和，姓秦氏，其先维扬泰州人。洪武初，祖通，从太祖高皇帝起兵淮甸，累树奇功，授锦衣卫百户，遂家金陵；父胜，世其官，声誉赫然于时。公承先世之业，勤于治生。事母张氏孝谨，得佳蔬时馔，奉之恐后；事兄仲良，怡愉诚恪，若严君焉，家务巨细，悉以谘决，一钱尺帛不入私藏。或少贻兄怒，则屏气拱立，怒霁乃复敢言。公幼而岐嶷，长而孤骞不群，耻作鄙容态，交游皆清脩博雅之士，必占一艺于时者。不设擭穽，人有过必面斥之。不肯诣韦屈下人，性凝重若未易涯涘，素不留滞于心胸。人有危难，力为排纷，皆始而忌、终而敬且慕焉。诸子百家之书皆涉猎大义，《小学》一书诵之尤熟。古今骚人词曲、警句，遇风清月白之夕，每击节歌之，时取箫管作数声。名花异卉、假山奇石环遶于庭，以至法书、名画、商鼎、周彝，皆品题其真赝，无少差忒。大营居室，一新前人之制。尝载重赀，遨游淮扬、闽浙，每至必知名。人以夙逋未偿以千计者，悉折券免贷。岁歉，给衣食以赈饥寒。于家庭前筑一室，延明师以教子弟，召宗党悉就学，若陶君希文、高君汝钦、诸君□仁，皆所器重者。浮屠、巫祝、尼媪之属，不敢迹其门。性不能□，觞客弗醉弗已。闻人语及声利，辄掩耳以遯，若有所浼之者。子云，尝累游京庠，从博士授明经，累厄场屋，乃大肆力于词翰之学，定西总戎知其才器不凡，荐于朝，膺京营赞画戎机之任。公往视于金台，到家甫半载，一疾弗起。配赵氏，有淑德。子四人，曰云，即所聘者；曰璧、曰珎、曰瑜。孙男二，幼。成化壬寅正月初二日卒于家，享年六十有五，公生为永乐戊戌八月初九日。卜以是年是月廿八日，葬于江宁县安德乡大店坊之原，从先兆也。

其侄百户瑛，以予仕南都有年，颇知其家，持郡庠龙民望状，再拜，乞为葬铭。呜呼！公生平行义端方，虽处乎乡井之中，而誉出于众人之口者，自有莫能掩者，是宜铭。铭曰：晚声利之疆，漱道艺之芳。立千仞之冈，兴一日之觞。勒太史之铭章，垂千百祀之耿光。

秦瑛墓志边长63厘米，失盖，志文首题“明故南京锦衣卫百户松石秦君墓志铭”，次刻题名“赐进士出身奉政大夫四川按察司佥事前南京刑部员外郎沭阳伊乘撰文奉训大夫南京左军都督府经历钱唐姚源书丹赐进士第中顺大夫贵州思州府知府前太僕寺丞江东熊宗德篆盖”。墓志正文24行：

国朝武臣遵制额，六十者致仕，精力未衰者留于任。南京锦衣户侯秦君廷辉，春秋六十有二，虽若少壮，即有林下之志，遂上章解组，命孙淮，代其官。既而得遂家居之乐，以保天年。未几，偶婴风挛之疾，竟不起矣。淮持厥祖所知姚君懋昭状，诣余乞铭。按状：君讳瑛，字廷辉，姓秦氏。松石，其别号也。上世南畿泰州旧族，曾大父适，国初，从天兵取海内，累著勋绩，荐升锦衣百户。大父胜，世其官。父毅，未获荫官而卒。母李氏，多懿行。盖君生有源委，异於庸众人。蚤丧父，袭祖荫，事祖父母、洎母太安人李，孝养惟谨。君自莅官以来，天顺间，权倖奸宄，有冒国宪者，君奉诏询察，不敢欺匿其情；盐徒盗贼，有为民患者，君奉檄搜捕，所获共以千计。间以督治廨宇，而营缮有方；鞠问刑狱，而竟无虚日。且锦衣之公务，多由赞画。是以历官五十余载，声誉著于两京也。尝被仇家诬陷歇官，七越寒暑。杜门静处，不易其操。后以当道剡荐，复任莅事，公勤不废于前。迨成化丙午，请于朝，赠父如其官，封母太安人，妻安人。君蒙推封之恩，极于图报焉。累辞权倖所举，果免其连坐之祸；不惮亲识所求，因致其笃义之称。凡蓄法书名画，以充识鉴；花石音律，以娱性情。衣冠必务整饬。但过于崖岸，与人寡合。其为人也，大率类此。生於宣德乙卯五月九日，卒於弘治己未七月十六日，寿六十有五。配徐氏，即受封者，先卒。子男四：鼎、震、观、复，而蔡、陈、江、朱四氏，其妇也。鼎、震先卒。孙男六人。长淮，即袭荫者，娶郭氏。孙女三人，俱未行。铭曰：猗维秦氏，开国效忠。列官近侍，勋阶聿崇。荫及松石，政誉益隆。兹云已矣，著铭于无穷。

三方墓志的传主秦仲良、秦仲和与秦瑛三人，先世为维扬泰州人，其中，秦瑛是秦仲良、秦仲和兄弟的侄子。在秦仲良、秦仲和兄弟中，秦仲良系兄长，讳能，字仲良；秦仲和系仲良弟，讳忠，字仲和。二秦并无官位，其中，秦仲良“早游江湖”，秦仲和“勤于治生”，显然都是“处乎乡井之中”的商贩者流，但他们的祖父秦通、父亲秦胜乃至袭替祖职的侄子秦瑛，却都官锦衣卫百户。由于秦氏南京锦衣卫百户家族的袭替世次不无幸运的在《武职选簿》里得以存留至今，也使得原本平平无奇的秦仲良、秦仲和兄弟墓志包括秦瑛墓志，其字里行间流露出的蛛丝马迹也变得鲜活起来，具备了相对重要的史料价值。

关于秦氏南京锦衣卫百户家族的袭替，据《武职选簿》记载：

> 秦文举：实授百户。《外黄》查有：秦通，泰州人。丙午年从军，洪武五年拨虎贲左卫后所，故十七年勾通补马军。洪武二十六年升充带刀总旗，四月初二日钦升除锦衣卫中右所世袭百户。二十七年钦授世袭秦胜，系秦通嫡长男。秦瑛系秦胜嫡长孙。一辈秦通，已载前《黄》；二辈秦胜，《旧选簿》查有，永乐十年九月，秦胜，系锦衣卫水军所故世袭百户秦通嫡长男；三辈秦瑛，《旧选簿》查有，景泰三年七月，秦瑛，泰州人，系南京锦衣卫锦衣中所旌节司百户秦胜嫡长孙；四辈秦淮，旧《选簿》查有，弘治九年七月，秦淮，泰州人，系南京锦衣卫锦衣中所旌节司百户秦瑛嫡长孙；五辈秦龙，旧《选簿》查有，嘉靖四年十一月，秦龙，年三十九岁，泰州人，系南京锦衣卫锦衣中所旌节司百户带俸年老秦淮嫡长男；六辈秦文举，旧《选簿》查有，嘉靖四十二年六月，秦文举，年十五岁，泰州人，系南京锦衣卫水军所年老实授百户秦龙嫡长男，优给，出幼袭职。①

关于秦仲良、秦仲和二秦昆仲与秦瑛的先世事迹，墓志与《武职选簿》均有记载。不过，墓志较为简洁，仅仅一笔带过，如秦仲良墓志所述之“洪武初，厥祖（秦）通，从太祖高皇帝起兵淮甸，累建奇勋，擢锦衣百户；父（秦）胜，世其官，有声于时。”再如秦仲和墓志所述之“洪武初，（秦）通，从太祖高皇帝起兵淮甸，累树奇功，授锦衣卫百户，遂家金陵；父（秦）胜，世其官，声誉赫然于时。”值得一提的是，秦瑛墓志所述：“曾大父适，国初从天兵取海内，累著勋继，荐升锦衣百户。大父胜，世其官。父毅，未获荫官而卒。”则将其曾祖秦通的名讳“通”，误书刻为“适”，其余仍与秦仲良、秦仲和二秦昆仲墓志所记先世类同。

① 中国第一历史档案馆、辽宁省档案馆编：《中国明朝档案总汇》第73册，第185页．

相较而言，作为档案的《武职选簿》对这一方面等记录则详细许多，如谓这一秦氏锦衣卫百户家族的始祖秦通，即秦瑛墓志笔误为秦适者，系前元至正二十六年（1366）从军，洪武五年（1372）拨虎贲左卫后所，十七年（1384）勾通补马军，二十六年（1393）升充总旗，二十六年四月初二日钦升除锦衣卫中右所世袭百户。秦通嫡长子秦胜，于洪武二十七年（1394）袭职。值得一提的是，《武职选簿》中据《旧选簿》永乐十年（1412）九月的记录，称秦通终官"锦衣卫水军所世袭百户"云云，则并未见诸前述之《外黄》关于秦通的叙述。复据《武职选簿》，秦通嗣子秦胜初袭锦衣卫水军所世袭百户，而秦胜景泰三年（1452）七月之际的终官却是南京锦衣卫中所旌节司百户。这之后的秦瑛、秦淮两辈，皆循例寄衔南京锦衣卫中所旌节司。至第五辈秦龙初亦寄衔南京锦衣卫中所旌节司，终仍改为南京锦衣卫水军所。至第六辈秦文举十五岁出幼时，所寄亦南京锦衣卫水军所。《武职选簿》关于这一秦氏锦衣卫百户家族世次的记载，颇可与征集所获的三种秦氏墓志墓志彼此参酌互看，史料价值颇高。

在最初仅征集到秦仲良、秦仲和昆仲的墓志时，笔者便注意到：远承锦衣卫世袭百户祖职的秦瑛，虽然在世次上属秦氏家族的第三任族长，但却是始祖秦通的曾孙。由于这一秦氏锦衣卫世袭百户家族自第二辈秦胜袭职再至第三辈秦瑛袭职，其间约六十年之久，这很容易让人联想到秦瑛的父亲或许在这期间先于乃父秦胜亡殁，故未及承袭，但《武职选簿》对此并无提及，不过这一推断在不久后再获秦瑛墓志之际遂得以确证。据秦瑛墓志记载，秦瑛的父亲、亦即秦仲良与秦仲和二秦的兄长秦毅，以"未获荫官而卒"，秦瑛以"蚤丧父，袭祖荫"。秦瑛墓志还记载："成化丙午，（秦瑛）请于朝，赠父如其官，封母太安人、妻安人"，是谓秦瑛于成化二十二年（1486）请封乃父秦毅赠锦衣卫百户之职，而允获恩准。此亦不见于《武职选簿》等传世资料。有意思的是，秦瑛袭替祖职后，历职的时间也逾四十多年之久，《武职选簿》所存之《旧选簿》记载继秦瑛而袭替祖职者，乃是秦瑛嫡长孙秦淮，而据秦瑛墓志可知，秦瑛有秦鼎、秦震、秦观、秦复四子，但长子秦鼎与次子秦震皆"先卒"，故由嫡长孙秦淮袭荫，此固与昔年秦瑛袭替祖职之情形，可谓如出一辙了。

秦瑛其人，见诸《武职选簿》的记录，仅有寥寥数语，殊为简略："《旧选簿》查有，景泰三年七月，秦瑛，泰州人，系南京锦衣卫锦衣中所旌节司百户秦胜嫡长孙。"而秦瑛墓志所述传主本人的行实则瞻富详备，也是对这一秦氏锦衣卫百户家族史事的重要补证。

据墓志记载，秦瑛字廷辉，别号松石，生于宣德十年（1435）五月九日，卒于弘治十二年（1499）七月十六日，享年六十五岁。据《武职选簿》记载，秦瑛应系景泰三年（1452）七月年届十七岁出幼，始得以袭替祖父秦胜的南京锦衣卫锦衣中所旌节司百户之职。另据墓志记载，秦瑛系六十二岁时“有林下之志，遂上章解组，命孙（秦）淮代其官”。据秦瑛生卒年推断，其六十二岁也就是弘治九年（1496），庶几可知，秦瑛历职共四十五年。这样来看，墓志所谓秦瑛“是以历官五十余载，声誉著于两京也”，或不免有夸大其词之嫌了。

据《武职选簿》的条列记录，秦瑛出幼即替为南京锦衣卫锦衣中所旌节司百户，然据墓志记载，秦瑛“历官五十余载，声誉著于两京也”，是谓秦瑛于南、北两京的锦衣卫所皆曾履职。墓志记载秦瑛履职期间主要的业绩有：

其一，天顺年间，奉诏询察有冒国宪的权倖奸宄，而不欺匿其情。

其二，奉檄搜捕为民所患的盐徒盗贼，所获共以千计。

其三，鞫问刑狱而无虚日。

其四，督治廨宇，营缮有方。

其五，南京锦衣卫官署之公务，亦多由赞画。

凡此种种，大多是《明史》卷七六《职官五》明文规定的“锦衣卫掌侍卫、缉捕、刑狱之事……盗贼奸宄，街头沟洫，密缉而时省之”的职责所在。其中，最末的“南京锦衣卫官署之公务亦多由赞画”云云，无非是欲突出秦瑛的能力而已，所言最虚，而居于前列的两处相对较为具体的事迹，则颇可探赜一二。

如关于秦瑛墓志所述“天顺间，权倖奸宄，有冒国宪者，君奉诏询察，不敢欺匿其情”，其中的“权倖奸宄”，墓志并没有明指为何人，不过从“天顺间”的时间节点上来看，这“权倖奸宄”固有可能是明英宗复辟后被杀害的大司马于谦，也有可能是策动“夺门之变”拥戴明英宗重新登基而居首功、被封为“忠国公”的石亨之辈。但英宗复辟后杀害有功于社稷的于谦，连英宗事后“亦悔之”，值宪宗登基后旋即为于谦平反昭雪，在御制祭墓文中有云：“……先帝已知其枉，而朕心实怜其忠……哀其死而表其生，一顺乎天理；厄于前而伸于后，允惬乎人心”[①]。秦瑛卒葬于弘治九年，其时距于谦得以平反昭雪已历数十年之久，是以秦瑛墓志所述“有冒国宪”的“权倖奸宄”，断不可能是于谦，而更可能是在夺门之变中起到关键作用的“忠国公”石亨或太监曹吉祥之流。

通过夺门之变而侥幸复辟的明英宗，因为“虑廷臣党比，欲知外事，倚锦衣官校为耳目”[②]。换言之，立足未稳的英宗出于树立威权、巩固统治的考虑，遂利用锦衣卫势力察伺群臣、打击异己。而当针对景泰旧臣的清算告一段落后，英宗对恃夺门之功而骄横跋扈的石亨等辈也不再容忍，遂“思裁抑石亨、曹吉祥权”，锦衣卫

①《明宪宗实录》卷三三，成化二年八月丁卯，第 670 页．

②［清］张廷玉等：《明史》卷三〇七《佞幸》，第 7878 页．

指挥佥事逯杲应时脱颖而出“勇承之”，并“伺其阴事”[①]，先后揭露了石亨党羽种种不法事，致石亨被收监而瘐死狱中。紧接着，以“强鸷”而著称的逯杲又无情的反戈一击，不遗余力地将侦伺的矛头直指曾于自身有荐举之功的太监曹吉祥，导致曹吉祥之侄曹钦反叛，愤而杀死逯杲，导致曹吉祥的势力也随之被彻底清除。明英宗在短短几年内藉锦衣卫势力根除夺门之变后既得利益的外官内臣，以“强鸷”而为英宗赏接的逯杲无疑起到了至关重要的作用。不过，身为锦衣卫指挥佥事的逯杲毕竟只是运筹帷幄的中枢，至于具体琐碎的侦伺稽查等事务，还有赖更多低阶的锦衣卫官校来执行。譬如，逯杲天顺三年（1459）九月发石亨私遣义勇后卫指挥同知裴瑄出居庸关购买木材事，并自大同将裴瑄锁拿至京师会三法司鞫讯[②]。可以想见的是，像这样远赴大同缉拿案犯的差事，就不大可能会由逯杲亲力亲为，而更可能是由像传主秦瑛这样的锦衣卫百户之类的官校去完成。因此，秦瑛墓志的发现，为我们以更细微的视角重新审视锦衣卫与明代天顺一朝政局的嬗变，提供了新的材料。

值得一提的是，秦瑛墓志还述及秦瑛“累辞权倖所举”而“果免其连坐之祸”，结合所处的时代背景来看，志文所谓尝举荐秦瑛的“权倖”，与志文前述秦瑛天顺年间奉诏询察有冒国宪而“不敢欺匿其情”的权倖奸宄，或许指的都是发动夺门之变的石亨、曹吉祥之辈。值得一提的是，所谓“不敢欺匿其情”云云，似意味着秦瑛本人的职责并非只限于缉拿抓捕，也具体参与了侦伺石亨、曹吉祥之辈“阴事”的举动。

又，墓志尚有秦瑛奉檄搜捕为民所患的盐徒盗贼的记载，以其“所获共以千计”而言，规模自是不小，可惜志文对此事的前因后果并无更详细的说明。

按，明代盐徒多为苏南等地小民，于江淮间往来兴贩私盐由来久矣。官府为了应对盐徒，起初便绞尽脑汁，甚至有巡视盐场监察御史尹镗提议将抓获的盐徒编充为哨卒，以戍守通州狼山至盐城与淮安府大河等卫设置的烽堠，因刑部右侍郎何文渊等奏“盐徒编戍难于钤束”[③]而作罢。由于不能解决根本问题，盐徒的威胁越来越棘手，至直隶淮安府奏呈如僻居海滨的赣榆县临洪镇巡检司由于兵丁不足，遭遇盐

①［明］黄景昉：《国史唯疑》卷三《正统·景泰·天顺》，上海，上海古籍出版社，2002 年，第 83 页；［清］张廷玉等：《明史》卷三〇七《佞幸》，第 7877、7878 页．

②《明英宗实录》卷三〇七，天顺三年九月己亥，第 6469 页．

③《明英宗实录》卷二九，正统二年夏四月壬午，第 586 页．

徒时往往寡不敌众[①]。至于卫所官兵收受盐徒贿赂，虚与委蛇，亦所在多有[②]。至天顺年间，盐徒在武力方面也有了实质性的提升，不仅有陈杰这样的匠人因逐利而将私铸的铳炮短枪卖与盐徒[③]，南京盐徒也有私造铳炮短枪拒捕者[④]。明廷对盐徒的惩戒、报复也无所不用其极，如天顺二年（1458）七月，就曾灭绝人性地对盐徒幼子计四十四口之众施以宫刑，盐徒眷属八十口及四岁以下男女孩童三十五口皆送浣衣局为奴[⑤]。

但即便如此，盐徒的势力仍愈发壮大。时南京江上盐徒刘清聚众两千余人，朱华、熊能聚众三百余人，李景初与田宗等各聚众五百余人。这些人熟知江湖道路，不仅驾驶船只兴贩私盐，也劫夺财物，拒捕杀伤官军，还不断哄诱小民上船以供役使，变诈百出。有鉴于此，朝廷一方面对盐徒势力采取分化瓦解的方法实行招抚，另一方面也选派熟谙水战的武官配合南京守备徐承宗等合力追剿[⑥]。与此同时，还遣锦衣卫千户各率有识见的校尉五六人，在仪真等江淮货盐去处密切侦伺访捕[⑦]。对于时官南京锦衣卫中所旌节司百户的秦瑛而言，其“奉檄搜捕为民所患的盐徒盗贼”，显而易见正是这一背景下的所作所为。

虽然针对盐徒的罗网已经张开，但围剿的进展却并不顺利。至天顺七年（1463）正月，甚至还发生了南京巡捕都指挥刘璧等猝与盐徒刘清在江干遭遇，而逗留不进、

---

①《明英宗实录》卷八七，正统六年十二月丁巳，第 1752 页 .

② 参见《明英宗实录》卷一四二，正统十一年六月戊申，第 2815 页，“南京监察御史陆俦巡石灰山关，副使黄颉受盐徒赇，俦廉知，发其奸，颉讦俦常取民池小鱼十数尾及蔬菜一束供馔。遂俱下锦衣卫狱……”。《明英宗实录》卷二九〇，天顺二年夏四月壬戌，第 6193 页 . “副都御史林聪等奏：盐徒田琮、朱贤等拒巡捕官军，镇江卫指挥吴钦、陈胜，通州千户陈勣、姜忠、百户苏英，皆受琮等赂，纵其横逆。今籍没琮等赴京，钦等亦宜执问。上曰：钦等同恶，亦籍没之。”

③《明英宗实录》卷二九二，天顺二年六月乙亥，第 6244 页 .

④《明英宗实录》卷二九五，天顺二年九月壬辰，第 6287 页 .

⑤《明英宗实录》卷二九三，天顺二年秋七月壬辰，第 6255 页 .

⑥《明英宗实录》卷三三八，天顺六年三月戊申，第 6891、6892 页 . “戊申，命巡按直隶及巡盐监察御史出榜招抚私贩盐徒拘留胁从小民，有能自首者，免本罪，发遣宁家。时南京守备魏国公徐承宗等官及南京六科十三道各奏盐徒刘奋子聚众二千余人，朱华、熊能聚众三百余人，李景初、田宗等各聚众五百余人，驾驶船只往来江湖，兴贩私盐，劫夺财物，拒捕杀伤官军，哄诱小民上船，役使拘留累年 . 除捕获者赴南京刑部问理外，诚恐各徒延蔓日久为患不细，奏乞区处。上命承宗等如法缉捕，兼有是命。”

⑦《明英宗实录》卷三四七，天顺六年十二月辛未，第 6995 页 . “……盐徒刘清、周达等往来江湖间，为患不已。守备南京魏国公徐承宗等屡奏其状，都察院以清等熟知江湖道路，变诈百出，且南京根本重地，上新河等处逼近京城，若不早为区画，恐酿成大患，宜选遣智勇谙水阵都督一员，驰会承宗等设法剿法，及遣御史锦衣卫千户各率有识见校尉五六人，于货盐去处密切访捕，事成，一体升赏。”

纵刘清等弃舟逃脱，事后却又滥捕平民欲冒诬贼徒抵罪的闹剧[①]。在朝廷的持续打压之下，势单力薄的刘清及其余党相继逃亡湖广、广东，终为千户周清捕获。英宗遂命锦衣卫遣官与千户周清一并将落网的刘清等械送京师以谋叛罪名处决[②]，盐徒之乱始稍歇。以墓志记载秦瑛"奉檄搜捕为民所患的盐徒盗贼"而"所获共以千计"而言，则秦瑛或亦是受命前往押解盐徒刘清及其余党的锦衣卫官校之一。

值得一提的是，墓志还述及秦瑛"尝被仇家诬陷歇官，七越寒暑。杜门静处，不易其操。后以当道剡荐，复任莅事，公勤不废于前。"秦瑛何以被免职七年，此亦值得玩味。据前文，盐徒刘清等在广东惠州被捕获后，英宗遂命锦衣卫遣官前往与千户周清一并将人犯械送赴京审理。其时，千户周清在械送途中擅自"棰死贼徒之难制者"，并藏匿酒器等贼赃。事发，刑部尚书陆瑜、都指挥门达等皆奏请治千户周清死罪。英宗大约念及周清擒获盐徒首脑刘清之功，只是将其贬谪[③]。千户周清在押解中途杀死人犯并藏匿贼赃，不会是一人所为，必有从者，如前所考，秦瑛或亦受命前往押解盐徒刘清及其余党的锦衣卫官校，如果是这样，则秦瑛与此事决脱不了干系，因此而遭免职处置，是极有可能的。

秦瑛墓志末尾的铭辞："猗维秦氏，开国效忠。列官近侍，勋阶聿崇。荫及松石，政誉益隆。"概述了这一秦氏锦衣卫百户世家的发家史，而着意述及秦瑛（松石）主事时，以其劳绩而能够张大家声，从前引志文关于秦瑛于成化二十二年（1486）请赠本无官位的亡父秦毅以锦衣卫百户之职而允获恩准一事的记载来看，所言或不诬。

秦瑛的叔父秦仲良与秦仲和两人，虽说只是这一秦氏锦衣卫百户家族中的庶支，但却凭借着锦衣卫世袭百户的来头，过着富足、优裕的生活，而在秦瑛墓志里也有"（秦瑛）不惮亲识所求，因致其笃义之称"，字里行间已可想见秦瑛以其锦

---

①《明英宗实录》卷三四八，天顺七年春正月癸丑，第 7012 页 .

②《明英宗实录》卷三五八，天顺七年冬十月乙巳，第 7133 页 ."盐徒刘清伏诛。清俗名刘畬子……集无赖子贩私盐，横行江海中。及都御史林聪捕盐徒，时清逃匿湖广。聪还，清又收集二千余人，置巨舰百余艘，列兵器其上，刻钦差工部办事官关防。遇官军巡捕，輙拒敌，甚至縳其官，乞死命，乃释之。魏国公徐承宗奏请捕之，清自安庆卫指挥朱昇家出，拥众以去。诏许胁从者自首免罪，众乃散去。清势孤，逃之湖广，又之广东。久之，为千户周清所执，械至京。上命锦衣卫遣官往护以来，法司论以谋叛，诛之。"

③《明英宗实录》卷三五八，天顺七年冬十月甲寅，第 7138 页 ."谪广州卫千户周清充军。初，朝廷虑盐徒刘清作乱，出榜购求之，许捕获者以升赏。刘清走广东，居市肆中，为人所觉，遁往惠州。都司委清追捕之，既获，就命清械送赴京。清于中道棰死贼徒之难制者，及多有所赍负，为刘清所窥。既至，命三法司廷鞫刘清等，刘清因言清擅杀其徒，并匿其赃，乞搜其行李。刑部尚书陆瑜、都指挥门达等信其言，遣人检之，果得酒器等物。瑜等坐清以死罪奏，谪之。"

衣卫百户的职衔，所给予家族成员的种种庇佑。在具体的享乐方式上，秦仲良与秦仲和兄弟俩又各有所不同，墓志谓秦仲良“善营居室，虚敞高明。喜种菊，所居之旁，黄白成蹊，虽落落与人寡合，至于贤士大夫过其门，必把菊玩赏，命觞咏歌，罄欢而后已。”秦仲和在摭拾“名花异卉、假山奇石环绕于庭”并“大营居室，一新前人之制”的同时，“以至法书、名画、商鼎、周彝，以品题其真□无少差忒。”相较而言，显得秦仲和在文化修养上较秦仲良似更高出一筹。这样来看的话，秦瑛在公馀“凡蓄法书名画，以充识鉴”，或不无秦仲和的影响了。

据志文所述，秦仲良墓志的撰造者倪谦“与秦氏居相邻”，而倪谦“宅在铁作坊，门颜‘及第’二大字，巷不甚广，夹街皆铁工列肆，公舆从出入，肆工皆为起立，公召至前，语之曰‘汝，吾乡人，毋为我出入妨汝作业，第坐为之。’后复起立，至再语之，始坐不起。世称公为长者。”[①] 铁作坊位于南京南城，与金沙井、铜作坊毗邻[②]，据此可知，秦仲良或秦氏兄弟也卜居于此。20世纪90年代后期，因城市建设，铁作坊及其周围的空间格局已经发生了巨大变化，唯其地名至今犹存。

秦仲良四子秦玺、秦璋、秦玮、秦瓒与秦仲和四子中的秦璧、秦珎、秦瑜，其名皆从“玉”，与秦瑛的名讳从“玉”彼此正相符合。秦仲良墓志自诩“秦氏之多佳子弟者，有仲良绳督之”云云，但秦仲良四子中的秦玺、秦璋皆早亡，剩下的秦玮、秦瓒二子也没有什么可资夸耀之处，唯其侄、第三辈中的秦瑛以嫡子袭职，也并非秦仲良所能左右之事。不过玩味其语，似隐有秦瑛年幼丧父，一度得到秦仲良鞠育的意蕴在内。至于秦仲和的长子秦云虽曾于京庠从博士授明经，累游场屋，乃大肆力于词翰之学，并得到定西侯蒋琬的赏识，俾赞画京营戎机，追根溯源，可能也是其父秦仲和较为重视家族子弟的教育所致[③]。

二秦墓志虽非同一人挂名撰造，但志文中所述兄弟二人“生平行义端方”的事迹，几无二致，甚至连行文遣词都极为雷同，究其原委，应当与二秦的行状皆出自郡庠龙民望一人的手笔有关。

挂名为秦仲良墓志撰文的倪谦，字克让，应天府上元人，祖籍钱塘。正统四年（1439）进士第三人，初授翰林院编修。正统十四年（1449）奉使朝鲜，翌年归，入值文华殿。天顺初累迁至学士，三年（1459）主顺天乡试，谪戍开平。宪宗即

---

① [明]李登、周诗纂修：《万历江宁县志》卷四《祠宇志·第宅》.

② 陈诒绂：《钟南淮北区域志·街巷》：“淮水遂沿牛市而西，至上浮桥矣。又新桥北穿丝市口，为铁作、铜作二坊。”载《金陵琐志九种（下）》，《南京稀见文献丛刊》，南京，南京出版社本，2008年，第379页.

③ 据秦仲和墓志所述，秦仲和倾注心力于家族子弟的教育，曾于家中构筑一室，并延请像陶元素这样驰名大江南北的在野文士来授学.

位复旧职，寻与其子倪岳同日奉命，入史馆纂修英宗朝实录。累迁南京礼部尚书致仕。卒赠太子少保，谥文僖。倪谦生平工文，曾应邀撰写过不少碑志文字。然倪谦之所以为秦仲良撰志，则除了其在志文中自承“与秦氏居相邻且有旧”外，或与其曾在文华殿东庑为宦官授书的经历也有一定关系[①]，毕竟，秦仲良的女婿、府军卫指挥刘镛恰是一位与宦官大有渊源的人物，刘镛的祖父为宁晋伯刘聚，而刘聚的叔父即是成名甚早、资历深厚的御马监太监刘永诚[②]。刘永诚小字马儿，自选入内廷后，以擎米多力而受到皇帝的赏识，遂被任使，曾屡屡戴假髯提兵出征入阵，以至凯旋受赏，卒得明宪宗赐祠额曰“褒功”，是一位功绩、影响几乎都与七下西洋的郑和相埒的宦官。直至明末，京师大户人家张挂围屏，其上仍多绘以刘永诚西征之事[③]。宁晋伯刘聚的孙辈，见诸史载的仅有嗣宁晋伯刘岳一人，今可补入秦仲良的女婿、府军卫指挥刘镛。倪谦有《倪文僖公集》传世，但秦仲良墓志却未见载入，从这个意义上来说，秦仲良墓志也可谓倪谦的一篇佚作了。

四、南京锦衣卫都指挥佥事丁固宗墓志暨妻杜氏墓志

明代南京锦衣卫都指挥佥事丁固宗夫妇墓志于 20 世纪 70 年代出土于南京南郊西善桥，现藏南京市博物馆。其中，丁固宗墓志边长 67—67.5 厘米，志石左上角残缺，并损及少部分志文。志文首题“明故昭勇将军上轻车都尉南京锦衣卫都指挥佥事丁公墓志铭”，次刻题名“赐进士嘉议大夫南京户部右侍郎前翰林国史检讨直文华殿国子祭酒兼经筵讲官莆阳郑继撰文赐进士中宪大夫南京鸿胪寺卿辽阳陈寿书丹中宪大夫南京太常寺少卿云间沈瑜篆盖”。墓志正文 41 行：

> 弘治乙卯十二月廿有五日，昭勇将军、上轻车都尉、南京锦衣卫都指挥佥事丁公以疾卒于官。讣闻，上深悼之，遣南京礼部尚书童公轩谕祭几筵。其孤福，卜以卒之又明年戊午正月初一日，奉柩葬于都城南安德乡石子冈之原，先期，经杖踵门奉工科给事中毛君理所述事状请铭其墓。乌

---

①《明宪宗实录》卷一八八：成化十五年三月甲戌，第 3356 页．“景泰中，别选内宦之聪慧者数人，俾（倪）谦教之，后俱柄用。谦踬而复起者，此数人力也。”同一史事，明人黄瑜《双槐岁钞》卷五《内府教书》亦载：“景泰时，选小内侍黄赐、覃昌等七人，俾中允倪谦、吕原教之，亦于文华殿东庑。”北京，中华书局，1999 年，第 84 页．

②《明宪宗实录》卷八九，成化七年三月甲申，第 1725、1726 页．“封后军都督府左都督刘聚为宁晋伯，岁支禄米一千石，本色、折色中半兼支。聚，本御马监太监永诚之侄。”

③［明］沈德符撰：《万历野获编》卷六《内监・刘聚封伯》，北京，中华书局，1959 年，第 160 页．

乎，予知公稔矣，恶可辞？序曰：按状，公性丁，讳固宗，字梦吉，其先扬之江都人。高祖成，前元至正乙未自韩元帅军中亡归我太祖高皇帝义兵麾下，累从征战，吴元年至洪武初年，尺籍大兴左卫，十三年故燕山右护卫，卒赠骠骑将军、右军都督府都督佥事；妣许氏，赠夫人。曾祖胜，起燕山，征宁夏黑松林等处，累功升本卫指挥同知，寻以平定九门功，升都指挥同知，卒赠骠骑将军、右军都督佥事；妣刘氏，赠夫人。祖信，金吾卫指挥同知、义勇中卫指挥使改忠义卫，升浙江都指挥佥事，累升右军都督府都督佥事，充总兵官奉敕镇守宁夏等处；妣张氏，封夫人。父瑄，冠带舍人，随父报效，袭鹰扬卫指挥使，天顺初“迎驾”有功，升都指挥佥事，锦衣卫支俸，领金牌，侍东宫，复鹰扬卫指挥使，寻署都指挥佥事，分守宁夏；妣王氏，封淑人。生公之夕，尝得奇梦，以有“梦吉”之字。公自少有异相，肌体如玉，不类凡儿，稍长，嗜学黄石公《素书》、孙吴《兵法》《武经》《百将传》诸书，皆能通其大义。父没，成化六年，袭忠义卫指挥使，掌军政绰有祖父风。九年，大司马白公、太傅会昌侯孙公交章荐充边将，奉宪宗皇帝圣旨：“待边方有缺用他。”十有三年，总兵官丰城侯李公题推神机营将官，廷臣议公持重老成，练达兵务，堪充其任，被命管督右哨官兵。公弓马闲熟，膂力兼人，又谋略深远，号令严明，京营军声为之大振。本年十一月，大司马余公题以南京锦衣卫缺官管事，廷议又首及公，奉宪宗皇帝圣旨，俾来南京锦衣卫管事。公移京营政令于兹，官校奉法，无敢纵逸，留都兵民同声称使。时同僚有啣公更其旧政者，公谢之曰：天下事成于自同，败于自异，国家政务宜公以处之，不宜自私□今上登极初，赣寇窃发，巡抚、都御史以闻，其地交界闽广，势颇滋蔓，诏如梧州中制两广事体，于会昌开设衙门，添设参将备之，京营诸卫多有不敢当其任者，廷议又及公，上遂擢署都指挥佥事，赍敕符验、旗牌分守其地。公至，又移南都政令以往，而加以师律精严，不疾不徐，坚清以待，群寇闻风，奔溃远去。越三年，赣人按诸如故，公报命凯旋，仍南京锦衣卫支俸，以待边缺。弘治五年四月，奉诏实授都指挥佥事。六年三月，用言者举闲官以资治道，蒙恩俾南京锦衣卫掌印。公于卫政，练达有年，如轻车之就熟途，操纵得体，人尤德之。又三年，以疾终。娶杜氏，都督清之女，封淑人，先公卒，生女一，适锦衣卫指挥使周鹏。妾梁氏，生子一，即福，今袭南京锦衣卫指挥使，娶今同卫明威将军、指挥佥事黄公琳妹。孙女一。乌乎！公产将门，享世禄，承祖父丰功伟绩，耀人耳目，公处之歉然若不足，天性孝友，事父母能共子职，处弟固祖辈怡怡如也。

与人交，谦退卑抑，礼度惟谨。遇儒素，益恭逊持下，不挟其有位。虽儿童、走卒，亦不以威势相临。及至当官莅事，则刚毅严明，官校诸人重足而立，用是帝心简在，舆论攸归，居官二十六年，一任将官，两居禁卫，英风凛凛，无愧前人，而春秋仅五十有五，良可惜也。铭曰：维丁之先，江都华阀。生逢圣主，义兵爰发。桓桓将种，为时虎臣。文韬武略，麟趾振振。宿卫留都，为王爪牙。翊扈根本，磐石□家。蠢兹蛮赣，桀骜疆土。捧□□临，西江按堵。公之勋名，洋洋□□。百年长城，一疾弗起。□□哉祭，□□□□。煌煌异典，贲兹幽堂。勒石刻铭，锦衣有子。吁嗟公兮，虽死不死。

传主丁固宗是明代中期卒葬南都的一位高级武官，关于丁固宗本人及其家族成员特别是祖父丁信等人的史料并不算少，其中最为重要的当属倪岳所撰的丁固宗神道碑文，此神道碑今已无迹可寻，曾否树立不得而知，然其文本仍存于传世的倪岳文集内[①]，可资与出土墓志相互参照研讨。

纵观丁固宗墓志与神道碑这两种碑传资料，不难发现，两者关于传主丁固宗其人生平行实的叙述不仅极其近似，甚至连行文遣词也近乎雷同，究其原委，应系丁固宗之子丁福奉呈郑继与倪岳二人的丁固宗事状，都同出于工科给事中毛理一人手笔之故。至于《武职选簿》关于丁固宗家族武职袭替方面的记载，也仅局限于丁固宗的子侄丁福、丁禟诸辈[②]，与碑、志本身内容关联不是很密切。故谨以传世史料为参照，就墓志记载略摭一二，以为补苴云。

传主丁固宗，字梦吉，生于正统五年（1440），以诞生之夕，出为宁夏参将的乃父丁瑄得一梦，梦中有异人授子且谓“将固汝宗”，遂以“固宗”为名、“梦吉”为字。神道碑关于丁固宗先祖的记载至为简略，墓志在这一方面却尤其详备，多有可资拾遗补缺之处。

丁固宗先世为扬州江都人，据神道碑记载，其高祖丁成，原本与朱元璋同为韩林儿麾下，后事朱元璋，隶籍燕山右护卫。据丁固宗墓志记载，丁成改事朱元璋之

---

① [明] 倪岳：《清谿漫稿》卷二一《大明昭武将军上轻车都尉南京锦衣卫掌卫事都指挥佥事丁公神道碑》，《景印文渊阁四库全书》集部第1251册，第291、292页.

② 中国第一历史档案馆、辽宁省档案馆编：《中国明朝档案总汇》，第73册，第6页.《武职选簿》之《南京见设卫所·亲军卫·锦衣卫·指挥使等》：“弘治九年十一月，丁福，直隶江都县人，系南京锦衣卫都指挥佥事丁固宗庶长男，伊父原系忠义前卫指挥使铨选南京锦衣卫保升前职，病故，本人照例革袭伊父原职指挥使，仍于南京锦衣卫带俸。嘉靖三十一年六月，丁禟，年五十八岁，江都县人，系南京锦衣卫指挥使丁福亲堂弟，伊堂兄为事参问，故绝，本舍与袭指挥使，照例注卫调南京府军后卫。”

后隶籍燕山右护卫的起始时间为洪武十三年（1380），而循此向前追溯至明太祖朱元璋登基前的吴元年（1367）则一度隶籍大兴左卫，此皆为神道碑所失记。

丁固宗的曾祖丁胜，神道碑仅记其累功升金吾都指挥，语焉不详。据丁固宗墓志可补，丁胜袭父丁成职后曾因出征宁夏黑松林等处，累功升燕山右护卫指挥同知，不久又以“靖难”功升金吾卫都指挥同知，终官则为辽东都指挥同知。

丁固宗的高祖丁成与曾祖丁胜，均“以孙（丁）信贵，赠骠骑将军、右军都督府都督佥事”。但神道碑关于丁信的记载很简单，只有“祖（丁）信，在宣德间累功升右军都督佥事”寥寥数语。而为这一丁氏锦衣卫世家光大家声的丁信，其实表现得颇为活跃，并不是丁固宗神道碑里的寥寥数语所能涵括的。

丁信于永乐五年（1407）袭父丁胜原职金吾右卫指挥同知[①]，又于宣德七年（1432）由忠义前卫指挥使升浙江都司都指挥佥事[②]。然据墓志可知，丁信始荫官金吾右卫指挥同知，曾升义勇中卫指挥使，再转忠义前卫指挥使。而如果没有丁固宗墓志的这一记载，丁信由所荫金吾右卫指挥同知迁升义勇中卫指挥使的经历，几乎不可能被揭示出来。

约在宣德八年（1433）至十年（1435），丁信实授右军都督府署都督佥事，直至宣德十年（1435）九月为右军都督府都督佥事[③]。丁信升右军都督府都督佥事不久，即受命出镇江西九江府，以凉州有警而召还，并于正统元年（1436）春正月改充宁夏左参将，以副“年老”的宁夏总兵官、都督同知史昭[④]。紧接着，次年春正月丁信便“以获虏寇功”而获赏白金三十两、彩币二表里[⑤]。正统二年（1437）三月初，丁信统率精兵出宁夏西北，与大同、凉州诸路军马汇合，进击入境剽掠的虏酋[⑥]，但由于“玩寇失机”，遭兵部、都察院劾奏，被降为都指挥佥事，仍充参将参赞军务[⑦]。正统三年（1438）二月，缘于兵部尚书王骥等奏丁信与少监来福领军赴甘

①《明太宗实录》卷七二，永乐五年冬十月乙巳，第1010页．“命故辽东都指挥同知丁胜子信，袭父原职，为金吾右卫指挥同知。”

②《明宣宗实录》卷九七，宣德七年十二月丁未，第2195页．“升忠义前卫指挥使丁信、永清右卫指挥使黄信、行在神策卫指挥使王祯，俱为都指挥佥事……丁信、李贵任浙江都司”．

③《明英宗实录》卷九，宣德十年九月戊子，第176页．“实授右军都督府署都督佥事丁信，为都督佥事……庚寅……命都督佥事丁信镇守江西九江府，既启行，闻凉州有警，遂召还。”

④《明英宗实录》卷一三，正统元年春正月庚午，第229页．“命行在右军都督佥事丁信充宁夏左参将。时宁夏屡有警，上以总兵官都督同知史昭年老，特命信副之。”

⑤《明英宗实录》卷二六，正统二年春正月乙未，第516页．

⑥《明英宗实录》卷二六，正统二年春正月己亥，第518页．

⑦《明英宗实录》卷三二，正统二年七月丁未，第633、634页．

肃听调[①]，不久后便以“在边有劳”[②]官复原职。这之后，仍不时有对于丁信等私役官军、广置庄田、霸占鱼池、侵夺水利的指责[③]，以至偶然的宁夏缘山地震、雷击军营门户等自然灾害现象，也被英宗斥为上天对丁信等徇私不法的惩戒[④]。

英宗对于丁信等遇敌畏缩的行径尤为不满，屡屡降敕切责。正统八年（1443）春十一月，英宗觑破丁信临阵之际避实就虚、避重就轻的伎俩，以“贼所入系（丁）信等守地，而不能奋勇擒剿一人”予以痛斥[⑤]，并将其降为都指挥使[⑥]。直至景泰帝登基急于用人之际，丁信遂得以升署都督佥事[⑦]，不数日丁信再“上章乞恩”而复为都督佥事[⑧]。丁信复职之后在北京西门与来犯的瓦剌部接战，虽然不无斩获，但己方损失尤为惨重，遭到兵部斥责[⑨]。景泰二年（1451）春正月，兴安侯徐亨也以“丁信纵贼抢掠，累次失机，又虚张虏势，惊摇军民”，而奏乞将其降调别用，另选智勇者代之。这一次终于连景泰帝也难耐忿怒道：“丁信无勇无谋，失机误事，降都指挥同知，狭西都司带俸，往延绥都督同知王祯处立功赎罪”[⑩]。但仅仅一年之后，丁信“遇赦”复为右军都督佥事的旧职[⑪]，可谓三起三落。总之，身为边将的丁信终正统、景泰两朝的行迹，从一个侧面印证了明廷面对的蒙古势力退居漠北后复又卷土重来的严峻情势。

丁信约卒于景泰七年（1456），嗣子丁瑄遂于是年六月袭为膺扬卫指挥使[⑫]。而据丁固宗墓志所述，乃父丁瑄在袭鹰扬卫指挥使之前，就以“冠带舍人”的身份随父丁信出镇宁夏等处。史载，天顺元年（1457）十一月，居夺门首功的忠国公石亨

---

①《明英宗实录》卷三九，正统三年二月乙亥，第 759、760 页．

②《明英宗实录》卷四五，正统三年八月壬戌，第 871 页．

③《明英宗实录》卷一〇三，正统八年夏四月辛丑，第 2086 页．

④《明英宗实录》卷九四，正统七年秋七月庚申，第 1889、1890 页．

⑤《明英宗实录》卷一一一，正统八年十二月丁酉，第 2237、2238 页．

⑥《明英宗实录》卷一一三，正统九年二月壬辰，第 2273 页．

⑦《明英宗实录》卷一八五，正统十四年十一月乙酉，第 3678 页．

⑧《明英宗实录》卷一八五，正统十四年十一月庚寅，第 3685 页．

⑨《明英宗实录》卷一九八，景泰元年十一月己未，第 4211、4212 页．“宁夏左参将都督佥事丁信奏：达贼千余骑，猝至西门，纵兵杀掠，随调官军与战移时，斩贼一人，中神铳堕马者甚众，皆曳之而去。获马十七匹并盔甲器械，官军死伤者七十余人，掠去男妇二百五十余，马牛一千有奇。兵部劾奏信了备不严，致贼突入，总兵官都督同知张泰等不调兵策应。命巡按监察御史俱责死罪状，令领军剿贼，再误不宥。”

⑩《明英宗实录》卷二〇〇，景泰二年春正月辛酉，第 4261 页．

⑪《明英宗实录》卷二一八，景泰三年秋七月丁酉，第 4699 页．

⑫《明英宗实录》卷卷二六七，景泰七年六月庚戌，第 5670 页．“命故右军都督府都督佥事丁信子渲，袭为膺扬卫指挥使。”然其“丁信子渲”之“渲”，应系“瑄”字之误．

等议选随侍东宫的一百五十六人，归原坐营都指挥佥事丁瑄、姜璟管领，而丁瑄、姜璟俱乞调锦衣卫带俸[①]。复据丁固宗墓志可知，丁瑄得以升任所谓“坐营都指挥佥事”乃是由于“天顺初‘迎驾’有功”，而墓志谓丁瑄继而“领金牌，侍东宫”云云，也足以表明丁瑄乃是追随石亨参与夺门之变、拥戴英宗复辟的骨干成员。然而不数年，出于对石亨党羽日益坐大不满，英宗任用以“强鸷”著称的锦衣卫指挥佥事逯杲等剪除夺门功臣，已然升为锦衣卫带俸都指挥佥事的丁瑄，也以“冒迎驾功得升”“又受石亨荐”等名目，而于天顺三年（1459）十一月被降为鹰扬卫指挥使[②]，但至迟在成化三年（1467）七月之际，丁瑄即已复官为鹰扬卫带俸署都指挥佥事[③]。丁固宗墓志对此则轻描淡写地记为“复鹰扬卫指挥使，寻署都指挥佥事，分守宁夏（东路）”，毫无提及丁瑄因附石亨等辈一度被降职鹰扬卫指挥使的缘由，固为尊者讳之故。据墓志，丁瑄成化四年（1468）四月犹协同守备兴武营[④]，以嗣子丁固宗于成化六年（1470）袭职而言，丁瑄或卒于成化六年（1470）或稍早。

综合墓志与神道碑的记载，传主丁固宗成化六年起官袭忠义卫指挥使，以廷臣荐充神机营将官，管督右哨官兵。成化九年（1473），兵部尚书白圭与、太傅、会昌侯孙继宗均奏荐丁固宗出任边将，宪宗降旨云：“待边方有缺用他”。成化十三年（1477），总兵官丰城侯李勇题推神机营将官，廷议皆谓丁固宗“持重老成，练达兵务，堪充其任”，遂被命管督神机营右哨官兵。至本年十一月，兵部尚书余子俊题以南京锦衣卫缺官管事，廷议又首荐丁固宗，宪宗故降旨命其往南京掌锦衣卫事。

作为哀诔文的墓志，总难免谀墓之讥。如丁固宗于北京管督神机营右哨官兵之际，墓志盛赞“公弓马闲熟，膂力兼人，又谋略深远，号令严明，京营军声为之大振。”值奉旨来南京锦衣卫管事时，则又赞颂道：“（丁固宗）移京营政令于兹，官校奉法，无敢纵逸，留都兵民同声称便。时同僚有呷公更其旧政者，公谢之曰：天下事成于自同，败于自异，国家政务宜公以处之，不宜自私……”莫不如是。成化二十三年（1487）孝宗登基之初，疾于“赣寇窃发”，且“势颇滋蔓”，故“诏如梧州中制两广事体，于会昌开设衙门，添设参将备之”。但由于“京营诸卫多有不敢当其任者”，于是“廷议又及公”，孝宗遂擢丁固宗南京锦衣卫署都指挥佥事，充参将，“赍敕符验、旗牌分守其地（赣州）”。丁固宗出守赣州以至其三年后因“赣州

①《明英宗实录》卷二八四，天顺元年十一月丁卯，第6086、6087页.

②《明英宗实录》卷三〇九，天顺三年十一月丙午，第6504页.“降锦衣卫带俸都指挥佥事丁瑄为指挥使，仍鹰扬卫带俸差操。瑄冒迎驾功得升，又受石亨荐，调卫，及管随侍营。至是自首，故改正之。”

③《明宪宗实录》卷四四，成化三年秋七月辛卯，第921页.

④《明宪宗实录》卷五三，成化四年夏四月癸丑，第1078页.

地稍宁”调还南京，史载甚简[1]，然在其墓志里的笔法却颇为冗赘，谓为“公至（赣州），又移南都政令以往，而加以师律精严，不疾不徐，坚清以待，群寇闻风，奔溃远去。越三年，赣人按诸如故，公报命凯旋，仍南京锦衣卫支俸，以待边缺。”

墓志继云丁固宗于弘治五年（1492）四月奉诏实授南京锦衣卫都指挥佥事，六年（1493）三月“用言者举闲官以资治道，蒙恩俾南京锦衣卫掌印”。相较而言，丁固宗的这两次迁擢虽亦见载神道碑，但墓志所述更为详细具体，可补益史载。

神道碑记载丁固宗生于正统七年（1442）正月二十七日，卒于弘治八年（1495）十二月二十五日，并谓其享年五十三岁，但这一结果不符合传统的年岁推算方式，墓志记丁固宗享年五十五岁，则较为允当。丁固宗死后，神道碑谓孝宗“命礼部致祭于其家”，此即弘治九年“赐南京锦衣卫都指挥佥事丁固宗祭”而“不为例”。之事[2]而据墓志透露，其时赴丁固宗金陵官舍致祭的官员，乃是南京礼部尚书童轩。对于孝宗从丁福之请而赐丁固宗祭，朝廷的态度虽是“不为例”，但依稀可见丁固宗这一锦衣卫世家的影响。

丁固宗卒于弘治八年（1495）十二月二十五日，其下葬时间神道碑谓为“卒之明年某月某日”，即弘治九年（1496）某月某日，有留空待填之意，至于推为“卒之明年”当也是充分考虑到停丧之期。然据墓志可知，丁固宗实为“卒之又明年戊午”即弘治十一年（1498）的正月初一日始得以葬于南都安德乡石子冈之原。

丁固宗有妻杜氏与妾梁氏，惟杜氏墓志与丁固宗墓志伴出。杜氏墓志边长61.3—62.3厘米，为汉白玉石质，表面略有风化，志文首题“大明诰封丁淑人杜氏墓志铭”，次刻题名“赐进士嘉议大夫南京太常寺卿洛中翟瑛撰文赐进士奉议大夫南京光禄寺少卿天台邵諴书丹赐进士文林郎南京兵科给事中金台倪天民篆盖”。墓志正文24行：

> 南京锦衣都指挥丁公梦吉丧其配、封淑人杜氏，将谋葬于都城南安德乡石子冈之原，先期，请太卿陈师召先生状其行实，遣其子福持来乞铭。予念与公相比久矣，曩予官都下时，公为营将，日与之往来，因通家焉，凡淑人之仪范，闻之颇悉，未尝不窃叹公得此良配，所宜伉俪永年，以裕厥后，而遽意其已乎。谨按状而序之曰：淑人姓杜氏，讳淑祥，中军都督

[1] 参见《明孝宗实录》卷八，成化二十三年十二月丙子，第166页．“升南京锦衣卫指挥使丁固宗为署都指挥佥事，充参将，分守赣州。”《明孝宗实录》卷五三，弘治四年七月丁酉，第1047页．“命分守江西赣州参将、南京锦衣卫署都指挥佥事丁固宗，还南京锦衣卫带俸，以赣州地稍宁故也。”

[2]《明孝宗实录》卷一一六，弘治九年八月壬辰，第2098页．“赐南京锦衣卫都指挥佥事丁固宗祭，不为例。”

清之女，母严氏。淑人生有异质，最钟父母之爱，每难其归，闻公之贤，因归之。淑人入丁之门，修执妇道，事舅姑如事父母。丁故繁族，事大小一综理于淑人，祭祀之奉，宾客之需，而始终略不以烦其舅姑与公者，斯其力欤。御臧获，先以恩结其心，尝曰："舍其所向而事我，彼亦人子也，忍虐之乎？"即有小过，则从容策训之以俟其改。用是，群下罔不德之。无几，公奉命出镇赣州，淑人随往，公每莅事在外，则严扃鐍，不纵一家人轻出，恐为有司扰。三年，事定，公上疏乞归，复掌卫事，又日以知止之说谕之，此其超然之识，有以佐公之所不及者，非贤而能之乎。生女一，适今锦衣指挥周鹏；子一，即福，侧室梁氏出也，抚爱周至，娶今南京锦衣指挥黄公国器妹。孙女一。距其生正统辛酉九月三十日，以弘治甲寅六月廿一日卒，葬卜戊午正月初一日。乌乎！先王盛时，德化流行，凡有位者之子，皆秉德执度以持君子之行，当时形诸声歌，传于将来，则今之世有淑德如丁淑人者，其可以无传乎。铭曰：诗咏宜家，礼著内则。维分之宜，寔乃之□。国有君子，焯任崇职。厥有主壸，内周□□。尊隆卑惠，中严外饬。井井之政，不有其力。虽曰无遂，良□作式。允矣□□，朝殒其□。千祼石冈，时拱流湜。我铭其石，□□□□。

据墓志，传主杜氏讳淑祥，为中军都督杜清之女，生于正统六年（1441）九月三十日，丁固宗出镇赣州三年，杜氏偕行，卒于弘治七年（1494）六月廿一日，于弘治十一年（1498）正月初一日与丁固宗合祔。

杜氏淑祥之父杜清在明代夺门之变这一历史事件中扮演了重要的角色，而丁固宗之父丁瑄同样也是追随石亨而于"天顺初'迎驾'有功"的既得利益者。由此可见，丁固宗与杜氏淑祥的婚配可谓"门当户对"的政治联姻。

杜氏淑祥之父杜清早先是厨役，正统十四年（1449）户部左侍郎奈亨"病不欲退、力疾视事"，为避人言其年老迈"乃染白髭为黑"，并怒挞"窃笑之"的杜清，杜清遂检举奈亨违法诸事，竟致奈亨以死罪而被收监[①]。奈亨以阿附权贵、品行不端夙为人轻，竟遭杜清算计而几乎丢掉性命，则杜清其人之顽劣亦可见一斑。约在土木堡之变前后，杜清仍以厨役应募投效将军石亨，被委以腹心之任。先是，偕石亨往大同得封镇抚，值景泰帝登基后又随石亨赴京师，以征进有功升千户[②]，继于天顺元年（1450）正月追随石亨以"夺门""迎驾"之功而为锦衣卫带俸都指挥同知，

①《明英宗实录》卷一八九，景泰元年二月戊寅，第 3864、3865 页．

② 天顺三年朝廷清理"夺门"诸辈，兵部奏杜清行历如此。详见《明英宗实录》卷三〇七，天顺三年九月乙酉，第 6463、6464 页．

予世袭指挥使[①]。仅逾一月又升中军都督佥事[②]，并获赐籍没的景泰帝旧臣房产[③]。八月，杜清再升中军带俸都督同知，仍管中军都督府事[④]。

杜清极受石亨倚重，与同居"夺门""迎驾"首功的太监曹吉祥也稔熟无间，其时大臣岳正鉴于石亨、曹吉祥等恃宠骄横，恐贻后患，曾向英宗提议利用杜清离间石、曹二人，"使各怀疑贰，去之犹反掌"。庶几可见，值英宗复辟之初，出身厨役的杜清在朝堂之内的微妙境遇[⑤]。天顺三年（1459），英宗终于开始出手清除所谓夺门功臣，杜清也位列兵部奏请革职的名单之列，英宗对他人皆无顾惜，独属意于杜清，谓"清曾效勤劳，不必革"[⑥]。天顺四年（1460），杜清"以与石亨亲党有怨恨语"而下锦衣卫狱，赎杖降为云南都司带俸都指挥同知[⑦]。次月，随着石亨瘐死刑部狱中，杜清也揭出石亨侄孙石后造妖言"土木掌兵权"之事，并谓"土木，杜字也"，意指杜清其人。杜清与石后俱以此下狱，法司论杜清当比谋叛论罪，英宗只命"削其官"并"发云南金齿为民"，石后则坐妖言伏诛并"籍没其家"[⑧]。

杜清行历的传奇之处，不仅表现在他由地位低下的厨役迅速擢升至中军都督同知这样的高级武官，更表现在他所投靠的将军石亨之流被清除殆尽、且本人亦被兵部点名作为石亨余党欲行革除之际，仍旧为明英宗庇护关照而得以屹立不倒。即便

---

①《明英宗实录》卷二七四，天顺元年正月戊子，第5812页．

②《明英宗实录》卷二七五，天顺元年二月戊戌，第5834页．

③《明英宗实录》卷二七七，天顺元年夏四月庚申，第5928页"以王文、陈循、商辂、江渊、项文曜房屋，给右都督过兴、锦衣卫都指挥同知杜清、指挥佥事袁彬、达官马哈麻鲍政，俱从兴等奏请也。"。

④《明英宗实录》卷二八一，天顺元年八月庚子，第6034页．

⑤《明英宗实录》卷二八〇，天顺元年秋七月辛未，第5998页．"调翰林院修撰岳正为广东钦州同知。初，正言于上曰：石亨、吉祥等恃宠骄横，恐贻后患，臣请间二人，使各怀疑贰，去之犹反掌。因往语吉祥曰：石亨常令杜清来此，欲何为？吉祥曰：致诚款耳。正曰：不然，彼欲觇公所为，宜谢遣之，勿容其数来。且劝吉祥辞兵柄。吉祥、石亨因合谋去正。会承天门灾，正极言石亨将为不轨，且言陈汝言不宜升尚书，宜用卢彬为侍郎，二人俱谲悍，若同事必不相容，乘其隙可并去之。及徐有贞系狱，正又言：宜复用有贞，则天变可弭。吉祥、石亨言正党附有贞。上命调正外任。"

⑥《明英宗实录》卷三〇七，天顺三年九月乙酉，第6463、6464页．"兵部奏中军都督佥事杜清、锦衣卫千户刘盘等二十员，俱系夺门有功人数。上命清带俸不管事，盘以下俱革新升职事，复注原卫所。兵部复奏：清旧充厨役，应募报效，从石亨于大同，得所镇抚。景泰间，亨奏起清赴京，又随亨征进有功，升千户，寻取回尚膳监，仍本官，给役大庖。及查得亨所叙功次，文册无清姓名，亦宜革去新升职名。上曰：清曾效勤劳，不必革。"

⑦《明英宗实录》卷三一一，天顺四年春正月庚子，第6533页．

⑧《明英宗实录》卷三一二，天顺四年二月癸亥，第6549页．"……石亨瘐死刑部狱中，法司请斩首枭示，且疏其罪状榜谕天下。上曰：亨既死，其完尸瘗之……辛未，云南都司带俸都指挥同知杜清以石后造妖言有"土木掌兵权"之句，土木，杜字也，其意指清。俱下狱。法司论清当比谋叛，兄弟流二千里。上命削其官，发云南金齿为民。石后坐妖言诛，籍没其家。后，亨侄孙也。"

被降任云南都司并因旁人的妖言惑众遭法司论“当比谋叛”之后，英宗仍然网开一面只将其削官，而将同案涉及的石亨侄孙石后处死并籍没其家。两相比照，不难发现，为杜清所倚靠的不仅仅有居夺门首功的将军石亨之辈，还包括自南内复辟的明英宗。明英宗何以会如此反常地对杜清屡有庇护，不得而知。不过据前述，杜清于景泰年间追随石亨赴京师升千户后，“寻取回尚膳监，仍本官，给役大庖”。未知景泰年间在尚膳监给役大庖的杜清，曾否利用职掌上的便利向尚在南内“苦捱”的明英宗输好？如果是这样，则英宗复辟后对杜清的种种关照和宽容，就不难理解了。

丁固宗有一子一女，其女即原配杜氏出，适南京锦衣卫指挥使指挥周鹏。其子丁福，为丁固宗妾梁氏出，于弘治九年（1496）六月袭乃父丁固宗原指挥使之职①。丁福妻黄氏，为明威将军、南京锦衣卫指挥佥事黄琳（国器）妹。同寄衔于南京锦衣卫，由于缺乏史料，周鹏的事迹鲜为人知，而黄琳则以其身世、家学显得殊为出众。

黄琳，字美之，号蕴真、休伯、国器、一江等，为明成化朝大珰、司礼监太监黄赐犹子。黄赐曾进学于文华殿东庑，继而入内书馆，受过良好的教育，其最为重要的功绩，是与张敏、段英三人对幼年时的孝宗有阿保功②。黄琳的生父黄宾为太监黄赐弟，以从征而擢锦衣，后因参与经办孝宗生母孝穆皇后纪氏的丧事而升锦衣卫指挥佥事。值黄赐出为南京守备，黄宾亦改南京锦衣卫指挥佥事，卒于成化十六年（1479）。据上海博物馆藏祝允明弘治十五年（1502）为黄琳所作《一江赋》长卷云：“吾固得之前闻兮，愿因名而叙实也。龙驾庚寅，摄提在申。月弦于天，岳乃降神，蓂余七荚，是生伟人，玭珠出胎，不染人间之类。”可知黄琳生于成化六年（1470）七月初七，值乃父黄宾亡故之际，黄琳年仅十岁，尚未出幼，至成化二十一年（1485）黄赐卒，时年已十五岁的黄琳始于十月承袭锦衣卫指挥同知③。黄琳“初袭爵，即掌卫事”，然弘治元年（1488）南京兵部奏请降、革传升暨乞升的武职冗员共五十三人，其中也包括以太监黄赐恩乞升的黄琳等子侄辈，黄琳本人降锦衣卫指挥佥事④。正德改元，再降黄琳为南京锦衣卫降级百户，次年乞复指挥佥事职，武宗折衷其事，“命为正千户，仍改锦衣卫见任”⑤。黄琳的锦衣卫职衔或于嘉靖初遭革除，故《武职选簿》之内并无存录黄琳资料。墓志记载杜氏儿媳、黄宾第三女黄氏之兄长黄公（琳）国器为“今南京锦衣指挥”，固有所减省，应是弘治元年

①《明孝宗实录》卷一一四，弘治九年六月乙酉，第 2063 页．“命故掌南京锦衣卫事都指挥佥事丁固宗之子福，袭原职指挥使。”

②［明］沈德符：《万历野获编》卷三《孝宗生母》，第 82、83 页．

③《明宪宗实录》卷二七一，成化二十一年十月壬寅，第 4581 页．

④《明孝宗实录》卷一四，弘治元年五月乙亥，第 338、339 页．

⑤《明武宗实录》卷三〇，正德二年九月辛酉，第 761 页．

（1488）“请降”的南京锦衣卫指挥佥事。

明代成化、弘治、正德三朝是宦官势力持续坐大的时期，而在内廷接受过良好教育的大珰黄赐，其权势之煊赫，就连“天下皆仰望其风采”的吏部尚书倪岳这样成弘之际的名士，也不免向其“投怀送抱”。史载黄赐母去世之际，倪岳“衰服送葬，徒步柩前”，论者咸谓其“急于功名，暱比权要”[①]。黄赐酷嗜古代书画，黄瑜《双槐岁钞》卷九《名画古器》记载：“南京西华门旧有二黑漆古椟，振之则中空有声，盖国初巨室之籍入者，以不可启视，故弃于此。守阍小内使张本穴道而窥之，则画幅存焉，一为王维傅色山水，约三丈余；一为苏汉臣所绘宋高宗瑞应图本。以王画送安宁，苏画送黄赐，皆太监坐厂守备者。未几，宁死，赐攫得之。并以献上，赏赉颇多，益加宠任。”以黄赐其时的位望，其守备南京期间，诸如此类“巧取豪夺”法书名迹的机遇应不会少。黄琳以犹子的身份几乎全盘继承了黄赐的书画收藏，明代周晖《金陵琐事》卷三称黄琳“收藏书画古玩，冠于东南”。

综上所述，再回过头来看丁固宗妻杜氏淑祥的墓志，是很可以说明一些问题的。杜氏之父杜清于天顺四年因为石亨侄孙石后“妖言惑众”而被削官并“发云南金齿为民”，随之在史籍中便失去了“踪影”，而杜氏墓志不仅对杜清家族的史事与社会交往多有补充，尤其志文中仍从容云及乃父杜清官“中军都督（同知）”等语，似可见明英宗将杜清削官并“发云南金齿为民”的惩戒，对这一家族的影响有限，因为通过诸如婚媾之类的手段，杜氏家族早已将自身与朝堂上下的武职与文臣集团、内竖与外官系统牢牢捆绑起来，固结为一块牢不可破的整体，这就往往不完全会是某一个人的宦海沉浮所能左右的了。

（作者单位：南京市文化遗产保护研究所）

①《明孝宗实录》卷九，弘治元年正月甲寅，第191页.

南京锦衣卫与徐达后裔的世家风华

刘 冻

南京锦衣卫，全称南京锦衣亲军都指挥使司，明成祖于永乐十九年（1421）正式迁都北京后，基本确定了南北两京制度，南京仍然具有相当重要的意义。南京锦衣卫与北京锦衣卫多卷入宫廷内部斗争不同，自己的职任往往起到“恩荫寄禄”之用。

明代开国功臣之后多在南京锦衣卫世袭任职，据《明史》记载，明代开国功臣常遇春、汤和、李文忠、邓愈和徐达等人的后嗣，就分别任职“南京锦衣卫世指挥使”或“世袭南京锦衣卫指挥佥事”，而这些职任大多是只领俸而不亲事任的。同时，有不少“丝路归化人”隶籍或在南京锦衣卫为官，并世代袭位于南京锦衣卫。

在南京锦衣卫中，徐达的后裔徐膺绪、徐世礼、徐天赐、徐缵勋等在此世袭传位，并利用这种特殊身份和各种人脉在南京大兴土木，拓建成当时南京“最大而雄爽”的私园，取名为东园，又称徐锦衣东园，现南京白鹭洲公园。明武宗朱厚照南巡时，于东园内设立钓台为乐。东园主人徐天赐还常邀各路亲友名流齐聚东园，其中有许穀、吴承恩、何良傅等文坛大家等，显示出世家风华之贵彩。

一、“恩荫寄禄”体制下的锦衣卫

锦衣卫是大明朝特有的机构，建立初期就设立了拱卫司，洪武二年（1369）改为仪鸾司，洪武十五年（1382）正式变为锦衣卫。锦衣卫含有经历司、镇抚司以及十四所，下面分有将军、力士、校尉等等。锦衣卫的要害和神秘部门是镇抚司，南镇抚司管案情审讯，北镇抚司管诏狱。

锦衣卫最高长官为正三品指挥使，均由皇帝的心腹担任，从而不难看出锦衣卫的特殊地位和重要性。指挥使下有佥事、同知、将军、力士和校尉。再往下还设有锦衣中所、锦衣前所、锦衣后所、锦衣左所、锦衣右所、上中所、上前所、上后所、上左所、上右所、中后所、亲军所、驯象所和旗手千户所等十四所。其中前、后、左、右、中五所，每所下面又分十司，统领校尉，管理仪仗。

看上去锦衣卫的主要职权是仪仗，但实际上是负责皇宫防御、巡察、缉捕，以及京城各大小事务。如为地方官进京觐见事先验明正身，负责监修京城交通街道，安排接待宾客的食住行和科举殿试的巡考工作等等。明史载：锦衣卫，掌侍卫、缉捕、刑狱之事，恒以勋戚都督领之，恩荫寄禄无常员。锦衣卫设立最初，所谓“恩荫寄禄”，意思就是给功臣中一些表现平常的子孙们一个闲职，以补偿其祖辈过去之功。

在中国古代，人浮于事、机构臃肿常成为社会沉重的负担。所以，狭义中的“恩荫”特指北宋大中祥符八年（1015）以后出现的一种独特的门荫制度，称之为“推恩荫补”，宋时被简称为“恩荫”。北宋时甚为严重，冗兵、冗官、冗费，这些多余闲散的官兵和浪费泛滥成灾，始终困扰着朝廷。恩荫又可称为任子、门荫、荫补、世赏，是中国上古时代世袭制的一种变相。广义恩荫，是指由于封建制度下，因有功的祖辈、父辈的地位而使得子孙后辈在入学、入仕等方面享受特殊待遇。

明初沿袭元朝任子制，文官七品以上皆得荫一子以世受俸禄，称之恩荫生。洪武初年，锦衣卫官二百五员，因其与皇权千丝万缕的联系以致在明代政治生活中占有举足轻重的地位，所以明人多以功勋而列衔锦衣为荣耀。明代官制以文武两途为主要划分，非文即武的冗员冒滥于政府机构。文职多数是近侍内臣、太常少卿、通政司丞、郎署、中书、司务、序班。武职方面则因为锦衣卫是皇帝亲军卫队，显荣非比寻常，成为冗员冒滥较为集中的场所之一。

综考之，明代锦衣卫恩荫寄禄有两个主要特点，一是恩荫寄禄人员数量的不断增加，二是授衔于锦衣卫人群来源的变化。《明史·职官志》记载：“锦衣卫恒以勋戚都督领之，恩荫寄禄无常员”[①]。一般来讲，任何机构都有相应的人员限制，唯独锦衣卫不做限制，这就为日后锦衣卫从洪武初年几百人，暴增到嘉靖初年的十五六万人，从而留下了一个政策性的致命漏洞。

洪武年间，起初多是勋臣、戚畹子弟列衔于锦衣卫，也就是说锦衣卫衔多以对军功的表彰而赐予武官子弟，可到了正统年间随着内官势力崛起，授衔于锦衣卫人群的有了新的变化，渐渐地“中贵子弟授官者多寄禄锦衣中”[②]，内官与皇权密不可分的关系是造就中官子弟得以荫封的直接借口。永乐年间对内官的任用，延及正统年间已经成为惯例并且逐渐制度化，荫封中官子弟是对内官势力的存在并对其服务于皇权的一种肯定和褒奖。

虽说洪武年间，曾经废除过锦衣卫，但永乐定都后，又恢复了锦衣卫。南京锦衣卫，全称南京锦衣亲军都指挥使司，明成祖于永乐十九年（1421）正式迁都北京后，基本确定了南北两京制度，南京仍然具有相当重要的意义。南京锦衣卫与北京

①［清］张廷玉等,《明史》卷七六《职官志》，北京，中华书局，1974 年，第 1862 页.

②［清］张廷玉等,《明史》卷八九《兵志》，第 2184 页.

锦衣卫多卷入宫廷内部斗争不同，自己的职任往往起到“恩荫寄禄”之用。

明代开国功臣之后多在南京锦衣卫世袭任职，据《明史》记载，明代开国功臣常遇春四世孙常復世袭锦衣卫指挥使、东瓯襄武王汤和六世孙汤绍宗世袭锦衣卫指挥使、岐阳王李文忠五世孙李濂世袭锦衣卫指挥使，还有邓愈和徐达等人的后嗣，也分别任职“南京锦衣卫世指挥使”或“世袭南京锦衣卫指挥佥事”，而这些职任大多是只领俸而不亲事任的。

锦衣卫制度上承蒙元时代的宿卫，此时还有不少“丝路归化人”，隶籍或在南京锦衣卫为官，并世代袭位于南京锦衣卫。也就是说，南京锦衣卫在明代还成为宠遇沿着丝绸之路来到中原后流连不去的商人、使节等非汉民的最后归宿。南京也正是有了这种“国际商贸”的新开放体制，从而构建了古金陵汉、回杂居的历史格局基础。

二、徐达后裔推恩荫补南京锦衣卫

徐达，字天德，安徽凤阳人，明朝开国军事统帅。洪武初累官中书右丞相，封魏国公，追封中山王。为明开国第一功臣，徐达病逝，朱元璋亲为之撰写神道碑，赞扬他“忠志无疵，昭明乎日月”。后复命“配享太庙，塑像祭于功臣庙，位皆第一”[①]。

徐达墓位于现南京市玄武区太平门外板仓街192号，神道两侧有石马、驮、石羊、石虎、武将、文臣各一对。墓前石刻用整块大青石雕成，碑高5.5米，下承龟趺，高1.8米，通高7.3米，宽2.2米，厚0.7米，碑文两千余言，明太祖亲撰，碑文有标点符号，很罕见。

神道碑文载：中山武宁王徐达、南昌府丰城县角陂人，凤阳籍，农业。查看乐平《南州徐氏宗谱》，明确记载徐达家世，徐达系出徐孺子四十世孙韬公之后，属韬公十六世裔孙、徐孺子五十六世孙。江西乐平的近百个徐氏村庄宗谱都附有朱元璋题中山武宁王徐达神道碑碑文。

史称一门二公，明一代只有徐达一家。徐达有四子三女，长子徐辉祖，次子徐添福，三子徐膺绪，四子徐增寿。其后世子孙大多显贵，然其孙辈以后除承袭魏国公，定国公的两支。他的三个女儿也都嫁给了朱元璋的儿子，长女嫁于燕王朱棣，次女嫁于代王朱桂，三女嫁于安王朱楹。燕王朱棣夺权称帝后，徐妃被册立为皇后。

---

① 邵磊：《明代开国功臣中山王徐达墓考述》，中国明史学会、北京市昌平区人民政府编《第十七届明史国际学术研讨会暨纪念明定陵发掘六十周年国际学术研讨会论文集》，北京，燕山出版社，2018年，第465—480页.

徐达死后，长子徐辉祖继承爵位，受封魏国公。次子徐添福早卒，其子徐茂先成了朱棣帝的仪宾。三子徐膺绪曾任尚宝司卿，后升至中军都督佥事，世袭指挥使，长期驻扎在南京。四子徐增寿在明成祖朱棣起兵南下时给他通风报信，死在建文帝的剑下，后葬于钟山，被明成祖追封为定国公、武阳王，其子徐景昌继嗣生活于北京，后裔大都葬于北京门头沟一带。

这里最值得一提的是徐达三儿子徐膺绪，他于永乐十四年（1416）五月十一日去世，子孙世袭为锦衣卫，长期驻扎在南京。1965 至 1983 年间在南京板仓中山王墓园东西两侧曾发现十一座徐达家族墓，其中就有徐达第三子徐膺绪、长孙徐钦和五世孙徐俌的墓葬，并出土了墓志。

1982 年，徐膺绪夫妇的墓葬在板仓被发掘后，“中都留守司正留守徐公墓志铭”的出土解开了许多历史谜团。2011 年 4 月，在中山王徐达的墓地和五世孙魏国公徐俌墓，直线距离只有三百米左右的南京林业大学新庄校区一处工地上，又发掘到了明代南京锦衣卫指挥佥事徐氏墓葬，其中出土的蓝釉梅瓶引起众人关注。此墓主就是徐达三儿子徐膺绪的后人，第六代世孙，姓徐名世礼，字君叙[①]。

徐氏家谱资料显示明大将徐达三儿子徐膺绪这支子孙世袭南京锦衣卫指挥佥事的有关人员记载为：始祖徐达，二世徐膺绪，三世徐景珩（长）、徐景璜（次）、徐景瑜（四），四世徐显隆、徐显绶、徐显荣，五世徐铎、徐伯宽、徐锐，六世徐世勋、徐世祯、徐世礼、徐昇，七世徐访、徐志道、徐鹤龄、徐鹤松、徐鹤梅，八世徐登瀛、徐国彦、徐国全，九世徐得禄、徐弘胤、徐维京，十世徐永年、徐永和，十一世徐翼明等，共十辈二十八人之多。

再说说徐达的长子徐辉祖，徐达死后徐辉祖继承爵位受封魏国公，靖难之变后，因反对明成祖朱棣遭削爵及禁锢东园之中，于永乐五年（1407）逝世，年四十余。成祖以“中山王不可无后”为由，让辉祖的儿子徐钦继承魏国公，后传给儿子徐显宗、徐承宗，徐承宗天顺年间守备南京，领中军府，从此魏国公一系世代居住在南京及周围地区。

在长子徐辉祖这支中，到了徐天赐（徐达六世孙）时，他又官职锦衣卫指挥。徐天赐利用这种特殊身份和各种人脉在南京大兴土木，拓建成当时南京“最大而雄爽”的私园，取名为东园，又称徐锦衣东园，现南京白鹭洲公园。

---

① 邵磊:《明中山王徐达子孙墓志考释》,《明史研究》2014 年，第 298—316 页 .

三、南京白鹭洲的徐锦衣东园遗址

南京白鹭洲公园历史上最早见于史料的是明中叶的《正德江宁县志》载，洪武初朱元璋将自己为吴王时的旧邸赐予徐达，徐达惶恐不受。于是在旧邸对面为之另建新第，并在居第左右各建一牌坊，名日“大功坊”，现在南京瞻园就是徐达王府的一部分。

永乐初，身为徐达长女的仁孝皇后就把位于中山王府东面靠城墙的一片土地“赐其家，为蔬圃”。这块蔬圃位于南京钟山东凤凰台下，在历代世袭的魏国公手上逐渐建成了私家花园，后来其五世孙徐泰时加以修葺扩建，辟作别墅，被称为“徐太傅园”或“徐中山园”。

成化年间，魏国公徐俌（徐达五世孙）所钟爱的幼子徐天赐（徐达六世孙），字申之，官锦衣卫指挥。他从袭封魏国公的长侄徐鹏举（徐达七世孙）手里，夺取了该由徐鹏举继承的太傅园，占为己有，并大兴土木，拓建成当时南京“最大而雄爽”的私园，并改名为“东园”。整座园林秀美无比、蔚然大观，“为金陵池馆胜处”。

从史料上看，明东园主人徐天赐，“能文章，喜宾客”，极喜风雅之举，和《西游记》作者吴承恩同为明代中期秦淮名士，且相交甚笃。经常在东园的中山堂中“招名流啸咏其中”，著有《东园集诗》，人称东园公子。随着南京城的不断繁荣发展，加上科举贡院，这一江南政治、经济和文化重镇，吸引了许多外地文人骚客、学士考生流连于此，因而营造出文气盎然的别样氛围。东园是明代金陵城南闹市中一片难得的悠闲安谧之地，明代杰出画家、文学家、书法家、道家文征明的一幅《东园图》则生动地画出了当年东园的人文情趣。

《东园图》采用了当时画坛比较流行的“别号图”风格画风，该画卷采取了五段情景式叙事法。从右至左在通往园门的鹅卵石径上，衣着灰衫的东园主人，正在出门迎客。一位红衫客人神采奕奕，漫步前来赴会，一仆童携琴尾随其后；画面中心是四位文人骚客正在一座轩堂内围桌展卷，津津有味地品诗赏画，一童手捧卷轴恭候侧旁，所绘人物栩栩如生；另一童手托茶盘走近该屋，似乎还在与红栏旁一坐者答话；人们隔池而望，倚岸水榭中还有两位雅士闲敲棋子、对弈正酣，形象描绘逼真、颇为传神；园中春气袭人，清风吹皱一池涟漪，对岸的竹篁小径上，另有一位仆童持盘匆匆前往送茶。

细赏文征明的《东园图》画卷可见，该园之内松柏苍翠，修竹蔽天，花草芳馨，曲径通幽，小桥流水，汩汩不息，朱漆栏杆，曲折回环，亭台榭阁，历历在目，造型优雅的湖石点缀其间，毫无闹市中的喧嚣与杂沓，十分引人入胜，颇有一种清虚幽谧、豁然悠远的恬雅情境。

画卷右上端落有文征明的手笔“东园图”三字，右下角另钤阴文“文征明印”、阳文“征仲”方印；左端画尾则以楷书款署“嘉靖庚寅秋征明制”，随后又钤有阳文“停云”圆印、“玉兰堂印”方印[①]。

《东园图》引首隶书“东园雅集”四字，是当时寓居金陵的戏曲名家徐霖手笔，卷尾另外裱有二文，分别系南京国子监祭酒湛若水的楷书《东园记》，以及陈沂的行书《太府园游记》。湛若水在《东园记》中纵情咏叹：“独乐而不若与人，与少不若与众，东园子天下之贤公子也，所与游皆天下之贤士大夫也……”阅来意境深远、思绪万千。

明武宗朱厚照南巡时，也于东园内设立钓台为乐。嘉靖二十三年（1544）、嘉靖三十三年（1554）其时的园主人徐天赐的六十、七十大寿，各路亲友名流齐聚东园，其中有许穀、吴承恩、何良傅等文坛大家并均有长文祝寿。后来，徐天赐把东园授给了他的第六子、身为官锦衣卫指挥的徐缵勋，正因为如此正德以后的东园又被称为“徐锦衣东园”。徐天赐在正德时构筑的东园，到万历时仍保持其风采，在王世贞所作的《游金陵诸园记》中有详尽描写，从中可看出，当时的园主徐缵勋还在其父造园的基础上又添新构。

南京现今的瞻园、莫愁湖公园和白鹭洲公园都和徐达家族有关，从正德至万历年间是徐氏家族园林的鼎盛时期，其家族在南京的园林有十多处。万历以后及至明末，徐氏家族开始颓败，子孙或拆售别业花石，或将园林全部出售。进入清朝，改朝换代使之徐氏爵除，所属园林绝大多数都已圮废或易主。虽然东园大部分又沦回初时的菜圃，但仍溪流曲折，塔影山光，颇有幽趣，还是游人探幽赏景，品茗觞咏的胜境，足见东园遗址仍然具有独特的魅力。

因当年徐天赐抢夺袭封魏国公的长侄徐鹏举（徐达七世孙）东园积冤，明末时遭到世袭魏国公徐奎璧之长子徐鹏举之后徐邦瑞、徐维忠、徐弘基和徐文爵的历代清算与排挤，使徐天赐一支的后裔被迫迁移至南京板仓祖墓和燕子矶一带，被称为“城北徐”，清末大文人陈作霖曾为“城北徐”撰写过续谱序。

这一部分徐氏后人以“中山堂”为号，在燕子矶筑建了徐家村（现燕子矶街道石化村社区太新路92号金陵石化化工一厂内五号路东端南侧）。现有字辈：永（十七世）、承（十八世）、继（十九世）、祖（二十世）、德（二十一世）、家（二十二世）、金（二十三世）、国（二十四世）等等。

徐达及后裔族人们在自己有限的生命中，创造了惊世骇俗的辉煌与永恒，徐氏后

① 参见周安庆：《清幽闲雅 文气盎然——明文徵明及其〈东园图〉赏析》，《收藏界》2013年第3期，第95—98页.

人忠诚地缅怀着他们在创造辉煌和永恒过程中那荡气回肠的欢笑和痛苦。人们跨越时空与昔贤心灵对话，悉心体味历史，遥想大明风流，同样别具情怀。同时，也感受着先贤们曾经辉煌过的理想、信念、胸怀、情操，精神之伟大、之神圣、之永恒！

（作者单位：江苏广电东方传媒）

附：徐达世系表（根据江苏省徐达文化研究院编撰的江苏省徐氏中山堂宗亲联谊会《徐氏家谱》整理）

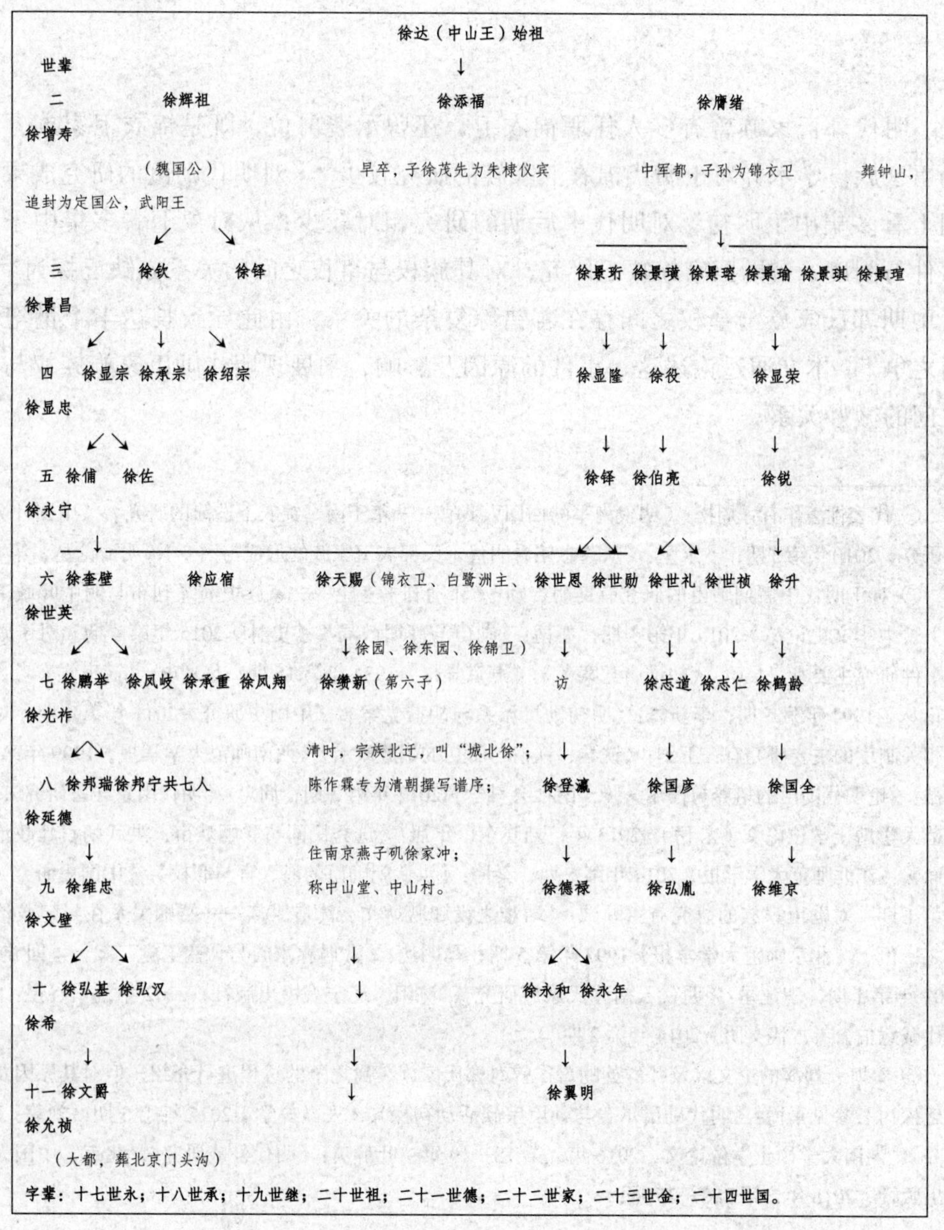

论锦衣卫郭氏家族的袭爵之争

——以族权与皇权关系为视角的研究

朱忠文

明代郭氏家族曾有多人任职锦衣卫，还曾承袭爵位，既是锦衣卫家族，又是勋臣家族。学术界对于明代锦衣卫家族的研究较少[①]。对明代勋臣的研究成果从时间上看多集中于明初，对明代中后期的研究相对较少；从对象上看多集中于相关事件与制度，对勋臣家族缺乏研究，对其族权与皇权之间的关系亦缺乏探讨[②]。明代中期郭氏家族与皇权之间存在着错综复杂的关系，由此导致长达半个世纪的袭爵之争[③]。本文通过论述这一事件的原因及影响，来展现明代勋臣家族族权与皇权之间的微妙关系。

---

① 代表性著作有：周松：《明代南军的回回人武官——基于南军锦衣卫选簿的研究》，《中国社会经济史研究》2010年第3期；卜永坚：《从墓志铭看明代米氏锦衣卫家族的形成与演变》，《明清论丛》第12辑。

② 对于明代中后期勋臣的研究有：胡吉勋：《郭勋刊书考论——家族史演绎刊布与明中叶政治的互动》，《中华文史论丛》2015年第1期；秦博：《勋臣与晚明政局》，《史林》2015年第4期。对于勋臣相关事件研究主要有：吴晗：《胡惟庸党案考》，《燕京学报》1934年第15期；吕景琳：《蓝玉党案考》，《东岳论丛》1994年第5期；李新峰：《明初勋贵派系与胡蓝党案》，《中国史研究》2011年第4期。对于勋臣相关制度的主要研究有：王剑：《铁券、铁榜与明初的贵族政治》，《西南师范大学学报》1999年第6期；曹循：《论明代勋臣的培养与任用》，《云南社会科学》2012年第3期；周忠：《明代南京守备研究》，南京师范大学博士学位论文（未刊），2013年；刘晓东、年旭：《选秀民间与联姻畎亩：洪武朝宫廷政治史之一面》，《东北师范大学学报》2014年第5期；秦博：《洪武朝勋臣的爵、官与职权》，《中国史研究》2016年第1期。对勋臣家族的研究有：顾诚：《靖难之役和耿炳文、沐晟家族——婚姻关系在封建政治中作用之一例》，《北京师范大学学报》1992年第5期；马明达：《常遇春家族与"蓝玉党"案》，《回族研究》2001年第1期；李建军：《明代云南沐氏家族研究》，沈阳，辽宁人民出版社，2002年；李谷悦：《明朝历代诚意伯》，《古代文明》2014年第2期.

③ 秦博、刘馥的论文以及叶群英的著作曾对郭氏家族袭爵之争的过程进行介绍，但对其原因及影响缺乏探讨。参见秦博：《明代勋爵承袭与勋臣宗族活动初探》，《安徽史学》2015年第5期；刘馥：《郭勋研究》，湖南大学硕士学位论文，2016年，第18—19页；叶群英：《明代外戚研究》，北京，中国人民大学出版社，2018年，第250—252页.

一、郭玹袭爵及其隐患

作为开国功臣的郭氏家族始祖郭英深受明太祖宠信，躲过了胡蓝党案的浩劫，于永乐元年（1403）去世[①]。郭英子孙众多，有“七子、八婿、诸孙数十人”[②]，而以嫡长子继承制为核心的袭爵制度已于洪武二十六年（1393）确立[③]。在不乏子嗣且有制度保障的情况下，郭氏家族的袭爵问题似不难解决。郭英正妻马氏无子，长子郭镇由其妾何氏所生[④]，病逝于建文元年（1399）[⑤]。在这种情况下，郭英次子郭铭的后代加入了爵位的争夺。

郭铭是郭英次子，曾任辽王府典宝[⑥]，其母严氏是郭英之妾[⑦]。郭铭之妻徐氏是魏国公徐达之叔徐成之女[⑧]，靖难之后，辽王受建文帝之命渡海来到南京[⑨]，郭铭很可能随之还朝。虽然郭铭也有可能私自逃走投靠靖难军，但各种官私著作对此均无任何记载，这与郭铭武定侯次子的尊贵身份与巨大影响力不符。且此时靖难之役局势并不明朗，因此郭铭做出这种选择的可能性不大。

对于郭铭之死，其子郭玹墓志铭称其“没于国事”[⑩]，徐氏墓志铭称其“效忠国

---

①［清］张廷玉等:《明史》卷一三〇《郭英传》，北京，中华书局，1974 年，第 3821—3822 页 .

②［明］焦竑编:《国朝献徵录》卷七《武定侯郭公神道墓志铭》,《明代传记丛刊》第 109 册，台北，明文书局，1991 年，第 224 页 . 按照《皇明开国功臣录》的记载，郭英有十二子，九女，二十八孙，十六孙女，并给出了具体的名单。参见［明］黄金:《皇明开国功臣录》卷一二《郭英传》,《明代传记丛刊》第 23 册，第 723 页 . 无论哪种记载属实，郭英子孙众多确是事实 .

③［明］李东阳等撰、［明］申时行等重修:《大明会典》卷六《功臣袭封》，台北，文海出版社，1968 年，第 122 页 .

④［明］吏部编:《明功臣袭封底簿》卷一《武定侯》,《明代传记丛刊》第 55 册，第 85 页 .

⑤［明］焦竑编:《国朝献徵录》卷四《驸马都尉郭公圹志》,《明代传记丛刊》第 109 册，台北，明文书局，1991 年，第 132 页 .

⑥ 中国文物研究所、北京石刻艺术博物馆:《新中国出土墓志 · 北京一 · 下》,《明故镇朔将军总兵官武定侯郭公墓志铭》，北京，文物出版社，2003 年，第 72 页 .

⑦［明］吏部编:《明功臣袭封底簿》卷一《武定侯》，第 86 页 .

⑧ 中国文物研究所、北京石刻艺术博物馆:《新中国出土墓志 · 北京一 · 下》,《明故镇朔将军总兵官武定侯郭公墓志铭》，第 72 页 .

⑨［清］张廷玉等:《明史》卷一一七《辽简王传》，第 3587 页 .

⑩ 中国文物研究所、北京石刻艺术博物馆:《新中国出土墓志 · 北京一 · 下》,《明故镇朔将军总兵官武定侯郭公墓志铭》，第 72 页 .

事，没于泗州”[①]。郭玹生于洪武二十八年（1395）[②]，在郭铭去世时甫七岁[③]，郭铭应去世于建文四年（1402）。是年五月，镇守泗州的指挥周景初投降靖难军[④]，这正与郭铭去世时间相符。郭铭在临去世前曾“遗命夫人为育幼孤”，说明他并非仓促而死。泗州无战事，郭铭不可能战死。此外，徐氏在郭铭死后“岁时伏腊，语及泗州死节之事，辄涕泪不食者累日”[⑤]。因此，郭铭应该曾被派到泗州，在主帅不战而降的情况下为建文帝自杀尽忠。

虽然郭铭为建文帝尽忠，但明成祖在靖难之役后对郭氏家族大力拉拢[⑥]，因此徐氏及其子女并未遭到迫害，反而因娘家外戚身份受到厚待[⑦]。永乐九年（1411），郭玹“以世勋子，授锦衣卫指挥佥事，转汉府护卫指挥”[⑧]，其兄郭琮也从都指挥佥事府军卫千户升为旗手卫指挥佥事[⑨]。郭玹二妹分别成为太子妃和汉王嫔，“凡桩篋服用物器，皆出于内帑，一不烦于其家，赐赉尤厚”[⑩]。

永乐年间郭氏家族的袭爵问题被搁置。明仁宗即位后，郭玹妹妹晋升贵妃[⑪]。不久，郭玹超升为左军都督同知，并承袭武定侯爵位[⑫]。早在永乐七年（1409），郭玹妹妹就曾写信给祖母“乞令弟侄就学，使知事上接下”，说明她已开始考虑郭玹的政治前途[⑬]。《明功臣袭封底簿》记载郭玹袭爵时曾专门提到其妹的贵妃身份，并指

① [明] 罗亨信：《觉非集》卷四《郭母太夫人徐氏墓碑铭》，《四库全书存目丛书》集部第 29 册，济南，齐鲁书社，1997 年，第 571 页 .

② 中国文物研究所、北京石刻艺术博物馆：《新中国出土墓志 · 北京一 · 下》，《明故镇朔将军总兵官武定侯郭公墓志铭》，第 72 页 .

③ [明] 罗亨信：《觉非集》卷四《郭母太夫人徐氏墓碑铭》，第 571 页 .

④ [清] 谈迁：《国榷》卷一二《惠宗建文四年》，北京，中华书局，1958 年，第 834 页 .

⑤ [明] 罗亨信：《觉非集》卷四《郭母太夫人徐氏墓碑铭》，第 571 页 .

⑥ 吴琦、朱忠文：《论永乐到宣德年间开国功臣家族命运的变化——以新政权合法性的巩固为视角的研究》，《安徽史学》2016 年第 2 期 .

⑦ [明] 罗亨信：《觉非集》卷四《郭母太夫人徐氏墓碑铭》，第 571 页 .

⑧ 中国文物研究所、北京石刻艺术博物馆：《新中国出土墓志 · 北京一 · 下》，《明故镇朔将军总兵官武定侯郭公墓志铭》，第 72 页 .

⑨《明太宗实录》卷一一四，永乐九年三月庚午，台北，“中央研究院”历史语言研究所校勘本，1962 年，第 1451 页 . 注：“英”原作“瑛”，疑误 .

⑩ [明] 罗亨信：《觉非集》卷四《郭母太夫人徐氏墓碑铭》，第 571 页 .

⑪《明仁宗实录》卷四，永乐二十二年十月甲寅，第 112 页 .

⑫ 中国文物研究所、北京石刻艺术博物馆：《新中国出土墓志 · 北京一 · 下》，《明故镇朔将军总兵官武定侯郭公墓志铭》，第 72 页 .

⑬ [明] 郭良辑：《毓庆勋懿集》卷一《孙女郭氏端肃奉书祖母》，《原国立北平图书馆甲库善本丛书》第 234 册，北京，国家图书馆出版社，2013 年，第 20 页 .

出他超升左军都督同知出自明仁宗“特恩”[①],《明孝宗实录》也曾追述“仁庙时玹以妹贵妃恩，累官都督同知，遂越次袭爵”[②]。虽说郭玹袭爵有郭镇之子郭珍患风疾的原因[③]，但其妹的作用应是其袭爵的最重要条件。

郭玹虽然成功袭爵，但也埋下了袭爵之争的隐患。首先，郭英无嫡子嫡孙，庶出的子孙们很难对袭爵家族产生尊崇感。据新出土的郭铭之母严氏墓志铭的记载，严氏平时还要做女工之事，邵磊先生据此推测严氏在郭氏家族内处于弱势地位[④]，这从侧面说明郭铭家族在郭氏家族内的地位不会太高。如果郭珍能够袭爵，家族内部至少还能形成对长房的尊崇，但郭玹的袭爵打破了这种可能，从而在郭氏家族内部营造出“侯爵人人可得”的氛围。

其次，郭玹袭爵主要凭借其妹的力量，这就使得原本应该由家族族权解决的袭爵问题受到了皇权影响。郭镇之妻永嘉公主仍然健在[⑤]，身为明太祖之女的她同样可以借助皇权。永嘉公主后来的种种做法，在某种程度上不能不说是受到了郭玹兄妹的启发，也使郭氏家族的袭爵之争变得更加复杂。

二、正统至天顺年间袭爵之争的起伏

郭玹袭爵期间，虽然郭氏家族并未因袭爵问题发生争端，但永嘉公主和郭珍仍在为夺爵攻讦郭玹。“三杨”主政下的朝廷不支持郭珍夺爵，并回信批评永嘉公主[⑥]。正统十二年（1447）七月，郭玹病逝后，郭珍与郭玹之子郭聪互相参奏[⑦]，袭爵之争爆发。同月，郭珍奉永嘉公主之命来北京朝见，病逝于通州[⑧]。郭珍死后，以张辅为首

---

①［明］吏部编：《明功臣袭封底簿》卷一《武定侯》，第 86 页 .

②《明孝宗实录》卷二一，弘治元年十二月己亥，第 490—491 页 .

③［明］何乔远：《名山藏列传》卷四一《郭英传》,《明代传记丛刊》第 74 册，第 511 页 . 据何乔远记载，“镇子珍风痺不能侯，珍弟玹借侯一辈。”则当时双方有可能达成过“借侯”协议，但这在当时的环境下很可能带有胁迫性。郭镇四子中，郭兰、郭蕙和郭荃均夭折，唯郭珍尚存，这也是郭玹得以袭爵的重要原因。参见［明］郭良辑：《毓庆勋懿集》卷八《驸马都尉郭公墓表》，第 216 页 .

④ 邵磊：《新见明代勋贵及其家族成员墓志考释》,《文献》2014 年第 6 期 .

⑤ 永嘉公主直到景泰年间才去世，其名号伴随着皇帝的变迁相应发生变化。本文为了论述方便，统一称呼其为“永嘉公主”.

⑥《明英宗实录》卷一五，正统元年三月癸酉，第 279—280 页 .《明功臣袭封底簿》也记载此事，不过时间是在宣德十年 . 参见［明］吏部编：《明功臣袭封底簿》卷一《武定侯》，第 86—87 页 .

⑦《明英宗实录》卷一六一，正统十二年十二月庚辰，第 3134 页 .

⑧［明］郭良辑：《毓庆勋懿集》卷八《故明威将军、南京锦衣卫指挥佥事郭公墓志铭》，第 222 页 .

的朝臣支持郭聪袭爵[①]。但明英宗不允许任何一人袭爵，仅赐郭聪官职便搁置此事[②]。

明英宗做出与朝臣建议相左的决策应出于以下两方面原因：首先，永乐年间，许多勋臣家族在长期无法袭爵后丧失袭爵权力，如安陆侯吴杰家族、颍国公傅友德家族以及江阴侯吴高家族等等[③]。明英宗亲政后对勋臣袭爵态度也较为冷淡，就在郭氏家族袭爵之争爆发前一年，他还曾借家庭纠纷剥夺安乡伯张安的爵位[④]。这种情况与皇帝对爵位的微妙态度有关。正如明太祖所说："朕惟帝王之兴，必有佐运之臣，竭其忠力，故能生享爵禄，殁膺赠谥，此古今报功之令典也"[⑤]。皇帝授予大臣爵位并允许世袭是一种激励机制，必须考虑为之付出的成本。在明代，这种成本包括禄米和法律特权。此外，虽然官职和爵位从明初便已分开[⑥]，但事实上受爵者仍比平民有更多机会获得官职，特别是武官职务。虽然这种特权对于明代的强大皇权很难构成威胁，但在本质上与皇权的至尊性仍存在矛盾。这应是明英宗不支持郭氏家族袭爵的根本原因。

其次，永嘉公主带有浓厚的皇权色彩。如允许郭珍袭爵，他将获得皇权的额外庇护[⑦]。但如允许郭聪袭爵，永嘉公主不会善罢甘休，这种勋臣家族族权联合皇权与以皇帝为首的朝廷对话的局面还会持续下去。在这种情况下，明英宗通过搁置来消除争端，不给勋臣家族族权与皇权结合的机会，也不失为解决问题的途径。但在明代勋臣家族中，袭爵者享受崇高地位，可处置家族内部所有大事与争斗，开国勋臣家族尤其如此[⑧]。在这种崇高地位及其巨大权力的诱惑下，郭氏家族成员很难不将争斗进行下去，明英宗的做法只能是扬汤止沸。

果然，郭氏家族内部并未因此对袭爵之事善罢甘休。永嘉公主在郭珍的祭文中写到"既不能继貂蝉于乃祖，又不能永箕裘于厥躬，为子未尽孝，为臣罔竭其忠"，犹以郭珍未能袭爵为恨[⑨]。由此而生的矛盾也日益激化，这从景泰五年（1454）定襄伯郭登写给郭珍长子郭昌的信中可见一斑：

①《明英宗实录》卷一六一，正统十二年十二月庚辰，第 3134 页 .

②［明］吏部编：《明功臣袭封底簿》卷一《武定侯》，第 87 页 .

③ 秦博：《明代勋爵承袭与勋臣宗族活动初探》，《安徽史学》2015 年第 5 期 .

④《明英宗实录》卷一四〇，正统十一年夏四月庚子，第 2770 页 .

⑤《明太祖实录》卷一六六，洪武十七年十月壬申，第 2551 页 .

⑥ 秦博：《洪武朝勋臣的官、爵与职权》，《中国史研究》2016 年第 1 期 .

⑦ 郭珍此前一直受到永嘉公主庇护。如正统五年（1440），郭珍曾非法购买净身人杨敬并将其致死，但朝廷念及永嘉公主饶恕其罪，仅令永嘉公主"戒珍凡百谨守礼法，庶全亲亲之谊"。参见《明英宗实录》卷六八，正统五年六月己丑，第 1311 页 .

⑧［明］沈德符：《万历野获编》卷五《爵主兵主》，北京，中华书局，1959 年，第 147 页 .

⑨［明］郭良辑：《毓庆勋懿集》卷六《永嘉大长公主祭子文》，第 169 页 .

郭氏子孙多众，枝叶离散，则有亲疏之分，以吾祖宗之心观之，岂有亲疏耶？何苦以阋墙小忿，变骨肉为仇敌，至老死不相往来，伤同气之情，启他人之笑，贻前人之耻？兴言及此，良可悼也。[①]

天顺元年（1457）七月，刚刚复辟的明英宗诏令郭珍之子郭昌承袭武定侯，同时恢复爵位或获得世职的还有广平侯、富阳侯、安顺侯、成山侯、保定侯、镇远侯等勋臣家族[②]，这些家族此前曾长期停袭爵位或降等袭爵[③]。值得注意的是，明英宗复辟后不久，定襄伯郭登曾建言："方今四海臣民思慕圣德，甚于饥渴，不有非常旷荡之恩，何以竦动天下之心，以慰其欢忻鼓舞之情？"得到明英宗的首肯[④]。这说明郭昌袭爵是明英宗为巩固地位而收买人心的结果，也让郭氏家族的袭爵之争烽烟再起。郭昌袭爵后，郭玹长子郭聪提出反对，被左军都督府和都察院拒绝[⑤]。虽然郭玹曾袭爵，但其父郭铭并非嫡出，此时又不再有郭玹妹妹所代表的皇权的支持，因此在与郭昌的竞争中不具优势。郭昌曾在郭珍去世后承袭其官职[⑥]，这说明由他袭爵符合嫡长子继承制的原则，这应是朝廷如此裁决的原因。且永嘉公主已于景泰六年（1455）去世[⑦]，郭氏家族族权结合皇权的威胁已解除，明英宗自然支持郭昌袭爵。

但郭昌的爵位并不稳固。天顺三年（1459）四月，郭昌弟郭昭为达到袭爵目的，通过贿赂驸马赵辉、崇信侯费钊诬告郭昌不孝，以至郭昌下狱，直至朝廷弄清真相方被释放[⑧]。同父兄弟之间尚且如此不择手段，郭氏家族袭爵之争的激烈程度可想而知。郭昭的阴谋虽未得逞，郭昌及其家人却因此历经磨难，以至郭昌的两位夫人不得不抱着郭昌年幼之子郭良来到锦衣卫牢狱接受调查审问[⑨]。郭昌出狱后不久便于天顺五年（1461）二月去世[⑩]，这很显然是在锦衣卫牢狱受到折磨的结果。值得注

---

①［明］郭良辑：《毓庆勋懿集》卷一《定襄叔书致贤侄锦衣挥使》，第24页.郭登亦是郭英后代，凭借自己所立军功受封定襄伯，未参与武定侯袭爵之争.

②［明］吏部编：《明功臣袭封底簿》卷一《武定侯》，第87—88页.

③［清］张廷玉等：《明史》卷一〇六《功臣表二》，第3019—3110页，第3111—3112页，第3141—3142页，第3150—3151页，第3157—3158页，第3188—3189页.

④《明英宗实录》卷二七四，天顺元年正月癸未，第5790页.

⑤［明］吏部编：《明功臣袭封底簿》卷一《武定侯》，第88页.

⑥《明英宗实录》卷一七八，正统十四年五月甲申，第3431页.

⑦《明英宗实录》卷二五八，废帝郕戾王附录卷七六，景泰六年九月甲戌，第5543页.

⑧《明英宗实录》卷三〇三，天顺三年夏四月辛巳，第6408页.

⑨［明］梁储：《郁洲遗稿》卷七《武定侯郭公、夫人许氏合葬墓志铭》，《影印本文渊阁四库全书》集部第1256册，台北，商务印书馆，1983年，第593页.

⑩《明英宗实录》卷三二五，天顺五年二月癸酉，第6713页.

意的是，受贿的驸马赵辉和崇信侯费钊仅受到“不许治府事”的处罚，甚至未上缴受贿赃款。郭昭所受处罚史书缺载，可见不会太重，甚至不排除逃脱处罚的可能①。诬告者违法成本如此之低，却给被诬告者造成如此巨大的伤害，这无疑将助长郭氏家族的袭爵之争。

郭昌去世后，郭良嫡母曳氏请求让郭良袭爵。但郭良只有八岁，朝廷要求郭良出幼后再申请袭爵②，袭爵之争暂告一段落。天顺年间郭昌袭爵是政治局势发生变化的结果，掺杂了明英宗的个人因素，加之郭昌去世过早，郭良年幼，这些都使郭镇家族的袭爵基础并不稳固。这一时期，不仅郭镇后代与郭铭后代参与袭爵之争，甚至郭镇后代之间也发生争斗，以至为此动用家族外部的权贵力量。这些都为日后的袭爵之争埋下伏笔。

三、成化年间郭氏家族袭爵权的被剥夺与弘治年间袭爵问题的最终解决

明宪宗即位初期，朝廷对郭良态度尚善，曾应曳氏所求每月给郭良米二石③。成化四年（1468），已出幼的郭良请求袭爵④，但郭聪诬告郭良为奸生子⑤，袭爵之争再起。明宪宗对此的判决是“既争袭不明，郭良只着做指挥锦衣卫指挥佥事”⑥，已显露出不支持郭良袭爵的态度。成化九年（1473）十二月，郭良请求袭爵被明宪宗拒绝，并遭到革除锦衣卫指挥佥事的威胁⑦。明宪宗在位期间对勋臣态度同样冷淡，他即位后不久便对户科给事中李森整饬无才德侯伯的建议表示赞同⑧，并在成化元年（1465）以昌平侯杨洪之子杨俊犯罪为由拒绝其孙杨珍袭爵⑨，还曾在成化十五年（1479）以过继关系为由拒绝定襄伯郭登侄孙郭参袭爵⑩。拒绝郭良袭爵正是这一态度的体现。

①《明英宗实录》卷三〇三，天顺三年夏四月辛巳，第6408页.

②［明］吏部编:《明功臣袭封底簿》卷一《武定侯》，第88页.

③［明］吏部编:《明功臣袭封底簿》卷一《武定侯》，第88页.

④《明宪宗实录》卷五一，成化四年二月戊戌，第1032页.

⑤［明］吏部编:《明功臣袭封底簿》卷一《武定侯》，第88页.

⑥［明］吏部编:《明功臣袭封底簿》卷一《武定侯》第89页.

⑦《明宪宗实录》卷一二三，成化九年十二月己卯，第2366页.

⑧《明宪宗实录》卷五，天顺八年五月丁丑，第146—148页.

⑨《明宪宗实录》卷二二，成化元年冬十月辛丑，第442页.

⑩《明宪宗实录》卷一九〇，成化十五年五月乙亥，第3385页.

不肯罢休的郭良后多次要求袭爵，结果被下狱，并与郭聪对质。在尹旻等朝臣建议下，明宪宗下诏剥夺郭氏家族袭爵权①。值得注意的是，与尹旻等朝臣的态度不同，在正统年间的袭爵之争中，朝臣们支持郭聪袭爵，这种差异源于以下两点：首先，主持正统年间讨论的英国公张辅身为勋臣，自然倾向支持勋臣后代袭爵，这对朝臣们的意见无疑会产生重要影响。而此次参与讨论的大臣并无勋臣，自然缺乏支持勋臣后代袭爵的声音；其次，上次争论发生前武定侯爵位已被郭玹承袭较长时间，朝臣们出于维持现状的考虑自然倾向支持其子郭聪袭爵。而在这次讨论之前，郭昌袭爵未久即去世，袭爵的既定事实未成，朝臣们自然倾向不支持郭氏家族的袭爵权。

弘治元年（1488）十二月，郭良再度上奏要求袭爵，被革除锦衣卫指挥佥事的职务②，此后他还曾因申请袭爵被刑部拿问③。郭良庶母许氏也曾两次向朝廷请求让郭良袭爵，在第二次申请被拒绝后，她以生计为由请求恢复郭良锦衣卫指挥佥事的职务，得到批准④。而这并不仅是许氏申请的结果：

> 公（郭良）尝举武举有名，然未甚显。会锦衣阙员，兵部以公（郭良）数人名上。孝宗御文华殿亲阅之，见公仪观秀整，进对明畅，命莅卫事，每侍卫扈从，必以目属焉。⑤

郭良曾参加文举不第，后于弘治五年（1492）参加武举⑥。值得注意的是，郭良重新成为锦衣卫指挥佥事离不开兵部的举荐，而在郭良参加武举前，兵部车驾司员外郎顾达曾为其写序。事实上，与郭良交往的文臣并不限于兵部，如吏部文选司主事汤珍曾在成化二十二年（1486）为许氏写序贺寿⑦，大理寺右少卿、前兵部都给事中陈璚曾在弘治九年（1496）与郭良在去长沙的路上写诗唱和，后又同去杭州游

①《明宪宗实录》卷一八九，成化十五年夏四月己丑，第3361—3362页.

②《明孝宗实录》卷二一，弘治元年十二月己亥，第491页.

③［明］吏部编：《明功臣袭封底簿》卷一《武定侯》，第90页.

④［明］吏部编：《明功臣袭封底簿》卷一《武定侯》，第90—91页.

⑤［明］李东阳：《李东阳集》卷二九《明故武定侯郭公墓志铭》，长沙，岳麓书社，2008年，第1317页.《袭封武定侯郭良诰》中记载“尔能蚤习儒书，博通武略，金吾选任，贤誉式彰……顷因廷荐，分领京营”，证明李东阳的记载属实。参见［明］郭良辑：《毓庆勋懿集》卷三《袭封武定侯郭良诰》，第83页.

⑥［明］郭良辑：《毓庆勋懿集》卷四《别郭存忠先生序》，第127页.

⑦［明］郭良辑：《毓庆勋懿集》卷四《赠郭母许夫人寿序》，第126—127页.

玩[①]。这些事实说明郭良与文臣有所交往，并动用文臣的力量来为自己服务。此外郭良还与文士积极交往，扩大自己的社会影响力：

公（郭良）暇则咏诗作书，开园莳花，尤好竹，以宾竹自号。大夫、士过者，谈论穷日夕不厌也。事母致孝，友谊尤笃。贫而死者，为具棺殓，人以是贤之。[②]

（郭良）公素好客，夫人每先意治具，不俟咄嗟而办，公亦以是爹名。[③]

郭昌在世时便"才识优赡，乐与贤士、大夫游处"[④]，郭良也曾与刘鸿、王芹等文士积极交往[⑤]。在交往的过程中，郭良曾请他们欣赏其祖郭珍的画作与诗稿，这些人在作序题跋的过程中对郭珍大加褒扬，并宣扬郭氏家族的开国之功[⑥]。由此可见，郭良与朝臣的交往有助于争取他们对自己袭爵的支持，与文士的交往则有助于扩大自己乃至整个家族的社会影响力，为自己袭爵营造良好的舆论环境。与此同时，郭良及其家人还扶助幼贱族党，努力争取宗族内部势力的支持[⑦]。总之，郭良及其家人除争取皇权支持外，还设法整合多种资源来为自己袭爵服务。

而在这一时期，郭氏家族的其他成员郭崟、郭龄、郭谧等纷纷请求袭爵[⑧]。此时局势与明英宗时期类似，明孝宗本想通过搁置来剥夺郭氏家族的袭爵权，却滋长了郭氏家族内部各种势力争夺爵位的欲望，给朝廷带来了更多麻烦。耐人寻味的是，在郭氏家族的其他成员请求袭爵的过程中，明孝宗下令将奏词立案[⑨]，并未明确反对郭氏家族袭爵，这说明其态度已开始发生变化，并预示着事态的转机：

（弘治十五年四月癸丑）命锦衣卫指挥佥事郭良袭武定侯……至是良母许氏为请袭爵。上再命吏部会官廷议。众以争袭爵革议，久不决。礼部

① [明] 郭良辑:《毓庆勋懿集》卷四《舟中三友记》, 第 142 页.

② [明] 李东阳:《李东阳集》卷二九《明故武定侯郭公墓志铭》, 第 1318 页.

③ [明] 李东阳:《李东阳集》卷三〇《封武定侯夫人郭母柏氏墓志铭》, 第 1334 页.

④ [明] 郭良辑:《毓庆勋懿集》卷一《定襄叔书致贤侄锦衣挥使》, 第 24 页.

⑤ [明] 郭良辑:《毓庆勋懿集》卷四《读芸阁稿序》, 第 128—129 页; [明] 郭良辑:《毓庆勋懿集》卷四《颂郭宾竹歌行》, 第 152—153 页.

⑥ [明] 郭良辑:《毓庆勋懿集》卷四《读芸阁稿序》, 第 128—129 页; [明] 郭良辑:《毓庆勋懿集》卷四《跋西白手泽》, 第 136 页.

⑦ [明] 李东阳:《李东阳集》卷三〇《封武定侯夫人郭母柏氏墓志铭》, 第 1334 页.

⑧ [明] 吏部编:《明功臣袭封底簿》卷三《武定侯》, 第 91 页.

⑨ [明] 吏部编:《明功臣袭封底簿》卷三《武定侯》, 第 91 页.

侍郎焦方独曰："争爵之罪小，开国之勋大，岂可以争爵之小故，废开国之勋？"众服其言，议遂定，故有是命。[①]

值得注意的是，这次廷议并未出现朝臣一致反对郭氏家族袭爵的局面，这应是郭良及其家人长期以来结交朝臣文士的结果。此事未必由焦芳定策，因为他是《明孝宗实录》的总裁官之一，此处记载可能有自夸成分，但朝臣们最终支持郭氏家族的袭爵权却是不争的事实。明孝宗此番并未表态，但同意了大臣讨论的结果，说明他倾向支持郭氏家族袭爵。焦芳支持郭氏家族袭爵的理由也能反映朝廷的顾虑：开国功臣的爵位是对其为建立明朝所立功劳的肯定，与明朝的合法性密切相关。如果仅仅因为郭氏家族发生袭爵之争便剥夺其袭爵权，将有损于明朝的合法性，朝廷将得不偿失。

郭良的袭爵标志着郭氏家族的袭爵之争的结束，它给郭良及其家人留下了深刻印记。郭良成功袭爵后，柏氏感慨道："为郭氏妇，勤苦三十年而得此，死不恨矣！"[②]许氏的反应则更为强烈：

（郭）良谢恩于廷，归拜家庆。夫人（许氏）以良见家庙，退坐内寝，劳良而语之曰："昔吾与汝嫡母抱汝就狱置对，时汝方患痘疹濒死，幸不死。自汝父及汝嫡母相继继世后，吾专理内政，绝荤茹素，日训敕汝曹子若孙，今四十余年，惟以汝大宗未复为念。今汝能如此，吾虽死亦可以此见汝父汝母矣。"喜极复继之以泣，子良辈皆拜泣不能兴。[③]

这场袭爵之争也对郭良之子郭勋产生了深刻的影响。郭勋生于成化十一年（1475）[④]，其成长阶段正值郭良由袭爵不成反被革职而又复职袭爵的岁月。这段经历很可能使郭勋意识到整合政治资源与社会资源对于巩固家族地位的重要性，因此他在袭爵后一方面主动迎合嘉靖皇帝，从而获得皇帝恩宠，另一方面又积极与朝臣文士交往，并通过刊行《三家事典》《大明英烈传》等书籍的方式为郭氏家族营造良好的舆论氛围[⑤]。结果不仅巩固了自身的地位，还升为翊国公，进一步提升家族地位[⑥]。

①《明孝宗实录》卷一八六，弘治十五年四月癸丑，第3426页.

②［明］李东阳：《李东阳集》卷三〇《封武定侯夫人郭母柏氏墓志铭》，第1334页.

③［明］梁储：《郁洲遗稿》卷七《武定郭公、夫人许氏合葬墓志铭》，第593页.

④易名：《郭勋生卒年考》，《学术月刊》1982年第1期.

⑤胡吉勋：《郭勋刊书考论——家族史演绎刊布与明中叶政治的互动》，《中华文史论丛》2015年第1期.

⑥《明世宗实录》卷二二〇，嘉靖十八年正月戊戌，第4550页.

四、结语

明代勋臣家族的袭爵之争并不罕见。秦博先生曾搜集大量明代勋臣家族袭爵之争的史实，将其分为嫡、庶支间争袭、嫡支长、幼间争袭、庶支长、幼间争袭以及庶支远近间争袭四种类别，并将郭氏家族的袭爵之争归入庶支长、幼间争袭①。事实上，郭氏家族的袭爵之争还具有两方面的特殊性。首先，明代勋臣家族的袭爵之争大多或牵扯朝臣，或纯属家族内部事务，皇权很少在其中扮演重要角色。而在郭氏家族的袭爵之争中，袭爵权的归属甚至存亡自始至终都与皇权密切相关，早期尤其如此。其次，明代勋臣家族的袭爵之争持续时间一般不长，也很少出现袭爵权归属存亡的反复。而郭氏家族的袭爵之争持续了半个多世纪，历经五朝四帝，几经反复才尘埃落定。

这种特殊性是由以下两方面因素决定的：首先，郭英的长子郭镇与次子郭铭均早逝，使得郭英去世后家族长期缺乏适龄袭爵者，以至武定侯爵位空缺长达二十多年。这一方面使郭玹以及后来的袭爵者缺乏牢固基础，从而令武定侯的爵位缺乏有效支撑，另一方面使郭氏家族内部很难形成掌控爵位的稳定力量，从而令这场袭爵之争难以彻底平息。其次，郭氏家族与皇权的关系格外密切。郭镇是明太祖之女永嘉公主的驸马，郭玹妹妹是明仁宗的贵妃，这种跨朝代与皇室的联姻关系在明朝历史上并不多见②。而永嘉公主与郭玹妹妹这两位皇权的代表又相互对立，这就使郭氏家族的袭爵之争格外复杂。虽然她们的影响在景泰间后不复存在，但已给这场袭爵之争打下深刻的皇权烙印。

这种特殊性体现出的明代勋臣家族族权与皇权的关系耐人寻味。一方面，虽然勋臣家族族权的权力来源于皇权，但仍拥有一定独立性。如果不是郭镇及其二子早逝与郭珍患疾造成武定侯长子后代袭爵的困难，郭玹很难利用妹妹所代表的皇权袭爵。郭玹袭爵后，虽然永嘉公主曾希望利用自己所代表的皇权为郭珍夺回爵位，但并未得到朝廷的支持。这些都能反映明代勋臣家族族权相对于皇权的独立性。

另一方面，明代勋臣家族族权与皇权的至尊性相对立，一旦勋臣家族内部发生矛盾，皇权总会趁机介入其中，达到削弱乃至于消灭其族权的目的。明英宗与明宪宗都曾试图以郭氏家族的袭爵之争为借口剥夺郭氏家族的袭爵权，明孝宗甚至曾因

① 秦博：《明代勋爵承袭与勋臣宗族活动初探》，《安徽史学》2015 年第 5 期 .

② 明初勋臣与皇室多有联姻，但在明中后期，皇室只与中下层军民联姻成为家法，这种情况不复存在。参见李静：《明代武官家族婚姻关系研究——以墓志材料为中心》，陕西师范大学硕士学位论文，2015 年，第 23—39 页 .

此剥夺郭良官职，都是这种关系的体现。

不过，皇权本身并不独立。皇权的存在离不开臣民支持，因此在某种情况下也会对勋臣家族族权妥协，明英宗在天顺初年为巩固地位而主动让郭昌袭爵便是明证。皇权受制于其他因素，因此勋臣家族可以通过整合多种资源的办法来影响皇权。郭良父子充分整合朝臣文士等资源，为自身袭爵营造了良好的社会氛围，最终达到袭爵的目的。总之，郭氏家族的袭爵之争充分体现了明代勋臣家族族权与皇权之间的微妙关系，也对郭氏家族的发展产生了重要影响。

（作者单位：江西师范大学历史文化与旅游学院）

宦官、锦衣卫与地方文士：明中期书画鉴藏家黄琳家族考论

吴兆丰

明代东厂和锦衣卫合称厂卫。过往研究多侧重于探讨厂卫制度整体演变与司法职能，厂卫制度运作与君主专权强化之间关系等方面[①]。近年来学界开始重视明代特殊禁卫机构——锦衣卫自身创建过程、制度内容与历史影响等方面，取得极具参考的研究成果[②]。本文首先概述明代宦官弟侄因功、恩荫入为锦衣卫武职情形[③]，进而重点考析明中期南京锦衣卫指挥佥事黄琳家族的兴起和发展，黄琳与江南文士来往互动及其家族融入地方文化的过程，为进一步研究明代宦官政治、锦衣卫家族与江南地域文化提供历史切面[④]。

一、明代宦官弟侄荫入锦衣卫武职情形

随着明代宦官政治发展和权力演进，宦官弟侄因功、恩荫入为锦衣卫武职系统颇为普遍。宦官弟侄荫入锦衣卫武职，虽多袭职一二代之后，即因冒滥、查无军

① 吴晗：《明代的锦衣卫和东西厂》，载氏著《吴晗史学论文选集》第1卷，北京，人民出版社，1984年，第495—505页；韦庆远：《明代的锦衣卫和东西厂》，北京，中华书局，1985年；栾成显：《论厂卫制度》，《明史研究论丛》第1辑，南京，江苏人民出版社，1982年，第226—247页；怀效锋：《明代中叶的宦官与司法》，载氏著《明清法制初探》，北京，法制出版社，1998年，第10—55页.

② 张金奎：《八十年来锦衣卫研究述评》，《中国史研究动态》2015年第1期；张金奎：《锦衣卫形成过程述论》，《史学集刊》2018年第5期；张金奎：《明锦衣卫侍卫将军制度简论》，《史学月刊》2018年第5期.

③ 目前学界对明代宦官荫官未见考论。明代文官荫子武职制度，见秦博：《明代文官荫子武职制度探析》，《史学月刊》2015年第11期.

④ 正德年间太监高凤家族荫官锦衣卫武职个案研究，见罗旭舟：《高儒生平家世与〈百川书志〉》，《中国典籍与文化》2014年第3期.

功、照例减革等因素而被朝廷革止，但也有袭职多代而成为锦衣卫世家的[①]。明末私修史著对宦官近亲荫入锦衣卫武职多有记载。王世贞载正统年间王振专权时期宦官亲属特恩入为锦衣卫世职之例：“（正统十）命（王）振侄林为锦衣卫世袭指挥佥事，（钱）僧保侄亮、让侄玉、（曹）吉祥弟整、（蔡）忠侄英，俱升为锦衣卫世袭副千户”[②]。王圻载嘉靖初年登基加恩荫子之例：“嘉靖二年，太监赵山死，以从龙功，荫其养子云为锦衣指挥。太监杨瑭、丘清死，复援（赵）山例，荫养子杨伦、丘麒，南京守备戴义死，复荫其从子戴锦、戴俊，太监张钦请荫养子李贤。上以为锦衣世袭指挥。本兵彭泽及科臣夏言、许复礼、安盘、许相卿争之，不报。”嘉靖四十三年，“太监黄锦荫弟侄一人，锦衣卫百户。是年秋八月，以洪坛、大素二殿成，工部具奏乞恩，上悦，命太监王锡荫弟侄一人，太监张琮、贾胤各荫弟侄一人，锦衣所镇抚……太监王鼎等往视工报完，又大庆赏，王荫弟侄一人。”隆庆元年（1567），“内官监太监李芳以侍藩府推恩荫子，（李）芳恳辞，上以芳久侍左右，著忠勤，特兹录荫，以示酬奖，不准辞”。隆庆四年（1570），献俘礼成，“司礼监太监陈洪等日侍左右，效有勤劳，陈洪、冯保加恩二等，荫弟侄一人，与做锦衣卫世袭正千户，曹宪、王臻、孟冲，加恩一等，荫弟侄一人，做锦衣卫世袭百户”。万历十年（1582），皇子生，推恩司礼监荫子，“司礼监冯保弟侄都督佥事，张宏荫指挥使，孙隆、张鲸荫指挥佥事，何进、李祐、张朝荫正千户，俱锦衣卫”[③]。

明代宦官弟侄荫入锦衣卫武职现象确为常见。笔者以明代宦官墓志和传记资料为主，整理明代宦官弟侄因功、恩荫入为锦衣卫武职情况表（见附录一），从中可以得出以下几点认识。首先，宦官弟侄恩荫锦衣卫武职，自明正统年间一直到明末不曾中断。田义墓志正文未载其兄弟侄孙荫入锦衣卫情况，但碑阴显示田义侄孙共六人官锦衣卫千户。可见，明代宦官近亲荫入锦衣卫武职情况比我们实际掌握的要更为普遍。第二，恩荫锦衣卫武职范围，一般是宦官的养子、兄弟、侄孙，也有宦官的堂兄弟和其他宗亲，甚至包括宦官家童和家仆。第三，宦官弟侄多因宦官推恩、特恩、劳绩等因素荫入锦衣卫武职，但也有随征立功或冒滥军功升为锦衣卫武职。第四，正统和正德年间宦官弟侄荫入锦衣卫武职之例最多，这与明代宦官政治和权力发展阶段相为吻合。

---

① 检中国明朝档案《锦衣卫选簿》，宦官弟侄荫入锦衣卫武职后代代承袭而成为锦衣卫世家的例子甚多，对此笔者拟另文探析．

② ［明］王世贞：《弇山堂别集》卷九〇《中官考》，北京，中华书局，1985 年，第 1729 页．

③ 以上均参［明］王圻：《续文献通考》卷四九《选举考·任子》，《四库全书存目丛书》子部第 185 册，台南，庄严文化公司，1995 年，第 748—749 页．

二、司礼太监黄赐与南京锦衣卫指挥佥事黄琳家族兴起

南京锦衣卫指挥佥事黄琳家族兴起，与黄琳伯父司礼太监黄赐有着直接关系。黄赐，清修《明史》无传，学术界对黄赐的相关历史事实知之不多。明中期江苏常熟人桑悦《思玄集》收有两通与黄赐有关的墓志文，可为参考。

黄赐，明代福建延平府南平县人，字廷贡，别号后乐，生于宣德九年（1434），卒于成化二十一年（1485），年五十二。黄赐于景泰初年选入内廷，“肄业文华殿庑，茹腴古训，善翰究文，动必遵典”[①]。考景泰年间曾拣选小内使黄赐等七人于文华殿东庑“读书习字以备用”，并命詹事府中允兼翰林侍讲倪岳、吕原充为教授[②]。在内书堂之外，另择内使习学于文华殿东庑之举，是景泰年间的创举，“天顺后罢之，惟于内府书堂，专命翰林官往教，遂为定制”[③]。

除黄赐外，今可查考进入文华殿东庑学习的还有覃昌和尹得。覃昌，广西宜山县人，正统末选入内廷，先学于内廷书馆，受业于名士刘定之、林文，已而“进学于文华殿之东庑”，天顺年间，任宪宗东宫伴读，成化年间，擢司礼监太监，“御前议处大事，默赞圣政，慎密周详”[④]。尹得，陕西渭南人，景泰元年选入内廷，读书内馆，也受学于刘定之和林文，景泰三年（1452）“上命于内馆选其尤者七人”，“俾习于文华殿之东庑，别置牙牌，刻内府读书字以别之”，天顺年间“随侍今上于青宫”[⑤]。总之，景泰三年（1452），从肄业内书馆内使中挑选优秀者七人入文华殿东庑读书。黄赐也应于景泰元年（1450）选入内廷，先入内书馆学习，三年又被选入文华殿东庑读书。天顺年间，覃昌和尹得二人还被选为宪宗东宫侍臣，黄赐也可能与列[⑥]。宪宗登极，黄赐和覃昌等东宫旧侍晋秩司礼监太监，是为顺理成章。

黄赐“善翰究文”确是事实。桑悦称黄赐著有《后乐集》五卷，今已不存。尹得也“酷嗜书翰，所藏古法书名帖甚富。闲居手不释卷，多涉猎经史，尤习于《春

---

①［明］桑悦：《思玄集》卷七《凤岗阡表》，《四库全书存目丛书》集部第39册，第94—96页.

②［明］尹直：《謇斋琐缀录》卷四，《四库全书存目丛书》子部第239册，第382页.

③［明］黄瑜：《双槐岁钞》卷五《内府教授》，《四库全书存目丛书》子部第239册，第476页.

④［明］徐溥：《徐文靖公谦斋文集》卷五《司礼监太监覃公墓志铭》，台湾省图书馆藏明嘉靖八年宜兴徐氏家刻本.

⑤［明］徐溥：《徐文靖公谦斋文集》卷六《印绶监太监尹公墓表》，台湾省图书馆藏明嘉靖八年宜兴徐氏家刻本.

⑥景泰三年，景泰帝选内使七人于文华殿东庑读书，可能是为易储做准备，以充东宫侍臣，辅导东宫，但次年景泰帝子即以夭折而终。明代东宫设“典玺、典药、典膳、典服、典兵、典乘六局，各设局郎一人，正五品。局丞二人，从五品。惟典玺局增设纪事、奉御，正六品”。见［清］张廷玉等：《明史》卷七四《职官志》，北京，中华书局，1974年，第1825页.

秋》。尝以宋苏子瞻（苏轼）、胡致堂（胡寅）、元吴司业（吴澄）当时所上书，言皆剀切，时不见用，乃缮写成编，题曰《万言三策》，自序其端，镂梓以传。又伤宋李纲以忠义见疾，为之浩叹，乃购求文集以刻。"[①]可见，明代宦官读书教育制度有利于提高宦官知识文化水平。黄赐在内廷接受良好儒家文化教育，为其家族后来融入江南文士圈奠定基础。

黄赐先祖之中多官绅学文之辈。黄赐高祖黄维清，"举进士，知九江府，卒，子孙因家焉"[②]。黄维清，字源洁，福建晋江人，洪武十八年（1385）进士，历职郎署，升九江知府，"九江土瘠民漓，号称难治，（黄）维清廉勤平恕，渐著治迹，卒于官"[③]。黄赐曾祖黄光祖，任福建都司经历，家始徙福建南平县长安里。黄赐祖黄均泰居乡不显。黄赐父黄子德，"常结庐于九龙山四贤祠侧，诵读其中，觉悟来学，门人私谥曰贞颖先生，著有《九峰集》二十卷、《乡邦杂志》十卷、《周易灵课》一卷行世"[④]。"九龙山四贤祠"位于今南平县九峰山下，祠祭宋代杨时、罗从彦、李侗、朱熹四位理学家，号为"延平四贤"。总之，黄赐先人不乏官绅之士，其父黄子德更是读书习理之人。

天顺年间，黄赐升奉御，"宠眷莫先"。成化改元，黄赐"晋秩司礼监，为国肺腑，奉秘旨察中外事"，二年（1466），掌司礼监事，"凡军国重事，悉与筹划"，权势赫赫。桑悦罗列黄赐主掌司礼监期间的四项"工作"。其一，成化五年，被旨遴选景泰帝嫡女固安郡主仪宾。其二，成化八年（1472）、九年（1473），分别被旨遴选明英宗之女广德公主和宜兴公主驸马。其三，山东饥荒，被命赈济山东亲藩。其四，成化十一年（1475），明孝宗生母孝穆皇后卒，主典丧事。

黄赐最重要历史"功绩"则是他对年幼的明孝宗有阿保之功。这可以从多方资料获得证实。明末沈德符《万历野获编》对明孝宗正位东宫之事做过专门考辨。他称于慎行《谷山笔麈》记载失实，当以时人尹直所记近真：孝宗正位东宫，实内臣黄赐、张敏和段英"三人之功"，太监怀恩只是奉命传谕内阁而已[⑤]。明人焦周也谓黄赐"于孝庙有阿保功，所赏赉多御府物"[⑥]。桑悦直接指出：

---

①［明］徐溥：《徐文靖公谦斋文集》卷六《印绶监太监尹公墓表》，台湾省图书馆藏明嘉靖八年宜兴徐氏家刻本.

②［明］桑悦：《思玄集》卷七《大明明威将军锦衣卫指挥佥事黄并妻李氏恭人神道碑铭》，第92—94页.

③［明］过庭训：《本朝分省人物考》卷七一《黄维清传》，《续修四库全书》史部第535册，上海，上海古籍出版社，1995年，第151页.

④［明］桑悦：《思玄集》卷七《凤岗阡表》，第94—96页.

⑤［明］沈德符：《万历野获编》卷三《孝宗生母》，北京，中华书局，1959年，第82—84页.

⑥［明］焦周：《焦氏说楛》卷六《四库全书存目丛书》子部第113册，第112页.

方宪宗皇帝末年，皇储未建，今上（孝宗）龙潜。公（黄赐）乃身犯大难，抱日于渊，大照四海。指顾之间，盖霍子孟拥昭之功，掩陈康伯正名之议。[①]

桑悦比拟过甚，认为黄赐阿保孝庙之功，其功远超历史上霍光和陈康伯。西汉名臣霍光拥立汉昭帝，开启昭宣中兴。南宋高宗有禅位之意，陈康伯疏请草诏册立太子，宋孝宗得以顺利继位。

值得一提的是，弘治十五年（1502），吴中才士祝允明为黄赐侄黄琳所作《一江赋》中也叙及黄赐生平事迹。《祝氏集略》所收《一江赋》实为删改本[②]，原稿现藏上海博物馆。两相比对可见，《祝氏集略》所收《一江赋》将上海博物馆原稿前半部分叙述黄琳家族谱系、黄赐兄弟事迹和黄琳生平予以全部删除。上博藏原稿《一江赋》记述黄赐有功孝庙称：

惟监公（黄赐）之在位兮，寸丹结心。彼千折之流兮，百冶之金。知无不言兮，谟远思深。有惕于衷兮，前星在阴。神龙渊潜兮，九水沉沉。孰闻于天兮，千喉一瘖。公激而跃兮，寒波万寻。不见其身兮，秋霜满襟。中闱进号兮，龙章晓册。东朝正座兮，鹤驾春临。[③]

引文中"前星在阴"指明孝宗生长五龄而不为人知。祝允明此处所载更为详细，明确指出黄赐对明孝宗生长保护直至正位东宫的全过程都有不可替代的贡献。

正统以后，刑部、大理寺和都察院三法司会审，例差司礼监太监一人主之。成化年间，黄赐膺任此命，史载：

时陆公瑜为司寇，王恭毅公概为廷尉。二公名臣，持论侃侃，初不因黄（赐）有所低昂。有兄与人争，弟庇之，因殴其人致死者，法司奏当以死。黄（赐）欲从末减，二公持不可。黄大言曰："同室之人有斗者，尚披发杀冠而往救之，况其兄乎，正在矜疑之列。"二公无以应，卒免死戍边。[④]

---

① [明] 桑悦：《思玄集》卷七《凤岗阡表》，第94—96页.

② [明] 祝允明：《祝氏集略》卷二《一江赋》，[明] 祝允明著，薛维源点校：《祝允明集》，上海，上海古籍出版社，2016年，第36—38页.

③ 上海博物馆藏祝允明《一江赋并序卷》内容详见：https://baijiahao.baidu.com/s?id=1613762355852968389&wfr=spider&for=pc（2018.10.8）

④ [明] 焦竑：《国朝献徵录》卷一一七《寺人·黄赐传》，《续修四库全书》史部第531册，第592页.

由上可见，黄赐确为博学多才、识见不凡之辈，乃至足以与外廷名臣陆瑜、王概相为颉颃论辩。明末焦竑由此感慨“宦官揽权，必其才术有足动人者，非特左右承顺而已”。换言之，司礼太监黄赐备受宠任，与他学优才赡颇有关系。黄赐“行业老成，稍为人所重”，有功于孝庙正位东宫，职是之故，王世贞将他与金英、怀恩一并归为明代贤能宦官代表[①]。

黄赐确实备受明宪宗宠任。成化七年（1471），黄赐和同乡御用监太监潘瑛捐资修建南平县武步乡黄龙桥，改名同仁桥。明宪宗亲撰《御制同仁桥碑》，称许二人有“济人利物之志，不忘乡邑者矣”[②]。成化十三年（1477），黄赐与内臣覃文捐资兴建北京广惠寺，宪宗许可敕建[③]。

然成化十三年（1477），兵部尚书项忠弹劾西厂大珰汪直，后者诬告项忠，词连黄赐及其弟锦衣指挥佥事黄宾。黄赐谪南京，降长随，黄宾降为民[④]。尚宝司卿朱奎因“与（黄）赐善”，也被谪广东盐课提举[⑤]。要之，成化十三年，司礼太监黄赐不敌权阉汪直，结束掌理司礼监政治生涯。桑悦称黄赐“罹谗避权，承上命，镇守留都，振修成规，尽厘秕政，代祀三茅君，及勤旱，致祷成疾，卒”[⑥]。可见，不久黄赐复升为南京司礼太监，奉命守备南京，在任七年而卒。

黄赐弟黄宾，字廷贤，别号东轩，又号靖庵，生于正统六年（1480），卒于成化十六年（1441）。黄宾“少勇略绝群，竞力于学，奉母太恭人至京，色养之余，不与外事，亲贤乐善，饮酒赋诗”[⑦]。成化六年（1470），抚宁侯朱永用兵延绥，黄宾从征，“以功授锦衣卫百户”。次年，黄宾又从朱永用兵威武，擢锦衣卫千户。成化中，“皇储未建，今上（孝宗）在潜，公（黄赐）谋于君（黄宾），欲发之，恐及家门。君（黄宾）力赞其决，克咸厥功。既而，孝穆皇后（纪氏）暴崩，君（黄宾）

①［明］王世贞：《弇山堂别集》卷一八《二黄中贵》，第333页；［明］王世贞：《弇州史料》卷三八《中官淑慝》，《四库禁毁书丛刊》史部第50册，北京：北京出版社，2000年，第54页.

②［明］黄仲昭纂：《八闽通志》卷八三《词翰》，福州，福建人民出版社，2017年，第1354页.

③［明］程敏政：《篁墩集》卷一八《敕赐广惠寺记》，《四库全书》集部第1252册，上海，上海古籍出版社，1987年，第322—323页.

④《明宪宗实录》卷一六七，成化十三年六月甲辰，台北，“中央研究院”历史语言研究所，1962年，第3024—3025页.

⑤《明孝宗实录》卷一一一，弘治九年闰三月乙亥，第2027页.按：朱奎，字文征，华亭人，父朱孔易以善书受知遇，官至顺天府丞。朱奎，年十二奉旨“受学内书馆”，授中书舍人，直文华殿，累升尚宝卿，后以大理寺卿致仕。

⑥［明］桑悦：《思玄集》卷七《凤岗阡表》，第94—96页.

⑦［明］桑悦：《思玄集》卷七《凤岗阡表》，第94—96页.

与丧事，再升（锦衣卫）指挥佥事。”[①]概言之，黄宾以从征功授锦衣卫百户，又因协助其兄黄赐主持孝穆皇后丧事，累升锦衣指挥佥事。其后，黄赐复升南都守备，被降为民的黄宾也得授南京锦衣卫指挥佥事，可谓一损俱损，一荣俱荣。

黄宾可能受其兄黄赐影响，乐善好施，结交文士。桑悦称黄宾“治家有法，内外斩斩。其教学诸子，虽在童稚，必习礼务学”，“满贮图书，日领客酌酒赋诗其中”，“周贫恤匮，遇义勇为，资建故邑五步巨桥。京师大疫，又买城东地，收葬遗骸以万计”。成化十六年（1480），黄宾卒，其子黄琳“初袭爵，即掌卫事”[②]。祝允明谓黄琳“嗣锦衣之素秩”，并称：“龙驾庚寅，摄提在申，月弦于天，岳乃降神，蓂余七荚，是生伟人，玭珠出胎，不染人间之类。”可见，黄琳生于成化六年（1470）七月初七，年仅十岁袭锦衣卫指挥佥事。成化二十一年（1485）黄赐卒，升黄琳锦衣卫指挥同知，时年十五。以故祝允明称黄琳“仅越成童，又失伯考，推恩录旧，丹阙飞诏”[③]。《明实录》对此也有详细记载：

> 升南京锦衣卫指挥佥事黄琳为指挥同知，与世袭。百户黄灏副千户。所镇抚黄渌，校尉黄润，百户黄泽、黄淇，所镇抚黄澧、黄溶，冠带总旗黄瑛，袭为百户，俱管事。黄玉等六人，充御马监勇士。（黄）琳等以故太监黄赐家属乞恩也。[④]

以上诸人中，除黄琳外，只有黄瑛是黄宾次子[⑤]，其他诸黄氏都是黄赐家童。因《明实录》又载，成化二十三年（1487），“升校尉黄涎为南京锦衣卫所镇抚。（黄）涎，南京守备太监黄赐家童也”[⑥]。

弘治元年（1488），南京兵部疏请降革传升、乞升武职冗员共五十三人，包括由太监黄赐之恩乞升的黄琳、黄瑛、黄灏、黄涎等人。明孝宗诏黄琳降锦衣卫指挥佥事，黄瑛仍百户，余如例递降[⑦]。祝允明称“躬逢一人，光临大宝……沙之汰之，瓦砾勿存……仍汝以先时之初阶，锡汝以新朝之殊恩，握尔密章，司我亲军”[⑧]，即

---

① [明] 桑悦：《思玄集》卷七《大明明威将军锦衣卫指挥佥事黄并妻李氏恭人神道碑铭》，第92—94页.

② 以上均参 [明] 桑悦：《思玄集》卷七《大明明威将军锦衣卫指挥佥事黄并妻李氏恭人神道碑铭》，第92—94页.

③ 上海博物馆藏祝允明《一江赋并序卷》。

④《明宪宗实录》卷二七一，成化二十一年十月壬寅，第4581页.

⑤ [明] 桑悦：《思玄集》卷七《大明明威将军锦衣卫指挥佥事黄并妻李氏恭人神道碑铭》，第92—94页.

⑥《明宪宗实录》卷二九〇，成化二十三年五月丙寅，第4918页.

⑦《明孝宗实录》卷一四，弘治元年五月乙亥，第339页.

⑧ 上海博物馆藏祝允明《一江赋并序卷》.

指弘治改元黄琳降锦衣指挥佥事之事。弘治十年（1497），南京科道纠奏两京文武官不职者，弹劾黄琳“淫亵贪纵”，孝宗下旨俱留办事[①]。要之，黄琳之所以在弘治年间“屹立不倒”，与其伯父司礼太监黄赐对明孝宗有“阿保”之功应有关系。正德改元，黄琳降为南京锦衣卫降级百户，次年，黄琳乞复指挥佥事，武宗“命为正千户，仍改锦衣卫见任”[②]。今检《锦衣卫选簿》和《南京锦衣卫选簿》都无黄琳资料，黄琳的锦衣卫身份可能于嘉靖初年被革止。

综上所述，南京锦衣卫黄琳家族兴起与其伯父司礼太监黄赐密切相关。成化年间，司礼太监黄赐权势显赫，极受宠任，其弟黄宾因此得以从征立功，累升至锦衣卫指挥佥事。成化十三年（1477），黄赐虽不敌大珰汪直而被降南京长随，然不久复升南京司礼太监，守备南京，被降为民的黄宾也复任南京锦衣卫指挥佥事。黄赐于孝宗有“阿保”之功，这是南京锦衣卫佥事黄琳家族历经弘治、正德两朝政治变迁而“屹立不倒”的主因。

三、黄琳家族的地方融入及其与江南文士的来往

黄赐受过内廷良好文化教育以及他对文艺的爱好和收藏，不仅令黄琳家族迅速融入南京地方社会，而且直接影响黄琳的书画鉴藏活动，成为江南文化的重要组成。

黄氏家族成功融入地方社会的重要表征，是黄宾子女的联姻婚配情况。黄宾有子四人，长子黄琳，娶山东提学沈钟之女。沈钟，南京上元人，天顺四年进士，与名儒章懋、罗伦为道义友，时称“十君子”，官至山东按察副使。正德十三年（1518），鲁铎为沈钟撰墓志铭称“（沈钟）女一人，前南京锦衣指挥黄琳壻也”[③]。黄宾次子黄瑛，南京锦衣卫中所銮舆司百户，娶南京羽林卫指挥刘谦之女。黄宾三子黄璋，娶南京礼部尚书童轩之女。童轩，永乐初召入钦天监，家于南京，景泰二年（1451）进士，授南京吏科给事中，升云南提学，成化十年（1474）召拜太常少卿，弘治七年（1494）升南京礼部尚书，弘治十年（1497）致仕，“生平喜读书，为文渊博雄丽”，“于物一介不苟取，其廉勤慎密，真不愧古人也”[④]。据倪岳撰童轩墓志

---

①《明孝宗实录》卷一二五，弘治十年五月甲辰，第 2226—2227 页 .

②《明武宗实录》卷三〇，正德二年九月辛酉，第 761 页 .

③［明］鲁铎：《鲁文恪公文集》卷九《山东按察司副使沈公墓志铭》，《四库全书存目丛书》集部第 54 册，第 119 页 .

④［明］过庭训：《本朝分省人物考》卷一一《童轩传》，《续修四库全书》史部第 533 册，第 245 页 .

铭，童轩“侧室李氏生女一，曰静娥，适锦衣舍人黄璋”[①]。黄宾四子黄珍，娶都察院右都御史李蕙之女。李蕙，南直隶当涂人，成化五年（1469）进士，拜刑科给事中，升江西参议，弘治年间升都察院右副都御史总督南京粮储，所至有惠政[②]。由上可见，除黄瑛外，黄宾其他三子都婚聘南京一带官宦名臣之家。

黄宾之女也都嫁与江南官绅之家。黄宾长女嫁云南参政张海之子张宁。张海，景泰二年（1451）进士，南直隶安东人，授兵科给事中[③]，天顺六年（1462）出为饶州知府[④]，成化十一年（1475）由顺庆知府升为云南左参政[⑤]。黄宾次女适南京通政使徐世英之子徐綮。徐世英，江阴人，兵部尚书徐晞之孙，幼好攻书，正统末授中书舍人，娶明英宗母孙皇后之妹[⑥]，升通政司左参议，擢南京通政使[⑦]。黄宾三女嫁南京锦衣卫指挥使丁福。丁福，世为扬州人，祖丁瑄，天顺初嗣职，改任锦衣卫都指挥，父丁固，成化年间嗣职，改任南京锦衣卫指挥，弘治八年丁福袭职南京锦衣卫指挥使，“娶黄氏锦衣指挥琳之妹”[⑧]。

黄琳家族与江南官绅文士融合无间，不只是司礼太监黄赐权势显赫之故，与黄赐学优才富也有关系。倪岳不仅与童轩、丁福等关系密切，也与黄赐相友善。倪岳，南京礼部尚书倪谦之子，天顺八年（1464）进士，成化元年（1465）授翰林院编修，官至吏部尚书。倪岳是成、弘之际名士，“天下皆仰望其风采”。倪岳与黄赐友善，与其父倪谦是黄赐在文华殿读书东庑时的老师大有关系。太监黄赐母死，倪岳乃至衰服送葬。论者因此谓倪谦“急于功名，暱比权要”[⑨]，实是明人常以道德评判宦官所致[⑩]。

①［明］倪岳：《青溪漫稿》卷二三《明故资政大夫南京礼部尚书致仕赠太子少保童公墓志铭》，《四库全书》集部第1251册，第333页.

②［明］过庭训：《本朝分省人物考》卷四〇《李蕙传》，《续修四库全书》史部第534册，第78—79页.

③《明英宗实录》卷二〇七，景泰二年八月丙子，第4448页.《明英宗实录》卷二八七，天顺二年二月辛亥，第6156页.另参朱保炯、谢沛霖：《明清进士题名碑录索引》，上海，上海古籍出版社，1998年，第471页.

④《明英宗实录》卷三四四，天顺六年九月甲寅，第6964页.

⑤《明宪宗实录》卷一四五，成化十一年九月丙子，第2681页.

⑥［明］李诩：《戒庵老人漫笔》卷一，《四库全书存目丛书》子部第111册，第16页.

⑦《明孝宗实录》卷四一，弘治三年八月甲午，第857页.

⑧［明］倪岳：《青溪漫稿》卷二一，《大明昭武将军上轻车都尉南京锦衣卫掌卫事都指挥佥事丁公神道碑》，第292页.

⑨［明］俞汝楫：《礼部志稿》卷五三《尚书倪岳》，《四库全书》集部第597册，第970页.

⑩弘治元年，御史汤鼐奏谓“（礼部）右侍郎倪岳急于功名，昵近权要，太监黄赐母丧，衰服送葬，徒步柩前”。见《明孝宗实录》卷九，弘治元年正月甲寅，第191页.

黄琳因其伯父司礼太监黄赐收藏名誉江南，成为明中期重要书画鉴藏家①。《客座新闻》载："近在南京，见太监钱能与太监王赐侄锦衣卫指挥琳，二家各出书画，每五日令执事者舁二柜，至公堂展玩，毕复循环而来。中有王右军二十七字，王维雪景一大卷，长三四丈，唐人如韩滉题扇，惠崇斗牛，韩幹马五卷，黄筌醉锦卷，皆极天下之物。小李、大李金碧各一卷，董范等卷，不以为异……苏、黄、米、蔡各为卷者，不可胜数，挂轴若山水名翰，但多晋唐宋物，元氏不暇论矣，皆神之物，前后题品钤记且多。"②引文中"太监王赐"显属误笔，实为南京守备太监黄赐。钱能曾任云南镇守太监，时任云南巡抚王恕连章弹劾，后转任南京守备太监③。

黄琳收藏多来自黄赐。黄瑜称："南京西华门旧有二黑漆圆椟，振之则中空有声，盖国初巨室之籍入者，以不可启视，故弃于此。守阍小内使张本穴而窥之，则画幅存焉。一为王维傅色山水，约三丈余，一为苏汉臣所绘宋高宗瑞应图。（张）本以王画送安宁，苏画送黄赐，皆太监坐厂守备者。未几，宁死，（黄）赐攫得之，并以献上，赏赉颇多，益加宠任。"④可见，黄赐在南京搜集古书画进献，以此建立与明宪宗的联系互动，宪宗也常以内府之物赏予黄赐。

黄琳，字美之，号蕴真、休伯、国器、一江等。如上所述，黄琳成为明中期著名书画收藏和鉴赏家，与黄赐直接有关。黄琳藏书楼名"淮东书院"，宴集欣赏书画之所称"富文堂"。史载黄琳"收藏之盛，一时罕俦"，"收藏书画古玩，冠于东南"。黄琳钤盖在书画上的印章有"江表黄琳""黄琳美之""黄美之氏""黄琳私印""黄休伯父""黄琳""美之""琳印""休伯""休白之印""黄氏淮东书院图籍""表功旌烈之家""敕褒忠节之家""黄琳国器书画府印""殿中司马"等。其中"表功旌烈之家"一印分别对应以下两事。一是黄赐卒葬南京，孝宗"念旧勋，又命礼部建祠曰表功"⑤。二是黄宾卒，其妾王氏"得间自经，明年有司以王氏死闻，旌表贞烈"⑥。

---

① 蔡清德：《成化至嘉靖年间金陵地区书画鉴藏家丛考》，《南京艺术学院学报（美术与设计版）》2008 年第 2 期；王元军：《黄琳与其书画藏品中的"关内侯印"》，《中国书法》2016 年第 2 期；张冰、范丽娜：《明代书法鉴藏者的"身份"与"人群"》，《书法》2018 年第 8 期；朱万章：《明吴伟〈洗兵图〉鉴藏考》，《鉴赏与收藏（荣宝斋）》2012 年 .

②［明］沈周：《客座新闻》卷五《中官武臣斗富》，《续修四库全书》子部第 1167 册，第 165—167 页 .

③ 吴兆丰：《以"攻宦"为名：明成化间名臣王恕的政治形塑》，《中国文化研究所学报》第 63 期，第 69—89 页 .

④［明］黄瑜：《双槐岁钞》卷九《名画古器》，第 538 页 .

⑤［明］桑悦：《思玄集》卷七《凤岗阡表》，第 94—96 页 .

⑥［明］桑悦：《思玄集》卷七《大明明威将军锦衣卫指挥佥事黄并妻李氏恭人神道碑铭》，第 92—94 页 .

黄琳“爱礼贤士，有过门者，李氏（黄宾正妻）必命厚款”[①]，加之书画收藏“冠于东南”，江南文士多与他来往交游。吴中名士祝允明与黄琳交游资料最多。二人于弘治十五年（1502）相见于淮东书院，祝氏既为黄琳撰《一江赋并序卷》，又为作《烟花洞天赋》，“倾动一时”[②]。祝氏得见黄琳书画收藏，包括王羲之和米芾真迹[③]。同年，祝允明还为黄琳弟黄璋（字秉叔）夫妇作《偕美赋》[④]。黄琳还与戏曲家陈铎和徐霖二人相交甚密[⑤]。官至南京刑部尚书顾璘和苏州藏书家都穆都是当时江南名流俊士，二人也与黄琳来往甚多[⑥]。吴门画家沈周，浙派画匠吴伟以及与顾璘等号为“金陵三俊”的陈沂[⑦]，南京书画家谢承举[⑧]，都与黄琳有交谊。总之，与黄琳交游的多是东南一带显宦名士。祝允明称黄琳“辅仁则交遍海内”，并非虚语。

黄琳家族书画收藏还使黄琳弟黄珍成为东南一带风雅之士。黄珍，字怀季，正德二年（1507）贡生，后官教谕，“花草有黄筌笔意，书学徐髯仙，诗亦可观”[⑨]。徐髯仙即徐霖，与黄琳交好。黄筌是五代时期宫廷画家，黄琳收藏有黄筌画卷。所以清人陈田谓：“怀季（黄珍）濡染，故能画花卉，见重于时”[⑩]。顾璘也与黄珍交游颇密[⑪]。嘉靖三十年（1551），金陵书法家陈凤（嘉靖十四年进士）所编《訢慕编》，专门收录金陵一地宦绩、德学、节概、风雅之士，即将黄琳、黄珍及黄珍之子黄炎杲收入书中[⑫]。

---

①［明］桑悦：《思玄集》卷七《大明明威将军锦衣卫指挥佥事黄并妻李氏恭人神道碑铭》，第92—94页.

②［明］顾起元：《客座赘语》卷六《祝唐二赋》，《四库全书存目丛书》子部第243册，第374页.

③［明］祝允明：《祝氏集略》卷二五《跋王右丞画真迹》《跋米元章泛海等九帖》，［明］祝允明著，薛维源点校：《祝允明集》，第427—428页.

④［清］汪砢玉：《珊瑚网》卷一六《枝山书偕美赋并叙》，《四库全书》子部第818册，第243—245页.［明］祝允明：《祝氏集略》卷八《戏题秉叔燕月之什二首》，［明］祝允明著，薛维源点校：《祝允明集》，第151—153页.

⑤［明］顾起元：《客座赘语》卷六《髯仙秋碧联句》，第360页.

⑥［清］陈田：《明诗纪事》己签卷一七《黄珍》，《续修四库全书》集部第1711册，第437页.

⑦［明］陈沂：《书所观苏汉臣瑞应图》，［清］黄宗羲：《明文海》卷三一五，《四库全书》集部第1456册，第493页.按：陈沂亦于弘治十五年往观黄琳所藏书画。

⑧［明］谢承举：《谢子象诗集》卷九《寄黄蕴真先生》，台北“国家”图书馆藏明嘉靖二十一年刻本.

⑨［清］彭蕴璨：《历代画史汇传》卷三一《黄珍》，《续修四库全书》子部第1083册，第503页.

⑩［清］陈田：《明诗纪事》己签卷一七《黄珍》，第437页.

⑪［明］顾璘：《顾华玉集》，《山中集》卷一《春夜饮女文宅大醉翌日病眩负黄怀季之约诗以识过》，《四库全书》集部第1263册，第184页.

⑫［明］顾起元：《客座赘语》卷八《訢慕编》，第415页.

结 论

明中期江南著名书画鉴藏家、锦衣卫指挥佥事黄琳家族的兴起与发展，与其伯父司礼监太监黄赐息息相关。黄赐早年受到良好内廷教育，既学于内廷内书馆，又被选入文华殿东庑读书。天顺年间，他可能充为明宪宗东宫侍臣，所以在成化即位后擢为司礼监太监，成为权势显赫的内廷大珰。成化十三年（1477），黄赐虽不敌西厂权珰汪直而被谪南京，但很快又升任南京守备太监，受宪宗宠任不替。黄赐在政治上并非劣迹斑斑，他对幼年明孝宗有"阿保"之功，甚至在孝宗正位东宫之事上有过贡献。要之，相比于汪直等权阉，黄赐属于宦官之中贤能才学之辈。

黄宾作为黄赐之弟，有机会两度随征立功，得授锦衣千户，又因辅助其兄处理纪妃丧事而升至锦衣卫指挥佥事。虽然黄宾一度被降为民，但随着黄赐复任南京司礼太监，出任南京守备，黄宾也复任南京锦衣卫指挥佥事，卒后由其子黄琳袭职。黄宾子女婚配无一例外都是江南一带官绅武职之家，其所联姻的沈钟、童轩等更是官宦名臣之族，可见黄氏家族已然很好地融入地方社会。"天下皆仰望其风采"的倪岳因其父倪谦做过黄赐的老师，也与黄琳家族及其联姻之家互动交好。总之，黄赐的宦官"身份"没有阻碍黄琳家族融入地方士绅阶层，他的才学和收藏还促使黄琳家族更好地融入地方社会之中，进而成为江南地域文化的组成部分。文化的密切相通是明代宦官、锦衣卫武职与地方士绅三者连接的重要纽带。

（作者吴兆丰，武汉大学历史学院）

一门金紫：明代锦衣卫正千户纪世椿家族探研

李建武

《新中国出土墓志》陕西卷收录一通敕封太宜人阎氏的墓志，通过该墓志记载及其相关人物事迹，发现纪氏在明代中期是绥德州有名的大家族，家族成员文武仕途任职者均有，文职有太仆寺少卿，武职则有锦衣卫、副总兵等。本文拟从该墓志出发，对纪氏家族进行系统分析。

一、墓志考释

《新中国出土墓志》陕西卷收录一通敕封太宜人阎氏的墓志，题为诰赠锦衣卫副千户纪君配太宜人阎氏合葬墓志铭记载了在锦衣卫任职的官员家族成员信息，内容如下：

赐进士出身荣禄大夫少傅兼太子太傅提督十二团营侍经筵兵部尚书晋阳王琼撰，特进光禄大夫柱国太傅兼太子太傅新宁伯奉敕提督十二团营军务兼提督五军营总兵官掌后府事侍经筵滁阳谭祐书，驸马都尉雁门崔元篆。

赠锦衣副千户纪君既没之四年，其配太宜人阎氏卒于家，其子锦衣正千户世椿具状乞铭其墓。按状：纪氏所居延安府绥德州，古朔方，地近胡，故其地豪杰多以战功显于时。纪氏先以儒医显，至车驾君，族益盛，车驾君生子温，致位太仆少卿，倜傥好义，名动京国。温弟泶赠锦衣君也，能以勤俭治家事，其父车驾君、其兄太仆君，得专心仕业，无内尤。太宜人出同郡望族，生而庄静聪颖，动契内则，父母爱之，尝相谓曰：是子不凡，将来福履非吾辈所及也。自归锦衣君，多内助。节缩用度，供备甘旨，舅姑宜之。车驾君先逝，张宜人寡居，太宜人事之尤谨，独得其欢心，待太宜人亦独厚。妯娌因不平或加侵语，太宜人不与较，后皆悔过谢服。弘治乙丑，以子太常寺丞世梁贵，敕封孺人，壬申，以子世椿贵，封安人。丙子，进封太宜人。天性孝慈，主祀事必躬必亲，敬以将事，诲爱诸子，不生疾患。子在外，亲制衣寄之。族里有贫乏者，随宜赈给，不少吝。晚年神清气和，明眸黑发，每节令暨生辰宴会，子孙满前，太宜人乐甚，太常典礼，最为清秩。今之锦衣，古执金吾官也。武臣三品以上，充将帅守边，亦异常等。太宜人四子，皆跻胪仕，金紫杂沓，非积德深厚，能致是乎。正德丁丑二月初十日，忽不乐，遂自处分身后事，至终不乱，距其生正统丁卯九月初七日，享年七十有一。卜以卒之年四月二十五日，于城南三岔河之阳，启锦衣君之穴而合葬焉。子男四：长世梁，先卒，娶丁氏，封孺人。次世椿，娶丁氏，封宜人，次世楹，镇守山西副总兵，娶黄氏，次世禄，指挥使，娶朱氏。女三：长适协守延绥副总兵朱銮。次适延安都指挥周瑭。次适千户周文臣。孙男九：文炳、文焌、文燧、文焰、文烨、文炤、文炀、文炜、文爋。孙女一。铭曰：系惟纪氏，居古朔方，德厚流深，厥族用昌。父兄昆季，一门金紫。力行仁义，天祐福祉。岔河之阳，幽宫是藏。勒石铭文，百世之光。①

该墓志乃由兵部尚书王琼撰文，新宁伯谭祐书丹，驸马都尉崔元篆额，三位均是朝廷内外重要人物。在锦衣卫正千户纪世椿的请求下，为其母撰写合葬墓志。

榆林南郊出土了纪滐墓志，题为《大明故封征仕郎中书舍人纪翁墓志铭》，文载：

光禄大夫上柱国少傅兼太子太傅吏部尚书武英殿大学士知制诰兼经筵官石淙杨一清撰，光禄大夫柱国太子太保户部尚书兼武英殿大学士国史经筵官京口靳贵书，荣禄大夫太子太保礼部尚书兼文渊阁大学士知制诰经筵国史官东莱毛纪篆。

锦衣千户纪君世椿谒余，为其父封中书舍人容庵翁请撰墓志铭。予弘治间与翁之兄故太仆少卿宗直交。后因与翁子世梁、世楹并世椿、世禄通还往，且总制陕西。稔闻翁行谊有可述者，铭不忍辞。按：翁讳滐，字宗太，别号容庵，世为凤阳蒙城淳化乡人。高祖讳二翁，国初隶大将军麾下，戍绥德卫，子孙遂家于绥。生子信，信生瓛，号澹庵，翁父也。纪氏自二翁以医名，出而治疾，往往有奇验。翁少从澹庵，能世其业。每居善药，凡负疴求疗者，不问疏亲贵贱，致之辄往。投之剂无弗愈者，且不

① 中国文物研究所编：《新中国出土墓志·陕西卷》，北京，文物出版社，2003年，第168页.

责报。故人人德之，至称为纪一贴云。镇巡边备诸当路，多忘贵势，礼接之，或赠之诗文，奖与甚重。孝慈友爱，出于天性。理家政以勤俭为族人先。壮强时，商游淮扬间，克力干蛊，家日饶裕焉。尝慨然以万金让其昆弟。有无赖子加之非礼，容弗与较。乐为义举，遇贫不能婚丧者，出赀助之。旅困无所于归者，资给遣之。负贷不能偿者，辄焚其券。盖虽不废货值，而恒持信义，义名满江湖，彻于朝省，子姓化之。有弗尔者，人曰：独不愧容庵乎？榆林卫学宣圣庙灾，翁蹙然谓：事莫急于此者矣。遂市材木百余株，鸠工庀物，以倡导一方之人，厥工用成。成化辛卯，应例输边，授七品散官。弘治乙丑，以世梁贵，被敕封征仕郎、中书舍人。又以世椿武阶，诰封武略将军、锦衣千户。正德九年七月五日，以疾卒于家置正寝，距其生正统己巳，得年六十有六。配阎氏，封宜人，有淑行。子男四：世梁其长，终于太常寺丞。次世椿。次世楹，累军功，拜都指挥佥事，充右参将，分守延绥。次世禄，扬州卫带衔指挥使，今为少卿。公后女三：长适游击将军、都指挥朱銮。次适延安卫都指挥周瑭。次适绥德卫千户周文臣。男孙九，女孙一。墓在榆林三岔山之原。其葬则卒之年九月十一日也。铭曰：不汩于利，而徇之义。善不以伐，才而不试。纪有世业，日精轩岐。翁得其传，厥闻四驰。博施廉取，以遗厥子。诜诜膝前，惟金与紫。有丘岿然，榆阳之原。春秋霜露，百祀弗谖。[①]

墓志碑刻的撰者乃是杨一清、靳贵、毛纪三位大学士，此种情况较为少见，明代墓志碑刻一般邀请文人撰文，武官篆额。

1991年，再次出土纪氏墓志一通《明故文林郎纪公李孺人合葬墓志铭》，文载：

光禄大夫柱国少师兼太子太师吏部尚书太原王琼撰，山西雁门第三关游击将军都指挥佥事古徐窦鋾篆，昭勇将军绥德卫掌印指挥使凤阳朱□书。

纪氏之先，居凤阳蒙城乔木之家。有曰二翁者，精于医术。洪武初，从魏国公徐达南北征伐，茂著勇略。及天下平定，设边防胡，乃仍前代之旧，于绥州建卫，聚兵守焉，翁进选列。于白沟河有功，为昭信校尉，遂为绥州起家之祖。积德行仁，其后官爵渐昌。翁生政。政生琛，业儒，为绥州廪膳生。配王氏，指挥王锐之女。早逝未仕。生子洪，是为文林郎。早入郡庠，好学循礼，德业日进，有司以例贡于礼部，卒业成。弘治庚

① 康兰英：《榆林碑石》，西安，三秦出版社，2003年，第242页.

申，谒选吏部，除冀州判官。佐理郡事，贤能有芳誉，升定陶县尹。政治宽平，民有诵声。御史荐其廉能，调宁阳大邑。清慎廉敏，久而不渝，邦人式之，诚为当代良有司也。君先配郝氏，右布政郝渊之之女，有淑德。生女一，适副总兵官崔天爵，此郝孺人之所出也。君继室李氏，指挥李伯俊之女，助夫训子以道。生子四：长世棠，国子生。娶阎氏、吴氏，亡；丁氏，生女一，幼。次世楠，娶阎氏。次世标，娶刘氏。次世椿，为绥州廪膳生，娶刘氏。标生子三：长文□，娶安氏；次文□；次文煦，幼女一，幼，未字。椿生子四，俱幼。女四，长适指挥应袭罗江，其三女幼，皆李孺人之所出也。纪君德业晖焕，名播仕版，先逝。诸子事孺人，克尽孝道，宜无忧者。而孺人以未亡人自处，未尝忘藁砧焉。今嘉靖癸未闰四月初十日卒，寿六十。其子世棠等，谨卜嘉靖丁未三月初九日，复合葬于五里湾之原，因先君之窆而附焉。孙茂才坚状世棠丐予为铭，棠诸父少卿纪君温，琼之故人也，铭奚敢辞。铭曰：雄哉绥州，秦为上郡。移家自南，克昌其运。夫宰大邑，厥有声闻。妇助其贤，子承其训。全福令终，天与弗靳。西山之原，体魄之隐。①

王琼因与纪温相识，故先后为纪滦所配阎氏、纪洪所配李氏撰写墓志。大学士徐溥亦曾为纪氏家族成员撰写墓志，其文曰：

纪母张宜人，今户部云南司员外郎温之母也。张世居绥德，业阴阳家之术，某南京钦天监灵台郎生子文哲，本州陰阳学典术，娶某氏，生宜人，聪慧端正，为父母钟爱之，笄而归纪。纪之先为蒙城人，后徙绥德，以医鸣家，为故承事郎讳瓛之配。瓛，字玉章，号澹庵，少孤事其叔父母尽礼，宜人能承顺其意如子妇然。至于奉賔祭、待亲戚，事无大小，必得其道，人以贤妇称之。他日澹菴辈从求异产，力不能止，遂出居于外，惟取先世所遗医书数册及器之敝者数事而已，宜人怡然未尝有愠色。澹菴医日精，远方抱病求治者日衆，至则随手取应而退，亦不责报，久则所积亦厚，不喜自奉。凡有义举，倾而与之，宜人亦未尝有吝容，其贤有如此。弘治己丑九月初六日跻寿八秩，其子温仕于朝，得士大夫诗篇甚富，寓归为庆，宾客满门，诸子妇率孙曾以次捧觞进拜，里巷惊异，莫不啧啧称叹。未几以温之贵，将受诰，有宜人之封，甲寅正月八日俄以微疾卒，温

① 康兰英：《榆林碑石》，第 246 页．

归来泣告曰：不肖赖慈训以有今日，所恨者虽恩典之颁而不能光荣生前矣。九月十有七日墓于榆林城南三岔河之阳，合承事先君兆幸畀一言以慰之。予居京师且久，知温为郎官，有美才，昔尝感其孝为文以表其先君墓，乃复按刑部侍郎张君尚絅之状书而授之，宜人有男子四：长洤，次即温，又曰溁，曰濂。洤、溁俱以输粟授官，濂乡贡进士。女一，适冠带总旗杨政。孙男八人，世相、世良俱太学生，世椿、世科、世楹、世禄、世标、世楫。女九人，长适榆林卫千户李凤，次适王勲，适朱鸾。余尚幼。铭曰：顺以为德，严以为教，既宜其家，亦事其报，报以厚养，复跻高年，天恩且下，曷不少延，子孙如林，盛而未艾，立石墓门，其尚有待。①

四通墓志皆是关于纪氏家族成员，撰文者皆是当朝要员，兵部尚书或者内阁大学士，甚至首辅，皆是应锦衣卫正千户纪世楹所请，可见锦衣卫在明代地位很高。

二、绥德纪氏家族成员史迹考

根据三方墓志整理纪氏家族成员如下：

一世祖，纪二翁，洪武初家于绥，昭信校尉，以医名。

二世祖，纪信、纪政

三世祖，纪瓛，纪信之子，号澹庵。以子温封兵部车驾司郎中。

纪琛，纪政之子，业儒，为绥州廪膳生，配王指挥女。

纪璿，正统九年（1444）举人，官兖州府同知。军籍。

四世祖，纪温，纪瓛之子，字宗直，绥德卫人，成化乙酉举人。授吏部司务，称纪司务。升太仆寺少卿，卒于官。

纪溁，纪瓛之子，能世其业，号称“纪一贴”。以子世梁贵，敕封征仕郎、中书舍人。又以子世椿武阶，诰封武略将军、锦衣副千户。

纪洪，纪琛之子，成化年岁贡，官宁阳知县，封文林郎。

纪澜，成化年岁贡。

纪濂，弘治十四年举人，官至盐山县知县，军籍。

五世祖，纪世梁，纪溁之子，太常寺卿。

纪世椿，纪溁之子，锦衣卫指挥。

纪世楹，纪溁之子，官至雁门副总兵。

---

①［明］徐溥：《谦斋文录》卷三《纪母张宜人墓志铭》，《影印文渊阁四库全书》第1248册，台北，台湾商务印书馆，1986年，第619页.

纪世禄，纪滦之子，绥德卫指挥。

纪世棠，纪洪之子，正德年岁贡。

纪世楠，纪洪之子。

纪世标，纪洪之子。

纪世榛，纪洪之子，嘉靖年岁贡，官龙德训导。

纪世懋，弘治年岁贡。

纪世相，南乐知县。

六世祖，纪文炳，纪滦之孙。

纪文焌，纪滦之孙，嘉靖十三年（1534）举人。

纪文燧，纪滦之孙。

纪文焰，纪滦之孙。

纪文烨，纪滦之孙。

纪文炤，纪滦之孙。

纪文炀，纪滦之孙。

纪文炜，纪滦之孙，嘉靖二十二年（1543）举人，官周府长史。

纪文爌，纪滦之孙。

纪文採，纪世标之子。

纪文奎，纪世标之子。

纪文煦，纪世标之子。

纪文烺，嘉靖年岁贡，军籍。

七世祖，纪凤鸣，纪温曾孙，嘉靖十九年（1540）举人，庚戌进士，官至长芦盐运使。

从洪武二年（1369）到嘉靖十九年（1540），绵亘几近二百年，人丁兴旺，满门金紫，实为陕北望族。明清绥德历部地方志均有纪氏家族成员的大量记载，《明实录》中亦有相关记载，纪世楹官至副总兵，在《明武宗实录》中多次出现，卷九十七记载其守备环庆，卷一百十八记载其分守延绥东路，卷一百五十八记载其充副总兵提督雁门关。

纪氏在延绥积极参与地方事务，不断扩大家族影响。正德间纪世楹重修县北门内的真武庙，“纪公世楹守邦是邦，慨然有修葺之志。未几储材木、庀工役，不阅月而庙乃大完。”①

---

①［明］高观鲤纂修：乾隆《环县志》卷九《环庆真武庙记》，清乾隆十九年刻本 .

三、纪氏家族妇女及姻亲史迹考

不仅纪氏子孙在中央及绥德任职较多，其家族还通过联姻等途径不断巩固家族的地位。如纪滐长女嫁朱銮，先后任延绥、山海总兵。第二女嫁周瑭，嘉靖间任环庆守备。第三女嫁周文臣，千户。

纪氏在朝廷亦积极接纳权贵，以致有"纪半朝"之称呼，"副总兵纪世楹家赀数十万，朝之权贵无不结纳，天下谓之纪半朝。"

纪家妇女在地方志中亦有多处记载，道光《榆林府志》记载了丁氏、王氏和薛氏事迹，将二人载入《列女传》中。如丁氏，乃纪温子纪世梁妻，纪世梁死后，有三妾，宋氏年二十五、张氏二十二、孙氏二十九，又各有子，丁氏躬亲抚鞠，恩义备至，三妾亦以节称。孙氏子文焌尤有声誉，嘉靖年间举人。王氏，乃纪世楹奴仆纪儒之妾，纪儒死，王氏哭不哀，家人怪之，其夕即儒柩缢以死。还有薛氏，纪世楹妾，亦入《列女传》。

四通墓志为研究明代陕北纪氏家族提供了丰富的材料。纪氏因明初统一战争而定居陕北，到明中期因家族成员担任锦衣卫官员，纪氏家族逐渐兴盛，一门金紫，并由武入文。内阁大学士亦积极为其家族成员撰写墓志。在地方的记载中，纪氏成员也频繁出现，充分体现了锦衣卫仕途经历对个人、对家族、对地方的深远影响。

（作者单位：廊坊师范学院历史系）

百年沉浮：明代锦衣卫世家骆氏兴衰史

高寿仙

一、引言

被列入第五批“中国传统村落名录”的骆铭孙村，坐落在湖南省永州市新田县金盆圩乡南部，是一个拥有三四千人的骆姓大型村落。该村至今仍保留着几处古建筑，其中有一座上书“锦衣总宪”四字的木制牌楼，相传始建于明朝万历年间。由于时代久远，传闻异词，或说是为骆安而建，或说是为骆思恭而建。骆安在嘉靖初期曾担任锦衣卫指挥使，后降为指挥佥事致仕；骆思恭在万历末年至天启前期掌理锦衣卫事，官至左都督；骆思恭之子骆养性亦官至左都督，是明朝最后一任锦衣卫掌印官。

众所周知，锦衣卫是明代一个性质极为特殊的军事机构，拥有广泛而重要的权力。尽管明代实行军户世袭制，一家数代甚至多代在锦衣卫任职并不鲜见，但一家先后有三人执掌锦衣卫最高权力，还是比较罕见，骆氏或许是唯一的一家。由于官私典籍中的相关资料非常稀少而且不乏舛误，目前骆氏这个锦衣卫世家的基本情况还处于若明若暗的模糊状态。笔者不揣浅陋，尝试缀合相关的片断史料，对骆氏历代职位传袭及履职情形略做梳理，尚望方家补正。

二、崛起行伍：骆安之先世

骆氏任职于锦衣卫的第一代，是嘉靖初担任过指挥使的骆安。骆安去世后，时任翰林院编修高拱应邀为其撰写了一篇墓志铭。此铭收入高拱文集得以保存下来，使人们对骆安生平及其先世有了一个概略的了解。此铭开篇谈道：

> 嘉靖己酉十月十三日，明威将军锦衣卫指挥佥事骆公不禄，将以其年腊月二十日归窆都城南五里祖茔之次。于是公弟定暨寅，以其兄寮魏君状

来乞铭。予素辱公交厚，知公懿行为详，胡可以不文辞？[①]

铭中“予素辱公交厚，知公懿行为详”云云，使人觉得骆安与高拱有很深的交情[②]，其实这可能只是撰写墓志之浮词。从年龄看，骆安卒于嘉靖二十八年（1549），铭中后文言其“享年七十有七”，回推当生于成化九年（1473）。而高拱生于正德七年（1513），比骆安整整小了四十岁。从仕履看，高拱嘉靖二十年（1541）始登进士第，此时骆安致仕已十余年。再考虑到高拱为文职，骆安属武职，两人交往机会应当不多。但高拱所述骆安及其先世生平，系据骆安同僚魏某所撰行状，而行状内容多由家属提供，具有较高的可信性。铭中述其家世云：

公讳安，字时泰，别号月崖，湖广宁远人也。高大父当元末时，归附太祖高皇帝，后遂占籍燕山中护卫。生二子，曰寄保，曰善寄。保有战阵功，官济阳卫正千户。死无嗣，善承其官，而传其子广。广改卫羽林，而传其子胜。胜娶于胡，生公……弘治初，献皇帝建国于兴，慎选护从，父往典郡［群］牧所，公遂从如承天。居数年，承荫仍理所事，实勤慎有声。辛巳，今上入继大统，周旋扈从，劳勚为多，荷特旨升锦衣卫指挥同知，世袭，仍赠父母如其官，祖母、母暨配李赠封皆淑人，且敕有司修其父母葬所，赐谕祭，宠赉甲于时。[③]

墓志铭没有提到骆安高祖之姓名，但骆铭孙村所藏嘉庆八年（1803）所纂《骆氏宗谱》记其名“以诚”。据此谱卷二《骆氏始祖承基公世系图编行》记载，该村骆氏开基祖为承基，“由石羊洞而转徙于岛馆，遂为之肇基开籍于斯焉”，传至以诚已是第七代。其传衍世次为：承基生日明，日明生宗骥，宗骥生胜远、腾远等五子，腾远生均述，均述生明可，明可生两子，长即以诚，次为以宾。以宾名旁小字注云：“开户名孙，仍居承基公旧宅。”看来明初编制黄册时，骆以诚所报户名为“骆名孙”，后世沿此户名纳税，村落名称遂由“岛馆”渐变为“骆名孙”，后来“名”字又异写为“铭”。

关于骆以诚，该谱卷二《历代宦迹》谈道：

---

①［明］高拱：《高文襄公文集》卷三《明故明威将军锦衣卫指挥佥事骆公墓志铭》，《明别集丛刊》第2辑第91册，合肥，黄山书社，2015年，第111页.

② 岳天雷先生所撰《高拱与恩师、同年、门生关系考略》（《辽东学院学报》2015年第1期），即据此铭将骆安列为高拱之“好友”.

③［明］高拱：《高文襄公文集》卷三《明故明威将军锦衣卫指挥佥事骆公墓志铭》，第111页.

以诚：随征明太祖高皇帝，洪武戊申年克城有功，亡于战阵，未封。

同书卷三《承基公派下世系》有更加详细地记载：

以诚：生于元至正九年己丑四月二十日戌时，随征明太祖，战阵而忘［亡］。

邓氏：生于元至正十一年辛卯十二月十四日巳时，没于大明宣德三年戊申二月初二日。卜葬地名看牛岭，坤山艮向。生一子寄保。

寄保：卜居京师顺天府□□□瓦窑头。

宁远地处湖广南部至两广一带，汉、瑶、侗等族交错居住，元朝末年，瑶、侗与汉人以至地方政府之间曾发生激烈的武力冲突。朱元璋势力进入这一地区后，于甲辰年（1364）"立湖广行中书省，以枢密院判杨璟为参政"[①]。据宗谱可知，骆以诚生于元至正九年（1349），到洪武元年（1368）也不过二十岁。从谱中谓其"洪武戊申年（即洪武元——编者按）克城有功"看，他可能是在明朝建立前夕正式加入朱元璋军队的。

上引宗谱资料，对骆以诚妻邓氏的生卒年及葬地皆有明确记载，而以诚本人只有生年没有卒年，其子寄保更无具体信息。据此推测，骆以诚归附朱元璋军队后，便离开家乡随军征战，族人对其后来情况并不了解，所说"亡于战阵"，当是得之传闻。骆以诚所隶军卫，前揭墓志铭谓其"占籍燕山中护卫"。明太祖于洪武三年（1370）封四子朱棣为燕王，洪武十三年（1380）燕王就藩北平，"给赐燕山中、左二护卫侍从将士五千七百七十人钞二万七千七百七十一锭"[②]，骆以诚很可能就是此时随同燕王来到北平的。

骆以诚从军时，其长子骆寄保即使已经出生，年龄也很小，可能是在他移居北平后，才自家乡前来投从。1949 年所纂《骆氏宗谱》有如下说法："寄保，邑武生。明成祖时，招募乡勇，扫荡元气，以军功赐爵千户侯。"[③] 这条记载有点混乱，应当是将明太祖与明成祖时期的事情搅在了一起，而且具体事实不一定准确。但也提供

①《明太祖实录》卷一四，甲辰年二月乙卯，台北，"中央研究院"历史语言研究所，1962 年，第 181 页 .

②《明太祖实录》卷一三〇，洪武十三年三月壬寅，第 2066—2067 页 .

③ 参看谢奉生：《新田骆氏锦衣卫世家》，北京，中国文史出版社，2019 年，第 36 页 .

了一些宝贵线索，使我们有理由推测：明朝初期，湖广南部至两广一带局势动荡[①]，骆寄保曾招募乡勇保卫家乡，后到北平随侍父亲。父亲去世后，他承袭其职。作为燕山中护卫的军人，他肯定要参加靖难之役。燕王朱棣夺取政权后，原燕山三护卫军人多获升赏，骆寄保也因功升至济阳卫正千户。

骆寄保死后无子，由其弟承袭其官。墓志铭谓其弟名“善寄”，依兄弟排名惯例推测，恐为“寄善”之误。上引嘉庆《骆氏宗谱》载骆以诚妻邓氏“生一子寄保”，而未提及寄善，可能寄善是以诚从军后在外所生，其家乡族人并不清楚。时代较晚的《骆氏宗谱》，有邓氏“生二子，长子寄保，次子婆保”之说法，并谓“以诚次子婆保公，开户石羊洞夏源，妣宋氏，生一子法荣”[②]。婆保在家乡生活并娶妻生子，与在北京袭职的寄善显然并非一人。这种说法恐怕是因误会造成的张冠李戴。

骆寄善去世后，其子骆广承袭其职，墓志铭谓其“改卫羽林”，这是一种笼统说法。朱元璋未建立明朝前，曾经设置羽林卫，但在吴元年（1367）改羽林卫为羽林左、右二卫[③]。到洪武三十五年（1402），朱棣升燕山中护卫为羽林前卫[④]。羽林左、右、前三卫，均属亲军卫[⑤]。在明代文献中，羽林三卫皆有简称“羽林卫”之例。考虑到羽林左、右二卫是洪武年间设立的，而羽林前卫系由燕山中护卫升置，而骆以诚原本属于燕山中护卫，笔者推断骆广改属卫分，应当就是羽林前卫。

骆广去世后，其子骆胜袭职，生活轨迹发生了重要转变。当时“亲王出府，例于后府、锦衣卫并在京卫分，拨军校千七百人”，分属仪卫司、群牧所[⑥]。明宪宗第二子祐杬，于成化二十三年（1487）受封为兴王[⑦]。弘治三年（1490）出府[⑧]，应当就是按这种规制配给官军、校尉，骆胜当在此时被任命为群牧所千户。弘治七年（1494）九月，骆胜扈从兴王之国[⑨]，骆安随同来到安陆。关于骆安袭职时间，高拱并未明言，只是笼统地说“居数年，承荫仍理所事”。据《献皇帝实录》记载，弘

---

① 参看高寿仙:《民间记忆中的事实与建构——宁远〈灌溪李氏族谱〉所载李闻举事迹小考》，载《第十六届明史国际学术研讨会暨建文帝国际学术研讨会论文集》，北京，九州出版社，2017 年 .

② 参看谢奉生:《新田骆氏锦衣卫世家》，第 55—56 页 .

③《明太祖实录》卷二五，吴元年九月癸卯，第 380 页 .

④《明太宗实录》卷九下，（建文）四年六月辛未，第 136 页 .

⑤ 参看万历《明会典》卷一二四《兵部七 · 职方清吏司 · 城隍一 · 都司卫所》，北京，中华书局，1989 年，第 637 页 .

⑥《明孝宗实录》卷七五，弘治六年五月壬申，第 1411 页 .

⑦《明宪宗实录》卷二九二，成化二十三年七月戊申，第 4942 页 .

⑧《明孝宗实录》卷四四，弘治三年十月乙丑，第 900 页 .

⑨ 万历《承天府志》卷一《龙飞纪上》，《日本藏罕见方志丛刊》，北京，书目文献出版社，1990 年，第 26 页 .

治十六年（1503）九月，骆胜曾奉兴王之命，赴京祝贺皇太子千秋节[①]，骆安袭职肯定在此之后。从铭中所说“敕有司修其父母葬所”，可知骆胜夫妇皆葬于安陆。

三、锦衣世官：骆安及其子辈

正德十六年（1521），明武宗去世，因无子嗣，由兴王世子入继大统，是为明世宗。当时扈从明世宗入京的，有承奉张佐、戴永，长史袁宗皋，指挥骆安等四十余人[②]。骆安作为群牧所正千户，理所当然成为扈从队伍的武官首领。明世宗一行于四月初二起程，二十二日抵京，当日即位[③]。五月初五“录从龙功”，升骆安为锦衣卫指挥同知，令世袭[④]，骆氏从此成为锦衣卫世官。

明世宗“初嗣位，掌锦衣者朱宸”[⑤]。嘉靖二年（1523）正月，给事中张原上疏弹劾锦衣卫官员，谓掌印指挥同知朱宸“纳贿徇私，用人不慎”，指挥使周传“素行不谨，秽德彰闻”，指挥同知骆安“贪取略同，才猷未著”[⑥]。明世宗令“宸革任闲住，骆安留用”[⑦]；次月，又“升锦衣卫指挥同知骆安署都指挥使，命掌卫事，提督官校”[⑧]。嘉靖三年（1524）十月，“有男子王道携金相珠宝绦环行鬻于市，锦衣卫巡捕官疑其为道［盗］，执之”。王道自称系隰川王府奉国将军，令下礼部验问。王道在押解过程中脱逃，礼部尚书席书与骆安一同奏闻，皇帝“切责安及礼官失贼，俱令对状”[⑨]。但这并未影响骆安仕途。是年十二月，骆安等条上所部官校三年捕获功次，明世宗命骆安升一级，兵部认为“厂卫官校侦事缉奸，乃其职分”，不应“一概辄与升级”[⑩]。明世宗不但未接受兵部意见，反于次年正月“以缉捕有功”，将骆

---

①《大明恭穆献皇帝实录》卷二一，弘治十六年九月丁亥，天津图书馆藏明抄本．此资料承蒙明显陵管理处周红梅女士提供，谨此致谢．

②［明］雷礼等辑：《皇明大政纪》卷二〇，正德十六年四月癸未，《四库全书存目丛书》史部第8册，济南，齐鲁书社，1996年，第565页．

③《明世宗实录》卷一，正德十六年四月癸卯，北台，“中央研究院”历史语言研究所1962年版，第3—4页．

④《明世宗实录》卷二，正德十六年五月丙辰，第75页．

⑤［清］张廷玉等：《明史》卷三〇七《陆炳传》，北京，中华书局，1974年，第7893页．

⑥［明］张原：《玉坡奏议》卷三《论锦衣卫朱宸等罪状》，《景印文渊阁四库全书》第429册，台北，台湾商务印书馆，1983年，第381—382页．

⑦《明世宗实录》卷二二，嘉靖二年正月丁卯，第645—646页．

⑧《明世宗实录》卷二三，嘉靖二年二月壬午，第658页．

⑨《明世宗实录》卷四四，嘉靖三年十月乙未，第1136—1137页．

⑩《明世宗实录》卷四六，嘉靖三年十二月戊戌，第1179页．

安由指挥同知升为指挥使[①]。此后《实录》提到骆安官职，或称“锦衣卫署都指挥使”[②]，或称“锦衣卫指挥使”[③]，当一为署职，一为实职。明代“武职自都督一品以下，悉系署职，非军功不准实授，实授者不过百中之一”[④]。署职原本是“递加本职一级”，自景泰元年（1450）起“作半级，不支俸”[⑤]。

骆安的任职，持续至嘉靖九年（1530）十二月。是月，兵科都给事中张润身言：“锦衣卫堂上官以近侍故，优容不与考选，中间不职甚多。乞如文臣自陈例，取自上裁。有幸免者，听言官指名参奏。”明世宗令“即指名参奏，不必令自陈”，张润身“乃劾掌卫事署都指挥使骆安、指挥佥事刘宗武奸贪不职，宜罢”，明世宗“诏降安指挥佥事，与宗武俱闲住”[⑥]。计其掌印时间，差两月不到八年。关于骆安罢职原因，前揭墓志铭有如下说法：

> 公素峭直，好面折人过。或干以私，即诮让无已。用是群小丛怨，多口肆兴，遂以免。无何，皇上追念旧劳，诏与指挥佥事致仕。[⑦]

高拱所言，应当只是表面原因。因为明世宗为人刚愎自用，很难被他人所左右。倘若不是他自己对骆安有所不满，恐怕不会因一纸弹劾就将他不但罢职而且降级。从现有资料提到骆安参与审理的两件案子来看，骆安皆令皇帝不悦。一件是嘉靖五年（1526），天方国使臣火者马黑木等入贡，礼部主客郎中陈九川、提督会同馆主事陈邦备因拣退玉石、约束过严等因，遭到讦奏，明世宗令锦衣卫逮讯。因牵涉大学士费宏，“骆安等辞不敢问，请会多官鞫之”，明世宗不允，命“照前旨拷问”。锦衣卫奏上狱辞，“上切责安等展转支调，鞫问未明”，最后竟“谪九川戍边，黜邦备为民”[⑧]。另一件是嘉靖八年（1529），刑部尚书高友玑等会问郭勋擅取金铬事罪状欠明，科道官连章劾奏高友玑“不惜公议，曲为隐护”，并谓都御史熊浃、侍郎许赞、大理寺少卿曾直、锦衣卫掌卫事都指挥使骆安等“漫无可否，殊非刑官之体”，明世宗令高友玑致仕，熊浃等各夺俸六月，骆安等各二月[⑨]。笔者推测，对于

①《明世宗实录》卷四七，嘉靖四年正月戊辰，第 1199 页.

②《明世宗实录》卷四八，嘉靖四年二月丁未，第 1226 页.

③《明世宗实录》卷六〇，嘉靖五年正月辛丑，第 1414 页.

④《明神宗实录》卷三六六，万历二十九年十二月戊子，第 6862 页.

⑤ 万历《明会典》卷一一八《兵部一・铨选一・官制》，第 613 页.

⑥《明世宗实录》卷一二〇，嘉靖九年十二月庚午，第 2861 页.

⑦［明］高拱:《高文襄公文集》卷三《明故明威将军锦衣卫指挥佥事骆公墓志铭》，第 112 页.

⑧《明世宗实录》卷六二，嘉靖五年三月庚子，第 1448 页.

⑨《明世宗实录》卷一〇〇，嘉靖八年四月丁亥，第 2378—2379 页.

骆安不能顺旨定狱，明世宗已深感不满，遂借张润身上言之机将其罢免。

从前引高拱墓志铭开篇，已知骆安有两个弟弟，即骆定和骆寅。墓志铭谓骆安“友爱二弟，终其身无间”。骆定和骆寅具体情况不详，嘉庆《骆氏宗谱》谓骆定“恩授锦衣卫百户”①。

关于骆安之子女，前揭墓志铭谈道：

> 李淑人无子，生女一，适杨通政子化。侧室高生男，曰椿，娶于宣。②

可知骆安正妻李氏只生了一个女儿，已经出嫁于杨化。侧室高氏则生了一个儿子，名叫骆椿，已经娶妻宣氏，尚无子女。按照墓志铭的惯例，倘若铭主已有孙辈，是应当写上以示子孙绵延的。现存《锦衣卫选簿》中，保存了骆安子辈的两条重要信息。

> 嘉靖二十九年二月，路椿，年二十岁，宁远县人，系锦衣卫故指挥佥事路安庶长男。伊父原袭祖职正千户，随驾升指挥同知，督捕升指挥使。所据随驾并督捕升职，不由军功；推升都指挥使，系流官，俱例无承袭。但随驾职级，奉有明旨世袭。已经论劾，降做指挥佥事。今本舍与袭指挥佥事一辈。
>
> 嘉靖四十年四月，路秉良，年三十六岁，宁远县人，系锦衣卫故带俸指挥佥事路椿亲兄。查以祖职正千户从龙，升指挥佥事。弟椿沿袭已经一辈，例应减革。本舍平袭祖职正。③

档案略有残缺，录文加“□”者系据文义揣补。从档案所述“路安”履历看，明显应是“骆安”，可知“骆”字均误写为“路”。从中可以确切知道，骆椿生于嘉靖十年（1531），是年其父骆安已经五十八岁。嘉靖二十八年（1549）骆安去世，次年骆椿以“庶长男”身份袭职。由于骆安所任都指挥使属于不能世袭的流官，所以骆椿只能承袭骆安致仕时的职衔指挥佥事，而且属于带俸而非实职。嘉庆《骆氏宗谱》谓骆椿“袭授锦衣卫指挥使”④，当属传闻之辞。

---

① 嘉庆《骆氏宗谱》卷二《历代宦迹》.

②［明］高拱：《高文襄公文集》卷三《明故明威将军锦衣卫指挥佥事骆公墓志铭》，第112页.

③ 中国第一历史档案馆、辽宁省档案馆编：《中国明代档案总汇》第49册，桂林，广西师范大学出版社，2001年，第371页.

④ 嘉庆《骆氏宗谱》卷二《历代宦迹》.

骆椿二十岁袭职，活到三十岁便早逝，显然没有留下子嗣，由骆秉良袭职。骆秉良生于嘉靖五年（1526），比骆椿年长五岁。档案中称其为骆椿“亲兄”，当是骆家请求袭职时申报的，实际情况并非如此。其一，高拱墓志铭明确说骆安只有一子椿，倘若他还有一个年龄更大的儿子，照道理不会漏写。其二，档案明言骆椿为骆安“庶长男”，本身就表明他并无兄长，倘若真有一个“亲兄”，恐怕也轮不到骆椿袭职了。限于资料，其间情况难明，笔者推测，很可能是骆椿死后无子，于是骆家便将骆秉良立为骆安嗣子，并以骆椿“亲兄”名义申请袭职。按照当时通行的承嗣原则，骆秉良可能是骆安之侄，即骆定或骆寅之子。因骆安的指挥佥事职级，已由骆椿承袭一辈，所以骆秉良只能降级袭祖职为正千户，应当也是带俸。现存选簿纂修于隆庆五年（1571），骆秉良是时尚在世。但选簿竟将其姓氏写错，可知其家族是时已很没落。

四、父子卫帅：骆思恭与骆养性

自万历末年到明朝灭亡，骆思恭、骆养性父子曾先后执掌锦衣卫大印，成为煊赫一时的锦衣卫家族。明代官方典籍并未提到骆思恭之父祖的名字和身份，于是后人只能朦胧地把骆思恭、骆养性视为骆安、骆椿之后裔。如嘉庆《宁远县志·骆安传》云：“（骆）安之裔，有思恭者，袭职锦衣，万历乙卯擢左都督，西司房官旗办事，掌卫事，勋名赫奕，美继前人”[①]。道光《永州府志·骆以诚传》云：“春（椿）后思恭、养性相继袭，皆累官左都督，有能声”[②]。这种朦胧说法很容易使人把骆思恭、骆养性误认为骆椿之子、孙[③]。如上所述，根据《锦衣卫选簿》推测，骆安、骆椿一系其实绝嗣。

囿于资料，对骆思恭、骆养性父子之家世，目前还只能做些推测。首先是确定其籍贯，因为史籍中有两种说法。一是清初计六奇所撰《明季北略》云：“骆养性，字太和，系湖广永州籍，顺天大兴人”[④]。二是清代官修《骆养性列传》云：“骆养性，湖广嘉鱼人”[⑤]。翻检现存《嘉鱼县志》，其中没有任何涉及骆思恭父子的记载，

---

① 嘉庆《宁远县志》卷六《人物志上·名贤》，《中国方志丛书》华中地方第288号，台北，成文出版社，1976年版，第592页．

② 道光《永州府志》卷一五上《先正传·事功》，《中国方志丛书》华中地方第298号，台北，成文出版社，1976年，第942页．

③ 参看谢奉生：《新田骆氏锦衣卫世家》，第32、37、48页．

④［清］计六奇：《明季北略》卷二二《诛戮诸臣》，北京，中华书局，1984年，第580页．

⑤ 清国史馆编：《贰臣传》卷一二《骆养性列传》，《清代传记丛刊》第57册，台北，明文书局，1985年，第761页．

而《新田县志》《永州府志》《湖南通志》中均有简要介绍。骆养性之子骆祚昌在《呈王宦占上湖南会馆词》中，也明确说自己“祖籍湖广永州宁远县人”[①]。从这种情况判断，当以《明季北略》所记为确。致误缘由尚难确知，可能与这两件事有关：一是万历四十一年（1613），骆思恭曾在一份《同乡公揭》上署名，而这份公揭系湖广人为嘉鱼籍官员方逢时请谥所作[②]。二是崇祯十五年（1642），熊开元因疏攻周延儒触怒皇帝，令锦衣卫逮治，史籍谓“卫帅骆养性，开元乡人也”[③]，而熊开元恰好也是嘉鱼人。

确定骆思恭祖籍永州后，便可进一步考虑他与骆安一系之关系。经搜检明代以来各种典籍，均未发现除骆安一家外，永州还曾产生过其他骆姓锦衣卫高官。而从前引嘉庆《骆氏宗谱》可知，骆铭孙之骆氏家族，一直将骆思恭及其后裔列为本族成员。至于骆铭孙村现存的“锦衣总宪”牌楼，考虑到骆安虽曾担任锦衣卫指挥使，但不数年便被罢职降为指挥佥事，故而为官至左都督并掌锦衣卫印的骆思恭修建的可能性更大。综合考虑这些情况，笔者认为《永州府志》《骆氏宗谱》的记载可以采信，只是当地人对具体传袭情况并不清楚，遂凭想象将骆思恭视为骆椿后裔。现在我们可以做出新的假设，即把骆思恭视为骆秉良之子。

如果这种推论成立，那就可以肯定，在骆秉良去世后，骆思恭应当袭职为锦衣卫带俸正千户。目前关于其出生年代和袭职情况，尚未发现相关资料。天启四年（1624）御史赵延庆弹劾骆思恭，其中倒是透露了一点信息：

> 独异思恭起家会举，不过一穷猾耳。自兹连云高第，美极一时，侍妾侍臣，恒歌恒舞，日以之明。得意罔知南北交讧，圣主宵衣，财尽民穷，举朝蒿目。是已无人臣礼矣。矧从来抡胄士者，必取桓桓威武，老与疾在所置也。思恭以皓首耆年，不肯引例，是尚解止足之义乎？且动以疾请矣，踉跄病躯，岂堪近御？犹思以侍卫为戏局，以金吾为不拔，以摇尾为便计，终此身不忍易耳。老与疾合，思恭诚万无再入班行之礼。[④]

①《骆氏宗谱·骆铭孙传赞艺文·祚昌公》，余庆堂，1949年刻本，第14页.

②［明］方逢时：《大隐楼集》卷一七《附录·同乡公揭》，《四库未收书辑刊》第5辑第19册，北京，北京出版社，2000年，第798—799页.

③［清］张廷玉等：《明史》卷二五八《熊开元传》，北京，中华书局，1974年，第6671页；《御批历代通鉴辑览》卷一一五《明·庄烈帝》，《景印文渊阁四库全书》第339册，台北，台湾商务印书馆，1983年，第689页；陈鹤：《明纪》卷五六《庄烈帝五》，《四库未收书辑刊》第6辑第7册，北京，北京出版社，2000年，第136页.

④《明熹宗七年都察院实录》卷八，天启四年五月二十九日，台北，“中央研究院”历史语言研究所，1962年，第880—881页.

带俸正千户虽为正五品，根据万历《明会典》所载俸给标准计算，每年实际收入只有米12石、银21.35两[①]，维持一家生活肯定相当拮据。赵延庆称其“不过一穷猾”，语虽尖刻，倒也合乎实际状况。“会举”是个多义词，与武职“起家”相关者有两种：一是针对两京武学官生的特别考试。《明史·选举志》谓“三岁武举，六岁会举，每岁荐举，皆隶（兵）部除授”；《职官志》谓京卫武学“掌教京卫各卫幼官及应袭舍人与武生，以待科举、武举、会举”[②]，所说“会举”皆属此种。二是对武举会试的俗称。如安国正德三年（1508）武举会试第一名，史籍谓其“中武会举第一”[③]；俞大猷嘉靖十四年（1535）武举会试第五名，史籍谓其“登会举高等”[④]。现有资料并未发现骆思恭参加武举之痕迹，赵延庆谓其“起家会举”，当是指通过京卫武学会举而得授职升官。从嘉靖年间开始，此种会举每六年一次，逢巳、亥年举行，“序列在三举科武举之前，擢用比会武中式之秩”[⑤]，旨在选拔功臣后裔、官贵子弟担任京军要职[⑥]。

骆思恭初授何职，限于资料尚不得知。其最早见于《实录》，是万历三十年（1602）十月被补为锦衣卫南镇抚司佥事管事[⑦]。四十年（1612）十一月军政考选时，他已是指挥同知[⑧]，次月以佥书管锦衣卫堂上事[⑨]。四十二年（1614）十月，以访获假印功升一级[⑩]。四十四年（1616）七月，他由锦衣卫指挥使升为都指挥佥事，掌理卫事[⑪]，成为锦衣卫最高长官。四十七年（1617）七月，他曾以锦衣卫掌卫事都指挥使的身份上疏言事[⑫]。泰昌元年（1620）十一月，明熹宗“以先帝东宫侍卫，加恩锦衣卫都指挥使骆思恭等四百余员名，俱加授职衔有差”[⑬]；次月，骆思恭以三年类

---

① 参见万历《明会典》卷三九《户部二十六·廪禄一·俸给》，第276—277页．按，文职之折银俸按每石0。65两折给，而武职却按每石0。25两折给，武职实际所得大大低于同品级文职．

②［清］张廷玉等：《明史》卷七一《选举三》，第1725页；卷七四《职官三》，第1817页．

③［清］张廷玉等：《明史》卷一七四《安国传》，第4651页．

④［清］傅维麟：《明书》卷一四一《俞大猷传》，《四库全书存目丛书》史部第40册，济南，齐鲁书社，1996年，第128页．

⑤ 中国第一历史档案馆、辽宁省档案馆编：《中国明朝档案总汇》第5册，第475页．按，“三举科武举”当作“三科武举”．

⑥ 参看曹循：《明代两京武学的会举》，《历史档案》2018年第1期．

⑦《明神宗实录》卷三七七，万历三十年十月甲寅，第7096页．

⑧《明神宗实录》卷五〇一，万历四十年十一月辛卯，第9477页．

⑨《明神宗实录》卷五〇三，万历四十年十二月甲辰，第9557页．

⑩《明神宗实录》卷五二五，万历四十二年十月甲午，第9883—9884页．

⑪《明神宗实录》卷五四七，万历四十四年七月壬申，第10360页．

⑫《明神宗实录》卷五八四，万历四十七年七月壬午，第11127页．

⑬《明熹宗实录》卷三，泰昌元年十一月庚寅，第149页．

奏缉获功，由锦衣卫都督同知升为左都督，仍掌卫事[①]，跻身为正一品官员。天启元年（1621）十月，明熹宗“以皇祖考妣、皇考妣襄祔礼成”，加恩骆思恭为太子太保[②]；二年（1622）二月，因明光宗陵工告成，加升骆思恭少保兼太子太保[③]。三年（1623）十二月，录锦衣卫二年缉获功，荫骆思恭一子本卫百户，旋以皇子大庆，加升骆思恭少傅兼太子太傅[④]。骆思恭本来家境贫寒，担任锦衣卫高官后，家庭经济状况迅速改观。赵延庆谓其“连云高第，美极一时，侍妾侍臣，恒歌恒舞”，不免大有夸张，但其肯定也聚敛了不少财富。

《实录》最后一次提到骆思恭，是在天启三年（1623）十二月末，内容为：“授原任左都督骆思恭男养性……百户世袭”[⑤]。文中称骆思恭为“原任左都督”，似乎此时他已经离任，但这与其他史料不合。前揭赵延庆弹劾骆思恭，是在天启四年（1624）五月，弹疏谓其“皓首耆年，不肯引例”云云，显然此时他仍在职。据徐肇台《甲乙记政录》，骆思恭获准辞职，是在四年十一月二十日：“锦衣卫骆思恭一本，臣病未痊事。奉圣旨：‘骆思恭侍卫有年，勤劳茂著。既告病恳切，准辞任调理。’”到二十五日，田尔耕正式接任：“兵部一本，缺官事。奉圣旨：‘田尔耕着本卫掌印管事，提督东司房官旗，写敕与他。’”[⑥]《实录》是误衍“原任”二字，还是将四年事误系于三年，囿于资料只能存疑，笔者倾向于第二种可能。崇祯九年（1636）八月底，骆养性奏请比照万历时朱希孝例，为其父骆思恭赠谥[⑦]，骆思恭当在此前不久去世。前揭赵延庆天启四年（1624）弹劾疏，已谓骆思恭“皓首耆年”，看来骆思恭得享高年，去世时可能在八十岁左右。骆思恭有三子，长子即养性，另两子为养心、养志，养志任职内阁中书[⑧]。

骆养性由锦衣卫百户起家，崇祯二年（1629）九月升南镇抚司佥书[⑨]。十年

①《明熹宗实录》卷四，泰昌元年十二月己酉，第 173 页.

②《明熹宗实录》卷一五，天启元年十月辛巳，第 753 页.

③《明熹宗实录》卷一八，天启二年正月辛丑，第 907 页.

④《明熹宗实录》卷四二，天启三年十二月甲午、丙申，第 2188、2192 页.

⑤《明熹宗实录》卷四二，天启三年十二月甲寅，第 2223 页.

⑥［明］徐肇台：《甲乙记政录》，天启四年十一月二十日、二十五日，《续修四库全书》第 438 册，上海，上海古籍出版社，2002 年，第 225、226 页。顺便指出，《明史·田尔耕传》谓田尔耕“天启四年十月代骆思恭掌锦衣卫事”（［清］张廷玉等：《明史》卷三〇六《阉党·田尔耕传》，第 7872 页），时间略有不确.

⑦ 中国第一历史档案馆、辽宁省档案馆编：《中国明朝档案总汇》第 22 册，第 447—449 页.

⑧［明］王世德：《逆贼奸臣录·戮辱》，《四库禁毁书丛刊》史部第 72 册，北京，北京出版社，2000 年，第 39 页.

⑨［清］谈迁：《国榷》卷九〇，崇祯二年九月丙午，北京，中华书局，1958 年，第 5495 页.

（1637）九月，杨嗣昌在奏疏中谈道："兹者南司佥书骆养性缺出，例当推补"[①]。可知骆养性已由南司佥书升迁，所升职务当为都督佥事。十三年（1640）八月，锦衣卫堂上官各捐俸一年助饷，郭承昊奏列各官捐银数目如下：

臣郭　捐俸银八十一两六钱九分四厘

臣孙　捐俸银九十五两八钱一分二厘

臣黄　捐俸银三十九两三钱四分

臣骆　捐俸银六十七两五钱七分六厘

臣许　捐俸银五十三两四钱五分八厘

臣乔　捐俸银三十九两三钱四分

臣王　捐俸银三十九两三钱四分

臣萧　捐俸银二十九两五钱六分六厘[②]

其中"臣郭"为郭承昊，"臣孙"为孙光先，十一年（1638）十月初四日召对，锦衣卫就是他们两人参加[③]。而其中的"臣骆"，无疑就是骆养性。可以看出，这份名单是按职务而非品级排列的：以品级论，此时孙光先是正一品的左都督[④]，而郭承昊是从一品的都督同知，但因郭掌卫事，故排名在孙之前。骆养性依职务论排名第四，依品级论他则排名第三，应当是正二品的都督佥事。十五年（1642）十月，骆养性由都督佥事进都督同知。"[⑤]十六年（1643）六月，进左都督[⑥]。后来清朝叙迎顺各官功，称骆养性为"锦衣卫提督东司房太子太傅左都督"[⑦]，可知明亡前他已加太子太傅衔，此外还获得"特赐肩舆"的殊荣[⑧]。

---

①［明］杨嗣昌：《杨文弱先生集》卷一九《再奏推举卫员疏》，《四库禁毁书丛刊》集部第69册，北京，北京出版社，2000年，第295页．

②中国第一历史档案馆、辽宁省档案馆编：《中国明朝档案总汇》第84册，第109—112页．

③［明］杨嗣昌：《杨文弱先生集》卷四四《戊寅十月初四日召对》，第662页．

④［清］谈迁：《国榷》卷九七，崇祯十三年三月癸未，第5858页．

⑤［清］谈迁：《国榷》卷九八，崇祯十五年十月壬寅，第5944页．

⑥［清］谈迁：《国榷》卷九八，崇祯十六年六月辛未，第5980页．按，佚名《崇祯长编》卷一，崇祯十六年十一月壬寅条所载兵科给事中傅振铎回奏疏云："臣于本月十三日，见锦衣卫都督同知骆养性题：为大逆辇金事，奉旨：……著自行回奏。"（北京，北京古籍出版社，1999年，第32页）查疏中回奏事情，发生在该年二月。骆养性题本署衔"锦衣卫都督同知"，可能是进呈于进左都督之前．

⑦《清世祖实录》卷一六，顺治二年五月戊戌，北京，中华书局，1987年，第145页．

⑧［清］陈僖：《燕山草堂集》卷四《客窗偶谈·锦衣卫》，《四库未收书辑刊》第8辑第17册，北京，北京出版社，2000年，第570页．

至于骆养性何时掌锦衣卫事，尚未见明确记载。清人赵吉士谈道："掌金吾事郭承昊罢，骆养性以非次用，由宜兴所拔。"[①]李清亦记述说："骆金吾养性，楚人，周辅延儒特用也。吴辅甡以序不应及，独谓不可。"[②]可知骆养性是在郭承昊被罢后，由周延儒推荐越次擢用，曾遭到吴甡反对。周延儒再次担任首辅，是在崇祯十四年（1641）九月[③]，而吴甡入阁，是在十五年（1642）六月[④]。既然吴甡曾反对越次擢用骆养性，则骆养性掌锦衣卫事当在吴甡入阁之后。骆养性掌卫事不久，吴甡奏请清理锦衣卫冗杂，周延儒也奏罢厂卫缉事，引起骆养性不悦。周延儒对骆养性也越来越感到不满，想用他人代替其职，这自然更引起骆养性怨恨。十六年（1643）四月，清军抵达北京附近，周延儒自请视师，却惧敌不战，假传捷报蒙骗皇帝。骆养性等揭发其罪，周延儒于该年十二月被勒令自尽[⑤]。但此时明朝已是气数将近，骆养性自己的命运很快也出现戏剧性地转变。

崇祯十七年（1644）三月十九日，李自成农民军攻入北京，崇祯皇帝自缢。农民军以酷刑向明朝官员们追饷。"是时锦衣卫堂上官九人，刑辱死者四，亡匿四，提督东司房骆养性纳金三万得免死"[⑥]。骆养性自己虽逃过一劫，但两个弟弟皆受酷刑[⑦]，其中骆养志肯定遇害[⑧]。农民军对北京的占领并未维持多久。四月十三日，李自成亲率大军前往山海关征讨吴三桂，并挟带明朝太子朱慈烺等人从行。吴三桂投降清朝，两军联合，于二十三日将李自成军击溃。李自成率残部退回北京，于二十九日匆匆登基，旋即撤出北京。当时有传言称，吴三桂将奉太子朱慈烺回京即位。五月初二日，骆养性同吏部侍郎沈惟炳等人在午门设崇祯皇帝灵位，行哭临礼。礼毕，骆养性备法驾迎太子于朝阳门外，结果来者并非明朝太子朱慈烺，而是清朝摄

---

①［清］赵吉士：《寄园寄所寄》卷六《焚尘寄·胜国遗闻》，《四库全书存目丛书》子部第155册，济南，齐鲁书社，1996年，第223页．按，明清文献有不少把郭承昊写作郭承吴．

②［明］李清：《三垣笔记》中《崇祯》，北京，中华书局，1982年，第55页．

③《崇祯实录》卷一四，崇祯十四年九月甲申，第413页．

④《崇祯实录》卷一五，崇祯十五年六月戊午，第434页．

⑤ 参看［清］张廷玉等：《明史》卷三〇八《周延儒传》，第7929—7931页；［明］李清：《三垣笔记》中《崇祯》，第55页．

⑥［清］王源：《居业堂文集》卷二《李若连高文彩传》，《续修四库全书》第1418册，上海，上海古籍出版社，2002年，第112页．

⑦［清］计六奇：《明季北略》卷二二《诛戮诸臣》，第580页．

⑧［明］王世德：《逆贼奸臣录·戮辱》，第39页．

政王多尔衮，众人骇愕而退，发现京城已被清军占领，骆养性遂率众降清[①]。

在一个多月时间里，北京两易其主，京畿地区陷入混乱，作为北京门户的天津也是“人心不安，盗贼蜂起”。大概是想利用骆养性的旧有威势稳定局势，多尔衮于六月初三日命其以太子太傅、左都督原官，总督天津等处军务。骆养性赴任之后，“收集海舟，招抚土居，安神流寓，惠通商贾”，确实使当地局势迅速稳定下来[②]。为了安抚人心，骆养性“启请豁免明季加派钱粮，止征正额并火耗”，获得批准[③]。此举被视为一大善政，著名史学家赵翼评论说：“我国家万年有道之长，实基于此”[④]。是年八月，南明弘光政权派遣左懋第、马绍愉和陈洪范北上与清廷谈判，于九月抵达骆养性辖区，骆养性根据清廷指令予以接待并严加监管，不料却受到“擅迎”的指责[⑤]。这反映了清廷对明朝降将既想利用又不信任的矛盾心理。十月初十，也就是顺治皇帝颁布即位诏的那天，部议骆养性应革职为民，得旨：“养性有迎降功，革总督任，仍留太子太保、左都督衔”[⑥]。顺治二年（1645）五月，“叙迎顺各官功”，加骆养性为太子太师[⑦]。十月，骆养性疏言：“守候期年，未蒙委任，今升太子太师，何敢坐糜廪禄而不思报效”，皇帝令其“静候简用”；五年（1648）八月，吏部“以养性原系武职出身，前已缘事，不应再补文职，请敕兵部降用”；六年（1649）二月，“授浙江掌印都司，寻死”[⑧]。清初沿袭明制，“都指挥使称掌印都司，

---

① 参看［清］谈迁：《国榷》卷一〇一，崇祯十七年五月己丑、庚寅，第6082、6083页；［清］李天根：《爝火录》卷三，甲申五月初三日，杭州，浙江古籍出版社，1986年，第127页；［清］徐鼒：《小腆纪年附考》卷五，崇祯十七年五月庚寅，《续修四库全书》第367册，上海，上海古籍出版社，2002年，第505页.

② 参见骆养性：《为申明臣功以明心迹疏》，载谢奉生：《新田骆氏锦衣卫世家》，第87页；《清世祖实录》卷五，顺治元年五月己未，第61页.

③《清世祖实录》卷六，顺治元年七月甲午，第67页.

④［清］赵翼：《簷曝杂记》卷六《骆养性》，《续修四库全书》第1138册，上海，上海古籍出版社，2002年，第349页.

⑤ 关于骆养性接待南明使团的情况，参见《弘光实录钞》卷三，崇祯十七年十二月丙寅，《中国野史丛书》第32册，成都，巴蜀书社，2000年，第687页；陈洪范：《北使纪略》，《中国野史丛书》第33册，成都，巴蜀书社，2000年，第35—36页；骆养性：《为申明臣功以明心迹疏》，载谢奉生：《新田骆氏锦衣卫世家》，第87—88页.

⑥《清世祖实录》卷九，顺治元年十月甲子，第98页.按，据《骆养性列传》，当为“仍留太子太傅、左都督衔”.

⑦《清世祖实录》卷一六，顺治二年五月戊戌，第145页.

⑧ 清国史馆编：《贰臣传》卷一二《骆养性列传》，第765—766页.

掌漕运卫屯之事，无兵权”[①]。骆养性本为正一品的左都督，所授掌印都司为正二品，确实属于“降用”。

骆养性有两子祚久、祚昌。骆祚久以监生的身份，于康熙六年（1667）出任广东从化知县，其任期大约持续至康熙十一年（1672），由浙江余姚人俞嶙接替[②]。关于骆祚昌的身份，他本人在大约写于顺治十五年（1658）的《呈王宧占上湖南会馆词》中自称“顺天府儒学生员”[③]，但《骆氏宗谱》谓其“授顺天儒（学）正堂”[④]，嘉庆《新田县志》谓其“授顺天府教授”[⑤]，查康熙《顺天府志》（记事截至康熙二十四）所列儒学官员并无其名[⑥]，宗谱和县志恐怕是传闻生误。骆祚久、祚昌此后情况及其后裔，目前未能找到相关记载，尚待探隐发覆。

五、结语

综上所述，在元末战乱时期，该家族的骆以诚归附明军。他大概终生沉在卒伍，但因被编入燕山中护卫，为其子骆寄保参加靖难之役提供了契机。骆寄保立功获授正千户，其家从此步入中等武职行列。骆寄保死后无子，由其弟寄善袭职，寄善传其子广，改入羽林前卫。骆广子胜袭职后，被调为兴王府群牧所正千户，其家随同兴王移居安陆。大约在弘治末年，骆胜子安承袭父职。一次异常的皇位继承，不但使这个家庭重新回到北京，还打开了迅速上升的途径：明武宗死后无子，由兴王世子继位，骆安突然成为从龙新贵，并得以执掌锦衣卫大印。但骆安办事未能使皇帝满意，最终由指挥使降为指挥佥事致仕。死后其子椿袭职指挥佥事，骆椿死后无嗣，由堂兄秉良袭职正千户，家庭经济已落到比较窘迫的状况。万历末期和天启前期担任锦衣卫掌印官的骆思恭，很可能是骆秉良之子，他通过会举获得上升途径，官至少傅兼太子太傅、左都督。其子骆养性亦于崇祯末年掌锦衣卫印，官至太子太傅、左都督。清军入关，骆养性率众归附，被任命为天津总督，但很快又遭罢

---

① [清] 章学诚：《章学诚遗书》卷二五《湖北通志检存稿二 · 平夏逆传》，北京，文物出版社，1985年，第 274 页 .

② 光绪《广州府志》卷二七《职官表十一 · 从化县知县》，《中国方志丛书》华南地方第 1 号，台北，成文出版社，1975 年，第 455 页 .

③《骆氏宗谱 · 骆铭孙传赞艺文 · 祚昌公》，第 14 页 . 按，骆养性离京赴浙江是在顺治六年，从呈词中所说“此馆先贤费无限之金银留遗至今，九年来占住者不修”推测，当写于顺治十五年 .

④ 嘉庆《骆氏宗谱》卷二《历代宦迹》.

⑤ 嘉庆《新田县志》卷八《人物志 · 岁荐表》，《中国方志丛书》华中地方第 320 号，台北，成文出版社 1975 年，第 334 页 .

⑥ 康熙《顺天府志》卷六《政事 · 历官》，北京，中华书局，2009 年，第 176—178 页 .

职，家居数年才降授浙江掌印都司，不久去世。煊赫一时的锦衣卫世家骆氏，从此被彻底湮没在历史烟云之中。

但这个锦衣卫世家的荣光，却一直没有被其乡亲遗忘，这与当年骆思恭和骆养性不忘桑梓大有关系。笔者曾探讨嘉靖年间煊赫一时的锦衣卫掌印官陆炳所在的平湖陆氏家族，指出“家”“族”都是弹性很大的概念，可以随着成员身份或观念的变化而收缩或扩展[①]。锦衣卫世家骆氏的情况显示，地缘和乡缘关系也具有这样的特征。从《骆氏宗谱》的记载看，宁远族人对骆以诚及其子孙情况所知甚少，原籍和卫所两支骆氏之间恐怕缺乏联系。但这并不意味锦衣卫骆氏久居北京，就会淡化其祖籍意识和桑梓感情。骆思恭因会举起家后，虽然距其远祖离开家乡已经二百多年，但他并未忘记自己的祖籍地。为了使家乡士绅到京后有个落脚场所，他主导创建了“上湖南会馆”[②]。所谓“上湖南”，系指湖广南部的衡州府、永州府和郴州[③]。骆祚昌在《呈王宦占上湖南会馆词》中谈道：“昌祖籍湖广永州宁远县人，有先祖名思恭，于明季锦衣卫掌印时，捐银同诸乡绅置得上湖南衡永郴二府一州会馆，坐落草厂十条街胡同，房一连两处，以为到京乡绅停骖之所。先父复捐俸重修，掌管两辈。”[④]骆养性赴任浙江时，将上湖南会馆委托他人看守，后被湖北黄冈人翰林王泽宏占住，骆祚昌回京，具呈官府索要，几经周折，会馆又回到上湖南人手中[⑤]。现今骆铭孙村有一片古建筑名“京都上湖南会馆”，实际是骆氏公祠，称此名就是为了纪念骆思恭父子在北京所建上湖南会馆。该村所存“锦衣总宪”牌楼，结合锦衣卫骆氏兴衰史推测，也应当是为骆思恭而建。

---

① 参见高寿仙《社会地位与亲缘关系的交互建构——以明代科第大族平湖陆氏为例》，《北京联合大学报》2016 年第 1 期 .

②《骆氏宗谱 · 骆铭孙传赞艺文 · 祚昌公》，第 14 页。按，康熙五十二年（1713）《重修上湖南会馆碑记》、雍正三年《重修上湖南会馆定议岁修记》谓此馆系万历二十一年由曾朝节创建（参看李金龙、孙兴亚主编：《北京会馆资料集成》中册，北京，学苑出版社，2007 年，第 647—648 页）。曾朝节系临武人。万历五年进士，二十升任国子监祭酒，二十二年升南京礼部右侍郎，三十二年去世。笔者推测，此会馆是由骆思恭、曾朝节等共同发起，但骆思恭是主要出资人，其后也一直由骆思恭父子负责管理维修 .

③ 胡春焕、白鹤群《北京的会馆》（北京，中国经济出版社，1994 年，第 169—170 页）中曾提到该会馆，因作者“不知上湖南指何地”，解释有误；李金龙、孙兴亚主编《北京会馆资料集成》（中册第 642 页）称此馆为“湖南会馆”，而将“上湖南会馆”作为其“曾用名”，亦不确 .

④《骆氏宗谱 · 骆铭孙传赞艺文 · 祚昌公》，第 14 页 .

⑤ 参见《骆氏宗谱 · 骆铭孙传赞艺文 · 祚昌公》，第 14 页；唐仕春：《清朝基层社会法秩序的构建：会馆禀请与衙门给示》，载《中国社会科学院近代史研究所青年学术论坛（2007 年卷）》，北京，社会科学文献出版社，2009 年 .

作者跋语：笔者撰写此文时，由于未能搜检到直接资料，只能间接推测骆思恭系骆秉良之子。拙文在“故宫院刊”微信公众号上先行发布后，湖南新田骆祖云先生特地联系笔者，告知山东苍山县（现兰陵县）曾出土骆思恭岳父赵梦祐墓志铭，并帮助笔者联系上赵氏后人赵俊涛先生，赵先生慷慨地向笔者提供了录文。此铭题为《皇明诰封昭勇将军武进士第锦衣卫管卫事都指挥使吉所赵公墓志铭》（藏兰陵县文物管理所），系时任礼部右侍郎兼侍读学士冯琦所撰，但并未收入冯琦《宗伯集》中。赵梦祐万历二年（1574）掌锦衣卫事，二十二年（1594）去世。墓志铭中记其有四女，“长适锦衣千户骆秉良子思恭”。据此，骆思恭为骆秉良之子已确然无疑。特附记于此，并向骆、赵二位先生致谢！

锦衣卫世家骆氏世系图

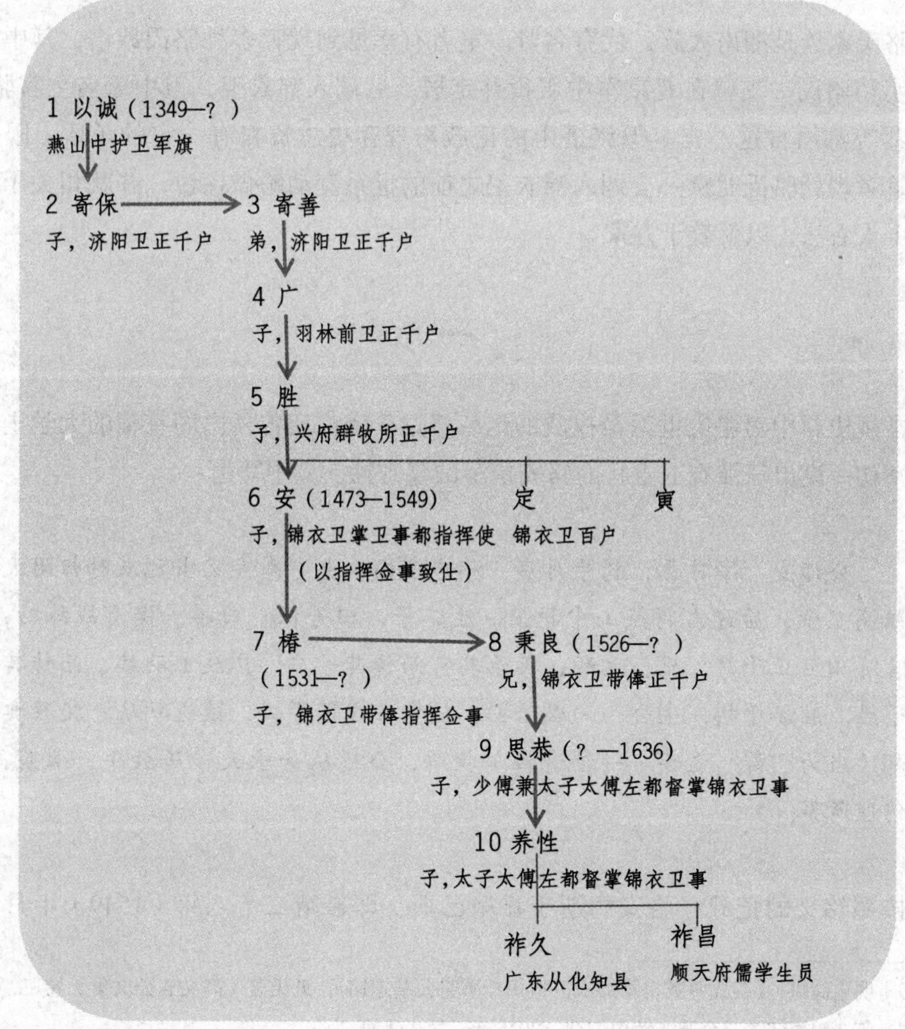

新田骆氏列籍锦衣卫前世系简考

——兼从“骆氏族谱”与地方史志的“互动”看方志编纂中的史料层累现象

张金奎

骆氏家族是湘南大族，代有名贤。笔者有幸见到现存多种骆氏族谱，其中大多记载明初骆氏一支曾在北京军中服役并定居，后调入锦衣卫，卫中著名主官骆安、骆思恭等都出自这一支。但族谱中的记载与现存史志资料有一定的矛盾，限于篇幅，笔者现就骆氏北京一支调入锦衣卫之前的世系变动略做探讨，并就相关矛盾谈一点个人看法，以就教于方家。

一

常规史料中对骆氏世系最权威的记载莫过于隆庆朝曾任内阁首辅的大学士高拱为嘉靖初一度出任锦衣卫主官的骆安撰写的墓志铭。文中写道：

> 公讳安，字时泰，别号月崖，湖广宁远人也。高大父当元末时归附太祖高皇帝，后遂占籍燕山中护卫。生二子，曰寄保、曰善。保有战阵功，官济阳卫正千户，死，无嗣，善承其官而传其子广。广改卫羽林，而传其子胜。胜娶于胡，生公……弘治初，献皇帝建国于兴，慎选护从，父往典郡（当为“群”之误——编者按）牧所，公遂从如承天。居数年，承荫，仍理所事。①

按照铭文的记载，骆安病逝于嘉靖己酉，即嘉靖二十八年（1549）十月十三

① [明] 高拱：《明故明威将军锦衣卫指挥佥事骆公墓志铭》，见氏著《高文襄公文集》卷三，《明别集丛刊》第二辑影印本，合肥，黄山书社，2015 年，第 111 页 .

日，“享年七十有七”[①]。古人计算年龄大体按虚岁，据此推断，骆安应出生于成化十年（1474）前后。

在请人撰写墓志铭之前，骆安的弟弟骆定已聘请同僚魏某撰写行状，行状的有关内容一般由家属提供，可信度较高，至少是家属完全认可的。高拱的墓志铭依据的是行状，可信度与行状大体一样。

根据1993年新编《骆氏族谱》的相关记载来看，骆氏族谱（宗谱）最早修纂于永乐十四年（1416），此后在宣德三年（1428）、顺治八年（1651）、康熙三十九年（1705）、康熙四十四年（1705）、嘉庆八年（1803）、光绪二十五年（1899）、1949年等年份曾续修或新修支谱，总体上没有发生过中断。和现存大部分族谱资料一样，本谱中保留了明初的谱序，但此后到清初的二百余年间未见修谱的记载。这其中有战乱损毁、散失的原因，也有某种程度上假托先人撰序的可能。撇开这些因素不考虑，至少从史源上讲，高拱撰写的墓志铭，是目前最可靠的资料。

按照墓志铭的记载，骆家落籍北京的第一世是骆安的高祖，但未记其姓名。对于北京这一支的始迁祖，族谱中在姓名上没有异议，均记载为骆以诚，但具体事迹上有差别。如嘉庆年间重修《骆氏宗谱》卷三《历代宦迹》记载：“七世以诚，随征明太祖高皇帝，洪武戊申年（洪武元年——编者按）克敌有功，亡于战阵，未封。”1949年续修谱记载更详细：

> 当洪武初年，十五世祖以诚公率二子寄保、婆保从明太祖扫荡鞑虏，驱除元室，以诚公捐躯殉难，长子寄保旋卜居顺天府瓦窑头，次子婆保公返里，□卜居厦源。

1993年续修的族谱则放弃了骆以诚阵亡的说法，称“以诚公，明洪武戊申，任指挥千户侯”[②]。按墓志铭的记载，骆以诚的身份是归附军，这和其出生地在元末是天完（汉）政权的控制区域有关。陈友谅败亡后，大批军队被朱元璋收编或立国后陆续收集，不论是何时成为朱元璋部队的一部分，他们的身份都是归附军。

燕山中护卫是燕王朱棣的护卫军。朱棣于洪武十三年（1380）三月就藩[③]，不过燕山护卫的设置时间要早一些。据《明太祖实录》记载，洪武五年（1372）正月，

---

①［明］高拱：《明故明威将军锦衣卫指挥佥事骆公墓志铭》，第112页.

②《骆氏族谱》卷三《骆氏良相公派下历代绅衿录》，良相公派下首届合谱编辑办编印，1993年.

③《明太宗实录》卷一，洪武十三年三月，台北，“中央研究院”历史语言研究所校勘本，1962年，第1页.

“改龙虎卫为燕山护卫。置西安、太原、广西三护卫。”[①]提前设护卫是为诸王就藩做准备。比朱棣年长的秦王、晋王于洪武十一年（1378）先后就藩，其护卫在洪武五年（1372）即开始组建就是证明。燕山中护卫的设置时间没有明确记载，但从上述记载推断，骆以诚应该在归附后不久即编入京卫，后该卫改组为燕王护卫，且至少在洪武十三年（1380）燕王就藩时仍在世。

按墓志铭记载，骆以诚之子骆寄保因战功授职济阳卫千户。按照明代的武官世袭制度，如果骆以诚如1993年续修谱所载已任职千户，骆寄保可直接世袭其职，无须战功。据此推断，骆以诚生前的最高职务应低于千户，或仅仅是流官千户，未获准世袭。济阳卫驻地在北京附近，骆以诚一支从骆寄保开始正式在北京定居下来[②]。

对于骆寄保，1993年续修谱称其为“邑武生。成祖时招募乡勇，扫荡元气，以军功赐爵千户侯”[③]。嘉庆续修谱亦称他“代领诚职，扫荡元氛，明祖文皇帝锡爵千户侯”[④]。

朱棣在位时世袭军户制度已经相当稳固，不再需要临时招募士兵。不过朱棣确实曾经招募士兵，如唐县人马克名，“洪武三十四年招到旗军三百六十余名，当月除授保定左卫右所副千户”[⑤]，武安县人曹得云，“洪武三十四年领榜招募民王信等三百九名，钦授保定中卫中所实授百户”[⑥]，等等。不过这些招募不仅限于从民户中招募，也包括召集流散敌军官兵，这不是为了“扫荡元氛”，而是为了靖难。朱棣举兵反叛时，燕山三护卫军是其基本力量，骆寄保如果确实曾参与招募的话，他的济阳卫千户一职估计也是靠参与靖难取得的。

骆寄保没有后人，死后职务转由弟弟骆善继承，符合武官世袭制度。骆善“传其子广。广改卫羽林”。朱棣夺权后，调整亲军卫，于建文四年（1402）六月进入南京不久，即“升燕山中护卫为羽林前卫，燕山左护卫为金吾左卫，燕山右护卫为金吾右卫，俱亲军指挥使司”[⑦]。骆氏原本在燕山中护卫服役，骆广改入羽林卫，等于回到了原卫。

靖难之役中，大批靖难军士因功取得不同卫所的军职，但战争仍在继续，并不

---

①《明太祖实录》卷七一，洪武五年正月戊寅，第1323页 .

② 明初藩王仍有更改就藩地的可能，如岷王朱楩洪武二十八年由甘肃改封到云南。藩王迁移封地，护卫军要随同迁徙。一般卫所则不存在这种可能 .

③《骆氏族谱》卷三《骆氏良相公派下历代绅衿录》，良相公派下首届合谱编辑办编印，1993年 .

④ 嘉庆重修《骆氏宗谱》卷三《历代宦迹》，嘉庆八年刻印本 .

⑤《保定左卫选簿》，中国第一历史档案馆、辽宁省档案馆编：《中国明朝档案总汇》第49册，桂林：广西师范大学出版社，2001年，第279页 .

⑥《 保定中卫选簿》,《中国明朝档案总汇》第68册，第416页 .

⑦《明太宗实录》卷九下，洪武三十五年六月辛未，第136页 .

存在实际到任理事的条件。骆寄保不排除是在靖难时获升济阳卫千户，但不久战死军中，由其弟骆善袭职。因某种原因，骆善很快即退出军伍，世职转给其子骆广。靖难之役结束后，朱棣调整亲军卫，事实上并未到任的济阳卫千户骆广借机改到羽林卫任职，从而回到朱棣的亲军队伍[①]。不过这些目前都是推测，没有史实依据。

骆善的名字没有出现在《骆氏宗谱》中，不过民国续修谱中提到骆寄保有一个弟弟骆婆保，且是骆氏厦源村一支的始祖。谢奉生先生推断骆婆保可能和骆善是同一个人，笔者认为这种可能基本不存在。因为骆以诚父子定居北京后，死后一定就地安葬。骆寄保无后，守墓职责只能落到骆善及其后人头上，骆善没有理由抛弃父兄墓葬不顾，只身回到原籍。骆婆保的出身需要另外考察。

骆广之子骆胜袭职后，有充分的证据可以证明他在弘治七年（1494）九月随兴王就藩于湖广钟祥。如《兴都志》记载："（弘治）七年九月癸卯，偕献皇后同起行，从行官属：……群牧所千户骆胜、陈政而下十有四人。"[②]骆胜到钟祥后，还曾多次奉命进京办差，如弘治十二年（1499）七月，"万寿圣节。先期拜表，差千户骆胜赍捧赴京庆贺"[③]。弘治十六年（1503）九月，"皇太子千秋节……差千户骆胜赍捧赴京庆贺"[④]，等等。

按照明代的制度，"凡亲王出府，例于后府锦衣卫并在京卫分拨军校千七百人"[⑤]。为避免过分影响京卫队伍，弘治六年（1493），兵部尚书马文升曾奏准"自今亲王出府，请先拨校尉三百人，军六百人，暂令在京随侍。待之国时，止令原选仪卫司、群牧所官军、校尉随侍，其余军校八百人，俱于附近卫所拨补。"[⑥]

兴王在就藩之前，已经于弘治三年（1490）十月获准"拨锦衣卫等衙门校尉六百名、军旗一千一百名、厨役一十名赴府供用"，相当于全额拨给。《承天大志》的作者称："故事：亲王出府，量拨军校。待之国日，乃于本国近卫辏拨。是时，帝在京，已如数拨赐，盖特恩也。"[⑦]从上引史料可知，兴王获拨校尉、群牧所官兵时，马文升尚未奏准暂拨九百名随侍，"其余军校八百人，俱于附近卫所拨补"，兴王只是运气好而已，谈不上特恩，《承天大志》明显有溢美之嫌。不过骆胜在弘治三年（1490）入选兴王群牧所，且出任主官千户，应是没有问题的。

---

①济阳卫在永乐年间也进入亲军卫序列，但驻地远离京城，地位不及羽林诸卫.

②［明］顾璘等纂修:《兴都志》卷一《典制一·肇封以来总纪》，1937年重印本.

③《睿宗献皇帝实录》卷一四，弘治十二年七月辛酉.

④《睿宗献皇帝实录》卷二一，弘治十六年九月丁亥.

⑤《明孝宗实录》卷七五，弘治六年五月壬申，第1411页.

⑥《明孝宗实录》卷七五，弘治六年五月壬申，第1411页.

⑦［明］徐阶等:《承天大志》卷一《基命纪》，重庆图书馆藏.

嘉靖二十年（1541）三月二十二日，工部尚书兼都察院右副都御史顾璘奉旨主持纂修《兴都志》，以记录兴献王的事迹。次年正月，《兴都志》撰写完成，其中不仅保留了大量兴献王以及嘉靖帝进京即位之前的史迹，而且有大量兴王府官员的资料，包括骆胜在群牧所的副手陈政都有小传[①]，唯独没有骆胜的传记，即便是其子骆安，也仅仅记了一句："骆安，湖广宁远人。以父胜任卒，安嗣。正德十六年从扈，升锦衣卫指挥使。"[②]据此可知，骆胜应死于任上，但去世时间不明。目前只能确认其死于弘治十六年（1503）之后。

出现这一现象的原因，和骆安的经历有关。骆安随嘉靖帝进京后，先扬后抑，刚进京即获得锦衣卫主事权，但嘉靖二年（1523）即因为选人不当，遭到给事中张原的弹劾，虽然获得留用[③]，但在士大夫心目中留下了污点。嘉靖四年（1525），因缉捕有功，骆安升指挥使[④]。嘉靖九年（1530），骆安再遭弹劾。

> 兵科都给事中张润身言：锦衣卫堂上官以近侍，故优容不与考选。中间不职甚多，岂如文臣自陈例，取自上裁。有幸免者，听言官指名参奏。上令即指名参奏，不必令自陈。润身乃劾掌卫事署都指挥使骆安、指挥佥事刘宗武奸贪不职，宜罢。诏降安指挥佥事，与宗武俱闲住。[⑤]

嘉靖初，因为大礼之争，皇帝和士大夫群体的关系很紧张，骆安等从龙旧臣不免受到牵连，成为士大夫的打击对象。骆安作为锦衣卫掌印官，更是火力集中点。嘉靖帝于嘉靖九年（1530）将骆安降级罢职，某种程度上是对士大夫集团的一种让步，但却从此让骆安远离政治舞台。因为他充当了出头鸟，其他同在锦衣卫的旧臣，如王佐、陆松、陈寅等，则躲过劫难，不仅没有丢官，反而不断获得晋升。

顾璘等纂修时《兴都志》，藩邸旧臣或其后人陈寅、张锜、赵俊、陆炳等都"钦准采集"[⑥]，他们的先人自然会被重点关照，像群牧所副千户陈政即是陈寅的父亲。骆安此时已远离政治舞台，不仅没有承担提供资料的任务，连获得赏赐的机会都没了。如《明世宗实录》记载，嘉靖二十年（1541）六月，"锦衣卫掌卫事、右

①［明］顾璘等纂修：《兴都志》卷九《典制九·藩贤》："陈政者，山东武定州人也。以燕山卫副千户改兴邸群牧所副千户，随睿宗皇帝之国……正德己卯卒。以子寅贵，赠后军都督府都督，特进光禄大夫。"

②［明］顾璘等纂修：《兴都志》卷九《典制九·旧秩官·群牧所》，1937年重印本 .

③《明世宗实录》卷二二，嘉靖二年正月丁卯，"兵部覆论锦衣卫掌印指挥朱震宸等不法事。诏宸革任闲住，骆安留用。今后东、西司房办事，毋用查革之人"，第646页 .

④《明世宗实录》卷四七，嘉靖四年正月戊辰，第1199页 .

⑤《明世宗实录》卷一二〇，嘉靖九年十二月庚午，第2861页 .

⑥［明］顾璘等纂修：《兴都志》卷首 .

都督陈寅，都督佥事张锜、张爵、黄秀，正千户张栢龄俱以潜邸扈从来京，愿各分舍余一人往奉隆庆殿香火，请给田舍如例。从之。”① 作为陈寅等人原来上级的骆安则没有分到一杯羹。

骆安未能参与编写《兴都志》，骆胜因此失去了立传的机会，也为我们考察骆胜的事迹带来了诸多不便。

二

在现存《骆氏族谱》中没有出现骆广和骆胜的名字，1993 年续修谱称“寄保公，卜居京都顺天府瓦窑头……生一子骆升。父子生殁俱在瓦窑头宗谱。”② 骆安则是骆升之子。这和墓志铭的记载明显不同。近二百年只有三代人，显然存在问题。嘉庆续修谱记载骆寄保是第八世，骆安为十三世③，中间隔了四代人，比墓志铭的记载又多出两代人。族谱与墓志铭对不上，暗示骆氏北京一支和原籍亲族缺乏联系，故乡亲族对他们的繁衍状态并不了解。

不过这个骆升在地方史志中确有记载。弘治《永州府志》记载宁远县有一岁贡名骆升④。隆庆《永州府志》记载详细了一些，称骆升为宣德癸丑年（即宣德八年，1433——编者按）岁贡⑤。康熙《永州府志》没有记载骆升成为贡生的年份，只记载他是宣德年间宁远县的贡士，最后官至“训导”⑥。清嘉庆朝修《新田县志》的记载更为详细：“骆升，南一都人，明宣德二年岁贡”⑦。

总的来看，骆升的事迹在地方史志资料中呈现得越来越具体。顾颉刚先生在探讨上古史时曾提出层累说：

> 我很想做一篇《层累地造成的中国古史》，把传说中的古史的经历详细一说。这有三个意思。第一，可以说明“时代愈后，传说的古史期愈

①《明世宗实录》卷二五〇，嘉靖二十年六月己巳，第 5021 页 .

②《骆氏族谱》卷三《良相公派下承基公骆铭孙世系》，良相公派下首届合谱编辑办编印，1993 年 .

③ 嘉庆重修《骆氏宗谱》卷三《历代宦迹》.

④ 弘治《永州府志》卷四《科甲 · 宁远 · 岁贡》，天一阁藏地方志选刊续编影印本，第 265 页 . 新田县系崇祯十二年从宁远县析出，此前的历史人物都记录于宁远县名下 .

⑤ 隆庆《永州府志》卷五《人物表下 · 岁贡》，四库全书存目丛书影印本，第 590 页 .

⑥ 康熙《永州府志》卷一一《选举上 · 贡士年表》，日本藏中国罕见地方志丛刊影印本，北京，书目文献出版社，1992 年，第 292 页 .

⑦ 嘉庆《新田县志》卷八《人物志 · 科甲》，中国方志丛书影印本，台北，成文出版社，1983 年，第 328 页 .

长”……第二可以说明“时代愈后，传说中的中心人物愈放愈大”……第三，我们在这上即不能知道某一件事的真确的状况，但可以知道某一件事在传说中的最早的状况[①]。

层累说虽然一直有争议，但对我们认识历史无疑是有帮助的。骆升在地方志中逐渐清晰的形象和顾先生论述的“时代愈后，传说中的中心人物愈放愈大”颇有相似之处。地方志编纂大多是政府行为，容不得主观造假，那么，和骆升有关的日渐丰富的资料从何而来呢？

1993年，续修骆氏族谱记载骆升是“明宣德二年岁贡，官至训导。载邑志”[②]。“载邑志”不是当代新修谱牒的习惯用法，应该是从旧谱中直接抄录的结果。新修谱依据的是哪部旧谱暂时不得而知，但可以确定在族谱和地方志之间存在某种资料上的互动。嘉庆《新田县志》把骆升成为贡生的时间提前到了宣德二年（1427），未必不是受族谱的影响。

更明显的例子出在骆以宾身上。按照族谱的记载，骆以宾是骆以诚的弟弟，“明拔贡，特授浙江金华府汤溪县令”[③]。1993年续修谱更明确记载“以宾公，生于大元至正十三年癸巳四月十一日酉时。大明洪武十四年辛酉科拔贡，特授汤溪县令，殁于大明宣德四年己酉五月二十八日申时，卜葬地名看牛岭。”[④]嘉庆《新田县志》中记载了一个骆以宝，“南一都人，明洪武十四年辛酉拔贡，授浙江金华府汤溪县知县”[⑤]。但在“宝”字旁另有一个“宾”字，显示志书作者对人名有怀疑（繁体“寶”“賓”字形接近）。

我们先来看族谱的记载是否有问题。汤溪县在浙江西部，地方志记载：

汤溪县，在郡城西南五十里，先为婺、处、衢三府金、兰、龙、遂四县边界交冲之地，成化庚寅，金华知府李公嗣以其地僻远，居民犷悍难治，申奏割三府四县边隅，置汤溪县。[⑥]

---

① 顾颉刚：《与钱玄同先生论古史书》，见氏编：《古史辨》第一册，上海，上海古籍出版社，1982年，第60页.

②《骆氏族谱》卷三《骆氏良相公派下历代绅衿录》，良相公派下首届合谱编辑办编印，1993年.

③ 嘉庆重修《骆氏宗谱》卷三《历代宦迹》.

④《骆氏族谱》卷三《良相公派下承基公骆铭孙世系》，良相公派下首届合谱编辑办编印，1993年.

⑤ 嘉庆《新田县志》卷八《人物志·科甲》，第323页.

⑥ 万历《金华府志》卷一《建置》，中国方志丛书影印本，台北，成文出版社，1983年，第52页.

《明宪宗实录》亦记载成化七年（1471）正月，“开设浙江金华府汤溪县，割金华府之金华、兰溪，衢州府之龙游，处州府之遂昌四县地以隶之，从巡视刑部左侍郎曾翚请也”①。可见，洪武年间根本不存在汤溪县。翻阅万历《金华府志》卷十三《官师志·汤溪县》，可知汤溪县令中确实没有骆以宝（骆以宾）这个人，甚至从县令到教谕、训导，都没有骆姓官员。

另外，《实录》记载，洪武十六年（1383）二月，明廷才开始“命天下学校岁贡生员”。

> 时谏官关贤言：国朝崇尚儒术，春秋祭享先师，内外费至巨万，尊师之道可谓隆矣。天下生员岁给廪米，亦数万石，养贤之礼可谓厚矣。今又建太学，聚天下英才以教育之，期为国家用也。奈何所司非人，师道不立，平居教养既无其法，及至选贡，贤愚混淆，至有员缺。又或府选于州，州选于县，致使为师者不能各任其责。甚至布政司、按察司将俊秀有学问生员选充承差，有乖朝廷育才之意。今宜令府州县学岁贡生员各一人，如考试中式，则赏及所司教官，否则所司论如律，教官、训导停其廪禄，生员罚为吏。如是则士有劝惩，学有成效。从之。命礼部榜谕天下府州县学，自明年为始，岁贡生员各一人，正月至京，从翰林院试经义四书义各一道，判语一条，中式者入国子监，不中者罚之。②

可见，洪武十四年（1381）明朝根本没有贡生。族谱和县志的记载都是有问题的。

不过，新田历史上确实有一个“骆宾”。弘治《永州府志》记载骆宾为宁远县岁贡③。隆庆《永州府志》则明确称他是永乐丙戌年（即永乐四年，1406）岁贡，仕至七品“经历”④。康熙《永州府志》大体沿用了隆庆志的提法，只是没有明确年份⑤。估计嘉庆《新田县志》的作者认为这个骆宾和骆氏所称先祖骆以宾未必没有联系，于是采纳了族谱的记载。只是此骆宾的入贡时间明显不是洪武朝，于是只好虚晃一枪，凭空炮制出一个骆以宝，又以旁写“宾”字的方式以示存疑。

其实，新田确实有人做过汤溪县令。这个人叫罗宣。弘治《永州府志》仅记载

---

①《明宪宗实录》卷八七，成化七年正月癸卯，第 1704 页 .

②《明太祖实录》卷一五二，洪武十六年二月丙申，第 2387—2388 页 .

③ 弘治《永州府志》卷四《科甲·宁远·岁贡》，第 264 页 .

④ 隆庆《永州府志》卷五《人物表下·岁贡》，第 589 页 .

⑤ 康熙《永州府志》卷一一《选举上·贡士年表》，第 291—292 页 .

他是“成化丁酉科”[①]举人，未记录他的宦迹。在隆庆《永州府志》中，“罗宣”被写作“罗瑄”，身份变成了成化丁酉年进士，仕途终点为知县[②]。成化十三年（1477）只有乡试，没有举行过会试，隆庆志的记载明显有误。在康熙《永州府志》中，罗瑄的身份恢复为成化十三年（1477）举人，且明确为“任汤溪县知县”[③]。

在万历《金华府志》中确有罗瑄出任汤溪知县的记载，但未记载具体任职时间。其前任之前任周立，“弘治四年任”。在其后三任的吴鸾，“正德六年任”[④]。据此推断，其任职应在弘治十年（1497）以后到正德初年。

嘉庆《新田县志》也记录着这位乡贤，“罗瑄，南乡人，明成化丁酉科举人，任汤溪知县”[⑤]。在同一部方志中出现两个任职于汤溪县的乡贤，方志编纂者明显有机会做一番具体的考察，至少可以核对一下汤溪县旧方志。显然，编纂者并没有下真功夫。嘉庆志在编纂过程中调用了大批县学生员“采访”，其中包括两位骆氏子弟，骆凌健和骆俊[⑥]。据此可以进一步确认《骆氏宗谱》肯定会出现在嘉庆志编纂者的视野之中。

在嘉庆志中还有很多骆氏谱牒的影子，如记载“骆以诚，南一都人，随征明太祖克敌有功，亡于阵”[⑦]。“骆寄保，南一都人，代领诚职，明祖文皇帝赐爵千户侯”[⑧]。和族谱记载几无二致。又如骆安，嘉庆续修谱记载他，“弘治甲寅年，兴献王出翊南藩，公选，克称其职……”[⑨]嘉庆志则记载“骆安，南一都人。祖系羽林卫军旗，以功升本卫百户，历千户。明宏（弘）治甲寅，兴献王出翊南藩，公在选……”[⑩]

对于骆安，康熙《永州府志》即称他是“羽林卫军，擢本卫千户，护兴献王入都，升锦衣卫指挥使”[⑪]。这和高拱墓志铭的记载明显冲突，不排除康熙《永州府志》的编纂者也有借鉴同时期可见骆氏谱牒的可能。只是目前尚未找到明代及清初所修骆氏谱牒，所以究竟哪个是被借鉴者，暂时无法做出准确判断。

---

① 弘治《永州府志》卷四《科甲·宁远·举人》，第 263 页.

② 隆庆《永州府志》卷五《人物表下·进士》，第 586 页.

③ 康熙《永州府志》卷十《选举上·举人年表》，第 281 页.

④ 万历《金华府志》卷一三《官师志·汤溪县·国朝知县》，第 945 页.

⑤ 嘉庆《新田县志》卷八《人物志·科甲》，第 324 页.

⑥ 嘉庆《新田县志》卷一《编修姓氏》，第 16—17 页.

⑦ 嘉庆《新田县志》卷八《人物·武备》，第 350 页.

⑧ 嘉庆《新田县志》卷八《人物·武备》，第 352 页.

⑨ 嘉庆重修《骆氏宗谱》卷三《历代宦迹》.

⑩ 嘉庆《新田县志》卷八《人物·武备》，第 351 页.

⑪ 康熙《永州府志》卷一〇《选举上·征辟年表》，第 258 页.

结　语

中华民族自古有修史的传统，谱牒家乘是修史的一部分，也是现代历史研究的重要资料。由于编纂者的水平，掌握资料的全面性、准确性等因素的影响，谱牒资料普遍存在记录相对简单和存在一定讹误的现象，给使用者带来一定的困扰。定期编纂地方志是明清两代地方官员的一项重要任务。修志需要从多层面采集本辖区史料，众多的家乘谱牒无疑为编写者提供了便捷的途径，而方志的记载又为续修族谱提供了带有官方认定意味的依据，因而在谱牒和地方史志之间出现了采集和编纂的互动。由于对先祖的行迹大多存在于口耳相传的记忆之中，谱牒修纂过程中有意无意地出现了类似上古历史层累堆集的现象，进而通过与方志编纂者的互动，逐步走进地方史志之中。续修谱牒则在方志的“鼓励”下开始进一步的“丰富”和“完善”。湘南骆氏家族在对北京锦衣一支亲族的史事记录中出现的问题，无疑是这种互动关系的一个典型样本。

（作者单位：中国社会科学院古代史研究所）

湖南新田原籍骆氏与卫籍骆氏之关联试析

——以传统文献书写为中心的考察①

彭　勇

在阅读湖南新田骆氏相关文献记载之后，现在还无法断定，有明一代至清初三百年间，生活在湖南新田的骆氏（本文称之为原籍骆氏）与生活在卫所系统内的骆田（本文称为卫籍骆氏）之间有直接的联系。结合目前所见的文献以及实地考察看，目前湖南省新田县骆铭孙村所存“锦衣世家”等牌楼，很有可能是原籍骆氏得知在京同族的锦衣卫骆氏的显赫地位后，在家自立以壮声威的宗族自我行为（目前尚未发现有直接的证据，证明卫籍骆氏回籍参与这一工程）。

基于骆铭孙村的建筑遗存、较为丰富的家谱和卫籍骆氏在传统文献如实录、明史、奏疏、同僚所撰墓志铭等有关记载，人们得以重新认识锦衣卫籍骆氏，在原籍骆氏地方乡贤的积极推动下，也引起社会各界对新田骆氏研究的热情②。本文想探讨的是，在明代卫所制度设计、运行影响之下，作为同宗同源的原籍骆氏与卫籍骆氏之间有哪些可关联之处，两支骆氏之间有什么样或疏远或密切的关系呢？ 而进入清代之后湖南原籍骆氏的民间文献书写与明代官方文献书写之间又能存在哪些共同的家族记忆。

一、原籍骆氏与卫籍骆氏的户籍关联

明代户籍管理的基本特征是“以籍定役”和“配户当差”，户籍主要可分四类——军、民、匠、灶（实际户类极其繁多），其中入卫的军籍户类，可称之“卫

① 本文系国家社科基金一般项目《明代州县军户的制度设计与群体身份变迁研究》（编号：18BZS065）中期建设成果 .

② 参见谢奉生：《新田骆氏锦衣卫世家》，北京，中国文史出版社，2019 年 . 该书提供了丰富的地方资料和研究线索，特此致谢 .

籍”军户[①]。新田骆氏的户籍基本情况大致是：明后的一世骆以诚在元末明初参军，任职于燕山中护卫，二世骆寄保时转入济阳卫，济阳卫为亲军卫，到四世骆胜、五世骆安时在湖北安陆由藩府群牧所转入锦衣卫，一直持续到明朝灭亡，均属于锦衣卫籍。卫籍骆氏遂以“锦衣卫世家”著称。

按明代的规定，卫所军户与原籍的州县军户之间可能会发生许多密切的联系，这是基于明代卫所制度设计所决定的。卫所军户承担有保家卫国的责任，卫所军人要以军家为组织单位，以保证在卫军人安心服役。同时，在“配户当差”的指导思想下，还采取给在卫军人配以替役人户，这些配户或称贴户，承平之时在原籍生活，以州县军户（实际是民户）的身份存在，他们与卫籍军户的日常联系，就是州县军户给在卫军户供应军装和路费，但实际情况是，大量的州县原籍军户往往为逃避责任，拒绝出役[②]。从目前有限的材料看，卫籍骆氏没有直接与新田原籍骆氏联系，如向他们讨要军装等支持，实际上，明代的卫籍军户向原籍军户讨要军装费的情况并不鲜见。同时，在卫的军户（籍）人口数量如果比较大，中央也会采取措施，把超额的在卫军余及其家属发回原籍，或就近附籍[③]。这样的情况，笔者尚未见有发生在新田骆氏家族内。新田原籍骆氏在有明一代并无显赫缙绅的出现，不大可能在官场上与卫籍骆氏有所交集。所以，第一方面的联系尚未见存在。

原籍的州县军户与卫籍军户的第二方面联系，是一旦在卫军人发生故绝，卫所可以到原籍所在地勾补州县军户，这就是明代的清勾制度[④]。按规定，一旦在卫服役的军户无法继续承担差役，袭替的军户第一顺位是军余，即以父死子继、兄终弟及的世袭方式袭替。而一旦卫籍军户故绝，则要从原籍勾补，原籍军户平时的身份极可能是民户（也可能是返回原籍的卫籍军户）[⑤]。从文献记载看，卫籍骆氏也不存在

---

① 明代军户的分类方法多种，李龙潜、顾诚、于志嘉、梁志胜、张金奎在研究整体或专门的明代军户制度时都依据自己的研究对象提出相似而不同的分类方法，计有卫所军户、郡县军户、州县军户、卫籍军户，原籍军户、附籍军户等不同概念。本文认为，所谓的分类主要是基于研究对象来确定，并没有统一的标准，只要遵守户类的基本属性，划界清晰，能自圆其说，有助于设定的研究对象问题解决即可。本文依据骆氏的基本隶属关系，采用原籍军户和卫籍军户以区分二者的身份差异，从新田原籍骆氏的实际情况看，他们承平时属民籍，像普通民户一样承担赋役，但在地方户类统计中可归入州县军户（对应卫籍骆氏），卫籍骆氏从明初到嘉靖时，几次调换卫所，均不影响他们的卫籍属性．

② 参见顾诚：《谈明代的卫籍》，《北京师范大学学报》1989 年第 5 期．

③ 参见于志嘉：《论明代的附籍军户与军户分户》，载《顾诚先生纪念暨明清史研究文集》，郑州，中州古籍出版社，2005 年，第 80—104 页．

④ 曹国庆：《试论明代的清军制度》，《史学集刊》1994 年第 3 期；许贤瑶：《明代的勾军》，《明史研究专刊》1983 第 6 期．

⑤ 参见彭勇：《论明代州县军户制度——以嘉靖商城县志为例》，《中州学刊》2003 年第 1 期．

第二种到原籍勾补的情况，子孙一直生息繁衍，枝繁叶茂。明代中期之后，声明渐趋显赫的锦衣卫骆氏家族虽然原籍系湖南宁远（后属新田），但自从军入卫籍之后，与作为原籍军户（州县军户）的骆氏似再也没有发生直接关系的记录，勾补军士的情况也未见发生。当然，也不排除发现新的文献，能证明原籍骆氏与卫籍骆氏洪武之后发生直接关联的证据。

二、家谱文献和地方文献对骆氏事迹书写的关联

明初到清初的三百年间，记载骆氏事迹的传统文献均显示——卫籍和原籍两支骆氏，独自绽放，可谓是“花开两朵，各表一支”，一支是记载卫籍骆氏家族事迹的传世文献，因其卫籍和职官身份，官方典籍多有记载，可证明他们原籍在湖南宁远（今新田）；另一支是记载原籍骆氏的传统文书，以家谱和地方史志为主。把两支骆氏记载在一起的主要是湖南地方文献，一是后世的新田原籍骆氏编修族谱，对祖先的追忆，对骆以诚祖下入卫之世系的简单描述。二是后世湖南地方修的新田方志，对原籍本地名宦的事迹追记，自然包括声名显赫的卫籍骆氏。

卫籍骆氏既已在明初离开湖南永州，再次出现在新田地方文献之中，则是很久远的事情了。据查，卫籍骆氏进入地方史志系统，已经是道光八年刊刻《永州府志》之时，此时已距离明朝灭亡又有一百八十四年，而距离嘉靖初年骆氏入锦衣卫籍则有三百年之久。该志对卫籍骆氏在有明一代的历史交待较为清楚，尤其是对骆安的事迹记录最为详细。

> 骆以诚，宁远人，今其故居属新田，故《宁远志》不载焉。明太祖起兵克敌，以诚从征行间有功，亡于阵。以骆寄保代领其职，成祖时千户侯，其后世隶羽林卫军。孝宗宏治甲寅（弘治七年，1494），兴王之藩，以骆安充护卫。世宗入承大统，安以护驾功，进锦衣卫指挥使，掌本卫印，署都指挥佥事。安性谨厚，凡奉诏狱，遵用祖宗宪典，曲尽衿恕，务协公论。故善保终，为世所称云……①

在此之前纂修的嘉庆十七年（1812）《新田县志》对卫籍骆氏的家世记载，又与府志多有相似之处。显然，后出的府志在修纂时极有可能充分参考了所辖地区旧志，或者说是在旧有志基础上的编修，这是中国传统行政修志的基本程序和特征。

①［清］吕恩湛修，宗绩辰纂：道光《永州府志》卷一五《先正传·事功》，道光八年刻、同治丁卯年重刻本，第566页．

嘉庆《新田县志》对骆安的记载如下：

> 骆安，南一都人，祖系羽林卫军旗，以功升本卫百户，历千户，明宏治甲寅，兴献王出翊南藩，公在选护，遂充护卫官。每有任使，率多卫旨。兴献龙飞，遂以护驾晋锦衣卫指挥使，掌本卫印署都指挥佥事。凡奉诏狱，一切尊用朝廷宪典德音，无不协乎人情，合乎公论。及情有可矜，法有可悯，必曲为开辟，务必久当，以弼成一代英明仁厚之治，故眷注独隆，保终始云。[①]

本早已离开新田原祖居地的卫籍骆氏得以重回新田历史文献之中，而卫籍骆氏与原籍骆氏重新合为一体，由民间家族事迹的书写再回到地方官方的书写体系，这一现象是很值得探讨的。

早在嘉庆十七年（1812）《新田县志》成书之前，嘉庆八年（1803）刚好完成有《新田骆氏宗谱》的新修[②]，新田原籍骆氏在宗谱之中对远在四百多年前的卫籍骆氏事迹做了较为详细的记载。本宗谱卷之二《世系面三》中，把卫籍骆氏与原籍骆氏结合在了一起，六世祖明可，育二子以诚、以宾（七世），以诚生寄保（八世），此后卜居北京顺天瓦窑头，则为卫籍骆氏一枝，以宾公，“开户名铭，仍居承基公旧宅”，以宾生有克贤、克和、克让，承基公（骆氏姓祖）。此乃两支骆氏之源与流。

嘉庆八年（1803）的这次修谱，把早已定居在外的卫籍骆氏中历代名人的简要事迹编入其中，对骆安的事迹，记载如下：

> 十三世，安。宏治甲寅年，与兴献王出翊南藩，公选克称其职，每有任使，率称上意，升锦衣都指挥使，掌印务，奉诏狱，一切遵行朝廷宪典，及情有可矜，法有可疑，必典为开导，务求久当，以弼成一代英明仁厚之治，故眷注独隆，养保终始。

这段话记载的主旨意思与结构和地方志文献是一致的，除个别字词可能是因为释读或转录的因素，稍有差异，如“法有可疑（悯）“必典为开导（必曲为开辟）”等，从语意看，后出的地方志记载的文本更为准确精当一些，原因当是地方志编纂

---

① 嘉庆《新田县志》卷八《人物志》，嘉庆十七年黄应培重修，1940 年翻印本，第 19 页．嘉庆志虽为“重修”，即纂者在前任张氏的旧志基础上，“补其未备”而成（见重修志首序），实际上嘉庆志是新田县存世唯一的旧志，参见新田县志编纂委员会《新田县志》，北京，新华出版社，1995 年版“序”．

② 所引家谱由谢奉生先生提供原件或复印件。家谱中的世祖，与此前入明世袭武官世系排不一致．

的水平一般更高，他们对家谱的文本进行了校正。

嘉庆十七年（1812）地方志记载骆安先祖的事迹，同样是与嘉庆八年（1803）骆氏宗谱中七世以诚、七世以宾和八世寄保的简要记载一致，如“八世寄保，代领诚职，扫荡元氛，明祖、文皇帝赐千户侯”①。

由此，我们对传统文献中卫籍骆氏与原籍骆氏之关系，可勾勒出这样的书写逻辑，先是由新田骆氏家族将卫籍骆氏载入骆氏宗谱之中，稍后编修的新田地方志在收集资料时，将骆氏宗谱中的卫籍骆氏以“历代名宦”收集其中（当然卫籍骆氏在明代较为显赫，也有其他收集的途径），更晚出的府、省地方志，均记载卫籍骆氏的宦绩。至此，两支骆氏在文献的书写上完成了“二合一”的叙事过程。

民国期间，新田骆氏继续续修宗谱，将两支骆氏合并记录，涉及以诚一枝卜居顺天一事时，把各类文献可查的卫籍骆氏事迹，进行系统、详细地追记，使得文本中的骆氏家族记忆得以更为清晰、完整地呈现。

三、文献书写体系中的新田骆氏的宗族记忆

记载卫籍骆氏的明代文献主要在传统文献体系之中，记载原籍骆氏的文献主要是地方史志和家谱田野资料，在阅读两类性质多有不同的文本时，笔者隐约找到它们之间文本形象所构建的家族群体印象的表述，在传统文献所见卫籍骆氏的政风和家谱所见原籍骆氏的家风之间，有清晰的关联线索可以探寻。

1. 卫籍骆氏的政风

卫籍骆氏是世袭武官家庭，在骆安入锦衣卫之前并无显赫的功业，有限的官方文献记载，对卫籍骆氏的整体评价是比较高的。

后出的湖南地方志书对卫籍骆氏的整体评价都比较高。如前引的道光《永州府志》对骆氏的丰功伟绩、道德品德评价甚高，称以诚从征有功；骆安护驾有功，安为人谨厚，曲通衿恕，务协公论，“为世所称云”；骆安、骆椿、骆思恭、骆养性，“皆累官左都督，有能声”，特别指出养性在明末“独持善类士君子，咸感之”等②。

如果说后世的地方史志对本地的名宦普遍存在着溢美之嫌的话，明代文献对本朝的卫籍骆氏的宦绩与政风的记载相对会公允一些，我们有一个基本的印象，就是新田卫籍骆氏同样有着不错的口碑。虽然目前能找到的主要是官方记载，像《明实录》《明史》均以资治、教化为其重要目的之一，奖优罚劣，赏罚分明，也是其基本原则之一，有关骆氏宦绩和政风的记载大体可信。

① 嘉庆《新田县志》卷八《人物志》，第 19 页．

②［清］吕恩湛修，宗续辰纂：道光《永州府志》卷一五《先正传·事功》，第 566—567 页．

搜检《明世宗实录》可得骆安的十数条记载，内容有因履职有功获奖励和晋升的，有上疏建言献策的，也有个别因为公职而受到批评的，不仅因为功绩卓越受到表彰，也有体恤下属之举的事例。嘉靖七年（1528）十一月时，天气寒冷，是任锦衣卫署都指挥使的骆安等人上疏请示："上直侍卫旗校官军寒苦，乞照近日巡捕官军及侍卫红盔官军奏讨衣鞋事例，一体准给"，虽然工部尚书表示了异议，但世宗最终还是批准了骆安的请求①。这样的爱惜属众，值得肯定。

高拱给骆安撰写的墓志铭是一篇价值颇高的史料，他对骆氏的政风同样给予很高的评价，固然"誉墓之作"的成分要求我们保持理性的判断，但高拱所讲的事实与其他史料可以互相印证些多，体现的良好官风一面大抵可信。

在高拱《明故明威将军锦衣卫指挥佥事骆公墓志铭》一文中，除追述了卫籍骆氏族源外，重点讲了骆氏的几件事，以勾勒出他的人物形象，一是升署都指挥使后，掌卫事，以事督缉事务，屡受皇帝赏赐，骆安表现得非常低调，还严格约束众下要克己奉公，勤于职守，"自是强者敛，诡者遁，善者无恐，时称清肃"。二是讲了他的性格直率，品德修养高，"公素峭直，好面折人过，或干以私，即诮让无已，用是群小丛怨，乡口肆兴，遂以免……公自解组，即闭门谢客，绝口不谈世事，自奉冲约，耳无丝竹之娱，目鲜珍异之玩。惟训子读书，时或戚党弹棋话旧。"②

据《明史》记载，骆思恭掌锦衣卫时，提议及时行热审，清理积诉，虽然当时未被采纳，但后来对事情的良性发展有积极地推进。

> 卫使骆思恭亦言："热审岁举，俱在小满前，今二年不行。镇抚司监犯且二百，多抛瓦声冤。"镇抚司陆逵亦言："狱囚怨恨，有持刀断指者。"俱不报。然是时，告讦风衰，大臣被录者寡。其末年，稍宽逮系诸臣，而锦衣狱渐清矣。③

热审是传统中国司法和行政运行时一项惠政，它体现的是帝王和国家以仁治国和以德治国的儒家文化理念，也是司法制度运行中颇为温情的一面④。骆思恭敢于向怠政的帝王提请热审，既是职责所系，也是担当和有为的体现。

---

①《明世宗实录》卷九五，嘉靖七年十一月壬子，台北，"中央研究院"历史语言研究所校勘本，1962年，第2211页.

②［明］高拱著，岳金西、岳天雷编校：《高拱全集》（上），《诗文杂著》卷三《墓志铭》，郑州，中州古籍出版社，2006年，第754—755页.

③［清］张廷玉等：《明史》卷九五《刑法三》，北京，中华书局，1974年，第2338页.

④参见李保贵《明代热审制度研究》，中央民族大学硕士论文，2010年.

我们之所以对传统文献所记官员政风保持足够的警惕，是因为身处政界，私罪与公罪历来是大家关注的话题，史学研究在于尽可能接近历史的真实。同样，我们在传统文献中，也查到对骆氏官员的部分批评。比如，不止一条文献记载有骆安同时期大臣对锦衣卫官员的弹劾，如给事中张原以慷慨直谏自许，猛烈抨击时政，他在嘉靖初年所上的《论锦衣卫朱宸等罪状疏》在当时引起很大的震动：

> 再照锦衣卫乃亲军之司，实机密之地，责既云重，官宜得人。今指挥同知朱宸，痼疾耳聋，应对不给。指挥使周传，素行不谨，秽德彰闻。而指挥同知骆安，则又贪取略同，才猷未著，既皆未孚于人望，曷可委任于所司？！[①]

此事件《明实录》也有记载：

> 兵部覆给事中张原论锦衣卫掌印朱宸等不法事，诏："宸革任闲住，骆安留用。今后东西司房办事，毋用查革之人"。[②]

《明史》对这一事件的记载如下：

> 帝初嗣位，掌锦衣者朱宸，未久罢。代者骆安，继而王佐、陈寅，皆以兴邸旧人掌锦衣卫。[③]

需要解释的是，嘉靖二年（1523）时的骆安初入北京，当时的地位也不是很高，还不是矛盾的中心，从以上几条记载看，与后世文献对他的记载和评价相比，对其宦绩和政风的整体评价依然是比较高的。

2. 原籍骆氏家谱所见的家风

家谱是家族历史的自我书写，"自我书写原就是一种独特而珍贵的家族记忆"，家谱是家族记忆最集中的书写，"谱写代代情"[④]，它是家风传承的重要载体形式。新

---

① [明] 张原：《玉坡奏议》卷三《论锦衣卫朱宸等罪状》，文渊阁《四库全书》本第 429 册，台北，商务印书馆，1986 年，第 381—382 页 .

②《明世宗实录》卷二二，嘉靖二年正月丁卯，第 646 页 .

③ [清] 张廷玉等：《明史》卷三〇七《陆炳传》，第 7892 页 .

④ 张琏《谱写代代情——从理论到实务》，载中华文化促进会挥公文化研究工作委员会编：《家族记忆与社会发展：首届中华张氏文化论坛论文集》，北京，中国文史出版社，2019 年，第 38—39 页 . 该书书名的封面与内文不一致，内文错为"家庭记忆与社会发展"，在此更正 .

田骆氏（原籍骆氏）保留下来了较为丰富的家谱，为我们了解这个历史悠久的大家族良好的家风传承，提供了便利。由此，我们也发现卫籍骆氏与原籍骆氏在“家族记忆”之间存在可关联之处。

首先，我们必须承认的是，自南宋以降家谱所见家风有高度的相似性，即便卫籍骆氏与原籍骆氏毫无关联，我们同样可以找到他们之间在政风与家风之间的共性，所以此处的论证主要以卫籍骆氏的政风之展示，与新田原籍骆氏家谱所倡导之间关联性，但它们不构成家族直接关系的充要条件。

湖南新田县现存较为丰富的家谱，为我们提供了丰富的原籍骆氏的家训、家规以及与时俱进的特征。宣德八年（1433）临武（今湖南郴州）《花塘骆氏宗谱家规》中有“家规十则”，包括敬天祖、爱亲长、课子孙、睦族邻、隆师友、凛国宪、振家规、砺廉耻、崇节俭和勤耕读。此外，该书还收集有嘉庆十一年（1811）资兴《滁溪骆氏宗谱家训乡约》中的“家训十二则”“乡约四则”，以及 1931 年宁远《上官骆家骆氏家谱箴规》等，他们倡导的家风可以在卫籍骆氏的事迹中有所印证[①]。

《骆氏宗谱历代绅衿录》记载有骆思恭在万历年间掌卫事，“声名赫奕一时，无出其右”。他还倡建湖南会馆，这也体现了虽然远离家乡，早入卫籍的骆氏浓浓的乡谊之情。骆思恭赋闲居家期间“惟训子读书”，即是对耕读家风的传承。

在原籍的新田骆氏，也一直保留有家谱、家训中倡导的家风，平山村信乡公派下《骆氏宗谱》的“平山村水经录”，记载了当地古代兴修水利的感人事迹，赞扬了族人中的表率以及团结和睦共抗风险的风气。其中，“神洲坝记”记载的万历十三间（1584）的事情，“有族中骆世重、骆世策者，施恩布德，不遗余力，首捐银钱，引导族人筑焉……喜族人之合力，百劳而不辞，不及三月，坝成也，命曰‘神洲坝’。至此，沙洲、神下二洞，干旱保收焉。”[②]

再回到高拱所撰骆安墓志铭，最后部分同样提道：“公慷慨朴实，出于天性，事父母以孝闻，友爱二弟，终其身无间，处乡好义乐施，赴人之急，有烈士风。遇事能断，虽纠棼必解，盘错必利，人以是服公，亦以为忌，卒滞大用，惜哉！”[③]高拱说骆安之品德操守，“出于天性”，这样的天性，从骆氏家训所倡导之风气看，它们不是一脉相承的吗？天性，即人性，人性即是家风，中华优秀传统文化对家族文化的熏陶和塑造，在此得到了很好的诠释。

本文尝试把两支在明代长期没有直接联系的骆氏族群关联在一起，意在探讨卫籍军户与原籍（州县）军户之间的关系，在卫所制度的设计之下，他们是有关联的

① 参见谢奉生：《新田骆氏锦衣卫世家》，第 210—221 页 .

②《骆氏宗谱》，新邑群益书局印，首相公派下首届骆氏合修宗谱编纂办 1994 年编印，第 37 页 .

③［明］高拱著，岳金西、岳天雷编校：《高拱全集》(上),《诗文杂著》卷三《墓志铭》，第 755 页 .

可能，如原籍军户给卫所军户供送军装盘费、将卫所军户中的冗员解回原籍安插、从原籍军户中勾军到卫所等，但据史实看，并没有这样的事情发生。同宗同源的两枝骆氏被合并写入同一文本，已是到了清代中叶，嘉庆八年完成的《新田骆氏宗谱》实现了合二为一，此后，各级地方政府在编写地方志时收入其中，从而把两支骆氏紧密地联系在了一起。虽然两支骆氏长期分别发展，但并不影响制度影响之下它们的关联性，通过分析不同文本对卫所骆氏与原籍骆氏政风与家风的书写，可知家风在它们之间的分别传扬，这样，卫所骆氏与原籍骆氏之间又多了一层关系。因此，可以说，明代卫所制度设计影响之下的卫所军户与州县军户的联系呈现不同的面相，卫所制度对明清时代的影响也是深刻而多方面的。

（作者单位：中央民族大学历史文化学院）

新田锦衣卫骆氏研究三题

秦 博

湖南省新田县骆铭孙等村落留存的明清骆氏锦衣卫世家建筑群形制完整、世所罕见，曾引起前辈明史学者的高度重视，其历史文化价值自不待言。深入发掘这批文物古迹及其承载的骆氏锦衣卫家族信息，对推动明史研究，尤其是明代政治史与锦衣卫制度研究、明代世家文化研究、明清易代研究等重大议题意义非凡。笔者在2017年春夏之际曾应邀至新田探访骆氏锦衣世家文化遗存，接触到部分乡邦文献，并与当地学者深入沟通交流。基于此，笔者认为有三个与骆氏锦衣卫密切相关的历史问题尤其值得学界关注，现逐一介绍并做初步探究，以盼海内同志督教。

一、骆氏作为兴邸锦衣军官的典型与非典型性

骆氏家族贯穿明代始终，特别是明代中后以后，骆氏以兴邸旧臣身份在锦衣卫系统中高官辈出。从整个锦衣卫制度沿革，尤其是锦衣卫内部权力更迭的层面来看，骆氏的崛起反映了特定时期的历史面向，既有兴邸。

自嘉靖朝始，一批兴邸故臣出身的锦衣卫军官集中涌现，其中以陆炳、戴经及骆氏家族最为典型。关于锦衣卫陆氏的崛起，徐阶在《世经堂集》卷一七《明故太保兼少傅后军都督府左都督掌锦衣卫事赠忠诚伯谥武惠东湖陆公墓志铭》中云：

> 东湖陆公讳炳，字文孚，浙江平湖人，唐宰相宣公之系也。成化间有讳墀者，选充锦衣卫小旗，献皇帝之国，选充兴府仪卫司总旗，传子松，事今上于藩邸。上之登级，松以扈从功升锦衣卫副千户世袭，典诏狱，历升指挥使管卫事，官至都督佥事，卒赠都督同知，则公考也。①

与陆炳一样，戴经祖籍浙江，后迁湖广安陆，其父戴文润原系兴献王府医士，

① [明] 徐阶:《世经堂集》卷一七《明故太保兼少傅后军都督府左都督掌锦衣卫事赠忠诚伯谥武惠东湖陆公墓志铭》,《四库全书存目丛书》集部第79册，济南，齐鲁书社，1997年，第736页.

逢世宗继统，戴经以兴邸旧人随侍入京，得推恩为锦衣卫军官世袭[①]。骆氏家族的发迹轨迹一同于陆、戴两家，据高拱为第一位骆氏锦衣卫指挥骆安所撰《明故明威将军锦衣卫指挥佥事骆公墓志铭》云：

> 弘治初，献皇帝建国于兴，慎选护从，（骆安）父往典郡牧所，公遂从如承天。居数年承荫，仍理所事，实勤慎有声。辛巳，今上入继大统，周旋扈从，劳勋为多，荷特旨升锦衣卫指挥同知世袭……寻以廷荐，督理内外衢巷池隍诸务，遂查革兼并修理沟渠，氓恃以安。癸未，升署都指挥使，视卫篆。[②]

陆炳执掌锦衣卫时最突出的一个行事特征就是尽量亲近朝中缙绅文士，以在文官中的人脉资源为依托，构建严密的权力庇护关系，稳固自己的地位并不断施展政治影响，这种影响力主要体现在参与朝臣党争、影响中枢决策、自我粉饰以遏制不利舆论等多个方面。《明实录》即有陆炳“折节广交以笼取声誉，故终嘉靖之世无发其奸者”的记载。与陆氏近似，戴经亦以文学自诩，并极力结交文士。据王世贞言，其任刑部尚书时，同锦衣卫指挥戴经“间过从谈艺甚适”[③]。管理锦衣诏狱期间，戴经也常保全士大夫，并乐与逮系狱中的缙绅文士问学[④]。逢故大学士夏言“忤旨系当死”，严嵩“恨之甚”，嘱咐戴经暗中处置夏言，戴氏拒绝了严氏。兵部尚书聂豹“以平阳守事逮”，戴氏却“师事之”，与其谈王守仁良知之学。此后，戴经因先后受知于聂豹与大学士徐阶、赵志皋等大员，“得稍迁而大帅”。由于晋升途径相仿，戴经的腾达引起了陆炳的高度警觉。见戴经在锦衣狱中亲近士绅，陆炳就试图加以阻止，戴经“亦弗为动”。戴氏曾汇集边策要旨，上疏言事，而陆炳认为戴经言政的行为威胁到自己在御前的荣宠地位，故极力压制戴氏，“阴恫喝”其“毋遽上书”[⑤]。

明代前中期旧锦衣官校、贵戚内臣恩荫出身的锦衣大帅一般少与文臣缙绅亲密，甚至有与文士为敌者。而陆炳、戴经家族自外藩入京，与久在京师的旧锦衣军

① [明] 归有光：《震川先生集》卷二六《戴锦衣家传》，上海，上海古籍出版社，2007年，第607—608页.

② [明] 高拱：《高文襄公文集》卷三《明故明威将军锦衣卫指挥佥事骆公墓志铭》，《明别集丛刊》第2辑第91册，合肥，黄山书社，2015年，第111页.

③ [明] 王世贞：《弇州四部稿》卷六八《戴金吾御戎策序》，景印《文渊阁四库全书》第1280册，上海，上海古籍出版社，1987年，第180页.

④ [明] 归有光：《震川先生集》卷二六《戴锦衣家传》，第608页.

⑤ [明] 王世贞：《弇州四部稿》卷六八《戴金吾御戎策序》，景印《文渊阁四库全书》第1280册，第180—181页.

官世家关系疏竦。但他们又被皇帝骤升至高位，所以更有机会与必要结交在朝中影响力更大的文臣，以巩固权位。陆炳、戴经等管事的同期及嗣后一个阶段，锦衣卫军官亲近文臣并与朝士相互党援的现象逐渐形成一种惯例，嘉靖一朝至有“金吾贵人多结客缙绅”的说法。依据《万历野获编》卷五《勋戚·陆炳扈驾功》所载，继陆炳掌锦衣卫的成国公朱希忠之弟都督朱希孝亦“爱乐士大夫，延礼加等，皆近代贵幸所罕睹”[①]。《谷山笔麈》称希孝“豁达有文，交游深广，一时朝士莫不倾慕”[②]。相比陆炳，朱希孝恭谨而更具儒者气韵。至晚明时期，锦衣卫内部文荫子弟纷纷崛起，兵将校尉、内臣弟侄甚至渐趋边缘化，《万历野获编》中《禁卫·世锦衣掌卫印》一节对此有云：

以余所见，如许忠节之后名茂橓者，孙忠烈之后名如津者，皆以地位逼近次当掌印，而终不得，愤恨如不欲生，他无赖者又无论矣。最后则王襄毅（崇古）孙（之祯）擅卫十余年，穷极贪狡，与同列周尚书（咏）之子（嘉庆）争权，起大狱，几族灭之，为天下切齿。然则锦衣固蛇虺之窟，祖制不欲清流握柄，意深远矣。余见二三缇帅谈金吾近例，以从列校奋者为贱隶，即贵至极品，不许南司理事，况登大堂。又称中贵子北荫者，为传升官，视同唐之斜封墨敕，禁不使大用。[③]

此又锦衣卫内部权力形势之一变。

不过，从笔者现在掌握的历代骆氏锦衣卫军官的资料来看，骆氏子弟并没有像陆炳等人一样致力于构建与缙绅士大夫的政治庇佑，但也长期立身朝堂而不败。骆氏家族的第一代锦衣卫指挥使骆安有女嫁杨通政子，但骆安没有显著的比附文雅，结交文士的活动。天启朝骆思恭曾支持东林党“移宫”，但这只是突发性的一时之协作，也未见他与东林群臣有进一步的过从。可以说，在“金吾贵人多结客缙绅”的大历史背景下，骆氏家族并未见出现与朝臣护卫奥援的政治倾向。骆氏家族或确实不善节纳朝士，或仅是相关记载缺漏不详，这值得学者进一步深究。

二、骆养性所领总督衔在明清制度沿革中的意义

末代骆氏锦衣卫掌印都督骆养性在清兵入关时开门迎降，沦为贰臣。顺治元年

① [明] 沈德符：《万历野获编》卷五《勋戚·陆炳扈驾功》，北京，中华书局，1959年，第143页.

② [明] 于慎行：《谷山笔麈》卷六《勋戚》，北京，中华书局，1984年，第62页.

③ [明] 沈德符：《万历野获编》卷二一《禁卫·世锦衣掌卫印》，第536页.

（1644）二月，顺治皇帝命骆氏“仍以原官总督天津军务”①。明朝自万历二十五年（1597）始添设巡抚天津一职，初为加强海防，配合援朝战争②。天启年间又于巡抚天津职上增督理辽饷事权③，至此天津巡抚又称“督饷部院”，例由户部侍郎兼都察院宪职的官员充任，专办粮草筹措诸事。查阅史料可知，骆养性在天津总督任内的主要职责也是督办粮饷：

> 天津总督骆养性启请豁免明季加派钱粮。④
>
> 国朝顺治元年七月，天津总督骆养性请疏通盐课，部覆盐包觔（斤）数太重，则秤掣为艰，钱粮款目繁多，则朦混易起，今将明朝包索余盐割没辽饷各项。⑤
>
> 总督骆养性题长芦盐额，除一切新增停免外，共二十三万九千八百五十引。⑥

可知骆养性所任总督天津军务沿袭自原明代天津巡抚一职，因此清代方志也多将骆氏也归为“督饷部院”行列⑦。不过，明代职官体制中文武两途分化严重并呈僵化之势，文官以科举选任，武官具有世袭身份性，地方总督、巡抚皆系文官所领钦差职衔，武官绝不可领受。骆养性受命以原官锦衣卫都督充任天津总督，这虽是清初草创之时的应急任用，但也反映出清代统治者在继承明代官制的基础上，又可打破前朝成规，对制度进行灵活变通。清廷之所以如此破格启用骆氏，也是看重他曾执掌禁卫衙门，熟悉明代各类科则规制。

骆养性以武官任文职的情况在清初并非个案。在顺治年间，同样投降清朝的前明勋爵恭顺侯吴维华，曾屡被清廷不拘文武分野，授予招抚、总兵、总督之职，甚至直接加授部、院职衔总督地方，若以明代制度衡量，这更属超擢异典之类，相关事例如下。

---

①《清世祖实录》卷五，顺治元年六月己未，北京，中华书局，1985年，第61页.

②《明神宗实录》卷三一四，万历二十五年九月壬辰，台北，“中央研究院”历史语言研究所校勘本，1962年.

③《明熹宗实录》卷三〇，天启三年正月甲辰，第1512页.

④《清世祖实录》卷六，顺治元年七月甲午，第67页.

⑤ 乾隆《天津府志》卷一三《盐法》，清乾隆四年刊本，天津图书馆藏.

⑥ 乾隆《沧州志》卷六《盐政》，乾隆八年刊本，《中国方志丛书》华北地方第495号，台北，成文出版社，1975年.

⑦ 康熙《天津卫志》卷二《官职》，清康熙刊本，天津图书馆藏；乾隆《天津府志》卷二四《职官四》，清乾隆四年刊本，天津图书馆藏.

应袭恭顺侯吴惟华，请招抚宣大、山西自効。许之。[①]

以招抚山西应袭恭顺侯吴惟华有剿寇功，命以原职充镇守太原等处总兵官。[②]

命恭顺侯吴惟华为太子太保兼右副都御史，总督军务，招抚广东。[③]

命恭顺侯吴惟华兼户部右侍郎、右副都御史总督淮扬等处。[④]

纵观整个清代历史，清廷至少在旗人任用方面不甚强调文武身份之区别，而是有较灵活的职务换授、兼授制度。这些制度的创设既源自满洲贵族政治传统，也在一定程度上是针对明代体制弊端进行的调整。

实际上，上溯至晚明时代，已多有先见之士意识到僵化的武官世袭、文武相隔及“以文统武”体制阻碍了军事人才的选拔，遏制了武将军政能力的发挥，进而影响整个军队的战斗力。他们对此提出“诸边自将权之移而边政日废”[⑤]及“当世固多良将，忠在牵掣”[⑥]等观点。明清之际大儒黄宗羲更发出“苟如近世之沈希仪、万表、俞大猷、戚继光，又未尝不可使之内而兵部，外而巡抚也”[⑦]的批判性质疑。在明代后期，朝廷也偶做变革之举，授予某些大将近似文职督抚的职衔，但皆碍于时弊皆无法贯彻。例如戚继光在隆庆初年被特授一般为文臣钦领的“总理”职衔练兵蓟镇，“节制与总督同”，即被诸将所“不奉命”，又被朝臣指摘为“太阿之柄不假武人”。继光终“以上言边事得失，遂改镇守”，虽兼而保留总理之衔，但练兵之权被朝廷隐而削弱[⑧]。与之类似，己巳之变中大将马世龙临危受命，加“总理”衔“不受中制”，却为兵部尚书梁廷栋“恨之”而阻挠[⑨]。

可以说，骆养性以都督职衔总督天津，虽是清廷对降臣的一种权宜授职，但同时反映出明末清初之际职官体制的演化趋势。

---

①《清世祖实录》卷五，顺治元年五月己酉，第 59 页.

②《清世祖实录》卷一〇，顺治元年十月下壬申，第 101 页.

③《清世祖实录》卷二六，顺治三年五月己酉，第 163 页.

④《清世祖实录》卷三四，顺治四年十月癸未，第 281 页.

⑤［明］万表:《玩鹿亭稿》卷五《杂言》,《四库全书存目丛书》集部第 76 册，济南，齐鲁书社，1997 年，第 85 页.

⑥［明］唐顺之:《荆川先生文》卷一二《叙广右战功》，杭州，浙江古籍出版社，2014 年，第 578 页.

⑦［清］黄宗羲:《明夷待访录》《兵制三》，长沙，岳麓书社，2008 年，第 140 页.

⑧［明］戚祚国等撰:《戚少保年谱耆编》卷八，隆庆三年己巳，北京，中华书局，2003 年，第 240 页.

⑨［明］钱谦益:《牧斋初学集》卷四七《特进光禄大夫左柱国少师兼太子太师兵部尚书中极殿大学士孙公行状》，上海，上海古籍出版社，2009 年，第 1213 页.

三、“锦衣总宪”牌匾的含义

今新田骆铭孙村保留有“锦衣总宪”匾额牌楼。这座牌楼是目前仅见的与明代锦衣卫相关的大型地面建筑遗存，其历史文物价值不可估量。按照新田地方学者的介绍，该牌匾中“锦衣总宪”四字系明神宗亲撰御赐，或称赐予骆安，或称赐予骆思恭，经文物专家鉴定“锦衣总宪”牌楼也符合明末建筑风格。不过，所谓“总宪”一词，在明代系官场专有用语，有比较固定的含义和用法，其与“锦衣”搭配题写，有文献所见违一般规律，“锦衣总宪”一语的意义需进一步探讨。

揆诸史料“总宪”在明代有如下几种基本词义与用法：

第一，指都察院都御史“总宪政”“总宪纪”“总宪纲”的职权。

1. 于谦“屡镇大藩，两总宪政”。①

2. 宣宗敕行在都察院右都御史王彰：“尔国之大臣，是总宪纪”②。

3. 都御史职在总宪③。

第二，由职责转用做官称，代指都察院左右都御史，这种情况在私撰文献中最为普遍。

1. 大总宪考吾林公④。

2. 总宪公完名去矣，协院公以巧成拙⑤。

第三，指都察院衙门。

1. 题为留都总宪久缺署篆，江务有妨，恳乞圣明蚤赐补，以肃台纲，以专职任事⑥。

2. 在政府、在冢宰、在总宪、在督。⑦抚

第四，代指地方按察使。

1. 由治兵使，一参番政，再总宪司，由总宪拜大中丞⑧。

---

①《明英宗实录》卷二七四，天顺元年正月丁亥，第5811页.

②《明宣宗实录》卷一七，宣德元年五月庚戌，第464页.

③《明世宗实录》卷三四七，嘉靖二十八年四月辛亥，第6286页.

④［明］蔡献臣：《清白堂稿》卷一三《明通政使致仕赠右都御史考吾林公神道碑》，明崇祯刊本，中国科学 院图书馆藏.

⑤［明］高攀龙：《高子遗书》卷八上《答吴安老三》，景印《文渊阁四库全书》第1292册，上海，上海古籍出版社1987年，第491页.

⑥［明］丁宾：《丁清惠公遗集》卷一《留都总宪久缺乞赐点补疏》,《四库禁燬书丛刊》集部第44册，北京，北京出版社，2000年，第31页.

⑦［明］蔡献臣：《清白堂稿》卷九《与郑崑岩开府》，明崇祯刻本.

⑧［明］敖文祯：《薜荔山房藏稿》卷七《寿少司马大中丞春宇贾公序》,《续修四库全书》集部第1359册，上海，上海古籍出版社，2002年，第260页.

2. 自山西总宪迁广右藩使[①]。

总而言之，“总宪”一词在明代专门指代与风宪部门相关的职权、机构与官名，最常为都察院左右都御史的代称。而骆铭孙牌楼所题“锦衣总宪”之“总宪”，必定不能代指具体的都察院左右都御史、地方按察使等职官，因为无论骆安、骆思恭都未曾也不可能兼领这类官衔。若此“锦衣总宪”有“总领宪政”或“总领宪纪”之意，似更合乎情理，但也是将锦衣卫的职权与都察院衙门相提并论，这又夸大了锦衣卫衙门在官僚体制中的地位与作用。

明清牌坊建筑多用华丽文雅之辞藻以尽褒扬之能，有些题词会有在一定程度上有违当时制度，这种情况甚至出现在一些敕建建筑上。如山东蓬莱嘉靖本朝所建戚景通、戚继光“父子总督”牌坊额书中，将戚景通的官职列为“诰赠骠骑将军护国都指挥使前总督山东备倭戚景通”，其中“护国”二字就属夸大溢美之词。但明代中后如“总宪”这样的官场惯用雅称仍有比较固定的用法，朝野不会乱用，军职衙门称“总宪”就有严重违制之嫌。依地方学者所介绍，“锦衣总宪”四字出自神宗钦赐，这或出于皇帝对骆氏的家族世代执掌侦缉的特别褒赞，或在此处别有其他含义，需要进一步论证。

联系到骆养性曾在顺治朝领“总督”职衔，而总督在明清两朝一般由都察院官充任，又牌额中并无明确的落成时间的标识，故该“锦衣总宪”牌匾是否与骆养性存在某种关联，也在此做一初步疑问而提出。

余　论

除骆氏政治动向、骆养性结衔、“锦衣总宪”牌楼意义之外，仍有诸多有关骆氏锦衣世家的历史疑难未能得到深入的剖析与解决。例如新田地方学者就曾发现各类文献对骆氏前几代的家族世系的记载存在隐晦不明，互有出入的情况，有些记载反应的家族活动轨迹还与现存骆氏地面文物的分布状况形成矛盾。新田锦衣骆氏的家族文献、相关史料以及地面文物遗存形成一整套亟待整理、探研的丰富学术资源。充分开发这一历史资源，对推动明代锦衣卫研究乃至明史研究的意义非凡，同时也有益于新田地方文化事业的长足发展。

（作者单位：中国社会科学院古代史研究所）

---

① [明] 戴鱀:《戴中丞遗集》卷六《连城县儒学教谕茂宣戴公行实录》,《四库全书总目》集部第 74 册，济南，齐鲁书社，1997 年，第 82 页 .

君臣际遇：关于骆安父子与嘉靖父子

周红梅

有明一代，锦衣卫世家骆氏家族，从明初，八代军籍就有四代任锦衣卫高职，直至明末。骆氏家族从骆安墓志可知，祖籍为湖广宁远人（今湖南新田县），骆以诚元末时跟随太祖高皇帝打天下，随后定居燕山的中护卫。之后，因成祖迁都北京，从此骆氏一族定居北京均效忠皇室。明洪武初开始，共有骆以诚 — 骆寄保、骆寄善— 骆广— 骆胜—骆安—骆椿、骆秉良—骆思恭—骆养性八代[①]，经历两百余年，构成了谱系完整的军籍世家，而且没有断代、断流，子子孙孙承受皇恩浩荡，两百余年家族富贵繁荣。

明初，朱元璋为加强中央集权统治，设置锦衣卫，成为皇帝身边的特权机构。锦衣卫的前身是明太祖朱元璋设立的拱卫司，后改称亲军都尉府，统辖仪鸾司，掌管皇帝仪仗和侍卫。洪武十五年（1382），裁亲军都尉府与仪鸾司，改置锦衣卫。作为皇帝侍卫的军事机构，锦衣卫主要职能为“掌直驾侍卫、巡查缉捕”，可以逮捕任何人，包括皇亲国戚，并进行不公开的审讯，其首领称为锦衣卫指挥使，正三品，一般由皇帝的亲信武将担任，直接向皇帝负责，是一个特殊机构。

写这一文也是应湖南新田县谢奉生先生的邀请。他曾经为了弄明白骆安父子到钟祥任职情况，不远千里特意到湖北钟祥考察。之后，曾多次与我交流探讨，还撰文《新田骆氏锦衣卫世家》一书，学习后很有收获。本文主要是想说说，骆安父子与嘉靖父子之间的知遇之恩，可谓君臣际遇只言“忠”。

一、骆安之父骆胜随兴献王就藩安陆

朱祐杬为宪宗次子，成化二十三年（1487）七月，册封为兴王，因年幼没到受封之地。弘治七年（1494），兴王朱祐杬十八岁，将至封国湖广安陆（今湖北钟祥），在挑选护卫人员时，骆安的父亲骆胜以“秉性持法、办事谨慎”被选中，因

① 高寿仙：《百年沉浮：明代锦衣卫世家骆氏兴衰史》，《故宫博物院院刊》2020 年第 4 期．

此，其家眷也跟随到了湖广安陆。根据《兴都志》记载：当时扈从兴王、王妃蒋氏南下的官属有“承奉李稷、金畋，典宝杨琇等……群牧所千户骆胜、陈政等人”[①]，共计千余官员。骆胜来安陆时的身份为群牧所千户（正五品）。之后，深得兴王信任，曾多次被派遣进京呈奉表笺和物质。

按明王朝规定，亲王一旦封爵到藩国之后，非召不得入京。主要是因明朝初期，朱元璋为了保卫国土及牵制地方官僚，陆续将自己的儿子们分封到边疆及重要属地为王，并且给予了很大的权力，其中就包括兵权，因有兵权的藩王，不经请示而进京，威胁是不言而喻的，为了防止藩王干政，不允许参与宫廷政治和科举考试，也不允许藩王之间联络。作为远在安陆的兴王不能回朝面圣再正常不过，可每到皇室有重大活动，比如皇帝皇后的万寿节和千秋节，皇室宗族婚丧嫁娶等，只能先期派遣最信任的官员进京朝贺或者举哀。因此，骆胜当时在兴王藩府是一位举足轻重的人物，曾多次被派遣进京。

《承天大志》记载，每年春秋两季收成完毕，兴王都会派人向京城输送“嘉鱼香稻”，均由骆胜及内官护送。如弘治八年（1495）四月二十九日，孝惠皇太后千秋节，兴王又“先期遣内官赴京庆贺，并进国中所产香稻、嘉鱼等珍味。是日早，帝於宫中露台上，设香案望阙行礼，自后岁以为常”[②]。孝惠皇太后为宪宗宸妃，因生兴王朱祐杬及岐、雍二王，后进封贵妃邵氏。嘉靖入继大统，邵氏已因年老双目生翳。她听说自己的孙子当了皇帝，拉着朱厚熜到自己跟前，从头摸到脚，祖孙俩高兴得泪流满面，这位少年天子当场就以“皇祖母”相称。嘉靖元年（1522）尊为“太皇太后”，上尊号“寿安”，十一月十八日去世，十五年（1536）随葬茂陵。

《睿宗献皇帝实录》又记载：弘治十二年（1499）七月初三，兴王朱祐杬便先期差千户骆胜带着表笺和所贡的礼物赴京，表代兴王表示祝贺[③]。表笺，是朝廷每逢大的节日、庆典，内外臣工须写词的一种形式。弘治十六年（1503）九月二十四日，又先期差千户骆胜赍捧表笺和物品，赴京祝贺[④]。这是何等的荣耀。骆胜在兴王府内供事以克已奉公，部属畏服，不强取民财，深得兴王的赏识。数年后，以体迈退休，由儿子骆安承袭职位。

---

①［明］顾璘等纂修：《兴都志》卷一《典制一·肇封以来总纪》，弘治七年九癸卯，1937 年重印本.

②［明］《承天大志》卷二《基命纪二》，弘治八年四月壬午.

③［明］《睿宗献皇帝实录》卷二四，弘治十二年七月辛酉，天津图书馆藏明抄本.

④［明］《睿宗献皇帝实录》卷二一，弘治十六年九月丁亥，天津图书馆藏明抄本.

二、骆安扈从新君

骆安，字时泰，别号月崖，生于明成化八年（1472）。弘治七年（1494）随其父骆胜移居湖广安陆，护卫兴王藩国事，时年二十二岁。自幼勤学好问，不喜欢嬉戏，有一股少年老成的味道。在王府供事勤勤恳恳，尽心竭力。到明正德十六年（1521）三月十四日，已是四十九岁的骆安，因明武宗皇帝驾崩，无子继承皇位，慈寿皇太后与首辅大学士杨廷和以"兄终弟及"之祖训，宣诏湖广安陆兴献王世子朱厚熜嗣皇帝位，而骆安以护驾官员被入选进京。朝局的变换，同时改变了骆安的前途和命运。

三月十五日，奉太后懿旨，朝廷派遣内阁大臣梁储与礼部尚书毛澄偕同徐光祚、驸马都尉崔元等一行人马，前往湖广安陆迎接新君朱厚熜。身为王府千户的骆安，此时已年近半百，以办事"老练稳重，深谋远略"为兴王母子的倚重，自然是最佳人选之一。四月初一，朱厚熜拜辞兴献王陵，次日与母亲辞别启程，轻车简行，带藩邸官兵车驾星夜兼程，直奔京师。同时，在赴京的途中，为预防不测，新君朱厚熜命令扈驾官骆安、张佐等人对所有随从人员传达旨意，严禁扰乱地方，所经之处一律不得收受地方官员的宴请和迎来送往，下榻之处也不许过于奢华。新君安全抵达京城，护卫左右的骆安功不可没，一路尽心尽力，得到了新天子的赏识。

新君朱厚熜对礼部所拟的"登基仪注"很是不满，所以即位不久，他就大胆启用过去被排挤的老臣，并以所谓的"从龙功臣"提拔重用了一批藩邸的旧属，借助他们的力量来张扬皇权的威严。这一切以武宗无子，而改变了明朝中叶的政局，朱厚熜以宗室藩王身份入继大统，似乎给人一种势单力薄、无人依靠的现象。但是从嘉靖初年因"从龙"升秩的藩邸旧臣来看，就可证明他在增强皇权实力上是有所谋划的，并非处于孤立无援的局面。新君朱厚熜从藩邸所带的一百六十九名从扈人员，进京后先后都荣升为有品秩的官员，其中进入锦衣卫的有四十四名①。同样，从《明世宗实录》可看，这位新天子在即位的一个月内，对王府旧属进行了突击性提拔，先后有五批七十八人得到了升迁。第一批升职的王府旧属有二十三人，这是嘉靖皇帝登基之后第十二天，正德十六年（1521）五月四日做出的决定。第二批升职的王府旧属也是二十三人，时间仅迟一天，其中批文中就有升"从龙功臣"群牧所正千户骆安为锦衣卫指挥同知，并予以世袭。按照世袭制，他的祖父、父亲也得到了赠封，祖母、母亲和妻子李氏也都得以诰命，赠封为淑人。同时，拨款修缮其父

---

① 周红梅：《明世宗藩邸"从龙功臣"考》，《中原文物》2008 年增刊 .

母的坟墓，享用谕祭。这样的恩宠赏赐，在当时很遭人妒忌。

嘉靖朝锦衣卫指挥使换得勤，开始是朱宸，不久便是骆安，然后是王佐、陈寅，中期为嘉靖奶娘之子陆炳，都是安陆兴王府的旧人。这是少年天子“集权”运作的一部分。明代吕毖的《明朝小史》中记载：

> “帝以藩邸迎即大位，凡兴府旧僚，夤缘迁叙。至庖匠厮役，多寄录锦衣卫，阶资隆懋殆数百人。”①

嘉靖二年（1523），骆安就提拔为都指挥使，掌管锦衣卫大印，以皇帝的旨意监督缉事官校。因此，多次得到蟒袍、佩刀的赏赐。骆安却说：“我只是一介武夫，侥幸有些小功劳，却得到如此恩遇。如果我不能谨小慎微，秉公守法，时时刻刻尽心尽力，又怎能报答皇上的大恩呢？”②于是，告诫部下官校说：“我不敢放纵包庇不尽职的人，也不敢轻易表功。你们如果渎职不作为，那是你们自己招罪。或者有损于百姓，也是你们自己招罪。只有公正平心，才叫尽了责，称了职。”从这以后，锦衣卫官员都有所收敛，诡诈者也销声匿迹，而好人也不用担惊受怕，一时誉为风清气正。

骆安，官至明威将军、锦衣卫指挥使，而锦衣卫指挥使是直接向皇帝负责，下级为锦衣卫指挥同知、指挥佥事，以及镇抚使、千户等。但明代中后期，绝大多数获得锦衣卫指挥使官衔的武官系带俸指挥使，这一官职成为官僚、勋贵、外戚等荫子或者奖赏给予世职的禄官，而这些人可以不到任，不理事，仅借此名义领取俸禄，所以锦衣卫的首领多数时间并不一定是“锦衣卫指挥使”，或者说并不能按照“锦衣卫指挥使”这个官衔来判断锦衣卫的主官。在兴王府时骆安也是承袭其父骆胜之职，当然他后来不但有胜于父亲，而且掌握的还是实权实职，并从他之后就御赐为世袭。

事实上，由于锦衣卫的特殊地位，常见的是以更高的军职加“掌本卫堂上印”“掌本司印”“掌印管事”“堂上佥书管事”等名义成为锦衣卫主官。例如骆安之后，权势最大的锦衣卫主官陆炳，初掌锦衣卫时官衔为“都指挥同知掌锦衣卫事”，其后他的官衔逐步升高为后军都督府都督佥事、都督同知、左都督，但本职依然是“掌锦衣卫事”，管理锦衣卫。当然也有以较低的官衔掌管锦衣卫的例子，

① [明] 吕毖：《明朝小史》（上）卷一二《嘉靖纪·阶资隆懋》.

② [明] 高拱著，岳金西、岳天雷编校：《高拱全集·诗文杂著》卷三《明故明威将军锦衣卫指挥佥事骆公墓志铭》，郑州，中州古籍出版社，2006 年，第 754—756 页；谢奉生《新田骆氏锦衣卫世家》，北京，中国文史出版社，2019 年，第 42—43 页 .

如万历四十年（1612），骆安之孙骆思恭以堂上佥书管事管锦衣卫事。

骆安为人直率，喜欢当面批评指责人家的过失，有人想请他开开后门，他会反复责问。因而招来小人们的怨恨，诽谤攻击四起，不得已嘉靖将其免职。不多久，皇帝回想起骆安当年的功劳，下诏给予指挥佥事的官衔退休。骆安从辞官回家后，便杜门谢客，绝口不谈世事。生活淡泊俭约，每日只是教儿读书，或与亲朋好友聊天下棋。这样闲适的生活有二十年，于嘉靖二十八年（1549）十月十三日病故，享寿七十七岁，腊月二十日葬于京城南五里的祖坟中。

三、得到嘉靖父子信任的原因

从骆安墓志可知，志文为明代大学士高拱撰写，其中不吝啬誉美之词，并自称与骆安“交厚”，显然关系是密切的，但也不缺乏隐意。文中又提到，撰写此墓志是根据骆安的两个弟弟骆定、骆寅提供的信息而写，其墓志文中对履历的撰写可信度较高。从以上均可以看出，骆安父子得到嘉靖父子信赖的原因，从最基本、最朴实的思想中体现了有以下三点：一是实为忠诚厚道之人。据《骆安墓志》记载：“其人慷慨朴实，出于天性，奉侍父母以孝顺闻名；友爱两个弟弟终身不改；和睦邻里，好义乐施；敢于作为，有烈士之风。遇事能果断处理，再难的纠纷也能理顺，时人很是敬重，但也招来忌恨，最终因弹劾而解职。”可不久，皇帝知道骆安当年的功劳及人品，便下诏给予指挥佥事的官衔退休，仍然享受家族世袭。二是实有新旧近侍关系。从“扈从”人员的资料来看，有不少人是兴王从京城带到安陆藩国的老臣，或者是王府老臣之子。他们之间存在着一定的亲缘、乡缘和业缘关系，均与嘉靖父子构成了近侍关系，其渊源深厚，自然彼此之间有信任可言，这帮旧臣成为新天子最信赖之人，而对这批出身低微，文化层次并不高的旧臣子来说，实有“近水楼台先得月”的优势，但与嘉靖的关系反映在他们身上就是一种复杂的政治关系，虽然突击提升滋生了政治腐败的一面，可它也在国家政局中起到了平衡和稳定的作用。三是实来时局所需。嘉靖帝是以藩王身份继承大统，刚入朝中孤立无援。当他提出要追尊父亲一个名号时，遭到朝中大臣和皇室宗亲的反对，而引起了嘉靖初年政治事件“大礼议”之争，让这位少年天子，苦不堪言，他只能韬光养晦，逐渐将自已从藩府带来的人员均提拔到重要部门。特别是锦衣卫一干人，如骆安、陆炳等人均立下汗马功劳，得到皇帝的恩惠，也在情理之中。

总之，这些藩府旧臣官至极品，掌控锦衣卫及各要害部门，为天子的心腹和耳目，他们所起的作用和能量是不可低估的，同时也是这位少年天子的精神支柱。而骆安父子得到嘉靖父子的信赖，用孟子的话说："君臣之道，恩义为报"，正因为骆安父子尽心尽责维护嘉靖父子，才有骆氏家族后世子孙享受世袭，且成为明代唯一不断代、任锦衣卫高位的世家，直到明朝灭亡，至清初废除锦衣卫制度为止。

（作者单位：湖北省钟祥市明显陵管理处）

有关骆思恭生平的两个疑问

杨海英

奉读谢奉生先生所著《新田骆氏锦衣卫世家》(中国文史出版社，2018)一书，感觉确如序言作者毛佩琦先生所云本书“弥补和验证了正史关于锦衣卫的记载，同时大大充实、丰富了新田的地方史”(页1)，对地方文化发展功莫大焉。尤其是2011年与谢武经合编《赛武当山与建文帝之谜》(北京燕山出版社)及画册，被誉“出来最晚，材料最硬”，为推动建文帝新田踪迹的故事传说成为永州非物质文化遗产做出的贡献，令人敬佩。此外，对骆氏发展脉络的梳理，天下骆氏发祥于河南内黄郡，浙江会稽骆氏是河南内黄郡骆氏南下的主支，湖南、广东等地骆氏都把内黄、会稽世尊为郡望，楚南骆氏也是从浙江会稽孝江巷世祖家分派而来(页18)等都富有价值。本书更多的成就，在此不赘，唯欲就骆思恭生平的两个疑问，就教于谢先生和各界方家。

一、骆思恭出身“会举”之疑

有关骆思恭的出身，《明实录》曾提供了一条线索。天启四年(1624)五月二十九日，湖广道御史赵延庆疏发奔兢可厌之习，内云：“锦衣骆思恭，狼籍赃私，臣姑不暇胪列，以辱白简，独异思恭起家会举，不过一穷猾耳，自兹连云高第，美极一时；侍妾侍臣，恒歌恒舞，日以之明，得意罔知，南北交讧。”[①]透过字面看，政治对手的攻击颇具火力，皓首耆年的骆思恭此后离职锦衣卫掌印。四年十月二十日，“同日锦衣卫骆思恭一本：臣病未痊事，奉圣旨骆思恭侍卫有年，勤劳茂着。既告病恳切，准辞任调理。该部知道”。[②]其中，最值得注意的是，骆思恭起家“会举”，这究竟是一种什么身份呢?

①《明熹宗七年都察院实录》卷八，天启四年五月二十九日，台北，“中央研究院”历史语言研究所校勘本，1962年，第880—881页.

②[明]徐肇台:《记政录不分卷》，明崇祯刻本.

查看多种历史专业词典，均未收录“会举”[①]一词。而学界对这种特设的制科研究，也尚未形成普遍清晰的认识[②]。最新研究成果显示：“明朝特设会举制科，考取两京武学官生，选充京军要职，以拱卫明皇室”[③]。会举考试的范围，仅限于系籍两京武学的功臣后裔、达官子弟，因竞争不足，规制不严，成为特权阶层出任军职的捷径，故对明代军政的影响总体上说是负面的，这也是政治对手攻击骆思恭“起家会举”不够名誉的原因。

明代京卫[④]武学，创立于正统六年（1441）。在继承宋代武学形式的基础上，经洪武至宣德年间萌芽、酝酿后正式创立，立有武学《学规》。再经成化至嘉靖年间对京卫武学制度的改革、损益而渐臻完备——通过科举、武举、会举等途径，为明廷输送了大量军事人才，“但开设武学，或虑其创始之难，优免之多，窃以为各郡公所之余者，似可改用，而青衿冒滥无穷，稍捐有余以补不足，是亦通变之一术也”[⑤]。

推用武官武将的“会举”制，首次举行于成化二十三（1487）年，之后十年一次，逢丁？年举行；嘉靖以后为六年一次，逢巳、亥年举行。嘉靖六年（1527）三月庚寅，兵部议上武学六年会举事例：“本部会各营提督官通阅在学幼官、武生平昔谙策略熟、弓马累试高等者，量送各营卫，俟坐营、把总、掌印军政缺，自此历试有将略、堪任裨将、守备者，另行疏补。其余十年以上不堪教养者，悉黜之。”兵部由原来会同各营总兵官改成会同各营提督对武学生员进行考核举送，并将历试有将略、堪任裨将、守备者另行疏补，扩大了会举的任官职位。同时又题准：“武学会举官生，如遇武举开科之年，除已推用守备以上，其余照岁贡生员事例，听兵部会同各营提督官，严加考选应试”[⑥]。

① 如：杨学为主编的《中国考试大词典》未收（上海，上海辞书出版社，2006），郑天挺等所编的《中国历史大辞典》（上海，上海辞书出版社，2000）、翟国璋《中国科举词典》（南昌，江西教育出版社，2006）、吕宗力主编《中国历代官制大词典》（北京，商务印书馆，2016）等都未收 .

② 学界的理解也存在混乱。虽然郭培贵《明史选举志考论》（北京，中华书局，2006 年，第 389—390 页）中已有论及，有关武学研究的论文也有将“会举”制单列专论者，如黄谋军：《明代京卫武学研究》（福建师范大学硕士学位论文，2014），但也存在不清楚“会举”制而将之与武举混为一谈的，如陈珊的《明代武举与武举研究》（云南大学硕士学位论文，2017）第 101 页：“所谓四四二分法，即四分武科、四分世职、二分三科武举会举，要求务必在三年内推用完。”视四四二提法中的“武举会举”为一事，将会举理解为三科武举考试的过程；把孙勘归为“会试”中武举等（第 57 页）.

③ 参见曹徇：《明代两京武学的会举》，《历史档案》2018 年第 1 期，第 69—73 页 .

④ 五军都督府共有 33 卫，亲军卫共 26 卫，还有执行某项专门事务的卫，如武功中卫、武功左卫、武功右卫；永清左右卫、彭城卫、长陵卫、献陵卫、景陵卫、裕陵卫、茂陵卫、泰陵卫、康陵卫、永陵卫、昭陵卫、定陵卫、庆陵卫、德陵卫、奠靖千户所、牺牲千户所等 .

⑤《明熹宗实录》卷四，泰昌元年十二月壬申，第 227 页 .

⑥《明会典》卷一五六，《兵部》三十九《武学》，北京，中华书局，1989 年，第 801 页 .

会举原意为公同会推、举荐。据曹循的研究，包含两层含义：一是形式上由兵部、京营文武大臣会同考校，但在实际运作中，武库司主事扮演了重要角色。二是参加考选的武学官生，原则上须“或策略可观，或弓马闲熟，屡居优列”，“肄业久而屡试高等者”，有会考、通考的性质。如“将材荐举：诏会举将才……況先时会官所举将才，选用将尽，宜行在京在外官，各举所知长于谋略、闲于武艺者，以备他日之用”[①]。会举也有“三科”，即骑射、步射、策论共三场会举考试，其规格高于武举乡试而略低于会试。

由兵部武库司主事主考的会举，初衷虽是为培养、重用京卫武官的一项举措，但兵部尚书往往“多徇情或例外”奏闻，使会举成为特权阶层出任军职的捷径，“京卫纨绔就室庐之便，愿居之”[②]，达官贵人家属冒籍武生参加会举之事也层出不穷。如正德年间王琼废革会举，将武学官生选拔全部纳入武举的合理举措，就因损害勋贵利益遭诋毁并取消。

明代中叶，京营名将俞大猷“嘉靖中，登会举高等，以千户守金门”[③]。另一位是余姚人孙堪：“孙文恪陞及第，而子铤乡荐第一，鑛会试第一，陞弟堪武会举第一，至都督”[④]。这都是被人津津乐道的实例。从这两个事例看，会举也不是十分不名誉，尤其是越到后期，愈甚。如金陵上元许塘，字鉴之，别号勿斋，“由武学生中会举人，娶腾骧右卫指挥王君女”[⑤]。又如义兴叶向高为宫允周延儒父母作墓志铭，称其母徐安人、父警余公“有六子：胤儒、素儒、延儒、缵儒、崇儒、肖儒。延儒即宫允，举南宫、廷试皆第一；素儒以会举，授锦衣镇抚；缵儒武举；胤儒、肖儒俱诸生”[⑥]。崇祯朝阁臣周延儒与其兄周素儒的会举出身必有内在关系，且任锦衣卫镇抚司镇抚也是恩荫结果。据曹循估计，整个明代，两京会举录取人数总计约在二千人左右，也是一个不容忽视的群体。

启、祯之际，长洲人陈仁锡谈到京营构成时，曾言京营“标下官员以五百计，世胄百人耳，武举廿余人耳，会举三科各四五十人耳。其纳级指挥、加级中军、征东、西千总遥授镇抚、名色把总、冠带舍人，持马牌差票听用者，纳级镇抚，尤冒

①《明宪宗实录》卷一七一，成化十三年十月癸亥，第3101页.

②［明］张萱:《西园闻见录》卷六三《兵部十二・京营》,《续修四库全书》第1169册，上海，上海古籍出版社，2002年，第478页.

③［明］陈元素:《古今名将传》卷一七《明・俞大猷》，明天启刻本.

④［明］王世贞:《弇州史料后集》卷四三《一门高第》，万历四十二年刻本.

⑤［明］余有丁:《余文敏公文集》卷九《云骑尉锦衣卫百户勿斋许君墓志铭》，明万历刻本.

⑥［明］叶向高:《苍霞余草》卷一〇《明封承德郎右春坊右中允兼翰林院编修警余周公墓志铭》，明万历刻本.

滥甚多”[①]。京营标将的出身，世职袭替占25%，武举占4%，会举出身占30%，可见会举出身占比最大。除世职、武举和会举这三种途径外，还有纳级即交纳钱粮或以其他物质支出换取任职资格等多种来源。京营三途中，会举占比最大，这种说法是否可靠呢？

万历二十四年（1596），兵部尚书石星谈及武臣推用资格，言“夫本部推用将领，率取诸世职，次及武举，此外，如会举三科、武举等项，即中系实职者，亦必据有各该抚按保荐，然后推举二、三，是本部何尝不论资？”[②]明确兵部推用将领的原则，第一重世职，第二重武举，第三才是会举三科，可见万历中期会举尚不见重。

天启元年（1621），兵部“查原疏改缺者，四用世职，四用武科，而三科武举及会举居二焉”[③]，明末会举名额实为十分之一，所谓“四四二分法”是将武举和会举混为一谈，实际是理解有误的“四四一一”法，将武举、会举合二为一了：“宜将兵部选除推用员缺，以十之四尽武科，四待世职，二待三科武举、会举各途。之听用、咨用者，查有荐先行擢用，未荐者与世职、间推、三科武举等额，量行搭推，务期三年内通融推完。其间或新旧微加分别，或武科、世职与听用各途，设法牵搭，或三科武举，与六年会举，酌量低昂……武科四分，数内庶科目不致淹抑，真才亦无遗落。部覆除世职、武科及三科武举、会举分搭推用外，余一切停罢。”[④]可见，选用武将的方法除武科、世职外，还有武举、会举、听用、咨用、保举、行伍、纳级等方式。

参照以上史料，分析骆思恭以会举入仕，推测其当非骆家嫡长子。或者是其父未能继承上辈世职——这从侧面说明家谱所谓骆思恭继承父辈“锦衣卫指挥佥事”世职的说法需慎重对待，尤其是家谱所载首任骆氏锦衣卫都指挥使骆安之子骆椿“袭指挥使”（指挥使佥事），子思恭、孙养性“相继袭”的说法，与骆思恭从武生通过“会举”途径入仕的史实存在矛盾。高寿先根据《锦衣卫选簿》中路以诚、路椿—路秉良的世系传承，推断骆椿无子，可能是以侄子秉良为嗣子，称为“亲兄”，承袭骆椿正千户之职。而思恭为秉良之子，这进一步捋清了骆氏世系，可谓最新的重要发现[⑤]。

这里也牵涉世系是否准确的问题。骆氏先祖骆以诚是跟随明太祖朱元璋起兵反

---

① [明] 陈仁锡：《无梦园初集》，《车集一·京营论》，明崇祯六年刻本.

② [明] 吴亮辑：《万历疏钞》卷三七《戎务类》，《覆枢筦善后事宜疏》，万历三十七年刻本.

③《明熹宗实录》卷三二，天启三年三月戊午，第1673—1674页.

④《明熹宗实录》卷一四，天启元年九月丁未，第699—701页.

⑤ 高寿仙：《明代锦衣卫世家骆氏之世系仕履》，2019年9月湖南新田锦衣卫世家讨论会发表文，参见论文集第267—270页，所引路氏选簿见载《中国明代档案总汇》第49册《锦衣卫选簿》第371页.

元的开国功臣，明成祖永乐年间骆寄保“世隶羽林卫”为正五品千户，寄保之后骆安曾充兴献王护卫千户，明世宗时因“护驾有功”任锦衣卫指挥使。骆氏家族，自明洪武初年起家到清初二百八十余年间，若按三十年为一代计算，至少也有九代，若按二十年为一代计算，则有十四代。而编写家族谱，世系是否准确，实在关键的问题，也是最易出错之处。

万历三十三年（1602）十月，补骆思恭、王允廉为锦衣卫南镇抚司佥事管事[①]；四十年（1612）底，以佥书骆思恭管锦衣卫堂上事[②]；四十四年（1616）七月，升锦衣卫指挥使骆思恭为都指挥佥事掌理卫事[③]。还可补充一项履历：万历四十一年（1613）二月，“锦衣卫指挥同知骆思恭”列名都察院右佥都御史张涛、翰林院左春坊左庶子兼侍读何宗彦为首的三十三位六部九卿官员共上的《同乡公揭》，这是为故少保兵部尚书方逢时请谥，以“布公道、录奇功以光谥典、以重国宪事”。方逢时卒于万历二十四年（1596），鉴于“会时有不慊于公者，其家不敢以谥邮请，越今十余年矣”，而蒙古边疆之患，“自把汉降、不害款、贡市通而边人始帖席……首是谋者，方公也。而记嘉隆间事者，一以功归王公崇古，史氏之失实也。”[④]于是朝堂上的湖广籍官员联合起来上揭呼吁其事。可见，骆思恭此时已可作为湖广籍官员的代表，在处理朝事方面建议发声了。

在其仕宦顶峰，骆思恭对增加冗官的规模颇有贡献。泰昌元年（1620）八月，锦衣卫署卫事骆思恭言：“祖宗朝设旗校十万备法驾，万历初尚有二万，今止一万有奇，乞下部酌补，命部议之”[⑤]。“锦衣卫掌卫事骆思恭请选补旗尉，从之”[⑥]。可见，他的建议都得到了批准。又如天启元年（1621），锦衣卫添设佥书一员。先是，嘉靖间掌印佥书十员，万历中减至七员，左都督骆思恭等请增一员，从之[⑦]。“锦衣卫旂力军校，在万历年间止以一万六七千为常。乃自天启等年，骆思恭题增三万后，田尔耕陆续滥收至三万四千四百名有零。”[⑧]到崇祯五年（1632），户部尚书毕自严疏议锦衣卫军校因较万历四十六年（1618）的一万六千名尚多一万四千九百五十员，月增米一万五千九百五十九石，岁约增米十七万九千四百石，建议以两万五千石为定额，可见朝廷冗官负担沉重。

---

①《明神宗实录》卷三七七，万历三十年十月甲寅，第 7096 页 .

②《明神宗实录》卷五百三，万历四十年十二月甲辰，第 9557 页 .

③《明神宗实录》卷五四七，万历四十四年七月壬申，第 10360 页 .

④［明］方逢时：《大隐楼集》卷一七《同乡公揭》，清乾隆四十二年滋元堂刻本 .

⑤［清］谈迁：《国榷》卷八四，泰昌元年八月乙卯，北京，中华书局，1958 年，第 5166 页 .

⑥［清］庄廷鑨：《明史钞略》不分卷《贞皇帝本纪》，四部丛刊三编景旧抄本 .

⑦《明熹宗实录》卷一五，天启元年十月丁丑，第 747 页 .

⑧［清］孙承泽：《山书》卷五《仓庾縻耗》，崇祯五年七月户部尚书毕自严疏言，清抄本 .

至于骆思恭的“连云高第”和“狼籍赃私”，则意味着他有来钱门道。其孙，已故骆养性之男、顺天府儒学生员骆祚昌呈文曾称“先祖名思恭，于明季锦衣卫掌印时，捐银同诸乡绅置得上湖南衡永郴二府一州会馆，坐落草厂十条街胡同，房一连两处，以为到京乡绅停骖之所。先父复捐俸重修，掌管两辈”[①]，能主持办起会馆的骆思恭，财力自然不薄。

骆思恭的财富规模，可从其子骆养性在明清易代之际降闯“先输银三万两，免夹”[②]，可见一斑。当时，镇抚司顺天人梁清宏也被夹累日，四月初八日放还“遂死”。可见骆养性善于审时度势，事先给李自成部将输银三万两得以免死。此事在明末清初几乎是众口一词[③]。但骆氏家财，似乎也尽于此，骆养性的两个弟弟就没有这样幸运：任职锦衣卫的骆养心和内阁中书骆养志，崇祯十七年（1644）都因李自成陷京师受夹刑殉难，当是家已无藏银。

《新田骆氏锦衣卫世家》第 75 页言骆思恭配妻赵氏，系明万历锦衣卫管卫事都指挥使赵梦祐长女，见《皇明诰封昭勇将军武进士第锦衣卫管事都指挥使赵公墓志铭》[④]，生三长，长骆养性，次子骆养心，季子骆养志。如果材料确切，或许还能对骆思恭的人际关系网络做进一步的追踪。

万历年间有种看法，认为锦衣卫职是“粗官”，但以“大堂掌印”为贵。“嘉靖末年分宜相之孙严绍庭、今上初年江陵相之子张简修，俱仅理南镇抚司，二相何等权势，不闻乃嗣登大堂也”，嘉万间“锦衣帅最著者”有起自卒伍的王佐、起自兴邸的陆松及子炳，荫叙的朱希孝等。万历初，楚人刘守有掌卫印，是张居正提拔的刘天和之孙，为牙爪特擢之，在张居正死后，还“与政府及厂榼张鲸交结用事，赫濯者几二十年，卒以善去”。自是世家子孙求绾卫篆如登碧落兼领铜山，曰讲，曰攘，曰抢，以至明攻暗击……以余所见，如许忠节之后名茂橓者，孙忠烈之后名如津者，皆以地位逼近，次当掌印而终不得，愤恨如不欲生，他无赖者又无论矣。最

① [清] 骆祚昌：《上湖南会馆传书》卷二《呈约书札》，中国社会科学院近代史所藏，转引自唐仕春《清朝基层社会法秩序的构建：会馆禀请与衙门给示》，载《中国社会科学院近代史研究所青年学术论坛（2007 年卷）》，北京，社会科学文献出版社，2009 年，第 7—29 页。其中会馆禀请与衙门给示在第 1—3 页。万历四十四年骆思恭任锦衣卫掌印，故湖南会馆第二种说法“始建于万历乙卯”较为接近真实 .

② 参见 [明] 东村八十一老人：《明季甲乙汇编》卷一、《甲申纪事》卷一三、钱口撰《甲申传信录》卷四《锦衣》等均载该同源史料 .

③ [明] 王世德：《逆贼奸臣录》卷一《贿脱》：“皇亲嘉定侯周奎，献银七十万；太监王永祚献银一百万，王德化、栗宗周、齐本政、王之俊、周礼、马云程、魏济民各献银三、五万不等，锦衣卫掌印都督骆养性献银三万，堂上指挥王鹏翀、乔可用、巡捕提督崔继光、驸马都尉齐赞元、刘有福各献银二、三千，数百两不等。”可见骆养性出银三万两确切无疑 .

④ 案：据谢奉生先生见告《皇明诰封昭勇将军武进士第锦衣卫管事都指挥使赵公墓志铭》出自山东碑刻集，具体待查 .

后则王襄毅（崇古）孙（之祯）擅卫十余年，穷极贪狡，与同列周尚书（咏）之子（嘉庆）争权，起大狱，几族灭之，为天下切齿。然则锦衣固蛇虺之窟，祖制不欲清流握柄，意深远矣。余见二、三缇帅谈金吾近例，以从列校夺者为贱隶，即贵至极品，不许南司理事，况登大堂？又称中贵子北荫者为传升官，视同唐之斜封墨敕，禁不使大用……此又起于今上中年，正与旧制相反。”[①] 这与明代后期官僚体制的败坏有直接关系。

骆养性最引人注目的是与吴昌时、周延儒案的关系，至“细刺昌时与延儒通贿诸款”[②]，引发举用吴昌时的郑三俊引罪回籍，周延儒就逮时，将所居楼阁三楹尽行焚毁，生平宝藏咸集于此，焚时火焰皆作五色云等，可见骆养性之用事。

二、骆思恭与万历朝鲜战争（1592—1598）之疑

有关骆思恭与万历朝鲜战争问题，是本书的薄弱环节。谢先生也坦言“骆思恭在万历朝鲜之战的征伐活动资料甚少”，但仍然认为在万历朝鲜战争中，“都指挥使骆思恭带卫队深入朝鲜战场，收集了大量日军情报”，并撰写了《骆思恭与万历朝鲜战争》这节内容，其中所引《明史》列传卷一九四载“骆思恭万历十年（1582）刘守有倒台，以南镇抚司锦衣卫指挥佥事，升锦衣卫指挥使，万历二十年（1592）援朝抗日战争中，带队出征朝鲜，搜集军事情报，为明史以来锦衣卫第一次正式出国出征战场”，来历不明，令人有凿空之感。

首先，“《明史》列传卷一九四”的版本、内容不清楚。查看《新田骆氏锦衣卫世家》书末所列《参考书目》列有沈起堂所著《明史》是否即《明书》之谓？刘守有倒台之事，史载万历十六年（1588）[③]，或可推测骆思恭是在万历十六年后进入锦衣卫？但也仍需佐证。

其次，如果骆思恭确实出征朝鲜，那么，东征第一阶段的经略宋应昌的奏疏中，应该不会遗漏其名，也就是说其文集《经略复国奏议》中当有所体现。但现有网络数据资料库的宋应昌奏疏中，并没有查找出骆思恭之名，甚至检索“锦衣卫”的关键字，都没有结果。因此，在战争的前期即1592—1593年的第一阶段，锦衣卫是否出征朝鲜仍需存疑。

来自朝鲜的唯一一条有关锦衣卫的材料，是万历二十八年（1600）现役锦衣卫“铁殿将军官潘思见”的毛遂自荐，上疏《为精忠破倭以显天威、以振华事》：

①［明］沈德符：《万历野获编》卷二一《世锦衣掌卫印》，北京，中华书局，1959年，第536页.

②［明］文秉：《烈皇小识》卷八，清钞明季野史汇编前编本.

③《明神宗实录》卷二百五，万历十六年十一月壬戌，第3828页.

思见闻倭奴跳梁，欺毁朝鲜，见辞朝东征，扫净倭奴，以安朝鲜，天下太平。一会下水，坏舟破倭奴法；二会打造天遮身、护手又竝拔天关兵器；三会地理，暗藏刚钻、搅刀伤贼法；四会下万倭自死之毒药；五会造隔铅丸、鎗、矢不透无敌甲；六会造地雷，看似坟形百步以外伤贼法；七会造战车，内藏兵药、不现人形、陆地为车遇水为船法；八会教习军士壮胆，大刀精勇之奇法；九会遇木石而为砲贼法；十会取城过门如走平路法。如是教习军士，押檐牌十面：一要勇，二要泼，三要舍命，四要谋，五要随机应变，六要昼夜精神，七要昂昂志气，八要生法喂马，九要刃快兵齐，十要护国心处，不贪嗜酒淫欲事，可为干城之将。①

这条材料虽然与骆思恭无关，但至少透露了明代锦衣卫将官中有掌握多种技艺的人才，很像现代武艺高强、身手绝妙的全能特种兵。《朝鲜宣祖实录》解释“此是天朝本部考中东征倭奴将材手本”，也就是说潘思见的自荐信，是他考中了“东征倭奴将材”后发出的手本，应当是作为具备多方面才能（天地水陆全面型）的人才而被吸收到锦衣卫中，他的“十会”技能包括下水、遮天蔽、埋雷、制毒、造弹、造车、穿墙过水，陆车变水船等，这在《武备志》等兵书中也能得到佐证。可惜潘思见的具体情况不得而知，按情理推测或许是实地到达朝鲜，只不过是在战争后期（第二阶段）而非前期。

通过这条材料，还能看到一点，那就是帮助朝鲜练兵抗倭，在明朝已成一种风潮，甚至是明朝锦衣卫将官的日常功课。虽然万历二十八年（1600），战争已经结束，但这个锦衣卫现役军官潘思见的出现，至少透露了东征期间，明朝锦衣卫并非毫无动静，毕竟锦衣卫的职能之一是有关外事和战争的②。至于在战争爆发之初，是否有锦衣卫官兵随大军入朝或更早于大军入朝，仍需等待实证材料的出现。

再次，骆思恭东征之事，虽史无明文，但骆氏同宗、浙江南兵参将骆尚志却驰名异域，他写给朝鲜相臣柳成龙的七封书信至今仍保存在韩国，为我们研究东征援朝的南兵和南兵将，留下了宝贵的第一手材料，骆尚志本人也以16世纪明朝东征军著名炮兵队长的身份名垂青史。

---

①《朝鲜宣祖实录》卷一〇一，宣祖三十一年六月十九日壬辰二条，汉城，探求堂影印本，1973年，第23册，第449页．

② 参见张金奎：《锦衣卫职能略论》，《明史研究论丛》第八辑，北京，紫禁城出版社，2010年，第169—186页；廖元琨：《明代锦衣卫行为研究》，西北师范大学硕士学位论文，2007年；孙志虎：《〈锦衣卫选簿〉整理与研究》，陕西师范大学硕士论文，2013年等．

骆尚志，号云谷，浙江绍兴府慈溪县（今横河镇洋山岗村）人[①]，万历十五年（1587）任大同东路左参将，十九年（1591）"革任听调"[②]，随以钦差统领浙直调兵神机营左参将率兵入朝，膂力绝伦，能举千斤，故号"骆千斤"，"体甚肥大"，凡事躬亲，"造车之时，亲持其役"，虽然性急但"为人表里如一"[③]。在明代遗存的档案卫所《选簿》中，有一份左军都督府浙江定海卫选簿，其中载有"世袭百户"骆尚志祖孙九辈的履历[④]，可见骆氏家族是一个与明同休的世袭军卫家族。

据此推测骆尚志东征之时，其成年嫡子骆大陞已承袭百户，嫡孙骆应魁则在天启二年（1622）出幼袭职百户。考乾隆刊本《广西府志》之《弥勒州·吏目》载有"骆应魁，江西吉安府吏员"[⑤]，可见骆尚志之孙经过易代鼎革，终以江西吉安府吏员的身份在广西弥勒州做了一个吏目，当是顺、康间人。但选簿自第五世起，骆钦就注籍"合肥县人"，因此东征的浙兵南将骆尚志不被认为就是这个家族的骆尚志，他们直到第八世骆大陞都注籍合肥县，这应该与明人的注籍习惯有关。

现有研究已表明：明人对籍贯的表述并无明确而统一的标准，出生地、居住地和役籍所在地或合一，或分离，"在不涉及服役、科举等与籍贯密切相连的事项时，人们往往更倾向于认同自己的祖籍，一个人常常出现两个甚至更多的籍贯。即使是在科举等需要严格确认籍贯的场合，考生的理解也大不相同"。而史籍在著录人物籍贯时也往往随意取舍，如清修《明史》的人物传记，籍贯问题就比较混乱。至热衷搜罗本地名人的地方志，问题更多："要想弄清某人的真实籍贯，必须结合传记资料加以判断"[⑥]。高寿仙研究了明人注籍的两种习惯：一以占籍地为籍贯，一以原籍地为籍贯，在骆尚志家族的选簿材料中都有表现。

故按照明人习惯来看，骆尚志既可称为定海卫人，也可以称合肥人，或以合肥

---

① 郑心雨：《戚继光抗倭史迹与余姚的武术运动》有云"在平定倭寇之后，戚家军的一些将士有的荣归故里，有的在余姚横河等地定居落户，于是戚氏长拳就在余姚传播发展开来"，《浙江档案》1997 年第 11 期，第 41 页.

②《明神宗实录》卷一九一，万历十五年十月癸未，第 3604 页："以大同入卫游击骆尚志为大同东路左参将"；卷二四一，万历十九年十月己酉，第 4495 页："革游击杨登山等回卫，卢应奎准听用，骆尚志等革任听调……从曾乾亨请也".

③《朝鲜宣祖实录》卷二九，宣祖二十五年八月十三日庚子 4 条，第 21 册，第 532 页；卷三六，宣祖二十六年三月四日己未 3 条，第 21 册，第 652 页.

④ 中国第一历史档案馆、辽宁省档案馆编：《中国明朝档案总汇》第 54 册，桂林：广西师范大学出版社，2001 年，第 392—393 页.

⑤［清］李绶撰：《广西府志》卷一六，《弥勒州·吏目》，乾隆刊本.

⑥ 参见高寿仙：《关于明朝的籍贯与户籍问题》，《北京联合大学学报》（人文社会科学版）2013 年第 1 期，第 25—35 页.

为原籍、祖籍：定海卫是占籍地、役籍。总归，万历九年（1581）时骆尚志长子骆大陞已经二十九岁，那么万历二十年（1592）东征时，长子已经四十岁的骆尚志应该超过了六十岁（如以二十岁结婚生子计），若按常情推测大约为六十五岁或以上比较合理，这与朝鲜人提供的细节也吻合。万历二十一年（1593）冬安康之战后，朝鲜人证明吴惟忠说过“吾恨不听老将之言”[①]，这个“老将”是指骆尚志。而当时吴惟忠也已六十岁，或许他说的是“不听老人言”之类的俗语，朝鲜人记为“老将”也不错。骆尚志确实比吴惟忠年长，这些细节都没有矛盾。因此，基本上可以认定东征骆尚志就是选簿中祖籍合肥县的骆尚志，他们是同一个人。

最后，我们还可以再看一条与援朝东征有关的锦衣卫史料，也是出自选簿。是援朝东征第二阶段，万历二十六年（1598）的监军御史陈效在查勘过程中，因为触动了某些人或集团的利益而身亡（朝鲜材料记载是被毒死），神宗皇帝也不想事情闹大，就大事化了，批允陈效之孙陈瀨为试百户。选簿载：“万历四十八年三月题授锦衣卫衣中所试百户一员陈瀨，年十六岁，四川成都府井研县人，有祖陈效原任辽海朝鲜监军御史，万历二十六年荡平倭寇，二十七年二月卒于朝鲜。本部会同都察院题覆：‘奉圣旨陈效忠勤身殒，可悯。着荫一子与做锦衣卫试百户，世袭，该部从优议恤来奏，钦此。’今据报送伊孙承荫前来，所称伊父业儒，不愿赴荫。瀨系嫡孙，伦序应及。文查原题相同，应准题授锦衣卫衣中所试百户，世袭。本部太子太保尚书黄等，三月初六日具题，初十日奉圣旨：是，钦此。”[②]可见陈效之子因为业儒，不愿承袭武荫，故将祖荫转由其孙世袭，这也是明朝照顾身死国事的官员后代的一种酬勋之举。

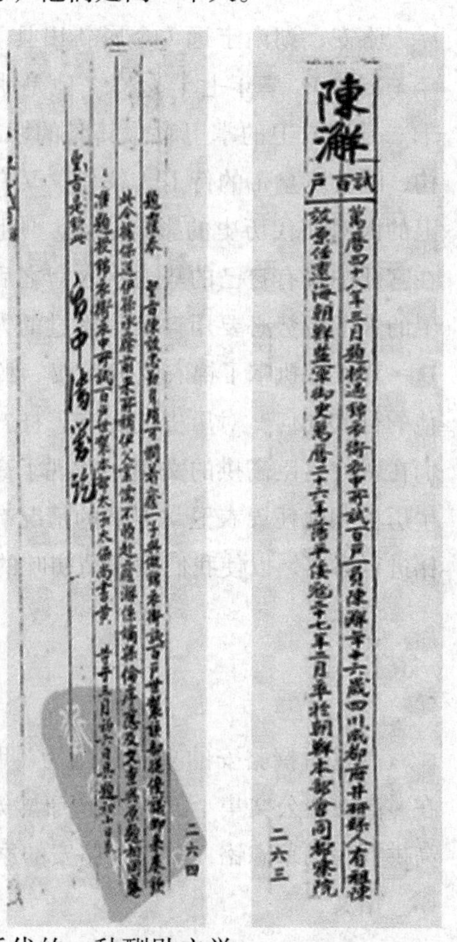
陳瀨
試百戶
萬曆四十八年三月題授錦衣衛衣中所試百戶一員陳瀨年十六歲四川成都府井研縣人有祖陳
效原任遼海朝鮮監軍御史萬曆二十六年蕩平倭寇二十七年二月卒於朝鮮本部會同都察院
二六三

題覆奉 聖旨陳效忠勤身殞可憫着蔭一子與做錦衣衛試百戶世襲該部從優議卹來奏欽
此今據報送伊孫承蔭前來所稱伊父業儒不願赴蔭瀨係嫡孫倫序應及文查與原題相同應
准題授錦衣衛衣中所試百戶世襲本部太子太保尚書黃等 三月初六日具題初十日奉
聖旨是欽此
二六四

综上所述，骆思恭参加万历朝鲜战争的可能性不大。所以，这个问题无法定谳。

（作者单位：中国社会科学院古代史研究所）

① [朝] 郑琢：《龙湾见闻录》，《宋经略书》，首尔奎章阁藏本，第 67—70 页 .

② 中国第一历史档案馆、辽宁省档案馆编：《中国明朝档案总汇》第 49 册，第 263—264 页 .

嘉靖初锦衣卫指挥佥事骆安墓志铭发微

胡　凡

骆安，湖南宁远（今属新田县）人，生于成化八年（1472），卒于嘉靖二十八年（1549），享年七十七岁。他是明代嘉靖二年（1523）二月至嘉靖九年（1530）十二月锦衣卫的掌卫者，其时的职衔是署都指挥使。锦衣卫是明代的一个特殊机构，既负责皇帝的侍卫、仪仗，又有侦缉、司法等特权，权势甚重，以此执掌锦衣卫的人对明代历史的影响很大。明世宗朱厚熜以"伦序当立"而由藩王入继大统，在宫廷中没有自己的势力，入宫之后必然要对各种要害的权力部门加以调整，锦衣卫的掌卫者势必要用自己信得过的人，遂使一批从龙者跻身权势部门，骆安就是在这一背景下执掌了锦衣卫的大权。那么，作为执掌了七年十个月锦衣卫大权的骆安，他的行实如何？对历史的影响怎样？由于没有传记的记载，使人难窥其详。不过人们在明代名臣高拱的文集中发现了高拱为骆安撰写的墓志铭，遂使我们对骆安的人生历程和他任锦衣卫掌卫事的情况有了大体地认识。本文即拟对高拱所撰骆安墓志铭进行考察，以使我们对嘉靖初叶的历史和锦衣卫的行事有更深入地认识。

一

高拱所撰骆安的墓志铭题为《明故明威将军锦衣卫指挥佥事骆公墓志铭》，收在《高文襄公文集十五种》（清康熙笼春堂刻本）《诗文杂著》卷三[①]，这里我们依据高拱撰写的墓志铭，首先对骆安的家世进行考究。

铭文：

> 嘉靖己酉十月十三日，明威将军锦衣卫指挥佥事骆公不禄，将以其年腊月廿日归窆都城南五里祖茔之次，于是公弟定暨寅以其兄寮魏君状来乞铭。予素辱公交厚，知公懿行为详，胡可以不文辞？

① 沈乃文主编：《明别集丛刊》第二辑，第91册．

这里给我们的时间点是嘉靖己酉，即嘉靖二十八年（1549）十月十三日骆安去世，择定的下葬日期是当年的腊月二十日，葬地是都城南五里的祖茔。据此可知骆安从去世到下葬之间有六十七天的间隔时间，高拱撰写墓志铭的时间应该就是在此期间。锦衣卫指挥佥事是他致仕时的职级，明威将军则是明代授予武官的散阶称号，与骆安的指挥佥事正四品的职级正相对应。来求高拱撰写墓志铭的人是骆安的两个弟弟骆定和骆寅，高拱之所以答应给骆安撰写墓志铭是因为与骆安相交甚厚，对骆安的行实深有了解，所以他才说："胡可以不文辞？"

接着，高拱对骆安的家世做了简要的勾勒。

铭文：

> 叙曰：公讳安，字时泰，别号月崖，湖南宁远人也。高大父当元末时归附太祖高皇帝，后遂占籍燕山中护卫，生二子，曰寄保，曰［寄］善。寄保有战阵功，官济阳卫正千户，死无嗣，［寄］善承其官，而传其子广，广改卫羽林，而传其子胜。胜娶于胡，生公，幼岐嶷，不喜嬉弄，有成人体。既就外傅，即笃学好问，闻见日益博。弘治初，献皇帝建国于兴，慎选护从，父往典（郡）［群］牧所，公遂从如承天。居数年，承荫，仍理所事，实勤慎有声。

从这段叙述中我们可知，骆安的祖籍确实是湖南宁远县，其祖居地骆铭孙村现在划属新田县，并有多部保存至今的《骆氏族谱》。从墓志铭的叙述中可知，骆安的曾祖父在元末归附了朱元璋，应该是从那时起离开的家乡，在《族谱》中他的曾祖父名为骆以诚。从其曾祖父算起的世系为二世大祖父骆寄保、祖父骆寄善两兄弟，三世为其父亲骆广，到骆安是第四世。他的曾祖父在元末时归附朱元璋，从历史地理和时间进程两个视角来看，元末的两湖地区是陈友谅的势力范围，有可能骆以诚在元末大乱时先是加入了陈友谅的军队，当朱元璋灭掉陈友谅后，陈氏的余部被朱元璋收编，此后就成为朱元璋的军队。朱元璋建立大明王朝后实行了大分封，其第四子朱棣受封为燕王，朱元璋为其设立了三护卫，洪武十三年（1380）之藩北平，这些在实录中均有记载：如洪武十年正月，"以羽林等卫军士益秦、晋、燕三府护卫。秦府西安护卫旧军一千四百五十一人，益以羽林卫军二千二百六十四人；晋府太原护卫旧军一千六百三十人，益以兴武等卫军二千二百五十一人；燕府燕山护卫旧军一千三百六十四人，益以金吾左等卫军二千二百六十三人”①，从这些记载中可知，秦王的护卫为三千七百一十五人，晋王的护卫为三千八百八十一人，燕王的护卫为三千六百二十七人，反映着分封体制下诸王势力的强大，骆以诚应该是在这个时期归于燕王的麾下。洪武十一年（1378）六月，朱元璋“置燕山中、左二护卫指挥使司”②，骆以诚的占籍燕山中护卫应该是在这个时期。到了洪武十三年（1380）三月，“今上（朱棣）之国，给赐燕山中、左二护卫侍从将士五千七百七十人钞二万七千七百七十一锭”③，这时的骆以诚应该是跟随着燕王来到了北平,《族谱》说他“卜居京都顺天府瓦窑头”，那可能就是燕山中护卫的驻防地。到洪武十三年八月，朱元璋“以北平大兴右卫为燕山右护卫”④，至此燕王的三护卫设置齐全。

骆以诚在燕山中护卫的职级不详，后修的《族谱》说他洪武时期是“千户侯”，值得怀疑。他的两个儿子骆寄保和骆寄善，按照明代的军户世袭制度，应该是骆寄保承袭了他的军职，后来积有军功而官为济阳卫正千户。据《明史》记载：济阳卫和燕山中护卫一样是亲军卫，属于“上十卫，永乐中置”⑤，另据《明史·兵志》二的记载：洪武时期的北平都司已有济阳卫，后来在永乐四年升为亲军卫⑥。从历史的进程来看，骆寄保承袭了骆以诚的军职后，应该是参加了靖难之役，立功以后升为正千户，很可能后来在战场上牺牲，因为年轻没有留下子嗣，当朱棣即位后，骆寄善按制度承袭了兄长的正千户之职。后来骆寄善的儿子骆广又承袭了骆寄善的军职，并且改属羽林卫，骆广的军职后来又由其子骆胜承袭。骆胜在职时，正赶上兴献王受封之国，在为兴献王选择护卫时，骆胜作为亲军卫的正千户而被选中，于是在弘治七年（1494）九月时跟随兴献王来到了湖北安陆，骆安就这样跟随父亲的脚步到了安陆。

在明代的分封制度下，亲王的地位极高，但是亲王长大后必须到封国去，不许留在京师，于是就要为他们选择护卫。据弘治时期兵部尚书马文升言：“凡亲王出府，例于后府、锦衣卫并在京卫分拨军校千七百人”⑦，可见护卫人数众多，兴王之国时的护卫人数肯定不少，以至于两个月后他的老弟雍王祐枟出府时，“以军校减少，援兴王例以请”，兵部建议等雍王“候之国日选外卫者补足”，但是孝宗则“命

①《明太祖实录》卷一一一，洪武十年正月辛卯，第 1841 页 .

②《明太祖实录》卷一一九，洪武十一年六月丙寅，第 1937 页 .

③《明太祖实录》卷一三〇，洪武十三年三月壬寅，第 2066 页 .

④《明太祖实录》卷一三三，洪武十三年八月庚戌，第 2116 页 .

⑤［清］张廷玉等：《明史》卷七六《职官志五》，北京，中华书局，1974 年，第 1860 页 .

⑥［清］张廷玉等：《明史》卷九〇《兵志二》第 2205 页 .

⑦《明孝宗实录》卷七五，弘治六年五月壬申，第 1411 页 .

如兴王例给之”[①]。骆胜作为亲卫军羽林卫的成员，受命出任兴王的护卫军，掌管群牧所，可知他在亲卫军中还是很受重视的。按明朝的制度规定：“自都督府，都指挥司，留守司，内外卫，守御、屯田、群牧千户所，仪卫司，土司，诸番都司卫所，各统其官军及其部落，以听征调、守卫、朝贡、保塞之令。以时修浚其城池而阅视之。”[②]群牧千户所隶属于兵部，整个明代有“守御、屯田、群牧千户所三百五十九”[③]，属于明朝军队的基层机构，职级正五品。几年后，骆胜去世，骆安承袭了骆胜的正千户之职，负责管理群牧千户所事。根据高拱的叙述，骆安在幼年时就聪慧异常，长大后又勤奋好学，见识广博，这些在管理千户所中的体现，使他获得了好评，所谓“实勤慎有声。”

二

高拱在墓志铭中对骆安在锦衣卫时的任职情况做了叙述，这里我们结合史籍记载对骆安的行实做一考究。

铭文：

> 辛巳，今上入继大统，周旋护从，劳勚为多，荷特旨，升锦衣卫指挥同知，世袭，仍赠父祖如其官，祖母、母暨配李赠封皆淑人，且敕有司修其父母葬所，赐谕祭，宠赉甲于时。寻以廷荐督理内外衢巷池隍诸务，遂查革兼并、修利沟渠，氓恃以安。
>
> 癸未，升署都指挥使，视卫篆，奉玺书，督缉事官校，屡有蟒服佩刀之赐。公乃叹曰：‘予实武弁末流，幸以犬马微劳，受恩至此，自微秉慎持法，夙夜殚厥心力，其何以报称上者！’于是下令戒诸官校曰：‘予罔敢纵慝，亦罔敢幸功，惟奸宄罔职惟尔辜，厥或戕于孱良亦惟尔辜，惟公、惟平，斯称任使。’胥曰：‘诺。’自是强者敛，诡者遁，善者无恐，时称清肃。三载奏绩，加升实授一级。公素峭直，好面折人过，或干以私，即诮让无已。用是，群小丛怨，多口肆兴，遂以免。无何，皇上追念旧劳，诏与指挥佥事致仕。

这里给出的第一个时间点是辛巳，即正德十六年（1521）。这年三月明武宗去

①《明孝宗实录》卷九四，弘治七年十一月丙戌，第1719页.

②［清］张廷玉等:《明史》卷七二《职官志一》，第1752—1753页.

③［清］张廷玉等:《明史》卷九〇《兵志二》，第2204页.

世，明世宗朱厚熜以伦序当立而入继大统，成为明朝历史上第十一位皇帝。骆安作为侍卫王府的正千户，在世宗入京继统的过程中自然要负责整个的安全保卫事务，是以“周旋护从，劳勚为多”，入京后被特旨提升为锦衣卫指挥同知，这在史籍中都有记载。如在离开安陆时，世宗“以藩卫官校不隶有司，恐为沿途扰，特命从官骆安等严敕之，所过辞谢诸王供馈，屏绝有司珍奇之献”[①]，可见骆安所负的重任。护从世宗入京的有“内臣张佐、戴永，长史袁宗皋，指挥骆安等凡四十余人”[②]，这里说骆安是指挥，显然有误，《明世宗实录》在正德十六年（1521）五月五日载道：“录从龙功，升群牧所正千户骆安为锦衣卫指挥同知，仪卫副张镗、石宝、副千户赵俊俱指挥佥事，典仗杨宗仁、刘俊、刘鲸、百户王銮、柳时、许通、张安、柳俊、所镇抚姜雄俱正千户，书办官翟裕、吕钊俱副千户，张爵及冠带总旗于海、王纪、陈昇、吴纶、赵昂、军校乔鉴、范纪俱所镇抚，仍各令世袭”[③]，这些人都是护从世宗入京的侍卫，其中骆安所晋升的职位最高，从正千户连升两级，成为锦衣卫的指挥同知，这显然是世宗在锦衣卫安插自己的亲信，准备将锦衣卫掌控在自己的手中。须知世宗是在四月二十二日才入宫登基，刚刚过了十三天，就开始着手锦衣卫人员的调整，就中体现出世宗的政治才能。

第二个时间点是癸未，即嘉靖二年（1523）。史载这年正月二十五日，“兵部覆给事中张原论锦衣卫掌印朱宸等不法事，诏：宸革任闲住，骆安留用，今后东西司房辨事毋用查革之人”[④]。这段记载说明，骆安虽然被任命为锦衣卫指挥同知，但是还不是掌管主要权力的人，掌印者是朱宸，现在朱宸受到弹劾，就给世宗调整锦衣卫的人员带来了机会，所以世宗下令朱宸革任，骆安留用。不仅如此，在二月十一日，世宗就“升锦衣卫指挥同知骆安署都指挥使，命掌卫事，提督官校。署都指挥使王佐提督巡捕，指挥佥事刘宗武、署指挥使王兰、指挥佥事陈寅俱佥书管事”[⑤]。从朱宸革职、骆安留用到骆安升为署都指挥使掌管锦衣卫仅仅过了半个月的时间，这也就是高拱在墓志铭中所说“奉玺书”，并在以后“屡有蟒服佩刀之赐。”

但是墓志铭没有叙述骆安在掌管锦衣卫的七年十个月期间的行实事迹，只是录了他感恩及严督下属的话语，然后用“时称清肃”加以概括，最后说到他因生性峭

---

①［明］邓元锡：《皇明书》卷一〇《世宗肃皇帝帝纪》，明万历刻本，《四库存目丛书》史部第29册，济南，齐鲁书社，1996年，第124页.

②［明］徐学聚：《国朝典汇》卷四《朝端大政》，明天启四年徐與参刻本，《四库全书存目丛书》史部第264册，济南，齐鲁书社，1996年，第341页.

③《明世宗实录》卷二，正德十六年五月丙辰，第76页.

④《明世宗实录》卷二二，嘉靖二年正月丁卯，第646页.

⑤《明世宗实录》卷二三，嘉靖二年二月壬午，第658页.

直、好面折人过而去职，以指挥佥事而致仕，这是受到文体限制的缘故。

其实骆安执掌锦衣卫期间的行实在史籍中还是有些记载的，如在骆安掌管锦衣卫三个月后，世宗“［命］司设监更造卤（薄）［簿］大驾，从指挥骆安等奏也”①，这在历史上只能算是极小的事情。嘉靖三年（1524）十月，有个叫王道的男子携带一个金箱，里面装着珠宝、绦环等在市面上兜售，锦衣卫的巡捕官怀疑此人是盗贼，把他抓了起来，世宗命令礼部审问，此时已是傍晚，礼部“仪制司官令原官校押出候审，道寻脱亡。礼部尚书席书及锦衣卫掌卫事都指挥骆安以闻，上切责安及礼官失贼，俱令对状，下解官张昇等法司按问，行五城严缉王道，务在必获。既而书、安等各上疏引咎，上皆宥之，惟仪制司官罚俸一月。”②这个王道在锦衣卫押解官的手中逃脱，骆安和礼部尚书席书上奏给世宗，世宗当然很恼火，但是也没有对骆安加以处罚。这个事例说明锦衣卫确实担负着缉捕的职责，是以在当年的十二月，“以锦衣卫掌卫事署都指挥使骆安提督官校缉捕有功，升一级，其官校戴昊等亦升一级”。兵部对此提出异议，认为“厂卫官校侦事缉奸乃其职分，苟欲偿其劳勚，自有升赏旧格：凡获妖言者赏而不升，获强盗首三名者升一级，为从者赏。今太监芮景贤、锦衣卫（置）［署］都指挥使骆安、王佐条上所部官校陶淳、谢裕、戴昊、王辅等三年捕获功次，一概辄与升级，非惟有戾祖制，而于初诏亦甚相悖。”但是世宗并不理会兵部的意见，武断地说：“已有旨裁定矣”③。可见他对锦衣卫的偏爱。到嘉靖四年（1525）正月，世宗“升锦衣卫都指挥佥事王佐为都指挥同知，指挥同知骆安为指挥使，以缉捕有功也”④。这里实录的记载有误，王佐明明是骆安的副手，却记在了前面，而骆安则被记为由指挥同知升为指挥使，实则应该是由都指挥同知升为署都指挥使，这只要联系实录的前后文就可知道。前面关于骆安是署都指挥使的记载有多处，后面在嘉靖四年二月又载：“修都城，发团营卒五千人，以内官监太监陈材、总兵官保定侯梁永福、工部左侍郎童瑞、锦衣卫署都指挥使骆安督之”⑤，以此可知骆安的真实职衔是署都指挥使，亦可知锦衣卫掌管事务的多样，督工修城也是其中的一项，高拱在墓志铭在说的也就是这件事。

嘉靖五年（1526）正月，御史朱辰就京师总甲问题上奏：“极言京师总甲大为民害，请禁革诸弊及议编审之法。”世宗将事由交给兵部廷议，兵部认为“京师总甲本以堤防火盗，非为杂差，自役使浩繁，编审益众。夜则与火夫摇铃击柝，昼则

---

①《明世宗实录》卷二六，嘉靖二年闰四月甲辰，第 732 页．

②《明世宗实录》卷四四，嘉靖三年十月乙未，第 1136 页．

③《明世宗实录》卷四六，嘉靖三年十二月戊戌、己酉，第 1185 页．

④《明世宗实录》卷四七，嘉靖四年正月戊辰，第 1199 页．

⑤《明世宗实录》卷四八，嘉靖四年二月丁未，第 1226 页．

同小甲打卯报事，及诸下夜坐季官校等，互有科索，民至夤缘投托，竭财鬻产以规避，虽先朝数禁而蠹弊益深，诚如御史言，禁之便。”至于“总甲火夫，第令于各铺巡更，听兵马点阅、御史稽察。其锦衣卫下夜官校亦可罢，其他无名夫役一切革去，仍榜示禁约，有故犯者，官皆问革，军民皆编戍如律。其编审之法，宜下五城御史会议。”兵部廷议的结果 世宗已经批准实行，但是“锦衣卫指挥使骆安以为官校下夜及总甲报事遵行已久，不宜尽革。上复命校尉下夜如故，第不得科扰地方，并饬五城兵马不得擅役总甲等，有营私犯禁者皆罪之。”[①]这里我们看到，对于兵部已经议行的政策，因为骆安提出异议，世宗马上就做出更改，可见执掌锦衣卫者的重要地位。

最能体现骆安“峭直”性格的事是对陈九川案的处理。陈九川是江西临川人，正德九年（1514）的进士，王守仁的学生，正德时期和舒芬、万潮、夏良胜合称“江西四谏”。世宗即位后，官任礼部主客司郎中，其职责是“分掌诸蕃朝贡接待给赐之事……凡贡必省阅之，然后登内府，有附载物货，则给直……凡审言语，译文字，送迎馆伴，考稽四夷馆译字生、通事之能否，而禁饬其交通漏泄。凡朝廷赐赉之典，各省土物之贡，咸掌之。”[②]正因为是职责所在，所以陈九川上任后“正贡献名物，节贡使犒赏费数万”[③]。嘉靖四年（1525），天方国使臣火者马黑木等入贡，“陈九川拣退其玉石，所求讨蟒衣金器皿等奏俱不与题覆，又怒骂本馆通事胡士绅等，提督会同馆主事陈邦偁约束过严，禁其货易，以致回夷商人各怀怨恨，士绅等因诈为夷人怨词，讦奏九川、邦偁等。上怒，下锦衣卫逮讯。”陈九川被通事胡士绅挟天方国贡使给告到了世宗那里，世宗遂命锦衣卫来审理，但是“锦衣卫指挥骆安等辞不敢问，请会多官鞫之”[④]。这是怎么回事？专门为皇帝审案的锦衣卫官居然“辞不敢问”？原来这里的背景很复杂，严从简对此说道：“胡士绅奏称九川、邦偁刚恶浮躁，乞先赐罢黜，以顺夷情，以弭边患。按：是时张璁以言礼合上意，骤进向用，欲因事倾内阁费宏。故夷使之讦奏，实凭借于士绅等，而士绅等之横肆，亦因主之有人也。及九川等下狱，又攀费宏受玉，而其展转谋陷之情见矣。”[⑤]陈九川本传称：“是时张璁、桂萼欲倾费宏夺其位，乃属士绅再讦九川盗贡玉馈宏制带，词

---

①《明世宗实录》卷六〇，嘉靖五年正月辛丑，第1413—1415页．

②［清］张廷玉等：《明史》卷七二《职官一》，第1749页．

③［清］张廷玉等：《明史》卷一八九《陈九川传》，第5023页．

④《明世宗实录》卷六二，嘉靖五年三月庚子，第1448页．

⑤［明］严从简著，余思黎点校：《殊域周咨录》卷一一《天方国》，北京，中华书局，1993年，第399—400页．

连兵部郎中张羽惠、锦衣指挥张潮等”[①]。世宗把这个案子交给锦衣卫审理，锦衣卫指挥邵辅因为和涨潮是同事，奏请回避，世宗不许；案子交给骆安，骆安又“奏请三法司会勘，以杜嫌疑”，并且由于“面审情词不一，乞将番、汉原本发出，并将胡士绅、龚良臣等通提对证，事体方明”，世宗则不许提审胡士绅，反而责怪“骆安等牵扯回护，且不查究，九川、邦偁打问招认来说”。面对世宗的这种态度，骆安“又奏称：国体重大，夷情不轻，若果改译情真，干碍大学士费宏嘱托已行，干碍指挥张潮，俱听该部径自参奏，通行究治，必须宪典昭示，庶使夏夷无词。上怒其展转支调，诏：仍前怠缓，治罪不饶……胡士绅又奏：九川等致怨回夷等情，讦及大学士费宏受玉是实。上诏：陈九川、陈邦偁照前旨好生打着追问招认。”[②]该案的最终结果是“谪九川戍边，黜邦偁为民，降张羽惠远方杂职，张潮、总旗邵辅、龚良臣等俱罚俸有差”[③]。我们这里主要关注的是骆安在处理案件时的态度，在世宗听信张璁而刻意回护胡士绅的情况下，骆安先是奏请三法司会审，世宗不听。又提出将番、汉原本发出、并提胡士绅、龚良臣对证、会审，世宗不许。骆安再次提出事关国体，要认真对待，以致世宗怒其“展转支调”。从这里我们可以看出骆安的“峭直”性格，他确实是出以公心，要把案件审理明白，使“宪典昭示、使夏夷无词”，甚至不怕惹怒世宗，作为锦衣卫的掌卫者，能有这样的审案态度，确实难能可贵。

作为锦衣卫的掌卫事者，骆安也很能为自己的部下谋取福利。嘉靖七年（1528）十一月，“锦衣卫署都指挥使骆安等言：‘上直侍卫旗校官军寒苦，乞照近日巡捕官军及侍卫红盔官军奏讨衣鞋事例，一体准给。’工部尚书刘麟执奏言：‘胖袄裤鞋原为各边哨了、爪探、架炮、夜不收等项极边官军寒苦之用，其次则征调官军侍卫诸役，岂得滥请？皇上悯悯其宿卫之苦，故有给银之例可举行之。’得旨：‘侍卫军旗人给银七钱，听其自行制造衣鞋，五年一次给赏。’又谕：‘三边官军当此苦寒之际，不时调征，比之在京军士尤为可悯。该部查照，但系该给年分，即差官运送前去给散，勿得视为虚文。’”[④]在骆安的奏请下，锦衣卫的上值侍卫获得了国家发给的衣鞋，此后“五载一给为常”[⑤]。从实录的记载来看，不止锦衣卫上值侍卫军得到了好处，世宗还能举一反三，想到了三边官军的辛苦，使他们也得到了物资的补充，骆安的一个建议发挥出了更大的效果。当然，骆安在任期间也有受处罚的时候。嘉靖八年（1529）二月，武定侯郭勋因为收受贿赂，擅自取回发放到隆庆卫

①［清］张廷玉等:《明史》卷一八九《陈九川传》，第 5023 页 .

②［明］严从简著，余思黎点校:《殊域周咨录》卷一一《天方国》，第 400 页 .

③《明世宗实录》卷六二，嘉靖五年三月庚子，第 1449 页 .

④《明世宗实录》卷九五，嘉靖七年十一月壬子，第 2211 页 .

⑤［清］张廷玉等:《明史》卷一九四《刘麟传》，第 5152 页 .

的罪囚金辂，世宗批他“受命提督营务，不修职业，专事诛求，威福自恣，怨声盈路，取回钦发军犯，擅罪边卫军官，却又饰词强辩，无人臣礼”[①]，郭勋被罢官闲住。到了四月，六科给事中赵廷瑞等，十三道御史刘濂等连章劾奏刑部尚书高友玑、都御史熊浃、侍郎许赞、大理寺少卿曾直、锦衣掌卫事都指挥使骆安等，世宗命“友玑令致仕，熊浃等各夺俸六月，骆安等各二月”[②]，但与尚书、都御史相比较，骆安受到的处罚还是很轻的。

嘉靖九年（1530）十二月十四日，骆安因受到弹劾而致仕。实录载：“兵科都给事中张润身言：‘锦衣卫堂上官以近侍故，优容不与考选，中间不职甚多，乞如文臣自陈例，取自上裁，有幸免者，听言官指名参奏。’上令即指名参奏，不必令自陈。润身乃劾掌卫事署都指挥使骆安、指挥佥事刘宗武奸贪不职，宜罢。诏降安指挥佥事，与宗武俱闲住。”[③]

三

通过上文的阐释，我们了解了骆安在掌管锦衣卫期间的行实，那么他致仕以后的情况如何呢？高拱在墓志铭中也做了叙述。

铭文：

> 公自解组，即闭门谢客，绝口不谈世事，自奉冲约，耳无丝竹之娱，目鲜珍异之玩，惟训子读书，时或与戚党弹棋话旧，余二十年终。距其生成化　年　月　日享年七十有七。公慷慨朴实出于天性，事父母以孝闻，友爱二弟终其身无间。处乡好义乐施，赴人之急，有烈士风。遇事能断，虽纠纷必解，盘错必利，人以是服公，亦以为忌，卒滞大用。惜哉！
>
> 李淑人无子，生女一，适杨通政子化，侧室高生男曰椿，娶于宣。

这段文字可以分为两个部分。第一部分是对骆安退休后生活的描述，可知他安度余生二十年，得以善终。说到骆安闭门谢客，绝口不谈世事，这说明骆安是个非常聪明的人，深谙皇权专制时代的特点，避免祸从口出，给自己惹来不必要的麻烦。同时他自己在生活上也能做到简朴，耳无丝竹之娱，目鲜珍异之玩，摒绝了声色狗马，只有日常的训子读书以及和亲戚朋友的弹棋话旧，这在曾经居于权势顶端

①《明世宗实录》卷九八，嘉靖八年二月戊寅，第 2310 页．

②《明世宗实录》卷一〇〇，嘉靖八年四月丁亥，第 2378—2379 页．

③《明世宗实录》卷一二〇，嘉靖九年十二月庚午，第 2861 页．

的人来说，确实难能可贵。第二部分是对骆安人品的高度赞美及对其后嗣的叙述。这里我们看到高拱描述的骆安是个慷慨朴实、孝友亲人、好义乐施、处事公平的人，这既是骆安的优点，也是骆安的缺点，以此招忌，以致影响到自己的宦途，可惜呀！骆安的“足滞大用”说明此时的明朝整个体制已经腐败了，腐败得容不下正直的人，在这种体制中的人只有两种出路：要么跟着腐败的体制腐败下去直到崩溃，要么被腐败的体制淘汰出局。骆安就是最后出了局的人，不过他的家庭生活还是不错的，妻生一女，侧室生一男，都成家立业了，也算是人生无憾。

墓志铭的最后是高拱所撰的铭，

> 铭曰：骆祖知兴，仗策归义，爰隶燕山，上备宿卫。有子孔武。翊□文皇，汗马树勋，南北翱翔，再传羽林，爰及群牧，遂以生公，益笃厥祜。惟公雄杰，为国之防，勋庸卓荦，宠荣繁昌，矢心报国，群嫌罔避，用兹立名，用兹召忌。归田却扫，栞尊缔盟，履约茹澹，跻此遐龄，九原式归，厥德靡悔，庆来方隆，宜尔孙子。

这段铭是对骆安身世的概括，因为前面都已叙过，我们就不再对其进行阐释了。

从以上对骆安行实的考究中，我们感到高拱的墓志铭还是真实地概括了骆安的一生。他在任群牧所千户时能做到“勤慎有声”；在任职锦衣卫掌卫者时能做到“惟公、惟平”，不“纵慝”、不“幸功”，确实难能可贵；致仕后杜口、谢客、简约生活，是一个值得肯定的人物。

（作者单位：黑龙江大学黑龙江流域文明研究中心）

明朝锦衣卫使骆安墓志铭补证

滕新才

一、墓志缘起

明世宗嘉靖二十八年（1549）十月十三日，锦衣卫指挥佥事骆安去世，定于腊月二十日葬京师城南祖茔，其弟骆定、骆寅向翰林院编修高拱求墓志铭。高拱觉得自己与骆安交情颇深，熟知其平生行事，毫不推辞，慷慨允撰《明故明威将军锦衣卫指挥佥事骆公墓志铭》，全文如下：

嘉靖己酉十月十三日，明威将军锦衣卫指挥佥事骆公不禄，将以其年腊月廿日归窆都城南五里祖茔之次，于是公弟定暨寅以其兄寮魏君状来乞铭。予素辱公交厚，知公懿行为详，胡可以不文辞？叙曰：

公讳安，字时泰，别号月崖，湖广宁远人也。高大父当元末时归附太祖高皇帝，后遂占籍燕山中护卫。生二子，曰寄保，曰寄善。保有战陈功，官济阳卫正千户，死无嗣。善承其官，而传其子广。广改卫羽林，而传其子胜。胜娶于胡，生公。幼岐嶷，不喜嬉弄，有成人体。既就外傅，即笃学好问，闻见日益博。弘治初，献皇帝建国于兴，慎选护从，父往典郡（群）牧所，公遂从如承天。居数年，承荫仍理所事，实勤慎有声。

辛巳，今上入继大统，周旋扈从，劳勚为多，荷特旨升锦衣卫指挥同知，世袭。仍赠父祖如其官，祖母、母暨配李赠封皆淑人。且敕有司修其父母葬所，赐谕祭，宠赉甲于时。寻以廷荐督理内外衢巷池隍诸务，遂查革兼并，修理沟渠，氓恃以安。

癸未，升署都指挥使，视卫篆，奉玺书督缉事官校，屡有蟒服、佩刀之赐。公乃叹曰："予实武弁末流，幸以犬马微劳，受恩至此。自微秉慎持法，夙夜殚厥心力，其何以报称上者！"于是下令戒诸官校曰："予罔敢纵慝，亦罔敢幸功，惟奸宄罔职惟尔辜，厥或戕于孱良亦惟尔辜。惟公惟平，斯称任使。"胥曰："诺。"自是强者敛，诡者遁，善者无恐，时称清肃。三载奏绩，加升实授一级。

公素峭直，好面折人过，或干以私，即诮让无已。用是群小丛怨，多口肆兴，遂以免。无何，皇上追念旧劳，诏与指挥佥事致仕。公自解组，即闭门谢客，绝口不谈世事。自奉冲约，耳无丝竹之娱，目鲜珍异之玩。惟训子读书，时或与戚党弹棋话旧，余二十年终。距其生成化□年□月□日，享年七十有七。

公慷慨朴实，出于天性，事父母以孝闻，友爱二弟，终其身无间。处乡好义乐施，赴人之急，有烈士风。遇事能断，虽纠棼必解，盘错必利。人以是服公，亦以为忌，卒滞大用，惜哉！李淑人无子，生女一，适杨通政子化。侧室高生男曰椿，娶于宣。

铭曰：骆祖知兴，仗策归义。爰隶燕山，上备宿卫。有子孔武，翊□文皇。汗马树勋，南北翱翔。再传羽林，爰及群牧。遂以生公，益笃厥祜。惟公雄杰，为国之防。勋庸卓荦，宠荣繁昌。矢心报国，群嫌罔避。用兹立名，用兹召忌。归田却扫，琴尊缔盟。履约茹澹，跻此遐龄。九原式归，厥德靡悔。庆来方隆，宜尔孙子。①

四百多年后，以挑剔的眼光来审视这篇墓志铭，竟可发现一些疑窦。比如文中明确提及骆安卒年七十七岁，而高拱生于正德七年（1513），时年三十七岁，小骆安四十岁整，属于后生晚辈，何来"素辱交厚"？高拱于嘉靖二十年（1541）中二甲第十二名进士②，选翰林院庶吉士，始登仕版，其时骆安已罢职十二年，悠游林下，不问世事。何况骆安武职，高拱文官，职掌不一，守土有责。所谓"知公懿行为详"，恐系受人所托的虚饰之词。然则此铭是否毫无价值呢？答曰：不然。客观说，骆安作为藩邸旧臣、政坛新贵，在嘉靖初可谓风云际会。而高拱也是一代名儒，嘉靖四十五年（1566）拜文渊阁大学士，隆庆五年（1571）任内阁首辅，成为炙手可热的政坛显要，"练习政体，负经济才"，"才略自许，负气凌人"③，于繁忙的政务之暇，笔耕不辍，勤于著述，"其文才经济之详，具载《全集》中"，"业公《全集》，则忾然如见其人"④。以高拱的"负气"和"自许"，当不至于为相知未深的骆安曲意奉承，何况文前小序明确说到骆定、骆寅是带着骆安同僚魏某某所撰行状前

①［明］高拱：《高文襄公文集》卷三《明故明威将军锦衣卫指挥佥事骆公墓志铭》，沈乃文主编：《明别集丛刊》第二辑第91册，合肥，黄山书社，2016年，第111—112页.

②朱保炯、谢沛霖编：《明清进士题名碑录索引》下册，上海，上海古籍出版社，1979年，第2525页.

③［清］张廷玉等：《明史》卷二一三《高拱传》，北京，中华书局，2011年，第5640页、第5653页.

④岳金西、岳天雷：《高拱全集·编校前言》，郑州，中州古籍出版社，2006年，第18页、第13页.

来求文的，言必有据，所述事实和评议有很大的采信度。

这篇墓志铭虽是骆安个人传记，却涉及明朝一个显赫的锦衣卫世家兴替史[①]，也透露出锦衣卫特别机构的诸多信息，未可小觑，故就官修文献所见，补证如此。

二、骆安史事辑补

“楚南望族”骆氏始祖为后晋御史中丞、宣抚使骆良相，原籍会稽（今浙江省绍兴市），天福五年（940）迁居临阳（今湖南省临武县）沙坪，筚路蓝缕，以启山林。其孙骆安邦为避兵乱，再徙宁远岛馆洞（今湖南省新田县骆铭孙村），踵事增华，派衍蕃昌。又历十二世，至元末骆以诚时，群雄崛起，兵燹连年，随朱元璋“起兵克敌”,“从征行间，有功”[②]，洪武元年（1368）授指挥千户侯，占籍燕山中护卫，殁于战阵。育有二子，长曰寄保，卜居京师顺天府瓦窑头（今北京市丰台区卢沟桥乡瓦窑头村），明成祖时以军功授济阳卫千户侯，无嗣，弟寄善袭职，传子骆广。改羽林卫千户，传子骆胜，即骆安之父。

弘治七年（1494）九月十八日[③]，明孝宗异母弟兴王朱祐杬陛辞，之国安陆（今湖北省钟祥市）。扈从官属有承奉李稷等 10 人、伴读张佐等 42 人、长史张景明等 24 人、仪卫李翔等 9 人、群牧所千户骆胜等 14 人[④]。骆胜是因兴献王远离帝都，前往偏远的安陆藩邸，特别留意“慎选护从”而被看中的，职司群牧所，负责牧养马匹，约正德十五年（1520）去世[⑤]。子骆安袭职，时年四十九岁。

骆安，字时泰，号月崖，湖广宁远人。关于其籍贯，因崇祯十二年（1639）永州知府晏日曙以“山峦起伏，民杂瑶俗”为请，建议分宁远南北二乡十五都别置县，获朝廷允准，治新田堡，因为县名，属永州府[⑥]，骆氏遂以新田为祖籍焉。骆安

① 有明一代，新田骆氏先后六辈供职于锦衣卫，骆安、骆思恭、骆养性三人担任锦衣卫都指挥使，是名副其实的锦衣卫世家.

②［清］吕恩湛、宗绩辰：道光《永州府志》卷一五上《先正传·事功》，长沙，岳麓书社，2008 年，第 933 页.

③《明孝宗实录》卷九二，弘治七年九月癸卯，“兴王之国。上御奉天门受朝毕，退坐宝座后。王冕服，内引二人导至御前，行五拜礼。上赐王果酒，王饮讫，叩头辞至门东阶上，及丹陛下，及午门外，皆叩头。上目送出午门，还宫。”台北，“中央研究院”历史语言研究所校勘本，1962 年，第 1697 页.

④ 周红梅：《明显陵探微》附录 1《朱祐杬生平及在藩国的二十六年大事记》，香港，中国素质教育出版社，2011 年，第 198—199 页.

⑤ 谢奉生：《新田骆氏锦衣卫世家》，北京，中国文史出版社，2019 年，第 51 页.

⑥［清］张廷玉等：《明史》卷四四《地理志五》：“新田，（永）州东北。崇祯十二年以宁远县之新田堡置。”北京，中华书局，2011 年，第 1091 页.

此派，藉高拱所撰墓志铭之褒扬，官私著述颇多关注，事迹最为丰富，世系亦最明了。据说他少年老成，不事嬉戏，启蒙后笃学好问，识见广博。二十三岁随骆胜护送兴献王就藩，父死子继，袭职群牧，克勤职守，广有政声。正德十六年（1521）三月十四日，明武宗驾崩，无嗣，遗诏以兴献王世子朱厚熜继位，即明世宗。

正德十六年（1521）四月初二，朱厚熜在定国公徐光祚、吏部尚书梁储等人护送下，由安陆启程前往京师，随行扈从有承奉张佐、长史袁宗皋、仪卫司群牧所千户骆安等40余人，“朝夕供事”[①]。四月二十二日在紫禁城奉天殿举行了隆重的登基大典，改元嘉靖[②]。12天后，五月初五日，骆安以护驾有功，升锦衣卫指挥同知[③]，从三品，成为新皇帝亲信近侍。父、祖赠官，三代女眷封淑人；又敕官府修缮其父母坟茔，赐祭如故，宠赉有加。

表面上看，骆安骤登膴仕，似乎是因潜邸旧人，攀附龙鳞，未必有真才实能。其实不然。从高拱所撰墓志铭来看，此公居官清廉，持身谨行如玉雪，随时保持着清醒的政治头脑，告诫自己“秉慎持法”，随时铭记“殚厥心力”，恪尽职守；约束部下遵纪守法，首先是自己以身作则，“予罔敢纵慝，亦罔敢幸功”，有崇高的官品和峭直的人格；个人生活淡泊节俭，无声色之娱，却乐善好施，急人之难；孝敬父母，友爱兄弟，家庭关系和谐。这些优秀品质在任何时候都是积极的、正能量的美德，值得子子孙孙世代弘扬。以故偌大一部《明世宗实录》，经常可以看见他忙碌的身影。

嘉靖二年（1523）正月二十五日，锦衣卫掌印使朱宸遭言官弹劾不法，被革职。骆安经受住了考验，以指挥同知身份继续留任，事实上成为锦衣卫统领。

> （嘉靖二年正月丁卯）兵部覆给事中张原论锦衣卫掌印朱宸等不法事，诏宸革任闲住，骆安留用，今后东西司房辨（办）事，毋用查革之人。[④]

半个月后，嘉靖二年（1523）二月十一日，骆安受命代理锦衣卫都指挥使，掌

① 周红梅：《明显陵探微》附录1《朱祐杬生平及在藩国的二十六年大事记》，香港，中国素质教育出版社，2011年，第212页.

②《明世宗实录》卷一，正德十六年四月壬寅，第9—10页.“是日日中，上由大明门入……御奉天殿，即皇帝位。遂颁诏大赦天下，诏曰：‘朕承皇天之眷命，赖列圣之洪休，奉慈寿皇太后之懿旨、皇兄大行皇帝之遗诏……谨于四月二十二日祗告天地、宗庙、社稷，即皇帝位……其以明年为嘉靖元年，大赦天下，与民更始。”

③《明世宗实录》卷二，正德十六年五月丙辰，第75页.“丙辰……录从龙功，升群牧所正千户骆安为锦衣卫指挥同知，仪卫副张镗、石宝、副千户赵俊俱指挥佥事……仍各令世袭。”

④《明世宗实录》卷二二，嘉靖二年正月丁卯，第645—646页.

管卫事，秩正三品。

> （嘉靖二年二月壬午）升锦衣卫指挥同知骆安署都指挥使，命掌卫事，提督官校。[①]

此职非同小可，全面负责警卫、治安、刑侦等事务，“皇帝出行，它负责侍从警戒；皇帝上朝，它掌管仪仗；皇帝在宫里，它也要派人轮流值宿警卫。由于它担任了保卫皇帝的任务，对皇城周围的治安情况以及关系皇帝安全的一切问题就需要经常注意”[②]。并介入司法，遇有重大案件，协同刑部、都察院、大理寺三法司审问查验。五城兵马司操练军队时，还要与兵部长官亲临现场。由于职责重大，往往以勋戚要员或都督一级的大将担任。《明史》载：“锦衣卫，掌侍卫、缉捕、刑狱之事，恒以勋戚、都督领之，恩荫寄禄无常员。凡朝会、巡幸，则具卤簿仪仗，率大汉将军（共一千五百七员）等侍从扈行。宿卫则分番入直。朝日、夕月、耕耤、视牲，则服飞鱼服，佩绣春刀，侍左右。盗贼奸宄，街途沟洫，密缉而时省之。凡承制鞫狱录囚勘事，偕三法司。五军官舍比试并枪，同兵部莅视。”[③]如此禁垣重地，骆安自然不敢懈怠，勤勤恳恳，兢兢业业，“凡奉诏狱，一切尊用朝廷宪典德音，无不协乎人情，合乎公论。及情有可矜，法有可悯，必曲为开辟，务必允当，以弼成一代英明仁厚之治”[④]。懋绩突出，于嘉靖四年（1525）正月初九日实授锦衣卫都指挥使，名正言顺成为锦衣卫的最高领导人。

> （嘉靖四年正月戊辰）升锦衣卫都指挥佥事王佐为都指挥同知，指挥同知骆安为指挥使，以缉捕有功也。[⑤]

总管皇帝出行的车驾仪仗，特别是规格最高、规模最大的卤簿大驾，是骆安的职责之一；高拱所撰墓志铭提到的“督理内外衢巷池隍诸务”，修筑京师城防，这些事迹在《实录》中亦有反映：

---

①《明世宗实录》卷二三，嘉靖二年二月壬午，第658页.

② 韦庆远：《明代的锦衣卫和东西厂》，北京，中华书局，1979年，第7页.

③［清］张廷玉等：《明史》卷七六《职官志五》，第1862页.

④［清］黄应培、乐明绍：嘉庆《新田县志》卷八《人物志·武备》，《中国地方志集成·湖南府县志辑》第41册，南京，江苏古籍出版社，2002年，第97页.

⑤《明世宗实录》卷四七，嘉靖四年正月戊辰第1199页.

（嘉靖二年闰四月甲辰，1523 年 5 月 18 日）司设监更造卤簿大驾，从指挥骆安等奏也。[①]

（嘉靖四年二月丁未，1525 年 3 月 11 日）修都城，发团营卒五千人，以内官监太监陈材、总兵官保定侯梁永福、工部左侍郎童瑞、锦衣卫署都指挥使骆安督之。[②]

骆安严于律己，却宽以待人，体贴部属，呵护有加。嘉靖七年（1528）十一月十四日，正值京师隆冬盛寒时节，骆安为轮值侍卫奏讨衣鞋。这本是无足轻重的一个请求，做得好的话倒不失为恤下善举，没想到却为工部尚书刘麟梗阻，只是象征性地补助些微银两，自行解决，这多少令骆安有些气馁。

（嘉靖七年十一月壬子）锦衣卫署都指挥使骆安等言："上直侍卫旗校官军寒苦，乞照近日巡捕官军及侍卫红盔官军奏讨衣鞋事例，一体准给。"工部尚书刘麟执奏言："胖袄裤鞋，原为各边哨瞭、爪探、架炮、夜不收等项极边官军寒苦之用，其次则征调官军，侍卫诸役，岂得滥请？皇上倘悯其宿卫之苦，故有给银之例，可举行之。"得旨："侍卫军旗人给银七钱，听其自行制造，衣鞋五年一次给赏。"[③]

锦衣卫这个差使，表面上看是皇帝身边的近宠，鲜衣怒马，威权显赫，实际上是负有特殊任务的"特种组织"[④]，作为明朝"厂卫政治"的代言人，竟有许多的难言之隐和无可奈何。其工作任务非常艰巨，工作性质也相当复杂，稍有闪失，祸即随之。嘉靖三年（1524）十月初四，骆安因锦衣卫羁押嫌犯逃脱，险些受到牵连，于是主动上疏，引咎自责。所幸明世宗践位不久，还表现出宽宏大量，皇恩浩荡，不予追究。

（嘉靖三年十月）乙未，有男子王道携金相、珠宝、绦环行鬻于市，锦衣卫巡捕官疑其为道（盗），执之，道自称本名为隰川王府奉国将军聪溋。有旨下礼部检问。会日暮，仪制司官令原官校押出候审，道寻脱亡。礼部尚书席书及锦衣卫掌卫事都指挥骆安以闻，上切责安及礼官失贼，俱令对状，下解官张升等法司按问，行五城严缉王道，务在必获。既而书、

①《明世宗实录》卷二六，嘉靖二年闰四月甲辰，第 732 页．

②《明世宗实录》卷四八，嘉靖四年二月丁未，第 1226 页．

③《明世宗实录》卷九五，嘉靖七年十一月壬子，第 2211 页．

④ 吴晗：《明代的锦衣卫和东西厂》，北京，台海出版社，2018 年，第 34 页．

安等各上疏引咎，上皆宥之，惟仪制司官罚俸一月。①

但骆安不会总是这么幸运，政治斗争从来都是波谲云诡。以他的爱岗敬业，克勤无怠，受到嘉奖乃属情理中事。嘉靖三年（1525）十二月初八，骆安因缉捕盗贼有功，品秩晋升一级，即高拱所撰墓志铭称“三载奏绩，加升实授一级”，所部官校亦晋升一级。

（嘉靖三年十二月戊戌）以锦衣卫掌卫事署都指挥使骆安提督官校缉捕有功，升一级。其官校戴旲等亦升一级。②

但仅仅过了十天，嘉靖三年（1525）十二月十九日，此事即遭兵部微词，仍赖明世宗圣裁搪塞过去。

（嘉靖三年十二月己酉）兵部奏：“厂卫官校侦事缉奸，乃其职分，苟欲偿其劳勤，自有升赏旧格：凡获妖言者赏而不升，获强盗首三名者升一级，为从者赏。今太监芮景贤，锦衣卫置都指挥使骆安、王佐，条上所部官校陶淳、谢裕、戴旲、王辅等三年捕获功次，一概辄与升级，非惟有戾祖制，而于初诏亦甚相悖。”上曰：“已有旨裁定矣。”③

甚至锦衣卫的工作制度也被无事生非的言官挑刺，兵部顺水推舟提出诸多变更措施，这不啻是对骆安的公然挑衅。骆安据理力争，其事遂寝。

（嘉靖五年正月辛丑）御史朱辰上疏，极言京师总甲大为民害，请禁革诸弊及议编审之法事。下兵部议言：“京师总甲，本以隄防火盗，非为杂差。自役使浩繁，编审益众，夜则与火夫摇铃击柝，昼则同小甲打卯报事，及诸下夜坐季官校等，互有科索民，至夤缘投托、竭财鬻产以规避，虽先朝数禁，而蠹弊益深。诚如御史言，禁之便。自今地方有事，第诣东厂西司房及坐城御史白之，事关街道者，诣报所属。其打卯月二次，皆可罢。且今盗贼稍息，宜令都督桂勇益严督巡视，仍填注后府佥书，以便行事。总甲火夫，第令于各铺巡更，听兵马点阅御史稽察。其锦衣卫下夜官

①《明世宗实录》卷四四，嘉靖三年十月乙未，第1136页.

②《明世宗实录》卷四六，嘉靖三年十二月戊戌，第1179页.

③《明世宗实录》卷四六，嘉靖三年十二月己酉，第1185页.

校亦可罢。其他无名夫役一切革去，仍榜示禁约，有故犯者，官皆问革，军民皆编戍如律。其编审之法宜下五城御史会议。”上皆允行之。已而锦衣卫指挥使骆安以为官校下夜及总甲报事遵行已久，不宜尽革。上复命校尉下夜如故，第不得科扰地方，并饬五城兵马不得擅役总甲等，有营私犯禁者皆罪之。[①]

然而更大的麻烦还不止此。嘉靖五年（1526）三月十七日，因天方国入贡使者求讨不遂，明朝接待官员陈九川、陈邦偁、胡士绅等处置失当，惹得明世宗龙颜大怒，将一干人等逮下锦衣卫诏狱。此事背后其实有很大的政治阴谋，詹事府詹事兼翰林学士张璁、桂萼欲借机打击内阁首辅费宏，篡夺其首辅职位，却将骆安挤在其中受夹板气，各方均不讨好。“是时张璁、桂萼欲倾费宏夺其位，乃属士绅再讦九川盗贡玉馈宏制带，词连兵部郎中张聰、锦衣指挥张潮等”[②]，“璁、萼朝夕谋辅政，攻击费宏无虚日”[③]。骆安洞悉其奸，强调依事实办案，传唤当事人调查清楚，绝不能冤枉清白之人。“指挥骆安请摄士绅质讯，给事中解一贯等亦以为言，帝不许”[④]。由于明世宗的插手，骆安无力回天，最终陈九川被戍镇海卫（今江苏省太仓市），陈邦偁削职回籍，其余人等相应处罚，骆安本人也受到“展转支调，鞫问未明”的斥责。

（嘉靖五年三月庚子）初，天方国使臣火者马黑木等入贡，礼部主客郎中陈九川拣退其玉石，所求讨蟒衣、金器皿等奏俱不与，题覆又怒骂本馆通事胡士绅等。提督会同馆主事陈邦偁约束过严，禁其货易，以致回夷商人各怀怨恨。士绅等因诈为夷人怨词讦奏九川、邦偁等。上怒，下锦衣卫逮讯。礼部尚书席书等言：“九川等行事乖方，不能抚顺夷人，致生怨谤，罪诚有之。然有进上之物，不得不辨验精详，而拘泥旧规，严禁夷人出入，至待通事人等礼貌过琚（倨），遂使胡士绅挟夷情以快私忿，所属小吏蔑视部官。二臣固不足惜，恐夷人效尤，愈肆桀骜。”上曰：“九川等恣肆妄为，堂官不行举奏，反为论救，岂大臣事君之道？”士绅又奏：“九川浼兵部郎中张聰，转与镇抚司指挥佥事张潮嘱托，及番本奏‘郎中’字样，通事龚良臣听大学士费宏令译作‘兰州’字样，九川因以贡玉馈费宏制带。”于是锦衣卫指挥骆安等辞不敢问，请会多官鞫之。上不允，命

①《明世宗实录》卷六〇，嘉靖五年正月辛丑，第 1413—1415 页 .

②［清］张廷玉等:《明史》卷一八九《陈九川传》，第 5023 页 .

③［清］张廷玉等:《明史》卷一九〇《石瑶传》，第 5049 页 .

④［清］张廷玉等:《明史》卷一八九《陈九川传》，第 5023 页 .

士绅免逮，九川等照前旨拷问。于是刑科给事中解一贯等言："治狱当服人心，今不逮士绅等，不发番汉原本，独将九川等拷掠，势必诬服，治狱之道，恐不当如此！"上责一贯等恣意回护。已，锦衣卫奏上狱辞，上切责安等展转支调，鞫问未明，革理刑邵辅回卫带俸，命并逮张璁、龚良臣等验问，而以夷人求讨蟒衣等奏下礼部查覆。其后竟坐九川侵盗贡玉及番货刀皮，陈邦偁不抚夷情，刁难货易，及张璁等听嘱张潮回护，于是谪九川戍边，黜邦偁为民，降张璁远方杂职，张潮、总旗邵辅、龚良臣等俱罚俸有差。①

高拱说骆安性格"素峭直"，绝非溢美之词。他为人刚直，一身正气，疾恶如仇，看不惯徇私舞弊的勾当，是一个眼里容不得半粒沙子的清官，"用是群小丛怨，多口肆兴"。虽然高拱闪烁其词，未透露"群小"究系何人，但从官修《明实录》《明史》等大部头文献中仍可看出，除了党争幕后策划者张璁、桂萼外，还有心术不正的四夷馆通事胡士绅、吹毛求疵的给事中赵廷瑞、危言耸听的监察御史刘濂、落井下石的给事中张润身等人，以及兵部一些从中作梗的小人。而明世宗嘉靖皇帝，也是一个刚愎自用的人，喜欢干预司法诏狱，即位之初就表现出这一点，往往把河水搅得更浑，铸成冤案。嘉靖五年（1526）陈九川案如此，嘉靖八年（1529）借张福案打击孝宗、武宗外戚也是如此②，而同年会审武定侯郭勋擅自篡取知州金辂案，把骆安卷进了更大的政治漩涡。

（嘉靖八年四月丁亥）初，刑部尚书高友玑等会问郭勋擅取金辂事，罪状欠明，上批驳责其隐匿回护，令再问。玑等复会问，稍易其词。上曰："友玑等所问终属朦胧，令各对状。"于是六科给事中赵廷瑞等、十三道御史刘濂等连章劾奏曰："郭勋擅取边军，欺君玩法，无人臣礼，已莫逃于圣鉴之明，削其衔而褫其柄矣。今所未明者，惟勋所以取辂之故，及指挥王臣被虐之实、孙铎通赂之情，所当按鞫耳。高友玑不惜公议，曲为隐护，始言勋以辂父业医之旧而取辂，及再问，则言勋听通政使柴义之嘱；始言孙铎过送赃私于郭勋，及再问，则改拟孙铎指称诓骗。旬日之间，顿易成案，岂古所谓'刑罚之用，一成而不可变者'哉？乞显黜友玑，以为治狱无状者之戒。都御史熊浃、侍郎许赞、大理寺少卿曾直、锦

①《明世宗实录》卷六二，嘉靖五年三月庚子，第1447—1449.

② 高寿仙：《冤案背后：嘉靖年间北京一桩杀母案的审理》，《故宫博物院院刊》2012年第1期，第6—16页.

衣掌卫事都指挥使骆安等漫无可否，殊非刑官之体，亦宜并论。”上曰："友玑职掌邦禁，奉旨推问狱情，始既隐匿，既又更改，遂致公议不平，议拟不当。熊浃等又从而附和之，法守安在？友玑令致仕，熊浃等各夺俸六月，骆安等各二月，金辂等下法司再问。”已，法司会九卿再问，得勋受贿状。上切责勋夺禄米三之一，辂、铎各发极边，永远充军。时柴义已故，宥之。①

本案中骆安被诿过的名目是“漫无可否”，脂韦取容，说穿了就是没有旗帜鲜明地支持明世宗对郭勋的清算，做一个墙倒众人推的势利眼，被罚俸两个月。嘉靖九年（1531）十二月十四日，给事中张润身的一道奏疏，终于给骆安的政治生涯画上了句号。

（嘉靖九年十二月庚午）兵科都给事中张润身言：“锦衣卫堂上官以近侍故，优容不与考选，中间不职甚多。乞如文臣自陈，例取自上裁，有幸免者，听言官指名参奏。”上令即指名参奏，不必令自陈。润身乃劾掌卫事署都指挥使骆安、指挥佥事刘宗武奸贪不职，宜罢。诏降安指挥佥事，与宗武俱闲住。②

两顶帽子都很吓人，一是“奸贪”，即邪恶贪贿；二是“不职”，即不作为，“遂以免”。说实话，当时奸佞当道，肖小尸餐，英雄末路，志士悲哀，骆安退出官场是非，洁身自好，也未必不是一件幸事。很快明世宗良心发现，追念骆安毕竟是兴藩耆旧，鞍前马后追随其父子三十八年，没有功劳也有苦劳，动了恻隐之心，令以指挥佥事致仕赋闲。

此后骆安便从官修《实录》中消失了。高拱说他闭门谢客，绝口不谈世事，优游林泉十九年，直至寿终正寝。赞赏他“勋庸卓荦，宠荣繁昌，矢心报国，群嫌罔避”的政治品格，“真实再现了骆铭孙骆氏锦衣卫世家的历史渊源和承袭演变，从中还原了一个真实的骆氏锦衣卫世家史实，也颠覆了过去我们对骆铭孙骆氏锦衣卫世家的一些历史认知”③。

（作者单位：重庆三峡学院学报编辑部）

①《明世宗实录》卷一〇〇，嘉靖八年四月丁亥，第 2378—2379 页 .

②《明世宗实录》卷一二〇，嘉靖九年十二月庚午，第 2861 页 .

③ 谢奉生：《新田骆氏锦衣卫世家》，第 47 页 .

探究《明故明威将军锦衣卫指挥佥事骆公墓志铭》

周红梅

目前，所见《明故明威将军锦衣卫指挥佥事骆公墓志铭》①，以下简称《骆安墓志铭》。《骆安墓志铭》不是从墓葬中出土，而是见于高拱《诗文杂著》，而岳金西、岳天雷编校《高拱全集》（2006年，中州古籍出版社出版）录有此文。为方便了解，现将《骆安墓志铭》全文录制如下：

嘉靖己酉十月十三日，明威将军锦衣卫指挥佥事骆公不禄，将以其年腊月二十日归窆都城南五里祖茔之次，于是公弟定暨寅，以其兄僚魏君《状》来乞铭。予素辱公交厚，知公懿行为详，胡可以不文？

辞叙曰：公讳安，字时泰，别号月崖，湖广宁远人也。高大父当元末时归附太祖高皇帝，后遂占籍燕山中护卫。生二子，曰寄保、曰寄善。保有战阵功，官济阳卫正千户，死无嗣，善承其官，而传其子广。广改卫羽林，而传其子胜。胜娶于胡，生公。幼岐嶷，不喜嬉弄，有成人体。既就外傅，即笃学好问，闻见日益博。弘治初，献皇帝建国于兴，慎选护从，父往典郡牧所，公遂从如承天。居数年承荫，仍理所事，实勤慎有声。

辛巳，今上入继大统，周旋扈从，劳勋为多，荷特旨升锦衣卫指挥同知，世袭，仍赠父祖如其官，祖母、母暨配李，赠封皆淑人。且敕有司修其父母葬所，赐谕祭，宠赉甲于时。寻以廷荐，督理内外衢巷池隍诸务，遂查革兼并修理沟渠，氓恃以安。

癸未，升署都指挥使，视卫篆，奉玺书督缉事官校，屡有蟒服佩刀之赐。公乃叹曰："予实武弁末流，幸以犬马微劳，受恩至此。自微秉慎持法，夙夜殚厥心力，其何以报称上者。"于是下令戒诸官校曰："予罔敢

①［明］高拱著，岳金西、岳天雷编校：《高拱全集·诗文杂著》卷三《明故明威将军锦衣卫指挥佥事骆公墓志铭》，郑州，中州古籍出版社，2006年，第754—756页．

纵慝，亦罔敢幸功，惟奸究罔职惟尔辜，厥或戕于孱良亦为尔辜。惟公惟平，斯称任使。”胥曰：“诺。”自是强者敛，诡者遁，善者无恐，时称清肃。三载奏绩，加升实授一级。

公素峭直，好面折人过，或干以私，即诮让无已，用是群小丛怨，多口肆兴，遂以免。无何皇上追念旧劳，诏与指挥佥事致仕。公自解组，即闭门谢客，绝口不谈世事，自奉冲约，耳无丝竹之娱，目鲜珍异之玩。惟训子读书，时或戚党弹棋话旧，余二十年终。距其生成化八年某月某日，享年七十七。

公慷慨朴实，出于天性，事父母以孝闻。友爱二弟，终其身无间。处乡好义乐施，赴人之急有烈士风。遇事能断，虽纠棼必解，盘错必利，人以是服公，亦以为忌，卒滞大用，惜哉！李淑人无子，生女一，适杨通政子化。侧室高生男，曰椿，娶于宣。

铭曰：骆祖知兴，仗策归义。爰隶燕山，上备宿卫。有子孔武，翊卫文皇。汗马树勋，南北翱翔。再传羽林，爰及群牧。遂以生公，益笃厥祜。惟公雄杰，为国之防。勋庸卓荦，宠荣繁昌。矢心报国，群嫌罔避。用兹立名，用兹召忌。归田却扫，琴尊缔盟。履约茹淡，跻此遐龄。九原式归，厥德靡悔。庆来方隆，宜尔子孙。

《骆安墓志铭》，由明代大学士高拱撰写。高拱，字肃卿，号中玄，谥文襄，河南新郑人（今河南省新郑市）。生于正德七年（1512）十二月十三日，出身官宦世家，自幼颖敏好学，五岁善对偶，八岁日诵数千言，出人意表，十七岁乡试夺魁。嘉靖二十年（1541），登进士第，选庶吉士。他由此从政三十余年，共提职十四次。二十二年（1543），初任翰林院编修。三十一年（1552），裕王出阁讲读，任其首席讲读官九年，深得裕王的赏识和倚重，时年四十岁。三十七年（1558），主持顺天乡试，升侍讲学士。之后，官至内阁首辅，万历六年（1578）病故，终年六十六岁。

墓志主人骆安，字时泰，别号月崖，湖广宁远人（今湖南新田县）。生于明成化八年（1472），弘治七年（1494），随其父骆胜移居湖广安陆，供事于兴王藩国。正德十六年（1521）三月十四日，四十九岁的骆安护驾兴王世子朱厚熜进京入继大统，于嘉靖二十八年（1549）十月十三日病故，时年七十七岁。官至署都指挥使、掌锦衣卫事。

《骆安墓志铭》除了谢奉生先生《新田骆氏锦衣卫世家》一书中对墓志铭有所分析外，墓志中有些现象还是值得探究。

其一，撰文者与墓志主人的关系。高拱为什么要以“嘉靖己酉十月十三日，明威将军、锦衣卫指挥佥事骆公不禄……公弟定暨寅，以其兄僚魏君《状》来‘乞’铭。予素辱公交厚，知公懿行为详，胡可以不文？”为墓志的开头语？让人有些匪夷所思。首先，我们清楚《骆安墓志铭》的撰文时间为嘉靖二十八年（1549），从骆安与高拱之间的年龄上来推算，骆安病故时为嘉靖二十八年（1549），时年七十七岁，而依据高拱出生时间推算，高拱为其写墓志铭时才三十七岁，在翰林院任编修。骆安致仕时为嘉靖九年（1530），时年五十八岁，而高拱才十八岁，他们之间能有多少了解和交集？所以才有“公弟定暨寅，以其兄僚魏君《状》来‘乞’铭”，也就是骆安去世后，其弟骆定和骆寅相邀其兄之前的同僚魏君带着骆安相关资料，求高拱为其兄撰写墓志文。这关系就有些微妙，明显二者之间的关系并不太深，还需要另外的人来“牵线”，唯恐有“乞请”或“钱请”的现象，而高拱不好拒绝或者没有推辞。在明朝中后期已经非常风靡“钱请”，出钱请一个有学问的人为先辈写墓志文，也是一种荣耀或者说是一种身份的体现，何况高拱当时任职于翰林院，那也是文化人中的精英。而通过历史背景分析，骆安是为天子扈驾的旧臣，又在“大礼议”事件中所起的作用及家族世袭地位的影响，再加上高拱平时听说一些骆安的“善行”，才有高拱与骆安是“素辱”之交，不可不写。为此，有这样的开头应该是顺理成章、合乎逻辑的事情。

其二，骆安承袭时间。从《骆安墓志铭》可知，骆氏家族为锦衣卫世家，从明初，八代军籍就有四代任锦衣卫高职，直至明末。但根据骆铭孙村重修的《骆氏宗谱》[①]记载，均与《骆安墓志铭》有出入，其中的细枝末节还得深究。这里只以《骆安墓志铭》为线索来梳理一下。笔者认为《骆安墓志铭》要比两宗谱可信，其一墓志文撰写于当时，其二墓志文内容是以骆安两兄弟提供的资料为蓝本所写。而现存宗谱均为清末和现代所修，时间隔离久远，靠口传修谱，难免有误。

骆安承袭时间，据谢奉生先生《新田骆氏锦衣卫世家》一书中所载“大约正德十五年（1520），骆胜在湖广安陆州去世，骆安承父职”[②]。我认为有待商榷。至于骆胜什么时候致仕、让长子骆安世袭及过世，《骆安墓志铭》及《骆氏宗谱》均无明确记载。墓志铭中只记“居数年承荫，仍理所事，实勤慎有声”，这个“数年”应该是不超过十年，《睿宗献皇帝实录》里最后一次记载骆胜的行踪是弘治十六年（1503）九月二十四日，“皇太子千秋节，又先期差千户骆胜赍捧表笺和物品，赴京祝贺”[③]。这是骆胜到安陆的第九年，也就在这一年里骆胜要么致仕、要么病故，才有骆安承袭的机会。所以，骆安不可能是正德十五年（1520）袭职，骆胜应该也不

① 骆铭孙村重修《骆氏宗谱》，清嘉庆八年（1803）修纂．

② 谢奉生：《新田骆氏锦衣卫世家》，北京，中国文史出版社，2018 年，第 51 页．

③《睿宗献皇帝实录》卷二一，弘治十六年九月丁亥，天津图书馆藏明抄本．

会是正德十五年（1520）过世。

骆安承袭父职之后，仍在王府供事，期间“实勤慎有声”。到明正德十六年（1521）三月十四日，因明武宗皇帝驾崩，无子继承皇位，慈寿皇太后与首辅大学士杨廷和以“兄终弟及”之祖训，宣诏湖广安陆兴献王世子朱厚熜继皇帝位。扈从新君进京继位，安全问题事关重大，身为王府千户的骆安，此时已近半百，以办事谨慎细微，老成持重，成为嘉靖母子所倚重的人之一。新君安全抵达京城，一路尽心尽力，护卫左右的骆安，自然得到了新天子的赏识。《湖广通志》记载：嘉靖登基之初，便下令增广甲乙科，又命各省推举文武兼备、孝廉方正之人，并“盖立贤无方”，其中《选举志·武勋附》有“骆安新田人”[①]。说明骆安有他的过人之处，是一个各方面素养都不错的人。朝局的变换，同时也改变了骆安的前途和命运，奠定了骆氏家族进入锦衣世家的开端。

其三，骆安职务的波动。嘉靖朝锦衣卫首领换得勤，嘉靖刚即位时，掌管锦衣卫的是朱宸，不久被罢免。代替朱宸的是骆安，接着是王佐、陈寅，中期为嘉靖奶娘之子陆炳，都是安陆藩国的“旧人”。对安陆“旧人”的提拔，这是少年天子“集权”谋划的一部分。嘉靖二年（1523）骆安职务已至署都指挥使掌锦衣卫事，可嘉靖九年（1530）被免，之后又以明威将军、锦衣卫指挥佥事的职位致仕，可之间又有什么不为人知的事情？

据《兴都志》所载，嘉靖帝从藩邸所带的169名从扈人员中，先后都荣升为有品秩的官员，其中进入锦衣卫的有44名。同样，《明世宗实录》也有这样的记载，嘉靖帝在即位的一个月内，对王府旧属进行了突击性提拔，先后有5批78人得到了升迁。第一批升职的王府旧属有23人，这是嘉靖皇帝登基之后第12天，也就是正德十六年（1521）五月四日做出的决定。第二批升职的王府旧属也是23人，时间仅迟一天，其中就有群牧所正千户（正四品）骆安为锦衣卫指挥同知（从三品），并予以世袭。

嘉靖二年（1523）正月二十五日，兵部覆给事中张原却上奏《论锦衣卫朱宸等疏》说：“……锦衣卫乃亲军之司，实机密之地，责既云重，官宜得人。今指挥同知朱宸痼疾耳聋，应对不给。指挥使周传素行不谨，秽德彰闻，而指挥同知骆安则又贪取略同，才猷未着，既皆未孚于人，望曷可委任于所司……”说明当时的锦衣卫负面影响很多。作为锦衣卫指挥使的骆安首当其冲，有负面“口碑”在所难免。但《明世宗实录》就此“奏疏”而有不同的记载结果，“兵部覆给事中张原《论锦衣卫掌印朱宸等》不法事，下诏让朱宸革职闲住，骆安留用，今后东西司房辨事毋

① 雍正《湖广通志》卷三一《选举志·武勋附》.

用查革之人”[①]。在当时的政治环境下，嘉靖帝选择旧臣作为自己的臂膀和依靠，是最明智的决定。

嘉靖二年（1523）二月十一日，便擢升骆安为署都指挥使（正三品），命掌锦衣卫事，“奉玺书督缉事”[②]。此时，正是“大礼议”争论的如火如荼时期。什么是“大礼议”？简单地说：是关于嘉靖帝亲生父亲的尊号、祭祀礼仪的问题，实则是有关嘉靖帝“继统不继嗣”的问题，当然更重要的是体现了嘉靖帝尊崇“孝道”的一种方式，而引发了君臣之间、臣僚之间，以及这位少年天子与皇室宗族之间的博弈。因此，笔者认为“大礼议”是嘉靖时期的政治文化，是君与臣之间、官僚与官僚之间的政权较量，是政治史与文化史的交融互用，是理清“礼秩”衍生的政治效应，进而看清了嘉靖时期的政治生态及其权力的运作方式。

在这样的政治环境下，皇帝的安全比什么都重要。嘉靖二年（1523）闰四月初四，骆安提出了要提升皇帝的车驾装备，加强侍卫和仪仗人员的建议：“司设监更造卤薄大驾。从指挥骆安等奏也”[③]。并将装备的规模、数量、等级形成文字录入典籍。作为旧邸的老臣、锦衣卫指挥使骆安，对皇上的安全着想，是忠心的本分。不久，发生了左顺门事件，在这一事件中，嘉靖帝用武力镇压反对派，锦衣卫起到决定性的作用，作为指挥使的骆安不免得罪众多官僚，成为之后被弹劾免职的重要口实。左顺门事件之后，骆安得到嘉靖帝的恩赏颇多，墓志中均有记载“屡有蟒服、佩刀之赐”，“三载奏绩，加升实授一级”等。嘉靖三年（1524）十二月初八，“以锦衣卫掌卫事署都指挥使骆安、提督官校戴昊等缉捕有功升一级”[④]。这样的恩宠赏赐，在当时很遭人妒忌，但作为皇权统治者需要这样的特殊机构、特殊人员为他网络臣子们对他“不忠”的行为和证据，如嘉靖四年（1525）正月初八，调查直隶永平府抚宁县山海库有隐讳之事[⑤]。山海库，在山海关城西北，隶抚宁县管辖。明初置，成化十八年（1482）闰八月裁革，弘治十年（1497）三月复置。主要是贮存国家粮草。山海库大使一职，官阶，未入流，但其职能尤为重要，管控国家的粮库。骆安指挥将山海库大使一干人秘密缉捕诏狱，审理出其积抑，严惩一批贪官。

嘉靖四年（1525）二月十八日，嘉靖帝下令修理京城之事，从军队调动五千人，以内官监太监陈材、总兵官保定侯梁永福、工部左侍郎童瑞、锦衣卫署都指挥

①《御选明臣奏议》卷一九，张原《论锦衣卫朱宸等疏》；《明世宗实录》卷二二，嘉靖二年正月丁卯，第646页.

②《明世宗实录》卷二三，嘉靖二年二月壬午，第658页.

③《明世宗实录》卷二六，嘉靖二年闰四月甲辰，第732页.

④《明世宗实录》卷四六，嘉靖三年十二月戊戌，第1179页.

⑤《明世宗实录》卷四七，嘉靖四年正月戊辰，第1199页.

使骆安督之[①]。明朝军队组织每五千人，均设一都指挥使。正好吻合了墓志中“寻以廷荐，督理内外衢巷池隍诸务，遂查革兼并修理沟渠，氓恃以安”。嘉靖五年（1526）正月十八，御史朱辰竭力陈说：京师总甲大为民害，请禁革诸弊，及议编审之法事。认为“锦衣卫下夜官校亦可罢”。嘉靖本来允许可行，但锦衣卫指挥使骆安“以为官校下夜及总甲报事遵行已久，不宜尽革”。嘉靖帝又“命校尉下夜如故第，不得科扰地方，并饬五城兵马，不得擅役总甲等，有营私犯禁者，皆罪之”[②]。嘉靖七年（1528）十一月十四日，锦衣卫署都指挥使骆安等言：“直侍卫旗校官军寒苦，希望按照巡捕官军及侍卫红盔官军分发衣鞋”，嘉靖帝以“奏讨衣鞋事例一体，准给”，但骆安管属的直侍卫所官军得到这样的待遇，遭到工部尚书刘麟的质疑[③]。以上充分体现了嘉靖帝对骆安的信任，及骆安对下属的关怀之情，但同时反映了这一时期的骆安难免有“居功自傲，盛气凌人”之势。同时，也有办事不力，受到皇上批评的现象。嘉靖五年（1526）三月十七日，为“天方国使臣火者马黑木等入贡”[④]事件，因牵扯很多官僚，骆安不愿意得罪这些人，对处理此事有些隐晦，嘉靖帝对骆安以“久查不明”进行了严厉责备。嘉靖八年（1529）四月二十二日，嘉靖帝让刑部尚书高友玑等审问郭勋擅取金辂一事，因郭勋等相关人员隐瞒事实，几次审问，均有更改。嘉靖帝以都御史熊浃、侍郎许赞、大理寺少卿曾直、锦衣掌卫事都指挥使骆安等“漫无可否，殊非刑官之体，亦宜并论”，牵扯大批人。将已致仕熊浃等各夺俸六月，骆安等各二月。嘉靖帝又以“罪状欠明”，将金辂等“下法司会九卿再问，得勋受贿状”[⑤]。因此，骆安也被牵连受罚。到嘉靖九年（1530）十二月十四日，“兵部都给事中张润身奏言：锦衣卫堂上官以近侍故，优容不与考选，中间不职甚多。乞如文臣自陈例取自上裁，有幸免者听言官指名参奏。上令即指名参奏，不必令自陈。润身乃劾掌卫事署都指挥使骆安、指挥佥事刘宗武奸贪不职，宜罢。”[⑥]此时的骆安年岁已高，无须权力之争，只想平稳过余生，墓志文中有记载“公自解组，即闭门谢客，绝口不谈世事，自奉冲约，耳无丝竹之娱，目鲜珍异之玩。惟训子读书，时或戚党弹棋话旧，余二十年终”。既然有人弹劾，便“急流勇退”“解甲归田”不失为睿智的选择。

从《骆安墓志铭》显示骆安其人，笔者认为主要有三点：其一，有忠君之心。

①《明世宗实录》卷四八，嘉靖四年二月丁未，第 1226 页 .

②《明世宗实录》卷六〇，嘉靖五年正月辛丑，第 1414 页 .

③《明世宗实录》卷九五，嘉靖七年十一月壬子，第 2211 页 .

④《明世宗实录》卷六二，嘉靖五年三月庚子，第 1447 页 .

⑤《明世宗实录》卷一〇〇，嘉靖八年四月丁亥，第 2378—2379 页 .

⑥《明世宗实录》卷一二〇，嘉靖九年十二月庚午，第 2861 页 .

嘉靖帝是以藩王身份继承大统，还是一个不满十四岁的少年。刚入朝中不仅孤立无援，而且皇权、政权均无法掌控。当他提出要追尊父亲一个名号时，遭到朝中大臣和皇室宗亲的反对，因而引起了嘉靖初年政治事件“大礼议”之争，让这位少年天子，苦不堪言，只能韬光养晦，用三年多的时间，逐渐将自己从藩府带来的人员均提拔到重要部门，特别是锦衣卫一干人，如骆安以掌锦衣卫之职，陪伴嘉靖帝度过了“礼议之争”的艰难岁月，无论在行动上，还是精神上给予莫大的支持。其二有尽臣之责。在嘉靖登基之初，励志推行新政，革除武宗弊政，在一切制度的推行中，他需要践行者，更需要有人为他清除障碍。骆安作为旧邸的老臣深谙嘉靖帝的治国之道，甘愿成为先卒，自然效犬马之劳。其三有生存之道。骆安因经历了“大礼议”之争，参与了左顺门事件的逮捕，深知得罪很多人，便“解甲归田”，以退为进，正所谓“塞翁失马，焉知非福”。之后，骆安闭门谢客，闭口不谈时事，在家颐养天年。反而嘉靖帝“追念旧劳”，感念骆安多年的功劳，便以“指挥佥事”身份让骆安致仕，家族仍然享受世袭，这是明威将军、锦衣卫指挥使骆安最好的结局。

锦衣卫指挥使骆安的一生，有起有落。本应在兴王藩国度过平凡一生，但朝局的变换将他推上属于他的政治舞台。在历史的纵深里，他看着嘉靖帝诞生、长大、登基，成为一代天子。在议大礼的过程中，作为皇帝利益的捍卫者，一切行为准则建立在维护“皇帝的圣意”之上。在十年的伴君生涯中，作为嘉靖帝的旧臣，因为懂得思危、思变、思退，便成为政治倾轧中能全身而退的人物。同时，我们必须认同锦衣卫在嘉靖一朝，特别是早期政治生态衍生中所起的平衡作用，帮助我们洞悉历史的本源，即个人深蹈历史洪流的价值与野望。

（作者单位：湖北省钟祥市明显陵管理处）

明代军籍与锦衣卫士人政治思想群体性研究初探

——以嘉万年间平湖陆氏锦衣卫族系与军籍士人的政治思想关联为例

黄　铮

在论及明代政治思想及其群体性因素在政治主体构成中的影响及作用时，学界以往对于明代政治思想的研究没有获得全面的重视。从明代政治思想史的发展整体来看，无论在哪一个具体历史时期中，明代政治思想的构成都非是由某个单一思想群体构成的。在以往对于明代政治思想的研究与思考中，其视点与重心主要集中在具有鲜明思想特性，常以某种政治思想或学术思想为宗旨，集合在一起的政治思想群体上。从研究实际来看，明代政治思想在当时的历史语境中所呈现的状态，并非是以某种单一性结构而存在的，其内在矛盾与利益冲突是有着多维度、多层次的不同根源性的。如若单以政治团体或学术流派作为划分，来对明代政治思想的某一时期做出整体性、概括性的释读与分析，其结论必然是具备着一定偏颇或片面性的。在解读明代政治思想的过程中所必须注意的是：在明代政治思想的构成之中，有着并未以固定状态（即“党”“社”或被冠以某种鲜明称谓的政治联合体）存在着的政治群体性。上述在明代政治思想中所存在着的政治群体性，并非是以某种目的性或利益性而集合在一起的，而是因为某些内在的因素而自然划分出的群体。纵观明代政治思想史中的思想构成主体，以地缘、户籍或家族血缘等因素产生客观关联的政治人物，在其政治思想上是有着某种内在联系的。这种内在联系的呈现状态，在一些政治事件上并非是绝对的相互支持同进同退，其往来呼应，是会在特定的历史时期，具体体现在某些特定历史情境与事件中的。

本论将从明嘉靖至万历年间军籍与锦衣卫出身的士人群体，在政治表现及其思想上的关联性做出一定地梳理与阐明。重点将以明代锦衣卫代表人物之一 ——陆炳所出身的平湖陆氏锦衣卫家族，与以夏言、高拱、张居正等为代表的军籍士人群体在政治表现及其思想上的关联性为中心加以考察。试图在对于明中后期政治集团的“党”“派”等思想群体的传统划分概念以外，所客观存在的、由锦衣卫与军籍士人构成的政治群体，及其群体所持有的政治思想特性加以分析判明。

一、明代军籍士人思想相关研究

对于明代军籍士人思想等相关研究，主要以王毓铨氏的《明代的军户——明代配户当差之一例》[①]一文为始，王氏的研究将明代军户的研究作为一个独立的研究题目进行提出。在其研究中，王氏运用以唯物史观，以恩格斯的社会阶层划分方法为基础，将军户的社会地位认定为明代社会最下层的社会阶层之中。在此后诸多研究者的研究之中，如周远廉与谢肇华[②]、李龙潜[③]、于志嘉[④]、曹国庆[⑤]、申红星[⑥]、梁志胜[⑦]等人的相关研究研究，均是围绕着王氏研究的论点，通过其所持的不同学术视角与关心，以明代军户制度与社会地位为中心进行了深入细致的研究。除上述研究外，顾诚的《谈明代的卫籍》[⑧]一文，在对政治制度与社会阶级进行探讨以外，对卫籍、军户出身的士人与官员等加以判明。顾氏的研究通过调查在文献中，对于明代卫藉、军户的先祖与家族籍贯的记述，对于不同的士人身份进行判定。因讨论内容与篇幅所限，在顾氏一文的研究之中，对于士人所共有的外在政治表现与内在思想特性，并没有进行具体的例证列举与分析。对于这个问题，在于志嘉《再论族谱中所见的明代军户——几个个案的研究》[⑨]、彭勇《明代河南的军卫移民与文化传播》[⑩]、郭红《明代卫所移民与地域文化的变迁》[⑪]等诸研究中皆有具体的论证研究。但在学界之中，至今对于由军户所组成的明代军籍士人群体的思想，没有先行研究有过全

---

① 王毓铨：《明代的军户——明代配户当差之一例》，《历史研究》1959 年第 8 期，第 21—34 页 .

② 周远廉、谢肇华：《明代辽东军户制度初探——明代辽东档案研究之一》，《社会科学辑刊》1980 年第 2 期 .

③ 李龙潜：《明代军户制度浅论》，《北京师范学院学报》1982 年第 1 期 .

④ 于志嘉：《明代军户世袭制度》，台北，学生书局，1986 年；《试论族谱中所见的明代军户》，《“中央研究院”历史语言研究所集刊》57 本 4 分，1986 年 .

⑤ 曹国庆：《试论明代的清军制度》，《史学集刊》1994 年第 3 期 .

⑥ 申红星：《明代宁山卫的军户与宗族》，《史学月刊》2008 年第 3 期 .

⑦ 梁志胜：《明代卫所武官世袭制度研究》，北京，中国社会科学出版社，2012 年 .

⑧ 顾诚：《谈明代的卫籍》，《北京师范大学学报》，1989 年第 5 期 .

⑨ 于志嘉：《再论族谱中所见的明代军户——几个个案的研究》，《“中央研究院”历史语言研究所集刊》63 本 3 分，1993 年 .

⑩ 彭勇：《明代河南的军卫移民与文化传播》，《中州学刊》2014 年第 7 期 .

⑪ 郭红：《明代卫所移民与地域文化的变迁》，《中国历史地理论丛》2003 年 .

面的分析与梳理。

本论将以上述先行研究为参照，利用于志嘉的《明代軍戸の社会的地位について——科挙と任官にぉいて》[①]与《明代軍戸の社会地位について——軍戸婚姻をめぐって》[②]等文中所整理的文献等材料，对于明代军籍士人的身份认同与思想特性进行探讨。

二、明代军籍士人的身份及其思想群体性构成

在对明代军籍士人思想的研究中，首先所应注意的问题是在其特性之中所存在着的明代军籍制度的复杂性与变化性。明代军户的构成是随着时代推移，进而不断发生着变化的。在其变化的过程之中，军户自身往往对于自己的军籍来源，究竟是祖籍（祖军原籍）、移民到卫所获得军籍，还是祖辈因充军等由来，尚无法做出真实地判断。而后世的研究者在研究中，却惯常将军籍士人以“其军皆世籍”等语简单地进行了概括。这种明显片面的结论，在具体问题的针对性研究中存在着诸多不足。而若以上述论点对于军户社会地位的高低进行判断，进而加以研究运用，是舍弃历史发展过程中的客观变化性所做出的主观判断。如从于志嘉的《明代軍戸の社会的地位について——科挙と任官において》一文所总结的表《万历庚戌科军籍进士祖孙五代科举、任官表》来进行看，军籍士人的户籍在明代政府所统计的官方资料之中，存在着军籍与官籍混用的情况。在明代的军籍中，因卫所的武官官职也是可以世袭的，所以世袭武官的户籍与一般的卫籍、军籍者有所区别，通称以官籍。而在军籍者与官籍者之间，军籍者因军功而升为官籍的实例，与官籍者因犯罪等事由被改将为军籍之例，皆屡见不鲜[③]。所以，在明代军户社会地位的高低是会随着上述事态的变化而发生改变的，并不是处在某一个固定的社会位置之中。因此而言，无论是以王毓铨为代表的认为明代军户的地位低下之论点，还是如于志嘉等人在研究中所提到的“社会的地位有所上升”等论点，实际上双方都不足以对于其变化进行全面地说明。无论是“低下”还是“上升”，作为对某一时期军户社会整体性社会地位状态的说明，都不具备完全的说服力，并没有具化到普遍个体进行全面系统的调查分析。

---

① 于志嘉：《明代軍戸の社会的地位について——科挙と任官において》，《東洋学報》第 71，1989 年 .

② 于志嘉：《明代軍戸の社会的地位について——軍戸婚姻をめぐって》，《明代史研究》第 18 号，1990 年 .

③ 于志嘉：《明代軍戸の社会的地位について——科挙と任官において》，《東洋学報》第 71 卷（補注 1），第 131 页 .

一个社会群体在社会中的地位高低以及其群体性思想的表现，首先是存在于客观的历史表现之中的。置于有明一代的历史语境里，其集中表现在由群体内精英所构成的士人之中。士人在进行政治活动，宣扬政治主张之时，其表现出的特性，是可以调查证明的。例如在上文表四《明代六部尚书户籍统计表》中所载，有明一代以军籍出身的尚书中，单以确认的军籍身份来统计，担任刑部尚书的人数最多达到十四位。包含上文所述的官籍士人来统计，担任兵部尚书的人数最多，达到了十七位。而从表《明内阁首辅出身户籍表》中可以得知，在嘉靖至万历年间中，有着鲜明政治思想的首辅阁臣，夏言、高拱、张居正、张四纬等人都是军籍出身，进而可以证明在此时期中，军籍士人的身份绝非王氏在研究中所言的“低下”。相反，由上述军籍士人所主要担任的职务以及其中代表人物的政治思想可以看出，军籍士人的政治思想和表现都是有着强硬特性的。而其思想群体特性的持有，是有由军籍士人的“思想共通性”所决定的。这种思想共通性决定了群体成员在主观上的自我社会认知，进而社会生活之中形成了某种“思想依存”。

三、明代军籍士人的思想依存与社会族系

在本文中出现的“思想依存”是指在时代之中，由士人的出身、血缘、世代所决定的内在的思想印记。这种思想印记并不会直接体现在士人思想的外在表现之中，但确是士人思想的构成里所不可或缺的部分，而这样的“思想依存”最后往往会体现在士人对群体的归属感上。而这种归属感则是明代政治党派和学术思想学派以及文坛流派等士人、文人集团所构成的必要因素之一。比如乡籍和户籍相同的士人，其所持有的政治观点和学术认知，往往容易相近或类同，进而形成某种群体性思想表现。究其缘由，上述群体性思想表现并非是从一般的社会集团性所产生的归属感，而是由士人所处群体性环境中所产生的思想特性所决定的。明代士人群体性的“思想依存”其在政治思想的历史表现中所呈现的状态，却并非是西方汉学家所提出的“地方精英”“家族集团”① 等极为鲜明和具体的存在表象，而是以一种内在

① Hilary Beattie：《中国的土地与族系：明清时代安徽桐城的一项研究》（“Land and Lineage in China：A Study of T' ung—ch ' eng County，Anhwei，in the Ming and Ch ' ing Dynasties”）［ Cambridge，1979 ］页 88；Jerry Dennerline《嘉定的亡明支持者：十七世纪中国的儒家领导权和社会变迁》（ ” The Chia—ting Loyalists：Confucian Leadership and Social Changes in Seventeenth—Century China”）［ New Haven，1981 ］，第 113 页；《宋、元时期福州的婚姻、后裔集团和 地方策略》（ ” Marriage，Decent Groups，and the Localist Strategy in Sung and Yuan Fu—chou”）［ in Patricia Ebrey and James L。Watson，eds.，” Kinship Organization in Late Imperial China，1000—1940”［ Cambridge，England，1986，95—136 ］，第 132、133 页 .

的主观自我社会认同，影响到其政治行为或学术活动及其思想上的。这种“思想依存”在士人之中上形成了某种客观存在的群体性社会关系，这种群体性的社会关系是明代社会文化、政治思想与学术变革的潜在动力及表现载体之一。

现当代西方汉学界对于明代社会群体性考察，主要集中在以卜正民为代表的对于“精英社会族系”的考察与研究中。其研究主要强调，明代士绅所建立的族系机构在明代社会思想及政治中所起到的作用①，以及社会族系中文化霸权对于社会文化及地方政治的影响②。但单以家族或族系的视角试图解构或者阐明，由复杂社会人情与传统伦理观念所架构出来的某个社会文化或政治表象中的社会形态，在明代历史语境下是无法取得成功的。族系概念和社会框架结构，在传统中国社会的存在并非是单一的固化的群体性社会关系，而且绝对不是某种封闭式的内循环组织结构。

在明代的社会中，由于户籍制度的存在，其因户籍等因素所划分出的群体性社会关系与社会族系之间，存在着一种互相影响的共生关系。这种关系架构在相同的“思想依存”之上，其在社会文化及政治行为上的体现，是清晰可辨有迹可循的。其中最具代表性的是明代军籍士人与锦衣卫族系之间的相互关系。

四、军籍士人与锦衣卫族系的政治思想性关联

锦衣卫在明早期一直是作为卫所性质出现的，其组织构成与户籍性质与一般军籍并无异处。在进入明中期以后，锦衣卫由于在所负职能与责任上愈发繁巨，其在性质上逐渐发生了转变，出于所理事物的保密需求，锦衣卫被勒令严禁与文武百官交往。虽然有明令禁止，但因锦衣卫在明中后期政治语境中所扮演角色的特殊性，依然屡禁不止③。而屡禁不止的内在原因，则是在明代政治环境，特别是英宗以降皇权的更迭、朝局的诡谲阴影之下，致使包括阁臣在内的文武官员，都不愿放弃与锦衣卫这样的，实权军事化机构的结交与串联。而从当时的政治现实需求来看，文武官员与锦衣卫官员的交往关联，是有着充分的政治必要性与动机的，并非是屈服在所谓特务机关的恐怖阴影之下④。而且由于锦衣卫在有明一朝的权势，虽然有着起伏

---

① Timothy Brook：(Must Lineages Ownand? ") ["Bulletin of Concerned Asian Scholars," 20, no. 4 (Dec。, 1988): , 第 72—79 页]

② Timothy Brook：《Lineage Continuation and Culture Hegemony：Ningbo Gentry (1368—1911)》(家族传承与文化霸权：1368 年至 1911 年的宁波士绅), The Journal of Chinese Social and Economic Histor, 2003, 92—106.

③ 张金奎：《锦衣卫职能略论》,《明史研究论丛》第八辑，北京，紫禁城出版社，2010 年，第 169—186 页 .

④ 丁易：《明代特务政治》, 北京，群众出版社，2008 年 .

波动，但随着研究的不断深入，近年来对于锦衣卫家族谱系的深度研究与挖掘，逐渐被更多学者所关注[①]。锦衣卫族系所具备的研究价值，除了体现在其传承延绵本身所具有的与明皇权的紧密关联性以外，在具体历史时期，其族系的政治表现及核心政治人物的政治参与，对于明代政治思想史的研究而言也是不可多得的宝贵材料与研究视角。现阶段对于锦衣卫族系的研究，所取得的最为卓著的研究成果，是对平湖陆氏与新田骆氏的调查与研究。平湖陆氏锦衣卫族系的主要研究价值，主要体现在其研究的空间扩展性上。由于其核心人物陆炳及其子嗣在嘉万年间政治事件中所扮演的重要角色，以及围绕着平湖陆氏锦衣卫族系所展开的政治斗争，涉及了诸多在明中后期所发生的重要政治事件。所以，对于其族系的政治思想表现进行深入研究探讨，可以对此时期的政治思想有着更为全面客观的判明论据。而新田骆氏锦衣卫家族，则是由于其以骆以诚一系的从洪武年间直至明末，其传承谱系完整无缺，且有墓志铭、正史、地方史志、族谱等史料相互印证，传承轨迹清晰可循，在对于明代政治思想、卫所制度等研究的时间性研究视角，具有十分宝贵的研究价值与意义。

在上述两个问题中，对于平湖陆氏谱系的研究成果，有高寿仙《社会地位与亲缘关系的交互建构——以明代科第大族平湖陆氏为例》[②]一文。该研究对于平湖陆氏靖献支的谱系做出了系统的梳理与调查，并以平湖陆氏的社会地位与家族关系为例，探讨了在明清社会中，社会地位与亲缘关系之间具有交互建构的功能。以高氏研究为基础可以发现，平湖陆氏靖献支是平湖陆氏最为兴旺的族系，而文中所引靖献支中最为知名的支系之一就是陆炳锦衣卫家族。在对陆炳为核心锦衣卫家族谱系调查中可以发现，陆炳的祖籍并非是军籍，其父陆松因兴世宗入朝，获擢锦衣卫千户，官至后府都督佥事，协理锦衣卫事。而陆炳本人是通过武举，进而进入锦衣卫系统的。《大明世宗肃皇帝实录卷四百九十一》嘉靖三十九年（1560）十二月壬寅条有载：

> 炳，浙江平湖人。祖墀以尺籍隶锦衣卫……炳松之子也，中武举会试，授副千户，积功至指挥佥事。己亥，上南幸承天。至卫辉行宫夜火，侍卫仓卒无在者，独炳身负上出于火。上识其姓名，即拜都指挥掌卫事。

由此可见，陆炳并不属于上文定义中的军籍士人群体中的一分子。但在很多政治事件中，其与军籍士人群体达成的某种政治默契，及军籍士人群体在其没后，对于其族系中后嗣的回护却是清晰可见的。如在隆庆朝中就有对陆炳族系的清算言

① 张金奎：《八十年来锦衣卫研究述评》，《中国史研究动态》，2015 年第 1 期.

② 高寿仙：《社会地位与亲缘关系的交互建构——以明代科第大族平湖陆氏为例》，《北京联合大学学报》（人文社会科学版）2016 年第 1 期.

论，在万历三年（1575）张居正力排众议，规劝万历帝，方使陆炳族系得以延续。见于《明神宗显皇帝实录卷之三十七》万历三年四月壬戌条：

先是隆庆中，有追论故掌锦衣卫事都督陆炳罪者。诏下法司，穷治籍其家，逮其子绎等系狱，追赃数十万。更五年，赀财罄竭无可追者，至是绎等具奏乞免。是日，讲读毕，辅臣奏请上裁。上问居正，曰：此事先生以为何如？居正对言：陆炳功罪，自不相掩。昔世祖南幸，至卫辉行宫失火，侍卫仓卒不知乘舆所在，炳独身负世祖出于大殿，以免难此。社稷之功也。世祖因是眷任独隆，赐之伯爵托以心膂。而炳小人不知道凭藉宠灵，擅作威福。京师豪横为之敛手，而所夷灭，亦往往有无辜罗祸者。此则炳之罪也。臣等谨按律，惟谋反叛逆奸党罪，乃籍没家产，馀罪皆否。且籍没者不更追赃，追赃不行籍没。此国法也。今二法并行，而家产已尽。丘陇俱夷其子绎，贫困蓝缕殆类乞人。若更尽法，惟有死耳！论炳之罪未与反逆同科，而翊主保驾之功，不能庇一孤子？世祖　在天之灵，必不安于心者矣！上瞿然曰：既如此，先生宜为一处。居正对言：事体重大，臣等岂敢擅专？上曰：不然国家之事，孰不赖先生辅理，何嫌之有？居正叩头承旨出。次日，奉旨：陆炳生前功罪及家产果否尽绝，著法司从公勘议。于是法司为分别炳功罪，言家产已勘明尽绝，诸所连累者亦为流减以请。上乃释。

由张居正于此殿前对奏的内容可以看出：在陆炳没后经隆庆一朝的不断清算，陆炳家族已经破败凋敝到了极致。张居正身为首辅，本不必如此大费周章，劝说万历帝。其内在缘由，因材料所限，于今已无法准确调查判明。但从其动机来看，如果只是因陆炳在世之时，回护过一些“清流”士人官员，张居正就如此尽心劳力，未免说不过去。若以上文所提到的，军籍士人政治群体的客观存在来看，在嘉靖朝所出现的所谓的“清流”士人，其领袖人物和主要人员，如高拱、张居正等人都是军籍士人。如果陆炳在世之时，以其为核心的平湖陆氏锦衣卫家族，就与以上述人物为主要核心的军籍士人群体，达成了某种政治关联或默契的话。那么在此后张居正如此为陆炳开解，回护其族系后嗣就说得通了。对于陆炳的政治思想与投机等行为，一直以来存在着颇多争议。但如果一分为二的来看待，将其与严嵩交往的部分事由暂时搁置，单以其对于“清流”、特别是徐阶等人的回护斡旋，以及其因武举恩师李默之间情事①，不

①［清］万斯同：《明史》卷二八九《李默传》，上海，上海古籍出版社，2008 年 .

惜与严氏父子反目成仇的客观事实来分析。陆炳当得上“虽富贵已极，间有恣睢。然于士大夫无失礼，中间保全实多。”[①]且在陆炳有迹可查的交友之中，如沈炼、张瀚、聂豹、俞大遒等皆为军籍。所以，至少可以得出在以陆炳为核心的平湖陆氏家族的政治思想表现中，其与在朝、在野的不同政治派别之间，对于军籍士人的政治群体有着特殊的内在关联。这种关联在具体的政治事件与表现中，所呈现出的状态其实表现出了军籍士人与锦衣卫族群之间的某种政治伴生关系。

如前所述，锦衣卫作为明代军户卫所制度下的特殊存在，从政治制度史上来说，其与其他的卫所军籍相比较而言，其在成祖年后的职能范畴从作为侍卫机构的单一性，向更为复杂的职役性质中不断变化。置于明中后期的历史语境中，从锦衣卫的规模构成上来看，已经拥有了庞大复杂的不同地域与社会族系。这些锦衣卫族系的也会通过正常的科举应试进而取得仕途功名。经年累月之下，无论其是否真的通过科甲在政治表现中占据一部分话语权，但作为广义上“军籍”范畴之下，锦衣卫与其余军籍出身的士人，在政治思想与表现上其实是有着相同的教育背景与相近的政治诉求的。所以，从政治思想的主体来说锦衣卫族系政治思想与广泛的军籍士人政治思想是有着一种伴生状态存在的。

结　语

从群体性政治思想发展的内在逻辑来看，锦衣卫族群士人思想的形成与其思想教育的经历和其余军卫士人群体，虽然在社会制度史角度来看相差并不明显，但若考虑到锦衣卫族群其本身作为明代“军事移民”性质群体的流动性。在对锦衣卫族群士人思想群体性进行考察时，其所蕴涵的不同地域的空间属性特征是必须加以重视的。在关于明代进士等相关研究中，对于明代不同地域所对于群体性思想所造成的客观差异是已经被学界所关注的[②]。这种情况在锦衣卫族群中的存在，是其与一般军卫出身的“军籍”士人除了如前文所引《登科录》等所在的“户类”[官籍、军籍、(军)匠籍、校籍、校尉籍、(小、总)旗籍、力士籍、民(军)籍等]分类之外，有着较为特殊的区别。锦衣卫族群在明中后期，因其特殊的职役性质，所需接触和调查了解的不同层面思想，其社会交际、生活环境、思想交流等方面，都存在着巨大的流动性和串联性。以明中后期的政治实际而言，以平湖陆氏为代表的锦衣卫族群思想，在政治思想上倾向性的转变，是有着风向标性质的研究意义的。其

① [明]朱国桢:《皇明大事记》卷三六,《续修四库全书》史部第431册，上海，上海古籍出版社，2013年，第35页.

② 吴宣德:《明代进士的地理分布》，香港，中文大学出版社，2009年，第56—58页.

族群政治思想的构成上，对于社会思想、政治思想、学术思想的发展变化是有着极强的时代敏锐性的。无论是上述所举的实例所章明的锦衣卫族群士人在嘉靖朝对于“清流”与其他政治派别间的政治倾向，还是之后在明末党争中的政治思想表现，都体现出了锦衣卫族群思想有别于其他思想群体的特殊性。

对于在明末党争等具体政治活动中，锦衣卫族群思想群体性思想的具体表现与关联性，在后续研究中，还需持续深入的进行调查与分析。以期能进一步地将锦衣卫族群士人的政治思想群体性，在明中后期历史语境中的历史作用加以判明和梳理。

（作者单位：立命馆大学文学研究科博士后期课程）

明代锦衣卫进士群体的构成特点及其成因

黄谋军

锦衣卫是明代卫所制度下的产物，是明代历史上有着广泛影响的特殊军事机构。前辈学者围绕锦衣卫制度，做了许多有益的探讨，并取得了丰硕的研究成果。2015年，张金奎先生撰写《八十年来锦衣卫研究述评》[①]一文加以介绍，并总结出21世纪以来锦衣卫研究的特点，笔者在此不欲赘述。近年来，对锦衣卫研究用力最勤的当属张金奎先生，其先后发表《明锦衣卫侍卫将军制度简论》[②]《锦衣卫形成过程述论》[③]等高水准论文，极大地推进了锦衣卫问题的研究。但综观这些研究成果，多从政治制度史的角度，围绕锦衣卫本身的性质、职能以及与东、西厂的关系等问题展开，鲜少有从社会群体史的角度研究锦衣卫的寄生群体生态，尤其是锦衣卫进士群体[④]，目前未见有专门论述这一群体的文章。因此，笔者不揣浅陋，钩稽史料，拟以锦衣卫进士群体为着眼点，依据现有登科录、进士题名碑录等史料，统计有明一代锦衣卫籍进士总数，探讨锦衣卫进士群体的时段分布、地域来源、户类构成特点以及成因，进而探讨明代政局变化与锦衣卫籍生员科举状况之间的关系，以促进锦衣卫问题研究的拓展与进一步深入，不妥之处，尚祈方家斧正。

一、锦衣卫进士的时段分布特点及其成因

朱元璋建立明朝之后，在继承前代选拔人才的基础上，实行以儒学与科举为中心的教育科考体系，究其原因，则是由于科举制度兼顾着公平与效率，为明代政治运转及官员储备提供了有效的途径。正如顺天府通州儒学学正逯鼐所称："我朝取

---

① 张金奎:《八十年来锦衣卫研究述评》,《中国史研究动态》2015年第1期.

② 张金奎:《明锦衣卫侍卫将军制度简论》,《史学月刊》2018年第5期.

③ 张金奎:《锦衣卫形成过程述论》,《史学集刊》2018年第5期.

④ 锦衣卫进士，是指因祖、父、兄弟等亲人或为官、或服役、或带管于锦衣卫，从而获准寄籍锦衣卫，进而考中进士的人员。这些锦衣卫进士通常生活于卫所管辖的范围，并在行政管理上受到卫所制度的影响，在当时以及其后的文献中常常被称为"锦衣卫人".

士之途，所以惟科举为最正，得人为最盛，天下所共荣，而他途弗齿也”[①]。有明一代，共录取88科89榜（洪武三十年春、夏榜）进士。明代《登科录》《进士题名碑录》等资料，存有洪武四年（1371）至崇祯十六年（1644）间80科进士名录，占全部科次的90.9%，以此80科所录锦衣卫进士的相关信息，应能基本反映明代出自锦衣卫的进士情形。据笔者统计，明代南北两京锦衣卫共产生进士247名，其中北京锦衣卫进士230名，南京锦衣卫进士17名，由于本文涉及时间、空间、户类分布等指标，为了避免混淆以及从叙述上的方便考虑，暂且不讨论南京锦衣卫进士，也不将南京锦衣卫产生的17名进士列入统计比较范围。

有明一代，北直隶共产生进士2419名[②]，北京锦衣卫进士占比9.51%；顺天府（包括在京卫所和锦衣卫、钦天监等中央机构中式的人数）共产生进士1073名，北京锦衣卫进士占比21.44%。北京锦衣卫籍进士人数高于北直隶中的大名府（219名）、广平府（143名）、永平府（100名）等府，略低于河间府（278名）、保定府（275名）、真定府（265名）等府[③]。可见，仅就锦衣卫一卫的进士人数，在北直隶的各府级排名中也是中等偏上的。因此，锦衣卫籍生员的科举实力不容小觑。明朝16位皇帝，除明仁宗、光宗外，其余14位帝王15朝（英宗两度在位，正统和天顺各算一朝）都有开科取士，那么，锦衣卫进士在各朝的分布情况如何呢？为了更好地考察北京锦衣卫进士的时间分布特点，笔者按照明代各朝代的顺序将其列表如下（见表1）。

表1 北京锦衣卫进士时空分布表

	洪武	建文	永乐	宣德	正统	景泰	天顺	成化	弘治	正德	嘉靖	隆庆	万历	天启	崇祯	合计
南直	0	0	0	0	0	4	3	11	14	4	14	0	6	0	0	56
北直	0	0	0	0	0	0	0	4	8	4	5	3	6	1	4	35
浙江	0	0	0	0	0	1	2	7	9	6	17	4	10	0	1	57
山东	0	0	0	0	0	0	0	1	5	1	7	0	3	0	2	19
山西	0	0	0	0	0	1	0	1	1	0	2	0	8	1	1	15
江西	0	0	0	0	0	2	0	1	2	3	1	1	1	0	0	11
湖广	0	0	0	0	0	0	0	0	1	0	4	1	4	0	1	11
陕西	0	0	0	0	0	0	0	1	1	1	2	0	1	0	0	6

① [明] 逯鼐编：《明弘治十四年辛酉科河南乡试录·序》，宁波市天一阁博物馆整理：《天一阁藏明代科举录选刊·乡试录》，宁波，宁波出版社影印本，2010年.

② 吴宣德：《明代进士的地理分布》，香港，中文大学出版社，2009年，第56—58页.

③ 北直隶各府进士数，参见吴宣德《明代进士的地理分布》，第68页.

续表

	洪武	建文	永乐	宣德	正统	景泰	天顺	成化	弘治	正德	嘉靖	隆庆	万历	天启	崇祯	合计
福建	0	0	0	0	0	0	1	0	1	5	0	0	0	0	0	7
河南	0	0	0	0	0	0	1	0	0	1	0	0	1	0	0	3
广东	0	0	0	0	0	1	0	0	0	0	1	0	0	0	0	2
四川	0	0	0	0	0	0	0	1	0	0	0	0	0	0	0	1
广西	0	0	0	0	0	0	0	0	0	0	0	0	0	0	0	0
云南	0	0	0	0	0	0	0	0	0	0	0	0	0	0	0	0
贵州	0	0	0	0	0	0	0	0	0	0	0	0	0	0	0	0
单籍	0	0	0	0	0	0	4	1	0	0	2	0	0	0	0	7
合计	0	0	0	0	0	9	11	28	42	25	55	9	40	2	9	230

资料来源：《明代登科录汇编》，台湾学生书局，1969 年；《天一阁藏明代科举录选刊·登科录》，宁波出版社，2006 年；《国朝历科题名碑录初集·附明代历科题名》，《北京图书馆古籍珍本丛刊》，集部，第 116 册，书目文献出版社，1988 年；《中国科举录汇编》，全国图书馆文献微缩复制中心，2011 年。

由表 1 可知，在正统以前，未有北京锦衣卫进士产生，而在景泰之后，除了泰昌朝由于时间短暂未开科举外，各朝代均有北京锦衣卫进士的分布。为了更好地理清明代锦衣卫进士发展的历程以及分析在各时段分布上的特点及原因，我们将整个历程划分为四个时段。具体如下：

第一，洪武至正统为空白期。这一时段历经 80 余年，共开科 23 科录取 24 榜（洪武三十年春、夏榜），其中有 15 科进士题名录可考[①]，未有锦衣卫进士考出。其原因主要有四：其一，锦衣卫于洪武十五年（1382）才正式成立，且在永乐十九年（1421）才随着迁都北调，设立北京锦衣卫。因此，在永乐十九年之前的科举考试中根本不存在北京锦衣卫考生。当然，在这一时段内，南京锦衣卫也未有进士考出。其二，北京锦衣卫在最初的成员构成上，应多来自南京锦衣卫人员的北调，卫军调卫，家属亦应随往。然而，当时北京虽贵为京师，但受战争摧残，较为荒凉，经济发展缓慢，远不如江南富庶，加上路途遥远，前途未知，因此在永乐迁都时多有家属未随军北上，而是滞留南京。如景泰二年（1451）冬十月丙寅，“南京总督机务兵部尚书靖远伯王骥等奏：近因清理军政，查得永乐十九年分调北京官军，其

① 即洪武四年；建文二年；永乐九年、十年、十三年、十六年、十九年；宣德二年、五年、八年；正统元年、四年、七年、十年、十三年等，共 15 科．

户丁寄住南京者几十万人”[①]。其中也必然包括当时的锦衣卫官军家属。事实上，在迁都之初，事务繁多，南京改调北京的卫所多达三十一卫，面对大量涌入的卫军及家属，政府并未加以有效的管理。这不仅表现在卫所公署及营房建设的阙如上，甚至连京卫军士丁口亦因“无籍可稽”而下令重新勘实[②]。其三，在宣德以前，为了配合卫所的新建与防御的征调，并未实行军士在卫生根政策，为了保证军士原籍乡里的赋役征收，除留有必要的补充人员外，多余舍人、舍余、军余、旗余、校余等多被遣归原籍耕种，办纳粮差，置办军装。如洪武三十一年（1398），“令各都司卫所在营军士，除正军并当房家小，其余尽数当差”[③]。宣德八年（1433）三月壬午，“诏减军卫余丁之在营者。先是，有言兴州卫军有挈其全籍丁男二十余人在营，避免赋役。下行在礼部会官议。请如旧制，除正军家属外，每军选留一丁协助，余悉遣归有司，以供赋役。于是，行在兵部右侍郎王骥亦奏内外卫所及各王府护卫旗校尉鼓手人等余丁在营多者往往类此，所司略不遵行旧制遣归。请通禁约：军丁在营不得过二人，如有怙终不遣及遣而不归者，御史、按察司治其罪。皆从其言，故有是命。”[④]因此这一时段，随军生活的军户家属，数量应相对有限，这在很大程度上制约了锦衣卫籍士子参加科举考试的基数规模。其四，明初战争相对频繁，人员征调无常。永乐迁都后，朱棣又陆续进行了3次北漠亲征，作为护卫亲军的锦衣卫，必然要侍卫左右，锦衣卫官军子弟也未能有较为安定的读书备考环境，再加上北直本地文化在这一时期相对落后，教育条件相对有限。因此，在以上因素的综合作用下，造成了这一时期未能有锦衣卫籍进士的产生。

第二，景泰至成化为产生与发展期。进入明代中期，北京锦衣卫才开始考出进士并陆续增多，此期间锦衣卫士子共参加科举殿试13次，共产生锦衣卫进士48人，科均3.7人。其中景泰2科，共产生9人，科均4.5人。锦衣卫籍进士开始产生并得到发展，其原因至少有以下几点值得重视。其一，景泰以后，随着明朝军队布局任务的基本完成，尤其是战事的显著减少，锦衣卫舍人、舍余、军余、旗余、校尉、校余、军匠、卫匠余等军队所属人等的生活渐趋安定，有更多的时间、精力和财力用于读书应试。其二，在政策上，明廷允许军户子弟参加科举，规定“凡该继军丁，告愿科举者，兵部奏送本院（翰林院）出题考试，批定中否，送本部施

①《明英宗实录》卷二〇九，景泰二年冬十月丙寅，台北，“中央研究院”历史语言研究所校勘本，1962年，第4485页．按，下文所引各朝明实录皆为此版本，不再另注．

②《明宣宗实录》卷八一，宣德六年七月癸酉，第1877页．

③［明］申时行等：万历《明会典》卷二〇《户部七·户口二·赋役》，北京，中华书局，1989年，第133页．

④《明宣宗实录》卷一〇〇，宣德八年三月壬午，第2255页．

行”[①]。其三，在这一时期，国子监、顺天府学等也走上正轨，并开设了京卫武学，北直本地的文化从元季明初的相对落后，也开始追赶上来。作为畿辅重地，首善之区，其乡试解额在宣德以后也与应天府并列第一。其四，除了以上外部条件的改善外，锦衣卫士子自身的优势也开始显现，从这一时期锦衣卫进士的地域来源看，来自南直隶、浙江、江西等文化发达地区的人数有31人，占这一时期总数48人的64.6%，故其在当时的顺天乡试、会试中也就表现出相当的优势。

第三，弘治至隆庆为成熟与鼎盛期。此时期跨度较长，历时85年。北京锦衣卫士子共参加28次科举殿试，产生锦衣卫籍进士131人，科均4.7人。其中弘治年间开科6次，考出42人，科均7人，为锦衣卫士子科举最为鼎盛的时期。进入明代中后期，锦衣卫士子的科举热情与中式人数也达到了成熟与鼎盛时期，除了锦衣卫籍生员自身优势的继续发挥外，还应有以下几点因素的作用。其一，这一时期，锦衣卫人数规模达到峰值。锦衣卫作为皇家亲军，显荣非比寻常，成为冗员冒滥较为集中的场所之一。如嘉靖元年（1522）正月辛亥，“时旗校殷通等千三百余人亦援例乞升，兵部议祖宗之法武职非军功不授，正德间始以恩幸窜籍锦衣”[②]。说明至少在正德年间就有人员冒滥锦衣卫。世宗即位伊始，曾大举裁革锦衣卫人员，如《明世宗实录》载：“初上登极诏书所裁革锦衣卫官、校及勇士、匠作人等至十余万，岁省京储米百五十万石”[③]。隆庆年间，大臣也多次奏请裁革锦衣卫军校及监局匠役冗滥者[④]。可见，在这一时期，锦衣卫冗员现象非常严重。但对于科举而言，随着锦衣卫人员的增加，势必会提高锦衣卫籍生员的比例，使得锦衣卫进士的人数也相应地增加。其二，这一时期，产生了多个科举进士家族，他们凭借亲人任职锦衣卫的关系，得以附籍锦衣卫，从而参加顺天乡试，并最终登科仕进。高寿仙先生曾对明代科第大族平湖陆氏做过研究，认为平湖陆氏靖献支在嘉靖年间达到了的科举鼎盛期，从嘉靖二十年（1541）至三十八年（1559），两代人中出了5名进士、3名举人。这两代人除了家族确实具有深厚的文化底蕴外，可能还有一个尚未引起关注的因素，即他们利用同族陆炳的亲缘关系，获得锦衣卫官籍身份，从而参加顺天乡试，登科仕进[⑤]。而这样的例子并非孤例，据笔者研究发现，嘉靖年间浙江余姚

---

①［明］李东阳等：正德《明会典》卷一七四《翰林院·事例》，《景印文渊阁四库全书》史部第618册，台北，台湾商务印书馆，1986年影印本，第714页.

②《明世宗实录》卷一〇，嘉靖元年正月辛亥，第366页.

③《明世宗实录》卷四五，嘉靖三年十一月壬戌，第1153页.

④《明穆宗实录》卷一五，隆庆元年十二月癸巳，第411页.

⑤ 高寿仙：《社会地位与亲缘关系的交互建构——以明代科第大族平湖陆氏为例》，《北京联合大学学报》（人文社会科学版）2016年第1期.

孙氏家族也曾利用相同的科举策略。浙江余姚孙氏家族，自孙燧至六世孙嘉绩，共出了十位进士，官爵显赫，家族强盛。孙燧，浙江绍兴府余姚县民籍，弘治六年（1493）进士[①]。育有三子：孙堪、孙墀、孙升。孙燧因在宁王之乱中被害，世宗为奖掖忠烈，遂荫其子孙堪为锦衣卫正千户世袭，而第三子孙升这一支"时伯兄（指孙堪）官锦衣，迎杨夫人就养，公（指孙升）依焉"[②]，由此获得锦衣卫官籍身份。孙升育有五子，除最小的孙鑛为贡生而早夭外，其余四子——孙鑨、孙铤、孙錝、孙鑛均以"锦衣卫官籍"身份考取进士。其三，这一时期，不仅是锦衣卫士子科举中式的高峰期，也是明代各直省该类士子科举中式的高峰期。郭培贵教授曾对成化至正德年间顺天乡试录中以卫所军士、军余、舍人、舍余、旗余、校尉、校余、军匠以及卫匠余等身份参加乡试的举人进行统计分析，认为"成化、弘治和正德初年是该类考生应试的高峰期"，并通过观察其他省份乡试录的记载，认为"成化、弘治、正德初年不仅是顺天该类考生应试和中式的高峰期，而且也是其他直省乡试有该类考生记载的应试和中式的高峰期"[③]。可见，这一时期拥有相对较好的科举大环境。

第四，万历至崇祯为衰落期。此时期共开科 24 次，产生锦衣卫籍进士 51 人，科均 2.1 人，达到有锦衣卫进士以来的历史最低点。其中万历三十二年（1604）、三十五年（1607）、四十四年（1616），崇祯元年（1628）、十年（1637）等 5 科甚至无一人考出，锦衣卫的科举状况进入到急速下滑时期。从大的科举背景看，自万历至崇祯时期，明代科举制已进入全面僵化的阶段[④]。这一时期，人心浮躁，生员素质平庸，加上万历皇帝的法外施恩与内阁权势的高涨，辅臣子弟多有中式，一定程度上损害了科举的客观公正性。如万历五年（1577），首辅张居正之子张嗣修及第，就是万历皇帝有意施恩的结果，其时即对张居正曰："朕无以报先生，贵先生子孙，以少报耳"[⑤]。其后首辅张四维、申时行等都有类似的情况。另外，经过嘉靖、隆庆等朝对锦衣卫冗滥军匠、校旗等的查验与裁革，致使锦衣卫生员的生活与科举环境受到较大的影响，同时也导致锦衣卫人员的骤减。如据《明光宗实录》载："锦衣卫掌卫事骆思恭题：祖宗朝设旗、尉以供法驾，盖十万人，渐减至今，止存一万看

①《弘治六年进士登科录》，宁波市天一阁博物馆整理：《天一阁藏明代科举录选刊·登科录》，宁波，宁波出版社，2006 年影印本 .

②［明］雷礼：《镡墟堂摘稿》卷一三《宫保孙文恪传》，《续修四库全书》集部第 1342 册，上海，上海古籍出版社，2002 年影印本，第 366 页 .

③ 郭培贵：《中国科举制度通史·明代卷》，上海，上海人民出版社，2015 年，第 125 页 .

④ 郭培贵：《明代科举史事编年考证》，北京，科学出版社，2008 年，第 204 页 .

⑤《明神宗实录》卷六〇，万历五年三月辛亥，第 1376 页 .

守服役等用，正身不足，派及余丁，今典礼举行，驾差繁重，乞下部查照嘉靖年间事例，酌议选补。奉旨：该部作速议补。”[①]在以上各方面因素的共同作用下，锦衣卫科举走向了最终的衰落。

综上，明代北京锦衣卫进士的发展经历了空白期、产生与发展期、成熟与鼎盛期、衰落期四个较为明显的阶段，相较于明代科举“创制时期（太祖至太宗）、发展时期（仁宗至英宗后期）、成熟与鼎盛时期（宪宗至穆宗）、僵化与改革时期（神宗至思宗）”[②]的整体发展历程，是相对滞后的。当明代科举处在创制和发展时期时，锦衣卫进士还处在空白时期，起步较晚，但在后面两个阶段的时间上是基本吻合的。

二、锦衣卫进士的原籍地分布特点及其成因

刘海峰先生曾指出：“科举活动的盛衰和中举及第人数的多寡，是中国封建社会后期衡量一个地区文化发达水平的最重要、最客观的指标。”[③]因此，进士地理分布（即空间分布）一直是科举研究中的热点问题之一。在笔者统计的230名北京锦衣卫进士中，几乎全为“双籍地”[④]进士。因此，锦衣卫进士的原籍地应为本文讨论的重点之一，通过考察锦衣卫进士的原籍地，有利于管窥锦衣卫人员的地域构成和锦衣卫的移民来源。为了更好地了解锦衣卫进士的原籍地分布特点以及更加符合历史实际，本文以明代两直十三布政司为统计单位，并以锦衣卫进士的原籍地作为划分其省（直）归属的依据，以此来统计锦衣卫进士的地域分布（见表1）。

由表1所示数据可知，明代锦衣卫进士群体在地域来源上主要有以下三个突出特点：

第一，锦衣卫进士来源广泛。相比于明代进士遍布两直十三布政司以及辽东地区的情况，锦衣卫进士的来源地在广西、云南、贵州以及辽东等地皆无分布，分布范围相对有所缩小。但在全国16个政区中的12个有锦衣卫进士分布，分布比率达到75%，这无疑也说明了明代锦衣卫进士的来源与构成在地域上具有相当的广泛性。

①《明光宗实录》卷四，泰昌元年八月乙卯，第122页.

② 关于明代科举的分期，参见郭培贵《明代科举史事编年考证》，第1—4、51—53、89—92、204—206页.

③ 刘海峰：《科举学导论》，武汉，华中师范大学出版社，2005年，第328页.

④ 沈登苗先生首次将填报有现籍地，又有原籍地的进士，称为“双籍”进士，刘小龙在此基础上提出“双籍地”进士的概念。参见沈登苗：《明代双籍进士的分布、流向与明代移民史》（《历史地理》第20辑，上海，上海人民出版社，2004）；刘小龙《明代四川双籍地进士与移民初探》（《绵阳师范学院学报》2014年第3期）.

第二，在南北中卷的比例分布上极不平衡。考虑到南北学风、人才特质以及平衡各地的科举诉求以维持政权的稳定，明政府在科举会试中采取分卷取士制度，这就极大地影响了进士的地理分布。就锦衣卫进士而言，原籍地来自南直隶、浙江、江西、湖广、福建、广东等南卷地区的人数达到144人，占锦衣卫进士总数230人的62.61%；来自北直、山东、山西、陕西、河南等北卷地区的有78人，占比33.91%；来自中卷地区的只有四川的1人，占比0.4%。从各省直来看，来源于南直隶和浙江的人数总和达到113人，占整个锦衣卫进士230人的49.13%，几近半数。而地处西南的贵州、云南、广西等地却无一人该类进士，体现出地区分布的极大不平衡。

第三，顺向流动和平向流动构成了锦衣卫进士的基本流向。即文化发达地区流入一般发达地区和欠发达地区。沈登苗先生在研究明清进士的地理分布过程中，曾以科举实力状况将全国划分为三个等级，即将浙江、江苏、江西、福建等省称为科举发达的省份；将安徽、山西、山东、河北、湖北、陕西、四川、广东等省称为科举一般的省份；而将湖南、广西、云南、贵州、辽东、甘肃等称为科举落后的省份[①]。虽然本文的直省划分与其有所出入，但其与明代南北中卷的划分大体上是较为吻合的。按照沈登苗先生的划分，当时锦衣卫身处的北直隶，属于科举实力一般的省份，明代锦衣卫进士由科举发达省份向科举一般省份流向的人数有131人（包含南直、浙江、江西、福建），占锦衣卫进士总数的56.96%；科举一般省份之间的平向流动人数有57人（包含山东、山西、湖广、陕西、河南、广东、四川），占锦衣卫进士总数的24.78%，两类相加占比总和达81.74%，构成了明代锦衣卫进士来源的基本流向。

那么，造成上述分布特点的原因有哪些呢？就其来源的广泛性而言，取决于锦衣卫设立之时的人员构成。从留存下来的《锦衣卫武职选簿》档案中，我们可以大概了解明代锦衣卫人员在地域来源上非常广泛，其进入锦衣卫的途径也较为多元。《锦衣卫选簿》记载了667个武官家庭的历史[②]，他们有着复杂的来源途径，其中主要有从征、归附、谪发、佥充、垛集、外戚、中官推封、恩荫、王府改调、军匠以及其他专业人员等。笔者试举两种来源途径，对其来源籍贯进行考察。其一，从征，即元末兴兵之时追随朱元璋征战的军士。该类武职有17例，其中除山东1例、湖广4例之外，其余籍贯均为南直隶。其二，佥充，即佥发民户充锦衣卫的校尉、力士等。在《锦衣卫选簿》中找到该类武职有35例，其中有24例来自北直隶，其余来自山东4例，河南2例，浙江3例，南直隶1例，陕西1例。从这两种途径来看，

① 沈登苗：《明清全国进士与人才的时空分布及其相互关系》，《中国文化研究》1999年第4期.

② 参见孙志虎《〈锦衣卫选簿〉整理与研究》，陕西师范大学硕士学位论文，2013年，第45—70页.

已覆盖7个省、直，而按照明朝规定，这批人户及其后裔具有在移民地或执役地——顺天府参加乡试的资格，进而也就造成了锦衣卫进士在地域分布上的广泛性。

就其来源地域分布不平衡来说，除了锦衣卫生员具有的相同条件（如学校资源、交通条件、地理位置等）应排除外，笔者认为有以下几点值得注意：其一，锦衣卫人员地域比重的差异。这直接关乎相应地域进士人数的构成。由于北京锦衣卫最初是从南京改调而来，当时南京锦衣卫的人员构成多是从南直隶、浙江等地调拨组成，另从上述《锦衣卫选簿》中的"从征"武职的籍贯也可印证，锦衣卫人员中南直隶、浙江两地，尤其是南直隶的人员应该占有很大比重。而从《锦衣卫选簿》中未找到一例来自西南地区的贵州、云南、广西三省的武职，加上未有这三省的锦衣卫进士出现。因此，笔者推测，锦衣卫中来自西南三省的人员应该很少甚至没有。其二，科举传统与实力的差异。就整个明代各省科举实力而言，南直隶、浙江、江西、北直隶、福建等省无疑是最具竞争力的。因此在锦衣卫进士的来源中，这些省直表现突出也就不足为怪了。另外我们知道，是否走上科举之路以及能否取得最后的成功与家庭的科举传统密切相关。这里我们引入"进士家族"的参考指标，以窥各省的科举传统与实力情况。进士家族即指五代直系亲属内有两名以上进士的家族，据郭培贵教授研究，有明一代，共产生这样的家族2088个[①]，其地理分布也极不平衡，数量排名前八位的省直分别为：浙江（366个）、南直隶（352个）、福建（205个）、北直（197个）、江西（178个）、山东（153个）、河南（146个）、四川（137个），与锦衣卫进士来源地的排列大致相当，可见，从大的范围来看，锦衣卫进士的地域分布不平衡与各省的科举传统有内在的逻辑性。其三，分卷录取制度的实施。由于南、北、中分卷制度的实施，对于科举实力发达的南直隶、浙江、江西、福建等南卷士子造成很大影响，为了寻求科举出路，而找到了一条合法性的制度漏洞，即通过任职或服役于锦衣卫亲族的关系，而附籍锦衣卫，参加顺天乡试，占用北卷的进士录取名额，前引浙江余姚孙氏家族以及平湖陆氏家族的例子即为显证。其四，家庭经济背景的差异。家庭的经济基础依然是制约科举成功的重要因素，相对而言，地处南直隶、浙江、江西等财富重地的士子会获得更加有力的经济支持，而地处北卷和中卷地区的士子所获得的经济支持则相对有限。

总之，锦衣卫进士是明代卫所制度下的产物，其科举的成功同整个明代社会的政治、军事、经济、文化教育、自然环境和区域关系等各种自然和人文因素之间都存在着必然的联系，并受这些因素的支配和制约。锦衣卫作为军事移民性质的侍卫机构，其地域构成非常广泛，积年之后，移民后裔科甲鹊起，对京师的文化繁荣做

① 郭培贵：《明代进士家族相关问题考论》，《求是学刊》2015年第6期 .

出了贡献。虽然一定程度上有碍于迁出地文化的发展，“但对北京这一明清北方唯一的文化中心的形成、南北文化差距的逐步缩小，功不可没”[①]。

三、锦衣卫进士的户类构成特点及其成因

明承元制，实行严格的户籍制度，将良民划分为民、军、匠、灶（盐）、医等若干户类，世代承袭，不得随意更改，分别向政府提供与其户类相应的差役。由于军户、匠户须分别承担沉重的军役和工役，对国家有着很强的人身依附关系，故其实际社会地位曾长期低于民户。但因其在法律地位上与良民一样具有良民身份，故又享有可以入学和参加科举的资格，这又为其实现社会地位的上升提供了可能。通常情况下，卫所人员的户类构成较为简单，以军籍、官籍占主体。然而，锦衣卫作为明代最为特殊的军事机构，职能广泛。因此，其人员的户类构成在所有卫所中也最为繁杂。对锦衣卫进士户类的统计考察，有利于了解该群体的社会结构、经济基础，也有助于了解其移民的类型。笔者将明代北京锦衣卫有户类可考的 194 名进士分为官籍、军籍、匠籍（包括匠籍与军匠籍）、校籍（包括校籍和校尉籍）、旗籍（包括旗籍、小旗籍、总旗籍）、其他 6 类，逐一确认并将每类人数列表如下（见表 2）。

表 2　北京锦衣卫进士的户类构成及变化表

户类 时期	可考数	官籍及所占比例（%）		军籍 2 及所占比例（%）		匠籍及所占比例（%）		校籍及所占比例（%）		旗籍及所占比例（%）		其他
景泰	9	1	11.11	5	55.55	3	33.33	0	0	0	0	0
天顺	9	3	33.33	3	33.33	3	33.33	0	0	0	0	0
成化	28	5	17.86	13	46.43	6	21.43	3	10.71	1	3.57	0
弘治	28	11	39.29	4	14.29	4	14.29	6	21.43	3	10.71	0
正德	23	11	47.83	3	13.04	4	17.39	3	13.04	2	8.7	0
嘉靖	47	19	40.43	5	10.64	6	12.77	8	17.02	9	19.15	0
隆庆	8	2	25	0	0	1	12.5	2	25	2	25	力士籍 1
万历	37	27	72.97	2	5.41	3	8.11	2	5.41	3	8.11	0
天启	2	2	100	0	0	0	0	0	0	0	0	0

① 沈登苗：《明代双籍进士的分布、流向与明代移民史》，《历史地理》第 20 辑，上海，上海人民出版社，2004 年 .

续表

户类 时期	可考数	官籍及所占比例（%）		军籍2及所占比例（%）		匠籍及所占比例（%）		校籍及所占比例（%）		旗籍及所占比例（%）		其他
崇祯	3	0	0	0	0	0	0	0	0	0	0	民籍3
合计	194	81	41.75	35	18.04	30	15.46	24	12.37	20	10.31	4

数据来源：本表成化二十年，弘治十二年，正德九年，嘉靖五年，万历十四年、十七年、二十年、二十三年、二十六年、三十二年、三十八年、四十一年、四十四年、四十七年，天启二年、五年，崇祯元年、四年、七年、十年、十三年、十六年共22科户类统计依据李周望《国朝历科题名碑录初集·附明代历科题名》(《北京图书馆古籍珍本丛刊》，集部，第116册，北京：书目文献出版社，1998)，其余43科皆依据明代各科《进士登科录》。

表2共统计有户类标注的锦衣卫进士194名，占锦衣卫进士总数230名的84.35%，应能较为准确地反映明代北京锦衣卫进士的户类构成情况。由表2可知，明代北京锦衣卫进士的户类构成具有以下几个特点。

首先，户类构成较为广泛。通常情况下，卫所内部人员均应属“军户（军籍）”的范畴，但锦衣卫作为明代的亲军卫之一，地位较为特殊，还带管有一定数量的“匠籍”人员，明末崇祯时期，还出现了3名标注为“民籍”的锦衣卫进士。另外，一卫之内又缘于差役和地位的差别，同样也细分为不同的户类。如锦衣卫进士在标注户类时就出现了官籍、军籍、军匠籍、校籍、校尉籍、旗籍、小旗籍、总旗籍、力士籍9种类别，反映出锦衣卫内部人员的差役种类和等级关系。其中官籍进士最多，达81人，占比41.75%；军籍次之，占比18.04%；匠籍（包括军匠籍）又次之，占比15.46%，三者之和达到75.26%，构成了锦衣卫进士的主体。锦衣卫相对一般卫所而言在户类上主要增加了校尉籍、力士籍等户类，这是由锦衣卫的特殊职能决定的。校尉属锦衣卫，力士分属锦衣卫、旗手卫以及腾骧四卫，其职责主要是随从直驾，选拔来源上主要有三种：其一，由锦衣卫侍卫将军儿男替补。其二，从民间丁多相应人户内佥充。其三，从投充者中收用[①]。这不仅增加了锦衣卫人员的数量和户类，也扩大了锦衣卫人员的地域来源。

其次，从户类数量的时间分布上看，经历了一个由低到高再到低的抛物线趋势。在锦衣卫进士产生之初的景泰、天顺年间，只有3种户类的锦衣卫进士，其中军籍锦衣卫进士占了多数。从成化以后，锦衣卫进士的户类来源越加广泛，至隆庆年间已达到6种户类，体现了科举的逐步开放性。但也是从隆庆年间开始，随着锦衣卫进士人数的减少，其户类构成也逐渐萎缩，到明末崇祯十六年（1643）最后一

① 参见高寿仙：《明代北京杂役考述》，《中国社会经济史研究》2003年第4期．

科时，全国所有的进士户类都划归为一种，即“民籍”类进士。这是明代户籍制度管理逐步松弛，各户籍流向民籍的表现。

其三，官籍进士的科举持续性最强，且最具竞争力。从有锦衣卫进士产生的景泰朝到明末的天启朝都有官籍类进士的分布，且在万历之后构成了锦衣卫进士的主体。关于官籍是否为明代户类的一种，学界有较多争议，主要有“户籍说”与“非户籍说”两种，且以户籍说为主流[①]。锦衣卫进士中存在大量官籍类进士，应与锦衣卫的官员构成有直接关系。一般而言，明代各卫所的官军人数是有严格限制的，但对于显荣非比寻常的锦衣卫来说，往往违制超额。如《明史·职官志》就明确记载，锦衣卫“恒以勋戚都督领之，恩荫寄禄无常员”[②]。成化年间，兵部尚书陈钺就曾上奏锦衣卫官员冗滥情况，“每所正副千户多至二十余员，百户旗役增加数倍”[③]。而随着锦衣卫官员的增加，依靠锦衣卫官员而获得锦衣卫官籍的家属人数就相应的增加，进而在科举中就有相应体现。如武德将军锦衣千户刘经达，其在任职之前，曾醉心科举，但在地方“屡不售于有司，慨然欲就试于京师，而公（刘经达）兄官锦衣百户，因挈家来相依焉”，但最终因其兄死，荫袭夭绝，遂弃儒业，勉承祖荫为百户[④]。从正统年间开始就不断有勋臣、外戚、中官子弟列衔锦衣卫，而到嘉靖之后，文臣子弟也得以荫封锦衣卫，“文臣无论崇卑，或稍奏捷，必荫锦衣”[⑤]，从而也相应地扩大了官籍生员的规模。如万历时期的首辅张居正，因有军功，神宗荫其子张简修为锦衣卫指挥佥事，而他其他儿子如张嗣修、张懋修、张敬修等都以锦衣卫官籍身份中式。另如上文所提到的浙江余姚孙氏、浙江平湖陆氏子弟都凭借亲族任职锦衣卫的关系而成为锦衣卫官籍进士。这些情况的存在，无疑增大了锦衣卫官籍类进士的数量。

其四，军籍和匠籍进士人数总体呈下降趋势。从军籍和匠籍各自在不同时期的所占比例来看，从产生之初时的相对优势到成化年间两者出现了一次峰值，但总体

---

① 持“户籍说”观点的学者可参见何炳棣著，徐泓译注的《明清社会史论》，（台北，联经出版事业股份有限公司，2014 年，第 78—79 页）、钱茂伟的《国家、科举与社会——以明代为中心的考察》（北京，北京图书馆出版社，2004 年，第 64 页）、王红春的《明代进士家状研究》（上海，上海书店出版社，2017）等论著。持“非户籍说”的主要有王毓铨先生，其认为官籍是“居官人本人身分之籍，不是他所从属的役籍”。参见王毓铨：《明朝的配户当差制》，《中国史研究》1991 年第 1 期 .

② [清] 张廷玉等：《明史》卷七六《职官志》，北京，中华书局，1974 年，第 1862 页 .

③《明宪宗实录》卷二一四，成化十七年四月癸亥，第 3725 页 .

④ 中国文物研究所，北京石刻艺术博物馆编：《新中国出土墓志·北京一·下》二一一《明诰封太宜人刘母王氏墓志铭》，北京，文物出版社，2003 年，第 181—182 页 .

⑤ [明] 陈仁锡：《陈太史无梦园初集·漫集一·锦衣旧闻》，《续修四库全书》集部第 1382 册，第 222 页 .

是呈下降趋势的，在隆庆以后更是加快了下降的速度。相对于全国军籍和匠籍的科举竞争力来说，锦衣卫内部的军籍和匠籍的科举竞争力要缩减很多。或许是由于此处统计的“军籍”是锦衣卫军户内部最为底层的旗军，而军籍与匠籍作为明代各户籍群体地位相对低下的人群，其经济条件、教育资源、活动空间也都相对有限，故而其科举竞争力并不如全国范围下的军籍和匠籍。当然，也不排除锦衣卫军籍和匠籍的社会地位并不低下，那种想借助科举改变自身地位的愿望也并不强烈，从而表现出来的科举竞争力和可持续性并不明显。

四、结语

从上述对明代锦衣卫进士群体的时段、地域以及户类的计量分析及其特点等的考述中，可以得出以下几点结论：

第一，锦衣卫进士的发展历程明显滞后于明代科举的整体发展历程。由于明初战争、调卫相对频繁、官军家属随军居住的人数相对有限等原因，造成自洪武十五年（1382）锦衣卫建立以来至正统年间长达近70年的空白期，两京锦衣卫均无进士考出，错过了明代科举的创制时期（洪武至永乐），与明代科举的发展时期（仁宗至英宗后期）有部分交集，随后才与明代整体的科举进程相吻合。从中也可看出，作为移民性质卫所下的士子，要想在激烈的科举竞争中取得成功，需要经过更长时间的文化积累。

第二，锦衣卫进士在户类和地域分布上表现出广泛性和不平衡性两个显著特点。户类来源的广泛性标示着锦衣卫服役人员的多样化，差役分工的精细化以及内部微妙的等级差异。作为一个侍卫机构，兼顾吸收涵盖绝大部分省直的人才，有利于各地人才的优势互补。同时，户类和地域的广泛性，还预示着明代科举开放程度的不断提高，使得各户籍群体和不同地域的人群都能通过科举，实现自身社会地位的提高，对优化人才结构以及稳定社会具有积极作用。而对于不平衡性而言，有利于科举实力雄厚地区人才优势的充分发挥。来自南直隶、浙江等江南富庶地区的进士构成了锦衣卫进士的主要部分，其中又以官籍进士为核心。

第三，官籍类进士成为锦衣卫内部最具竞争力的群体。官籍进士不仅数量上多达81人，占锦衣卫进士总数的41.75%，而且在朝代分布上也是持续性最强的，从产生之初的景泰朝一直延续到明末天启年间。锦衣卫作为皇帝亲军卫队，显荣尊贵，“正统后，妃、主、公、侯、中贵子弟授官者，多寄禄锦衣中”①，“恩荫寄禄无

① [清] 张廷玉等：《明史》卷八九《兵一》，第2186页.

常员”。另外，随着嘉靖时期文官荫子锦衣卫后，更是扩大了以此为核心向外不断延伸的寄生科举群体，利用锦衣卫官籍的身份，合法参加顺天乡试，进而登科仕进，从而扩大了官籍进士群体。

第四，明朝科举为合法的省际移民在移入地参加乡试提供了保障。锦衣卫官军作为军事移民的一部分，明廷允许其亲弟子侄等具有在顺天参加乡试的资格。据笔者统计，230 名锦衣卫进士中，有 181 人有乡试地记载，其中有 172 名参加了顺天乡试[①]，占有乡试地记载人数的 95.03%。这在明代科举竞争如此激烈，实行乡试解额制度、会试分卷取士制度的历史背景下是非常难能可贵的，也为今天制定并完善流动人口子女在流入地就学与参加高考的制度提供了有益的启示和借鉴。

第五，锦衣卫进士原籍虽来源于全国各地，但作为卫所官军后裔，经过数代繁衍以后，多为土生土长的北京人，基本是在京师接受的文化教育，一定程度上反映了京师的文化教育水平以及科举风貌，同时也为京师的文化发展做出了贡献。据笔者统计，230 名锦衣卫进士中，有 174 名进士的学校来源可考，其中 125 人来自北京国子监，占比 71.84%；36 人来自顺天府学，占 20.69%；2 人来自京卫武学，占比 1.15%，三者相加总和为 163 人，占比 93.68%。可见，绝大部分锦衣卫进士享受了当时全国最好的教育资源，可谓天时、地利、人和。

（作者单位：中央民族大学历史文化学院）

① 另，在嘉靖、万历年间也出现 9 名在其原籍地乡试的例子，在应天乡试的有 3 人，即嘉靖二十三年进士叶材，锦衣卫校尉籍，应天府乡试第 37 名；嘉靖二十九年进士白启常，锦衣卫官籍，应天府乡试第 100 名；万历五年进士李一阳，锦衣卫校籍，应天府乡试第 57 名。在湖广乡试的有 3 人，即嘉靖三十八年进士刘庠，锦衣卫校籍，湖广乡试第 73 名；万历八年进士张懋修，锦衣卫官籍，湖广乡试第 12 名；万历八年进士张敬修，锦衣卫官籍，湖广乡试第 47 名。在浙江、山西、河南乡试的各 1 人，即嘉靖十四年进士孙升，锦衣卫官籍，浙江乡试第 72 名；万历五年进士王谦，锦衣卫官籍，山西乡试第 34 名；万历十一年进士马悫，锦衣卫官籍，河南乡试第 64 名。材料来源于相应科次的进士登科录 .

锦衣卫官员员额考述

沈一民

作为加强皇权的一个特殊手段，锦衣卫在明朝的政治中扮演着特殊而重要的角色。尽管学术界对锦衣卫的研究颇多，但大多集中于锦衣卫的监察与司法职能、在加强极权政治中的作用、锦衣卫的演变历程等问题上，但对锦衣卫官员的员额、构成还未有专文加以深耕[①]，笔者对锦衣卫的研究较少涉猎，不揣浅陋，尝试着从卫所制和带俸寄禄官两个方面对锦衣卫官员的员额进行梳理。

一、卫所制架构下的锦衣卫官

洪武十五年（1382）三月，锦衣卫正式设立。尽管其建制以卫所制为蓝本，但是因为锦衣卫是皇帝的禁军，与皇帝的关系密切，因此锦衣卫的地位极为特殊。从隶属关系上看，锦衣卫虽然是武职系统的一部分，但并不隶属于五军都督府，而是直属于皇帝。即沈德符所称的“（锦衣卫）为二十二卫禁军之首，不复隶都督府”[②]。从机构职能上看，锦衣卫的主要职责为皇帝随扈，但北镇抚司的设置让锦衣卫具有了监察与司法权。尤其是“厂卫”的合流，更给锦衣卫增添了神秘色彩。这使得锦衣卫官的设置迥异于其他卫所。

作为京卫的组成部分，锦衣卫官基本上以卫所制为基础进行建构。设指挥使、指挥同知、指挥佥事各官统领本卫事务。员额亦如其他卫所，“额设指挥使一，同知二，佥事三”[③]。锦衣卫指挥使的初定品秩为从三品，“改仪鸾司为锦衣卫，秩从三品”[④]。为了凸显锦衣卫的特殊性与重要性，洪武十七年（1384）三月，“改锦衣卫指

① 专文有于小秦：《明代锦衣卫冗员考》（《黑龙江生态工程职业学院学报》2010 年第 3 期），其他研究请参见张金奎：《八十年来锦衣卫研究述评》（《中国史研究动态》2015 年第 1 期）及张金奎的系列论文.

② [明] 沈德符：《万历野获编》卷二一《禁卫》，北京，中华书局，1959 年，第 532 页.

③ [清] 孙承泽：《春明梦余录》卷六三《锦衣卫》，北京，北京古籍出版社，1992 年，第 1224 页.

④《明太祖实录》卷一四四，洪武十五年四月乙未，台北，“中央研究院”历史语言研究所，1962 年，第 2266 页.

挥使司为正三品”[①]，其下各官也相应升格。此外，锦衣卫下亦设有经历司负责文书往来等日常行政工作，镇抚司负责军中司法事务。不同之处在于，锦衣卫所属镇抚司分南、北。南镇抚司与其他卫所的镇抚司职能相同，设置时间应与锦衣卫设置同时。至于北镇抚司的设置时间，史无明文。《明代国家机构研究》认为：“洪武十五年（1382）分设南、北镇抚司”[②]。此说不确。正德《大明会典》明确写道：“镇抚司，掌问理本卫刑名，与诸卫同，而兼管军伍。后添设镇抚二员。”[③]根据其语义，南、北镇抚司的分设要晚于1382年。嘉靖初年，夏言曾追溯锦衣卫初置之时的情况，也明确写道：“其锦衣一卫……镇抚一”[④]。夏言的说法佐证了这一猜测。随着南、北镇抚司的设置，二者的职权逐渐明确，正德《大明会典》尚将二者混同起来加以论述，至万历《大明会典》则分而述之。“掌问理本卫刑名，兼理军匠，是为南镇抚司。其北镇抚司，本添设专理诏狱。”[⑤]

锦衣卫下属千户所，最初亦为五个，即中、左、右、前、后五所。洪武十八年（1385）六月，锦衣卫进行了第一次扩编。“丙午，天下府州县签民丁充力士者万四千二百余人至京。命增置锦衣卫中左、中右、中前、中后、中中、后后六千户所分领之。余以隶旗手卫。”[⑥]此后锦衣卫陆续添加新的千户所。洪武二十四年（1391）三月，“置锦衣卫所属驯象、屯田、马军左、右千户所”[⑦]。同年六月，又增设“锦衣卫马军前、后二千户所”[⑧]。根据《明太祖实录》，截至洪武二十四年（1391），锦衣卫至少下辖17个千户所。张金奎进一步考证道：“洪武年间，锦衣卫下辖千户所有左右中前后五所，马军前后左右四所，中左、中前等六所、亲军所、水军所、屯田所、驯象所，共十九个千户所”[⑨]。迨至明成祖北迁，经过更名和调整，锦衣卫最终下辖十八个千户所[⑩]。“凡十八所。锦衣中、左、右、前、后五所，领军士。五所各分銮舆、擎盖、扇子、旌节、旛幢、班剑、斧钺、戈戟、弓矢、驯马十司，各领将军、校尉。上中、上左、上右、上前、上后、中后亲军，分领将军、力

---

①《明太祖实录》卷一六〇，洪武十七年三月己卯，第2486页．

② 王天有：《明代国家机构研究》，北京，北京大学出版社，1992年，第141页．

③《正德大明会典》卷一八〇《上二十二卫》，东京，汲古书院，1989年，第562页．

④［清］孙承泽：《春明梦余录》卷六三《锦衣卫》，第1224页．

⑤ 万历《明会典》卷二二八《上二十二卫》，北京，中华书局，1989年，第1120页．

⑥《明太祖实录》卷一七三，洪武十八年六月丙午，第2640页．

⑦《明太祖实录》卷二〇八，洪武二十四年三月辛丑，第3095页．

⑧《明太祖实录》卷二〇九，洪武二十四年六月丁巳，第3110页．

⑨ 张金奎：《锦衣卫形成过程述论》，《史学集刊》2018年第5期，第14页．

⑩ 具体考证，请参见张金奎：《锦衣卫形成过程述论》一文．

士、军匠。驯象所，领象奴养象。”[①]

千户所下辖百户所。锦衣卫的不同之处在于中、左、右、前、后五所各有十司。在锦衣卫成立之初，朱元璋即设立七司，“其属有御椅、扇手、擎盖、旛幢、斧钺、銮舆、驯马七司，秩皆正六品”[②]。洪武三十年（1397），最终调整为十司，成为明代定制。“置锦衣卫前千户所十司。曰銮舆、曰擎盖、曰扇手、曰旌节、曰幡幢、曰班剑、曰斧钺、曰戈戟、曰弓矢、曰驯马。”[③]两相比较，保留了銮舆、擎盖、扇手、斧钺、驯马等五司，删减御椅一司，增设旌节班剑、戈戟、弓矢四司。至于旛幢或幡幢，“旛”“幡”音同字异，张金奎解释为：“从《明会典》等史籍均写作‘旛幢’来看，应是传抄过程中的讹误”[④]。由于各司长官“秩皆正六品”，与百户相同，因而“十司者，即十百户所司”[⑤]。之所以以司名之，是因为他们的职责与百户所不同，“掌卤簿、仪仗，及直驾、拿人、直宿等事”[⑥]。

最迟至永乐朝，锦衣卫的官员架构基本确立，由指挥使、指挥同知、指挥佥事为主要管卫官员，下辖十八个千户所和若干百户所以及五十个与百户所平级的司。锦衣卫官员的员额，史无明文，只能依靠后世的追溯加以推测。嘉靖八年（1529）二月，霍韬：“洪武初，锦衣卫官二百五员”[⑦]。万历时期，沈德符：“洪武初年二百一十一员”[⑧]。明末清初的张怡则提供了另一组数字，“国初锦衣卫官二百十员”[⑨]。虽然三组数字互有出入，但大体可以认为洪武、永乐两朝的锦衣卫官员数字在二百人左右。官员品秩，《锦衣志》清楚地写道：“设锦衣卫指挥使一人，秩三品；同知二人，从三品；佥事三人，四品；镇抚二人，五品；所千户，五品；副千户，从五品；百户，六品；镇抚，七品。冠武冠。”[⑩]

---

①［明］王圻：《续文献通考》卷九五《职官考·锦衣》，《续修四库全书》763 册，上海，上海古籍出版社，2002 年，第 590 页 .

②《明太祖实录》卷一四四，洪武十五年四月乙未，第 2266 页 .

③《明太祖实录》卷二五〇，洪武三十年三月壬子，第 3627 页 .

④ 张金奎：《锦衣卫形成过程述论》，《史学集刊》2018 年第 5 期，第 11 页 .

⑤［明］王圻：《续文献通考》卷一六二《兵考·禁卫兵》，《续修四库全书》765 册，第 229 页 .

⑥《正德大明会典》卷一八〇《上二十二卫》，第 563 页 .

⑦［明］霍韬：《渭厓文集》卷三《谨天戒疏》，《四库全书存目丛书》集部第68册，济南，齐鲁书社，1997 年，第 536 页 .

⑧［明］沈德符：《万历野获编》卷二《列朝》，第 43 页 .

⑨［明］张怡：《謏闻续笔》卷三，《笔记小说大观》第 30 册，扬州，江苏广陵古籍刻印社，1983 年，第 281 页 .

⑩［明］王世贞：《锦衣志》，《中国野史集成》第 25 册，成都，巴蜀书社，1993 年，第 283 页 .

二、锦衣卫的带俸寄禄官

卫所制下的官员数量基本上都是额定的，即使有所增减，也是小范围内调整，但由于锦衣卫的特殊性和重要性，明朝将大量人员安插进锦衣卫，即所谓的带俸寄禄。此即志书所说的“恩功、寄禄无常员”[①]，这使得锦衣卫官员的数量处在不断变化之中。

这些锦衣卫带俸寄禄官，根据他们的出身，大致可以分为几类。第一类是军官出身。“明中叶，为减轻地方卫所的军费压力，大批带俸军官被安置进了锦衣卫及其他亲军卫所，世袭军职开始向世爵转化”[②]。第二类是文官子嗣。最早可以追溯至正统朝。如正统七年（1442）七月，“工部虞衡司主事吴贤自陈其故父少师兼工部尚书中累有军功，乞照例改授武职。上特命为锦衣卫带俸世袭百户，后不为例。”[③]至天顺朝，成为惯例。天顺元年（1457）三月，“授礼部右侍郎掌钦天监事汤序子祚为正千户，兵部右侍郎陈汝言子洪范为副千户，俱世袭，锦衣卫带俸”[④]。八月，“命致仕礼部尚书胡濙子长宁为世袭锦衣卫所镇抚，带俸不任事”[⑤]。《燕山草堂集》还记载了明朝的规定，“文荫者，大臣有军功，荫一子千百户”[⑥]。第三类是宦官亲属。如正统七年（1442）六月，“升锦衣卫千户王山为本卫世袭指挥同知。山，太监振之侄也”[⑦]。正统十三年（1448）十月，英宗“命司设监太监吴亮侄江为锦衣卫百户，因亮叙年劳以请故也”[⑧]。景泰六年（1455）五月，代宗“命太监王诚敏，舒良弟玉，张永兄琮，郝义侄安，王勤侄贤俱为锦衣卫带俸世袭百户”[⑨]。此后形成定例。“中官

① 万历《明会典》卷二二八《上二十二卫》，第1118页；[明]王圻：《续文献通考》卷九五《职官考·锦衣》，第590页；[清]张廷玉等：《明史》卷七六《职官志五》，北京，中华书局，1974年，第1862页.

② 张金奎：《弘光朝锦衣卫述论》，《明史研究论丛》第十四辑，北京，中国社会科学出版社，2015年，第76页.

③《明英宗实录》卷九四，正统七年七月庚午，第1894—1895页.

④《明英宗实录》卷二七六，天顺元年三月己丑，第5891页.

⑤《明英宗实录》卷二八一，天顺元年八月丙午，第6037—6038页.

⑥[清]陈僖：《燕山草堂集》卷四《客窗偶谈·锦衣卫》，《四库未收书辑刊》第8辑第17册，北京，北京出版社，1997年，第570页.

⑦《明英宗实录》卷九三，正统七年六月庚寅，第1875页.

⑧《明英宗实录》卷一七一，正统十三年十月乙卯，第3287页.

⑨《明英宗实录》卷二五三，景泰六年五月癸酉，第5475页.

弟侄升指挥等官，不得在卫见任管事，惟带俸而已”[①]。第四类是皇亲国戚。如宣德十年（1435）六月，“戊辰，命故驸马都尉宋琥子铉为南京锦衣卫指挥佥事，食禄不任事。从安成公主奏请也。”[②]景泰七年（1456）七月，“命伶人李安为锦衣卫百户。安姊惜儿自教坊司入侍得幸，故有是命。”[③]“万历中，文思院副使王伟升锦衣卫指挥使。皇后父也。”[④]而宦官亲属、皇亲国戚这两类人群大量涌入锦衣卫主要发生在正统朝以后。夏言曾总结道：“自正统后，贵妃、尚主公侯、中贵子弟多寄禄卫中，递进用事。至正德间，奄宦擅权，贵倖子弟以奏带冒衔锦衣者尤多。”[⑤]第五类是勋爵子弟。“勋胄戚畹，自有应得爵阶。而其众子，初授指挥、千百户者，大率带俸锦衣卫。”[⑥]第六类是周边少数民族头领，即所谓的“达官”。最早可以追溯至永乐年间。“升散骑舍人朱秃儿为锦衣卫指挥佥事，赐金带，食禄不视事。”[⑦]正统朝以后形成定例，包括蒙古、女真、西北诸部、安南等在内的归顺人，大多被安置于锦衣卫带俸寄禄。“达官”在锦衣卫中的人数非常庞大，现存《锦衣卫选簿》中“镇抚司”条目下的百余名达官可为佐证[⑧]。

除此之外，还有一些有所专长的人员，因得到皇帝的重视而成为锦衣卫官员。第七类是宫廷画家。可资查考的时间可以追溯至洪熙元年（1425）。洪熙元年（1425）闰七月，“升行在锦衣卫千户徐英为本卫指挥佥事，仍隶御用司”[⑨]。徐英的身份，《明英宗实录》曾加以提及，宣德十年（1435）十一月，“癸巳，升锦衣卫带俸指挥佥事徐麟为指挥同知。初，麟父英以善绘事为指挥佥事。致仕，麟代其职。至是，上复召用英，且进秩为指挥同知。英乞复原职，而以所进秩授其子。从之。”[⑩]“善绘事”表明徐英的身份为宫廷画家，身受宣宗及后宫的喜爱。九月，“升行在锦衣卫正千户韩秀实为本卫指挥佥事，仍隶御用司”[⑪]。韩秀实亦为宫廷画家，

①［清］陈僖：《燕山草堂集》卷四《客窗偶谈·锦衣卫》，《四库未收书辑刊》第8辑第17册，第570页.

②《明英宗实录》卷六，宣德十年六月己丑，第125页.

③《明英宗实录》卷二六八，景泰七年七月乙酉，第5685页.

④［明］王世贞：《弇山堂别集》卷九《皇明异典述四》，北京，中华书局，1985年，第162页.

⑤［清］孙承泽：《春明梦余录》卷六三《锦衣卫》，第1224页.

⑥［清］陈僖：《燕山草堂集》卷四《客窗偶谈·锦衣卫》，《四库未收书辑刊》第8辑第17册，第572页.

⑦《明太宗实录》卷四六，永乐三年九月己亥，第710—711页.

⑧ 中国第一历史档案馆、辽宁省档案馆编：《中国明朝档案总汇》第49册，桂林，广西师范大学出版社，2001年，第305—495页.

⑨《明宣宗实录》卷六，洪熙元年闰七月癸丑，第147页.

⑩《明英宗实录》卷一一，宣德十年十一月癸巳，第211页.

⑪《明宣宗实录》卷九，洪熙元年九月丁酉，第255页.

《明画录》有其小传，“韩秀实，涿州人，洪宣间，供事内殿，大被宠渥。工画马，出入于展、郑、曹、韩间，具有神采。人物亦佳。”[①] 此后，宫廷画家带俸寄禄于锦衣卫成为定例。根据赵晶的研究，“在嘉靖以前，官职六品以上的宫廷画家主要寄禄于武职中的锦衣卫，授锦衣卫指挥同知、佥事、千户、百户等职。除锦衣卫外，在金吾、府军等卫中也见有部分宫廷画家寄禄其中。六品以下官职较低的宫廷画家多寄禄于工部下的文思院副使、大使以及营缮所丞等文官官职中。”[②] 第八类是有一技之长的工匠。宣德四年（1429）七月，“庚戌，行在兵部奏：锦衣卫带俸百户黄胜因匠艺得官，今告老，乞以子代职。上曰：‘武官皆由艰难积累，所以传之子孙。然自开国之初从军效劳，今尚有为旗军者。此以工艺，一时蒙特恩，果何劳而欲世官？’不允。”[③] 黄胜的专长不得而知，“因匠艺得官”，至少说明黄胜在自己的领域中极具能力。正德十六年（1521）十一月，“升……民厨方浩等五人为小旗，录藩邸旧劳也。”[④] “方浩等五人”的身份是厨师。第九类是翻译。如宣德二年（1427）十一月，“甲午，赐都督把台姓名曰蒋信，锦衣卫指挥哈只曰李诚。把台，忠勇王金忠之甥。哈只，始以翻译得官。至是，皆有旨给诰。兵部奏未赐姓名，故有是命。”[⑤] 哈只的情况，在《明太宗实录》中有所记述，“哈只，回鹘氏，谙通西域言语文字”[⑥]。昌英，回鹘人，“（正统）六年，还京，调锦衣卫带俸，充通事及四夷馆教译书”[⑦]。哈只、昌英皆为回鹘人，精通西域文字，因此特长而进入锦衣卫，负责翻译和译书事务。

第十类，其他出身。如洪武三十一年（1398）七月，“授张凤等锦衣卫千户世袭，皆西宫殉葬父兄也”[⑧]。九月，“锦衣卫镇抚试百户散骑舍人张凤、李衡、赵福、张弼、汪宾、孙端、王斌、杨忠、林良、李成、张敏、刘政为锦衣卫千百户，世袭。皆孝陵殉难宫人父兄也。”[⑨] 张凤等人因殉葬而使得其亲属得以补入锦衣卫。这种情况因明朝废除殉葬制度而终结。正统元年（1436）八月，“汰锦衣卫带管官校。先是，有小技者及各王公主守庄守墓者，四夷降附老弱者，皆于锦衣卫带俸。至是，行在户部奏：近制，事从撙节，此辈坐食，亦宜汰之。上令有技者自食其技，

---

① [清] 徐沁：《明画录》卷五《兽畜》，北京，中华书局，1985 年，第 57 页.

② 赵晶：《明代画院研究》，杭州，浙江大学出版社，2014 年，第 99 页.

③《明宣宗实录》卷五六，宣德四年七月庚戌，第 1330 页.

④《明英宗实录》卷八，正德十六年十一月壬子，第 0287 页.

⑤《明宣宗实录》卷三三，宣德二年十一月甲午，第 842 页.

⑥《明太祖实录》卷五二，永乐四年三月庚子，第 778 页.

⑦《明英宗实录》卷二六六，景泰七年五月己巳，第 5639 页.

⑧ [清] 谈迁《国榷》卷一一，北京，中华书局，1958 年，第 790 页.

⑨ [清] 谈迁《国榷》卷一一，第 792 页.

守庄墓者自食其力，四夷老弱者就食于南京”[①]。“小技者”无疑是指宫廷画家和工匠等，“各王公主守庄守墓者”却也因缘际会地进入锦衣卫系统。景泰三年（1452）十二月，“留守左卫小旗徐靖言：‘近年中外富豪之家纳粟补官者，俱实授锦衣卫。此辈略无汗马之劳，惟恃钱谷之富，擢隶近侍，岂服人心。乞调卫为宜。’事下翰林院、五府、六部、都察都议，如所言。诏曰：‘锦衣宿卫之职，惟皇亲及原任官可留。其余，兵部查勘以闻。’”[②]据此，景泰年间，捐纳制度在锦衣卫中也有推行。

以上大致分为十类梳理了锦衣卫带俸寄禄官的出身，虽然尚有遗漏，但大致呈现了锦衣卫带俸寄禄官来源的复杂性，也从某一侧面展现出锦衣卫官人数逐步增长的原因。

三、尾论

卫所制系统的锦衣卫官员和带俸寄禄官共同组成了锦衣卫官员的群体。但由于带俸寄禄官的不断增长，导致了锦衣卫官数量的剧增。为了减轻政府的财政负担，加之北镇抚司权力的膨胀，从明朝中期开始，文官群体便一直试图裁剪锦衣卫官员。成化十七年（1481）四月，兵部尚书陈钺就指出：“且锦衣五所千百户所镇抚总小旗俱有定额，例不得妄图转调搀夺。迩来不遵旧制，任情告补。每所正副千户多至二十余员，百户旗役增加数倍。”[③]然而陈钺的建议并未得到明宪宗的许可。

真正大规模削减锦衣卫官员的数量始于嘉靖朝。正德十六年（1521）六月，在杨廷和主政期间，明朝大刀阔斧地裁撤锦衣卫人员。六月，“丁酉，查革锦衣卫冒滥旗校三万一千八百二十八名”[④]。与此同时，“兵科给事中夏言、御史郑本公、兵部主事汪文盛奉诏查革五府所属京卫并亲军卫分大小官员、旗尉共三千一百九十九人”[⑤]。《春明梦余录》则写为：“（锦衣卫）今查应革者二千一百九十九员名”[⑥]。如果孙承泽记载无误的话，那么“五府所属京卫并亲军卫”主要针对的对象以锦衣卫为主。对杨廷和这一举动，明人大加称赏。王世贞：“大学士杨廷和等合筴辅政，诏下单传奉迁者锦衣，自指挥下汰十之八，复汰旗校十之五”[⑦]。查继佐：“嘉靖初，革

①《明英宗实录》卷二一，正统元年八月辛卯，第418页.

②《明英宗实录》卷二二四，景泰三年十二月乙未，第4863—4864页.

③《明宪宗实录》卷二一四，成化十七年四月癸亥，第3725页.

④《明世宗实录》卷三，正德十六年六月丁酉，第138页.

⑤《明世宗实录》卷六，正德十六年九月戊寅，第268页.

⑥［清］孙承泽:《春明梦余录》卷六三《锦衣卫》，第1224页.

⑦［明］王世贞:《锦衣志》，第289页.

传奉官，锦衣自指挥下汰十之八，复汰旗校十之五”[①]。然而时隔不久，锦衣卫官再次扩编。首先是湖北从龙人员。正德十六年（1521）十一月，“升兴府总旗刘大、赵得、马见为锦衣卫试百户，小旗沈大经等五人为本卫总旗，军校李镇等一百七十人、民厨方浩等五人为小旗，录藩邸旧劳也”[②]。明世宗一次性地将近二百名的兴献王府人员纳入锦衣卫官员体系之中。其次为了在大礼议中占据优势地位，明世宗施恩给在朝文官，又增加了一批锦衣卫带俸寄禄官。如嘉靖九年（1530）三月，明世宗一次性地荫封大学士费宏、礼部尚书毛澄及中官张锦等人子侄十余人，其中指挥使二人、指挥同知七人、指挥佥事三人[③]。此后锦衣卫带俸寄禄官仍时有增加，使得锦衣卫官人数剧增。

然而，锦衣卫官的具体人数却并没有官方的准确数字。嘉靖八年（1529）二月，霍韬统计为：“今一千七百余员。”由此霍韬发出感慨，“由二百视一千七百，逾八倍矣”[④]。霍韬的统计数字被广泛引用。《明英宗实录》[⑤]《典故纪闻》[⑥]《謏闻续笔》[⑦]皆以之为本。虽然这一数字并不准确，但大体上反映了明中期锦衣卫官的情况。

（作者单位：黑龙江大学历史文化旅游学院）

①［清］查继佐：《罪惟录》卷二四《锦衣志》，杭州，浙江古籍出版社，1986年，第919页.

②《明英宗实录》卷八，正德十六年十一月壬子，第287页.

③［明］王世贞：《弇山堂别集》卷九十《中官考一》，第1737页.

④［明］霍韬：《渭厓文集》卷三《谨天戒疏》,《四库全书存目丛书》集部第68册，第536—537页.

⑤《明世宗实录》卷九八，嘉靖八年二月庚午，第2290页.

⑥［明］余继登：《典故纪闻》卷一七，北京，中华书局，1981年，第306页.

⑦［明］张怡：《謏闻续笔》卷三，第281页.

明锦衣卫以及近卫亲军前期官弁异动析

——以湘潭所及史料为例

何歌劲

明朝卫所制度的人员任用，以世袭制为主，即使是主要官员，自指挥使以下，亦多如此。我们从明朝现存档案《武职选簿》里去检视，便可一目了然。但是，在洪武时期，乃至永乐前期，由于当时的政治、军事环境的特殊性，明军之亲军卫，尤其是锦衣卫，在其任人的做法上，还未确立后来的本卫世袭制，因而有其一些特点。本文将以湘潭所见有关锦衣卫包括早期的凤翔卫、金吾卫、仪鸾司以及诸如羽林卫、骁骑卫等亲卫京卫的史料为例，对此进行分析。

一

与湘潭有关的将领，第一个进入明太祖朱元璋近卫亲军队列的，当属后来成为镇远侯的顾成：

> 镇远侯，顾成，字景韶，其先湖广湘潭人也。曾王父百四、王父千二、父万一；以辑濯士至江都，相茓篱湾居焉。①
>
> 成，字景韶，少壮勇，有膂力，喜习武事，自文其身，人称“顾花子”。岁丙申，杨州归附，隶大将军麾下，以勇称，选为帐前兵。常执伞盖，侍出入，忠谨未尝有过。②

顾成之所以被选为帐前亲军，首先在于其人忠诚质直与武艺高强。入伍之前，他就以智勇著称：

①［明］李维桢：《镇远侯世家》，收入氏著《四库存目全书·大泌山房集卷六十二》.

②《明太宗实录》卷一五一，永乐十二年五月丁酉，台北，“中央研究院”历史语言研究所校勘本，1962年，第1759页.

> 公以至顺庚午十二月十六日生于江都之笊篱湾，自幼机警异常儿，既长涉猎书史，姿貌魁伟，有膂力，善习水骑射。尝泛舟北游元都，夜有盗十数持刃抵其舟，众皆骇愕失措，公独率六人击走之。①

顾成出生于元文宗至顺元年庚午（1330）十二月十六日，到元至正十六年（1356）丙申投入明太祖朱元璋军，时年二十六岁。朱元璋时为统军大元帅，是年三月攻占集庆（南京），改名应天。显然，他就是在朱元璋打下南京时，自扬州前来投效的。

顾成一入伍，很快便有不俗的表现。他所打的第一个硬仗，就是攻打镇江。元将鼎鼎（定定）扼镇江，元至正十六年（1356）丙申三月，由大将军徐达领兵进攻镇江。而顾成就充当了战斗先锋：

> 从元帅至镇江，公与勇士十二人奋战，直抵城下，无敢当其锋者。会日暮，守将集众执缚。至江上，已戮十一人。公奋起，蹴执刃者，仆之以身，转至水次，适遇橃舟者投之以斧，公得斧，绝其缚，乃泝江而上，遇舟师桑院判。因语众曰："镇江无战士，可破也。"众从之，攻其城，克之。②

顾成从此一发不可收拾，战功累累：

> 已而从中山武宁王徐公攻常州、宁国、江阴，克之，败陈友谅兵于龙湾，每战皆有俘获。甲辰从征武昌，擒伪汉主理，授凤翔卫百户。乙巳从开平忠武王取襄阳，克泰州，留守兴化。丙午攻浙西，破旧馆，取湖州，进围伪吴张士诚于姑苏。吴元年秋九月下之，公最有功，升金吾卫副千户。③

对照史事，我们可以知道，顾成随朱元璋征战，在元至正二十四年（1364）甲辰攻下武昌之后，升为凤翔卫百户，这是其在亲军卫所任职之始。继而经湖北、江苏、浙江诸战，在吴元年即元至正二十七年（1367）丁未九月攻下张士诚据点苏州后，以功劳突出而升为亲军金吾卫副千户。这些显然都是顾成在朱元璋身边"带刀

---

①［明］金幼孜：《金文靖集》卷九《追封夏国武毅公祠堂之碑》，《四库全书》本.

②［明］金幼孜：《金文靖集》卷九《追封夏国武毅公祠堂之碑》，《四库全书》本.

③［明］金幼孜：《金文靖集》卷九《追封夏国武毅公祠堂之碑》，《四库全书》本.

宿卫"[①]的经历。

> 尝扈车驾自汴梁还御，舟胶浅，篙师集力不得发，公即解衣入水，以背负舟，大呼，舟随脱以行，即日授坚城卫指挥佥事。[②]

顾成负舟脱困的奇功感动了朱元璋，当天就下令将他升为指挥佥事。朱元璋不是把顾成继续留在身边，而是将他调到了坚城卫。据查《朱元璋系年要录》，至正二十八年（1368）戊申五月"庚寅，朱元璋至汴梁，召诸将来会，常遇春、冯宗异、徐达先后至。"七月"辛卯，朱元璋将发开封还京，徐达等自陈桥入辞"[③]。既然舟师脱困事发生在朱元璋"车驾自汴梁还御"的时候，显然发生在这一年的七八月间。据《太祖实录》，洪武二十二年（1389）五月"丁亥，改……坚城卫为睢阳卫"[④]，则当年坚城卫当在睢阳，睢阳在历史上又叫过陈州、归德、商丘。而顾成的墓志证实了这种分析：

> 自丙申至洪武改元，从大将连年搏战，功升武略将军、金吾副千户，佩刀近侍。尝扈从过陈州，舟忽胶浅，公乃入水，以背负舟，奋力大呼，船随以行焉，授坚城指挥佥事。[⑤]

朱元璋是一个有远见卓识的统帅。好钢用在刀刃上，他把最有用的将才首先就安排在开拓疆土与镇守要地的最前线。后来顾成果然连续建功，最终成为镇守贵州的大将，永乐朝被封为镇远侯。

与此相近，祖籍江苏常州武进、客籍安徽凤阳、落籍湘潭，于永乐年间被封为宁远侯的何福将军也曾有过金吾卫亲军的任职经历：

> 何福，凤阳人。洪武初，累功为金吾后卫指挥同知。从傅友德征云南，擢都督佥事。又从蓝玉出塞，至捕鱼儿海。[⑥]

---

①［明］李腾芳：《顾成传》，初刊万历年《湘潭县志》，转引自［清］吕正音纂乾隆二十一年刊《湘潭县志》卷十九《人物志·顾成》.

②［明］金幼孜：《金文靖集》卷九《追封夏国武毅公祠堂之碑》，《四库全书》本.

③ 孙正容：《朱元璋系年要录》，杭州，浙江人民出版社，1983 年，第 157、158 页.

④《明太祖实录》卷一九六，洪武二十二年五月丁亥，第 2946 页.

⑤［明］蔺从善：《明故征南将军镇远侯顾公墓志铭》，扬州博物馆藏顾成墓志原石拓片.

⑥［清］张廷玉：《明史》卷一四四《何福传》，北京，中华书局，1974 年，第 4071 页.

福：洪武四年授金吾后卫指挥同知，擢督府佥事；二十四年拜平羌将军，三十年拜征鲁（虏）前将军，进都督同知；建文元年迁左都督，特进光禄大夫、右柱国；永乐元年仍命总制兵备，镇陕西、宁夏，节制河南、山西诸兵，四年移镇甘肃，七年敕封宁远侯，食禄千石，赐宝剑一口，奖谕玺书七道。[①]

在明朝建立前后的战争时期，还远远不到官将代代世袭的制度确立的时候。一批批曾在金吾卫得到过锻炼的优秀的军事人才，不断地从近卫亲军走出到更辽阔的战场，他们在军事斗争中不断升迁，杰出的军事指挥才能不断升华，最终为国家做出了十分突出的贡献。可见，金吾卫实际上还起了人才培养与人才转送的基地的作用。

在湘潭，还有云湖桥韩氏，与长沙韩家湖韩氏、善化韩氏同出一源，他们的族谱里有着始祖从军的更为详细地记载。该支韩氏第一任长沙卫长官为洪武朝中所副千户韩瑛，他也是来自亲军羽林卫与金吾卫：

今该臣部移文督理，清黄科主事刁孔化吊取黄册，内开伊祖韩瑛甲辰年克军接应赴京，拨羽林卫总旗；丙午年克旧馆、湖州；东吴元年除百户，征进中原、济南；洪武元、二年克东昌、上都、大同；三年授世袭；五年征沙漠；十七年调金吾前卫前所；二十年征金山、一迷河；二十一年征捕鱼儿海子哈喇，升除长沙卫中所，世袭副千户。[②]

作为明朝开国军人韩瑛，自明朝建立前参与安丰之战、调充羽林卫总旗之后，隶属于常遇春部征登州、莱州，克北平、太原，应援大同。洪武五年（1372）随李文忠部西征沙漠。洪武十七年（1384）调金吾前卫前所。于洪武二十年（1387）隶属江阴侯吴高，西征迤北，直至一迷河、一百井、海子，累年克捷蒙赏。

韩氏谱还记载了韩瑛调升长沙卫并授世袭职的经过：

（洪武）二十一年征一百井，至海子，八月回营，蒙赏宝钞二百三十贯、银牌一面、青红缎子二表里。十月初五日早于奉天门看榜，升湖广长沙卫中千户所副千户事。本年十二月初六日到任。二十三年征散毛等峒，

① 何基焯、何廷望：《历代先贤功名录》，《晋陵何墅何氏续修家乘》，赐策堂刊.

② 见南阳堂清同治丁卯刊善化《韩氏支谱》卷八《录题本》所引之兵部批文.

十一月回卫。二十六年十月换授宝字八百二十号世袭诰命一道，敕封武略将军，管副千户。[①]

这一史料同样说明，亲军卫所中一部分官员难以在本卫得到升迁安排，故将他们升职外拨。

二

朱元璋设置与管理军队的一个重要方法，就是自古即有的军事屯田法。早在元至正十八年（1358）戊戌，还在夺取天下的战争中，离明朝建立还有十年之久，朱元璋便使用了军队屯田法。据《明太祖实录》记载，这年二月乙亥日，以吴祯为天兴翼副元帅，使吴祯与其兄吴良守江阴。“时江阴守兵不满五千，而其地与张士诚接境，良兄弟训练士卒，严为警备，屯田以给军饷，敌不敢犯，民甚赖之”[②]。此后朱元璋命诸将分军于龙江等处屯田，结果康茂才屯积充牣，他将皆不及。至正二十三年（1362）正月壬寅朔，朱元璋任命亲军副都指挥使康茂才为金吾卫亲军都护。二月壬申朔，即正式发布《将士屯田令》：

> 兴国之本，在于强兵足食。昔汉武以屯田定西戎，魏武以务农足军食，定伯兴王，莫不由此。自兵兴以来，民无宁居，连年饥馑，田地荒芜，若兵食尽资于民，则民力重困，故令尔将士屯田，且耕且战。今各处大小将帅已有分定城镇，然随处地利，未能尽垦，数年以来，未见功绪。惟康茂才所屯得谷一万五千余石，以给军饷，尚余七千石。以此较彼，地力均而入有多寡，其故何哉？盖人力有勤惰故耳。自今诸将宜督军士及时开垦，以收地利，庶几兵食充足，国有所赖。[③]

在朱元璋一生中，一直不断关注军队屯田的情况，经常发布有关军队屯田的指令。洪武二十一年（1388）八月丁丑，他又向五军都督府臣发出了如下敕令：

> 养兵而不病于农者莫若屯田。今海宇宁谧，边境无虞，若但使兵坐食于农，农必受弊，非长治久安之术。其令天下卫所督兵屯种，庶几兵农兼

① 见南阳堂清同治丁卯刊善化《韩氏支谱》卷八《录题本》所附韩魏《魏公供》.

②《明太祖实录》卷六，戊戌年二月乙亥，第62页.

③《明太祖实录》卷一二，癸卯年正月壬申，第148页.

务，国用以舒。古之良将若赵充国辈，皆以此策勋当时，垂名后世。其藩镇诸将务在程督，使之尽力于耕作，以足军储，则可以继美于古人矣。尔都督府其申谕之。①

洪武二十一年（1388）十月丁未，朱元璋又命五军都督府更定《屯田法》，凡卫所系冲要、都会，及王府护卫军士，以十之五屯田，余卫所以五之四②。

在这种大背景下，湘潭有一个昭山宋氏家族，其先祖来自安徽凤阳，追随朱元璋征战来到湖南。始迁祖兄弟三人本皆在锦衣卫任职，却于洪武二十二年（1389）转移到了长沙卫屯田。

旧谱载宋氏源流，南宋以上不可得而考。自大五郎四传至千五郎，名字俱轶，以次第行。今据玉尔公落屯昭山，尊为一世祖。推之文学为前一世，递推至大五郎为前七世，列为一表，如江流千里，沱潜别出，岷山是宗。其间或断或续，有典可稽。第自玉尔公兄弟，于明初俱以武功显，屯田长属，后皆隶籍湘潭。清乾隆丁未，子孙合建总祠于昭山之麓。③

关于宋文学及其三个儿子玉一郎、玉三郎、玉四郎的从军史，宋氏族谱中之《玉尔公传》有更多的表述：

公讳玺，字玉尔，称玉四郎，以次第行。先世江南人，自宋以上不可考。旧谱载，宋理宗时，大五郎居江南凤阳府（今隶安徽——编者按）土名宋家村。第三子孟三郎，传伯一郎、明一郎、千五郎、成夫，凡六代。成夫仕元，官至奉政大夫，生文学。文学，字楚钦，官游击，当元宁宗新立，义不苟合，解组归隐，以寿终。公其季子也。明祖起兵江淮，公兄弟仗剑从之，进取金川有功。适湖南九溪蛮事起，奉调出军，所向克捷。论功，兄玉一郎授锦衣卫正千户；玉三郎授通判；公授锦衣卫指挥使。洪武二十二年奉诏屯田。玉一郎屯湘潭迎春桥；玉三郎屯湘乡斗阁楼，后徙湘潭岳冲官田；公屯湘阴罗州石子涧，旋屯湘潭昭山，建文二年卒，年九十一，葬石子涧，泐石表墓。子三：德兴、时祥、玖彬。德兴袭指挥使，调镇河南。永乐二年卜太夫人因子袭官，迁居长沙，置德胜、通货二

①《明太祖实录》卷一九三，洪武二十一年九月丁丑，第 2902 页 .

②《明太祖实录》卷一九四，洪武二十一年十月丁未，第 2910 页 .

③《同源分派表说明》，《湘潭昭山宋氏鹏绅公裔家谱》，1933 年 .

门内宅第，旋辟湘潭油草塘、白竹营及长沙回龙铺等处产业，谱载“长卫屯粮六十有零”是也。[①]

谱载始迁祖老大玉一郎，名玉甫，字玉庭，明初“由长沙右营总旗奉诏征九溪蛮，授锦衣卫正千户”[②]，则其征九溪蛮时当隶属于长沙卫之右营（当在益阳）。

玉四郎系建文二年（1400）庚辰去世，谱称享寿九十一岁，按虚岁计龄的惯例，则推知其当出生于元武宗至大二年（1309）。这样他就会比朱元璋大十九岁。这个结果很有问题。其夫人卜氏，明永乐二年（1404）甲申因子荫袭指挥而迁居长沙，永乐十一年（1413）癸巳寿终。庶室杨氏，永乐十八年（1420）庚子寿终。其长子德兴，字志宽，洪武五年（1372）壬子二月十八日巳时生，天顺六年（1462）壬午八月二十六日未时没；配吴氏，洪武六年（1373）癸丑正月初十日辰时生，景泰二年（1451）辛未四月十九日申时没。无论是从玉四郎本人在三兄弟中居满来看，还是从他们兄弟的经历来看，还是从玉四郎与其长子的年龄差距来看，玉四郎的这个寿龄是靠不住的。其实，玉四郎传中有句“谱载‘长卫屯粮六十有零’是也”，这明显是引用了“江右”祖谱的说法，显然说的就是年龄。既然宋氏最初屯田是在洪武二十二年（1389）己巳，其时“六十有零”，那么他当出生在元天历元年（1328）戊辰左右，也就是说他与朱元璋基本属于同龄人。他的长子出生时，他四十四岁。而宋谱在表述屯田时，使用了两个概念，一个是“落业”，一个是兄弟“分屯”，分屯肯定是在永乐二年（1404）。如果“六十有零”是分屯时的表述，则宋四郎的出生时间又只能推在元至正三年（1343）癸未前后了。

在做了上述分析之后，我们可以看出，宋玉甫、宋玉尔皆任锦衣卫职，显然是在洪武十五年（1382）锦衣卫设立之时或稍后。在他们调入锦衣卫之前，他们所在的卫所不是长沙卫就应该是南京的其他亲军卫。族谱的记载很简单，一般只会留下最后与最高的职务而不会将履历全录。值得注意的是，无论是宋玉甫的锦衣卫副千户，还是宋玉尔的锦衣卫指挥使，他们的职位都没有在锦衣卫本卫进行世袭，而是到了落屯地的卫所。湘潭宋氏之例与前面各例不同，他们不是升职外调，而是平职外调屯田，估计给予他们的优惠就是在屯田田产的赐予上。

宋四郎去世在建文二年（1400），其长子德兴袭职在永乐二年（1402）。这个长达两年的时间间隔还属正常，何况其间涉及了建文与永乐的朝代变换。如果宋四郎的指挥使职是在洪武二十二年（1389）就调到了长沙卫（不一定是实职而很可能是带俸职位），那么可以窥见洪武年间对在锦衣卫内部进行世袭是控制得很严的。当

①《玉尔公传》，《湘潭昭山宋氏鹏绅公裔家谱》，1933 年 .

②《前一代与一代关系列表》，《湘潭昭山宋氏鹏绅公裔家谱》1933 年 .

然也可以理解为朱元璋的本意是将自己信任的干部派出外镇。

三

建文四年（1402），或者说当时被称作的洪武三十五年，是一个重要的政治变动时期。经过“靖难之役”的血腥决战，皇位发生转移，但是，皇权仍属于凤阳朱氏不变。后世自然会想到，这时的朝廷亲军会有哪些变化？我们能够看到将军级人物任职的异动，但却没有多少官方的材料去说明近卫亲军的中下层的变化。从忠于建文帝到转换于忠于其对手永乐帝，没有这种变化是不可思议的。但是这种中下层的变化是如何进行的？却也不易解密。非常值得珍视的是，湘潭的家谱材料里留下了一丝半影。

湘潭云湖罗氏族谱载有清朝时所撰《原修通谱源流考》，其中有如下文字：

> 能永生庭秀，字秀叔，徙十二图炯村；配周氏，生五子。长曰居仁，字成远；次曰居义，字谓远；三曰居礼，字谊远；四曰居智，字议远；五曰居信，字明远。义、智二祖寓湖广公安沙市姜石滩，会明太祖高皇帝破武昌，兄弟仗剑从之，屡立战功。智祖累官至中书省中书右丞，而义祖止以开国勋为骁骑卫百户，子孙世袭。兄弟既贵显，遂定居南京应天即今之江宁府；金川大驿桥侧，其故居也。义生玨，建文元年袭父职，靖难师起，公以羽林亲军，目击时事，居常浩叹。永乐二年，上虑建文时军官不无内怀不平者，从谋臣之议，谕骁骑卫官弁自愿耕种者，不拘顷亩任其开垦，子粒自收，官府不许比较，借以覃恩，优其俸禄，散置天下各郡邑，设卫以统之。于是珏祖偕智祖子云，始从江南移屯湘潭之三十九都，今改七都之云湖，食子粒米九十余石，隶茶陵卫右所五下，是为云湖始迁之祖。云祖分屯五十八都，今改九都之石洲，是为石洲始迁之祖。国朝康熙二十八年裁卫，其左、右所俱归入县治。①

这段文字讲清了湘潭云湖桥罗氏、石洲罗氏的祖源轨迹。云湖罗氏始祖罗玨（同珏）的父亲名居义，字谓远，为骁骑卫世袭百户；石洲罗氏始祖之父名居智，字议远，官至中书省中书右丞。特别提到，成祖朱棣十分担忧身边旧有卫士中会有暗忠于建文帝而心怀不满者，于是在政权巩固后，听取谋士之计，于永乐二年

① ［明］罗洪先：《罗氏璥房四修房谱》卷五《原修通谱源流考》，湘潭云湖思本堂.

（1404）对亲军官弁实行收买式优给田亩安置的外徙屯田政策。罗居义之子罗珏，时袭官百户于羽林卫，本来心在建文帝，便在这次征发中偕其堂兄弟罗云，向湖湘上路了。

这是乾隆年间的文章，其史事沿袭还有更早的渊源。湘潭云湖、石洲罗氏与明嘉靖八年（1529）状元、理学家、杰出的地理制图学家罗洪先所在的江西秀川罗氏实为同源。罗洪先字达夫，号念庵，江西吉安府吉水黄橙溪（今吉水县谷村）人，授翰林院修撰，迁左春房赞善。被罢归后，终日著书讲学。卒后赠光禄少卿，谥文庄。著有《念庵集》二十二卷，《冬游记》一卷。罗念先主持纂修了秀川罗氏通谱。该谱中收录了他所纂修的居智、居义二公传：

> 右丞公名居智，字议远，兄弟五人。独公与兄居义字谓远者，多武力饶计策，尝自顾影叹曰："嗟乎，七尺躯随人后，碌碌何耶！"后客公安，会太祖高皇帝破武昌，兄弟仗剑从之，屡立战功。智祖累官至中书省中书右丞，而居义公授骁骑卫百户。兄弟既贵显，遂定居应天。今金川大驿桥侧，其故居也。往昔余游金陵，访友人龙溪王君，王是时为武选郎，因谈公兄弟遗事，询其子孙，而骁骑卫官无罗姓者，岂移镇他戍耶？右丞在中书，阶二品，洪武十三年革丞相，自是右丞不复除。
>
> 洪先曰：余尝观国史，纪高皇帝初起兵时，属以兵者，多捐骁骑百户与所在行省右丞授之，然皆视其人之材力与其兵之强弱为高下，其后或进秩或改官，亦无定制，盖一时驾驭之权也。当时元夫距（巨）人，龙骧虎跃，赳赳桓桓，乘风云、依日月者何限？独公秉钧轴、典枢务，其奇伟英特，宜何如哉！惜也文献无征，使雄略秘计百无一传，余是以慨然含凄也。呜呼！干戈戢而将权绌，文墨胜而史野亡，古今泯没者独右丞哉？独右丞哉！①

罗洪先作此传时，带着非常惋惜的口气成文，他根本不知道居智、居义二公后人的下落。也因为有了他的记述，才使湘潭罗氏二公的后人追溯到了自己祖先更多的事迹。于是湘潭云湖罗氏在后来修谱时，也才有了《云湖始迁祖珏、石洲始迁祖云合传》。这个合传除了将罗洪先所作居智、居义传全文附后，还特地增写了二公之子迁徙湘潭的结果：

---

①［明］罗洪先：《罗氏璥房四修房谱》卷五《居智居义二公传》，湘潭云湖思本堂．

云湖始迁祖名珏，字双玉，明故骁骑卫百户名居义字谓远之子也。石洲始迁祖名云，字凌霄，明故中书省中书右丞名居智字议远之子也。洪武时，义、智二祖以开国功升受前职，其时兄弟并贵显，居江南应天，今江宁府金川门大驿侧。珏公幼敏慧，擅技能，建文元年义祖没，公袭父职。二年，靖难师起，公以羽林亲军，屡愿効力戎行，而朝廷不之遗，然目击时事，平居恒郁郁。四年，建文出亡，永乐登极，虑骁骑卫军官居肘腋，惧有不测，借以覃恩优叙，移戍他镇。而珏祖始自金陵移屯湘潭，食子粒九十余石，是为今七都云湖房祖。云祖，与珏祖同堂兄弟也，同自金陵来潭，分屯于今九都之石洲，是为石洲房祖。

其后，吉州念庵洪先公纂秀川罗氏通谱，作二公合传，事在嘉靖戊申。考念庵游金陵访友，时其年为丙戌，距建文朝百有三四十年，吾珏祖、云祖移屯湘潭久矣，此二公子姓金陵所以无传也。嗟乎！世远年湮，无征不信，苟非得念庵公之传，将吾族水源木本不且无从稽覈也耶？因并镌其传于谱，俾子孙勿忘焉。①

云湖罗氏族谱中载有同里周昭昭乾隆四年（1739）己未所撰《原修通谱赠序》。他用赋文的方式对罗氏先祖的功业与归宿尽情挥洒，倒也入木三分：

名乎伟矣，人也杰哉！顾姓氏非若单寒，业已垂名在昔；而沧桑实多变故，难言聚族于斯。一自郢州贼火流霞，熠烘谢眺之樊口；江夏刀锋舞雪，冷逼马安之石门。柳拂旌旗，云迷陶侃宅畔；风迎蕺辇，雷动鄂王城中。吕仙之几树，赤心金袍并丽；元结之一樽，黑石铁甲同坚。鹦武洲边，尽染祢衡之血；凤凰山外，乱飞岑氏之云。而谓远、义远二公，于斯时者，兵法虽娴，戎行未谙，自擅鹰扬之略，竟同虎贲之臣。带甲从戎，树军中之赤帜；弯弓挟矢，飞马上之黄沙。脑满肠肥，斫阵而鵶军竞起；手柔弓燥，斩关而蛾贼群奔。是则横槊赋诗，明远之才谋第一；擒王射贼，元登之战迹无双者也。迨夫鄂靖烽烟，奏凯歌而随玉辇；遂乃吴分印绶，膺殊爵而重天朝。躬调五味之盐梅，弟也负乎鼎俎；掌握一军之矛闟，兄兮入在骁骑。当鼎革江南，都迁蓟北：旧帝之河山不变，而市朝已非；故都之禾黍未兴，而戎马尚在。众臣工共陈奏议，新天子即示优容。属在军功，优以俸禄，锡之子粒，食其子孙。于是双玉公（珏祖）偕凌霄

①［明］罗洪先：《罗氏瓛房四修房谱》卷五《合传》，湘潭云湖思本堂．

公（云祖），来自金陵，同游湘水。始也渔樵耕读，振兴于十雨五风之天；继而人物冠裳，竞美于三湘七泽之地。①

关于罗义、罗智的事实，是明代中期罗洪先于嘉靖五年（1526）丙戌在南京亲闻于武选郎龙溪王君的讲述，而且他还亲自到了骁骑卫探索。显然，这是信而有征的记录。关于对骁骑卫官弁优待田产以散置外卫的做法，肯定是遍行于亲军各卫的，其中既然包括罗珏所在的羽林卫，必也包括锦衣卫无疑。

就是在这个将亲卫官弁覃恩遣散外卫的大政策下，正有锦衣卫将领在永乐二年（1404）来到了湘潭，这就是长沙卫前所指挥使刘答海。长沙卫前所设于湘潭易俗河，湘潭水竹湾刘氏家族之始祖就是永乐二年（1404）始任前所最高军政长官的刘答海。清光绪刊传经堂《湖南湘潭刘氏族谱》载有明初将军刘答海像。《中国历代名人图像细览》也载有这帧图像并人物简传：

刘答海，字南湖，河间府兴济县（今属河北）人。明代武职官吏。洪武初随中山王徐达征讨，屡立战功，授銮仪卫镇抚，迁指挥使，封昭毅将军。永乐二年以军功奉调长沙卫前所，屯驻湘潭，遂家水竹湾，是为湘潭水竹湾刘氏始祖。答海四子，长曰政，分驻七十七都上营三洲坝。②

而湘潭水竹湾刘氏族谱则有更具体的记载：

第一派始迁初祖 答海 字南湖。入邑乘。有传、容。官銮仪卫镇抚，加升指挥使。明封昭毅大将军。北京河涧府兴济县人。元至正四年甲申十月十五辰时生，明宣德十年乙卯二月初一辰时卒。享寿九十有二。③

刘答海所任职务之级别，可考之于《明史》关于职官之记载：

明初，置帐前总制亲军都指挥使司，以冯国用为都指挥使。后改置金吾侍卫亲军都护府，设都护，从二品；经历，正六品；知事，从七品；照磨，从八品。又置各卫亲军指挥使司，设指挥使，正三品；同知指挥使，从三品；副使，正四品；经历，正七品；知事，正八品；照磨，正九品。

①［清］周昭昭：《罗氏原修通谱赠序》，《罗氏瑯房五修房谱》，1929 年，湘潭云湖思本堂 .

②《中国历代名人图像细览》，见网络“中国历代名人图像数据库”.

③《中湘水竹湾刘氏七修族谱》卷三二《列传》，传经堂 1914 年刊 .

千户所正千户，正五品；副千户，从五品；镇抚、百户，正六品。[①]

明初，置拱卫司，秩正七品，管领校尉，属都督府。后改拱卫指挥使司，秩正三品。寻又改为都尉司。洪武三年，改为亲军都尉府，管左、右、中、前、后五卫军士，而设仪鸾司隶焉。四年，定仪鸾司为正五品，设大使一人，副使二人。十五年，罢仪鸾司，改置锦衣卫，秩从三品。[②]

据上述史料，可知刘氏谱中关于刘答海曾任过的銮仪卫镇抚，当为仪鸾司（锦衣卫前身）之镇抚，应为正六品或从五品之职。又查《明史·志第四十八·职官一》：散官“正三品，初授昭勇将军，升授昭毅将军，加授昭武将军”，故昭毅将军刘答海调长沙卫之前所任指挥使职为正三品。刘氏族谱记载刘答海永乐二年（1404）调镇长沙卫前所，而县志载易俗河存有刘答海驻军三个营垒的遗址，则刘答海是以指挥使职离开卫治而兼领前千户所的。

刘答海由仪鸾司镇抚加升指挥使，而洪武十五年（1382）罢仪鸾司，改置锦衣卫，则刘答海所任指挥使为锦衣卫指挥使无疑。刘答海生于元至正四年（1344）甲申十月十五日，其去世在明宣德十年（1435）乙卯二月初一日，享年九十一岁。永乐二年（1404）时刘答海六十岁。他调到长沙卫，没有在卫本部任指挥职，而只是在前所以指挥使职领千户所，这是高职低用，显然有其年龄趋老的因素。而更主要的是，这里可给他一个优厚的屯田安排。他不但自己有个富庶安定的归宿，还可以把自己的子女安置停当。这正是覃恩的体现。

刘答海驻屯于湘潭，其家族遂定居与发展于此：

刘大将军驻兵处：邑东南三十里，广野延袤，中起三阜。相传明永乐初昭毅大将军刘答海驻兵其处。有三营旧址，即其地也。[③]

明制卫所屯田，古寓兵于农之遗法也。其制：一舍一操，海宇清宁则尽力陇亩，疆场有警则入卫城池。若选举，若祠祀，若输纳，若词讼，皆不隶于县，不隶于府，而直隶于卫。我刘氏自屯驻以来，其田庐坟墓虽尽在湘潭，仍曰长沙卫人者，系籍也。至清朝卫废，始隶于县，然仍别其家曰军，一切差役与民铺籍者异，详见《禁碑》可考。[④]

---

①［清］张廷玉：《明史》卷七六《职官五》，第 1861 页 .

②［清］张廷玉：《明史》卷七六《职官五》，第 1862 页 .

③［清］吕正音：《古迹·刘大将军驻兵处》，氏主修乾隆二十一年刊《湘潭县志》卷二二，第八页 .

④《中湘水竹湾刘氏七修族谱》卷三《屯驻·长沙卫籍》，传经堂 1914 年刊 .

笔者还注意到，作为开国将领的刘答海，不仅本人，其四个儿子皆为军职，且有三人明确在京城卫所任有军职：

南湖长子 政 字隆治，号克倡。有传。明京卫经历，保义校尉。元至正二十年庚子十一月初二午时生。明宣德二年丁未七月十二未时卒。

南湖次子 崴 字元贞。有传。明忠武校尉。元至正二十四年甲辰八月十二辰时生。明正统二年丁巳二月初四申时卒。寿七十有四。

南湖三子 斌 字惟均。有传。明京所镇抚，封承信校尉。明洪武二十五年壬申正月十五寅时生。明天顺六年壬午十二月十七戌时卒。寿七十有一。

南湖四子 铭 字西轩。有传。袭京卫云骑尉。明洪武二十七年甲戌九月初九子时生。明天顺元年丁丑五月十一申时卒。寿六十有四。[①]

长沙卫前所设前、中、后三营，分由各子领营，并各世袭之：

三营，上营、中营、下营也。水竹湾之上曰三洲坝，曰飞龙桥，曰千工坝，为上营。水竹湾之中曰滔公坝，为中营。水竹湾之左曰石枧桥，为下营。自昭毅大将军而下，居上营者政公、斌公也；居中营者崴公也；居下营者铭公也。迄今四百余年，子孙繁衍，各袭故业，永奠厥居。若散居，若邑之高湖、梅下、竹冲及萍乡之大围堡，沅江之八子哨，皆上营之支派也。[②]

刘答海父子五人基本都在京卫任职，能够让他一家大小安心离开繁华权重的京城，来到当时并非发达之地的湖南湘潭，显然这个优厚的家族屯田政策起了作用。我估计，刘答海永乐二年来湘潭时，可能只有长子和次子随行。三子与四子当时年龄不大，他们在京卫任职，显然是刘答海来到湘潭之后的事。同样显然，他们是在年龄较长时才又归宿到了长沙卫前所所在地湘潭，也就是他们父亲奠定的老家。

刘答海显然属于永乐二年（1404）因“覃恩”而来到长沙卫湘潭前所的，他是明成祖朱棣所不放心者。当然，刘答海可能还怀有别的重任。值得注意的是，上文提到的宁远侯何福，他的第三个儿子何魁六正是在永乐二年隐居到了湘潭易俗河银塘。这里距前所营地，只有数公里远，可说咫尺之遥。何福在靖难之役中，为建

①《中湘水竹湾刘氏七修族谱》卷三《五派总齿录·第二派》，传经堂 1914 年刊.

②《中湘水竹湾刘氏七修族谱》卷三《屯驻·三营旧址》，传经堂 1914 年刊.

文帝所派，统军与朱棣对抗，立下赫赫战功。朱棣夺位后，一度将何福列为奸臣榜示。但不久又弃嫌录用。何福于当年被派赴宁夏担任总兵，出镇边关。永乐七年（1409），他被封为宁远侯。可是不到一年后获罪，史称其自杀，而《湘潭银塘（五甲）何氏族谱》揭示，他系佯称自杀，实潜隐湘潭银塘。最近笔者又发现了新的史料，湘潭乌石吴氏家族族谱记载，何福手下的一位将军，四川籍的吴朝南，竟也于永乐二年隐居到了湘潭：

始祖讳朝南，字正阳，广东提督军门也。原籍四川成都府华阳县丁字堡，中明洪武二十一年戊辰武榜举人，考选侍卫。洪武三十年丁丑，缅蛮刀干孟之变，都督何福逾高梁公山，直捣南甸，回击景罕寨贼，凭高坚守，粮尽。公随总镇沐春接应有功，升广东提督军门。建文四年六月间，李景隆金川门事，寻兵部尚书齐泰就戮，坐当诛者数百人，公遂敛迹归乡。永乐二年甲申，徙蜀来潭，隐居乌石，卒葬于斯，我族自此昉焉。[①]

始祖，朝南，字正阳。原籍四川城都府华阳县丁字堡。中明洪武戊辰科武魁，考选侍卫，升广东提督军门。明洪武三年庚戌三月十一日午时生。明永乐二年徙居乌石。明宣德七年壬子八月十三日戌时殁，葬上十七都四甲乌石峯蜈蚣山，午山子向。有碑、墓、图、传。子一。[②]

明朝洪武年间，并未开展武举考选。但洪武二十二年（1389）戊辰朱元璋确有习武事令。或许是在这种氛围下吴朝南通过比武考察而被录用。“考选侍卫”，看来吴朝南也在亲军卫服务过。值得注意的是，吴朝南，何福之子何魁六、刘答海都是永乐二年来到了湘潭，吴、何是隐居，刘答海是明调。还有上文提到的锦衣卫指挥使宋四郎玉尔之子宋德兴，也是永乐二年调到长沙卫任指挥使。其间有何奥妙，值得探讨。

总之，根据湘潭所涉及的史料，我们可以发现，明代早期（永乐二年之前）的锦衣卫，包括它的前身金吾卫、仪鸾司，以及与之有类似职能的羽林卫、骁骑卫等亲卫、京卫，其官弁的提拔与使用，更多的带着流官的色彩，卫所官员本卫世袭制还没有形成定制。这首先决定于明太祖朱元璋在战争期间，任人以前线为重。凡在他身边卓有功劳且具备发展潜力的军事人才，绝不久留身边，而是让他们在战争与镇守中去得到用武之地。随着时间的推移，一批久在亲卫军的官佐年龄渐渐趋老，对他们进行提拔外调，特别是与屯田政策加以结合而进行安置，渐渐成了一个重要

①《湘潭乌石吴氏四修族谱》卷七《传赞》，1942 年刊 .

②《湘潭乌石吴氏四修族谱》卷九《始祖朝南公派下齿录》，1942 年刊 .

的措施。而朱棣武力夺位后，为保证亲卫对自己的忠诚，更是采取谋臣的建议，在永乐二年大力度地实行了覃恩给田散放安置的稳妥政策，对锦衣卫以及其他亲卫军、京卫军进行了政治上的大清洗。实践证明，上述人事政策与措施，符合国家长治久安的大计，也符合将士的切身利益，取得了圆满的成功。

（作者单位：湖南省湘潭市文联）

明代锦衣卫与贵州

何先龙

明代锦衣卫最初是皇家仪仗队和卫队，后来兼有司法、侦查、监察等职能，自明初蒋瓛参与构陷蓝玉案初具特务功能，之后逐渐把触角深入明朝统治的角角落落。贵州地处西南边陲，明初有锦衣卫蒋瓛、何清等入黔，贵州卫赵铬调锦衣卫，其中锦衣卫指挥蒋瓛入黔为蓝玉案做准备；明代中期锦衣卫门达等谪调贵州获罪使锦衣卫遭受打击，同时有锦衣卫官员征讨贵州立功；明代后期成化时首辅杨廷和大胆裁汰锦衣卫冗员得罪锦衣卫后其子杨慎因此贬谪云南流寓贵州，并有锦衣卫官员入黔平叛立功；万历时两个出身锦衣卫的首辅方从哲和史可法也和贵州发生关系；明末清初（南明）时贵州仍有锦衣卫活动，直到永历十五年（1661）南明灭亡后贵州锦衣卫活动才结束。

一、明初洪武至永乐时锦衣卫在贵州的活动

（一）洪武二十四年（1391）锦衣卫指挥使蒋瓛奉命入黔建黄金门堡

贵州省黄平县谷陇镇岩门司村红岩寨至今保存有一方摩崖石刻，竖向阴刻："黄金门堡"，"钦差镇御兴隆卫、锦衣卫指挥蒋瓛建"，"洪武二十四年岁次辛未三月十一日"。经过600多年风雨，至今仍清晰可辨，成为明初锦衣卫指挥使蒋瓛入黔的强有力物证。明太祖预谋蓝玉案经过多年精心策划，《明太祖实录》卷九十六：洪武八年（1375）春正月庚辰，"遣使赍敕谕大将军徐达、副将军李文忠等曰：……都督蓝玉，昏酣悖慢尤甚，苟不自省，将绳之以法。"卷一百九十四：洪武二十一年（1378）十二月壬戌，"进封永昌侯蓝玉为凉国公……上命通政使茹瑺等赍敕书往劳秋班师，赐白金文绮论功行赏，拟封玉梁国公。适有发其私元主妃者，上闻之怒，事遂中止，至是念其劳，改封凉国公，仍镌其过于券。"卷二百二十五：洪武二十六年（1393）二月乙酉，"凉国公蓝玉谋反，伏诛。初，玉以开平王常遇春妻弟屡从征伐有功。胡、陈之反，玉尝与其谋，上以开平之功及亲亲之故，宥而不

问……约束已定，为锦衣卫指挥蒋瓛所告，命群臣讯状具实，皆伏诛。”[①]《明史·蓝玉传》：洪武“二十六年二月，锦衣卫指挥蒋瓛告玉谋反，下吏鞫讯。狱辞云：‘玉同景川侯曹震、鹤庆侯张翼、舳舻侯朱寿、东莞伯何荣及吏部尚书詹徽、户部侍郎傅友文等谋为变，将伺帝出藉田举事。’狱具，族诛之。列侯以下坐党夷灭者不可胜数。手诏布告天下……凡列名《逆臣录》者，一公、十三侯、二伯。”[②]《逆臣录》：“一名陶幹，年三十三岁，凤阳府寿州人，任锦衣卫指挥佥事”。锦衣卫千户：朱金凤阳府寿州人，丁锐和州含山县人，毛质凤阳府寿州霍邱县人，潘经凤阳府定远县人，王真和刘信庐江府合肥县人，潘福淮安府邳州人，汤铭凤阳府盱眙县人；锦衣卫镇抚：戴全苏州府崇明县人；锦衣卫百户：周济庐州府六安县人；锦衣卫总旗：魏再兴和苏成，扬州府泰州人；锦衣卫小旗：管斌凤阳府定远县人，吴仁贵扬州府仪真县人；锦衣卫皂隶：王福一，扬州府泰州人。“一名孟麟，年三十七岁……任永宁卫指挥。状招……至洪武二十年征南，拨守永宁卫管事。洪武二十五年二月内，凉国公总兵征南回还，从四川泸州经过。有贵州都司指挥马烨降除岷州卫指挥，在于泸州等候凉国公回还说话。是麟前去拜见凉国公，当有马烨对麟言说：‘如今降我做散卫指挥，凉国公许我回去奏上位，还我复职，未知如何？闻知你早晚到京去，可就与卫讨个分晓回来。’是麟依听。”“一名蒋义，滁州全椒县人，任清平卫指挥……洪武二十一年升除豹韬卫指挥使，洪武二十三年调清平卫指挥使。洪武二十五年闰十二月内，为赴京朝觐，至洪武二十六年正月内，为见凉国公征进回还……商议听从谋逆。”[③]康熙《岷州志》卷十三《职官下》：“马烨：直隶六合县人，洪武十一年奉敕掌本卫事，十九年升陕西都指挥使”[④]。可见，明太祖谋划蓝玉案大致从洪武八年（1375）警告将绳之以法始，经过洪武二十一年（1388）改封凉国公镌其过于券警示，到洪武二十四年（1391）秘派锦衣卫指挥使蒋瓛赴贵州兴隆卫以建黄金门堡为名，开始秘密调查蓝玉同乡清平卫指挥蒋义等罪状，终于在洪武二十六年（1393）二月由蒋瓛等经过精心网罗其同党、罪名、罪状等，一举告发蓝玉及其同党谋反，其中包括上述《逆臣录》所列锦衣卫及贵州都司所属永宁卫和清平卫蓝玉同乡数百名，很大一部分卫都是锦衣卫官员蒋瓛等所构陷。蓝玉案是锦衣

①《明太祖实录》卷九六、卷一九四、卷二二五，洪武八年正月庚辰，洪武二十一年十二月壬戌，洪武二十六年二月乙酉，台北，“中央研究院”历史语言研究所，1962 年，第 1653、2918—2920、3296—3297 页 .

②［清］张廷玉等：《明史》卷一三二《蓝玉传》，北京，中华书局，1974 年，第 3866 页 .

③［明］朱元璋，王天有、张何清点校：《逆臣录》卷三《锦衣卫指挥使陶幹等》、卷五《永宁卫指挥孟麟等》《清平卫指挥蒋义等》，北京，北京大学出版社，1991 年，第 154—176、284、286 页 .

④岷县志编纂委员会办公室：《岷州志校注》，定西市，岷县印刷厂，1988 年，第 226 页 .

卫从皇家仪仗队和卫队向特务组织转变的标志之一。

明初蒋瓛一度奉命镇御兴隆卫并建黄金门堡，不见于现存任何史料，据此推测，蒋瓛镇御兴隆卫建黄金门堡可能只是一个调查蒋义等罪状以构陷蓝玉的幌子。按现存明清贵州史籍，明代黄金门堡当地土语可能叫抬头或抬蜡，清代改为松毛堡。万历《黔记》："有一路进东坡仓平堡，入抬头、抬蜡、岩门等苗寨"[①]。《平播全书》："万历二十七年八月三十日，据贵州清浪参将刘效节呈报：七月初六日，本职经过东坡站，亲见高冈苗人啸聚。询查来由，据该站官军禀称，时常三四十人身骑大马，往来抬头、抬腊等寨，不敢盘诘等情……初八日，又据偏桥卫指挥张拱极等揭报：……播州马兵五十、步兵五百见扎翁角隆，使令抬腊寨苗头谢保计明来我白泥。"[②]嘉庆《黄平州志》："松毛堡，屯军五十户，安设红岩堡"[③]。因此，明初锦衣卫指挥蒋瓛奉命入黔建黄金门堡可能只是搜集蓝玉等罪状的借口，不为当地土著接受，平播官员等仍按土语称为抬头或抬腊，甚至该堡最初可能也未纳入屯堡编制。明代红岩寨应当驻有兴隆卫所属总旗或小旗屯军，直到清初改为松毛堡才成为有建制的屯堡。按现存明代《贵州通志》载，兴隆卫出东门经东坡后不远就到抬头、抬腊，特别是抬腊苗寨毗邻岩门司，故明代黄金门堡大致位置应当就在今红岩寨。

（二）洪武二十四年（1391）贵州卫赵铭调锦衣卫任职

"洪武二十四年五月，赵铭，系贵州卫中千户所副千户赵宗庶长男，为父年老残疾，别无嫡长次男告替。引至御前，问及从军年月，因怜功力深远，又一向在外守御，越（级）世袭正千户，钦升锦衣卫世袭指挥佥事。"[④]

（三）洪武末锦衣卫指挥何清奉命远征贵州后何氏家族有一支随军入黔

《明太祖实录》：洪武三十年（1397）九月"乙亥，上以平羌将军都指挥齐让逗遛不进兵，平蛮无功，命左军都督杨文佩征虏前将军印为总兵官，右军都督同知韩观副之，锦衣卫指挥使何清、凤阳卫指挥使宋忠为参将，统京卫及湖广、江西等都

① 贵州省文史研究馆：《黔记》卷五《舆图志二・黄平州图说》，载《续黔南丛书》第一辑中册，贵阳，贵州人民出版社，2012年，第1087页.

②［明］李化龙著，唐守文点校：《平播全书》卷七《咨文》，北京，大众文艺出版社，2008年，第234页.

③ 嘉庆《黄平州志》卷三《官师志》，载《中国地方志集成・贵州府县志辑》第20册，成都，巴蜀书社，2006年，第106页.

④ 中国第一历史档案馆、辽宁省档案馆编：《中国明朝档案总汇》第73册，桂林，广西师范大学出版社，2001年，第39页.

司军马往代之。”[①]《明太宗实录》卷六：建文二年（1400）二月己未，“上曰此神灵告我所向也，必有大捷……先令百骑于白沟河东震炮，日午大军渡河过……（平）安军大败，斩首五千余级，生擒都指挥何清，获马三千余匹。”[②]《明通鉴》：建文二年（1400）四月“己未，遇安兵于河侧，安伏精兵万骑……斩首七级，又执我都指挥何清。”[③]《罪惟录》：建文二年“夏四月，燕师闯白沟河，景隆壁德州，协胡观、郭英、吴杰等联营六十余万逆拒。都督先锋平安伏兵邀击，初胜败互，已而燕师屡却。会都指挥何清被执，安收兵还。”[④]可见，明初凤阳人何清洪武三十年（1397）前后任锦衣卫指挥使，后升锦衣卫都指挥使，建文二年（1400）奉命赴白沟河迎战朱棣靖难军，被活捉不屈死，其弟何济之子何鑑同时战死。

何清之侄何鑑后裔有一支正统时随军入黔。光绪《凤阳府志》：“何清，凤阳人，从太祖克和州等处皆有功。建文时御燕兵于白沟河，被执不屈死。弟济洪武七年授武德卫正千户。”[⑤]光绪《凤阳县志》：“何清 凤阳人，从太祖克和州、太平、镇江、湖州、杭州，积功授陵卫（应为锦衣卫）都指挥……建文三年靖难兵于白沟河，被执不屈死。何济，清之弟，性果毅。从太祖起兵，屡立战功。洪武七年授武德卫正卫千户，以备倭功授指挥佥事。二十二年伤于兵，子鑑袭职，以建文三年御燕师于白沟河战死。子逊袭，逊告老，兄子泉袭，勇敢有智略，临阵必身先士卒。正统十三年征闽寇于建安……先后斩获有功。景泰元年从武靖侯石亨巡北边大同雷公山、代州东门皆多有斩获，升（皇陵卫）指挥同知世袭。”[⑥]1928年修文县格都堡（今六屯镇）抄录嘉庆《世德堂庐江郡鸿开世绪族谱》：“何济，字巨川，何清；二公以开国勋起家，世袭怀远将军，事载明纪，遂为凤阳始祖。”“何通……生何济川，字沿江。洪武以军功来黔。”[⑦]按清代《淮南何氏族谱》，何通生何泉、何济川。可见，明初随军入黔的贵阳何氏家族何济川一支为锦衣卫指挥使何清之弟何济一脉，到清代中后期以“一榜三进士，五代七翰林”闻名贵州。

---

①《明太祖实录》卷二五五，洪武三十年九月乙亥，第3296—3297、3680—3681页.

② 转引自贵州省民族研究所编：《明实录贵州资料辑录》，贵阳，贵州人民出版社，1983年，第31页.

③［清］夏燮：《明通鉴》卷一二《记十二 · 建文二年》，北京，中华书局，1959年，第566页.

④［清］查继佐：《罪惟录》卷二《惠宗纪》，杭州，浙江古籍出版社，1986年，第63页.

⑤ 光绪《凤阳府志》卷一八《人物志 · 忠节上》，载《中国地方志集成 · 安徽府县志辑》第32册，南京，江苏古籍出版社，1998年，第156页.

⑥ 光绪《凤阳县志》卷一一《人物 · 忠义》，载《中国地方志集成 · 安徽府县志辑》（36），第399页.

⑦［清］何学贤等修：嘉庆《世德堂庐江郡鸿开世绪（何氏）族谱》，1928年抄本，第18页.

（四）永乐时贵州建省有锦衣卫参与

《明太宗实录》卷八十二：永乐十一年（1413）二月辛亥“设贵州等处承宣布政使司。初，思南宣慰使田宗鼎，凶狠淫虐，生杀任情……思州宣慰使田琛，亦与宗鼎有怨……事觉，命行人蒋廷瓒往召之，而敕镇远侯顾成以兵五万压其境，凶党叛散，琛等就擒……上闻之，诏有司禁锢琛等。”[①] 嘉靖《思南府志》：“相传执宗鼎之日，锦衣旗校数人，以辰时至，当即执以登舟下蜀。次日，始有都指挥一员领兵籍其财物，毁其宫室。”[②] 可见，永乐十一年（1413）初，思南宣慰使田宗鼎与思州宣慰使田琛争斗时，朱棣先派行人蒋廷瓒召之，继派镇远侯顾成率五万大军压阵，在调解无效后秘派锦衣卫旗校数人逮之入京禁锢，兵不血刃就顺利实现了思南、思州两宣慰司改土归流及贵州建省。

二、明代中期正统至天顺时锦衣卫与贵州

（一）正统景泰时有锦衣卫指挥李鉴、通事哈铭等入黔

《明英宗实录》卷一百八十三：正统十四年（1449）九月癸巳，“升锦衣卫指挥使李鉴为署都指挥佥事，往贵州地方领兵杀贼。”卷二百六：景泰二年（1451）七月丁巳，“左参将都督陈友奏：‘官军欲往平越，草塘等处抚捕苗贼，有原调南京锦衣卫并应天府带管韃官头目等八十五员畏惧脱逃。’兵部议：‘宜行南京锦衣卫应天府作急挨捕，追要原关马匹军器，遣人拘送贵州总督等官处量惰惩治，仍调杀贼。’从之。”卷二百一十：景泰二年（1451）十一月庚子，“锦衣卫带俸指挥使李鉴升调云南署都指挥佥事往剿贵州苗贼，鉴逃归。兵部奏下法司论赎杖还职，仍送原调处当先杀贼。从之。”卷二百二十二：景泰三年（1452）十月癸丑，“调锦衣卫带俸署都指挥佥事李鉴、羽林前卫带俸都指挥佥事李缙于贵州都司，鉴任司事，缙带俸听操调。”[③]《附景泰实录》：天顺三年（1459）二月己卯，“降通事、指挥佥事哈铭为副千户，调发贵州卫差操。”[④]《明史》：“有哈铭者，蒙古人。幼从其父为通事……历官锦衣指挥使，数奉使外蕃为通事。孝宗嗣位，汰传奉官，铭以塞外侍卫功，独如故。以寿卒于官。”[⑤] 可见，正统十四年（1449）有锦衣卫指挥使李鉴升云南都指挥

① 转引自贵州民族研究所编：《明实录贵州资料辑录》，第140—141页.

② 嘉靖《思南府志》卷七《拾遗志》，上海，上海古籍书店，1962年，第3—4页.

③ 转引自贵州民族研究所编：《明实录贵州资料辑录》，第321、353、359、373页.

④《明英宗实录》卷三〇〇，天顺三年二月己卯，第6377—6378页.

⑤《二十五史·明史》卷一六七《袁彬传附哈铭传》，上海，上海古籍出版社，1986年，第8245页.

佥事，奉命前往贵州杀贼，景泰二年（1451）李鉴逃回北京被杖打赎罪后遣送回贵州继续杀贼，景泰三年（1452）直接调李鉴任贵州都司。景泰二年征调南京锦衣卫并应天府带管的鞑官（北方蒙古族等归附者）、头目等58员入黔后畏惧脱逃，被参奏遣人拘送回贵州杀贼。天顺三年（1459）二月降通事（翻译）、锦衣卫指挥佥事哈铭为副千户调贵州卫差操。

（二）天顺时锦衣卫指挥门达等罪谪贵州

《明宪宗实录》卷一：天顺八年（1464）正月壬午，“锦衣卫掌卫事都指挥同知门达，指挥同知郭英、陈纲，指挥佥事吕贵俱调贵州边卫。达，都匀；英，安南；纲，赤水；贵，平越。皆带俸差操云。”卷二：天顺八年二月丙申，“贵州都匀卫带俸都指挥佥事门达有罪论斩系狱。达既被调，科道官以其罪不止此，交章劾之，有旨命都察院会五府、六部、通政司、大理寺、六科十三道官廷鞫之。于是右都御史等官李宾等上其罪状谓：‘达素恃恩宠，不畏法度，以至内直垂帘，全无忌惮，窃弄威权，大张声势，忤其意者，过求细故，必加陷害，屡兴大狱，巧于锻炼，别置狱舍以鞫罪，囚有不承服，輙称奉旨，残酷特甚。荐用官校以为牙爪，分遣于外骚扰州县，又纵令诸子弟为奸利事，交通外人，多纳贿赂，一一如科道官所劾。’上命达坐斩如所拟，律追其家私以万计。其党指挥张山同谋杀人，罪如之；其余都指挥牛循、聂愿，千户陈琏、侯爵，百户李瑗、段祥、陈让、包原、杨旬及达子序、班、升，侄千户清、婿指挥杨观等俱谪戍、降调有差。达，丰润县人，弱冠袭父职为锦衣卫百户。性机警，有才干，然深沉不露。正统十四年用指挥吕贵荐镇抚司理刑，后历升至都指挥佥事。初任理刑时，其僚佐谢通，浙江人，颇读书知事，务宽厚，达倚任之，二人同心，以故事下镇抚司或有大狱，如阮浪、徐有贞辈多所平反，一时有事者以下禁狱为幸，时誉翕然称之。及掌卫事，嫉旗校逯杲随堂使势，力逐之，而杲旋复柄用，历升指挥，与达并列，每欲害达，达惴惴自保，幸无事。已而杲死，谢通亦物故，达始兼管行事，欲抒宿愤，乃建遣官校分行中外，缉访事情，搜求幽隐，索取货贿，内外官僚重足而立，由是诡服诈冒者，接迹于途，天下骚然不安；又纳吕贵言，以抑文扶武为事，念一时朝臣言能上达者，惟大学士李贤、指挥袁彬，乃设计中伤之，事具英庙实录中。至是以多官议坐斩，系狱后当审录，诏谪戍广西南丹卫而死。论者谓达资禀虽善，然武夫不学，昧于大理。是以怙宠立威，荐及于祸，先是两月前锦衣卫大门扉为狂风所摧折，众欢传曰：锦衣门倒矣。至是达败，人以为先兆云。”①《明书》：宪宗朝“时达望满，怨望，戍岭表。

①《明宪宗实录》卷一、卷二，天顺八年正月壬午、天顺八年二月丙申，第30、43—46页.

彬再遥掌卫事，至都督佥事，卒。杨铭亦仕至都指挥。而指挥同知牛循，为太监玉犹子，代彬，无何免。”①万历《黔记》：徐节“成化壬辰举进士，授河南内乡知县。治行最，被征，吏民遮道悲恸，衣履为之分裂。擢御史，三上章数锦衣指挥牛循罪恶，屡劾相臣万安等，风裁凛若。”②可见，天顺八年（1464）初，锦衣卫掌卫都指挥同知门达、指挥同知郭英和陈纲、指挥佥事吕贵分别谪调贵州都匀卫（今都匀市）、安南卫（今普安县）、赤水卫（今毕节市七星关区东北）和平越卫（今福泉市），同年二月右都御史李宾等纷纷上书劾门达之罪，门达及其同党锦衣卫指挥张山一起拟斩；其余同党锦衣卫都指挥牛循等及所属千户、百户，加上门达子侄、女婿等都分别受到谪戍、降职外调的处罚，后来门达改为充军广西南丹卫而死，牛循后因黔籍御史徐节上疏数其罪而免职。

（三）景泰天顺时巩固贵州建省有锦衣卫之功

景泰天顺年间，贵州已建省一百三十多年，但土著不服流官统治，纷纷起来造反，甚至攻入省城贵阳烧毁了布政司、按察司等流官衙门，以至于吏部侍郎何文渊提出放弃贵州省，只保留土司统治，幸有兵部尚书于谦予以驳斥并全力组织征讨，才最终保住了贵州省建制。在于谦组织征讨贵州土著时，也有锦衣卫官员参与立功。天顺元年（1457）锦衣卫百户石斌参与平定贵州东苗升副千户，后在天顺七年（1546）再次平定东苗立功升正千户。景泰元年（1450）有锦衣卫小旗赵祥赴贵州平叛升总旗，景泰三年（1452）再参与平定贵州香炉山（今贵州凯里市境）升百户。阮全斌景泰六年（1455）参与征讨湖广五开（今贵州黎平），后天顺六年（1462）升锦衣卫衣中所斧钺司冠带小旗，天顺二年（1458）征讨贵州东苗立功后天顺七年（1463）再升冠带总旗。天顺二年，锦衣卫镇抚司带俸副千户王得和俺尧帖木儿分别参与贵州平叛开通道路有功，先后升锦衣卫正千户和卫指挥佥事；同年锦衣卫指挥佥事脱欢赴贵州关岭阵亡，升其长子任指挥同知③。景泰三年（1452），南京锦衣卫也有回回人哈三、火儿赤台、黍克里别儿的等奉命征讨贵州有功，分别升南京锦衣卫副千户和所镇抚④。

---

①［清］查继佐撰，倪志云、刘天路点校：《二十五别史·明书》卷二四《锦衣志》，济南，齐鲁书社，2000年，第976页.

②［明］郭子章撰，赵平略点校：《黔记》卷四四《乡贤列传》，成都，西南交通大学出版社，2016年，第970页.

③ 中国第一历史档案馆、辽宁省档案馆编：《中国明朝档案总汇》第49册，第197、269、278、409、346页.

④ 中国第一历史档案馆等编，《中国明朝档案总汇》第73册，第57页.

三、明代后期成化至万历时锦衣卫与贵州

（一）成化时锦衣卫与贵州

成化时锦衣卫谪戍贵州或征讨贵州。“王徽，字尚文，南京锦衣卫人。成化初授刑科给事中，以言事左迁普安州判官。克修厥职，民夷向化，秩满归隐。”① 嘉靖《普安州志》：国朝判官，成化“王徽，上元县人。进士。升刑科给事中。”“判官王徽，克修厥职，民夷向化”②。锦衣卫百户“余真，字青野，四川青神人。肃敏公子俊长子。以举人荫锦衣卫百户。贵州都匀夷作乱，自请讨之，有功，加正千户。世袭，历任指挥同知。”③此外，据现存明朝档案，成化时还有锦衣卫官员郭清、金玉、金海、王政、伯成等十余人征讨贵州因功升职。

成化末年锦衣卫指挥刘纲等奉命赴播州（今遵义市）办案。由于四川巡抚、按察使等控告播州宣慰使杨爱、宣抚杨友等“隐匿贼情，谋陷城池，欺罔朝廷，擅作威福，僭礼犯分，枉杀人命，毒害军民，谋害欺亲，诈传敕旨，妄造妖言”，成化帝“特命尔（何乔新）会同锦衣卫指挥刘纲备词前去四川，会同镇守太监刘雅、巡抚右副都御史刘璋、巡按监察史向钧，亲诣播州，抚提事内干证人犯，并弔（调）应查文卷，将奏内事情逐一审勘明白”④。

（二）弘治正德时贵州人任职锦衣卫及锦衣卫赴贵州

刘芳，贵州人，系锦衣卫衣中所已故正千户刘顺嫡长男，刘顺原是太监家衣，因在苦水井立功升冠带小旗，弘治十八年（1505）在大同三次冲锋升冠带总旗，又在廖家堡立功升副千户。正德十年（1515）刘芳年幼袭锦衣卫带俸副千户。正德十二年（1447）有锦衣卫銮舆司冠带舍人带总旗、福建同安县人张连赴贵州程番（今惠水县）征讨立功升锦衣卫实授百户⑤。

---

① 弘治《贵州图经新志》卷一〇《普安州·名宦》，载《西南稀见方志文献》第38卷，兰州，兰州大学出版社，2003年，第306页.

② 嘉靖《普安州志》卷六《官师志》，上海，上海古籍出版社，1961年，第2、10页.

③ 贵州省文史研究馆点校：《贵州通志·宦迹志》卷八《通纪·明总部》，贵阳，贵州人民出版社，2004年，第198页.

④［明］何乔新：《勘处播州事情疏》，北京，中华书局，1985年，第1—2页.

⑤ 中国第一历史档案馆、辽宁省档案馆编：《中国明朝档案总汇》第49册，第201、202页.

（三）嘉靖时内阁首辅杨廷和主政大裁锦衣卫冗员，其子杨慎获罪谪戍云南并流寓贵州

《明史·杨廷和传》："贼平论功，录廷和一子锦衣卫千户，辞……以乾清、坤宁二宫工成，推恩录一子锦衣卫副千户，辞……廷和总朝政几四十日，兴世子始入京师即帝位……已而诏下，正德中蠹政厘抉且尽。所裁汰锦衣诸卫、内监局旗校工役为数十四万八千七百，减漕粮百五十三万二千余石……寻论定策功，封廷和、冕、纪伯爵，岁禄千石，廷和固辞。改荫锦衣卫指挥使……三年正月，帝听之去。责以因辞归咎，非大臣道。然犹赐玺书，给舆廪邮护如例，申前荫子锦衣卫指挥使之命……于是，廷和子修撰慎率群臣伏阙哭争，杖谪云南。"《杨慎传》："杨慎，字用修，新都人，少师廷和子也。年二十四举正德六年殿试第一，授翰林修撰……先是，廷和当国，尽斥锦衣冒滥官。及是伺诸途，将害慎。慎知而谨备之。至临清始散去。扶病驰万里，惫甚。抵戍所，几不起……明世记诵之博，著作之富，推慎为第一。"[①] 道光《贵阳府志》："杨慎，字用修，四川新都人，大学士廷和子也。正德八年举进士第一人，授翰林院修撰……嘉靖五年，以争大礼谪云南永昌卫……尝往来贵州，著有《圣泉篇》及《贵筑杂咏》五首。二十三年，《贵州通志》成，属慎为序。"[②] 可见，杨廷和任辅时大胆裁汰锦衣卫等机构冗员，是见于史籍的锦衣卫最大规模裁员，有效削弱了锦衣卫力量，但得罪了锦衣卫，后其子杨慎中状元任修撰因故谪戍云南永昌卫（今保山市）时被锦衣卫在途中试图谋害，杨慎小心谨慎躲过锦衣卫迫害顺利到达永昌卫，杨慎多次回四川流寓贵州，是明代著作最丰富的文人，留下了不少有关贵州的诗文。嘉靖三十四年（1556）杨慎经过贵州时正值《贵州通志》修成，修纂者请杨慎作序，杨慎欣然命笔为序流传至今。

（四）嘉靖万历时有贵州人任职锦衣卫

万鹤年，威宁州人，其父万文明嘉靖初以冠带舍人中武举，升授锦衣卫冠带，嘉靖五年（1526）因功升试百户，十五年（1536）实授百户，十七年（1538）升副千户，三十二年（1553）升正千户署指挥佥事，三十三年（1554）升指挥同知，三十六年（1557）升指挥使，三十九年（1560）升都指挥使，四十年（1561）病故。其伯父万文贤先以舍人立功署百户，正德十年（1515）立功实授百户，后依例革职任小旗。万鹤年父亲所授武职并非军功而由武举，按例革除，他先以军功重授锦衣卫中所百户，再赴甘肃凉州（今武威市）立功升副千户。万康年是万鹤年亲

①《二十五史·明史》卷一九〇《杨廷和传》、卷一九二《杨慎传》，第 8305—8306、8311 页.

② 贵阳市地方志办校注：《贵阳府志》卷八八《流寓传》，贵阳，贵州人民出版社，2004 年，第 1611 页.

弟，万历十六年（1588）以父功袭任锦衣卫中所试百户[①]。

（五）万历时锦衣卫与贵州

首先，万历中期陈汝忠以锦衣卫籍任贵州总兵。《明神宗实录》卷二百五十九：万历二十一年（1593）四月丁未，“升神机营右副将都督佥事陈汝忠镇贵州总兵”[②]。皇明戚畹荣斋郑公（郑承恩）墓志铭：“赐会武第、荣禄大夫钦、差提督京城内外巡捕、前奉制敕镇守贵州兼提督平清偏镇麻阳西邑等处地方总兵官、前军都督府都督同知、上虞陈汝忠书丹”[③]。万历《铜仁府志》：“坐营司，在府治北，万历二十一年，总兵陈汝忠、坐营指挥李慎思建。”镇守贵州兼提督平清等处地方总兵官一员，“陈汝忠，锦衣籍，浙江人，以署都督佥事至，万历二十年任”[④]。万历《黔记》：总兵都督“陈汝忠，锦衣卫人。”新编《铜仁市志》：“木桶观音阁，在城东五里……万历二十二年总兵陈汝忠重修。”

其次，万历末锦衣卫出身的首辅方从哲任支持李选侍等在贵州铜仁重建梵净山金鼎寺。《明史》：“方从哲，字中涵，其先德清人。隶籍锦衣卫……（万历）四十一年拜礼部尚书兼东阁大学士……四十六年四月……从哲恳求罢，坚卧四十余日，阁中虚无人。帝慰留再三，乃起视事……职业尽弛，上下解体……论者谓明之亡，神宗实基之，而从哲其罪首也……选侍李氏最得帝宠，贵妃因请立选侍为皇后，选侍亦为贵妃求封太后。”[⑤]道光《松桃厅志·古迹》最早记载松桃梵净山距城240里，“前明万历四十六年户部郎中李芝彦撰有重修金鼎刻石碑”。贵州铜仁梵净山《敕赐重建梵净山金顶序》：“大明万历戊午岁仲春吉旦。太后娘娘李（选侍，庄妃，俗称西李娘娘）。太府太师常乐（常或乐疑有一字为衍文或误录）。太监王（安）。国子监林（士章），礼部尚书张（问达），户部郎中李（之彦，康熙《徽州府志》、同治《祁门县志》：万历二十二年甲午举人，户部郎中），钦差巡抚贵州军门郭（子章）、张（鹤鸣），巡按监察御史杨（鹤），钦差总镇都督郑、熊（一作邓［钟］、龙），贵州布政司谢，钦差分巡抚苗道刘（观光）、高（桂），铜仁府知府陈（以耀）、陈（尧言），推官张（希贤），思州府知府赵（建），石阡府知府鲁（疑

① 中国第一历史档案馆、辽宁省档案馆编：《中国明朝档案总汇》第49册，第296页.

② 转引自贵州省民族研究所编：《明实录贵州资料辑录》，第943页.

③ 刘之光编著：《馆藏石刻目》，载《北京石刻艺术博物馆丛书》（二），北京，今日中国出版社，1996年，第172页.

④ 黄尚文点校：《铜仁府志》卷一《方舆志·公署》、卷四《秩官志》，长沙，岳麓书社，2014年，第23、95页.

⑤［清］张廷玉等：《明史》卷二一八《方从哲传》，5759—5766页.

为曾即曾之可），思南府知府舒（应凤）、张（有义），坐营司周，钦差平头守备刘（体乾），印江守备赵（志成），印江知县郑（继绪），铜仁知县丘（邱时可）……”[①] 其中，郭子章和张鹤鸣分别因功子孙授锦衣卫职，并与梵净山关系密切。明神宗实录卷五百二：万历四十年（1612）闰十一月“丁卯荫原任贵州巡抚郭子章孙承昊加一级，授锦衣卫指挥同知”。卷五百七十：万历四十六年（1618）五月戊戌，“贵州巡抚张鹤鸣奏：‘四川、湖广、贵州三省红苗啸聚寇劫曾溪等堡，流毒甚惨。乞敕三省协助抚剿。’”[②]《明熹宗实录》：天启元年（1621）六月甲申，“叙贵州征苗之功，升张鹤鸣兵部尚书，荫一子锦衣卫正千户世袭”[③]。万历《黔记》在所附《印江县地理图》明确在县东与乌罗司（今松桃县）交界处标明“饭甑山”。又云“朗溪司诸山……（司北）有梵净山，一名月镜，府治二百里……左右各建观刹。”[④] 道光《泰和县志》：明“郭承昊撰锦衣卫志三十卷”[⑤]。因此，在万历四十六年（1618）明朝危难之际，锦衣卫出身的首辅方从哲不以国家社稷为重，反支持李选侍以太后名义在铜仁梵净山大建佛寺。碑文所列贵州巡抚郭子章已于万历三十七年（1609）卸任，但他万历三十二年（1604）撰成《黔记》最早记载了梵净山及其俗名饭甑山以及梵净山上左右分别建有道观和佛寺，建寺者把其列入可能有纪念之意，其孙郭承昊任职锦衣卫期间撰成《锦衣卫志》三十卷，比之前王世贞的《锦衣志》一卷和张可大《南京锦衣卫志》二十卷内容大为丰富，是关于明代锦衣卫最详实的史料，可惜与《南京锦衣卫志》都已散轶。张鹤鸣可能在1618年二月赴梵净山一带平定红苗时正遇上修寺，故得以列名其中。

四、明末清初（南明）锦衣卫与贵州

（一）明末锦衣卫出身的首辅史可法祖父任职贵州

《明史·史可法传》：“史可法，字宪之，大兴籍，祥符人，世锦衣百户。祖应元举于乡，官黄平知州，有惠政……，拜可法礼部尚书兼东阁大学士……乃定京营制，如北都故事，侍卫及锦衣卫诸军，悉入伍操练。锦衣东西两司房及南北两镇抚

---

① 贵州省方志办编：《贵州省志·文物志》贵阳，贵州人民出版社，2003年，第331页.

② 转引自贵州民族研究所编：《明实录贵州资料辑录》，第1094、1118页.

③《明熹宗实录》卷一一，天启元年六月甲申，第563页.

④［明］郭子章撰：《黔记》卷五《舆图志下·印江县图说》、卷一〇《山上志下·思南府诸山》，载《中国地方志集成·贵州府县志辑》第2册，成都，巴蜀书社，2006年，第118、250页.

⑤ 道光《泰和县志》卷四八《书目》，台北，成文出版社有限公司，1989年，第3137页.

司官不各设，以杜告密、安人心。”[①] 嘉靖《黄平州志》：“史应元，顺天举人，万历四十二年知黄平州。秉直不阿，卒于官，无以为殓，民争赙之，乃得归榇。”[②]可见，史可法之祖史应元万历四十二年（1614），任贵州黄平州知州，史可法任首辅后试图有效限制锦衣卫告密等特务功能。

（二）南明隆武永历继承锦衣卫衣钵

《小腆纪传》卷三《两案》：顺治二年（1645）“三月初一日，命太监李继周往浙召，寓僧寺，令内员迎入宫。内员报不实，寻命移寓锦衣卫都督冯可宗家，传文武官职认。”卷四《永历上》：隆武二年十月“壬辰，湖广督师何腾蛟、巡抚堵胤锡奉表劝进，以马吉翔、郭承昊、严云从、吴继嗣为锦衣卫使。”卷三十一《严起恒传》：“既李成栋反正，上还肇庆，起恒与王化澄、朱天麟同入直。成栋子元胤入为锦衣卫指挥，专决朝政。”[③]《小腆纪年附考》卷十一：清顺治三年（南明隆武二年，1646）八月癸巳，“明定锦衣卫军制。设中前后左右五所，每百户为一威所，八威所为一人禁军。”[④]《永历实录》卷一《大行皇帝纪》：永历元年（1647）九月，“进封马吉翔为文安侯，掌锦衣卫，管文书房敕旨”[⑤]。《明史·朱由榔传》：顺治四年（永历元年，1647）“三月，朱由榔封刘承胤为安国公，锦衣卫指挥马吉翔等为伯。”

（三）南明初有锦衣卫逃入贵州息烽西望山为僧

《黔诗纪略》：“眼石，湖南邵阳黄氏子，以勇力入伍。崇祯癸未授千总。迁四川守备，从刘承允迎桂王入武冈，迁锦衣指挥，又从转徙两广至安隆。丁酉，孙可望逼授伪官，遂逃入敷勇卫西望山，从语嵩禅师披薙。”[⑥]

（四）永历时锦衣卫马吉翔在安龙制造“十八先生”案

《明史》：顺治四年（1646）“三月，封承胤安国公，锦衣指挥马吉翔等为伯……大兵由宝庆趋武冈，马吉翔等挟由榔走靖州……九年二月，可望迎由榔入安隆所，

① [清] 张廷玉等：《明史》卷二七四《史可法传》，第 7015—7018 页 .

② 嘉庆《黄平州志》卷三《名宦》，载《中国地方志集成·贵州府县志辑》第 20 册，成都，巴蜀书社，2006 年，第 99 页 .

③ 转引自贵州省安龙县史志办编：《南明史料集》，贵阳，贵州人民出版社，2010 年，第 830、869、907 页 .

④ 转引自贵州省安龙县史志办编：《南明史料集》，第 491 页 .

⑤ 转引自贵州省安龙县史志办编：《南明史料集》第 3 页 .

⑥ [清] 唐树义等编，关贤柱点校：《黔诗纪略》卷三二《方外》，贵阳，贵州人民出版社，1993 年，第 1297 页 .

改曰安龙府。久之，日益穷促，闻李定国与可望有隙，遣使密召定国，以兵来迎。马吉翔党于可望，侦知之，大学士吴贞毓以下十余人皆被杀。”①《永历实录》：“马吉翔……弘光元年罢官。闻郑鸿逵拥思文皇帝（朱粤键）至福建，吉翔往依，附推戴，擢锦衣卫都督佥事。”②可见，南明隆武帝任命的锦衣卫都督佥事马吉翔以特务手段“侦查”后告知坐镇贵阳的农民起义领袖秦王孙可望，顺治十一年即永历八年（1654）在贵州安龙制造了十八先生惨案，杀了吴贞毓等十八个南明大臣。如今安龙十八先生墓犹存，是全国重点文物保护单位。

（五）南明永历时贵州许延禧成为锦衣卫的最后绝响

崇祯十六年（1644）明朝灭亡后，南方大片地方仍在南明控制之下，开阳、瓮安等地清初顺治时期也是南明辖地，故一直有南明锦衣卫活动。开阳县出土的康熙辛酉科（1681）解元刘子章撰《皇清太孺人何母王氏墓志铭》：“次（何）子澄……娶许氏明锦衣卫指挥同知延禧公女。”乾隆《滇黔志略》：“贞女何氏，开州何人凤季女。许字前明锦衣卫同知许延禧第三子仔。”③咸丰《贵阳府志》所载与《滇黔志略》同。民国《开阳县志稿》：“许成名，字宾室。一作澂实。五区许氏之祖也。其先江南人……无嗣。以弟扬名子尽忠为嗣……（尽忠）既袭。特授贵州中权左营兼管督帅中军，分理开州、洪边等地方总兵官，官至前军都督府右都督加九级、钦命太子少保、佩长宁将军印，封光禄大夫。卒，子廷禧袭，授锦衣卫指挥同知，赠昭义将军。康熙初清兵定黔，乃辞袭。居开州信里上牌庄园焉。”④贵阳市白云区麦架乡许家庄出土的《明诰封一品夫人许母叶氏墓志铭》有“不孝男廷禧、廷祚，孙俶、价、仔等同勒。”并载：南明永历十五年其子许尽忠殁后孙许廷禧袭锦衣卫指挥，锦衣（廷禧）奉使成都，宣谕咸宁侯、延长伯，间关流沙雪岭之险，寝食尸山血海之中，明之未常有愁色。顺治十八年清军入缅，永历帝被执，许廷禧兵败逃散，在其父病殁之际仅以头陀还黔，最后为仇家所盯，避入山野。⑤可见，许延禧袭南明锦衣卫指挥同知时于永历十五年即顺治十八年（1661）奉命到成都，同年南明永历王朝最后灭亡，许延禧隐居开州信里上牌庄园（今开阳县高寨乡境），成为明朝最后一任锦衣卫指挥。

---

①［清］张廷玉等：《明史》卷一二〇《诸王五》，第 3654—3655 页 .

②［清］王夫之：《永历实录》卷二四《佞幸列传》，长沙，岳麓书社，1982 年，第 205 页 .

③［清］谢圣纶辑，古永继点校：《滇黔志略点》卷二三《贵州列女》，贵阳，贵州人民出版社，2008 年，第 310 页 .

④《开阳县志稿》，台北，成文出版社有限公司，1970 年，第 763~764 页 .

⑤ 李芳：《许家庄与明末贵州总兵许成名》，《贵阳文史》2013 年第 2 期，第 39—39 页 .

此外，康熙《麻阳县志》：莫宗文“崇祯庚辰（1640）赐蟒衣玉带、太子太保，荫一子蘅；壬午（1642）特进柱国、太师，再荫一子英”[①]。民国《开阳县志稿》和《瓮安县志》载，“瓮安县中坪镇有永历七年钦命镇守川黔楚沅靖等处地方提督汉土官兵总兵官、右军都督（府）左都督、上柱国、大子少保、安化伯莫宗文永历庚寅建关帝庙，碑文由其子“世袭锦衣卫指挥同知莫英书丹”。[②]可见，莫英崇祯十五年（1642）袭任锦衣卫指挥同知，到崇祯十六年（1644）明朝灭亡后随父追随永历帝，直到永历灭亡后隐居瓮安中坪，参与新建关帝庙并书丹。

（作者单位：贵州省开阳县文化和旅游局）

① 康熙《麻阳县志》卷六《明·武职》，北京，书目文献出版社，1992 年，第 103 页 .

②《开阳县志稿》，台北，成文出版社有限公司，1970 年，第 902 页 .

明代锦衣卫画家的伦理取向与艺术局限

王志强

明代在一定层次上恢复了宫廷画院的机构设置。从明代前期到嘉靖年间，以崇尚南宋院体画风的锦衣卫画家成为明代画坛的主流，画家被授予锦衣卫武职官阶，得到了统治阶层的重视和优待，有较高的政治地位和物质保障。他们追求“马一角”“夏半边”的构图形式，以水墨淋漓的斧劈皴法，表现具有政治说教意味的现实题材，画风具有细腻、灵动、装饰的特色，呈现出皇家对于富贵、权势的全部想象和愿景。

一、明代宫廷画家的锦衣卫官阶

中国历史发展进程中出现过官设的绘画机构，有一批当时较为优秀的艺术人才，既专职院体画家，直接服务于皇家宫廷。汉代称“黄门署”，唐代称“集贤殿书院”，北宋设立“翰林国画院”。明代画院制度不同于前朝，在画院机构编制、职责、待遇、选拔差异明显。与宋代相比，在授予宫廷画师官阶上区别较大，宋代为翰林院、书院、棋院的杰出者授予待招、祗侯、艺学、画学正、学生等相应官阶，而明代除了少数宫廷画家被授予过文官职位，多数画家都被授予“锦衣卫”的武官职衔，都值仁智殿，由宦官统辖。

锦衣卫（蒙古语“怯薛”）制度，由明太祖朱元璋于洪武十五年（1382）创立，掌管侍卫仪仗等太祖私人事务，源于元朝的禁卫军制度，属于供事内府、内廷供奉。至元二十四年（1364），朱元璋称吴王，设拱卫司，洪武十五年（1382）罢亲军都尉府和仪銮司，在此基础上“置锦衣卫亲军指挥使司”，负责皇帝出行以及朝会的仪仗护卫，包括“直驾、侍卫、巡察、缉捕”等职。锦衣卫南镇抚司兼理军匠，所以，明代锦衣卫具有管理军匠的职能。

明代前期，画家多系匠籍出身，尤以军匠出身为多，故宫廷画家可以置于锦衣卫中领取俸禄。锦衣卫管理军匠的职能和授予宫廷画家以锦衣卫官职始于永乐时期。傅抱石在《中国绘画变迁史纲》《中国美术年表》、潘天寿《中国绘画史》等著作都笼统地认为：宫廷画家被授予锦衣卫职衔始于洪武时期；日本学者大村西崖《中国美术史》谓："明代建国之初，一如宋制，设翰林图画院。初于武英殿置待诏，后于仁智殿置画工，授以锦衣指挥、锦衣镇抚、锦衣千户百户等衔奖励之。"[①]根据相关史料记载，永乐、洪熙、宣德时期，宫廷画家如谢环、商喜、郭纯、韩秀实、徐英等已明确有锦衣卫职衔，所以明代开始授以宫廷画家以锦衣卫官职，应当不晚于永乐时期[②]。赋予锦衣卫"兼理军匠"的职能无疑是明初筹建宫廷画院的一种管理模式，其结果是宫廷画家"名正言顺"的寄禄于锦衣卫中而享有较高的物质保障和政治地位。

从时间跨度上看，明代宫廷绘画始于明初，永乐时期有关于画士百户记载，如较早一批进入锦衣卫画家谢环、徐英、韩秀，其中谢环在宣德时期得皇帝宠渥被授予锦衣卫千户。全盛于宣德、成化、弘治年间，"宣德至成化、弘治年间是宫廷画发展的鼎盛时期，也是画家入职锦衣卫的高峰期，如担任锦衣卫的画家有锦衣千户谢环、锦衣指挥商喜、锦衣卫千户安政文、锦衣都指挥刘俊、锦衣卫千户纪镇、锦衣百户吴伟、锦衣指挥林良、指挥同知吕文英、锦衣都指挥殷偕等人"[③]。一时间藏龙卧虎、人才济济，使明代宫廷绘画呈现出丰富、雅丽、辉煌的艺术特色。

二、锦衣卫画家的伦理取向与政治地位

明代皇权出于政治教育、宫廷装饰、帝王爱好以及礼制的需要，需要招纳画师、工艺匠人进入宫廷供职，如为皇家写御容和绘制宫殿壁画，据黄淮《黄文简公介庵集》"阁门史郭公墓志铭"记载，永乐皇帝登基之后，下旨选能文能书之士供职于文渊阁，"又欲仿近代画院于内廷，命臣淮选端厚而善画者，充其任"[④]。画家被编入锦衣卫，从官衔到粮薪都和锦衣卫的一致。"从其印章可知最常见的官职有'镇抚'（九品当中的从六品。官职分九等，每等分正、从两级）、'百户'（正六品）、'千户'（正五品）和'指挥'（正三品）"[⑤]。可见，明代宫廷画家获得的官职或政治地位远高于前代。

画家名义上被授予锦衣卫官职的头衔，可以公开地受到宫廷和朝廷官员的赞

① [日] 大村西崖著，陈彬龢译：《中国美术史》，上海，商务印书馆，1928 年，第 188 页.

② 赵晶：《明代宫廷画家官职考辨》，《故宫博物院院刊》2015 年第 3 期.

③ 郭林凤：《明代宫廷锦衣卫画家探略》，《湖北美术学院学报》2015 年第 1 期.

④ [明] 黄淮：《黄文简公介庵集》原编卷一三，今编卷九，见沈乃文主编：《明别集丛刊》第一辑，第 484 页.

⑤ 班宗华等：《〈大明画家——院体与浙派〉引言》，《美术向导》2014 年第 6 期。

助，以及皇帝和皇室的赞助，却不必就职，在明一朝，锦衣卫宫廷画家占籍锦衣具有特殊的荣誉。画院行使“成教化，助人伦”的职能，具有极大的政治教育性质，明确的伦理取向下，宫廷画家获得了超乎前朝的政治地位和优越待遇。在画家被授予的锦衣卫官职中，很多画家都升迁到了正二品都指挥使，从二品的都指挥同知，正三品都指挥佥事，从三品的指挥同知，这类较高的官阶。如宫廷画家倪端、张玘等升任到锦衣卫正二品都指挥使，袁林、殷偕等画家升迁到锦衣卫从二品的都指挥同知，刘俊、周全等画家坐到锦衣卫正三品都指挥佥事的高官位置。

嘉靖以前，宫廷画师的职位升迁主要有两种形式，一是由文思院副使、营缮所丞这类从九品的低阶层文官升迁到锦衣卫从六品以上的官阶。二是由锦衣卫中无品阶的小旗、总旗或普通锦衣卫带俸画工，升迁到从六品以上的所镇抚、百户等职阶，甚至最高升迁到锦衣卫都指挥使此类正二品的高官阶。但“永乐至正德间，宫廷画家被授以锦衣卫官职十分普遍，正统时，宫廷画家谢环被授予锦衣卫千户一职，‘三杨’之一的杨士奇就解释道：‘盖授近职，使食其禄也。’所以，授予宫廷画家锦衣卫官职并非针对这一群体的特殊待遇，而是当时在皇帝周围服务人员及外戚所享有的一种常见待遇”[①]。

明代宫廷画家获得的锦衣卫官职多以“传奉”形式为主，即由宦官直接传达皇帝的任命旨意而无须吏部或兵部的介入。成化以后“传奉”任官范围极广，朝廷大臣认为这种特殊的用官制度破坏了官员开核、升迁正常的铨选程序，故强烈反对和抵制这种“传奉”任官制度。“祖宗设武阶以待军功，非有临战斩获，不得轻授。今传奉指挥张玘辈，特画工耳。岁有俸，月有廪，亦既可偿其劳，或优宠之，赏以金帛，荣以冠带足矣。乃竟概铨武秩，悉注锦衣，准其袭替，则介胄之士冲冒矢石，著绩边陲者，陛下更何以待之？幸门一开，恐不足为天下劝。”[②]但这一制度仍然得于延续，况且皇帝还有多种方式对其宠幸的画家进行奖励，可以随时授职予宫廷画家以升迁。

因锦衣卫官职的寄禄性质，京城诸卫中以锦衣卫地位最高。万历时沈德符指出，锦衣卫“其亲近非他武臣得比，以故右列艳之，名为‘武翰林’”[③]。在武职系统中，锦衣卫近在天子左右，负责朝会及皇帝出行仪仗，时常出入宫禁，以备宣唤。宫廷画家入值紫禁城内，再授以锦衣卫官职，方便其出入宫禁，体现了其直接服务内廷的性质，颇为荣耀。当时对朝廷大臣也往往荫其子于锦衣卫官职中，寄禄于其他诸卫中的宫廷画家也千方百计地想转到有“武翰林”之称的锦衣卫中带俸。

---

①［明］杨士奇：《东里集续集》卷四《翰墨林记》，影印文渊阁四库全书第1238册，第421页.

②［清］龙文彬：《明会要》卷四九，北京，中华书局，1956年，第933页.

③［明］沈德符：《万历野获编》卷二，北京，中华书局，1959年，第69页.

锦衣卫画家享有较高的物质待遇，“画家官锦衣卫者多在六品以上，月米均可拿到十石以上”，可见升入锦衣卫对宫廷画家有着实质性的意义。此外，锦衣卫官职可以父子袭替，“如宣德时期的周鼎接替其父亲‘袭锦衣镇抚’，正德时期的陈铎记载‘袭官指挥’。殷善‘子偕，字汝同，传其业。’也可以是其孙，与徐英、韩秀实同时供奉内廷的商喜，其子商英、其孙商祚祖孙三人皆袭替供职于锦衣卫。”如《武职选簿》记载的徐英、倪端、周全、谢环及他们的家族袭替，尤其徐英和倪端家族的袭替记载非常完整，一直到明代晚期仍有承袭人[①]。允许子孙袭替官职是普通文官官职所不具备的。加上当时画家升阶较快且高，入职锦衣卫成为宫廷画家的理想。

三、锦衣卫画家的艺术特色及其局限

被授予锦衣卫官职的明代宫廷画家为皇家、宫廷服务，御用美术的性质无疑带有鲜明的统治阶层政治、伦理色彩，其艺术表现必然凸显伦常教化功能。在形成法度严谨、色彩绚丽、精致微妙等诸多艺术特色同时，也呈现出其在艺术题材、创新、传承等方面的局限性。

明代宫廷画院的院体画风以竞相效仿宋元画风为能事，尤其以临摹马、夏作品为多，如官至锦衣卫千户的王谔，画面多作奇山、怪石、枯木，树石蓊郁如泼墨，呈烟霭之气，尤其相似马夏之笔。如《江阁远眺图》（故宫博物院藏），以粗重线条勾勒山石外形，以斧劈皴，以粗放的苔点点出远处山峦的树木，近处树木以坚硬的双钩笔法勾勒树干，体现出枯木老树的嶙峋之态。构图相比马远略繁，但清秀淡雅或有过之，故孝宗称其为“今之马远”。

花鸟题材在宫廷艺术中地位突出，以花鸟图像来进行政治说教或颂赞太平，容易受到帝王的重视，成为宫廷绘画的主要提出和形式。此外前朝在这一题材创作中留下了丰富的表现样式，明代宫廷画家在此基础上开拓新路，颇有成功的尝试，如弘治时期的林良、吕纪。林良授锦衣卫指挥，善以墨色写烟波微茫、凫雁出没之状，有《山茶白羽图》（上海博物馆藏）、《灌木集禽图》（故宫博物院藏）等多幅花鸟作品传世，花卉树木笔势强劲、简单灵动的画风，以干而浓重的笔墨描绘各种飞禽的形态，富有生机和动感。吕纪授锦衣卫指挥使，多以孔雀、凤凰、仙鹤入画，以大斧劈皴作江岸流泉，设悬崖古木为花鸟形态之背景，化境开阔、博大有力。传世有《梅茶雉雀图》（浙江博物馆藏），勾勒细致、注重写实，近景坡石层叠，双雉

① 赵晶：《〈武职选簿〉所载部分明代宫廷画家史料辑考》，《故宫博物院院刊》2017 年第 5 期 .

互相依偎，栖身于白梅老干之上，画面左上方横写出两枝梅干，加以疏密聚散的梅朵占据画面大部分位置，有绘数雀于梅枝之上，增添几分飞动之气势。衬托以山茶花开，给人欢快的感觉。

由于宫廷艺术受制于政教伦理的制约，艺术创作必须响应这一伦理取向来决定艺术水平的高低，往往导致有才华的画家遭遇劫难，典型如明初戴进。此外，明洪武年间有画家因为意识形态、朝政牵连而被列入锦衣卫调查、迫害的黑名单，如赵原因画历代功臣像应对失旨，被赐死；盛著在画天界寺影壁时，因绘了水母乘龙背，不称旨而弃市被斩。此外，还有死于非命的王蒙、徐贲、周位等画家，深受迫害、历经磨难的王绂、陈汝言等画家。"画院在设立之初，由于管理上的问题，出现画家因'应对失旨'或'不称旨'而被杀戮的悲剧，造成宫廷画家人人自危的局面。画家被授予武功之职，本身就不伦不类。"[①]因为政治意识因素画家受到打击，其结果是画家唯"上意"是从，画风拘谨、缺乏创新，元末花坛呈现的文人逸气难觅其踪。

明代宫廷画院崇尚南宋院体画风，对当时乃至后世画风影响极大，社会上很多职业画工追随其后，这些画家虽然讲求劲拔精简，注重造型，但陈陈相因、缺乏创新，再加上缺乏转益多师的学养，在艺术造诣上很难别开一面、自成明目。"明多假以锦衣卫衔，以绘技画工概授武职，径准袭替，其失也滥"[②]。如后来趋于狂野的江夏派，王世贞《艺苑卮言》："不得其秀逸处、仅得遒劲耳"。这些用笔粗狂、行笔草莽、多越规度的画风到吴门画派占据主导地位后遭到严厉的批判，甚至被指责为画坛的"狂态""邪学"。

结　语

明代中后期，由于经济的发展、文人思想的进一步解放，一批画家在继承元末文人画基础上，对院体画产生极大的冲击，他们通过师生朋友之间相互的标榜，借助社会舆论和商业集团的支持，对宫廷画派以压制，以苏州地区为代表的吴门画派逐渐占据画坛主导地位。概言之，明代锦衣卫画家受伦理取向、人才选拔和审美趣味等诸多因素的影响和制约，发展到明代后期，这一画派造型结构松散，画风流于狂怪、走向末路，至明代孝宗时期著名画家吴伟后，以浙派为根基的宫廷院体渐归澌灭。

（作者单位：南京工业大学）

① 洪再新：《中国美术史》，北京，中国美术学院出版社，2000 年，第 308、314 页 .

② 胡敬：《国朝院画录》，上海，上海人民美术出版社，1963 年 .

明代墓志与锦衣卫形象的建构

尧育飞

作为明代国家行政体制的一部分，锦衣卫这一特殊禁卫机构在明代行政及社会运作方面发挥重要作用。锦衣卫制度的形成，其监察与司法职能、廷杖制度及其在加强极权统治中的作用等问题，是学界已往多集中讨论的[①]。但对锦衣卫的文学及历史形象的考察，则较为少见，偶或涉及，也多由史学角度予以厘析。实则锦衣卫家族曾通过墓志铭这类文学形式，精心营构自身形象。明代墓志所见锦衣卫的“儒化”及“文人化”形象，与锦衣卫武人身份有关，形成特殊的“文武同卷”[②]现象。剖析此种现象，有利于理解锦衣卫的身份认知，及其与文人士大夫的关系。而锦衣卫自身形象营构最终失败，则与明中叶以后历史与文学书写权力下沉有关。

一、陆炳与锦衣卫的“既武且文”

嘉靖三十九年（1560），太保兼少傅、后军都督府左都督、掌锦衣卫事的陆炳暴卒而亡，不久之后，他的同乡徐阶为其撰写墓志铭。在徐阶笔下，雄黠多智、人惮畏之的陆炳获得了极高的评价。

> 公为人忠义正直，视国家之事，苟可效尺寸必竭其力，祸福生死无少惕于心。见有奸于法、乱于纪者，疾之如雠，搏击无少避。故观其持己行法，若刚不可犯而介然与物无情者。然其事继母能以色养，待其弟太仆少卿炜友爱周至，惟恐拂其情。施于朋旧，拯难赒急，有其人意望所不及与自谋之所不逮者。尊贤礼士，问遗造请，不计有无，不惮寒暑。有危急，

① 参见张金奎《八十年来锦衣卫研究述评》(《中国史研究动态》2015 年第 1 期)、张金奎《锦衣卫形成过程述论》(《史学集刊》2018 年第 5 期).

② “文武同卷” 语出［清］赵翼:《廿二史札记》,《赵翼全集》，南京，凤凰出版社，2009 年，第 619 页. 原指《明史》中文武大臣列传同卷排列的现象，此处借用，乃之锦衣卫墓志中对其“文事”与“武事”并行书写的情况而言.

务保全之。其谦恭委曲，视前所为，若两人然。盖公读书明理道，故义之所激，千万人必往，而礼之所在，辄巽懦如书生。非独其天性然也。于是上诏有司曰：“炳，予忠国之臣，赠忠诚伯，谥武惠。”……铭其词曰：宣公之后，有人崛生。既武既文，以佐皇明……[①]

陆炳扈驾嘉靖有功，忠于国事，是墓志铭的题中之义，也即徐阶赞语前半部分主要论述的。在国事上鞠躬尽瘁的陆炳，回归家庭，也孝顺母亲，友爱兄弟。至此，鹰扬一世的陆炳为儒家道德所渲染了。尽管明季理学昌明，然而徐阶将陆炳塑造成一位符合儒家道德标准的人物，显然并不止受制于墓志文体的“谀墓”要求，而轻轻带过。此处值得注意的是徐阶的说辞，“其谦恭委曲，视前所为，若两人然”。写陆炳的谦恭、孝悌，为的是回护其在位时跋扈鹰扬的一面。毕竟，对大多数人而言，陆炳呈现的那一面是难以令人接受的，试看《明实录》的记载：

炳雄黠，多智数，善迎合上意，自列校骤跻公孤，出司巡徼，入典直赞，自郊庙以至诸祷祀，皆得与焉。亲近尊宠，即勋贵大臣，莫能望也。任豪恶吏为爪牙，多布耳目，铢两之奸悉知之。富民有小过者，即榜掠文致成狱，没其赀产，其所夷灭者，不可胜道。累赀至巨万，豪侈自奉，营别宅十余所，皆崇丽称甲第，分置姬妾其中。[②]

陆炳的雄黠与跋扈是显而易见的，至于其私人生活，则一般人并不易觉察。而徐阶试图告诉世人陆炳的另一面，正来自陆炳的家庭生活。徐阶披露陆炳色养其母、友爱其弟的一面，一般人固然无从辨别其虚实，却能起到扭转陆炳形象的效果。紧接着，徐阶笔锋一转，又从家庭转向友朋，提及陆炳急公好义、“谦恭委曲”的一面。此种品德，陆炳的友朋随员自然有所耳闻，或亲自感知过，故徐阶行文至此，其可信度又大大增加。然而陆炳原是武进士出身，其待人之道却又类士大夫，其个体形象中的“文”与“武”矛盾如何调和？回到徐阶的行文，他精巧的谋篇布局并未结束。为了“文饰”陆炳，徐阶试图调和陆炳“既武又文”的面相，并为其找一个稍显合理的理由。徐阶云：“盖公读书明理道，故义之所激，千万人必往，而礼之所在，辄巽懦如书生。非独其天性然也。”徐阶的解释是陆炳天性有合乎儒家道德的一面，更重要的是他“读书明道理”，故而行事能类书生。

---

① [明] 徐阶：《明故太保兼少傅后军都督府左都督掌锦衣卫事赠忠诚伯谥武惠东湖陆公墓志铭》，《世经堂集》卷一七，明万历间徐氏刻本.

② 转引自焦竑《国朝献徵录》卷一〇九，明万历刻本.

陆炳世袭锦衣卫，是否“读书”，却大值怀疑。《明史》记载：“炳武健沉鸷，长身火色，行步类鹤。举嘉靖八年武会试，授锦衣副千户。”① 看来，陆炳并不“读书”，至于是否明儒家的道理，也无法确证。就本文关切而言，历史上的陆炳是否“读书明道理”并不重要，重要的是，徐阶为什么要这样写？对隶属禁卫的武人，徐阶为何要给他安放“读书”的帽子，以此调和他的职业、行事及其日常品德？

在早期的锦衣卫墓志中，对锦衣卫孝顺、友爱的书写已逐步凸显。程敏政《赠武略将军锦衣卫副千户孙公墓志铭》：“（忠）天性淳笃，不类武人，奉母甚孝。其谢病而归也。遇母夫人丧，时年已七十，哀毁踰礼，手植松槚数百章，卒以忧瘁，致疾不起。友其弟斌。无纖芥反目意。”② 又其《昭勇将军锦衣卫指挥使孙公墓志铭》记载锦衣卫指挥使孙琏：“与二兄瓒、珍及群从极亲友，岁时设宴，奉诸父于堂，以次称寿，欢如也，诸勋戚家以为美谈，一或有不睦者，即相率以孙氏谕之。公居母夫人丁氏丧，哀毁甚……又谕其子曰：孝事，吾亲勤学，以无隳先范，吾目瞑矣。”③ 对孙忠与孙琏孝友的刻意描绘，并非偶然，而是整个明代锦衣卫墓志中存在的普遍现象。何以如此？是明中期以来理学复兴使然，还是锦衣卫群体无特异表现，而仅能通过描摹其孝友一面方可言说？程敏政对锦衣卫副千户孙忠的墓志书写，道出这种写作背景的重要目的，即“天性淳笃，不类武人，奉母甚孝”——孙忠明明是武人，程敏政却刻意说他“不类武人”，反映锦衣卫虽然位高职重，然而在社会评价中，其武人身份仍不受待见。更令人深思的，是“不类武人”前后两句“天性淳笃”“奉母甚孝”，淳笃的天性与孝顺母亲仿佛只是文人的专属，而武人不能享有。武人的社会形象及社会评价既如此低，则尽管其威名赫赫、功勋卓著抑或荷宠荣显，为其撰墓志铭的作者仍要着力将其塑造成不类武人的全新形象，换言之，锦衣卫群体不得不在墓志铭中出现“文人化”的趋向。

二、读书与明史：墓志中锦衣卫的“文饰”现象

锦衣卫原是赫赫武夫，在墓志铭中，尽管其功业、富贵及荷蒙皇恩等方面着墨甚多，但无一例外，更普遍提及他们热爱读书、一心向文的一面。试看：

少喜读书，负大志，选充郡学。④（《锦衣卫都指挥周公瓒传》）

①［清］张廷玉等，《明史》卷三〇七，北京，中华书局，1974 年，第 7892 页 .

②［明］程敏政：《篁墩集》卷四〇，明正德二年刻本 .

③［明］程敏政：《篁墩集》卷四二，明正德二年刻本 .

④［明］焦竑：《国朝献徵录》卷一〇九，明万历刻本 .

公讳钺……幼颖拔，游乡塾，顿悟鲁论大义，角丱器识弘迈，长而魁伟，骑射绝人。尝览孙吴之说，叹曰：是仁人弗为也，出之以王道，其庶矣。[①]（《锦衣卫千户槩轩吕公墓志铭》）

公虽以武功爵处富贵之极，然不喜声技，似寄心玄旷之旨，每慕河上公、漆园吏、陶靖节、白乐天之为人，所著有《介石楼稿》十卷、《姚墟綦弁集》十二卷、《纪事录》六卷，庶几有志于道者。[②]（《锦衣卫右都督杨公墓志铭》）

公涉书史，闲武事，家居孝养，丧祭无违礼。[③]（《明故怀远将军锦衣卫指挥同知赵公墓志铭》）

公器宇魁硕，言论鸿畅，涉书史，攻韬略，事亲孝谨。父没，弟俭嗣世官，悉以产业让之，所交皆一时英俊，意欲立功万里外，中不获所愿，殊不乐。既能自拔起名誉，致位通显，才望兼积，然亦老且病矣，识者犹以为未尽其用云。[④]（《明故昭勇将军锦衣卫指挥使刘公墓志铭》）

公姓叶氏，讳广，字大用，世锦衣卫，为总旗，公少孤，赖母范夫人鞠成之，俾学书艺，既代役，识者曰："是非行伍中人。"[⑤]（《明故锦衣卫掌卫事都指挥使赠荣禄大夫右军都督府都督同知叶公墓志铭》）

在这些记载中，除去锦衣卫右都督杨俊卿之外，其余人大多都"涉书史""学书艺""游乡塾"。书史、书艺的学习经历，显示他们具备一定的文化修养。早期他们很可能试图通过书法等技艺走书吏一途。锦衣卫善书法，与明代诸帝喜欢书法，且不少人凭借书法才能被征召入中书有关。然而"涉"与"学"，却又显示他们在书法和研读史书上造诣并不高明。尽管新近的研究表明，锦衣卫的确多才多艺，且部分人在书法和绘画上成绩卓著。如聂卉《明代宫廷画家职官状况述略》就论及锦衣卫黄济、缪辅等人工绘画[⑥]。然而，书画毕竟只是锦衣卫的余事，且从目前的资料看来，其绘画才能并未在墓志中予以呈现。而"书史"的才能，也并非锦衣卫本职所需，故墓志中着墨不多。然而这项才能尽管并不重要，多数锦衣卫的墓志中却仍

---

① [明] 冯惟敏：《海浮山堂诗文稿》卷四，明嘉靖刻本 .

② [明] 郭正域：《合并黄离草》卷二四，明万历刻本 .

③ [明] 李东阳：《怀麓堂集》卷四六，清文渊阁四库全书本 .

④ [明] 李东阳：《怀麓堂集》卷八二，清文渊阁四库全书本 .

⑤ [明] 李东阳：《怀麓堂集》卷八九，清文渊阁四库全书本 .

⑥ 聂卉：《明代宫廷画家职官状况述略》，《故宫博物院十年论文选 2005—2014》，北京，故宫出版社，2015 年，第 1250 页 .

要突出这一点。有的以近乎“狗尾续貂”的形式，将锦衣卫可怜的一点读书经历带出，甚至显得不伦不类。但锦衣卫右都督杨俊卿“慕河上公、漆园吏、陶靖节、白乐天之为人”的放旷之志，却提醒我们注意，这种文人士大夫的生活与志趣，在社会价值体系中仍占据优势地位。在明代中前期，“由于文、武地位的实际落差不断扩大，勋贵武将的世袭贵族身份也受到影响，为了维护尊严，部分武职努力加强自身的‘文人化’以求融入士大夫精英圈”[①]。在“以文统武”的时代现实中，锦衣卫墓志的书写始终要围绕如何将他们“文人化”这个中心。

明乎此即不难理解，锦衣卫的人生经历中凡是与学文、习经、览史沾边的经历，无论多少，都会被有意写进墓志中。试看明人罗玘为锦衣卫千户安顺所撰墓志铭：

> 幼侍其世父整于京，整，锦衣总旗也，老以君代。至是以才见，使用事。然其童年播迁，东西浮寓，以身薪水。无隙以学，而心独恨，且无攸适从，则惟遇僧梵于瞽说，于途亦说，久乃口通佛书、诸多传奇野史，后亦厌弃，惟喜人读书，从旁听之，辄能成诵，积至儒生所恒习者，张口缕缕而出，间能辨析义疑，至史传所纪，即断曰：“此治朝也。”或矍然曰：“此政失，当乱。”若真能了了者，其实手眼漠如也。性无镞砺之凿，事必流其真诚。心寡盖覆，不主嫌疑，凡关涉政治大体，即贵幸勋戚丽，于宪度不避，苟暧昧非其辜，虽上意叵测，必以身任之。[②]（《锦衣卫千户安君墓志铭》）

安顺随父锦衣卫总旗安整四处浮寓，无暇读书学习，然而，通过僧人及说书者的论述，安顺得以掌握“听书”的本领，后来得以获闻儒家经典及史传，并据此纵论时事，虽则其评论往往离题千里。罗玘并非贬斥安顺不学无术，而是意在说明安顺敢于就时政发表论断。然而罗玘所举的例证仍从识文断字、明晓大义入手，罗玘的潜台词是不读书的安顺尚且有可贵的抗争品质，倘或他能读书，则于国事政治，当可起更大作用。

古人的意识中，一般怀有“天下第一等好事是读书”的观念，而历代王朝往往也给人印象是“重文轻武”。然而，即使是最为“右文”的宋代，武人其实并未受到轻视。柳立言的新近研究表明，“宋代轻武或抑武，可分两种情况：一是因为武

---

① 秦博：《明代前中期武官“文教化”现象初探》，《中国社会历史评论》第16卷（下），天津，天津古籍出版社，2015年，第71页.

② ［明］罗玘：《圭峰集》卷一四，清文渊阁四库全书本.

人的作为实在可议，这种轻或抑有其正当性。二是文人为了揽权独断等原因而故意贬抑武人，这种就是不合理、别有用心或似是而非的轻或抑。其实两者也发生在文人身上，使他们受到鄙视或压抑。另一方面，武人也受到重视。纵使他们本来因为武人的身份受到轻或抑，但后来在品德、知书、民事或司法上有所表现，便由轻、抑转为重、扬。”[①]与宋代情况相反，明初倒是存在“重武轻文”的状况，不过随着科举考试的深入，这种局面被逐步打破，行政体制中重又回归“重文轻武”的局面[②]。然而如柳立言所言，倘若武人在“品德、知书、民事和司法上有所表现”，便能在文人那里获得重视与褒扬的待遇。武人扭转自身形象的内在机理，在锦衣卫墓志铭中有突出的标识。

公居家孝友，乐善好义，质直无隐伏，与人交，全终始。性颖敏轩豁，博涉群书，工律诗，书法尤精。不嗜酒，退直偃息一轩，左图右史，幽清绝俗。客至，焚香瀹茗，谈古今理乱，论人品得失，亹亹不倦。或乘兴取琴，鼓一再行，襟度洒如。予每造之，尘虑未尝不潇然涤也。[③]（《故锦衣卫指挥使徐公墓志铭》）

始辍业，博览稗官小说、习音律。或与乡先生结社，为诗以自娱，以消其卓荦雄奇之气。《状》又称公事亲孝，能以色养。病为侍药。为请祷，目不交睫衣，不解带，没而哀毁柴瘠，人咸称之。[④]（《明锦衣卫户侯连山王公墓志铭》）

君孝友甚至，早失怙恃，继母杨氏抚育以成，君色养，朝夕惟谨。事兄，怡怡恭逊，事必禀而后行。尤笃教子，延明师以训。每语子曰：“吾家世武胄，汝能励志科目，以大吾门乎？纵不尔，亦庶几能识道理，不失为善人也。”[⑤]（《明故武略将军锦衣卫千户奚君墓志铭》）

君性质直，不善谀，少未尝问学，然敏悟，多识理道，见儒生语古

① 柳立言：《北宋评价武人标准再认识——重文轻武之另一面》，《历史研究》2018 年第 2 期，第 35 页 .

② 参见陈宝良：《明代的文武关系及其演变——基于制度、社会及思想史层面的考察》，《安徽史学》2014 年第 2 期，第 5—18 页 . 近年关于“文武关系”讨论重新成为历史学研究热点，如方震华《权力结构与文化认同：唐宋之际的文武关系（875—1063）》（北京，社会科学文献出版社，2019）等书，并有文学研究者注意到文武关系与文学风格变化，如刘宁《韩愈狠重文风的形成与元和时期的文武关系》（《文学遗产》2020 年第 1 期）.

③［明］倪谦：《倪文僖集》卷二八，清武林往哲遗著本 .

④［明］余继登：《淡然轩集》卷六，清文渊阁四库全书本 .

⑤［明］孙承恩：《文简集》卷五二，清文渊阁四库全书本 .

善恶事，可敬爱、可畏恶、可哀悼，辄记忆不忘，每为乡人子弟谈说。事至，据理剖析，是非枉直弗缪，人以是服。[①]（《赠怀远将军锦衣卫指挥崔君墓志铭》）

由是奚锦衣之名，多为朝士搢绅所称道而乐与交，然谓其当渐向用，而君志恬退。未几，乞解职，付子鹤承袭。自是家居寡出，故有亭馆，水石花木，客过，留觞咏尽日，口不及公家事。君性敏而质直，当事有定见，不为人摇杌。好礼乐善，祀先用朱子家礼。少失怙，事继母杨氏尽孝，治茔域殚尽心力，建碑亭，求大学士顾未斋、吏侍徐崦西文，刻石表隧上……屏华纷，靳浮费，虽粟丝靡滥。[②]（《武德将军锦衣正千户松月奚君墓志铭》）

公居乡里，不敢假借钓官府舆马仆从，累然如寒素人。尝发粟数千斛赈饥，有不能偿者，即折其券，至有鬻妻以给者，蹙然蠲其负，复为捐金赎之。庋药施棺，设义塾，以招乡人子弟贫弗能教者，俾来学。百凡济人于危急之事，为之所不厌。[③]（《锦衣镇抚胡公墓志铭》）

从以上五段引文可知，锦衣卫普遍“孝友”“质直”、急公好义、乐群，这是其品德方面的表现。至于锦衣卫的知书，前文已有揭示，此处所能见出的是锦衣卫群体更进一步。他们知书达礼，践行“朱子家礼”，入孝出悌，品德方刚，在乡里也乐善好施，并以乡贤身份谆谆告诫后生。同时，鉴于锦衣卫群体以富贵骄人的姿态，众多墓志铭为抵消其负面影响，往往特别强调这一群体的节俭与自持。如《明故威将军锦衣卫指挥佥事骆公墓志铭》也称骆安“耳无丝竹之娱，目鲜珍异之玩，惟训子读书”[④]。实则从陆炳富可敌国来看，锦衣卫千户以上的官员很难不自居奢靡生活。而墓志铭为了宣扬墓主，却有意将其塑造成退居林泉，恬淡自得的文人士大夫。此所谓“抱朴履俭，俨然儒素”[⑤]。凡此种种，皆能显示墓志所示锦衣卫群体的生活已与文人士大夫的生活差别不大。在倪谦笔下，锦衣卫指挥使徐暘更是彻底文人化了。徐暘善书法、工于律诗，左图右史，并且焚香品茗，过着屏绝世俗的文雅生活。其生活的画面有如明代“三杨”《杏园雅集图》所呈现的那样雍容典雅。对

①［明］孙承恩：《文简集》卷五二，清文渊阁四库全书本．

②［明］孙承恩：《文简集》卷五二，清文渊阁四库全书本．

③［明］陆简：《龙皋文稿》卷一六，明嘉靖刻本．

④［明］高拱：《明故威将军锦衣卫指挥佥事骆公墓志铭》，政协河南新郑市委员会文史资料委员会编《高拱诗文标注》，1996 年，第 192 页．

⑤［明］孙承恩：《武德将军锦衣正千户松月奚君墓志铭》，《文简集》卷五二，清文渊阁四库全书本．

锦衣卫群体的崇高品格与知书达礼的刻画，显然是有意淡化锦衣卫群体的武夫形象，模糊其与文人群体的界限，从而获得更为广泛的社会认同。

三、“求生不得”与锦衣卫办案的仁德

锦衣卫墓志呈现的“文人化”倾向，与洗脱墓主武夫身份有关，更与试图弥合文人观感有关。终明之世，锦衣卫固然不当以“特务”对待之，近年的研究也早已扭转吴晗、丁易等人预设的立场，而逐步回归到孟森先生的体认。即认为“(锦衣卫)皆凌蔑贵显有力之家，平民非其所屑措意，即尚未至得罪百姓耳”[①]。然而，“凌蔑贵显有力之家”中文人士大夫占据相当比重，且明代数次大规模的廷杖、不断兴起的凌辱高级官僚的狱案，其主要的针对者也是能执笔为文的士大夫阶层，故文人士大夫群体对待锦衣卫，多心厌之。徐阶、李东阳等人为锦衣卫高官撰写墓志，多因私交甚深，且难于推脱，否则，他们未必甘愿为锦衣卫群体作如此用心的墓志。相较于其他行政机构群体（如“六部”的官僚群、地方布政使官僚群等），锦衣卫墓志在明人文集中所占篇幅并不多，此种状况，与锦衣卫和文人士大夫根深蒂固的矛盾有关。

回归锦衣卫的职能，不难发现他们仍是文人士大夫所需面临的灾星。《春明梦余录》云：“北镇抚司本添设，专理诏狱。成化十四年　始给印分司，得直达上下法司覆提。领卫事者恒以都指挥、都督，或恩功，或寄禄，掌侍卫之事。凡将军、力士、校尉，分番护驾、直宿、巡察；凡大朝，常驾出入，督设卤簿仪仗。凡皇城四门，日夜番直巡察之。凡盗贼奸宄，街涂沟渠，密缉而时省之；凡奉之旨鞫狱录囚事，与三司从事；凡比试，监焉。”[②]锦衣卫兼有监察、检察、执法、司法等综合性的垄断权力，往往决定众多人的生死存亡。故为扭转锦衣卫形象，使其“文人化”，墓志铭的作者们不能不将书写重点转移到锦衣卫牵涉甚深的狱案上来，在这些关键问题上“翻案”。如下所示：

> 其在外藩勘晋、赵二狱，赵狱尤重，连结寖广。公核情据法，刑用不滥，法家韪之。[③]（《明故怀远将军锦衣卫指挥同知赵公墓志铭》）
>
> 二十一年，实授为百户。明年迁副千户。理镇抚司刑，鞫谳精密，有奸妇掣毒，假婢手中其夫，概坐死。公以婢不知情，辨释之。有校尉诬执

① 孟森：《明史讲义》，长春，时代文艺出版社，2015年，第144页.

②［清］孙承泽：《春明梦余录》，北京，北京古籍出版社，1992年，第1223页.

③［明］李东阳：《怀麓堂集》卷四六，清文渊阁四库全书本.

平人为盗，反坐执者。都察院守者相仇杀，逮系百余人；户部进内藏银，数失实，系者亦众；皆止坐罪者，自余平反纵释，多至不可计……总缉访事，尤极慎重。戒谕官校，必以天道国法为说，词议恳切，人多感动，盖隐然有阴德焉。[①]（《明故锦衣卫掌卫事都指挥使赠荣禄大夫右军都督府都督同知叶公墓志铭》）

为千户时，尝署镇抚司，推鞫狱囚，务究其情，不任己意。[②]（《锦衣卫指挥使王公墓志铭》）

已而理北司刑寔简命也。夏楚弗已者减，法纪弗宥者轻，善类尤赖以生焉。[③]（《锦衣赵君墓志铭》）

再升副千户，寻推理西司房事。君性谨饬，敦厚缉事，概以多办为劳绩。当正德间，中贵横行，多植党与缉事，凭藉声势，专伺察钩摭人罪，迫胁诬罔，以便己私。残贼良善，至破灭身家不之恤。君独存仁恕。每曰："杀人以求功名，彼天者其谓我何。不于子孙，必于吾身，吾不为也。"人以是称其贤。洎管东西司房事，愈恪慎，谳狱明允，弗纵弗枉，其名益彰。[④]（《明故武略将军锦衣卫千户奚君墓志铭》）

累升正千户，诰封武德将军。君有干局，理刑西司房，称明决，然持论每恕。掌卫事都督王公佐雅重之。（《武德将军锦衣正千户松月奚君墓志铭》）

又能体悉群情，不过苛刻，用是获于上下，交口赞誉，翕然同辞。[⑤]（《锦衣卫掌卫事都指挥使赠右军都督府都督同知叶公广墓志》）

明朝多起大狱兴起均与锦衣卫有关，然观以上墓志铭，则锦衣卫乃是"核情据法、刑用不滥""务究其情，不任己意""持论每恕"等等。按照这部分锦衣卫墓志铭的解释，则明代牵连甚广的大案、日常因锦衣卫而起的案件，锦衣卫实则都在秉公执法，无多大过错。但这与明代的司法实践并不相符，故作者也仅云"体悉群情，不过苛刻"，"不过苛刻"，却仍然道出锦衣卫"苛刻"的特点。但墓志铭仍不厌其烦叙写锦衣卫的"仁恕"一面，并试图探寻其根源，以为根源在于锦衣卫知天命。所谓"天道好还、常与善人"，是少数锦衣卫不放纵自己暴虐一面的理由。此即上文所揭"杀人以求功名，彼天者其谓我何。"故论锦衣卫"仁恕"一面，也有

---

①［明］李东阳：《怀麓堂集》卷八九，清文渊阁四库全书本．

②［明］李时勉：《古廉文集》卷一〇，清文渊阁四库全书本．

③［明］戚继光：《止止堂集》，清光绪刻本．

④［明］孙承恩：《文简集》卷五二，清文渊阁四库全书本．

⑤［明］李东阳：《怀麓堂集》卷八九，清文渊阁四库全书本．

可说之处。

墓志写作者刻意强调锦衣卫办案的仁德，有调和明代锦衣卫与大臣紧张关系的考量。部分地，锦衣卫的“仁恕”自然也有其真实的一面。屡兴大案的陆炳，“任豪恶吏为爪牙，悉知民间铢两奸。富人有小过辄收捕，没其家。”然而，“帝数起大狱，炳多所保全，折节士大夫，未尝构陷一人，以故朝士多称之者”[①]。正因为陆炳在承上意时曲为保全士大夫，故终嘉靖一朝，大臣没有发诘其奸宄事者。

然而，锦衣卫墓志塑造其仁德形象，不止来自事实，还是此类文体内在需求。明代文学复古运动中，“唐宋八大家”经典地位得以确立，其散文也成为明人学习的典范。其中涉及司法办案一节，则欧阳修的名文《泷冈阡表》得以成为众人效法或直接模仿的源泉。《泷冈阡表》记载欧阳修父亲办案情景云：

> 尝夜烛治官书，屡废而叹。吾问之，则曰：“此死狱也，我求其生不得尔。”吾曰：“生可求乎？”曰：“求其生而不得，则死者与我皆无恨也，矧求而有得邪？以其有得，则知不求而死者有恨也。夫常求其生犹失之死，而世常求其死也。”[②]

欧阳修这段文字历来评价甚高，历来多认为欧阳修父亲的“平生大节尽于此，何必在多言”[③]。其执法之公、仁德之情，于此毕露无遗。对古代刑律部门官员而言，往往要受“刻深”的讥评，能于刑律之外，有求仁求恕之心，方能扭转肃杀形象。欧阳修文章在此立下千古标杆，故明代锦衣卫墓志多师法于此。明人倪岳所撰一文，最可见此种摹拟痕迹：

> 辛卯，民饥，攘夺以苟朝夕。所司逮捕得斗粟者，辄坐死。公争曰：此穷民情可悯也。狱上，多从末减。有妖人真惠者伪为书，诱惑同类，多不道语，事觉，逮系数十百人，皆当死。公曰：“可罪者独惠耳，余愚民何辜。”事闻，惠竟坐死，余释戍边。有卫卒从公者当番休，闻其邻偶以妖书传观者，亟告公，期诇发得赏。公斥曰：“此妄耳。”取书焚之，灭其迹，仍遣卒归谕，其父老始大惊悟，散去……上察公忠实可任，特勅兼理机务。公小心慎密，未尝妄兴一事，亦未尝辄遣校，上下安焉……凡有重狱，苟可以求生者，必为之尽心焉。迩以兵部遴选军政，大司马独奏疏，

①［清］张廷玉等：《明史》卷三〇七，第 7894 页.

②［宋］欧阳修著，李逸安点校：《欧阳修全集》卷二五，北京，中华书局，2001 年，第 393 页.

③［日］赖山阳增评：《增评唐宋八家文读本》，武汉，崇文书局，2010 年，第 335 页.

称公老成得体，敦厚不刻，时以为得其实云。[①]（《骠骑将军锦衣卫事掌卫都指挥使朱公骥墓志》）

都指挥使朱骥屡次办案皆都能以宽恕为怀，“不嗜杀”，以人为本，故其仁德事迹，读来令人感佩，自然有助于塑造其正面形象。

四、结语

尽管锦衣卫试图通过墓志铭的“文武同卷”，以期符合文人士大夫及儒家道德要求，从而以较为正面的形象在后世获得不朽。但从实际效果看，锦衣卫的精心营构却失效了。这与墓志这一文体内在的“谀墓”诉求有关。戚继光在为锦衣卫千户赵淮所撰墓志中，开篇就言：

呜呼！墓有志，诏百世也。俾某以德行著，某以功业显，某以文章称，即昭亡，寔起存也。尤所以彰治也。假生而靡臧，殁世亡闻，不犹草木哉！顾不重欤？然资秉聿殊。醇疵所不能免，而扬徽隐慝，又志之道也。后世好谀习，赝寖失其旨，德行则孔颜接毂，功业则皋夔前驱，文章则衙官屈宋。比比以为常谈视，操觚不啻具物，文之亡征，文之厄也。余窃病之。[②]（《锦衣赵君墓志铭》）

戚继光对历代墓志的夸饰流露不满，认为是“文之亡征，文之厄”的表现。而文一旦失去史实支撑，往往难以流传，则墓主希图永垂不朽的愿望也将落空。对墓志这一传统的书写文体而言，戚继光的担心并非杞人忧天。“在明嘉靖年间，传统的历史书写权，已开始分化为士大夫书写与庶民书写两种类型，而率先尝试庶民书写的那一批文人（即文人独立创作小说、戏曲等俗文学作品），将掌握更大能量的文学权力。”[③]锦衣卫墓志的书写者无疑是传统的士大夫书写，代表传统的历史书写权，然而，晚明通俗小说和出版业的发达，对这种官僚士大夫的传统历史书写权提出挑战。《西游记》第六十二、六十三回写唐僧师徒过祭赛国时，就提及祭赛国的锦衣卫，那些皇帝的扈从是《西游记》所要讥刺的。在晚明如《梼杌闲评》等时事小说中，锦衣卫也多作为阉党爪牙出现，残害忠良。由于这些因素，锦衣卫在民间的形象

① [明] 焦竑：《国朝献徵录》卷一〇九，明万历刻本．

② [明] 戚继光：《止止堂集》，清光绪刻本．

③ 叶晔：《严嵩与明中叶上层文学秩序》，《中华文史论丛》2018 年第 3 期，第 174 页．

进一步走向负面。凡此，都稀释了锦衣卫墓志试图精心营构锦衣卫正面形象的努力。

对于锦衣卫这类军功或官僚群体的研究，置于文学书写的角度予以研究，可初步管窥其心路历程和身份管理特征，而其中之张力更能还原一些历史细节。这对探寻锦衣卫形象在历史研究范畴内的变迁，有一定的提示作用。也即是说，在文学和史学交织的模糊地段，可能透露历史文献的某些运作机理。以锦衣卫墓志铭为例，似可说精心构筑的历史文献有时可能更加偏离历史真相。

（作者单位：南京大学文学院）

明“尚宝司”所掌锦衣卫符牌研究

马　麟

符牌是我国古代国家政权机构运行所用的一种信物和凭证。关于明代符牌，此前有多位学者进行过研究[①]，但是此前的研究，均未采用明天启三年（1623）版刻印行的《南京尚宝司志》内容，因此对由明中央朝廷管理的尚宝司符牌尚未做全面研究，对其中形制特殊的符牌尚未专门探讨，对中央和地方卫所符牌的区别和联系尚未进行分析。

锦衣卫作为侍卫皇帝的军事机构，其符牌由尚宝司掌管，但也有部分符牌由于职权原因，由锦衣卫自行管理。明代遗存下来的锦衣卫符牌实物非常稀少，据目前公开资料，中国国家博物馆、中国人民革命军事博物馆、首都博物馆及南京城墙博物馆有收藏，另在艺术品拍卖及私人藏家手中偶有见到，其材质有象牙和青铜两种。此外，罗振玉《历代符牌图录》收录有明代锦衣卫牙牌拓片。

本文将根据《南京尚宝司志》《纪事录》等相关历史文献，依托目前所见实物遗存，以南京城墙博物馆收藏的校尉铜牌为重点，对明代尚宝司掌管的符牌做初步梳理，对其中锦衣卫符牌的类别、管理制度、内容书写及形制变化等相关问题做初步探讨。

一、尚宝司符牌

从用途来说，明代由中央朝廷颁发的符牌分为多种：有宣召亲王的金符，有执行军情重务和奉旨差遣时使用驿站船马的符验，有调发军队的用宝金牌和铁符牌，

① 谢玉杰：《“金牌信符制”考辩》，《西北民族研究》1988 年第 2 期，第 145、158—168 页；叶玉梅：《明代茶马互市中的金牌信符制度》，《青海民族学院学报》1993 年第 4 期，第 71—73 页；高寿仙：《明代用于禁卫的符牌》，《第十三届明史国际学术研讨会论文集》，第 428—438 页；李晓菲：《浅析符牌在明代国家治理中的特点》，《兰州学刊》2012 年第 9 期，第 50—54 页；刘宁：《明代铜牌散记》，《文化学刊》2007 年第 4 期，第 41—49 页；于立凡：《明代随驾铜牌及相关问题考略》，《首都博物馆论丛》2011 年，第 234—242 页；王梦瑶、吴悦：《明安庆卫指挥使司夜巡牌》，《中国文物报》2016 年 9 月 20 日第 8 版．

有给西番进行以茶易马贸易的金牌信符，有给云南、贵州、四川等地土司的西番信符金牌[①]，有给大臣有战功者的功赏牌[②]，有给京城以外卫所的夜巡铜牌[③]等。从管理来说，明代中央朝廷对外由尚宝司掌管符牌[④]，对内由尚宝监和印绶监掌管符牌[⑤]。锦衣卫作为皇帝侍卫，其符牌领用和缴还由尚宝司管理。

尚宝司是明代掌管宝玺、符牌、印信的官署。至正二十四年（1364）朱元璋自称吴王，设符玺郎，秩正七品。吴元年（1367）十二月改为尚宝司，升正三品。洪武元年（1368）改正五品。尚宝司虽官品不高，但责任重大。“初以侍从儒臣勋卫领之，如耿瑄以散骑舍人，黄观以侍中，杨荣以庶子为卿，非有才能不得调，勋卫子弟奉旨乃得补丞。其后多以恩荫寄禄，无常员。”[⑥]明成祖迁都北京后，尚宝司称外尚宝司，南京仍设尚宝司卿一人。

记载明代符牌的文献有很多，《大明会典》《明实录》《明史》《大明律》等典章文献以及《菽园杂记》《万历野获编》《五杂俎》等笔记均有记载。其中《大明会典》有尚宝司卷。此前研究符牌的学者多引用以上文献，然而对于明代符牌记载最为清晰和翔实的《南京尚宝司志》却未见采用。

《南京尚宝司志》是由南京尚宝司卿傅宗皋请潘焕宿代为编写而成，明天启三年（1623）版刻印行。此书仅存一孤本，先后为清朝人英和与藏书家朱希祖收藏，

---

①［清］张廷玉等：《明史》卷六八《舆服四》，北京，中华书局，1974 年，第 1663 页、1664 页，“凡宣召亲王，必遣官赍金符以往。亲王之藩及镇守、巡抚诸官奏请符验，俱从兵部奏，行尚宝司领之。洪武二十六年定制：凡公差，以军情重务及奉旨差遣给驿者，兵部既给勘合，即赴内府关领符验，给驿而去，事竣则缴。”；“洪武四年始制用宝金牌。凡军机文书，自都督府、中书省长官而外，不许擅奏。有诏调军，中书省同都督府覆奏，乃各出所藏金牌，入请用宝。又造军中调发符牌，用铁，长五寸，阔半之，上钑二飞龙，下钑二麒麟，首为圜窍，贯以红丝绦。”；“尝遣官赍金牌、信符诣西番，以茶易马。”；“二十二年又颁西番金牌、信符。其后番官款塞，皆赍原降牌符而至。”.

②《明英宗实录》卷九〇，正统十四年十月庚戌，上海，上海书店，1982 年影印，第 3615 页，“造功赏牌，分奇功、头功、齐力三等，以文臣主之，凡战挺身先行，突入阵中，斩将夺旗者，与奇功牌；生擒达贼，或斩首一级者，皆与头功牌；其余虽无前功而被伤者与齐力牌。贼平，视此论赏，从太监兴安奏请也。”

③《明英宗实录》卷四三，正统三年六月庚申，第 834 页 .“给山阴马邑二守御千户所，夜巡铜牌六面”.

④［明］申时行等：《大明会典》卷二二二《尚宝司》，《续修四库全书》第 792 册，上海，上海古籍出版社，第 626 页，“国初设符玺郎、秩正七品。后置尚宝司、升正三品衙门。设卿少卿、丞。职专宝玺符牌等事。洪武元年、改正五品衙门。”

⑤《明太祖实录》卷二四一，洪武二十八年九月辛酉，第 3510—3511 页，“尚宝监掌御宝玺、敕符、将军印信……印绶监掌诰券、贴黄、印信、选簿、图画、勘合、符验、信符诸事。”

⑥［清］龙文彬：《明会要》卷三九《职官十一》，北京，中华书局，1956 年，第 681 页 .

20世纪60年代，朱希祖长子朱偰将此书连同部分藏书一并捐给南京图书馆。国家博物馆藏有此本1934年影印本残本（存八卷）和缩微胶片。全书内容编排依次为傅宗皋序、考据书目、凡例、目录、正文和潘焕宿自跋，其中正文共二十卷，十八志，分别为：宝玺志、符牌志、印信志、律令志、建置志、秩官志、公署志、职守志、事例志、仪规志、服器志、俸直志、公帑志、什物志、衙役志、历官志、艺文志及宦迹志，其中宦迹志为三卷。全书分类细致，内容翔实。《南京尚宝司志》在序后有考据书目，共列有各类典籍、志书、笔记共116种，其中有弘治年间南京尚宝司卿韩鼎编撰的《尚宝司实录》。此书见载于《明史》和《千顷堂书目》，清代其他藏书目录均不见。吴璐研究认为此书早已失传，《南京尚宝司志》应该是较多采辑了韩鼎《尚宝司实录》内容。① 作为朝廷掌管宝玺、符牌、印信的专门机构，尚宝司编写的志书无疑是研究明代符牌制度最为准确和可靠的文献资料。

《南京尚宝司志》正文第一卷是《宝玺志》，第二卷就是《符牌志》。《符牌志》开篇写道"古者天子出入警跸防非常也，夫清道而后行，中路而后驰，犹惧胡越起于辇下，然则万乘之尊，安得不远祸于未萌而避患于无形乎哉？悬带符牌意固远矣！"② 点明了尚宝司掌管的符牌是护卫帝王所用。将《大明会典》二百二十二卷尚宝司内容和《南京尚宝司志》内容比对后可知：《南京尚宝司志》是志书，内容远比《大明会典》翔实。具体到符牌内容，《南京尚宝司志》第二卷《符牌志》共列有21个条目，其中第19条"信符金牌"和第20条"弘治九年申明旧例"《大明会典》尚宝司卷未载，其余均有，但是前后顺序及局部语句有所不同。下面将《南京尚宝司志》卷二《符牌志》所列条目进行梳理，可以清晰地了解明天启三年（1623）制定的符牌制度。

《南京尚宝司志》卷二《符牌志》条目表

类别	顺序	领用符牌事由	领符牌人	领牌例	牌制
祭祀天地、宗庙等礼仪活动	1	郊祀	本司随宝供事官各带班匠二名牵马	仍行锦衣卫关领"天"字号随驾牌二面悬带	随驾牌
	2	祀享郊、庙、社稷及看牲、视学、耕籍	公、侯、伯、勋卫、锦衣卫并金吾等二十卫官扈驾巡绰	领金牌悬带	扈驾巡绰金牌

① 吴璐：《孤本南京尚宝司志考述》，《新世纪图书馆》2013年第3期．

②［明］潘焕宿编辑：《南京尚宝司志》卷二《符牌志》，《金陵全书》（乙编·史料类）第33册，南京，南京出版社，2016年，第51页．

续表

类别	顺序	领用符牌事由	领符牌人	领牌例	牌制
祭祀天地、宗庙等礼仪活动	3	祀享、郊、庙、社稷及神祇等祭	陪祀官	圆花牌陪字壹号至三百伍拾号	牙牌
			供事官	长花牌供字壹号至三百捌拾号	
			执事人	长素牌执字壹号至壹千肆百柒拾号	
	4	驾诣陵寝或巡狩	行带扈从文官	壹号起至五百号止，不书职衔。	小牙牌
			行带扈从武官	壹号起至五百号止，不书职衔。	
	5	皇后亲蚕礼	文官四品以上、武官三品以上命妇及使人	花圆牌陪字壹号至贰百号止，鸟形长牌供字壹号起至拾贰止。	牙牌
亲王及镇守巡抚进京	6	亲王之国及镇守巡抚等官，奏请符验	亲王之国及镇守巡抚等官	起马者用马字号， 起船者用水字号， 起双马者达字号， 起单马者通字号， 起站船者信字号。	符验
朝参	7	朝参	公侯伯	勋字号	牙牌
			驸马都尉	亲字号	
			文官	文字号	
			武官	武字号	
			教坊司	乐字号	
			嘉靖二十八年题准改造，凡入内官字样牙牌即以官字编号。		
宫城皇城及京城守卫	8	每日夜巡内皇城点闸铺军	五府都督壹员率领旗手等贰拾卫带刀千百户壹员	金牌并申字拾柒号令牌壹面	扈驾巡绰金牌并夜巡令牌
	9	每三日随朝巡绰	金吾等贰拾卫各轮官肆员，计每班肆拾员	领金牌	扈驾巡绰金牌

续表

类别	顺序	领用符牌事由	领符牌人	领牌例	牌制
宫城皇城及京城守卫	10	直宿	侯伯驸马壹员专管府军前卫带刀官贰拾员每日上直	仁字壹号至肆拾号止俱龙形，公侯驸马领。义字壹号至伍拾号俱虎形，指挥勋卫领。礼字壹号至壹百伍拾三号俱麒麟形，千户领。智字壹号至三百三拾号俱狮子形，百户领。信字壹号至壹千陆拾玖号俱祥云形，将军领。	扈驾巡绰金牌
			侯伯壹员专管围子手将军每夜上宿		
			中军都督府都督壹员专管大旗下五军官员将军陆百贰拾伍人		
			都督壹员专管勇士		
			都指挥壹员专管传令		
			刀手		
			侯伯驸马壹员专管大汉将军		
			锦衣卫当驾官指挥壹员、千户贰员、百户拾员三日轮班上直		
	11	金吾等贰拾卫守卫官夜巡（宫城）	午门指挥贰员、千户贰员	申字壹号至肆号肆面	夜巡令牌
			长安左右门各指挥贰员、千户壹员，东华门指挥壹员、千户壹员。	申字伍号至捌号肆面	
			西华门指挥壹员、千户壹员	申字玖号至贰拾号肆面	
			玄武门指挥壹员、千户壹员	申字拾三号至拾陆号肆面	
	12	留守伍卫巡城官并金吾等贰拾卫守卫官（皇城）	留守伍卫指挥巡城官	承字东字西字北字号肆面（其字号俱左半字）（阳麒麟）	铜符
			金吾等贰拾卫守卫官		
			端门承天门指挥贰员千户壹员	承字号壹面（右半字）（阴麒麟）	
			东安门指挥壹员千户壹员	东字号壹面（右半字）（阴麒麟）	

续表

类别	顺序	领用符牌事由	领符牌人	领牌例	牌制
宫城皇城及京城守卫	12	留守伍卫巡城官并金吾等贰拾卫守卫官（皇城）	西安门指挥壹员千户壹员	西字号壹面（右半字）（阴麒麟）	铜符
			北安门指挥壹员千户壹员	北字号壹面（右半字）（阴麒麟）	
	13	凡领金牌夜巡点闸每日上直、每夜上宿者次早缴入，轮班三日者班满缴入。非扈驾不许带出皇城，违者送问。			
	14	皇城九门守卫	皇城九门守卫军与围子手	各带勇字号铜符计贰万伍拾伍面	铜符（大明会典记载为铜牌）
	15	五城兵马指挥使夜巡每日一城轮官贰员（京城）	东城兵马指挥司	木字壹号贰号贰面	夜巡令牌
			西城兵马指挥司	金字壹号贰号贰面	
			中兵马指挥司	土字壹号贰号贰面	
			南城兵马指挥司	火字壹号贰号贰面	
			北城兵马指挥司	水字壹号贰号贰面	
	16	锦衣卫上直	锦衣卫上直校尉	严字号双鱼铜牌	双鱼铜牌
	17	光禄寺吏典厨役遇大祀	光禄寺吏典厨役该班者	善字号双鱼铜牌	双鱼铜牌
	18	侍卫东宫	东宫侍卫官员将军	领牌	牌
遣官至云南土官传达皇帝命令	19	朝廷遣使云南徼外土官	云南徼外土官及朝廷遣使	永乐三年始置，其制铜铸信符伍面，内阴文者壹面，上有文行忠信肆字，与肆面。今编某字壹号至壹百号，批文勘合底簿。其字号如车里以车字为号，缅甸以缅字为号。阴文信符勘合俱赴土官，底簿付云南布政使司，其阳文符信肆面藏之内府。凡朝廷遣使有赍阳文信符至布政比同底簿，方遣人送使者以往土官比同阴文信符，及勘合即如命奉行。信符之发一次以文字号，二次以行字号，次忠信，周而复始。	信符金牌（《大明会典》尚宝司卷不载，卷一百八朝贡四有载，内容有所不同）

续表

类别	顺序	领用符牌事由	领符牌人	领牌例	牌制
大臣出外公干	20	钦命文武大臣出外公干	钦命文武大臣	弘治九年申明旧例，凡钦命文武大臣出外公干，该请符验者，兵部具手本赴尚宝司，转行印绶监于宝簿内填注所领官员职名，亲领应用，还日竟自奏缴。	符验（《大明会典》不载）
南京官军随驾守卫	21	南京官军人等随驾至行在，守卫夜巡并点闸	南京官军人等	计长木牌壹百面，小木牌贰千玖百壹拾陆面（牌号略）	木牌，其制俱与铜牌同

资料来源：《南京尚宝司志》卷二《符牌志》

从以上条目表格可以看出，《南京尚宝司志》卷二《符牌志》所列条目内容结构清晰，顺序合理。对于大部分符牌的领用事由、领用人、领牌例及牌制都描述翔实。我们知道符牌是两种信物凭证，符一般为一号两面，收掌于不同机构，使用时需要合符以验真伪；牌则为一号，作为验明身份的凭证。《符牌志》中将符和牌区分得很明确，并且还说明了勘合方式。

《符牌志》条目 1 至 5 为皇帝举行祭祀天地、宗庙、社稷、神祇、看牲、视学、耕籍、驾诣陵寝、巡行视察以及皇后举行亲蚕礼等礼仪活动时，负责护卫和参加活动的各级贵戚功臣、官军悬带的牌；条目 6 为皇帝宣召亲王及镇守巡抚等官进京，使用驿站船马的符验；条目 7 为朝参时官员所悬带的牙牌；条目 8 至 18 为负责守卫京城、皇城及宫城的各级贵戚功臣、官军悬带使用的符与牌，其中条目 13 为金牌夜巡管理制度；条目 19 为派遣官员至云南土官传达皇帝命令双方持有的信符，条目 20 及为文武大臣受命外出公干使用驿站船马的符验，这两条《大明会典》尚宝司卷均不载；条目 21 为南京官军随驾护卫皇帝时悬带的木牌 。下面将根据相关文献对条目表中几种符牌的相关问题略做探讨。

（一）使用驿站船马的符验

条目 6 内容为："凡亲王之国及镇守巡抚等官奏请符验，俱从兵部奏行本司，覆奏关领。如在外镇守等官事故去者，则付所在官司收贮，候更代者，就彼付领，每年终各处具由奏报查考。附符验制：上织船马之状，起马者用马字号，起船者用水字号，起双马者达字号，起单马者通字号，起站船者信字号。”①

条目20内容为：“弘治九年申明旧例，凡钦命文武大臣出外公干，该请符验者，兵部具手本赴尚宝司，转行印绶监，于宝簿内填注所领官员职名，亲领应用，还日竟自奏缴。”②

这两条中所说的符是使用驿站船马的符验，《明史》卷六十八《舆服四》记载的比较清楚：

凡宣召亲王，必遣官赍金符以往。亲王之藩及镇守、巡抚诸官奏请符验，俱从兵部奏行，尚宝司领之。洪武二十六年定制：凡公差，以军情重务及奉旨差遣给驿者，兵部既给勘合，即赴内府，关领符验，给驿而去，事竣则缴。③

宣召亲王进京，要派遣官员携带金符传达谕旨。亲王及镇守、巡抚领用符验，要从兵部奏行，在尚宝司领取。洪武二十六年（1393）定下制度：大臣奉旨公差以及执行军情重务使用驿站船马，也要从兵部既给勘合，在尚宝司领用符验，事情办完后要上缴。

由于资源有限，为了不让驿夫劳弊，船马损乏，朱元璋规定了严格的管理制度，《明太祖实录》载：“命兵部榜谕天下：凡公、侯、驸马奉命出使，其傔从及诸藩府使人，无符验者，不得擅乘驿传船马，违者罪之”④；“丁酉，诏兵部追还在外军卫水马驿符验，初国朝制符验，皆用锦织，文具制词及船马之状，付都司、布政司、按察司及诸卫，有急则给之，乘传而行，还则纳之，时多假以营私者，乃令都司、布政司、按察司仍旧其各卫悉追取之，若有急俾，乘快船以行”⑤；“甲戌，复命兵部清理驿传符验，先是上以在外诸司所给符验过多，官吏不分事务缓急，动辄乘驿或假以营私，致驿夫劳弊，船马损乏，命悉追夺之，惟都司、布政司、按察司如旧，至是复有是命，仍命工部更制之”⑥。

从以上三条记载可知：明洪武时期，公、侯、驸马奉命出使，其随从没有符验之人，不得使用驿站船马，违者治罪。洪武二十三年（1390）丁酉，命兵部追还颁

①［明］潘焕宿编辑：《南京尚宝司志》卷二《符牌志》，第56—57页.

②［明］潘焕宿编辑：《南京尚宝司志》卷二《符牌志》，第56—57页.

③［清］张廷玉等：《明史》卷六八《舆服四》，第1663页.

④《明太祖实录》卷一八六，洪武二十年十月丁巳，第2787页.

⑤《明太祖实录》卷二〇三，洪武二十三年七月丁酉，第3037页.

⑥《明太祖实录》卷二〇三，洪武二十三年八月甲戌，第3046页.

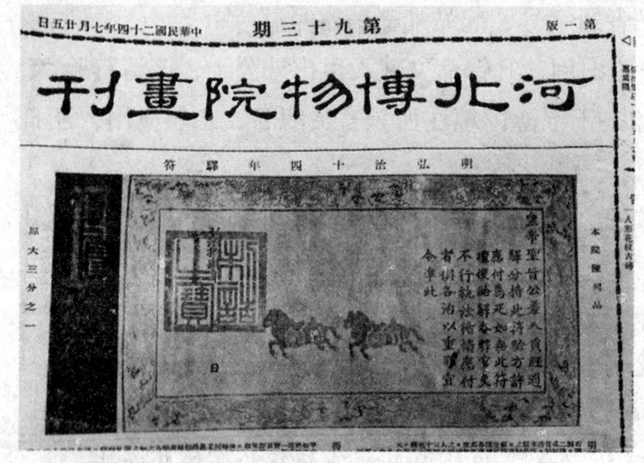

中華民國二十四年七月廿五日 第九十三期 第一版

河北博物院畫刊

明弘治十四年驛符

原大三分之一

本院陳列品

图 1 《河北博物院画刊》第 93 期第一版

发给在外军卫的符验。甲戌，因给在外诸司符验过多，官吏违规使用，朱元璋又命兵部清理颁发的符验。

这种符验和尚宝司所管理的其他符牌样式不同，它是丝织物，根据使用工具和数量的不同织有制词和船马图案，并分别编有“马”“水”“达”“通”“信”等字号。1935 年《河北博物院画刊》第 93 期第一版刊登有姚彤章的一篇报道，记叙了作者为河北博物院收藏一件明代弘治十四年（1501）双马符验的经过，并刊登有该物的照片。从报道可知此件符验是 1934 年 12 月 20 日，在姚的建议下，在地安门外品占斋古董店以 50 元的价格收购，其后，经河北博物院董事会商议，在姚彤章的主持下，以 54 元的价格被河北博物院收藏。

从刊登的照片看，此件双马符验为长方形，根据尺寸标识，大约宽 60 厘米，高 30 厘米。四周有边框，内有云龙纹。右为制词，内容为“皇帝圣旨，公差人员经过驿分，持此符验方许应付马匹，如无此符擅便给驿，各驿官吏不行执法、徇情应付者，俱各治以重罪，宜令准此”。制词旁，符验中间织有两匹奔驰的驿马，符验左有“弘治拾肆年　月　日”年款，上盖有“制诰之宝”大印。

从照片下姚彤章的跋语可知，此件符验为绛丝织物，黄色底红色章，卷轴样式，用蓝色缣为隔界。在轴的背面还粘有一红纸笺，上面署有裱褙匠吴浩、织匠严老老、挑花匠姚辛保等姓名。在跋语末，姚写道：“此明驿符卷，三百余年物也，甲戌冬月，见于北平，商之持约院长，亟以重价收入，从此博物院中又添一历史罕见之材料。”

河北博物院的前身是成立于 1916 年的天津博物院筹备处，1928 年，更名为河北第一博物院，1934 年 12 月，更名为河北博物院，现为天津博物馆。

这种在兵部奏行，在尚宝司领缴的符验是一种特殊的符牌，不仅是因为其材质和样式，其功能和尚宝司所管理的其他符牌不同，它是明代驿传制度的见证物。

（二）皇城守卫勇字号铜牌

条目 14 内容为：“凡皇城九门守卫军与围子手，各带勇字号铜符，计贰万伍拾伍面。”① 此条《大明会典》尚宝司卷也收录，内容为：“凡皇城九门守卫军与围子

① ［明］潘焕宿编辑：《南京尚宝司志》卷二《符牌志》，第 66 页 .

手、各领勇字号铜牌，计二万五十五面。”[①]《南京尚宝司志》符牌志中对符的形制和勘合方法都有详细描述，而此条没有这方面的内容。符是一一比对，数量不会多，否则无法勘验，而此符牌有二万五十五面，因此，应该是《南京尚宝司志》书写错误，将铜牌误写为铜符。

图 2　守卫铜牌（国家博物馆藏）

据《明实录》记载，这种铜牌在明初是木牌，在洪熙初年改为铜牌，“命工部，凡内府守卫军所悬木牌更造以铜，其文一面二十四字：‘凡守卫官军悬带此牌，无牌者依律问罪，借者及借与者罪同'。一面‘守卫'二字，其守卫官并悬本职牙牌。”[②]从此条可知洪熙初年定内府守卫军悬带此铜牌，守卫官员要悬带本职牙牌。

这类符牌有遗存实物传世，据目前资料，国家博物馆收藏有一件。国家博物馆网站介绍此牌是 1958 年史树青先生捐赠，高 14.5 厘米，宽 6.6 厘米，为长方形，上端弧形。铜牌周圈有凸起的边廓，在上部四分之一处有一道凸起的横纹将铜牌分为上下两部分，上部中间有圆窍，围绕圆窍有凸起的云兽纹。正面下部铸有阳文篆书“守卫”二字，左侧刻有阴文“勇字贰仟叁佰贰拾号”九字。背面铸有阳文楷书“凡守卫官军悬带此牌，无牌者依律论罪，借者及借与者罪同”24 字。这块守卫铜牌应该就是《南京尚宝司志》所载的勇字号守卫铜牌。国博网站介绍说此牌是明初南京皇城守卫者佩戴，不是很准确，此牌至少在天启初年还在北京皇城使用。

（三）京城、皇城、宫城夜巡令牌

条目 8 内容为：“凡每日五府都督壹员，率领旗手等贰拾卫带刀千百户壹员，夜巡内皇城点闸铺军，各赴本司领金牌，并申字拾柒号令牌壹面。”[③]

条目 12 内容为：“凡金吾等贰拾卫守卫官夜巡，各赴本司关领令牌。附领牌例：申字壹号至肆号肆面，午门指挥贰员、千户贰员领；申字伍号至捌号肆面，长安左右门各指挥贰员、千户壹员，东华门指挥壹员、千户壹员领；申字玖号至贰拾号肆面，西华门指挥壹员、千户壹员领；申字拾三号至拾陆号肆面，玄武门指挥壹员、千户壹员领。”[④]

① [明] 申时行等：《大明会典》卷二二二，第 630 页 .

②《明仁宗实录》卷四上，永乐二十二年十一月己卯，第 137 页 .

③ [明] 潘焕宿编辑：《南京尚宝司志》卷二《符牌志》，第 58—59 页 .

④ [明] 潘焕宿编辑：《南京尚宝司志》卷二《符牌志》，第 62—63 页 .

条目 15 内容为："凡五城兵马指挥使夜巡，每日一城轮官贰员赴本司领令牌，次早缴入，不到者指名叅奏。附领牌例：木字壹号贰号贰面，东城兵马指挥司领；金字壹号贰号贰面，西城兵马指挥司领；土字壹号贰号贰面，中兵马指挥司领；火字壹号贰号贰面，南城兵马指挥司领；水字壹号贰号贰面，北城兵马指挥司领。"①

从以上记载可知，当时夜巡皇城使用的是申字 17 号令牌；夜巡宫城使用的是申字 1 至 16 号令牌，午门领 1 至 4 号、长安左右门领 5 至 8 号、东华门领 9 至 12 号、西华门领 13 至 16 号；夜巡京城使用的是木、金、土、火、水字号令牌，共有 10 面，每城各领两面。据目前公开资料，未见遗存的申字号和木、金、土、火、水字号夜巡令牌实物。《南京都察院志》记载，这种夜巡京城的令牌形状为圆形②。

由于没有遗存实物，除了知道京城夜巡令牌是圆形外，宫城、皇城和京城夜巡令牌的形制不是很清楚。据目前公开资料，京城以外卫所使用的夜巡令牌有实物遗存和拓片资料。国家博物馆收藏有两件夜巡令牌，分别是明永昌卫指挥使司夜巡令牌、明北平行都指挥使司夜巡令牌；安徽安庆市博物馆收藏有一件明安庆卫指挥使司夜巡令牌；罗振玉的《历代符牌图录》中有 7 件夜巡令牌实物拓片。

图 3　永昌卫指挥使司夜巡牌（国家博物馆藏）

图 4　北平行都指挥使司夜巡令牌（国家博物馆藏）

图 5　安庆卫指挥使司夜巡牌（安庆市博物馆藏）

①［明］潘焕宿编辑：《南京尚宝司志》卷二《符牌志》，第 66—67 页．

②［明］徐必达修，施沛等协纂：《南京都察院志》卷二四《职掌十七》，《金陵全书》（乙编・史料类）第 28 册，南京，南京出版社，2015 年，第 501 页，"里十三门各门设有字号圆令牌贰面"．

图 6　灵山卫指挥使司夜巡令牌

图 7　永昌卫指挥使司夜巡令牌

图 8　东平守御夜巡铜牌

图 9　德安守御夜巡铜牌

图 10　荆州卫夜巡铜牌

图 11　永昌卫夜巡铜牌

图 12　苏州卫夜巡铜牌

以上均为罗振玉《历代符牌图录》所收拓片。

这些夜巡令牌都是京城以外卫所使用，因此在《南京尚宝司志》和《大明会典》中均不载。它们的形制大部分都相似，并且制作精良。应该是由中央朝廷制作，颁发给驻外卫所使用的，在《明实录》中有多条向京城以外卫所颁发夜巡铜牌的记载："给靖虏卫夜巡铜牌十面"①；"造云南腾冲卫，军民指挥使司五所并卫镇抚广积仓税课司，龙川江等处巡检司，印七十一颗、夜巡铜牌六面"②；"铸给四川都司，新设灌县守御千户，铜印一颗；百户所，铜印十颗印夜巡铜牌五面"③；"设裕陵祠祭署奉祀一员、祀丞一员，给裕陵卫、神宫监印信并夜巡铜牌"④。通过这些实物和资料，我们可以推测尚宝司志所载的宫城、皇城和京城夜巡铜牌的样式应该和这些令牌相似或者相同。

二、锦衣卫符牌

锦衣卫是明太祖朱元璋在洪武十五年（1382）设立的特殊军事机构，《大明会典》卷二百二十八载：锦衣卫原为仪銮司。明初设有拱卫司、领校尉、隶属都督府，洪武二年（1369），改都督府为亲军都尉府，统领中、左、右、前、后五卫军士，仪銮司此时属亲军都尉府管理。洪武十五年（1382），罢亲军都尉府和仪鸾司，设置锦衣卫，统军与其他卫相同，统属有南北镇抚司及十四所，所带领的人员有将军、力士、校尉人等。其主要职责是"直驾、侍卫、巡察、捕缉等事"⑤。锦衣卫下设经历司和镇抚司，经历司掌管锦衣卫公文出入，镇抚司掌管刑狱，洪武二十年（1387），革去镇抚司，烧毁刑具，将狱囚送刑部审理，锦衣卫不再有刑狱职责。至永乐年间又复设镇抚司，掌问理锦衣卫刑律，并兼管军匠，称为南镇抚司，同时添设北镇抚司，专管诏狱，北镇抚司权力很大，问刑不经过本卫，可以直接向皇帝奏请。锦衣卫分为中、左、右、前、后五所，各所官员带领的军士和其他卫所相同。每所又分为銮舆司、擎盖司、扇手司、旌节司、旛幢司、班剑司、斧钺司、戈戟司、弓矢司、驯马司十司，统领校尉掌管皇帝出行仪仗、护卫及直驾、擎人、直宿等事。

---

①《明英宗实录》卷四三，正统三年六月丙辰，第 831 页 .

②《明英宗实录》卷二〇一，景泰二年二月丙戌，第 4299 页 .

③《明英宗实录》卷二五五，景泰六年六月壬子，第 5498 页 .

④《明宪宗实录》卷四，天顺八年四月壬辰，第 101 页 .

⑤［明］申时行等修：《大明会典》卷二二八，第 675 页，"锦衣卫，本仪銮司。国初设拱卫司，领校尉，隶都督府。洪武二年，定为亲军都尉府，统中、左、右、前、后五卫军士，而仪銮司隶焉。十五年，罢府及司，置锦衣卫，统军与诸卫同。所属有南北镇抚司十四所，所隶又有将军、力士、校尉人等。其职掌直驾、侍卫、巡察、捕缉等事。恩功寄禄无常员、恒以都指挥都督统之。永乐定都后，照例开设。虽职事仍旧，而任遇渐加，视诸卫独重焉。"

锦衣卫原本是为侍卫皇帝所设，其后朱元璋为了加强王权，又给它增设了许多职能，关于锦衣卫的设立、演变及职能学者们发表了诸多文章，本文不再赘述，下面还是谈一谈锦衣卫符牌。

锦衣卫的最重要的职能无疑是“直驾、侍卫”，早在明朝建立之前，朱元璋就已经设立了类似的军事机构。俞本《纪事录》丁酉，至正十七年（1357）载：

> 正月十七日，上于应天府北门外鸡笼山阅兵，列山、陆二寨军于山下，众数十万。上命帐前亲兵都指挥使冯国兴选年壮、英勇、多历战者，令亲管总管、万户举之，得三百六十名。赐衣甲，悬象牙牌，于上御书押字，背云“守御士”，刻名姓于其侧，以卫出入，用黄绢尺幅印以朱字，号曰“帐前黄旗先锋”。[①]

这些选拔出来的“守御士”就是锦衣卫最早的雏形。从这条记载可以看出，大明开国皇帝对于自己安全是多么重视，从数十万军士中选出 360 名侍卫自己安全的勇士，并赐衣甲、悬牙牌，可见对他们的优渥。

锦衣卫的“直驾、侍卫”职能在《大明会典》记载得很详细，结合《南京尚宝司志》符牌志的记载，我们可以知道锦衣卫官军人等依据职级和职责的不同在尚宝司领用随驾牌、扈驾巡绰金牌、朝参牙牌及校尉铜牌。下面就这几种符牌做初步探究。

（一）“天”字号随驾牌

《南京尚宝司志》符牌志条目 1 的内容是：“凡郊祀，本司随宝供事官各带班匠二名牵马，仍行锦衣卫关领‘天’字号随驾牌二面悬带，事毕随即交还”[②]。结合《大明会典》尚宝司卷内容，可以知道，每年举行祭祀天地大祀礼时，尚宝司官要在承天门外乘马，“从宝后行”，事情完毕后，仍旧“从宝”回至承天门外下马[③]。这里的“宝”应是尚宝司所管宝玺中的“奉天之宝”。《南京尚宝司志》载：“奉天之宝为唐宋传玺，祀天地用之”[④]。奉天之宝由尚宝司随宝供事官护送，两名班匠牵马，两名入坛的班匠要从锦衣卫关领“天”字号随驾牌，这种“天”字号随驾牌是由锦

①［明］俞本撰，李新峰笺证：《纪事录笺证》，北京，中华书局，2018 年，第 71 页 .

②［明］潘焕宿编辑：《南京尚宝司志》卷二《符牌志》，第 52 页 .

③［明］申时行等修：《大明会典》卷二二二，第 628 页，“凡每岁驾诣郊坛，行大祀礼，本司官例于承天门外乘马，从宝后行，礼毕，仍从宝回至承天门外下马”.

④［明］潘焕宿编辑：《南京尚宝司志》卷一《宝玺志》，第 43 页 .

衣卫自行管理的。

随驾牌遗存实物较多。实物照片及拓片如下：

图 13　御马监随驾勇士驾牌

图 14　马牌

图 15　三千营随驾官军云牌

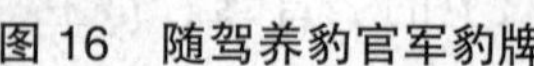

图 16　随驾养豹官军豹牌

图 17　随驾养豹官军豹牌

图 18　随驾养鹰官军鹰牌 罗氏藏

图 19　随驾养鹰官军鹰牌 罗氏藏

图 20　御马监勇士铜牌

图 21　养豹官军勇士铜牌

图 22　养豹官军勇士铜牌

以上均为罗振玉《历代符牌图录》所收拓片。

图 23　御马监随驾小厮铜牌（首都博物馆藏）

以上随驾牌中没有锦衣卫领用的“天”字号随驾牌，在《南京尚宝司志》中也没有以上几种随驾牌的相关记载。推测其中的御马监随驾牌和养豹、养鹰随驾牌应该都属于内府管理，不在尚宝司管理范围内。三千营是明永乐年间建立的，其职能和锦衣卫的部分职能类似，为随驾、上直及侍卫。不同之处是三千营为马队。嘉靖二十九年（1550），“三千营改神枢营”①。由于其不属于锦衣卫系统，因此，此种随驾牌也没有收录在《南京尚宝司志》中。

锦衣卫随驾牌推测应该和以上随驾牌样式一直，圆形、上带莲叶盖，顶部有圆窍。悬带这种随驾牌的是锦衣卫将军。《大明会典》记载：“在举行大朝贺时，锦衣卫将军九百六十八人，侍卫在大殿之外、台基之上。其中八百五十四人，头戴红盔、身穿青甲、悬带随驾牌，挂弓矢、佩刀。其中五十人，头戴红皮盔、身穿戗金甲；其中五十人头戴红皮盔、身穿描银甲，悬带随驾牌，佩刀、执金瓜。其中十四人，头戴红盔、身穿青甲、悬金牌、执开鞘大刀。在大殿台基四角，又有锦衣卫将

① [明] 申时行等修：《大明会典》卷一四，第 244 页 .

军二百人，分为四队，头戴红盔、身穿青甲，悬随驾牌，佩刀”[①]。

（二）扈驾巡绰金牌

《南京尚宝司志》卷二《符牌志》条目2、8、9领用的都是金牌，条目2领用人是负责扈驾巡绰的公、侯、伯、勋卫、锦衣卫并金吾等二十卫官；条目8领用人是每日夜巡内皇城点闸铺军的五府都督及带刀千百户；条目9领用人是负责随朝巡绰的金吾等二十卫轮值官。这三条都没有详细说明这种金牌是什么形制，字号是什么，如何领用等。

条目10是用于皇城直宿的金牌，其牌制和领牌例则描述详细。此金牌面上铸仁、义、礼、智、信伍字号，下铸守卫两篆字，背后铸“凡守卫官军悬带此牌，无牌者依律问罪，借者及借与者罪同”二十四字。其中“仁”字牌共四十面，牌上俱龙形，公侯驸马领；“义”字牌共五十面，牌上俱虎形，指挥勋卫领；“礼”字牌共一百五十三面，牌上俱麒麟形，千户领。“智”字牌共三百三十面，牌上俱狮子形，百户领。“信”字牌共一千六十九面，牌上俱祥云形，将军领。

条目10领牌例中说到“仁”字号金牌领用人是公、侯、驸马，而此条领符牌人中并没有公，而条目2、8、9的领符牌人也都包含在此牌的领牌例中。因此，条目2、8、9所列的金牌应该和条目10所列的金牌是同一种牌，其领牌例也应相同。

即条目2说的是皇帝举行祭祀天地、宗庙、社稷、神祇、看牲、视学、耕籍等礼仪活动时，负责扈驾巡绰的公、侯、伯领“仁”字号，俱龙形守卫金牌；勋卫、锦衣卫并金吾等二十卫官依级别领义、礼、智、信字号守卫金牌。条目8说的是负责每日夜巡皇城点闸铺军的五府都督领“义”字号俱虎形金牌并“申”字十七号令牌一面；若所率为旗手等贰拾卫带刀千户则领“礼”字号俱麒麟形金牌；若所率为旗手等贰拾卫带刀百户则领“智”字号俱狮子形金牌。条目9说的是每三日随朝巡绰的并金吾等二十卫轮值官，领“义”字号金牌，每卫轮值官4人，每班计有轮值官40人。

按此规制，锦衣卫官军依照职级不同领取义、礼、智、信字号金牌。其中义字号金牌，锦衣卫指挥领；礼字号金牌，锦衣卫千户领；智字号金牌，锦衣卫百户

① ［明］申时行等修：《大明会典》卷一四二，第456—457页，“将军一千九百七人。锦衣卫九百六十八人。内八百五十四人、红盔、青甲、悬驾牌、弓矢、佩刀。五十人、红皮盔、戗金甲。五十人、红皮盔、描银甲、俱悬驾牌、佩刀、执金瓜。十四人、红盔、青甲、悬金牌、执开鞘大刀。神枢营九百三十九人。内五百五十八人、大红盔、青甲、悬金牌、弓矢、佩刀、执金瓜及大黑刀。三百五十一人、明盔甲、悬金牌、执出鞘红刀。俱重行长摆。丹墀四隅，锦衣卫将军二百人、红盔、青甲、悬驾牌、佩刀、作四队。”

领；信字号金牌，锦衣卫将军领。

据《大明会典》载：在举行祭祀天地等礼仪活动时，锦衣卫千户、百户共三十六员，悬带"礼"字等号金牌（"礼"字号、"智"字号），擎执金炉、在前引导。各项侍卫将军列于卤簿仪仗中、分行扈从。到达祭坛，锦衣卫人员负责护卫斋宫以及分别守卫郊坛等处内外门禁①。举行大朝贺时，锦衣卫值守指挥一员，悬带金牌（"义"字号），在大殿内帘右，千户六员、具朝服、侍于殿门外右檐下。卷帘百户二员，候驾至卷帘毕，然后至殿外，同千户侍立。传鸣鞭百户四员、立于殿门外、及丹陛上下、接传鸣鞭。在中极殿、皇极殿、中左门、中右门、皇极门、弘政门、宣治门、金水桥、会极门、归极门、东西城路均有锦衣卫将军悬带金牌（"信"字号），穿着金盔甲，配刀守卫②。

这些悬带"信"字号金牌的锦衣卫将军要选择体干丰伟、有勇力者为之，其中特别丰伟者，称为大汉将军，他们一般都在殿内值守，除了守卫职责外，还有充当仪仗军士，以壮天子威严之用。

《明实录》中还有一条关于锦衣卫金牌管理的记载：明正统七年，锦衣卫指挥使徐恭，同知刘源，佥事刘勉，王虹，刘宽，陈端，各领金牌当驾直宿，这几人却携带金牌潜回家中，被查后理应治罪，明英宗却宽恕其罪，只每人罚俸一月③。此条记载说明朝廷对这类符牌管理还是很严格的，但是锦衣卫还毕竟是皇帝心腹，可以优待之。

（三）朝参牙牌

《南京尚宝司志》符牌志条目 7 说的是朝参牙牌："朝条官牙牌字号。公侯伯勋字号，驸马都尉亲字号，文官文字号，武官武字号，教坊司乐字号，其工部营缮所等衙门带俸匠作等，及锦衣卫所带俸见在，御马、尚膳、内官等监局寄名供事等，

---

①［明］申时行等修：《大明会典》卷一四二，第 458 页，"凡遇郊祀等项、圣驾出入，锦衣卫千百户三十六员、悬礼字等号金牌、擎执金炉、前导。各项侍卫将军于卤簿仪仗中、分行扈从。至则护卫斋宫及分守郊坛等处内外门禁".

②［明］申时行等修：《大明会典》卷一四二，第 455—458 页，"凡大朝贺，御殿。掌领侍卫官、俱凤翅盔、锁子甲、悬金牌、佩绣春刀。一员侍殿内东，一员侍殿内西。勋卫分立于其下、少后。锦衣卫正直指挥一员、悬金牌、侍于殿内帘右。千户六员、具朝服、侍于殿门外右檐下。卷帘百户二员、候驾至、卷帘毕、出、同千户侍立。传鸣鞭百户四员、立于殿门外、及丹陛上下、接传鸣鞭……"

③《明英宗实录》卷九〇，明正统七年三月乙亥，第 1815 页，"锦衣卫指挥使徐恭，同知刘源，佥事刘勉，王虹，刘宽，陈端，各领金牌当驾直宿，潜回私家，失误宣召，命给事中廷鞫之狱成，上宥其罪各住俸一月。"

不系朝参官。嘉靖二十八年题准改造，凡入内官字样牙牌即以官字编号。”[①] 朝参牙牌是文武官员出入朝堂的凭证，据明史录记载，此项制度为洪武十一年（1378）颁行：“丁酉，始制牙牌给文武朝臣，其制以象牙为之，刻官称于上，凡朝参佩以出入，有不佩者，门者却之，私相借者，论如律，有故则纳之内府，其在外来朝百司官无牌者，则于各门附名以入”[②]。

锦衣卫官员佩戴的朝参牙牌应该是“武”字号牙牌，这类牙牌有实物和拓片资料。《历代符牌图录》收录有一件锦衣卫朝参牙牌，此牌阴刻，分为上下两部分，上部有圆窍，周绕以四合如意纹，正面下部刻“锦衣卫锦衣右所正千户”，背面下部刻“朝参官悬带此牌无牌者依律论罪借者及借与者罪同出京不用”，侧面刻“武字叁千柒百肆拾肆号”。北京保利国际拍卖有限公司在2009年秋季拍卖会上曾拍卖过两件明代牙牌，其中一件为锦衣卫朝参牙牌，该件牙牌形制同《历代符牌图录》收录的锦衣卫牙牌一致，正面文字为“锦衣卫右千户所百户”，背面文字不知，侧面文字为“武字贰千玖百玖拾壹号”。

图24　锦衣卫朝参官牙牌
（《历代符牌图录》）

图25　锦衣卫朝参官牙牌
（北京保利2009年秋季拍卖）

关于锦衣卫朝参官牙牌，《明实录》中有这样一条记载，同样可以看出皇帝对锦衣卫官员的优待。明正统九年锦衣卫班剑司百户何清，所居失火，妻妾子女死者四人，并且将其所佩牙牌焚烧，法司论清律当杖，输赎还职，明英宗曰：“清良可矜怜，乃欲罪之不已甚乎。其宥，令复职，牙牌重造给之。”[③]

除了锦衣卫朝参官牙牌外，还有一种锦衣卫缉事旗尉牙牌实物传世。《历代符牌图录》收录有4件实物拓片，中国人民革命军事博物馆收藏有一件实物。这类实物为八边形，顶部有圆窍，周饰以云纹。正面中间阴刻篆书官防印，印上部刻锦衣卫或东司房字样，印两侧刻编号或东司房字样，背面都刻有“缉事旗尉悬带此牌，

①［明］潘焕宿编辑:《南京尚宝司志》卷二《符牌志》，第57—58页.

②《明太祖实录》卷一一七，洪武十一年三月丁酉，第1920页.

③《明英宗实录》卷一一三，正统九年二月己丑，第2271页.

不许借失，违者治罪”16字。这类牙牌《南京尚宝司志》及《大明会典》均不见记载。据《大明会典》载，东司房属于锦衣卫北镇抚司管辖，缉事旗尉职责是拘捕犯人[①]。锦衣卫北镇抚司职掌诏狱，有着向皇帝直接奏行的权力，因此，这类牙牌应该是由锦衣卫镇抚司自行管理。

图26　锦衣卫旗尉牙牌

图27　锦衣卫东司房旗尉牙牌 吴县潘氏藏

图28　锦衣卫东司房旗尉牙牌 上虞罗氏藏

图29　东司房旗尉牙牌 海宁陈氏藏

图30　东司房锦字捌拾捌号腰牌（中国人民军事革命博物馆藏）

（四）校尉铜牌

校尉原来隶属于拱卫司管理，甲辰年（1364）十二月乙卯“置拱卫司以统领校

① [明]申时行等修：《大明会典》卷二二八，第677页，“千百户六十员、旗校一千名、听差镇抚司官一员、听候理刑。东司房理刑官一员、提调缉事。”

尉”①。洪武十五年（1382）置锦衣卫后，校尉就隶属锦衣卫，一直未变。锦衣卫所辖军士有将军、校尉、力士。校尉是锦衣卫中低级别的军士，排在将军之后。校尉及力士的职责开始就是负责随驾出入仪仗和守卫四门。《明太祖实录》洪武十二年（1379）载：“戊午遣仪鸾司典仗陈忠，往浙江杭州诸府，募民愿为校尉者，免其徭役，凡得一千三百四十七人，校尉、力士之设，佥民间丁壮无疾病过犯者为之，力士隶旗手千户所，专领金鼓旗帜，随驾出入及守卫四门。校尉隶拱卫司，专职擎执卤簿仪仗及驾前宣召官员，差遣干办，三日一更直。”②

按照文献记载，校尉直宿时悬带的是双鱼铜牌。《南京尚宝司志》符牌志条目16的内容为：“凡锦衣卫上直校尉，俱赴本司领严字号双鱼铜牌”③。《大明会典》卷一百四十二载：“凡常朝……锦衣卫校尉五百人、鸣鞭、及擎执伞扇仪仗者、鹅帽、只孙、抹金铜束带、皂靴、列午门内外，其余方巾、青衣、抹金铜带、双鱼铜牌、执铁狼牙等器仗、列御道西。”④

《大明会典》卷二百二十八记载：在常朝时，锦衣卫轮值指挥一员、千户二员、百户十员、旗校五百名、在奉天门下、摆列侍卫、听候纠仪拏人。退朝后，轮值百户一员、负责巡察皇城四围。其余分守东华西华等门，听候宣唤。夜间、该日指挥及轮值百户二员带领校尉四十名于内直房直宿，以备传报。其余出宿外直房。这些负责直宿的校尉佩戴的就是这种双鱼铜牌。⑤

图 31　校尉双鱼铜牌（国家博物馆藏）

国家博物馆收藏有一件校尉双鱼铜牌。据国家博物馆网站介绍，这件铜牌出土于南京明故宫遗址。铜牌宽 10.5 厘米、高 12.9 厘米，此铜牌正面铸有“凡遇直宿者悬带此牌，出皇城四门不用”和“校尉”字样，字体粗壮有力。背面铸有凹凸的

①《明太祖实录》卷一五，甲辰十二月乙卯，第 211 页.

②《明太祖实录》卷一二四，洪武十二年四月戊午，第 1990 页.

③［明］潘焕宿编辑:《南京尚宝司志》卷二《符牌志》，第 68 页.

④［明］申时行等修:《大明会典》卷一四二，第 457 页.

⑤［明］申时行等修:《大明会典》卷二二八，第 676 页.

阴阳双鱼纹。

除了校尉外，皇城中的厨子也使用双鱼铜牌，《南京尚宝司志》卷二符牌志条目17载："凡光禄寺吏典厨役，遇大祀该班者，俱赴本司领善字号双鱼铜牌"[①]。这种铜牌形制和校尉双鱼牌一致，只是正面左边二字是"厨子"。据《大明会典》卷一百四十三载，在皇城四门均设有厨房为守卫军士做饭，称为恩军，四门共有恩军432人[②]。

图32 厨子双鱼铜牌（南京市博物馆收藏）

图33 厨子双鱼铜牌（《荆门日报》报道）

2018年，南京城墙博物馆征集到一件校尉铜牌，这件铜牌也出自南京明故宫遗址，主体为圆形，直径8.7厘米，上部有一简化的莲叶盖装饰，莲叶盖中间有一圆形穿孔，以备系绳悬挂。正面边廓有一圈凸起的弦纹，中有"凡遇直宿者悬带此牌，出皇城四门不用，校尉"4行18字阳文楷书，背面光素无纹。这件铜牌锈迹自然、包浆醇厚，铭文格式和字体、腰牌形制和铸造方式均符合明代特征。

图34 校尉铜牌（南京城墙博物馆收藏）

此件铜牌和国家博物馆藏校尉铜牌相比，形制一致，尺寸稍小，背部没有双鱼纹，正面字体沉稳规整。为何这件校尉铜牌背后没有双鱼纹，并且字体也和国家博物馆所藏铜牌不一致，这些问题还需要在文献中寻找答案。

---

①［明］潘焕宿编辑：《南京尚宝司志》卷二《符牌志》，第68页．

②［明］申时行等修：《大明会典》卷一四三，第469页，"凡皇城四门厨房，洪武二十八年，各设恩军，为守卫军士，做造饭食。长安左右门厨房二所，恩军二百二十五名……"．

明俞本《纪事录》载，明洪武十一年（1378）戊午：“正月，上于内外文武百官，自洪武元年诰敕，与乙未年至吴元年大小官员头目凡有曾受御押劄付，及侍卫象牙牌并虎头金牌未纳者，尽拘收之，敢有隐藏者治罪，名曰‘拘收文凭’”①。朱元璋将有自己御笔花押的文书和符牌尽数收回，前文提到“守御士”金牌也应在其中。洪武四年（1371）又参考旧典，制定武臣金银牌制，这种金银牌应该在其后也取消了。洪武五年（1372）五月又制护驾先锋金牌，后又革去，改造守卫金牌。

在《明实录》未见有双鱼铜牌的记载，实录中有一条记载提到校尉铜牌，但没有“双鱼”二字，“锦衣卫指挥王节等奏，比来校尉上直屡失所悬铜牌，铜牌所凭关防出入者，请之以惩。上曰：非日下诏赦有罪，今日递罪赦前事，何以示信，其勿治，遂谕六移及三法司，曰：令信则民从，不信则民贰，国家使人周信为本，故昨日降诏惓惓在信，尔等各务遵守，毋致朕食言以失人心。”②

以上记载说明在明初，符牌制度一直都在变化中。校尉铜牌的牌制也应是有所改动，开始时没有双鱼纹饰，后改制添加。从南京城墙博物馆收藏的校尉铜牌上的铭文字体可印证这种推断。

据《大明会典》记载，明代“铸造亲王印符、金牌、并上直守卫官军金牌。工部及礼部计料、委官带领宝源、铸印二局官、会同尚宝监”③。铸印局设副史一人，由礼部管辖。铸印局中负责书写宝玺、符牌、印章内容的不是普通匠人，而是文职官员或者局内擅长书写的“儒士”，因此书写非常规范。明朝建立之初，朱元璋就征召大量儒士，社会良民因擅长书法而被选入礼部铸印局，也可获得“儒士”头衔。根据现有资料还可知，铸印局官员曾为开国元勋书写神道碑。现存于邓府山的《宁河武顺王邓愈神道碑》碑文末就有“洪武十三年岁次庚申十二月□七日建□将士郎铸印局□□□奉敕书”，其书体和南京城墙博物馆收藏的这件腰牌字体风格一致。

图 35　校尉铜牌拓片
（南京城墙博物馆藏）

现存于玄武区板仓的《御制中山王神道碑》，是明洪武十九年所立，神道碑内容为朱元璋亲自撰写，书写者是翰林院侍诏沈士荣、孙大雅。碑文中的“凡”字、“者”字、“悬”字、“出”字、“皇”字、“城”字、“四”字、“不”字以及“关”字的门旁，都和此铜牌中的铭文字体相类似，神道碑铭文的通篇书体也和此腰牌铭文

①［明］俞本撰，李新峰笺证：《纪事录笺证》，第 403 页 .

②《明仁宗实录》卷一下，永乐二十二年八月乙未，第 26 页 .

③［明］申时行等修：《大明会典》卷一九四，第 333 页 .

风格相似。此外，邓愈墓和李文忠墓的神道碑的书体也都和此腰牌铭文书体类似。这类书体就是明代初年的“台阁体”。台阁体书法盛行于明初，至成化、弘治年间衰落。

图 36　明《御制中山王神道碑》拓片局部[①]

除了字体外，我们还可以从阴阳双鱼纹来证明校尉铜牌的形制变化。以鱼形作为凭信起于唐代，双鱼原先的意思是书信，李白有：“汉口双鱼白锦鳞，令传尺素报情人”，杜甫有：“五马何时到，双鱼会早传”的诗句。双鱼纹是中国古代的传统纹样。在新石器时期半坡和马家窑文化中的彩陶上就有鱼纹图案，在唐代的瓷器中也出现较多的双鱼纹图案，但多是首尾同向式样。到了宋金时期，双鱼纹样开始流行，特别是金代铜镜上大量使用首尾相随的双鱼纹，纹饰刻画细腻生动、姿态优美。呼和浩特博物馆、延边博物馆收藏有不少实物。此时的双鱼图案，应是渔猎民族的女真人对鱼有着特殊情感的体现。有学者认为宋金时期的首尾相随双鱼纹是受道教阴阳太极的影响，笔者认为此时道教的阴阳双鱼观念还没有形成，宋金时期的双鱼纹也没有体现阴阳的设计，应和道教无关。

南宋易学家张行成的《翼玄》中，有《易先天图—混天象图》，图中用了阴阳双鱼，但是此书流传的是清代乾隆版本，此图被认为是后窜[②]。明初赵撝谦在《六书本义》中载有“天地自然之图”，这张图被认为是目前所见最早的阴阳双鱼太极图。赵撝谦是明初著名教育家、儒学大师，《六书本义》虽然成书于洪武十一年（1378），

① 南京市文化广电新闻出版局（文物局）编著：《南京历代碑刻集成》，《御制中山王神道碑》，上海，上海书画出版社，2011 年，第 80 页 .

② 张彧：《〈易先天图—混天象〉非张行成之图》，《周易研究》1995 年第 4 期，第 93—96 页 .

图 37 《六书本义》天地自然河图
（明正德十五年余姚胡东皋刊本）

但一直没有刊刻，《国朝献征录》载，“永乐初年，门人吾邑柴广敬擢进士高等，以声音文字通上奏，太宗诏藏之秘阁”①。此条记载可以表明，永乐初年赵撝谦的著书才得以进呈皇帝。目前，《六书本义》最早的版本是明正德十二年（1517）邵刻本。因此，在洪武时期还不可能将阴阳双鱼纹用在符牌之上。后期用此纹饰可能是因为成祖、世宗等皇帝信奉道教，从而将阴阳双鱼太极图广泛使用。校尉和厨子铜牌使用阴阳双鱼纹饰，推测是因为他们都是负责直宿的人员，直是白天，宿是夜晚，正好对应阴阳。

2019 年 6 月，为了给后续文物保护工作提供依据，南京城墙博物馆文保部工作人员采用无损 X 射线荧光法对馆藏明代校尉铜牌和铜鹿牌进行了成分鉴定，确定其金属成分。铜鹿牌是一件传世品，在罗振玉《历代符牌图录后编》中有同类物品的拓片。鹿牌是给明代皇宫禁苑之中饲养的瑞鹿所佩戴，在民国王焕镳编撰的《明孝陵志》中收录了多条有关明初在孝陵内养长生鹿，悬戴

图 38 明铜鹿牌拓片《历代符牌图录后编》

图 39 明铜鹿牌（南京城墙博物馆藏）

① [明] 焦竑撰：《国朝献徵录》卷一〇〇《广东二 · 琼山教谕赵撝谦传》，明万历四十四年徐象枟曼山馆刻本 .

银牌的资料[①]。这件铜鹿牌不完整，上部莲叶部分缺失。

经过检测，校尉铜牌表面主要金属成分为铜、锌、铁、铅，其中铜、锌、铁三种成分含量相当，是组成器物的主要成分，铜含量在 20% 上下浮动，铁含量在 10% 浮动，锌含量在 30% 上下浮动。高点检测结果是铜 26%，锌 37%，铁 9.5%。铅是青铜器物的助溶剂，含量较少，在 1.1%—1.5%。铜鹿牌表面主要金属成分同为铜、锌、铁、铅，含量较高的金属成分分别为铜和锌，高点检测结果是铜含量为 30% ，锌含量为 47% ，铁 5.1%，铅 1.2% 。通过对检测结果的分析可知，两块铜牌金属成分组成相同，各金属含量比例基本一致，铸造工艺具有代表性。

检测结果

名　称	检测结果及主要元素含量	主要金属元素含量
校尉腰牌	SPECTRO Sample Results Ca 2.2% Cu 26% Zn 37% Fe 9.5% Pb 1.5%	Cu 26% Zn 37% Fe 9.5% Pb 1.5% 主要金属元素为铜、锌、铁、铅
鹿　牌	SPECTRO Sample Results P 1.7% S 1.2% Ca 4.0% Fe 5.1% Cu 30% Zn 47% Ag 1.2% Pb 1.2%	Cu 30% Zn 47% Fe 5.1% Pb 1.2% 主要金属元素为铜、锌、铁、铅

资料来源：南京城墙博物馆金属文物成分检测报告（2019 年 6 月）

① 王焕镳撰：《明孝陵志》规制第二，李海荣、金承平主编：《南京稀见文献丛刊》，南京，南京出版社，2006 年，第 15 页，“陈文述《秣陵集》：孝陵之建，有松十万株，长生鹿千。今则林木仅有存者，鹿亦杳不可见，陵户间有收得银牌者耳。《琐语》：明朝南京孝陵内蓄养鹿数千，项悬银牌。人有盗宰者抵死。”

探讨从以上文献材料和科学检测结果可知：南京城墙博物馆收藏的这件校尉铜牌铭文字体是明初台阁体，其金属成分和铸造工艺符合明初特征，阴阳双鱼纹是明代永乐初年以后才开始使用的图案，因此，这块校尉腰牌应该是在洪武至永乐初年在南京铸造和使用的。目前，南京明故宫遗址区正在进行考古发掘，已有不少重要发现，希望在后续发掘中能出土相关实物，加以验证。

结　语

明朝建立以后，朱元璋为了加强中央集权统治，设立了完备的政府机制，作为保证朝廷各级机构运行的特殊凭证，明代符牌的颁发和管理较前代尤为细致和严格。尚宝司掌管的符牌是等级最高的符牌之一，根据《南京尚宝司志》的记载，除了宣召和派遣亲王、大臣所用的符验及遣使云南徼外土官的信符金牌外，由尚宝司执掌的符牌都是为护卫皇帝所用。从领用人来看，公、侯、伯、勋卫、文武大臣至守卫军士依据级别悬带不同形制的符牌，以卫圣驾。从使用范围来看，尚宝司所掌符牌是用于守卫京城、皇城和宫城，地方卫所符牌不由其管理。从形制来看，明代初年，符牌的形制是在不断演变和完善中的，如勇字号铜牌和锦衣卫校尉铜牌的形制演变。锦衣卫作为皇帝侍卫，指挥、千户、百户、将军及校尉所悬符牌均由尚宝司管理，但也有锦衣卫所用符牌由于用途不同而由其自身管理，如东司坊旗尉牙牌等。由于明代符牌实物遗存较少，对于其研究还不够深入，本文也只是做初步探究，随着实物的出土和发现，以及对相关文献的梳理，其历史面目会越来越清晰。

（作者单位：南京城墙博物馆）

明代史学近代转型案例：民国时锦衣卫研究的学术路径

谢盛　谢贵安

民国是中国史学从传统向近代转型的重要时期。所谓传统史学，是指以叙事为特征的史学形态，从司马迁的《史记》，到张廷玉等人的《明史》；从司马光的《资治通鉴》，到夏燮的《明通鉴》；从杜佑的《通典》到李鸿章等人的《清会典》，均属于传统史学范畴。上述史书虽然不断变换叙述体裁，或纪传体，或编年体，或典章制度体，但均不出叙事史学的范围。所谓近代史学，是西方史学影响下有别于传统史学的新形态。梁启超汲取西方史学思想，掀起了"新史学"运动，深刻改变了中国旧史学的面貌，使近代史学在中国迅速扎根。梁启超批判"二十四史"等旧史学是帝王的"家谱"，是满篇记载帝王征伐和拼杀的"相斫书"[①]，是维护专制统治、愚弄人民的工具，是"霸者之奴隶"[②]；批判旧史学"知有朝廷而不知有国家"，"知有个人而不知有群体"，"知有陈迹而不知有今务"，"知有事实而不知有理想"[③]。并特别指出："前者史家不过记载事实，近世史家必说明其事实之关系，与其原因结果"[④]。一语道破传统史学叙事的本质和新史学分析的本质。民国时期，西方近代学术强劲输入，以分析和研究为特征、以论文和章节体专著为形式的近代史学汹涌而至[⑤]，中国传统史学开始了近代转型的过程。以锦衣卫为例，明代有关锦衣卫的史学成果主要是《明实录》《大明会典·锦衣卫》、王世贞的《锦衣志》和沈德符的《万历野获编·禁卫》等史书中的记载，四种记载皆以叙事的形式，讲述锦衣卫的源流、官职和各种职能。至民国，有关锦衣卫的研究，开始从叙事史学向分析史学转换，出现了以吴晗、姚雪垠、丁易为代表的分析性（研究性）论著，分析锦衣卫的

① 梁启超：《新史学·中国之旧史》，载《饮冰室合集》第 1 册《文集之九》，北京，中华书局 1989 年，第 3 页 .

② 梁启超：《新史学·论正统》，载《饮冰室合集》第 1 册《文集之九》，第 24 页 .

③ 梁启超：《新史学·中国之旧史》，载《饮冰室合集》第 1 册《文集之九》，第 3—4 页 .

④ 梁启超：《中国史叙论·第一节史之界说》，载《饮冰室合集》第 1 册《文集之六》，第 1 页 .

⑤ 参见谢贵安：《中国史学史》，武汉，武汉大学出版社，2012 年，第 506—540 页 .

性质，研究它与皇权专制制度的关系，与明代史学呈现出截然不同的面貌。当前，对于民国学者在锦衣卫方面的研究成果，主要有张金奎的概述[①]，至于从史学转型角度进行探讨的成果，未见问世。本文就此问题试作探讨。

一、明代传统史籍对锦衣卫历史的叙事

探讨民国关于锦衣卫研究的近代特征之前，必须弄清明代史学在锦衣卫问题上的传统表达形式。明代史籍在描写锦衣卫的历史时，主要以叙事的形式加以展开。当时集中叙述锦衣卫历史的史著主要有四种，即官修的《明实录》《大明会典》和私修的《锦衣志》《万历野获编》。

这四种史籍，分属不同的体裁，《明实录》是逐条记载的编年体史书，《大明会典》是对锦衣卫制度集中记载的典章制度体史书，王世贞的《锦衣卫》属于私修史书，沈德符的《万历野获编》属于私人所撰的笔记。前二种属于明代官史，后二种皆属野史。虽然体裁不同，但性质相同，都属于传统的“叙事史学”，与近代的“分析史学”有本质的差异。四种史籍在锦衣卫的记载上，有共同的地方：

第一，都记载了锦衣卫的沿革历史。《太祖实录》记载，洪武三年（1370），锦衣卫的前身仪鸾司及其上级机构亲军都尉府建立[②]。十五年（1382），“改仪鸾司为锦衣卫，秩从三品”。起初下属御椅、扇手、擎盖、旛幢、斧钺、銮舆、驯马七司[③]。十七年（1384），“改锦衣卫指挥使司为正三品”[④]，提升了半级。十八年（1385），锦衣卫增设“中左、中右、中前、中后、中中、后后六千户所”，机构大为扩充[⑤]。《大明会典》《锦衣志》对此也有详细记载。如《锦衣志》对锦衣卫置废沿革的记载称：“高皇帝初即位，置司曰仪鸾，掌侍卫法驾、卤簿，使冠文冠。十五年，罢置司，改设锦衣卫，指挥使一人，秩三品。”[⑥]

第二，都记载了锦衣卫官员的任免、荫袭及相关制度。实录记载的分量最重。《太祖实录》卷二四七载，洪武二十九年（1396）十月癸巳，“升锦衣卫指挥佥事宋忠为指挥使”。这种记载自始至终从未间断。《会典》偏重于制度性的记载，称该

---

① 张金奎：《八十年来锦衣卫研究述评》，《中国史研究动态》2015 年第 1 期．

②《明太祖实录》卷五三，洪武三年六月乙酉，台北，台北，“中央研究院”历史语言研究所校勘本，1962 年，第 1055 页．

③《明太祖实录》卷一四四，洪武十五年四月乙未，第 2266 页．

④《明太祖实录》卷一六〇，洪武十七年三月己卯，第 2486 页．

⑤《明太祖实录》卷一七三，洪武十八年六月丙午，第 2640 页．

⑥［明］王世贞：《锦衣志》，《续修四库全书》第749册，上海，上海古籍出版社，2002年，第661页．

卫官员须在内部选拔，凡侍卫将军有缺，本卫堂上官会同管领将军官、兵科都给事中、御史选补；锦衣卫官员具有免予考察的特权。

第三，都记载了锦衣卫的各项职能。《会典》称“其职掌直驾、侍卫、巡察、捕缉等事”[①]，并具体记载了大约七项职能。在各项职能中，最突出的是两种，一是仪仗和侍卫，二是侦伺和理刑。关于前者，《大明会典》载，凡皇帝上朝、祭天、出行等各项活动，锦衣卫官校和士兵都要担任仪仗和侍卫任务。《神宗实录》卷五二记载，万历四年（1576）七月癸巳，在礼部拟定的皇帝巡视国子监的仪注中，规定“司设监同锦衣卫设御幄于大成门之东”。《锦衣志》亦载：“凡上大朝贺、宴群臣，指挥自使而下，得刃介侍左右，廷列其从校五百人；夜则杀（指减少）十之九，入围宿候”[②]。关于后者，在下面“第四”中另叙。

第四，四种典籍都记载了锦衣卫及其镇抚司的侦伺、理刑的“特务”功能及活动。《明实录》对此花费了较多的篇幅。洪武二十年（1387），朱元璋鉴于锦衣卫在审讯时过于残忍，“焚锦衣卫刑具”，将其刑理权交还刑部[③]。建文时，锦衣卫恢复了缉捕和理刑功能。方孝孺曾“命锦衣卫执武胜系狱”[④]。据《太宗实录》载，在朱棣统治期间，锦衣卫侦讯理刑的特务职能受到特别的重视，都察院办案泄密，引起太宗震怒，“命锦衣卫鞠之，有实状，特命诛之”[⑤]。仁宗时，重新将锦衣卫与镇抚司结合，当时任命锦衣卫指挥佥事苗胜“掌镇抚司事”[⑥]。成化时，朝廷下令将从韩王府逃回的四名宦官“下锦衣卫、五城兵马缉捕得之，付锦衣卫镇抚司杖讯”[⑦]。于此可见，镇抚司可以审案，甚至可以刑讯逼供（杖讯）。到武宗时，锦衣卫镇抚司甚至接受并关押来自宦官统领的东厂的犯人。据《明武宗实录》卷二四载，正德二年（1507）三月乙丑，户部郎中刘绎往辽东总理粮储，“东厂校尉侦其违例乘轿及滥役人夫、少给粮价、多派斗头等事”，后“械系镇抚司狱”。此后，锦衣卫镇抚司一直奉命办理诏狱。锦衣卫的特务职能虽然重要，但却不是实录记载最多的内容。《大明会典》也记载了锦衣卫侦伺奸宄、缉捕盗贼[⑧]、参与会审[⑨]、审核死囚、审理诏狱等

---

①［明］申时行等：《大明会典》卷二二八《上二十二卫·锦衣卫》,《续修四库全书》第792册，上海，上海古籍出版社，2002年，第675页.

②［明］王世贞：《锦衣志》，第661页.

③《明太祖实录》卷一八〇，洪武二十年正月癸丑，第2722页.

④《明太宗实录》卷八，（建文）三年五月己丑朔，第97页.

⑤《明太宗实录》卷一九，永乐元年四月辛酉，第343页.

⑥《明仁宗实录》卷七下，洪熙元年二月壬戌，第240页.

⑦《明宪宗实录》卷二八七，成化二十三年二月乙酉，第4852页.

⑧［明］申时行等：《大明会典》卷二二八《上二十二卫·锦衣卫》，第679页.

⑨［明］申时行等：《大明会典》卷二二八《上二十二卫·锦衣卫》，第677页.

"特务"职能。锦衣卫镇抚司审讯诏狱可不经本卫而直达天庭，镇抚司的案情不公开，是高度机密。"看监千百户等有透漏狱情者斩"。东厂的犯人也由镇抚司关押和审问："凡东厂及本卫各处送到囚犯","本司从公审察究问"[①]。以上史实印证了《明实录》的记载。

然而，以上四种明代典籍在锦衣卫记载上又有所不同，主要是两种私修野史与前两种官史有所差异。第一，记载对象和重点有所不同。《明实录》主要是逐年记载有关锦衣卫的事件,《大明会典》则是集中记载锦衣卫的制度。而两部私修野史，则以人为主,《锦衣志》基本上是以锦衣卫著名头领纪纲、马顺、门达、钱宁、聂能迁、王佐和陆炳等的故事为线索，叙述锦衣卫的历史，重点叙述朱棣纵容纪纲给锦衣卫打下的深刻烙印。《万历野获编》也是以锦衣卫头领陆炳、刘守有等人的掌故为主进行叙述。

第二，对待锦衣卫的态度有所不同。《实录》与《会典》两种官史，对锦衣卫制度的记载，多从正面叙述，而两种野史，则有情绪表达。与前两种官史对锦衣卫的多重功能的叙述齐头并进不同,《锦衣志》集中对锦衣卫的侦伺刑狱功能大书特书，堪称明代锦衣卫史学形象转折的重要过渡。王世贞指出，锦衣卫被称为"亲军"，设置刑狱机构，为了适应朱元璋诛杀功臣和镇压百姓的要求："上时时有所诛杀，或下镇抚司杂治，取诏行，得毋径法曹"[②]。这一句表述，与官史立场不同，反映出王世贞对皇帝滥杀和锦衣卫僭越司法的不满。《锦衣志》还揭露朱棣把锦衣卫头领纪纲当作鹰犬栽培，发现纪纲"应对刻精诡秘，而逆钩人意所向，先发以为绩"，于是"日益幸爱之"。篡位后，授命纪纲"治锦衣亲兵，复典治诏狱"，纵容纪纲"布其私距，日夜操切，阴计闻上"，朱棣"大以为忠"[③]。但其关于纪纲故事的记载，过于生动离奇，与野史相符。《万历野获编》也是开门见山，直接以"锦衣卫"和"锦衣卫镇抚司"为题，大书锦衣卫的恐怖与危害，其标题"刘球、范广冤死""昼夜用刑""镇抚司刑具"可谓旗帜鲜明。以上两种野史塑造了锦衣卫恐怖的史学形象，对锦衣卫残暴的揭露，为民国学者将锦衣卫作为专制主义工具来批判提供了材料和思路。不过，明代野史并无民国学者的近代觉悟，他们对锦衣卫官员也并非完全否定，对其善行还做过歌颂。《野获编》中"陆刘二缇帅"，就称陆炳"领锦衣最久，虽与严分宜比周，而爱敬士大夫。世宗时，有严谴下诏狱者，每为调护得全，缙绅德之。"称刘守有领锦衣卫时，刘台等人"以劾江陵逮问，赖刘调护得

① [明] 申时行等:《大明会典》卷二二八《上二十二卫 · 锦衣卫》, 第 680 页 .

② [明] 王世贞:《锦衣志》, 第 661 页 .

③ [明] 王世贞:《锦衣志》, 第 661—662 页 .

全”[①]。这种对锦衣卫官员的正面赞扬，在民国时被有意过滤掉了。

以上四种史籍，都未对锦衣卫做理论分析，只有其中私修的《锦衣志》和《万历野获编》偶尔寓喟叹于叙事中。显然，上述四种史籍都属于典型的传统史学形态。前面两部官修史书都是陈述史实，后面的私修史志《锦衣志》和笔记体《万历野获编》虽有猎奇和恐怖的描写，但与前两部一样，都缺乏性质分析和价值判断。上述四书所载的锦衣卫史，未经近代重构，属于明代史学的原生状态。

然而，到了民国时期，受西方近代史学的影响，锦衣卫历史的研究，进入了一个新的时期，拥有了崭新的外在形式和内容特征。外在形式，是指在史学体裁上，以论文或专著的形式展开讨论。在内容特征上，是指以分析和批判为灵魂，展开对锦衣卫史的研究，其中贯穿了“新史学”的“反封建”“反专制”（“反独裁”）的观念和思想。

二、论文、章节体专著和教科书：民国时锦衣卫研究的新体裁

民国时期，受到西方近代史学的影响，学者们开始用分析和研究的方法，来探讨明代锦衣卫这种特殊的历史现象。民国在锦衣卫的研究上，既出现了学术论文，也产生了学术专著（包括讲义），二者都是明代锦衣卫史学从未出现过的新体裁。下面就民国研究明代锦衣卫的学术体裁及其体现的现代学术特征加以探讨。

（一）学术论文推动锦衣卫问题的分析

学术论文的出现是史学近代转型的标志之一[②]。1934 年，吴晗通过发表的一篇学术论文《明代的锦衣卫和东西厂》，开启了明代锦衣卫研究在体裁上的转型之路。他也是民国时最早对明代锦衣卫进行研究的学者。诚如张金奎所言，该文是民国时“第一篇专门讨论锦衣卫及相关问题的文章”[③]，从此开启了用论文分析锦衣卫问题的新时代。

与明代诸典籍对锦衣卫沿革、职能、制度进行叙述不同，吴晗此文开篇就提出论文的主旨：“在旧式的政体之下，皇帝只是代表他的家族以及外环的一特殊集团的利益，比较被统治的人民，他的地位，不但孤立，而且永远是在危险的边缘”[④]。

① [明] 沈德会：《万历野获编》卷二一《禁卫》，北京，中华书局，1959 年，第 534—535 页 .

② 参见谢贵安：《中国史学史》，武汉，武汉大学出版社，2012 年，第 574 页 .

③ 张金奎：《八十年来锦衣卫研究述评》，《中国史研究动态》2015 年第 1 期 .

④ 吴晗：《明代的锦衣卫和东西厂》，《大公报 · 史地周刊》第 13 期，1934 年 12 月 14 日 .

于是，为了自己的统治和家族的利益，利用各种手段加以维护，于是便出现了锦衣卫和东西厂。

吴晗对锦衣卫的认识，主要有以下三个观点。第一，吴晗认为锦衣卫是明朝皇室用来制造恐怖气氛的特种组织、特种监狱、特种侦探，“担任猎犬和屠夫的双重任务”，成为最高侦伺机构和最高审判机构。吴晗指出：“厂卫同时也是最高法庭，有任意逮捕官吏平民，加以刑讯判罪和行刑的最高的法律以外的权力”[①]。第二，他指出东西厂和锦衣卫构成复杂的相互监督的链环：“厂与卫成为皇帝私人的特权侦探机关，其统系是锦衣卫监察侦伺一切官民，东（西）厂侦察一切官民及锦衣卫，有时或加设一最高机构，侦探一切官民和厂卫，如刘瑾的内行厂和冯保的内厂，皇帝则直接监督一切侦缉机关。如此层层缉伺，层层作恶，人人自疑，人人自危，造成了政治恐怖”[②]。第三，他强调锦衣卫特务职能因皇帝政策需要而变化。明代皇帝为了巩固皇权而增强锦衣卫的特务功能，亦因皇权巩固而消减其权力。针对朱元璋焚毁锦衣卫刑具、移送关押的囚徒至刑部一事，吴晗认为是朱元璋“觉得自己的地位已经安定”后，所采用的“缓和太过紧张的空气”的措施。当“胡党蓝党都已杀完，不再感觉到政治上的逼胁”后，朱元璋“又解除锦衣卫的典诏狱权”，将案件交由法司处理。吴晗还指出：锦衣卫“经过嘉靖初年裁汰后，缩小职权，改为‘专察不轨妖言人命强盗重事’”当然，吴晗的论证是用原始史料为证据，如引《明史·职官志》述锦衣卫“掌侍卫缉捕刑狱之事，凡盗贼奸宄街涂沟洫，密缉而时省之”以论证。

然而，吴晗此文绝口不提锦衣卫的仪仗侍卫功能，并成功地将锦衣卫论证为特务机关，将侦伺机关和最高法庭视作它的“正式职务”，从而对其功能持完全否定的态度[③]。虽然吴晗直接分析锦衣卫的侦伺、理刑等特务功能，但终篇只说锦衣卫是“特种组织”，尚未使用“特务机构”的说法。吴晗的这篇论文一发表，就获得转载[④]，引发了这一问题的持续讨论。

与后来丁易（叶鼎彝）的著作《明代特务政治》相比，吴晗对锦衣卫和东西厂的分析尚具有较高的学术性和理性，而丁易的著作，开始直接称锦衣卫为“特务”，所用词汇充满价值判断和主观情绪。

受吴晗的影响，丁易开始发表关于明代锦衣卫和东西厂的论文，并直接称之为

① 吴晗：《明代的锦衣卫和东西厂》，《大公报·史地周刊》第 13 期，1934 年 12 月 14 日 .

② 吴晗：《明代的锦衣卫和东西厂》，《大公报·史地周刊》第 13 期，1934 年 12 月 14 日 .

③ 吴晗：《明代的锦衣卫和东西厂》，《大公报·史地周刊》第 13 期，1934 年 12 月 14 日 .

④ 吴晗撰，中摘录：《明代的锦衣卫和东西厂》，《史地社会论文摘要月刊》1935 年第 1 卷第 4 期，第 10—11 页 .

特务机关和特务政治。1946年，丁易发表《明代的特务机关》一文，指出："要明白明代特务政治为什么特别发达，这得先从明代政治的极端中央集权化说起"。朱元璋废宰相，行集权，为了控制臣民，特务制度便应运而生。丁易分析了皇帝任用特务的原因，一是"不信任大臣"；二是为了自己的"专制威权""不容有丝毫侮损""必然要派人出去秘密侦查，寄以耳目"；三是对天下所有的臣民他全不放心。由此三点原因，"于是特务调查制度，也必然要严密建立起来"①。丁易接着又发表了《明代的特务机关（续）》一文。这篇主章要是介绍锦衣卫，先界定锦衣卫"是内庭亲军，皇帝的私人卫队，直接受皇帝指挥"。虽然丁易承认锦衣卫"一面继承了这个亲军都尉府'侍卫'之责，一面又担负了仪銮司掌握卤簿仪仗的任务"，但也只是一笔带过，主要还是讨论锦衣卫的侦伺、刑狱的特务功能。由于直属皇帝，他们可以"不必经过外庭法司的法律手续"直接逮捕任何人，并加以审问，形成"所谓锦衣卫狱或诏狱"。他总结道："锦衣卫就是这样成为明代的一个巨大的特务机关，和东厂遥遥相对，而并称'厂卫'"。由于锁定锦衣卫的侦伺和刑狱功能，因此丁易在此文中重点讨论锦衣卫的南北镇抚司及其罪恶，断言其"无恶不作"。并断言"明代政治就是这么彻头彻尾的特务化了"②。

就在丁易论文发表的第二年，杨震川发表了《从铲头说到廷杖东厂和锦衣卫》，认为特务机构不能从根本上解决问题，"酷刑愈峻而吏治愈坏，到结果终致清兵叩关，流贼内窜"③。但此文只是报纸文章，并非严格的学术论文。同年，陈务去发表《厂卫与明代政治》一文，介绍了锦衣卫的组织结构，在历数其罪恶后，断言这些都是专制政治的淫威之表现④。

1949年，时在高行农业学校和私立大夏大学教书的进步作家姚雪垠接连发表了关于明代锦衣卫的三篇论文。姚雪垠在《明初的锦衣卫》一文中，开篇第一个标题就是"特务政治的创始"，还用了"反特务斗争的一幕"和"特务活动的再活跃"的小标题。对朱元璋创建的特务机关进行抨击，认为它"复活了古代的野蛮主义，以一切手段去摧残臣民的生命和人格"⑤。姚雪垠在《刘瑾与钱宁："明朝特务政治史"之一》中分析了刘瑾失败的原因与影响，并指出："所谓特务政治，就是以特务工作为主要手段而进行统治的政治。因此，刘瑾的罪恶决不限于他主持特务活动，不过他的一切罪恶都直接或间接的和他的特务工作有关。"他甚至直接断言特

① 丁易：《明代的特务机关》，《中华论坛》1946年第2卷第5期，第13—16页．

② 丁易：《明代的特务机关（续）》，《中华论坛》1946年第2卷第6期，16—20页．

③ 杨震川：《从铲头说到廷杖东厂和锦衣卫》，《论语》1947年第135期，777—778页．

④ 陈务去：《厂卫与明代政治》，《新中华》复刊第5卷第16期，1947年．

⑤ 姚雪垠：《明初的锦衣卫》，《中国建设》1949年第7卷第6期，40—44页．

务政治同时也就是贪污政治、流氓政治或土匪政治[①]。姚雪垠的《明朝特务政治史之二：明代特务重心的移转》，论述特务重心从锦衣卫转移到太监提督的东西厂的过程[②]。姚雪垠在写作时，虽夹杂议论和评论，但主要用的是讲故事的形式，文章中还有对话，显然与其小说家身份有关，也与他直接继承明代野史传统有关。

（二）民国时学术专著促进锦衣卫问题的系统研究

论文的容量有限，对于像明代锦衣卫这样的重大历史现象，需要借助专著的容量和篇幅才能说明问题，于是，丁易的《明代特务政治》一书应运而生。虽然此书出版在1949年以后[③]，但写作时间则是在民国时期无疑。据作者《自序》称："这本书是一九四五年春天动手写的，一九四八年底写成，经过整整四年时间"[④]。此书是一部典型的章节体专著。章节体为近代学术著作通用的体裁，也是史学转型的标志之一[⑤]。全书共分八章，第一章明代的特务机关，第二章内外政治的总枢机，第三章全国经济的大搜刮，第四章天下兵马的总监督，第五章杀人如草不闻声，第六章特务的权势财富及其内部矛盾，第七章人民反特务的斗争，第八章特务颠覆了朱明王朝。每章又分若干节，节下再分诸多专题。如第一章下面分为两节，第一节是"明代特务的大本营"，下分两个专题"最高指挥机关——司礼监""千百衔门，十万宦官"；第二节是"执行屠杀的几座地狱"，下分三个专题"东西厂和内行厂""锦衣卫""厂卫与司礼监之互相倚结"。

《明代特务政治》不仅以其章节体的全新体裁与明代史书相区别，而且以分析问题为特征，也与《明实录》《大明会典·锦衣卫》《锦衣志》《万历野获编·禁卫》以叙事为职事不同。该书属于近代的"分析史学"，对锦衣卫的性质、作用等问题做了分析。

首先，《明代特务政治》分析了锦衣卫和东厂、西厂等机构的性质。锦衣卫到底是什么性质的机构，是仪卫还是特务，明代史书的描述比较面面俱到，而丁易则直接判定其为特务机构。从书名到每章每节的名称，频繁地使用"特务"一词。全书的论述也都是围绕这一主题来展开。

其次，丁易在书中断定明代锦衣卫是一种残暴的镇压机构。就《明代特务政治》一书的章节之名来看，第二章第三节的标题为"狐群狗党的帮凶作恶"，节下

① 姚雪垠：《刘瑾与钱宁："明朝特务政治史"之一》，《春秋》1949 年第 6 卷第 3 期，第 14—23 页 .

② 姚雪垠：《明朝特务政治史之二：明代特务重心的移转》，《春秋》1949 年第 6 卷第 4 期，4—16 页 .

③ 丁易：《明代特务政治》，重庆，中外出版社，1950 年 .

④ 丁易：《明代特务政治 · 自序》，上海，上海书店出版社，2011 年 .

⑤ 参见白云：《章节体的引入与近代史书编纂观念的变化》，《史学史研究》2011 年第 1 期 .

专题名称为“做尽了天下无耻丑事”，第三章标题为“全国经济的大搜刮”，其第一节标题为“占尽了良田美地”，节下专题名称为“霸占民田逼勒献地”，第三节下面的两个专题名称分别为“敲骨吸髓天下萧然”“一群饿虎无数饥狼”，第四章第二节下面的专题名称为“败坏边防，凌辱官吏”，第五章标题为“杀人如草不闻声”，其第一节标题为“天罗地网攀染栽诬”，其下专题名称为“两个在位最久的独夫的特务侦缉”（两个独夫指嘉靖帝和万历帝）；另一专题名称为“搜刮人民，孝顺主子”。第二节的标题为“血肉横飞尸虫满狱”，其下的专题有四：“廷杖”“酷刑和惨杀”“十层地狱——诏狱”和“文字狱”，都直接认定了锦衣卫所起的作用、造成的结果是负面、残暴和罪恶的。

再次，对锦衣卫和东西厂败坏明朝统治集团的负面作用也进行了分析。这主要体现在第六、第八两章中。第六章“特务的权势财富及其内部矛盾”，第一节“炙手可热势绝伦”，分析厂卫特务的特权势力，列举了特务头子的威焰，包括“奴辱朝臣，草菅民命”，以及“污秽龌龊的私生活”，第二节“珠玉际天黄金满地”，分析了厂卫特务的经济犯罪，下面的专题称“贪污纳贿掠夺敲榨”“全国最大的富翁”，第三节分析了特务内部的矛盾。第八章“特务颠覆了朱明王朝”，分析了厂卫特务“开城投降”等卖国行径。

《明代特务政治》还专门设立第七章“人民反特务的斗争”，讲述明代百姓的反对厂卫特务的反抗行活动。这一章则明显具有时代特征，是新史学“重群轻君”，即重视群众和社会力量，反对君主独裁专制的观念之反映。该书的偏颇是将明代的统治“泛特务化”，几乎将宦官的所有活动都视之为特务活动。

（三）教科书（讲义）的编写、讲授推动明代锦衣卫问题的讨论

民国是西方近代分科之学传入中国的时期。中国旧有的经史子集四部之学被瓦解，文、史、哲、数、理、化、工、农、医等专科之学兴起。史学在民国的教学体系中占有重要一席之地，于是编纂历史教科书和讲义蔚然成风。明代的锦衣卫，在中国通史和明清断代史教科书（或讲义）中，都得到了讲述和讨论。

通史中对明代锦衣卫的探讨，金兆丰和吕思勉等人做过尝试。1937 年，金兆丰所著《中国通史》一书在中华书局出版。该书版权页上标明“大学用书”。其第八章《明京营卫所之制·上直卫亲军》一节，陈述了锦衣卫“掌侍卫及缉捕刑狱之事”，但对此现象未做价值评判。1939 年成稿的吕思勉的《中国通史》一书，对锦衣卫的侦缉、刑讯职能开始做负面评价，认为司法事务不能让军政机关参与，即使军政机关抓获人犯，如果“交给治民之官，尚不易非理肆虐”，但朝廷“又往往令

其自行治理”，危害就很大了，像“明代的锦衣卫、东厂等，尤为流毒无穷”[①]。因学者不同，教材中对锦衣卫的评价亦异，说明当时大学具有一定的学术自由氛围。

断代史中对明代锦衣卫的研究，以孟森等人比较突出。20 世纪 30 年代初，孟森在北京大学历史系讲授明清史课时编写的讲义中，分析了特务机构出现的社会土壤：“民权不张之国，不能使官吏畏法，则既豢民膏，复以威福肆于民上，假国宠以殃民，即国家养千万虎狼以食人耳。故非有真实民权，足以钤束官吏，不能怨英君谊辟之持法以慑其志也。刑乱国用重典，正此之谓。”[②]这里把近代民权概念引入，以与君权相对，说明君权制度下法律不彰，只能用特务机构整治贪官污吏。孟森进而对锦衣卫的侦缉功能及其作用进行了分析，指出锦衣卫制度是“仿古司隶校尉、执金吾等官，职掌都城内外地方各事”，负责治安，就像“近世各国都市皆有警察侦探”、清代有“步军统领衙门”一样，“原不得为弊政”。但是，“明以诏狱属锦衣卫镇抚司，遂夺法司之权，以意生杀，而法律为虚设。盖弊在诏狱，尚不在缉事也。至设东厂而以宦官领缉事，是即所谓皇家侦探，其势无可抵抗。”认为将锦衣卫和东西厂变为特务机构，“此所以为明代独有之弊政也”。不过，“然细按之，皆凌蔑贵显有力之家，平民非其所屑措意，即尚未至得罪百姓耳”[③]。孟森认为锦衣卫镇抚司诏狱和廷杖之害，实不及“信用宦官”之祸。显然，孟森时代尚未形成如 40 年代那样因影射“军统”“中统”特务机构所形成的社会氛围，研究成果的学术性更为鲜明一些。

此外，吴晗在授课时，也对锦衣卫做过探讨，而孟森上述见解“与吴晗的观点大体一致”[④]。但从他后来所写的《明太祖》和《朱元璋传》中来看，其对锦衣卫的描述受反特务政治的环境影响更深，与孟森的观点已渐行渐远。

三、从多重到单一的塑造：民国学者对锦衣卫职能的定性

明代史籍中对锦衣卫的源流、机构设置、官职任免以及宿卫、仪杖、侦缉、审刑等多重职能的叙述，比较系统、全面，更加贴近当时的历史事实。虽然也有部分史籍将锦衣卫镇抚事的侦伺、缉捕和刑狱功能作突出描述，但多属于猎奇炫异的野史，如嘉靖时王世贞的《锦衣志》和万历时沈德符的《万历野获编》，就曾通过锦

---

① 吕思勉：《中国通史》第 10 章《刑法》，上海，上海古籍出版社，2009 年，第 167—168 页.

② 孟森：《明史讲义》第二编第一章第四节，上海，上海古籍出版社，2002 年，第 75 页.

③ 孟森：《明史讲义》第二编第三章第六节，第 170—171 页.

④ 张金奎：《八十年来锦衣卫研究述评》，《中国史研究动态》2015 年第 1 期。以上对教科书或讲义的叙述，亦深受此文之惠。特此致谢！

衣卫头子的恐怖故事吸引读者，但二书仍不忘反映锦衣卫的各项职能，而不单是描述其特务功能。即使是渲染其特务功能，也不只谈论其负面影响，而兼述其正面表现。明代史学对锦衣卫多重功能的叙述，在近代“新史学”运动之后，被民国学者所改变。除早期的孟森等人外，大多数的民国学者将锦衣卫贴上单一的“特务”标签，集中研究其侦伺诏狱的镇压功能，并且只谈其罪恶作用和负面影响，而不论其正面意义，用近代的分析方法，剥离锦衣卫的其他杂质，直击锦衣卫作为专制皇帝统治工具的阶级本质，试图控诉和声讨专为帝王将相唱赞歌的“旧史学”，从而建立起“反封建”“反专制”的新史学体系。于是，锦衣卫的研究，便经历了一个“从多重到单一”的近代转型之路径。

明代官方史书对锦衣卫的表述，常常着眼于它的宿卫职能和激励机制，而非它的特务性质：“我朝立锦衣卫以掌宿卫，官职之设，虽与列卫不同，而其官则用其能，而不用其世，所以待武臣之超出群类者也”①。明初，锦衣卫只是个侍卫和仪仗的军事机构，并未与镇抚司合并，没有侦伺和诏狱职能，前身是仪鸾司，后改为锦衣卫。洪武三十年（1397）三月，“置锦衣卫前千户所十司，曰銮舆，曰擎盖，曰扇手，曰旌节，曰幡幢，曰班剑，曰斧钺，曰戈戟，曰弓矢，曰驯马”②，十司皆为侍卫和仪仗的机关。可见，《明实录》除了记载锦衣卫的侦伺理刑功能外，还记载了它所担负的各种仪式及其职能。《大明会典》也记载了锦衣卫的多重职能，除了侦察、缉捕和审刑等特务职能外，至少还有七项一般性的职能：一是负责皇帝出席的活动的仪仗和侍卫：“凡圣节、正旦，冬至三大朝会、朔望日及每日常朝并郊祀等项，车驾出入，该设卤簿、仪仗，俱本卫提督所属官校依次陈列”③。此外，常朝、大祀圜丘、帝驾斋宫、祭北郊、幸太学、视牲、视牲、朝日夕月、耕耤、祭历代帝王、祭太庙、社稷、有事于四郊、经筵、车驾巡幸、亲王出府等项活动都是如此。二是守卫功能。“凡殿试举人，本卫堂上官充巡绰官。其岁贡、生员于午门内考试，俱本卫官校看守”④。三是城市公共工程维护。“凡京城内外修理街道，疏通沟渠，本卫指挥一员，奉旨专管，领属官二员，旗校五十名”⑤。四是负责京城、城郊乃至皇陵的治安巡逻和管理。“凡京城内外喇唬凶徒，每季委千户一员，百户一员，旗校

① [明] 丘濬：《赏功之格二》，载陈九德辑《皇明名臣经济录》卷一四《兵部一》，《四库禁毁书丛刊》史部第 9 册，北京，北京出版社，1999 年，第 233 页 .

②《明太祖实录》卷二五〇，洪武三十年三月壬子，第 3627 页 .

③ [明] 申时行等：《大明会典》卷二二八《上二十二卫 · 锦衣卫》，第 675—676 页 .

④ [明] 申时行等：《大明会典》卷二二八《上二十二卫 · 锦衣卫》，第 678 页 .

⑤ [明] 申时行等：《大明会典》卷二二八《上二十二卫 · 锦衣卫》，第 679 页 .

五十名缉捕”[①]。至于通州张家湾河西务地方的缉盗和万寿山皇陵的巡逻和保护，都由锦衣卫派旗校承担。五是负责京城各门税收监管。“凡京城各门课钞，每季委百户九员监收”[②]。六是负责监拨外国朝贡者乘用马匹。七是采办朝廷朝会时的灯烛等物件。

受“新史学”运动的影响，民国学者对明代史籍中锦衣卫的历史记载进行了解析，认为锦衣卫职能不管多少，本质上只是帝王争权“相斫”的鹰犬工具和特务机构。因此，他们忽略明代锦衣卫的多重职能，聚焦于它的特务职能（侦伺审刑）和恶劣影响。在他们看来，明代对锦衣卫的记载虽然史实丰富，但却属于“知有事实而不知有理想”的旧史学，于是不再纠缠于明代史籍所记载的锦衣卫多重职能的史实，紧抓锦衣卫作为皇帝的特务组织的本质，加以批判和否定，以实现瓦解帝王专制的学术理想。

民国学者中，吴晗最先对锦衣卫进行定性研究。他在《明代的锦衣卫和东西厂》一文中，认为锦衣卫是侦讯和理刑的机构，即担任“猎犬”和“屠夫”的“双重任务”，而并不关注锦衣卫的侍卫和仪仗功能。不过，当时只认为它是“特种组织”，尚未贴上“特务机构”的标签。在价值判断上，吴晗对锦衣卫基本上做了否定，指出厂卫“层层缉伺，层层作恶，人人自疑，人人自危，造成了政治恐怖”[③]。到了1944年，由于吴晗思想的转变，直接将他的旧文改为更直接、更醒目的题目《民族活力的毁灭：论明代的特务组织——锦衣卫和东西厂》重新发表，旗帜鲜明地指出锦衣卫和东西厂是“特务组织”[④]。在他所写的《朱元璋传记》中，也可以看出这种转变。1943年他写的《明太祖》第四章“恐怖政治”的第三节“锦衣卫和廷杖”中，称皇帝利用“特种组织”和“特种侦探”来加强统治，称“锦衣卫是内廷亲军，是皇帝的私人卫队……锦衣卫的正式职务是‘掌侍卫缉捕刑狱之事’”。下面不接侍卫之事，直接讲“凡盗贼奸宄街涂沟洫密缉而时省之”，将锦衣卫引至特务职能上，但并未直接称之为“特务”[⑤]。但是，在1948年写的《朱元璋传》第五章“恐怖政治”之“特务网”中，已将锦衣卫明确称为“特务”。指出：“到洪武十五年……另找一批虎狼来执行大规模的屠杀，把侦伺处刑之权交给武官，特设一个机构叫锦衣卫。”并直接判断：“直驾侍卫是锦衣卫形式上的职务，巡察缉捕才是工作

---

①［明］申时行等：《大明会典》卷二二八《上二十二卫·锦衣卫》，第679页.

②［明］申时行等：《大明会典》卷二二八《上二十二卫·锦衣卫》，第680页.

③吴晗：《明代的锦衣卫和东西厂》，《大公报·史地周刊》第13期，1934年12月14日。

④吴晗：《民族活力的毁灭：论明代的特务组织——锦衣卫和东西厂》，《自由论坛》（昆明）1944年第3卷第2期，第13—17页.

⑤吴晗著，北京历史学会主编：《吴晗史学论著选集》第4卷，北京，人民出版社，1988年，第182页.

的重心”[①]。终于将锦衣卫从多样性的职能上，引入单一的特务职能上，以确立其反专制的“新史学”斗争目标。

紧接着，丁易在《明代的特务机关》的论文中，将锦衣卫和东西厂直接定性为“特务机关”，称其运作为“特务政治”。丁易在续文中，虽然也承认锦衣卫合并了仪銮司，使锦衣卫“一面继承了这个亲军都尉府‘侍卫’之责，一面又担负了仪銮司掌握卤簿仪仗的任务”，但也一笔带过，集中讲述和分析锦衣卫的特务职能。为此，他重点讨论了锦衣卫下属的南北镇抚司的诏狱功能，指出：“锦衣卫所属除十七所外，还有南北两个镇抚司，南镇抚司掌管本卫刑名，兼理军匠。北镇抚司是洪武十五年（1382）添设的，职务是专重诏狱，所以权势极大。”后来北镇抚司增铸印信，“一切刑狱不必关白本卫”，“直接上请皇帝解决，卫使不得干预，外庭法司自然更不敢过问”。所以“镇抚司职位虽卑，权力却是特重。这是统治者的深意所在，他看到卫权日重，不大放心，所以特地予北司以特权，使其与卫互相牵制，分散权力，而自己从以折衷之。”并断言锦衣卫的作恶性质：“锦衣卫的权力既如此之大，在执行它的时，自然就无恶不作了”[②]。

对锦衣卫等机构的作用，明代史籍所述既有负面、残忍的一面，也有正面、积极的一面，如《万历野获编·禁卫》便对陆炳、刘守有等锦衣卫长官的向善一面做了叙述。然而，民国史学则只击一点，不及其余。丁易在其专著《明代特务政治》中，则单刀直入，将明代的锦衣卫和东西厂视为恶贯满盈的特务机构。除了书名外，第一章的标题名称是“明代的特务机关”，第三章第一节下有一个专题的名称为“特务管理下的皇庄官地”，第二节标题为“朱翊钧时代的矿税特务”，第四章第二节的标题为“驻满全国的军事特务机构”，第六章的标题为“特务的权势财富及其内部矛盾”，第七章是标题为“人民反特务的斗争”，第八章的标题是“特务颠覆了朱明王朝”，均直接以“特务”为核心词。至于书中正文，“特务”一词更是俯拾皆是。这反映出丁易的这部专著已将明代的锦衣卫完全定性为“特务”机构。姚雪垠在《明初的锦衣卫》一文中，开篇就有“特务政治的创始”标题，后面还有“反特务斗争的一幕”和“特务活动的再活跃”等小标题，直接给锦衣卫定性。他的另两篇文章，是以“明朝特务政治史之一”“明朝特务政治史之二”的序列组织的，直接将它们贴上了“特务”的标签。对明代锦衣卫等组织定性为“特务组织”，是近代分析史学作用的结果。

由于认定锦衣卫的性质是特务机构，因此民国学者便一边倒地认为锦衣卫是残暴而残忍的，从而加以声讨。丁易在《明代特务政治》一书中，基本都是在声讨锦

---

① 吴晗著，北京历史学会主编：《吴晗史学论著选集》第 4 卷，第 392、393 页．

② 丁易：《明代的特务机关（续）》，《中华论坛》1946 年第 2 卷第 6 期，第 16—17 页．

衣卫和东西厂镇压臣民的恐怖暴行。就这样，民国学者通过单刀直入的方式，抓住明代锦衣卫作为皇权统治工具的特务组织的本质，大加挞伐，彻底批判。于是，锦衣卫的研究，出现了从“多重到单一”的明显转变。

四、从叙事到理论分析：民国研究锦衣卫的时代烙印

梁启超指出中国传统史学与近代史学的差异，是前者“不过记载事实”，后者“必说明其事实之关系，与其原因结果”①。民国史学工作者受近代史学的影响，重视用理论分析和学术方法来研究和探讨明代锦衣卫问题。这与明代史籍以叙事的形式对锦衣卫进行书写不同。下面从三个方面加以说明。

第一，用政治学理论研究明代特务机构与传统皇权专制制度之间的关系。丁易将特务政治的研究，放在中央集权制的理论框架中进行，指出：“要明白明代特务政治为什么特别发达，这得先从明代政治的极端中央集权化说起”②。认为宰相职能本来可以部分抵消皇帝专制，但却被明代朱元璋所废除，目的是加强皇权，既然要加强皇权，因此就必须建立特务机构。他指出：“宰相的职务，在明代以前的每个专制帝王时代，都是统率百官，综理机务，职权是相当重大的，在一定限度之内，他还可以牵制帝王们的独断独行，使极端专制独裁的政治得到一点调剂。这虽然不像近来一些史学家所说的，这就是中国古代已经民主之证，但宰相制度的存在，的确是减削了皇帝的一点权柄，虽然这灭减削的也就少得可怜。”然而，废宰相后，“国家大政既然操在独夫的宫奴手中，内阁六部都俯首听命于这独夫的宫奴”，“而随着这局面而来的，便是特务制度的产生”。并且分析了特务盛行的原因：首先，“独夫既然不信任大臣，而把政权交付他的宫奴，渐渐地，他必然对大臣要由不信任而不放心起来”。其次，“独夫独霸到这种局面的时候，他的专制威权必然是不容有丝毫侮损的”，“必然要派人出去秘密侦查，寄以耳目”。再次，独夫“对天下所有的臣民他全是不放心的”，“于是特务调查制度，也必然要严密建立起来”③。这种分析，在明代记载锦衣卫的史籍无法见到。

第二，用心理学理论研究明代锦衣卫的残暴行为与君主的心理问题。杨震川在《从铲头说到廷杖东厂和锦衣卫》中，从心理学的角度，分析朱元璋建及其子孙借助锦衣卫和东西厂等机关，通过批量铲头、刷刮裸身、挂吊称竿、抽肠、剥皮等残

① 梁启超：《中国史叙论·第一节史之界说》，载《饮冰室合集》第1册《文集之六》，北京，中华书局，1989年，第1页.

② 丁易：《明代的特务机关》，《中华论坛》1946年第2卷第5期，第13页.

③ 丁易：《明代的特务机关》，《中华论坛》1946年第2卷第5期，第13—16页.

忍手段，残酷迫害囚徒而获得的心理快感，得出他是一个“严重而且可怕”的“精神病人”的结论。“所以明代诸帝的好用酷刑，至少在心灵上是有缺陷的”，“心灵上赋有若许缺陷，为求满足，廷杖、东西厂就渐次产生”。吴晗认为明代最高统治者倚重特务，反对者强调利用特务无益统治的理由“纵然充分到极点，也不能消除统治者孤立自危的心理”[①]。“孤立自危的心理”正是吴晗对高高在上的皇帝信任特务之心理的深刻分析。专制制度将皇帝与所有人隔绝开来，皇帝不仅孤独，而且日夜危惧，当然会用倚靠特务制度维持统治。姚雪垠在《明朝特务政治史之二：明代特务重心的移转》中，指出特务重心从锦衣卫转移到太监提督的东西厂，“是君主独裁制发展的结果，皇帝对所有的臣民都不放心，甚至对他自己的特务机关锦衣卫也不信任。因为锦衣卫究竟是外臣，比之内臣，自然又疏远一层。”[②] 这就从君主固有的猜忌疑虑的心理特征上，分析特务制度发展运行的必然过程。

第三，用整体思维分析明代锦衣卫制度。对锦衣卫和特务制度，杨震川不就事论事，而是它放在帝王专制系统中做全盘分析，指出：“专制时代的帝王，用两种方法来对付读书人：一种方法是除科举取士之外，用特科来网罗天下有声望的人”，属于软性的统治手段，“另一种方法，就是兴文字之狱……是偏于硬性的，也就是一手高压的政策”，厂卫诏狱和廷杖就是此类对付读书人的办法。他最后说：“所以论到政府‘治乱世，用重典’的话，最要紧的还是在定重典之前，要有‘公平正直的执法精神，和公平正直的执法之士’，否则峻法层出不穷，乱子一代一代的种下去，虽厉法治又何益。”明朝皇帝不省此理，结果“三百年的大好基业，到底是断送了！”[③]民国学者还能够突破史籍记载的局限，看到背后的历史真相。前述孟森认为明代锦衣卫“皆凌蔑贵显有力之家，平民非其所屑措意，即尚未至得罪百姓耳”[④]。然而，未记载，并不表明未发生。姚雪垠虽然也承认“明史上所记载的特务暴行，多是残害官吏的大案子”，但是，他突破了旧史书的桎梏，理性地判断道：“至于特务们残害平民的事情一定多得不可胜数，却绝少记下”。他根据祝允明笔记记载的一个故事，说一个畸形怪胎因厂卫上报而受到宫中关注，当地甲长因找不到这个怪胎无法交差而被迫全家自杀，“这个小故事既反映出连民间的细事都逃不出特务的干涉，更反映出一班小民对于没理性的特务政治是多么的恐惧”[⑤]！显然，民国学者已将锦衣卫问题置于专制社会系统中考量，体现出鲜明的整体思维特征。

---

① 吴晗：《明代的锦衣卫和东西厂》，《大公报·史地周刊》第 13 期，1934 年 12 月 14 日.

② 姚雪垠：《明朝特务政治史之二：明代特务重心的移转》，《春秋》1949 年第 6 卷第 4 期，4—16 页.

③ 杨震川：《从铲头说到廷杖东厂和锦衣卫》，《论语》1947 年第 135 期，777—778 页.

④ 孟森：《明史讲义》第二编第三章第六节，第 171 页.

⑤ 姚雪垠：《刘瑾与钱宁："明朝特务政治史"之一》，《春秋》1949 年第 6 卷第 3 期，第 14—23 页.

五、学术与政治结合：民国学者研究锦衣卫的现实影射

新史学批评传统史学"知有朝廷而不知有国家"和"知有陈迹而不知有今务"，受其影响，民国学者开始超越朝廷（政府）而心系国家（人民），不再只叙述"陈迹"而不理睬"今务"，于是在研究锦衣卫历史时，将陈迹与今务相结合，通过对明代锦衣卫罪恶的控诉来影射民国党的特务政治。民国史学从传统向近代的转型，出现了将学术与政治结合的倾向。

将明代锦衣卫和东西厂定性为特务机构，与民国学者受到苏联特务机构"契卡"影响有关。国民党在发展过程中，受到苏联特务机关"契卡"的影响，形成了"中统"和"军统"等特务系统。1927 年，《新国家》杂志在翻译浦普夫的《锦衣其卡员》一章时，将苏联特务机关契卡高官翻译成"锦衣其卡员"[①]，前面加上"锦衣"二字，表明译者觉得"契卡"就像是明代锦衣卫那种性质的机构。此后，民国学者均将锦衣卫视为特务机构。1934 年，吴晗在《明代的锦衣卫和东西厂》一文中研究锦衣卫时，尚未使用"特务组织"的概念。然而，到了 1944 年，吴晗又将他的旧文改了个题目，直接称锦衣卫和东西厂是"明代的特务组织"[②]。之所以如此处理，实际上就是为了影射国民党利用特务达到强化统治目的的行径。就在该文重新发表的前一年，即 1943 年 7 月，吴晗加入中国民主同盟，开始投身各种反蒋活动，对国民政府的批评日益激烈，于是利用旧文新发的机会，将锦衣卫直接标上"务特组织"，以讽刺国民党的中统与军统。除了上述文章外，武伯伦发表了《朱明政府的特务政治》一文，文中对锦衣卫做了负面评价[③]，也有影射现实之用意。

民国学者通过全盘否定明代锦衣卫制度，来表达对现实政治的不满，影射国民党政权的特务机关与蒋介石的独裁统治。丁易认为明代锦衣卫等特务机构的肆虏，是皇帝成为"独夫"的必然结果。指出朱元璋废掉宰相，国家大政便"操在独夫的宫奴手中"，结果内阁、六部都俯首听命于这独夫的宫奴，"独夫独霸到这种局面的时候，他的专制威权必然是不容有丝毫侮损的"，"独夫"对天下所有的臣民"全是不放心的"，因此要建立特务机构[④]。他还一针见血地指出："明代帝王是特务头子，

---

①［俄］浦普夫：《俄之其卡（续）》第八章《锦衣其卡员》，《新国家》1927 年第 1 卷第 11 期，第 54—56 页 .

② 吴晗：《民族活力的毁灭：论明代的特务组织——锦衣卫和东西厂》，《自由论坛（昆明）》1944 年第 3 卷第 2 期，第 13—17 页 .

③ 适夷：《朱明政府的特务政治》，《文萃》总第 24 期，1946 年 .

④ 丁易：《明代的特务机关》，《中华论坛》1946 年第 2 卷第 5 期，第 13—16 页 .

司礼监就是这特务头子的参谋总部，东西厂是和它二位一体，派出去的特务宦官也和它一鼻孔出气，锦衣卫又和东厂分不开，而司礼监太监又是全国政治最高指挥者的‘真宰相’，所以明代政治就是这么彻头彻尾的特务化了”[①]。这里称明代帝王是特务头子，暗中讽刺蒋介石也是这样的角色。丁易上述两篇论文发表的刊物都是《中华论坛》。该杂志的主编是章伯钧，19 世纪 20 年代在德国柏林大学留学时加入中国共产党，后来成为民盟副主席。该刊物显然属于民盟的阵地。民盟对于国民党的专制与独裁，特别是利用特务组织军统和中统进行侦伺和迫害十分不满，因此发表丁易的论文以讽刺和影射国民党纵容特务的行为。丁易的专著《明代特务政治》的写作目的，就是借历史来影射和痛斥国民党利用特务机构镇压民主运动的勾当。但由于该书研究比较深入，态度尚为严谨，因此还具有较高的学术价值，问世以来，反复再版，直至今天，仍在印刷。

姚雪垠发表《明初的锦衣卫》的用意，也是以锦衣卫影射国民党的特务机构。他通过李贵和石大用的模范榜样，鼓励人们“与特务作斗争”，甚至专门详写了王竑打死马顺时那“反特务的斗争的一幕”。他在另一篇文章中，特设专题讲述了“汪直的失败”[②]，也是鼓励大家与特务作斗争。姚雪垠抨击锦衣卫，最终的锋芒则是直指皇帝。他说：“明朝的真正的大特务头子是独裁皇帝，他们才是‘厂卫’的主人”。他称：“君主独裁政治又向上发展了一步，‘宫’和‘府’发生了矛盾或对立形势，而皇帝在全国臣民中越发成为‘独夫’了”[③]。当时，中共已经把蒋介石当作独夫民贼[④]，因此，作为进步作家的姚雪垠的观点，显然有暗批蒋介石的意图。

由于将明代的锦衣卫暗谕蒋介石的军统和中统，因此民国时的进步学者，都特别希望通过论证锦衣卫的无效和失败，来证明军统和中统必然失败。杨震川指出：虽然明帝希望借用锦衣卫等特务组织来维护统治，但光靠严刑峻法，是根本解决不了问题的，“乱子一代一代的种下去，虽厉法治又何益”！明朝最后的结局是“三百年的大好基业，到底是断送了！”[⑤]姚雪垠在《刘瑾与钱宁》一文中，重点分析了刘瑾失败的原因与影响。他在《明代特务重心的移转》一文中，通过汪直的失败来暗示军统中统的失败[⑥]。丁易则在其专著《明代特务政治》一书中，直接用了“第七章人民反特务的斗争”和“第八章特务颠覆了朱明王朝”两章，来证明特务组织的倒

① 丁易：《明代的特务机关（续）》，《中华论坛》1946 年第 2 卷第 6 期，16—20 页．

② 姚雪垠：《明朝特务政治史之二：明代特务重心的移转》，《春秋》1949 年第 6 卷第 4 期，4—16 页．

③ 姚雪垠：《明初的锦衣卫》，《中国建设》1949 年第 7 卷第 6 期，40—44 页．

④ 李维汉：《人民无权，独夫集权：伪宪法的假面目》，《群众》1947 年第 2 期，第 6—9 页．

⑤ 杨震川：《从铲头说到廷杖东厂和锦衣卫》，《论语》1947 年第 135 期，777—778 页．

⑥ 姚雪垠：《明朝特务政治史之二：明代特务重心的移转》，《春秋》1949 年第 6 卷第 4 期，4—16 页．

行逆施会激起人民的反抗，更会导致独裁政府的覆灭。这两章都有弦外之音，针对现实的意味十分明显。张金奎指出："抗日战争胜利后，国民党政府急于建立一党专制，大肆推行白色恐怖统治，特务机构大行其道，对文化界和知识分子尤其'重点关注'，李公朴、闻一多等民主战士先后遇害。因而这一时期的学术文章大多带有影射现实政治的意味。"[①] 在此背景下，学者们的反抗情绪被激发出来，他们愤然痛斥："特务政治同时也就是贪污政治，在封建性的皇朝中绝无例外""特务政治同时也就是流氓政治或土匪政治，任何卑劣和残暴的手段都用得出来"[②]。弦外之音，不言自明。

值得一提的是，民国史家对锦衣卫所做的恐怖渲染和罪恶揭露，有点像明代野史《锦衣志》和《万历野获编·禁卫》那样的旨趣。古代的野史是相对于国史而存在的，某种意义上具有反权威、反专制的特点。王世贞指出："国史人恣而善蔽真，其叙章典，述文献，不可废也。野史人臆而善失真，其征是非，削讳忌，不可废也。"[③] 而民国学者受"新史学"反专制思潮的影响，声讨作为皇帝爪牙的锦衣卫，无意中与古代野史反权威、反专制的取向暗合。因此，从某种意义上说，中国古代的野史，经过民国近代史学的洗礼，具有了某种近代意义。与此相应，民国锦衣卫研究实际上采取了通过明代野史以重构近代新史的特殊路径。

当然，由于这一倾向，使得民国在研究明代锦衣卫制度上，出现了某些偏差，一是将多重功能的锦衣卫简化为单一的特务机构；二是将特务及其制度扩大化。丁易将整个宦官都视为特务，如将管理皇庄的宦官视为经济特务，不免有泛化之嫌。特务就是执行特别任务、从事秘密活动（如侦伺、诏狱）的人员，如果所有的政治、经济、军事、文化中的宦官活动都视为特务活动的话，那么特务也就不"特"了。

六、结语

民国是中国学术从传统向近代急速转型的重要时期。在关于明代锦衣卫的研究上，民国时期的史学研究呈现了从传统叙事向近代分析、从赞颂帝制向反对帝制的转型过程。明代史籍对锦衣卫的记载，从《明实录》到《明会典》，从《锦衣志》到《万历野获编》，虽然应用了编年、典制、私史和笔记体的不同体裁，但叙事的性质则完全相同。对锦衣卫历史的叙述，正史多从正面予以陈述，私史和笔

① 张金奎:《八十年来锦衣卫研究述评》,《中国史研究动态》2015 年第 1 期 .

② 姚雪垠:《刘瑾与钱宁:"明朝特务政治史"之一》,《春秋》1949 年第 6 卷第 3 期，第 14—23 页 .

③ [明] 王世贞撰，魏连科点校:《史乘考误》一，载《弇山堂别集》卷二〇，北京，中华书局，1985 年，第 361 页 .

记（二者皆为野史）虽有对其残暴一面的渲染，但同样未从本质上加以否定。民国时期，在锦衣卫的研究上，无论外在形式（体裁）还是内在性质，都发生了重大的转变。外在形式上，在探讨明代锦衣卫时，出现了吴晗、姚雪垠等人为代表的研究论文，丁易的《明代特务政治》章节体专著，以及孟森等人的教科书和讲义。内在性质上，民国学者在研究明代锦衣卫等特务机构时，一反明代史书正面陈述锦衣卫职能的做法，将它定性为特务机构，进行负面的评价，呈现其分析史学的特征，其背后的学术取径，则隐含着反对帝王将相的新史学对维护专制主义的旧史学进行否定的实践路线。与明代史籍在记载锦衣卫历史时以叙事为基本特征不同，民国史学工作者在研究锦衣卫历史时应用了理论分析的新方法，以问题意识为导向，层层剥离锦衣卫外面笼罩的神性面纱，直击其作为特务职能和统治工具的本质属性。与明代官史与私史在记载锦衣卫时呈现的具体差异一样，民国学者在研究锦衣卫时也呈现出一些风格上的不同。如吴晗的研究更学术化一些，丁易的研究相对情绪化一些，姚雪垠的研究，常用讲故事的方式进行，同时也夹杂喟叹和评论，显然与其文学家身份有关。民国关于锦衣卫的研究，除了受到近代史学的根本影响外，竟也与对传统史学的借鉴有关。在传统史学中，官史（国史）与私史（野史），虽然同属一大体系中，但又各自形成不同的小系统。官史对本朝的历史往往从正面描述和赞颂，而私史则常常从负面发掘阴私和猎奇寻幽。通过上述研究，可以发现，民国学者在将锦衣卫定性为特务机构的同时，竭力地进行批判与否定，选用的史实和表达的情绪，都与明代的野史（《锦衣志》和《万历野获编》）有某种相似之处。这似乎证明，在中国这样的文明古国，史学的近代转型，不仅受到来自西方分析史学的影响，同时也受惠于一体多样的传统史学中某些养分的滋润。

（作者单位：武汉大学历史学院）

近年来明代锦衣卫制度研究综述

王 波

明代的锦衣卫是明朝一个极其特殊的政治制度和政府部门，在有明一代的历史上产生过重大影响。历来的研究者大多对它恶声有加，认为是一个极坏的制度，阻碍社会经济正常发展。改革开放以来，一些学者站在不同的角度重新对其进行探讨，得出了一些不同的结论。据中国知网检测，涉及锦衣卫研究的论文有600多篇，其中直接研究锦衣卫的论文近十分之一，中国社科院历史研究所的张金奎、栾成显等学者为研究中的翘楚和领军，本文根据学者的相关期刊论文对近年来的锦衣卫研究进行梳理和综述。

一、锦衣卫的形成和性质

（一）锦衣卫的形成与发展

锦衣卫的形成和发展与明代封建皇权的巩固密不可分。经过元朝末年的大混战，朱元璋领导的淮右军事集团夺取天下以后，为了加强统治，对内防范，巩固皇权，朱元璋参考前代制度建立了锦衣卫这一特务组织。

对于锦衣卫成立的原因，有些学者认为，明初，朱元璋曾对过去的监察司法机构做过改革，刑部、都察院、大理寺三法司已由皇帝直接掌管。那么，为什么在三法司之外又出现了厂卫这样一套监察司法机构呢？这与明代专制主义中央集权的加强密切相关。朱元璋和朱棣在明代建立的极端专制主义中央集权制度，“收天下之权以归一人”，使得中国封建社会里以皇权为核心的专制集权政体发展到登峰造极的地步[①]。厂卫正是这种极端封建专制政体的产物。

在锦衣卫的成立上，有些学者认为，锦衣卫虽然成立于洪武十五年（1382），但是前期已经有成立的准备：明初设上十二卫为皇帝亲军，不隶属于五军都督府，由皇帝直接指挥，锦衣卫即其中一卫。初为元至正二十四年（1364）朱元璋任吴王

① 栾成显：《论厂卫制度》，《明史研究论丛》第一辑，1982年.

时所设的拱卫司，最初品秩仅为七品，隶属于都督府，后改为拱卫指挥使司，品秩升为正三品，很快又改名为都尉司。洪武三年（1369），朱元璋将都尉司改为亲军都尉府，隶属于正五品的仪鸾司。其职能是纠察朝仪时仪仗军士、朝参官员的违规行为，并无侦查、刑讯权力。最终于洪武十五年（1382），撤销仪鸾司建制，改置锦衣卫，秩从三品。洪武十七年（1384），又将锦衣卫指挥使升为正三品，从此遂为定制。“锦衣所掌者，乃卤簿仪仗之事”，“独领校尉力士”，“盖御座则夹而立，御辇则扶辕以行，出警而入跸，承旨而传宣，皆在所司，而诏狱所寄，则又重矣”。锦衣卫拥有巡查、缉捕、理诏狱的权力，是锦衣卫与其他侍卫亲军最大的区别[①]。其后的发展，有的学者将它分为六期：（一）洪武、宣德时期。此期先后约五十四年，为锦衣卫及其职能的确立时期。（二）正统、成化时期。此期先后约五十二年，为锦衣卫势力转盛时期。其盛时可与东厂相抗，但渐有依附阉宦的趋势。（三）弘治、正德时期。此期先后约三十三年，锦衣卫的势力时有起伏，但钱宁执卫政时则达于极盛。（四）世宗嘉靖时期。此期约四十四年，锦衣卫在初期受抑之后又继续得到发展，至陆炳执卫政时则达到极盛。卫权超于厂权，连东厂权阉亦为之俯首低头。（五）隆庆、万历、泰昌时期。此期先后约五十四年，锦衣卫势力正常发展，亦稍能持法自守。（六）天启、崇祯时期。此期先后约二十四年，厂权高于卫权，锦衣卫完全沦为东厂附庸[②]。

对于锦衣卫是否是明朝独创，有些学者认为，锦衣卫是一个对明朝历史有着重要影响的特殊禁卫机构。锦衣卫制度在明朝之前并不存在，它的出现经历了一个较为复杂的过程。也有学者持不同意见，认为，锦衣卫并非从朱明王朝立国伊始就存在。按照《实录》的记载：洪武十五年（1382）四月，“改仪鸾司为锦衣卫，秩从三品。其属有御椅、扇手、擎盖、旛幢、斧钺、銮舆、驯马七司，秩皆正六品”[③]。学者还找到了历史依据，明代士人陈际泰认为锦衣卫“盖其本职，则汉执金吾也。其纠察，则司隶也”。明末士人孙承泽认为“锦衣卫与在京诸卫，即唐人十六卫之遗制”。清代学者则认为锦衣卫源自五代时期后唐明宗“设侍卫亲军马步军都指挥使，乃天子自将之名”。锦衣卫作为侍卫亲军，进行侦查、刑讯活动，具有一定的历史传承性，并非朱元璋独创。明代之前，很多朝代都曾存在由皇帝侍卫亲军组建的侦缉、刑讯组织。如汉代“诏狱”、唐代“丽景门”，五代“侍卫司狱”、宋代“皇城司狱”等[④]。

---

① 吕杨：《明英宗时期锦衣卫权力探析》，《第十六届明史国际学术研讨会暨建文帝国际学术研讨会论文集》2015 年 8 月 .

② 徐连达：《明代锦衣卫权势的演变及其特点》，《复旦学报（社会科学版）》1992 年 6 期 .

③ 张金奎：《锦衣卫形成过程述论》，《明清史研究》2018 年 5 期 .

④ 吕杨：《明英宗时期锦衣卫权力探析》，《第十六届明史国际学术研讨会暨建文帝国际学术研讨会论文集》2015 年 8 月 .

（二）锦衣卫的性质

朱元璋曾经说过，他任用特务的主要目的就是养几条恶犬来恐吓威胁希图谋反的臣下。从整个明代锦衣卫的发展来看，确实如朱元璋所言，这条恶犬既为皇帝所用又受到皇帝的控制。因此有人认为，可控制下的恶犬使用就是锦衣卫的性质。也有人认为，锦衣卫在历史上也起到过正面的作用。

锦衣卫的成立起自朱元璋对朝中大臣的怀疑。有学者认为，明太祖洪武十三年（1380）兴胡惟庸案，大批官员被牵连此案中，因而明太祖对朝中官员的忠诚产生了极大的怀疑，为加强对朝中官员的监督，洪武十五年（1382）成立锦衣卫，其职责除了侍卫外，主要是负责侦缉和监督官员的动向。另外，明太祖非常重视案件审理，多次亲自审理重大案件。为防止法司官员们的蒙蔽，提前获取重大案件案情，锦衣卫也参与案件审理，并拥有单独审理案件的权力。“凡负重罪来者，或令锦衣卫审之，欲先付其情耳（洪武实录卷一八〇·洪武二十年春正月癸丑条）。”锦衣卫既然拥有审理案件的权力，为了便于提取和审问犯人，便设立关押场所，明代诏狱便出现了，因为诏狱由锦衣卫负责，因此诏狱又被称为锦衣卫狱（《明史》卷九五·刑法志三）。此时，诏狱便与刑部狱、大理寺狱、都察院狱同时成为明代的中央监狱。与其他三种监狱不同的是，诏狱由非司法部门来管理，诏狱的日常管理由皇帝亲军锦衣卫下设的镇抚司负责，这也是诏狱被称为特殊的中央监狱的主要原因①。

有学者是这样认定锦衣卫性质的，他们认为锦衣卫完全是为了诛杀功臣的需要才设立的。《明史·职官志》“锦衣卫掌侍卫、缉捕、刑狱之事，恒以勋戚都督领之……盗贼奸宄，街涂沟洫，密缉而时省之。”明太祖担心自己死了以后，下一代皇帝控制不了文武功臣，所以他几兴大狱，找了若干借口，连杀带整，把辅佐他打天下的文武功臣差不多杀了个干干净净。这种案子，事出有因、查无实据，如果交给朝官们按照法律来办理，就有可能持续很长时间，甚至定不了案。所以，就把这些案子作为诏狱交给锦衣卫办理。这样来看，锦衣卫的性质就十分清楚明白了。“侍卫”，本来就是皇帝的亲兵；“刑狱”，自己可以断狱；加上“密缉”，就又说明了它特务机构性质。汉武帝时的诏狱，仍然是由朝官办案，只是严刑峻法的政策失误；明太祖的锦衣卫，则以消灭功臣为目的，罗织罪状，置无罪者于死地《明史·刑法志》：“胡惟庸、蓝玉两（大臣）案，株连且四万（人）”。足见它的酷烈程度。始作俑者的就是皇帝心术不正，所以它的后遗症也极其严重②。

当然，这种无法无天的组织，一旦威胁到皇权，必然受到皇帝的制裁。有些学

① 魏天辉：《简论明代诏狱的管理》，《河南师范大学学报（哲学社会科学版）》2010 年 6 期．

② 张欣：《锦衣卫与司法审判》，《法制博览》2012 年 11 期．

者引纪纲的例子说，（纪纲大肆杀人）如此肆无忌惮的行为，在成祖需要利用纪纲进行秘密侦查，巩固皇权时，方可容忍，但当政治秩序日趋稳定，已不需要通过秘密侦查手段去稳定统治秩序时，纪纲如此“擅作威福”“气势倾中外”的一系列僭越行为，便成为威胁皇权的一个重要因素，其结局就是“鸟尽弓藏、兔死狗烹”。纪纲以维护皇权为名，进行大肆杀戮破坏的行为，暴露出体制漏洞所带来的恶性影响。相对皇权而言，锦衣卫的侦缉职能，如果超过皇权所认定的限制范围，就是对皇权的危害，对其进行清算也就成为必然。纪纲十四年的胡作非为，已使自己声名狼藉，成祖亦深知，纪纲惹得天怒人怨，清除纪纲，将他作为永乐暴政的替罪羊，既可以平息众怒，使自己获得明君的美誉，又可以消除威胁皇权的潜在因素。在仇恨纪纲的宦官揭发下，永乐十四年（1416）七月，纪纲被下狱，随即与其干将庄敬一同被处以磔刑，并夷三族。纪纲的党羽袁江、王谦、李春、庞瑛均被处死①。

也有学者认为，厂卫是一种特殊的监察机关。在对于官员行为的监察方面，厂卫的确发挥了极为重要的作用。但是，厂卫的监察不同于传统的给事中或者都察院等的监察，由于其直接受皇帝指派，因而往往对于被监察的对象形成强大的心理压力，这种心理压力还直接来源于厂卫本身的职责，并不像都察院等其他监察机构一样，有一套长期以来相对固定、相对公开的制度规则，因而实现了所谓“刑不可知则威不可测”的效果。因此，厂卫的监察职能在传统帝制中可以说是一种畸形的监察职能，而厂卫只有与给事中、都察院乃至于法司等结合起来，才能够融入朝廷完整而严密的监察臣下之体系中，从而达到其设立的初衷②。

二、锦衣卫的组织架构

作为皇帝亲自掌握的主管秘密侦察的特务组织，锦衣卫的组织结构严密，层次森然。明初朱元璋设计这一组织的架构原则就是以鄙制尊，以小制大，以下制上，锦衣卫的组织架构基本上体现了朱元璋的设计思想。

（一）锦衣卫的职官

锦衣卫的职官分为多个层级。最高层为锦衣卫指挥使，下面有南北镇抚司，主管官为镇抚。一般的工作人员称为校尉等。

对于指挥使，有学者说，洪武十五年（1382）三月，朱元璋宣布“改仪鸾司为

① 吕杨：《明英宗时期锦衣卫权力探析》，《第十六届明史国际学术研讨会暨建文帝国际学术研讨会论文集》2015 年 8 月 .

② 赵晓耕、时晨：《平衡与牵制：明代厂卫与法司的关系》，《甘肃社会科学》2018 年 5 期 .

锦衣卫，秩从三品”。这里没提及都尉府，估计此前已经撤并。为体现锦衣卫的特殊地位，洪武十七年（1384）三月，“改锦衣卫指挥使司为正三品”。至此，居亲军卫之首，对明朝历史有着深远影响的锦衣卫制度正式登上历史舞台。锦衣卫的特殊地位，在它的组织体制上有明显的反映。它虽然和其他卫一样，也有一个指挥使，但这个职务却不是由一般的武将来担任，而是由皇帝委派亲信来担任，一般来说都是地位较高的勋戚或都督一级的大将兼领。在编制上，一般的卫只领有五个所，五千多人，而锦衣卫却有十七个所，人数最多时竟达五六万人[①]。

对于南北镇抚司，有的学者说，锦衣卫设有南北两个镇抚司，简称南司和北司（其他卫只设一个镇抚司），其中“南理本卫刑名及军匠，而北专治诏狱”。担任北司镇抚的人虽然只是五品官，但权势非常大，一、二品高官皆观其颜色，恐惹是非，动辄遭杀身灭族之祸。北司的诏狱是特种监狱，专奉皇帝诏令直接拘禁犯人，诏狱中有各种各样的残酷刑法，可以说出名目的就有械、镣、棍、剥皮、抽肠、钩背（用铁钩穿透犯人的背脊）、大枷、立枷、断脊、堕指、刺心等等，另外还有一种全刑，就是让犯人遍受械、镣、棍、拶（夹棍，用绳子把几枝小木棒贯连起来，夹压手指）等刑，受尽痛苦，最后死去[②]。也有的学者认为，镇司的权力很大，明代的锦衣卫却不属于任何司法机关。不仅如此，就连锦衣卫使也管不了镇抚司狱（即锦衣卫狱）。成化“十四年增铸北司印信，一切刑狱毋关白本卫。即卫所行下者，亦径自上请可否，卫使勿得与闻。故镇抚职卑而其权日重。”但锦衣镇抚向皇帝打报告，一般须拟奏疏。而东厂打给皇帝的报告，则连奏疏也不用拟，写在纸片上就可以立即送给皇帝，非但法司，任何人也插手不得[③]。

另外，按照《实录》的记载：洪武十五年（1382）四月，“改仪鸾司为锦衣卫，秩从三品。其属有御椅、扇手、擎盖、旛幢、斧钺、銮舆、驯马七司，秩皆正六品”。

（二）锦衣卫的编制

作为皇帝亲自统领的卫所，锦衣卫的编制大于明朝的一般卫所。这是由锦衣卫的特殊职能所决定的，适应其业务需要。

关于锦衣卫的编制，史籍中主要有十四个千户所和十八 个千户所两种说法。前者如万历《大明会典》：“（洪武）十五年，罢府及司，置锦衣卫。统军与诸卫同。所属有南北镇抚司、十四所。”后者以王圻所著《卖文献通考》为代表。该书提出“卫凡十八所”，并明确指出这十八所包括“锦衣中、左、右、前、后五所，领军

① 唐玉萍：《明代的锦衣卫和东西厂》，《昭乌达蒙族师专学报（哲学社会科学版）》1984 年 1 期 .

② 唐玉萍：《明代的锦衣卫和东西厂》，《昭乌达蒙族师专学报（哲学社会科学版）》1984 年 1 期 .

③ 栾成显：《论厂卫制度》，《明史研究论丛》第一辑，1982 年 .

士五所，各分銮舆、擎盖、扇子、旌节、幡幢、班剑、斧钺、戈戟、弓矢、驯马十司，分领将军、校尉。上中、上左、上右、上前、上后、中后、亲军，分领将军、力士、军匠。驯象所领象奴养象”。但是，有学者根据史料认为，在洪武年间，锦衣卫下辖千户所有左右中前后五所，马军前后左右四所，中左、中前等六所、亲军所、水军所、屯田所、驯象所，共十九个千户所，既不是十四所，也不是十八所。考虑到明成祖迁都北京时曾对亲军卫及京军做过较大幅度的调整，这两种说法指的应是迁都后的锦衣卫。对于千户所的数量问题，学者是这样认为的，在《大明一统文武诸司衙门官制》中，锦衣卫的下属机构，作者先后罗列了“经历司、镇抚司、左右中前后千户所、亲军千户所、中后千户所、锦衣左右中前后五千户所”。可见锦衣左右等五所确实和左右等五所已经脱钩，而前面罗列的例子则显示至迟到永乐年间锦衣五所已经是客观存在。其实万历《大明会典》中也罗列了这五个所，但为什么没有计算到十四所内，原因尚不明了。朱元璋在《祖训》中“后世有言更祖制者，以奸臣论”的规定，锦衣五所在洪武年间并不存在，或许是这一祖训限制了《会典》编者的手脚。相比之下，王圻的《续文献通考》是私家著述，并不受体制限制，反而自由得多。加上这五个所，正好是十八个[①]。

仪仗侍卫是锦衣卫的一个重要职责，锦衣卫中的大汉将军主要承担这个任务。其员数，据学者考证，景泰元年（1450）十月，中军都督佥事张㒟在奏疏中提道：“旧制，将军一千人。自土木陷没之后，今止六百余人。”按照这一记载，侍卫将军的编制应该是一千名，较之洪武初年的一千五百名扈驾先锋，减少了五百名。不过，《会典》中记载：“弘治四年奏准：帛衣卫大汉将军务勾一千五百名”。同书卷一四二更明确记载，“锦衣卫大汉将军一千五百七员名”。弘治十五年（1502）正月，驸马都尉樊凯会同锦衣卫选拔将军，“请留年力精壮一千三百六十二人，退年老有疾总小旗七十一人”。二者相加，合计一千四百三十三人。据此推断，张㒟所说的一千名，似乎是虚数，侍卫将军的编制应该和洪武初年的扈驾先锋编制一样，始终是一千五百人，但实际在编额数有时会低于额定编制，有时则有少量超编[②]。

（三）锦衣卫的成员

锦衣卫的成员比较复杂，与其他卫所不同，不少锦衣卫的成员不是世袭的军户，而是来自民间自愿募充。而一般基层人员也不像其他卫所那样单纯，组成比较复杂。

在人员招募方面，有学者根据史料认为，洪武十二年（1379）四月，仪鸾司

① 张金奎：《锦衣卫形成过程述论》，《明清史研究》2018 年 5 期 .

② 张金奎：《明锦衣卫侍卫将军制度简论》，《史学月刊》2018 年 5 期 .

（锦衣卫前身）典仗陈忠曾奉命前往浙江杭州等地，“募民愿为校尉者，免其徭役。凡得一千三百四十七人。校尉、力士之设，签民间丁壮无疾病、过犯者为之。力士隶旗手千户所，专领金鼓旗帜，随驾出人及守卫四门。校尉隶拱卫司，专职擎执卤簿、仪仗及驾前宣召官员、差遣干办，三日一更直。立总小旗以领其众，由总旗而升为百户及各王府典仗，择年深者为之。其余有缺，则依例佥充。至是，隶仪鸾司。以数少，持诏募民为之。”可见，校尉、力士大量选募于民间，包括民户在内的所有人口，都有入选的可能。洪武二十六年（1393），对于校尉、力士的替役，明廷规定：“如有事故，即照原籍，另户佥补。如解到部，照依所补姓名，送发该卫。果系在逃正身，就送该卫发落。若正身不获，解到户丁，照地方发遣充军，仍挨勾正身。”按照这一规定，在役校尉、力士如果因为意外，不能正常服役，可以退回，但应由原籍官府另外选取合格人员顶替。如果在役期间逃亡，要予以抓捕和处分。永乐五年（1407），明廷又对相关规定进一步细化：凡老疾释放。永乐五年奏准：力士、校尉，系民间佥充者，例不勾丁。如有老疾，听于岁终具告兵部，行该卫勘明，具奏释放[①]。

在人员构成方面，锦衣卫也比较复杂。有学者认为，由于职能广泛，锦衣卫及其前身拱卫司、仪鸾司所属不仅有一般的士兵，还有校尉、力士等特殊兵种。校尉、力士的户籍单列。如嘉靖《泰安志》记载该县有民户九百三十九户，军户四百一十四户，力士十户，校尉八户。类似的例子在地方史志资料中大量存在，恕不枚举。之所以单列，是因为校尉、力士户不同于一般军户，后者必须世代承当军役，前者则要满足一定的条件[②]。

有的学者还认为，锦衣卫的一些成员来自外国人：明廷把降附外“夷”大批安插在锦衣卫有便于支俸、安抚的考虑，亦有其他目的。洪武二十六年（1393）十一月，辽东都司擒获李敬先等六名朝鲜间谍，押送到南京。朱元璋“命锦衣卫给庐舍居之”。斯时，朝鲜半岛正处在政权交替的剧变当中，命锦衣卫优待间谍，既有外交方面的考虑，估计也含有便于监视的目的。锦衣卫能执行外事任务，与该卫有大批外族、外国归附人员有关。明制：“四夷降附老弱者，皆于锦衣卫带俸”，这其中有各类人才。如永乐六年（1408），“锦衣卫千户朵儿只等（自）泰宁、朵颜、福余等卫还。赐朵儿真钞五十锭，百户三保钞四十锭，舍人旗军答兰等各钞三十锭”。朵儿只、三保、答兰等，仅从名字来判断，即可知其并非汉族，显系归附者。对于因特殊原因留居中国的境外使臣，不仅可以安插在锦衣卫带俸，而且还要授予官职。如嘉靖四十一年（1562）来明的进贡回回把都剌朵思麻，“因令收养狮子”留

① 张金奎：《明锦衣卫侍卫将军制度简论》，《史学月刊》2018 年 5 期．

② 张金奎：《明锦衣卫侍卫将军制度简论》，《史学月刊》2018 年 5 期．

在明朝，并娶妻生子。万历二年（1574），“告比照宣德、景泰年间哈密进贡回回升授官职”。得旨：“回夷归附，既有授官旧例，都准与作指挥佥事，着在锦衣卫带俸，以后不许再来奏扰”[①]。

对于锦衣卫人员的管理十分严密。有学者指出，作为直属于皇帝的特勤人员，保密是最基本的要求。宣德四年（1429），宣宗曾为此敕谕锦衣卫官员：“朝廷委尔等以心腹。凡机密事务，狱情轻重，必须谨慎严密，纤毫勿泄，乃尔等职分所当为。若泄露机务，走透狱情而与外人交接，是不知有朝廷矣。近者，纪纲等不遵国法，往往诈传敕旨，擅作威福，颠倒是非，泄露机密重事，暗结人心。一旦发露，杀身亡家，皆尔等所亲见。今复效其所为，独不念祸及身家邪？往之姑置不问，自今常加警省，无负朝廷，以保禄位。如或不悛，国有常宪，朕不尔贷。”[②]

三、锦衣卫的业务流程

锦衣卫的主要职责、运作流程也是近年来研究者重点关注的领域。通过对这些领域的研究，基本上可以将锦衣卫在社会政治生活中的作用予以厘清。其主要职能是实行私法，但是也具有禁卫、外交、屯垦等职能。其主要运作是秘密查访，暗中侦察。

（一）锦衣卫职能

从目前所见的史料看，因卫内分工不同，锦衣卫具有政治侦缉、抓捕、保卫、出使等多种职能。这些职能是锦衣卫的复杂性所造成的，与锦衣卫所担负的任务基本一致。

其一，政治侦缉是对大臣进行监视，对社会舆情进行采集，监视对象有大臣、皇室成员等。有学者认为，因为以都察院、六科给事中、通政司为主体，由普通官僚组成的官僚监察体系无法大量获取来自社会各个方面的情况，尤其是官员的不法隐秘，而皇帝又不能在朝堂之上大开风闻言事之风。所以，厂卫的秘密侦察监视活动便在这种情况下大肆开展：厂卫派出大量“番子”“缇骑”等，遍布全国，无孔不入，大到谋朝篡位，小到宴请宾客都在特务的侦查范围之内。得到重要情报后，即可“片纸朝入”，而且仅凭驾帖就可以逮捕人，丝毫不受法律约束。一旦访察到涉及官员不法行为及威胁皇权的重大罪行后，便由锦衣卫卫使或卫中其他高级官员在朝参之时对其进行弹劾。比如，蓝玉案的起因就是特务告密[③]。

---

① 张金奎：《锦衣卫职能略论》，《明史研究论丛》第八辑，2014 年 .

② 张金奎：《锦衣卫职能略论》，《明史研究论丛》第八辑，2014 年 .

③ 付芳：《明朝厂卫机构的法外用刑探略》，《兰台世界》2015 年 3 期下 .

对于皇亲国戚也丝毫不放松。有学者指出，《明宪宗实录》有比较详细的交代：（成化十五年四月壬子）驸马都尉马诚私通使婢，淫乱无度，为太监汪直发其事，下锦衣卫鞠治，得实，请置于法。上以诚不守法律，分外妄为，姑从末减。革去冠带，令戴平巾送国子监读书习礼，仍停其禄米五百石[①]。逯杲在侦缉过程中，不仅对官员罗织罪名，即使是宗室亦在其侦查范围之内。天顺四年（1460），逯杲“听埛事者言”，未经核实，即上奏称江西宁藩的弋阳王朱奠壏母子乱伦。乱伦行为，自人类进入文明社会，在任何时代都是被厉禁和不为人齿的事。宁藩与皇室的亲缘关系，至英宗时期尚未出五服，故英宗对此事非常愤怒，称“天地所无有，禽兽中所不为，不幸于宗室中见之。朕虽欲隐忍不发，然祖宗在天之灵决不能容！”英宗遂派宦官李广、驸马都尉薛桓和逯杲赴江西，会同宁藩的宁王、瑞昌王对此事进行调查。最后，由朝廷命令弋阳王朱奠壏母子自杀[②]。

其二，保卫和侍卫功能。作为皇帝的亲军，锦衣卫还承担皇室的保卫职能以及京城的治安职能。有学者指出，锦衣卫本身具有戍卫宫廷皇室等职责，虽然比较特殊，但仍属传统卫戍军队的一种，自然也不免传统的屯田、征战等任务，与兵马司等卫戍部队类似，包括京城巡查交通、疏浚河道甚至是打扫街巷等职责，也都属于锦衣卫的日常职责（甚至到了万历年间，还有锦衣卫巡街、疏通河道的直接记录），由此可想而知，维护京城治安必然是其中的一个重要内容。但是，自朱元璋一朝始，锦衣卫当中的一部分人便分化出来开始从事一些比较秘密的任务，而这一部分人虽然也是从锦衣卫当中选拔出来的，但实际上其职权范围是被皇帝划定的，因而从这个意义上看，锦衣卫更加类似于综合意义上的警察部队，其中一部分人逐渐分化为秘密警察，而大部分则仍然还需要从事一般意义上的警察职能。与分化后的锦衣卫相类似的是，东西厂的侦查缉捕职权也是皇帝专门赋予的，由于他们并不需要承担其他工作，行事上只听命于皇帝，更能够实现皇帝本人的意图，这也就很好地解释了为何日后东西厂的地位要凌驾于锦衣卫之上[③]。

有学者指出，锦衣卫重要组成部分之一的锦衣卫将军是宿卫皇城的核心力量，向来“自为一营。遇下班之日，照例操练，从管领侍卫官提督”。明人著作中曾提及锦衣卫下设有“将军一所”，似乎侍卫将军是独立编制。但从个案资料来看，似乎不是这样。如北直隶唐县人马庸，洪武“十六年并枪，充锦衣卫中所将军”。南直隶宜兴人杨荣，洪武“二十七年选充锦衣卫中所将军”。崇祯四年（1631）六月，

---

① 卜永坚：《从墓志铭看明代米氏锦衣卫家族的形成及演变》，《明清论丛》第十二辑 .

② 吕杨：《明英宗时期锦衣卫权力探析》，《第十六届明史国际学术研讨会暨建文帝国际学术研讨会论文集》2015 年 8 月 .

③ 赵晓耕、时晨：《平衡与牵制：明代厂卫与法司的关系》，《甘肃社会科学》2018 年 5 期 .

“锦衣卫上中所管班千户董继化呈，称上伍大汉官林国隆于崇祯四年五月二十一日病故”。可见，至少锦衣卫中所和上中所中有将军存在。另据《古今图书集成》记载锦衣卫）侍卫将军、千百户、总旗等，于中后所支俸食粮。凡文移，用上中所印信。珈中后所如果没有将军，似乎没有理由在该所支俸[①]。

其三，锦衣卫在一定的条件下还承担外事职能，并且有过多次参与外事活动的记录。有学者指出，正统七年（1442），英宗敕谕建州右卫都督同知凡察：“比因尔遗下镜城人口，与朝鲜各执一词，积久不已。朕虑尔等构怨日深，特敕锦衣卫指挥佥事吴良等赍敕瑜朝鲜国王李裪，令拘前项人口对众面审，果愿还尔处者，即付领回；愿留朝鲜者，亦听在彼安住……”诏令显示，锦衣卫有执行外交使命的职能。[②]

有的学者还根据史料，指出锦衣卫在防范外国人方面所起的国家安全作用。明朝政府对本国民人与外“夷”交往非常敏感，严加防范。永乐四年（1406）四月，锦衣卫抓获与外国使人交通者，请“执付法司，治如律”。永乐帝问其实，原来只是“以氇衫市之，而与之言甚久”。皇帝下令释放，锦衣卫官仍认为“氇衫市之虽微，交通于法难宥”。成化十二年（1476），泰宁等卫遣使入贡。事先已经获知其已经与蒙古鞑靼部讲和的兵部于是“请令锦衣卫官校密防闲之。凡所赍马物，止许于夷馆中与我军民和买，不许以铜铁筋角私相贸易，因而漏泄机事。违者执问处治”。可见，锦衣卫不仅承担了稽查沟通外夷民人的职责，而且执行得非常严格[③]。

其四，采办职能。根据史料，锦衣卫有到全国采办皇宫用品的记录。有学者指出，驾帖持有者执行的任务大到宣召皇位继承人，小到出京采购牡丹、扇子等皇帝个人喜好的物件，其持有者既有皇帝赏识的宦官也有王公大臣。另从所持驾帖“止开前往苏常采药饵、买书籍”来看，驾帖并非仅仅是一张固定形态的纸，而是写有具体事由的。据此判断，驾帖应是经皇帝授权的京官或宦官出京执行某项具体任务时的授权书和身份证明。学者又指出，明中叶以后，社会风气发生很大变化，皇帝的享乐意识也在提升。“当成化之时，内官用事，倚仗锦衣。千百等户赍驾帖为名，织造旁午，贡献络绎，株取不赀，遂使民间徭役繁兴，财力日绌。”驾帖因此和锦衣卫牢牢地捆绑到了一起[④]。

另外，锦衣卫的诏狱功能、持有驾帖和精微帖等功能将另叙。

① 张金奎：《明锦衣卫侍卫将军制度简论》，《史学月刊》2018 年 5 期 .

② 张金奎：《锦衣卫职能略论》，《明史研究论丛》第八辑，2014 年 .

③ 张金奎：《锦衣卫职能略论》，《明史研究论丛》第八辑，2014 年 .

④张金奎：《明代的驾帖与精微批》，《社会科学辑刊》2017 年 4 期 .

（二）锦衣卫缉捕活动

由于是特殊的情治部门，本处主要从政治监督和侦缉朝廷综述。在日常运行中，锦衣卫依仗其特殊功能，在皇帝或者打着皇帝的旗号，其工作几乎受不到干扰。

有学者指出，在锦衣卫侦缉办案过程中，厂卫组织本身却几乎不受到任何制约，他们为了获得奖励提拔捕风捉影，捏造事实，甚至李代桃僵，更有甚者花钱悬赏买事件，于是一些流氓无赖为了钱财编造诬告，公报私仇。而厂卫特务一旦得到消息就前去抓人，不问青红皂白就是一顿毒打，然后敲诈勒索，有钱行贿的则放走，没钱打点的就下狱，结果是冤案屡出，怨声载道[①]。厂卫侦察的范围极广。永乐时，"锦衣卫尝执奏卫民与外国使人交通罪"。汪直领西厂刺事，"自京师及天下，旁午侦事，虽王府不免"。刘瑾时"两厂争相用事，遣逻卒刺事四方"。地域上，从京师到地方；范围上，官吏军民，大政小事，都在其伺察中。真是无处不在，无所不包，其钩察出人帷薄间。"甚至厂卫自己也互相伺察。刘瑾时立的内行厂，东西厂皆在其伺察中[②]。

对于侦缉的活动方式，有学者指出，厂卫所采取的是特务活动方式，因而能够采用一切可能采用的手段：有公开的，也有秘密的，但主要是进行"密缉""暗访""阴讦"，即秘密伺察。故厂卫又称"缉事衙门"。厂卫的侦事活动有所谓"听记"和"坐记"，听记专听会审大狱和拷讯重犯，坐记即是秘密伺察。"某官行某事，某城门得某奸，胥吏疏白，坐记者上之厂曰打事件。至东华门，虽夤夜，投隙中以入，即屏人达至尊。以故事无大小，天子皆得闻之。家人米盐粮事，宫中或传为笑谑，上下揣惴无不畏打事件者。卫之法亦如厂。"厂卫还可以随便抓人。"西厂所执人犯多皆无案"。

对于情报去向，有学者指出，厂卫所侦得的情报和刑讯的狱情都是秘密上报皇帝，不经过任何中间环节。"每奏事，即首铛亦退避，以俟奏毕，盖机密不使他人得闻也。历朝皆遵守之。""凡狱情，宣德六年令看监、千、百户等有透漏狱情者斩。成化二十年，令一应大小狱情俱要严密关防，不许透漏及受人嘱托，本卫堂上官亦不许干预，有故违者，指实奏闻，治重罪。"[③]

（三）锦衣卫活动的根据是驾帖与精微帖

驾帖与精微帖是锦衣卫抓捕人犯的批准文件，这些文件受到皇帝和中央相关办

---

① 付芳：《明朝厂卫机构的法外用刑探略》，《兰台世界》2015 年 3 期下 .

② 栾成显：《论厂卫制度》，《明史研究论丛》第一辑，1982 年 .

③ 栾成显：《论厂卫制度》，《明史研究论丛》第一辑，1982 年 .

事机构的严密控制，这样就直接地控制了锦衣卫的活动，保证锦衣卫听命于皇帝。

其一，驾帖。这是锦衣卫活动的法律凭证。有学者指出，驾帖是依据皇命派发的办事凭证，其地位逊于敕谕。由于皇帝的个人偏好，驾帖的使用范围不断扩大，亦因此招来大量的批评。因为有精微批的存在，停用驾帖的呼声一直存在。虽然君臣最后达成妥协，两者共同配合使用，但因为皇权意志的存在，专用驾帖的现象并未得到遏止，反而在天启、崇祯年间泛滥成灾，直至抛开祖制，自行其是。由于持驾帖行事者多是锦衣卫成员或与之有一定关联的人士，锦衣卫因此成为驾帖批判者指斥的对象，进而影响了人们对锦衣卫制度的客观评价[①]。也有学者指出，厂卫奉旨逮人或到狱中提囚的公文叫驾帖。明初规定，驾帖须到刑科签发，签发时还必须带有精微批文（由司礼监精微科批发，故称精微批文），以凭核对。但明中叶以后，厂卫提人常常只凭驾帖，无有精微批文。“弘治元年，刑部尚书何乔新言：‘旧制提人，所在官司必验精微批文，与符号相合，然后发遣。此祖宗杜渐防微深意也。近者中外提人，只凭驾帖，既不用符，真伪莫辨，奸人矫命，何以拒之？’”正德初，周玺上疏曰：“迩者皇亲贵幸有所奏陈，陛下据其一面之词，即行差官賫驾帖拿人于百里之外，惊骇黎庶之心，甚非新政美事”。既然皇帝支持，厂卫当然有恃无恐了。有时甚至不拿驾帖，也到处抓人。成化时商辂奏云：“近日伺察太繁，法令太急，刑网太密。官校拘执职官，事皆出于风闻。暮夜搜检家财，不见有无驾帖。人心震慑，各怀疑畏”。[②]。

驾帖对锦衣卫的活动影响很大。有学者指出，驾帖系根据皇命而出，带有临时性和随机性[③]。锦衣卫要逮捕人，必须有刑科给事中在驾帖上的签名，否则无法成行。万历年间，因为在立太子等问题上与臣僚产生重大分歧，万历皇帝采取了故意荒废朝政、缺官不补等消极对抗措施，给政权的正常运转带来很大的麻烦。六科给事中、十三道御史本来有百余员，但到万历四十五年（1617）十月时，“六科止余四人，而五科之印皆无所属。十三道止余五人，而人皆兼数事。”正如骆思恭题本上所说，其他科道缺员影响还不算大，因为“诸事犹可稍缓”，但刑科绝对不能没有人，因为皇帝如果下了逮捕令，锦衣卫必须得到刑科的签名，否则必然两面负罪[④]。

不仅逮捕人要受刑科制约，就是提问人犯也不是可以随意进行。嘉靖元年（1522），锦衣卫千户白寿等拿着驾帖到刑科，按照“厂卫赍驾帖提人，必由刑科签批”的旧例，请给事中刘济签名，然后提审东厂访获犯人。不料刘济声言“当以原

---

① 张金奎：《明代的驾帖与精微批》，《社会科学辑刊》2017 年 4 期 .

② 栾成显：《论厂卫制度》，《明史研究论丛》第一辑，1982 年 .

③ 张金奎：《明代的驾帖与精微批》，《社会科学辑刊》2017 年 4 期 .

④ 张欣：《锦衣卫与司法审判》，《法制博览》2012 年 11 期 .

本送科，方知其事，乃敢批行”。双方争执不下，嘉靖帝刚从外藩人主不久，对很多事务尚不完全了解，只好命人查阅弘治、成化年间事例。不久刑科回奏：“不但二庙时为然，自天顺以至正德，厂卫节奉明旨，俱同原本送科，以凭参对”。但白寿等坚持说“驾帖送科，旧皆开写事略，会同署名，实不系御批原本”。最后，白寿等人的意见被采纳[①]。

驾帖的依据是红本。据学者引论，红本指经过皇帝批示的题本或章奏，因为是朱笔批示，故又称为“红本”。如《崇祯长编》记载，“故事：锦衣卫提取罪犯，必以红本赍送刑科，始发驾帖捕人”。崇祯朝的刑科给事中陈赞化说得更具体：驾帖发佥，旧例，锦衣卫旗尉捧帖，与红本一同送科。臣科将驾帖、红本磨对相同，然后署守科给事中姓名，仍于各犯名下墨笔细勾，以防增减。可见，红本是刑科佥批的基本依据[②]。

其二，精微批。精微批是次于驾帖的办事凭证。有学者指出，精微批系事先制作，且至少一式两份，在京师内府和地方相应衙门分别保存，所以可以比对真伪。如嘉靖二十一年（1542），“恤刑主事戴榧、吴元璧、吕颙等行急，失与内号相验。比至，与原给外号不合，为巡按御史所纠，纳赎还职”。因为这个优势，孝宗皇帝接受了何乔新的建议，批复：“提人勘事，必给精微批文以防奸宄，乃祖宗旧制，不可不遵。所司其如例行之。应给批时，毋得稽误。”[③]

精微批原件保存于内府，需要使用时由相关人员领出，到礼部或刑部主管官员处填写所办差事，然后到六科相应的科佥报，这才具备法律效力。办差结束后，还须到上述部门销缴。明朝政府对精微批的签字、用印、销缴期限乃至相关人员笔迹是否工整都有严格的规定，既不允许朦胧填佥、延期缴回，更不允许遗失。与驾帖相比，精微批的使用范围要宽得多，“故事：两京衙门凡有差遣者，不问事之轻重，皆给以内府精微批文”，“各衙门出使，承领各衙门札付及精微批文”，“凡巡方、巡盐关差，皆有精微批一纸，以为凭限。批自内阁，而科臣批之”。成化十八年（1482），南京六科“以为太烦，奏请区处”，明廷讨论后，决定改为“事重、路远者，给之；事轻者，不拘远近，止给予札帖，著为例”。另据《大明会典》记载：“凡亲王致祭，旧例遣侯伯给敕行。嘉靖四十四年议罢，止差卿寺五品以上官，或礼部司官前去，照行人差至郡王府，给精微批，不必请敕。”可见，精微批是两京级别相对较低官员出京办差的凭证，精微批的地位较诏敕低很多[④]。

---

① 张金奎：《锦衣卫职能略论》，《明史研究论丛》第八辑，2014 年 .

② 张金奎：《明代的驾帖与精微批》，《社会科学辑刊》2017 年 4 期 .

③ 张金奎：《明代的驾帖与精微批》，《社会科学辑刊》2017 年 4 期 .

④ 张金奎：《明代的驾帖与精微批》，《社会科学辑刊》2017 年 4 期 .

（四）诏狱

诏狱是皇帝通过锦衣卫管理的私法监狱。诏狱亦称锦衣卫狱，有学者指出，锦衣卫狱就是镇抚司狱，依照明人的记载，此狱十分残酷："镇抚司狱亦不比法司，其室卑入地，其墙厚数仞，即隔壁皋呼，悄不闻声。每市一物入内，必经数处验查，饮食之属，十不能得一。又不能自举火，虽严寒，不过啖冷炙，披冷衲而已。家人辈不但不得随入，亦不许相面。惟拷问之期，得于堂下遥相望见。"锦衣卫狱囚禁的人有的长达几年，甚至有几十年的。例如嘉靖年间，御史杨爵前后被关押了七年，兵部员外郎杨继盛也坐了三年牢。万历年间，御史曹学程被关押了十年，临江知府钱若庚更是被关押了三十七年。忠良之臣长时间地被关押在黑狱之中，令人十分悲痛[①]。

在诏狱中，最残酷的是审讯，有学者指出，锦衣卫审讯时会使用刑讯。最重的是受全刑《明史·刑法志》："全刑者，曰械，曰镣，曰棍，曰拶，曰夹棍。五毒备具，呼声沸然，血肉溃烂，宛转求死不得。"被用刑以致寻死的情形非常普遍。它使用的酷刑非常多，其中一种酷刑，叫"昼夜用刑"。据明人记载："此刑以木笼四面攒钉内向，令囚处其中，少一转侧，钉入其肤。囚之膺此刑者，十二时中但危坐如偶人。"[②]有学者指出，诏狱犯人受刑以后，再加上环境恶劣，身体虚弱的犯人很容易死去，因此，诏狱犯人仍会被提供一些医药。但这并不能挽救许多犯人生命，许多犯人死后，锦衣卫北镇抚官员为减轻责任，往往会上报犯人死于疾病，这同时也为诏狱内杀人提供了合理的理由。"凡诏狱之杀人也。例以第一日禁子报囚病，次日厂官给医药，又次日以不起闻。其实则报病之日，已登鬼录。所给医药乃虚文耳。"[③]

四、锦衣卫与其他法司的关系

锦衣卫并不是唯一办案机关，明朝涉及法律、办案的还有三法司、东西厂、内行厂等部门。锦衣卫在办案过程中难免不与这些部门打交道，因而与其关系错综复杂。

（一）卫与厂的关系

其一，厂卫的区别。厂指东西厂和内行厂，是后于锦衣卫设立的特务机构，主要起因是用来监督锦衣卫，后来自己也参与办案。关于其区别，有学者认为，锦衣

---

① 张欣：《锦衣卫与司法审判》，《法制博览》2012 年 11 期.

② 张欣：《锦衣卫与司法审判》，《法制博览》2012 年 11 期.

③ 魏天辉：《简论明代诏狱的管理》，《河南师范大学学报（哲学社会科学版）》，2010 年 6 期.

卫原为专司皇帝仪仗的亲军，是皇帝的卫队，洪武十五年（1382）成立。锦衣卫与东西厂的不同具体表现在：其一，锦衣卫是军队。明朝的军事制度是卫、所两级制，卫是军队一级编制，锦衣卫即如此。东西厂则不是军队性质的组织，可以说是纯粹的特务组织。其二，锦衣卫为外官，一般由外戚和功臣担任，而两厂头目多由司礼太监充任。其三，厂、卫不是并行的，卫在厂监督之下。锦衣卫侦伺一切官员，厂则侦察官民和锦衣卫，故厂的势力大于卫[①]。厂与锦衣卫不同的是以最有宠的内臣提督，与皇帝关系最密切，权势也最重。厂的组织是，掌印太监一员，其属称之曰督主其下有掌刑千户一，理刑百户一，亦叫贴刑。又有掌班、领班、司房四十余名及十二颗管事。役长叫档头，百余名。干事叫番子，千余名。东厂的掌印太监通常以司礼秉笔太监第二人或第三人担任。嘉靖以后，甚至有司礼掌印太监兼掌东厂的。东厂掌印太监有关防一颗，“凡内官奉差关防，皆曰某处内官关防，惟此处篆文曰：‘钦差总督东厂官校办事太监关防’”。其敕谕最为隆重[②]。

有学者根据史料指出厂卫的产生和发展过程时说，崇祯时大臣刘宗周说道：“我国家设立三法司以治庶狱，视前代为独详，盖曰刑部所不能决者，都察院得而决之，部院所不能平者，大理寺得而平之，其寓意至深远。开国之初，高皇帝不废重典以惩巨恶，于是有锦衣之狱以至东厂缉事，亦国初定都时偶一行之于大逆大奸，事出一时权宜，后日遂相沿而不复改，得与锦衣卫比周用事，致人主有私刑。”“人主私刑”，可以说触到了厂卫的本质，但对其产生原因却说得不对，厂卫并非“事出一时权宜”[③]。

其二，厂大于卫。有学者认为，从《实录》等资料来看，成化以前，是锦衣卫的“黄金时代”，基本是在独立执行各项侦缉任务。从成化时开始，因为锦衣卫多次出现违纪现象，东厂在皇帝眼中的地位日渐提高，不仅侵夺了锦衣卫的部分职能，而且成为锦衣卫的监督者。这间接反映了锦衣卫确实存在很多令皇帝不满意的地方。关于东厂和锦衣卫的关系变化，因篇幅所限，当另文专论，此处略过。在成化之前，锦衣卫几乎不受任何监督，行事校尉借机营私舞弊的现象几乎不可避免。景帝时，“有言锦衣卫官校缉事之弊者，云多为人复私怨，指无为有，诬致人罪，且例不许辩理”。景帝敕曰：“官校本以廉阴谋不轨、大奸大恶，乃今其弊如此！彼有送法司不引伏者，其为辩理之。如肆诬罔，俱重罪不宥。”作为锦衣卫唯一上级的皇帝为此动怒，说明行事校尉的违纪行为确实已经到了引起众怒的地步[④]。

---

① 李云波：《锦衣卫与东西厂的异同》，《中学历史教学参考》，2005 年 4 期 .

② 栾成显：《论厂卫制度》，《明史研究论丛》第一辑，1982 年 .

③ 栾成显：《论厂卫制度》，《明史研究论丛》第一辑，1982 年 .

④ 张金奎：《锦衣卫职能略论》，《明史研究论丛》第八辑，2014 年 .

基于以上论述，有学者指出，厂与卫虽是两个组织，但关系至为密切。首先在组织上厂属悉取于卫，而锦衣卫官则常常由掌握东厂的司礼太监私人出任。厂与卫又都由皇帝直接控制，都直接对皇帝负责。其次，在作为皇帝的特务组织这一点上，厂与卫的任务是完全相同的。因此，在行动上厂与卫又是互相配合，狼狈为奸的。“厂卫未有不相结者，狱情轻重，厂能得于内。而外廷有扞格者，卫则东西两司房访缉之，北司拷问之，锻炼周内，始送法司。即东厂所获，亦必移镇抚再鞫，而后刑部得拟其罪。”厂主侦伺，卫典诏狱，厂卫相倚，则构成了独立而又完整的监察司法机构[①]。

也有学者认为，“厂”“卫”一向并称都是隶属于皇帝的特务机构，业务并无多大差别，只是所属系统不同。虽然东厂有权侦查和监视锦衣卫，但最初的时候，锦衣卫的权势远在东厂之上，厂权的发展始于汪直之设西厂，至刘瑾当权重设西厂又设内行厂同时锦衣卫指挥使石文义是刘瑾私人，厂卫之势合矣。厂卫在组织上相互渗透，锦衣卫的高级官员一般多半是宦官私人。如，武宗初年，锦衣卫使高得林是司礼监太监高凤的侄子。而东厂除去由太监担任的提督外，掌刑千户、理刑百户等职位均由锦衣卫选充。厂卫在办案中更是互相合作，厂卫未有不相结着，狱情轻重厂能得于内而外庭有干格者卫则东西两司房访缉之北司拷问之锻炼周纳，始送司法。即“东厂所获亦必移镇抚再鞫而后刑部得以拟其罪”[②]。有学者指出，明代锦衣卫自洪武十五年（1382）设置，迄于明末，其存在时间凡二百六十三年，几与明王朝相始终。这一事实说明锦衣卫作为皇权控驭下的特种工具一直在发挥着重要的政治作用。对于卫与厂的关系，《明史》卷九十五《刑法志》有如下一段概括的记载：“故厂势强则卫附之，厂势稍弱削卫反气凌其上”[③]。

（二）与三法司等的关系

三法司指都察院、刑部、大理寺，这些都是国家正式的刑法机构，它们办事相对公开，公正。在处理刑法方面的问题时，它们与锦衣卫的关系也很复杂。

其一，三法司对厂卫的制衡与约束。有学者指出，三法司等机构和厂卫之间存在着制衡的关系，关于厂卫侵夺三法司职权等的研究，原已很多，此处为避冗余，专门探讨法司等对于厂卫的制衡和约束。理论上，一个机构和另一个机构所从事的事务具有高度相关性甚至有所交叉之时，两个机构之间惯常的矛盾冲突往往体现在对同一事件规定的不同、对同一事件均认为具有管辖权以及均认为无管辖权等方面

① 栾成显：《论厂卫制度》，《明史研究论丛》第一辑，1982 年 .

② 霍玢：《明代厂卫制度干涉司法初探》，《黑龙江史志》2013 年 17 期 .

③ 徐连达：《明代锦衣卫权势的演变及其特点》，《复旦学报（社会科学版）》，1992 年 6 期 .

上，而此类矛盾或冲突的具体表现则多是在程序和实体制度两个方面。由于厂卫势大，在实体方面三法司很难与厂卫正面对抗，但仍然不妨碍这些机构以既有的制度原则为基础，从程序角度和实体制度方面对厂卫的职权构成实质性的“窒碍”或曰制衡[①]。

根据上边的综述，这种制衡主要领先的是制度如驾帖、精微批等。因此，有学者指出，厂卫在执行具体的侦缉活动中，以及参与监察和司法的其他活动中，基本都或多或少地在程序上和实体方面受到其他机构的制约。特别值得注意的是，此类制约不仅仅是习惯法意义上的制约。所谓“成例”或者“日例”在行政的领域主要是指官府的办事成例，虽然一般学界认为其效力上比照成文的律条等稍微弱一些，但基本都承认此类成例具有律令的性质。更何况，诸多成例的运用都经过了皇帝本人的支持，亦有违反成例而被举劾或者遭到皇帝斥责的记录。也就是说，法司以及其他部门与厂卫的制衡并非是实践中形成的，不稳定的制衡，而是一种精巧的、制度上的设计[②]。

其二，锦衣卫对三法司的反制约。这种反制约主要表现在对犯人的审讯以及定罪方面，随着时间推延锦衣卫的反制约变得越来越大，最终不可收拾。有学者指出，在锦衣卫审讯以后，应该移送到法司拟罪，《明史·刑法志》：“而外廷有扞格者，卫则东西两司房访缉之，北司拷问之，锻炼周内，始送法司。”嘉靖年间，刑部尚书林俊说：“祖宗以刑狱付法司，以缉获奸盗付镇府，讯鞫既得，犹必付法司拟罪。”在成化元年（1465）以前，锦衣卫移送法司的时候，原本只是移送人犯和招供等，并不能附加参语。成化元年以后，移送时能够附加参语，《大明会典》“凡（锦衣卫镇抚司）鞫问奸恶重情，得实，具奏请旨发落。内外官员有犯送问，亦如之。旧制俱不用参语，成化元年，始令复奏用参语。”锦衣卫有了附加参语权以后，等于有了准拟罪权。三法司的拟罪权被锦衣卫侵夺了。《明史·刑法志》：“镇抚职理狱讼……然大狱经讯，即送法司拟罪，未尝具狱词。成化元年始令复奏用参语，法司益掣肘。[③]”对于厂卫经手的案件，法司明知其枉法，却丝毫不敢平反。弘治时御史车梁奏云：“东厂锦衣卫所获盗，先严刑具成案，然后送法司，法司不敢平反。”刑部典吏徐珪又奏云：“臣在刑部三年，见鞫问盗贼，多东厂镇抚司缉获，有称校尉诬陷者，有称校尉为人报仇者，有称校尉受首恶赃而以主为从，令傍人抵罪者。刑官洞见其情，无敢擅更一字。”至嘉靖时情形还是这样：“法司于东厂及本卫

① 赵晓耕、时晨：《平衡与牵制：明代厂卫与法司的关系》，《甘肃社会科学》2018 年 5 期．

② 赵晓耕、时晨：《平衡与牵制：明代厂卫与法司的关系》，《甘肃社会科学》2018 年 5 期．

③ 张欣：《锦衣卫与司法审判》，《法制博览》2012 年 11 期．

之所送问者，不敢一毫为平反矣，刑部当有何人而能少易抚司之按语乎！”[①]

因此，有的学者说，厂卫制度是寄生在封建皇权体制上的毒瘤，是皇权扩张的畸形产物，虽然是皇权意志的体现，但也反过来危害皇权的稳定。厂卫制度对司法权的干涉，只是他所代表的皇权向社会各个方面畸形扩张的一部分，是皇权控制司法的一个表现。[②]

五、对锦衣卫的评价

锦衣卫因其做事无底线，对于明朝社会经济的发展产生了极大的阻碍作用。对于锦衣卫的这些负面作用，学者也有研究。而一些学者则认为，因为锦衣卫主要以明朝知识分子为监督侦缉对象，故明朝以至后代的文人都对锦衣卫抱有恶意，进行文字批判。但是从实际上看，锦衣卫也有可取之处。

（一）锦衣卫活动的历史后果

有学者指出，厂卫横行，在各个方面都造成了极为严重的恶果。首先是严重地破坏了封建社会的一般法制。厂卫横行的结果在全国上下形成了告密之风，造成了一种恐怖气氛，使得人人救过不暇。同时使善恶无别，好坏不分，这些都为宦官专政、奸臣窃国创造了条件。厂卫横行使人民倍受其害。厂卫横行，使统治阶级本身也无法生活下去。明代正直的大臣陷于厂卫之祸的不可数计，它使许多清廉无辜惨遭杀害，常常搞得“朝署一空”，使地主阶级的统治无法进行下去。总之，厂卫在政治上给地主阶级的统治造成了一种分崩离析的局面，加剧了连时的各种社会矛盾。它使天下汹汹，各怀疑畏。大臣不安于位，官吏不安于职，“商贾不安于市，行旅不安于途，士卒不安于伍，庶民不安于业”。结果是“天下纷纷多事，民不堪命，盗贼乘之而起”[③]。

其次是经济损失。有学者指出，在经济方面，厂卫的搜刮和掠夺也十分惊人。厂卫缇骑在捕人时，先把抓到的人带到一个空庙毒打一顿，进行勒索，名曰“打粧”。而被捕的人也就“家资一空，甚至并同室之有而席卷以去，轻则匿于挡头、火长、校尉之手，重则官与瓜分”。厂卫或用诬陷、极刑索取金银，或借籍罪人之家隐没财宝。到地方上，厂卫更以皇帝的名义大肆勒索。成化时锦衣千户王臣及百户王完等人随太监王敬奉使苏常等府，他们以购书采药为名，乘传南行，所至纵

---

① 栾成显：《论厂卫制度》，《明史研究论丛》第一辑，1982 年 .

② 霍玢：《明代厂卫制度干涉司法初探》，《黑龙江史志》2013 年 17 期 .

③ 栾成显：《论厂卫制度》，《明史研究论丛》第一辑，1982 年 .

暴，横索货财，诈取奇玩，凡江南书画玩器之奇绝者，搜刮殆尽。江南巡抚丰恕上疏揭发说："朝廷只赐盐七千引公用，止可值银八千余两，却发盐一万五千五百引与宁国等府卫，逼要银三万二千五万两……又有盐数十船发去江北庐州等府卫、江西南昌府等处官卖，不知又得银几千万两。至苏常等府，刑驱势逼官民，取受银三万六千余两。"依仗威赫的权势所进行的无止境的搜刮和掠夺，使得厂卫的头子们聚敛了巨万财富[①]。

（二）对锦衣卫的不同评价

锦衣卫虽然恶行昭著，但有些学者还是从另一方面给予评价。他们认为，虽然锦衣卫的权力行使对司法环境造成了一定程度的损害，但也并不能说其一无是处。我们要从唯物辩证法的角度看待问题，要在批判的基础上对其予以一定地肯定。其一，锦衣卫组织系统独立严格，内外监督较为严密。锦衣卫下属有两镇抚司，即北镇抚司与南镇抚司。北镇抚司主要处理诏狱，南镇抚司负责本卫刑名并兼军匠。北镇抚司有威望，权力较大，但也要受南镇抚司的监管。锦衣卫指挥使多为皇帝亲尽之人，直接受命于皇帝，优点体现在整体系统的稳定，缺点体现在不分对错，上命下从。锦衣卫的权力有别于传统意义上的监察权，不仅负责监察，而且对于监察后的决定也要做出，体现其权力的庞大。其二,一定程度上遏止腐败，体现分权制衡的思想。权力过于庞大，必然滋生腐败。所以，分权制衡尤为重要。锦衣卫的设置，很明显地体现出君主对于大臣们的不信任，因此，选用亲信任命指挥使都督，秘密查处朝廷内外造反起义之事。在南北镇抚司的分工负责上，南镇抚司在一定程上监督北镇抚司，而北镇抚司长官虽仅为五品，但对锦衣卫的整体构造也起到一定的分权制衡作用。在对外的情形下，锦衣卫遍布全国各地，甚至穷乡僻壤也有其身影，百姓不敢胡作非为，官员更是如履薄冰行事，轻微的违法之事很快便会被知晓、逮捕、入罪。这种情形在明朝前期尤为明显。一定程度上遏制了官场的腐败，对治理官员也起到了良好的威慑作用[②]。

有学者也引用历史资料认为，与汉唐的"宦祸"相比明代厂卫制度与其有着根本的区别。黄宗羲指出汉、唐、宋之奄宦乘人主之昏而后可以得志。有明则格局已定摩挽相维如唐朝，自穆宗至昭宗八帝，而为宦官所立者七君。而从明代厂卫产生的前提条件来看，厂卫只是皇权扩张的工具是皇权的外延，皇帝可以给予厂卫和内阁对等的权力，也随时可以剥夺他们的一切权力[③]。

① 栾成显：《论厂卫制度》,《明史研究论丛》第一辑，1982 年 .

② 马艺洋：《明朝锦衣卫的权力运行与评价理论新探》,《兰台世界》2018 年 1 期中 .

③ 霍玢：《明代厂卫制度干涉司法初探》,《黑龙江史志》2013 年 17 期 .

在总体评价方面，有的学者也认为，通过对锦衣卫的设置以及整体权力运行的阐述，大体可以总结出以下几项结论：其一，锦衣卫与东厂，只不过是国家机器中的一个组成部分。其二，锦衣卫的领导者通常为当时君主或掌权者的心腹。其三，锦衣卫指挥者并非都是麻木不仁之人，不可以点概面，以偏概全。其四，锦衣卫指挥者的升降任用的人事关系较为复杂①。综上所述，笔者以为，或可以从特别警察或者特别监督机关的视角来解读廷杖的属性，较之传统观点强调此类权力的所谓“特务性质”或者是对于司法的干预，仍值得进一步探讨②。

（江苏经贸职业技术学院教授，《江苏商论》杂志主编）

① 马艺洋：《明朝锦衣卫的权力运行与评价理论新探》，《兰台世界》2018 年 1 期中 .

② 赵晓耕、时晨：《平衡与牵制：明代厂卫与法司的关系》，《甘肃社会科学》2018 年 5 期 .

近五年来锦衣卫研究述评（2014—2018）

徐 成

锦衣卫是一个对明朝历史有着重要影响的禁卫机构，自20世纪30年代以来，学术界取得了较多的研究成果，对此，张金奎先生在《八十年来锦衣卫研究述评》[①]一文中予以了详细阐释。张文所统计的相关文章时间下限为2013年，此后学术界有关锦衣卫的研究又取得了一批新的成果，并有了一些新的动向。鉴于此，本文就近五年来（2014—2018）锦衣卫研究状况做一简单梳理，以期能对后续相关研究起到一定引导作用。

一、锦衣卫形成过程研究

明朝之前并无锦衣卫制度的存在，它的出现经历了一个较为复杂的过程。大明立国前后，朱元璋的禁卫机构经历了仪鸾司、拱卫司、都镇抚司等系列机构的演变，直至洪武十五年（1382）四月，方"改仪鸾司为锦衣卫，秩从三品。其属有御椅、扇手、擎盖、旛幢、斧钺、銮舆、驯马七司，秩皆正六品"[②]。对于这一历史演变过程，史书记叙不详，且有若干误载，故而学界一直"未有成果涉及锦衣卫的创建"[③]，张金奎《锦衣卫形成过程述论》[④]一文则首次对这一问题进行了全面的厘清，也是近五年来唯一一篇系统研究锦衣卫形成过程的成果。

作者通过对明代有关档案、实录、制度专书等文献的细心研究，认为：从至正十六年（1356）称吴国公到洪武十五年（1382）锦衣卫成立，朱元璋的禁卫机构经历了一个相对复杂的变化过程。最初，虽然仪鸾司、拱卫司、都镇抚司等机构都承担一部分禁卫职能，但主要是由侍卫亲军都护府实际履行保卫职责。至正二十四年（1364），朱元璋废置亲军都护府，拱卫司地位逐渐提升，并最终演化为明初的亲

① 张金奎：《八十年来锦衣卫研究述评》，《中国史研究动态》2015年第1期.

②《明太祖实录》卷一四四，洪武十五年四月乙未，第2266页.

③ 张金奎：《锦衣卫形成过程述论》，《史学集刊》2018年第5期.

④ 张金奎：《锦衣卫形成过程述论》，《史学集刊》2018年第5期.

军都尉府。但由于亲军都尉府品级设计存在缺陷，以及仪鸾司不便以文职统率隶属军队系统的校尉等原因，在洪武十三年（1380）胡惟庸案爆发后，朱元璋恢复了亲军制度，并于洪武十五年（1382）宣布改仪鸾司为锦衣卫，秩从三品。洪武十七年（1384），又改锦衣卫指挥使司为正三品，居亲军卫之首。至此，对明朝历史有着深远影响的锦衣卫制度正式登上历史舞台。

在分析了锦衣卫制度形成过程的基础之上，作者指出，明朝禁卫体制的演化总体上朝着化繁为简的方向运行，因此锦衣卫成了一个有史以来职能最为繁杂的禁卫部门，而多重职能在短期内的迅速集合则预示着锦衣卫的成立并不是整合的终点，而是一个新的起点，并因此对明代历史发展产生了重要影响。

此外，熊剑平《锦衣卫——畸变的国器》[①]、王森威《明代锦衣卫指挥使研究》[②]、王艳《明代特务机构制度——厂卫制度的产生及影响》[③]、张疏桐《论明代厂卫制度与社会政治秩序维护》[④]等文也对锦衣卫的建立过程有所论及，但总体较为简略。

二、锦衣卫与明代司法关系研究

明朝立国后，设立了一套完整的维护其专制统治的司法组织。在中央，设刑部、都察院和大理寺，统称“三法司”，主管全国司法。除三法司之外，司礼监、锦衣卫、内阁、宗人府等其他中央机关也兼理审判，这些机构或依法对某些特定的案件具有司法权，或因临时指派而具有司法权。因此，锦衣卫属于广义中央司法机构的范畴，而锦衣卫与明代司法关系是近五年来的一个研究热点。

张瑜《论明清中央司法机构的嬗变》[⑤]一文指出锦衣卫主要以侦察缉捕、诏狱、复谳东厂审结案件、执行廷杖、参与会审、监督死刑执行等多种形式参与司法。正因为在国家法定的三法司之外，始终存在这么一套直接由皇帝支配和操纵的从侦缉、审讯到执行的机构和程序，致使三法司形同虚设，法律失去了自己的位置，司法受到了极大的扭曲。

唐筱蔚《明代的厂卫对司法的影响》[⑥]、周坤《明朝的厂卫系统对明朝司法的干

① 熊剑平：《锦衣卫——畸变的国器》，北京，中华书局，2018 年 .

② 王森威：《明代锦衣卫指挥使研究》，辽宁师范大学硕士学位论文，2015 年 .

③ 王艳：《明代特务机构制度——厂卫制度的产生及影响》，《兰台世界》2014 年第 35 期 .

④ 张疏桐：《论明代厂卫制度与社会政治秩序维护》，西南政法大学硕士学位论文，2014 年 .

⑤ 张瑜：《论明清中央司法机构的嬗变》，华东师范大学硕士学位论文，2014 年 .

⑥ 唐筱蔚：《明代的厂卫对司法的影响》，《兰台世界》2014 年第 33 期 .

预与破坏》[①]、廖世杰《并存与对抗——明代厂卫制度与常规司法制度关系的历史考析》[②]、付芳《明朝厂卫机构的法外用刑探略》[③]等文均认为明代锦衣卫充当了传统司法破坏者的角色。由于有皇权作为权力来源和直接后盾，锦衣卫不仅对政治案件可以直接进行侦查、审讯，对非政治类案件也可以直接进行处理。随着厂卫权力的不断扩张，明代司法权的行使逐渐失去了独立性和公正性，以至于到了明代后期司法机关成了厂卫的工具，从而动摇了整个明朝封建统治的根基。

马艺洋《明朝锦衣卫的权力运行与评价》[④]一文认为，明代锦衣卫不受三法司的约束，在与三法司合办案件时，实行命令制，即三法司要听从锦衣卫的指挥，在自办案件时，也不允许三法司擅自插手，在自己的“法庭”上，锦衣卫更是擅用法外之刑，草菅人命。因此，锦衣卫在权力的行使过程中破坏了正常的司法秩序。同时作者也认为，虽然锦衣卫的权力行使对司法环境造成了一定程度的损害，但也并不能说其一无是处。锦衣卫组织系统独立严格，内外监督较为严密，故而在一定程度上能够遏止腐败，体现了分权制衡的思想。

赵晓耕、时晨《平衡与牵制：明代厂卫与法司的关系》[⑤]一文认为，厂卫制度设立本意是便于皇帝监控臣下，但在制度运行中出现了膨胀和异化。虽然厂卫势大，致使在实体方面三法司很难与其正面对抗，但在执行具体侦缉活动以及参与监察和司法的其他活动中，基本都或多或少地在程序上和实体方面受到其他机构的制约。也就是说，厂卫和法司彼此之间存在着制衡，并且法司以及其他部门与厂卫的制衡并非是实践中形成的、不稳定的制衡，而是一种精巧的、制度上的设计。

三、宫廷锦衣卫画家研究

历代宫廷画家供奉内廷，多认为是以小艺得官，地位较为低下，但到了明代，宫廷画家的地位出现一些转变。永乐时期，个别宫廷画家被授以锦衣卫官职。宣德时期，大量宫廷画家开始进入锦衣卫任职，明代宫廷画家也有了较为明确的品阶划分和相对稳定的挂靠系统。嘉靖中叶以后，宫廷画家授以锦衣卫武职的现象逐渐消

① 周坤：《明朝的厂卫系统对明朝司法的干预与破坏》，《黑龙江省政法管理干部学院学报》2015 年第 1 期 .

② 廖世杰：《并存与对抗——明代厂卫制度与常规司法制度关系的历史考析》，西南政法大学硕士学位论文，2014 年 .

③ 付芳：《明朝厂卫机构的法外用刑探略》，《兰台世界》2015 年第 9 期 .

④ 马艺洋：《明朝锦衣卫的权力运行与评价》，《法制与社会》2018 年 .

⑤ 赵晓耕、时晨：《平衡与牵制：明代厂卫与法司的关系》，《甘肃社会科学》2018 年第 5 期 .

失，其官职逐渐集中到了武英殿中书舍人一职上来。仅就成果数量而言，锦衣卫画家研究是近五年来的一个重点。

赵晶《明代宫廷画家官职考辨》[①]一文认为，在嘉靖以前，级别较高的宫廷画家多被授以武职，其中最主要的就是锦衣卫。宫廷画家虽被授以锦衣卫等武职，但均为寄禄性质，并不实际任事，仍隶属于内府御用监管理，升迁由皇帝直接任命。当然"寄禄"不代表他们就跟管理锦衣卫的兵部不发生任何关系，有武职的画家升迁和授官虽出于"传奉"，但在一定程度上仍然会受到兵部的制约。对于明代宫廷画家被授职锦衣卫的主要原因，作者认为，首先授予宫廷画家武职是沿袭了唐宋旧制。其次明代前期画家多系军匠出身，而锦衣卫具有管理军匠的职能。再者由于锦衣卫属武职系统，对于非科举正途出身的宫廷画家授予此类官职，也可以减少朝廷上士大夫们的排斥情绪。

郭林凤《明代宫廷锦衣卫画家探略》[②]一文认为，锦衣卫是明代宫廷画家特有的官职，由于锦衣卫与皇帝的微妙关系，使得锦衣卫画家得以享受高官厚禄，具有特殊荣誉。锦衣卫画家地位的大幅提升，为明代中前期宫廷画的繁荣与绘画艺术的发展做出了重要贡献。明中期以后，江南社会经济变迁，以吴派为代表的文人画兴起，再加之锦衣卫自身命运的跌宕起伏，致使进入锦衣卫的画家日渐稀少，而宫廷绘画也随之趋于没落。

闫春鹏《明代宫廷画院式微缘由》[③]一文认为，将宫廷画家任以锦衣卫职主要是因为"恩荫寄禄无常员"，完全随皇帝喜好，也无须吏部铨选，但这实际上是对旧有官僚体制的一种破坏。当原有官僚体制的平衡被打破后，加深了社会各阶层之间的矛盾，必然会引来动荡，而这种动荡恰恰是阻碍宫廷画院发展的深层次原因。

赵晶《〈武职选簿〉所载部分明代宫廷画家史料辑考》[④]《明代宫廷画家钩沉》[⑤]二文则通过梳理《武职选簿》、地方志以及其他一些相关史料，对部分锦衣卫宫廷画家的籍贯、生卒年、家族承袭、存世作品创作时间等问题进行了研究。既丰富了对明代画院和宫廷绘画的认识，又为研究明代画风及画院制度的转变提供了一些新的佐证。

① 赵晶：《明代宫廷画家官职考辨》，《故宫博物院院刊》2015 年第 3 期 .

② 郭林凤：《明代宫廷锦衣卫画家探略》，《湖北美术学院学报》2015 年第 1 期 .

③ 闫春鹏：《明代宫廷画院式微缘由》，《西北美术》2016 年第 6 期 .

④ 赵晶：《〈武职选簿〉所载部分明代宫廷画家史料辑考》，《故宫博物院院刊》2017 年第 5 期 .

⑤ 赵晶：《明代宫廷画家钩沉》，《美术研究》2017 年第 4 期 .

四、锦衣卫"断代"研究

锦衣卫自洪武十五年（1382）正式建立，直至明亡，几乎与整个明王朝相始终，到了南明时期，仍以不同的变异形态存在于各政权当中。以往研究大多是在整个明王朝的视野下去探讨锦衣卫的相关问题，近五年来出现了一些有关锦衣卫的"断代"研究，对不同时期锦衣卫进行了更为细致的考察。

吕杨《明英宗时期锦衣卫权力探析》[①]一文详细考证了明英宗、景帝时期锦衣卫权力的消长过程。英宗幼年即位，起初由阁臣"三杨"辅政，继而宦官王振擅权。王振擅权后，由于当时东厂的侦缉能力并未得以充分发挥，职能亦不明确，因此王振加强了对锦衣卫的控制。土木之变后，英宗被俘，王振被杀，景帝即位，锦衣卫在朝中的权力有所收敛。但随着英宗的回归，皇权与官僚权力之间相对均衡的局面开始发生动摇，景泰统治的当务之急已从打退瓦剌进攻、维护国祚，转变为控制官僚与英宗的接触。在这种形势下，景帝开始依靠锦衣卫的秘密侦查手段去监控朝臣，一度沉寂的锦衣卫"渐复用事"。夺门之变后，英宗重回帝位，为了巩固皇权，英宗也重新祭起锦衣卫这一"法宝"，利用锦衣卫的秘密侦查活动去稳定和巩固统治秩序。

张金奎《弘光朝锦衣卫述论》[②]和《南明隆武朝的锦衣卫》[③]两篇文章分别对弘光、隆武时期锦衣卫的状态以及实际发挥的作用进行了分析。《弘光朝锦衣卫述论》一文认为弘光帝在南京登基后，出于多重需要，重建了锦衣卫。弘光帝不仅不断扩充锦衣卫人手，而且大量封赠锦衣卫军职。但是由于和旧政权有着千丝万缕的联系，重建的锦衣卫并没有发挥其应有作用，反而和是否恢复东厂等政治纷争搅和到了一起，并且锦衣官校扰民问题也日渐严重。弘光朝廷的士大夫们就诏狱、廷杖、侦缉等问题和宦官及其附属群体吵成一团，虽然一度延缓了锦衣侦缉和东厂重建的步伐，却把可以适当争取的宦官群体彻底推到了对立面，重建后的锦衣卫也因此失去了一次涅槃再生的机会，彻底沦为了结党乱政者的帮凶。

《南明隆武朝的锦衣卫》一文则认为隆武政权建立后，隆武帝立志"中兴"大明帝国，因此军事整肃成为首要任务，作为特殊军事机构的锦衣卫也随之迎来改革

---

① 吕杨：《明英宗时期锦衣卫权力探析》，《第十六届明史国际学术研讨会暨建文帝国际学术研讨会论文集》，北京，九州出版社，2017 年，第 230—240 页 .

② 张金奎：《弘光朝锦衣卫述论》，《明史研究论丛》第十四辑，北京，中国社会科学出版社，2015 年 .

③ 张金奎：《南明隆武朝的锦衣卫》，《南明史学术研讨会论文集》，昆明，云南人民出版社，2017 年，第 203—207 页 .

机遇。隆武帝不仅对锦衣卫的军制做出了一系列的调整，而且对锦衣卫的很多具体事务也做出了布置。改革使锦衣卫恢复了初创时的军事征战职能，是隆武帝锐意北伐的一个标志。但这样的改革只是发生在局部，并没有动摇锦衣卫制度的根基，恩荫高官、诏狱等都被保留，秘密侦缉也有重现的苗头。隆武帝北伐事业在一年后迅速失败，锦衣卫改革也随之烟灭。

五、锦衣卫其他相关问题研究

张金奎《明锦衣卫侍卫将军制度简论》①一文对锦衣卫中兼具禁卫和仪仗职能的侍卫将军进行了研究，文章梳理了明代侍卫将军称号的演变，并分析了将军制度最终败坏的原因。

王森威《明代锦衣卫指挥使研究》②一文对锦衣卫指挥使的任用、职掌、利弊得失等问题进行了考察，认为明朝皇帝的执政能力水平的高低和控制锦衣卫指挥使的各项规章制度是否完善，最终决定了锦衣卫在政治、经济、军事等方面的作用发挥程度。

秦博《明代文官荫子武职制度探析》③一文指出明代文臣荫子武职者大多集中于锦衣卫，其原因在于锦衣卫容纳贵族近侍的尊隆地位和“恩荫寄禄无常员”的体制特性。

张金奎《明代的驾帖与精微批》④一文指出由于皇帝纵容以及保密的需要，明中叶以后，锦衣卫无驾帖或者持空白驾帖、假冒驾帖违法乱政的现象时有发生，锦衣卫因此成为驾帖批判者指斥的对象，人们对锦衣卫制度的客观评价也进而受到了影响。

朱依雯、叶晶《明朝影视剧服饰与历史记载服饰的差异分析研究》⑤一文选取明朝影视剧的部分服饰与历史服饰进行对比，在分析其偏差的基础上，对锦衣卫官兵的服装与装备做了初步研究。

邵磊《明代南京前军府都督同知范雄墓》⑥、陈南南《明代锦衣卫百户汪宪夫妇

① 张金奎:《明锦衣卫侍卫将军制度简论》,《史学月刊》2018 年第 5 期 .

② 王森威:《明代锦衣卫指挥使研究》，辽宁师范大学硕士学位论文，2015 年 .

③ 秦博:《明代文官荫子武职制度探析》,《史学月刊》2018 年第 11 期 .

④ 张金奎:《明代的驾帖与精微批》,《社会科学辑刊》2017 年第 4 期 .

⑤ 朱依雯、叶晶:《明朝影视剧服饰与历史记载服饰的差异分析研究》,《轻纺工业与技术》2018 年第 4 期 .

⑥ 邵磊:《明代南京前军府都督同知范雄墓》,《江汉考古》2016 年第 6 期 .

墓志考释》[①]、李伟敏《北京新出土明房汝中墓志考释》[②]、岳涌《南京林业大学明代徐达家族墓发掘简报》[③]等文通过考古发现，为锦衣卫个体研究提供了新的实物资料。

纵观近五年来的锦衣卫研究，可以发现总体成果较为丰富，如研究领域进一步拓展，出现了对锦衣卫形成过程的首次系统研究、锦衣卫侍卫将军制度研究、锦衣卫“断代”研究；某些问题的研究更为全面透彻，如锦衣卫与明代司法、锦衣卫画家等。但与此同时，遗憾之处尚存，如选题重复现象严重，多数创新不够；一些领域虽有涉及，但研究深度不够；多数研究依旧厂卫并论，对二者的单独研究不足；系统深入研究的专著较少；等等。而这些问题解决与否，则在很大程度上关系到锦衣卫的研究能否进一步取得丰硕成果。

（作者单位：南京财经大学）

① 陈南南：《明代锦衣卫百户汪宪夫妇墓志考释》，《洛阳考古》2014 年第 4 期 .

② 李伟敏：《北京新出土明房汝中墓志考释》，《北方文物》2018 年第 2 期 .

③ 岳涌：《南京林业大学明代徐达家族墓发掘简报》，《文物》2018 年第 5 期 .

明代新田骆氏锦衣卫世家史实的挖掘和整理

谢奉生

2019年9月21日，中国明史学会与新田县政协在新田县联合召开了明代锦衣卫制度与新田骆氏锦衣卫世家学术研讨会，来自全国数十个大专院校、科研院所的六十余名专家和学者参加了这次会议并展开深入的研讨，这次会议是国内首次明代锦衣卫制度的专题学术研讨会，会议的召开有力地推动了明代锦衣卫制度的研究，我作为全国最早关注和挖掘整理新田骆氏锦衣卫世家史实的研究者、《新田骆氏锦衣卫世家》作者，更是深感欣慰和荣幸。

借此会议成果出版的机会，我受会议筹委会委托，就有关挖掘整理明代新田骆氏锦衣卫世家史实及编纂《新田骆氏锦衣卫世家》的缘起、经过、学术价值及存疑，做一个简要汇报。

一、挖掘和整理明代新田骆氏锦衣卫世家史实的缘起

新田地处湖南南部，古属荆楚南蛮之地，明代时属湖广永州府，与南粤交界，历史悠久，人文厚重。据光绪《湖南通志》、道光《永州府志》、嘉庆《新田县志》等省州府县志均载："新田县，汉泠道县及桂阳郡耒阳县地。隋为营道县。唐大历二年（767）析延唐置大历县，属道州。宋乾德三年（965）省入宁远。明崇祯十二年（1639）复析置新田县，属永州。"由此可知，新田县西汉时分属零陵郡泠道县和桂阳郡耒阳县已有一千八百多年历史，唐代时置大历县属道州府也已有一千三百多年历史（至今新田县城所在地龙泉镇有个村名仍叫大历县村），到明末崇祯十二年（1639）始设新田县属永州府，地名沿用距今刚好三百九十年，是一个既古老而又年轻的县。

新田是我生于斯长于斯的家乡。我最早关注明代新田的历史文化，始于十年前我从商务部门转入旅游部门工作，此后一直为发展全县的文旅融合事业服务。当

时，新田旅游事业从无到有，刚刚起步。由于工作的需要，我接触到了新田的历史文化。我曾经组织人员对最近几年在新田南部赛武当山和新田骆氏锦衣卫世家故里骆铭孙村一带流传的建文帝踪迹传说进行了历时两年多的发掘整理。

在挖掘整理研究建文帝踪迹的过程中，明代新田骆氏锦衣卫世家传奇史实及其文物遗存，引起了我的极大关注和浓厚兴趣。特别是骆铭孙村关于骆氏锦衣卫世家先祖与建文帝的种种神秘传说，也引起了我的极大好奇和长久疑虑。在长达二百七十六年的大明朝，在“山高皇帝远”的南蛮新田，竟然有这么一个家族，一门八代续出高官，前四代世袭皇帝亲军指挥千户，后四代世袭锦衣卫佥事，其中有三代任锦衣卫指挥使，而且谱系完整没有断代，贯穿了整整一个朝代。六百多年过去了，至今还保存着完整的“锦衣总宪”“锦衣世家”“楚南望族”匾额和牌楼等文物遗存，弥足珍贵，叹为观止。“锦衣总宪”“锦衣世家”“楚南望族”美誉究竟从何而来？骆氏锦衣卫世家一族在封建皇权专制最为集中、朝臣纷争异常尖锐的明朝，“伴君如伴虎”，却能贯穿明朝始终，这在明朝乃至中国历史上实属罕见，其背后究竟演绎了什么样的传奇故事？究竟有什么样的成功奥秘？骆氏锦衣卫世家的家教家风和人文价值究竟有什么样的独到之处？骆氏锦衣卫世家与明初靖难之役以及与“建文帝避难新田”的传说究竟有没有历史关联？这些疑问时时萦绕于心。

2015 年 5 月，我离开了旅游部门从工作一线退了下来。基于我多年从事基层旅游工作的实践，我逐渐感觉到，新田骆氏这个起于草根、没有断代、贯穿一朝的锦衣卫世家家族，确系一个独特的客观历史现象，我认为它不仅在新田历史上绝无仅有，就是在中华几千年历史上也十分罕见。同时我也感到，文化特别是优秀传统文化是一个地方文旅融合发展的灵魂，发掘打造人无我有的特色文化品牌，是一个地方文化旅游永续发展的内核和生命力。经过认真思考后，我又重新拾起一直久藏于心的明代新田骆氏锦衣卫世家这个话题，希图通过潜心收集和整理，让这一文化遗存跃出尘封已久的历史重新展现在世人面前，让这张具有特色的文化品牌造福一方百姓。

二、挖掘和整理明代新田骆氏锦衣卫世家史实的经过

历史很鲜活，明史很精彩，但探求很无奈。因为尘封已久、年烟久远，加上地方和民间史料记载简之又简，探寻几多艰辛。从 2015 年下半年开始，我潜下心来想方设法慢慢搜集起《明实录》《明史纪事本末》《明通鉴》《明史》《顺天府志》《天津通志大事记》、雍正《浙江通志》、光绪《湖南通志》、道光《永州府志》、嘉庆《新田县志》、《宁远县志》等大量明清史籍，又数十次往返于数省及六十多楚南骆

氏村落，遍寻骆氏历代编修家谱，一头扎进故纸堆里，希图从浩瀚的典籍和地方史料中，梳理出六百年前明代骆氏锦衣卫世家承袭演变的轮廓。同时我还阅读了许多明清时期和近现代知名学者的有关著作，并做了大量的笔记。

2017 年 10 月下旬，我乘在浙江大学参加“农村基层党支部书记标准化建设研究培训班”学习之机，前往浙江省社科院历史研究所、浙江省地方志办公室、浙江省图书馆等处，查阅到了明代新田骆氏锦衣卫世家最后一位指挥使骆养性清初从北京外放浙江任都司并卒于浙江的有关史料。培训结束以后我又赴北京、天津等地，正式开启了首次探寻明代新田骆氏锦衣卫世家史实调研之旅，从 11 月 2 日至 11 月 9 日，我先后走访了中国社会科学院所属的中国明史学会、中国第一历史档案博物馆、丰台区民政局、丰台区地方志办公室、丰台区档案馆、天津市社会科学院历史研究所，以及房山区窦店镇瓦窑头村、丰台区宛平办事处大、小瓦窑头村等地。为此，我专门记录整理出了《新田骆氏锦衣卫世家史实外调日记》，较为详细记录了考察的全过程。我首次调研的两个收获，一个是拜访和聆听了中国人民大学历史系教授、中国明史学会首席顾问毛佩奇先生的悉心赐教，为我的调查研究和挖掘整理工作指明了方向。一个是得到了中国社科院历史研究所研究员、锦衣卫研究专家张金奎先生的精心指导，张金奎老师热心为我提供了明朝隆庆时内阁首辅高拱撰写的《明故明威将军锦衣卫指挥佥事骆公墓志铭》（下简称《骆安墓志铭》）一文，这一珍贵史料的，是迄今为止挖掘整理和研究明代新田骆氏锦衣卫世家家世渊源、承袭演变最重要的可信史料。

此后几年，我多次往返于北京、湖北、江苏、湖南、广东等地，先后走访了北京丰台、海淀、房山、石景山、东城、西城、昌平、大兴，江苏南京，湖北武汉、嘉鱼、钟祥，广东花都、连州、乐昌，以及湖南长沙、临武、资兴、桂阳、北湖、宁远、蓝山、江华等市县区，寻古迹，查资料，访专家，走民间，涉足十余所科研院校，六省市二十余县区，六十余楚南骆氏村落，历时近四年，行程数万里。随着调查思考的逐步深入，明代新田骆氏锦衣卫世家的世系脉络、承袭演变、人生际遇等逐渐较为清晰起来，其家族的神秘面纱终于得以初步展现在出来，2019 年 3 月，拙作《新田骆氏锦衣卫世家》（后面简称《世家》）终于由中国文史出版社正式公开出版。四年多来，我有幸承蒙许多专家、学者的悉心关爱和赐教。毛佩琦先生多次拨冗相见，谆谆教诲，并亲赐书名并撰写序言，张金奎先生为我提供了许多难得的珍贵史料。2018 年 6 月和 2019 年 5 月，中国社会科学院历史研究所研究员、中国明史学会副会长兼秘书长张宪博先生先后率明史专家莅临新田实地考察，确定在新田召开“明代锦衣卫制度与新田骆氏锦衣卫世家学术研讨会”，最终促成了此次明代锦衣卫制度专题学术研讨会的成功召开。

三、明代新田骆氏锦衣卫世家史实的人文价值

家是国中国，国乃千万家。家史连着国史，国运关乎家运。一个家族的兴衰机遇，始终与一个时代相联结。我深知，书写历史必须客观、真实、严谨，以经得起历史检验和评判。在考察、整理、思考和撰写《世家》过程中，我把明代新田骆氏锦衣卫世家放在明朝二百七十多年兴衰的大背景中去考量，力图以历史的视野、立体的时空，严谨的笔法真实展现六百多年来新田骆氏锦衣卫世家的客观史实。从明朝的治国理政中探讨明朝锦衣卫制度的是非得失，从明代的兴衰存亡中探寻新田骆氏锦衣卫世家的演绎轨迹，从楚南骆氏家族的渊源变迁中探究新田骆氏锦衣卫世家的家教家风，力求再现一个真实的、完整的、立体的新田骆氏锦衣卫世家史实，给读者一个可读、可信、可鉴的新田骆氏锦衣卫世家。

（一）明代新田骆氏锦衣卫世家是一个“伴随整个明朝，见证明朝兴衰历史”的显赫家族

考察整理研究表明，谱系完整没有断代的新田骆氏锦衣卫世家，从其先祖骆以诚自元末归附朱元璋起，就以军功先后在皇帝亲军和锦衣卫中供职，前后八代，续出高官，前四代世袭皇帝亲军指挥千户（正五品），后四代世袭锦衣卫指挥佥事（正四品），其中三代先后累官至锦衣卫指挥同知（从三品）、锦衣卫指挥使掌卫印（正三品），直至锦衣卫都指挥使兼左都督加授太子太师、太子太保、太子太傅（一品）、太子少傅，直至明朝灭亡，长达二百七十六年之久，是一个名副其实的锦衣卫世家。可以说，一部新田骆氏锦衣卫世家史，伴随了明朝的全部历史。明代新田骆氏家族这种历史现象，在全国来说是十分罕见的。毛佩奇先生在为《世家》所作序中肯定：“骆氏家族伴随整个明朝，是明朝兴衰的历史见证。”称赞：“本书弥补和验证了正史关于锦衣卫的记载，同时大大充实、丰富了新田的地方史。”中国明史学会常务副会长高寿仙先生在《明代锦衣卫世家骆氏之世系仕履》一文中也高度评价明代新田骆氏家族：“尽管明代实行军户世袭制，一家数代甚至多代在锦衣卫任职并不鲜见，但一家先后有三人执掌锦衣卫最高权力，还是比较罕见，骆氏或许是唯一的一家。”

（二）明代新田骆氏锦衣卫世家的政风家风是一个“史载相对公允”“整体评价比较高”“值得肯定”的望族

考察整理研究表明，明代的北京新田骆氏锦衣卫家族（军卫籍）与新田骆铭孙骆氏（原籍）是同宗同源的关系，是“一树两枝，花开两朵”。记载北京卫籍骆氏

的文献主要在明代官方传统文献中，记载原籍骆氏的文献主要在地方史志和家谱资料中。从现有的官方文献、地方史料和家谱记载以及当时和后人的评价来看，对北京锦衣卫世家骆氏的官绩政风整体评价是基本肯定的，其家教家风与原籍骆氏也是一脉相承的。如对骆安，《明世宗实录》记载骆安十数条，有因履职有功获奖励和晋升的，有上疏建言献策的，也有体恤爱惜下属的，等等。尤其是高拱在《骆安墓志铭》中给予了骆氏很高的评价，称赞骆安任群牧所千户时"勤慎有声"，任锦衣卫指挥同知时"劳勋为多"，掌锦衣卫指挥使时"秉慎持法""殚厥心力"，免职解甲后"即闭门谢客，绝口不谈世事，自奉冲约，耳无丝竹之娱，目鲜珍异之玩，惟训子读书，时或戚党弹棋话旧"。如对骆思恭，《明史》记载骆思恭掌锦衣卫时，敢于向"懒政"的嘉靖皇帝大胆建议要及时行热审清理积案，体现了担当与作为。道光《永州府志》对卫籍北京骆氏的评价更高，称高祖骆以诚"从征有功"，称骆安"安性谨厚，凡奉诏狱，遵用祖宗宪典，务协公论，故善得始终，为世所称云"，称骆思恭、骆养性"皆累官左都督，有能声"，称骆养性"独护持善类士君子，咸感之"。更为可贵的是，骆思恭掌锦衣卫时，"倡建湖南衡永郴桂四郡会馆"，"以为到京乡绅停骖之所"，骆养性又"复捐俸重修，掌管两辈"，早已入籍京都的两代锦衣卫骆氏虽然早已远离家乡，但浓浓的乡谊之情令后人感怀。所以胡凡先生在《嘉靖初锦衣卫指挥佥事骆安墓志铭发微》一文的结语中指出："从以上对骆安行实的考究中，我们感到高拱的墓志铭还是真实的概括了骆安一生。他在任群牧所千户时能做到'勤慎有声'；在任职锦衣卫掌卫者时能做到'惟公惟平'，不'纵慝'，不'幸功'，确实难能可贵；致仕后杜口、谢客、简约生活，是一个值得肯定的人物。"彭勇先生在《湖南新田原籍骆氏与卫籍骆氏之关联试析》一文中也指出，在"有限的官方文献记载，对卫籍骆氏的整体评价是比较高的"，不仅"后世的湖南地方志书对卫籍骆氏的整体评价都比较高"，就是"明代文献对本朝卫籍骆氏的官绩政风的记载也比较公允"，"新田卫籍骆氏同样有着不错的口碑"。

（三）明代新田骆氏锦衣卫世家人文价值是根植于新田大地的优秀传统文化遗产

新田地区，自古以来就有十分厚重的优秀历史文化传承。据史料记载，北宋新田有翰林黄弼[①]，南宋有"特科状元"乐雷发[②]，以及分别历经南宋宝祐元年

① 黄弼中北宋大中祥符四年（1011）进士，历官至朝奉郎、尚书度支员外郎（四品）、集贤校理，后知郴州军事兼管劝农营田事轻骑都尉、致仕时宋真宗皇帝"赐翰林山名、敕建御书台、翰林楼"。其故里现为龙泉镇东门桥村，御书台遗址尚在.

② 南宋宝祐元年（1253），乐雷发以在金銮殿上"廷试八策、条对切直"，被宋理宗皇帝赵昀"赐特科状元、赐田八百亩、敕建状元楼"。其故里现为龙泉镇潭田村，状元楼在老城中正街，至今保存完好.

（1253）、南宋开庆元年（1259）、南宋咸淳四年（1268）三朝的“一门三进士”的郭风、郭圻、郭新三父子，明代有“一门八代”新田骆氏锦衣卫世家，清代有率军援越抗法的“一县三将军”肖荣芳、刘玉成、谢继贵[①]，我党建党初期有共产党员北伐阵亡将领“黄埔三杰”之首的蒋先云，抗战时期有历经淞沪会战、滁州突围战、武汉保卫战、血染昆仑关的湖南首个抗日阵亡最高将军郑作民，新中国成立以后有献身于共和国科教战线成果斐然的谢厚籓、谢义伟、谢义炳“一门三教授”[②]，还有农业学大寨新田人民战天斗地，奋勇争先，博得了一代伟人毛泽东“南有新田”的崇高赞誉，等等。骆氏一族几百年效力国家的人文精神是新田众多历史文化中的一部分。

考察整理研究还表明，新田骆氏锦衣卫世家的先祖，出身平民，投身行伍，起于士卒，跻身皇庭，尽忠朝事，矢心报国，秉慎持法，勤慎有声，笃学好问，好义乐施，忠厚朴实，孝悌传家，书写了新田骆氏锦衣卫世家的不老传奇，在大明一朝，在新田历史上，都打下了深深的历史烙印。这种矢心报国的家国情怀，尽忠职守的忠诚担当，秉慎持法的刚正精神，笃学好问的经世操守，好义乐施的善行义举，孝悌传家的家教家风，无不孕育于中华五千年优秀文化的滋养中，根植于新田这块古老的土地上，是新田的优秀传统文化遗产，是留给我们的一笔宝贵的物质和精神财富。

明代新田骆氏锦衣卫世家亲历了明朝从开国到灭国的一系列重大历史事件，见证了明朝中期以后从兴盛到衰亡的全过程，在“伴君如伴虎”的年代，这一家族却能伴随整整一个朝代，这在明朝确属少见。我多年从事基层旅游工作的实践深深感到，文化是一个地方发展文旅融合产业的灵魂，发掘和创造人无我有的特色文化品牌，是一个地方文旅融合永续发展的内核，已成为国内外现代文旅产业永葆生命力的客观规律，这也是不争的事实。我挖掘整理新田骆氏锦衣卫世家的目的，旨在讲好新田故事，提升新田文化自信和文化软实力，唱响新田创新发展的主旋律，创造新田文旅融合差异化、个性化、创新性发展的新机遇。因为，新田骆氏锦衣卫世家史实和文物遗存，不仅属于新田，也属于全国。

---

① 其故里现分别在三井镇茂家村、龙泉镇梅家村、新圩镇石门头村，故居均尚存．

② 谢厚籓系民国开明绅士，毕业于英国伯明翰大学、先后任东北大学物理系教授、广西大学物理系主任、湖南大学物理系主任；谢义伟系谢厚籓长子，湖南大学政治学教授、主任、副教育长；谢义炳系谢厚籓次子，中国科学院院士和学部委员、北京大学气象物理系教授兼主任、中国气象物理学会名誉理事长．

四、明代新田骆氏锦衣卫世家的历史疑问

（一）锦衣卫世家始祖骆以诚何时“占籍燕山中护卫”？

《骆安墓志铭》载：“高大父当元末时归附太祖高皇帝，后遂占籍燕山中护卫”。高大父即卫籍北京骆氏的始祖，墓志铭虽未指名，但地方志和族谱均载明是骆以诚。关于卫籍北京骆氏的始祖，这里明确了两个重要史实。一个史实是骆以诚是“归附军”，即当元末纷乱时，湖广一带为陈友谅据有和控制，陈谅败亡后，骆以诚投靠归附了朱元璋。由于有“战阵功”，到朱元璋洪武元年（1368）南京建国时累官至千户，成为一名武将。另一个史实是骆以诚成了燕王朱棣的“护卫军”，并成了卫籍北京骆氏的始祖。至于骆以诚何时“占籍燕山中护卫”，传统文献及家谱均未记载。根据《明太祖实录》大致推断是，明太祖于洪武三年（1370）封四子朱棣为燕王，洪武五年（1372）正月，“改龙虎卫为燕山护卫”，洪武十一年（1378）六月，朱元璋“置燕山中、左二护卫指挥司”，至洪武十三年（1380）燕王就藩北京，“给赐燕山中、左二护卫侍从将士五千七百七十人，钞二万七千七百七十一绽”，骆以诚应该是这个时候又归附到了燕王麾下并随同燕王入籍北京军卫的。至于家谱载骆以诚是否是“亡于阵”，亡于何时，暂无考证，但应该卒于朱棣发动靖难之役以前。

（二）锦衣卫世家始祖骆以诚究竟有几个儿子？

《骆安墓志铭》载骆以诚“生二子，曰寄保，曰善”。而嘉庆《骆氏宗谱》却载骆以诚“妣邓氏，生二子，长子寄保，次子婆保”，“以诚长子寄保公，卜居京都顺天府瓦窑头，妣□氏，生一子骆升，父子生殁俱在瓦窑头宗谱，以诚次子婆保公，开户石羊洞厦源，妣宋氏，生一子，法荣”。这里《骆安墓志铭》与骆氏族谱的记载，虽然都记载了骆以诚生有两个儿子，但却有明显的矛盾和出入，最大的区别和疑问有二：一是谱载骆寄保有一子叫骆升，墓志铭却载骆寄保“死无嗣”，没有后代。二是二子骆（寄）善谱载未提及，与骆婆保究竟是否是同一人？笔者认为骆寄善与骆婆保不是同一人，是否可推断以下这种情形：骆以诚“随征明太祖起兵克敌”以后，留下夫人邓氏及寄保、婆保两个儿子在新田，骆以诚在外带兵打仗，明洪武元年（1368）朱元璋建国时官至指挥千户（骆以诚时年二十岁），“占籍燕山中护卫”，落籍京都顺天府瓦窑头后，骆以诚又在京都娶了侧室，并生下了个儿子骆寄善，而家乡人并不清楚。骆以诚大儿子骆寄保长大后，也跟随父亲骆以诚来到了京都。骆以诚“亡于阵”后，骆寄保承袭父职，官至济阳卫正千户。骆寄保死后无嗣，同父异母的弟弟骆寄善承袭了长兄的官职。这样，骆以诚其实就有三个儿子，

两个在京都，一个在原籍新田厦源。笔者认为，这种情形，应属正常的历史现象和合理推断。

（三）锦衣卫世家二世祖骆寄保参加了“靖难之役”吗？

骆以诚占籍燕山中护卫后，按照明代的军户世袭制度，骆寄保承袭了父职。后来朱棣发动靖难之役，骆寄保毫无疑问参加了靖难之役，立功以后升为了济阳卫正千户。据《明史》记载，济阳卫与燕山中护卫一样是亲军卫，属于“上十位，永乐中置”。《明史》还记载，洪武时期的北平都司已有济阳卫，后来在永乐四年（1406）升为亲军卫。所以《骆安墓志铭》载：“保有战阵功，官济阳卫正千户”，并称赞骆寄保“有子孔武，翊卫文皇。汗马树勋，南北翱翔”。后来骆寄保战死，由于年轻没有后代，按照“兄终弟及”，骆寄善承袭了兄长的正千户之职。这里清楚表明，骆安的二世祖骆寄保有勇有谋，跟随燕王朱棣南征北战，战功赫赫，成为成祖皇帝朱棣的心腹爱将。作为帮助“篡位之君”朱棣夺取皇位的有功之臣，骆寄保深得朱棣厚爱和赏赐，并效死尽忠永乐皇帝朱棣也是常理之中，绝不可能与朱棣有贰心。有人说《骆安墓志铭》的发现，表明新田骆氏锦衣卫世家先祖与“建文帝踪迹新田”，有着千丝万缕的联系，是骆氏锦衣卫世家在朝中和民间唱双簧，构成一张保护建文帝避难新田的网。笔者认为，这种联想几乎是妄断。要知道，朱棣是个好皇帝，但不是个好人。“篡位之君”朱棣夺取建文帝皇位后，为了臣服天下臣民，采取的第一个手段，就是对不服和反对他的建文帝旧臣实现了极为残暴的血洗和屠戮，创下了诛灭“读书种子”方孝孺“十族”的前无古人、后无来者的历史记录。同时，锦衣卫创设于洪武十五年，洪武二十年（1387）已废止，直到永乐初才又恢复。而新田骆氏锦衣卫世家的先祖骆以诚、骆寄保、骆寄善、骆广等均一直在北方京都亲军任事，与在南京在位四年的建文帝应无多大交接。因此，在笔者看来，新田骆氏锦衣卫世家作为贯穿有明一朝的客观史实，是一个实实在在的客观存在，不应该把客观史实与臆造的传说故事联系起来做过份解读，这不是唯物史观，历史就是历史，传说就是传说。

（四）锦衣卫世家三世祖骆广“改卫羽林”是锦衣卫吗？

《骆安墓志铭》载：“善承其官，而传其子广，广改卫羽林，而传其子胜”。这里是说，北京卫籍骆氏的三世祖骆广在父亲骆寄善去世后，承袭改为羽林卫了。“改卫羽林”，其实应该是一种笼统的说法。朱元璋建立明朝前，曾经设置羽林卫，但在吴元年（1367）改为羽林左、右二卫。洪武三十五年（1402）朱棣升燕山中护卫为羽林前卫。羽林左、右、前三卫，均属亲军卫，传统文献提到羽林三卫，大都统称羽林卫。考虑到羽林左、右二卫是洪武年间设立的，而羽林前卫是由燕山中护卫升置的，而骆以诚原本属于燕山中护卫，所有高寿仙先生推断“骆广改属卫分，应当就是羽林前卫”。骆广去世后，其子骆胜袭职，生活轨迹发生了重要转变。当时明宪宗第二子朱祐杬于成化二十三年（1487）受封为兴王，弘治三年（1490）出府。骆胜应当就是在这一年被任命为群牧所千户，弘治七年（1494）九月，骆胜扈从兴王之国，其子骆安随同来到湖广安陆。因此，在洪熙、宣德、正统、景泰、天顺、成化、弘治、正德八朝，北京卫籍骆氏基本在亲军护卫供职，骆氏之转入锦衣卫，是从骆安开始的。

（五）左都督骆思恭是骆安嫡孙吗？

关于骆安的后代，《骆安墓志铭》记载是“李淑人无子，生女一，适杨通政子化。侧室高生男，曰椿，娶于宣。”可知骆安正妻只生了一个女儿，已经出嫁于杨化，侧室高氏则生了一个儿子，名叫骆椿，已经娶妻宣氏，尚无子女，因按墓志铭的惯例，假如铭主已有孙辈是应写上以示子孙绵延的。关于骆椿，《锦衣卫选薄》载：“嘉靖二十九年二月，骆椿，年二十，宁远县人，系锦衣卫故指挥佥事骆安庶长男。伊父原袭祖职正千户，随驾升指挥同知，督捕升指挥使。所据随驾并督捕升职，不由军功；推升都指挥使，系流官，俱例无承袭。但随驾职级，奉有明旨世袭。已经论劾，降做指挥佥事。今本舍与袭指挥佥事一辈。”“嘉靖四十四年，骆秉良，年三十六岁，宁阳县人，系锦衣卫故带俸指挥佥事骆椿亲兄。查伊父骆安以祖职正千户从龙，升指挥佥事。弟椿沿袭已经一辈，例应减革。本舍平袭祖职正千户。”据此，高寿仙先生在《明代锦衣卫世家骆氏之世系仕履》一文中考证指出，骆安之子骆椿生于嘉靖十年（1531），是年骆安已经五十八岁。嘉靖二十八年（1549）骆安去世，此年骆椿以“庶长男”身份二十岁袭父职，约三十岁时不幸早死，由于没有后代，由其堂兄长骆秉良袭职。骆秉良生于嘉靖五年（1526），比骆椿年长五岁。由于骆椿死后无子，于是骆家便将骆秉良立为骆安嗣子，并以骆椿“亲兄”名义申请袭职。按照当时通行的承嗣原则，骆秉良作为骆安之侄，可能是骆定或者骆寅之子。因骆安的指挥佥事职级，已经由骆椿承袭一辈，所以骆秉良只能降级袭祖职为正千户了。也由此断定，骆思恭、骆养性父子已是骆秉良之嫡孙。

（六）左都督骆思恭生于何时初授何职何时免职？

关于骆思恭出生年代和袭职情形，目前尚未发现相关资料。不过，据《明熹宗七年都察院实录》记载，天启四年（1624）御史赵延庆弹劾骆思恭透露了一点重要的信息：“思恭起家会举，不过一穷滑耳……思恭以皓首耆年，不肯引例，是尚解止足之义乎？且动以疾请矣，踉跄病躯，岂堪近御？犹思以侍卫为戏局，以金吾为不拔，以摇尾为便计，终此身不忍易耳。老与疾合，思恭城万无再入班行之礼也。”这里，赵延庆指责骆思恭“以皓首耆年，不肯引例”，可知天启四年（1624），骆思恭已年过六十，可推算其出生年份最迟不晚于嘉靖四十四年（1565）。骆思恭“起家会举”，当指其通过京卫武学会举而得授职升官，其初授何职限于资料尚不得知，其最早见于《实录》，是万历三十年（1602）十月被补为锦衣卫南镇抚司佥事管事。万历四十年（1612）十一月，军政考核时升指挥同知，次月以佥书掌锦衣卫堂上事。万历四十二年（1614）十月，以访获假印功升一级。万历四十四年（1616）七月，以锦衣卫掌卫事都指挥使的身份上疏言事，说明此前其已升为正二品的都指挥使。泰昌元年（1620）十一月，明熹宗“以先帝东宫侍卫，加恩锦衣卫都指挥使骆思恭等四百余员名，俱加授职衔有差”，次月骆思恭以三年类奏楫获功，由锦衣卫都督同知升为左都督，仍掌卫事，升为正一品官员。天启元年（1621）十月，明熹宗“以皇祖考妣、皇考妣襄祔礼成”，加恩骆思恭为太子太保；二年（1622）二月，因明光宗陵工告成，加升骆思恭少保兼太子太保；三年（1623）十二月，录锦衣卫二年楫获功，荫骆思恭一子本卫百户，旋以皇子大庆加升骆思恭少傅兼太子太傅。关于骆思恭去职，据徐肇台《甲乙记政录》，骆思恭获准辞职，是在天启四年（1624）十一月二十日：“锦衣卫骆思恭一本，臣病未痊事。奉圣旨：‘骆思恭侍卫有年，勤劳茂著。既告病恳切，准辞任调理。’”到二十五日田尔耕正式接任：“兵部一本，缺官事。奉圣旨：‘田尔耕着本卫掌印管事，提督东司房官旗，写敕与他。’”骆思恭卒于崇祯九年（1636），有子三，除骆养性外，还有养心、养志，养心任锦衣卫百户，养志任职内阁中书。

（七）左都督骆养性籍贯为何有史籍载“湖广嘉鱼人”？

关于骆养性籍贯，明清大部分史籍均明载“湖广宁远（今新田）人”。但清雍正编《浙江通志》和乾隆编《贰臣传》之《骆养性烈传》却均载“骆养性，字太和，湖广嘉鱼人”，笔者认为此系误传，特作补正。理由如下：一是《湖南通志》《永州府志》《新田县志》等地方传统文献均一致载明“湖广宁远（今新田）人”。二是骆养性之子骆祚昌在《呈王宦占上湖南会馆词》中，明确说明自己“祖籍湖广永州宁远县人”。三是清初计六奇所撰《明季北略》也云：“骆养性，字太和，系湖广永州籍，顺天大兴人”。四是致误缘由可能与以下两件事有关：一件是万历四十一年（1613），骆思恭曾在一份《同乡公揭》上署名，而这份公揭系湖广人为嘉鱼籍官员方逢时请谥所作；一件是崇祯十五年（1642），熊开元因疏攻周延儒触怒皇帝，令锦衣卫逮治，史籍谓“卫帅骆养性，开元乡人也”，而熊开元恰好也是嘉鱼人。

（八）左都督骆养性何时掌职锦衣卫？

骆养性袭职锦衣卫百户起家，崇祯二年（1629）九月，升南镇抚司佥书，崇祯十年（1637）九月，杨嗣昌在《杨文弱先生集》之《再奏推举卫员疏》中提道："兹者南司佥书骆养性缺出，例当推补"。可知骆养性已由南司佥书升职为都督佥事（正二品）。崇祯十五年（1642）十月，骆养性由都督佥事进都督同知。崇祯十六年（1643）六月，进左都督。后来清朝叙迎顺各官功，称骆养性为"锦衣卫提督东司房太子太傅左都督"，可知明亡前其已加太子太傅衔，此外还获得"特赐肩舆"的殊荣。至于骆养性何时掌锦衣卫事，尚未见明确记载。清人赵吉人在《寄园寄所寄》之《焚尘寄胜国遗闻》中指出："掌金吾事郭承吴罢，骆养性以非次用，由宜兴所拔。"李清也记述说："骆金吾养性，楚人，周辅延儒特用也。吴辅甡以序不应及，独谓不可。"可知骆养性是在郭承吴被罢后，由周延儒推荐越次擢用，曾遭到吴甡反对。崇祯十四年（1641）九月，周延儒再次担任首辅，而吴甡入阁是在崇祯十五年（1642）六月，既然吴甡曾反对越次擢用骆养性，则骆养性掌锦衣卫事当在崇祯十五年（1642）六月以后。骆养性掌卫事不久，吴甡奏请清厘锦衣卫冗杂，周延儒也奏罢厂卫楫事，引起骆养性不悦。周延儒也越来越对骆养性感到不满，想用他人代替其职，这自然更引起骆养性怨恨。崇祯十六年（1643）四月，清军抵达北京附近，周延儒自请视师，却惧敌不战，假传捷报蒙骗皇帝。骆养性等揭发其罪，周延儒最终被勒令自尽。

（九）原籍骆铭孙古迹今犹在，卫籍骆氏后裔今何在？

明代新田骆氏锦衣卫世家原籍骆铭孙村，坐落在湖南省永州市新田县南部，两市三县交界，是一个拥有近四千人的大村落，绝大多数村民姓骆，2018 年，该村因优美的自然风光、厚重的人文古迹，被列入第五批"中国传统村落保护名录"。该村至今仍保存的几处古迹令人叹为观止，其中有一座"锦衣总宪"匾额的木制牌楼，族谱载建于明万历年间，由于时代久远，传闻异词，或说为明神宗所赐，或说乡绅、族人所为，或说为骆安所建，或说为骆思恭所建，不一而足。明史专家断言，"这座牌楼是目前仅见的与明代锦衣卫相关的大型地面建筑遗存，其历史文物价值不可估量"，"全国仅有，没有第二"。另一处古迹是挂有"楚南望族"匾额的木制牌楼和四合院式公祠合二为一的古建筑群，村民历来叫"上京都湖南会馆"，缘由是锦衣卫骆氏一支虽然久居北京，但传至骆思恭父子，仍然不忘桑梓，京都上湖南会馆，就是由骆思恭父子等倡建掌管的。骆养性子祚昌在《呈王宦占上湖南会馆词》中对此有清楚说明："昌祖籍湖广永州宁远县人，有先祖名思恭，于明季锦衣卫掌印时，捐银同诸乡绅置得上湖南衡永郴二府一州会馆，坐落草厂十条街胡同，房一连两处，以为到京乡绅停骖之所。先父复捐俸重修，掌管两辈。”村民为了纪念骆思恭父子的功德，至今仍把村公祠叫“上京都湖南会馆”。骆养性有两子祚久、祚昌，骆祚久以监生的身份，于康熙六年（1667）出任广东从化知县，任期大约至康熙十一年（1672）。骆祚昌是顺天府儒学生员，骆祚昌在《呈王宦占上湖南会馆词》中有“此馆先贤费无限之金银留遗至今，九年来占住者不修”之说，可知大约写于顺治十五年（1658），骆祚昌写此状缘由是骆养性赴任浙江时，将上湖南会馆委托他人看守，后被湖北黄冈人翰林王泽宏占住，骆祚昌回京，具呈官府索要，几经周折，会馆又回到上湖南人手中。骆祚久、骆祚昌此后情况未见记载，锦衣卫骆氏后裔也湮没无闻，至今尚待探隐查寻。

（作者单位：新田县人民政府调研员）

附：

从卫所到州县：明代太仓城“里铺”管辖关系演变

黄忠鑫

一、引言

中古以来的城市基层行政系统（厢坊等）一直是近年来中国城市史领域关注较多的话题，学界也得出不少成果，但多从宏观着手，寻找其中共性，还缺乏个案的有效印证，使得某些问题尚未形成普遍认识。唐宋变革之后，地方城市基层管理组织的演变各有不同，开展对典型城市的深入研究很有必要。目前，学界也对部分江南城市（如常州、湖州、盐官等）[①]开展研究，虽然已经积累了一些典型个案，但是对于揭示城市基层行政系统全貌这一研究目标而言仍显不足。

相较周边许多江南城市，长江口南岸的太仓城相对“年轻”。“太仓”之名由来已久，该地筑城并作为州县级行政治所的历史却并不算长。元延祐二年（1315），昆山州治曾一度迁至太仓，但至元十六年（1356）张士诚据吴后又回迁昆山。其时张士诚始于太仓筑城。明洪武元年（1368）在此设太仓卫，十二年（1379）分设镇海卫，至弘治十年（1497）割昆山、常熟、嘉定之地建太仓州。清雍正三年（1725）升太仓为直隶州，同时析州地为镇洋县，州、县同城而治。

成立于元末明初的太仓城，因未经历坊制时代而在江南地方城市群中别具一格。太仓城中的“坊”，只是以牌坊或街巷的形式出现的，指城内的道路与单体建筑，与城市管理旧制“坊厢”无关。城内基层行政系统是“里铺”，了解其功能和空间格局的演变，才是认识该城基层行政组织的关键。

太仓城内基层行政组织建制的起点在元末明初，且在后世的变化不大。这是该

① 如钟翀等：《宋代以来常州城中的“厢”》，《杭州师范大学学报》2016 年第 1 期；来亚文等：《宋代湖州城的“界”与“坊”》，《杭州师范大学学报》2016 年第 1 期；方毓琦：《明清海宁县城的基层管理组织形式与变迁》，《都市文化研究》第 14 辑，上海，三联书店，2016 年，等等 .

城“里铺”复原研究的前提条件。建置历史还决定了太仓史料留存以明清文献为特征，而该时期丰富的方志文献构成了本研究的核心史料。其中，宣统《太仓州镇洋县志》①所载《州县城图》是最早的太仓城市实测地图。本文将以该图作为底图，同时参考崇祯《太仓州志》②、嘉庆《直隶太仓州志》③所刊《太仓州城图》，并结合相关文字史料开展复原作业。从方志资料来说，本文主要利用上述的《崇祯志》与《嘉庆志》，同时也全面收集了其他现存方志所载相关内容来展开考察④。

因此，本文以太仓城作为研究对象，运用城市历史形态学方法并结合历代文献资料，试图梳理太仓城中各种形式的“铺”之关系及“里铺”的职能，通过这一城市的长期演变分析，复原“里铺”这一基层行政组织的历史实态。

二、“里铺”的源流与涵义

明清时期太仓城中的“铺”，其涵义根据该地方志记载，可分为“急递铺”“城铺”即“城上巡警铺”，以及“里铺”即“城中巡警铺”三种，其中“里铺”是具有一定空间范围的城市基层行政职能机构。

太仓现存最早《弘治志》并未见“里铺”记载。该志卷二《铺舍》所记城内一处、乡间四处“急递铺”，当是邮驿。乾隆《镇洋县志》卷二《营建·里铺》将这五处“铺舍”与后文述及的“里铺”置于同一条目之下，但对各自源流叙述清晰，“铺舍”即为急递铺，而“城内外划地为界曰铺”，才是“里铺”。显然，这只是根据方志编纂便利而安排的，两者性质完全不同。

---

①［清］王祖畬纂修：宣统《太仓州镇洋县志》，《中国地方志集成》江苏府县志辑第18册，南京，江苏古籍出版社，1991年.此方志分为宣统《太仓州志》、宣统《镇洋县志》两种，本文所用《州县城图》载宣统《太仓州志》。本文分别简称《宣统州志》《宣统县志》，图简称“宣统图”。1919所刊《太仓州志》与《镇洋县志》即此二志再刊本.

②［明］钱肃乐修，张采纂：崇祯《太仓州志》，《原国立北平图书馆甲库善本丛书》第313册，北京，国家图书馆出版社，2014年.本文简称《崇祯志》.

③［清］王昶纂修：嘉庆《直隶太仓州志》，《续修四库全书》第698册，上海，上海古籍出版社，1995年.本文简称《嘉庆志》.

④［明］李端修，桑悦纂：弘治《太仓州志》，《日本藏中国罕见地方志丛刊续编》第3册，北京，北京图书馆出版社，2003年.本文简称《弘治志》；［明］张寅纂：嘉靖《太仓州志》，《天一阁藏明代方志选刊续编》第20册，上海，上海书店，1990年.本文简称《嘉靖志》；乾隆《太仓卫志》，同治四年（1865）增补抄本二册，中国国家图书馆藏，国家图书馆“数字方志”数据库和苏州市图书馆“馆藏古籍数据库”都公布了这部卫志的全部扫描图片。该书由知州王师旦、知县金鸿倡导修纂并组织“名儒分司设局”，于乾隆八年修成，但书中内容并未提及何人主纂。书首序言还有光绪七年太仓卫刘镇铎题字；［清］金鸿修，李鏻纂：乾隆《镇洋县志》，《天春园藏善本方志选编》第57—59册，北京，学苑出版社，2009年.

“里铺”之名亦未见载于此后的《正德志》《嘉靖志》。最早的记录是《崇祯志》，其卷二《里铺》条的按语有较详细描述：

> 析城郭地为界，名之曰铺。旧志：城中巡警铺三十有六，分属两卫，总于州。嘉靖三年，知州刘世龙并十有八，仍分属。今约城中铺十五，合城外则二十四，与旧不符，莫审繇改。

按上下文意，此处“今约城中铺十五”当指对“城中巡警铺”的简并之举，崇祯时其数为十五（具体里铺名称详本文下节）。从“析城郭地为界，名之曰铺”可知，“里铺”应该是由“城中巡警铺”演变而来，并可简称为“铺”。

《崇祯志》中的“旧志”即指《嘉靖志》。但《嘉靖志》将相关内容载于卷三《兵防》之下，暗示了“里铺”的渊源：“城中巡警铺三十有六，半属太仓卫，半属镇海卫，而州则总之……嘉靖三年以后，知州刘世龙……乃损之，并而为十有八，俾二卫亦各司其半焉。”由此还可以判断，“里铺”之上有“州”“卫”两层的统辖关系，即有明显的军事防御色彩，州县行政干预亦十分突出，才有知州亲自裁减之行为。至此，嘉靖时已经出现的“城中巡警铺”之名，亦即后世所谓的“里铺”。

不过，倘若往前追溯，则可发现《弘治志》中首次出现了“城铺”一词。其卷二《城池》称：

> 天顺六年九月……自大南门转西直至东城隅……城铺三十五，属太仓。自大南门直东抵城北角……城铺三十，属镇海。

《嘉靖志》亦有相同记载，卷二《城池》提及：“天顺六年……自大南门折而西至东北城隅……城铺三十五，属太仓卫。自大南门直东抵城北角……城铺三十，属镇海卫”。结合这两条记载来看，天顺年间太仓“城铺”共有六十五个，皆为绕城分布。又据《嘉靖志》卷三《兵防》载，这些“城铺”应为“城上巡警铺”：

> 城上巡警铺六十有五……自南门城楼右第一铺东循，历朝阳门复北环东门之东北隅，铺凡三十，属镇海卫百户。自南城楼右第二铺环历大小二西门、大小二北门至东城门之东北隅，铺凡三十有五，属太仓卫百户。嘉靖十九年增置一铺于故小东门城上，则亦典于镇海卫百户。

“城上巡警铺”数量原为六十五个，与前志记载吻合，只是在嘉靖年间数量增加一个，亦位于城上。“城上巡警铺”无论是数量和分布形态，都与“里铺”有着本质区别，所以从《嘉靖志》开始区分为“城上”和“城中”。

《崇祯志》卷二《城池》进一步提出：“城上巡警铺，亦名窝铺，旧凡六十五，嘉靖十九年于小东门增一，共六十六”。与“城上巡警铺”同义的是“窝铺”，该词在其他地区亦出现。黄仲昭的《(成化二十一年，1485)重修三山城橹记》言：“(洪武)六年，福州中卫指挥李惠等重加修治，并建楼橹，周而覆之……窝铺九十八。”[①]这里所谓的“窝铺”，便是城墙军事防御的组成部分，亦即“更铺”“巡警铺”。

又据乾隆《镇洋县志》载：

> 城上旧有巡警铺共六十六，今俱废……城上巡警铺，县境旧设若干，今无考。[②]

《嘉庆志》卷四《营建》亦载：“正德十年，知州黄廷宣建楼，前榜大东曰宾曦，大西曰迎恩，大南曰广济，大北曰拱辰，后并圮。城上巡警铺六十六，今俱废。”此两条都记录显示清乾隆、嘉庆时城上巡警铺已经废除。显然，“城上巡警铺”(城铺)与上文提及演变为“里铺”的“城中巡警铺”是完全不同的。嘉靖三年(1524)“城中巡警铺”从三十六个并为十八个，到崇祯时又减至十五个，这些城中铺又称“里铺”，从宣统《镇洋县志》等后续的方志来看，“里铺”在太仓城内具有很强的继承性，作为城内的基层行政组织，其存在一直持续到晚清民国之际，可以说是太仓自建城以来最主要也是持续时间最久的一种城市基层管理单位，而与之相对的“城上巡警铺”数量变化不大，至迟在清中叶时已废置。

“里铺”的稳定性，主要表现在其数量和边界自明后期至有清一代都是相对稳定的。在现存方志中，对“里铺”分布的明确记载，首现于《崇祯志》，共有十五个。此后的《嘉庆志》卷五《营建下》的记载颇为详细，但也有所不同。主要的变化是由于雍正三年(1725)升太仓为直隶州，析州地为镇洋县，同城而治。自此，出现了属州“里铺”、属县“里铺”、州县共辖“里铺”三种情况。独属太仓州者有州前、崇明观、太平桥、天妃宫、鼓楼、税务、兴德、中政坊八个；独属镇洋县的里铺为元坛、县前、兴政、长春、大南门五个[③]；州县共辖的可以明确有雷应堂、文政两个。此时太仓城中“里铺”之数应该有十六个，较之《崇祯志》多了“县前”

① 正德《福州府志》卷三六《文翰志·纪述·国朝》，第478页.

② 乾隆《镇洋县志》卷二《营建·城池》，第57册，第150—151页.

③《嘉庆志》所载镇洋县的铺名，与乾隆《镇洋县志》卷二《营建·里铺》的记载完全一致.

一铺。据《嘉庆志》的记载，“太仓州”条下的泰周铺也是“州县共辖”，又在“镇洋县”条下载：“县前铺，旧名泰周铺，州县共辖，属县境者改今名”。从字面可推知，雍正三年前的旧泰周铺范围才算是州县共辖，分割后的泰周铺属太仓州，属于镇洋县的部分则改名为县前铺。

宣统的州县两志与《嘉庆志》关于“里铺”的记载基本相同，仅在兴德铺的描述细节不同。《宣统州志》卷四《营建·里铺》云，“兴德铺：北接税务铺，南至长春桥”，而《嘉庆志》则说“南至长春铺”。按历来方志中的记述以里铺为界的习惯，此处“长春桥”当为“长春铺”之误。

通过上述比较可以看到，自明《崇祯志》以来，虽有升州析县之政区建置与边界的变动，但并未使城内“里铺”的格局发生大的改变。而《崇祯志》以来有关“里铺”记载的不同，也只是详略差异所致，反映“里铺”这一组织从明末直至清末其格局一直较为稳定，成为后文开展其分布复原的基础。

三、“里铺”的组织构成与职能

上节梳理了太仓城两种类型巡警铺的演变脉络。至于“城铺”与“里铺”两者的渊源为何，在弘治、嘉靖等志书中已有提及，《嘉庆志》卷二十三《兵防》对此概括如下：

> 明太仓卫指挥使司：明太祖吴元年设于太仓陈门桥西南……千户所存左、右、前、后四所军旗，共四千名，常日操练，有警听调，分管城中巡警铺十八，城上巡警铺三十六。永乐五年以后拨驾酒船，详《漕政志》。
>
> 镇海卫指挥使司：洪武十二年分太仓卫，官军设于太仓武陵桥西北元市舶提举司基，时为昆山县境，今属太仓州……额军共四千名，常日操练，有警听调，分管城中巡警铺十八，城上巡警铺三十。永乐五年以后拨驾酒船，详《漕政志》。

元末朱元璋在吴元年（1367）置卫所，管辖太仓城内的两类巡警铺。置铺的起点可能就在这一年。而考虑到此前数年张士诚始筑太仓城，也有可能在张士诚筑城之后即有此编制。因为在城上设铺巡警驻守，早在中古时代即已有之[①]。入明之后，

① 据万历《闽书》转引的黄滔《修城记》，五代梁开平三年（909）修筑福州南北月城之后，就在城墙上架屋设廊、鸣鼓司更之情景，称为“更铺”，共计 70 处。参看［明］何乔远《闽书》卷三二《建置志·福州府》，福州，福建人民出版社，1994 年，第 777—778 页．

其他城市的例子也显示出城上巡警铺由卫所负责修治管理[①]。不管如何，在“年轻”的太仓城，巡警铺源于元末应无疑问。

“里铺”最初当为“城中巡警铺”，是卫所下辖分管的组织，其人员构成应该是官军和民户。《崇祯志》卷二《城池》记载：

> 凡铺典以百户一员，间有两百户、三百户一铺者。修城军十之三，民七，以丈尺为限。

可见，铺的划分与户数有关，首领似乎称为“铺典”，但这里并未说明户数是否包括军户，只提及修城以“军三民七”为准则。《崇祯志》卷二《里铺》又引用“旧志”称：“城中巡警铺与城上巡警铺并次，则知旧时铺各有舍，基地皆民占，父老犹间能指数也”。无论城上还是城内的巡警铺舍基地，既然在明末为民所占，就说明原来的主人应是卫所军户。又据《嘉靖志》卷三《兵防》载曰：“城中巡警铺……其宿铺司夜者不问军民，惟以本铺所管里巷居户轮直”。这就明确记载此时的巡警铺是由“里巷居民”轮流充任，不再区分军民。易言之，此前的巡警铺是依据军、民户籍分别充任的。

《嘉靖志》卷二《城池》在罗列了城门和“城铺”数量后，还明确提道：“每铺军余五名，每门官军四十二员名看把”。而“城铺”即为城上巡警铺，“军余”是卫所正军之外的余丁，也要当差服役。《崇祯志》卷十《兵防志》载有太仓卫有守铺舍人二百一十名，月支粮八斗；镇海卫也有守窝铺舍人名目，每月支粮六斗。这些证据也说明了城门及城墙之上的“城上巡警铺”应有卫所军士把守。

总之，从渊源及后世演变判断，巡警铺内的驻守人员主要是卫所军户。此后则逐渐演化为军籍负责城上巡警铺，而民籍以城中巡警铺为主要承役巡更之所。至明末，两类巡警铺更是发生了“各有舍，基地皆民占”之情形。

这种格局变化，也与太仓城市性质变迁息息相关。太仓从元明之际开始就是一座军事驻防城密切有关，其城内军户居住格局是：“太仓、镇海二卫军营界，四环列里城下，有二重及三重者，惟百户得杂居其中，各治其所属”[②]。也就是说，军户在城内环城墙而居，城内街区中是军民杂居，因而城上和城中巡警铺的人员构成各异。

如前所述，巡警铺的管辖机构是“分属两卫，总于州”，即太仓州总领全城所

---

① 黄忠鑫：《清代福州城市街区中的“铺”》，唐力行主编：《江南社会历史评论》第10期，北京，商务印书馆，2017年，第315页.

② 嘉靖《太仓州志》卷三《兵防》，第214页.

有的铺，每个卫各领一半的城中和城上巡警铺。这应该是弘治十年（1497）设州之后的建置。太仓原是分属两卫的军城，因为港口功能也聚集了一些商业运输人群。因而铺的分辖才是其初创时的形态，利用驻军对城内居民进行管理。自从太仓州设立之后，“卫始专管卫事”[①]，职能范围缩小，州的总领作用才有可能加强。其实，设州的一个目的就是弹压卫所军士，防止其“欺凌民户”，保证“民有宗主”[②]。与此同时，巡警铺的演变趋势也是城上铺逐渐衰微，城中铺演变为“里铺”，军事防守让渡于治安行政，恰好说明了正式政区对于基层行政组织之影响。

“城中巡警铺”又名“里铺”，其名称是否与明代里甲制度有关？从史料中得到的答案是否定的。《嘉庆志》对“太仓卫署”这一地物的描述中，前后记载有所不同。卷四《营建上·公署·太仓州》中载为：“在县界长春铺”，又在卷二十五《漕政》中记为：“在长春里”。这两条记载在同一本方志中，似可理解为“里”与“里铺”互通。但是，现汇集各方志中涉及太仓州城内“里”的条目仅四例，罗列如下：《嘉靖志》卷四《公署》称，“府馆，在镇民桥西长春里”，同书卷四《社学》亦言“二卿祠……先在陈门桥西南，改三官庙为之后移置常春里文昌祠”[③]，《嘉庆志》卷四《营建上·坛庙·太仓州》载，“武庙，在小西门内长春里”同书卷二十五《漕政·卫制》：“太仓卫署，在长春里”。从这些记载来看，方志所及州城内的“里”，只有长春里。也就是说，“里”与“里铺”互称仅为孤例。

另外，在《宣统州志》卷七《赋役·中乡》中有记载代替“里”的行政组织“图”，其文如下：

> 按：旧志：某都之下皆注若干里，改明制排年，征粮以一百十户为一里，十年更定。清废排年而用版图。按图征粮，里之名遂就湮。今按：里数与图，数亦相将。知为排年，旧制非道里，方里无疑，里无定而图有定。不但征粮为善，其地址亦见明确，且都以统图，图以统圩，一气相生。非若里以户计者之歧出，故改，从今制。都之下不系以里，系以图圩。志其梗概，以见今昔情形之不同也。

从中可得，与“里”制有着直接关系的是“图”制。其中“里数与图，数亦

① 乾隆《太仓卫志》卷三《建置·公廨》，第65页.

②［明］朱瑄：《奏立州治以安地方疏》，嘉靖《太仓州志》卷一〇《遗文》，第737页.

③ 此处“常春里”即为“长春里”。因后《嘉庆志》卷五一《古迹·寺观》记载到：“三官阁，在镇民桥西南……后改二乡祠。嘉靖间二乡移祠长春里文昌祠，仍为三官阁。”又之后此本记载府馆在“长春里”，故此处“常”为“长”误.

相将”表明了“里”与“图”的直接继承关系，都是赋税组织。并无充分证据说明“里铺”具有赋税征收职能，亦即“里 / 图”与“里铺”不存在直接联系，应是两个并行的基层行政系统。

“里铺”沿袭的是巡警铺巡查治安之基本功能。前述《嘉靖志》就说明了由城内居民轮流承担巡警铺的巡更职能。又根据《崇祯志》卷二《城池·里铺》记载：

> 每铺设总甲一人。凡官有杂役，则计户出夫，名地方夫。集召皆责成总甲。故总甲亦呼地方，且得擅质剂，若举失其当，甚为害然。旧志城中巡警铺与城上巡警铺并次，则知旧时铺各有舍，基地皆民占，父老犹间能指数也。

至迟到明末崇祯时期，“里铺”已经编排总甲，作为每铺的负责人。总甲负责佥点地方夫役，在当地政府需要民力时“计户出夫”。“里铺”的功能进一步丰富，成为杂役的承担组织。总甲也因为这类佥点职能，在地方社会具有一定权势。实际上，明代南北二京都有城中巡警铺编为总甲的过程。北京的《宛署杂记》有嘉靖朝“总甲以铺舍为定，铺舍以人户为准”的记录[①]，南京的字铺也有佥点总甲、火夫[②]。但是，两京毕竟是辇毂之地，与作为地方城市的太仓有着显著的差异。一方面，两京皆设有直属朝廷的五城兵马司和巡城御史专理城市事务，铺甲由其统领，不受附郭府县的约束。太仓虽以铺为基层组织单元，却为州、卫所辖。同样作为地方城市的福州，明代也是由卫所巡捕官督令冷铺火甲进行日常巡警和扑灭火灾等事务[③]。另一方面，明中后期开始，两京和太仓都对铺役进行调整，强调不分官民和在籍与否，只以城内常住人口作为铺的充役范围。但在此之前，两京已有大量城市居民，军户等享有优免，不承担巡更之役。太仓则是军民混处，军强民弱，卫所直接统辖巡警铺，设州之后才发生势力逆转，州统辖二卫所属之铺，铺舍亦为民所占。

更重要的是，从明末开始“里铺”成为《崇祯志》及清代方志描述重要地物的地址标志，即“铺”与地物开始结合（详下节），并在基层公共事务实践中也扮演了区划的角色。如崇祯五年（1632）太仓礼拜寺的照单碑载：

> 礼部进士掌苏州府入学事吴为重修《郡志》事。奉本郡□文，该奉

① 高寿仙：《明代北京社会经济史研究》，北京，人民出版社，2015 年，第 15 页 .

② 罗晓翔：《明代南京的坊厢与字铺——地方行政与城市社会》，《中国社会经济史研究》2008 年第 4 期。

③ [明] 庞尚鹏：《福建省城防御火灾事宜》，中国国家图书馆编：《原国立北平图书馆甲库善本丛书》第 446 册，北京，国家图书馆出版社，2013 年，第 1—4 页 .

钦差巡抚□□□□巡详前事，又蒙巡按御史陈□□前事，又奉钦差□付副使等□同前事备。奉圣旨：近来地方狡徒，往往□□异术，惑众作奸，□衅流毒皆深。示此该巡按即当督属有司擒拿，□……□私创庵观等所，立行拆毁，俾大张榜示，严行禁革，如有势豪□庇及有司泄徇的，通著皆□……□纂修《郡志》，通行□县，核报寺观庵院。建置有据、故迹可考者，遵例入《志》，其违禁私创各所□……□借名□混□。合将查过者，各给验照。为此单给本寺主持谨守，焚修拜祝。圣旨毋得□□□□聚众妖惑，自干法□，噬跻无及。须至单者。

计开：

□礼拜寺在太仓州治西中政坊铺武陵桥南西铁猫巷内，洪武二十六年咸阳王赛□赤□……□哈智率众入附，具□奏准奉旨安置赛哈智等于太仓卫城，建寺□香火礼拜、祝圣焚修之所。弘治十年改州，知府汤□文、知州李端重建。万历四十四年，钦差镇守吴淞总兵官钱中选捐俸重修。天启三年，指挥沙廷□重修，□今主持赛□……□。

右给付住持□□照。

崇祯五年八月

督志局①

苏州府希望通过《郡志》的纂修，与朝廷管理宗教场所的法令结合，将符合规定的寺观记入府志，颁发照单。不过，府志最终并没有修成，而十年后崇祯《太仓州志》付印，却仍旧沿袭了此前州志将地物地址与街巷结合的做法。入清之后，《嘉庆志》《光绪志》才将地物坐落用“里铺”标识。而上文中对礼拜寺的记载是“中政坊铺武陵桥南西铁猫巷内”，则是在方志记录之外的官民实际使用形态，恰好说明了明末开始“里铺”已经正式作为街巷等描述坐落地址的地物之上的一层地域范围，也更具城市基层治安管理的色彩。

到了清代，据《嘉庆志》卷五《里铺》“按语”称：

里铺，按城内外划地为界，曰铺。其制每铺设总甲一人，亦名地方。凡有民夫杂役，责其科集；民间有斗争事犯，责其觉察。往往得以擅质剂，故举报宜审，否则为害滋甚。

① 太仓博物馆编：《太仓历代碑刻》，北京，文物出版社，2016年，第42—43页.

“里铺”总甲不仅承袭了明末以来科集佥点“民夫杂役”的功能，并且还介入“民间有斗争事犯”等诉讼领域。但是，职权的扩大往往伴随着滥权的行径，引起了地方官府的重视。这一现象，早在前引《崇祯志》中就有类似表达。而嘉靖三年（1524）“里铺”归并的原因，《嘉靖志》卷三《兵防志》言：“知州刘世龙等以铺多则军民胥扰不便，乃损之，并而为十有八”。减少“铺”的数量，曾是官府避免胥吏侵扰的一种举措。而在崇祯以后，“铺”的数量和区划相对稳定之后，依附其上的总甲组织人选之选择，成为官府值得注意的问题了。

四、结语

相对短暂的建城历史，使得太仓城内的基层行政组织与其他江南城市存在显著差异。覆盖整个太仓城并长期存在的“里铺”，直接承继的是军事色彩浓厚的巡警铺之建置传统，而不是唐宋时代城市内部管理单位的“厢”与“坊”。明代中叶，太仓从卫城到州城的转变，州县官员从卫所军官手里接管了城内巡警铺，将其改造成负责城内治安、具有徭役色彩的“里铺”组织。至迟在崇祯年间，“里铺”之名已经出现，其数量和区划也趋于稳定。

结合建置功能和平面格局，可以看到，铺役主要依据人户多寡为准则，同等差役负担下，“里铺”面积越小，说明人口越集中，反之亦然。而根据前文的复原工作，“里铺”主要集中于太仓城西北部分、面积较小。而城东南较为稀疏、面积广大，其划分依据当与“里铺”差役有关。从数量演变上，也体现了平均分配的意图。最初的三十六个城中巡警铺，由太仓、镇海两卫分辖十八个，再到太仓州统一管理十五个“里铺”；最后增加一个县前铺，太仓州、镇洋县所辖数量基本相当。从空间分布来看，州县分离之后，“里铺”的调整主要是南北分界，而不是东西划分，显然有平均搭配之考虑①。从名称上看，有州前和县前铺，却没有以卫命名的“里铺”，则说明了“里铺”摆脱了军事系统，蜕变为州县管辖的城市治安组织与区划。

（作者单位：暨南大学历史地理研究中心）

① 实际上，镇洋县的析置，也是雍正初年苏、松、常三府大规模设立新县的一部分。其主要原因是江南重赋与基层行政之间的矛盾。参见范金民：《政繁赋重，划界分疆：清代雍正年间江苏升州析县之考察》，《社会科学》2010 年第 5 期 .

被遗忘的陪都

——明代兴都湖广承天府的名与实

邓 涛

关于明代京师及陪都，学界多将北京顺天府、南京应天府、中都凤阳府纳入京师或陪都之列，或认为兴都承天府（位于今湖北中部）空有其名而不论及，或不知兴都承天府之存在。例如《中国都城发展史》一书，在“明代的中都和两京”[①]一节，未提及兴都承天府。又如《中国古代都城》一书，在论及明代京师和陪都时仅提到北京、南京和中都[②]。但兴都承天府作为明朝陪都，已为少数学人关注，如丁海斌先生的《中国古代陪都留守官制演变初探》一文，提道：“明清时期陪都地区出现了留守制与双京双套制同时存在的情况，又如明代中都留守、兴都留守皆与之前朝代相同设置留守司进行管辖”[③]，该文虽将兴都列入陪都之列，但未论述兴都的特点。此外，《人在京师 不忘荆楚——试论明世宗的故乡意识和思乡情结》一文，提到了嘉靖帝对兴都承天府的升格和兴都留守司的设立[④]，但未从陪都的角度加以论述。综合而论，以往学界对位于明朝湖广地区的陪都——兴都承天府关注和研究很少，尚未见到从陪都的角度研究兴都承天府的文章，而根据本文所收集到的史料，基于明朝君臣对兴都的定位和升格，本文认为，将兴都视为明朝陪都有一定的历史依据。

一、兴献王就藩湖广与嘉靖帝继承皇位

嘉靖帝（明世宗）生父兴献王朱佑杬为成化帝（明宪宗）第四子，是弘治帝（明孝宗）的同父异母弟弟。成化二十三年（1487），朱佑杬被册封为兴王，弘治四

---

① 叶骁军：《中国都城发展史》，西安，陕西人民出版社，1988 年，第 233 页 .

② 吴松弟：《中国古代都城》，北京，中国国际广播出版社，2009.

③ 丁海斌：《中国古代陪都留守官制演变初探》，《武汉科技大学学报（社会科学版）》2016 年第 4 期，第 457 页 .

④ 邓涛：《人在京师不忘荆楚——试论明世宗的故乡意识和思乡情结》，《湖北大学学报（哲社版）》2015 年第 6 期，第 82 页 .

年（1491）九月，“命建藩府于德安府，初梁庄王有故邸、田地在安陆州，帝请改居安陆，诏从之”①。弘治七年（1494）九月，兴献王启程就藩安陆州。嘉靖帝朱厚熜，生于正德二年（1507）八月初十，“父兴献王佑杬，国安陆，正德十四年薨，帝年十有三，以世子理国事。十六年三月辛酉，未除服，特命袭封”②。不久，明武宗朱厚照驾崩于豹房，根据杨廷和等人拟定的遗诏：“皇考孝宗敬皇帝亲弟兴献王长子，聪明仁孝，德器夙成，伦序当立，遵奉祖训兄终弟及之文，告于宗庙”③。朱厚熜被确立为皇位继承人。

嘉靖帝是藩王入继大统，故后来其在即位礼及生父、生母的名分上，同以杨廷和为首的大臣产生了不同意见，朝廷逐渐形成了以杨廷和等人为首的“护礼派”和以张璁、桂萼等人为代表并得到嘉靖帝支持的“议礼派”。“护礼派”要求嘉靖帝以“继子”的名义称弘治帝为“皇考”，称其生父、生母为皇叔考、皇叔母，以确保弘治帝一支皇位得到延续。而“议礼派”则认为应当“继统不继嗣”，即认为嘉靖帝是继承了皇位，而不是继承了太子之位，反对强迫嘉靖帝改认弘治帝为皇考。两派朝臣围绕嘉靖帝父母名分及相关礼仪进行了长期地斗争，史书称之为“大礼议”。

此后，在“议礼派”的帮助下，嘉靖帝在“大礼议”事件中逐步取胜，嘉靖七年（1528）六月，《明伦大典》修成并刊印颁发，嘉靖帝以法典的形式巩固了自己在“大礼议”中所取得的成果。父以子贵，兴献王被嘉靖帝“追尊献皇帝，庙号睿宗”④，而嘉靖帝生母蒋氏被尊为章圣慈仁皇太后。在“大议礼”事件中，皇权在同“相权”“臣权”的较量中不断巩固，嘉靖帝的个人威势也不断提升。

二、嘉靖帝对兴都承天府的尊崇和升格

承天府，元代时为安陆府，属荆湖北道宣慰司，明初属湖广承宣布政使司管辖，洪武九年（1376）被降为安陆州。嘉靖帝继承皇位之后，随着皇权的巩固，承天府（安陆州）作为“龙兴之地”，不断升格，陪都属性持续增强。

（一）帝王龙兴之地：陪都职能的完善

一是升州为府、定府为陪都。嘉靖十年（1539）八月，湖广归州南逻口巡检

---

①万历《承天府志》卷一《龙飞纪上》，北京，书目文献出版社，1990 年影印本，第 25 页 .

②[清] 张廷玉等：《明史》卷一七《世宗一》，北京，中华书局，1974 年，第 215 页 .

③《明世宗实录》卷一，正德十六年四月癸卯，台北，“中央研究院”历史语言研究所校勘本，1962 年，第 3 页 .

④[清] 张廷玉等：《明史》卷一〇四《诸王世表五》，第 2943 页 .

徐震，“请于安陆州建立京师，下礼部议：京师之建，于典礼无据，太祖发迹濠州，改州为府，较之安陆事体相同，宜升为府治，以隆根本”[①]。徐震大胆提出在安陆州设立京师，当是参照明成祖在北京设行在之例，虽然嘉靖帝拒绝了此请，但亦借此契机将安陆州升为府，“定府名曰承天，附郭县曰钟祥，割荆州之荆门州，当阳、潜江二县及沔阳州景陵县隶之”[②]。承天府相比安陆州，不仅行政级别上升了，且所管辖地域也大大增加。嘉靖十八年（1539），嘉靖帝决定升承天府为陪都，“帝以承天府为兴都，设留守司，统显陵、承天二卫，比中都焉”[③]。可见，彼时嘉靖帝以中都为依据升承天府为兴都，使承天府具有了陪都的地位。嘉靖十九年（1540）三月，明朝在承天府增设荆西道，“改置湖广承天、德安二府为荆西道，设守、巡官各一员，从巡抚都御史陆杰奏也”[④]。驻扎在承天府的荆西道，协助湖广巡抚管理承天府、德安府等地，体现了承天府的政治地位。

二是将兴王府升格为帝王宫殿。嘉靖帝命将其原来的藩邸——兴王府升格为帝王宫殿，嘉靖五年（1526）五月，“修旧邸宫殿”[⑤]，“旧邸”即是指兴王府。到嘉靖二十年（1541），“显陵、旧邸工成，约费银八十九万七千七百两”[⑥]，可谓耗资甚多。即便在嘉靖末年，嘉靖帝亦不忘兴王府的建设和维修，但为内阁首辅徐阶所谏止，史载：“帝欲建雩坛及兴都宫殿，阶力止之”[⑦]。此外，嘉靖帝还更改了兴王府建筑的名称，“曰龙飞门、曰龙飞殿、曰启运殿、曰卿云门、曰卿云宫、曰凤祥宫”[⑧]，从称谓上将兴王府升为帝王宫殿。嘉靖二十一年（1542），嘉靖帝“诏定兴都旧邸官守，凡宫殿门禁、关防、出入内臣，俱照两京例”[⑨]。兴王府的设官和管理开始参照北京、南京大内。严嵩在《议罢显陵岁暮祭》中提道：“隆庆殿与奉先殿事体相同，岁时祭享，已有定仪”[⑩]。而奉先殿为皇帝家庙，可见，严嵩言语中已将兴王府视为帝王宫殿。

---

①《明世宗实录》卷一二九，嘉靖十年八月辛丑，第 3074 页 .

②《明世宗实录》卷一二九，嘉靖十年八月辛丑，第 3074 页 .

③［明］范守已：《皇明肃皇外史》卷一八，《四库全书存目丛书》史部第 52 册，济南，齐鲁书社，1996 年，第 144 页 .

④《明世宗实录》卷二三五，嘉靖十九年三月乙卯，第 4810 页 .

⑤ 康熙《安陆府志》卷一《郡纪》，《中国地方志集成 · 湖北府县志辑》第 42 册，南京，江苏古籍出版社，2001 年，第 54 页 .

⑥ 万历《承天府志》卷一《龙飞纪下》，第 52 页 .

⑦［清］张廷玉等：《明史》卷二一三《徐阶传》，第 5631 页 .

⑧［清］傅维鳞：《明书》，北京，中华书局，1985 年，第 1712 页 .

⑨《明世宗实录》卷二五九，嘉靖二十一年三月甲申，第 5180 页 .

⑩［明］严嵩：《南宫奏议》卷一四《陵寝》，《续修四库全书》第 476 册，上海，上海古籍出版社，1995 年，第 369 页 .

三是参照“两京”升格承天府学、县学。严嵩在《重修儒学记》中提道：“高皇帝肇建南都，则有应天府学；文皇帝定鼎北都，则有顺天府学；今皇上发迹兴都，则有承天府学。三学并峙，巍乎盛哉，诚一代之隆制。”[①]可见，彼时承天府府学地位同“两京”相似。嘉靖十六年（1537），承天府生员王同道等上疏建议参照“顺天、应天二府学例，将钟祥县学生员通隶府学，其廪、增俱六十名，则每年起贡之数，亦宜如二学例”[②]。此后，嘉靖帝让礼部商议后同意此请，定廪生每两年贡三人至国子监读书。嘉靖二十七年（1548），承天府增设了府学文庙乐舞，府学“故隶安陆州，春秋祀典有礼器而无乐舞。至是，御史贾大亨言州已升府，则庙典亦宜备设，报可”[③]。

随着承天府府学级别的提高，硬件建设也相继进行。彼时，浙江巡按御史胡宗宪奏请重修承天儒学，其提道：“州既升府，贲以隆名，而学宫尚仍旧制，岂所以仰称德意者，扩而新之，非有司之责欤”[④]。因此，嘉靖帝命礼部商讨扩建。根据谕旨，承天府修饰了府学旧有建筑，新增了嘉靖帝御制碑文，又购买民地增修了明伦堂等建筑。该工程于嘉靖三十年（1551）完工，内阁首辅严嵩亲撰“重修承天儒学记”。万历四十四年（1616），承天府学再次扩建，“乃庀材程役，卜吉相宜，并新文庙自殿堂门庑以及师儒宫舍、甃甓，丹垩垣潦惟虔。又以文庙巽方宜高，文明乃盛，爰创魁星楼，仰插云霄，俯窥汉江。”[⑤]承天府学规制更加尊隆。

四是扩建承天府城和官署、兴修元佑宫。在安陆州被升格为承天府之始，明朝便命“改建其规制，创所未有”[⑥]，对承天府的硬件作做了完善。如对承天府衙进行了扩建，“大门门上覆以筒瓦，视顺、应二府之制”[⑦]。嘉靖十八年（1539），嘉靖帝认为承天府阳春门和城楼规制卑隘，命地方官加以扩建，“又建阳春门及月城重门，门各有楼，垒基以石，榜正楼曰：显亲达孝”[⑧]。嘉靖帝亲赐“显亲达孝”之名，悬于府城正楼之上。

嘉靖帝还命在承天府修元佑宫，“我太祖、成祖定鼎两京，并建朝天宫以崇奉玄元，祈天永命，神明协佑，盖愈久而益彰焉。眷惟承天，朕实肇基于此，所以凝

---

① 康熙《安陆府志》卷三二《艺文志》，《中国地方志集成·湖北府县志辑》第42册，第522页.

②《明世宗实录》卷一九六，嘉靖十六年正月癸巳，第4145页.

③《明世宗实录》卷三三七，嘉靖二十七年六月癸亥，第6162页.

④ 乾隆《钟祥县志》卷一六《艺文》，收入《中国地方志集成·湖北府县志辑》第38册，南京，江苏古籍出版社，2001年，第401页.

⑤ 乾隆《钟祥县志》卷一六《艺文》，收入《中国地方志集成·湖北府县志辑》第38册，第402页.

⑥ 乾隆《钟祥县志》卷一六《艺文》，收入《中国地方志集成·湖北府县志辑》第38册，第399页.

⑦ 康熙《安陆府志》卷四《建设志》，收入《中国地方志集成·湖北府县志辑》第42册，第94页.

⑧ 康熙《安陆府志》卷四《建设志》，收入《中国地方志集成·湖北府县志辑》第42册，第92页.

天命而临大宝，克承皇考丰芑之贻者。”[①]嘉靖帝修建元佑宫，显然是参照了明太祖、明成祖之所为。元佑宫于嘉靖三十七年（1558）建成，内有嘉靖帝御制碑文。元佑宫“规模宏敞、布置严整，匪独一邑瞻仰，实为三楚巨观”[②]。可见该观为中南地区的大观和名观。该观于明末时被农民军毁坏，清朝重修后一直保存至今，现为全国重点文物保护单位。

（二）祖宗陵寝之地：兴王墓升格为帝陵

兴献王逝后，葬在了安陆州松林山，规制为王墓，嘉靖帝继承皇位之后，兴王墓也因此获升格，被赐名“显陵”，“睿宗献皇帝陵曰显陵，在湖广承天府之松林山，今号纯德山”[③]。嘉靖十年（1531），嘉靖帝命将纯德山从祀方泽，次于五岳。嘉靖十八年（1539）之前，明显陵内只葬有兴献王朱佑杬。嘉靖十七年（1538）十二月，嘉靖帝生母蒋太后在北京去世，次年，嘉靖帝在南巡承天府之后，决定将蒋太后梓宫南祔显陵，故嘉靖十八年之后，显陵葬有嘉靖帝的生父和生母二人。

关于明显陵的扩建和升格，《大明会典》记载：“兴都显陵，嘉靖六年特敕修理，各项规制俱照天寿山，添设石像生、碑亭；八年，工完；十年，以香殿、暖阁漆漏重修；十八年，玄宫改卜……二十年，工完；三十五年，祾恩殿、重檐殿宇工完。”[④]会典记载的陵工建设，从嘉靖六年（1527）持续到嘉靖三十五年（1556）。实际上，明显陵的修建时段要超过会典所载，贯穿了嘉靖朝始终，如嘉靖四十五年（1566），嘉靖帝遣“工部左侍郎张守直往承天府修理显陵祾恩等殿，更建龙飞殿，诏川、广两省抚按官，各采大木”[⑤]。修建明显陵，耗资甚多，嘉靖十九年（1540），“工部右侍郎顾璘奏修显陵宫殿，计银四十六万两有奇”[⑥]，可见显陵工程之浩大。扩建后的显陵，规模足以比肩如今的北京十三陵，显陵“是我国明代帝陵中最大的单体陵墓”[⑦]。同时，明显陵也是湖广地区唯一一座达到皇帝规制的明朝帝王陵。除了硬件，明显陵祭祀级别也不断提升，如嘉靖十八年（1539），嘉靖帝“升戚属为都督佥事，给钦差纯德山掌祀关防，职专守护，始于太常寺选补奉祀及增祀丞一员，如七陵之制”[⑧]。

①《明世宗实录》卷四六二，嘉靖三十七年闰七月癸未，第7801页.

②乾隆《钟祥县志》卷六《寺观》，收入《中国地方志集成·湖北府县志辑》第38册，第192页.

③万历《大明会典》卷九〇《陵寝》，台北，文海出版社，1985年，第1428页.

④万历《大明会典》卷二〇三《山陵》，第2730页.

⑤《明世宗实录》卷五六二，嘉靖四十五年九月丙申，第9006页.

⑥《明世宗实录》卷二三三，嘉靖十九年正月丙辰，第4785页.

⑦许克振：《鄂西生态文化旅游圈概览》，北京，研究出版社，2010年，第104页.

⑧万历《大明会典》卷九〇《陵寝》，第1428页.

由于嘉靖帝生父、生母葬于兴都承天府，故该地为嘉靖以后明朝皇帝的“祖陵”所在地，万历帝等后代帝王皆对兴都承天府格外重视。明显陵虽经历了明末战乱的毁坏，但其规制尚存，“2000 年，明显陵根据文化遗产遴选标准 C（I）(III)(VI）被列入《世界遗产目录》”[①]，明显陵和其他明清皇家园林一道被列为世界文化遗产，成为湖北地区为数不多的世界物质文化遗产之一。

（三）省级军事单位：兴都留守司的设立

嘉靖十八年（1539），承天府升格为兴都，为保卫兴都及明显陵，嘉靖帝对湖广地区的军事建制做了调整，原先的湖广都司、湖广行都司的二司并立格局变为都司、行都司、留守司三司鼎立。嘉靖十八年（1539）五月，“改荆州左卫为显陵卫，置兴都留守司，统显陵、承天二卫，防护显陵，设官如中都焉”[②]。自此，参照凤阳府的中都留守司，兴都地区有了省级军事单位。该司在明朝的都司卫所体系中隶属于“五军都督府”中的“前军都督府”，被定为“承字号”。省级军事单位的设立，是兴都陪都地位的重要体现。

关于留守司的职官，“正留守一人，正二品，副留守一人，正三品；指挥同知二人，从三品。其属，经历司，经历，正六品，都事，正七品；断事司，断事，正六品，副断事，正七品，吏目各一人。掌中都、兴都守御防护之事。”[③]而兴都留守司“序次中都”[④]。嘉靖二十一年（1542），嘉靖帝命将沔阳卫、德安千户所从湖广行都司改为兴都留守司管辖，兴都留守司管辖范围扩大。

（四）凸显陪都地位：《兴都志》的编撰

嘉靖二十年（1541），承天府知府吴惺奏请纂修兴都志，嘉靖帝命严嵩等人讨论，严嵩在《请纂修兴都典制及承天府志》一疏中提道：“近例金陵志、中都志亦为一书，今日承天有作，宜为兴都一志，其法则先兴都宫殿、陵寝诸典，而后及有司所守，其义则取诸禹贡，以示有尊，庶为合理。”[⑤]主张将兴都志和承天府志分开编纂，以体现兴都作为陪都的独特地位。此后，嘉靖帝根据严嵩建议，命工部尚书顾璘组织编写《兴都志》。后来，顾璘组织了楚人颜木、王廷陈等人修书。嘉靖二十一年（1542），顾璘等将《兴都志》初稿进呈嘉靖帝，嘉靖帝审阅后并不满意，

---

① 许克振：《鄂西生态文化旅游圈概览》，第 88 页 .

②［清］张廷玉等：《明史》卷七六《留守司》，第 1871—1872 页 .

③［清］张廷玉等：《明史》卷七六《留守司》，第 1871 页 .

④《明世宗实录》卷二二四，嘉靖十八年五月丙子，第 4667 页 .

⑤［明］严嵩：《南宫奏议》卷二二《邦典》，《续修四库全书》第 476 册，第 442 页 .

“其体例不合而所纪事实多误，命部重加删订进览”[①]。《兴都志》没有突出“陪都志”的重点和特色，未能体现兴献王和嘉靖帝在安陆州时的嘉言善行，“圣意不惬，遂报罢，不复议”[②]。由此可知，当时《兴都志》没有刊发，

嘉靖帝虽然暂时搁置了《兴都志》，但未忘记。嘉靖四十二年（1563），礼科都给事中丘岳“请刊定《兴都志》，其略言：今之兴都，宝藏二圣冠，为皇上龙飞之地……先帝之盛德、我皇上之大孝，闇而不彰，乞下礼部重议、纂辑”[③]。此疏甚合嘉靖帝心意，故命吏部左侍郎董份为副总裁，以谕德张居正、洗马林燫等人为纂修官，重新启动了《兴都志》的修撰，而内阁首辅徐阶则拟出了《兴都志》的增修目录：“拟为纪一十有二，曰基命纪、曰符瑞纪、曰龙飞纪、曰圣孝纪、曰大狩纪、曰宫殿纪、曰陵寝纪、曰宝谟纪、曰御制纪、曰恩泽纪、曰礼乐纪、曰苑田纪”[④]。从《兴都志》的目录看，其同一般地方志不同，属于较为典型的“陪都志”，即详人事而略沿革。嘉靖四十五年（1566），《兴都志》增修完毕，“先是《承天大志》，名《兴都志》”[⑤]，即增修之后的《兴都志》被嘉靖帝定名为《承天大志》。最终定稿的《承天大志》共六册，四十卷，较《兴都志》内容几乎多了一倍，主要记载兴献王和嘉靖帝的言行。

在纂修《承天大志》的同时，嘉靖帝还命张居正等人纂修承天府志，“又承天府先名安陆州，凡事迹散见于《一统志》内，至是，遂命儒臣将《一统志》内摘取安陆州，采事迹，撮大要，编纂增入。书成，奏上，特赐名《兴都承天府志》，盖仿两京之制也。”[⑥]可见，除了修撰陪都专志《兴都志》《承天大志》，嘉靖帝还命人纂修了地方志《兴都承天府志》，亦是参照北京、南京同时修陪都专志和地方志的先例。

三、兴都承天府的陪都地位和历史背景

兴都是否为陪都，后世并无共识。清代官修政书《续通志》评价：“嘉靖十年，又升安陆州为承天府，十八年建兴都，然明世称京都者不数承天，盖嘉靖特以陪藩

①《明世宗实录》卷二五九，嘉靖二十一年三月壬辰，第5182页.

②[明]沈德符：《万历野获编》补遗卷一《承天大志》，北京，中华书局，1959年，第800页.

③《明世宗实录》卷五二〇，嘉靖四十二年四月已未，第8517页.

④[明]徐阶：《世经堂集》卷六《奏疏一》，《故宫珍本丛刊》第539册，海口，海南出版社，2000年，第152页.

⑤[明]王圻：《续文献通考》卷一七二《经籍考》，《续修四库全书》第765册，上海，上海古籍出版社，1995年，第382页.

⑥[明]王圻：《续文献通考》卷一七二《经籍考》，《续修四库全书》第765册，第382页.

故邸、隆其称号，故不得与二京、中都并称云。”[①] 他们认为承天府被称为兴都是嘉靖帝的一厢情愿，承天府不具备陪都的地位。本文认为，尽管兴都承天府的总体地位和规制低于两京和中都，且设立时间较晚，但仍可将兴都承天府视为明代陪都。

（一）陪都的所指

关于陪都，在不同史书中有不同的称谓，丁海斌先生在《中国古代陪都的名与实》一文中提到陪都还有“陪京”“别都”“留都”“行都”“副都”等不同称谓[②]。关于“都”字的含义，《康熙字典》中的解释有“天子所宫曰都”“凡邑有宗庙先君之主曰都”等不同含义[③]。在明代的史料中，陪都多指南京，例如天启皇帝所言：“至我朝而南北并设吏部尚书，岂无意哉。盖陪都为祖宗丰镐之区、清议所从出之地。”[④] 其所言陪都即指南京应天府。明末清初人顾祖禹在《读史方舆纪要》记载：“明初定鼎于金陵，遂为都会，正统六年，始为陪都”[⑤]。直到正统六年（1441），明朝京师才正式确定为北京顺天府，南京成为留都或陪都。

南京应天府保留了六部等中央机构，又拥有明太祖皇陵、先皇之皇宫，其地位自然在中都和兴都至上，故明人有“两京”“两都”之说，显然“两京”的地位要高于“两都”。丁海斌先生在《中国古代陪都十大类型论》中将中国古代陪都分为“两京制陪都”“多京制陪都”“军镇制陪都”“旧都留根型——留都制陪都”“行都制陪都”等十种类型[⑥]，可见陪都的类型多种多样，判断是否为陪都的标准自然也不同。兴都的情形，同“旧都留根型——留都制陪都”类型较为相似，即“古代帝王出于对祖籍或肇兴之地的眷恋与‘留后路’等的需要，常以自己的老家或迁都前旧都为陪都，此即留都”[⑦]。

（二）明朝官员如何看待兴都

总体而言，自承天府被定为“兴都”之后，明朝君臣基本视兴都为陪都。曾任广西布政司右参议的田艺蘅在其笔记《留青日札》中提道：“我皇上由兴府入承大统，乃升安陆州为承天府，仍曰兴都，而南京曰应天府，北京曰顺天府，可谓之三

---

①［清］嵇璜：《续通志》卷一一〇《都邑略》，《文渊阁四库全书》第 393 册，北京，商务印书馆，1983 年，第 669 页 .

② 丁海斌：《中国古代陪都的名与实》，《辽宁大学学报（哲学社会科学版）》2014 年第 6 期，第 187 页 .

③［清］张廷玉等：《康熙字典》，北京，中华书局，1958 年，第 1260 页 .

④《明熹宗实录》卷三九，天启四年二月丙戌，第 2249 页 .

⑤［清］顾祖禹：《读史方舆纪要》卷一九《南直一》，北京，中华书局，2005 年，第 872 页 .

⑥ 丁海斌：《中国古代陪都十大类型论》，《辽宁大学学报（哲学社会科学版）》2011 年第 4 期，第 81 页 .

⑦ 丁海斌：《中国古代陪都十大类型论》，《辽宁大学学报（哲学社会科学版）》2011 年第 4 期，第 83 页 .

京、三都、三天矣”[①]。他将兴都同明朝其他京师、陪都并列。曾任南京应天府尹的王世贞曾言：“天下有二京、二都，曰：北京顺天府、南京应天府、中都凤阳府、兴都承天府，中都则以皇陵、兴都则以显陵，二都皆设留守，而二府不能同京尹之秩，势有所不能也。”[②]王世贞认为明朝有两京、两都，但两都知府级别低于两京府尹，源于两京和两都政治地位的不同。曾任福建按察使的徐中行在“送大中丞杨公之湖广”一诗中提道：“谁借夔龙出汉宫，兴都根本两京同。提封万井开云梦，王气千山护郢中……”[③]把兴都同两京比肩，虽然诗中有过誉的情形，但可反映其将兴都视为明朝陪都。

兴都的重要地位，还可从明末农民起义时湖广巡抚对兴都的守护看出。崇祯末年，李自成率领农民军围攻兴都承天府，“癸未正月，李自成陷湖广承天府，巡抚宋一鹤守城，下城巷战，挥刃击杀数贼，死”[④]。湖广巡抚亲自坐镇兴都承天府指挥抵抗农民军，可反映兴都作为陪都、作为“龙兴之地”的重要地位。

（三）《明一统志》（嘉靖增修本）中的兴都定位

兴都虽然是指承天府，但二者语义亦有区别，兴都为名号，而承天府为具体的行政层级。通过嘉靖末年内阁首辅徐阶的“改定一统志义例”一疏，可以看出兴都作为陪都的特殊地位。

一是将兴都列入一统志内的“湖广布政司”部分的卷首，并将兴都同承天府分开记载，“谨于湖广布政司卷首，先叙兴都，以载宫殿、城池、庙坛、山陵、苑囿、公署，而于承天府下，乃分款详载山川、人物等项，如原志之例”[⑤]。二是修改湖广总图上的地名标注。“原志京师、南京总图，横书‘京师’二字于顺天府之上、‘南京’二字于应天府之上，今依此例，于湖广总图承天府上横书‘兴都’二字，其凤阳府原志，未有‘中都’二字，亦依例增之”[⑥]。在此次修改中，兴都和中都皆被视为陪都。三是在“湖广布政司”部分，承天府位次仅在省会武昌府之后，“今既以

①［明］田艺蘅：《留青日札》卷一一《三京三天》，《续修四库全书》第1129册，上海，上海古籍出版社，1995年，第97页.

②［明］王世贞：《弇州史料后集》卷三七《笔记》，《四库禁毁书丛刊》史部第50册，北京，北京出版社，1997年，第23页.

③［明］徐中行：《天目先生集》卷八《七言律师》，《续修四库全书》第1349册，上海，上海古籍出版社，1995年，第661页.

④［清］计六奇：《明季北略》卷一九《李自成陷承天府》，《续修四库全书》第440册，上海，上海古籍出版社，1995年，第218页.

⑤［明］徐阶：《世经堂集》卷六《奏疏一》，《故宫珍本丛刊》第539册，第154页.

⑥［明］徐阶：《世经堂集》卷六《奏疏一》，《故宫珍本丛刊》第539册，第155页.

汤沐旧邦，升为承天府，本宜列于诸郡之前，但武昌府为省会所在，事体相属，故仍以武昌接湖广布政司，而以承天次之，其余各府及州则皆列于后”[①]。承天府列于武昌府之后，并非地位不尊，而是因为武昌府为巡抚驻扎地，对全省各地有统属关系。四是调整一统志内湖广布政司的分卷，“原志以湖广布政司、武昌府、汉阳府为五十九卷……今以兴都及湖广布政司、武昌府合为五十九卷，承天府为六十卷，汉阳、襄阳二府并为六十一卷”[②]，兴都以陪都之名同省会并列一卷，以示尊隆，而承天府则独立成卷，排在汉阳府和襄阳府之前。

嘉靖四十五年（1566），《承天大志》修成并被进呈给重病在身、人在西苑的嘉靖帝，礼部请“以兴都新名及兴都事迹纂入《一统志》，易故安陆州名，诏可”[③]。自此，兴都承天府在嘉靖本的《明一统志》内升至陪都地位。

（四）将兴都视为明朝陪都符合历史事实

从前文所述可知，在明代，兴都是同中都并列的“两都”，但地位次于北京、南京和中都，位列“两京”“两都”之末。一是由于中都为明太祖龙兴之地，南京、北京先后为明朝的京师，其地位早已奠定，嘉靖十八年（1539）才升格的兴都承天府在政治地位上不可能超越前面三者。二是相比于“两京”，兴都承天府在知府的行政级别、府城大小、宫殿（兴王府）规模等方面均处劣势。虽然无法将承天府同两京相提并论，但不能否定兴都承天府曾为明朝陪都的历史事实。

将兴都视为陪都有以下依据：一是嘉靖帝将安陆州改名为“承天府”，在府名上超越了“凤阳府”，比肩“顺天府”“应天府”，故被称为“三天”，且被定为“兴都”，在名义上已是明朝陪都；二是兴都承天府为嘉靖帝父母陵寝显陵所在地，且显陵已按帝陵规制进行了扩建并参照北京天寿山皇陵配备了祭祀机构，兴都承天府具有健全的祭祖职能；三是承天府硬件、软件不断升级，陪都性质不断增强，尽管升格后的宫殿（兴王府）在规制上远低于南京、北京，但亦被视为嘉靖朝君臣视为帝王宫殿；四是嘉靖帝在承天地区特设兴都留守司，该司同湖广都司、湖广行都司平级，是明朝在湖广地区的三大军事单位之一，证明了兴都的重要地位；五是嘉靖帝敕修《兴都志》和《承天大志》，将陪都志同地方志的分开纂修，凸显了兴都的陪都地位；六是在明朝君臣眼中，兴都被视为全然的“陪都”，这一认同一直延续至万历、崇祯朝，例如明末时湖广巡抚驻扎兴都抵御李自成军。故本文认为，将湖广兴都承天府视为明朝陪都是符合历史事实的。

---

①[明]徐阶:《世经堂集》卷六《奏疏一》,《故宫珍本丛刊》第539册，第155页.

②[明]徐阶:《世经堂集》卷六《奏疏一》,《故宫珍本丛刊》第539册，第155页.

③《明世宗实录》卷五五五，嘉靖四十五年二月甲申，第8937页.

四、兴都承天府成为明朝陪都具有必然性

明朝各帝，以朱元璋为祖，终明一朝，帝系承续有四次改变：第一次是建文末年，帝系自建文帝转至明成祖一支。第二次是正统至天顺时，帝系自英宗转至景泰帝，后又转至英宗一支。第三次是正德末年，帝系自正德皇帝转至嘉靖帝一支。第四次天启末年帝系自天启皇帝转至崇祯一支。明人评价："太祖开基建康，升建康为应天府；太宗迁都北平，升北平为顺天府；今皇上兴自安陆，升安陆为承天府，与宋太祖以归德节度使登极，升宋州为应天府，太宗以晋王即位，升并州为大原府，高宗以康王中兴，升康州为德庆府，同一揆也。"① 此段论述，虽然注意到了嘉靖帝同明成祖等人的共同点，但未注意到差异，嘉靖帝自封藩之地入继大统有其独特性。嘉靖帝是明代唯一一个出生于就藩地、成长于就藩地、之后继承皇位且生父为藩王的明朝皇帝，而明成祖生于南京、就藩于北京，景泰帝生于京师、未赴封藩之地，崇祯皇帝生于京师、未赴封藩之地，都同嘉靖帝不同。

故承天府对嘉靖帝而言有三重特殊含义：一是生长地即故乡，嘉靖帝在南巡承天府时曾作《御题汉江》："旧邸承天迩汉江，浪花波叶泛祥光。溶浮滉漾青铜湛，喜有川灵卫故乡"②可见，嘉靖帝将出生地承天视为自己的故乡，这点同清朝顺治帝入关后将"故都"沈阳视为故乡有相似之处。二是封藩之地和龙兴之地，嘉靖帝由此进京继承皇位，因此视承天地区为吉地，故其在诗中提到承天："谁道郢湘非盛地，放勋玄德自天予"③。认为家乡是风水宝地。三是祖陵所在地，承天地区的明显陵葬有嘉靖帝的生父、生母，此外嘉靖帝年幼夭折的亲兄妹也葬于承天。

也因如此，嘉靖帝不断升格兴都承天府并将其塑造成陪都，有着深刻的用意和历史背景：一是"龙兴之地"安陆州升格为承天府，后又定为兴都，反映了"大礼议"事件后皇权的巩固和强化，是嘉靖帝彰显帝王尊荣和威严的必然结果。二是陪都志的纂修，记载了兴献王及嘉靖帝的嘉言善行和安陆州（承天）的"祥瑞"现象，为嘉靖帝由藩王入继大统塑造了的所谓的"征兆"和"历史必然性"，正如明人所言："自肃皇帝龙飞启运，山川王气，鼎足两京"④。三是嘉靖帝尊崇兴献王为

---

①［明］徐咸：《西园杂记》卷上，北京，中华书局，1985 年，第 1 页 .

②［明］朱厚熜：《御著大狩龙飞录》卷一《御题汉江》，《四库全书存目丛书》史部第 45 册，济南，齐鲁书社，1996 年，第 213 页 .

③［明］朱厚熜：《御著大狩龙飞录》卷一《御题汉江》，《四库全书存目丛书》史部第 45 册，第 213 页 .

④ 乾隆《钟祥县志》卷一六《艺文》，收入《中国地方志集成・湖北府县志辑》第 38 册，第 402 页 .

“睿宗”并将兴王墓升格为显陵，彰显了明朝帝系由“弘治帝—正德帝”一支转至“兴献王—嘉靖帝”一支。

基于以上论述，本文认为，兴都被视为陪都，并非是明朝君臣的一厢情愿，而是彼时的客观事实。兴都承天府成为陪都，是“大礼议”事件后嘉靖帝彰显皇权和强调其入继大统“正当性”的必然结果。

（作者单位：北京师范大学）

论成化时期万贵妃母族势力

——以万氏家族墓出土的标识性文物为中心

刘明杉

一、恃宠作恶的万贵妃与骤然显贵的万氏家族

明代帝王感情生活中最离奇的，要属万贵妃以年长成化帝朱见深19岁的年龄承宠一生的“母子恋”。“妃生宣德庚戌，四岁选入掖廷，侍圣烈慈寿皇太后，及笄，命侍上于青宫”[①]。“宪宗年十六即位，妃已三十有五，机警，善迎帝意”[②]。“丰艳有肌，每上出游，必戎服佩刀侍立左右”[③]，“上即位遂专宠，皇后吴氏废，实由于妃”[④]。继立王氏吸取前任教训，任“万贵妃宠冠后宫，后处之淡如”[⑤]。万氏于“成化二年正月生皇第一子，帝大喜，遣中使祀诸山川，遂封贵妃。皇子未期薨，妃亦自是不复妊矣”[⑥]。为保后宫地位，万氏使“掖廷御幸有身，饮药伤坠者无数”[⑦]。“数年储嗣未兆，中外以为忧，言者每劝上恩泽当溥。然未敢显言妃之妒也。”[⑧]纪女史被幸后有孕，万氏派婢女去堕胎，婢女怜她减轻了药量，向万氏谎报纪氏并非怀孕，使之在安乐堂秘密生养朱祐樘。成化十一年（1475），张敏、牛玉等人将此事告诉宪宗，万氏毒死纪氏后，又想除掉朱祐樘。“孝宗既立为皇太子，时孝肃皇太后(英庙周贵妃)居仁寿宫，语帝曰：‘以儿付我。’太子遂居仁寿。一日，贵妃召太子食，孝肃谓太子曰：‘儿去，无食也。’太子至，贵妃赐食，曰；‘已饱。’进羹，曰：

①《明宪宗实录》卷二八六，成化二十三年正月辛亥，台北，“中央研究院”历史语言研究所校勘本，1962年，第4830页．

②[清]张廷玉等:《明史》卷一一三《后妃一》，北京，中华书局，1997年，第923页．

③[明]沈德符:《万历野获编》卷三《宫闱·万贵妃》，北京，中华书局，1959年，第84页．

④《明宪宗实录》卷二八六，成化二十三年正月辛亥，第4830页．

⑤[清]张廷玉等:《明史》卷一一三《后妃一》，第922页．

⑥[清]张廷玉等:《明史》卷一一三《后妃一》，第923页．

⑦[清]张廷玉等:《明史》卷一一三《后妃一》，第923页．

⑧《明宪宗实录》卷二八六，成化二十三年正月辛亥，第4830页．

‘疑有毒’。贵妃大恚曰：‘是儿数岁即如是，他日鱼肉我矣。’因恚而成疾。”[①]为达到易储目的，万贵妃变成鼓励宫人生育的策略。“久之，帝后宫生子渐多，芳等惧太子年长，他日立，将治己罪，同导妃劝帝易储。会泰山震，占者谓应在东宫。帝心惧，事乃寝。”[②]易储阴谋未遂，万贵妃终日郁结于心。“成化二十三年，挞一宫婢，怒极，气咽痰涌不复甦”[③]。又“二十三年春，暴疾薨，帝辍朝七日。谥曰恭肃端慎荣靖皇贵妃，葬天寿山。”[④]“急以讣闻，上不语久之。但长叹曰：‘万侍长去了，我亦将去矣。’于是悒悒无聊，日以不豫。”[⑤]当年八月二十二日，成化帝薨。

万贵妃生前享尽荣宠，母家“父子兄弟贵震一时”[⑥]。其父“万贵，忠孝屯人。女自幼选入宫掖，宪宗册为皇贵妃。贵累升骠骑将军锦衣卫都指挥。子喜锦衣卫都指挥、通都督同知、达都督佥事。孙祥，锦衣卫指挥使。”[⑦]《明史》载：“万贵，宪宗万贵妃父也，历官锦衣卫指挥使。贵颇谨饬，每受赐，辄忧形于色曰：‘吾起掾史，编尺伍，蒙天子恩，备戚属，子姓皆得官。福过灾生，未知所终矣。’”[⑧]另见《明宪宗实录》：“癸丑授顺天府霸州民万贵为锦衣卫正千户”[⑨]，可知万贵不论是小吏还是平民，女儿未得势前身份并不高。他为人谨慎，却无力约束亲眷的嚣张。依仗贵妃的势力，万氏家族在成化朝生前死后都享受着奢华的待遇。“时贵妃方擅宠，贵子喜为指挥使，与弟通、达等并骄横。贵每见诸子屑越赐物，辄戒曰：‘官所赐，皆著籍。他日复宣索，汝曹将重得罪。’诸子笑以为迂。成化十年卒，赙赠祭葬有加。十四年进喜都指挥同知，通指挥使，达指挥佥事。通少贫贱，业贾。既骤贵，益贪黩无厌，造奇巧邀利。中官韦兴、梁芳等复为左右，每进一物，辄出内库偿，辇金钱络绎不绝……宪宗崩，言官劾其罪状。孝宗乃夺喜等官，而尽追封诰及内帑赐物，如贵言。”[⑩]

万氏家族成员除贵妃外，皆葬北京城南今右安门关厢附近，茔地地面陈设已无。1957年东庄农业社农民挖菜窖时，发现了万贵夫妇合葬墓，墓中随葬了大量精

---

①［清］张廷玉等：《明史》卷一一三《后妃一》，第922页．

②［清］张廷玉等：《明史》卷一一三《后妃一》，第923页．

③［明］沈德符：《万历野获编》卷三《宫闱·万贵妃》，第84页．

④［清］张廷玉等：《明史》卷一一三《后妃一》，第923页．

⑤［明］沈德符：《万历野获编》卷三《宫闱·万贵妃》，第84页．

⑥［清］张廷玉等：《明史》卷三〇〇《外戚传》，第1967页．

⑦［明］唐交：嘉靖《霸州志》卷七（下）《人物志·戚畹》，《天一阁藏明代方志选刊》第六册，上海，上海古籍书店，1981年，第69页．

⑧［清］张廷玉等：《明史》卷三〇〇《外戚传》，第1967页．

⑨《明宪宗实录》卷二七，第534页．

⑩［清］张廷玉等：《明史》卷三〇〇《外戚传》，第1967页．

图 1　万贵墓中出土的双螭耳白玉杯

美的金、银、玉、铜、瓷器等，一些金器上还刻有标注制作年代、机构、名称、重量、成色等内容的铭文，金银器总重 2500 余克，奢华程度超过王妃墓。万贵墓盖上篆书刻“赠骠骑将军锦衣卫都指挥使万公之墓”，墓志铭曰：“锦衣卫指挥使万公显宗，今皇贵妃父也，春秋八十有四而卒。公初病，朝廷遣医□视，日往返再三，及讣闻，上悼惜之，赐宝镪二万缗，斋粮，麻布为丧葬资。命礼部谕祭，工部营坟域，仍遣中贵董厥事。已而特给□诰命，赐公骠骑将军、锦衣卫都指挥使、配王氏，赠夫人。”[①] 由于长年水浸，楠木棺外漆面脱落，未遭盗掘，保存完好。随葬玉器虽少，却极精致。墓主人胸前一只双螭耳白玉杯（图 1），应是万贵生前心爱之物。高 7.7 厘米，口径 8 厘米，足径 4.2 厘米，现藏首都博物馆。深腹、圈足、螭耳。雕琢细腻，薄厚均匀，器面光平。两螭对称剔雕精细，额头上带“王”字的小螭，面部近方形，前爪把着杯的口沿，昂首耸身，嘴巴处于杯沿。尾巴分叉盘绕于杯壁，后足前蹬形成支点，颇有元代遗风。另一件金杏叶执壶（图 2），高 29.5 厘米，口径 6.4 厘米，重 995 克。采用捶揲、錾刻、铆接、焊接等工艺制成。细颈，口微撇，圈足，腹部一侧曲状细流，对侧为向上拱曲的异形壶柄，壶盖呈伞状，子母套口，其上宝珠钮与壶柄间有金链相连。壶身腹部为隐起的杏叶纹，通体光素。此类金壶在《明宪宗元宵行乐图》中也有表现（图 3），画中一位穿短袄、马面裙的侧身宫人所持即为此物，可见万贵墓中这把金杏叶壶来自成化帝赏赐。此外，万贵墓中还有盛放红、蓝宝石的金盒一个，金海棠八角盘两个，金锭二十个。墓主人脚下置银壶、银洗盘两个，脸盆一个，宫内官库制造的银元宝八个，尸体下压着垫背大金钱八十个。其妻王氏墓内出土蟠龙金手镯两只，金镶宝石各式簪十支，金戒指五枚，金耳环两枚。

图 2　万贵墓中出土的金杏叶执壶

梁芳、万通等人借采办珍宝之名，相互勾结掏空库银，乱授“传奉官”，并打击谏言者。“梁芳

① 苏天钧：《明万贵与万通》，见《北京史苑》（第四辑），北京，北京出版社，1988 年，第 147 页．

图 3 《明宪宗元宵行乐图》中的金杏叶执壶

者，宪宗朝内侍也。贪黩谀佞，与韦兴比。而谄万贵妃，日进美珠珍宝悦妃意。其党钱能、韦眷、王敬等，争假采办名，出监大鎮。帝以妃故，不问也。妖人李孜省、僧继晓皆由芳进，共为奸利。取中旨授官，累数千人，名传奉官，有白衣躐至太常卿者。”①“成化末年，太监梁芳辈导引京师富贾，收买古今玩器进奉，启上好货之心，由是倖门大开。金夫子弟，各以珍异投献求进而无名，乃于各寺观聚写释道星命等书进呈，遂得受职。内原任中书序班者，得升职至太常、鸿胪、太仆、少卿等阶，白身人得受鸿胪主簿、序班等职。生员、儒士、匠丁、乐工、勋戚厮养，凡高资者，皆与并进，名曰传奉。盖命由中出，不由吏部铨选，故名。名器之滥，无踰此时。”②“时方尚宝石器玩，小人之乘时射利者作为奇技淫巧以邀厚利，内外交通，互相估价，取直至百千倍，府库已空而偿其直犹不足，其所制造者皆无用之物，然亦无甚奇异者，一时进奉者毋虑数十家，第宅服用僭拟王侯，穷奢极侈，每一给直，车载银钱自内帑出，道路络绎不绝，见者骇叹，在内则仗内臣梁方，外则富民争庀工，制为新巧，讬通以进，分其利”，③此行为严重损耗了国家财力，“帑藏为之一空”④。成化九年（1473）九月癸丑，“内承运库太监林绣奏，本库自永乐年间至今收贮各项金七十二万七千四百余两，银二千七十六万四百余两。累因赏赐，金尽无余，惟余银二百四十万四千九百余两。今欲册封及后赏给俱合储金备用，但天下屡奏灾伤，既无官钱支买税粮折纳，且湖广金场以课少而闭。云南折银以民穷而止。”⑤成化十二年（1476）八月丁丑，“内承运库历事监生袁庆祥送吏部，仍令国子监肄业。时庆祥历事内府，亲见帑藏虚耗，一岁所入不足以供一岁之用。而售宝

① [清] 张廷玉等:《明史》卷三〇四《梁芳传》，第 1995 页 .

② [明] 陆容:《菽园杂记》卷九，北京，中华书局，1985 年，第 116 页 .

③《明宪宗实录》卷二二五，成化十八年三月丙申，第 3869—3870 页 .

④ [清] 汤斌:《潜庵先生拟明史稿》卷八，见《四库未收书辑刊》第六辑五册，北京，北京出版社，1999 年，第 472 页 .

⑤《明宪宗实录》卷一二〇，成化九年九月癸丑，第 2326 页 .

石者给与价直，月无虚日。乃上章极言其弊，遂忤旨。命杖五十而遣之。”[①]

二、万氏家族墓中标识身份的文物

（一）万贵妃母王氏金翟簪及相关文化解读

万贵妃母王氏墓中一对金翟簪（图4），通长21.2厘米，重46.7克。金翟鸟双翅伸展，双脚立于云朵之上，簪脚竖直向下。从簪脚上细刻铭文“银作局永乐贰拾贰年拾月内成造玖成色金壹两贰钱伍分外焊五厘”可知，成化帝用前朝银作局所制之物赏赐王氏。而“有所谓银作局者，专司制造金银豆叶以及金银钱，轻重不等。累朝以供宫娃及内侍赏赐。”[②]关于不同品级的命妇冠服，洪武“二十六年定，一品，冠用金事件，珠翟五，珠牡丹开头二，珠半开三，翠云二十四片，翠牡丹叶一十八片，翠口圈一副，上带金宝钿花八，金翟二，口衔珠结二。二品至四品，冠用金事件，珠翟四，珠牡丹开头二，珠半开四，翠云二十四片，翠牡丹叶一十八片，翠口圈一副，上带金宝钿花八，金翟二，口衔珠结二。一品、二品，霞帔、褙子俱云霞翟文，钑花金坠子。三品、四品，霞帔、褙子俱云霞孔雀文，钑花金坠子。五品、六品，冠用抹金银事件，珠翟三，珠牡丹开头二，珠半开五，翠云二十四片，翠牡丹叶一十八片，翠口圈一副，上带抹金银宝钿花八，抹金银翟二，口衔珠结子二。五品，霞帔、褙子俱云霞鸳鸯文，镀金钑花银坠子。六品，霞帔、褙子俱云霞练鹊文，钑花银坠子。七品至九品，冠用抹金银事件，珠翟二，珠月桂开头二，珠半开六，翠云二十四片，翠月桂叶一十八片，翠口圈一副，上带抹金银宝钿花八，抹金银翟二，口衔珠结子二。七品，霞帔、坠子、褙子与六品同。八品、九品，霞帔用绣缠枝花，坠子与七品同，褙子绣摘枝团花。”[③]北京故宫博物院藏明代佚名女容像（图5），绢本设色，纵162.5厘米，横100厘米。画中老妪所戴

图4　万贵妃母王氏墓中出土的一对金翟簪

①《明宪宗实录》卷一五六，成化十二年八月丁丑，第2844—2845页.

②［明］沈德符:《万历野获编(上)》卷一《赐讲官金钱》，第20页.

③［清］张廷玉等:《明史》卷六七《舆服三》，第449页.

图 5　北京故宫博物院藏明代佚名女容像

的翟冠两侧各插一金翟簪，正面五个珠翟，额部戴皂罗抹额，其上翠云装饰，两侧插一对掩鬓固定翟冠。身穿织金凤纹大红袍，符合一品夫人冠服规制。万贵是锦衣卫指挥使，正三品武官职衔，其妻王氏从夫品级。“三品，特髻上金孔雀六，口衔珠结。正面珠翠孔雀一，后鬓翠孔雀二。霞帔上施蹙金云霞孔雀文，鈒花金坠子。褙子上施金绣云霞孔雀文，馀同二品。常服冠上珠翠孔雀三，金孔雀二，口衔珠结。”①王氏翟冠应使用金孔雀簪，而她却戴了银作局造一、二品夫人所用的金翟簪，获得宪宗僭越祖制的赏赐，万贵妃势力可见一斑。

此簪上的翟鸟是中国古代辨别身份的传统标识，原型为我国特产红腹锦鸡（雄性）。《尔雅·释鸟》注云：“鷩雉，似山鸡而小，冠背毛黄，腹下赤，项绿色鲜明”②。东汉末年刘熙《释名》：“王后之上服曰袆衣，画翚雉之文于衣也。伊洛而南雉，素质五色皆备成章，曰：‘翚’”③。红腹锦鸡也称华虫，唐人杨炯《公卿以下冕服议》云：“华虫者，雉也，身被五彩，象圣王体兼文明也”④。《宋史》卷一五一：“袆之衣，深青织成，翟文赤质，五色十二等……蔽膝随裳色，以緅为领缘，用翟为章，三等……受册、朝谒景灵宫服之。”⑤台北故宫博物院藏宋宁宗皇后坐像所绘皇后冠服与此记载相符。宁宗皇后拱手端坐，头戴龙凤花钗冠，身著深

图 6　台北故宫博物院藏宋宁宗皇后坐像所绘皇后冠

①［清］张廷玉等：《明史》卷六七《舆服三》，第 450 页．

②［清］邵晋涵：《尔雅正义（下）“释鸟”》，上海，上海古籍出版社，2017 年，第 1037 页．

③［东汉］刘熙：《释名》，见《释名疏证补》第五卷《释衣服第十六》，长沙，湖南大学出版社，2019 年，第 228 页．

④［唐］杨炯：《杨炯集笺注》（第二册）卷五《议·公卿以下冕服议》，北京，中华书局，2016 年，第 646 页．

⑤［元］脱脱等：《宋史》卷一五一《舆服三》，北京，中华书局，1977 年，第 3534—3535 页．

青色交领大袖袍服，上有翟鸟纹（图 6），内衬白纱单衣。衣领、端袖、衣底均镶饰红色缇边。明承宋制，“洪武三年定，受册、谒庙、朝会，服礼服。袆衣，深青绘翟，赤质，五色十二等……用翟为章三等……永乐三年定制……翟衣，深青，织翟文十有二等，间以小轮花……织翟为章三等”①，台北故宫博物院藏明神宗孝端显皇后像中，也可见这种深青地、画五色翟鸟纹的袆衣。

（二）万贵妃母王氏的豪华簪饰

明代除内外命妇戴标识身份等级的翟冠外，还有一种䯼髻，即以金银丝或马鬃、头发、篾丝等材料编成，外覆皂色纱，罩于头顶发髻上的网帽。其上再插各种簪钗，称“头面”。

明代已婚妇女无论身份贵贱，多戴之，故偶见风俗不同者，以为怪事。“妇人戴䯼髻，天下同然。独福州兴化，既嫁仍如未嫁处子，绝不戴䯼髻。有则亦为簪首饰之具，见舅姑之后，既藏去矣。”② 此制古已有之，《周礼完解》卷二：“追冠名夏冠，曰牟追，一作母追。撮小之状，故妇人冠以名，即今䯼髻。”③ 万历时松江华亭人范濂在《云间据目抄》中，记载了戴在䯼髻上不同位置簪饰的名称，“妇人头髻，在隆庆初年皆尚员褊，顶用宝花，谓之挑心，两边用捧鬓，后用满冠倒插”④。就是说，䯼髻顶部用“宝花”簪，称“挑心”，两边用“捧鬓”，亦称“掩鬓”，其簪顶作带尾祥云状或团花形。万历时松江人王圻在《三才图会》中有掩鬓插图，记为“两博鬓”，文字解释“两博鬓，即今之掩鬓”⑤。倒插其后的“满冠”，往往是整副头面中最大的那件，《三才图会》中配图（图 7），并作解释：“若满冠，不过以首饰副满于冠上，故有是名耳”⑥。簪顶造型状如笔山，中间高耸，两边逐渐降低，还有呈三角形者。为使满冠服帖地插在䯼髻后下方，皆有向后弯曲的度，用长簪脚插入䯼髻。万历时人顾起元《客座赘语》卷九：“留都妇女衣饰，在三十年前，

图 7 《三才图会》中的“满冠”

① [清] 张廷玉等：《明史》卷六六《舆服二》，第 444 页 .

② [清] 周亮工：《闽小纪》下卷《䯼髻》，北京，中华书局，1985 年，第 46 页 .

③ [明] 郝敬：《周礼完解》卷二，见《续修四库全书》经部第 78 册，上海，上海古籍出版社，2002 年，第 165 页 .

④ [明] 范濂：《云间据目抄》卷二《记风俗》，上海，上海市新闻出版局内部资料，1997 年，第 35 页 .

⑤ [明] 王圻：《三才图会》，上海，上海古籍出版社，1988 年，第 1537 页 .

⑥ [明] 王圻：《三才图会》，第 1537 页 .

犹十余年一变。迩年以来，不及二三岁，而首髻之大小高低，衣袂之宽狭修短，花钿之样式，渲染之颜色，鬓发之饰，履綦之工，无不变易。”[①] 䯼髻受流行时尚影响，有高耸、扁圆之分，为搭配䯼髻的式样变化，满冠也有宽窄、高矮之别。在万贵妃母王氏墓中，有一件金累丝镶宝石梵文满冠（图 8），通长 11.5 厘米，宽 4.9 厘米，

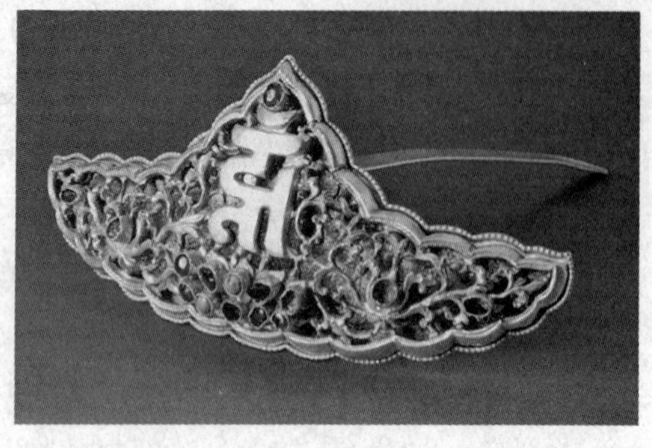

图 8　金累丝镶宝石梵文满冠

重 84.5 克。采用捶揲、累丝、镶嵌、焊接等工艺制成。以“堆灰”技法做出立体中空的卷草纹，即先把炭研磨成细末，用白芨草泡制的黏液调和做成灰模塑形，然后再在上面累丝，用焊药焊接后，置火

中把里面的灰模烧掉。正中为仰俯莲台座托梵文字，顶部镶一颗红宝石，底部台座镶红、蓝宝石和绿松石。由上可知，这件满冠是王氏戴䯼髻时插在后下方的簪饰。万氏笃信佛教，曾热衷求佛祈子。“成化丙戌生皇子一人，上为遣内官诣山川、寺观挂袍行香，以祈阴佑，因封贵妃”[②]。受她和宪宗影响，宫人䯼髻上开始流行佛教题材簪饰，常见梵文、佛像、观音像等。《明宪宗元宵行乐图》中很多宫人上穿短袄，下穿马面裙，所戴䯼髻正中插梵文金分心。万贵妃母王氏墓中镶宝石莲座梵文金分心（图 9），通长 12.5 厘米，托宽 9.6 厘米，重 102.6 克。采用捶揲、錾刻、镶嵌、焊接等工艺制成。镂空仰俯莲台座托梵文，上方尚存两颗珍珠，余处（缺一宝石）皆镶红宝石，台座以红蓝宝石间隔镶嵌。由上可知无论宫中民间，多数女性所戴梵文分心以金或金镶少量小粒宝石为主，而万贵妃母所用则以大颗红、蓝宝石豪镶，这也是万氏家族消耗国家财力的一个缩影。

图 9　万贵妃母王氏墓中镶宝石莲座梵文金分心

（三）万通墓中标识身份的飞鱼纹金壶

万通“正统己未六月初一日生公”“ 倏然长逝，岁成化壬寅三月十四日，春秋

①［明］顾起元：《客座赘语》卷九《服饰》，南京，南京出版社，2009 年，第 252 页 .

②《明宪宗实录》卷二八六，成化二十三年正月辛亥，第 4830 页 .

四十有四”[1]。成化十二年（1476）十二月“甲申，太监黄赐传奉圣旨，升锦衣卫正千户万通为指挥佥事，副千户万达军人……俱世袭。通、达，皇贵妃之弟。”[2]“成化乙酉召至京师，赐第以居，累授锦衣卫指挥使。卒，赠骠骑将军锦衣卫都指挥使。”[3]“成化中，锦衣都指挥万通者，戚畹万贵之次子，贵妃之弟也。兄进、弟喜，俱藉势无赖。而通尤横。京师无贵贱，俱呼为万二。其父谨饬畏祸，屡戒之，不悛，父死愈恣。有徐达者，妻美艳。通悦之，收为家人，纳其妻。令达持厚赀，往淮上中盐。遇通抱病，而达适从两淮归。与故妻语，通在床褥，闻其私相昵也，忿诟不堪，哽咽而死。上命有司给赙赐祭葬，比故事加等。而徐达者，挟通所假多金，不匝月即拜锦衣正千户。与都指挥使万喜、指挥使万进同拜命。未几，达又进指挥现任管事，而万氏兄弟仅带俸云。踰年，命达世袭其官，万氏伯仲，虽又进秩，仍为沉官。万通次子从善，二岁拜锦衣卫指挥使。万通养子名牛儿者，甫四岁亦得为锦衣指挥佥事，其后升转。凡章疏及圣旨，俱仍牛儿名不改。亦可哂。”[4]佞臣“万安……正统十三年进士。改庶吉士，授编修。成化初，屡迁礼部左侍郎。五年命兼翰林学士，入内阁参机务。同年生詹事李泰，中官永昌养子也，齿少于安。安兄事之，得其驩。自为同官，每当迁，必推安出已上……故安得入阁，而泰忽暴病死。安无学术，既柄用，惟日事请讬，结诸阉为内援。时万贵妃宠冠后宫，安因内侍致殷勤，自称子侄行。妃尝自愧无门阀，闻则大喜。妃弟锦衣指挥通，遂以族属数过安家。其妻王氏有母至自博兴。王谓母曰：‘乡家贫时，以妹为人娣，今安在？’母曰：‘第忆为四川万编修者。’通心疑是安，访之则安小妇，由是两家妇日往来。通妻著籍禁内，恣出入，安得备知宫中动静，益自固。”[5]骤然显贵的万通无视父亲让其谨慎做人的警告，使万安与贵妃认作姑侄，又纳徐达妻，收徐达作家人派其贩盐。再与宦官梁芳等人内外勾结，助力万贵妃祸乱宫闱的同时，侵吞库银、牟取暴利。

万通墓中随葬品多为宫廷赏赐，其中嵌宝石飞鱼纹带盖金执壶，高 19.4 厘米，口径 4.4 厘米、底径 5.3 厘米。撇口，束颈，鼓腹，圈足，流、柄附壶身两侧，盖、柄之间以金链连接。壶身从颈至胫足部由上至下，分别錾刻一周蕉叶纹、卷草纹、如意云头纹、莲瓣纹，腹部两侧火焰形开光内刻飞鱼纹。飞鱼有两足，每足四爪，带双翼和两鳍，尾部呈鱼尾状（图 10）。盖顶、流、柄上镶嵌红蓝宝石（部分脱落），残存二十七颗。籍没权相严嵩的财务清单《天水冰山录》：“金飞鱼壶四把……金

① 苏天钧：《明万贵与万通》，第 151 页．

②《明宪宗实录》卷一六〇，成化十二年十二月甲申，第 2923 页．

③ 苏天钧：《明万贵与万通》，第 151 页．

④［明］沈德符：《万历野获编》卷五《勋戚·万通妒死》，第 138 页．

⑤［清］张廷玉等：《明史》卷一六八《万安传》，第 1174—1175 页．

飞鱼杏叶壶二把……金飞鱼盘七个……金葵花飞鱼盘十一个……金飞鱼素盘一十九个……金飞鱼茶盅一十二个"[①]，所载金器上的飞鱼纹应与万通墓中此壶纹饰相类。颁行于洪武三十年的《大明律》中，对飞鱼纹的使用有严格规定。"官吏军民人等，但有僭用玄、黄、紫三色及蟒龙、飞鱼、斗牛器皿，僭用硃、红、黄颜色及亲王法物者，俱从重治罪。服饰器物追收入官。"[②]除金器外，成化时期景德镇御窑厂也生产绘有飞鱼纹的官窑瓷器，它们往往作为主题纹饰的辅纹出现。如台北故宫博物院藏成化青花海水灵兽纹碗，高 8.7 厘米、口径 19 厘米、足径 7.8 厘米。与外壁主题灵兽纹呼应的，就是飞鱼纹。（图 11）该碗以平等青为着色剂，画工富于动感。飞鱼纹头部类龙似蟒，在海水中高昂着头，双翅展开扑打着海水，双鳍和鱼尾隐藏在水中。

图 10　万通墓中嵌宝石带盖金执壶上錾刻的飞鱼纹

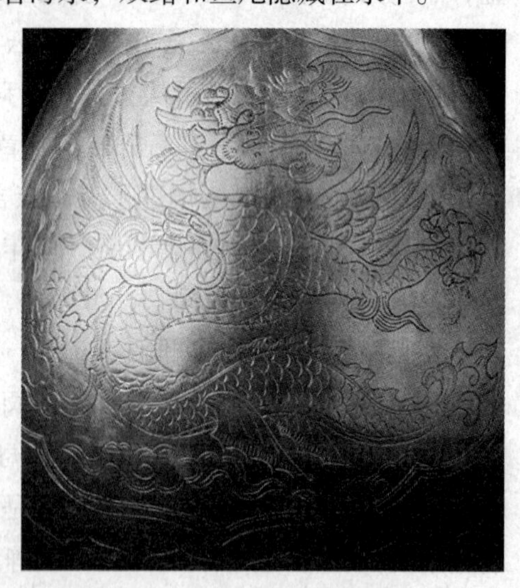

图 11　台北故宫博物院藏明成化青花海水灵兽纹碗上的飞鱼纹

蟒龙、飞鱼、斗牛等纹是明初制定的辨明身份、等级的官样，均在龙纹基础上进行变异，飞鱼具有的双翅、双鳍、鱼尾，是区别于其他纹饰的特征。

在明朝赐服制度（非官服体系）中，级别最高的是蟒服，其次是飞鱼服。据《明史·职官志》："锦衣卫，掌侍卫、缉捕、刑狱之事，恒以勋戚都督领之，恩荫寄禄无常员。凡朝会、巡幸，则具卤簿仪仗，率大汉将军（共一千五百七员）等侍从扈行。宿卫则分番入直。朝日、夕月、耕耤、视牲，则服飞鱼服，佩绣春刀，侍左右。"[③]《明史·舆服志》："按《大政记》，永乐以后，宦官在帝左右，必蟒服，制

①《天水冰山录附录（一）》，北京，商务印书馆，1937 年，第 2—20 页．

②《大明律》卷一二《大明令》，见《中国律学文献》（第五辑、第四册），北京，社会科学文献出版社，2018 年，第 189 页．

③［清］张廷玉等：《明史》卷七六《职官五》，第 504 页．

如曳撒，绣蟒于左右，系以鸾带，此燕闲之服也。次则飞鱼，惟入侍用之。”[①]据《大明会典》卷二二八：“凡大祀、视牲、朝日、夕月、耕耤祭，历代帝王俱用丹陛驾，本卫堂上官、服大红蟒衣飞鱼、乌纱帽、鸾带、佩绣春刀。千百户、青绿锦绣服，各随侍。”[②]此场景在《明宪宗元宵行乐图》中也多有表现，侍立在成化帝所处观礼台下汉白玉基座旁的五人，均穿交领右衽曳撒式袍服，外三人穿大红织金飞鱼服，里二人分别穿青、绿锦绣服。而画卷最左侧靠近红墙侍立的二人（图 12），分别穿大红织金飞鱼服和青色锦绣服，并各佩绣春刀。

图 12 《明宪宗元宵行乐图》中的锦衣卫

明后期赐服上的飞鱼纹越发接近龙、蟒纹，孔府旧藏两件飞鱼袍即是如此。香色麻飞鱼袍（图 13），身长 125 厘米、腰宽 57 厘米、袖长 97 厘米、袖宽 49 厘米。交领右衽、阔袖束腰、下摆宽大、腰部为纳大褶的“曳撒”式。白绸饰领，前胸后背彩织一过肩红色无鳞片飞鱼，身下踏绿色白边的江崖海水，两肩、通袖、膝襕处彩织流云和行走的飞鱼。红纱飞鱼袍（图 14），身长 120 厘米、腰宽 60 厘米、袖长 78 厘米、袖宽 68 厘米。暗缠枝花卉纹地，小立领右襟、阔袖。前胸后背、通袖彩织带密集鳞片的蓝色飞鱼，身下踏绿色白边的江崖海水。这两件赐服中的飞鱼头长两直角，四足四爪，有鱼尾状尾巴，头和躯干与龙、蟒相似，双翅不明显，易与龙、蟒纹混淆，以至于嘉靖皇帝也将这类赐服错认。“（嘉靖）十六年，群臣朝于

图 13 明后期香色麻飞鱼袍，孔府旧藏

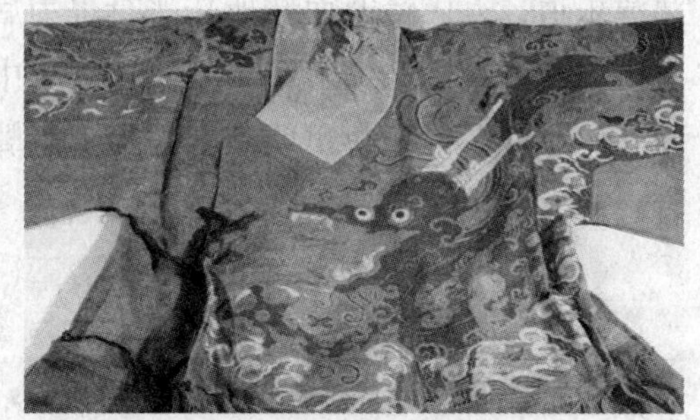

图 14 红纱飞鱼袍，孔府旧藏

① [清] 张廷玉等：《明史》卷六七《舆服三》，第 451 页.

② [明] 申时行等：《大明会典》卷二二八《锦衣卫》，扬州，广陵书社，2007 年，第 3001—3002 页.

图 15　成都市红牌楼明代墓葬石室中的飞鱼纹

驻跸所，兵部尚书张瓒服蟒。帝怒，谕阁臣夏言曰：'尚书二品，何自服蟒？'言对曰：'瓒所服，乃钦赐飞鱼服，鲜明类蟒耳。'帝曰：'飞鱼何组两角？其严禁之。'"[①]《天水冰山录》中"沉香妆花飞鱼补绢一匹"[②]"大红妆花过肩飞鱼罗二匹""大红妆花飞鱼补罗一匹""大红织金飞鱼补罗四匹""大红织金飞鱼通袖罗二匹"[③]"大红织金飞鱼补纱二匹"[④]等纹样应也属此类。而明后期石雕上飞鱼纹的特征与龙、蟒纹界限还算分明。2003 年，成都市文物考古研究所抢救性发掘清理了位于该市红牌楼（武侯区永丰乡肖家村一组）的数座明代石室墓葬。其中 M5 的下葬时间为嘉靖四十年（1561），发现一块残碑，字迹依稀可辨"皇明 赐飞鱼品服蜀藩承奉司掌印承奉正……谷公……"[⑤]此为长方形砖券拱石室墓，其八字形挡墙置于墓门外两侧，在基石上挡墙中部，两端用条石立砌，形成边柱，镶嵌石板作为墙壁，壁上刻菱形倭角式开光，其外对角线刻如意云纹，开光内雕刻飞鱼纹（图 15）。

从线图看，飞鱼脚踏海水，周身祥云围绕，双翅、双鳍和鱼尾交代明确。根据以上对明代不同时期、不同材质飞鱼纹演变规律的梳理，可以看出，万通墓中这件飞鱼纹金执壶是其身份的标识物。

结　语

万贵妃是明代成化皇帝终其一生的宠妃，二人富于传奇色彩的感情生活为后世津津乐道，万氏恃宠而骄所作恶行也为后人诟病。本文以文献和墓志铭中记载的相关史料作背景，详细解读了万氏家族墓中几件标识性文物的文化意涵。力图以见微知著的小视角，反映出明中期政治生态弊端对国运的影响及宫廷时尚对民间生活流行趋势的引领作用。

（作者单位：中国社会科学院古代史研究所）

① [清] 张廷玉等：《明史》卷六七《舆服三》，第 449 页 .

②《天水冰山录附录（二）》，第 135 页 .

③《天水冰山录附录（二）》，第 137 页 .

④《天水冰山录附录（二）》，第 140 页 .

⑤ 成都市文物考古研究所编著：《成都考古发现（2003）》，北京，科学出版社，2005 年，第 482 页 .